# Raumordnungsbericht 2005

Dieser Bericht ist ein Gemeinschaftsprodukt des wissenschaftlichen Bereiches im BBR


### Projektleitung und wissenschaftliche Redaktion

Horst Lutter

### Textbeiträge

Brigitte Adam, Iris Ammann, Brigitte Ahlke, Eckhard Bergmann, Ferdinand Böltken, Hansjörg Bucher, Barbara Crome, Fabian Dosch, Golo Eckhard (BMVBW), Klaus Einig, Markus Eltges, Hagen Eyink (BMVBW), Hans-Peter Gatzweiler, Jürgen Göddecke-Stellmann, Wilfried Görmar, Rupert Kawka, Martina Kocks, Horst Lutter, Lutz Mehwald (BMVBW), Mathias Metzmacher, Antonia Milbert, André Müller, Doris Pick, Lars Porsche, Volker Schmidt-Seiwert, Karl Peter Schön, Martin Spangenberg, Michael Zarth

### Analytische Grundlagen und Kartographie

Gisela Beckmann, Markus Burgdorf, Dirk Gebhardt, Ingo Heidbrink, Volkmar Kroesch, Gregor Lackmann, Jan Maresch, Sebastian Metzmacher, Katrin Meyer, Antonia Milbert, Thomas Pütz, Wolf-Dieter Rase, Claus Schlömer, Maria Schmitt, Alexander Schürt

### Gestaltung

Marion Kickartz


Herausgegeben vom Bundesamt für Bauwesen und Raumordnung — Bonn 2005

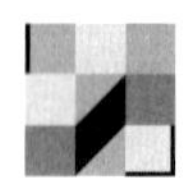

Bundesamt
für Bauwesen und
Raumordnung

## Berichte

In der Schriftenreihe Berichte veröffentlicht das BBR die ihm gesetzlich aufgetragenen Berichte zur räumlichen und städtebaulichen Entwicklung in Deutschland sowie ausgewählte Ergebnisse seiner empirischen Raumbeobachtung.


IMPRESSUM

**Herausgeber**

Bundesamt für
Bauwesen und Raumordnung
Deichmanns Aue 31–37
53179 Bonn
www.bbr.bund.de

**Druck**

DCM Druck Center Meckenheim GmbH & Co. KG

**Vertrieb und Verlag**

Selbstverlag und Buchhandel

Selbstverlag des Bundesamtes
für Bauwesen und Raumordnung
Deichmanns Aue 31–37, 53179 Bonn
Postfach 21 01 50, 53156 Bonn
Telefon: (0 18 88) 401-22 09
Telefax: (0 18 88) 401-22 92
E-Mail: selbstverlag@bbr.bund.de

**ISSN 1435 – 4659** (Schriftenreihe)
**ISBN 3 – 87994 – 071 – 1**

Preis: 10,00 €
Berichte Band 21
Bonn 2005

# Inhalt

**Einführung** 1

## Teil I Raumentwicklung

**1 Regionale Lebensqualität** **5**
Lebenszufriedenheit in der Region 5
Umzugs- und Wanderungsmotive 12

**2 Grundtypen der Raumstruktur** **15**
Raumstrukturtypen 15
Raumstruktur in Deutschland 19
Raumstruktur in Europa 22
Der Grenzraum – zwischen den räumlichen Strukturen 26

**3 Trends der Raumentwicklung** **27**

**3.1 Demographischer Wandel** 29
Demographische Entwicklung im regionalen Vergleich 29
Natürliche Bevölkerungsbewegungen 35
Binnenwanderungen 35
Zuwanderung aus dem Ausland 36
Regionale Alterung 37
Private Haushalte 39

**3.2 Wandel in der Erwerbstätigkeit** 41
Beschäftigtenentwicklung im regionalen Vergleich 41
Sektoraler Strukturwandel 48
Entwicklung der Erwerbspersonen 50

**3.3 Siedlungsentwicklung** 53
Siedlungsflächenwachstum im regionalen Vergleich 54
Flächeninanspruchnahme 62
Wohnungsbautätigkeit 63
Entwicklung sonstiger Flächen 66
Siedlungsflächeninanspruchnahme in Europa 67

**3.4 Räumliche Verflechtungen** 71
Verflechtungen im Personenverkehr 72
Verflechtungen im Güterverkehr 77
Pendlerverflechtungen 78

**3.5 Grundtendenzen der Raumentwicklung** 85
Regionen mit Wachstumstendenzen 85
Regionen mit Schrumpfungstendenzen 87
Wachstum und Schrumpfung innerhalb von Stadtregionen 87

4 **Nachhaltigkeit der Raumentwicklung** **91**
Konzept zur Messung von Nachhaltigkeit 91
Aktueller Stand der Nachhaltigkeit der Raumentwicklung 96
Auf dem Weg zu einer nachhaltigen Raumentwicklung? 102
Fazit 106

5 **Künftige räumliche Herausforderungen** **107**

5.1 **Öffentliche Daseinsvorsorge und Wohnungsversorgung** 109
Problemräume öffentlicher Daseinsvorsorge 109
Schulische Versorgung 111
Gesundheitsversorgung 118
Soziale und kulturelle Infrastruktureinrichtungen 125
Verkehrsversorgung 128
Schlussfolgerungen und Strategien für eine räumlich ausgeglichene öffentliche Daseinsvorsorge 135
Wohnungsversorgung 138
Regionale Wohnungsmarktentwicklung 143
Schlussfolgerungen und Strategien für eine räumlich ausgeglichene Wohnungsversorgung 147

5.2 **Wachstumsorientierte Regionalentwicklung** 149
Regionalwirtschaftlicher Entwicklungsstand 149
Regionen mit wirtschaftlichen Strukturproblemen 152
Regionen mit wirtschaftlichen Wachstumspotenzialen 156
Schlussfolgerungen und Strategien für eine wachstumsorientierte Raumentwicklungspolitik 163

5.3 **Landschaftsentwicklung und Freiraumschutz** 167
Problemräume der regionalen Freiraumversorgung 168
Schlussfolgerungen und Strategien für eine räumlich ausgeglichene Freiraumversorgung 173

6 **Räume mit besonderem Handlungsbedarf** **175**

6.1 **Metropolräume** 177
Metropolfunktionen 177
Räumliche Verteilung der Metropolfunktionen in Deutschland 179
Die deutschen Metropolen im internationalen Vergleich 186
Raumordnerischer Handlungsbedarf für Metropolräume 187

6.2 **Suburbane Räume** 191
Räumliche Ausdehnung der Suburbanisierung 191
Suburbanisierungsprozess 192
Raumordnerischer Handlungsbedarf zur Gestaltung suburbaner Räume 199

6.3 **Ländliche Räume** 203
Funktionen ländlicher Räume 203
Funktionspotenzial ländlicher Räume 212
Raumordnerischer Handlungsbedarf zur Unterstützung einer Politik für ländliche Räume 213

# Teil II Raumbedeutsame Planungen und Maßnahmen


**7 Bundesraumordnung** **219**

Fortentwicklung des Raumordnungsrechts 220
Raumordnung auf dem Meer 223
Stärkung der regionalen Handlungsebene 229
Beitrag der Raumordnung zur nationalen Nachhaltigkeits-strategie 232
Raumordnerische Gremienarbeit 235
Angewandte Ressortforschung des BMVBW und BBR 237

**8 Raumordnung der Länder** **245**

Raumordnungspläne für das Landesgebiet 247
Regionalplanung 255
Kooperative Planungsansätze 266

**9 Europäische Raumentwicklungspolitik** **271**

Bilaterale Zusammenarbeit mit Polen, Tschechien und Russland 271
Zusammenarbeit im Rahmen der EU 274
Zusammenarbeit im Rahmen des Europarates 283

**10 Raumwirksame Bundesmittel** **285**

Raumwirksame Bundesmittel im Überblick 286
Finanzausgleich als zentrales Element der Ausgleichspolitik 290
Arbeitsmarktpolitik 291
Wirtschaftsförderpolitik 294
Großräumige Verkehrsinfrastrukturpolitik 300
Forschung und Hochschulbereich 302
Stadtentwicklung und Wohnen 305
Agrarpolitik 317
Raumwirksame europäische Fachpolitiken 318
Fazit 324

**11 Raumbedeutsame Fachpolitiken und -planungen** **325**

Bundesverkehrswegeplanung (BVWP) 325
Raumordnerische Anforderungen an den Schienenpersonenverkehr 329
Vorbeugender Hochwasserschutz 332
Natur- und Landschaftsschutz 335
Europäische Umweltpolitik 340

**Anhang**

Raumordnungsgesetz (ROG) 345
Kontaktadressen 357
Glossar 363

# Abbildungen, Fotos, Karten, Tabellen

## Teil I Raumentwicklung

### 1 Regionale Lebensqualität

#### Abbildungen


Lebenszufriedenheit und Arbeitslosigkeit 7
Lebenszufriedenheit und Wanderungen 7
Zufriedenheit mit dem Leben/... mit dem Wohnort/... mit der Wohnumgebung 10
Determinanten der Lebenszufriedenheit 10
Zufriedenheit mit dem Wohnort/... mit den Umweltbedingungen/... mit der aktuellen persönlichen wirtschaftlichen Lage 11
Umzugsmotive und -richtung 13
Umzugsbereitschaft insgesamt und überregionale Orientierung nach wirtschaftlicher Lage 13
Soziale Bindung 14
Räumliche Bindung 14
Überregionale Orientierung junger Leute nach Bildung und Regionstyp 14


#### Karten


Lebenszufriedenheit in der Region 6
Verfügbares Einkommen 8
Mietenniveaus 9


### 2 Grundtypen der Raumstruktur

#### Karten


Bevölkerungsdichte 16
Bevölkerungsdichte in Europa 16
Zentrenerreichbarkeit 17
Zentrenerreichbarkeit Europa 17
Grundtypen der Raumstruktur 19
Raumstruktur 20
Raumstruktur Europa 23


#### Tabellen


Raumstrukturtypen 19


### 3 Trends der Raumentwicklung

#### Abbildungen


Komponenten der Raumstrukturentwicklung 28


### 3.1 Demographischer Wandel

#### Abbildungen


Vergleich von Bevölkerungsprognosen für das gesamte Bundesgebiet 2020 34
Vergleich von Bevölkerungsprognosen 2020: BBR – Statistisches Bundesamt 34
Veränderung der Altersstruktur 37
Entwicklung ausgewählter Haushaltstypen 39
Künftige Haushaltsdynamik 40

### Karten

Bevölkerungsentwicklung in Europa 30
Aktuelle Bevölkerungsentwicklung 31
Trend der Bevölkerungsentwicklung bis 2020 32
Trend der Bevölkerungsentwicklung bis 2050 33
Trend der Entwicklung der Hochbetagten 38
Trend der Entwicklung der Schulpflichtigen 38
Trend der Entwicklung der privaten Haushalte 40

## 3.2 Wandel in der Erwerbstätigkeit

### Abbildungen

Entwicklung geringfügig entlohnter Beschäftigter 41
Beschäftigte und Arbeitslose 42
Sektoraler Strukturwandel 48
Entwicklung der Zahl der Erwerbspersonen 52

### Karten

Beschäftigung 42
Entwicklung der Beschäftigten in Europa 44
Aktuelle Beschäftigtenentwicklung 45
Trend der Beschäftigtenentwicklung 46
Industriebeschäftigung 49
Dienstleistungsbeschäftigung 49
Trend der Erwerbspersonenentwicklung 50
Erwerbsbeteiligung nach Geschlechtern 51

### Tabellen

Sozialversicherungspflichtig Beschäftigte 43

## 3.3 Siedlungsentwicklung

### Abbildungen

Bodenfläche nach Nutzungsarten 53
Tägliche Veränderung der Bodennutzung 53
Siedlungs- und Verkehrsfläche nach Nutzungsarten 54
Entwicklung der Siedlungs- und Verkehrsfläche in den alten Ländern 54
Entwicklung der Flächennutzung: Beispiel Dresden 55
Siedlungsflächenwachstum in den Agglomerationsräumen der alten Länder 56
Tägliche Zunahme der Siedlungs- und Verkehrsfläche 56
Zunahme der Siedlungs- und Verkehrsfläche in Agglomerationsräumen 60
Entwicklung der Siedlungsdichte 61
Siedlungs- und Verkehrsflächenzunahme nach Nutzungsarten 62
Entwicklung der Bautätigkeit 63
Bodenbedeckung in Leipzig 68
Siedlungsfläche Region Dublin (Irland) 69
Nachtbild der Lichtquellen Europas 70

### Fotos

Gewerbe- und Wohngebietserweiterungen 60
Großflächiger Einzelhandel auf der „grünen Wiese“ 65

### Karten

Trend der Siedlungsflächenentwicklung 57
Siedlungs- und Verkehrsfläche 58
Zunahme Siedlungs- und Verkehrsfläche 59
Wohnbaulandpreise 60
Entwicklung der Flächeninanspruchnahme 62
Wohnungsneubau 64
Neubau Ein- und Zweifamilienhäuser 65
Siedlungsflächen in Mittel- und Westeuropa 67

### Tabellen

Flächeninanspruchnahme nach Raumtypen 61

## 3.4 Räumliche Verflechtungen

### Abbildungen

Hauptverkehrsmittel 72
Verkehrszwecke 73
Entwicklung des Motorisierungsgrades 73
Grenzüberschreitender Straßengüterfernverkehr 78

### Karten

Motorisierungsgrad 73
Trend der Verkehrsentwicklung 75
Personenverkehrsströme 76
Personenverkehrsverflechtungen zwischen europäischen Staaten 2020 76
Pendlersaldo und Zentralität 79
Pendlerverflechtungen 81
Zunahme von Pendlerströmen 82
Pendeldistanzen 83
Veränderung der Pendeldistanzen 83
Veränderungen im Pendlerverhalten – Beispiel Hamburg 84

### Tabellen

Verkehrsleistungen im Personenverkehr 74
Verkehrsleistungen im Güterfernverkehr 77
Pendleranteile nach Raumtypen 2003 80

## 3.5 Grundtendenzen der Raumentwicklung

### Abbildungen

Das Emsland – Wachsender, dünnbesiedelter ländlicher Raum 86
Stadt Malchow und Amt Malchow-Land – Region mit Wachstumspotenzialen 87
Das Ruhrgebiet – Einer der größten Ballungsräume Europas mit Schrumpfungstendenzen 88

**Fotos**

Meyer Werft Papenburg 86
Land Fleesensee 87

**Karten**

Trends der Raumentwicklung 85
Wachsende und schrumpfende Städte 89

## 4 Nachhaltigkeit der Raumentwicklung

**Abbildungen**

Nachhaltigkeit regional 105

**Karten**

Ökonomische Wettbewerbsfähigkeit – Stand und Entwicklung 97
Soziale und räumliche Gerechtigkeit – Stand und Entwicklung 98
Schutz der natürlichen Lebensgrundlagen – Stand und Entwicklung 101
Kumuliertes Nachhaltigkeitsdefizit – Stand und Entwicklung 103
Nachhaltigkeitsdefizite 104

**Tabellen**

Kernindikatoren einer nachhaltigen Raumentwicklung 93
Kernindikatoren und Zielwerte einer nachhaltigen Raumentwicklung – Ökonomische Wettbewerbsfähigkeit 96
Kernindikatoren und Zielwerte einer nachhaltigen Raumentwicklung – Soziale und räumliche Gerechtigkeit 99
Kernindikatoren und Zielwerte einer nachhaltigen Raumentwicklung – Schutz der natürlichen Lebensgrundlagen 100

## 5 Künftige räumliche Herausforderungen

## 5.1 Öffentliche Daseinsvorsorge und Wohnungsversorgung

**Abbildungen**

Einzugsradien von Grundschulen in Ostthüringen 114
Berufsschulstandorte 115
Fußläufige Erreichbarkeit von Infrastruktureinrichtungen im Wohngebiet 125
Anbindungsqualität IBA „Fürst-Pückler-Land“ 134
Instandsetzungs- und Modernisierungsmaßnahmen im Wohnungsbestand 141

**Karten**

Künftige Tragfähigkeitsprobleme 110
Schulabgänger 111
Grundschulgrößen 112
Gymnasiengrößen 112
Grundschulentwicklung 113
Studierende an Universitäten 117
Hausarztversorgung 119
Erreichbarkeit von Krankenhäusern der Grundversorgung 122
Krankenhausversorgung 123
Erreichbarkeit von Mittelzentren 127
Erreichbarkeit von Oberzentren 128
Hochrangige Verkehrssysteme 129

Erreichbarkeitsverbesserung von Autobahnen 130
Erreichbarkeit von Autobahnen 130
Erreichbarkeit von Fernbahnhöfen 131
Erreichbarkeit von Flughäfen 132
ÖPNV-Erschließung 133
Angebotsdichte im öffentlichen Verkehr 133
Wohnflächenversorgung 139
Wohneigentumsquote 140
Regionale Wohnungsmarktentwicklung 144

### Tabellen

Mindestversorgungsstandards in Kooperationsräumen mit unterschiedlicher zentralörtlicher Funktion in Rheinland-Pfalz 126
Regionale Erreichbarkeitsstandards 136
Europäischer Vergleich von Merkmalen der Wohnraumversorgung 143

## 5.2 Wachstumsorientierte Regionalentwicklung

### Abbildungen

Investitionen im Bergbau und Verarbeitenden Gewerbe 159
Neue Länder – Einsatzfelder von BSI 2003 166

### Karten

Bruttowertschöpfung 150
Regionalwirtschaftlicher Entwicklungsstand 151
Aktuelle Arbeitslosenentwicklung 153
Arbeitslosenquote 154
Langzeitarbeitslosigkeit 154
Frauenarbeitslosigkeit 154
Jugendarbeitslosigkeit 154
Betriebliche Ausbildungsplätze 155
Veränderung des Bruttoinlandsproduktes 157
Patentanmeldungen 158
Investitionen 159
Hochqualifizierte Beschäftigte 160
Technische Berufe 160
Einpendlerregionen 162
Regionale Kernkompetenzen in Ostdeutschland 163
Beschäftigung schaffende Infrastrukturförderung 164
Arbeitsbeschaffungsmaßnahmen 165
Strukturanpassungsmaßnahmen 165

### Tabellen

Beschäftigte überregionaler Dienstleistungen 161

## 5.3 Landschaftsentwicklung und Freiraumschutz

### Abbildungen

Zusammenhang zwischen Verstädterungsgrad und Freiraumversorgung 172
Regionalparks in Berlin-Brandenburg 174

**Karten**

Freiflächenverknappung 168
Abnahme der Landwirtschaftsfläche 169
Freiraumbelastung 170
Potenziell störungsarme Freiflächen 171

**Tabellen**

Anteil der Freiraumtypen an den Raumtypen 171

# 6 Räume mit besonderem Handlungsbedarf

## 6.1 Metropolräume

**Karten**

Entscheidungs- und Kontrollfunktionen 180
Innovations- und Wettbewerbsfunktionen 182
Gateway-Funktionen 183
Metropolfunktionen in Städten 185
Metropolfunktionen in überregionalen Einzugsbereichen 186
Metropolfunktionen in der Welt 187
Metropolregion Hamburg – Pendlerverflechtungen 190

**Tabellen**

Indikatoren für Metropolfunktionen 178

## 6.2 Suburbane Räume

**Karten**

Pendler in Kernstädte 192
Zuwanderer aus Kernstädten 193
Suburbanisierung 196

## 6.3 Ländliche Räume

**Karten**

Ländliches Wohnen 205
Agrarproduktion 206
Naturschutzwert der Kulturlandschaft 208
Touristische und landschaftliche Attraktivität 209
Bereitstellung von Ressourcen 210
Funktionspotenzial ländlicher Räume 212

# Teil II Raumbedeutsame Planungen und Maßnahmen

## 7 Bundesraumordnung

### Abbildungen


Räumliches Planungssystem 219
Internetportal „Innovative Regionalentwicklung“ 244


### Karten


Offshore-Windparks in der AWZ 225
Nutzungen und Schutzgebiete in der AWZ 227
Modellvorhaben der Raumordnung 2000 - 2004 237


## 8 Raumordnung der Länder

### Abbildungen


Gemeindefunktionen 259
Kleinräumige Siedlungsachsen 259
Siedlungsentwicklung 260
Grünzäsuren 261
Vorbehalts- und Vorranggebiete zum Schutz von Natur und Landschaft 261
Vorranggebiete zur Wasserwirtschaft und zum Trinkwasserschutz 262
Vorbeugender Hochwasserschutz 262
Vorbehalts- und Vorranggebiete für die Landwirtschaft 263
Vorranggebiete für ruhige Erholung in Natur und Landschaft 263
Vorranggebiete für die Rohstoffsicherung 264
Eignungsgebiete für Windenergieanlagen 264
Regionalplanerische Planelemente zur Verkehrsinfrastruktur 265


### Karten


Gemeindescharfe raumstrukturelle Festlegungen der Länder 249
Zentrale Orte 252
Landesentwicklungsachsen in Baden-Württemberg 253
Stand der Regionalplanung 257
Regionale Entwicklungskonzepte in Mecklenburg-Vorpommern 266
INTRA Region Bremen 267
Regionale Entwicklungskonzepte in Thüringen 268


### Tabellen


Gesetzliche Grundlagen der Landesplanung in den Ländern 245
Stand der Landesraumordnungspläne in den Ländern 247


## 9 Europäische Raumentwicklungspolitik

### Abbildungen


Partner von INTERREG-Projekten mit deutscher Beteiligung nach Herkunftsländern 277


### Fotos


Historische europäische Architektur 277

### Karten

SIC! – Projektpartner 273
CEMAT – Innovationsregionen 274
Kooperationsprogramm Ostseeraum 275
Kooperationsprogramm CADSES 275
Kooperationsprogramm Nordseeraum 276
Kooperationsprogramm Nordwesteuropa 276
Kooperationsprogramm Alpenraum 276
INTERREG III B-Projekte in Deutschland 278
Metropolitane Europäische Wachstumsregionen (MEGAs) 280
Veränderung des BIP (SASI, Szenario B 3) 280

10 Raumwirksame Bundesmittel

Abbildungen
Bruttoinlandsprodukt (BIP) 285
Regionaler Basisausgleich 288
Raumwirksame Bundesmittel 289
Ausgaben für Finanzausgleichspolitik 290
Ausgaben für Arbeitsmarktpolitik 291
Ausgaben für Wirtschaftsförderung 294
Bundesbeschäftigte 2003 und Veränderung 1998 bis 2003 299
Ausgaben für Verkehrsinfrastruktur 301
Ausgaben für Forschung und Hochschule 302
Ausgaben für Stadtentwicklung und Wohnen 305
Ausgaben für Sozialen Wohnungsbau/Soziale Wohnraumförderung 309
Ausgaben für die Eigenheimzulage 311
Ausgaben für KfW-Wohnraummodernisierungsprogramme 314
Ausgaben für Agrarpolitik 317
Aufteilung des EU-Gesamthaushaltes 318
Leistungen an Deutschland im Rahmen des EU-Haushaltes 319
Ausgaben für gemeinsame Agrarpolitik der EU 322

Karten
Fördermittel ABM 293
Fördermittel berufliche Bildung 293
Fördergebiete der Gemeinschaftsaufgabe 295
Förderung der gewerblichen Wirtschaft 296
Förderung des Fremdenverkehrs 296
ERP-Existenzgründungsprogramm 298
KfW-Mittelstandsprogramm 298
ERP-, DtA- und KfW-Umweltprogramme 298
DtA-Existenzgründungsprogramm 298
Bundesbeschäftigte 300
ERP-Innovationsprogramm 304
Die Soziale Stadt 307
Stadtumbau Ost 307
Städtebauliche Sanierungs- und Entwicklungsmaßnahmen 307
Städtebaulicher Denkmalschutz 307
Fördermittel der GRW für wirtschaftsnahe Infrastruktur 308
KfW-Infrastrukturförderung 308

Gesamtförderung im Sozialen Wohnungsbau 310
Eigenheimförderung im Sozialen Wohnungsbau 310
Eigenheimzulage – Neubauförderung 312
Eigenheimzulage – Bestandsförderung 312
Potenzielle Ziel 1-Regionen nach 2006 321
Gebiete der europäischen Strukturpolitik 320

### Tabellen

Raumwirksame Bundesmittel 287
Verteilung der Eigenheimzulagen-Inanspruchnahme im Neubau und Bestand 312

## 11 Raumbedeutsame Fachpolitiken und -planungen

### Abbildungen

Bewertungsverfahren der BVWP 326
Bewertungsverfahren der Raumwirksamkeitsanalyse 326
Qualitätsstufen der Luftliniengeschwindigkeit im Öffentlichen Verkehr für hochrangige Zentrenverbindungen 330
Überschwemmung Elbehochwasser 2002 332
Flächenanteile der Naturschutzgebiete 336

### Karten

Verkehrlich hoch belastete Fernverkehrskorridore 2015 327
BVWP 2003 – Raumordnerisch präferenzierte Fernstraßenprojekte 328
BVWP 2003 – Schienenprojekte 329
Verbindungsqualität zwischen Oberzentren 331
Flutkatastrophe August 2002 334
Naturschutzgebiete 336
Schutzgebiete 338
FFH-Gebiete in Deutschland 340

# Abkürzungsverzeichnis

| | |
|---|---|
| ABM | Arbeitsbeschaffungsmaßnahmen |
| AHG | Altschuldenhilfegesetz |
| ARE | Schweizer Bundesamt für Raumentwicklung |
| AWZ | Ausschließliche Wirtschaftszone |
| Basis-DLM | Digitales Basis-Landschaftsmodell |
| BBR | Bundesamt für Bauwesen und Raumordnung |
| BIP | Bruttoinlandsprodukt |
| BfN | Bundesamt für Naturschutz |
| BKG | Bundesamt für Kartographie und Geodäsie |
| BMBF | Bundesministerium für Bildung und Forschung |
| BMU | Bundesministerium für Umwelt, Naturschutz und Reaktorsicherheit |
| BMVBW | Bundesministerium für Verkehr, Bau- und Wohnungswesen |
| BMVg | Bundesministerium der Verteidigung |
| BMWA | Bundesministerium für Wirtschaft und Arbeit |
| BNatSchG | Bundesnaturschutzgesetz (Gesetz über Naturschutz und Landschaftspflege) |
| BVWP | Bundesverkehrswegeplan |
| CEMAT | Conférence Européenne des Ministres responsables de l'Aménagement du Territoire (Europäische Ministerkonferenz für Raumordnung – auch: EMKRO) |
| CLC | CORINE Land Cover (Projekt des CORINE-Programms zur Visualisierung der Bodenbedeckung) |
| CORINE | Coordination of Information on the Environment (länderübergreifende Flächenerhebung) |
| DtA | Deutsche Ausgleichsbank |
| DtV | Durchschnittliche tägliche Verkehrsstärke |
| EAGFL | Europäischer Ausrichtungs- und Garantiefonds für die Landwirtschaft |
| EEA | European Environment Agency (Europäische Umweltagentur) |
| EFRE | Europäischer Fonds für regionale Entwicklung |
| ERP | European Recovery Fund (Europäisches Wiederaufbauprogramm) |
| ESF | Europäischer Sozialfonds |
| ESPON | European Spatial Planning Observation Network (Forschungsnetzwerk zur Beobachtung der europäischen Raumentwicklung) |
| EUREK | Europäisches Raumentwicklungskonzept |
| Eurostat | Statistisches Amt der Europäischen Gemeinschaft |
| ExWoSt | Experimenteller Wohnungs- und Städtebau |
| FFH-Gebiete | Fauna-Flora-Habitat-Gebiete |
| FIAF | Finanzinstrument für die Ausrichtung der Fischerei |
| FuE | Forschung und Entwicklung |
| GAP | Gemeinschaftsaufgabe Agrarpolitik |
| GG | Grundgesetz für die Bundesrepublik Deutschland |
| GISCO | Geographic Information System for the European Commission (Geographisches Informationssystem der Europäischen Kommission) |
| GRW | Gemeinschaftsaufgabe „Regionale Wirtschaftsförderung" |
| IAB | Institut für Arbeitsmarkt- und Berufsforschung der Bundesagentur für Arbeit, Nürnberg |
| IBA | Internationale Bauausstellung |
| IKZM | Integriertes Küstenzonenmanagement |
| INKAR | Indikatoren und Karten zur Raumentwicklung des Bundesamtes für Bauwesen und Raumordnung |
| INTERREG III B | Gemeinschaftsinitiative der Europäischen Union zur Förderung der transnationalen Zusammenarbeit in der Raumentwicklung für die Jahre 2000 bis 2006 |
| KBV | Kassenärztliche Bundesvereinigung |
| KfW | Kreditanstalt für Wiederaufbau |
| KONTIV | Kontinuierliche Erhebung zum Verkehrsverhalten |
| MEGA | Metropolitan European Growth Area (Metropolitane Europäische Wachstumsregion) |
| MIV | Motorisierter Individualverkehr |

| | |
|---|---|
| MKRO | Ministerkonferenz für Raumordnung |
| MORO | Modellvorhaben der Raumordnung |
| MV | Modellvorhaben |
| NKA | Nutzen-Kosten-Analyse |
| NUTS | Nomenclature des unités territoriales statistiques (Systematik der Gebietseinheiten für die Statistik auf europäischer Ebene) |
| ÖPNV | Öffentlicher Personennahverkehr |
| ÖPV | Öffentlicher Personenverkehr |
| ÖV | Öffentlicher Verkehr |
| RIN | Richtlinien für die integrierte Netzgestaltung |
| ROB | Raumordnungsbericht |
| ROG | Raumordnungsgesetz |
| ROP 2020 | Raumordnungsprognose 2020 des Bundesamtes für Bauwesen und Raumordnung |
| RWA | Raumwirksamkeitsanalyse |
| SASI | Socio-Economic and Spatial Impacts of Transport Infrastructure Investments and Transport System Improvements (Szenarien zum Ausbau der europäischen Verkehrsinfrastruktur) |
| SeeAnlV | Seeanlagenverordnung (Verordnung über Anlagen seewärts der Begrenzung des deutschen Küstenmeeres) |
| SGB | Sozialgesetzbuch |
| SRÜ | Seerechtsübereinkommen der Vereinten Nationen |
| SuV | Siedlungs- und Verkehrsfläche |
| SV-Beschäftigte | Sozialversicherungspflichtig Beschäftigte |
| TEN | Transeuropäische Netze |
| UNESCO | United Nations Educational, Scientific and Cultural Organization (Vereinte Nationen-Organisation für Bildung, Wissenschaft und Kultur) |
| URE | Umweltrisiko-Einschätzung |
| UVPG | Umweltverträglichkeitsprüfung |
| WE | Wohneinheiten |
| WS | Wintersemester |

# Einführung

*Raumordnung* ist die fachübergreifende und überörtliche Planung zur Ordnung und Entwicklung des Raumes im Staatsgebiet der Bundesrepublik Deutschland. Zur Erfüllung ihrer Aufgaben benötigt sie regelmäßig Informationen über den Stand und die absehbare Entwicklung der Raum- und Siedlungsstruktur sowie die durchgeführten raumbedeutsamen Planungen und Maßnahmen. Das *Raumordnungsgesetz* des Bundes (ROG) schreibt deshalb in § 21 vor, dass das Bundesamt für Bauwesen und Raumordnung (BBR) in regelmäßigen Abständen gegenüber dem für Raumordnung zuständigen Bundesministerium zur Vorlage an den Deutschen Bundestag Raumordnungsberichte zu erstatten hat. Nach dem Raumordnungsgesetz sind folgende *Themen* zu behandeln:

- die bei der räumlichen Entwicklung des Bundesgebietes zugrunde zu legenden Tatsachen (Bestandsaufnahme, Entwicklungstendenzen),
- die im Rahmen der angestrebten räumlichen Entwicklung durchgeführten und beabsichtigten raumbedeutsamen Planungen und Maßnahmen,
- die räumliche Verteilung der raumbedeutsamen Planungen und Maßnahmen des Bundes und der Europäischen Gemeinschaft im Bundesgebiet,
- die Auswirkungen der Politik der Europäischen Gemeinschaft auf die räumliche Entwicklung des Bundesgebietes.

Diese gesetzlich vorgeschriebenen Inhalte gehen zurück auf die erste Fassung des Raumordnungsgesetzes des Bundes von 1965 und sind bis heute im Wesentlichen gleich geblieben. Die seitdem erstellten zwölf Raumordnungsberichte des Bundes sind in ihrer Grundstruktur deshalb ähnlich, auch wenn vor dem jeweiligen aktuellen raumordnungspolitischen, gesellschaftlichen und wirtschaftlichen Hintergrund unterschiedliche Schwerpunkte gesetzt wurden.

Der Raumordnungsbericht 2005 knüpft an diese Tradition an und berichtet umfassend über die o.g. Themen auf Grundlage von Analysen des BBR. Er stützt sich im Wesentlichen auf das räumliche Informationssystem des BBR, die *„Laufende Raumbeobachtung“*, zu dessen Führung und Auswertung das BBR nach ROG § 18 Abs. 5 verpflichtet ist. Der Betrachtungszeitraum für die Darstellung von Entwicklungen umfasst in der Regel die Jahre 1999 bis 2002/2003 und schließt damit zeitlich an die Berichterstattung des letzten Raumordnungsberichtes 2000 an. Die dargestellten Zukunftstrends haben einen Zeithorizont von 2015/2020.

Da der *bundesweite Vergleich* der Raumentwicklung im Vordergrund steht, werden nur bundesweit flächendeckend darstellbare Sachverhalte aufgenommen, die eine überörtliche und regional übergreifende Relevanz haben. Um auch innerregional differenzierende Aussagen – z.B. zur Suburbanisierung – zu ermöglichen werden vielfach gemeindebezogene Daten verwendet und ausgewertet. Außerdem enthält dieser Raumordnungsbericht erstmals einige bundesweit flächendeckende, standortscharfe Analysen, z.B. zur Abgrenzung von Raumstrukturtypen und zur regionalen Infrastrukturversorgung, die durch neue Methoden der geographischen Raumanalyse möglich werden. Hierdurch können Sachverhalte räumlich differenziert, ohne Bezug auf unterschiedlich große administrative Abgrenzungen, dargestellt und analysiert werden.

Die räumlich differenzierte Analysen werden mit zusammenfassenden Schlussfolgerungen und Strategieempfehlungen sowie Einschätzungen zum raumordnerischen Handlungsbedarf abgerundet. Zur Konkretisierung der räumlichen Problemlagen und möglicher Strategieansätze werden Beispieldarstellungen eingestreut, die sich in der Regel auf Projekte des Forschungsprogramms „Modellvorhaben der Raumordnung“ des Bundes beziehen.

Die thematische Schwerpunktsetzung des Raumordnungsberichtes 2005 orientiert sich auch an der Relevanz im Rahmen der aktuellen raumordnungspolitischen Debatte um die *Fortentwicklung der räumlichen Leitbilder und Handlungsstrategien,* zu der Bund und Länder im Raumordnungsgesetz aufgefordert sind. Dieser Bericht soll eine Daten- und Informationsgrundlage für diese Diskussion darstellen, die begleitend zur Erstellung des Raumordnungsberichtes 2005 begonnen hat und die danach im Jahre 2006 im Ergebnis zu einem fortentwickelten „Raumordnungspolitischen Orientierungs- und Handlungsrahmen“ führen soll.

Der Raumordnungsbericht 2005 besteht aus zwei Berichtsteilen: Teil 1 *„Raumentwicklung“* und Teil 2 *„Raumbedeutsame Planungen und Maßnahmen“*. Im ersten, analytischen Teil zur *Raumentwicklung*, wird zunächst die raumordnerische Leitvorstellung der Gleichwertigkeit der Lebensverhältnisse in allen Teilräumen des Bundesgebietes aus Bürgersicht hinterfragt (Kapitel 1). Es wird die subjektive Einschätzung der *regionalen Lebensqualität* der Bürger dargestellt, bevor im weiteren Bericht mit objektiv messbaren Indikatoren die regional unterschiedlichen Lebensverhältnisse analysiert werden. Eine neu entwickelte *Grundtypisierung der Raumstruktur* mit Unterscheidung von Zentralräumen, Peripherräumen und Zwischenräumen (Kapitel 2) bildet dabei den räumlichen Bezugsrahmen zur Interpretation der Ergebnisse und für räumlich differenzierte Schlussfolgerungen und Handlungsempfehlungen. Nach diesen beiden einleitenden Kapiteln folgt die ausführliche Darstellung der aktuell bedeutendsten *Trends der Raumentwicklung* (Kapitel 3). Für den *demographischen Wandel*, den *Strukturwandel in der Wirtschaft*, die *Siedlungsentwicklung* und die *räumlichen Verflechtungen* werden jeweils die bisherige Entwicklung ab 1998/1999 und die Tendenzen der zukünftigen Entwicklung bis 2015/2020 dargestellt. Dabei werden auch Bezüge zu den anderen europäischen Staaten hergestellt. Schließlich werden die Einzeltrends im Zusammenhang betrachtet und zu *Grundtendenzen der Raumentwicklung* (Kapitel 3.5) zusammengefasst.

Der Raumordnungsbericht 2005 enthält erstmals einen Versuch, Raumentwicklung unter dem Aspekt der Nachhaltigkeit zu bewerten. Die *Nachhaltigkeit der Raumentwicklung* (Kapitel 4) wird dabei anhand eines wohldiskutierten Kern-Indikatorensatzes gemessen, der sowohl den aktuellen Zustand als auch die Entwicklung von 1995 bis 2001 beschreibt. Mehr oder weniger nachhaltige Entwicklungen, bzw. Nachhaltigkeitsdefizite werden dabei an Zielwerten für die einzelnen Indikatoren festgemacht.

Aus den Trends der Raumentwicklung und den Defiziten bei der Nachhaltigkeit werden dann die wichtigsten *künftigen räumlichen Herausforderungen* (Kapitel 5) abgeleitet: Die Sicherung der *öffentlichen Daseinsvorsorge und Wohnungsversorgung* unter den Bedingungen des demographischen Wandels, die *wachstumsorientierte Regionalentwicklung* vor dem Hintergrund des Strukturwandels in der Wirtschaft und *Landschaftsentwicklung und Freiraumschutz* vor dem Hintergrund gestiegener räumlicher Nutzungskonflikte. Nachdem jeweils die räumlichen Problemlagen beschrieben sind, werden Schlussfolgerungen zu deren Bewältigung bzw. Abmilderung gezogen und Hinweise zu möglichen Strategieansätzen gegeben.

Die Umsetzung der künftigen räumlichen Herausforderungen in praktische Raumordnungspolitik auf Landes- und Regionalebene erfolgt häufig für Raumtypen, in denen sich bestimmte Problemlagen bzw. besondere Entwicklungspotentiale konzentrieren. In einem weiteren Kapitel werden deshalb als *Räume mit besonderem Handlungsbedarf* (Kapitel 6) *Metropolräume*, *Suburbane Räume* und *Ländliche Räume* behandelt. Den Analysen liegt eine funktionale Betrachtung zugrunde, die die spezifischen Funktionen dieser Räume im Gesamtkontext der Bundesrepublik Deutschland beschreibt. Gleichzeitig bieten sich hier Ansatzpunkte für regionalspezifische Entwicklungsstrategien.

Im Teil 2 des Raumordnungsberichtes 2005 werden die im Berichtszeitraum ergriffenen, wesentlichen *raumbedeutsamen Planungen und Maßnahmen* dargestellt. Zunächst werden die Aktivitäten der *Bundesraumordnung* (Kapitel 7) und der *Raumordnung der Länder* (Kapitel 8), sowie die raumordnerische Zusammenarbeit im Rahmen der *europäischen Raumentwicklungspolitik* (Kapitel 9) behandelt. Neben diesen eigentlichen raumordnerischen Handlungsbereichen werden dann die raumbedeutsamen Fachpolitiken mit den durch sie verausgabten *raumwirksamen Bundesmitteln* (Kapitel 10) analysiert. Vor allem durch die unterschiedliche räumliche Verteilung der Mittel werden die Fachpolitiken raumwirksam. Außerdem werden einige *Fachpolitiken und -planungen* dargestellt, bei denen die Raumordnung direkt durch Planungskriterien und Stellungnahmen mitgewirkt hat (Kapitel 11).

Der Raumordnungsbericht 2005 wurde im Jahre 2004 erarbeitet. Er ist ein Produkt des wissenschaftlichen Bereichs im BBR, an dem viele Mitarbeiter des BBR und einzelne des BMVBW durch Textbeiträge, analytische Grundlagen und Kartographie, Satz und in der Druckerei mitgewirkt haben. Redaktionsschluss war der 30.12.2004. Er wurde zusammen mit einer Stellungnahme der Bundesregierung im Frühjahr 2005 dem Bundestag zugeleitet.

# Teil I
# Raumentwicklung

# 1 Regionale Lebensqualität

Raumordnung soll dazu beitragen, in allen Teilräumen der Bundesrepublik Deutschland *gleichwertige Lebensbedingungen* zu schaffen. Dieses Ziel darf aber nicht als Aufforderung zur Herstellung von „Gleichheit" missverstanden werden, denn dann würde jede erhebliche Abweichung vom Durchschnitt, jede Disparität zum Problem.

Die Forderung nach *Gleichwertigkeit* ist angemessener. Sie geht davon aus, dass die Lebensbedingungen in der föderal und von unterschiedlichen Raumstrukturen geprägten Bundesrepublik Deutschland objektiv unterschiedlich sind und vor dem Hintergrund subjektiver Wertmaßstäbe unterschiedlich bewertet werden. Nur solche Ungleichheiten, die nach allgemeinem Konsens wesentliche Lebensgrundlagen und Entwicklungsperspektiven beeinträchtigen, werden im politischen Prozess als ungleichwertig eingestuft und begründen den ausgleichenden Eingriff des Staates. Über die Bewertung von regionalen Ungleichheiten/ Disparitäten kann in vielen Fällen kein Zweifel bestehen, etwa bei stark unterschiedlicher Arbeitslosigkeit, bei ungleichen Bildungschancen oder Infrastrukturausstattungen. Oft werden dafür im politischen Prozess Spannweiten von hinzunehmenden oder aber nicht mehr zu akzeptierenden Ungleichheiten abgestimmt (etwa durch Bestimmung von „Armut" als 50 % unter Durchschnittsniveau). Oder es werden Mindeststandards (etwa von Wohn- raumversorgung) bzw. Obergrenzen (etwa von Umweltbelastungen) bestimmt, die die Grenzen von Ungleichwertigkeit markieren.

Die letztlich entscheidende Rolle bei der *Bewertung von räumlichen Ungleichheiten* spielen die betroffene Bevölkerung bzw. die im Alltag handelnden Akteure: Unternehmen bewerten die regionalen Bedingungen und handeln z.B. bei chancenmindernder Ungleichheit mit Standortverlagerungen. Wohnungs- und Arbeitssuchende bewerten das Angebot auf den regionalen Wohnungs- und Arbeitsmärkten, Eltern die Zukunftschancen ihrer Kinder. Sie bewerten die Bedingungen vor Ort und suchen nach Verbesserungsmöglichkeiten oder nach regionalen Alternativen, wenn die Bewertung negativ ausfällt. Dies kann zu Umzügen innerhalb der Region bzw. zu weiträumigen Verlagerungen der Wohnstandorte führen.

Derartige *„Abstimmungen mit den Füßen"* bzw. generell Standortentscheidungen von Haushalten, Unternehmen und Investoren als Folge von Ungleichwertigkeiten sind ambivalent zu beurteilen. Einmal sind sie als Anpassung an vorhandene Ressourcen und Chancen, an Wohnungsmarkt-, Arbeitsplatz- und Infrastrukturangebote durchaus zu begrüßen. Andererseits können Wanderungen regionale Problemlagen verschärfen, insbesondere dann, wenn sie sozial selektiv sind: Die Abwandernden sind i.d.R. jünger, aktiver, häufig besser ausgebildet und rechnen sich größere Chancen aus als die trotz negativ bewerteter Disparitäten immobile Bevölkerung. So kann im Saldo in den Abwanderungsregionen ein qualitativer Verlust an Humankapital entstehen, dem wichtigsten regionalen Entwicklungspotenzial.

Die Erfassung solcher Bewertungen durch die Betroffenen, die Maßstäbe und Prioritäten, mit denen Komponenten der Lebensqualität beurteilt werden und schließlich die Verhaltensrelevanz entsprechender Beurteilungen sind deshalb ein wichtiger Bestandteil einer analytisch orientierten Raumbeobachtung.

## Lebenszufriedenheit in der Region

Es kann kein Zweifel bestehen, dass es in der Bundesrepublik Deutschland erhebliche regionale Unterschiede in den Lebensbedingungen gibt: Stadt-Land-Unterschiede, Unterschiede je nach Wirtschaftsstruktur und Prosperität, zwischen Nord und Süd und insbesondere zwischen Ost und West werden in diesem Bericht auf der Grundlage regionaler Daten ausführlich dargestellt. Die Frage ist, inwieweit solche Ungleichheiten als Ungleichwertigkeiten erlebt und welche Konsequenzen daraus gezogen werden. Diese Frage ist insbesondere angesichts der 15-jährigen Aufwendungen und Anstrengungen zur Herstellung der Gleichwertigkeit der Lebensbedingungen in den neuen und alten Ländern von Interesse.

Nimmt man die Ergebnisse aktueller, regional repräsentativer Bevölkerungsumfragen, wie die in der Zeitschrift *„stern"* publizierte Internet-Befragung *„Perspektive Deutsch-*

Internet-Umfrage „Perspektive Deutschland" siehe: www.perspektive-deutschland.de

*land*" zum Maßstab, muss die Frage nach der Verwirklichung von Gleichwertigkeit in Deutschland sehr skeptisch beurteilt werden: Die Zufriedenheit mit den Lebensbedingungen am Ort bzw. in der Region ist in Deutschland außerordentlich unterschiedlich, zumindest dann, wenn man sie an der Zustimmung zur Aussage „Alles in allem gesehen kann man in der Region, wo ich lebe, sehr gut leben" misst. Die Spanne der so gemessenen regionalen Zufriedenheit reicht bei der Umfrage 2003 von 86 % Zustimmung (Starnberg) bis zu nur 22 % (Dessau). Beide Eckpunkte signalisieren ein eklatantes Gefälle zwischen Ost und West. Im Durchschnitt zeigt sich, dass 75 % der Bevölkerung in den alten Ländern, jedoch nur 40 % der Einwohner in den neuen Ländern eine entsprechende Zustimmung zu der Frage gegeben haben. Ferner wird deutlich, dass die Rangplätze 1 bis 90 von ausschließlich westdeutschen Regionen eingenommen werden, hingegen die letzten Plätze 98 bis 120 nur von ostdeutschen Teilräumen belegt werden. Lediglich drei ostdeutsche Städte – Berlin, Dresden und Leipzig – erfahren eine bessere Bewertung als die beiden westdeutschen Regionen mit der ungünstigsten Einschätzung der dortigen Lebensqualität. Dabei handelt es sich um Oberfranken-Ost und Gelsenkirchen/Bottrop. Die am schlechtesten bewerteten Regionen liegen in den ländlichen und/oder strukturschwachen Landesteilen in Ostdeutschland.

**Lebenszufriedenheit in der Region**

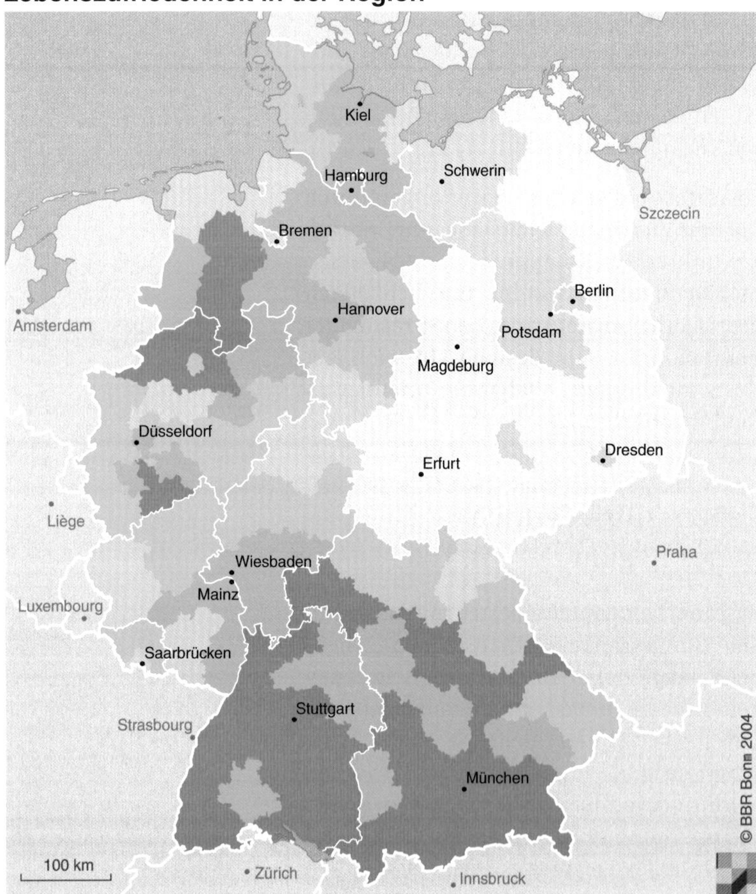


**Anteil der mit dem Leben in der Region zufriedenen Befragten 2003 in %**

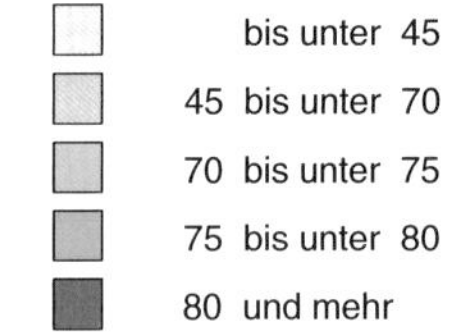


Anmerkung: Angegeben ist der prozentuale Anteil der Teilnehmer im Alter von 18 bis 59 Jahren, die auf die Frage "Wie denken Sie über die folgende Aussage zum Leben in Ihrer Region? - Alles in allem gesehen kann man in der Region, wo ich lebe, sehr gut leben." auf einer Skala von 1 = "Stimmt genau" bis 6 = "Stimmt gar nicht " mit 1 oder 2 geantwortet haben.

Raumgliederung nach Perspektive Deutschland, Stand 2004; auf Grundlage der Kreise, Stand 31. 12. 2001
Quelle: Perspektive Deutschland - Eine Initiative von McKinsey, stern, ZDF und AOL
In: http://www.perspektive-deutschland.de/files/presse_2004/Perspektive-Deutschland_Zufriedenheit_der_Buerger.pdf, Stand: 15. 10. 2004

## Große Ost-West-Disparitäten in der Bewertung der regionalen Lebensqualität

Neben diesem dominanten Ost-West-Trend der Bewertung machen die Ergebnisse der Umfrage aber auch deutlich, wo die attraktivsten Regionen sowohl in den alten als auch in den neuen Ländern zu finden sind. Es handelt sich um die Großstadtregionen Köln/Bonn, Stuttgart und München in Westdeutschland und in Ostdeutschland um Berlin, Leipzig und Dresden in Ostdeutschland. Aber auch einige prosperierende mittelstädtisch strukturierte Regionen in Westdeutschland sind in der Spitzenklasse, wie das Münsterland, Oldenburg, Osnabrück, der Oberrhein-Korridor, Oberbayern und die Region Bodensee-Oberschwaben. Aus den Ergebnissen der Internet-Befragung wird deutlich: Die Forderung nach der Gleichwertigkeit der Lebensverhältnisse in allen Landesteilen ist offensichtlich aus der Sicht der Bürger nicht eingelöst.

### Statistische Erklärungsansätze

Die Bewertung der Lebensqualität in einer Region wird jedoch in der Fachliteratur als eine schwierig zu messende Angelegenheit betrachtet, da die Antworten aus verschiedenen Gründen verzerrt sein können. So gehen in diese Bewertungen z.B. durch die Medien transportierte Imagebildungen ein. Dennoch besteht auch die Ansicht, dass trotz dieser Probleme die Angaben zur Lebensqualität bei Messung mit verschiedenen Methoden (Methodenmix) relativ konsistent sind. Insofern kann davon ausgegangen werden, dass auch die Online-Umfrage „Perspektive Deutschland" die tatsächlichen Gegebenheiten gut widerspiegelt, zumal bundesweit ungefähr 450 000 Personen an der Befragung teilgenommen haben. Der Begriff der Lebensqualität ist vieldimensional, da die Lebensqualität von unterschiedlichen Faktoren beeinflusst wird. Es stellt sich daher die Frage, durch welche statistisch messbaren Größen die unterschiedliche Bewertung der regionalen Lebensqualität hauptsächlich erklärt werden kann. Eine Regressionsanalyse zeigt, dass vor allem Faktoren, die die räumlich unterschiedliche *ökonomische Situation* darstellen, das Ergebnis beeinflussen.

## Lebenszufriedenheit stark abhängig von ökonomischer Situation in der Region

Insbesondere zwei Kennziffern können die subjektive Bewertung der Lebensqualität gut erklären: Die *Arbeitslosenquote* und der *Wanderungssaldo der 18- bis 30-Jährigen* pro 1 000 Einwohner. Dabei hat die Arbeitslosenquote einen besonders hohen Erklärungswert: Je höher die Arbeitslosigkeit in einer Region desto niedriger wird die Lebensqualität eingeschätzt. In diesem Zusammenhang kann einfließen, dass durch eine aktuell eingetretene Arbeitslosigkeit das Einkommen niedriger ist, ein psychischer Druck auf den Arbeitssuchenden lastet, möglichst schnell wieder eine Beschäftigung zu finden und eventuell ein Umzug droht. Eine hohe Arbeitslosenquote kann auch bedeuten, dass bei Beschäftigten die Wahrscheinlichkeit steigt, selbst in Zukunft die Arbeit zu verlieren. All diese Gründe wirken negativ auf die Einschätzung der Lebensqualität.

Der *Wanderungssaldo* der 18- bis 30-Jährigen, d.h. die Zahl der Zuziehenden abzüglich der Wegziehenden in dieser Altersgruppe, kann dahingehend interpretiert werden, dass sich darin die zukünftige wirtschaftliche Entwicklung einer Region widerspiegelt. Gerade diese Gruppe ist aus Ausbildungsmotiven oder beruflichen Gründen mobil, und die Bewegungsrichtung ist auf die attraktiven Regionen ausgerichtet. Darunter fallen z.B. die beliebten Universitätsstädte mit einer überregionalen Ausstrahlung oder die Räume mit einem starken Wirtschaftswachstum, d.h. die Regionen, wo neue Arbeitsplätze entstehen. Da eine großräumige Wanderung mit Kosten verbunden ist, kann angenommen werden, dass nur bei einer längerfristigen Perspektive ein Ortswechsel vollzogen wird. Insofern steht ein hoher Wanderungssaldo bei dieser Altersgruppe für die Erwartung, dass die Zielregionen auch zukünftig attraktiv bleiben werden, was wiederum einen positiven Einfluss auf die subjektive

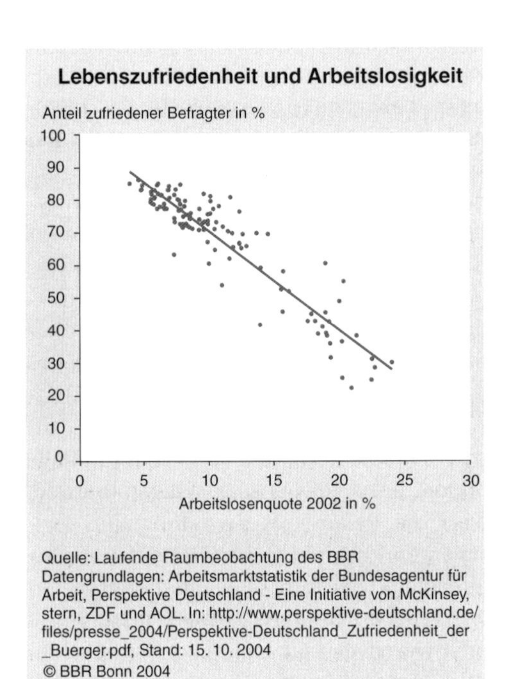


**Lebenszufriedenheit und Arbeitslosigkeit**

Quelle: Laufende Raumbeobachtung des BBR
Datengrundlagen: Arbeitsmarktstatistik der Bundesagentur für Arbeit, Perspektive Deutschland - Eine Initiative von McKinsey, stern, ZDF und AOL. In: http://www.perspektive-deutschland.de/files/presse_2004/Perspektive-Deutschland_Zufriedenheit_der_Buerger.pdf, Stand: 15. 10. 2004
© BBR Bonn 2004

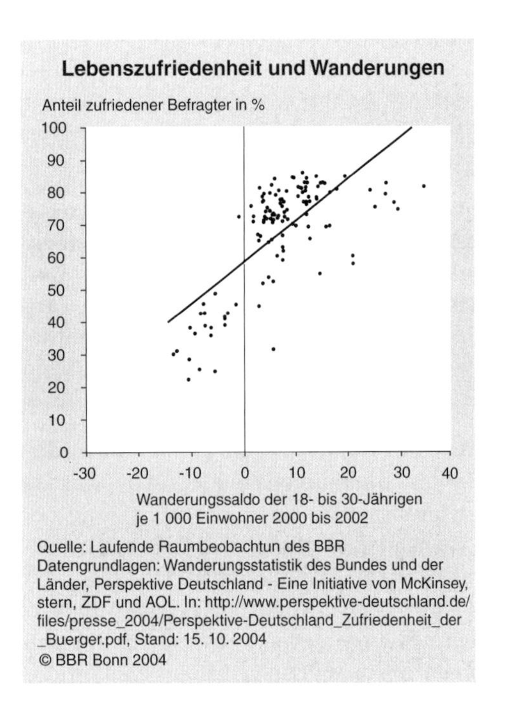


**Lebenszufriedenheit und Wanderungen**

Quelle: Laufende Raumbeobachtun des BBR
Datengrundlagen: Wanderungsstatistik des Bundes und der Länder, Perspektive Deutschland - Eine Initiative von McKinsey, stern, ZDF und AOL. In: http://www.perspektive-deutschland.de/files/presse_2004/Perspektive-Deutschland_Zufriedenheit_der_Buerger.pdf, Stand: 15. 10. 2004
© BBR Bonn 2004

## Verfügbares Einkommen

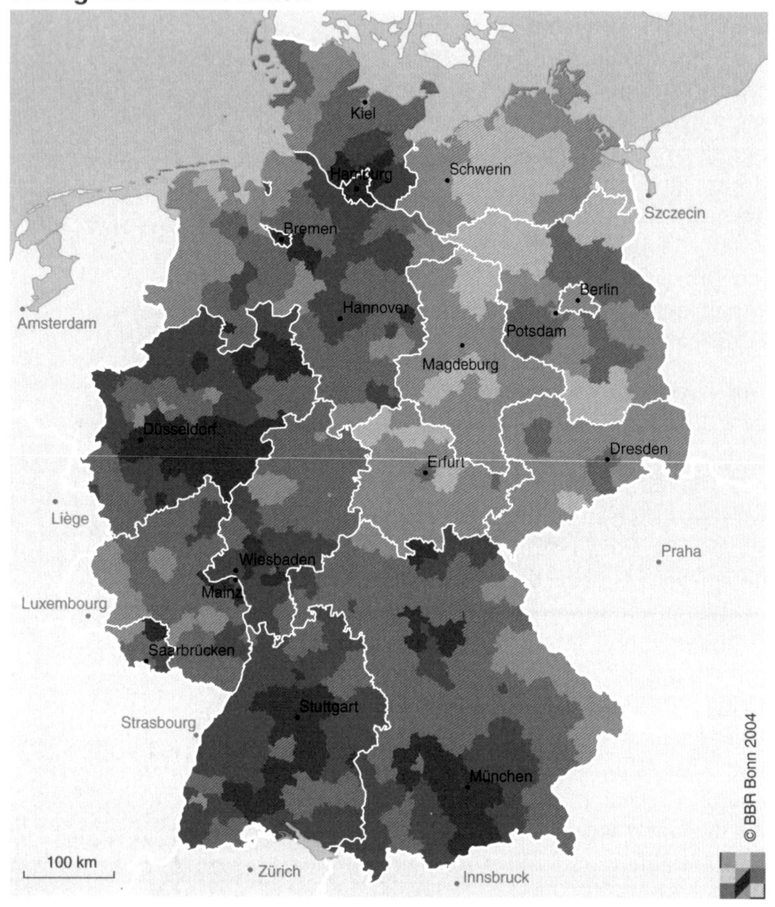


**Verfügbares Einkommen privater Haushalte 2002 in Euro je Einwohner**

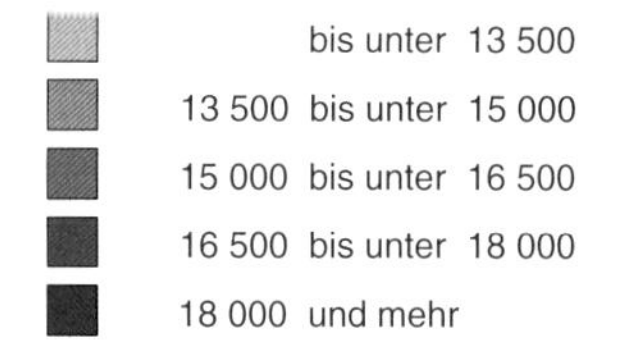


Kreisregionen, Stand 31. 12. 2001
Quelle: Laufende Raumbeobachtung des BBR
Datengrundlagen: Fortschreibung des Bevölkerungsstandes des Bundes und der Länder, Arbeitskreis "Volkswirtschaftliche Gesamtrechnung der Länder"

Bewertung der Lebensqualität hat. Der statistische Zusammenhang ist insbesondere in den neuen Ländern hoch: Junge Menschen wandern dort z.B. in die alten Länder, wenn sie glauben, dass sich mittelfristig keine günstige berufliche Perspektive in Ostdeutschland für sie bieten wird.

Auch das *verfügbare Einkommen* wird häufig als multidimensionale, ökonomische Erklärungsgröße für die Einschätzung der Lebensqualität genannt. Eröffnet ein ausreichend hohes Einkommen den Menschen doch in vielfältiger Hinsicht die Möglichkeit, aktiv das Leben zu gestalten und sich einen entsprechenden Lebensstandard zu leisten. Danach müsste in Regionen, wo das verfügbare Einkommen überdurchschnittlich hoch ist auch die Zufriedenheit mit den Lebensbedingungen höher sein. Die statistische Korrelation mit der Einschätzung aus der Internet-Befragung zeigt jedoch im Unterschied zu den zuvor betrachteten Indikatoren zur Arbeitslosigkeit und zum Wanderungsverhalten nur schwächere Zusammenhänge. Das zeigt auch die räumliche Verteilung der Höhe des verfügbaren Einkommens je Einwohner. In den neuen Ländern ist das Einkommensniveau immer noch geringer als in den alten Ländern. Die großen Zentralräume der alten Länder haben das höchste Einkommensniveau. In den neuen Ländern finden sich Haushalte mit höherem Einkommen vorwiegend im Berliner Umland und in den größeren Städten im Süden. Insofern stimmt der Zusammenhang mit den regionalen Ergebnissen der Internetbefragung überein. Gleichzeitig zeigt die Befragung aber auch weite Landstriche im Süden und Norden der alten Länder, in denen die Lebenszufriedenheit hoch ist, obwohl ein eher geringeres Einkommensniveau vorherrscht, oder umgekehrt Regionen mit höherem Einkommensniveau, in denen die Lebensqualität geringer eingeschätzt wird (z.B. in Hamburg, Frankfurt, Berliner Umland, im Saarland und im Umland von Berlin).

Ein höheres verfügbares Einkommen bedeutet auch nicht unbedingt, dass sich die Bewohner dort mehr leisten können. Es gilt zu bedenken, dass auch die *Lebenshaltungskosten* gerade in den westdeutschen Großstadtregionen sehr hoch sind. Ein wichtiger Indikator für die Höhe der regionalen Lebenshaltungskosten ist das regional unterschiedliche *Mietniveau*. Es bestimmt wesentlich die Höhe der Kaufkraft, denn im Durchschnitt wird rund ein Fünftel des Budgets der privaten Haushalte für die Wohnungsmiete aufgewendet. In Regionen wie München, Stuttgart oder Frankfurt kann dieser Anteil aber noch darüber liegen. Auch wenn bei der Darstellung des regionalen Mietniveaus (siehe Karte: „Mietstufen") nur die durch Wohngeld bezuschussten Haushalte die Datengrundlage bilden, kann davon ausgegangen werden, dass die Relationen der Mietstufen zwischen den Regionen, die tatsächlichen Unterschiede bei den Lebenshaltungskosten weitgehend zutreffend beschreiben. Somit relativieren sich die regionalen Unterschiede beim verfügbaren Einkommen zum Teil, weil in den Regionen mit höherem Einkommensniveau auch die Lebenshaltungskosten höher sind und umgekehrt. Dies betrifft zum einen die West-Ost-Unterschiede, wenngleich es auch in den alten Ländern Regionen gibt, wo die Mieten weit unter dem Bundesdurchschnitt liegen. Am deutlichsten ist der Zusammenhang jedoch bei den westdeutschen Großstadtregionen München, Stuttgart, Frankfurt, Düsseldorf - Köln - Bonn, Hannover und Hamburg, wo die Kaufkraft für die Bewohner trotz relativ hoher Einkommen wegen der hohen Lebenshaltungskosten nicht überdurchschnittlich hoch ist.

## Regionales Einkommensniveau nicht entscheidend bei der Einschätzung der regionalen Lebensqualität

### Bewertungsaspekte der wahrgenommenen Lebensqualität

Eine weitere Möglichkeit, nach den Ursachen der subjektiven Bewertung zu suchen stellt die jährliche *BBR-Umfrage* dar. Darin wird nach den unterschiedlichen Bewertungsaspekten der Lebenssituation der Bürger differenziert gefragt. Sie liegt den weiteren Ausführungen zugrunde.

Dabei müssen zwei Bewertungsperspektiven unterschieden werden:

- Einmal geht es um die Bewertung von konkreten Orten, den dort jeweils vorliegenden Gegebenheiten, Eigenarten und Charakteristika: Was zeichnet den Ort aus, wie bewertet man das, was ihn auszeichnet. Diese ortspezifischen Situationen kann man relativ unabhängig von den persönlichen Lebensumständen einordnen und bewerten.
- Zum anderen geht es um die Zufriedenheit mit den allgemeinen Lebensbedingungen und den persönlichen Lebensumständen, die zwar vor Ort erlebt werden, mit dem einzelnen Ort aber ansonsten nicht viel zu tun haben müssen. Das gilt z.B. für die gesamtwirtschaftliche Entwicklung. Sie ist wichtig, prägt die Lebenszufriedenheit und schlägt sich bei Defiziten in regionaler Unzufriedenheit nieder, auch wenn man ansonsten mit den lokalen / regionalen Lebensbedingungen zufrieden sein kann.

## Mietenniveaus

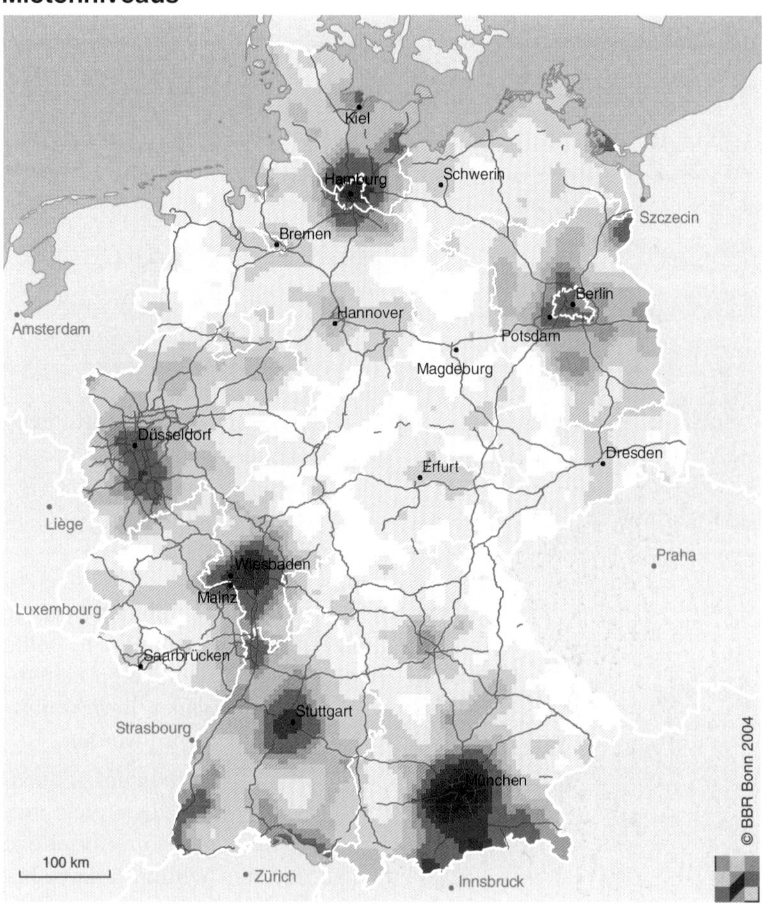


**Modellierte regionale Mietenniveaus 2003/2004**

niedrig hoch

—— Bundesautobahn

Quelle: BBR-Wohnungsmarktbeobachtungssystem
Datengrundlage: IDN Immodaten GmbH

Neu- und Wiedervermietungsmieten sind für aktuelle Analysen der Wohnungsmärkte ein geeigneter Indikator, weil in Neuabschlüssen von Mietverträgen die Miethöhen an die Entwicklungen der Märkte angepasst werden. Mit Mietbelastungsquoten von häufig 20-35% vom Haushaltsnettoeinkommen sind die Mieten zudem ein zentraler Faktor der regional unterschiedlichen Lebenshaltungskosten. In der Karte sind die hohen Mietenniveaus der süddeutschen Großstädte auffällig, die hohen Mieten erstrecken sich hier auch weit in das Umland. Anders ist es in weiten Teilen Nord- und Ostdeutschlands, hier strahlen die höheren Preise in den Großstädten weniger ins Umland aus. Gleichzeitig widerlegt die Karte die Vorstellung, dass sich niedrige Mieten alleine auf die neuen Länder beschränken. In einigen ländlichen Regionen in den alten Ländern sind die durchschnittlichen Mietenniveaus kaum höher als in ostdeutschen Regionen.

Der Karte liegen knapp 1,3 Mio. Vermietungsangebote aus Zeitungen und Internetportalen zu Grunde. Auch wenn diese Angebotsmieten die tatsächlich vereinbarten Mietabschlüsse etwas übersteigen können, ermöglichen diese Daten erstmals eine belastbare bundesweite Analyse der regionalen Mietenniveaus.

### INFO: Laufende BBR-Umfrage

Die BBR-Umfrage ist Teil des Raumbeobachtungssystems des BBR. Sie wird seit 1986 im Westen, seit 1990 in Ost und West durchgeführt. Die Umfragen ergänzen die flächendeckende regionalisierte Indikatorenberichterstattung auf der Basis der Regional- und Kommunalstatistik. Es werden jährlich jeweils ca. 2 000 Personen in den neuen und den alten Ländern per Zufallsauswahl ermittelt und befragt. Die Umfragen dienen einmal der Beschreibung großräumiger Disparitäten und deren Bewertungen, vor allem aber der Untersuchung von systematischen Zusammenhängen von wahrgenommen Lebensbedingungen, Bewertungen und Verhaltensweisen. Regionalisierung im Sinne regionsspezifischer Auswertungen sind durch die jährliche Fallzahl stark eingeschränkt. Möglich sind jedoch großräumige Vergleiche, z. B. von Ländern oder von Regionen gleichen Raumtyps.

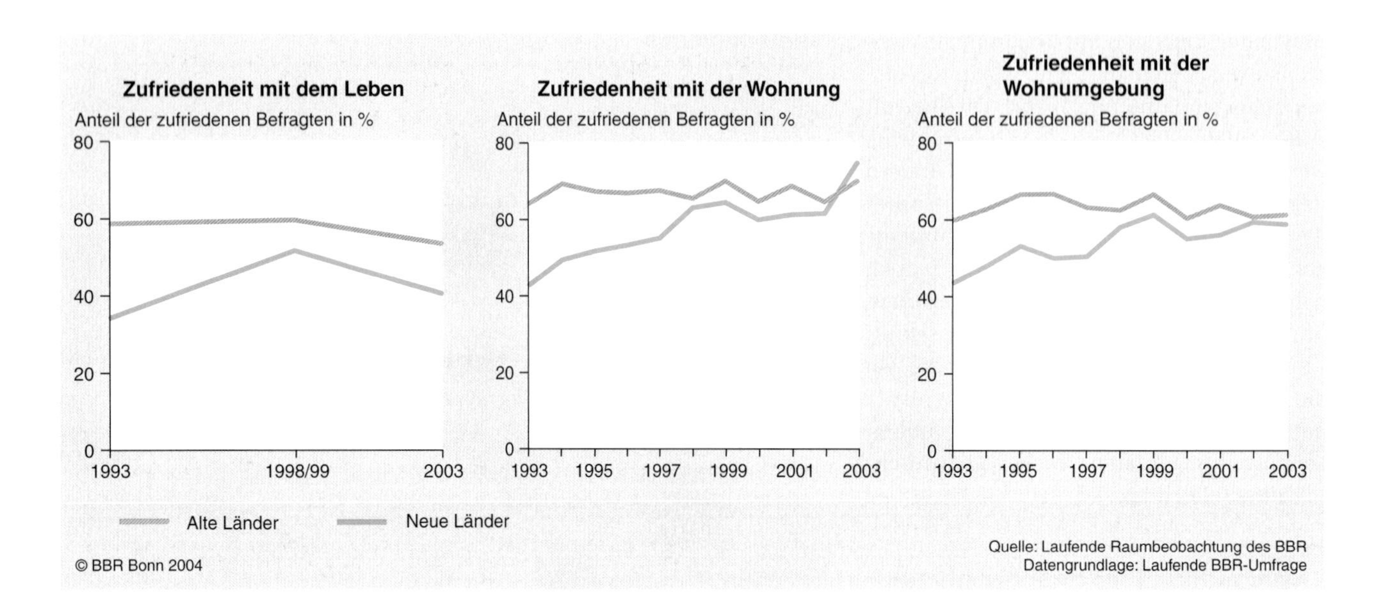


Um aus Bewertungen politikrelevante Empfehlungen ableiten zu können, sollte diese Vermischung persönlicher, ortsunabhängiger und ortsbezogener Bewertungsmaßstäbe analytisch getrennt werden.

Betrachtet man die Bewertung der Lebensumstände insgesamt (Zufriedenheit mit dem „Leben“) und die damit verbundene Zufriedenheit mit dem Wohnort, dann bestätigt sich zunächst das in der Internet-Umfrage vermittelte Bild: Auch heute noch liegt eine erhebliche Ungleichwertigkeit der Lebensumstände in Ost und West vor. Sie ist, wie sich im Zeitvergleich zeigt, 2003 nicht wesentlich geringer als unmittelbar nach der deutschen Einigung.

Dennoch hat sich in der Spanne zwischen 1990 und 2003 einiges verändert, aber mit wechselnder Richtung. Zunächst haben die Disparitäten stark abgenommen. Gegen Ende der 1990er Jahre konnte von einer weitgehenden Annäherung in der Bewertung der Lebensqualität gesprochen werden. Das lag vor allem an der zunehmend positiven Bewertung im Osten, während im Westen seit Mitte der 1990er Jahre die Lage eher skeptischer bewertet wurde. Danach aber öffnet sich die Schere wieder: Ab 1998/99 ist man mit dem Leben und wird man mit den lokalen Umständen insbesondere im Osten zunehmend wieder unzufriedener.

Was steckt hinter diesen Bewertungen? Sind die Lebensbedingungen im Urteil der Menschen tatsächlich schlechter geworden? Oder spielen für die Lebens- und Ortszufriedenheit 2003 andere Dinge eine Rolle als noch zu Beginn der 1990er Jahre?

Tatsächlich deutet sich insbesondere im Osten eine veränderte Prioritätensetzung an. Betrachtet man verschiedene *Aspekte der Wohnsituation* als Determinanten der Lebenszufriedenheit, dann zeigen sich in Ost und West zu Beginn der 1990er Jahre relativ enge Zusammenhänge mit der Zufriedenheit mit dem Wohnort, der Wohnung, der Wohngegend und den Umweltbedingungen. Die Zufriedenheit mit den Verhältnissen vor Ort schlägt sich deutlich in der Lebenszufriedenheit nieder, und zwar in vergleichbarer Stärke, in der auch die wirtschaftliche Lage der Betroffenen mit der Lebenszufriedenheit verbunden ist.

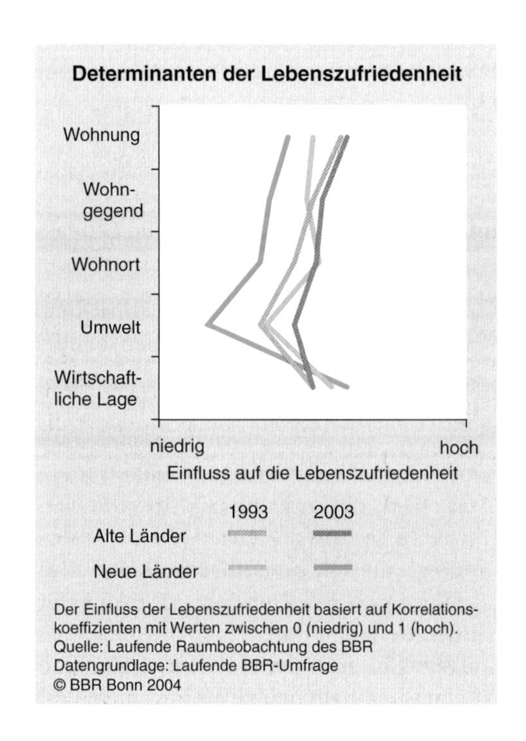

Der Einfluss der Lebenszufriedenheit basiert auf Korrelationskoeffizienten mit Werten zwischen 0 (niedrig) und 1 (hoch).
Quelle: Laufende Raumbeobachtung des BBR
Datengrundlage: Laufende BBR-Umfrage
© BBR Bonn 2004

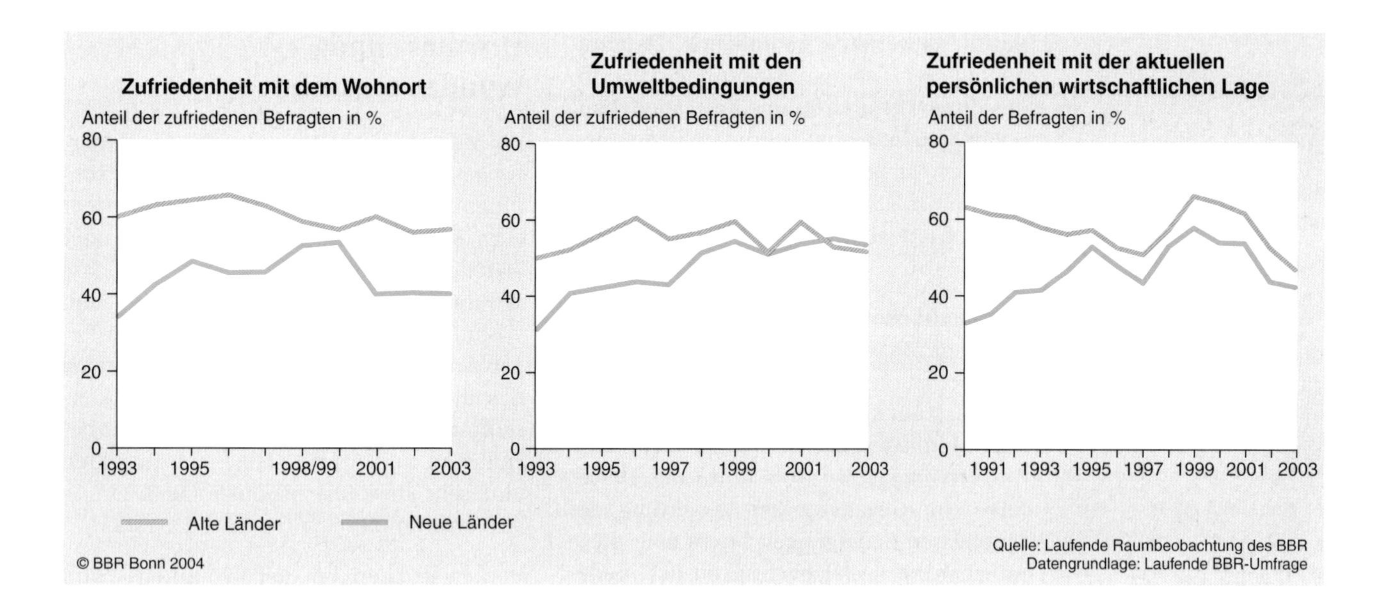


Allerdings spielen die *wirtschaftliche Lage* bzw. Aspekte des Arbeitsmarktes bereits 1993 im Osten eine größere Rolle für die Lebenszufriedenheit als im Westen. Diese bereits knapp nach der Deutschen Einheit erkennbare Prioritätensetzung im Osten auf Wirtschaft und Arbeit verstärkt sich dann noch in 2003, während zugleich die Wohnsituation und Umweltbedingungen und damit der räumliche Kontext deutlich an Bedeutung für die Lebenszufriedenheit verlieren.

Im Westen dagegen liegt eine höhere Konstanz der Bewertungsmuster vor. Insbesondere bleibt die Bedeutung der wirtschaftlichen Lage zwischen 1993 und 2003 konstant. Sie ist hoch, liegt aber deutlich unterhalb der Gewichtung, die sich im Osten zeigt. Im Westen erfährt die wirtschaftliche Lage 2003 allenfalls insofern einen relativen Bedeutungszugewinn, weil zugleich die räumlichen Aspekte eher an Bedeutung verlieren, freilich nicht so ausgeprägt wie im Osten. Im Osten hängt also die Lebenszufriedenheit zunehmend weniger von der Zufriedenheit mit den konkreten Wohn- und Wohnumfeldbedingungen vor Ort ab als im Westen. Das heißt dann auch, dass mögliche Verbesserungen in diesen Bereichen eine abnehmende Bedeutung für die Lebenszufriedenheit insgesamt haben.

Tatsächlich zeigt sich genau dieses Bewertungsdilemma: Die Zufriedenheit mit den räumlichen Lebensbedingungen hat sich seit der Deutschen Einheit durchaus positiv entwickelt, wenn man sich den von den Befragten überschaubaren Alltagsbedingungen zuwendet, aber das „zählt weniger" bei der Zufriedenheit mit dem Leben insgesamt.

- Die *Zufriedenheit mit der Wohnumgebung*, in der man lebt, nimmt im Osten zu. Ab 1998 liegt sie in Ost und West auf einem vergleichbar hohen Niveau: Rund 60 % sind mit der Wohnumgebung eindeutig zufrieden, nachdem man im Osten noch 1993 bei ca. 40 % lag.
- Auch die *Umweltbedingungen* werden zunehmend gleich bewertet: 1993 waren nur ein knappes Drittel zufrieden, 2003 mehr als die Hälfte, stärker gar als im Westen.
- Im privaten Bereich der Wohnung liegt eine starke Annäherung der Bewertungen vor. Der Westen bleibt in etwa konstant auf hohem Niveau, der Osten nähert sich bis Ende der 1990er Jahre rasant an, um sich dann mit kleineren Schritten dem Westen anzunähern und ihn gar im Jahr 2003 zu überflügeln.

## Die Zufriedenheit mit den räumlichen Lebensbedingungen im Osten steigt

Es liegt also eine ausgeprägte Anerkennung der Verbesserungen im Wohn- und Wohnumfeldbereich vor. Diese sind Erfolge der *raumbezogenen Politik*. Gleichwohl haben diese Erfolge der offenbar nicht entscheidend zur Gleichwertigkeit der Lebensbedingungen insgesamt beitragen können. Hier spielt die zunehmend kritische Bewertung der allgemeinen wirtschaftlichen Lage eine wesentliche Rolle. Während also die positiv bewerteten räumlichen Determinanten der Lebenszufriedenheit vor Ort, die durch Raumordnung und Städtebaupolitik beeinflussbar sind, an Bedeutung verlieren, steigt die Bedeutung der allgemeinen wirtschaftlichen Aspekte für die Lebenszufriedenheit.

Diese zunehmend wichtige Bewertung der wirtschaftlichen Lage nähert sich nicht in gleichem Maße an wie die Bewertung der räumlichen Lebensqualitäten. Zwar zeigt sich auch auf diesem Gebiet nach der Deutschen Einheit zunächst ein sehr deutlicher Annäherungsprozess bis Mitte der 1990er Jahre. Im Gegensatz zur Bewertung der räumlichen Bedingungen bricht aber diese Annäherung („Gleichwertigkeit auf niederem Niveau") bereits Mitte der 1990er Jahre ab. Die Menschen im Osten schätzen ihre wirtschaftliche Lage subjektiv weniger gut ein als die im Westen. Dabei liegt ab Mitte der 1990er Jahre ein relativ konstanter Abstand (zwischen 5 und 10 %-Punkten) vor. In beiden Landesteilen ist zudem ab Ende der 1990er Jahre eine sehr klare negative Tendenz bei der Beurteilung der persönlichen wirtschaftlichen Lage zu beobachten.

Damit lassen sich die Ost-West Disparitäten der subjektiven Lebensqualität relativ deutlich auf die unterschiedliche Einschätzung der wirtschaftlichen (und der damit verbundenen Arbeitsmarkt-) Situation zurückführen. Sie überlagern die davon unabhängigen, durchaus vorhandenen, Verbesserungen in den räumlichen Lebensverhältnissen. Diese Überlagerung der lokalen und regionalen Qualitäten durch allgemeine wirtschaftliche Entwicklungen kann für die Raumentwicklung von entscheidender Bedeutung sein, sofern dadurch das räumliche Standortwahl- und Wanderungsverhalten der Menschen beeinflusst wird.

## Umzugs- und Wanderungsmotive

Als Maß der Verhaltensrelevanz der Bewertungen der Wohn-, Lebens- und Arbeitsbedingungen wird im Folgenden die Absicht zum Wohnungswechsel, zu *Umzug* oder *Wanderung* betrachtet. Dabei gilt, dass Wohnungswechsler aus Wohnungs- und Wohnumfeldbezogenen Motiven in der Regel einen neuen Standort im Nahbereich des alten anstreben. Dagegen weisen Wohnungswechsler im Zusammenhang mit beruflichen und Arbeitsplatzgesichtspunkten eine sehr klare überregionale Orientierung auf, insbesondere im Osten.

Verbesserungen bei der Wohnungs- und der Wohnumfeldsituation führen also möglicherweise dazu, dass entsprechend motivierte lokale, innerregionale Umzüge unterbleiben. Weiträumige, überregionale Wanderungen aber bleiben davon weitgehend unberührt. Bei diesen Wanderungen spielen berufliche Umorientierungen die entscheidende Rolle. Die Frage ist, inwieweit diese Umorientierungen von der Einschätzung der wirtschaftlichen Lage abhängen und inwieweit eine negative Bewertung der persönlichen wirtschaftlichen Situation zur „Abstimmung mit den Füßen" im Sinne einer überregionalen Wanderung führt.

### Berufliche Umorientierung ist Hauptgrund für weiträumige Wanderung, insbesondere im Osten

Vergleicht man die (negative) Bewertung der wirtschaftlichen Situation und die Absicht zum Wohnungswechsel, dann gilt: Mit steigender negativer Bewertung der wirtschaftlichen Lage steigt auch die Mobilitätsbereitschaft; in wirtschaftlich kritisch beurteilten Zeiten denken mehr Menschen an Wohnungs- bzw. Ortswechsel. Dies Verhalten aber ist zu großen Teilen noch keine „Abstimmung mit den Füßen". Vielmehr steht in Ost und West zunächst (bei ca. 1/3 der Umzugswilligen) das Motiv „Wohnung" im Vordergrund: Wenn es einem wirtschaftlich nicht gut geht, dann gibt auch die Wohnung Anlass zu Kritik und zum Wohnungswechsel – sofern man sich diesen leisten kann.

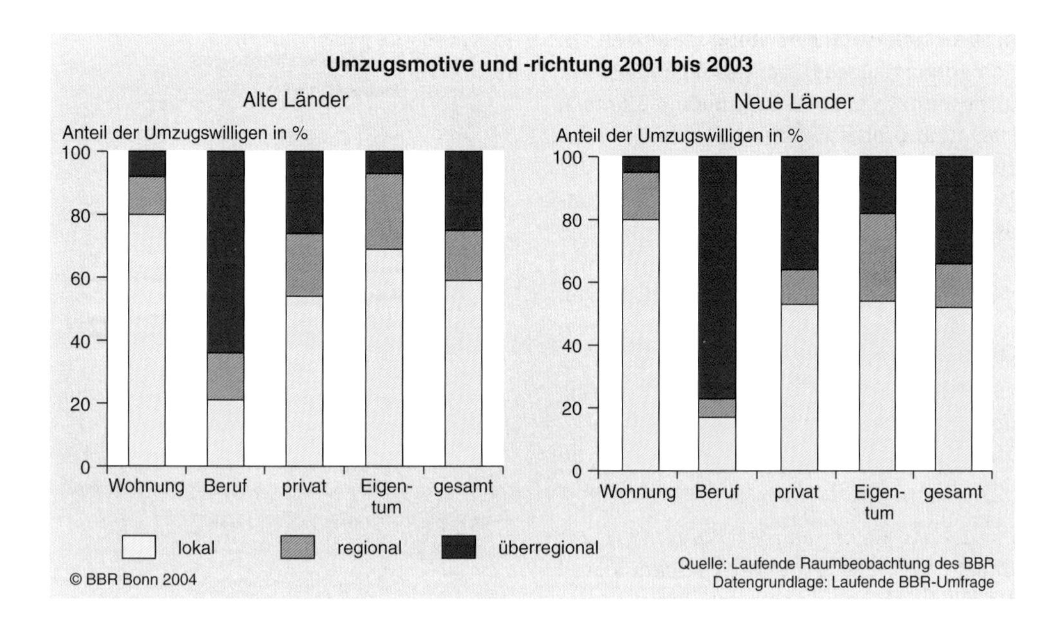


Daneben gibt es aber einen erheblichen Anteil, der in schlechter wirtschaftlicher Lage aus beruflichen Gründen umziehen möchte. Dieser Anteil nimmt im Osten seit Mitte der 1990er Jahre deutlich zu. Da mit beruflichen Umzugsplänen in der Regel eine weiträumige Wanderung impliziert ist, ergibt sich so ein klarer Zusammenhang zwischen der negativen Bewertung der wirtschaftlichen Situation und einer weiträumigen Abwanderungsperspektive. Dabei ist vor allem im Osten die überregionale Perspektive stark abhängig von der persönlichen wirtschaftlichen Situation: Wenn man die wirtschaftliche Situation positiv einschätzt, dann verbinden sich Umzugspläne sehr viel weniger mit einer überregionalen Perspektive als in negativ bewerteter Lage. So suchen z.B. im Jahre 2000 41% der mit ihrer wirtschaftlichen Situation unzufriedenen Umzugswilligen ein Ziel außerhalb ihren Region und nur 31 % derjenigen, die mit ihrer wirtschaftlichen Lage zufrieden sind.

Insgesamt war die überregionale Perspektive bei Umzügen im Osten in den 1990er Jahren geringer ausgeprägt als im Westen, steigt aber seit Ende der 1990er Jahre deutlich an. Obwohl also die Bereitschaft zu räumlicher Mobilität im Osten nicht größer ist als im Westen, entschließt man sich im Osten wegen der Bedeutung wirtschaftlicher und beruflicher Gesichtspunkte eher für eine überregionale Wanderung.

Diese Abwanderungsbereitschaft bedeutet keineswegs, dass in den neuen Ländern eine geringere *Bindung an die Region* bzw. an die sozialen und räumlichen Gegebenheiten vor Ort vorliegt als in den alten Ländern. Eher ist das Gegenteil der Fall: In den alten Ländern ist die emotionale Bindung

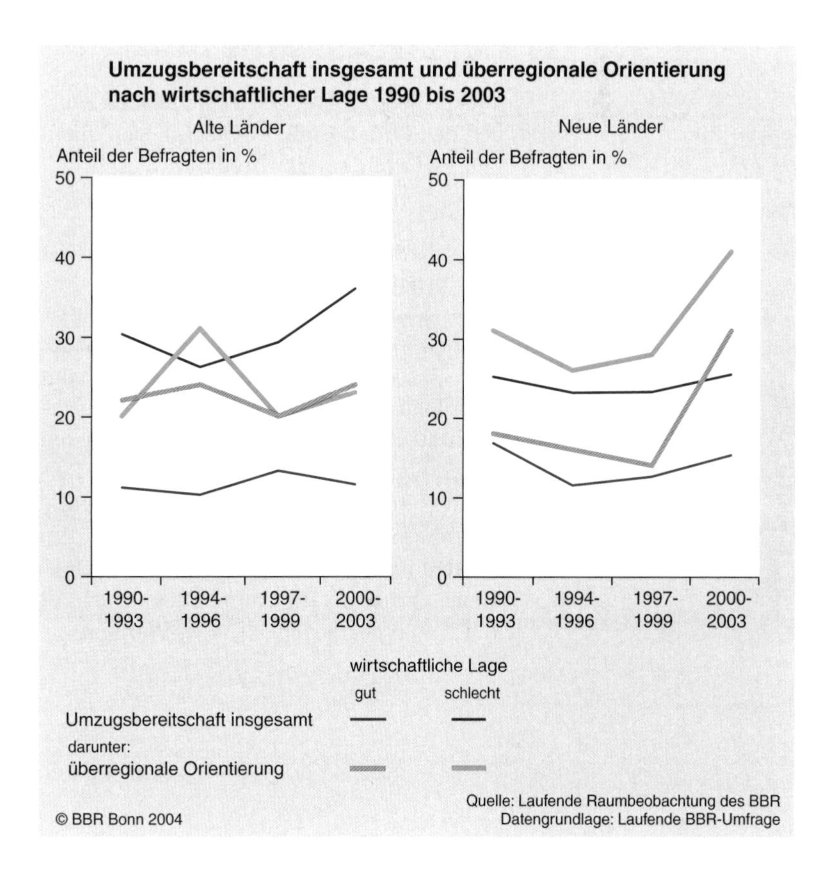

in den 1990er Jahren stetig gesunken, in den neuen dagegen eher gestiegen. Das gilt insbesondere für den räumlichen Kontext: Die „Landschaft", der „Ortsteil", „das Haus/die Wohnung" haben seit Mitte der 1990er Jahre deutlich an Bedeutung gewonnen und liegen über den entsprechenden Werten des Westens, ebenso wie die Bindung an die Nachbarn. Die Verbesserungen in den räumlichen Verhältnissen haben also auch unter dem Aspekt einer Stärkung von Identität und emotionaler Bindung durchaus Erfolge gezeigt. Das reicht aber offensichtlich nicht, um die Menschen an Orte bzw. Regionen ohne wirtschaftliche Perspektive zu binden.

Brisant ist diese Situation vor allem, weil räumliche Mobilität in der Regel sozial selektiv ist: Jüngere und höher Gebildete weisen eine höhere, insbesondere eine höhere beruflich bedingte, Mobilität auf, reagieren dann auch eher auf wahrgenommene Disparitäten. Wenn nicht gleichzeitig genügend qualifizierte junge Menschen zuwandern, kann das für die betroffenen Regionen zum „Ausbluten" des – die Zukunftschancen besonders bestimmenden – Humankapitals führen. Zudem ist die weiträumige Orientierung hoch gebildeter junger Leute außerhalb der Agglomerationsräume besonders ausgeprägt: Vor allem dort sucht man seine Chancen in überregionaler Perspektive. Dieses klassische Muster des „brain-drain" bestätigt sich nicht nur im Osten, sondern auch im Westen.

## Jüngere Hochqualifizierte wandern mehr und weiter, im Osten wie im Westen

Auffällig ist aber, dass die Wanderungsintensität der jungen, weniger gebildeten Menschen im Osten deutlich höher ist als im Westen, insbesondere mit Blick auf die weiträumige Wanderungsperspektive. Im Westen ist bei geringerer Bildung die „Ortstreue" höher als im Osten. Dies verschärft die Probleme bei der Ost-West-Wanderung.

Literaturhinweise:

Bundesamt für Bauwesen und Raumordnung (Hrsg.): Lebensbedingungen aus Bürgersicht. Berichte, Band 15. – Bonn 2003.

K. Gerlach. G. Stephan: Lebenszufriedenheit und Erwerbsstatus: Ost- und Westdeutschland im Vergleich. In: Mitteilungen aus der Arbeitsmarkt- und Berufsforschung 4/2001

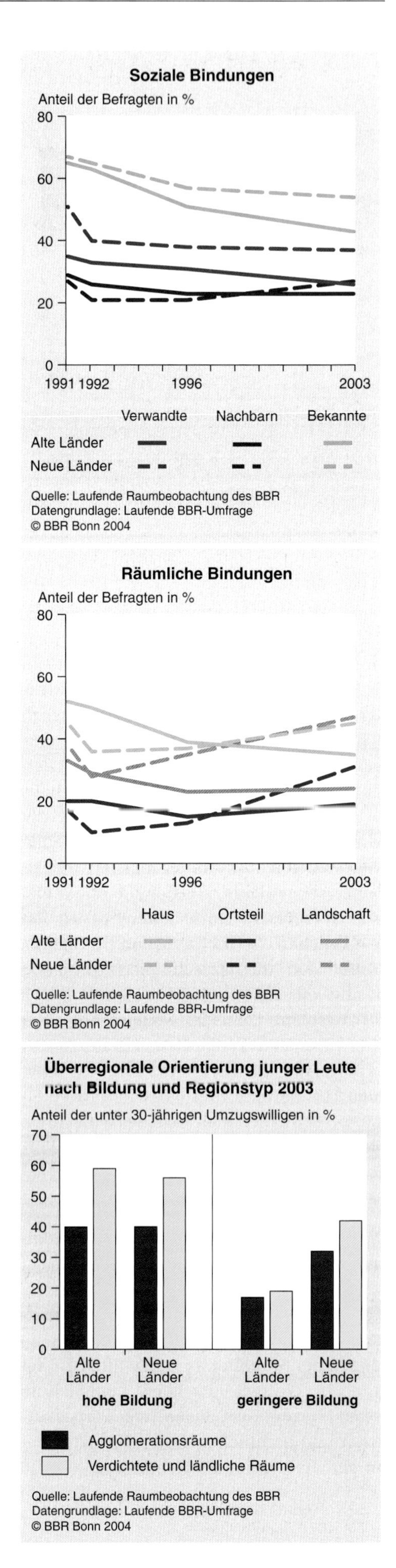

# 2 Grundtypen der Raumstruktur

Deutschland ist mit etwa 230 Einwohnern je $km^2$ nach den Niederlanden, Belgien und Großbritannien eines der dicht besiedelten Länder in der Europäischen Union. Innerhalb des Bundesgebietes variiert die regionale Bevölkerungsdichte jedoch sehr stark. Zusammenhängende oder vereinzelte hoch verdichtete Bereiche sind weitgehend über das gesamte Bundesgebiet verteilt. Gleichzeitig sind die Zentren und verdichteten Räume untereinander stark verflochten und bilden größere zusammenhängende Räume ähnlicher Struktur. Sie grenzen sich auf der anderen Seite von den dünn besiedelten Räumen ab, die ihrerseits eine einheitliche Struktur erkennen lassen. Im folgenden Kapitel wird – anhand neuer Methoden und weniger Basisindikatoren – eine *problemorientierte Grundtypisierung* der Raumstruktur vorgenommen, die als Hintergrundinformation für die Analyse räumlicher Disparitäten und die Diskussion von Leitbildern und Handlungsansätzen von Bedeutung sind.

## Raumstrukturtypen

Ein wichtiges Mittel zur Beschreibung von Raum- und Siedlungsstrukturen und der Formulierung von raumordnerischen Politikansätzen ist die Bildung von Raumtypen. So enthalten fast alle Landespläne zur räumlichen Konkretisierung der landesplanerischen Ziele und Grundsätze eine raumstrukturelle Gliederung des Landesgebietes (siehe Kapitel 8: „Raumordnung der Länder"). Für bundesweite Analysen werden vielfach die *Siedlungsstrukturellen Kreis- oder Regionstypen des BBR* verwendet, um zu raumstrukturell differenzierten Aussagen etwa für „Agglomerationsräume", „Verstädterte Räume" oder „Ländliche Räume" zu kommen. Diese Gebietstypen basieren in ihrer Abgrenzung auf administrativen Gebietseinheiten (Regionen, Kreise, Gemeinden), für die regionalstatistische Daten in großem Umfang zur Verfügung stehen. Die gesamte „Laufende Raumbeobachtung" des BBR, eine wesentliche Datengrundlage für diesen Bericht, basiert auf dieser raumstrukturellen Gliederung. Aus zeitlich – statistischen Vergleichsgründen ist es erforderlich, diese Gebietskulisse konstant zu halten. Eben dies ist jedoch weniger geeignet für die Formulierung raumordnerischer Politikansätze.

Im folgenden Abschnitt wird deshalb eine Raumtypisierung zugrunde gelegt, die die aktuelle raum- und siedlungsstrukturelle Situation geographisch genau – ohne Verzerrungen durch unterschiedlich strukturierte administrative Grenzen – als weich abgegrenzte Zonen unterschiedlicher Ausprägungen im Raum darstellt. Veränderungen der raumstrukturellen Gliederung des Bundesgebietes können so später besser nachvollzogen werden. Außerdem können die der Abgrenzung zugrunde liegenden Parameter je nach Fragestellung flexibel gehandhabt werden.

### Raumtypen ohne Bezug auf administrative Grenzen

#### Parameter der Raumstruktur

Die Verteilung von Bevölkerung im Raum und die räumliche Verteilung von bedeutenden Raumfunktionen in Zentren sind grundlegende Parameter der Raum- und Siedlungsstruktur. Das gilt für die Verteilung der Bevölkerung, die als *Bevölkerungsdichte* in Teilräumen der Bundesrepublik nachgewiesen wird, genau so wie für landesplanerische Ausweisungen von *Zentralen Orten*, die einzelne Gemeinden oder mehrere im Verbund in ihrer Zentralität einstufen. Beide Strukturmerkmale „Dichte" und „Lage zu zentralen Orten" werden gemeinhin für Verwaltungsgebiete berechnet bzw. festgesetzt und herangezogen.

Um grundlegende, vergleichbare Strukturen für das gesamte Bundesgebiet zu erkennen und darzustellen, eignen sich bei den insgesamt hohen räumlichen Verflechtungen eher kontinuierliche Abstufungen im regionalen Maßstab, die unabhängig von den Grenzverläufen administrativer Einheiten sind: Zunehmende Mobilität erweitert die Aktionsräume der Menschen über Gemeinde- oder Kreisgrenzen hinaus, Metropolräume wachsen über diese Verwaltungsgrenzen hinaus zusammen und erlangen europäische oder sogar weltweite Bedeutung. Verkehrssysteme und -wege wirken dabei als Verbindungselemente zwischen Städten und Regionen, indem sie Erreichbarkeit innerhalb von Netzstrukturen vermitteln.

**INFO: Neuer Erfassungsmodus für Bevölkerungsdichte**

Als wichtigstes Mittel zur Darstellung der räumlichen Bevölkerungsverteilung dienen Karten der Bevölkerungsdichte, die die ansässige Bevölkerung administrativer Gebietseinheiten (Gemeinden, Kreise usw.) auf deren Gesamtfläche beziehen. Tatsächlich sind die Wohnstandorte der Bevölkerung in besiedelten Flächen beispielsweise innerhalb von Gemeinden meist auf Bruchteile des Gebietes konzentriert und sehr ungleichmäßig verteilt. Bei dem Bezug auf die Gesamtfläche verzerren die – teilweise extrem – unterschiedlichen Flächengrößen der Gemeinden die Ergebnisse außerdem. Dies erschwert eine Dichtedarstellung, die bundesweit bzw. europaweit vergleichbar sein soll.

Um zu einem weniger durch Verwaltungsgrenzen verfälschten Bild der Verteilung der Bevölkerung im Bundesgebiet zu gelangen, erfolgt die Dichtedarstellung hier für eine Vielzahl von Messpunkten im Raum. Dabei werden nicht nur die Dichte am Messpunkt selber, sondern auch die Dichten in dessen Umkreis berücksichtigt, damit der räumliche Zusammenhang besser abgebildet wird. Dazu wird die Bevölkerungsdichte innerhalb der Fläche eines Umkreises mit Radius 12 km um die Messpunkte herum (bei einer höheren Gewichtung der näheren Bevölkerungen) ermittelt und in Einwohner je km² ausgedrückt. Betrachtet man so die Konzentration von Bevölkerung über Verwaltungsgrenzen hinweg, indem man die Umgebung einbezieht, so ergibt sich ein abgestuftes Bild des Kontinuums zwischen Stadt und Land. So bleiben regionale Konturen des Siedlungsgefüges sichtbar und werden deutlich, auch wenn kleinräumige Strukturen innerhalb der 12-km-Umgebung verwischt werden.

Datenbasis hierfür sind Bevölkerungszahlen aus Regionalstatistiken/Stadtstatistiken für Gemeindegebiete und Stadtteile von Städten mit mehr als 300 000 Einwohnern und Geodaten zu den Flächenausdehnungen von Ortslagen aus dem Digitalen Landschaftsmodell (Basis-DLM des Amtlichen Topographisch-Kartographischen Informationssystems ATKIS). Beide Datengrundlagen werden derart zusammengeführt, dass unter Annahme einer Gleichverteilung der Bevölkerung die Bevölkerungszahlen innerhalb der Ortslagen nach Durchschnittsdichten je Gemeinde/Stadtteil näherungsweise umgelegt werden.

Für die Ermittlung der Bevölkerungsdichte auf europäischer Ebene wurde das gleiche Verfahren angewendet, der Radius der Einbeziehung der erreichten Bevölkerung aber auf 50 km erhöht. Da für die europäische Analyse keine den deutschen Angaben vergleichbaren Geodaten zur Verfügung standen, wurde das Raster der Messpunkte europaweit über die Mittelpunkte der Gemeinden generiert. Die Zahlen zur Bevölkerung entstammen den Angaben der jeweiligen nationalen Statistischen Ämter.

## Bevölkerungsdichte

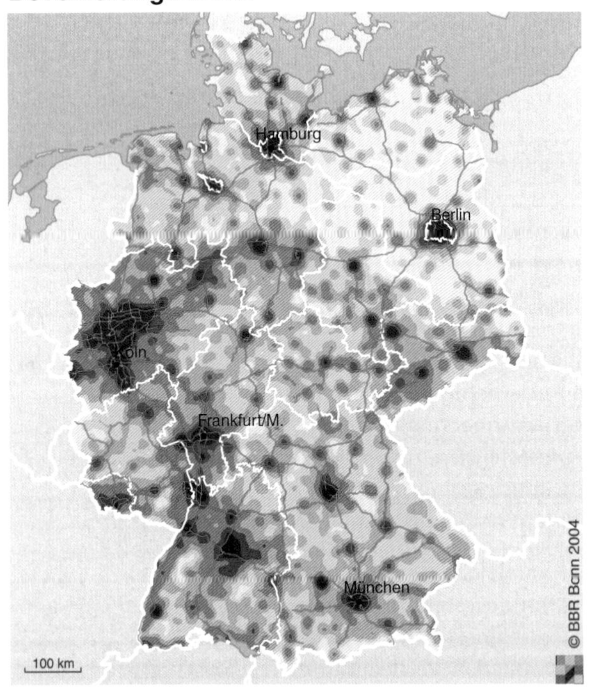


**Bevölkerungsdichte 2002 in Einwohner je km² unter Einbeziehung der erreichbaren Bevölkerung im Umkreis von 12 km, distanzgewichtet, mit Einbindung der Gebiete im benachbarten Ausland**

| | | |
|---|---|---|
| | bis unter 50 | sehr dünn besiedelter Raum |
| | 50 bis unter 100 | dünn besiedelter Raum |
| | 100 bis unter 200 | gering verdichteter Raum |
| | 200 bis unter 500 | Verdichtungsrandzone |
| | 500 bis unter 1 000 | Verdichtungsraum |
| | 1 000 und mehr | Verdichtungskern |

Bundesautobahn

## Bevölkerungsdichte Europa

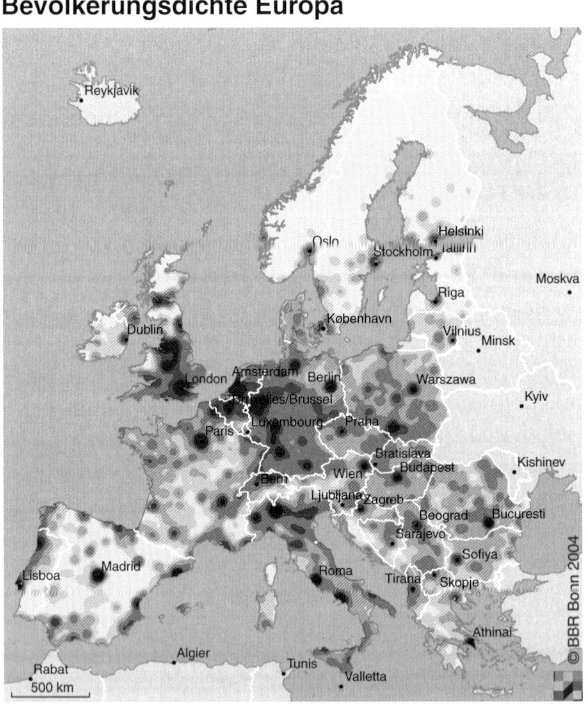


**Bevölkerungsdichte 2000 in Einwohner je km² unter Einbeziehung der erreichbaren Bevölkerung im Umkreis von 50 km, distanzgewichtet**

| | |
|---|---|
| | bis unter 25 |
| | 25 bis unter 50 |
| | 50 bis unter 100 |
| | 100 bis unter 250 |
| | 250 bis unter 500 |
| | 500 und mehr |

Quellen: Laufende Raumbeobachtung des BBR, Laufende Raumbeobachtung des BBR Europa
Datengrundlagen: Fortschreibung des Bevölkerungsstandes des Bundes und der Länder, ATKIS: Basis-DLM, LOCAL Demographie - infas GEOdaten, nationale Statistische Ämter,
Geometrische Grundlagen: Eurostat GISCO

**INFO: Neuer Erfassungsmodus für Zentralität**

Von jedem beliebigen Punkt im Bundesgebiet aus sind alle Zielorte des Zentrensystems (Oberzentren und MEGAs) in gewissen Fahrzeiten im Straßennetz erreichbar. Diese Menge einzelner Fahrzeiten fasst ein Index zusammen, der alle erreichten Zielorte nach ihrer Bedeutung und in Abhängigkeit von der zu ihrer Erreichung notwendigen Pkw-Fahrzeit gewichtet aufaddiert. Die Gewichtung der benötigten Pkw-Fahrzeit beruht dabei auf einer negativen Exponentialfunktion mit einer Halbwertzeit von 10 Minuten. Der resultierende Index drückt aus, dass die Attraktivität von Zielen/Zentren mit deren Größe zunimmt, aber bei wachsendem Zeitaufwand zu deren Erreichung sinkt. Die indizierten Pkw-Fahrzeiten zu Oberzentren und europäischen Zentren unterschiedlicher Bedeutungsstufen werden verwendet, um – je nach Abweichung vom Mittelwert – entsprechende Zonen unterschiedlicher Zentrenerreichbarkeit abzugrenzen, die von peripherer über zentrennah bis zentral eingestuft werden können.

Zur Berechnung der Zentralität auf europäischer Ebene wurden ausschließlich die metropolitanen europäischen Wachstumsregionen (MEGAs) als Zielorte verwendet. Gemessen wurde analog zur Vorgehensweise für Deutschland die durchschnittliche Pkw-Fahrzeit zu allen MEGAs (76 MEGAs des ESPON zuzüglich fünf MEGAs im Balkanraum, die entsprechend vergleichbarer Metropolregionen eingestuft wurden) mit der Gewichtung nach der Fahrzeit und der Bedeutung der jeweiligen Metropolregion.

## Zentrenerreichbarkeit

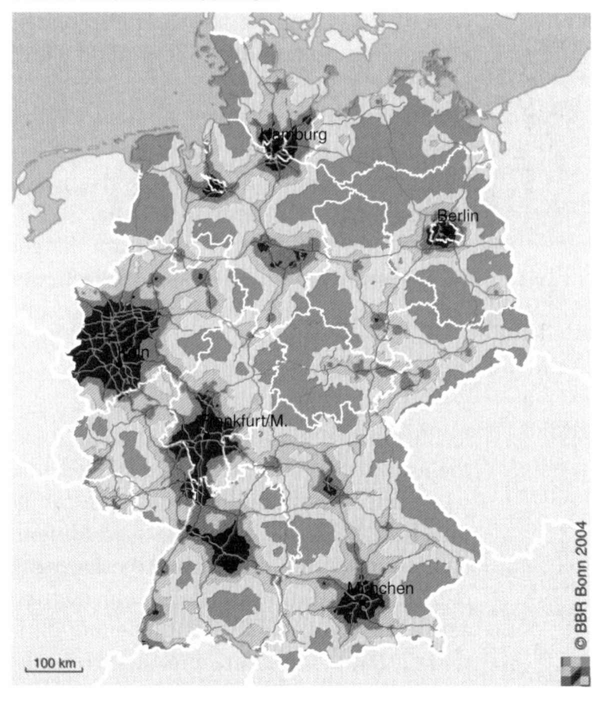


**Pkw-Erreichbarkeit von Oberzentren und Functional Urban Areas, gewichtet nach Reisezeitaufwand und Bedeutung der Ziele**

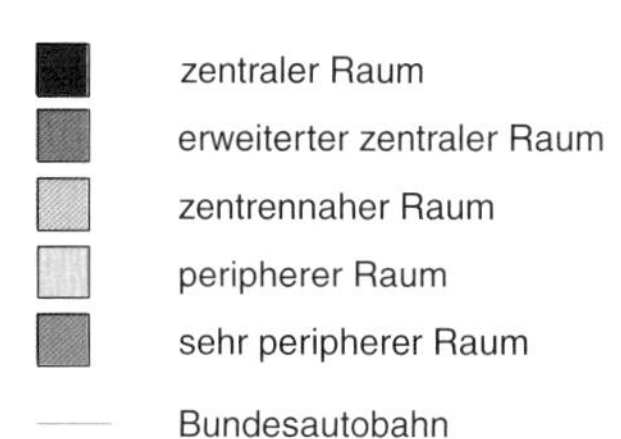


## Zentrenerreichbarkeit Europa

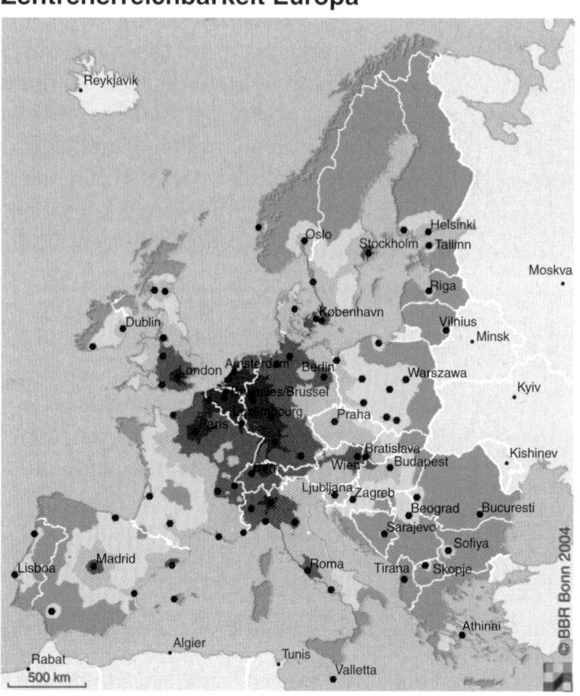


**Pkw-Erreichbarkeit von MEGA-Cities, gewichtet nach Reisezeitaufwand und Bedeutung der Ziele**

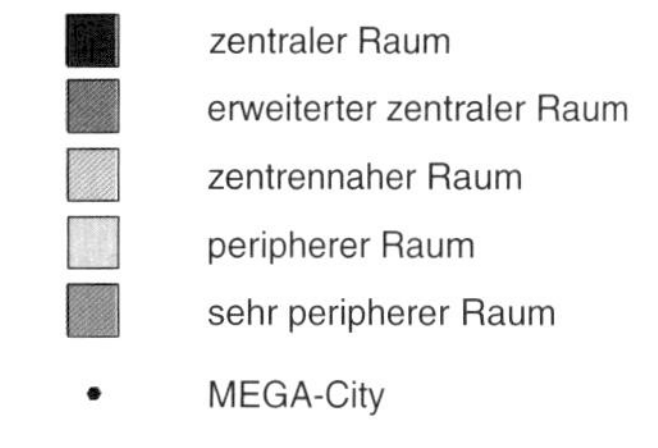


Quellen: Laufende Raumbeobachtung des BBR, Laufende Raumbeobachtung des BBR Europa
Datengrundlagen: Erreichbarkeitsmodell des BBR, Projektergebnisse ESPON 2006, Projekt Nr. 1.1.1
Geometrische Grundlagen: Eurostat GISCO

Für die Beschreibung der Raum- und Siedlungsstruktur von fundamentaler Bedeutung ist die Verteilung der Bevölkerung im Raum. Die *Bevölkerungsdichte* ist als Maßstab repräsentativ für viele andere Parameter. Gegenseitige Wechselwirkungen des Siedlungs- und Verkehrswesens führen zu einem engen Raumbezug der Wohnstandorte der Bevölkerung zu anderen Komponenten der Raumstruktur, wie der Ausstattung mit Infrastruktur oder auch dem Angebot an Arbeitsplätzen. Bei Raumanalysen korrelieren deshalb viele Indikatoren zur Raumentwicklung sehr hoch mit dem Parameter der Bevölkerungsdichte.

## Bevölkerungsdichte und Zentrenerreichbarkeit als Kernindikatoren der Raumstruktur

Zur Beschreibung der Raumstruktur hinsichtlich der Lagegunst zu zentralen Orten als Träger wichtiger Raumfunktionen wird ein Maß der *Zentrenerreichbarkeit* herangezogen. Ermittelt wird die Erreichbarkeit von Zentralen Orten regionaler/überregionaler oder großräumiger/kontinentaler Bedeutung. Diese Zentren zeichnen sich nicht nur durch hohe Bevölkerungskonzentrationen, die ein hohes Kontaktpotenzial bieten, sondern insbesondere durch ihr gebündeltes Angebot an Beschäftigungsmöglichkeiten und Versorgungseinrichtungen aus. Die räumliche Nähe zu den wirtschaftlich aktivsten Räumen mit den größten Kontaktpotenzialen bildet einen wesentlichen Aspekt von Lagegunst und damit Wettbewerbsfähigkeit ab und dient der Identifizierung sowohl begunstigter als auch benachteiligter Regionen und Korridore.

In erster Linie bestimmt die räumliche Verteilung der Zentren die Lagegunstverhältnisse. Die Qualität der Verkehrsinfrastruktur übt zusätzlich einen beträchtlichen vermittelnden Einfluss aus. Insbesondere spielt das Netz der Fernstraßen eine wesentliche Rolle für die Zugänglichkeit von Zentren und damit für die Vermittlung räumlicher Standortattraktivität. Die in der Landesplanung ausgewiesenen Zentralen Orte sind prägend für die Raumstruktur in Deutschland. *Oberzentren*, die die höchste Ebene dieses zentralörtlichen Systems darstellen und in Raumordnungsplänen für das jeweilige Landesgebiet festgesetzt werden, bilden eine Klasse innerhalb des Zielrasters mit überregionaler Bedeutung. Die ausgewählten Oberzentren gehen – nach Einwohnergrößenklassen gewichtet – in einen zusammengeführten Zentralitätsindex ein.

Eine zweite Klasse mit großräumiger oder kontinentaler Bedeutung oberhalb der Klasse der Oberzentren stellen höherangige europäische Zentren dar. Aktuell liegen Ergebnisse des ESPON-Programmes vor (siehe Kapitel 9: „Europäische Raumentwicklungspolitik"), innerhalb dessen sich ein Teilprojekt mit der Bestimmung und europaweiten Analyse von funktionalen Stadtregionen befasst. Die europaweit höchstrangigen Stadtregionen, die sogenannten *„Metropolitan European Growth Areas"* (MEGAs), in Deutschland und im benachbarten Ausland werden je nach Bedeutung und Funktion unterschiedlich gewichtet in die Analyse mit einbezogen.

Durch Überlagerung der grundlegenden Raumstrukturparameter Zentralität und Dichte können räumliche Strukturtypen gebildet werden, wie sie ähnlich in der räumlichen Planung (z.B. die Verdichtungsräume nach MKRO 1998, s. Raumordnungsbericht 2000) aber auch in der Standortplanung von Investoren schon länger verwendet werden. Hier steht wegen der neuen – von administrativen Grenzen unabhängigen – Erfassungsmethodik jedoch eine bundesweite, der tatsächlichen Raumstruktur präziser entsprechende strukturelle Gliederung zur Verfügung, die einen aktuellen Zustand repräsentiert. Da sich die räumlichen Ausprägungen von Zentralität und Bevölkerungsdichte sehr stark ähneln, werden durch die räumliche Überlagerung die extremen Strukturen von sehr dichten zentralen und sehr dünn besiedelten, peripheren Räumen betont und die vermischten Strukturen in den Zwischenräumen stärker differenziert.

## Raumstruktur in Deutschland

Die sich aus der Überlagerung von Bevölkerungsdichte und Zentralität ergebende Raumstrukturierung in Deutschland zeigt in ihren drei Grundtypen das klassische Bild von Zentrum und Peripherie, differenziert nach unterschiedlichen Dichtestufen.

### Zentralraum

Die Entwicklung der Raum- und Siedlungsstruktur vollzog sich in enger Wechselwirkung zur verkehrlichen Erschließung des Bundesgebietes. Der enge Zusammenhang zwischen Verkehrs- und Siedlungsentwicklung hat historisch zu großen, zusammenhängenden städtischen Siedlungsgebieten und Siedlungs- und Verkehrskorridoren geführt, die über Landes- und Staatsgrenzen hinweg reichen. Große zusammenhängende Zentralräume wie die Regionen Hamburg, Berlin, Rhein-Ruhr, Rhein-Main, Stuttgart und München treten innerhalb der Zentralraumkategorie deutlich hervor.

Auf lediglich elf Prozent der Fläche des Bundesgebietes konzentrieren sich 49 % der Bevölkerung und sogar 57 % der sozialversichungspflichtig Beschäftigten. Die durchschnittliche Bevölkerungsdichte beträgt hier ca. 1 000 Einwohner je km². Der Zentralraum nimmt damit eine herausragende Stellung im Raumgefüge ein. Hohe Siedlungsdichten und starke Siedlungs- und Verkehrsdynamik führen aber auch zu besonderen Problemlagen innerhalb dieses Raumtyps.

### Peripherraum

Am anderen Ende des Spektrums befinden sich dünn besiedelte Gebiete mit unter 100 Einwohnern je km² mit größeren Entfernungen zu den Zentren. Diese Peripherräume sind über das ganze Bundesgebiet verteilt. Sie nehmen 58 % der Fläche des Bundesgebietes ein. Trotz der geringen Bevölkerungsdichte lebt hier knapp ein Viertel der Bevölkerung.

Die Dichtestufe von 100 Einwohnern je km² wird in Raumordnung und Landesplanung oft zur Abgrenzung des „Ländlichen Raumes" herangezogen. Dieses Kriterium allein reicht jedoch nicht zur Bestimmung von Ländlichkeit aus. Hier spielen weitere Faktoren eine Rolle (siehe Kapitel 6.3: „Ländliche Räume"), so dass diese Raumkategorie nicht – oder nur annähernd – mit den ländlichen Räumen gleichzusetzen ist.

**Grundtypen der Raumstruktur**

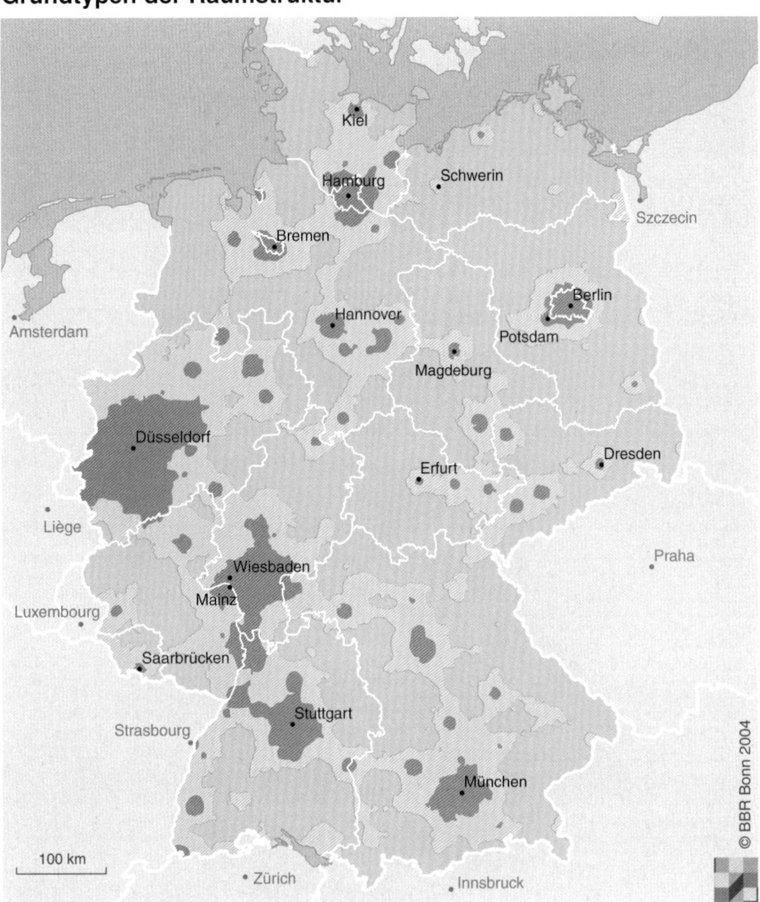


**Grundtypen der Raumstruktur nach Zentrenerreichbarkeit und Bevölkerungsdichte**

- Zentralraum
- Zwischenraum
- Peripherraum

Quellen:
Laufende Raumbeobachtung des BBR, Laufende Raumbeobachtung des BBR Europa, Erreichbarkeitsmodell des BBR, Projektergebnisse Espon Projekt Nr. 1.1.1
Datengrundlagen:
Fortschreibung des Bevölkerungsstandes des Bundes und der Länder, ATKIS: Basis-DLM, LOCAL Demographie - infas GEOdaten, Bevölkerungsdaten der nationalen Statistischen Ämter auf Gemeindebasis, Einteilung der MEGA: Espon Datenbank

**Raumstrukturtypen**

| Raumtyp | Zentren-erreichbarkeit | Bevölkerungs-dichte |
|---|---|---|
| **Zentralraum** | | |
| Innerer Zentralraum | + | ++ |
| Äußerer Zentralraum | + | + |
| **Zwischenraum** | | |
| Zwischenraum mit Verdichtungsansätzen | 0 | + |
| Zwischenraum geringer Dichte | 0 | - |
| **Peripherraum** | | |
| Peripherraum mit Verdichtungsansätzen | - | 0 |
| Peripherraum sehr geringer Dichte | -- | -- |

 Quelle: BBR Bonn

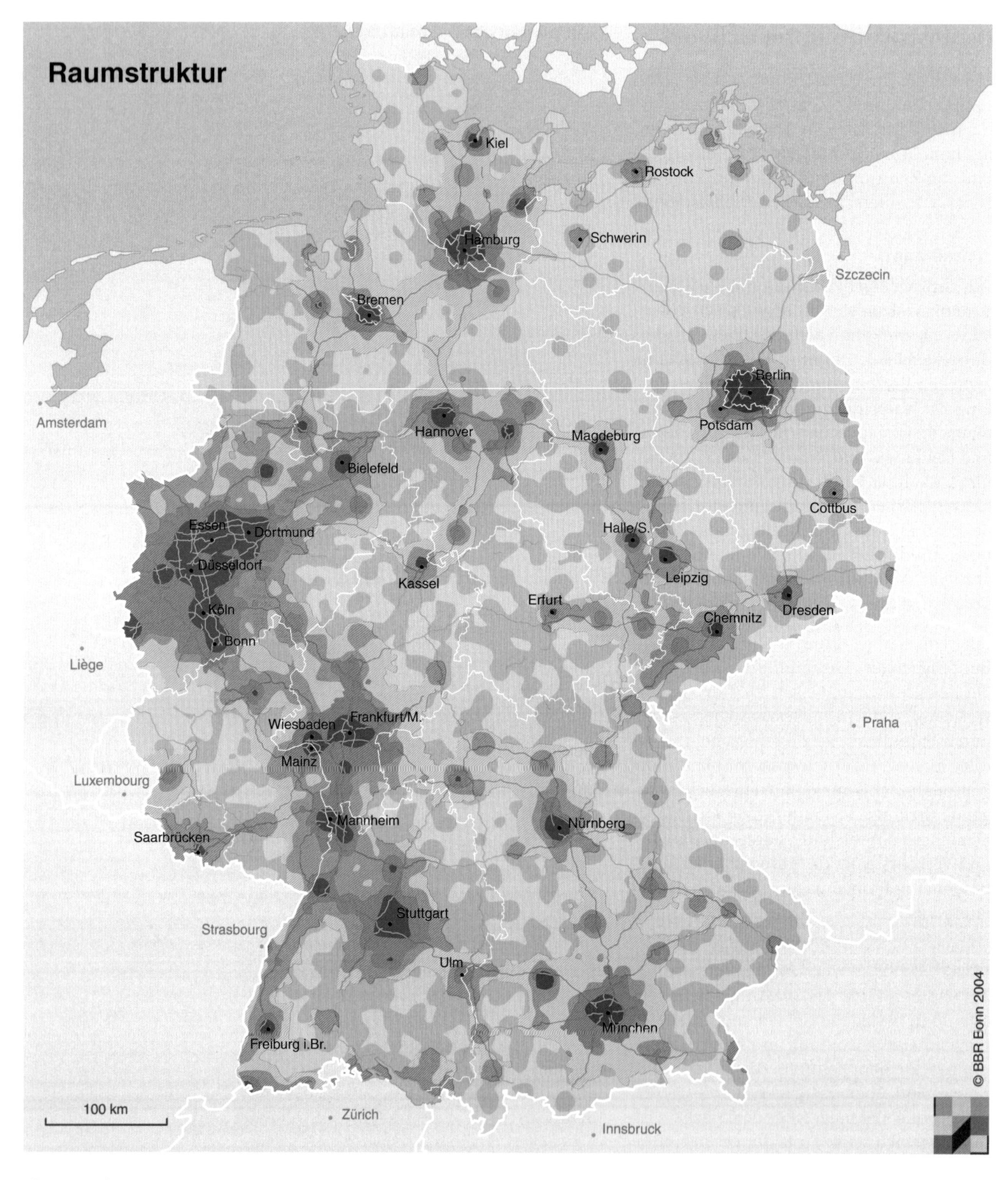


**Raumstruktur**
**nach Zentrenerreichbarkeit und Bevölkerungsdichte**

- Innerer Zentralraum
- Äußerer Zentralraum
- Zwischenraum mit Verdichtungsansätzen
- Zwischenraum geringer Dichte
- Peripherraum mit Verdichtungsansätzen
- Peripherraum sehr geringer Dichte
- Bundesautobahn

Quellen:
Laufende Raumbeobachtung des BBR, Laufende Raumbeobachtung des BBR Europa, Erreichbarkeitsmodell des BBR, Projektergebnisse Espon Projekt Nr. 1.1.1
Datengrundlagen:
Fortschreibung des Bevölkerungsstandes des Bundes und der Länder, ATKIS: Basis-DLM, LOCAL Demographie - infas GEOdaten, Bevölkerungsdaten der nationalen Statistischen Ämter auf Gemeindebasis, Einteilung der MEGA: Espon Datenbank

Anmerkung:
Die Raumtypen basieren auf einer Überlagerung der Zentrenerreichbarkeit und der Bevölkerungsdichte im Umkreis von 12 km.

### Zwischenraum

Eine dritte Raumkategorie bilden schließlich diejenigen Räume, die zwar keine eigenen großen Bevölkerungspotenziale aufweisen, aber trotzdem über eine gute Zugänglichkeit zu den bedeutenden Zentren verfügen. Sie bilden zwischen den Zentralräumen und ihren Kernen mehr oder weniger stark ausgeprägte korridorartige Zwischenräume in einer punkt-axialen Raumstruktur. Hier lebt etwas mehr als ein Viertel der Bevölkerung auf gut 30 % des Bundesgebietes. Sowohl die Bevölkerungsdichten als auch die Beschäftigtendichten liegen mit etwa 200 Einwohnern je km² und etwa 56 Beschäftigten je km² zwar noch unter dem jeweiligen Bundesmittel, aber übertreffen die Dichten des Peripherraums um das Doppelte.

### Strukturunterschiede innerhalb der drei Grundtypen

Innerhalb der drei grundlegenden Raumstrukturtypen können Differenzierungen nach unterschiedlichen *Dichtestufen* vorgenommen werden. Diese kleinräumigere Betrachtungsweise ist insbesondere bei der Diskussion von Raumentwicklungsstrategien der dezentralen Konzentration von Bedeutung. Hier kommt es darauf an, die bereits vorhandenen siedlungsstrukturellen Schwerpunkte und Verdichtungsansätze innerhalb der drei Grundtypen zu erkennen. So ist es möglich, die Kernstadt- und verdichteten Umlandbereiche in den Zentralräumen sowie die Teilbereiche mit sehr geringer Dichte und mit Verdichtungsansätzen in den Zwischen- und Peripherräumen zu unterscheiden.

## Suburbanisierungstendenzen in äußeren Zentralräumen und Zwischenräumen

In den Zentralräumen sind es die Kernstädte, die einen *inneren Zentralraum* herausbilden. Die Bevölkerungsdichten des inneren Zentralraums liegen mit knapp 1 700 Einwohnern je km² um ein Vielfaches höher als diejenigen des *äußeren Zentralraums* mit rund 500 Einwohnern je km², der damit auch noch relativ hoch verdichtet ist. Damit wird deutlich, dass mit dem äußeren Zentralraum die engeren Suburbanisierungsgebiete der Kernstädte bereits abgebildet sind.

Dass die erweiterten Suburbanisierungsgebiete jedoch weit darüber hinaus gehen, zeigt die innere Differenzierung der Zwischenraumkategorie. Die *Zwischenräume mit Verdichtungsansätzen* mit 300 Einwohnern je km² sind ebenfalls durch Suburbanisierung geprägt, im großen wie im kleinen Maßstab. Sie liegen deutlich über den Dichten der übrigen *Zwischenräume mit geringer Dichte* von 110 Einwohnern je km². Einwohner- und Beschäftigtendichte innerhalb der Zwischenräume liegen um den Faktor drei auseinander, was ebenfalls auf starke Suburbanisierungstendenzen hindeutet.

*Peripherräume mit Verdichtungsansätzen* bilden sich in der Regel um Klein- und Mittelstädte, die als Entwicklungsträger innerhalb von peripheren, dünn besiedelten Regionen eine wichtige Funktion ausüben, jedoch keine herausragenden Zentren sind. Es handelt sich um zusammenhängende dichter besiedelte Zonen mit etwa 150 Einwohnern je km². Die weitläufigen *Peripherräume sehr geringer Dichte* dehnen sich im Norden der neuen Länder aus. Sie haben Bevölkerungsdichten von unter 50 Einwohnern je km². Weitere kleinflächige Gebiete verteilen sich über das ganze Bundesgebiet.

### Entwicklungsdynamik in den Raumstrukturtypen

Die über die Zeit hinweg relativ beständigen Raumtypen eignen sich, um dynamische Prozesse zu beobachten, die sich entweder auf bestimmte Raumtypen konzentrieren, oder auf andere Typen übergreifen. Dafür werden Daten der Bevölkerungs- und Beschäftigtenentwicklung der Gemeinden mit den Raumtypen überlagert. Betrachtet man die Entwicklung der letzten nachgewiesenen vier bis fünf Jahre von 1997 bis 2002, so werden raumtypenspezifische Entwicklungen allerdings teilweise von den gegenläufigen Entwicklungen der beiden Landesteile überprägt.

## Bevölkerung schrumpft in der Peripherie am stärksten

Die *Bevölkerungsentwicklung* in den Raumtypen muss vor dem Hintergrund des insgesamt schwachen Bevölkerungswachstums und den massiven Abwanderungen aus den neuen Ländern betrachtet werden. In den alten Ländern sind Bevölkerungsgewinne, vor allem in den Zentral- und Zwischenräumen zu verbuchen. Bevölkerungsabnahmen hat hier nur die Peripherie. Die Bevölkerung der neuen Länder wächst dagegen nur noch geringfügig innerhalb der Zwischenräume geringer Dichte. Die Bevölkerungsverluste der neuen Länder sind in den Peripherräumen mit etwa 4,5 % überproportional hoch.

Positive *Wanderungssalden* weist insbesondere die Zwischenraumkategorie auf: In den alten Ländern gibt es im Zeitraum 1997 bis 2001 eine halbe Million mehr Zuzüge als Fortzüge, bei hohen Wanderungsgewinnen von 90 Zuwanderungen auf 1 000 Einwohner. Zwischenräume der neuen Länder verzeichnen als einziger Raumtyp im Landesteil positive Wanderungssalden, was darauf hindeutet, dass die o.g. Bevölkerungsgewinne vor allem auf Suburbanisierung zurückzuführen sind.

Die höchsten *Arbeitsplatzzuwächse* verzeichnen die Zentralräume, in absoluten Zahlen der innere Zentralraum, bezogen auf die vorhandenen Arbeitplätze mit über 4 % der äußere Zentralraum. Dies spiegelt die nach wie vor hohe Bedeutung von Agglomerationsvorteilen für die unternehmerische Standortwahl wider. Aber auch die Zwischenräume geringerer Dichte können die Anzahl ihrer Beschäftigten ähnlich gut entwickeln. Dies ist einerseits ein Hinweis auf fortschreitende Suburbanisierung auch der Arbeitsstätten, andererseits Beleg für Aufholpotenziale in zentrennahen Räumen mit derzeit geringeren Nutzungsintensitäten. Die Beschäftigtenentwicklung war im gleichen Zeitraum in allen Raumkategorien der neuen Länder bezogen auf das Jahr 1997 mit nahezu 10 % rückläufig. In den Peripherräumen der alten Länder sind ebenfalls Arbeitsplatzrückgänge von 3 bis 5 % zu verzeichnen.

**Arbeitsplatzzuwächse vor allem in Zentralräumen**

Beschäftigten- und Bevölkerungsentwicklung folgen also nicht den gleichen räumlichen Mustern. Während sich die Bevölkerungsverlagerung eindeutig in Richtung Zwischenräume und hier sogar stärker in die bisher noch dünn besiedelten Zwischenräume bewegt, konzentriert sich die Beschäftigtenentwicklung weiter auf die zentralen Räume, wobei eine Tendenz zu den äußeren Zentralräumen feststellbar ist.

## Raumstruktur in Europa

Im vergangenen Jahrzehnt wurden vielfältige Überlegungen über die räumliche Zusammensetzung des europäischen Zentralraumes angestellt. Sie basieren zum einen auf politisch intendierten Raumansichten wie der „Blauen Banane“, zum anderen auf polyzentrischen siedlungsstrukturellen Leitvorstellungen wie dem „Mehrkernmodell“ der „Europäischen Traube“ oder dem eher gegriffenen Wirtschafts- und Bevölkerungsschwerpunktraum des „Europäischen Pentagons“.

In einer zu Deutschland vergleichbaren Analyse und Kombination der Parameter Zentrenerreichbarkeit und Bevölkerungsdichte werden hier gleichfalls die drei Grundtypen der Raumstruktur Zentralraum, Zwischenraum und Peripherraum für den gesamten europäischen Raum ermittelt. Ziel ist die Darstellung der europäischen Raumstruktur nach einer einheitlichen Methodik, um die Einbettung der deutschen Raumstruktur in den europäischen Kontext zu verdeutlichen.

### Europäischer Zentralraum

Ein zusammenhängender europäischer Zentralraum erstreckt sich von Nordengland über Belgien und den südlichen Teil der Niederlande, den Westen und Südwesten Deutschlands bis in die Zentralschweiz und das Schweizer Mittelland. Fortsätze bilden das Zentrum Frankreichs mit Paris und die Mitte sowie der Südosten Deutschlands mit München. Im engen räumlichen Zusammenhang bilden die Cluster der großen Zentren und Agglomerationen in Zentraleuropa die Kerne bzw. den inneren Zentralraum. In Deutschland sind dies die Regionen Rhein-Ruhr-Aachen, Rhein-Main, Stuttgart und München. In den Nachbarländern kommen Paris, Brüssel-Antwerpen, Randstad und in kleinerer regionaler Ausdehnung Lille und Zürich, sowie London, West Midlands und Liverpool hinzu. Polyzentrisch ergänzt wird dieses zusammenhängende Gebiet durch die entfernter liegenden Kerne bedeutender Wirtschaftstandorte wie Turin und Mailand, Barcelona, Lyon und Hamburg sowie ausgewählter europäischer Hauptstädte wie Berlin, Wien, Rom, Madrid und Stockholm. In diesen Räumen bilden die städtischen Regionen den jeweiligen *inneren Zentralraum*, in ihrer Ausdehnung sind sie deutlich unterschiedlich ausgestaltet.

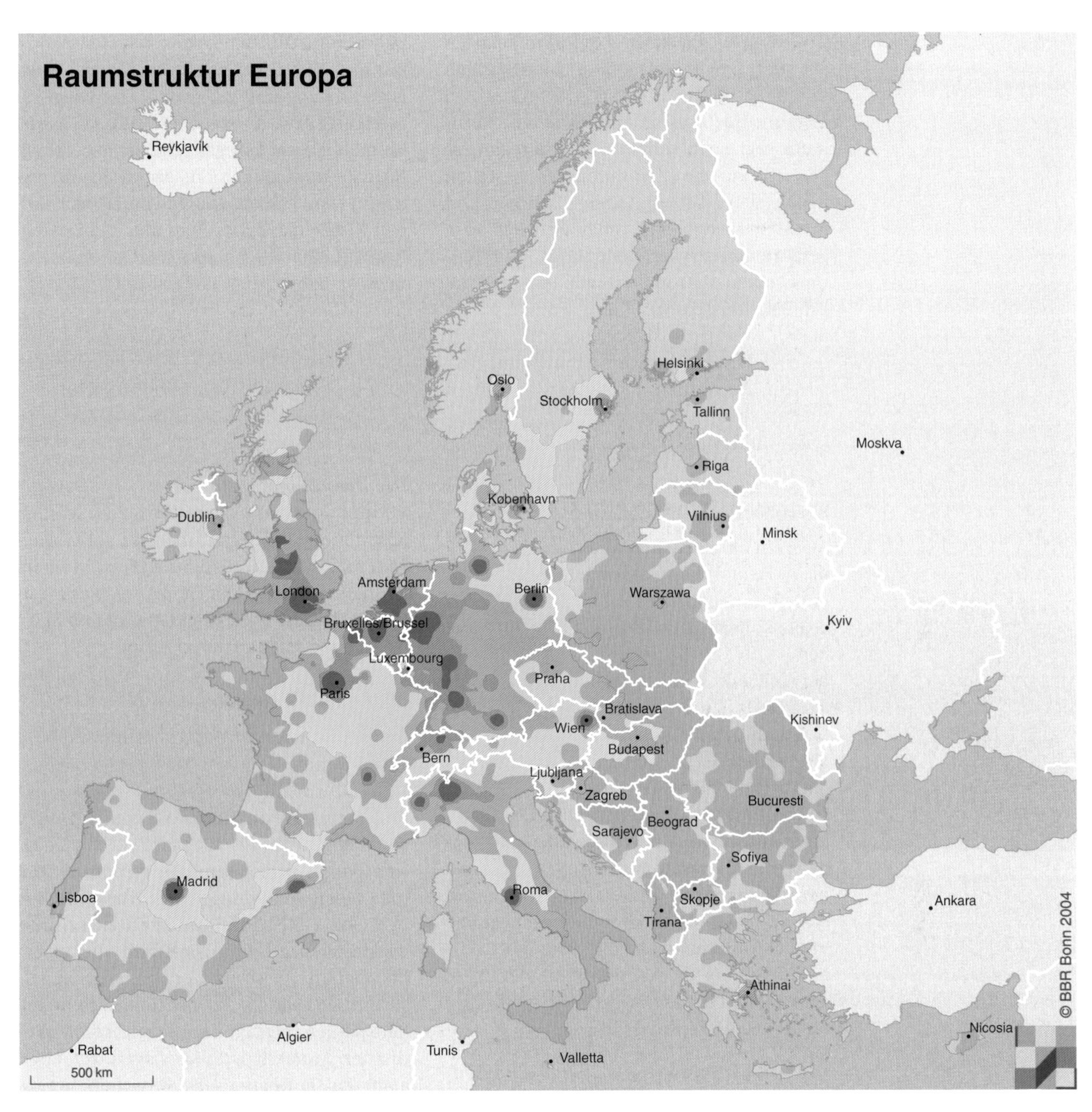


**Raumstruktur**
**nach Zentrenerreichbarkeit und Bevölkerungsdichte**

- Innerer Zentralraum
- Äußerer Zentralraum
- Zwischenraum mit Verdichtungsansätzen
- Zwischenraum geringer Dichte
- Peripherraum mit Verdichtungsansätzen
- Peripherraum sehr geringer Dichte

Quellen:
Laufende Raumbeobachtung des BBR, Laufende Raumbeobachtung des BBR Europa, Erreichbarkeitsmodell des BBR, Projektergebnisse Espon Projekt Nr. 1.1.1
Datengrundlagen:
Bevölkerungsdaten der nationalen Statistischen Ämter auf Gemeindebasis, Einteilung der MEGA: Espon Datenbank
Geometrische Ausgangsbasis: GfK Macon AG

Anmerkung:
Die Raumtypen basieren auf einer Überlagerung der Zentrenerreichbarkeit und der Bevölkerungsdichte im Umkreis von 50 km.

In diesem europäischen Zentralraum liegen 31 der insgesamt 76 „Metropolitan European Growth Areas" (MEGAs), 19 hiervon im zusammenhängenden Kernraum und 12 in solitären Zentralregionen. Die MEGAs des Zentralraumes bestehen neben den „Global Cities" London und Paris weitestgehend aus Zentren von gesamteuropäischer Bedeutung, den „europäischen Metropolen" wie Amsterdam, Brüssel, Düsseldorf, Köln, Frankfurt am Main, Stuttgart, München und Zürich. Potenzielle MEGAs wie Birmingham, Rotterdam, Antwerpen, Luxemburg und Bern runden diese Konzentration von bevölkerungs- und wirtschaftsstarken Zentren ab.

### Europäischer Zwischenraum

Auch im europäischen Maßstab bildet sich die in Deutschland in den Vordergrund rückende Kategorie des Zwischenraumes als eigenständige und neue Raumkategorie heraus. Der Zwischenraum – insbesondere der Teil mit Verdichtungsansätzen – umfasst die wichtigen Siedlungskonzentrationen und -bänder außerhalb der Zentralräume. Einerseits handelt es sich wegen der guten Erreichbarkeiten der Bevölkerungskonzentrationen in den Kerngebieten um deren erweiterte Umlandregionen und um die Verbindungsräume zwischen den Kernen. Andererseits sind Zwischenräume im europäischen Maßstab auch eigenständige Verdichtungsregionen, die über gute Anbindungen an die Zentralräume verfügen, aber nicht über ein entsprechend hohes, eigenes Bevölkerungspotenzial.

Die *Zwischenräume mit Verdichtungsansätzen* haben heute schon potenzielle Verbindungsfunktionen über die Grenzen der einzelnen Staaten hinaus. Sie zeigen sich im Licht der EU-Osterweiterung insbesondere in der Fortführung des europäischen Zentralraumes über den südlichen Teil Ostdeutschlands nach Südpolen und Nord-Ost-Tschechien sowie von Oberbayern unter der Verknüpfung von Wien nach Budapest. Im Südwesten des Zentralraumes wird eine potenzielle Erweiterung über das Jura ersichtlich, die mit Verdichtungsansätzen über die zentralen Räume von Genf / Grenoble und Lyon Anschluss an den verdichteten Zwischenraum von Katalonien und der Region Toulouse und Marseille findet. Das Band des verdichteten Zwischenraumes in Norditalien erfährt seine potenzielle Erweiterung im Osten nach Slowenien. Die Bedeutung des Zwischenraumes mit Verdichtungsansätzen zeigt sich in den dort gelegenen überwiegend „starken" bzw. potenziellen MEGAs. Diese Raumkategorie ist gekennzeichnet durch Bevölkerungszunahmen, überwiegend getragen von Wanderungsgewinnen; der Süden Ostdeutschlands und der Südwesten Polens bilden die nahezu einzigen Ausnahmen.

**Europäische Zwischenräume mit potenziellen Verbindungsfunktionen über die Grenzen**

Die *Zwischenräume geringerer Dichte* sind Verbindungsräume zwischen den großen zusammenhängenden und den solitär liegenden Zentralräumen. In diesen Räumen geringerer Zentralität und Bevölkerungsdichte sind die Abhängigkeiten zu den Zentralräumen noch deutlich zu spüren.

### Europäischer Peripherraum

Diese Raumkategorie wird bestimmt durch die fehlende Nähe zu den maßgeblichen Metropolen mit globalen und europäisch bedeutsamen Funktionen. In den *Peripherräumen mit Verdichtungsansätzen* spiegelt sich das Eigenpotenzial von Zentren von nationaler Bedeutung wider. Diese bilden in vielen Fällen Insellagen regionaler Entwicklungskerne. Es zeigen sich aber auch flächenhafte Konzentrationen und Bandstrukturen, wie im Westen Frankreichs, in Südspanien oder an der portugiesisch-spanischen Atlantikküste. Sie zeigen sich aber auch als Fortläufer des Zwischenraumes wie an der spanischen Mittelmeerküste oder als verdichtetes Band und Bindeglied im Süden Frankreichs, welches Mittelmeer und Atlantik verbindet.

**Deutschland, BeNeLux, Österreich und Schweiz sind europäische Zentralstaaten ohne Peripherräume europäischen Maßstabs**

Die *Peripherräume sehr geringer Dichte* tauchen im europäischen Maßstab in einigen Staaten gar nicht auf, wie in den europäischen Zentralstaaten Deutschland, BeNeLux, Österreich, Schweiz und Italien. Andere wiederum sind von diesem Raumtyp dominiert, wie Skandinavien, Irland, Süd-west-Frankreich, Spanien, Griechenland und die baltischen Staaten. Die Räume verfügen zumeist über keine leistungsfähigen, überregional bedeutsamen Zentren und liegen relativ weit von den nächsten Metropolen entfernt.

**Strukturunterschiede innerhalb der europäischen Raumtypen**

Strukturunterschiede innerhalb der Raumtypen können auf der europäischen Ebene zunächst nur an den *Bevölkerungsanteilen* festgemacht werden. Die Typen der Raumstruktur unterscheiden sich danach in ihrer nationalen Bedeutung und im Vergleich zwischen den alten und den neuen Mitgliedsstaaten der EU deutlich.

In den Mitgliedsstaaten der alten EU15 leben rund 37 % der Bevölkerung innerhalb des europäischen Zentralraumes, allein im inneren Zentralraum sind es 23 %, und knapp 24 % der Einwohner leben im Peripherraum. In den neuen Mitgliedsländern, den N 10, gibt es nach dieser Festlegung keinen Zentralraum, und rund 67 % der Bevölkerung lebt im Peripherraum. Besondere Bedeutung erlangt der Zentralraum in Belgien und den Niederlanden. Dort bestimmt er mit Bevölkerungsanteilen von 99 % bzw. 87 % die Raumstruktur nahezu vollständig. Mit rund 58 % der Einwohner in Deutschland und 53 % in der Schweiz ist diese Kategorie in diesen Ländern ebenfalls noch dominant. Im Vereinigten Königreich ist sie mit einem Anteil von 41 % von leicht geringerer Bedeutung.

Der europäische Zwischenraum bestimmt die Raumstruktur in Slowenien, der Tschechischen Republik und in Österreich. Während in Slowenien diese Kategorie die Raumstruktur per se definiert, liegen die Bevölkerungsanteile dieses Raumtyps in den beiden anderen Ländern bei 76 % bzw. 73 %. Prägenden Charakter hat der Zwischenraum in Dänemark und in Frankreich. In diesen Ländern leben in diesen Räumen mit 56 % und 51 % mehr als die Hälfte der Bevölkerung. Von besondere Bedeutung ist der Zwischenraum noch in Italien mit 48 %, Ungarn mit 46 % und im Vereinigten Königreich mit 43 % der Einwohner.

Die Zugehörigkeit zum europäischen Peripherraum prägt von den alten Mitgliedsstaaten der EU insbesondere Griechenland, Spanien mit jeweils rund 65 % und Irland mit 60 % der Bevölkerung. In den neuen Mitgliedsländern, den Kandidaten- und Nachbarländern der EU dominiert diese Raumkategorie. In Polen leben hierin knapp 80 % der Einwohner.

**Entwicklungsdynamik in den europäischen Raumtypen**

In der *Entwicklung der Bevölkerung* zeigen sich die Raumkategorien deutlich unterschiedlich. Der Peripherraum mit sehr geringer Dichte verliert bei insgesamt steigender Bevölkerungszahl in der EU25 rund 0,3 % an Einwohnern. Deutliche Unterschiede gibt es allerdings zwischen den alten und neuen Mitgliedsstaaten. In der alten EU 15 steigt die Zahl der Einwohner zwischen 1995 und 2000 um rund 1,3 %. Die Zahl der Einwohner in Peripherräumen sehr geringer Dichte stagniert hier. In den Peripherräumen mit Verdichtungsansätzen steigt sie mit knapp 1,7 %. In den neuen N 10-Staaten nimmt die Bevölkerung insgesamt um rund 0,5 % ab. Dabei sinkt hier die Zahl der Einwohner in den Peripherräumen geringer Dichte um rund 1,7 % und stagniert in den Peripherräumen mit Verdichtungsansätzen.

Die Entwicklung der Bevölkerung in den Regionen des Zwischenraumes zeigt gleichfalls deutliche West-Ost-Unterschiede. Die Entwicklung in den alten EU15-Mitgliedsstaaten ist im Zwischenraum geringer Dichte vergleichbar dem EU 15-Durchschnitt. In den Zwischenräumen mit Verdichtungsansätzen ist die Bevölkerungsentwicklung mit knapp 1,8 % Zuwachs deutlich überdurchschnittlich. Diese Raumkategorie verzeichnet dagegen in den neuen Mitgliedsländern N 10 überdurchschnittliche Bevölkerungsabnahmen um rund 1,2 %.

## Bevölkerungswachstum im europäischen Zentralraum

Der Zentralraum ist der Raum deutlich wachsender Bevölkerung in der Europäischen Union. Insbesondere im äußeren Zentralraum steigt die Zahl der Einwohner mit einer Zuwachsrate von rund 2,3 % im Vergleich zum europäischen Durchschnitt nahezu doppelt so stark. Der innere Zentralraum verzeichnet dahingegen im Vergleich zum Zwischenraum geringere Zuwächse. Größte Zugewinne in dieser Kategorie verzeichnet Dänemark mit Zugewinnen von rund 4,2 % im äußeren und 2,9 % im inneren Zentralraum. In Deutschland steigt die Zahl der Einwohner im äußeren Zentralraum um rund 1,7 %, nimmt jedoch im inneren Zentralraum um 0,1 % ab.

## Der Grenzraum – zwischen den räumlichen Strukturen

In der anhand von Bevölkerungsdichte und Zentralität ermittelten Raumstruktur verlieren nationale Grenzen ihre Bedeutung. Raumstrukturen orientieren sich nicht an nationalen Grenzen. An ihnen spiegeln sich die Strukturen des Nachbarn. In den unterschiedlichen Raumkategorien bilden sich grenzüberschreitende räumliche Einheiten. Durch Grenzen bedingte offensichtliche Brüche in der Raumstruktur zeigen sich nach den Analyseergebnissen nicht.

### Grenzregionen bilden keinen homogenen Gebietstyp

Im inneren Zentralraum bilden Regionen wie Lille im französisch-belgischen Grenzraum, Genf/Grenoble im Schweizerisch-französischen Grenzraum und Aachen/Maastricht im deutsch-belgisch-niederländischen Grenzraum grenzüberschreitende Raumtypen. Der Zwischenraum mit Verdichtungsansätzen verbindet zum Beispiel den deutsch-polnischen Grenzraum in der Region um Szczecin (Stettin). Mit seiner raumerschließenden Brückenfunktion verbindet diese Raumkategorie den westeuropäischen zusammenhängenden Kernraum über den Schweizer Jura über Genf/Grenoble mit dem Raum Lyon. Im deutsch-polnischen Raum erschließt der Zwischenraum die Verbindung von Dresden nach Wroclaw (Breslau) und nach Poznan (Posen).

Nähert man sich unter Verwendung der Kategorien der Raumstruktur den Grenzräumen, zeigt sich, dass die Grenzregionen in der Europäischen Union keine homogene Gruppe bilden. Der Vergleich zwischen den alten und den neuen Mitgliedsländern zeigt, dass die Grenzregionen in der alten EU gemessen an der Bevölkerungszahl überwiegend durch ihre Zugehörigkeit zum Zwischenraum geprägt sind. Hierin leben rund 43 % der Bewohner der Grenzregionen. Rund 22 % der Grenzraumbewohner leben hierzu zusätzlich im Zentralraum. Der Anteil der Bevölkerung in Peripherräumen liegt bei 22 %. In den zehn neuen Mitgliedsstaaten N10 sind die Grenzregionen eher dem Peripherraum zuzuordnen, 65 % der Bevölkerung der Grenzregionen leben in dieser Raumkategorie. Im Zwischenraum leben die restlichen 35 % der Einwohner.

### Die meisten Grenzraumbewohner leben im europäischen Zwischenraum

Betrachtet man die Entwicklung der Bevölkerung, verstetigt sich der Eindruck, dass die Grenzregionen nicht als homogene Gebietskulisse bezeichnet werden können. In der EU25 steigt die Zahl der Einwohner in den Grenzregionen insgesamt um 0,7%, in der EU15 steigt sie um 1,3 %, in den N10 nimmt sie um 0,4 % ab. Einzig in den Peripherräumen der Grenzregionen ist die Bevölkerungszahl überall rückläufig. In den der EU25 nimmt die Zahl der Einwohner hier um 1% ab, sie stagniert in der EU15 und sinkt in den N10 um rund 2,1 %. Deutliche Zunahmen der Bevölkerung verzeichnen demgegenüber die Zwischenräume mit Verdichtungsansätzen in allen Staaten der EU25 mit rund 1,5 %. Die EU15-Staaten haben hier mit ca. 2 % deutlichere Gewinne, als die N10-Länder mit nur 0,6 %.

# 3 Trends der Raumentwicklung

Die Raum- und Siedlungsstruktur ist geprägt durch die räumliche Verteilung von *Bevölkerung, Arbeitsplätzen* und *Infrastrukturen.* Sie sind die wesentlichen raum- und siedlungsstrukturbildenden Komponenten und vermitteln sich im Raum über Standorte für das Wohnen, Betriebsstandorte für Industrie und Gewerbe und Standorte für Infrastruktureinrichtungen und -netze wie z.B. Verkehrs- und Energienetze. Die Summe der Einzelstandorte in ihrem räumlichen Zusammenhang bilden das Grundgerüst der Raum- und Siedlungsstruktur. Sie sind Hauptbestandteile der bebauten Umwelt, die in die Freifläche eingebettet ist.

Die *Raumentwicklung* wird bestimmt durch die Entwicklung der Einzelkomponenten und deren räumliche Verteilungen. Dabei sind die gegenseitigen Abhängigkeiten von Bedeutung.

Die räumliche Verteilung der *Bevölkerung* ändert sich durch die natürliche Bevölkerungsentwicklung und durch Wanderungen. Der Saldo von Geburten und Sterbefällen in einer Region bestimmt den künftigen Bedarf und die Struktur an Wohnungen, der aus der regionsinternen Entwicklung erwächst. Zu- und Abwanderungen von Bevölkerung beeinflussen diese natürliche Bevölkerungsentwicklung regional sehr unterschiedlich. Insbesondere die kleinräumigen Binnenwanderungsprozesse z.B. aus den Kernstädten ins nähere und weitere Umland haben gründliche Veränderungen der Raum- und Siedlungsstruktur bewirkt (Suburbanisierung).

Im wechselseitigen Prozess mit der regionalen Bevölkerungsverteilung haben sich die *Arbeitsplätze* räumlich verteilt. Einerseits sind sie an die räumliche Nähe zu den Absatzmärkten und Kunden gebunden und andererseits an die Arbeitsmärkte und Wohnstandorte der Arbeitskräfte. Gleichzeitig ist der Arbeitsplatz aber auch ein häufiges Wanderungsmotiv für die Arbeitskräfte. Der räumlich enge Zusammenhang zwischen Wohnung und Arbeitsstätte ist von daher grundsätzlich in der Raumstruktur angelegt, wenngleich dieser durch die Mobilitätsentwicklung immer mehr aufgeweicht wird.

Die räumliche Verteilung von *Infrastruktur* lehnt sich an die räumliche Verteilung der Bevölkerung und Arbeitsplätze an. Infrastruktur soll die einzelnen und wechselseitigen Aktivitäten der Bevölkerung und Wirtschaft ermöglichen und sicherstellen. Sie ist deshalb auf deren Standorte ausgerichtet. So bestimmt z.B. die räumliche Dichte der Bevölkerung und der Arbeitsplätze Umfang und Struktur des Verkehrsaufkommens, das über die Verkehrsnetze abzuwickeln ist. Das Mobilitätsverhalten der Bevölkerung (z.B. im Berufspendelverkehr) und die räumlichen Verflechtungen der produzierenden Betriebe (z.B. im Gütertransport) spielen dabei eine große Rolle.

Die räumliche Verteilung von Bevölkerung, Arbeitsplätzen und Infrastruktur drückt sich konkret durch die *Inanspruchnahme von Flächen* für Wohnzwecke, Betriebe und Produktionsanlagen sowie z.B. für Verkehrs- und Energieinfrastruktur aus. Die Entwicklung der Siedlungs- und Verkehrsfläche ist dementsprechend auch einem ständigen Wandel unterworfen. So werden für Siedlungs- und Verkehrszwecke immer neue Flächen in Anspruch genommen. Diese Veränderungen können örtlich sehr unterschiedlich sein. In einigen Regionen entwickelt sich die Siedlungs- und Verkehrsfläche sehr dynamisch. Anderswo sind diese Änderungen nur mittel- und langfristig spürbar. Raumentwicklung ist insofern ein langsam ablaufender Prozess, der durch eine jahrhundertlange Vorgeschichte geprägt ist und einen gewaltigen unbeweglichen Bestand hat.

*Räumliche Verflechtungen* sind Ausdruck und Wesenseigenschaft der sich ansonsten in Standorten und Flächennutzungsstrukturen äußernden Raum- und Siedlungsstruktur. Änderungen der Standort- und Flächennutzungsstrukturen drücken sich häufig in Änderungen der räumlichen Verflechtungen insbesondere des Verkehrs aus. Andererseits führen geänderte Verflechtungsmuster zum Ausbau von Infrastrukturen mit entsprechenden Auswirkungen auf die Siedlungsentwicklung.

Dieser vielfältige wechselseitige Prozess der Raumentwicklung ist Gegenstand der Inhalte des Teils I dieses Berichtes. Im folgenden Kapitel werden die wesentlichen

Einzelkomponenten der Raum- und Siedlungsstruktur *„Bevölkerung“*, *„Arbeitsplätze“* in ihrer räumlichen Verteilung und in den Auswirkungen auf die *Flächennutzung* und den *Verkehr* dargestellt. Dabei werden die wesentlichen aktuellen, für die raumordnungspolitische Diskussion wichtigen Entwicklungstrends behandelt, wie der *„Demographische Wandel"* der Bevölkerung, der *„Strukturwandel in der Wirtschaft“* und die damit zusammenhängende *„Siedlungsentwicklung"* und die Intensivierung der *„Räumlichen Verflechtungen"*. Schließlich werden dann in einem zusammenfassenden Teil die *Grundtendenzen der Raumentwicklung*, die geprägt sind von Wachstum und Schrumpfung, herausgearbeitet.

Betrachtet wird in der Regel ein *Vergangenheitszeitraum von 1998 bis 2003*, der damit an die Berichterstattung des Raumordnungsberichtes 2000 anschließt. Gleichzeitig werden die künftigen *Entwicklungstendenzen für den Zeitraum bis 2015/2020* bei den einzelnen Trenddarstellungen behandelt. Soweit möglich und sinnvoll werden auch europäische Bezüge und Vergleiche hergestellt.

Damit ist dieses Kapitel der Kern der faktenorientierten Raumberichterstattung nach § 21 Pkt. 1 Raumordnungsgesetz auf der Basis der laufenden Raumbeobachtung des BBR. Grundlage für die räumlich differenzierte Darstellung der Trends der Raumentwicklung sind die – neu entwickelten und zuvor dargestellten – Grundtypen der Raumstruktur sowie die „Siedlungsstrukturellen Gebietstypen“ der „Laufenden Raumbeobachtung“ des BBR. Der normale Raumbezug der regional differenzierten Darstellung der Raumentwicklung auf Kreisregionen und Raumordnungsregionen wird diesmal konsequent um eine gemeindebezogene Betrachtung ergänzt.

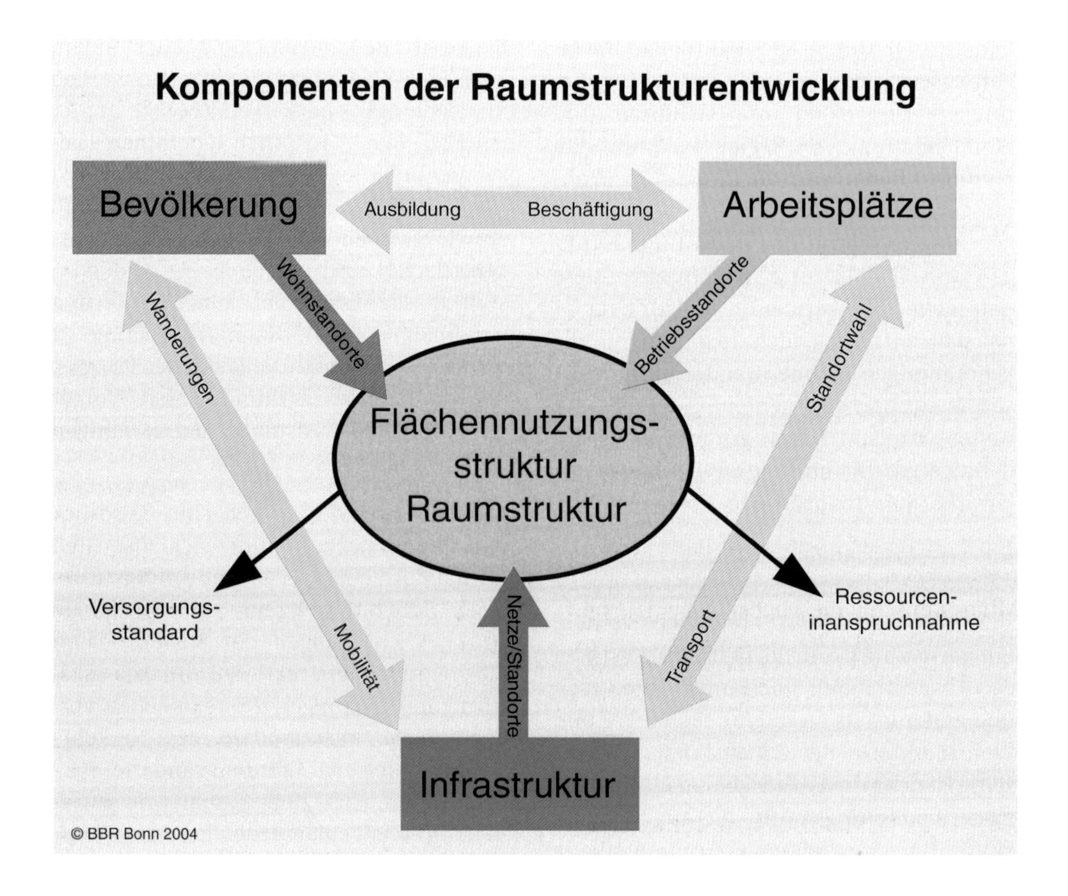

# 3.1 Demographischer Wandel

Der demographische Wandel setzte vor langer Zeit ein. Vor vierzig Jahren begannen die Geburtenzahlen zu sinken. Seit 35 Jahren ist das Bestandserhaltungsniveau unterschritten. Seit 30 Jahren liegt das Reproduktionsniveau stabil bei zwei Dritteln: Von Generation zu Generation verringert sich die potenzielle Elterngeneration um jeweils ein Drittel. Diese wesentliche Ursache des demographischen Wandels wird seit jeher begleitet vom kontinuierlichen Anstieg der Lebenserwartung und von mehr oder weniger starken Zuzügen aus dem Ausland. Beide tragen zur Bevölkerungsdynamik, zur Alterung und zur Heterogenisierung der Bevölkerung bei.

Bestandteile des demographischen Wandels sind:

- die veränderte Dynamik des Bevölkerungswachstums,
- die Veränderung der Altersstruktur der Bevölkerung,
- die wachsende Internationalisierung der Bevölkerung durch Zuwanderungen aus dem Ausland.

Die langfristig erwarteten Trends der *Bevölkerungsabnahme*, der *Alterung* und der *Internationalisierung* wurden bisher überlagert durch Besonderheiten, deren – zumeist politische oder ökonomische – Ursachen bereits viele Jahre oder gar Jahrzehnte zurückliegen (Weltkriege, Wirtschaftszyklen, politische Umbruchphasen). Zudem zeigen neuere Bevölkerungsprognosen des BBR in räumlicher Differenzierung, dass zwar die Alterung und die Internationalisierung überall – wenn auch unterschiedlich intensiv – stattfinden werden, dass jedoch die Abnahme der Bevölkerung keineswegs alle Regionen treffen wird. Mindestens für die nächsten beiden Jahrzehnte, wird es – wie bisher auch schon – ein Nebeneinander von wachsenden und schrumpfenden Gemeinden und Regionen geben.

## Demographische Entwicklung im regionalen Vergleich

### Aktuelle Entwicklung

Im Jahr 1991 überschritt die Bevölkerung Deutschlands die 80-Millionen-Marke. Seither ist sie fast stetig angewachsen, auf gut 82,5 Mio. am Jahresende 2002. Diese Dynamik war aber importiert. Sie ist einzig auf *Wanderungsgewinne ausländischer Bevölkerung* zurückzuführen. Ohne diese hätte die Bevölkerung stattdessen in den zwölf Jahren von 1990 bis 2002 aufgrund der natürlichen Bewegungen (Geburten, Sterbefälle) durch Sterbeüberschüsse um eine knappe Million abgenommen. Nur weil die Zuwanderungen aus dem Ausland mit ca. 4 Mio. Personen seit der deutschen Einigung wesentlich höher ausfielen, konnte die Bevölkerung noch um rund 3,5 % wachsen.

Der Fall des eisernen Vorhangs und die deutsche Einigung führten zu erheblichen und vielfältigen Turbulenzen in der Bevölkerungsentwicklung. Seit ca. 1997 sind nunmehr – mit Ausnahme der Binnenwanderungen – wieder stabilere Trends eingekehrt.

Hinter der gesamträumlichen Entwicklung eines leichten Wachstums verbirgt sich die Gleichzeitigkeit von wachsenden und schrumpfenden Regionen und Gemeinden. Bei der regionalen Betrachtung wird das Zusammenspiel zwischen natürlichen (Geburten und Sterbefälle) und räumlichen Bewegungen (Binnen- und Außenwanderung) auf die Bevölkerungsdynamik deutlich: *Binnenwanderungen* zwischen den Regionen verstärken, schwächen oder kippen den Trend, der durch die natürlichen Bewegungen und durch die internationalen Wanderungen ausgelöst wird. Dies lässt sich schon im Ost-West-Vergleich belegen. Der Osten hatte in den 1990er Jahren hohe Sterbeüberschüsse, die durch Außenwanderungsgewinne teilweise ausgeglichen worden wären, hätte der Osten nicht auch Wanderungsverluste an den Westen in ähnlicher Größenordnung gehabt. Dadurch sank die Bevölkerungszahl. Der Westen hatte dagegen Gewinne, weil der natürliche Saldo von Geburten und Sterbefällen in etwa ausgeglichen war und weil zu den internationalen Wanderungsgewinnen noch die Zuwanderung aus dem Osten hinzukam.

Je feiner der regionale Bezug bei der Betrachtung der Bevölkerungsentwicklung, desto deutlicher wird das räumliche Nebeneinander von Wachstum und Schrumpfung im Bundesgebiet:

- Von den 16 Bundesländern hatten neun Zuwächse, sieben dagegen Abnahmen.

Die dynamischen Länder waren zugleich die bevölkerungsreichen: In ihnen lebten ca. vier Fünftel aller Einwohner, sie hatten eine Zuwachsrate von 1,6 %. Das andere Fünftel hatte dagegen Bevölkerungsverluste um 3 %.

- Von den 439 Kreisen hatten 265 mit knapp zwei Dritteln der Bevölkerung einen Zuwachs um 2,6 %. Die restlichen 175 Kreise mit einem guten Drittel der Bevölkerung nahmen um 3 % ab. Daraus resultiert die Gesamtwachstumsrate von 0,6 % zwischen 1997 und 2003.
- Von den knapp 4 800 (Verbands-)Gemeinden hatten ca. 3 000 mit etwa 58 % der Bevölkerung einen Zuwachs um gut 1,5 Mio. oder 3,2 %. Die anderen ca. 1 760 Gemeinden verloren gut 1 Mio. Personen oder ca. 3 % ihrer Bevölkerung. Die Zahl der Gemeinden mit schrumpfender Bevölkerung steigt laufend. Ihr Anteil an der Gesamtbevölkerung wächst. Die Diskrepanz in der Dynamik von wachsenden und schrumpfenden Gemeinden wird ebenfalls größer.

**Bevölkerungsentwicklung in Europa**

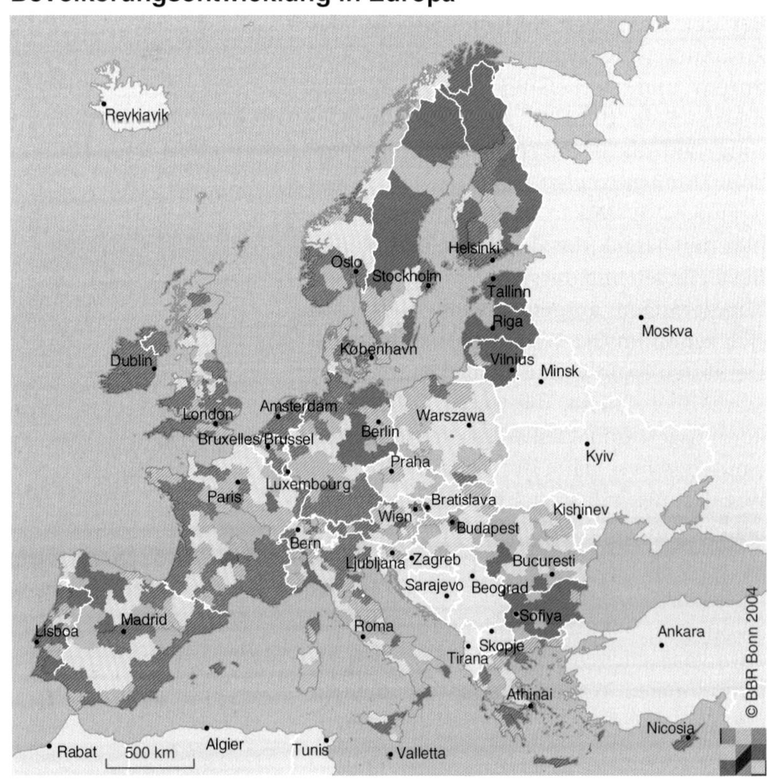


**Bevölkerungsentwicklung in Europa 1995 bis 2002 in %**

- bis unter -3
- -3 bis unter -1
- -1 bis unter 1
- 1 bis unter 3
- 3 und mehr

Quelle: Laufende Raumbeobachtung Europa
Statistische Grundlagen: Eurostat REGIO
nationale Statistische Ämter
Geometrische Grundlagen: Eurostat GISCO

Anmerkungen:
Regionen NUTS 2 in Belgien, Deutschland, Niederlande;
Regionen NUTS 3 in den übrigen europäischen Staaten;
Bulgarien, Lettland, Norwegen, Polen, Rumänien und Schweiz: 1995 bis 2001.

Die Karte (siehe Karte: „Aktuelle Bevölkerungsentwicklung") weist die *relative Veränderung der Bevölkerungszahl* in den Gemeinden aus. Damit wird die Bedeutung der Veränderung für die einzelne Gemeinde, unabhängig von ihrer Größe gezeigt. Ins Auge sticht das Ost-West-Gefälle: Im Westen überwiegt das Wachstum, im Osten die Abnahme der Bevölkerung. Auffallend sind die Abweichungen von diesem Grundmuster. Abnahme oder zumindest Stagnation findet im Westen entweder in Kernstädten (insbesondere in den alten Industrieregionen) oder in peripheren Räumen statt. Dynamik im Osten konzentriert sich auf den engeren suburbanen Raum der größeren Städte. Beim Speckgürtel um Berlin herum zeigt sich zudem die Bedeutung der Erreichbarkeit des Zentrums für den Suburbanisierungsprozess. Entlang der radialen Verkehrsachsen verlässt die Dynamik das ringförmige Muster und geht stärker in die Fläche. Die Suburbanisierung im Westen greift wesentlich weiter ins Umland der großen Städte. Sie erstreckt sich teilweise bis tief in die peripheren dünn besiedelten Räume und überlagert sich hier mit einem positiven natürlichen Saldo insbesondere im Norden und Süden der alten Länder.

## Räumliches Nebeneinander von Wachstum und Schrumpfung

### Entwicklung in Europa

In allen Industrienationen ist die Fertilität unter das Bestandserhaltungsniveau gesunken. Die Voraussetzungen für den demographischen Wandel liegen hier überall mehr oder weniger vor. Die europäischen Staaten unterscheiden sich lediglich im Zeitpunkt des Eintrittes, in der Intensität der gesunkenen Fertilität und im erreichten Stadium des demographischen Wandels. Deutschland betrat als erste Nation das Stadium des „Zweiten demographischen Übergangs", sie hatte lange Zeit die niedrigste Fertilität, wurde aber zwischenzeitlich von anderen Staaten noch unterboten (z.B. von Spanien, Italien und Griechenland). Zudem konnte Deutschland durch hohe Außenwanderungsgewinne Dynamik importieren und Alterung verlangsamen.

Somit steht Deutschland mit seiner gespaltenen Bevölkerungsdynamik nicht allein.

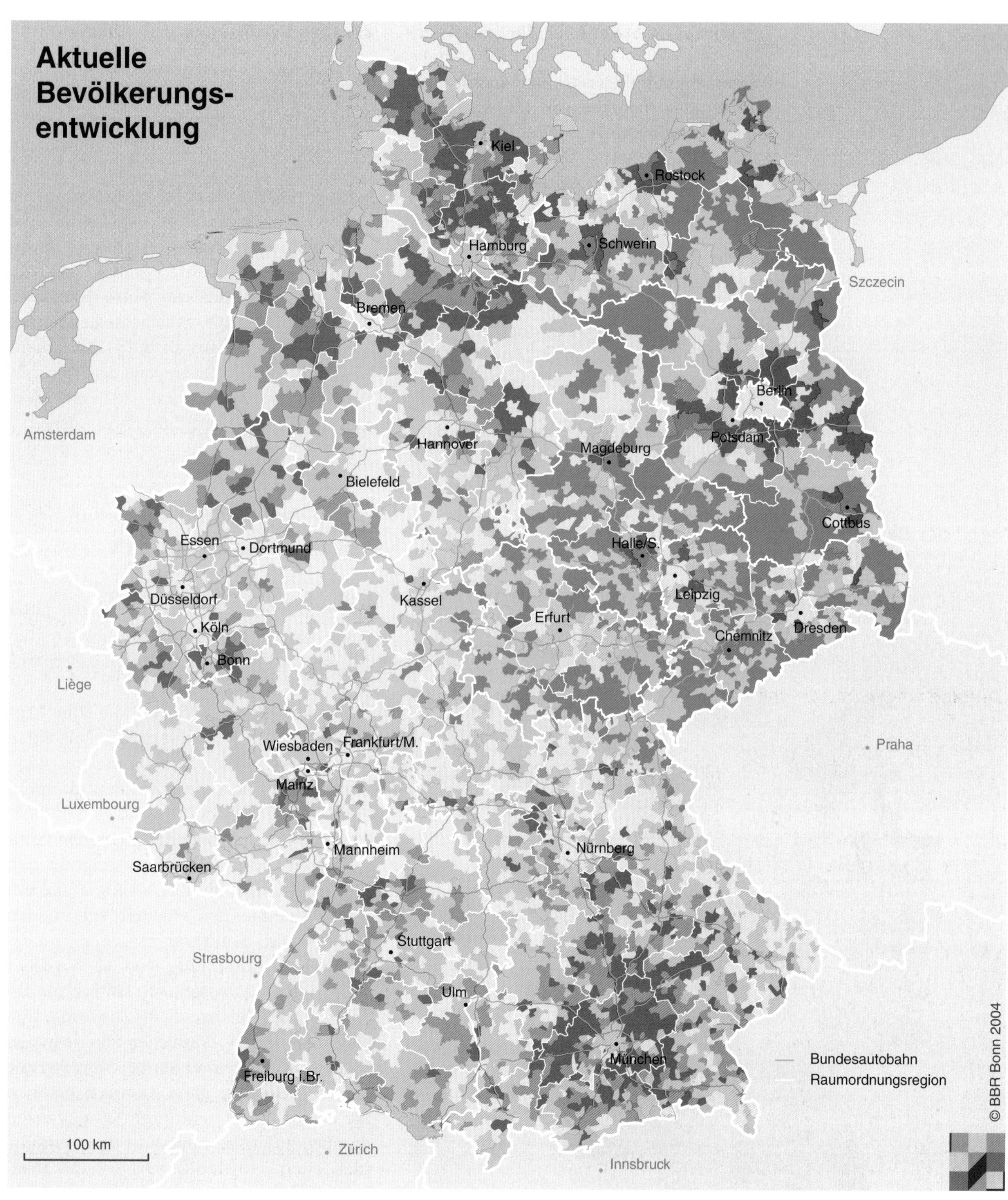


**Bevölkerungsentwicklung 1997 bis 2003 in %**

- bis unter -5,0
- -5,0 bis unter -1,5
- -1,5 bis unter 1,5
- 1,5 bis unter 5,0
- 5,0 bis unter 7,5
- 7,5 und mehr

Verbandsgemeinden, Stand 31. 12. 2003
Quelle: Laufende Raumbeobachtung des BBR
Datengrundlage: Fortschreibung des Bevölkerungsstandes des Bundes und der Länder

Anmerkung:
Zur besseren Vergleichbarkeit werden die Daten auf der Ebene von Gemeinden und Gemeindeverbänden dargestellt (z.B. Ämter in Schleswig-Holstein, Samtgemeinden in Niedersachsen, Verbandsgemeinden in Rheinland-Pfalz, Verwaltungsgemeinschaften in Baden-Württemberg). Hier wird die Bezeichnung *Verbandsgemeinden* verwendet.

Der europäische Vergleich für die zweite Hälfte der 1990er Jahre belegt für fast alle Staaten ein räumliches Nebeneinander von wachsenden, stagnierenden und schrumpfenden Bevölkerungen. Ein Zusammenhang mit anderen globalen Trends lässt sich leicht erkennen. Wirtschaftsdynamik und Siedlungsstruktur als Push- und Pullfaktoren der Wanderungen sind offensichtlich wichtige Determinanten der Bevölkerungsentwicklung. Metropolregionen lassen sich schnell identifizieren. Periphere Regionen verloren Bevölkerung, am stärksten im Norden und Südosten Europas. Auffallend ist die hohe Dynamik vieler Küstenregionen, während zwar zentral gelegene, jedoch strukturschwache Regionen (z.B. in Portugal, Spanien, Frankreich) in großem Maßstab Bevölkerungsverluste erlitten.

**Trend der Bevölkerungsentwicklung bis 2020**

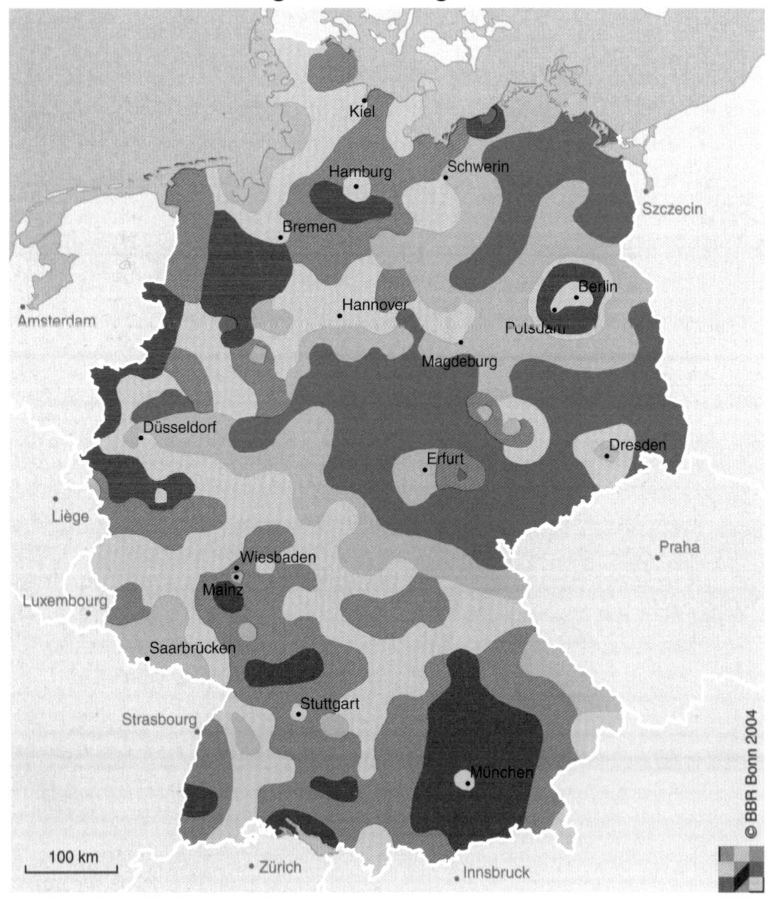


**Veränderung der Bevölkerungszahl zwischen 2002 und 2020**

- stark abnehmend
- leicht abnehmend
- stabil
- leicht zunehmend
- stark zunehmend

Quelle: BBR-Bevölkerungsprognose 2002-2020/Exp

### Künftige Bevölkerungsentwicklung

Ein wesentliches Ergebnis der *BBR-Bevölkerungsprognose* ist, dass auf Bundesebene bis 2020 kein Bevölkerungswachstum mehr stattfinden wird. Unter den getroffenen Annahmen (siehe INFO) nimmt die Bevölkerung vielmehr um ca. eine Million ab. Das Nebeneinander von Wachstum und Schrumpfung in der regionalen Bevölkerungsdynamik wird erhalten bleiben, allerdings in modifizierter Form. Der Anteil der Regionen mit Wachstumstendenzen wird kleiner (weniger als die Hälfte), dafür verschärft sich die Diskrepanz der Dynamik. Weniger Kreise (188 statt 302) wachsen, mehr Kreise (252 statt 138) schrumpfen.

**Kontraste zwischen Wachstum und Schrumpfung werden größer**

Der Ost-West-Gegensatz der 1990er Jahre bleibt im Prinzip, schwächt sich aber in den beiden prognostizierten Dekaden ab – nicht etwa, weil die neuen Länder an Dynamik gewinnen, sondern weil die alten Länder an Dynamik verlieren. Mit steigenden Sterbeüberschüssen sind die meisten Regionen konfrontiert, doch werden nunmehr auch weniger westdeutsche Regionen diese Abgänge durch Wanderungsgewinne kompensieren können. Die Karte zeigt für den Osten das vertraute Bild der Abnahme mit der Ausnahme des engeren suburbanen Raumes. Die Kontraste zwischen Wachstum und Schrumpfung sind noch größer geworden und wesentlich stärker als im Westen, weil gleichzeitig die sowieso schon dünnbesiedelten , ländlichen Räume in den neuen Ländern noch stärker Bevölkerung verlieren. In den alten Ländern nehmen die Regionen mit Schrumpfungstendenzen deutlich zu, insbesondere in den altindustrialisierten Verdichtungsgebieten einschließlich deren engerem Umland und einige dünnbesiedelte Gebiete in der Mitte Deutschlands. Regionen mit Bevölkerungszuwachs gibt es in den alten Ländern nur noch außerhalb der Großstädte und Agglomerationszentren in deren erweitertem Umland. Außerdem ist eine stärkere Dynamik in den nördlichen und südlichen Bundesländern festzustellen.

Die gespaltene Dynamik wird letztlich eine Umverteilung der Bevölkerung bewirken und langfristig eine veränderte Siedlungsstruktur nach sich ziehen. Die Konkurrenz zwischen den Regionen könnte auch neue Wanderungsmuster hervorbringen, die mit den hier angenommenen nicht mehr übereinstimmen: Wirtschaftsstarke Agglomerationen könnten einen Nachfragesog auf junge Erwerbspersonen ausüben, der künftig zu einer neuen Bevölkerungskonzentration führt. Dünn besiedelte Regionen mit Tragfähigkeitsproblemen bei Infrastruktureinrichtungen könnten neben der ökonomisch induzierten nunmehr auch eine bildungsorientierte Abwanderung erleben, weil Eltern mit ihren Kindern in Regionen mit besserer Bildungsinfrastruktur ziehen. Dies könnte langfristig – zunächst in Westdeutschland – zu einem Trendbruch, zum Ende der großräumigen Dekonzentrationsphase führen.

Eine längerfristige, regional differenzierte Bevölkerungsvorausschätzung über das Jahr 2020 hinaus ist mit einem wesentlich höheren Prognoserisiko gegenüber gesamträumlichen Vorausberechnungen verbunden. Immer wenn Prognosen als Grundlagen für langfristige Investitionsentscheidungen und politische Strategien hinzugezogen werden sollen, ist ein Zeitraum von zwanzig Jahren inhaltlich eigentlich zu kurz. In Kenntnis dieses Dilemmas werden neuerdings im BBR *Langfristtrends der räumlichen Bevölkerungsdynamik* geschätzt, die über 2020 hinausgehen. Allerdings werden die Ergebnisse bewusst räumlich vergröbert, um keine Scheingenauigkeit vorzutäuschen. Die Ergebnisse der BBR-Schätzung fügen sich dabei gut in den Variantenbereich der 10. koordinierten Vorausrechnungen des Statistischen Bundesamtes ein (siehe INFO, nächste Seite).

Unter ähnlichen Annahmen bezüglich des Fertilitäts- und Mobilitätsniveaus und bei weiterhin steigender Lebenserwartung sinkt die Bevölkerung nach 2020 schneller. Trotz der nunmehr beginnenden beschleunigten Abnahme wird es auch nach 2020 weiterhin Räume geben, die Bevölkerungswachstum erwarten. Allerdings werden sie immer kleiner, beschränken sie sich auf den Süden, Südwesten und den Nordwesten.

In der Bevölkerungsschrumpfung werden sich Regelmäßigkeiten herausbilden, die mit den Außenwanderungen zusammenhängen. Regionen mit hoher Präferenz internationaler Zuwanderungen – insbesondere die Zentralräume – können den Rückgang der Bevölkerung etwas abmildern. Dies wird besonders auffällig bei den größeren Städten im Süden der neuen Länder. Die Ost-West-Drift der Bevölkerung

**INFO: Annahmen der BBR-Bevölkerungsprognose**

Bevölkerungsprognosen sind wenn-dann-Aussagen. *Wenn* die gesetzten Annahmen eintreffen, *dann* wird auch die Bevölkerung die prognostizierte Entwicklung nehmen. In der Prognose wird der Bevölkerungsbestand fortgeschrieben durch die Bevölkerungsbewegungen der Geburten und der Sterbefälle, der Zuzüge und der Fortzüge. Erklärende Größen für diese Bewegungen sind zum einen die Bevölkerung oder Teile derselben, zum anderen Verhaltensparameter wie Fertilitätsraten, Mortalitätsraten, Mobilitätsraten in der Zukunft. Schließlich sind auch noch die künftigen Außenwanderungen festzulegen. Somit ergeben sich vier Bereiche von Annahmen mit folgenden Tendenzen:

- Die durchschnittliche Kinderzahl der Frauen nimmt im Osten zu, sinkt im Westen leicht. Das Alter der Frauen bei der Geburt steigt weiter.
- Die Lebenserwartung bei der Geburt wird laufend größer. Die Ost-West-Lücke wird kleiner, d.h. der Osten holt weiter auf.
- Die altersspezifische Mobilität bleibt im Westen konstant, holt im Osten auf. Insbesondere die Suburbanisierung etabliert sich in den neuen Ländern. Der Zuzug von Aussiedlern versiegt allmählich. Die Folgewanderungen aus den Kreisen mit Aufnahmelagern entfallen.
- Internationale Wanderungen verharren auf mittlerem Niveau. Zuzüge von Deutschen werden weniger. Die EU-Osterweiterung führt gleichwohl zu einem Anstieg der Netto-Zuzüge auf ca. 280 Tsd. im Jahr 2020.

**Trend der Bevölkerungsentwicklung bis 2050**

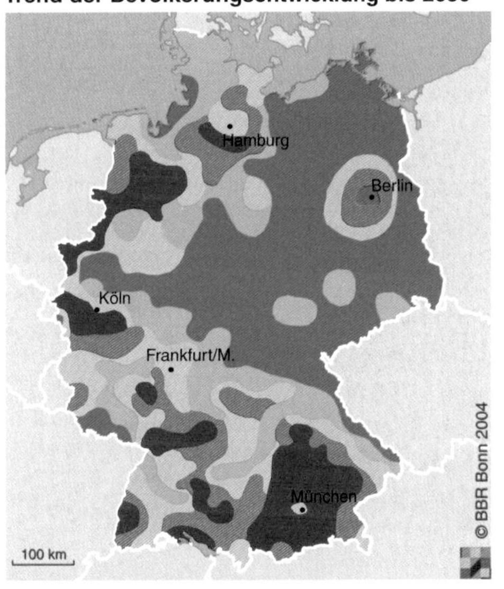


**Veränderung der Bevölkerungszahl zwischen 2002 und 2050**

Quelle: BBR-Bevölkerungsprognose 2002-2050/Exp

## INFO: Die aktuelle BBR – Bevölkerungsprognose im Vergleich

Bevölkerungsprognosen für das Bundesgebiet insgesamt werden amtlicherseits von den *Vereinten Nationen* und dem *Statistischen Bundesamt* gemacht. Dazu existiert mit der 10. koordinierten Bevölkerungsvorausberechnung eine abgestimmte Prognose auf Länderebene. Die Bevölkerungsprognose des BBR ist als einzige sowohl bundesweit flächendeckend als auch regional differenziert auf Kreise bezogen und reicht bis zum Prognosehorizont 2020. Sie stützt sich auf eigenständige Annahmen in den Kreisen und liefert daher andere Ergebnisse als die gesamträumlichen Prognosen. Vergleiche lassen sich auf Bundesebene und teils auf Länderebene ziehen.

Hinter Differenzen der Prognoseergebnisse können drei bis vier Ursachenbündel bei der Annahmensetzung stehen. Das Statistische Bundesamt variierte die Annahmen zur *Lebenserwartung* und der künftigen Netto-*Wanderungen mit dem Ausland*, durch deren Kombination ergaben sich neun Prognosevarianten. Drei UNO-Varianten entspringen der Variation der künftigen *Fertilität*. Die Ergebnisse für 2020 bewegen sich in einem Wertebereich von 80 Mio. bis 84 Mio. Die BBR-Prognose liegt mit ca. 81,5 Mio. knapp unter den mittleren Varianten vom Statistischen Bundesamt und von der UNO. Die Differenzen liegen im üblichen Toleranzbereich von Prognosen. Mit zunehmender räumlicher Differenzierung werden die Abweichungen größer. Dahinter stehen die Annahmen der dann hinzutretenden *Binnenwanderungen*, deren Bedeutung für das Prognoseergebnis um so größer ist, je kleiner der räumliche Bezug gewählt wird. Die Differenzen rühren daher, dass BBR die Ost-West-Wanderungen schwächer und die Stadt-Umland-Wanderungen stärker einschätzt. Gleichwohl liegen die Prognoseergebnisse in neun von sechzehn Ländern innerhalb eines Toleranzbereichs von +/-5 %. Dagegen prognostiziert BBR für 2020 in vier Ländern (Brandenburg, Sachsen, Sachsen-Anhalt und Mecklenburg-Vorpommern) um mehr als 5 % höher, auf der anderen Seite in drei Ländern (Baden-Württemberg, Hamburg und Bremen) um mehr als 5 % niedriger als die 10. koordinierte Bevölkerungsvorausberechnung. Fasst man Länder so zusammen, dass die Suburbanisierung der Stadtstaaten sich mit den Nachbarländern saldiert, dann betragen die maximalen Abweichungen dieser Ländergruppen ca. 8 %. In den wesentlichen Aussagen zum demographischen Wandel – veränderte Dynamik, Alterung, Internationalisierung – kommen alle Prognosen zu sehr ähnlichen Ergebnissen. Die politischen Schlussfolgerungen der künftigen demographischen Entwicklung werden von Abweichungen bei den Prognoseergebnissen zu keiner Zeit in Frage gestellt.

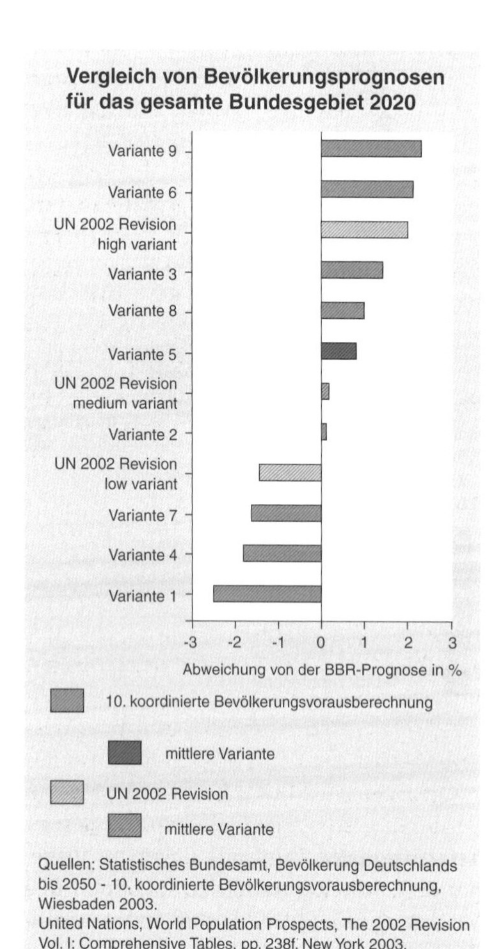


Quellen: Statistisches Bundesamt, Bevölkerung Deutschlands bis 2050 - 10. koordinierte Bevölkerungsvorausberechnung, Wiesbaden 2003.
United Nations, World Population Prospects, The 2002 Revision Vol. I: Comprehensive Tables, pp. 238f. New York 2003.
Bundesamt für Bauwesen und Raumordnung, Raumordnungsprognose 2020, BBR-Bevölkerungsprognose 2002-2020/Exp
© BBR Bonn 2004

**Vergleich von Bevölkerungsprognosen 2020: BBR - Statistisches Bundesamt**

Brandenburg
Mecklenburg-Vorpommern
Sachsen
Rheinland-Pfalz
Hessen
Sachsen-Anhalt
Nordrhein-Westfalen
Thüringen
Niedersachsen
Saarland
Bayern
Schleswig-Holstein
Bremen
Baden-Württemberg
Berlin
Hamburg
-6 -4 -2 0 2 4 6 8 10
Abweichung von der BBR-Prognose in %

Quellen: Statistisches Bundesamt, Bevölkerung Deutschlands bis 2050 - 10. koordinierte Bevölkerungsvorausberechnung, Wiesbaden 2003
Bundesamt für Bauwesen und Raumordnung, Raumordnungsprognose 2020, BBR-Bevölkerungsprognose 2002-2020/Exp
© BBR Bonn 2004

hält unter diesen Rahmenbedingungen an, doch ist im Westen eine starke Heterogenität der Dynamik zu erwarten. Es wird weder ein eindeutiges Nord-Süd-Gefälle noch ein Gefälle entlang der Raumtypen erwartet. Die Vermutung drängt sich auf, dass nichtdemographische Wanderungsmotive die bisherigen Wanderungsmuster so stark verändern könnten, dass sich automatische Stabilisatoren der Bevölkerungsverteilung herausbilden werden.

**INFO: Demographische Verhaltens- und Strukturkomponenten**

Die demographische Entwicklung wird auf Verhaltens- und Strukturkomponenten zurückgeführt. Die *Strukturkomponente* ergibt sich aus der Bevölkerungsgruppe, der das demographische Ereignis (Geburt, Sterbefall, Wanderung) widerfährt. Die unterschiedlichen Jahrgangsstärken, verursacht durch Schwankungen der Geburtenzahlen in früheren Perioden, durchlaufen als demographische Wellen den Lebenszyklus und verursachen ihrerseits – als Echoeffekte – Schwankungen bei den aktuellen demographischen Ereignissen.

Die *Verhaltenskomponente* gibt die Häufigkeit an, mit der das demographische Ereignis in der Bevölkerungsgruppe stattfindet. Die Begriffe Fertilität, Mortalität und Mobilität stellen um strukturelle Besonderheiten bereinigte Raten dar: *Fertilität* ist die Zahl der Geburten je 1000 Frauen eines bestimmten Alters; *Mortalität* ist die Zahl der Verstorbenen eines bestimmten Alters je 1000 dieser Gruppe; *Mobilität* ist die Zahl der Fortzüge eines Alters je 1000 dieser Gruppe.

## Natürliche Bevölkerungsbewegungen

Bis in die frühen 1970er Jahre wurden regelmäßig, danach nur noch sporadisch im Westen oder Osten, mehr Kinder geboren als Menschen verstarben. Die Bevölkerung wuchs damals aus sich heraus. *Geburtenüberschüsse* können vorübergehend auch deshalb entstehen, weil die Altersstruktur einer Bevölkerung dies begünstigt: Die Altersgruppen, in denen Kinder gezeugt und geboren werden, sind besonders stark, die Altersgruppen mit hohen Sterberaten dagegen schwach besetzt. Genau diese Konstellation lag lange Zeit in Deutschland vor und verschleierte das wahre Ausmaß des Fertilitätsrückganges für die Bevölkerungsentwicklung. Nunmehr hat die altersstrukturelle Gunst ein Ende, kommen die schwächeren Geburtsjahrgänge der 1970er/1980er Jahre in die Familienbildungsphase. Dadurch nimmt die Zahl der Geburten weiter ab, obwohl die durchschnittliche Kinderzahl je Frau in etwa stabil bleiben wird. Da andererseits die Lebenserwartung zwar steigt, bald aber stärkere Jahrgänge ins hochbetagte Alter kommen, steigt die Zahl der Sterbefälle an, werden die *Sterbeüberschüsse* rapide zunehmen.

**Sterbeüberschüsse nehmen rapide zu**

In allen Regionen sind die demographischen Bedingungen für eine schrumpfende Bevölkerung mehr oder weniger stark erfüllt. Gleichwohl gab und gibt es noch einige Jahre Kreise mit Geburtenüberschüssen. In den 1990er Jahren waren die Sterbeüberschüsse eine Erscheinung des gesamten Ostens und im Westen vornehmlich die Angelegenheit der Kernstädte. In den Räumen geringerer Verdichtung dagegen, sei es im Umland von Städten, sei es in ländlichen peripheren Regionen, gab es in den 1990er Jahren noch Geburtenüberschüsse.

Die BBR-Prognose kommt zu dem Ergebnis, dass nach dem Osten nunmehr auch im Westen fast alle Kreise Sterbeüberschüsse verzeichnen werden. In den Jahren 2004 bis 2020 wird auf Bundesebene eine Größenordnung von 4,7 Mio. Personen erreicht, die mehr sterben, als neu geboren werden. Der Osten ist daran überproportional beteiligt. Im Westen werden sich die Sterbeüberschüsse auf die Zentralräume konzentrieren. In den anderen Raumkategorien zeigt sich zwar dasselbe Problem, jedoch mit geringerer Schärfe und damit weniger Zeitdruck für Umgestaltungsmaßnahmen. Auch im Osten zeigen sich zwar räumliche Schwerpunkte der Sterbeüberschüsse, doch ist dort der im Westen beobachtete enge Zusammenhang zwischen der natürlichen Dynamik und der Siedlungsstruktur nicht zu erkennen. Überall im Osten werden die Sterbeüberschüsse – trotz Wiederanstiegs der Abwanderung seit 1997 – zur Hauptursache des Bevölkerungsrückgangs werden.

## Binnenwanderungen

Wanderungen innerhalb Deutschlands tragen nicht zur Bevölkerungsdynamik auf Bundesebene, wohl aber in den Regionen bei. Je kleiner die räumliche Einheit ist, desto höher ist der Beitrag der Binnenwanderungen zur Bevölkerungsdynamik. Weitere Bedeutung erhalten die Binnenwanderungen durch ihre Selektivität: Die Altersgruppen haben eine unterschiedlich hohe Mobilität, sodass Wanderungen zu Veränderungen in der Alterszusammensetzung der Bevölkerung führen. Über *Wanderungsgewinne oder -verluste* wird die räumliche Verteilung der Bevölkerung und damit die Siedlungsstruktur beeinflusst.

Jedes Jahr finden innerhalb Deutschlands ca. 4 Mio. Wanderungen zwischen Gemeinden statt, knapp 3 Mio. Wanderungen zwischen den 440 Kreisen und über 1 Mio. zwischen den 16 Bundesländern. Wanderungen über kurze Distanzen sind häufiger als großräumige Wanderungen. Der Suburbanisierungsprozess, die Wohnortverlagerung aus der Kernstadt ins Umland unter Beibehaltung bisheriger Aktivitäten in der Stadt, macht einen großen Teil des Wanderungsvolumens aus.

Hohe politische Aufmerksamkeit genießt die Wanderung von den neuen in die alten Länder, ist sie doch ein *Indikator für die Disparitäten in der Lebensqualität.* Seit Öffnung der innerdeutschen Grenze 1989 sind ca. 3,5 Mio. Personen von Ost nach West umgezogen, allerdings auch knapp 2 Mio. in die andere Richtung. Die Netto-Abwanderung aus dem Osten vollführt Pendelbewegungen: Zunächst nahm sie bis 1997 kontinuierlich ab, dann stieg sie bis 2001 wieder auf das Niveau der frühen 1990er Jahre. Seit 2002 sinkt sie wieder, jedoch nicht wegen geringerer Abwanderung, sondern wegen stärkerer Zuwanderung aus dem Westen. Langfristig wird mit dem Verschwinden des ostdeutschen Wanderungsverlustes gerechnet. Der Ausgleich der Wanderungsbilanz hängt stark ab von der ökonomischen Entwicklung, insbesondere von der Arbeitsmarktsituation in den neuen Ländern.

**Langfristig könnte der ostdeutsche Wanderungsverlust verschwinden**

Diese positive Entwicklung wird aber nicht für alle Regionen der neuen Länder gesehen. Teile von Brandenburg profitieren zwar von Zuwanderungen aus Berlin, der westliche Teil von Mecklenburg wird zum suburbanen Raum von Hamburg und Lübeck. Die Länder Sachsen, Sachsen-Anhalt und Thüringen haben dagegen als Ganzes Abwanderungen zu erwarten. Innerhalb der Länder werden die suburbanen Räume im Umland der großen Städte Zuwanderungen erwarten dürfen. Die Kernstädte und auch die Räume geringerer Bevölkerungsdichte werden dagegen mit Abwanderungen rechnen müssen. Für die Städte wiegen diese Abwanderungen weniger schwer als für die peripheren Räume, da ein Teil der abgewanderten Personen zumindest in der Region verbleiben wird.

## Zuwanderung aus dem Ausland

Mit sinkenden Geburtenzahlen und steigenden Sterbeüberschüssen steigt die Bedeutung der Zuwanderungen aus dem Ausland für die Bevölkerungsdynamik. Seit der deutschen Einigung sind ca. 13 Mio. Personen nach Deutschland gezogen, zugleich haben aber auch ca. 9 Mio. Menschen Deutschland verlassen. Rund 4 Mio. Personen an *Netto-Zuwanderung* konnten die gute Million Verlust aufgrund der Sterbeüberschüsse bei weitem überkompensieren. Dies wird aber keineswegs so bleiben. Zuwanderungen in der aktuellen Größenordnung könnten lediglich zur Hälfte bis zu zwei Dritteln die Lücke füllen, die sich durch den Geburtenrückgang auftut.

**Zuwanderungen können die Sterbeüberschüsse nicht mehr ausgleichen**

Hinter diesen globalen Zahlen stehen allerdings regionale Besonderheiten. Zuwanderungen verteilen sich nicht gleichmäßig über das Land. Das Wohnstandortverhalten ist eng verknüpft mit den Wanderungsmotiven der Migranten einerseits und mit deren Rahmenbedingungen andererseits. Die Verteilung von Arbeitsplätzen, aber auch die Existenz bereits bestehender sozialer Netze für die Integration von Migranten, schließlich auch die mit der Zuwanderung zusammenhängenden Einrichtungen („Aufnahmelager") beeinflussen das räumliche Muster der Zuwanderung. Die traditionellen Arbeitsmigranten bevorzugen den Westen vor dem Osten, die Agglomerationen vor den weniger verdichteten Regionen, die Kernstädte vor dem Umland. Die Gruppe der Aussiedler weicht hiervon ab, zumal ihre Wohnortwahl teils reglementiert ist. Wanderungen verursachen somit nicht nur altersstrukturelle, sondern auch raumstrukturelle Effekte. In Westdeutschland werden die räumlichen Dekonzentrationsprozesse abgeschwächt, im Osten dagegen großräumige Konzentrationsprozesse beschleunigt und kleinräumige Dekonzentrationsprozesse gebremst.

In den 1990er Jahren verschärften die Außenwanderungen das Ost-West-Gefälle der Bevölkerungsdynamik. Von den (Netto-) Zuwanderern siedelten sich 84 % im Westen, lediglich 16 % im Osten an. Mehr als die Hälfte der Zuwanderer konzentrierte sich auf die drei Bundesländer Niedersachsen, Nordrhein-Westfalen und Baden-Württemberg. Dort sind auch die großen Aufnahmelager, von denen die jeweils durchlaufenden Migranten in andere Länder umverteilt werden. Insofern zeigt die Momentaufnahme der Ersteinreise ein etwas verzerrtes Bild, das über nachfolgende Binnenwanderungen korrigiert wurde. Von Außenwanderungen nur wenig tangiert waren bisher die ostdeutschen Länder geringer Verdichtung wie Mecklenburg-Vorpommern und Thüringen.

In Zukunft werden etwas weniger Zuwanderungen erwartet. Insbesondere die Gruppe der *Aussiedler* wird ihr Potenzial ausgeschöpft haben. Mit dem Schließen von Aufnahmeeinrichtungen wird auch die hohe Konzentration auf wenige Regionen abnehmen. Die drei Bundesländer mit den bisher höchsten Wanderungsgewinnen werden auch weiterhin starke Zuwanderungen verzeichnen. Nimmt man noch Bayern und Berlin hinzu, dann werden auf diese fünf Länder zwei Drittel aller Wanderungsgewinne entfallen. Weiterhin wenige Zuwanderungen werden Mecklenburg-Vorpommern, Thüringen und Brandenburg, im Westen Bremen und das Saarland verzeichnen.

## Regionale Alterung

Ein wesentliches Charakteristikum des demographischen Wandels ist die *Alterung* der Bevölkerung. Diese besteht darin, dass der Anteil der jüngeren Jahrgänge geringer wird, der Anteil der älteren Menschen dagegen steigt. Sowohl die gesunkene Fertilität als auch die *steigende Lebenserwartung* stützen diesen Trend. Altersstrukturverschiebungen vollziehen sich sehr langsam und bedürfen deshalb der Langzeitbetrachtung. Der Alterungsprozess ist langfristig kaum umkehrbar. Er wird allerdings durch die internationalen Wanderungen leicht gebremst, da die Migranten in der Regel jünger sind als die ansässige Bevölkerung.

### Der Alterungsprozess ist langfristig kaum umkehrbar

Auf Bundesebene haben Personen im Alter unter 20 Jahre derzeit einen Anteil von gut 21 %, die Alten ab 60 Jahre einen ähnlich hohen Anteil von 23 %. Die Jahrgänge im erwerbsfähigen Alter umfassen rund 56 %. Bis zum Jahr 2020 wird für die Jungen und Alten ein entgegengesetzter Trend ablaufen, so dass dann der Anteil der Alten auf fast 29 % gestiegen, der der Jungen dagegen auf gut 17 % gesunken sein wird. Die Bevölkerung im erwerbsfähigen Alter zeigt hohe Stabilität (noch 54 %). Doch laufen innerhalb dieser Gruppe ebenfalls sehr starke Alterungsprozesse: Der Anteil der über 40-Jährigen steigt, der Anteil der Mitte 20- bis unter 40-Jährigen nimmt ab. Die Baby-Boom-Generation, die geburtenstarken Jahrgänge der 1950er und 1960er Jahre durchlaufen als demographische Welle dieses Stadium und tragen damit zur Alterung des Erwerbspersonenpotenzials bei.

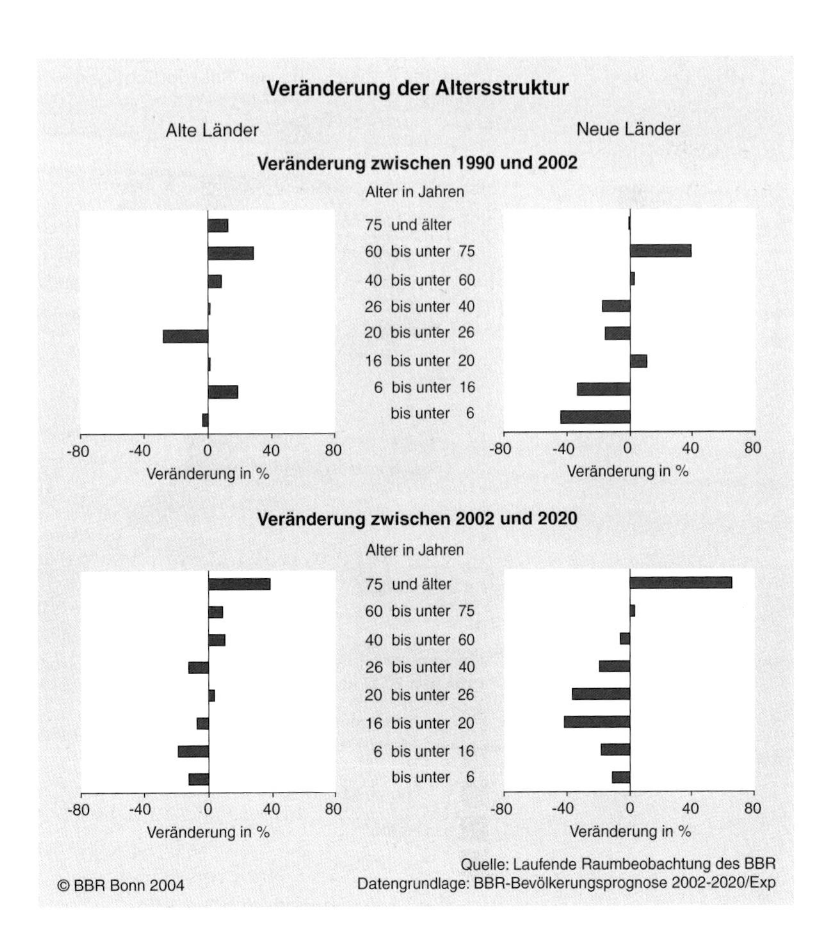

**Trend der Entwicklung der Hochbetagten**

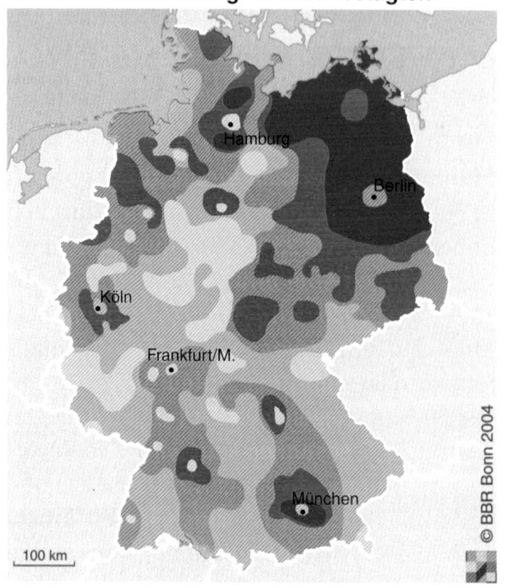


**Zunahme der Zahl der über 75-jährigen zwischen 2002 und 2020**

Quelle: BBR-Bevölkerungsprognose 2002-2020/Exp

**Trend der Entwicklung der Schulpflichtigen**

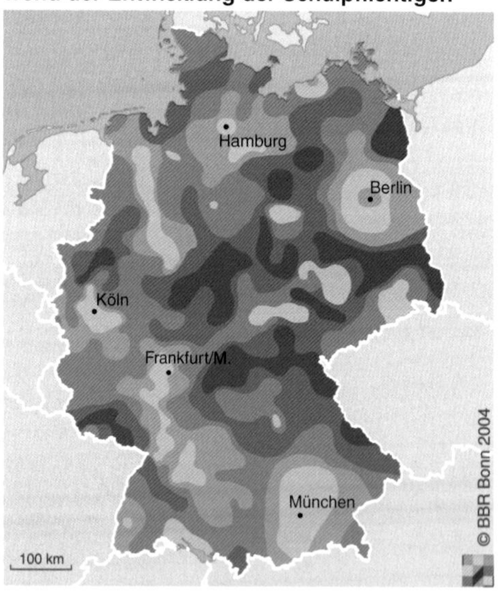


**Abnahme der Zahl der 6- bis unter 16-Jährigen zwischen 2002 und 2020**

Quelle: BBR-Bevölkerungsprognose 2002-2020/Exp

Der Ost-West-Vergleich der Dynamik bei den *höheren Altersgruppen* offenbart weitgehende Übereinstimmung. Bei den über 40-Jährigen unterscheiden sich die Trends allenfalls in ihrer Intensität. Bei den *jüngeren Altersgruppen* hinterlassen Besonderheiten der neuen Länder (der kleine Geburtenboom der 1970/80er Jahre, der Wendeknick) teils auch gegenläufige Trends. Besonders gravierend sind die *Abnahmen bei der Bildungsbevölkerung* in den neuen Ländern. Die Zahl der Schulpflichtigen (6 bis 16 Jahre) hatte bereits in der zweiten Hälfte der 1990er Jahre um ein Fünftel abgenommen. Bis 2005 wird ein weiteres Drittel dieser Altersgruppe verschwunden sein. Die Prognosen deuten darauf hin, dass danach nur mit einem leichten Wiederanstieg der Schülerzahlen zu rechnen sein wird. Über das Jahr 2020 hinaus reichende Prognosen belegen, dass die mittelfristig starken altersstrukturellen Veränderungen des Ostens auf lange Sicht auch in Westdeutschland eintreten werden. Der demographische Wandel wird dann massive Veränderungen in der inneren Zusammensetzung der regionalen Bevölkerung nach sich ziehen.

Regionale Unterschiede der Alterung gehen zurück auf unterschiedliche Basistrends der natürlichen Bevölkerungsentwicklung (Geburtenrückgang, Zunahme der Lebenserwartung). Hinzu kommen die Binnenwanderungen, die ihrerseits stark altersselektiv wirken, und Außenwanderungen, die den Alterungsprozess insgesamt verlangsamen. In den alten Ländern konzentriert sich bis 2020 die *Zunahme der Hochbetagten* auf die engeren Umlandregionen der größeren Städte (weil dort ca. 40 Jahre zuvor viele junge Familien hingezogen waren). Die überproportionale Zunahme der Hochbetagten in den neuen Ländern und dort insbesondere in den peripheren, dünner besiedelten Regionen ist dagegen ein Basiseffekt: wegen der Abwanderung von Rentnern zu DDR-Zeiten waren diese Gruppen bisher schwach besetzt und füllen sich jetzt wieder auf. Die starke Abnahme der schulpflichtigen Jugendlichen (Teil der relativen Alterung) hat andere Ursachen als die Zunahme alter Menschen. Ähnliche räumliche Muster sind daher eher zufällig. Neben den Geburtenausfällen früherer Jahre hatten auch Wanderungen junger Erwachsener sehr viel später (indirekt) einen Einfluss auf die Zahl der Jugendlichen, weil dadurch die Zahl der potenziellen Eltern verändert wurde.

## Private Haushalte

Zweites demographisches Merkmal neben der Bevölkerung sind die *privaten Haushalte*. Dabei handelt es sich um Personengruppen, die gemeinsam wohnen und wirtschaften. Ihre Bedeutung für die räumliche Planung erwächst aus ihrer Funktion als Nachfrager oder Bedarfsträger auf den Wohnungsmärkten oder in diversen Infrastruktursektoren. Haushalte entwickelten – abweichend von der Bevölkerung – seit vielen Jahren, und in der letzten Dekade besonders, eine zusätzliche Dynamik deshalb, weil sie ständig kleiner werden. Eine gleich große Personenzahl verteilt sich auf immer mehr private Haushalte. Deshalb wuchs die Zahl der Haushalte zwischen 1991 und 2003 überproportional mehr als 10 %, während die Zahl der Haushaltsmitglieder um lediglich 3,4 % zunahm. Die *durchschnittliche Haushaltsgröße* sank dadurch von 2,27 Personen auf 2,13 Personen. Dies geschah dadurch, dass die Zahl der Ein- und Zweipersonenhaushalte kräftig (um jeweils ca. 20 %) zunahm, die Haushalte mit drei oder mehr Personen dagegen weniger wurden (um rund 10 %). Der Anteil der Ein- und Zweipersonenhaushalte an allen Haushalten stieg dadurch weiter auf nunmehr über 70 %, der Anteil der Haushalte mit vier oder mehr Personen sank unter 16 %. Dieser Verkleinerungsprozess hat demographische und ökonomische Ursachen.

### Mehr Haushalte werden immer kleiner

Einen bedeutsamen Beitrag zur Dynamik der Haushalte leistet die Alterung der Bevölkerung. Der enge Zusammenhang zwischen Bevölkerung und Haushalten ergibt sich aus dem Familienzyklus, an dem sich das Haushaltsbildungsverhalten orientiert. Im Verlauf ihres Lebens bevorzugen Menschen jeweils bestimmte Haushaltstypen. Demographische Wellen einzelner Altersgruppen induzieren deshalb eine unterschiedliche Dynamik bei den Haushaltsgrößen.

Viele demographische Ereignisse wie Verlassen des Elternhauses, Heirat, Geburt von Kindern, selbst der Tod treten im Lebensverlauf immer später ein. Die Verschiebung der Geburten in ein Lebensalter jenseits der Dreißig erhöht die Zahl der Zwei-Personen-Haushalte, weil junge Paare länger noch kinderlos zusammenleben. Die Zunahme der Lebenserwartung verlängert die Lebensphase, in der die Kinder aus dem Hause sind, erhöht ebenfalls die Zahl der Zwei-Personen-Haushalte. Die gestiegene Differenz zwischen männlicher und weiblicher Lebenserwartung trifft dagegen die Einpersonenhaushalte: Unter ihnen bilden die Witwen über 65 Jahre die größte Teilgruppe.

Stark wirken sich die bereits bestehenden altersstrukturellen Besonderheiten der Bevölkerung – der demographische Nachhall lange zurückliegender Ereignisse wie der I. und der II. Weltkrieg, das Wirtschaftswunder oder der Geburtenrückgang des „Pillenknicks„ (in Ost und West) und des „Wendeschocks“ (nur im Osten) – auf die Haushaltsdynamik aus. Aktuelle Trends sind die starke Zunahme der Zahl älterer Menschen (weil die schwachen Kriegsjahrgänge durch stärkere Jahrgänge aufgefüllt werden) und die starke Abnahme „mittlerer“ Familien (weil sie von den Jahrgängen des „Pillenknicks“ gestellt werden).

### Zunahme der alten Einpersonenhaushalte und Abnahme der jungen Familienhaushalte

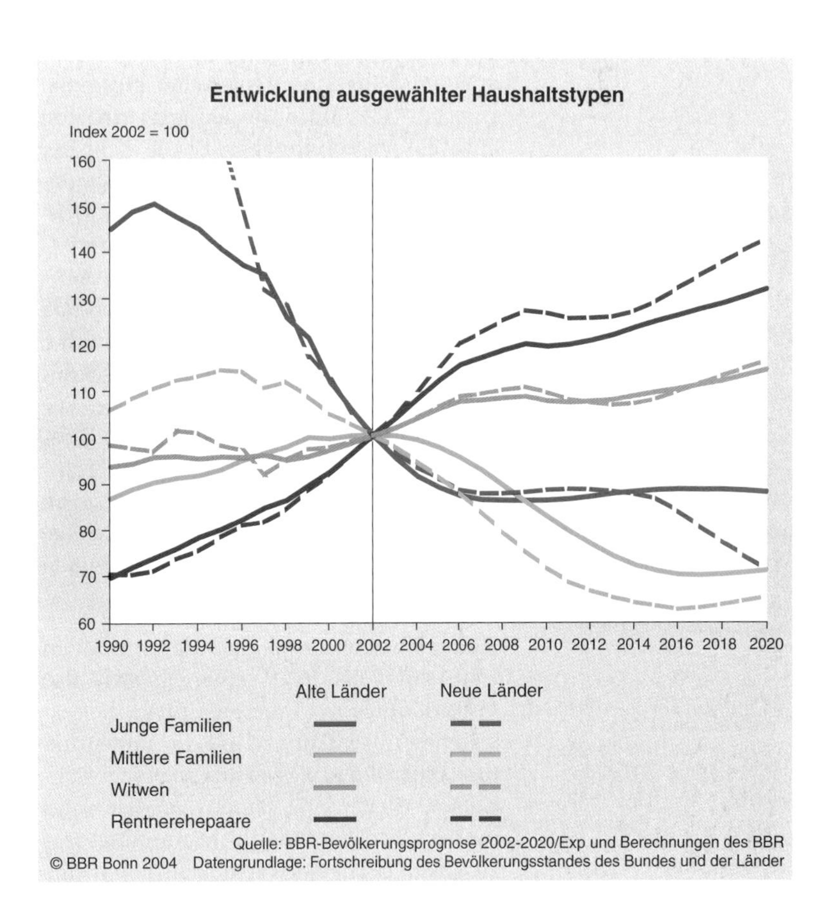

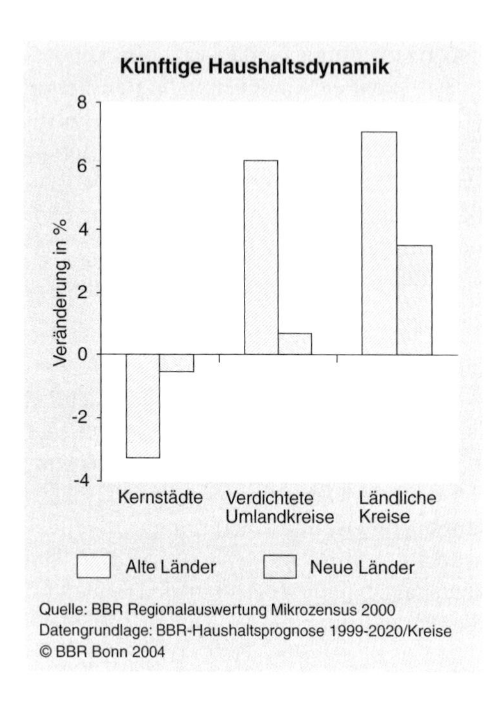


**Trend der Entwicklung der privaten Haushalte**

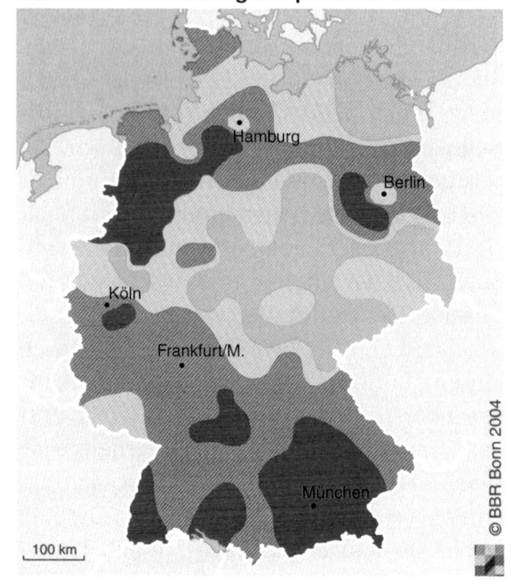


**Veränderung der Zahl der privaten Haushalte zwischen 2002 und 2020**

gering abnehmend
stabil
gering zunehmend
stark zunehmend

Quelle: BBR-Bevölkerungsprognose 2002-2020/Exp

Die Zahl der über 65-Jährigen wird bis 2020 um ca. ein Viertel zunehmen, unter ihnen die Männer jedoch um über ein Drittel. Die massive Verschiebung der Sexualproportion begünstigt die Zweipersonenhaushalte, da Männer häufiger in diesem Typ leben. Als Spätfolge des II. Weltkrieges ist dies nur ein befristeter Trend, der zudem zeitweilig gedämpft wird, wenn die schwachen Nachkriegsjahrgänge ins Rentenalter eintreten. Die Zahl der Mitte 30-Jährigen wird um etwa ein Viertel abnehmen. Die Zahl der mittleren Familien, bei denen die Kinder bereits geboren sind, wird um fast ein Drittel weniger. Da diese Gruppe schwerpunktmäßig die Eigenheimbauer und die Suburbanisierer stellt, hat dies gravierende Folgen nicht nur für den Wohnungsmarkt, sondern auch für die räumlichen Dekonzentrationsprozesse der Bevölkerung. Die Zahl der Mitte 20-Jährigen sinkt zwar gerade, stabilisiert sich aber im Westen für mindest ein Jahrzehnt. Im Osten nimmt sie ab ca. 2015 sehr stark ab, wenn die Jahrgänge des „Wendeschocks" die jungen Familien stellen werden.

Hinter einer relativ stabilen Gesamtzahl an Haushalten bis 2020 verbergen sich also Veränderungen im inneren Aufbau, die gravierende Auswirkungen auf die Infrastruktur- und Wohnungsversorgung nachsichziehen. Gleichzeitig läuten sie den dann unweigerlich folgenden Schrumpfungsprozess auch bei den privaten Haushalten ein.

Die Strukturveränderungen waren nach der deutschen Einigung in den neuen Ländern besonders groß. Aufholprozesse bauten einen Rückstau ab, der zuvor durch die chronische Wohnungsknappheit aufgelaufen war. Denn Haushaltsneugründungen sind immer nur soweit möglich, als auch Wohnraum zur Verfügung steht. Diese Schranke besteht nun nicht mehr. Der Osten hat zwischenzeitlich eine kleinere durchschnittliche Haushaltsgröße als der Westen. Die aktuelle BBR-Haushaltsprognose kündigt an, dass sich diese Ost-West-Schere bis 2020 noch weiter öffnen wird. Die weiterhin starke Abnahme der Zahl großer Haushalte leistet hierfür den größeren Beitrag, obwohl die kleinen Haushalte noch Zuwächse erwarten dürfen. Diese sind immerhin so stark, dass die Zahl aller privaten Haushalte noch leicht zunehmen wird.

Der ständig ansteigende Anteil des Westens an der Gesamtbevölkerung findet sich bei den privaten Haushalten weniger stark wieder. Auffallend ist die große Anzahl von Regionen, in denen sich die Haushaltszahl bis 2020 nur geringfügig ändern wird. Intraregional ist die Dynamik eindeutig zentrifugal. Die Städte verlieren Haushalte, das Umland gewinnt, je dünner besiedelt, je mehr. Im Westen sind diese intraregionalen Unterschiede stärker als im Osten.

Literaturhinweise

Bundesamt für Bauwesen und Raumordnung (Hrsg.): CD Inkar-Pro, Raumordnungsprognose, Bereich Bevölkerung, 1999–2020. – Bonn 2003

Bucher, H.; Lackmann, G.; Schlömer, C.: Die Bevölkerung in den Kreisen bis 2020. In: Informationen zur Raumentwicklung, 3/4.2004, S. 107–126

Schlömer, C.: Die privaten Haushalte in den Regionen bis 2020: In: Informationen zur Raumentwicklung, 3/4.2004

# 3.2 Wandel in der Erwerbstätigkeit

Nachdem in den letzten Jahren die Zahl der Erwerbstätigen zurückging, hat sie inzwischen wieder leicht zugenommen. So hatten im Herbst 2004 rund 38,5 Mio. Erwerbstätige ihren Arbeitsort in der Bundesrepublik Deutschland. Gleichzeitig haben im Zuge des *sektoralen Strukturwandels* die Dienstleistungen weiter an Bedeutung gewonnen; allein seit 1997 sind rund 1,8 Mio. neue Arbeitsplätze im tertiären Sektor entstanden. Innerhalb des Dienstleistungssektors erzielte der Bereich Finanzierung, Vermietung und Unternehmensdienstleistungen die größten Zuwächse. Im Bereich Handel, Gaststätten und Verkehr sowie bei öffentlichen und privaten Dienstleistungen fielen die Zuwächse deutlich geringer aus. Das Produzierende Gewerbe hat weiterhin an Arbeitsplätzen eingebüßt. Diese Arbeitsplatzverluste sind maßgeblich der schlechten Entwicklung im Baugewerbe geschuldet. Der größte Teil der Verluste schlug in den neuen Ländern zu Buche, da dort das Baugewerbe innerhalb der Sektorstruktur überrepräsentiert war und umfangreiche Bauaktivitäten im Zuge des Aufbauprozesses Ost inzwischen abgeschlossen sind.

## Rückgang der Erwerbstätigkeit bei gleichzeitigem Anstieg der geringfügigen Beschäftigung

Die Entwicklung der Erwerbstätigen gründet maßgeblich auf dem Rückgang der *sozialversicherungspflichtig Beschäftigten*, die im gesamtdeutschen Durchschnitt mit rund 82 % den überwiegenden Teil der Erwerbstätigen ausmachen. Im Gegensatz dazu kam es seit 1999, als neue Regelungen hinsichtlich Erfassung und Meldepflicht eingeführt wurden, zu einer kontinuierlichen Ausweitung der *geringfügigen Beschäftigung*. Die Zahl dieser Beschäftigungsverhältnisse ist vor allem in den neuen Ländern bei gleichzeitigem Rückgang der sozialversicherungspflichtig Beschäftigten stark angestiegen. Im Vergleich zu den alten Ländern ist der Zuwachs dort fast dreimal so hoch (35,2 zu 12,9 %).

## Beschäftigtenentwicklung im regionalen Vergleich

Während der 1980er Jahre stand die Arbeitsplatzentwicklung der alten Länder im Zeichen des *Süd-Nord-Gefälles*. Mit der deutschen Einheit wurde das Süd-Nord-Gefälle von einem *West-Ost-Gefälle* überlagert, da der Transformationsprozess der neuen Länder mit erheblichen Arbeitsplatzverlusten einherging. Inzwischen haben die neuen Länder beim allgemeinen Niveau der Beschäftigung aufgeschlossen. Dies gilt insbesondere für die Zahl der Beschäftigungsverhältnisse, die der Sozialversicherungspflicht unterliegen (nicht enthalten sind Beamte, Selbstständige, Soldaten und mithelfende Familienangehörige). Im Jahr 2003 kamen in den neuen Ländern auf 1 000 Einwohner 309 sozialversicherungspflichtig Beschäftigte, wobei die Regionalwerte von 361 für die Raumordnungsregion Oberes Elbtal/Osterzgebirge bis zu 248 für Uckermark-Barnim streuen. Der durchschnittliche Beschäftigungsgrad der alten Länder liegt bei 331 Beschäftigten je 1 000 Einwohner. Die neuen Länder errei-

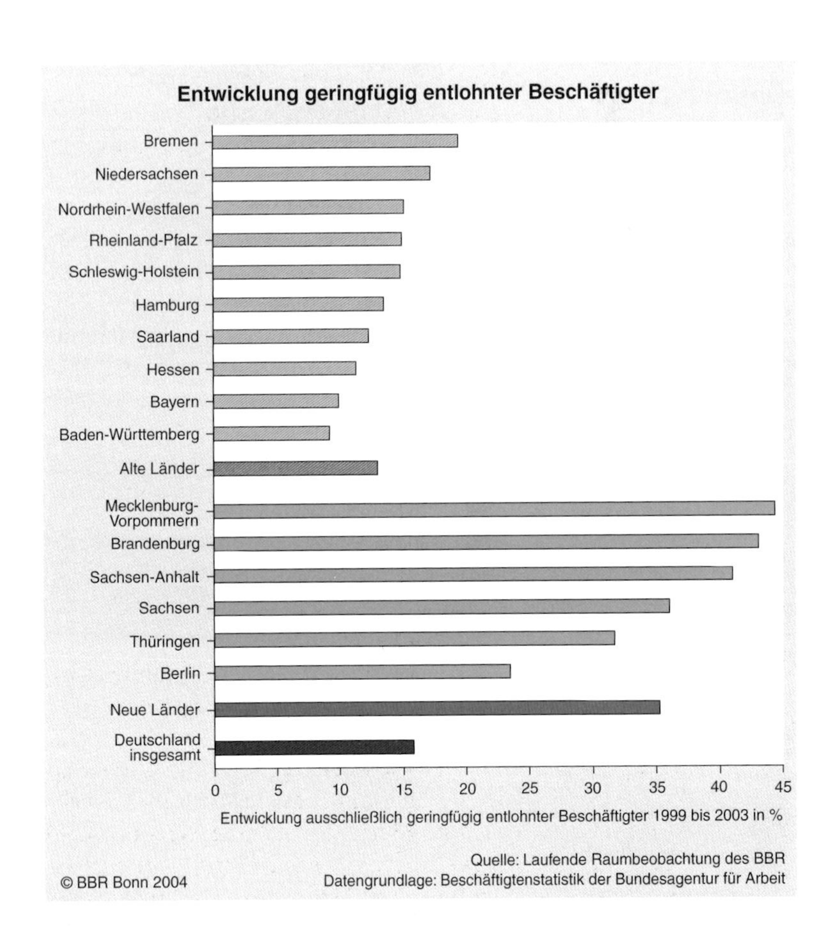

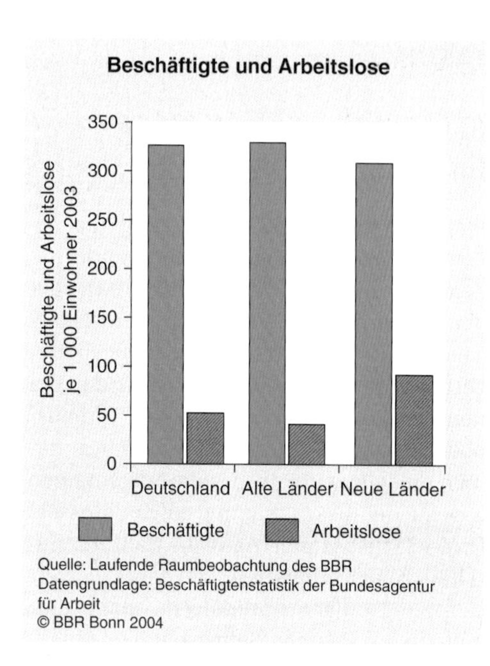


**Beschäftigung**

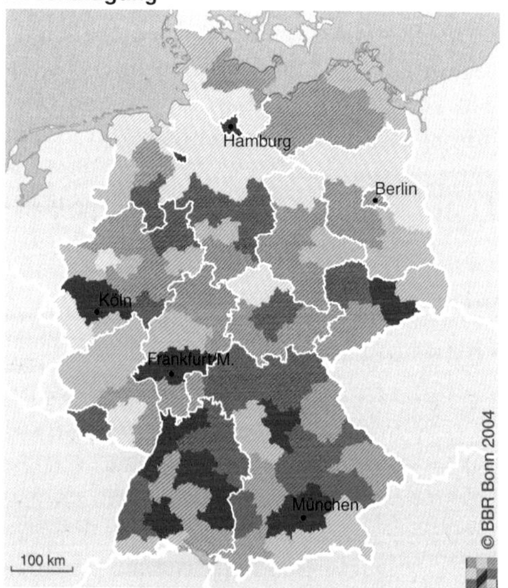


**Sozialversicherungspflichtig Beschäftigte je 1 000 Einwohner 2003**

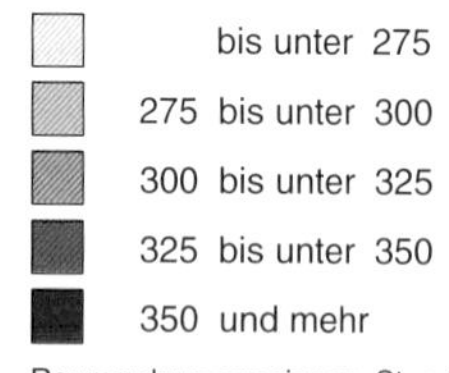


Raumordnungsregionen, Stand 31. 12. 2001
Quelle: Laufende Raumbeobachtung des BBR
Datengrundlage: Beschäftigtenstatistik der Bundesagentur für Arbeit

chen somit gut 93 % des westdeutschen Beschäftigungsgrades. In absoluten Zahlen bedeutet dies, dass noch rund 380 000 Arbeitsplätze entstehen müssten, damit sie bei der Ausstattung mit sozialversicherungspflichtigen Beschäftigungsverhältnissen mit den alten Ländern gleichziehen. Bei einem derzeitigen Bestand von rund 1,6 Mio. Arbeitslosen (März 2004) hätte dies einen rechnerischen Rückgang der Arbeitslosigkeit in den neuen Ländern um fast ein Viertel zur Folge, sofern das Arbeitskräfteangebot nicht weiter steigt.

In den alten Ländern war bereits Ende der 1980er Jahren zu erkennen, dass sich einzelne nördliche Regionen sehr dynamisch entwickeln. Insbesondere periphere Regionen und Zwischenräume konnten Arbeitsplatzzuwächse in vergleichbarer Größenordnung der südlichen Regionen verbuchen. Die Sondereffekte der deutschen Einheit Anfang der 1990er Jahre verstärkten diese Entwicklung, da sie in einzelnen nördlichen Regionen zu einem weiteren Zuwachs an Arbeitsplätzen führten. In der jüngsten Vergangenheit – d.h. von 1997 bis 2003 – verlief die Beschäftigungsentwicklung der südlichen Regionen jedoch günstiger. So weist die Region München, einschließlich der Stadt München, mit 428 Beschäftigten je 1 000 Einwohner nach den Stadtstaaten Hamburg und Bremen den höchsten Versorgungsgrad mit Arbeitsplätzen auf. Am niedrigsten ist die Beschäftigung im südlichen Hamburger Umland mit 233. Dieser niedrige Besatz ist typisch für Regionen im Umland großer Agglomerationszentren, da diese Regionen oft Wohnstandort vieler Erwerbstätiger sind, die in den Agglomerationszentren ihren Arbeitsplatz haben.

## Südliche Regionen im Aufwind

### Aktuelle Beschäftigtenentwicklung

In den 1970 und 1980er Jahren war die regionale Entwicklung der Beschäftigung in der Bundesrepublik Deutschland geprägt vom *Aufholen der ländlichen Regionen.* Sie profitierten insbesondere von der Verlagerung industrieller Aktivitäten aus den großen Agglomerationsräumen in gut erreichbare Randbereiche. Für diese Entwicklung war ein Bündel von Faktoren entscheidend.

| Sozialversicherungspflichtig Beschäftigte | | | | | |
|---|---|---|---|---|---|
| | Entwicklung in % | | Verteilung in % | | |
| Raumtyp | 1983 bis 1997 | 1997 bis 2003 | 1983 | 1997 | 2003 |
| **Alte Länder** | | | | | |
| Innerer Zentralraum | 1,4 | 1,0 | 42,7 | 39,5 | 39,2 |
| Äußerer Zentralraum | 12,9 | 4,4 | 15,4 | 15,8 | 16,2 |
| Zwischenraum mit Verdichtungsansätzen | 17,2 | 3,0 | 19,6 | 21,0 | 21,2 |
| Zwischenraum geringer Dichte | 21,7 | 2,2 | 5,2 | 5,8 | 5,8 |
| Peripherraum mit Verdichtungsansätzen | 14,1 | 0,4 | 13,1 | 13,6 | 13,4 |
| Peripherraum sehr geringer Dichte | 18,1 | 0,4 | 3,9 | 4,3 | 4,2 |
| **insgesamt** | 9,6 | 1,9 | 100,0 | 100,0 | 100,0 |
| | 1993 bis 1997 | 1997 bis 2003 | 1993 | 1997 | 2003 |
| **Neue Länder** | | | | | |
| Innerer Zentralraum | -13,4 | -7,7 | 38,4 | 35,5 | 37,4 |
| Äußerer Zentralraum | -15,1 | -6,1 | 4,8 | 4,4 | 4,7 |
| Zwischenraum mit Verdichtungsansätzen | -5,4 | -19,9 | 12,3 | 12,4 | 11,3 |
| Zwischenraum geringer Dichte | 5,4 | -12,1 | 6,6 | 7,4 | 7,4 |
| Peripherraum mit Verdichtungsansätzen | -1,9 | -14,3 | 23,3 | 24,4 | 23,8 |
| Peripherraum sehr geringer Dichte | 2,9 | -15,6 | 14,5 | 16,0 | 15,4 |
| **insgesamt** | -6,2 | -12,3 | 100,0 | 100,0 | 100,0 |
| **Deutschland** | | -1,2 | 100,0 | 100,0 | 100,0 |



Quelle: Laufende Raumbeobachtung des BBR
Datengrundlage: Beschäftigtenstatistik der Bundesagentur für Arbeit

Ein wichtiger Einflussfaktor ist in dem Ausbau der großräumigen Verkehrsinfrastruktur zu sehen, denn dadurch wurden die Erreichbarkeit und ökonomische Lagegunst peripherer Regionen verbessert. Auch klassische Standortfaktoren wie Flächenverfügbarkeit und günstige Bodenpreise in Kombination mit der Verfügbarkeit qualifizierter Arbeitskräfte waren von Bedeutung. Hinter dem Standortfaktor Arbeitskräfte verbirgt sich ein weiteres komplexes Bündel, das von niedrigeren Lohnkosten in ländlichen Räumen über die Bindung der Beschäftigten an die Unternehmen bis hin zur deren Bereitschaft zu Schichtarbeit reicht.

## Zentralräume holen auf

Dieses regionale Entwicklungsmuster galt lange Zeit als raumprägend, und wurde in der raumordnungspolitischen und wissenschaftlichen Diskussion mit dem Schlagwort der regionalen Dekonzentration beschrieben. Seit der zweiten Hälfte der 1990er Jahre deutet sich aber an, dass die Peripherräume nur noch unterdurchschnittliche Veränderungsraten aufweisen. Entsprechend hat sich der Anteil der Beschäftigten im Zentralraum an allen Beschäftigten in den alten Ländern zwischen 1997 und 2003 nicht wesentlich weiter verringert, wie es noch in der Periode 1983 bis 1997 der Fall war. Und im Gegensatz zum Zeitraum 1983 bis 1997 konnten während der Jahre 1997 bis 2002 der Zwischenraum und der Peripherraum nicht weiter aufholen. Die höchste Veränderungsrate in der zweiten Betrachtungsperiode konnte in den alten Ländern der äußere Zentralraum verbuchen. Dies kann einerseits durch eine Suburbanisierung von Wirtschaftseinheiten aus den inneren Zentralräumen heraus bedingt sein, auf der anderen Seite können neue Unternehmen sich dort gegründet haben. Gerade der äußere Zentralraum vereinigt mehrere positive Standortfaktoren auf sich: die Verfügbarkeit großer und günstiger Flächen, die günstige Verkehrsinfrastruktur der Ballungsräume und die Partizipation an anderen Agglomerationseffekten. Darunter zählen das Vorhandensein weiterer Firmen als Zulieferer und Abnehmer, die Existenz von Forschungseinrichtungen, eine günstige Ausgestaltung des Arbeitsmarktes für insbesondere spezialisierte Tätigkeiten und einen hohen Freizeitwert.

Die Betrachtung der Entwicklung in den neuen Ländern kann nur auf einem Vergleich der Zeiträume 1993 bis 1997 und 1997 bis 2003 basieren. Dabei zeigt sich in der Relation der Raumtypen ein ähnliches Bild wie in den alten Ländern, wenngleich die Veränderung negativ ist. Der innere und der äußere Zentralraum haben in der Periode 1993 bis 1997 die höchsten prozentualen Verlustraten aufgewiesen, hingegen ist die Abnahme zwischen 1997 bis 2002 dort wesentlich zurückgegangen und jetzt von allen Raumtypen am geringsten. Der Zentralraum hat seinen Anteil an der Gesamtbeschäftigung sogar um zwei Prozentpunkte steigern können. Im Zwischenraum geringer Dichte und im Peripherraum hoher Dichte gab es 1993 bis 1997 noch Beschäftigungszuwächse, die jedoch in der zweiten Betrachtungsperiode in Abnahmen umgeschlagen sind.

Im Zeitraum 1993 bis 1997 verlief die Entwicklung noch umgekehrt, da die Agglomerationen bedingt durch die Arbeitsplatzverluste der großen Kernstädte die stärksten Beschäftigungsverluste hinnehmen mussten.

Auch in anderen *europäischen Ländern* ist der langfristige Umverteilungsprozess zugunsten der ländlich-peripheren Regionen inzwischen nicht mehr so stark ausgeprägt wie in den 1970er Jahren. Die in den 1980er und 1990er Jahren beobachteten relativen Beschäftigungszuwächse fallen niedriger aus. In einzelnen Ländern wie Österreich, Spanien und Frankreich verbuchen zudem die Agglomerationen die stärksten Zuwächse. Im Durchschnitt aller EU-15-Staaten haben sich die ländlichen Regionen nur geringfügig besser entwickelt als die Agglomerationsräume. Die verstädterten Regionen erzielten hingegen die niedrigsten Beschäftigungszuwächse.

Die aktuelle Arbeitsplatzentwicklung in den einzelnen *Gemeinden* Deutschlands verdeutlicht, dass Zuwächse und Abnahmen innerhalb einer Region räumlich oft dicht beieinander liegen, ähnlich wie bei der Bevölkerungsentwicklung. Die Extreme sind in den neuen Ländern besonders hoch. Aber auch in den alten Ländern ist diese Heterogenität innerhalb einer Region feststellbar. Hier kommt zum Ausdruck, dass die Entwicklung einzelner Gemeinden nicht nur von den spezifischen Stärken und Schwächen der Region abhängt, sondern auch von den Akteuren vor Ort. Insbesondere die Bereitschaft und Fähigkeit der Akteure zur regionalen Zusammenarbeit ist von großer Bedeutung und gilt zu Recht als ein wesentlicher Bestandteil des endogenen Entwicklungspotenzials einer Region.

## Entwicklung der Beschäftigten in Europa

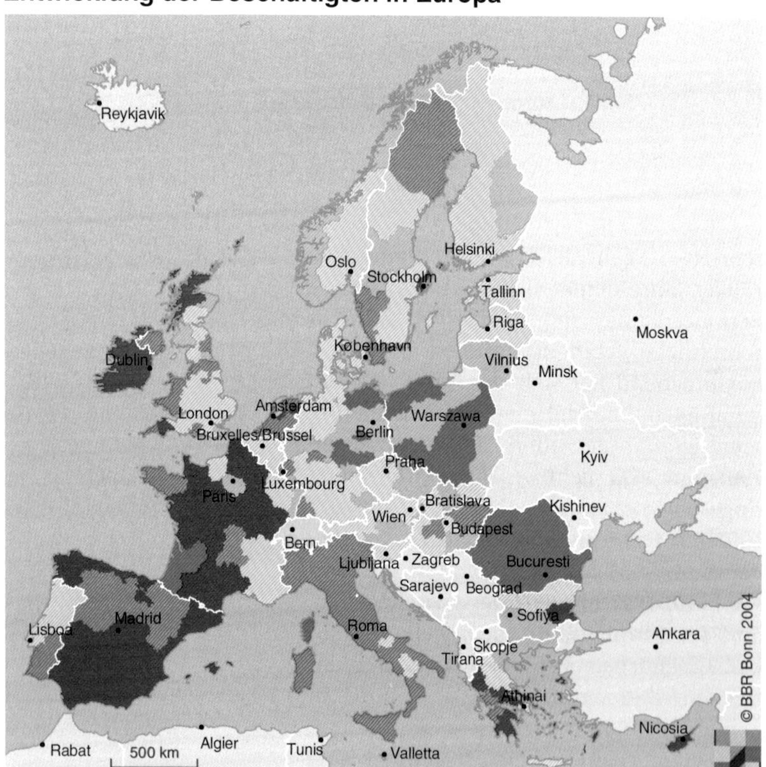


**Entwicklung der Beschäftigten in Europa 1999 bis 2003 in %**

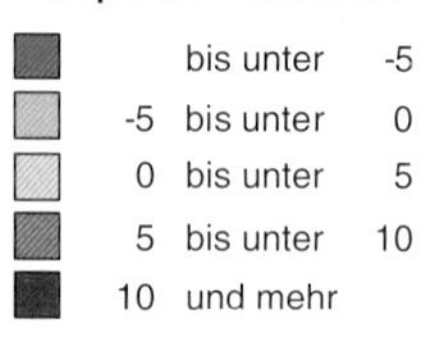


Quelle: Laufende Raumbeobachtung Europa
Statistische Grundlage: Eurostat REGIO
nationale Statistische Ämter
Geometrische Grundlagen: Eurostat GISCO
Regionen NUTS 2
Bulgarien, Portugal: 2000 bis 2003

## Wachstumspole im Umland sind Gemeinden mit guter großräumiger Verkehrsanbindung

Das Umland und die Kernstadt sind zwei funktionale Teile, die zusammen eine Ein-

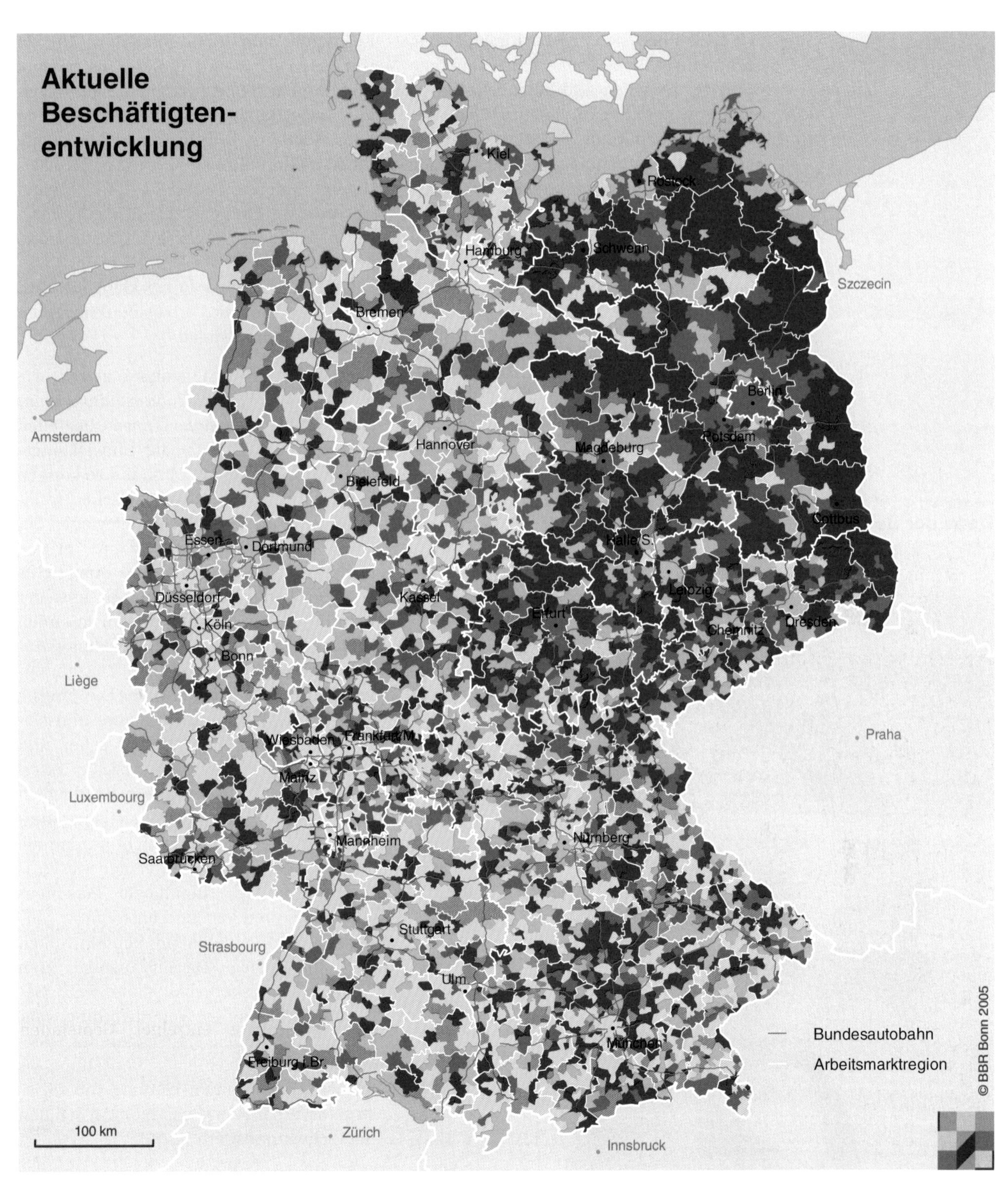


**Entwicklung der sozialversicherungspflichtig Beschäftigten 1997 bis 2003 in %**

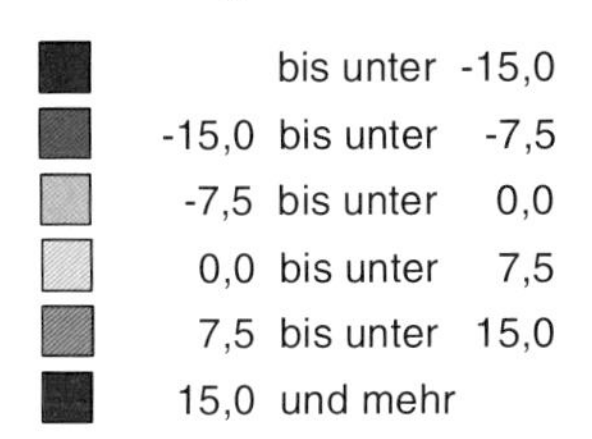


Verbandsgemeinden, Stand 31. 12. 2003
Quelle: Laufende Raumbeobachtung des BBR
Datengrundlage: Beschäftigtenstatistik der Bundesagentur für Arbeit

Anmerkung:
Zur besseren Vergleichbarkeit werden die Daten auf der Ebene von Gemeinden und Gemeindeverbänden dargestellt (z.B. Ämter in Schleswig-Holstein, Samtgemeinden in Niedersachsen, Verbandsgemeinden in Rheinland-Pfalz, Verwaltungsgemeinschaften in Baden-Württemberg). Hier wird die Bezeichnung *Verbandsgemeinden* verwendet.

heit bilden und sich gegenseitig ergänzen, auch wenn es dabei Konkurrenzsituationen wie z.B. zwischen Einzelhandelseinrichtungen auf der grünen Wiese und in der Innenstadt geben kann. Es zeigt sich aber, dass auf der kleinräumigen Ebene gerade solche Gemeinden ein hohes Beschäftigungswachstum erzielen können, die in der Nähe der Kernstädte liegen und zudem über eine gute großräumige Verkehrsanbindung verfügen. Erkennbar ist dies bei einer Analyse der Beschäftigungsentwicklung von Kernstädten einschließlich ihrer Umlandregionen (d.h. Arbeitsmarktregionen). Tendenziell besteht in den alten Ländern ein positiver Zusammenhang zwischen der Beschäftigungsentwicklung der Kernstädte und ihres Umlandes. Nur in wenigen Fällen wird dieses Muster stark durchbrochen; und zwar gilt dies für Regionen wie Pforzheim, Amberg, Heilbronn oder Würzburg. Dort haben die Kernstädte im Zeitraum 1997 bis 2003 stark an Beschäftigung verloren, während das Umland überdurchschnittliche Zuwächse erzielte. Beispiele für das umgekehrte Muster – d.h. überdurchschnittliche Zuwächse der Kernstadt bei ungünstiger Entwicklung des Umlandes – sind die Arbeitsmarktregionen Wiesbaden und Landau.

Diese empirischen Ergebnisse zeigen, wie wichtig es ist, dass sich *Kernstädte und ihr Umland als „regionale Einheit"* begreifen und gemeinsam regionale Entwicklungsstrategien entwickeln. Denn nur so können Stärken maximiert oder Schwächen minimiert und die Position der Regionen im Standortwettbewerb um knappe private Investoren gestärkt werden. Angesichts knapper kommunaler Finanzen und der räumlichen Ausdehnung der zu lösenden Probleme sind regionale Entwicklungsstrategien und interkommunale Zusammenarbeit ein Gebot der Stunde. Die jüngste Vergangenheit zeigt, dass Städte und Gemeinden diesen Weg verstärkt gehen und vielfältige Formen und Einsatzfelder *interkommunaler Zusammenarbeit* möglich sind. Inzwischen beschränkt sich interkommunale Zusammenarbeit nicht nur auf die schon lange praktizierten Felder wie Wirtschaftsförderung, Öffentlicher Personennahverkehr und Ver- und Entsorgung, sondern kommt zunehmend bei Aktivitäten der öffentlichen Daseinsvorsorge zum Einsatz, die bisher von Städten und Gemeinden in alleiniger Verantwortung wahr genommen wurden. Dabei kann das Spektrum von der allgemeinen Verwaltung bis hin zur gemeinsamen Planung von Infrastrukturvorhaben wie den Bau von Schulen und Schwimmbädern reichen.

### Trend der Beschäftigtenentwicklung

**Beschäftigtenentwicklung - mittelfristiger Trend (2010/2015)**

- abnehmend
- eher abnehmend
- stagnierend
- eher zunehmend
- zunehmend

Quelle: Laufende Raumbeobachtung des BBR
Datengrundlage: Beschäftigtenstatistik der Bundesagentur für Arbeit

### Künftige Beschäftigtenentwicklung

Die künftige Entwicklung der Beschäftigung in den deutschen Regionen kann nur sehr schwer abgeschätzt werden. Im Folgenden wird sie in Form eines *Trendszenarios* dargestellt, wobei unterschiedliche Trends in den neuen und alten Ländern zugrunde gelegt werden.

Für Westdeutschland wird mittelfristig von einem moderaten Aufbau der Beschäftigung ausgegangen. Nach der IAB-Projektion liegt dieser bis 2015 in einer Größenordnung von 1,2 bis 1,3 Mio. Nach dem BBR-Szenario wird die räumliche Verteilung der Arbeitsplätze dabei zu großen Teilen auf den Pfaden der Vergangenheit vonstatten gehen. Allerdings sind die Zusammenhänge zwischen den regionalen Veränderungsraten differenziert nach den einzelnen Konjunkturzyklen schwächer geworden. So war der statistische Zusammenhang zwischen der Entwicklung 1976 bis 1983 und 1983 bis 1997 noch recht eng, während er zwischen den Perioden 1983 bis 1997 und 1997 bis 2002 deutlich geringer ausfällt. Dies bedeutet, dass offenbar in immer mehr Regionen der Entwicklungspfad der Vergangenheit an Bedeutung verliert und dass die Regionen dabei sind, ihre Position im Standortgefüge und in der Konkurrenz um Investoren und Arbeitsplätze neu zu bestimmen. Beispiele für westdeutsche Regionen, die ihren Wachstumspfad der Vergangenheit in den nächsten Jahren fortsetzen werden, finden sich im Norden (Emsland, Osnabrück), im Westen (Bonn) als auch im Süden (Franken, Ingolstadt). Für die Stärke der regionalen Entwicklungspfade spricht vor allem, dass diese Regionen in Zeiten ungünstiger gesamtwirtschaftlicher Entwicklung weitere Beschäftigungszuwächse verbuchen konnten. Allerdings ist auch der umgekehrte Fall feststellbar, denn in einigen Regionen dauert die negative Entwicklung bis in die jüngste Vergangenheit fort (z. B. Göttingen, Hildesheim, Emscher-Lippe).

## Regionen im Wettbewerb um knappe Investitionen und Arbeitsplätze

Daneben lassen sich wechselhafte Entwicklungen im Zeitablauf feststellen: So hat in einzelnen Regionen die Entwicklung bereits ins Positive gedreht. Ein Beispiel für eine solche „Turnaround-Region" ist Köln, die allein im Zeitraum 1997 bis 2002 einen Beschäftigtenzuwachs von 6,7 % verbuchte. Eine andere Gruppe sind Regionen mit zum Teil deutlichen Beschäftigungszuwächsen, deren Perspektiven insgesamt eher positiv erscheinen. Hierzu zählen Regionen wie Aachen, Rheinhessen-Nahe, Rhein-Main und Augsburg. Andere Regionen hingegen konnten nur noch geringe Zuwächse erzielen oder die Beschäftigung ging sogar zurück. Zu dieser Gruppe zählen Regionen wie Lüneburg und Ostwürttemberg. Ihre Entwicklungsperspektiven werden derzeit eher ungünstiger eingeschätzt.

**INFO: Annahmen des BBR-Arbeitsplatzszenarios**

Die Aktualisierung des BBR-Arbeitsplatzszenarios (siehe ROB 2000, S. 174 ff.)erfolgt anhand der Entwicklung der sozialversicherungspflichtig Beschäftigten im Zeitraum 1997 bis 2002 und gesamtwirtschaftlicher Projektionen erfahrener Institute (Institut für Arbeitsmarkt- und Berufsforschung (IAB) sowie Prognos AG). Es werden die regionalen Trends der Vergangenheit auf diese gesamtwirtschaftlichen Projektionen angelegt. Bei der Interpretation ist zu beachten, dass die Ergebnisse nicht die Zukunft abbilden und gleichsam unbeeinflussbare Entwicklungen vorhersagen. Denn die künftige Arbeitsplatzentwicklung der deutschen Regionen hängt maßgeblich davon ab, ob die Bundesrepublik wieder auf den Pfad wirtschaftlichen Wachstums zurückkehrt, und wie sie mit den Herausforderungen fertig wird, die aus der Globalisierung, den europäischen Veränderungen (Osterweiterung der EU) und dem technologischen und demografischen Wandel herrühren. Insbesondere der Gestaltung gesamtgesellschaftlicher Rahmenbedingungen kommt eine entscheidende Bedeutung zu, denn sie prägen maßgeblich die Standortgunst der deutschen Regionen im internationalen Wettbewerb um knappe Investitionen. Neben Deregulierung und Vereinfachung des Steuersystems sowie der Förderung von Forschung und Entwicklung zählen hierzu auch die Bemühungen um eine Flexibilisierung der Arbeitsmärkte und Senkung der Beschäftigungsschwelle. Gerade letzteres ist notwendig, damit bei niedrigen Wachstumsraten die Beschäftigung steigt. Die regionalen Akteure sind gefordert, was die Standortbedingungen vor Ort betrifft. Neben den klassischen Instrumentarien der Wirtschaftsförderung wie z.B. Flächenpolitik und Bestandspflege zählt hierzu auch die Initiierung regionaler Kooperationen und Netzwerke.

Projektionen der Erwerbstätigen für Deutschland in 1000

| | 2010 | 2015 | 2001/2010 in % |
|---|---|---|---|
| IAB | 39 133 | 39 697 | 1,1 |
| Prognos | 39 700 | k.A. | 2,6 |

Quelle: IAB-Kurzbericht Nr. 10/16.5.2002 sowie Prognos Deutschland Report 2002–2020

Einschätzungen zur Beschäftigungsentwicklung der ostdeutschen Regionen sind im Vergleich zu den westdeutschen um ein Vielfaches schwieriger. Begründet liegt dies zum einen in den methodischen Problemen einer Trendfortschreibung und zum anderen in den spezifischen Problemen der neuen Länder. Dem Szenario liegt die Annahme eines weiteren Rückgangs der Erwerbstätigkeit in den neuen Ländern zugrunde. Die IAB-Projektion unter „Status-quo-Bedingungen" geht z.B. bis 2015 von einem Rückgang um 0,4 Mio. aus. Denn für eine Angleichung müsste ein weitaus höheres Wirtschaftswachstum erzielt werden als derzeit absehbar ist. Skeptisch stimmt außerdem der hohe Beschäftigtenbesatz in der Bauwirtschaft und bei öffentlichen Dienstleistungen, denn in diesen Bereichen ist eher mit weiteren Verlusten als mit Zuwächsen zu rechnen. Offen bleibt ferner, ob und in welchem Umfang es weiterhin gelingt, große, international tätige Industrieunternehmen in Ostdeutschland anzusiedeln. Denn ihre Exporte stützen in Form von Einkommen regionale Kreisläufe, und ihre Vorleistungsnachfrage bildet den Nährboden für kleine und mittlere Unternehmen und somit auch für die Herausbildung regionaler Branchenschwerpunkte. Neben einer strategisch orientierten Wachstums- und Beschäftigungspolitik ist daher eine Konzentration strukturpolitischer Aktivitäten auf solche Unternehmen angesagt, welche die Funktion „regionaler Leitunternehmen" ausfüllen können. Trotz einer eher negativen Tendenz zählen Berlin, Prignitz-Oberhavel und Südthüringen zu den ostdeutschen Regionen, bei denen „Licht am Ende des Tunnels" zu sehen ist und der Arbeitsplatzabbau langsam zum Stillstand kommen dürfte. Diese Regionen haben in der Vergangenheit deutlich weniger Beschäftigung verloren. Zieht man zusätzlich die aktuellen Standortentscheidungen großer Investoren mit ins Kalkül, dann stehen die Regionen Westsachsen und Oberes Elbtal/Osterzgebirge ebenfalls noch vergleichsweise gut da. Demgegenüber werden die Perspektiven solcher Regionen wie Altmark oder Oberlausitz-Niederschlesien schlechter eingeschätzt. Bei diesen dürfte der negative Trend andauern.

**„Licht am Ende des Tunnels" in einigen Regionen Ostdeutschlands**

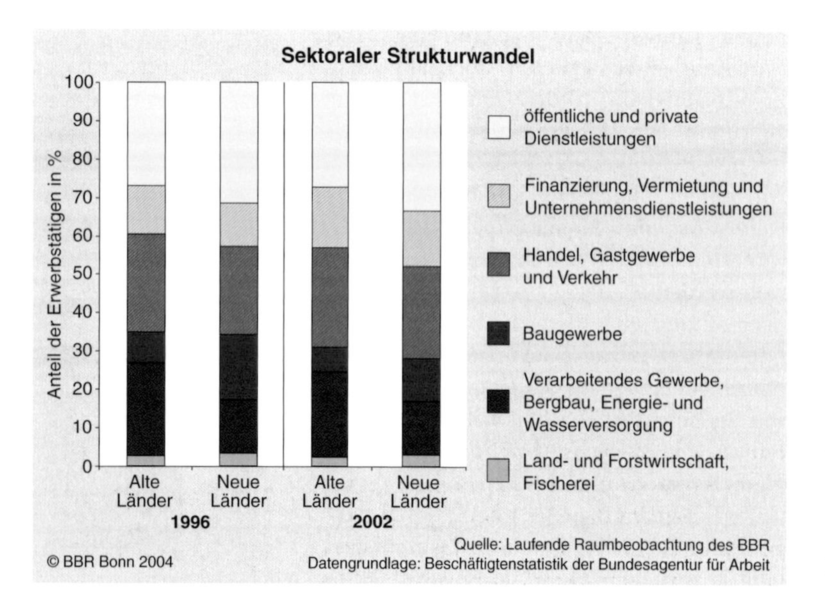


## Sektoraler Strukturwandel

In Deutschland entfallen inzwischen etwa zwei Drittel aller Arbeitsplätze auf den *Dienstleistungsbereich*. In den neuen Ländern liegt der Dienstleistungsanteil sogar über dem Niveau der alten Länder. Dies ist jedoch nur eingeschränkt als Beleg für eine positive Bewältigung des sektoralen Strukturwandels zu werten, denn die geringeren Anteile im Produzierenden Gewerbe gehen zwangsläufig mit höheren Anteilen im tertiären Sektor einher. Auch war im Gegensatz zu den alten Ländern das tertiäre Arbeitsplatzwachstum zu schwach, um die Arbeitsplatzverluste im Produzierenden Gewerbe zu kompensieren. Allerdings sind die Strukturunterschiede innerhalb des tertiären Sektors zwischen den alten und neuen Länder kleiner geworden. Dennoch ist der gesamte Bereich öffentlicher und privater Dienstleistungen in Ostdeutschland weiterhin überrepräsentiert, während in Westdeutschland Handel, Gastgewerbe und Verkehr sowie Finanzierung, Vermietung und Unternehmensdienstleistungen etwas höhere Erwerbstätigenanteile haben. Die geringere Bedeutung des zuletzt genannten Bereichs ist neben dem niedrigen Besatz mit unternehmensorientierten Dienstleistungen aus den Bereichen Datenverarbeitung/Datenbank sowie Forschung und Entwicklung darauf zurück zuführen, dass die großen Kredit- und Versicherungsunternehmen ihre Hauptsitze in den bekannten westdeutschen Finanzzentren wie Frankfurt, Köln und München haben. In den neuen Ländern sind die wichtigsten Standorte des Kredit- und Versicherungsgewerbes Berlin, Leipzig und Dresden. Sie bilden zusammen mit anderen größeren Städten die regionalen Schwerpunkte unternehmensorientierter Dienstleistungen.

**Dienstleistungsbeschäftigung nimmt weiter zu**

Da das Wachstum im Dienstleistungsbereich mittelbar und unmittelbar von der Entwicklung des warenproduzierenden Gewerbes abhängt, ist die Schaffung *wettbewerbsfähiger Industriestrukturen* eine wichtige Herausforderung für die Politik. Dies gilt für die alten und neuen Länder gleichermaßen. Auch wenn Erfolge beim Aufbau der ostdeutschen Industrie erkennbar sind (z.B. steigende Exporttätigkeit),

**Industriebeschäftigung**

Hamburg
Berlin
Köln
Frankfurt/M.
München
100 km
© BBR Bonn 2004

**Dienstleistungsbeschäftigung**

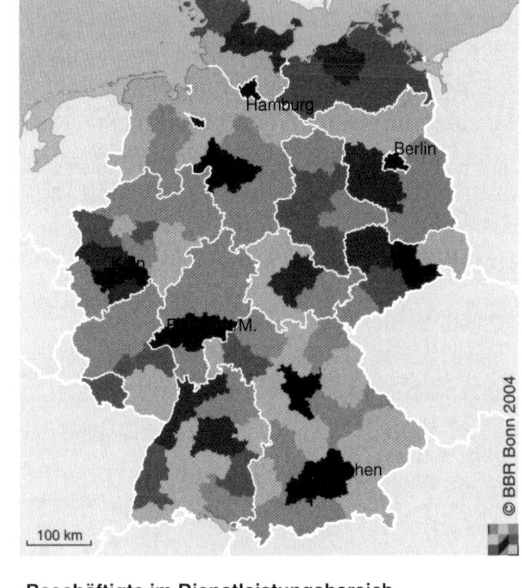


**Beschäftigte im verarbeitenden Gewerbe je 1 000 Einwohner 2003**

bis unter 50
50 bis unter 75
75 bis unter 100
100 bis unter 125
125 und mehr

**Beschäftigte im Dienstleistungsbereich je 1 000 Einwohner 2003**

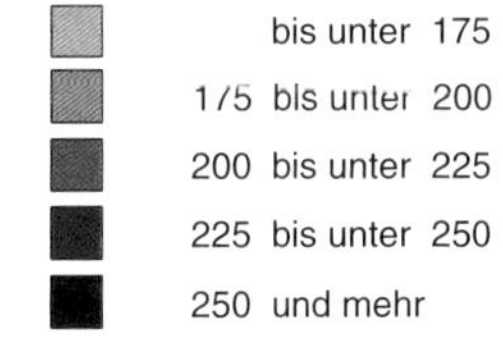

bis unter 175
175 bis unter 200
200 bis unter 225
225 bis unter 250
250 und mehr

Quelle: Laufende Raumbeobachtung des BBR
Datengrundlage: Beschäftigtenstatistik der Bundesagentur für Arbeit

Raumordnungsregionen, Stand 31. 12. 2001

liegt der Erwerbstätigenanteil des *Verarbeitenden Gewerbes* in den neuen Ländern deutlich unter dem Wert der alten Länder. Auch fällt auf, dass fast alle Branchen des Verarbeitenden Gewerbes nur mit geringen Anteilen zur Beschäftigung beitragen. Lediglich die Branchen Ernährungsgewerbe, Herstellung von Metallerzeugnissen und Maschinenbau haben Beschäftigungsanteile von mehr als einem Prozentpunkt. Die ostdeutschen Branchenschwerpunkte sind regional noch vergleichsweise schwach ausgeprägt. Der größte Teil der Beschäftigung in Ostdeutschland basiert somit auf Branchen, die in fast jeder Region vertreten sind.

Umgekehrt ist die Situation beim *Baugewerbe*, dessen Erwerbstätigenanteil in den neuen Ländern fast doppelt so hoch ist und das somit noch immer eine überdurchschnittliche Bedeutung für die ostdeutschen Arbeitsmärkte besitzt. Die regionale Verteilung der Beschäftigten im Baugewerbe folgt der Bevölkerungsverteilung. Da in den großen Städten eine hohe Baunachfrage vorhanden ist, sind diese auch wichtigste Standorte des Baugewerbes.

Dem *Verarbeitenden Gewerbe* – d.h. der Industrie – kommt weiterhin eine wichtige Wachstumsfunktion für die deutsche Volkswirtschaft zu. Dies gilt insbesondere für exportorientierte Branchen, da die im Export erzielten Einkommen regionale Kreisläufe stützen und dem tertiären Sektor in Form von Nachfrage zu Gute kommen. Im Jahr 2003 kamen in den alten Ländern durchschnittlich 92 Beschäftigte im Verarbeitenden Gewerbe auf 1 000 Einwohner; in den neuen Ländern waren es lediglich 52. Von den 23 ostdeutschen Raumordnungsregionen weist nur Südthüringen eine über dem westdeutschen Durchschnitt liegende Ausstattung mit Industriearbeitsplätzen auf. Weiterhin ist für das regionale Muster ein Süd-Nord-Gefälle prägend, da Thüringen und Sachsen bezogen auf 1 000 Einwohner am besten mit Industriearbeitsplätzen ausgestattet sind.

Ein anderes Bild ist bei der Ausstattung mit sozialversicherungspflichtig Beschäftigungsverhältnissen im *tertiären Sektor* feststellbar. Bedingt durch den hohen Personaleinsatz in öffentlichen Dienstleistungen und den höheren Anteil von Angestellten im öffentlichen Dienst erreichen die neuen Länder einen leicht höheren Beschäftigungsgrad als die alten (218 zu 212). Mit Berlin, Oberes Elbtal/Osterzgebirge, Mittleres Mecklenburg/Rostock, Mittelthüringen, Mecklenburgische Seenplatte, Halle, Havelland Fläming, Vorpommern und Madgeburg überschreiten immerhin acht ostdeutsche Regionen den westdeutschen Durchschnitt.

**Dienstleistungsbeschäftigung im Osten höher als im Westen / in den Städten höher als auf dem Land**

Für die kleinräumige Ausstattung mit Dienstleistungsarbeitsplätzen ist ein Stadt-Land-Gefälle prägend: So haben marktbestimmte Dienstleistungen ihren Standort vor allem in größeren Städten und Orten mit zentralörtlicher Funktionen, da nur sie die für ein effizientes Angebot nötige Mindestmarktgröße gewährleisten. Auch folgt die Standortverteilung öffentlicher Dienstleistungen (z.B. Verwaltungen, Einrichtungen des Gesundheits- und Bildungswesen) dem Zentrale-Orte-System. Innerhalb der großen Agglomerationen ist aber eine umgekehrte Tendenz erkennbar, denn die Kernstädte haben im Zuge der Suburbanisierung der Arbeitsplätze tertiäre Funktionen an ihr Umland verloren.

**Trend der Erwerbspersonenentwicklung**

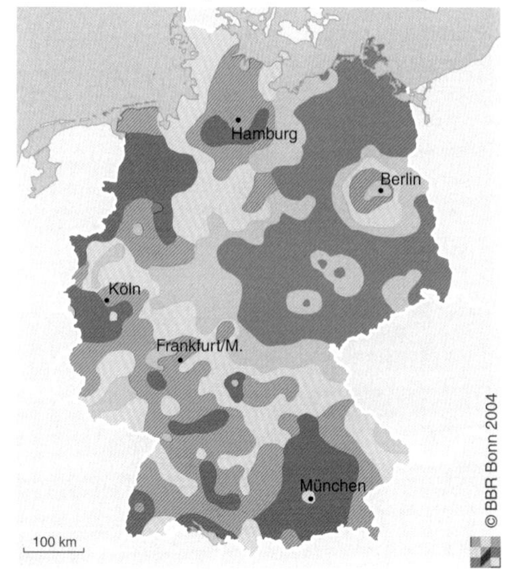


**Veränderung der Zahl der Erwerbspersonen zwischen 2002 und 2020**

Quelle: BBR-Bevölkerungsprognose 2002-2020/Exp

## Entwicklung der Erwerbspersonen

Wie jeder andere Markt hat auch der *Arbeitsmarkt* eine Angebots- und eine Nachfrageseite. Für regionale Fragestellungen ist somit nicht nur das Wissen um die zukünftige Anzahl der Beschäftigungsverhältnisse bedeutsam, sondern auch die Entwicklung der Zahl der Erwerbspersonen. Nur durch die Kenntnis beider Seiten können solche Regionen identifiziert werden, bei denen bedingt durch ein starkes Auseinanderfallen der Angebots- und der Nachfrageseite die Arbeitsmarktprobleme besonders stark sein werden. In diesem Zusammenhang ist die Zahl der *Erwerbsfähigen* wichtig, von größerer Bedeutung ist jedoch die Kenntnis darüber, in welchem Umfang sie auch tatsächlich am Erwerbsleben teilnehmen – oder als Arbeitssuchende beabsichtigen dies zu tun – und damit zu *Erwerbspersonen* werden. Hierzu liegt eine Prognose des Bundesamtes für Bauwesen und Raumordnung vor.

Kern dieser Prognose sind die Annahmen zur künftigen Entwicklung der Erwerbsbeteiligung in den Regionen. Dabei werden kurzfristige Schwankungen, die durch die konjunkturelle Lage bedingt sind, bewusst ausgeblendet und nur langfristige Trends berücksichtigt. Aber auch dies erfordert, dass über die zukünftige Tendenzen Annahmen getroffen werden müssen. Dies betrifft insbesondere die Abschätzung des Wanderungsverhaltens, sehr langfristig auch die Einschätzung der Fertilität und eingeschränkt auch der Mortalität sowie – vor allem bei den Frauen – die altersspezifische Erwerbsbeteiligung. Hier bestehen zwischen den Regionen zum Teil bedeutende Unterschiede. Besonders hoch ist die Erwerbsbeteiligung der Frauen in den neuen Ländern. Diese hohen Werte gehen noch auf die besondere Situation des Arbeitsmarkts für Frauen in der DDR zurück. Für die jüngeren Frauen hat bereits eine Annäherung an westdeutsche Verhältnisse stattgefunden. Mittelfristig wird dieser Angleichungsprozess alle Altersgruppen erfassen. Da zudem in den alten Ländern die Er-

**Erwerbsbeteiligung nach Geschlechtern**

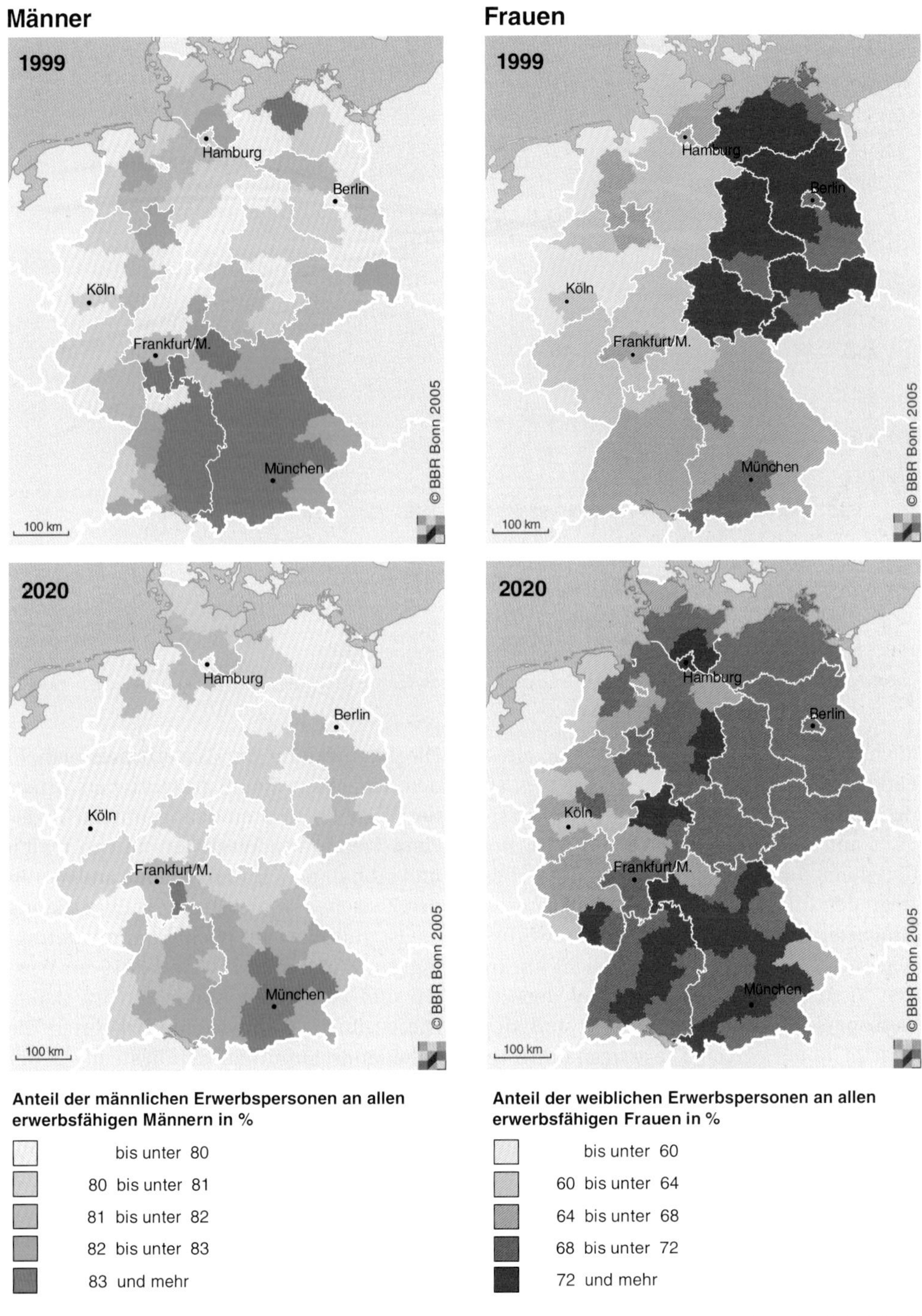


Quelle: BBR-Erwerbspersonenprognose 1999-2020/Kreise; div. Mikrozensen

Raumordnungsregionen, Stand 31. 12. 2001

werbsbeteiligung der Frauen weiter ansteigt, werden bis 2020 die Ost-West-Unterschiede weitgehend abgebaut sein. Bei den Männern sind dagegen regionale Unterschiede der Erwerbsbeteiligung weitaus geringer ausgeprägt.

Auf der Basis dieser Annahmen ergibt sich, dass die gesamte Zahl der Erwerbspersonen sich zwischen 1999 und 2020 in der Bundesrepublik nicht nennenswert verringern wird. Allerdings wird es 2020 in den neuen Ländern ungefähr 13 % weniger Erwerbspersonen geben als 1999 und in den alten Ländern steigt der Bestand leicht an. Damit geht ein Wandel in der Altersstruktur insbesondere in den neuen Ländern einher: Dort wird die Zahl der Erwerbstätigen unter 30 Jahren vor allem wegen des Geburtenrückgangs nach der Wende und zum Teil

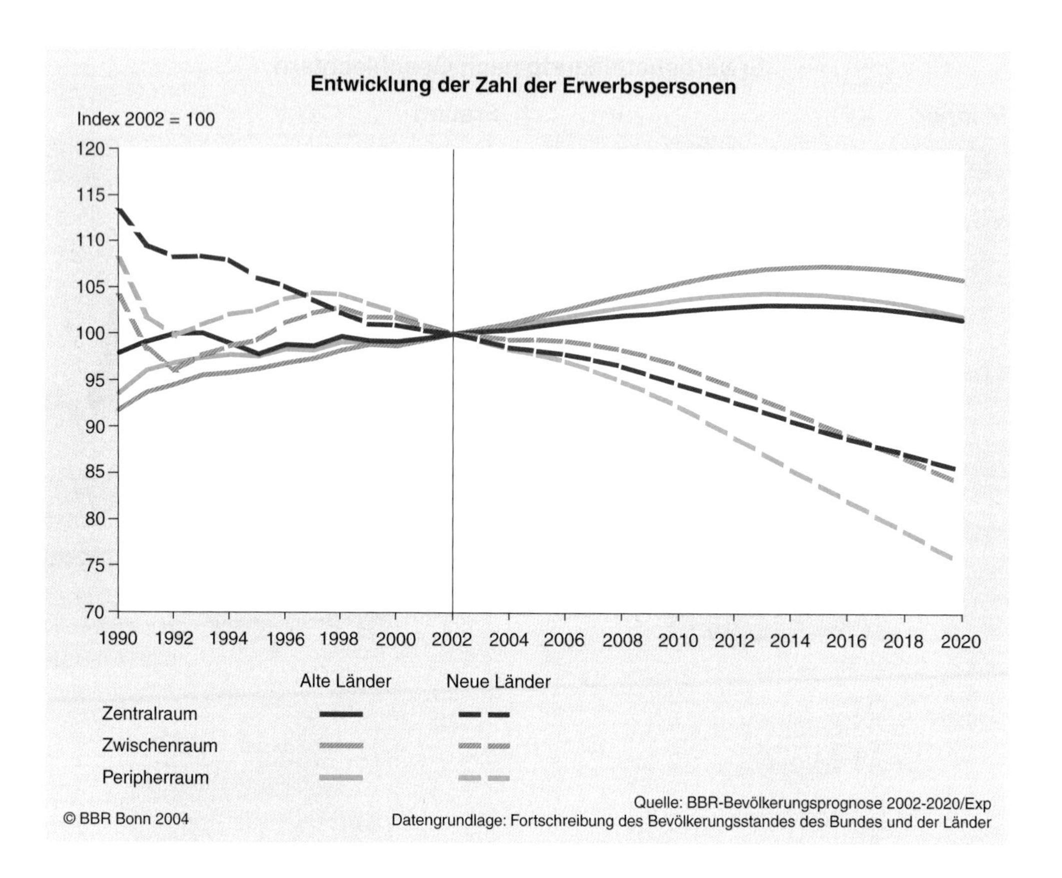


auch wegen der Abwanderung in die alten Länder um mehr als ein Viertel sinken, so dass diese Gruppe in den neuen Ländern signifikant unterrepräsentiert sein wird. Bei der Altersgruppe der 30- bis 45-Jährigen beträgt der Rückgang ungefähr ein Fünftel. Hingegen steigt der Bestand der Erwerbspersonen mit über 45 Jahren leicht an. In den alten Ländern wird die Zahl der Erwerbspersonen unter 30 Jahren und der über 45 Jahren steigen. Die erstgenannte Altersklasse wächst auf Grund des generativen Verhaltens der Babyboom-Generation, und letztere Gruppe nimmt wegen der Alterung der Gesellschaft besonders zu. Die Zahl der Erwerbspersonen zwischen 30 und 45 Jahren wird auch in den alten Ländern sinken.

Die zukünftige Entwicklung der Erwerbspersonen wird folglich durch die demographischen Wellen (d.h. die Kinder der geburtenstarken Jahrgänge der 1960er Jahre) und einen starken West-Ost-Unterschied geprägt sein mit Abnahmen im Osten, Ausnahme bildet das Berliner Umland, und Zunahmen und stabilen Verhältnissen im Westen. Nur einzelne Regionen in den alten Ländern wie das Ruhrgebiet, das Saarland, der Bayerische Wald oder weite Teile des ehemaligen Zonenrandgebiets werden auch eine Abnahme der Erwerbspersonen erfahren.

Die Entwicklung der Erwerbspersonen in den einzelnen Raumstrukturtypen orientiert sich an den eindeutig unterschiedlichen Trends von Wachstum in den neuen und Abnahmen in den alten Ländern. In den Zwischenräumen läuft die Entwicklung in Ost und West am positivsten mit geringfügigen Zunahmen bis etwa 2015 im Westen und geringeren Abnahmen im Osten. Diese günstige Entwicklung ist durch die anhaltende Suburbanisierungstendenz der geburtenstarken Jahrgänge bedingt, wobei in Ostdeutschland die Entwicklung im Berliner Umland die Entwicklung in der Zwischenraumkategorie stark bestimmt. Somit erscheint es auch plausibel, dass im Zentralraum der alten Ländern im Vergleich zum Basisjahr 2002 die Erwerbspersonen weniger zunehmen. Die Prognose zeigt auch auf, dass die Zahl der Erwerbspersonen im Peripherraum der alten Länder durchschnittlich stärker steigen wird, als in den Zentralräumen. In den Zentralräumen der neuen Länder sind die Abnahmen der Erwerbspersonen weniger dynamisch als in den anderen Raumstrukturtypen. Hier dominiert Berlin die Entwicklung in den wenigen Zentralräumen der neuen Länder sehr stark. Außerdem fehlt die Suburbanisierung der geburtenstarken Jahrgänge in den neuen Ländern.

Literaturhinweise

IAB-Kurzbericht Nr. 10/16.5.2002

Prognos: Deutschland Report 2002–2020

Unternehmensbezogene Dienstleistungen in Ostdeutschland – eine Auswertung der Dienstleistungsstatistik, in: Wirtschaft im Wandel 12/2003

Konrad Lammers: Süd-Nord-Gefälle in West- und Ostdeutschland? Wirtschaftsdienst 11/2003, S. 736–739

Die Renaissance der großen Städte- und die Chancen Berlins, DIW-Wochenbericht 26/03

## 3.3 Siedlungsentwicklung

Nach wie vor wird die *Flächennutzung* im Bundesgebiet von der Land- und Forstwirtschaft geprägt. Nach den Ergebnissen der letzten umfassenden Flächenerhebung dominierte auch im Jahr 2000 die landwirtschaftlich genutzte Fläche (einschließlich Moor und Heide) die Landnutzung in Deutschland. Knapp ein Drittel der Bodenfläche entfällt auf die Waldfläche. Für Siedlungs- und Verkehrszwecke werden ca. 12 % in Anspruch genommen.

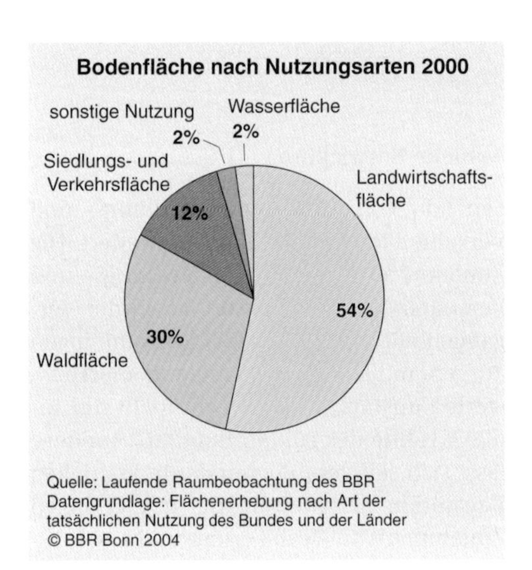


Quelle: Laufende Raumbeobachtung des BBR
Datengrundlage: Flächenerhebung nach Art der tatsächlichen Nutzung des Bundes und der Länder
© BBR Bonn 2004

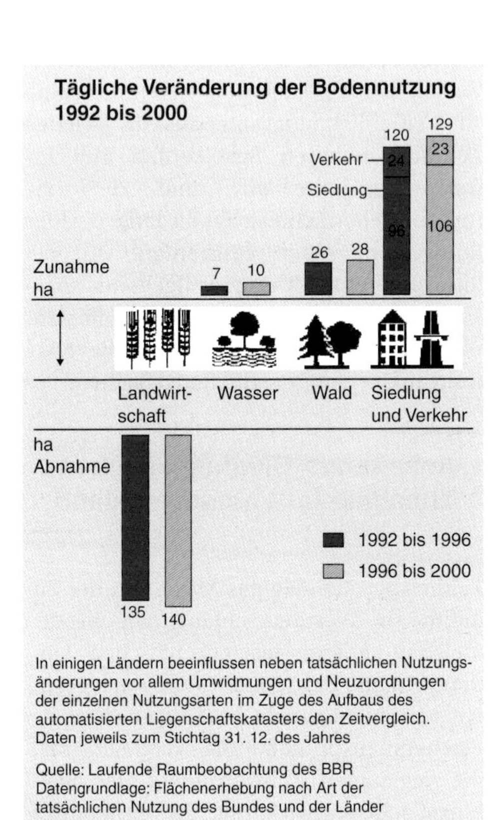


In einigen Ländern beeinflussen neben tatsächlichen Nutzungsänderungen vor allem Umwidmungen und Neuzuordnungen der einzelnen Nutzungsarten im Zuge des Aufbaus des automatisierten Liegenschaftskatasters den Zeitvergleich.
Daten jeweils zum Stichtag 31. 12. des Jahres

Quelle: Laufende Raumbeobachtung des BBR
Datengrundlage: Flächenerhebung nach Art der tatsächlichen Nutzung des Bundes und der Länder
© BBR Bonn 2004

In der mittelfristigen Bilanz 1992–2000 dehnten sich fast alle Flächennutzungen zu Lasten der landwirtschaftlich genutzten Fläche aus. Zwischen 1996–2000 wich die Landwirtschaftsfläche um 140 ha/Tag zurück. Der größte Zuwachs war bei der *Siedlungs- und Verkehrsfläche* mit 129 ha/Tag zu verzeichnen, mit aktuell rückläufiger Tendenz. Davon entfielen auf die westlichen Bundesländer 89 und auf die östlichen 40 ha/Tag. Beim Zuwachs dominieren die Siedlungsflächen mit vier Fünftel, die Verkehrsflächen nehmen ein Fünftel ein. Die Zunahme nur der Siedlungsfläche ohne Verkehrsfläche betrug 106 ha/Tag. Datengrundlage für die Flächennutzung ist die Flächenerhebung des Statistischen Bundesamtes (siehe INFO).

**INFO: Flächenerhebung des Statistischen Bundesamtes**

Mit der **Flächenerhebung nach Art der tatsächlichen Nutzung** erfolgt durch Auswertung des Liegenschaftskatasters eine Bestandsaufnahme der zum Stichtag vorliegenden Verhältnisse der Bodennutzung in der Bundesrepublik Deutschland. Damit sind Zeitvergleiche der Flächennutzung bundesweit regional differenziert und methodisch einheitlich möglich. Die Daten dienen der Beobachtung von Entwicklungstendenzen der Bodennutzung sowie der Ausarbeitung von Richtlinien der Raumordnungs- und Umweltschutzpolitik. Die Flächenerhebung nach Art der tatsächlichen Nutzung wird im früheren Bundesgebiet seit 1981 alle vier Jahre durchgeführt. In den neuen Ländern und Berlin-Ost erfolgte sie erstmals 1993. Damit liegen seit 1993 vergleichbare Daten zur Bodennutzung für das vereinte Deutschland vor. Stichtag der Erhebung ist der 31. Dezember des jeweiligen Vorjahres, z.B. für die Flächenerhebung 2001 der 31.12.2000. Erstmals in diesem Raumordnungsbericht werden die statistischen Angaben nach dem jeweiligen Jahr des Stichtages benannt, d.h. beispielsweise bei Daten der Flächenerhebung 2001 zum Stichtag 31.12.2000 wird das Jahr 2000 angegeben. Für regionalstatistische Auswertungen zur Flächennutzung im Raumordnungsbericht sind die aktuellsten, bundesweit verfügbaren Daten vom **31.12.2000** verwendet worden.

Länderdaten zur Siedlungs- und Verkehrfläche sind auch zeitnäher verfügbar, denn seit 2001 wird die Flächenerhebung zusätzlich **jedes Jahr** durchgeführt, jedoch nur zur Erhebung der Siedlungs- und Verkehrsfläche. Sie ergänzt die vierjährlich durchgeführte, umfassende Erhebung der Bodenflächen nach Art ihrer Nutzung. Diese Daten werden auf Länderbasis aggregiert (alle Länder, Hochrechnung für Schleswig-Holstein). Regionalstatistische Analysen unterhalb der Länderebene sind aber weiterhin nur alle vier Jahre möglich. Ebenso werden Freiflächennutzungen (Landwirtschaft, Wald etc.) weiterhin nur alle vier Jahre erhoben.

Zur **Siedlungsfläche** zählen nach der Flächennutzungsstatistik Gebäude- und zugehörige Freiflächen, Erholungsflächen und Friedhöfe sowie Betriebsflächen ohne Abbauland; zur **Verkehrsfläche** gehören unbebaute Flächen, die dem Straßen-, Schienen- oder Luftverkehr dienen, einschließlich der Seitenstreifen.

Vgl. auch Statistisches Bundesamt: Flächenerhebung, Wiesbaden. www.destatis.de

## Siedlungsflächenwachstum im regionalen Vergleich

Die räumliche Verteilung von Bevölkerung, Arbeitsplätzen und der darauf ausgerichteten Infrastruktur drückt sich konkret durch die Inanspruchnahme von *Siedlungs- und Verkehrsfläche* aus, welche sich aus Gebäude- und Freifläche, Betriebsfläche (ohne Abbauland), Verkehrsfläche und Erholungsfläche mit Friedhöfen zusammensetzen. Die Siedlungs- und Verkehrsfläche ist nach Schätzungen zu weniger als der Hälfte versiegelt, d.h. weitgehend mit wasserundurchlässigen Oberflächen versehen.

Ein Siedlungs- und Verkehrsflächenanteil von durchschnittlich 12 % erscheint zunächst nicht groß. Viele Kommunen waren aber bereits im Jahr 2000 an die Grenzen ihrer Wachstumsmöglichkeiten gelangt, z.B. die Stadtstaaten Berlin mit 69 %, Hamburg mit 57 % und Bremen mit 56 %. Einzelne kreisfreie Städte haben sogar einen Siedlungs- und Verkehrsflächenanteil von über 70 %, so etwa München und Oberhausen 72 %, Gelsenkirchen 73 % sowie Herne 75 %. In den Kernstädten der Agglomerationsräume liegt der durchschnittliche Anteil schon bei 52 %. In den Flächenländern reicht die Spanne von 7 % in Mecklenburg-Vorpommern bis über 21 % in Nordrhein-Westfalen.

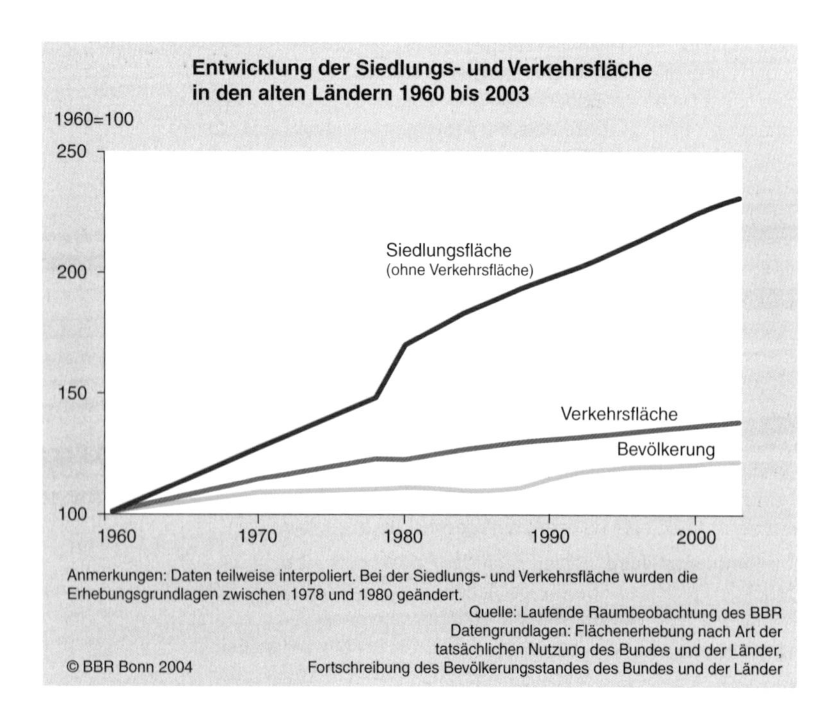

Anmerkungen: Daten teilweise interpoliert. Bei der Siedlungs- und Verkehrsfläche wurden die Erhebungsgrundlagen zwischen 1978 und 1980 geändert.

Quelle: Laufende Raumbeobachtung des BBR
Datengrundlagen: Flächenerhebung nach Art der tatsächlichen Nutzung des Bundes und der Länder, Fortschreibung des Bevölkerungsstandes des Bundes und der Länder

© BBR Bonn 2004

Anmerkung: Schleswig-Holstein geschätzt
Quelle: Laufende Raumbeobachtung des BBR
Datengrundlage: Flächenerhebung nach Art der tatsächlichen Nutzung des Bundes und der Länder
© BBR Bonn 2004

### Aktuelle Entwicklung

Seit Jahrzehnten wachsen Siedlungs- und Verkehrsflächen nahezu unvermindert. Die Zunahme der Flächen für Siedlungs- und Verkehrszwecke zeichnete sich in der Vergangenheit – kurzfristige Schwankungen ausgenommen – durch eine bemerkenswerte Konstanz aus. Dies gilt nicht nur für die 2. Hälfte des 20. Jahrhunderts, sondern lässt sich seit dem Beginn der industriellen Revolution nachweisen. Bei nur geringen Zunahmen von Bevölkerung und Erwerbstätigen wuchs die Siedlungsfläche in den letzten 40 Jahren (altes Bundesgebiet) nahezu stetig um weit mehr als 100 %. Die Verkehrsflächen dehnten sich mit knapp 40 % erheblich langsamer aus. Im gleichen Zeitraum nahmen Bevölkerung und Erwerbstätige nur um rund 20 % zu. Insgesamt betrachtet zeigt die längerfristige Entwicklung einen konstanten, von der Einwohnerentwicklung weitgehend abgekoppelten Trend der Siedlungsflächenzunahme. Als Folge verteilt sich die Bevölkerung auf viel größere Siedlungsflächen.

## Anhaltende Siedlungsflächenzunahme in Westdeutschland

Zeitlich gesehen lag das Maximum der Zunahme in Westdeutschland, wie in den meisten anderen westeuropäischen Ländern, Anfang der 1980er Jahre. Auch regional verschieben sich die Spitzenwerte der Flächeninanspruchnahme. Vergleicht man die regionalen Schwerpunkte der Siedlungsflächenentwicklung der Erhebungszeiträume 1980–1984 und 1996–2000, so

**BEISPIEL: Entwicklung der Flächennutzung: Beispiel Dresden 1790 bis 1998**

1790

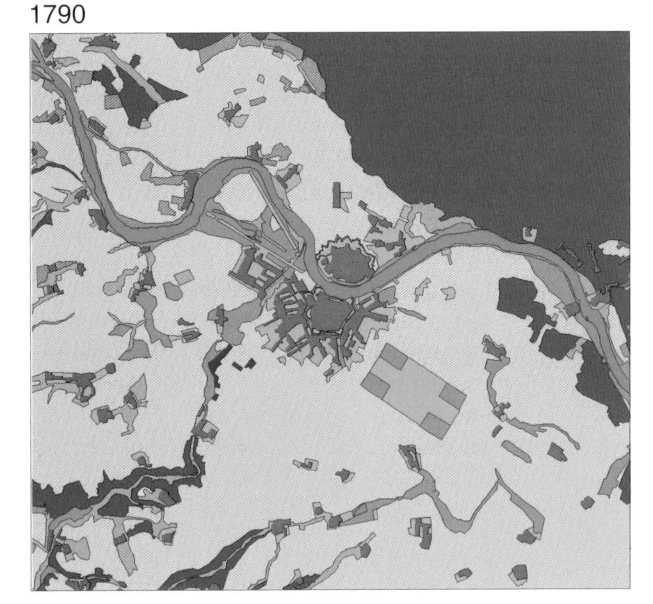

1900

1998

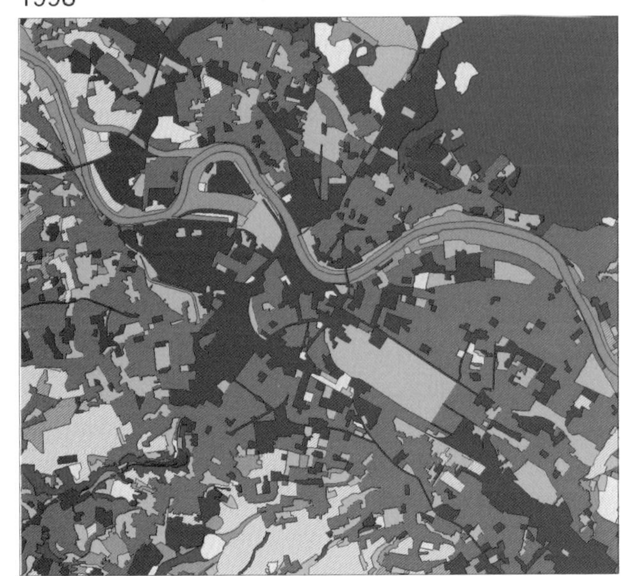

Quelle: Meinel, G.; Neumann, K.: Siedlungsflächenentwicklung der Stadtregion Dresden seit 1790 - Methodik und Ergebnisse eines Langzeit-Monitorings. In: Photogrammetrie - Fernerkundung - Geoinformation (2003) 5, S. 409-422

### Siedlungsentwicklung als kumulativer Prozess

Die Entwicklung der Verstädterung ist ein über Jahrhunderte anhaltender, meist irreversibler Prozess. Für die Stadtregion Dresden wurde dies exemplarisch durch Auswertung historischer Kartenwerke und Fernerkundungsdaten für den Zeitraum von 1790 bis 1998 dokumentiert. Bauliche Flächennutzungen haben in den vergangenen 200 Jahren kontinuierlich zugenommen. Ihr starkes Wachstum erfolgte in erster Linie auf Kosten der Landwirtschafts- und Waldfläche. Eine besonders intensive bauliche Entwicklung ist in der Phase des wirtschaftlichen Aufschwungs Ende des 19. Jahrhunderts und nach dem 2. Weltkrieg zu verzeichnen. Ab den 1950er Jahren erfolgte der Wiederaufbau allerdings vorrangig nach Innen gerichtet. Die zerstörten Stadtteile mussten erst wieder neu aufgebaut werden. Seit den 1970er Jahren führte der komplexe Wohnungsbau zur Überbauung von Freiflächen mit großen Plattenbaugebieten konzentriert am Rande der Stadt. Eine Suburbanisierung des weiteren Umlands von Dresden setzte allerdings erst mit der Wiedervereinigung ein. In Folge des Baubooms nach der Wende ereignete sich die Ausdehnung baulicher Flächennutzungen aber nicht nur in den Umlandgemeinden, innerhalb der Stadt wurde ebenfalls intensiv gebaut. Es lassen sich auch gegenläufige Entwicklungstendenzen in der Stadtregion feststellen. Anfang des neuen Jahrtausends werden im Prozess des Stadt- Umbau-Osts nicht mehr benötigte Gewerbe- und Wohnbebauungen abgerissen und vielfach wieder in Grünflächen verwandelt.

weisen die Zahlen auf eine tendenzielle Verlagerung der Zunahmen von den verdichteten in die ländlich geprägteren Kreise hin. Dies gilt insbesondere für Agglomerationsräume. Betrug in den Kernstädten der Agglomerationsräume der alten Länder die tägliche Siedlungs- und Verkehrsflächenzunahme zu Beginn der 1980er Jahre noch 11 ha/Tag, so waren es in den letzten Jahren lediglich 5 ha/Tag. In den ländlichen Kreisen der Agglomerationen demgegenüber stieg sie von 3 auf 4 ha/Tag, oder mit 5 % in vier Jahren weit schneller als in den Kernstädten.

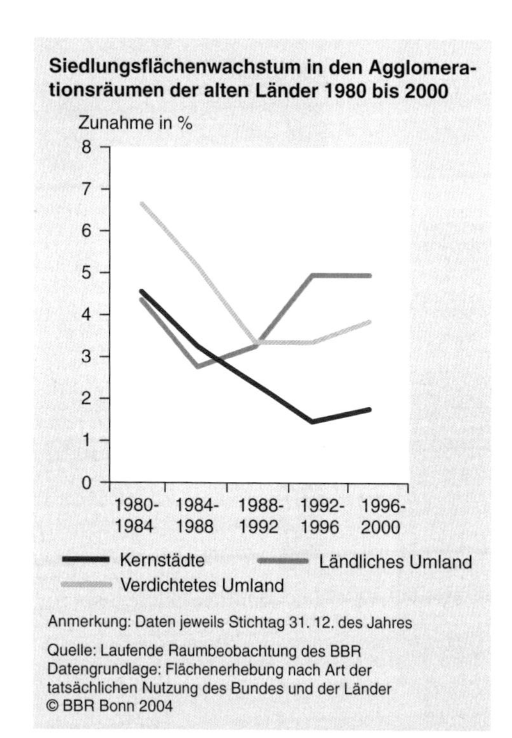


**Siedlungsflächenwachstum in den Agglomerationsräumen der alten Länder 1980 bis 2000**

Anmerkung: Daten jeweils Stichtag 31. 12. des Jahres
Quelle: Laufende Raumbeobachtung des BBR
Datengrundlage: Flächenerhebung nach Art der tatsächlichen Nutzung des Bundes und der Länder
© BBR Bonn 2004

Auch in den 1990er Jahren wuchs die Siedlungs- und Verkehrsfläche weiter. Gegenüber 1992, dem ersten Jahr, in dem für Gesamtdeutschland Zahlen vorliegen, ist eine Zunahme der Siedlungs- und Verkehrsfläche bis zum Jahr 2003 um 12 % zu verzeichnen.

## Trendwende beim Siedlungsflächenzuwachs?

Seit 2000 werden erstmals jährlich amtliche Daten zur Entwicklung der Siedlungs- und Verkehrsfläche erhoben. Danach ist die *tägliche Flächeninanspruchnahme* bundesweit im Jahr 2003 auf 93 ha gesunken. Bereits in den Jahren 2001 und 2002 war sie von 131 ha (2000) auf 117 und 105 ha zurück gegangen. Die Abnahme spiegelt sich in fast allen Bundesländern wider. Insbesondere die Gebäude- und Freiflächenzunahme, zu mehr als der Hälfte am Siedlungsflächenwachstum beteiligt, ist deutlich rückläufig. Außerdem ist der Zuwachs zu fast einem Fünftel auf die Ausweitung von Grün- und Freizeitflächen zurückzuführen. Dies hat zum Teil statistische Ursachen. Rechnet man die Hausgärten hinzu, wird dieser Anteil noch höher. Eine weitere, mengenmäßig aber nur wenige ha beanspruchende Ursache für die Zunahme von Grünflächen liegt in der planungsrechtlichen Sicherung von Flächen für Ausgleichs- und Ersatzmaßnahmen im Rahmen der naturschutzrechtlichen Eingriffsregelung. Durch die Pflicht zur Schadensvermeidung und zur Durchführung von Kompensationsmaßnahmen werden auf Siedlungsflächen bestimmte ökologische Funktionen und Wohnumfeldqualitäten zumindest teilweise erhalten, andere Freiräume werden im Rahmen der erforderlichen Ausgleichsmaßnahmen aufgewertet. In der Regel werden derzeit Ausgleichsmaßnahmen aber außerhalb von Siedlungsflächen durchgeführt, etwa auf landwirtschaftlich genutzten Flächen. Die Einstufung in der Flächenstatistik als „landwirtschaftlich genutzte Fläche" ändert sich hierdurch nicht. Die Verkehrsflächen machen nur noch gut 20 % der Zunahmen aus und nehmen damit vergleichsweise unterproportional zu. Höhere Verkehrsdichten und das bereits engmaschige Netz an Ver-

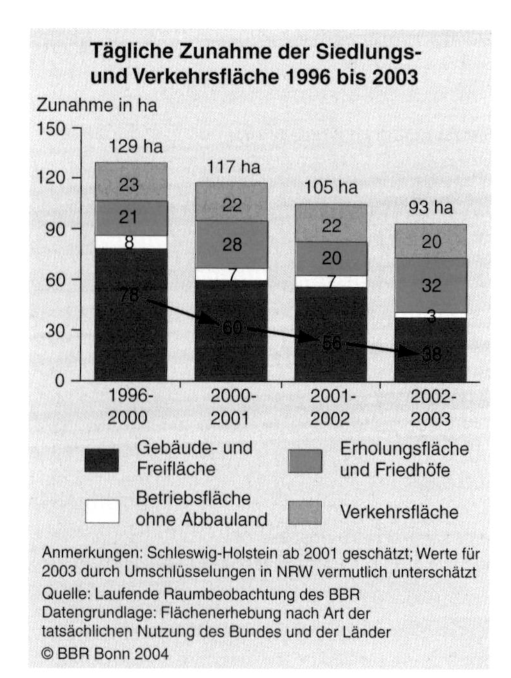


**Tägliche Zunahme der Siedlungs- und Verkehrsfläche 1996 bis 2003**

Anmerkungen: Schleswig-Holstein ab 2001 geschätzt; Werte für 2003 durch Umschlüsselungen in NRW vermutlich unterschätzt
Quelle: Laufende Raumbeobachtung des BBR
Datengrundlage: Flächenerhebung nach Art der tatsächlichen Nutzung des Bundes und der Länder
© BBR Bonn 2004

kehrsflächen führen aber dennoch zu unerwünschten Umweltwirkungen, wie die Zerschneidung von Freiräumen sowie Lärm- und Schadstoffbelastungen.

In den westlichen Bundesländern liegt die derzeitige tägliche Inanspruchnahme neuer Flächen mit 71 ha/Tag nun auf dem Niveau der vergleichsweise geringen Raten gegen Ende der 1980er Jahre und damit im unteren Bereich der Flächenzunahme seit 1955 (altes Bundesgebiet). Demgegenüber bleibt die Neuinanspruchnahme in Ostdeutschland auch in der letzten Erhebung 2002 höher. Ursachen hierfür sind aber auch in statistischen Umstellungen zu suchen, insbesondere bei den Betriebs- und den Erholungsflächen. Dadurch wird das Wachstum in den neuen Ländern in der Statistik überhöht wiedergeben.

Offen ist, ob der Rückgang der Zunahmen seit 2000 eine grundsätzliche *Trendwende* signalisiert oder eher durch die seit etwa 1997 rückläufige Bautätigkeit geprägt ist. Zieht die Konjunktur wieder an, könnte auch das Flächenwachstum entsprechend stärker ausfallen. Die Flächenproduktivitäten sind nach Berechnungen des Statistischen Bundesamtes seit 2000 wieder rückläufig. Und selbst in Regionen mit rückläufiger Bevölkerungsentwicklung wächst die Siedlungsfläche weiter.

### Künftige Entwicklung

Mit einer einfachen Modellrechnung (siehe INFO) kann in Form einer *Trendextrapolation* die Siedlungs- und Verkehrsflächenentwicklung bis 2020 geschätzt werden. Solche Trendextrapolationen dienen als Frühindikatoren zur Beschreibung der künftigen Entwicklung, die stattfinden würde, wenn sich die derzeitigen Rahmenbedingungen und Voraussetzungen für die Siedlungsflächendynamik nicht wesentlich ändern würden.

Nach dem Trend-Ergebnis nimmt die Siedlungs- und Verkehrsfläche im Berechnungszeitraum bis 2020 um durchschnittlich jährlich rd. 38 000 ha zu. Dies entspricht einem täglichen Zuwachs von rd. 104 ha, von denen ca. 80 ha auf die alten und 24 ha auf die neuen Länder (inkl. Berlin) entfallen. Nach dem Trend läge der Anteil der Siedlungs- und Verkehrsfläche am Bundesgebiet im Jahr 2020 bei über 14 %. Die Regionen mit höherem Siedlungsflächenanteil breiten sich nach Osten aus.

**INFO: Trendextrapolation „Siedlungsflächenentwicklung"**

Vorgehensweise:

1. Berechnung der durchschnittlichen jährlichen Zunahme der Siedlungs- und Verkehrsflächen (SuV) für jeden der neun siedlungsstrukturellen Kreistypen auf Basis statistisch bereinigter Daten für die Vergangenheit (alte Länder 1988 bis 2000*; neue Länder: 1996 bis 2000*) (kreistypspezifische Steigerungsrate);
2. Lineare Fortschreibung der Zunahme der SuV auf Kreisebene bis 2020 zur Basis 2000 entsprechend der zugehörigen kreistypspezifischen Steigerungsraten; die absoluten Zunahmen pro Jahr bleiben konstant.
3. Anpassung der SuV-Zunahmetrends an die künftige Bevölkerungsentwicklung nach der BBR-Bevölkerungsprognose. Die künftige Bevölkerungsentwicklung wird einen trendabschwächenden oder trendverstärkenden Einfluss auf die Siedlungsflächenentwicklung haben. Liegt demnach die kreistypenspezifische Bevölkerungsentwicklung deutlich über oder unter dem vergleichbaren SuV-Anstieg, so werden in dem jeweiligen Kreistyp entsprechende Zu- oder Abschläge vorgenommen. Auf Basis von Plausibilitätsüberlegungen erfolgten außerdem größere Abschläge bei den Zuwachsraten der Erholungs- und Betriebsflächen der östlichen Bundesländer.
4. Fortschreibung der SuV-Entwicklung von 2000 bis 2020 auf Basis der angepassten Zunahmen.

* neuere Kreisdaten werden erst im Jahr 2005 zum Stichtag 31.12.2004 vorliegen

**Trend der Siedlungsflächenentwicklung**

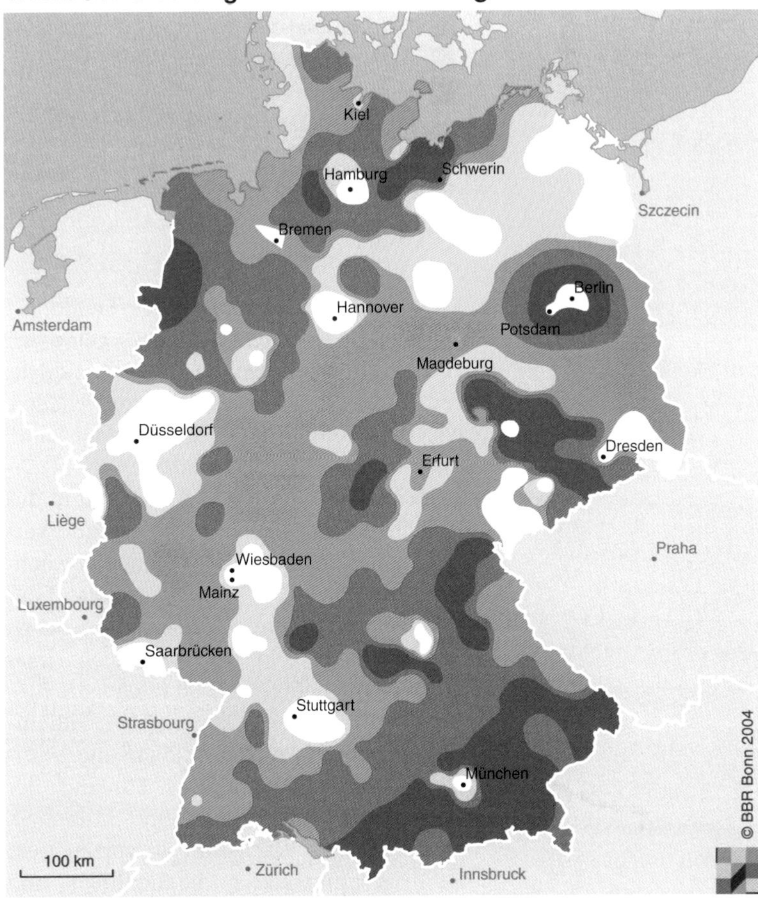


**Zunahme der Siedlungs- und Verkehrsfläche zwischen 2000 und 2020**

- sehr gering
- gering
- durchschnittlich
- stark
- sehr stark

Quelle: SuV-Trendrechnung 2020
Datengrundlage: Flächenerhebung nach Art der tatsächlichen Nutzung des Bundes und der Länder

**Siedlungs- und Verkehrsfläche**

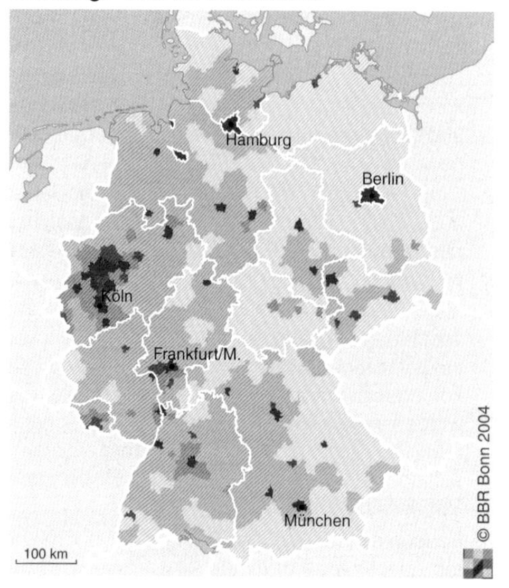


**Anteil der Siedlungs- und Verkehrsfläche an der Gesamtfläche 2000 in %**

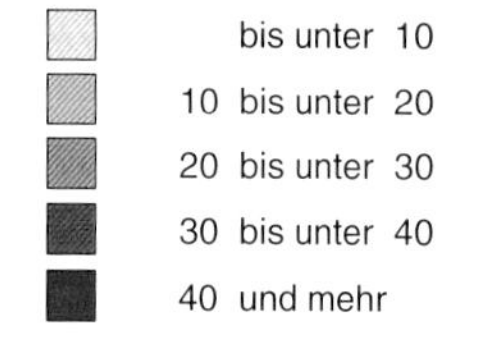


Kreisregionen, Stand 31. 12. 2000
Quelle: Laufende Raumbeobachtung des BBR
Datengrundlagen: Flächenerhebung nach Art der tatsächlichen Nutzung des Bundes und der Länder

Die stärksten Zunahmen der Siedlungs- und Verkehrsflächen bis 2020, gemessen am Bestand 2000, wären in den ländlich-verdichteten Regionen Ober- und Niederbayerns, Frankens, das Hohenlohner Land, dem Sachsendreieck, Nordostniedersachsen, sowie Teilen der Ostseeküste und des südlichen Baden-Württemberg zu verzeichnen. Vergleichsweise geringe Zuwächse würden dagegen für das Binnenland der nordöstlichen Bundesländer, die Lausitz, das Vogtland und Nordthüringen, aber auch für die bereits in 2000 nochverdichteten Zentralräume Ostwestfalen, Rhein-Ruhr, Rhein-Main-Neckar, Saar und Stuttgart erwartet. Anders das Umland der Zentren Hamburg, Berlin und München, wo ein starkes Wachstum zu verzeichnen ist. Insgesamt wachsen die Siedlungs- und Verkehrsflächen bis 2020 dort am stärksten, wo der Ausgangsbestand in 2000 vergleichsweise niedrig, die Baulandpreise günstig sind und die Bevölkerung deutlich zunehmen wird. Aber auch ein prozentual geringer Zuwachs führt rund um die Agglomerationsräume zu einer weiteren Verknappung der ohnehin schon geringen restlichen Freiräume.

Der *Trend* ist keine Prognose. Seit 2000 deutet sich ein dauerhafter Rückgang der Flächeninanspruchnahme für Siedlungszwecke an, parallel dazu gibt es immer mehr Brachflächen. Doch auch bei abnehmender Bevölkerung ist in Zukunft mit Zuwächsen etwa für den Ausgleich von Wohnraumdefiziten zu rechnen, die durch Neubau ausgeglichen werden müssen. Ein starkes Siedlungsflächenwachstum bleibt ohne Änderung der Rahmenbedingungen trotz der demographischen Entwicklung wahrscheinlich, jedoch regional in unterschiedlicher Intensität. Damit würden auch die Flächenzuwächse anhalten.

Vor dem Hintergrund der verstärkten Umsetzung von Maßnahmen einer nachhaltigen Siedlungsentwicklung, wie z. B. im Rahmen der Weiterentwicklung der nationalen Nachhaltigkeitsstrategie der Bundesregierung angelegt, sind jedoch auch andere flächensparendere Entwicklungen als die hier dargestellte Trendextrapolation denkbar.

### Innerregionale Verteilung des Siedlungsflächenwachstums

Es sind relativ wenige Gemeinden, auf die sich das Wachstum der Siedlungs- und Verkehrsfläche konzentriert. Von 1992–2000 entfiel annähernd die Hälfte des Zuwachses auf ca. 20 % aller *Gemeinden*. Etwa ein Viertel der zusätzlichen Flächeninanspruchnahme entfällt auf 5 % der Gemeinden. Trotzdem konzentriert sich das Wachstum nicht auf die zentralen Orte. Besonders starke Zuwächse verzeichnen kleine Gemeinden von unter 10 000 Einwohnern ohne zentral-örtliche Funktion. Das Siedlungswachstum erfolgt überwiegend räumlich dispers statt dezentral konzentriert. Dabei liegen schrumpfende und stark wachsende Gemeinden häufig eng beieinander.

## Disperses Siedlungswachstum im Umland und an Autobahnen

Regional ist eine *Konzentration im Umland der Kernstädte* und nahe der Autobahnkorridore festzustellen. Prozentual wuchs die Siedlungs- und Verkehrsfläche der Agglomerationen zwischen 1996 und 2000 in den Kernstädten lediglich um 2,4 %, im ländlichen Umland demgegenüber um 5,6 %.

Maßgeblichen Einfluss auf das Siedlungsflächenwachstum haben die *Baulandprei-*

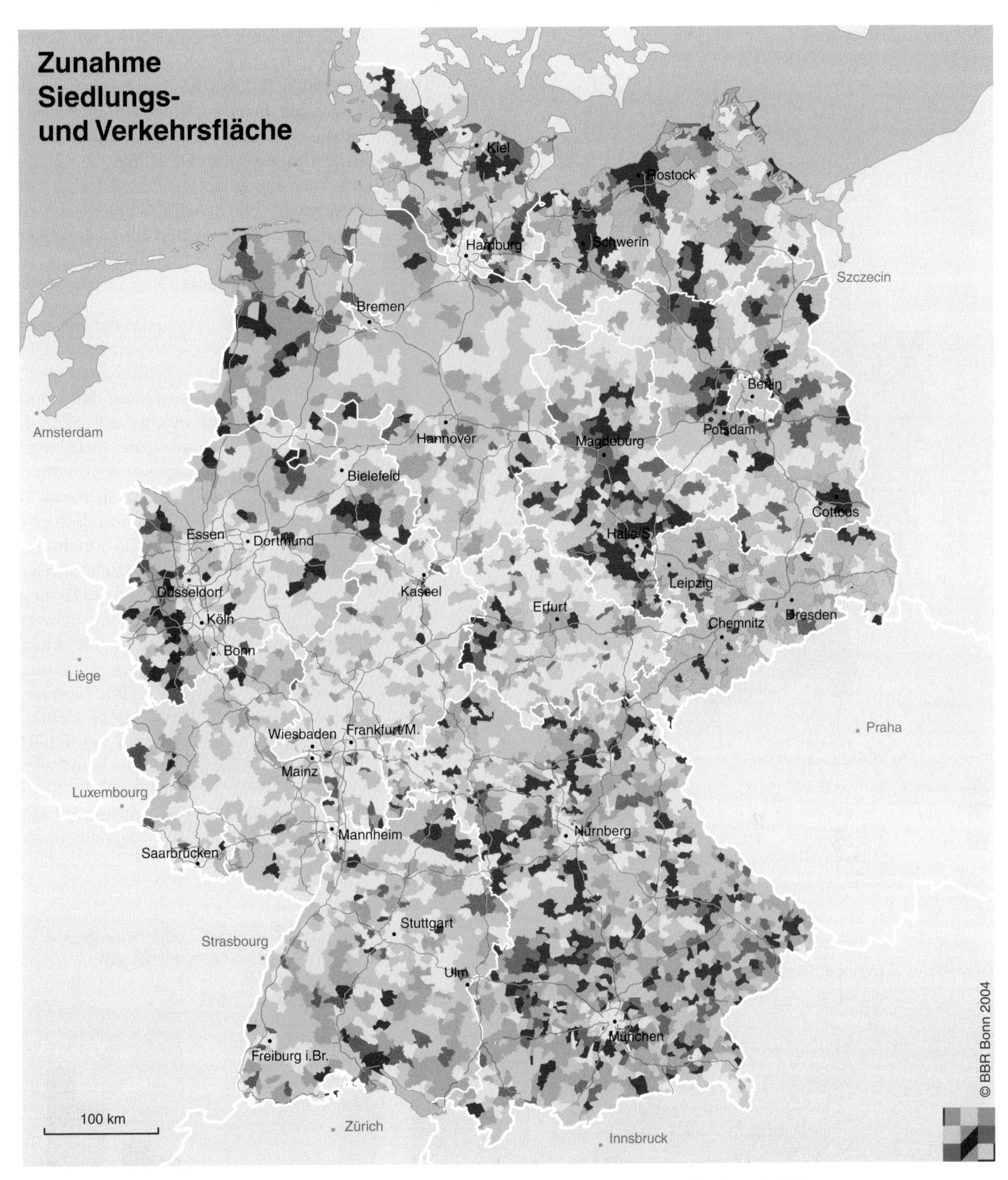


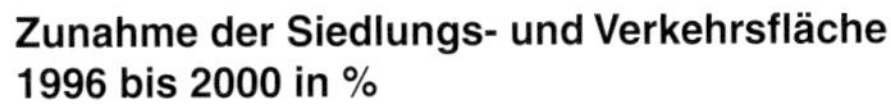

**Zunahme der Siedlungs- und Verkehrsfläche 1996 bis 2000 in %**

- bis unter 2,5
- 2,5 bis unter 5,0
- 5,0 bis unter 7,5
- 7,5 bis unter 10,0
- 10,0 und mehr
- keine Angabe
- Bundesautobahn

Verbandsgemeinden, Stand 31. 12. 2000
Quelle: Laufende Raumbeobachtung des BBR
Datengrundlage: Flächenerhebung nach Art der tatsächlichen Nutzung des Bundes und der Länder

Anmerkung: In einigen Gemeinden beeinflussen neben tatsächlichen Nutzungsänderungen auch Gebietsreformen sowie Umwidmungen und Neuzuordnungen im Rahmen des Aufbaus des automatisierten Liegenschaftskatasters den Zeitvergleich.
Zur besseren Vergleichbarkeit werden die Daten auf der Ebene von Gemeinden und Gemeindeverbänden dargestellt (z.B. Ämter in Schleswig-Holstein, Samtgemeinden in Niedersachsen, Verbandsgemeinden in Rheinland-Pfalz, Verwaltungsgemeinschaften in Baden-Württemberg). Hier wird die Bezeichnung *Verbandsgemeinden* verwendet.

**Wohnbaulandpreise**

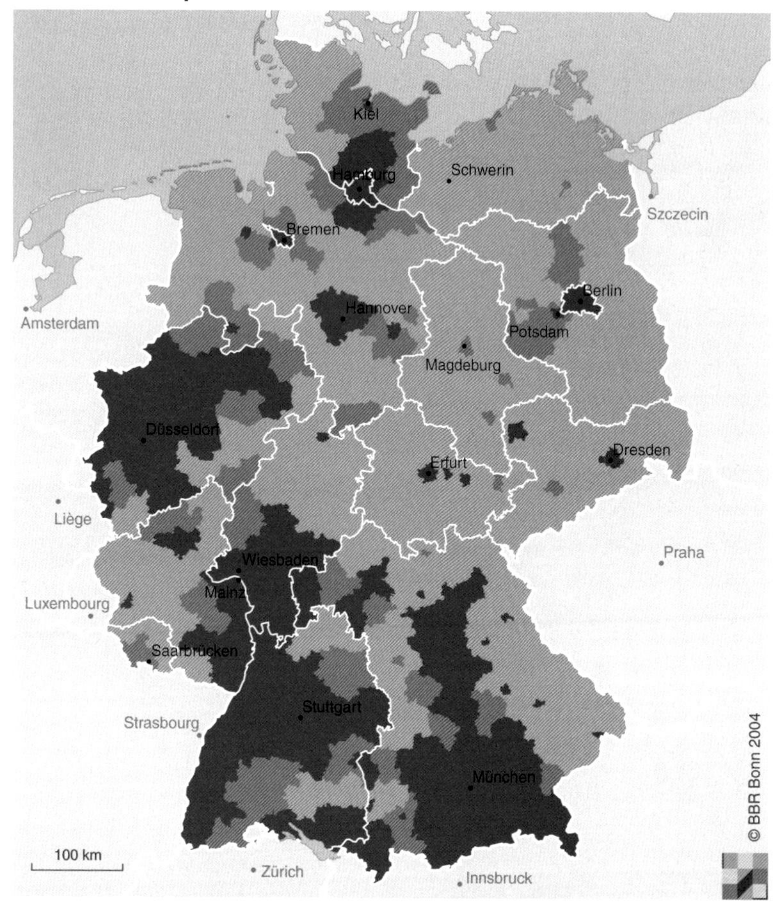


**Preisniveau für Wohnbauland 2002 in Euro je m²**

| | | |
|---|---|---|
| niedrig | bis unter | 75 |
| mittel | 75 bis unter | 100 |
| hoch | 100 | und mehr |

Kreise, Stand 31. 12. 2001
Quelle: BBR-Bodenmarktberichtssystem
Datengrundlage: Statistik der Kaufwerte für Bauland des Bundes und der Länder

se. Die Bedeutung des Bodenpreises für die Siedlungsflächenentwicklung ist jedoch ambivalent. Wirken höhere Baulandpreise in entsprechenden Gebieten eher verbrauchsmindernd, so sind sie andererseits ein Hauptgrund für die starke Zunahme und Ausweitung der Siedlungsfläche, vor allem in den vergleichsweise preiswerteren, regionalplanerisch jedoch unerwünschten Zwischenräumen der Siedlungsachsen im Umland der Kernstädte.

Beim Neubau 2002 dominierte der *Ein- und Zweifamilienhausbau* mit nahezu vier Fünftel der gesamten Wohnbautätigkeit. Dieser wenig flächensparsame Ein- und Zweifamilienhausbau weicht – wie schon in der Vergangenheit und trotz restriktiver Vorgaben der Regionalplanung – immer weiter in das ländliche Umland, meist in kleinere Gemeinden ohne zentralörtliche Bedeutung aus. Trotz rückläufiger Bautätigkeit und stagnierender Baulandpreise kommt es zu einer weiteren Ausdehnung der Siedlungsfläche. Gleichwohl bewirkt der Bodenpreis aber auch einen sparsamen Umgang mit der Fläche. Mit zunehmender Siedlungsdichte steigen die Bodenpreise, zugleich werden die Grundstücke kleiner. Diese Zusammenhänge gelten zumindest für den flächenaufwändigen Ein- und Zweifamilienhausbau. Der Bodenpreis spielt also für den haushälterischen Umgang mit Fläche zumindest auf den Wohnbauland-

**Gewerbe- und Wohngebietserweiterungen**

Foto: F. Dosch

**Zunahme der Siedlungs- und Verkehrsfläche in Agglomerationsräumen 1996 bis 2000**

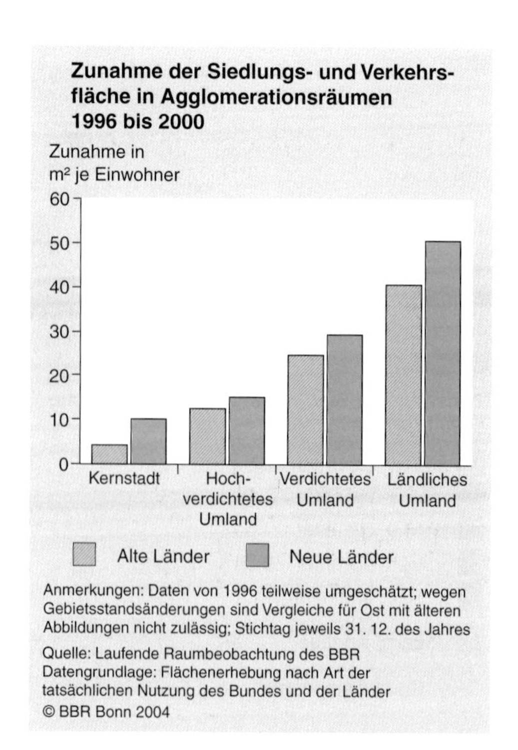


Anmerkungen: Daten von 1996 teilweise umgeschätzt; wegen Gebietsstandsänderungen sind Vergleiche für Ost mit älteren Abbildungen nicht zulässig; Stichtag jeweils 31. 12. des Jahres
Quelle: Laufende Raumbeobachtung des BBR
Datengrundlage: Flächenerhebung nach Art der tatsächlichen Nutzung des Bundes und der Länder
© BBR Bonn 2004

markt eine wichtige Rolle. Höchste Baulandpreise für Wohnbaugrundstücke werden in den Zentralräumen München, Frankfurt, Stuttgart und Düsseldorf erzielt, während sie beispielsweise in den Zentralräumen der neuen Länder erheblich niedriger liegen.

Demgegenüber sind die Baulandpreise auf den meisten Gewerbebaulandmärkten, abgesehen von wenigen 1A- und 1B-Lagen und topographischen Restriktionen, ausgesprochen niedrig, so dass auch deutlich höhere Baulandpreise meist nur einen marginalen Einfluss auf die Flächenauslastung haben. Nach der aktuellen *BBR-Baulandumfrage 2003* übersteigen die Flächenreserven bundesweit die kommunalen Bedarfe um ein Vielfaches, insbesondere in Ost- aber auch Norddeutschland. Die Städte verfügen über umfangreiche Gewerbebaulandreserven, auch in den meisten höherpreisigen Regionen Süddeutschlands.

Die zusätzliche Flächeninanspruchnahme war 1996–2000 in den Peripherräumen mit 42 m² je Einwohner gut 3-fach so hoch wie in den Zentralräumen mit 13 m² je Einwohner. Die *Nutzung neuer Siedlungs- und Verkehrsfläche* war 1996–2000 im ländlichen Umland der Kernstädte des Zentralraumes mit zusätzlichen 58 m² je Einwohner fast 10-fach so hoch wie in den Kernstädten selber mit 7 m² je Einwohner. Auch im entfernteren Umland der Zentralräume lag der Zuwachs über der zusätzlichen Pro-Kopf-Inanspruchnahme im hochverdichteten Umland.

Die Suburbanisierung verlagert sich demnach weiter in die Zwischenräume, wo Baulandpreise noch vergleichsweise günstig sind. In den neuen Ländern vollzog sich die Suburbanisierung noch stärker als in den alten. Das Umland gilt bei großen Teilen der Bevölkerung in Bezug auf physische und soziale Umweltqualität als vorteilhaft gegen-über den Kernstädten, vor allem bei Familien mit Kindern. Schon jetzt wohnen mehr Menschen im Umland der Kernstädte als in den Kernstädten selbst. Darüber hinaus verlagert sich die Beschäftigung in besonders starkem Ausmaß an die dezentralen Standorte. Während integrierte Lagen eine Zunahme an Büroflächen verzeichnen, zieht sich das produzierende Gewerbe immer mehr aus den Kernstädten zurück. Besonders in der Nähe von Autobahnen oder Flughäfen dehnen sich die Gewerbegebiete aus.

**Entwicklung der Siedlungsdichte 1992 bis 2003**

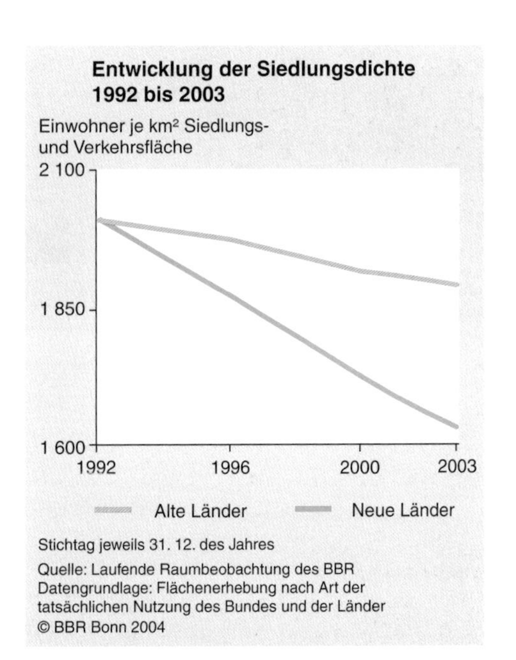


Stichtag jeweils 31. 12. des Jahres
Quelle: Laufende Raumbeobachtung des BBR
Datengrundlage: Flächenerhebung nach Art der tatsächlichen Nutzung des Bundes und der Länder
© BBR Bonn 2004

**Flächeninanspruchnahme nach Raumtypen 2000**

| Raumtyp | Siedlungs- und Verkehrsfläche in km² | Anteil Siedlungs- und Verkehrsfläche an der Katasterfläche in % | Siedlungs- und Verkehrsfläche je Einwohner in m² |
|---|---|---|---|
| Innerer Zentralraum | 6 138 | 48,0 | 254 |
| Äußerer Zentralraum | 5 006 | 21,8 | 397 |
| Zwischenraum mit Verdichtungsansätzen | 8 499 | 17,2 | 494 |
| Zwischenraum geringer Dichte | 5 779 | 9,8 | 873 |
| Peripherraum mit Verdichtungsansätzen | 9 390 | 11,6 | 665 |
| Peripherraum sehr geringer Dichte | 9 129 | 6,9 | 1 208 |
| **Deutschland** | 43 940 | 12,3 | 534 |

Quelle: Laufende Raumbeobachtung des BBR
Datengrundlage: Flächenerhebung nach Art der tatsächlichen Nutzung des Bundes und der Länder
Fortschreibung des Bevölkerungsstandes des Bundes und der Länder
© BBR Bonn 2004

## Entwicklung der Flächeninanspruchnahme

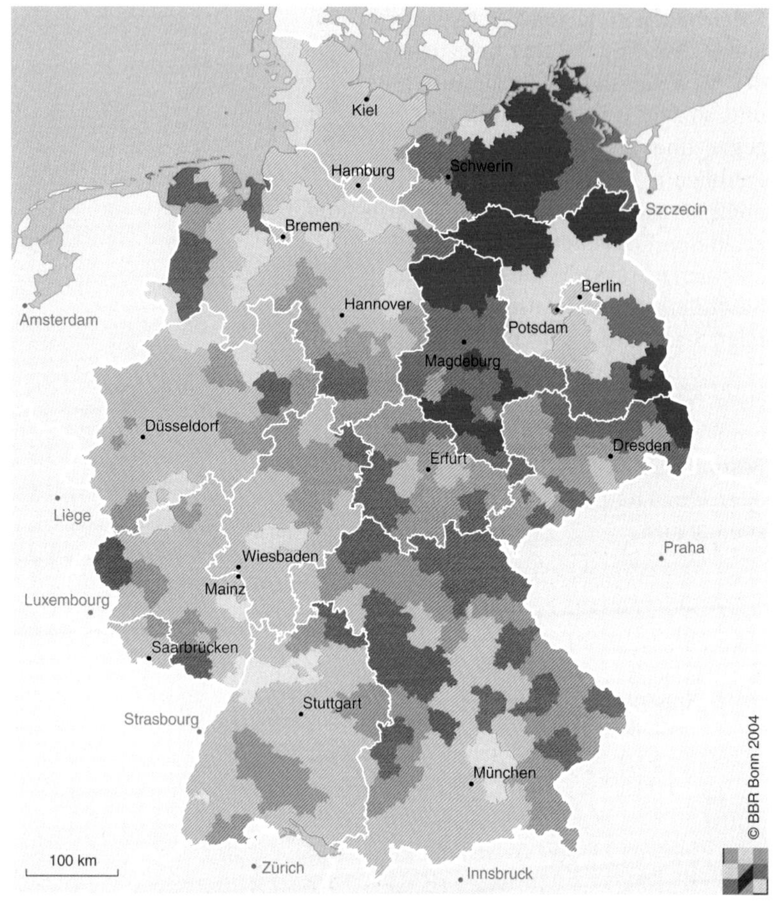


**Veränderung der Flächeninanspruchnahme 1996 bis 2000 in m² Siedlungs- und Verkehrsfläche je Einwohner**

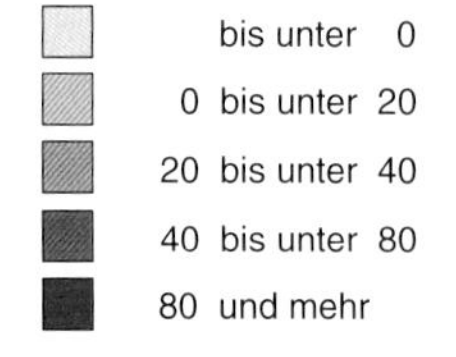


Anmerkung: Daten teilweise geschätzt
Kreisregionen, Stand 31. 12. 2000
Quelle: Laufende Raumbeobachtung des BBR
Datengrundlage: Flächenerhebung nach Art der tatsächlichen Nutzung des Bundes und der Länder

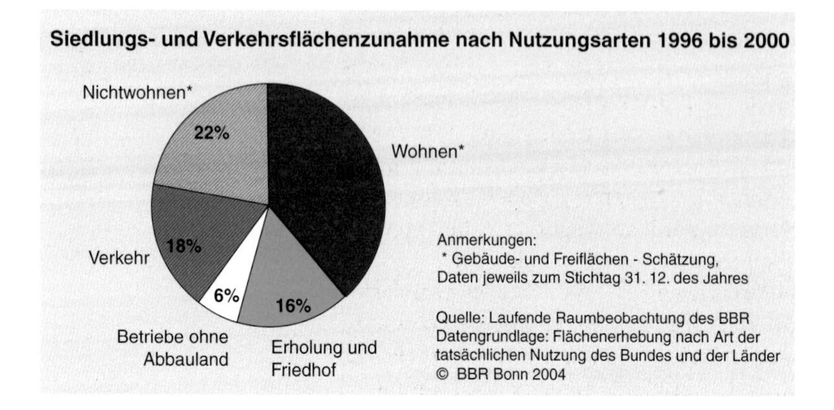


# Flächeninanspruchnahme

Mit der Siedlungsdispersion ist eine höhere spezifische *Flächeninanspruchnahme* je Einwohner verbunden. Dieser Trend geht einher mit rückläufigen Siedlungsdichten und bedeutet eine geringere Auslastung sowohl technischer als auch sozialer Infrastrukturen und damit steigende Infrastrukturkosten. Bei gleichem Ausgangsniveau nahm die *Siedlungsdichte* zwischen 1992 und 2003 in Westdeutschland von 2 009 auf 1 890 Einwohner je km² ab; in Ostdeutschland von 2010 auf 1 632 Einwohner je km² Siedlungs- und Verkehrsfläche sogar deutlich. Dies liegt im Osten jedoch nicht nur an neuer Siedlungstätigkeit, sondern ebenfalls an der Bevölkerungsabwanderung seit 1992.

Obwohl die Gesamtbevölkerung auch in der 2. Hälfte des letzten Jahrhunderts noch deutlich stieg, verfügt im Jahr 2003 jeder Bürger – statistisch gesehen – im westlichen Bundesgebiet über 529 m² Siedlungs- und Verkehrsfläche. Im Jahr 1950 waren dies noch 350 m². Als Folge verteilt sich die Bevölkerung auf viel größere Siedlungsflächen.

Eine besonders hohe Flächeninanspruchnahme von über 700 m² Siedlungs- und Verkehrsfläche je Einwohner 2000 haben die peripheren Räume. Die Ausstattung der Flächenländer mit Siedlungs- und Verkehrsfläche ist – neben den neuen Ländern ohne Sachsen – besonders in Nordwestdeutschland, Rheinland-Pfalz und Bayern hoch. Die höchste Pro-Kopf-Ausstattung in den alten Ländern hat 2003 Niedersachsen mit 772 m², in den neuen Ländern ist es Brandenburg mit 975 m².

Insbesondere in den neuen Ländern waren die Zuwächse 1996–2000 hoch. Diese Steigerung hängt u.a. damit zusammen, dass die Bevölkerung in den neuen Ländern in den 1990er Jahren kontinuierlich abgenommen hat, während nach wie vor umfangreiche Flächen neu ausgewiesen wurden. Trotz großer Brachenpotenziale im Innenbereich wurden Bauvorhaben überwiegend auf der grünen Wiese verwirklicht, was dazu führte, dass die zusätzliche Pro-Kopf- Inanspruchnahme im Osten bei durchschnittlich 45 m² liegt. Spitzenreiter ist das Land Sachsen-Anhalt mit fast 82 m² zusätzlicher Fläche je Einwohner, dicht gefolgt von Mecklenburg-Vorpommern, und das, obwohl beide Länder einwohnerbezogen bereits 1996 eine weit überdurchschnittliche Flächeninanspruchnahme hatten. Ein

Teil dieser hohen Zuwächse ist allerdings auch auf statistische Ursachen zurückzuführen, die sich aus der Umstellung der Liegenschaftsdokumentation der ehemaligen DDR auf das in den alten Ländern gebräuchliche „Automatisierte Liegenschaftsbuch" ergeben haben, bei der einige Positionen nicht eindeutig zugeordnet werden konnten.

## Wohnungsbautätigkeit

In der Detailbetrachtung geht die relativ größte zusätzliche Flächenbeanspruchung, trotz rückläufiger Bautätigkeit, vom Wohnungsbau und hier vor allem von Einfamilienhausbau aus. Im Zeitraum 1996–2000 entfielen ca. 39 % des Zuwachses der Siedlungs- und Verkehrsflächen auf den Wohnungsbau und nur 28 % auf Wirtschaftsflächen (Nichtwohnungsbau inkl. Betriebsflächen).

**Größte Flächeninanspruchnahme durch Einfamilienhausbau**

Nach einem Bauboom bis Mitte der 1990er Jahre (600 000 Fertigstellungen im Jahr 1995) gingen mit der allgemeinen Wohnungsmarktentspannung die Fertigstellungszahlen seitdem wieder deutlich zurück. Im Jahr 2003 wurden insgesamt 268 000 Wohnungen fertig gestellt. Dieser Rückgang geschah vor allem im Geschosswohnungsbereich. Die Entwicklung bei den Ein- und Zweifamilienhäusern verlief dagegen stabiler, nicht zuletzt vor dem Hintergrund hoher Nachfrage der Haushalte in der Familienphase, günstiger Finanzierungsbedingungen und der Förderung über die Eigenheimzulage.

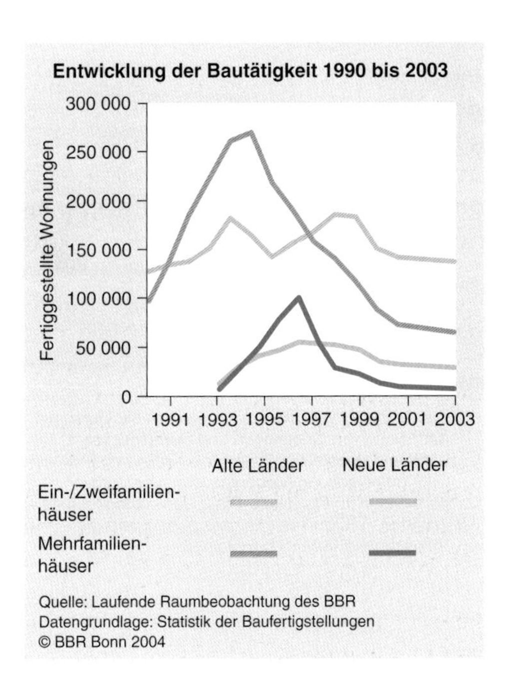

Quelle: Laufende Raumbeobachtung des BBR
Datengrundlage: Statistik der Baufertigstellungen
© BBR Bonn 2004

Insgesamt kam es zu einem leichten Rückgang auf rd. 165 000 fertig gestellte Wohnungen in *Ein- und Zweifamilienhäusern* im Jahr 2003. Eigenheime wurden damit seit 1998 zur dominierenden Bauform. Bis zum Jahr 2003 ist der Anteil der Fertigstellungen in neuen Ein- und Zweifamilienhäusern auf bundesweit 70 % gestiegen. In den neuen Ländern lag er im Jahr 2003 sogar bei 80 %. Aufgrund von Vorzieheffekten im Zusammenhang mit der Angleichung von Neubau- und Bestandsförderung bei der Eigenheimzulage ab dem 1.1.2004 stieg die Zahl der Fertigstellungen im Jahr 2003 im Eigenheimbereich wieder deutlich an.

Der *Wohnungsbestand* ist durch die Wohnungsbautätigkeit weiter stetig angewachsen. Im Jahr 2002 gab es in Deutschland insgesamt 35,1 Mio. bewohnte Wohnungen, 1,3 Mio. mehr als im Jahr 1998. Der Wohnungsbestand ist nach wie vor geprägt durch überwiegend selbst genutzte Ein- und Zweifamilienhäuser auf der einen und überwiegend vermietete Mehrfamilienhäuser auf der anderen Seite. Während in den alten Ländern die Hälfte aller bestehenden Wohnungen auf Ein und Zweifamilienhäuser entfallen, sind es in den neuen Ländern einschließlich Berlin nur 32 %. Auch wenn in den vergangen Jahren in Ostdeutschland mehr Wohnungen in Ein- und Zweifamilienhäusern fertig gestellt wurden und damit ein Angleichungsprozess erfolgt, dominieren im Bestand nach wie vor Wohnungen in Mehrfamilienhäusern.

*Intensität und Struktur des Wohnungsneubaus* unterscheiden sich regional sehr deutlich. Insgesamt übertreffen die Baufertigstellungen in den neuen Ländern leicht die in den alten Ländern. Anders als noch Mitte der 1990er Jahre ist das räumliche Muster der Wohnungsbauintensität stark vom Eigenheimbau geprägt, wobei in manchen Räumen der Eigenheimbau nahezu die gesamte Bautätigkeit ausmacht. In den Umlandregionen und auch in den peripheren Räumen wurden deutlich mehr Wohnungen in Einfamilienhäusern gebaut als in den Kernstädten des inneren Zentralraumes.

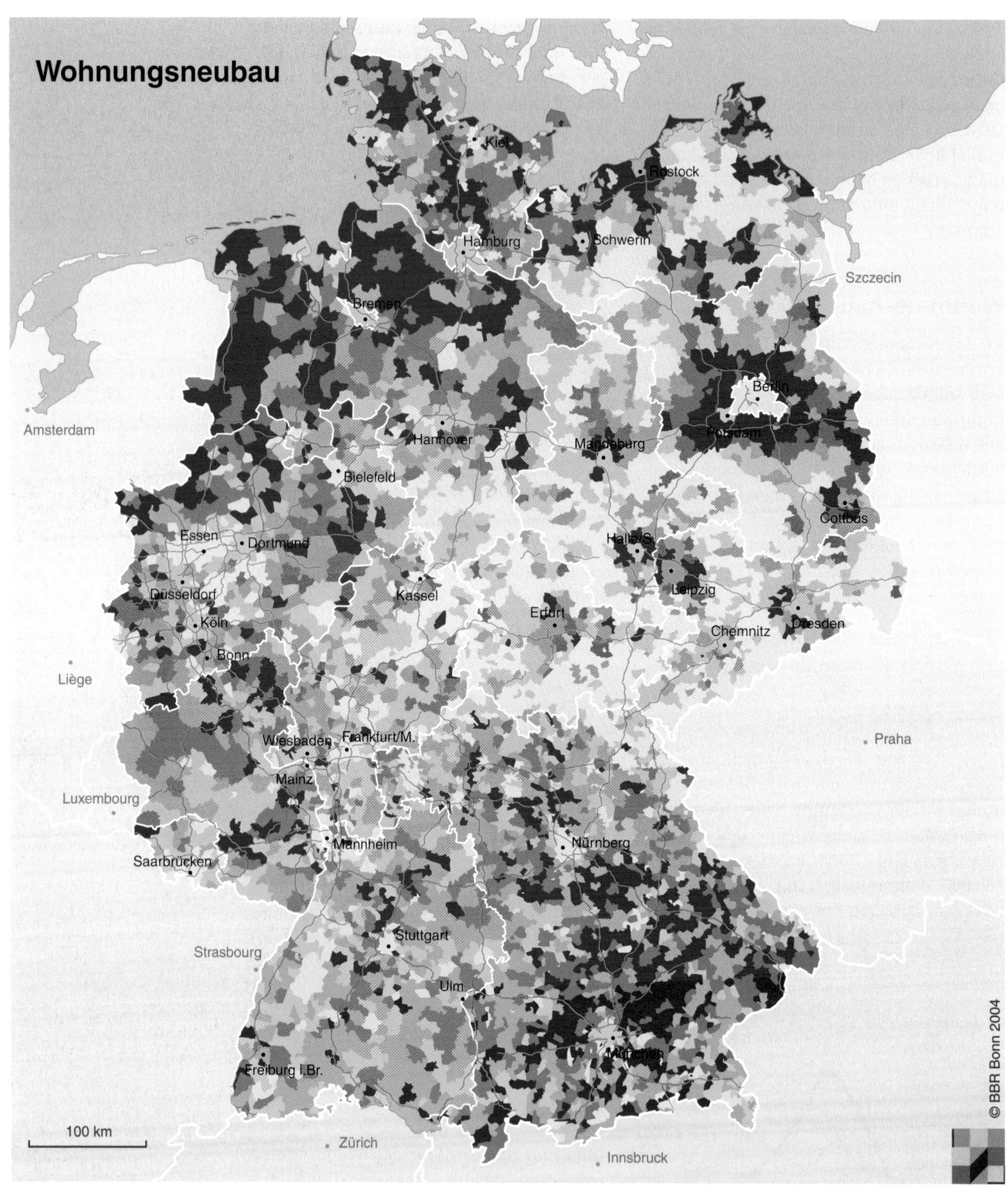


**Fertigstellungen von Wohnungen in Wohngebäuden 1999 bis 2002 je 1 000 Einwohner 2002**

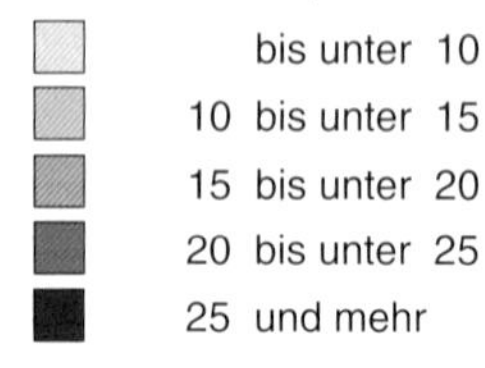

bis unter 10
10 bis unter 15
15 bis unter 20
20 bis unter 25
25 und mehr

Bundesautobahn

Verbandsgemeinden, Stand 31. 12. 2002
Quelle: Laufende Raumbeobachtung des BBR
Datengrundlage: Statistik der Baufertigstellungen

Anmerkung:
Zur besseren Vergleichbarkeit werden die Daten auf der Ebene von Gemeinden und Gemeindeverbänden dargestellt (z.B. Ämter in Schleswig-Holstein, Samtgemeinden in Niedersachsen, Verbandsgemeinden in Rheinland-Pfalz, Verwaltungsgemeinschaften in Baden-Württemberg). Hier wird die Bezeichnung *Verbandsgemeinden* verwendet.

Die weitaus höchste Wohnungsbauintensität von Eigenheimen im Jahresdurchschnitt von 1999 bis 2002 findet man in weiten Teilen Nordwestdeutschlands, im Berliner Umland, an der Ostseeküste sowie in Bayern. Dabei handelt es sich – insbesondere in Westdeutschland – häufig nicht um das engere Umland der großen Städte, die eine hohe Bauintensität aufweisen. Vielmehr geraten immer entfernter gelegene Räume in das suburbane Umland der Kernstädte. In den neuen Ländern hat die Suburbanisierung ihren Schwerpunkt noch näher an den Kernstädten.

Regional konzentrierte sich die Zunahme beim Ein- und Zweifamilienhausbau auf die größeren Städte bzw. ihre Umlandgemeinden (Rostock, Schwerin, Magdeburg, Halle, Erfurt, Leipzig, Dresden, Berlin) sowie auf große Teile Brandenburgs sowie Mecklenburg-Vorpommerns. In den alten Ländern gab es diese Verschiebungen in weitaus geringerem Umfang, und nur in einigen wenigen Regionen erhöhte sich der Anteil von Ein- und Zweifamilienhäusern so stark wie in den neuen Ländern. Die Kernstädte sind im Wesentlichen durch den Geschosswohnungsbau geprägt und weisen erwartungsgemäß die geringsten Anteile an Wohnungen in Ein- und Zweifamilienhäusern auf. Dagegen wohnt der Großteil der Bevölkerung im Umland und den peripheren Regionen in Eigenheimen. Aufgrund der noch durch die DDR-Wohnungspolitik geprägten Gebäudestruktur sind in den neuen Ländern in den Kernstädten die Eigenheimanteile nur halb so hoch wie in den alten Ländern.

Regionen mit sehr hohen Anteilen von neu gebauten Ein- und Zweifamilienhäusern sind in den alten Ländern vor allem ländlich geprägte Regionen, z.B. der Nordwesten Niedersachsens (Emsland, Ostfriesland, Umland von Bremen), südwestliche Regionen von Rheinland-Pfalz und das Saarland sowie im Süden weite Teile Bayerns mit Ausnahme der Kernstädte und der Region München. In den neuen Ländern findet man höhere Anteile von neu gebauten Ein- und Zweifamilienhäusern in Regionen Mecklenburg-Vorpommerns, Brandenburgs sowie in Thüringen. Geringe Anteile weisen wie in den alten Ländern ebenfalls die Kernstädte auf.

**Neubau Ein- und Zweifamilienhäuser**

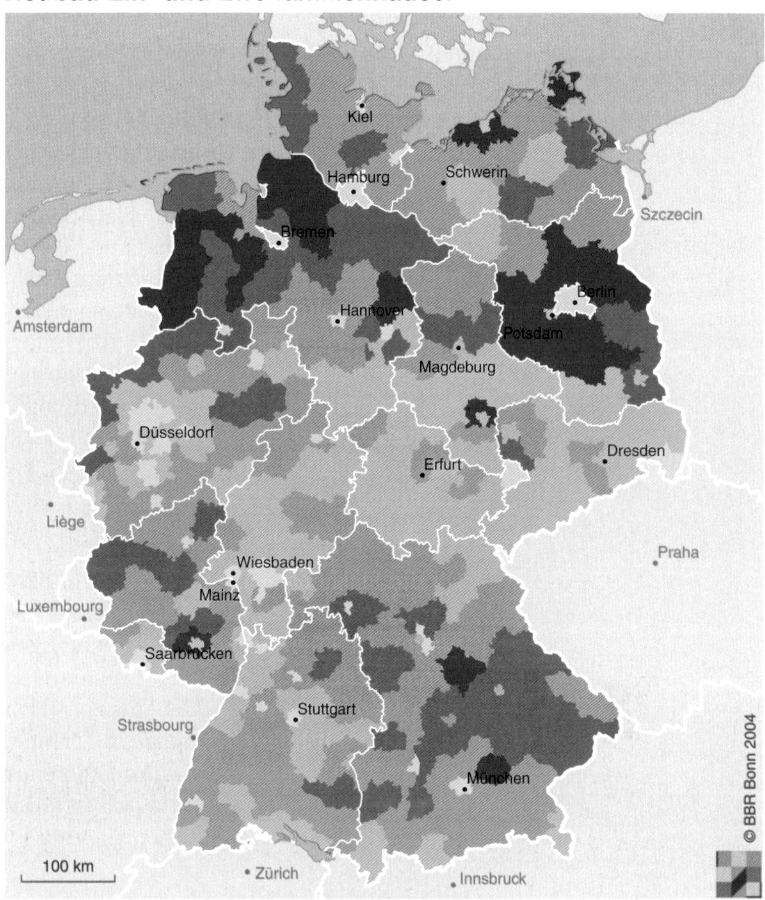


**Fertiggestellte Wohnungen in Ein- und Zweifamilienhäusern 1999 bis 2002 je 1 000 Einwohner 2002**

- bis unter 5
- 5 bis unter 10
- 10 bis unter 15
- 15 bis unter 20
- 20 und mehr

Kreisregionen, Stand 31. 12. 2000
Quelle: Laufende Raumbeobachtung des BBR
Datengrundlage: Statistik der Baufertigstellungen

**Großflächiger Einzelhandel auf der "grünen Wiese"**

Foto: F. Dosch

## Entwicklung sonstiger Flächen

### Gewerblich genutzte Bauflächen

Auch bei den *gewerblich genutzten Bauflächen* hält die Dispersion und Suburbanisierung im Umkreis der Kernstädte seit Jahren an. Flächenzehrende Standorte für Produktion und Einzelhandel mit Flachbauten kennzeichnen das Stadtumland. Aktuell herrscht auf den Gewerbebaulandmärkten allerdings weiterhin ein erhebliches Überangebot. Als Folge werden inzwischen weniger neue Gewerbeflächen ausgewiesen, besonders im Osten. Bei anziehender Konjunktur und einem anhaltenden Trend zu kurzlebigeren Bürobauten könnte die Nachfrage nach Gewerbeflächen aber wieder zunehmen.

Ob die Flächenauslastung durch den ökonomischen Strukturwandel generell zunimmt, ist offen. Tendenziell bevorzugen Bürodienstleistungen, aber zunehmend auch wieder Einkaufszentren, die zentralen Standorte mit höheren baulichen Dichten, während insbesondere das produzierende Gewerbe eher in das Umland mit geringen Siedlungsdichten expandiert.

### Brachflächenentwicklung

Parallel zu den beschriebenen Tendenzen des Siedlungsflächenwachstums wächst der *Bestand an Brachflächen*, die 2002 ca. 139 000 ha einnahmen und nach Hochrechnungen – trotz steigender Wiedernutzung – um mehr als 12 ha pro Tag zunehmen. Das nach den Ergebnissen der aktuellen Baulandumfrage des BBR geschätzte, wiedernutzbare Potenzial an Brachflächen im Jahr 2003 betrug bundesweit etwa 49 000 ha, darunter ca. 28 500 ha allein für gewerbliche Wiedernutzung. Davon sind wiederum schätzungsweise 12 000 ha in konkreter bauleitplanerischer Bearbeitung und stehen somit dem Baulandmarkt kurzfristig zur Verfügung. Der gewerbliche Flächenverbrauch von ca. 10 000 ha jährlich (zuletzt in 2001) könnte rechnerisch also für mehr als ein Jahr allein auf Siedlungsbrachen gesichert werden. Hinzu kommen baureife Bruttogewerbebaulandreserven, die ebenfalls hochgerechnet nach der aktuellen Umfrage bundesweit ca. 65 000 ha betragen, so dass man derzeit – grob geschätzt – von einem verfügbaren Gesamtangebot für Gewerbebauland von ca. 77 000 ha ausgehen kann.

Nach der Baulandumfrage 2003 des BBR liegt der Anteil der *Wiedernutzungspotenziale* an den Gewerbebaulandreserven im Osten bei fast 60 %, in ostdeutschen Großstädten sogar bei weit über 80 % und ist damit insgesamt deutlich höher als im Westen. Das große Angebot führt dazu, dass in vielen Regionen mit geringer Nachfrage brachgefallene Industrieflächen trotz Aufbereitung nicht wieder genutzt werden. Waren nach der Baulandumfrage 2000 noch über 60 % der für gewerbliche Wiedernutzung vorgesehenen Flächen in bauleitplanerischer Bearbeitung, so gilt dies nach der Umfrage 2003 nur noch für knapp 40 %. Die großen Überhänge an baureifem Gewerbebauland führen vermutlich auch dazu, dass spezielle Brachflächenkartierungen in den Kommunen der westlichen Bundesländer gegenüber der letzten Befragung 2000 rückläufig sind. Mangels Nachfrage werden Brachflächen auch zunehmend in Grünflächen umgewidmet, stellen dabei aber als Teil von Freizeit- und Erholungsflächen ein wichtiges Qualitätsmerkmal des Siedlungsbereiches dar.

**Bestand an Brachflächen wächst trotz verstärkter Wiedernutzung**

Untergenutzte oder brachliegende Flächen sowie *Planungsbrachen* sind der Hoffnungsträger der Siedlungsentwicklung im Bestand. Sie bieten zumindest potenziell die Chance, Neunutzungen auf diese Flächen zu lenken und Qualitäten des Umlandes im Bestand zu entwickeln. Damit kann das Angebot an Bauland erhöht, aber auch die Reurbanisierung gefördert werden, wie dies in einigen Stadtregionen insbesondere im Osten bereits erfolgt. Allerdings sind irgendwann auch Bestandsreserven erschöpft: In Kommunen mit besonders effizientem Flächenmanagement, was sich u.a. in Vermeidung von Brachen und in dauerhafter Nachverdichtung äußert, schrumpft heute schon das Potenzial an Bestandsreserven deutlich.

### Freiraumentwicklung

Der Rückgang des *Freiraumbestandes* durch Umwandlung in Siedlungs- und Verkehrsfläche ist nach wie vor ein ungebrochener Trend in Ost und West. Gerade die landwirtschaftliche Nutzfläche ist von der baulichen Inanspruchnahme besonders betroffen. Der Freiraumbestand schrumpft allerdings nicht an jedem Ort mit gleicher Geschwindigkeit. Vielmehr wird er in der Regel dort schneller reduziert, wo er bereits besonders knapp ist.

### Anhaltende Freiraumverknappung

In und am Rande der Kernstädte ist der Rückgang der Freiräume deshalb empfindlich zu spüren, denn die meisten neuen Siedlungs- und Verkehrsflächen werden nach wie vor im engeren suburbanen Raum beansprucht. Dadurch verschlechtert sich die Freiraum-Versorgung gerade für jene Bevölkerungsteile, die sich bereits die verbliebene offene Landschaft mit vielen anderen teilen müssen. Insgesamt hat der Siedlungs- und Verkehrsflächenanstieg über den Zeitraum der letzten 20 Jahre in den Kernstädten und in ihrem Umland zu einer starken Abnahme der verfügbaren Freifläche geführt. Dies gilt auch für den Zeitraum 1996–2000.

Obwohl die peripheren, dünner besiedelten Räume pro Kopf die höchste absolute Schrumpfung des Freiraumbestandes verzeichnen, erscheint hier die Versorgungssituation der Bevölkerung noch nicht problematisch, da zumindest in quantitativer Hinsicht ein ausreichendes Flächenangebot für Erholungszwecke vorhanden ist und Freiraum dort nicht als knappes Gut wahrgenommen wird. Denn trotz hoher prozentualer bzw. einwohnerspezifischer Zuwachsraten der Siedlungs- und Verkehrsfläche in diesen Räumen bleibt ihr Anteil an der Gesamtfläche noch vergleichsweise niedrig (siehe Kapitel 5.3: „Landschaftsentwicklung und Freiraumschutz").

## Siedlungsflächeninanspruchnahme in Europa

Die *bebauten Flächen* fallen im europäischen Maßstab nur auf, wenn sie größere geschlossene Siedlungsgebiete und -bänder bilden. Die mitteleuropäischen Staaten BeNeLux, Deutschland, England und Norditalien sind die Regionen mit dem höchsten Anteil zusammenhängender Siedlungsflächen. Insbesondere die großen monozentrischen Eurometropolen London, Paris, Rom und Madrid sind als größere Siedlungsflächen zu erkennen. Aber auch die starke Bebauung der Mittelmeerküste und iberische Atlantikküste, die insbesondere in den 1990er Jahren anhielt, hat europäische Dimensionen erreicht.

**Siedlungsflächen in Mittel- und Westeuropa**

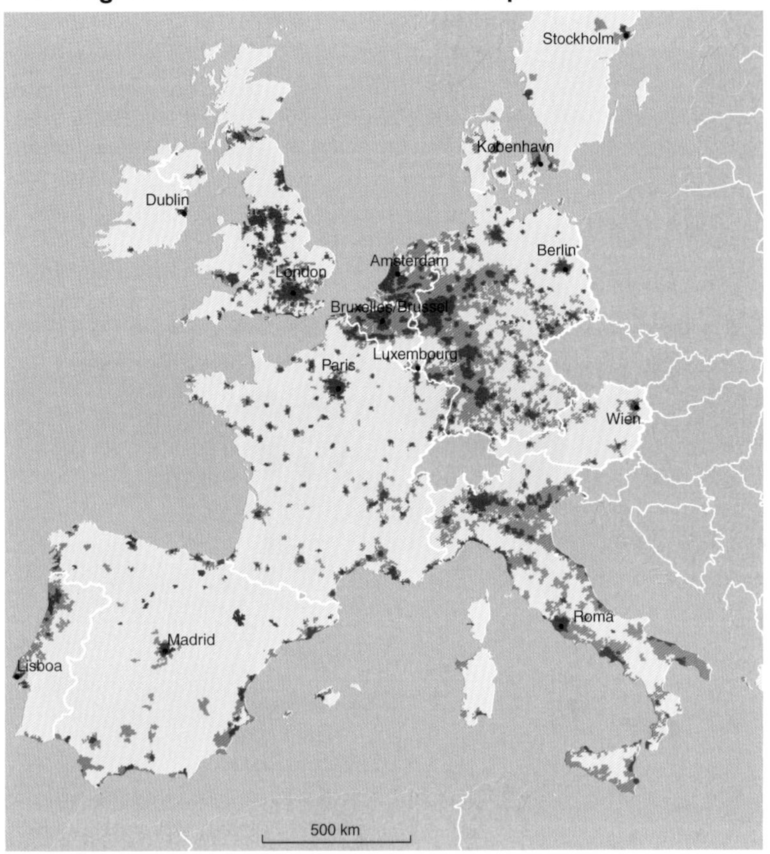


**Siedlungsstrukturen**

- Städtische Räume
- Suburbane Räume
- Ländliche Räume

Quelle: Europäische Umweltagentur (2000): Environment in the European Union at the turn of the century, Environmental assessment report No 2

Nicht nur in Deutschland, auch in anderen Staaten Europas ist eine anhaltende Zunahme der Siedlungsflächen zu beobachten. So wuchs die Siedlungsfläche 1980–2000 nach dem Umweltbericht 2002 der Europäischen Umweltagentur in den meisten Ländern um mehr als 20 %, während die Bevölkerung im gleichem Zeitraum nur um ca. 6 % wuchs. Etwa 70 % der 560 Mio. Einwohner Europas leben in verstädterten Gebieten, die aber nur 25 % des EU-Gebietes einnehmen.

**INFO: Datengrundlagen für europäische Vergleiche der Flächennutzung**

Es gibt auf europäischer Ebene keine Daten zur Entwicklung der Siedlungs- und Verkehrsfläche in den einzelnen Staaten, die direkt vergleichbar mit Deutschland wären. Näherungsweise Daten wurden von Eurostat und der europäischen Umweltagentur aufbereitet.

Erste länderübergreifende Flächenerhebungen für Europa sollen weitere, methodisch verbesserte Vergleichsdaten bereitstellen. Um vergleichbare flächendeckende Daten zu erfassen, wurde zu Beginn der 1990er Jahre das **CORINE-Programm** (CoORdination of INformation on the Environment) ins Leben gerufen. Insgesamt 26 europäische Staaten beteiligten sich an einer auf Satellitenbildern basierenden Datenerhebung. Bei einer Erfassungsuntergrenze von 25 ha wird die genaue geographische Lage jeder homogenen Fläche wiedergegeben. Unterteilt wird nach 44 Bodenbedeckungskategorien. Unter der Federführung der Europäischen Umweltagentur läuft in den EU-Staaten zur Zeit im Projekt CORINE Land Cover (CLC2000) die Aktualisierung der Bodenbedeckung zum Bezugsjahr 2000. Damit werden erstmalig Vergleichsberechnungen möglich und der Nutzungsartenwechsel wird erfasst. Die Ergebnisse für das Bundesgebiet werden erst Ende 2004 vorliegen. Derzeit sind lediglich Testdaten verfügbar In den neuen Ländern wurden umfangreiche Änderungen der Landnutzung und Bodenbedeckung im Zeitraum zwischen 1990 und 2000 kartiert. Diese umfassen u.a. Flächenzunahmen von bebauten Flächen (Ausdehnung von Siedlungsflächen und Gewerbegebieten) insbesondere an der Peripherie von größeren Ortschaften.

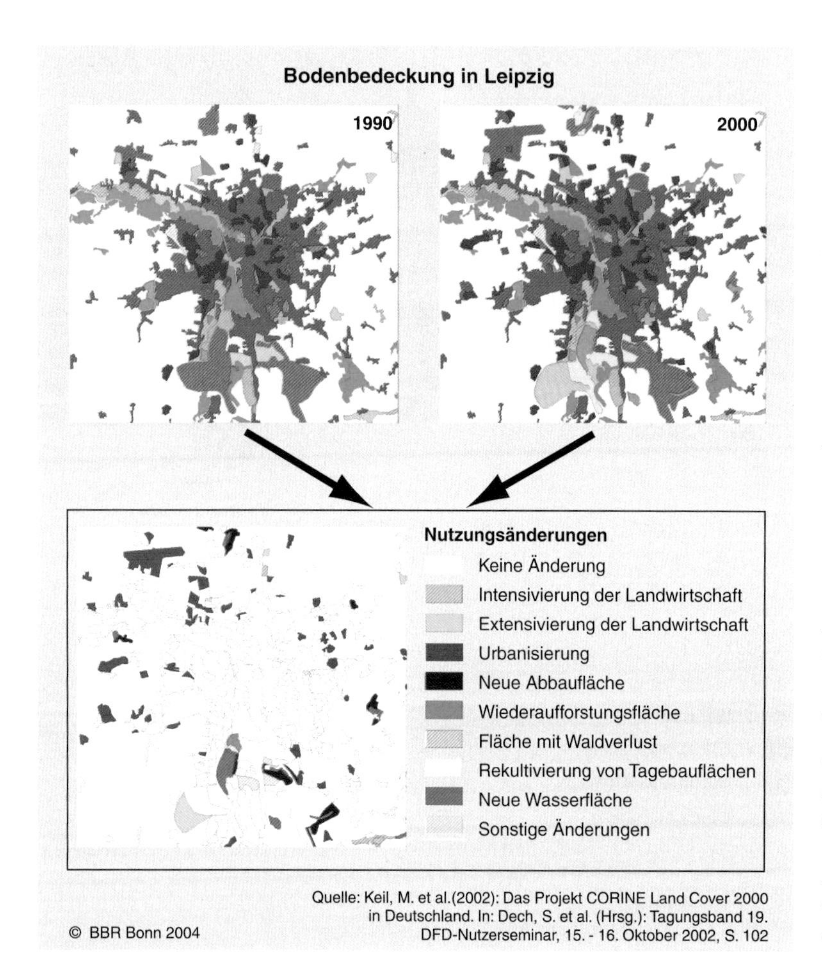


Quelle: Keil, M. et al.(2002): Das Projekt CORINE Land Cover 2000 in Deutschland. In: Dech, S. et al. (Hrsg.): Tagungsband 19. DFD-Nutzerseminar, 15. - 16. Oktober 2002, S. 102

**BEISPIEL: Änderung der Flächennutzung in Leipzig**

Am Beispiel der Region Leipzig zeigen die Ergebnisse der Interpretation 1990 (links oben) und 2000 (rechts oben) sowie eine Darstellung der Änderungen 2000 gegenüber 1990 (unten) die Zunahme von Siedlungsflächen und Industrie-, Gewerbe- und Verkehrsflächen im Umland von Leipzig. Dabei stieg die Siedlungsfläche um 3,5 % von 44 auf 47,5 %. Insbesondere fällt die Vergrößerung des Flughafens im Nordwesten Leipzigs zwischen 1990 und 2000 ins Auge. Darüber hinaus wurden die Rekultivierungen ehemaliger großer Braunkohletagebauten im Süden der Region Leipzig erfasst.

So wuchsen in der EU15 zwischen 1985 und 2000 die bebauten Flächen von 7 auf 9 %, in den 13 Beitrittsstaaten zwischen 1980 und 2000 dagegen vergleichsweise moderat von 5,5 auf über 6 %. Der Zuwachs für Westeuropa entspricht einem jährlichen Wachstum der Siedlungsfläche von etwa 1 bis 1,5 %. Zwischen 1990 und 1995 wuchs die Siedlungsfläche in den Benelux-Staaten und Deutschland weiter deutlich um bis zu 20 m²/Einwohner.

Bereits 1999 nahm die Siedlungsfläche in den Niederlanden und Großbritannien 15 %, in Belgien sogar 18 %, demgegenüber in Deutschland nur mit 12 % und in Tschechien nur ca. 10 % ein. Gegenüber den zentraleuropäischen Staaten haben die Flächenstaaten Südeuropas wie auch Mittelosteuropas durch ihren oft noch mittelalterlichen Stadtkern und Stadtviertel mit kompaktem Geschosswohnungsbau zwar geringere Siedlungsflächenanteile, dort schreitet die Suburbanisierung der Metropolräume inzwischen aber auch rasch fort. So beträgt die Siedlungsfläche Rumäniens nur ca. 630 000 ha oder 2,6 % (EEA 2003), wuchs aber zwischen 1989 und 1994 um 100 000 ha extrem stark.

Mit dem Projekt MURBANDY (Monitoring Urban Dynamics) werden die *räumlichen Trends der Verstädterungsdynamik* für 25 Stadtregionen in Europa innerhalb der letz-

**Siedlungsfläche Region Dublin (Irland) 1956 und 1998**

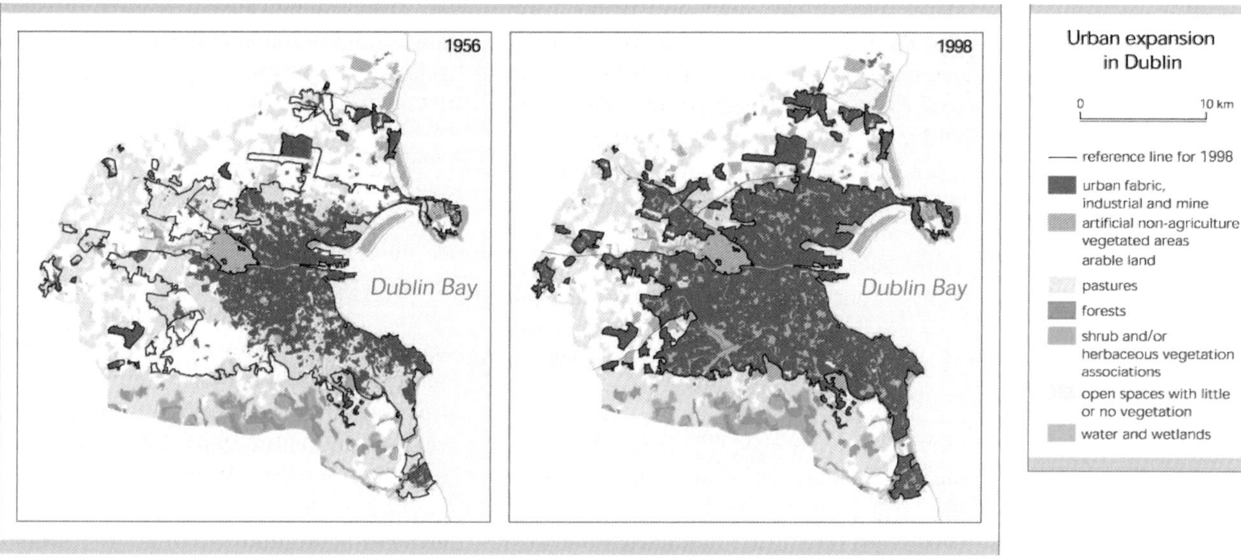


Quelle: EEA 2002: Towards an urban atlas. Copenhagen

ten 50 Jahre ermittelt, Szenarien berechnet und die Auswirkungen der Verstädterung auf die Umwelt analysiert. Seit Mitte 2001 werden die Arbeiten im Nachfolgeprojekt MOLAND (Monitoring Land Cover/Use Dynamics) weitergeführt (EEA 2002). Am Beispiel der Agglomeration Dublin (Irland) wird deutlich, dass sich innerhalb weniger Jahrzehnte zwischen 1956 und 1998 die bebaute städtische Fläche mehr als verdoppelt hat, gleichzeitig aber die Waldfläche und naturnahe Flächen um 15 % abnahmen. Europaweit nehmen die Waldflächen zu, in vielen Agglomerationsräumen jedoch ab. Dies gilt jedoch nicht für alle Agglomerationsräume. So haben die deutschen Agglomerationen wie Berlin und München im Vergleich zu anderen europäischen Metropolen einen vergleichsweise hohen Waldanteil im 60 km Radius.

Europaweit wuchsen die Siedlungsflächen besonders stark in den 1970er bis 1980er Jahren, abgesehen von Mittelosteuropa mit dem stärksten Wachstum in den 1990er Jahren. Beispiele zeigen in der 40- bis 50-jährigen Vergleichsuntersuchung einen Siedlungsflächenanstieg an der Algarve um 270 %, in der Region Setúbal (südlich Lissabon) um 243 %, Palermo um 211 %, Bratislava um 203 %, Grenoble und Helsinki um über 190 %, während die Siedlungsflächen z.B. des Ruhrgebietes nur um 25 %, von Wien und Dresden nur um 36 bzw. 37 % sowie von München um 45 % wuchsen (EEA 2003). Es gibt also erhebliche Unterschiede zwischen den Agglomerationsräumen Mittel- und Westeuropas einerseits, die deutlich langsamer wachsen als jene Süd-, Mittelost- und Nordeuropas andererseits. Die Gründe dafür liegen nahe: Die Agglomerationen Mittel- und Westeuropas sind bereits vergleichsweise dicht besiedelt, haben nur noch wenig Raum für Siedlungserweiterungen und waren bereits in den 1950er und 1960er Jahren entsprechend verstädtert.

Misst man den Verlust der noch verfügbaren Freiflächen durch Flächeninanspruchnahme Mitte 1950 bis Mitte 1990, so war in den *deutschen Vergleichsregionen* das Ruhrgebiet mit 30 % deutlich stärker betroffen als die Region München mit 6,5 % oder Dresden mit 4,0 %. Das Ruhrgebiet ist mit 78 % Siedlungsflächenanteil, neben den Ballungsräumen der Benelux-Staaten und Englands, auch der Agglomerationsraum mit einem vergleichsweise sehr hohen Anteil an Siedlungsflächen und nur noch geringem weiteren Anstieg (EEA 2003).

Verstädterung ist aber nicht nur ein Problem der europäischen Agglomerationsräume. Gerade auch *Küstenzonen* waren in den letzten Jahrzehnten von einer starken Verstädterungsdynamik betroffen, insbesondere die Küsten Süd- und Westeuropas. Künftige Brennpunkte zunehmender Versiegelung dürften auch in den EU-Beitrittsländern 2004 liegen.

Ein weiterer Schwerpunkt von Ländern mit vergleichsweise hoher Flächeninanspruchnahme sind die *Länder des Alpenraums.* So ist die Schweiz gemessen an der besiedelbaren Fläche ein dicht besiedeltes Land. Pro Einwohner lag die Flächeninanspruchnahme im Jahr 2000 laut Schweizer Bundesamt für Raumentwicklung (ARE) bei 410 m². Innerhalb einer Generation von 1972 bis 1995 wurde zusätzlich eine Fläche so groß wie der Genfersee durch Siedlungen, Anlagen und Straßen beansprucht. Im Jahre 2002 betrug die Siedlungsfläche der Schweiz gut 7 % der Gesamtfläche des Staates. Nach den Daten der Arealstatistik wuchs die Siedlungsfläche im Zeitraum zwischen 1985 und 1997 um 13 %.

Auch *Österreich* weist eine hohe Flächeninanspruchnahme auf. Nur 40 % der Landesfläche Österreichs sind besiedelbar (Dauersiedlungsraum). 2003 entfielen etwa 14 % der besiedelten Flächen auf den Dauersiedlungsraum. Trotz geringen Bevölkerungswachstums steigt die Flächeninanspruchnahme unaufhörlich, sowohl in den ländlichen als auch den stadtnahen Gebieten. Der tägliche Flächenzuwachs für Siedlungs- und Verkehrszwecke liegt mittlerweile bei rund 20 ha.

Literaturhinweis:

Fabian Dosch und Gisela Beckmann: Trends und Szenarien der Siedlungsflächenentwicklung 2010. In: BBR (Hrsg.): Informationen zur Raumentwicklung, Heft 11/12.1999, S. 827–842

Im *europaweiten Vergleich* hat Deutschland einen relativ hohen Anteil an Siedlungs- und Verkehrsflächen, und wegen der Abnahme der noch verbliebenen Freiflächen ist die Flächeninanspruchnahme in den meisten Agglomerationsräumen Deutschlands verglichen mit anderen Flächenstaaten problematisch hoch. Dennoch befindet sich Deutschland bei der Flächenzunahme pro Kopf eher im unteren Bereich, auch wenn es an belastbaren, einheitlichen Daten mangelt. Denn internationale Vergleiche nähren die Vermutung, dass – jenseits aller Probleme und vereinigungsbedingter Nachholprozesse – in Deutschland vergleichsweise kompakt gebaut wird, nicht zuletzt durch ein komplexes Planungs- und Baurecht.

**Nachtbild der Lichtquellen Europas**

Quelle: NASA/Goddard Space Flight Center Scientific Visualization Studio

# 3.4 Räumliche Verflechtungen

Die räumliche Verteilung von Bevölkerung und Arbeitsplätzen prägt die Raum- und Siedlungsstruktur durch die Standorte von Wohnungen, Betrieben und Infrastruktureinrichtungen. Die Aktivitäten sind jedoch nicht nur an einen Standort gebunden, sondern finden ihren Niederschlag in räumlicher *Verflechtung und Mobilität*. Die räumliche Funktionsteilung zwischen den einzelnen Aktivitäten wie Wohnen, Arbeiten, Versorgen oder Freizeitgestaltung erfordert entsprechende Austauschbeziehungen, die vielfältige Verkehrsvorgänge zur Folge haben. Die Ausprägung der Raum- und Siedlungsstruktur hat also unmittelbar Auswirkungen auf das *Verkehrsgeschehen*.

Umgekehrt beeinflusst auch das *Verkehrssystem* die Raum- und Siedlungsstruktur. Die Leistungsfähigkeit des Verkehrssystems und der Verkehrsaufwand für den Nutzer (Zeit und Kosten) bestimmen die verkehrliche Lagegunst und die Erreichbarkeit der Aktivitätenstandorte im Raum. Über die Ausbauqualität des Verkehrssystems werden damit die Voraussetzungen für mehr oder minder intensive funktionale Austauschbeziehungen zwischen den einzelnen Standorten geschaffen. Siedlungsstruktur und Verkehr stehen also in einem wechselseitigen Abhängigkeitsverhältnis.

Diese Abhängigkeiten sind in Detail sehr vielschichtig und komplex. Zum einen umfasst das Verkehrssystem verschiedene trägerspezifische Verkehrsarten wie den *Öffentlichen Verkehr* (ÖV) oder den *Motorisierten Individualverkehr* (MIV), die über sehr unterschiedliche Leistungsmerkmale verfügen. Während z.B. der ÖV mehr der linienhaften Raumerschließung dient, ermöglicht der MIV eine gute Flächenversorgung. Analog ist der ÖV durch seine Massenleistungsfähigkeit, der MIV durch seine individuelle Verkehrsbedienung charakterisiert. Die einzelnen Verkehrsarten sprechen deshalb vielfach unterschiedliche Fahrtzwecke an und begünstigen dadurch bestimmte räumlich verteilte Funktionen. Je nach verkehrsplanerischer Schwerpunktsetzung und Ausbauqualität der Systeme für die verschiedenen Verkehrsarten hat dies entsprechende Konsequenzen für die Entwicklung der Raum- und Siedlungsstruktur. Sie kann stärker am Kfz-Verkehr orientiert, d.h. flächenhaft-dispers erfolgen, oder mehr auf den ÖV ausgerichtet und damit linienhaft gebündelt sein.

Als komplementärer Effekt beeinflussen die Siedlungsformen und das Standortgefüge ganz entscheidend die Struktur der Verkehrsnachfrage und deren Tragfähigkeit für bestimmte Verkehrsarten. So bietet eine konzentrierte, verdichtete Bau- und Nutzungsstruktur günstigere Einsatzbedingungen für öffentliche Verkehrsmittel, während etwa eine disperse Einfamilienhausbebauung sowie periphere Einzelhandels- und Betriebsstandorte nur noch durch den Individualverkehr effizient zu erschließen sind. Aus dem Zusammenwirken dieser Faktoren ergibt sich die konkrete Raum- und Nutzungsstruktur mit ihren Verflechtungen und Verkehrsabläufen.

Eine ganz zentrale Rolle bei der Ausprägung der Raum- und Siedlungsstruktur und des Verkehrsgeschehens spielen darüber hinaus noch eine Reihe weiterer, übergeordneter gesellschaftlicher Bestimmungsfaktoren und Entwicklungen. Diese Entwicklungen sind insgesamt charakterisiert durch gestiegene individuelle und kollektive Ansprüche und sich wandelnde *Lebensstile und Wirtschaftsweisen*. Wachsende Anforderungen an die Wohnflächen und die Wohnstandortbedingungen, vor allem der ungebrochene Wunsch nach einem „Haus im Grünen" lassen sich bei den bestehenden Miet- und Bodenpreisen für die breite Bevölkerung nur im Umland der Städte realisieren. Niedrige Kfz-Verkehrskosten und ein gut ausgebautes Straßennetz ermöglichen es durch gesteigerte Verkehrsteilnahme trotzdem, den Arbeitsplatz in der Stadt beizubehalten oder städtische Einrichtungen und Angebote zu nutzen. Neue Verkehrsverflechtungen entstehen.

Mit der Pluralisierung der Lebensstile ergeben sich vielfältigere *Mobilitätsformen und -ansprüche*. Typisch für die moderne Arbeits-, aber auch Freizeit- und Erlebnisgesellschaft ist der veränderte Umgang mit Raum und Zeit mit der Tendenz zu steigenden Wegelängen und zur Ausweitung der Aktionsräume.

Analoge Entwicklungen sind seit längerem in weiten Bereichen der Wirtschaft festzustellen. Aufgrund einer flächendeckenden Kfz-Verkehrserschließung lösen sich traditionelle Standortbindungen von Unternehmen und ganzen Branchen immer mehr auf. In die gleiche Richtung wirkt eine fortschreitende nationale und internationale Arbeitsteilung und Spezialisierung an dezentralen Produktionsstandorten unter Ausnutzung effizienter, weltweit operierender Logistikketten. Die durch die Spezialisierung bedingte geringe Fertigungstiefe erfordert eine besondere Organisation des Produktionsprozesses mit genau (just in time) abgestimmten Zulieferbeziehungen.

Aus all diesen Abhängigkeiten und Bestimmungsfaktoren haben sich im Laufe der Zeit zwei grundlegende, sich bedingende, Prozesse herausgebildet, die die Entwicklung der Raum- und Siedlungsstruktur und des Verkehrsgeschehens in der Bundesrepublik Deutschland weitgehend geprägt haben: das anhaltende dynamische *Siedlungswachstum im Umland* der großen Städte und das scheinbar eigendynamisch sich entwickelnde *Verkehrswachstum* der letzten Jahrzehnte. Beide Prozesse hängen miteinander zusammen und sind korrespondierende Aspekte des gleichen Tatbestandes. Nachfolgend sollen diese Entwicklungen in ihrer Bedeutung für die Struktur räumlicher Verflechtungen näher betrachtet werden. Am Beispiel der Mobilitätsmuster der Bevölkerung und der Transportverflechtungen der Wirtschaft werden zunächst die Entwicklungen im *Personen-* und *Güterverkehr* und dann die *Berufspendelverflechtungen* dargestellt.

**INFO: KONTIV = *Kontinuierliche* Erhebung zum *Verkehrsverhalten***

Die Untersuchung *Mobilität in Deutschland* 2002 setzt die seit 1976 begonnenen KONTIV-Untersuchungen fort und liefert für das gesamte Bundesgebiet und einzelne Bundesländer vergleichbare Daten zur Haushaltsstruktur, Mobilität und Verkehrsmittelnutzung. Auf der Grundlage einer bundesweiten Basisstichprobe wurden 25 000 Haushalte zu ihrer Mobilität an einem bestimmten Stichtag befragt. 62 000 Personen einschließlich der Kinder haben Angaben zu den durchgeführten 180 000 Wegen geliefert.

Die Mobilitätsdaten aus der kontinuierlichen Verkehrserhebung (KONTIV 2002) sind bundesweite Durchschnittswerte und zeigen lediglich Größenordnungen an. Unterschiede bestehen in der räumlichen Struktur der Verkehrsbeteiligung, Verkehrsmittelnutzung und Wegestruktur. Das Mobilitätsverhalten im hauptsächlich genutzten Verkehrsmittel zwischen West und Ost hat sich weitgehend angenähert, allerdings liegt im Osten der Fuß- und Fahrradanteil gegenüber dem Westen um fünf Prozentpunkte höher, komplementär dazu liegt der MIV-Anteil (Fahrer und Mitfahrer) um fünf Prozentpunkte niedriger. In den Agglomerationsräumen mit Zentren liegt gegenüber den übrigen Räumen der Anteil der Nutzung des öffentlichen Verkehrs (ÖPV) doppelt so hoch (10 % statt 5 % außerhalb der Agglomerationsräume). Die Dichte der Siedlungsstruktur und Größe der Zentren bestimmt deutlich den Anteil der Nutzung des ÖPV.

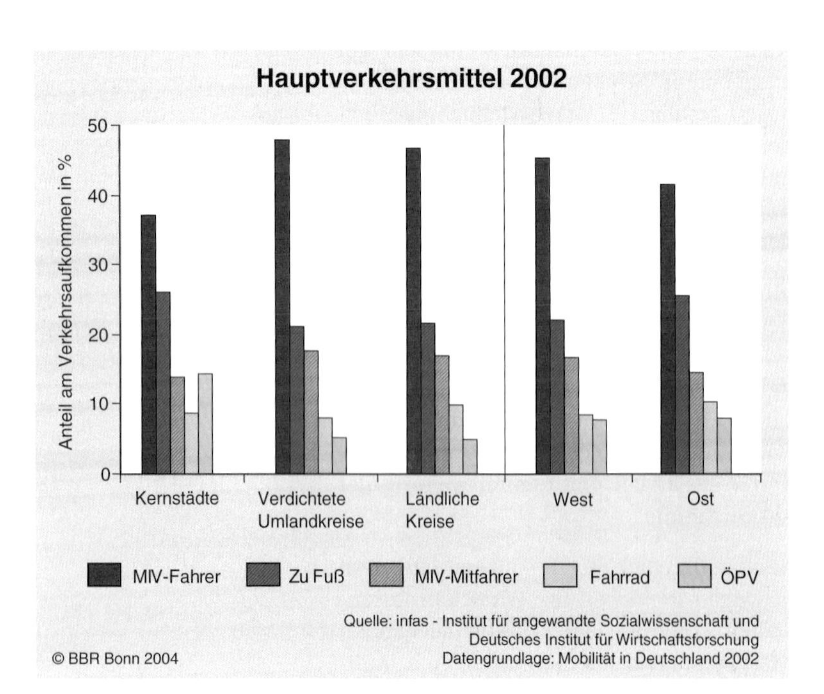


## Verflechtungen im Personenverkehr

### Mobilitätsentwicklung

Im Alltagsverkehr werden in Deutschland täglich 270 Mio. Wege zurückgelegt. Auf die *Wegezwecke Arbeit und Ausbildung* entfällt etwa jeder fünfte Weg der Bundesbürger.

Jeder zweite Weg wird heute schon für Zwecke der *Freizeit* und des *Einkaufs* zurückgelegt. Von der Wegehäufigkeit her sind dies also die dominanten Verkehrszwecke im täglichen Verkehr der Bundesbürger.

Um Arbeitsstätten, Schulen, Versorgungs- und Freizeiteinrichtungen und sonstige Gelegenheiten zu erreichen, wird hauptsächliche über alle Altersgruppen hinweg mit 165 Mio. Wegen das Auto am meisten genutzt. An zweiter Stelle folgen 62 Mio. Fuß- und 24 Mio. Fahrradwege, d.h. jeder dritte Weg wird also zu Fuß oder mit dem Fahrrad zurückgelegt. Mit einer täglichen Gesamtzahl von 20 Mio. Wegen auf Bus oder Bahn entfällt knapp jeder zehnte Weg auf den öffentlichen Personenverkehr (ÖPV).

**Siedlungsstruktur, Alter und Einkommen bestimmen ÖV-Nutzung**

Anmerkung: Anteile nach Verkehrsaufkommen
Quelle: infas - Institut für angewandte Sozialwissenschaft und Deutsches Institut für Wirtschaftsforschung
Datengrundlage: Mobilität in Deutschland 2002
© BBR Bonn 2004

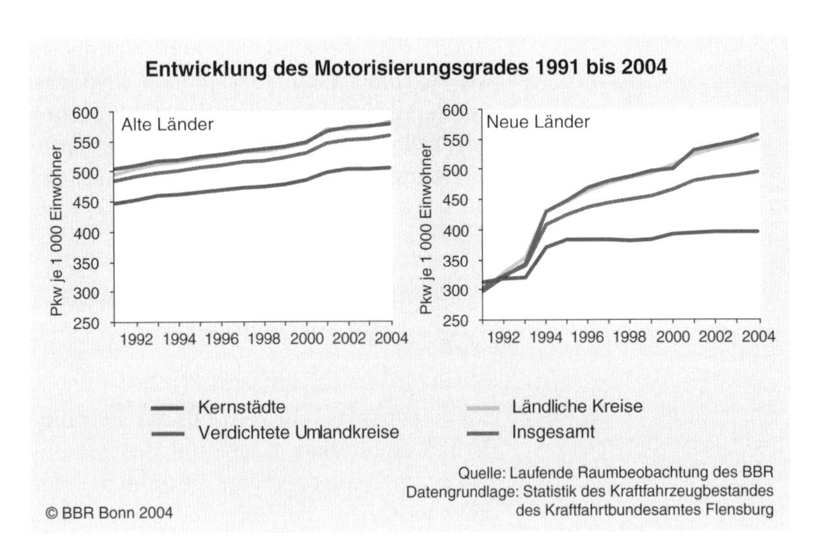


Quelle: Laufende Raumbeobachtung des BBR
Datengrundlage: Statistik des Kraftfahrzeugbestandes des Kraftfahrtbundesamtes Flensburg
© BBR Bonn 2004

Auch soziale und altersspezifische Gesichtspunkte sowie der *Kfz-Besitz* bestimmen das Mobilitätsverhalten. So legen z. B. Personen mit höherem Einkommen im Vergleich zu den unteren Einkommensklassen täglich die doppelte Wegstrecke zurück. Durch die selektive Zuwanderung vor allem einkommensstärkerer Bevölkerung im suburbanen Raum konzentriert sich in diesen Räumen die mobilste Bevölkerung. Durch Zweit- und Drittwagen in den Haushalten ist der Motorisierungsgrad der Bevölkerung in den Umlandregionen überproportional gestiegen. Hier wird regional durch immer weitere Entfernungen in den Stadt-Umland-Verflechtungen der größte Verkehrsaufwand erbracht. Er konzentriert sich auf die hoch belasteten Einfalls- und/oder tangentialen Umfahrungskorridore im Zentralraum, wo sich Stadt-/Regional- und Fernverkehr überlagern. Durch Auslagerung von Freizeiteinrichtungen, Event-Standorten, Großformen des Handels sowie regional bedeutsamen Gewerbegebieten und Bürostandorten werden die Umlandregionen immer mehr zu Lebens- und Wirtschaftsräumen, die den höchsten Verkehrsaufwand auf sich ziehen.

Ab der Altergruppe 65 Jahre und mehr halbiert sich der Anteil der Kfz-Fahrer und die Verkehrsbeteiligungsdauer sinkt von durchschnittlich 1 1/4 Stunde auf unter 1 Stunde. Auch wenn ein zunehmender Anteil älterer Menschen über einen Pkw verfügt bzw. verfügen wird, werden weiterhin viele ältere Menschen aus gesundheitlichen oder finanziellen Gründen ohne Auto leben (müssen) und sind von daher besonders auf öffentliche Verkehrsmittel angewiesen. Der

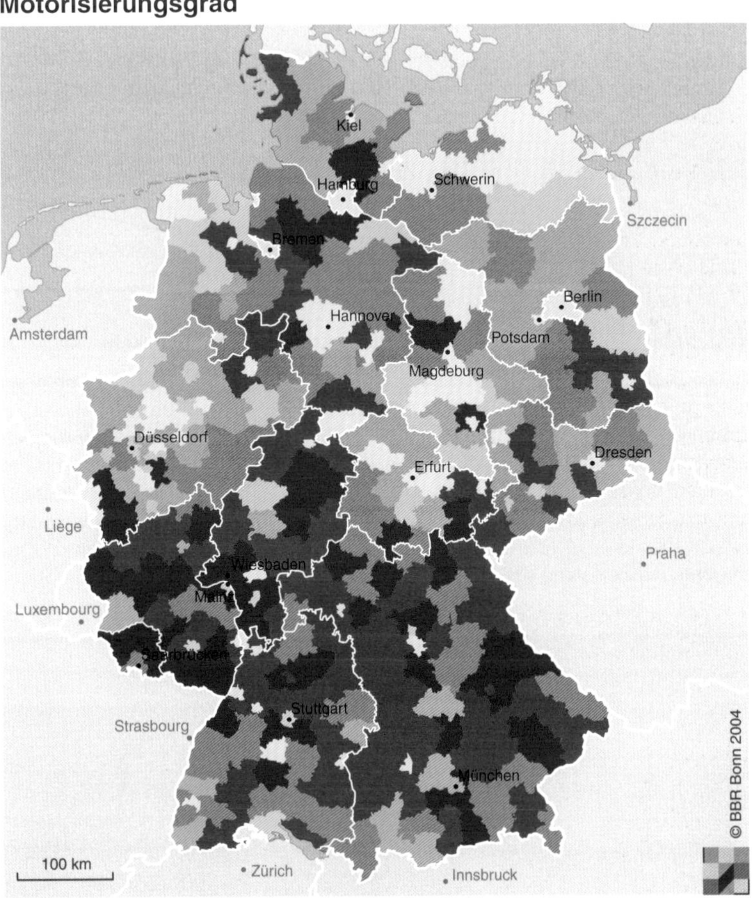


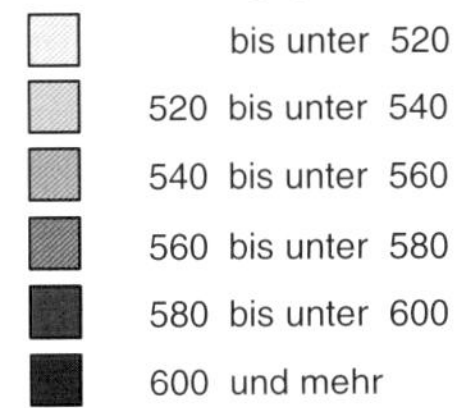


Kreisregionen, Stand 31. 12. 2001
Quelle: Laufende Raumbeobachtung des BBR
Datengrundlage: Statistik des Kraftfahrzeugbestandes des Kraftfahrtbundesamtes Flensburg

durch den demographischen Wandel in vielen, zumeist dünn besiedelten, Regionen verbleibende hohe Anteil älterer Menschen wird jedoch immer schwieriger mit öffentlichen Verkehrsleistungen zu versorgen sein.

## Demographischer Wandel stellt Mobilitätssicherung vor neue Herausforderungen

Im Personenverkehr vollzieht sich kontinuierlich ein starkes Wachstum des *motorisierten Individualverkehrs*, bei dem die Verkehrsleistung in der Zeit von 1990 bis 2015 von ca. 594 auf 915 Mrd. Personenkilometer (Pkm) ansteigen wird. Der Anteil am Gesamtverkehr ist geringfügig rückläufig und beträgt 2015 ca. 79 %. Demgegenüber steigt der *öffentliche Verkehr* auf Schiene und Straße zwar ebenfalls geringfügig, aber bei sinkenden Anteilen am Gesamtverkehr.

**INFO: Verkehrsleistung und Verkehrsaufwand im Personenverkehr**

Die *Verkehrsleistung* ist mathematisch das Produkt aus der Anzahl der von Personen zurückgelegten Wege und der dabei zurückgelegten Entfernungen (Einheit: Personen-km oder Pkm). Bei der Interpretation der aggregierten Größe *Verkehrsleistung* ist zu beachten, das steigende Verkehrsleistungen nicht automatisch größere Mobilität bedeuten, sonst wäre jeder Umweg ein Mobilitätsgewinn. Auch ist *Verkehrsleistung* nicht mit *Verkehrsaufwand* gleichzusetzen als Zusammenfassung von Entfernung, Zeitaufwand, Energieverbrauch, Beeinträchtigung von Natur und Landschaft, Gefährdung und Belastung der Gesundheit.

### Trends der regionalen Personenverkehrsverflechtungen in Deutschland

Nach dem *Trendszenario* der Bundesverkehrswegeplanungs-Prognose 2015 (siehe INFO) steigt der Verkehrsaufwand im Personenverkehr insbesondere in den erweiterten Umlandregionen der solitären Großstädte – wie Hamburg, Berlin, München – und den Regionen mit wirtschaftlicher Dynamik in Westdeutschland. Die polyzentrischen Agglomerationen – wie Stuttgart, Rhein-Neckar-Main, Rhein-Main, Rhein-Ruhr – haben dagegen auffällig geringere Zuwächse zu verzeichnen, ebenso wie strukturschwächere Räume in den neuen Ländern, dem Ruhrgebiet, Saarland und Bremen.

## Trend zu weiter steigendem Pkw-Verkehr

Die *regionalen Verflechtungen im Personenverkehr* und ihre räumlichen Strukturen unterliegen ebenfalls dem zeitlichen Wandel und verändern sich in Umfang und Richtung. Legt man zur Einschätzung der zukünftigen Entwicklung das sog. „Trendszenario" der Bundesverkehrswegeplanung zugrunde, so zeigen sich deutliche Veränderungen der Verflechtungsmuster.

Insbesondere die Verflechtungen der größeren, benachbarten Städte untereinander sowie der Städte mit ihrem Umland werden stark zunehmen. Dies betrifft vor allem die westdeutschen Agglomerationsräume sowie Berlin und – in Ansätzen – Leipzig und Dresden. In den großen monozentrischen

**Verkehrsleistungen im Personenverkehr**

| Verkehrsart | 1990 | | 1997 | | Prognose 2015 Trendszenario | | Zunahme Verkehrsleistungen 1997 bis 2015 in % |
|---|---|---|---|---|---|---|---|
| | Mrd. Personenkilometer | Anteil in % | Mrd. Personenkilometer | Anteil in % | Mrd. Personenkilometer | Anteil in % | |
| Eisenbahnverkehr | 45 | 6,2 | 74 | 7,9 | 87 | 7,5 | 18 |
| Individualverkehr | 594 | 82,3 | 750 | 80,1 | 915 | 79,2 | 22 |
| Luftverkehr | 18 | 2,5 | 36 | 3,8 | 76 | 6,6 | 111 |
| Öffentlicher Straßenverkehr | 65 | 9,0 | 76 | 8,1 | 78 | 6,7 | 3 |
| Insgesamt | 722 | 100,0 | 936 | 100,0 | 1 156 | 100,0 | 24 |

Quelle: Bundesminister für Verkehr, Bau- und Wohnungswesen (Hrsg.): Verkehr in Zahlen 2001/2002, Hamburg 2001 und Verkehrsprognose 2015 für die Bundesverkehrswegeplanung. Forschungsbericht i.A. des BMVBW 2001

Ballungsräumen wie Berlin, Hamburg und München sind außerdem ausgeprägte Zunahmen der tangentialen Verflechtungen zwischen benachbarten Städten im Umland zu erkennen, was darauf hindeutet, dass zunehmend die Bevölkerung im Umland auch ihren Arbeitsplatz dort findet. Auch die Personenverkehrsbeziehungen innerhalb der Zentralräume und mit dem benachbarten Ausland gewinnen an Bedeutung. Die Hauptzuwächse konzentrieren sich aber auf den engeren Grenzraum rund um Deutschland. Demgegenüber treten die großräumigen, grenzüberschreitenden und transnationalen Personenverkehrverflechtungen quantitativ stark zurück, obwohl auch hier Zuwächse zu verzeichnen sind. Dabei nehmen die Verflechtungen mit den Beitrittsstaaten im Personenverkehr keine besondere Position ein. Vielmehr sind die Zuwächse bei den heute schon stärker ausgeprägten Verbindungen nach Westen und Südosten höher.

Neben dem allgemeinen Trend der Verkehrszunahme gibt es in einigen Regionen und auf einigen Relationen auch Abnahmen. Bedingt durch den demographischen und wirtschaftsstrukturellen Wandel werden auch die Verkehrströme in einigen Regionen wie z.B. im Ruhrgebiet und in Mecklenburg-Vorpommern und um Städte wie Bremen, Magdeburg, Halle, Chemnitz, Cottbus, Rostock abnehmen.

### Trends der Personenverflechtungen in Europa

Die künftigen Personenverkehrsverflechtungen in Europa werden im Auftrag der EU-Kommission ebenfalls für den Trend (unbeeinflusste Fortschreibung der bisherigen Entwicklung) und für verschiedene Szenarien unter der Annahme der Anwendung verschiedener politischer Maßnahmen prognostiziert. Das Ergebnis der Trendberechnungen für die Personenverkehrsverflechtungen zwischen den Staaten der EU im Jahre 2020 zeigt deutlich die dominante Position Deutschlands im Geflecht der europäischen Verkehrsströme. Deutschland hat die intensivsten Personenverkehrsverflechtungen mit seinen Nachbarn in Europa, insbesondere mit den südlichen und westlichen Nachbarstaaten. Im Jahre 2020 sind aber bereits die Verflechtungen mit den östlichen Nachbarn Polen und Tschechien stärker ausgeprägt als mit den traditionellen Handelspartnern und Reiseländern Spanien und Italien.

**Trend der Verkehrsentwicklung**

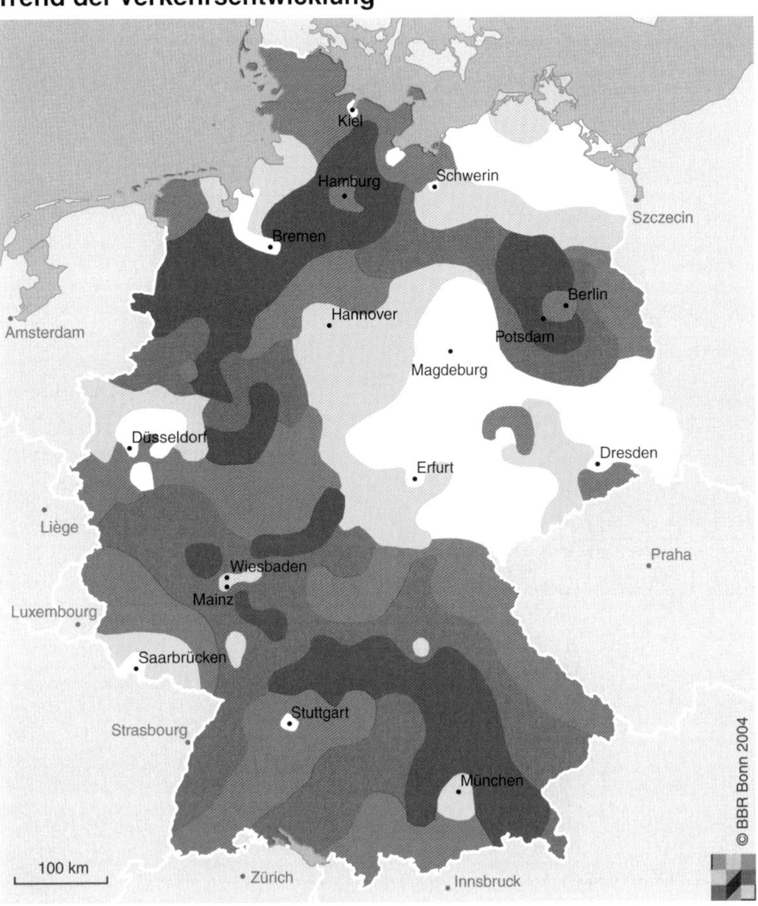


**Zunahme der Anzahl der Personenfahrten aller Verkehrszwecke und Verkehrsträger zwischen 1997 und 2015 nach Quellregionen**

- sehr gering
- gering
- durchschnittlich
- stark
- sehr stark

Quelle: ITP - Intraplan Consult GmbH
Datengrundlage: BVWP-Verkehrsprognose 2015, Bezugsjahr 1997 und Trendszenario 2015

**INFO: BVWP-Verkehrstrendszenario**

Für die Überarbeitung des Bundesverkehrswegeplans (BVWP) sowie für die Bewertung von Verkehrsinfrastrukturprojekten wurde eine langfristige Prognose des Personen- und des Güterverkehrs erstellt. Mit der Durchführung beauftragt war die Arbeitsgemeinschaft Verkehrsprognose 2015, bestehend aus: BVU, Freiburg/ifo, München/Intraplan, München und PLANCO, Essen (siehe: Verkehrsprognose 2015 für die Bundesverkehrswegeplanung i.A. des BMVBW (FE-Nr. 96.578/1999), München/Freiburg/Essen – April 2001).

Auf der Basis dreier stark unterschiedlich definierter Szenarien („Laissez-faire-Szenario" bzw. „Trendszenario", „Integrationsszenario" und „Überforderungsszenario") wird das Spektrum der denkbaren Entwicklungen markiert.

Die hier benutzten Daten aus dem BVWP-„Trendszenario" beschreiben eine mögliche Entwicklung, die sich einstellt, wenn keine verkehrspolitischen Maßnahmen zur Steuerung der Verkehrsentwicklung ergriffen werden, die über den Status quo, d.h. über bereits gesetzgeberisch verabschiedete Maßnahmen hinaus reichen. Mit der Darstellung dieser Status quo Entwicklung werden die räumlichen Konsequenzen des „Nicht-Handelns" verdeutlicht. Es handelt sich in diesem Sinne nicht um eine Prognose, die einen wahrscheinlichen Zukunftszustand beschreibt. Sie ist insofern vergleichbar mit den anderen Trendbetrachtungen in diesem Kapitel.

## Personenverkehrsströme

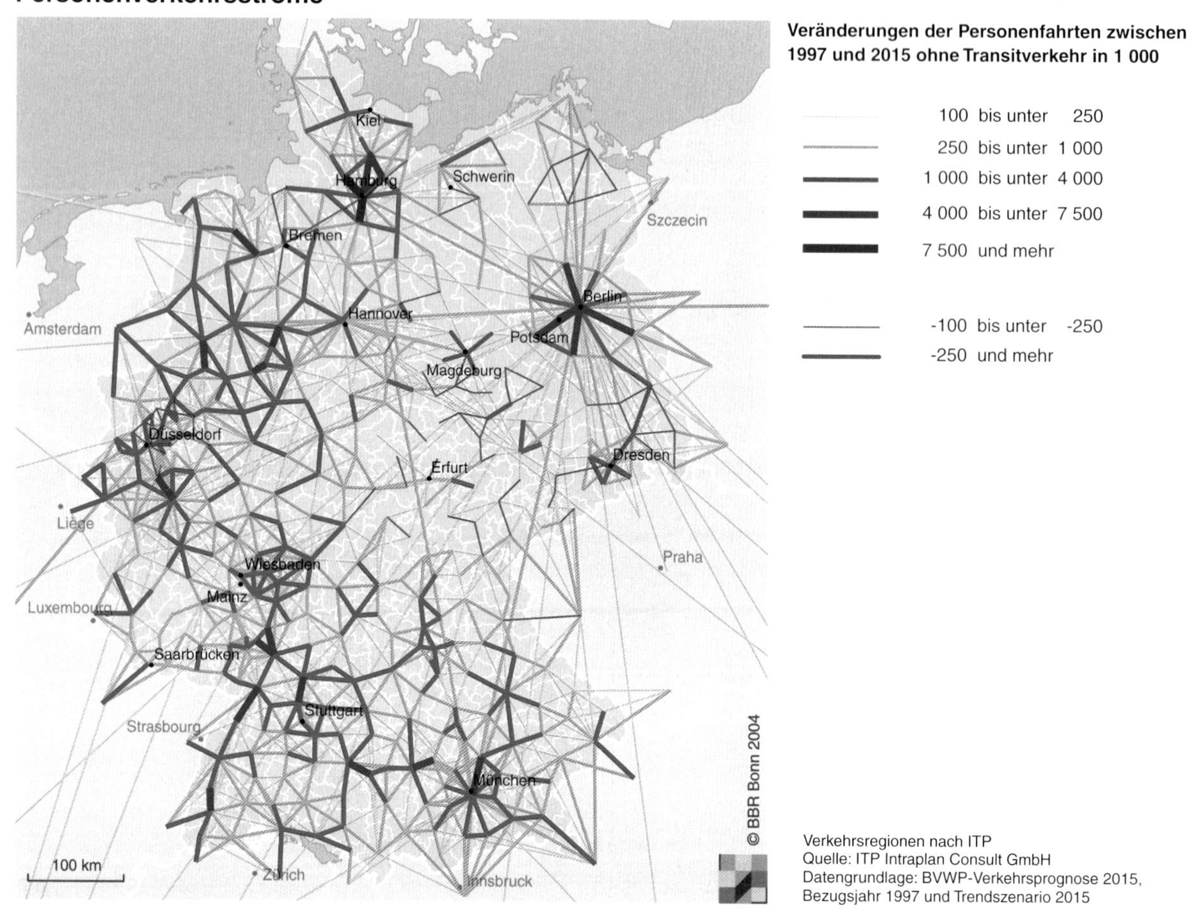


**Veränderungen der Personenfahrten zwischen 1997 und 2015 ohne Transitverkehr in 1 000**

100 bis unter 250
250 bis unter 1 000
1 000 bis unter 4 000
4 000 bis unter 7 500
7 500 und mehr

-100 bis unter -250
-250 und mehr

Verkehrsregionen nach ITP
Quelle: ITP Intraplan Consult GmbH
Datengrundlage: BVWP-Verkehrsprognose 2015, Bezugsjahr 1997 und Trendszenario 2015

## Personenverkehrsverflechtungen zwischen europäischen Staaten 2020

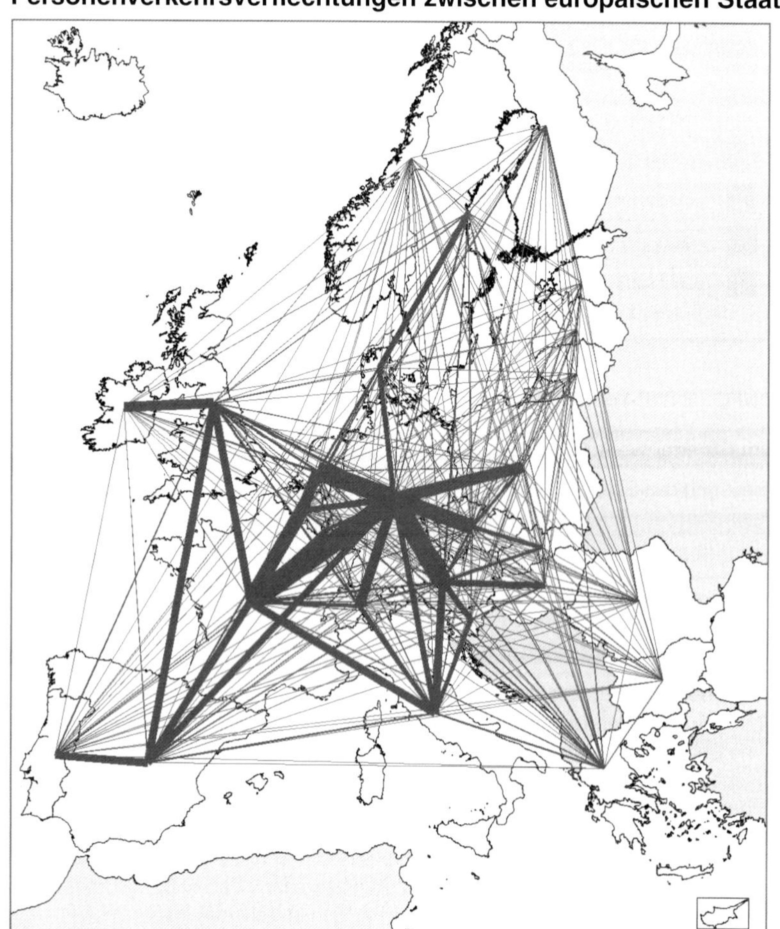

**Interregionale Personenverkehrsströme 2020 - Trend**

40 Mio. Personen pro Jahr

Quelle: NEA Transport Research and Training BV: TEN-STAC - Scenarios, Traffic forecasts and Analysis of Corridors on the Trans-European network. Description of the base year 2000 and interim forecasts 2020. S. 142.

Anmerkung: alle Quell-/Zielströme, basierend auf Modellergebnissen. NUTS 0.

## Verflechtungen im Güterverkehr

### Entwicklung des Gütertransportes

Aufgrund der geopolitischen Veränderungen in Europa, aber auch als Folge wirtschaftlicher und gesellschaftlicher Entwicklungen ist im Güterverkehr ein geradezu explosionsartiger Anstieg festzustellen. Die hinter dem *Güterfernverkehrswachstum* stehende interregionale und internationale Arbeitsteilung (Arbeitskostengefälle nutzen, diverse Sourcing-Strategien usw.) ist ein Ergebnis der räumlichen Ausweitung der Beschaffungs- und Absatzmärkte der Unternehmen und der neuen Distributionssysteme für die Lagerung, den Umschlag und die Verteilung von Gütern. Dieser Zuwachs betrifft nahezu ausschließlich den Straßengüterverkehr. Legt man den gleichen Beobachtungszeitraum wie beim Personenverkehr zugrunde, so lag der Anteil des Straßengüterverkehrs 1990 bei einer Verkehrsleistung von etwa 120 Mrd. Tkm

**Starkes Wachstum des Straßengüterverkehrs**

bei ca. 50 %. Im Jahre 1997 erreichte der Straßengüterverkehr mit einer Verkehrsleistung von 236 Mrd. Tkm bereits einen Anteil von ca 64 %. Zukünftig, im Jahre 2015, werden nach der Trendberechnung der BVWP-Prognose 425 Mrd. Tkm erwartet. Das ist ein Zuwachs von 80 % gegenüber 1997 und weit mehr als das Doppelte gegenüber 1990.

### Trends der internationalen Güterverkehrsverflechtungen

Der *grenzüberschreitende Güterverkehr* Deutschlands mit dem Ausland umfasst am Gesamtaufkommen des Güterverkehrs in Deutschland zwar nur den geringeren Anteil von ca. 11 % im Jahr 1997 und knapp 14 % im Jahr 2015. Insbesondere hier verzeichnet der Lkw-Verkehr jedoch kontinuierlich stetige Zuwächse zu Lasten der übrigen Verkehrsträger. Die Haupt-Güterströme fließen dabei zwischen den benachbarten Staaten im Westen und Süden (Benelux, Frankreich, Schweiz, Österreich). Der Umfang nimmt mit der Entfernung deutlich ab.

Die europäische Öffnung nach Osten wird die Transportströme und damit den Transitverkehr durch Deutschland noch ansteigen lassen, obwohl er im Vergleich zu den nördlichen, westlichen und südlichen Staaten auch 2020 immer noch relativ gering ausgeprägt ist. Das *Transitaufkommen* hat allerdings im Verhältnis zum Binnenverkehr und grenzüberschreitenden Verkehr nur eine geringe Größenordnung von 1,6 % (1997) bzw. 2,5 % (2015) des Gesamtaufkommens. Gleichwohl von Bedeutung ist die Annäherung Osteuropas an die westlichen Wirtschaftsräume, die in Deutschland als zentralem Transitland zu wachsenden Güterverkehrsströmen und auf europäischer Ebene zugleich zu einer Zunahme der Beförderungsweiten führen wird.

Die räumliche Problematik dieser Güterverkehrsströme durch Deutschland und Güterverkehrsverflechtungen mit dem europäischen Ausland entsteht aber dadurch,

**Verkehrsleistungen im Güterfernverkehr**

| Verkehrsart | 1990 Mrd. Tonnen-kilometer | 1990 Anteil in % | 1997 Mrd. Tonnen-kilometer | 1997 Anteil in % | Prognose 2015 Trendszenario Mrd. Tonnen-kilometer | Prognose 2015 Trendszenario Anteil in % | Zunahme Verkehrs-leistungen 1997 bis 2015 in % |
|---|---|---|---|---|---|---|---|
| Eisenbahnverkehr | 62 | 26,2 | 73 | 19,7 | 92 | 13,4 | 26 |
| Binnenschifffahrt | 55 | 23,2 | 62 | 16,7 | 89 | 12,9 | 44 |
| Straßengüterfern-verkehr | 120 | 50,6 | 236 | 63,6 | 425 | 70,1 | 80 |
| Insgesamt | 237 | 100,0 | 371 | 100,0 | 606 | 100,0 | 63 |

Quelle: Bundesminister für Verkehr, Bau- und Wohnungswesen (Hrsg.): Verkehr in Zahlen 2001/2002, Hamburg 2001 und Verkehrsprognose 2015 für die Bundesverkehrswegeplanung. Forschungsbericht i.A. des BMVBW 2001

dass sich dieser Straßenverkehr auf wenige, hochbelastete Autobahnkorridore im Bundesgebiet konzentriert, wie z. B. der Rhein- und der Mainkorridor oder die Korridore nach Berlin und Polen, wo häufig auch der großräumige Straßen- und Schienenverkehr parallel verlaufen. Dabei sind die höchsten Verkehrsbelastungen in den stadtnahen Verkehrsteilnetzen der Stadtregionen und Verdichtungsräume zu spüren. In diesen Räumen überlagern sich Nah-, Regional- und Fernverkehre sowohl des Personen- als auch des Güterverkehrs.

**Grenzüberschreitender Straßengüterfernverkehr**

**Transportaufkommen im grenzüberschreitenden Straßengüterfernverkehr im Bezugsjahr 1997 und für das Integrationsszenario 2015 in Mio. Tonnen**

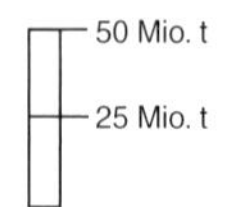


Bezugsjahr 1997

Prognose 2015 (Integrationsszenario)

Quelle: BVU Beratergruppe Verkehr und Umwelt
Datenbasis: BVWP-Verkehrsprognose 2015
Bezugsjahr 1997 und Prognose 2015
Geometrische Grundlagen: Eurostat GISCO

## Pendlerverflechtungen

Die räumliche Interaktion zwischen Wohnstandort und Arbeitsplatz, das Berufspendeln, stellt ein wesentliches Element der Siedlungsstruktur dar. Erst durch die räumlichen Verflechtungen zwischen den immobilen Elementen im Raum zeigt die Siedlungsstruktur ihr wahres Gesicht. Diese Strukturen sind gut an den immer wiederkehrenden Verflechtungsmustern des *täglichen Berufsverkehrs* sichtbar zu machen. Am gesamten Personenverkehr in Deutschland hat der Berufsverkehr zwar nur eine relativ geringfügige Bedeutung von 16 % der täglichen Verkehrsleistung. Die räumlichen Strukturen der Berufspendelverflechtungen sagen aber eine Menge über die Zentrenstrukturen und mögliche Probleme an den regionalen Arbeitsmärkten aus.

### Pendleraufkommen

Insgesamt pendeln ca. 38 % der Erwerbstätigen und 56 % aller sozialversicherungspflichtig Beschäftigten zwischen Arbeitsplatz und Wohnung und überschreiten dabei die Gemeindegrenze ihres Wohnortes. Je nach Siedlungsstruktur und Lage zeigen sich große Unterschiede in den *Auspendlerquoten*. So sind die Auspendlerquoten im gering verdichteten Zwischenraum und Peripherraum mit über 75 % am höchsten. In den neuen Ländern sind die Auspendlerquoten in diesen dünn besiedelten Räumen noch etwas höher als in den alten, was auf die dort vorherrschende besonders schlechte Arbeitsmarktlage hindeutet. Die geringsten Auspendlerquoten hat der innere Zentralraum, insbesondere in den neuen Ländern, wegen des größeren Arbeitsplatzangebotes in den Kernstädten.

**Hohe Konzentration der Auspendler in den Umlandgemeinden**

Dies zeigt sich auch bei der Betrachtung der Zusammenhänge zwischen Pendlersaldo und Zentralität. Die Oberzentren weisen nach wie vor einen hohen Einpendlerüberschuss auf. Bei den Mittelzentren stellt sich das Bild differenzierter dar. In den Peripherräumen sind auch die Mittelzentren attraktive Arbeitsmarktzentren mit Einpendlerüberschüssen. Bei den Mittelzentren in den großen Agglomerationsräumen hingegen überwiegen die Auspendler. Unterzentren sind in der Regel Gemeinden mit

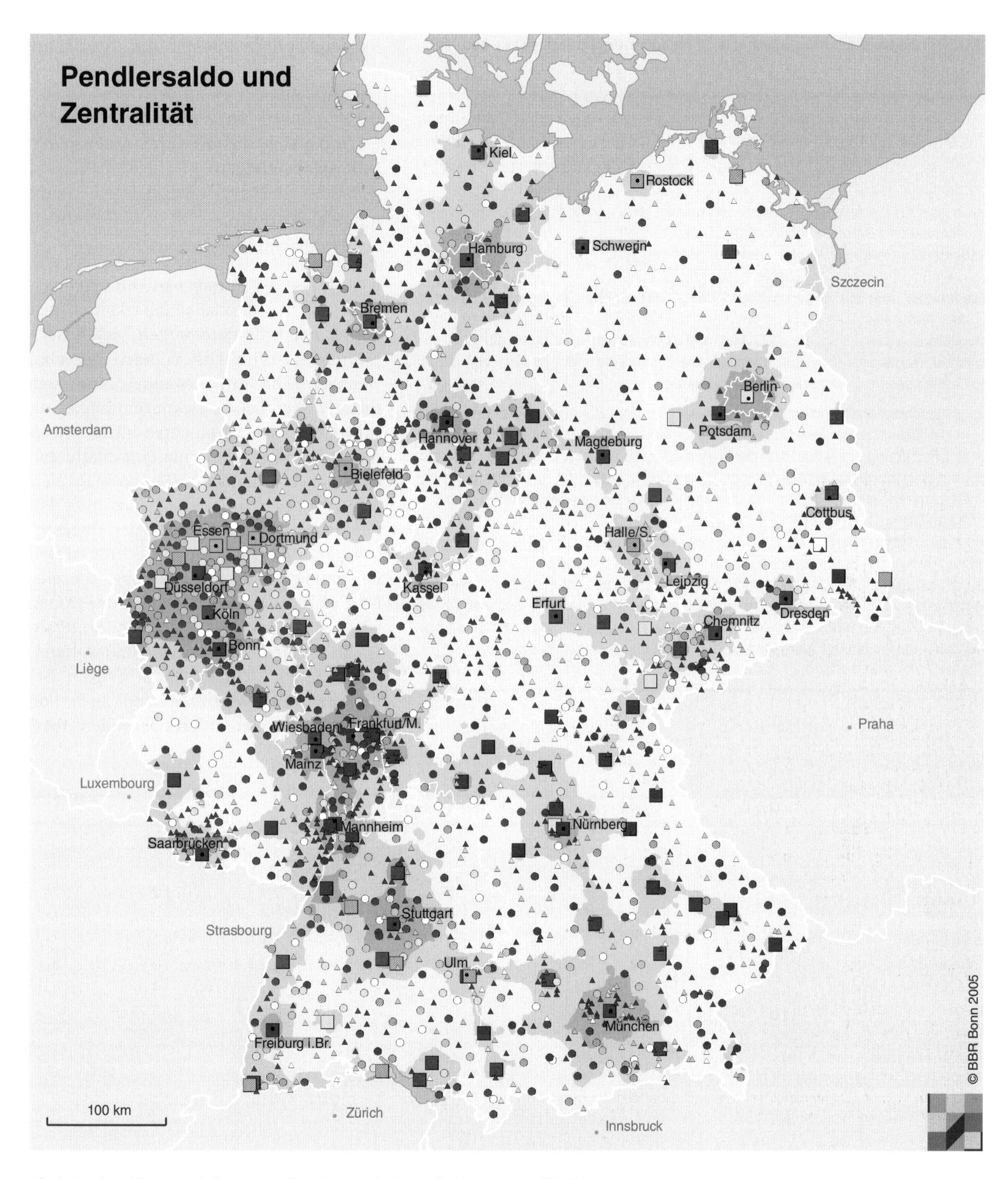


**Saldo der Ein- und Auspendler je sozialversicherungspflichtig Beschäftigten am Arbeitsort 2003 nach zentralörtlicher Einstufung**

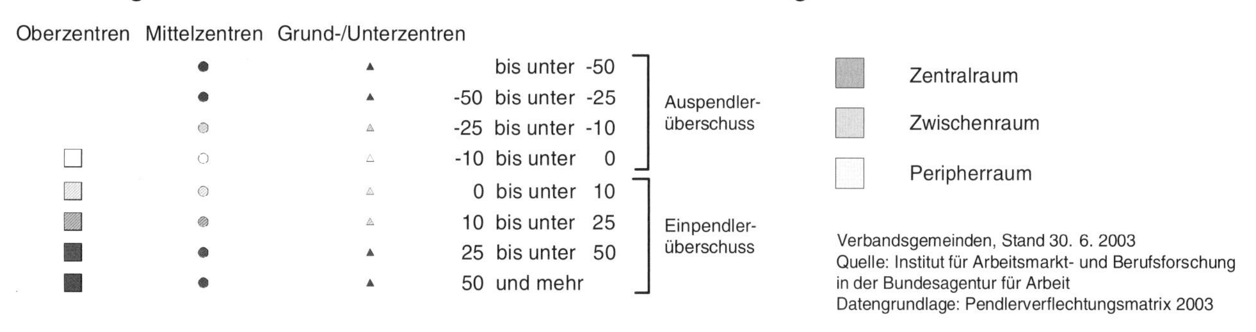

**INFO: Berufspendler und Datenbasis „Pendlerverflechtungsmatrix des IAB"**

Berufspendler sind Erwerbstätige, die nicht in ihrer Wohnsitzgemeinde arbeiten. Sie legen in der Regel zweimal täglich den Weg zwischen Wohnung und Arbeitsstätte zurück (Tagespendler). Einige Pendler verfügen über eine Zweitwohnung am Arbeitsort und pendeln nur einmal wöchentlich oder noch seltener zu ihrem Hauptwohnsitz (Wochenpendler). Berufspendler werden in ihrer Wohnortgemeinde als „Auspendler" gezählt und an ihrem Arbeitsort als „Einpendler".

Datenbasis für die Analysen in diesem Kapitel ist die Pendlermatrix des Instituts für Arbeitsmarkt und Berufsforschung (IAB). Dabei handelt es sich um eine umfassende Bestandsaufnahme aller sozialversicherungspflichtig Beschäftigten (ca. 27 Mio.) mit ihrem Wohn- und Arbeitsort. Der Arbeitsort des Beschäftigten wird innerhalb des Meldeverfahrens über die in den Meldungen vom Arbeitgeber angegebene Betriebsnummer festgestellt. Der Wohnort wird über die Anschrift des Versicherten zugeordnet. Daraus lassen sich ca. 1,35 Mio. Berufspendelverflechtungen als Luftlinien zwischen Wohn- und Arbeitsort ermitteln. Die Datenbasis steht jährlich, zeitnah für alle Gemeinden im Bundesgebiet zur Verfügung.

Die unterschiedliche Gemeindegrößenstruktur in den Bundesländern beeinflusst durch die Definition der Pendler als gemeindegrenzenüberschreitende Wohnort-Arbeitsort-Beziehung hier wesentlich die Ergebnisse. Die Wahrscheinlichkeit, dass man auf dem Weg zur Arbeit eine Gemeindegrenze überschreitet, ist natürlich bei kleineren Gemeinden sehr viel größer. Die durchschnittliche Gemeindegröße in Nordrhein-Westfalen beträgt z. B. rd. 86 km² mit durchschnittlich rd. 45 600 Einwohner, in Rheinland-Pfalz dagegen beträgt sie mit 8,6 km² nur eine Zehntel der Fläche. In den neuen Ländern ist hier die Spannbreite, lässt man die Stadtstaaten außer Betracht, wesentlich geringer. So weisen Sachsen und Brandenburg mit einer durchschnittlichen Gemeindegröße von rund 34 bzw. 33 km² die höchsten, Thüringen und Sachsen-Anhalt mit rund 16 km² die niedrigsten Werte auf. Die Angaben zu den Auspendleranteilen sind daher immer anhand der Gemeindengrößenstruktur zu relativieren.

Auspendlerüberschüssen, mit Ausnahme einzelner in sehr dünn besiedelten Peripherräumen oder im direkten Umland einzelner großer Zentren (München, Berlin) in Folge der sich verstärkenden Arbeitsplatzsuburbanisierung.

## Räumliche Struktur der Pendlerverflechtungen

Die Analyse der räumlichen Verflechtungsmuster im Berufspendelverkehr zeigt immer noch die dominanten *radialen Beziehungen* zum nächst höheren Zentrum. Der räumliche Strukturwandel, verbunden mit der räumlichen Dekonzentration von Arbeitsplätzen, vermochte bisher noch nicht die Pendlerströme quantitativ bedeutsam umzulenken. Die größten *Einpendlerzentren* sind die Oberzentren. Mit der Attraktivität und Größe der Oberzentren vergrößert sich der Verflechtungsraum der einpendelnden Bevölkerung. Die großen, monozentrischen Großstadtregionen wie z.B. München, Hamburg, Stuttgart, Berlin haben die intensivsten und weitgreifendsten Stadt-Umlandverflechtungen. Bedeutsame Pendlerströme sind auch von und zu den weiter entfernt liegenden Ober-

**Pendleranteile nach Raumtypen 2003**

| Raumtyp | Anteil der Binnenpendler in % | Anteil der Auspendler in % | Anteil der Auspendler nach Pendelentfernungen in % | | | |
|---|---|---|---|---|---|---|
| | | | bis zu 25km | 25 bis zu 50km | 50 bis zu 150km | mit über 150km |
| **Alte Länder** | | | | | | |
| Innerer Zentralraum | 60,3 | 39,7 | 25,3 | 7,3 | 3,7 | 3,4 |
| Äußerer Zentralraum | 33,7 | 66,3 | 43,0 | 15,3 | 4,9 | 3,0 |
| Zwischenraum mit Verdichtungsansätzen | 34,0 | 66,0 | 44,1 | 13,4 | 5,7 | 2,9 |
| Zwischenraum geringer Dichte | 24,7 | 75,3 | 43,7 | 19,8 | 8,8 | 3,0 |
| Peripherraum mit Verdichtungsansätzen | 38,9 | 61,1 | 39,7 | 12,2 | 6,2 | 2,9 |
| Peripherraum sehr geringer Dichte | 26,3 | 73,7 | 45,3 | 17,4 | 7,9 | 3,0 |
| **insgesamt** | 42,5 | 57,5 | 36,9 | 12,2 | 5,3 | 3,1 |
| **Neue Länder** | | | | | | |
| Innerer Zentralraum | 82,1 | 17,9 | 6,0 | 3,8 | 2,2 | 5,9 |
| Äußerer Zentralraum | 52,3 | 47,7 | 21,5 | 14,9 | 4,8 | 6,4 |
| Zwischenraum mit Verdichtungsansätzen | 37,7 | 62,3 | 37,1 | 12,9 | 5,8 | 6,4 |
| Zwischenraum geringer Dichte | 21,1 | 78,9 | 48,1 | 17,4 | 7,1 | 6,2 |
| Peripherraum mit Verdichtungsansätzen | 36,8 | 63,2 | 36,4 | 12,5 | 7,8 | 6,6 |
| Peripherraum sehr geringer Dichte | 23,7 | 76,3 | 40,5 | 18,2 | 10,8 | 6,7 |
| **insgesamt** | 48,5 | 51,5 | 27,5 | 11,3 | 6,1 | 6,3 |
| **Deutschland** | 43,7 | 56,3 | 35,9 | 12,0 | 5,5 | 3,8 |

Stand 30. 6. 2002
Quelle: Institut für Arbeitsmarkt- und Berufsforschung in der Bundesgentur für Arbeit
Datengrundlage: Pendlerverflechtungsmatrix 2003

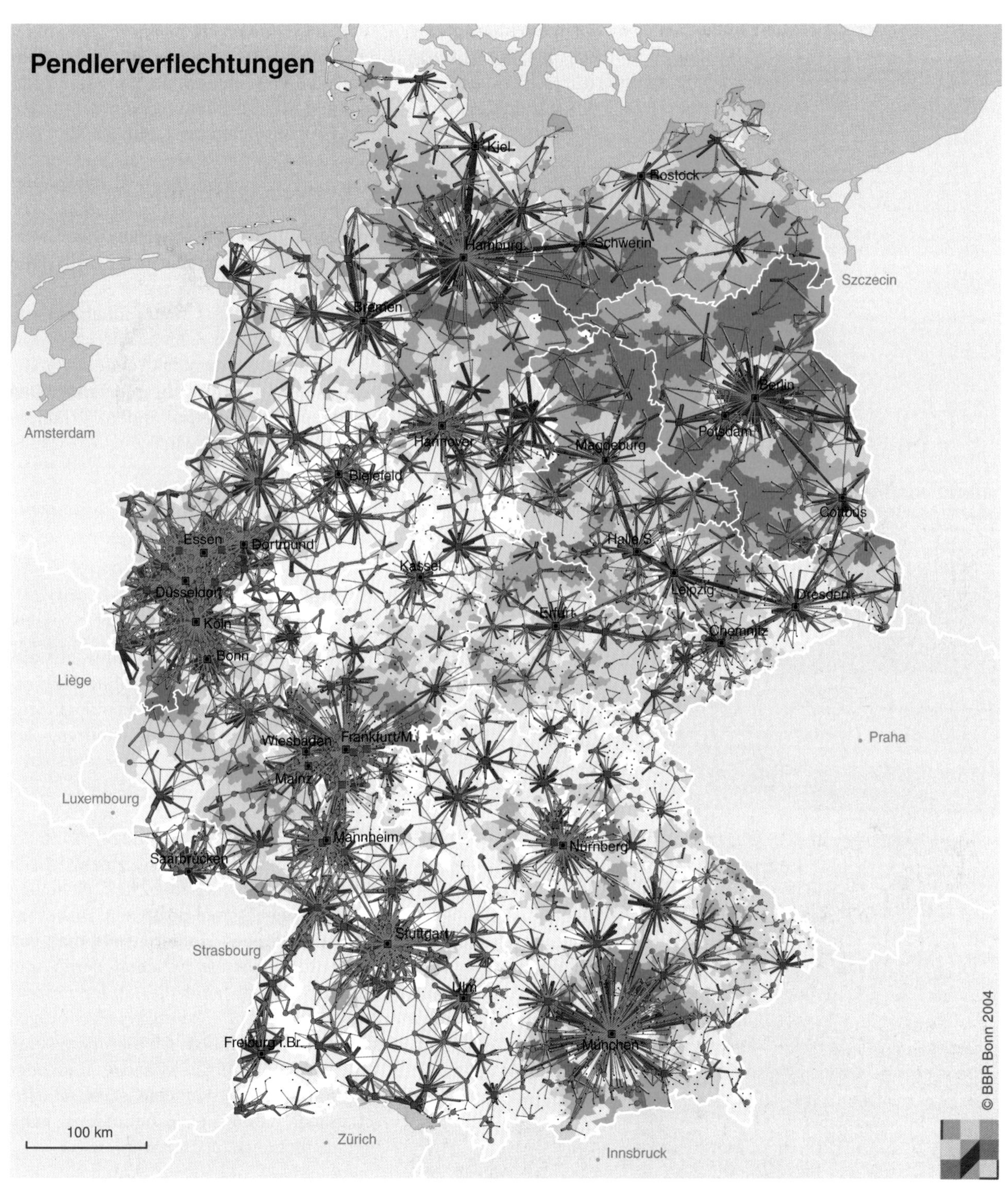


**Pendlerverflechtungen zwischen Gemeinden nach der Anzahl der Pendler 2003**

- 200 bis unter 500
- 500 bis unter 1 000
- 1 000 bis unter 2 000
- 2 000 und mehr
- Oberzentrum
- Mittelzentrum
- sonstige Gemeinde

**Anteil der Pendler mit mehr als 50 km Pendeldistanz an allen SV-Beschäftigten 2003 in %**

- bis unter 5
- 5 bis unter 10
- 10 bis unter 15
- 15 bis unter 20
- 20 und mehr

Verbandsgemeinden, Stand 30. 6. 2003
Quelle: Institut für Arbeitsmarkt- und Berufsforschung in der Bundesagentur für Arbeit
Datengrundlage: Pendlerverflechtungsmatrix 2003

Anmerkung:
Zur besseren Vergleichbarkeit werden die Daten auf der Ebene von Gemeinden und Gemeindeverbänden dargestellt (z.B. Ämter in Schleswig-Holstein, Samtgemeinden in Niedersachsen, Verbandsgemeinden in Rheinland-Pfalz, Verwaltungsgemeinschaften in Baden-Württemberg). Hier wird die Bezeichnung *Verbandsgemeinden* verwendet.

zentren festzustellen, was auf einen intensiven Austausch von Arbeitskräften durch Fernpendeln schließen lässt (dargestellt sind nur Fernpendler bis zu einer Entfernung von 100 km.).

Die großen, polyzentrischen Verdichtungsräume wie z.B. Rhein-Ruhr, Rhein-Main, Rhein-Neckar zeichnen sich durch intensive interne Berufspendlerverflechtungen zwischen den regionalen Oberzentren aus. Hier sind die quantitativ bedeutendsten Pendlerströme festzustellen. Die Umlandverflechtungen sind hier nicht so stark ausgeprägt. Die Verflechtungsbeziehungen sind eher kürzer.

Auch die kleineren Oberzentren und größeren Mittelzentren bilden eindeutige Einpendlerzentren außerhalb der Großstadtregionen und Verdichtungsräume mit kleineren Einzugsbereichen. Häufig bilden sich zwischen diesen Ketten von Austauschbeziehungen, die bandartige Strukturen erkennen lassen (z.B. Erfurt-Weimar-Jena-Gera und Hof-Plauen-Zwickau-Chemnitz-Dresden). Diese bandartigen Strukturen bilden sich entlang von hochwertiger Fernverkehrsinfrastruktur, wie Autobahnen und hochfrequentierten Schienenstrecken, was die These erklärt, dass das Pendeln von Arbeitnehmern in Richtung und Entfernung wesentlich durch die vorhandene Verkehrsinfrastruktur geprägt wird.

## Vorhandene Verkehrsinfrastruktur bestimmt Richtung und Entfernung der Pendlerverflechtungen

Darüber hinaus existieren Räume mit dispersen Siedlungsstrukturen ohne eine erkennbare Ausrichtung der Pendlerströme auf dominante Arbeitsmarktzentren. Die Pendlerverflechtungen erzeugen eher *netzartige Strukturen* (z.B. in weiten Teilen Mecklenburg-Vorpommerns, der Eifel, in Württemberg und Ostwestfalen). Auffällig ist zudem, dass die Landesgrenzen vielfach eine „Schneise“ zwischen den einzelnen Verflechtungsräumen darstellen. Insbesondere in den neuen Ländern, sieht man von der Pendlerströmen zwischen Berlin und Brandenburg ab, sind die ländergrenzenüberschreitenden Pendlerverflechtungen sehr gering ausgeprägt. Ob hier mangelnde Verkehrsverbindungen Ursache sind oder bürokratische Hürden eine stärkere wirtschaftliche Verflechtung behindern, kann hieraus nicht erschlossen werden.

### Trends der Pendlerverflechtungen

Noch bewegen sich die meisten Pendler auf ihrem Arbeitsweg in *Richtung der großen Zentren.* Hier sind auch die größten Zuwächse in den letzten Jahren zu verzeichnen. Insbesondere in den großen Zentralräumen mit den dominanten Arbeitsmarktzentren Berlin, Hamburg, München, Stuttgart und Frankfurt nehmen vor allem die weiten Verflechtungen mit dem Umland bzw. mit weiter entfernt liegenden Oberzentren zu. Auch auf der Ebene anderer größerer Oberzentren ist diese Tendenz

### Zunahme von Pendlerströmen

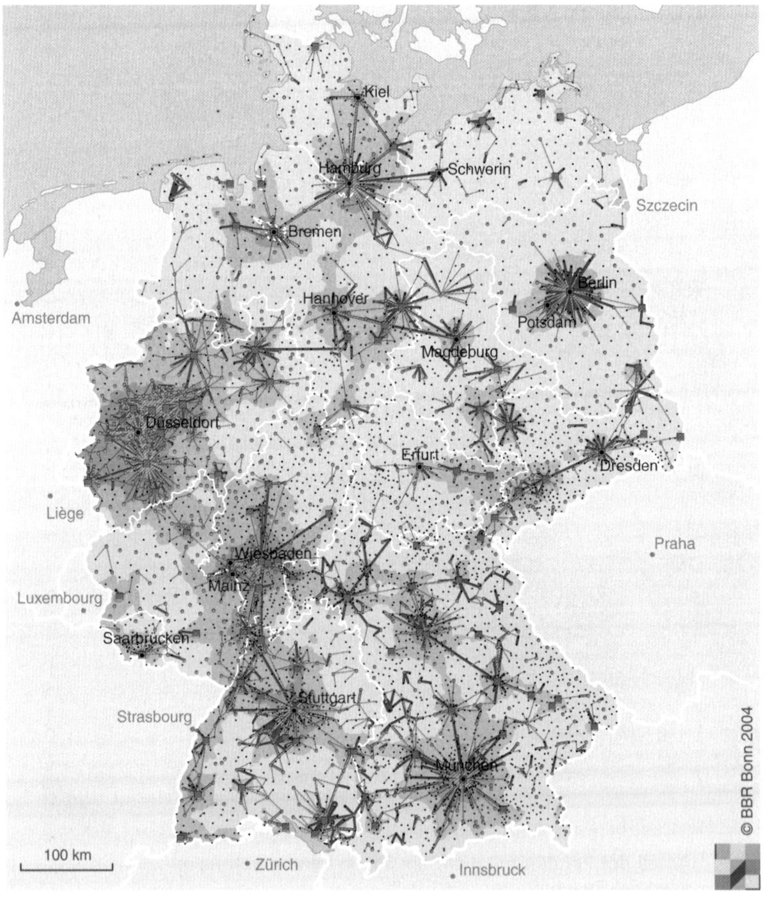

Verbandsgemeinden, Stand 30. 6. 2002
Quelle: Institut für Arbeitsmarkt- und Berufsforschung in der Bundesagentur für Arbeit
Datengrundlage: Pendlerverflechtungsmatrix 1996 und 2002

Anmerkung:
Zur besseren Vergleichbarkeit werden die Daten auf der Ebene von Gemeinden und Gemeindeverbänden dargestellt (z.B. Ämter in Schleswig-Holstein, Samtgemeinden in Niedersachsen, Verbandsgemeinden in Rheinland-Pfalz, Verwaltungsgemeinschaften in Baden-Württemberg). Hier wird die Bezeichnung *Verbandsgemeinden* verwendet.

zur Erweiterung der Verflechtungsstrukturen erkennbar, wie z. B. in Leipzig, Dresden, Nürnberg, Würzburg, Hannover, Bielefeld und Münster.

Zunehmend erreichen aber auch *tangentiale und nach außen gerichtete Pendler-Verkehre* beachtliche Anteile. Besonders deutlich zu erkennen sind diese Tendenzen in den neuen dezentralen Industriestandorten z. B. im Nordosten von München, im Südwesten von Stuttgart und im Norden von Friedrichshafen. Die fortschreitende Suburbanisation der Bevölkerung und Arbeitsplätze hat auch die Verflechtungsstrukturen beim Berufspendeln verändert. Mit abnehmender Konzentration in den großen Zentren nimmt die Verflechtungsintensität zu, die Konzentration auf wenige Relationen jedoch ab. Während die Kernstädte an Bedeutung als Einpendlerziele verlieren, konnten insbesondere kleine Gemeinden ihre Position im Zentrale-Orte-Gefüge ausbauen. Längst sind kleine Gemeinden mit oder ohne (unter-)zentralen Funktionen keine reinen Wohnstandortgemeinden mehr. In einigen Regionen pendeln bereits mehr Beschäftigte in diese Gemeinden als in Mittelzentren.

## Kleine Gemeinden werden zunehmend zu Einpendlerzentren

Die Entwicklungen auf den Arbeitsmärkten und die hohe Zahl der Arbeitslosen in vielen Regionen hat natürlich auch zum Rückgang einiger Pendelverflechtungen geführt. Dies ist insbesondere in den peripheren und strukturschwachen Regionen feststellbar. Oft liegen Abnahmen und Zuwächse aber auch nah beieinander, was auf starke interne strukturelle Änderungen innerhalb einer Arbeitsmarktregion hindeutet.

### Pendeldistanzen

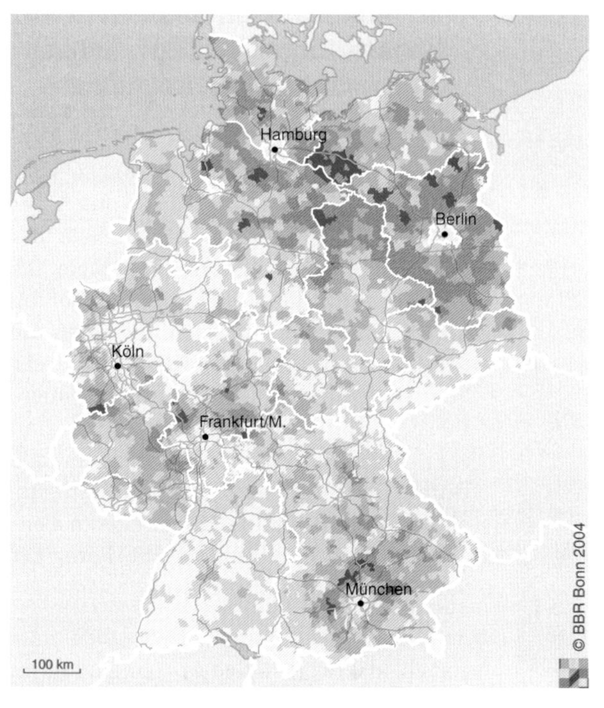


**Durchschnittliche Pendeldistanz aller SV-Beschäftigten eines Wohnortes 2003 in km**

Verbandsgemeinden, Stand 30. 6. 2003
Quelle: Institut für Arbeitsmarkt- und Berufsforschung in der Bundesagentur für Arbeit
Datengrundlage: Pendlerverflechtungsmatrix 2000 und 2003

### Veränderung der Pendeldistanzen

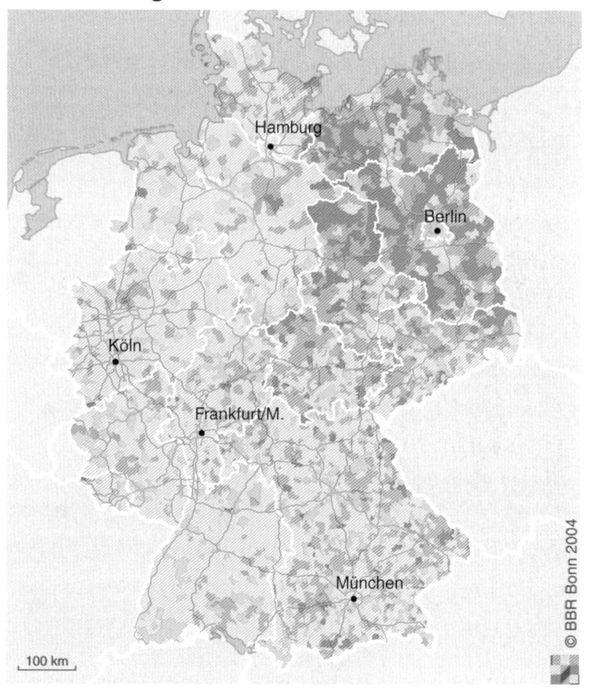


**Zu- bzw. Abnahme der durchschnittlichen Pendeldistanz aller SV-Beschäftigten eines Wohnortes 2000 bis 2003 in km**

Anmerkung: Zur besseren Vergleichbarkeit werden die Daten auf der Ebene von Gemeinden und Gemeindeverbänden dargestellt ( z.B. Ämter in Schleswig-Holstein, Samtgemeinden in Niedersachsen, Verbandsgemeinden in Rheinland-Pfalz, Verwaltungsgemeinschaften in Baden-Württemberg). Hier wird die Bezeichnung *Verbandsgemeinden* verwendet.

Die räumliche Veränderung der Verflechtungsmuster geht einher mit einer allgemeinen *Steigerung der durchschnittlichen Wegelängen* des Berufsverkehrs. Im Mittel verzeichneten die Agglomerationen seit 1987 Entfernungszuwächse von etwa 15 %. Betrug die mittlere Pendelentfernung bundesweit im Jahre 2000 14,8 km, gleichermaßen in Ost- und Westdeutschland, so ist sie zwei Jahre später bereits auf 15,2 km gestiegen. Deutlich höhere Pendeldistanzen werden in den Umlandregionen (15,6 km) und den peripheren Räumen (17,8 km) zurückgelegt. In den Umlandregionen mit einer disperseren Siedlungsstruktur haben die Wegelängen stärker zugenommen als in den Kernstädten selber. Tangentiale Pendelwege verzeichneten deutlich höhere Entfernungszuwächse als radiale Pendelrelationen. Die These, wonach Suburbanisierungs- und Dispersionsprozesse zur Herausbildung verkehrssparsamerer Binnenverflechtungen innerhalb des suburbanen Raumes führen, ist mit den hier vorliegenden Daten somit nicht nachweisbar.

**Veränderungen im Pendlerverhalten - Beispiel Hamburg**

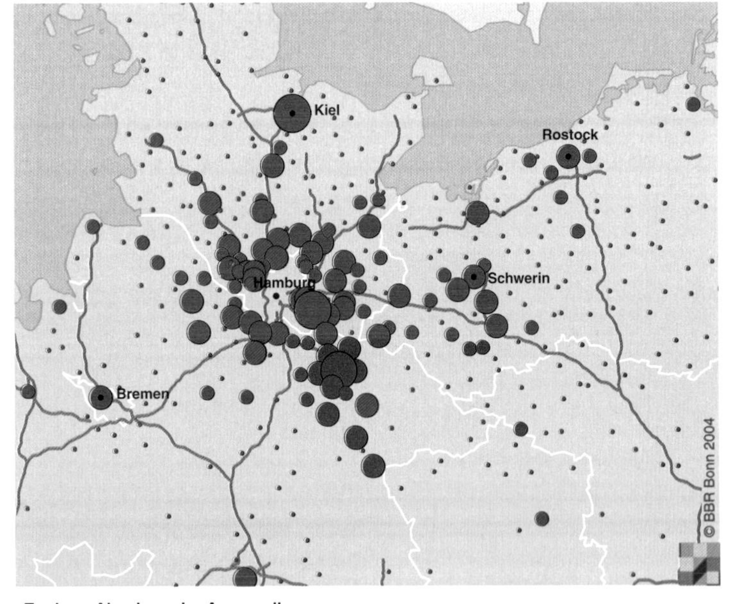


**Zu- bzw. Abnahme der Auspendler nach Hamburg zwischen 1996 und 2002**

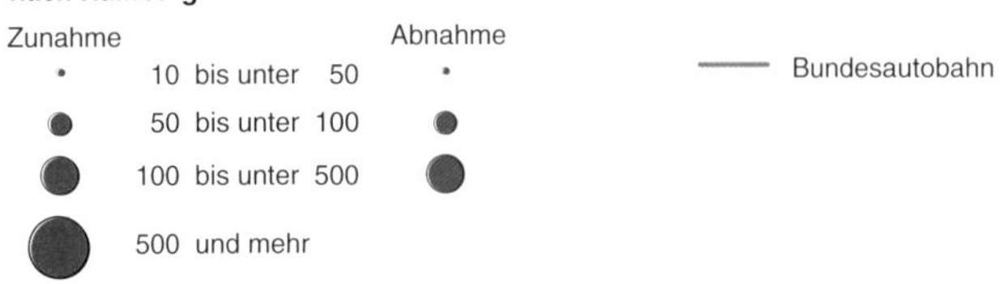


Verbandsgemeinden, Stand 30. 6. 2002
Datenbasis: Daten der Pendlerverflechtungsmatrix des Instituts für Arbeitsmarkt- und Berufsforschung in der Bundesagentur für Arbeit

Anmerkung:
Zur besseren Vergleichbarkeit werden die Daten auf der Ebene von Gemeinden und Gemeindeverbänden dargestellt (z.B. Ämter in Schleswig-Holstein, Samtgemeinden in Niedersachsen, Verbandsgemeinden in Rheinland-Pfalz, Verwaltungsgemeinschaften in Baden-Württemberg). Hier wird die Bezeichnung *Verbandsgemeinden* verwendet.

Vor allem jene Räume, die durch die großen monozentrischen Agglomerationen dominiert werden (Berlin, Hamburg, München und auch Frankfurt) weisen wesentlich höhere durchschnittliche Pendeldistanzen auf. Hier handelt es sich nicht nur um die klassischen „Speckgürtel" der ersten Suburbanisierungsentwicklung, sondern zunehmend um Räume in 50 bis 100 km Entfernung zur Kernstadt. Daneben sind es aber vor allem die peripheren und strukturschwachen Räume, die selbst über keinerlei bzw. nur gering ausgebildete Arbeitsmarktzentren verfügen (nördliches Sachsen-Anhalt, Brandenburg, Teile Mecklenburg-Vorpommerns). Dagegen weisen die Räume, die sich durch netzartige oder kettenartige Verflechtungsmuster der Pendlerströme auszeichnen, weit unterdurchschnittliche Pendeldistanzen auf, insbesondere Ostwestfalen und weite Teile Baden-Württembergs und Sachsens.

## Tangentiale Pendelwege verzeichnen deutlich höhere Entfernungszuwächse als radiale Pendelrelationen

Die Zunahmen der Pendeldistanzen konzentrieren sich sehr stark im Norden der neuen Länder und gerade außerhalb der klassischen Suburbanisierungsgebiete. Es sind vor allem die Räume mit den größten Verlusten an Arbeitsplätzen, in denen die durchschnittlichen Pendeldistanzen sehr hoch sind und auch weiter stark zunehmen. Diese (kurzfristigen) Entwicklungen sind eher Ausdruck davon, dass gravierende Unterschiede in der regionalen Arbeitsplatzangebotssituation zum weiteren Pendeln führen, als dass hier eine Form der Suburbanisierung stattfindet.

Am Beispiel Hamburgs wird deutlich, dass vor allem Erwerbstätige in Gemeinden im weiteren Umfeld von Hamburg immer mehr nach Hamburg auspendeln, während in Gemeinden im engeren Umland sogar die Auspendlerzahlen zurückgehen. Hintergrund dieser Entwicklung ist die Tatsache, dass die Auspendler des ersten Suburbanisierungsringes mittlerweile verstärkt aus dem Arbeitsleben ausscheiden, dort aber wohnen bleiben und die Neuzugänge immer weiter ins Umland hinaus ziehen.

# 3.5 Grundtendenzen der Raumentwicklung

Aus den zuvor dargestellten vier raumrelevanten Einzeltrends sind – zusammenfassend – zwei Grundtendenzen der Raumentwicklung abzuleiten, die durch *Wachstum* und *Schrumpfung* gekennzeichnet sind. Die durch wirtschaftliches Wachstum geprägte Raumentwicklung der 1970er Jahre ist heute durch den demographischen und regionalstrukturellen Wandel gebrochen: Neben wachsenden und weiter prosperierenden Regionen sind weite Teile Deutschlands von Rückgang und Schrumpfung betroffen. Gleichzeitig zeigen die Trends der *Siedlungsflächen-* und *Verkehrsentwicklung* weiterhin dynamisches Wachstum an. Die damit verbundenen regionalen Belastungen sind ebenfalls nicht gleich im Raum verteilt. Siedlungsflächen und Verkehr nehmen auch außerhalb der von Wachstum geprägten Regionen zu und sind teilweise abgekoppelt von Bevölkerungs- und Beschäftigungswachstum.

Wachstum und Schrumpfung in der Raumentwicklung spielen sich in unterschiedlichen räumlichen Zusammenhängen ab: Die eher regional bedeutsame *Suburbanisierung* ist der Motor für die räumliche Verteilung von Wachstum und Schrumpfung innerhalb von Stadtregionen. Die eher überregional bedeutsame *Schrumpfung* mit allen Folgewirkungen stellt ganze Regionen vor das Problem der langfristigen Sicherung der öffentlichen Daseinsvorsorge. Aber auch prosperierendes *Wachstum* ist regional weiträumig feststellbar und erfordert Strategien zur Sicherung und nachhaltigen Unterstützung dieser Entwicklung zum Nutzen für die betroffenen Regionen und der gesamten Volkswirtschaft. Im Folgenden werden diese Grundtendenzen der Raumentwicklung und der daraus abzuleitenden räumlichen Problematik näher dargestellt. Da diese Problematik räumlich abstrakt nur sehr schwer zu vermitteln ist, werden einige ausgewählte regionale Fallbeispiele eingestreut, die dies konkretisieren sollen.

**Trends der Raumentwicklung**

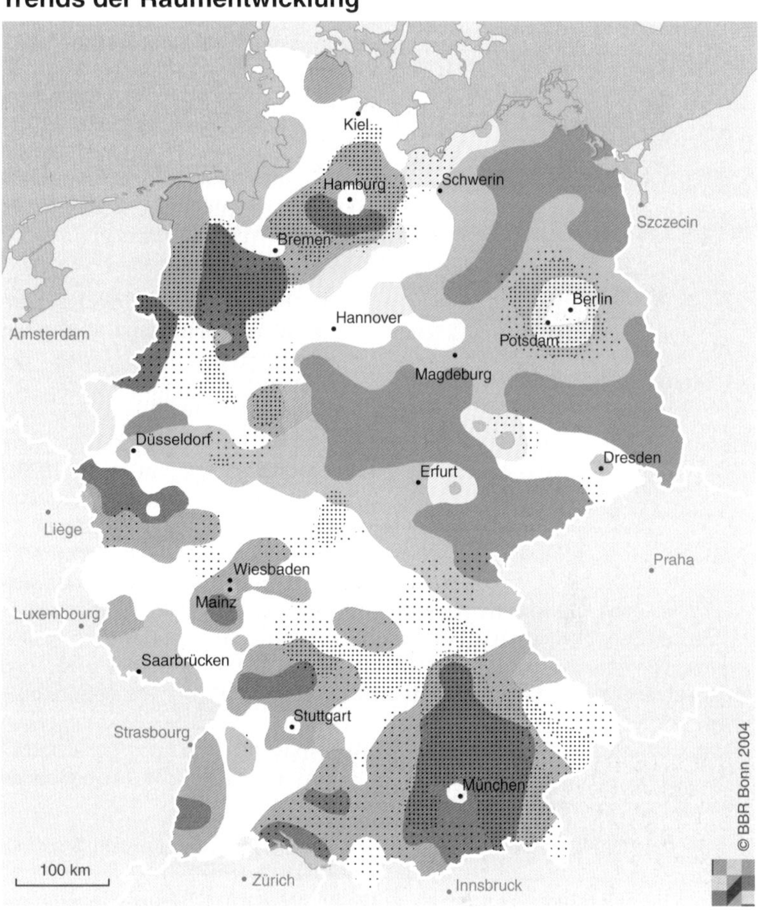


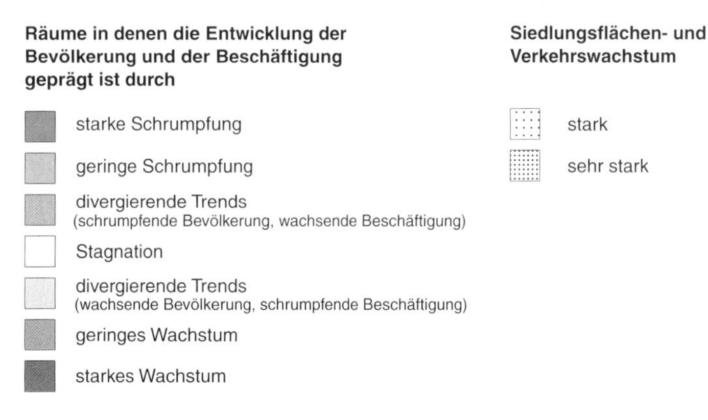


Quellen: Laufende Raumbeobachtung des BBR, SuV-Trendrechnung 2020, BBR-Bevölkerungsprognose 2002-2020/Exp, ITP-Intraplan Consult GmbH, Datengrundlagen: BVWP-Verkehrsprognose 2015, Beschäftigtenstatistik der Bundesagentur für Arbeit, Flächenerhebung nach Art der tatsächlichen Nutzung des Bundes und der Länder

**INFO: Trenddarstellung der Raumentwicklung**

In den vorigen vier Kapiteln wurden neben der Entwicklung der letzten vier bis fünf Jahre die *Trends der zukünftigen Entwicklung* dargestellt. Diese Trenddarstellungen basieren auf Annahmen, die die bisherigen Entwicklungen in die Zukunft fortschreiben, ohne Einfluss von Eingriffen und regelnden Maßnahmen der Politik. Auch unvorhersehbare Veränderungen der allgemeinen gesellschaftlichen und wirtschaftlichen Rahmenbedingungen sind nicht berücksichtigt. Die hier vorgenommene Zusammenfassung der Einzeltrends ist dementsprechend auch eine Darstellung, die die vermutlich tatsächliche zukünftige Entwicklung überzeichnet. Sie ist auf keinen Fall mit Prognosen zu verwechseln! Sie hat ihre Funktion aber darin, der Politik zu verdeutlichen, wo etwas passieren muss, damit die nicht gewünschten Entwicklungen auch nicht eintreten und die gewünschten Entwicklungen nicht behindert bzw. gefördert werden.

## Regionen mit Wachstumstendenzen

Regionen, in denen die *Bevölkerung und die Beschäftigung gleichzeitig* und nachhaltig wachsen und vermutlich weiter wachsen werden, finden sich nach den

**BEISPIEL: Das Emsland – Wachsender, dünnbesiedelter ländlicher Raum**

| Strukturindikator | Kreis |
|---|---|
| Fläche 2001 in ha | 288 115 |
| Bevölkerungsdichte in Einwohner je km² | 106 |
| Arbeitslosenquote 2002 in Arbeitslose je 100 Erwerbstätige | 7,9 |
| Beschäftigtenentwicklung 1995 bis 2001 (1995 = 100) | 107 |
| Siedlungs- und Verkehrsflächenanteil in % | 13,2 |
| Siedlungs- und Verkehrsfläche in ha | 38 031 |

Die Bevölkerungs- und Beschäftigtenentwicklung des Emslandes war im Zeitraum 1998 bis 2002 viel positiver als die des Landes Niedersachsen und des Bundesgebietes insgesamt. Die Arbeitslosenquote des Emslandes (7,9 %) lag weit unterhalb des Landes- (9,8 %) und des Bundesdurchschnittes (10,5 %) und ist im Betrachtungszeitraum deutlich zurückgegangen.

Bis heute nimmt die Landwirtschaftsfläche mit rund 66 % einen vergleichsweise hohen Anteil der Kreisfläche ein, jedoch ist ihre wirtschaftliche Bedeutung wie anderswo im Bundesgebiet stark rückläufig. Bis weit in die 1970er Jahre gestaltete die Landwirtschaft maßgeblich das Erwerbsleben im Emsland. Heute prägen moderne Industrie- und Gewerbebetriebe das wirtschaftliche Leben im Landkreis. Ein breit gefächerter Branchenmix mit vielen mittelständischen Spezialbetrieben ist hier entstanden, gepaart mit einer Reihe von großen Unternehmen der Holz- und Kunststoffverarbeitung, der Maschinen-, Fahrzeug- und Schiffbaubranche und der Energiewirtschaft. Die Teststrecke der Magnetschwebebahn Transrapid, die Papenburger Meyer Werft und das Mercedes-Benz-Prüfgelände sind Beispiele für Spitzentechnik im Landkreis Emsland. Ein junges, gut ausgebildetes Arbeitskräftepotenzial sichert dem Emsland für die Zukunft hervorragende Entwicklungsmöglichkeiten.

Die Papenburger Meyer Werft – Wirtschaftliche und touristische Attraktion des Emslandes:
Mehr als 240 000 Besucher konnte Meyer Werft 2003 in ihrem Besucherzentrum begrüßen. Im Baudock I der Werft war zu Beginn des Jahres 2004 die Fähre "Pont-Aven" zu sehen. Des Weiteren lag ein Passagierschiff für Indonesien im Baudock I. Im zweiten Baudock befand sich der neue Luxusliner „Jewel of the Seas" in der Endausrüstung. In der Produktion sind zudem weitere Kreuzfahrtschiffe für Norwegian Cruise Line für die Jahre 2005/2006. Die Meyer Werft hat 2003 trotz eines durchgeführten Personalabbaus ihre internationale Wettbewerbsfähigkeit vielfältig verbessert. Dies betrifft auch die Arbeitsabläufe, die Logistik und eine budgetorientierte Fertigung. Durch diese und andere Maßnahmen konnte eine Steigerung der Produktivität erreicht werden. Zudem wird über die Teilnahme an großen, internationalen Forschungsprojekten die Innovationsfähigkeit des Unternehmens gesichert. So hat die Meyer Werft neue Zukunftsperspektiven. Diese Zuversicht drückt sich auch in der Einstellung von knapp 50 Auszubildenden aus.

**Meyer Werft Papenburg**

Quelle: Jos. L. Meyer GmbH

Trenddarstellungen ausschließlich in Westdeutschland. Neben den Großstadtregionen mit Metropolen im Kern, wie München, Hamburg, Stuttgart, Rhein-Neckar, Rhein-Main und Köln, sind aber auch größere Gebiete in eher ländlich strukturierten Regionen „wachstumsträchtig", wie das Emsland und Münsterland, weite Teile des Rheinlands zwischen Köln/Bonn und Wiesbaden/Frankfurt, des Oberrheins und nördlich des Bodensees. Während die Trends in den Großstadtregionen auf stabilen Vergangenheitsentwicklungen basieren, kann bei den anderen Regionen im eher ländlichen Bereich von neueren Entwicklungen gesprochen werden, die sich jedoch in den letzten fünf bis sieben Jahren verfestigt haben. Hier sind Entwicklungen im Gange, die zukunftsfähig zu werden scheinen und die für eine regional ausgeglichene, wachstumsorientierte Raumordnungspolitik von Bedeutung sind (siehe die Beispiele: Emsland und Malchow).

Ein – wenn auch nur geringfügiges – Bevölkerungswachstum werden in den neuen Ländern einige Regionen im Umland von Berlin sowie der größeren Städte Leipzig/Halle, Dresden und Chemnitz verzeichnen, aber auch die an die alten Länder angrenzenden Regionen bei Magdeburg und Schwerin. Der allgemeine Trend des Rückganges der regionalen Beschäftigung in den neuen Ländern schwächt jedoch die räumliche Grundtendenz eines nachhaltigen Wachstums in diesen Regionen ab. Auch wenn es örtlich Gemeinden mit Beschäftigungswachstum in den neuen Ländern gibt, dominiert regional der Beschäftigungsrückgang. Unter den heutigen Bedingungen ist noch keine eindeutige Aussage über eine positivere Entwicklung möglich (siehe aber Kapitel 5.2: „Wachstumsorientierte Regionalentwicklung").

Die Wachstumsregionen sind fast durchweg gleichzeitig die Regionen mit den höchsten *Zunahmen im Verkehr und bei den Siedlungsflächen*. Dies trifft weniger für die Kernstädte dieser Regionen zu als für die Umlandregionen und die ländlich strukturierten Regionen. Hier konzentrieren sich die Zunahmen aufgrund der Suburbanisierung von Wohnungen und Betrieben, aber auch wegen der eigendynamischen Entwicklung. Pendelverkehre steigen durch Wohnstandortverlagerungen ebenso wie durch Betriebsverlagerungen ins Umland. Wird diesen Entwicklungstrends eines dynamisch wachsenden Verkehrs und einer steigenden Neuinanspruchnahme von Siedlungs- und Verkehrsflächen nicht entgegengewirkt, können sich daraus hemmende Faktoren für eine insgesamt nachhaltige Regionalentwicklung ergeben.

## Regionen mit Schrumpfungstendenzen

Die Regionen mit deutlichem *Bevölkerungs- und Beschäftigtenrückgang* liegen zwar im Schwerpunkt in den neuen Ländern. Die altindustrialisierten westdeutschen Regionen Ruhrgebiet und Saarland gehören aber heute schon zu den stärker schrumpfenden Regionen im Bundesgebiet. Weitere ländliche Regionen mit Schrumpfungstendenzen liegen im äußersten Norden und im Osten der alten Länder, sowie in einigen süddeutschen Mittelgebirgslagen. In den neuen Ländern sind es vor allem die peripheren, dünn besiedelten Regionen außerhalb der größeren Städte.

„Schrumpfung" charakterisiert hier als Begriff nicht nur die Entleerung von regionaler Bevölkerung und Arbeitsplätzen. Vielmehr soll der damit verbundene Prozess des Rückganges von Infrastrukturangeboten, Kaufkraft und regionalem Entwicklungspotenzial (Human- und Sachkapital) verdeutlicht werden. In diesem Sinne stellen Regionen mit Schrumpfungstendenzen eine besondere Herausforderung für eine ausgleichsorientierte Raumordnungspolitik dar (siehe Kapitel 5.1: „Öffentliche Daseinsvorsorge und Wohnungsversorgung").

## Wachstum und Schrumpfung innerhalb von Stadtregionen

Bei einer Betrachtung der Raumentwicklungstendenzen auf regionaler Ebene – wie zuvor – wird nicht deutlich, dass die Raumentwicklung durch ein enges Nebeneinander von wachsenden und schrumpfenden *Städten* geprägt ist. Auch in Regionen mit Schrumpfungstendenzen gibt es z. B. durch Suburbanisierung wachsende Städte im unmittelbaren Umfeld von schrumpfenden Städten. Um dies zu verdeutlichen, wurden auch schon in den vorigen Kapiteln jeweils wichtige Tatbestände auf *Gemeindeebene* dargestellt. Dies wird eindrucksvoll durch die Bevölkerungs-, Beschäftigten- und Siedlungsflächenentwicklung sowie die Pendelverflechtungen der Gemeinden dokumentiert. Hier wird deshalb die regionale

**BEISPIEL: Stadt Malchow und Amt Malchow-Land – Region mit Wachstumspotenzialen**

Rund 44 Einwohner pro km² leben zwischen den idyllischen Seen und schattigen Alleen der Region. Im Amt Malchow-Land sind es gar nur 19 Einwohner pro km², welche in 13 beschaulichen Gemeinden umgeben von Müritzsee, Kölpinsee, Plauen- und Goldbergersee – um nur ein paar mit Namen zu nennen – in einer besonders reizvollen Landschaft leben. Der Anteil der Wasserflächen der Stadt Malchow und den Amtsgemeinden liegt mit 15 bzw. 13 % bei mehr als dem sechsfachen Bundesdurchschnitt (2,3 %), entspricht aber in etwa dem Landesdurchschnitt von Mecklenburg-Vorpommern. Neben vielfältigen Wassersportmöglichkeiten findet der Besucher geschlossene Wald- und Weidelandschaften, alte Alleen, viele Ur- und frühgeschichtlichen Bodendenkmale, Naturschutzgebiete sowie den Naturpark Nossentiner-Schwinzer Heide.

Stadt Malchow und Amt Malchow-Land

| Strukturindikator | Stadt | Amt |
|---|---|---|
| Fläche 2001 in ha | 4 458 | 22 485 |
| Bevölkerungsdichte in Einwohner je km² | 168 | 19 |
| Arbeitslosenquote 01/2004 in Arbeitslose je 100 Erwerbstätige | 23 | 22 |
| Beschäftigtenentwicklung 1995 bis 2001 (1995 = 100) | 105 | 120 |
| Siedlungs- und Verkehrsflächenanteil in % | 12 | 6 |

Mit 400 zusätzlichen Einwohnern im Zeitraum 1997 bis 2002 ist die Bevölkerungsentwicklung in der Gesamtregion leicht positiv. In der Stadt nahm die Einwohnerzahl um 6 % ab, während sie im Umland um 8 % zunahm. Im Vergleich zu anderen Regionen in den neuen Ländern steht diese kleine dünn besiedelte ländliche Region deshalb recht gut da. Dies wird noch deutlicher, wenn man die außergewöhnliche Beschäftigtenentwicklung betrachtet. Diese war im Zeitraum zwischen 1997 und 2002 trotz hoher Arbeitslosigkeit überaus positiv, insbesondere in Malchow-Land. Die neu hinzugekommenen 530 Beschäftigten machen über 50 % Zuwachs aus. Dabei ist zu berücksichtigen, dass diese vergleichsweise hohe Beschäftigtenzunahme von einem eher geringen ursprünglichen Bestand an sozialversicherungspflichtig Beschäftigten ausging.

Für die deutlich positive Beschäftigtenentwicklung ist nach Ansicht lokaler Experten vor allem das Tourismus- und Entwicklungskonzept „Land Fleesensee – Ganz nah, weit weg" verantwortlich. Es ist mit 1600 Betten auf 550 ha Fläche die größte Ferien- und Freizeitanlage Nordeuropas.

**Land Fleesensee**

Quelle: Land Fleesensee

**BEISPIEL: Das Ruhrgebiet – Einer der größten Ballungsräume Europas mit Schrumpfungstendenzen**

Die Bevölkerung im Ruhrgebiet nimmt schon seit längerem durch die Strukturkrise und massive Umlandwanderungen ab. Im Durchschnitt der Ruhrgebietsstädte liegt die Abnahme im Zeitraum 1997 bis 2002 bei ca. 3 %. Gleichzeitig ist die Beschäftigtenentwicklung zwischen 1995 und 2002 um fast 4 % rückläufig gewesen mit starken Unterschieden zwischen den Ruhrgebietsstädten. Wenn auch der Dienstleistungssektor sich im Ruhrgebiet wie anderswo als „Jobmotor" erwiesen hat, so konnte er doch den Beschäftigtenrückgang im Verarbeitenden Gewerbe und Bergbau nicht kompensieren. Problemverschärfend wirken Abwanderung, Alterung sowie geringe Frauenerwerbstätigkeit. Die Arbeitslosenquote des Ruhrgebietes liegt mit ca. 13 % nach wie vor deutlich über der von Nordrhein-Westfalen (10,4 %) und dem Bundesgebiet (10,5 %).

Die Stadtflucht im Ruhrgebiet konnte Ende der 1990er Jahre deutlich abgeschwächt werden. Massive Abwanderungen aus den Kernstädten des Ruhrgebietes ins Umland wurden gebremst, stellte das Institut für Geographie der Universität Duisburg-Essen in einem Gutachten „Stadt-Umland-Wanderungen im Ruhrgebiet" im Auftrag des Kommunalverbandes Ruhrgebiet Ende 2003 fest. Viele ehemalige Werksanlagen dienen heute als Kulturzentren oder stehen Besuchern als eindrucksvolle Zeugen der Industriegeschichte zur Besichtigung offen. Sie beherbergen damit ein einzigartiges Kulturangebot, das an industriegeschichtlicher Dichte und Vielfalt in Europa seines Gleichen sucht. Trotzdem ist die Vergangenheitsbewältigung im Ruhrgebiet noch lange nicht abgeschlossen.

Das „Stadtflucht"-Bild der traditionellen Stadt-Umland-Wanderung der 1960er und 1970er Jahre ist heute für das Ruhrgebiet differenzierter geworden. Das räumliche Muster der Wanderungen im Ruhrgebiet lässt sich kaum noch mit der traditionellen Vorstellung eines einfachen „Speckgürtels" um die Kernstädte in Einklang bringen. Erstens lassen sich ein engerer, relativ hoch verdichteter Umlandraum und eine weitere, eher ländlich strukturierte Umlandregion unterscheiden. Des Weiteren zeigen die Ergebnisse der Universität Duisburg-Essen auch, dass von geschlossenen „Ringen" oder von einem „Gürtel" keine Rede sein kann, denn vielfach unterscheiden sich die Wanderungssalden und Entwicklungspfade der einzelnen Gemeinden, selbst wenn sie unmittelbar aneinander grenzen.

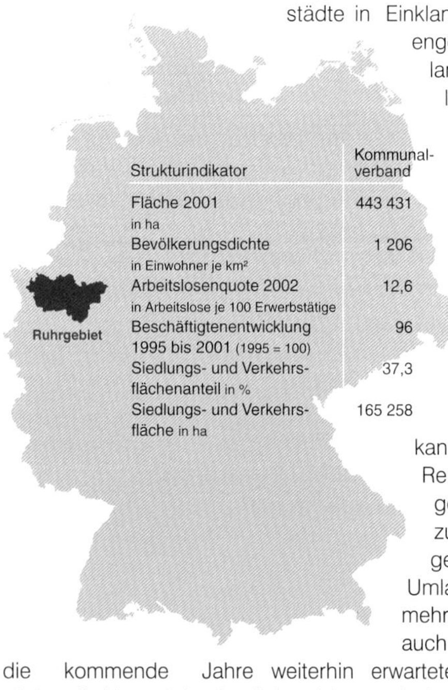

Ruhrgebiet

| Strukturindikator | Kommunalverband |
|---|---|
| Fläche 2001 in ha | 443 431 |
| Bevölkerungsdichte in Einwohner je km² | 1 206 |
| Arbeitslosenquote 2002 in Arbeitslose je 100 Erwerbstätige | 12,6 |
| Beschäftigtenentwicklung 1995 bis 2001 (1995 = 100) | 96 |
| Siedlungs- und Verkehrsflächenanteil in % | 37,3 |
| Siedlungs- und Verkehrsfläche in ha | 165 258 |

Trotz solcher Differenzierungen kann man aber nicht so weit gehen, die Relevanz der Stadt-Umland-Wanderungen im Ruhrgebiet generell in Frage zu stellen. Zwar ist das Bild komplexer geworden, und die traditionelle Stadt-Umland-Wanderung bestimmt nicht mehr allein das Geschehen, aber sie ist auch nicht völlig verschwunden. Der für die kommende Jahre weiterhin erwartete Bevölkerungsrückgang wird zunächst die Kernstädte des Ruhrgebiets und mit einer gewissen Zeitverzögerung auch die Gemeinden der engeren Ballungsrandzone betreffen und zu weitreichenden Veränderungen auf den Wohnungsmärkten führen.

Den industriellen Altlasten auf der einen Seite und wirtschaftlichen Herausforderungen der Zukunft auf der anderen Seite versucht sich das Ruhrgebiet mit einer koordinierten, dynamischen und interdisziplinären Herangehensweise zu stellen. Ein gutes Beispiel hierfür ist das Business-Portal Ruhrgebiet, welches Existenzgründern und Jungunternehmern wichtige Informationen (Standortvorteile, Wirtschaftsnews, Beratungs-Netzwerke, Kultur- und Freizeitangebote in der Metropole Ruhrgebiet) und Mut für Ihr unternehmerisches Handeln mit auf den Weg geben soll. Auch die Internationale Bauausstellung (IBA – Emscherpark) in den 1990er Jahren hatte die Schrumpfung einer alten Industrieregion zum Thema. Mit vielen „Leuchtturm-Projekten" wurde aufgezeigt, wie die durch Schrumpfung frei werdenden Potenziale (wie industrielle Brachflächen, Industrielandschaften, regionstypische Siedlungsstrukturen und städtische Natur) für eine nachhaltige Regionalentwicklung zurückerobert und genutzt werden können.

Betrachtung der künftigen Raumentwicklungstendenzen durch eine – vergangenheitsbezogene – Betrachtung von Wachstum und Schrumpfung der Städte ergänzt.

Wachsende und schrumpfende Städte sind in Deutschland bisher ungleich verteilt: Im Osten liegen die meisten schrumpfenden, im Westen die überwiegende Zahl der wachsenden Städte und Gemeinden. Im Osten ist jede zweite Kommune von Schrumpfung betroffen, im Westen bisher nur weniger als 1 %. 41 % der Bevölkerung des Ostens lebt in *schrumpfenden Städten* und Gemeinden. Besonders von Schrumpfung betroffen sind dort die Mittel- und Kleinstädte mit einem Anteil von über 60 %. Im Westen konzentrieren sich schrumpfende Städte im Ruhrgebiet, Saarland und Oberfranken. Aus dem bisher noch begrenzt erscheinenden Problem wird sich angesichts der zu erwartenden langfristigen Bevölkerungsentwicklung auch hier die Schrumpfungsproblematik in voller Härte einstellen. Die wenigen *Wachstumsgemeinden* im Osten sind vor allem im Berliner Umland sowie im Einzugsbereich einiger Großstädte, z.B. Dresden, Leipzig, Magdeburg, Rostock, zu finden. Im Westen ragen die großen Agglomerationsräume wie Hamburg, die Rheinschiene von Düsseldorf bis Bonn, der Rhein-Main- und Rhein-Neckar-Raum, Stuttgart und München als Regionen mit den meisten und größten wachsenden Städten heraus.

Am deutlichsten wird das Nebeneinander von Wachstum und Schrumpfung der Städte *im stadtregionalen Zusammenhang*. In den westdeutschen Stadtregionen konnten seit den 1970er Jahren nahezu alle Gemeinden nicht nur ihre Bevölkerungszahl vergrößern, sondern auch ihre Siedlungsfläche zum Teil mehr als verdoppeln. Kleine Gemeinden, meistens ohne oder allenfalls mit geringem zentral-örtlichen Status, erzielten die höchsten Wachstumsraten und vereinnahmten weit mehr als die Hälfte des *Bevölkerungszuwachses* auf sich. In den ostdeutschen Agglomerationen führten vorrangig Stadt-Umland-Wanderungen, trotz des allgemeinen Rückgangs der Bevölkerung nach der Wiedervereinigung, im Umland der Kernstädte zur Herausbildung eines regionalen Mosaiks wachsender Gemeinden. Auch hier gelang es in den 1990er Jahren vor allem den kleinen, unterzentralen Gemeinden, ihre Bevölkerung zu Lasten der größeren Städte und vor allem auf Kosten der Mittelzentren zu stabilisieren oder

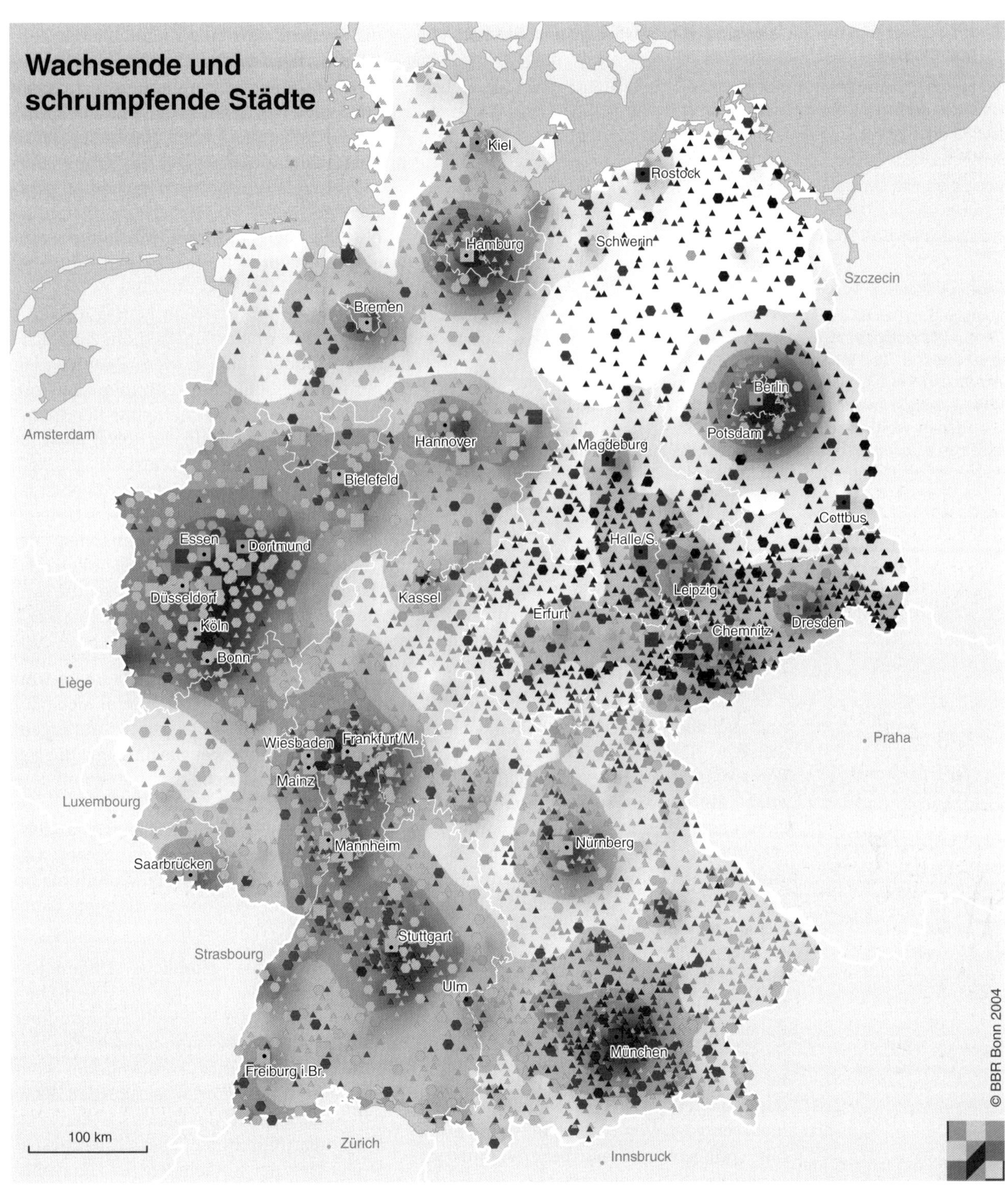

Verbandsgemeinden, Stand 31. 12. 2002
Quelle: Laufende Raumbeobachtung des BBR
Datengrundlagen: Fortschreibung des Bevölkerungsstandes des Bundes und der Länder, Statistik der natürlichen Bevölkerungsbewegung des Bundes und der Länder, Beschäftigtenstatistik der Bundesagentur für Arbeit, Arbeitsmarktstatistik der Bundesagentur für Arbeit, Realsteuervergleich des Bundes und der Länder, Konsumerhebung der Gesellschaft für Konsumforschung (GfK), Nürnberg

**INFO: Indikatorenkonzept zur Messung von Wachstum und Schrumpfung von Städten**

Folgende Indikatoren geben Auskunft darüber, ob eine Stadt noch wächst oder schon durch rückläufige Entwicklungen gekennzeichnet ist:

- Bevölkerungsentwicklung 1997–2001 in %
- Gesamtwanderungssaldo 1999–2001
- Arbeitsplatzentwicklung 1997–2001 in %
- Arbeitslosenquote Durchschnitt 2000/2001
- Realsteuerkraft 1999/2000 in Euro je Einwohner
- Kaufkraft 2000 in Euro je Einwohner

Die Auswahl dieser Indikatoren geht davon aus, dass es sich bei Wachstum bzw. Schrumpfung um einen mehrdimensionalen Prozess handelt. Bevölkerungsabnahme ist auf Wanderungsverluste zurückzuführen, hohe Arbeitslosigkeit auf starke Arbeitsplatzverluste, der Rückgang von Bevölkerung und Arbeitsplätzen führen zu Kaufkraft- und Realsteuerkraftverlusten. Abnehmende private und öffentliche Mittel bewirken sinkende Investitionen in private Betriebe und öffentliche Infrastruktur, was sich wiederum verstärkend auf Schrumpfungsprozesse von Bevölkerung und Arbeitsplätzen auswirkt. Schrumpfung gilt dann als Problem, wenn eine Stadt bei der Mehrzahl der sechs Indikatoren im unteren Bereich der bundesweiten Rangskala liegt. Dieser ist definiert als die Klasse, der 20 % der Gemeinden am unteren Ende der Skala gehören.

sogar auszudehnen. Bisher sind die Kernstädte in den neuen Ländern allerdings erst von einem äußerst schmalen Gemeindegürtel mit positiver Bevölkerungsentwicklung umgeben.

Auch bei der Beschäftigung haben die suburbanen Räume – zumindest in Westdeutschland – eine positivere Entwicklung erlebt als die Kernstädte. Innerhalb des suburbanen Raumes haben sich die *Beschäftigtengewinne* allerdings ungleicher verteilt. Verzeichneten in den alten Ländern in den vergangenen Jahren fast alle Gemeinden des suburbanen Raumes ein Wachstum der Bevölkerung und der Siedlungs- und Verkehrsflächen, konnten nur wenige Umlandgemeinden überproportional am Beschäftigungszuwachs partizipieren. In vielen Fällen werden diese Beschäftigungszentren nicht von den mittel- und oberzentralen Orten gebildet. Vielmehr entwickelten sich eher Gemeinden mit geringem zentralörtlichen Status zu neuen Beschäftigungszentren.

Das geschilderte disperse Entwicklungsmuster der Städte und Gemeinden im Umfeld der Kernstädte entspricht nur bedingt den Zielen der Raumordnung. Nach dem raumordnerischen *Leitbild dezentraler Konzentration* sollte sich die Entwicklung von Bevölkerung und Beschäftigung vielmehr auf die Zentralen Orte konzentrieren. Je disperser das Umland verstädtert und je mehr neue Einkaufs- und Beschäftigtenzentren auf Standorten außerhalb der Städte entstehen, desto stärker flacht sich auch die ehemals prägende Hierarchie der Zentralen Orte ab und weicht einem mehrpoligen Zentrengefüge, in dem die Kernstädte zwar noch immer ihre oberzentralen Funktionen behaupten, aber dies schon lange nicht mehr konkurrenzlos tun können. Aus historisch monozentrisch geprägten Räumen mit meist einem klar dominierenden oberzentralen Ort wird so Schritt für Schritt eine polyzentrische Stadtregion. Von diesem Umbau der Zentrenhierarchie sind traditionell polyzentrisch geprägte Räume weniger stark betroffen als monozentrische Stadtregionen, da in den Räumen mit besonders hohem Konzentrationsgrad von Bevölkerung und Beschäftigung der Suburbanisierungsprozess in der Regel auch intensiver verläuft. Polyzentrisch geprägte Stadtregionen weisen hingegen bereits ein vergleichsweise hoch verstädtertes Umland auf, weshalb die Wachstumsraten der Gemeinden hier nicht mehr die hohen relativen Zuwächse erreichen, wie sie für Umlandkommunen in monozentrischen Regionen typisch sind.

Die kleineren und größeren Städte im Umland der Kernstädte spezialisieren sich häufig auf bestimmte Funktionen. Am augenfälligsten ist dies bei Siedlungen, die auf ihrem Gebiet durch einzelne dominante Ansiedlungen überprägt werden, wie beispielsweise großflächige Einzelhandelszentren, Flughäfen oder Großbetriebe. Gemeinden, die sich auf die Wohnfunktion spezialisieren, sind im suburbanen Raum deutlich überrepräsentiert.

Der funktionale räumliche Differenzierungsprozess ist in den westdeutschen Stadtregionen, die ja bereits auf eine über 40-jährige Transformationsgeschichte des suburbanen Raumes zurückblicken können, erheblich weiter fortgeschritten als in den Stadtregionen der neuen Länder. Aber auch hier führen die Spezialisierungsbestrebungen der Gemeinden zur Herausbildung einer Arbeitsteilung nicht nur zwischen Stadt und Umland, sondern auch zwischen den Gemeinden innerhalb des Umlands. Je weiter dieser regionale Ausdifferenzierungsprozess fortschreitet, desto unwahrscheinlicher wird es allerdings, dass sich alle wichtigen zentralen Einrichtungen zukünftig in einem Oberzentrum finden lassen. Zukünftig werden sich zentralörtliche Einrichtungen vielmehr in der Stadtregion auf unterschiedliche Gemeinden verteilen.

# 4 Nachhaltigkeit der Raumentwicklung

Im April 2002 hat die Bundesregierung die nationale *Nachhaltigkeitsstrategie „Perspektiven für Deutschland“* beschlossen. Darin sind das Leitbild einer nachhaltigen Entwicklung sowie die grundsätzlichen Ziele und Aufgaben für Politik und Gesellschaft niedergeschrieben. Die Strategie enthält die langfristige Orientierung hinsichtlich der ökonomischen, sozialen und ökologischen Entwicklung unseres Landes. Sie zieht sich als roter Faden durch die Politik der Bundesregierung, die hierdurch die Zukunftschancen kommender Generationen wahren will. Dies gilt auch für die Raumordnung.

Nach dem *Raumordnungsgesetz des Bundes von 1998* ist Leitvorstellung der Raumordnung eine „nachhaltige Raumentwicklung, die die sozialen und wirtschaftlichen Ansprüche an den Raum mit seinen ökologischen Funktionen in Einklang bringt und zu einer dauerhaften, großräumig ausgewogenen Ordnung führt“. Nachhaltige Entwicklung interpretiert das Prinzip der Chancengleichheit neu, und zwar als eine interregionale und intergenerative Gerechtigkeitsnorm. Die vorhandene Raumnutzung und ihre Entwicklung müssen den Bedürfnissen der derzeitigen Generation gerecht werden, ohne die Entfaltung künftiger Generationen zu beeinträchtigen. Dazu müssen die Gestaltungsmöglichkeiten der Raumnutzung sorgfältig untereinander abgewogen und möglichst langfristig offen gehalten werden.

Durch die prinzipiell gleichwertige Ausrichtung auf ökonomische, soziale und ökologische Ziele ist eine generelle Sonderstellung des *Umweltschutzes* im Sinne eines Vorrangs ausgeschlossen. Gleichwohl ist aber unübersehbar, dass der Wandel der Werthaltungen in den vergangenen Jahrzehnten zu einer stärkeren Gewichtung ökologischer Belange im Rahmen raumordnerischer Abwägungsprozesse geführt hat. Weil natürliche Ressourcen nicht vermehrbar und zugleich elementare Voraussetzung für menschliches Leben sind, finden Umweltbelange verstärkte Beachtung. Daraus folgt jedoch nicht, dass sie anderen Belangen regelmäßig vorgehen, sondern dass sie im Abwägungsprozess ihrer jeweiligen Bedeutung entsprechend einzustellen und zu würdigen sind.

## Konzept zur Messung von Nachhaltigkeit

Eine intensive politische Diskussion über nachhaltige Raumentwicklung setzte in Deutschland Mitte der 1990er Jahre mit dem nationalen Vorbereitungsprozess auf die Weltsiedlungskonferenz Habitat II der Vereinten Nationen 1996 in Istanbul ein. Der vom Deutschen Nationalkomitee Habitat II verabschiedete „Deutsche Nationalbericht“ und „Nationale Aktionsplan“ zur nachhaltigen Siedlungsentwicklung stellen eine erste Plattform dar, um gemeinsam an der Umsetzung des Konzepts „Nachhaltige Entwicklung“ in Regionen und Städten zu arbeiten. Dazu gehört auch die Entwicklung von Nachhaltigkeitsindikatoren.

Am weitesten in die Planungspraxis eingeführt sind diese auf kommunaler Ebene. Im Rahmen von Agenda-21-Prozessen sind in vielen Städten und Gemeinden Indikatoren zur Bewertung der *Stadtentwicklung* unter Nachhaltigkeitsaspekten entwickelt und eingeführt worden. Dazu beigetragen hat u.a. auch das ExWoSt-Forschungsfeld „Städte der Zukunft – Indikatorengestützte Erfolgskontrolle nachhaltiger Stadtentwicklung“. Es unterstützt eine breite Einführung des Nachhaltigkeits-Monitoring in die kommunale Planungspraxis.

Was die regionale Ebene betrifft, hat das BBR im Zusammenhang mit dem Wettbewerb „Regionen der Zukunft“ erstmals ein *Indikatorensystem* als Grundlage für eine laufende Messung der Zielerreichung und die Erarbeitung regelmäßiger Berichte zum erreichten Stand einer nachhaltigen Raumentwicklung in Deutschland entwickelt. Im Nationalbericht „Auf dem Weg zu einer nachhaltigen Siedlungsentwicklung“ der Bundesrepublik Deutschland zur 25. Sondersitzung der Generalversammlung der Vereinten Nationen 2001 in New York wurde das Indikatorenkonzept erstmals vorgestellt.

Für diesen Raumordnungsbericht wurde das Konzept weiterentwickelt mit dem Ziel, Kritik und Anregungen zu einzelnen Indikatoren aufzunehmen, neben der Zustandanalyse auch Entwicklungslinien zu berücksichtigen und das System insgesamt transparenter und einfacher zu gestalten.

Das Ergebnis wird im Folgenden vorgestellt, auch im Bewusstsein, dass die Diskussion um die Auswahl und die Verrechnung von Indikatoren einer nachhaltigen Raumentwicklung weiter gehen wird.

**Indikatoren einer nachhaltigen Raumentwicklung**

Indikatoren spielen im Rahmen der nationalen und internationalen Diskussion zur nachhaltigen Entwicklung eine zentrale Rolle. Sie können dazu genutzt werden, konkrete *normative Zielvorgaben* auf deren Erreichung zu überprüfen. Das vorliegende, vom BBR erarbeitete Indikatorenkonzept versucht dies für Ziele einer nachhaltigen Raumentwicklung. Oberster Ansatzpunkt für die Herleitung der Ziele und ihrer Messung durch Indikatoren ist die von der UN-Konferenz für Umwelt und Entwicklung 1992 in Rio in der Agenda 21 niedergelegte globale Aufgabe der nachhaltigen Entwicklung. Sie wird hier in drei Zieldimensionen übersetzt, die weitgehend mit der im novellierten Raumordnungsgesetz von 1998 formulierten Leitvorstellung einer nachhaltigen Raumentwicklung übereinstimmen:

- Ökonomische Wettbewerbsfähigkeit,
- Soziale und räumliche Gerechtigkeit,
- Schutz der natürlichen Lebensgrundlagen.

Unter diesen primären Leitzielen lassen sich im Prinzip alle konkreteren Ziele nachhaltiger Raumentwicklung subsumieren. Genau genommen bezeichnen sie jedoch kaum neue Zielaspekte. Allerdings entwickeln sie eine besondere Herausforderung, weil zunächst gegensätzlich erscheinende Forderungen wie die nach einer schonenden Umweltnutzung und die nach weiterer wirtschaftlicher und sozialer Entwicklung unter dem Paradigma einer nachhaltigen Entwicklung in Einklang gebracht werden müssen. Will man eine nachhaltige Entwicklung forcieren, dann werden sich wirtschaftliche und soziale Entwicklung in Zukunft mit den Handlungsprinzipien versöhnen müssen, die die ökologische Tragfähigkeit berücksichtigen. Für die Formulierung einer nachhaltigen Politik und die Aufdeckung von Zielkonflikten ist es also wichtig, die Dimensionen der Nachhaltigkeit miteinander in Beziehung zu setzen, auch wenn dies methodisch ausgesprochen schwierig ist.

Die Bewertung der in diesem Bericht auf der Grundlage einer Vielzahl von Indikatoren dargestellten Tendenzen der Raumentwicklung an Maßstäben der Nachhaltigkeit stützt sich auf 17 *Kernindikatoren*. Sie sollen anzeigen, wo die Regionen auf dem Weg zu einer nachhaltigen Raumentwicklung stehen und im Zeitvergleich deutlich machen, ob die Raumentwicklung in die gewünschte Richtung geht. Dabei steht hier die *zusammenfassende Betrachtung* der o.g. Zieldimensionen im Vordergrund.

Die Kernindikatoren für die drei Zieldimensionen der Nachhaltigkeit werden nachfolgend kurz vorgestellt und erläutert.

Ökonomische Wettbewerbsfähigkeit:

In dieser Zieldimension geht es um den Erhalt der ökonomischen Wettbewerbsfähigkeit. Sie ist Voraussetzung für eine nachhaltige Sicherung wirtschaftlicher und finanzieller Grundlagen und bildet so auch die Basis für eine Sicherung und Weiterentwicklung sozialer und ökologischer Belange. In der Vergangenheit wurden Zielkonflikte unter den Dimensionen oft zugunsten einer ökonomischen Nutzung entschieden. Das Nachhaltigkeitsparadigma verlangt eine ausgewogenere Berücksichtigung sozialer und ökologischer Interessen, ohne dass damit wirtschaftliche Leistungskraft und ökonomische Wettbewerbsfähigkeit beeinträchtigt werden.

Zentraler Indikator dieser Dimension ist die *Bruttowertschöpfung*. Bezogen auf die erwerbsfähige Bevölkerung misst sie die wirtschaftliche Leistungsfähigkeit der Region. Mit besonderem Blick auf die wirtschaftliche Zukunftsfähigkeit der Region werden zwei Aspekte stärker in den Vordergrund gestellt: Erstens ist ein hoher Anteil an *Beschäftigten in Forschung und Entwicklung* (hier ausgedrückt durch bestimmte, für die Grundlagenforschung bedeutende Berufsgruppen) eine notwendige Bedingung für einen hohen technologischen Entwicklungsstand und eine fortwährende Anpassung bzw. Verbesserung der Innovationstätigkeit der Wirtschaft. Zweitens lässt sich eine technisierte und zunehmend wissensbasierte Wirtschaft dauerhaft nur aufrecht erhalten mit insgesamt sehr gut ausgebildeten, *hoch qualifizierten Beschäftigten*.

Soziale und räumliche Gerechtigkeit:

*Soziale Gerechtigkeit* zielt auf die gerechte Verteilung von wichtigen Komponenten regionaler Lebensbedingungen . Soziale Polarisierungen sind prinzipiell in einer nachhaltigen Gesellschaft unerwünscht. Es geht zum einen um die Befriedigung der Bedürfnisse des Einzelnen bzw. der privaten Haushalte, zum anderen um die soziale Stabilität in einer Gesellschaft, die wesentlich durch die gleichberechtigte Teilhabe an gesellschaftlichem Leben, die ökonomische Teilhabe und die Gestaltungsspielräume der öffentlichen Haushalte geprägt werden.

*Räumliche Gerechtigkeit* ist ein lebendiger Ausdruck für die Leitvorstellung der „Gleichwertigkeit der Lebensverhältnisse", wie sie im Raumordnungsgesetz als herausgehobene Zielkomponente nachhaltiger Raumentwicklung enthalten ist. Sie geht davon aus, dass die Lebensbedingungen in Deutschland regional unterschiedlich sind. Nur solche Ungleichheiten, die nach allgemeinem gesellschaftlichen Konsens wesentliche Lebensgrundlagen und Entwicklungsperspektiven beeinträchtigen, verstoßen gegen den Grundsatz der räumlichen Gerechtigkeit und begründen den ausgleichenden Eingriff der Politik.

Für ein selbstbestimmtes Leben und für Teilhabemöglichkeiten am wirtschaftlichen und gesellschaftlichen Leben ist ein ausreichendes Einkommen von zentraler Bedeutung. Idealerweise wird das *Einkommen durch eigene Erwerbsarbeit* erwirtschaftet. Wo Privatpersonen ihren Lebensunterhalt nicht selbst verdienen können, springen die Sozialtransfersysteme ein, z.B. in Form der *Sozialhilfe*. Sozialhilfebezug ist eine individuelle Hilfe in einer finanziellen und sozialen Notsituation, um ein Mindesteinkommen zu garantieren.

Ein weiteres elementares Nachhaltigkeitsziel ist deshalb, die Beschäftigungsmöglichkeiten zu steigern und das Arbeitsplatzangebot auszuweiten. Die Höhe der *Erwerbstätigenquote* und das Niveau der *Arbeitslosigkeit* besitzen eine hohe Bedeutung für die sozialen Sicherungssysteme und die soziale Stabilität der Gesellschaft. Soziale Stabilität resultiert nicht zuletzt aus der Bedeutung von Erwerbstätigkeit für ökonomische Eigenständigkeit und individuelle Zufriedenheit. Die Förderung der *Erwerbstätigkeit von Frauen* hat dabei einen hohen Stellenwert: Denn im Vergleich zu

**INFO: Kernindikatoren einer nachhaltigen Raumentwicklung**

| **Zieldimension**<br>Ziel | **Indikator**<br>*Berechnungsvorschrift* |
|---|---|
| **Ökonomische Wettbewerbsfähigkeit** | |
| Erhalt der wirtschaftlichen Leistungskraft | **Bruttowertschöpfung**<br>*Bruttowertschöpfung je Einwohner im Alter 15 bis unter 65 Jahre [Euro]* |
| Verbesserung der Innovationstätigkeit in der Wirtschaft | **Forschung und Entwicklung**<br>*Beschäftigte der Berufsbereiche Ingenieure, Chemiker, Physiker und Mathematiker je 1000 Beschäftigte (ohne Landwirtschaft sowie die Bereiche private Haushalte, Gebietskörperschaften und Organisationen ohne Erwerbscharakter) [%]* |
| Erhalt und Schaffung zukunftsfähiger Qualifikationen und Berufe | **Beschäftigte mit abgeschlossener höherer Berufsausbildung**<br>*Anteil der Beschäftigte mit Fachhochschul-/Hochschulabschluss an den Beschäftigten gesamt [%]* |
| **Soziale und räumliche Gerechtigkeit** | |
| Angemessene Einkommen aus Erwerbstätigkeit | • **Erwerbseinkommen**<br>*Bruttolöhne und -gehälter je Beschäftigten [Euro]* |
| Abhängigkeit von staatlichen Transfereinkommen vermindern | • **Einkommen aus Transferleistungen**<br>*Sozialhilfeempfänger je 100 Einwohner* |
| Beschäftigung insgesamt steigern | • **Erwerbstätigenquote**<br>*Erwerbstätige/15- bis 64-Jährige [%]* |
| Beschäftigung der Frauen steigern | • **Erwerbstätigenquote der Frauen**<br>*weibliche Erwerbstätige/weibliche 15- bis 64-Jährige [%]* |
| Adäquate Versorgung mit Arbeitsplätzen | **Arbeitslosenquote**<br>*Arbeitslose/Arbeitnehmer [%]* |
| Verbesserung der Bildungschancen | **Schulabgänger ohne Hauptschulabschluss**<br>*Anteil der Schulabgänger ohne Hauptschulabschluss an den Schulabgängern [%]* |
| Verbesserung der Integration (junger) ausländischer Mitbürger | **Ausländische Schüler an höheren Schulen**<br>Ausländische Schüler an *höheren Schulen (Gymnasien, integrierte Gesamtschulen, Schulen mit mehreren Bildungsgängen) je 100 10- bis unter 20-jährige Ausländer (in Berlin, Brandenburg, Bremen, Niedersachsen und Sachsen-Anhalt 12 bis unter 20 Jahre, in Sachsen und Thüringen 10 bis unter 19 Jahre)* |
| Angemessene Versorgung mit Wohnraum | **Wohnfläche**<br>*Wohnfläche je Einwohner [m²]* |
| Stabilisierung der öffentlichen Haushalte bzw. angemessene Finanzausstattung | **Kommunale Schulden**<br>*Schulden der Gemeinden und Gemeindeverbände je BIP [%]* |
| **Schutz der natürlichen Lebensgrundlagen** | |
| Reduzierung der Flächenneuinanspruchnahme | **Flächenneuinanspruchnahme**<br>*Entwicklung der Siedlungs- und Verkehrsfläche (ohne Erholungsfläche) [%]* |
| Schutz lebensbedrohter Arten | **Geschützte Gebiete**<br>*Anteil der Naturschutzgebiete und Nationalparks (und zukünftig FFH-Gebiete) an der Fläche insgesamt [%]* |
| Verringerung der Nutzung endlicher Ressourcen | **Endenergieverbrauch**<br>*Endenergieverbrauch der Industrie und der Haushalte je E und Beschäftigte [MJ]* |
| Reduzierung von Stoffströmen und Ressourcen | **Siedlungsabfälle**<br>*Siedlungsabfälle/Einwohner und Beschäftigte [kg]* |
| Erhalt und Verbesserung der Wassergüte | **Fließgewässer mit biologischer Gewässergüte II**<br>*Anteil der Fließgewässer mit einer biologischen Gewässergüte II und besser an den Fließgewässern [%]* |

ROB 2005

Männern sind Frauen unterdurchschnittlich am Erwerbsleben beteiligt; bestehende geschlechtsspezifische Unterschiede zwischen Männern und Frauen gilt es zu mindern. Dies impliziert verbesserte Bedingungen in der Vereinbarkeit von Beruf und Familie für Frauen (und Männer).

Die weiteren Indikatoren berücksichtigen den intergenerativen Aspekt der Nachhaltigkeit. Bereits in der Schulbildung finden die Weichenstellungen für den künftigen Berufs- und Lebensweg statt. Durch unzureichende Ausbildung sind vor allem *Jugendliche ohne Hauptschulabschluss* am stärksten gefährdet. Eine gute oder gar höhere Schulbildung wird immer notwendiger – auch oder gerade im Hinblick auf steigende Anforderungen im Arbeitsalltag. Dies gilt insbesondere für die ausländischen Kinder und deren gesellschaftliche Integration. Im *Anteil ausländischer Schüler* an höheren Schulen zeigt sich beispielhaft das Ausmaß der Integration von Ausländern in das Bildungs- und Beschäftigungssystem. Ein zentraler Aspekt angemessener Lebensbedingungen ist schließlich die Verfügbarkeit ausreichenden *Wohnraumes*.

Die Realisierung sozialer und räumlicher Gerechtigkeit hängt schließlich stark von den finanziellen Ressourcen der öffentlichen Haushalte ab. Je höher sich die *kommunalen Schulden* – gemessen am Bruttoinlandsprodukt – belaufen, desto eingeschränkter sind die Spielräume für Investitionen in die Zukunft. Teilweise geraten bereits heute Kommunen an den Rand finanzieller Belastungen, sodass die Daseinsvorsorge jetzt lebender Generationen nicht ausreichend sichergestellt werden kann. Schulden belasten mittel- und langfristig die Gestaltungsspielräume nachfolgender Generationen.

Schutz der natürlichen Lebensgrundlagen:

Die ökologische Zieldimension nimmt in der Diskussion über nachhaltige Entwicklung den breitesten Raum ein. Nicht zukunftsfähig aus ökologischer Sicht sind ökonomische und gesellschaftliche Entwicklungen, die die Belastungsgrenzen der Natur überschreiten und die derzeitigen sowie vor allem die zukünftigen Nutzungsmöglichkeiten endlicher natürlicher Ressourcen beeinträchtigen. Zentrale Ziele sind insbesondere der Klimaschutz, der Schutz der biologischen Vielfalt und der Erhalt der natürlichen Regenerations- und Absorptionsfähigkeit der Ökosysteme. Akute Probleme wie starke Bodenerosionen, Hochwassergefahr, Waldschäden oder Grundwasserbelastungen belegen dies eindrücklich. Auf den intergenerativen Aspekt zielt in ganz besonderer Weise die Forderung nach einer Reduzierung der Nutzung nicht-regenerativer Ressourcen. Dazu zählt auch die Ressource „Fläche".

Die zur Konkretisierung der ökologischen Zieldimensionen ausgewählten Kernindikatoren berücksichtigen alle relevanten Umweltmedien. Für den Schutz des Bodens und des Freiraumes ist dabei die *Reduzierung der Flächenneuinanspruchnahme* das herausragende Ziel. Die Ausdehnung der Siedlungs- und Verkehrsflächen geht einher mit Bodenversiegelung, Zerschneidungseffekten und Verminderung des Lebensraumes von Flora und Fauna einerseits sowie des Frei- und Erholungsraumes für die Menschen andererseits. Die nationale Nachhaltigkeitsstrategie der Bundesregierung hat deshalb der Verminderung der Flächeninanspruchnahme im Rahmen einer nachhaltigen Siedlungsentwicklung eine besondere Bedeutung gegeben.

Als qualitativer Aspekt des Freiraum- und Bodenschutzes kommt der *Naturschutz* hinzu. Im Schutz ökologisch besonders wertvoller Flächen manifestiert sich in erster Linie der Erhalt von Flora und Fauna, in zweiter Linie jedoch auch der Erhalt der Lebenswelt des Menschen. Mit dem Biotopverbundsystem Natura 2000 hat die Europäische Union ein verbindliches Naturschutzziel vorgegeben.

Der *Endenergieverbrauch* beinhaltet zwei umweltrelevante Aspekte: erstens den Verbrauch endlicher, überwiegend fossiler Rohstoffe sowie zweitens die Belastung der Luft durch die Freisetzung klimawirksamer Gase. Auch bei den *Siedlungsabfällen* gilt es, den Verbrauch endlicher Ressourcen einzuschränken sowie die Absorptionsfähigkeit der Umwelt nicht über Gebühr zu beanspruchen. Nach den Zielen der nationalen Nachhaltigkeitsstrategie soll die Energie- und Ressourcenproduktivität bis 2020 verdoppelt werden. Den Stand des Gewässerschutzes misst der Indikator *Fließgewässer mit einer biologischen Gewässergüte II und besser.*

### Indikatoren sollen Nachhaltigkeitsdefizite messen

Eine eindeutige Definition von nachhaltiger Raumentwicklung ist heute noch nicht möglich. Es fehlt weitgehend an wissenschaftlich begründeten Sollwerten oder Grenzwerten dafür, was als nachhaltige Entwicklung anzusehen ist. Als pragmatische Lösung bietet sich an, die Indikatoren auf die Messung von *„Nachhaltigkeitsdefiziten"* zu konzentrieren.

Für die Feststellung von regionalen Nachhaltigkeitsdefiziten kann eine Orientierung an Bundeswerten keine angemessene zielführende Perspektive sein. Nicht jede Abweichung vom Durchschnitt, jede Disparität ist schon ein Problem oder ein Defizit, das den ausgleichenden Eingriff der Politik erfordert. Dies gilt umso mehr, wenn man die vielfachen Kompensationsmöglichkeiten mit in Rechnung stellt, die regionale Unterschiede in den Lebensbedingungen quasi nivellieren. So werden z.B. regionale Einkommensunterschiede von bis zu 20 % durch entsprechende regionale Unterschiede in den Lebenshaltungskosten ausgeglichen. Schon allein die ausgeprägte großräumige funktionale Arbeitsteilung und unterschiedliche regionale Potenziale bedingen zwangsläufig regionale Unterschiede. Dies ist bei Vergleichen zwischen Regionen stets zu bedenken. Die Beantwortung der Frage, welche Raumentwicklung als weniger oder mehr nachhaltig anzusehen ist, muss daher *Spannweiten* von hinzunehmenden oder aber bedenklichen Unterschieden zulassen. Dies läuft darauf hinaus, weniger oder mehr nachhaltige Entwicklung an *Zielwerten* für die einzelnen Nachhaltigkeitsindikatoren festzumachen, d.h., die Indikatoren mit konkreten, quantifizierten Zielen zu verknüpfen.

Die Zielwerte geben nur *regionale Mindest- bzw. Höchststandards* an. Wo sie unter- bzw. überschritten werden, sind Nachhaltigkeitsziele gefährdet. Nur solche Nachhaltigkeitsdefizite, die nach allgemeinem Konsens wesentliche Lebensgrundlagen und Entwicklungsperspektiven beeinträchtigen oder in Zukunft beeinträchtigen könnten, erfordern einen Eingriff der Politik. Die hier vorgeschlagene, an Zielwerten für Nachhaltigkeitsindikatoren festgemachte *Defizitanalyse* soll zu einem politischen Diskurs führen, in welche Richtung perspektivisch die Raumentwicklung gehen soll. Es wird

**INFO: Methode zur Messung von Nachhaltigkeitsdefiziten**

Die für die Regionen vorgeschlagenen Nachhaltigkeitsziele stellen *Mindestanforderungen* im Sinne einer interregional vergleichenden, bundesweiten Betrachtung dar. Werden diese relativen Mindestziele nicht erreicht, so kann man Defizite in der nachhaltigen Entwicklung einer Region konstatieren. Je mehr Ziele nicht erreicht werden und je höher der Abstand der Region von diesen Zielen ist, desto höher fällt das gesamte Nachhaltigkeitsdefizit aus.

Drei Anmerkungen sind hier notwendig:

Orientiert man sich an bundesweiten Werten, so wird unterstellt, dass der Bundeswert eine geeignete Bezugsgröße für eine nachhaltige Entwicklung darstellt. Problematisch wird es dann, wenn der Bundeswert selbst Nachhaltigkeitsanforderungen nicht genügt. Auch Regionen, die bei einem Indikator besser als der Bundeswert abschneiden, müssen deshalb nicht unbedingt einen positiven Beitrag zur Nachhaltigkeit leisten. Gemessen wird dann „nur", dass sie im Vergleich zu anderen Regionen nachhaltiger mit der jeweiligen Ressource umgegangen sind.

Zum Zweiten ist hier noch einmal darauf hinzuweisen, dass bei einem direkten Vergleich zwischen Regionen die jeweiligen siedlungsstrukturellen Ausgangsbedingungen mit zu bedenken sind. Eine ländliche Region wird im Zweifel bessere Werte bei der ökologischen Dimension und schlechtere bei der ökonomischen aufweisen. Für Agglomerationsräume gilt das Umgekehrte. Dies alleine ist nur begrenzt aussagefähig. Erst im Zusammenspiel beider Regionen kann man letztendlich beurteilen, wie es um ihre Nachhaltigkeit bestellt ist. Allerdings gilt auch hier, dass andere Regionen ähnlichen Typs eine Vergleichsgröße sind, an der man sich messen kann und muss.

Der Formulierung der Zielwerte gilt der dritte Hinweis. Immer dort, wo keine expliziten politisch gesetzten Zielwerte vorliegen – wie etwa beim 30-ha-Ziel für die Flächenneuinanspruchnahme oder der 75 %-Marke der EU-Strukturpolitik – wird notwendigerweise mit einem Kunstgriff gearbeitet. Ausgehend vom Bundeswert werden prozentuale Abweichungen definiert. Deren Über- bzw. Unterschreiten gilt dann als Erfüllung oder Verletzung des Nachhaltigkeitsziels. Diese Vorgehensweise hat sich seit langem bewährt: So hat der Beirat für Raumordnung schon 1976 Empfehlungen zu „Gesellschaftliche Indikatoren für die Raumordnung" ausgesprochen, die sich dieser Methode bedienen. Auch wenn Festlegungen dieser Art im Einzelfall unbefriedigend sein mögen, so sind sie doch notwendig, wenn man in der Nachhaltigkeitsdiskussion von unverbindlichen Absichtserklärungen weg und hin zu einer indikatorengestützten Erfolgskontrolle kommen will.

Die in diesem Bericht benutzten Einzelindikatoren werden an ihrem jeweiligen *Zielwert* normiert, d.h. der Indikatorwert jeder Region wird durch den Zielwert dividiert und mit 100 multipliziert. Die Normierung entspricht also einer Transformation der Indikatorausprägungen in relative Werte, die dimensionslos und damit zwischen den Indikatoren vergleichbar sind. Nach der Normierung besitzt das jeweilige Nachhaltigkeitsziel den Wert 100, die Indikatorwerte bewegen sich zwischen 0 und 200. In wenigen Fällen werden Ausreißerwerte zur Vermeidung von einseitigen Verzerrungen in der Gesamtbewertung am Maximum 200 gekappt. Einige Indikatoren werden am Zielwert gespiegelt, damit sich für alle Indikatoren die gleiche Bewertungsrichtung ergibt: Werte über 100 entsprechen stärkerer Nachhaltigkeit, Werte unter 100 geringerer Nachhaltigkeit.

Zur Feststellung des durchschnittlichen Defizits in einer Dimension werden nur die Indikatoren betrachtet, die ein Defizit aufweisen, also mit einem normierten Wert unter 100. Die absoluten Abweichungen dieser normierten Indikatorwerte werden aufsummiert und durch die Gesamtzahl der Indikatorendividiert. Dieser Schritt wird zunächst für die drei Dimensionen getrennt durchgeführt. So erhält man jeweils ein durchschnittliches Defizit für die Dimension „ökonomische Wettbewerbsfähigkeit", für die Dimension „soziale Gerechtigkeit" und für die Dimension „Schutz der natürlichen Lebensgrundlagen". Das gesamte Nachhaltigkeitsdefizit einer Region errechnet sich als die Summe der durchschnittlichen Defizite in den drei Dimensionen.

Mittels dieser Methode werden sowohl das Nachhaltigkeitsdefizit aktuell für das Jahr 2001 als auch für 1995 als Vergleichsjahr errechnet. Die Zielwerte orientieren sich nach dem Bundeswert des jeweiligen Zeitpunktes. Die Differenz der Defizite von 2001 gegenüber 1995 lässt Rückschlüsse auf die Entwicklung in Richtung nachhaltige Raumentwicklung zu: Negative Werte bedeuten eine Verringerung des Defizits bzw. eine Verbesserung in Richtung stärkere Nachhaltigkeit, positive Werte bedeuten eine Vergrößerung des Defizits bzw. ein weiteres Zurückfallen im Sinne geringerer Nachhaltigkeit.

aufgezeigt, welche unterschiedlichen Ziele verfolgt werden, wo es Nachhaltigkeitsdefizite gibt und wo sich politischer Handlungsbedarf abzeichnet.

## Aktueller Stand der Nachhaltigkeit der Raumentwicklung

### Ökonomische Wettbewerbsfähigkeit

Stand aktuell:

Die Defizitanalyse bestätigt zunächst die herausragende ökonomische Wettbewerbsfähigkeit der Agglomerationen. Das Defizit nimmt von den Zentren zur Peripherie, vom Süden zum Norden hin zu und zeigt sich in weiten Teilen Ostdeutschlands sehr deutlich. 25 westdeutsche Regionen (ausnahmslos Agglomerations- und verstädterte Räume) sowie die Region Berlin besitzen kein ökonomisches Nachhaltigkeitsdefizit. Dazu kommen sieben weitere Räume mit einem kaum nennenswerten Defizit, darunter das Obere Elbtal/Osterzgebirge (Region Dresden) und die Region Mittleres Mecklenburg/Rostock.

### Herausragende ökonomische Wettbewerbsfähigkeit der Agglomerationsräume

Nicht die Wertschöpfung als solche, vielmehr die zukunftsgerichteten Komponenten der Innovationsfähigkeit und des qualitativen Beschäftigtenpotenzials prägen die ökonomischen Defizite. Das regionale Verteilungsmuster ökonomischer Nachhaltigkeitsdefizite folgt deshalb nicht einfach dem bekannten West-Ost-Gefälle oder einem Stadt-/Landgefälle. Vielmehr zeigt sich ein deutlich differenzierteres regionales Verteilungsbild.

Lediglich der Norden der neuen Länder weist bei allen drei Indikatoren deutliche Defizite auf. Erwartungsgemäß sind hier die Bruttowertschöpfung und die Forschungs- und Entwicklungstätigkeit stark unterdurchschnittlich. Selbst der Anteil der Beschäftigten mit höherer Qualifikation ist in diesen Regionen für ostdeutsche Verhältnisse eher niedrig. Die südlichen Regionen der neuen Länder dagegen stehen in der

**INFO: Zielwerte der ökonomischen Wettbewerbsfähigkeit**

Was die Ziel-Dimension „Erhalt der ökonomischen Wettbewerbsfähigkeit" betrifft, werden die Regionen als nicht nachhaltig angesehen, die 75 % des Bundeswertes der Bruttowertschöpfung nicht erreichen, analog der EU-Fördergebietsabgrenzung (Strukturfonds). Der Zielwert *75 % des Bundeswertes* als Mindeststandard gilt auch für die Indikatoren „Forschung und Entwicklung" und „Beschäftigte mit höherer Qualifikation".

Kernindikator und Zielwerte einer nachhaltigen Raumentwicklung – Ökonomische Wettbewerbsfähigkeit

| Indikator | Dimension | Zielwert | Jahr | Sollwert | Istwert Bund | Variations-koeff. (%) | Regionen m. einem Defizit (n=92) | Jahr | Sollwert | Istwert Bund | Variations-koeff. (%) | Regionen m. einem Defizit (n=92) | Entwicklung des VK (%) | Veränderung d. Zahl d. Regionen mit Defizit |
|---|---|---|---|---|---|---|---|---|---|---|---|---|---|---|
| | | Stand aktuell | | | | | | Stand Mitte 1990er Jahre | | | | | Entwicklung | |
| Bruttowertschöpfung je erwerbsfähige Bevölkerung | EUR je 15- bis unter 65-jährigen | Minimum 75% d. Bundes | 2001 | 25950,0 | 345600,0 | 21,4 | 21 | 1995 | 22714,0 | 30285,0 | 20,5 | 21 | 4,4 | 0 |
| Beschäftigte Ingenieur, Chemiker, Mathematiker u. insgesamt* | je 1000 | Minimum 75% d. Bundes | 2003 | 21,6 | 28,8 | 34,0 | 47 | 1995 | 21,1 | 28,1 | 32,5 | 45 | 4,6 | 2 |
| Anteil der Beschäftigten mit Fachhochschul-/Hochschulabschluss an den Beschäftigten insgesamt | % | Minimum 75 % d. Bundes | 2002 | 6,7 | 8,9 | 30,0 | 40 | 1995 | 5,7 | 7,6 | 34,3 | 42 | -12,5 | -2 |

* ohne primärer Sektor sowie die Bereiche Organisation ohne Erwerbscharakter, private Haushalte, Gebietskörperschaften und Sozialversicherung

ökonomischen Zieldimension nicht wesentlich schlechter als die meisten Regionen der alten Länder da. Zwar liegt hier die Bruttowertschöpfung noch unter dem Zielwert 75 % des Bundeswertes, doch das Qualifikationsniveau der Beschäftigten und der Beschäftigungsanteil von Ingenieuren und Naturwissenschaftlern als Indikator für Forschung und Entwicklung sind positiv zu werten.

In den ländlichen Regionen der alten Länder übersteigt die Bruttowertschöpfung den gesetzten Zielwert. Die FuE-Ausstattung und der Anteil höher qualifizierter Beschäftigter rangiert hier an unterster Stelle. Das Innovationspotenzial sitzt in den Zentren, das produzierende Gewerbe im Umland der Agglomerationen. Diese Arbeitsteilung zwischen Zentrum und Umland zeigt sich deutlich in dem sonst bei der ökonomischen Wettbewerbsfähigkeit führenden Süden, vor allem in Bayern.

Entwicklung seit 1995:

In der Mehrzahl der Regionen hat sich die Lage verbessert. Das Nachhaltigkeitsdefizit ist seit Mitte der 1990er Jahre gesunken. Mit wenigen Ausnahmen konnten alle Regionen der alten Länder ihre ökonomische Wettbewerbsfähigkeit stärken. Dies gilt weniger für die Agglomerationen selbst, sondern eher noch für die Regionen im nahen und weiteren Umland. Sie haben deutlich in Forschung und Entwicklung und in der Qualifikation der Beschäftigten an Profil gewonnen.

Der Abbau bzw. Rückgang von Forschung und Entwicklung und der Beschäftigung im hochqualifizierten Bereich sind die Ursachen für die Verschlechterung der Wettbewerbsfähigkeit vieler ostdeutscher Regionen. Verbesserungen haben sich hier meist durch einen überdurchschnittlichen Anstieg der Bruttowertschöpfung ergeben, der

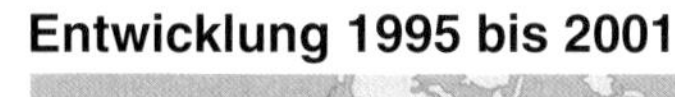

**Ökonomische Wettbewerbsfähigkeit**

**Stand 2001** | **Entwicklung 1995 bis 2001**

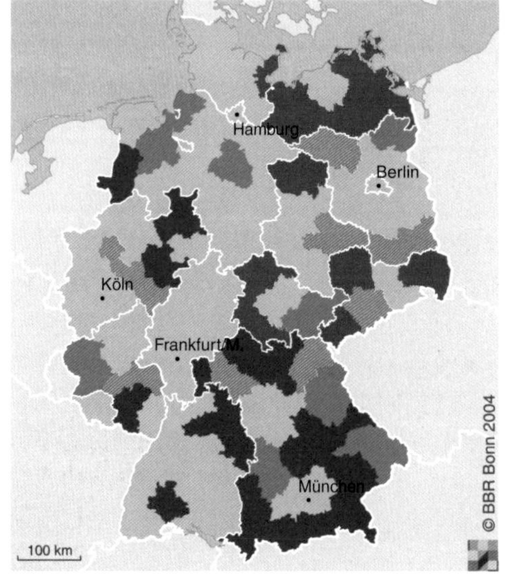


**Durchschnittliches Nachhaltigkeitsdefizit 2001**

**Absolute Entwicklung des durchschnittlichen Nachhaltigkeitsdefizits 1995 bis 2001**

Anmerkung:
Durchschnittliches Nachhaltigkeitsdefizit als Durchschnitt der Defizite der Indikatoren "Bruttowertschöpfung", "Forschung und Entwicklung" und "Beschäftigte mit höherer Berufsausbildung"

Quelle: Laufende Raumbeobachtung des BBR
Datengrundlagen: Statistische Landesämter, Statistisches Bundesamt, Arbeitskreis "Volkswirtschaftliche Gesamtrechnungen der Länder", Institut für Arbeitsmarkt und Berufsforschung, Bundesagentur für Arbeit

Analyseregionen, Stand 31. 12. 2001

in erster Linie auf mit hohem Kapitaleinsatz erreichte Produktivitätssteigerungen zurückzuführen ist .

**Rückgang von FuE Ursache für Verschlechterung der ökonomischen Wettbewerbsfähigkeit im Osten**

In vielen Regionen, die heute bereits ein starkes ökonomisches Nachhaltigkeitsdefizit aufweisen, hat sich der Abstand zu den übrigen Regionen in den letzten Jahren vergrößert. Bei einem mit bundesweit positiver Entwicklung der Wettbewerbsfähigkeit zwangsläufig verbundenen Anstieg der Sollwerte konnten diese Regionen nicht stark genug aufschließen. In den westlichen defizitären Regionen konnte wohl die Bruttowertschöpfung in ausreichendem Maße gesteigert werden. In der Innovationsfähigkeit sind sie jedoch weiter hinter den bundesdurchschnittlichen Stand zurückgefallen.

### Soziale und räumliche Gerechtigkeit

Stand aktuell:

Alle Regionen weisen ein mehr oder weniger deutliches Defizit im Bereich der sozialen und räumlichen Gerechtigkeit auf. Die größten Nachhaltigkeitsdefizite liegen im Norden und Osten der Bundesrepublik. Dabei setzt sich das Defizit in den alten bzw. den neuen Ländern jeweils aus unterschiedlichen Komponenten zusammen. In den westdeutschen Regionen sind für ein starkes soziales Defizit überwiegend der hohe Anteil der Sozialhilfeempfänger, die niedrige Erwerbstätigkeit bei den Frauen sowie der im Vergleich zu Deutschen äußerst geringe Anteil ausländischer Schüler, die eine höhere Schule besuchen, verantwortlich. Teilweise tritt ein relativ hoher kommunaler Schuldenstand hinzu.

**Räumliche Schwerpunkte der sozialen Nachhaltigkeitsdefizite im Norden und Osten**

**Soziale und räumliche Gerechtigkeit**

**Stand 2001**

Hamburg
Berlin
Köln
Frankfurt/M.
München
100 km
© BBR Bonn 2004

**Durchschnittliches Nachhaltigkeitsdefizit 2001**

**Entwicklung 1995 bis 2001**

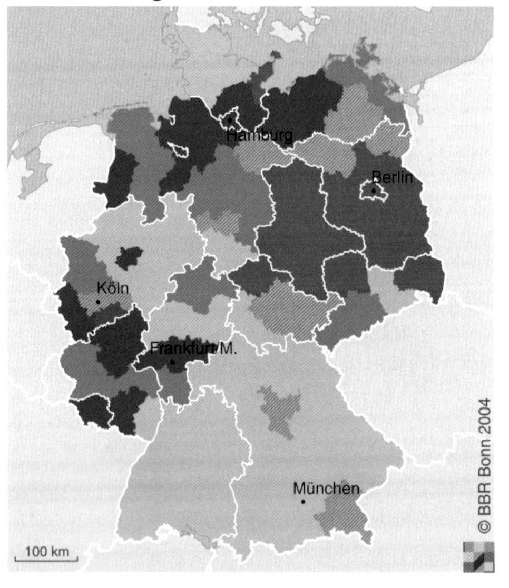


**Absolute Entwicklung des durchschnittlichen Nachhaltigkeitsdefizits 1995 bis 2001**

Anmerkung:
Durchschnittliches Nachhaltigkeitsdefizit als Durchschnitt der Defizite der Indikatoren "Erwerbseinkommen", "Transfereinkommen", "Erwerbstätigenquote", "Erwerbstätigenquote der Frauen", "Arbeitslosenquote", "Schulabgänger ohne Hauptschulabschluss", "Ausländische Schüler an höheren Schulen", "Wohnfläche" und "Kommunale Schulden"

Quelle: Laufende Raumbeobachtung des BBR
Datengrundlagen: Statistische Landesämter,
Arbeitskreis "Volkswirtschaftliche Gesamtrechnungen der Länder"

Analyseregionen, Stand 31. 12. 2001

In den neuen Ländern ist vor allem die Erwerbstätigkeit unterdurchschnittlich und entsprechend die Arbeitslosigkeit überdurchschnittlich hoch. Mittlerweile ist der Schuldenstand in den neuen Ländern in vielen Regionen auf ein Niveau angestiegen, das der wirtschaftlichen Leistungsfähigkeit bei weitem nicht entspricht. Die Erwerbseinkommen liegen zwar noch unter dem Niveau im Westen, jedoch nur unwesentlich unter dem gesetzten Zielwert. Einkommensindikatoren tragen entsprechend nur wenig zum Gesamtdefizit in der sozialen Zieldimension bei.

Entwicklung seit 1995:

Im Vergleich zu 1995 sind aufgrund der eingetretenen bundesweiten Entwicklung bei allen Indikatoren die Schwellen- bzw. Toleranzwerte angestiegen. Dennoch erreichen

**INFO: Zielwerte der sozialen und räumlichen Gerechtigkeit**

Die Festlegung eines konkreten Zielwerts für die Höhe des durchschnittlichen *Erwerbseinkommens* orientiert sich ebenfalls an der *75-%-Schwelle* der EU-Fördergebietsabgrenzung. Bezüglich der *Transfereinkommen* sollte der Anteil der Sozialhilfeempfänger nicht mehr als *20 % über dem Bundeswert* liegen. Bei einer geringen räumlichen Variation des Indikators *Erwerbstätigenquote* scheint eine maximale Abweichung vom Bundeswert um -10 % angebracht, d. h. ein Zielwert von *90 % des Bundeswerts*. Die *Erwerbstätigkeitsquote der Frauen* – traditionell niedriger als die der Männer – sollte dennoch in jeder Region mindestens *80 % des Bundeswertes* betragen. Nicht nachhaltig sind Regionen, wenn *die Arbeitslosenquote* mehr als *25 % über dem Bundeswert* liegt. Was die *schulische Ausbildung* betrifft, wird nur ein Wert von maximal *10 % mehr Schülern ohne Hauptschulabschluss* als im Bund gesamt toleriert. Die *Integration ausländischer Schüler* ins schulische Bildungssystem soll erreicht sein, wenn der Anteil unter den ausländischen Schülern mit Besuch einer höheren Schule *75 % des Anteils unter deutschen Schülern* beträgt. Wegen der Abhängigkeit der *Wohnfläche je Einwohner* von siedlungsstrukturellen Bedingungen und Bebauungsformen orientiert sich der Zielwert am jeweiligen Regionstyp mit einer maximalen Abweichung von *10 % unter dem Regionswert*. Die *kommunalen Schulden* müssen in einem vernünftigen Verhältnis zur kommunalen Leistungsfähigkeit stehen, zumindest sollten sie den *Bundeswert (Mittelwert aller Gemeinden) nicht weiter als um 25 %* überschreiten.

Kernindikator und Zielwerte einer nachhaltigen Raumentwicklung – Soziale und räumliche Gerechtigkeit

| Indikator | Dimension | Zielwert | Jahr | Sollwert | Istwert Bund | Variationskoeff. (%) | Regionen m. einem Defizit (n=92) | Jahr | Sollwert | Istwert Bund | Variationskoeff. (%) | Regionen m. einem Defizit (n=92) | Entwicklung des VK (%) | Veränderung d. Zahl d. Regionen mit Defizit |
|---|---|---|---|---|---|---|---|---|---|---|---|---|---|---|
| | | Stand aktuell | | | | | | Stand Mitte 1990er Jahre | | | | | Entwicklung | |
| Bruttolöhne und Gehälter je Arbeitnehmer | EUR | Minimum 75% des Bundes | 2001 | 20785,0 | 25980,0 | 10,4 | 13 | 1996 | 19519,0 | 24399,0 | 11 | 18 | -5,5 | -5 |
| Sozialhilfeempfänger | je 100 Einwohn. | Maximum 120% d. Bundes | 2001 | 3,9 | 3,3 | 38,2 | 19 | 1995 | 3,7 | 3,1 | 423,3 | 24 | -9,7 | -5 |
| Erwerbstätigenquote | je 100 15- bis unter 65-Jährig. | Minimum 90% des Bundes | 2001 | 62,8 | 69,8 | 10 | 22 | 1995 | 60,2 | 66,9 | 8,6 | 14 | 16,3 | 8 |
| Erwerbstätigenquote der Frauen 2001 | je 100 15- bis unter 65-jähr. Frauen | Minimum 80% Erwerbstäigenquote Bund | 2001 | 55,8 | 58,9 | 9,8 | 42 | 1995 | 53,6 | 55,8 | 10,8 | 43 | -9,3 | -1 |
| Arbeitslosenquote | % | Maximum 125% d. Bundes | 2003 | 14,0 | 11,2 | 47,2 | 21 | 1995 | 12,6 | 10,1 | 34,5 | 24 | 36,8 | -3 |
| Anteil d. Schulabgänger ohne Hauptschulabschluss an allen Schulabgängern | % | Maximum 110% d. Bundes | 2001 | 10,6 | 9,7 | 28,3 | 34 | 1995 | 9,8 | 8,9 | 21,2 | 37 | 33,5 | -3 |
| Ausländische Schüler an höheren Schulen | je 100 10- bis unter 20-jährige Ausländ. | Minimum 75% Anteil deutscher Schüler, Bund | 2001 | 38,3 | 22,9 | 44,6 | 88 | 1995 | 36,8 | 49,0 | 44,8 | 92 | -0,4 | -4 |
| Wohnfläche je Einwohner | in m² | Minimum 90% d. Regionstyps | 2001 | 34,9–37,1 | 39,8 | 7,1 | 9 | 1995 | 32,6–33,6 | 36,7 | 9,1 | 18 | -22,2 | -9 |
| Schulden der Gemeinden und Gemeindeverbände | in % des BIP | Maximum 125 % d. Bundes | 2001 | 5,9 | 4,7 | 41 | 28 | 1995 | 7,0 | 5,6 | 43 | 23 | -4,7 | 5 |

ROB 2005

bei den meisten Indikatoren durchschnittlich mehr Regionen das angestrebte Nachhaltigkeitsziel. Ausnahmen hiervon sind die Indikatoren Erwerbstätigenquote und die kommunale Verschuldung.

Fast alle westdeutschen Regionen konnten ihr soziales Defizit verringern. Dies ist überwiegend jedoch ein indirekter Erfolg: Arbeitslosenquote, Sozialhilfequote und kommunale Verschuldung sind hier nicht so stark angestiegen wie im Bundesgebiet insgesamt. Damit hat sich der relative Abstand zum Zielwert vergrößert. Nur in den Bereichen Integration (ausländische Schüler an höheren Schulen) und Geschlechtergerechtigkeit (Erwerbstätigkeit von Frauen) sind „aktive" Verbesserungen in Richtung mehr Nachhaltigkeit zu verzeichnen.

In den neuen Ländern ist dagegen das Nachhaltigkeitsdefizit in der sozialen Zieldimension angestiegen. Arbeitslosigkeit und Zahl der Sozialhilfeempfänger sind gestiegen, die Erwerbstätigkeit insgesamt und teilweise die der Frauen ist gesunken. Während mehr ausländische Schüler eine höhere Schule besuchen, ist der Anteil Jugendlicher ohne Hauptschulabschluss gestiegen. Obwohl die Erwerbseinkommen von 1995 an gestiegen sind, verfehlen gleichwohl heute wesentlich mehr Regionen der neuen Länder das hier gesetzte Nachhaltigkeitsziel. Allein im Verhältnis der Verschuldung zur regionalen Leistungsfähigkeit sind teilweise deutliche Verbesserungen festzustellen.

**INFO: Zielwerte für den Schutz der natürlichen Lebensgrundlagen**

Für die Siedlungs- und Verkehrsflächenentwicklung (ohne Erholungsflächen) wird aus dem derzeitigen Zuwachs und dem erklärten Ziel der Nationalen Nachhaltigkeitsstrategie linear eine Neuinanspruchnahme für die Jahre 1996 bis 2000 abgeleitet, die sich regional an der noch zur Verfügung stehenden Freifläche orientiert. Was „Geschützte Gebiete" betrifft, sind 10 % der Landesfläche im Rahmen der Natura 2000 verbindlich als Biotopverbund unter Schutz zu stellen. Länderübergreifend besteht diese Fläche zu durchschnittlich 30 % aus Naturschutzgebieten und Nationalparken, weshalb nachfolgend ein regionaler Anteil an geschützten Gebieten von 3 % als Sollwert formuliert wird. Es wird davon ausgegangen, dass die Produktion von Siedlungsabfällen und der Verbrauch von Energie in den Agglomerationen wegen der hohen Verdichtung von Wohnbevölkerung und Wirtschaftsansiedlungen tendenziell höher ausfallen. Nachhaltig sind die Regionen, die das Niveau der Agglomerationen generell nicht überschreiten. Für die ländlichen Regionen sollte diese Messlatte leicht zu unterschreiten sein, während die wirtschaftliche Entwicklung der Agglomerationen und verdichteten Räume durch diese „kulante" Zielfestlegung nicht über Gebühr eingeschränkt werden sollte. Nach der Richtlinie 2000/60/EG des Europäischen Parlamentes und des Rates ist der Erhalt der Güte von Oberflächengewässern vorrangig in regionale bzw. örtliche Zuständigkeit zu legen. Bis 2015 sollen die Oberflächengewässer nach Möglichkeit zu 100 % einen „guten ökologischen Zustand" aufweisen. Daraus wird ein Nachhaltigkeitsziel von 80 % der Fließgewässer mit biologischer Güteklasse II und besser für das Jahr 2000 abgeleitet.

Kernindikator und Zielwerte einer nachhaltigen Raumentwicklung – Schutz der natürlichen Lebensgrundlagen

| Indikator | Dimension | Zielwert | Jahr | Sollwert | Istwert Bund | Variations-koeff. (%) | Regionen m. einem Defizit (n=92) | Jahr | Sollwert | Istwert Bund | Variations-koeff. (%) | Regionen m. einem Defizit (n=92) | Entwicklung des VK (%) | Veränderung d. Zahl d. Regionen mit Defizit |
|---|---|---|---|---|---|---|---|---|---|---|---|---|---|---|
| | | Stand aktuell | | | | | | Stand Mitte 1990er Jahre | | | | | Entwicklung | |
| Entwicklung der Siedlungs- und Verkehrsfläche | % | durchschnittl. 95ha/Tag regionalisiert nach Freifläche | 1996–2000 | regional verschieden | 4,0 | 39,6 | 57 | 1992–1996 | regional verschieden | 4,3 | 48,9 | 46 | -19,0 | 11 |
| Anteil der geschützten Gebiete (Naturschutzgebiete und Nationalparke) | % | 3 % | 2000 | 3,0 | 3,4 | 80,4 | 56 | 1995 | 3,0 | 3,4 | 80,4 | 55 | 0,0 | 0 |
| Endenergieverbrauch der Haushalte und der Industrie | MJ je Einw. u. Beschäft. | Maximum Durchschnitt Agglomerationsräume | 2002 | 57,4 | 50,8 | 52,3 | 16 | 1997 | 60,3 | 52,6 | 54,2 | 16 | -3,5 | 0 |
| Siedlungsabfälle | kg je Einw. u. Beschäft. | Maximum Durchschnitt Agglomerationsräume | 2000 | 421,1 | 420,1 | 23,0 | 42 | 1995 | 442,8 | 450,5 | 24,3 | 47 | -5,3 | -5 |
| Anteil der Fließgewässer mit einer biologischen Gewässergüte II und besser | % | 80 % | 2000 | 80,0 | 49,0 | 36,5 | 66 | 1995 | 65,0 | 49,0 | 51,5 | 66 | -29,1 | 0 |

## Schutz der natürlichen Lebensgrundlagen

Stand aktuell:

Fast alle Regionen besitzen ein Defizit in der ökologischen Dimension. Nur vier Regionen weisen hier kein Defizit auf, fünf weitere Regionen ein kaum nennenswertes Defizit. Bemerkenswert ist, dass sowohl Regionen mit sehr starkem Defizit als auch Regionen ohne größeres Defizit in allen siedlungsstrukturellen Regionstypen vorkommen. Die geringsten ökologischen Defizite weisen Baden-Württemberg, Hessen, Rheinland-Pfalz und Thüringen sowie Teile Niedersachsens auf. Obwohl in weiten Teilen ländlich strukturiert, waren sie in der Flächenneuinanspruchnahme sehr moderat. Diese Politik hat selbst den teilweise nicht nachhaltigen Umgang mit Energie und Abfällen kompensiert.

**Fast alle Regionen weisen ökologische Defizite auf**

Sowohl in West- als auch in Ostdeutschland trägt die Flächenneuinanspruchnahme sehr stark zum ökologischen Defizit bei. Insgesamt verfehlen 57 Regionen das gesetzte Ziel einer degressiven Flächenneuinanspruchnahme. Neben den neuen Ländern ist auch in Bayern der Siedlungs- und Verkehrsflächenzuwachs seit 1992 stark angestiegen.

In den neuen Ländern spielen daneben ein übermäßiger Energieverbrauch und/oder besonders viele Siedlungsabfälle eine Rolle. In den alten Ländern verstärkt der Zustand der Fließgewässer das ökologische Defizit. Die größten Defizite bei den ausgewiesenen Schutzgebieten liegen in Bayern vor.

Entwicklung seit 1995:

Auch in der ökologischen Ziel-Dimension weisen vielfach die Entwicklungstendenzen in Richtung einer nachhaltigen Entwicklung. Obwohl die Anforderungen an die Zielerreichung bei allen Indikatoren gestie-

### Schutz der natürlichen Lebensgrundlagen

**Stand 2001**

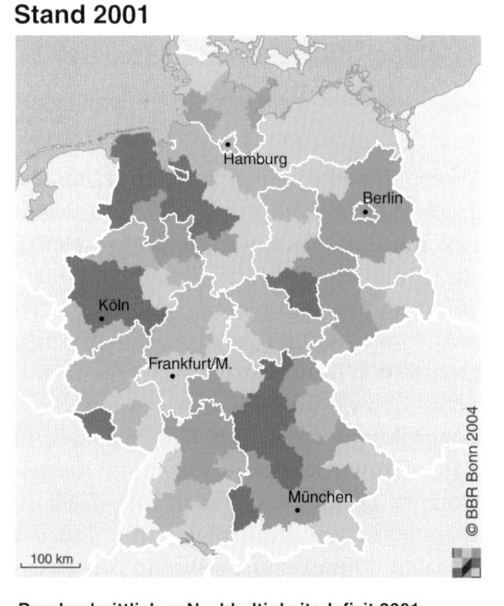


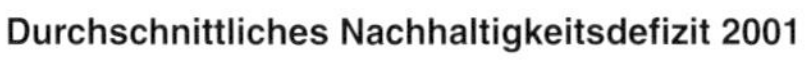
**Durchschnittliches Nachhaltigkeitsdefizit 2001**

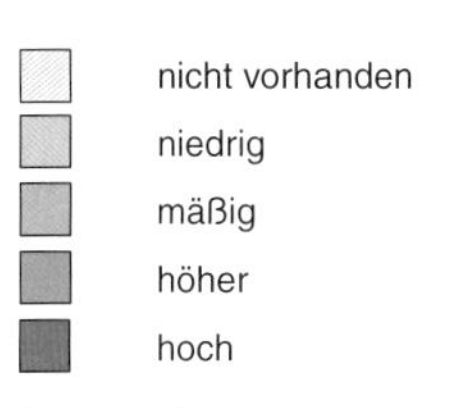


**Entwicklung 1995 bis 2001**

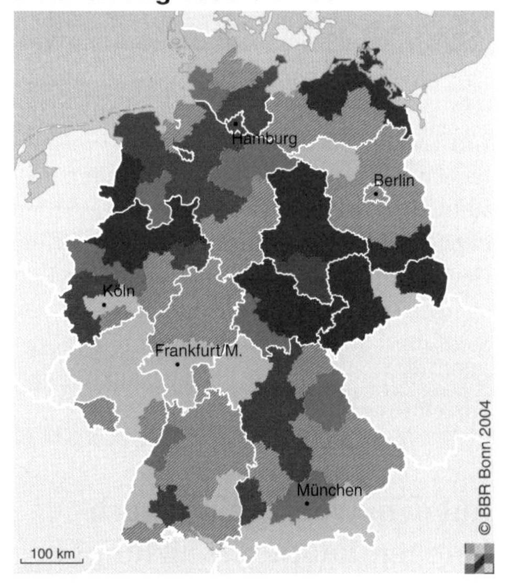


**Absolute Entwicklung des durchschnittlichen Nachhaltigkeitsdefizits 1995 bis 2001**

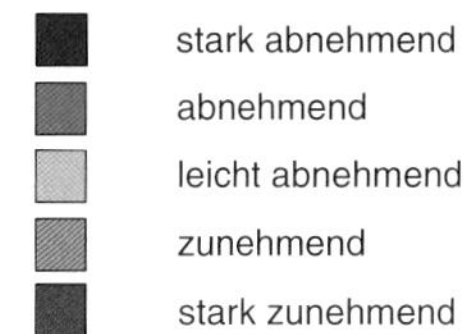


Anmerkung:
Durchschnittliches Nachhaltigkeitsdefizit als Durchschnitt der Defizite der Indikatoren "Flächenneuinanspruchnahme", "Geschützte Gebiete", "Endenergieverbrauch", "Siedlungsabfälle" und "Fließgewässer mit biologischer Gewässergüte II"

Quelle: Laufende Raumbeobachtung des BBR
Datengrundlagen: Statistische Landesämter, Bundesamt für Naturschutz, Umweltbundesamt, Länderarbeitsgemeinschaft Wasser (LAWA), PROGNOS AG, Vereinigung deutscher Elektrizitätswerke e.V. (VDEW)

Analyseregionen, Stand 31. 12. 2001

gen oder zumindest gleich geblieben sind, konnten etliche Regionen ihren Stand halten oder sich sogar verbessern. Erstaunlich sind die starken Verbesserungen im Süden und Norden der neuen Länder sowie im Nordwesten der alten Länder. Bei der Siedlungsflächenneuinanspruchnahme herrscht einerseits der stärkste Druck zur Einsparung, andererseits schreitet zugleich die Siedlungsflächenneuinanspruchnahme in vielen Regionen voran. Der aus dem Reduktionsziel abgeleitete Maximalwert ist in allen Regionen zwischen den Beobachtungszeiträumen 1992–1996 und 1996–2000 deutlich gestiegen. Elf Regionen weniger als in der Vorperiode konnten diesen Maximalwert einhalten.

**Viele Regionen – insbesondere in den neuen Ländern – konnten ökologische Defizite abbauen**

Insgesamt zeigt die Entwicklung des Defizits in der ökologischen Dimension ein äußerst heterogenes Bild. Deutlich wird allerdings, dass das hohe Defizit in einigen Regionen das Ergebnis einer anhaltenden negativen Entwicklung ist, wie z. B. im Norden Niedersachsens und Bayerns, im Westen von Nordrhein-Westfalen und im Süden von Sachsen-Anhalt. Man kann wohl von regionalen Einzelerfolgen im haushälterischen Umgang mit den natürlichen Ressourcen sprechen. Große Erfolge wurden dabei in der Verbesserung der biologischen Gewässergüte von Flüssen erzielt. Die Einsparungen im Energieverbrauch und in den Siedlungsabfällen sind dagegen nur moderat zu nennen, größere Erfolge sind nur vereinzelt festzustellen.

## Auf dem Weg zu einer nachhaltigen Raumentwicklung?

### Eine Gesamtschau

Sind die Regionen auf dem Weg zu einer nachhaltigen Raumentwicklung? Eine Antwort auf diese Frage gibt die Summe der einzelnen Defizite der drei Dimensionen. Je höher das *Gesamtdefizit,* desto nicht-nachhaltiger ist die Entwicklung. Ist das Defizit dagegen nur klein und die Entwicklung positiv, so kann angenommen werden, dass sich die Region bereits auf dem richtigen Weg befindet und die Weichen in die richtige Richtung gestellt sind. Zugleich kann der jeweilige relative Beitrag der drei Dimensionen am Gesamtdefizit (als prozentualer Anteil) ermittelt werden.

Stand aktuell:

Das *größte Gesamtnachhaltigkeitsdefizit* tritt dort auf, wo sich bereits relativ hohe ökonomische, soziale und ökologische Defizite gegenseitig verstärken. Dies ist in weiten Teilen Ostdeutschlands, im Nordwesten und vereinzelt im Südosten der Fall. Regionen mit einem hohen Gesamtdefizit in Westdeutschland sind überwiegend ländliche Regionen mit hohen ökologischen Defiziten und relativ schwacher ökonomischer Wettbewerbsfähigkeit. Die soziale Dimension trägt in diesen Regionen nur wenig zum Gesamtdefizit bei. In Ostdeutschland gehören zu den Regionen mit hohem bis sehr hohem Gesamtdefizit einerseits Regionen, in denen alle drei Dimensionen deutliche Defizite aufweisen, und andererseits Regionen, in denen besonders hohe Unterschiede zwischen den drei Dimensionen bestehen.

**In der Gesamtschau haben ländliche Regionen oft höhere Nachhaltigkeitsdefizite als Agglomerationsräume**

Unter den Regionen *mit mittelstarkem Nachhaltigkeitsdefizit* befinden sich Regionen mit dominantem ökologischen Defizit (u. a. die rheinischen Agglomerationen, südliches Niedersachsen, mittleres Bayern), mit dominantem ökonomischen Defizit (u. a. Region um Trier/Koblenz, südliches Bayern) oder aus einem unterschiedlichen Mix aus den drei Dimensionen. In den westdeutschen Regionen mit mittelstarkem Defizit bestehen häufig Zielkonflikte zwischen der ökologischen und der sozialen Dimension, während die wirtschaftliche Situation sehr günstig ist.

Räume mit *niedrigerem Gesamtdefizit* ziehen sich in einem breiten Band von Nord- bis weit nach Süd-Westdeutschland. Einige Regionen – hier sind es vor allem Agglomerationsräume – besitzen dabei kaum nennenswerte Defizite: Großraum Stuttgart, Rhein-Main/Rhein-Neckar bis zum Oberrhein sowie der Raum um Braunschweig und Göttingen. Insbesondere die Defizite in der sozialen und ökologischen Dimension sind hier gering.

Entwicklung seit 1995:

In zwei Drittel der Regionen hat sich das Nachhaltigkeitsdefizit seit 1995 verringert. In allen Teilen Deutschlands treten jedoch auch Regionen auf, deren Nachhaltigkeitsdefizit in dieser Zeit angewachsen ist. Hiervon sind nicht nur Regionen mit einem hohen Defizit betroffen (u.a. Nordfriesland, der Süden und Norden Sachsen-Anhalts, Westmittelfranken), sondern genauso Regionen mit einem geringen Defizit (u.a. Mittelhessen, Oberrhein, Hamburg + Umland) oder mittelstarken Defizit (u.a. Berlin + Umland, Schleswig-Holstein Ost und Nord).

**In zwei Dritteln der Regionen hat sich das Nachhaltigkeitsdefizit verringert.**

Ein relativ niedriges Nachhaltigkeitsdefizit im Bundesvergleich ist also keinesfalls Garant einer stetigen nachhaltigen Raumentwicklung. Dazu trägt natürlich auch bei, dass sich im Zeitvergleich die Sollwerte, errechnet aus den relativen Zielen gemessen am Bundeswert oder anderer Vergleichsgruppen, verschieben. Das bedeutet für Regionen mit guten Ausgangsbedingungen hinsichtlich einer nachhaltigen Entwicklung, dass sie den Anschluss an den allgemeinen Trend nicht versäumen dürfen. Für Regionen mit hohem Defizit bedeutet dies zugleich, dass die Anstrengungen zur Erreichung der gesetzten Ziele einer nachhaltigen Raumentwicklung überdurchschnittlich hoch sein müssen.

Das Gesamtdefizit dient einer relativen Positionierung der eigenen regionalen Nachhaltigkeit im Vergleich mit anderen Regionen. Die Entwicklung des regionalen Defizits gibt Aufschluss über eine relative Annäherung bzw. weitere Entfernung von den gesetzten Nachhaltigkeitszielen.

## Kumuliertes Nachhaltigkeitsdefizit

### Stand 2001

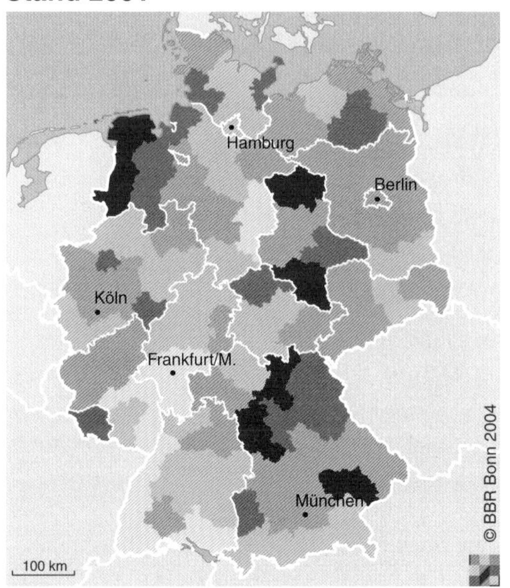


Durchschnittliches Nachhaltigkeitsdefizit 2001

### Entwicklung 1995 bis 2001

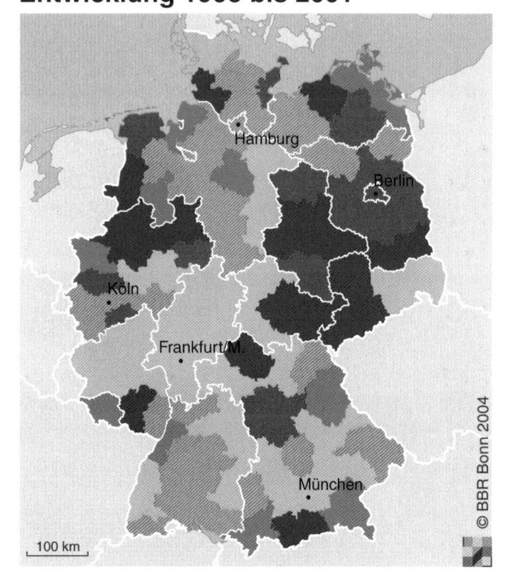


Absolute Entwicklung des durchschnittlichen Nachhaltigkeitsdefizits 1995 bis 2001

Anmerkung:
Durchschnittliches Nachhaltigkeitsdefizit als Summe der durchschnittlichen Defizite der Dimensionen "Ökonomische Wettbewerbsfähigkeit", "Soziale und räumliche Gerechtigkeit" und "Schutz der natürlichen Lebensgrundlagen"

Quelle: Laufende Raumbeobachtung des BBR
Datengrundlagen: Statistische Landesämter, Statistisches Bundesamt, Arbeitskreis "Volkswirtschaftliche Gesamtrechnungen der Länder", Institut für Arbeitsmarkt und Berufsforschung, Bundesagentur für Arbeit, Bundesamt für Naturschutz, Umweltbundesamt, Länderarbeitsgemeinschaft Wasser (LAWA), PROGNOS AG, Vereinigung deutscher Elektrizitätswerke e.V. (VDEW)

Analyseregionen, Stand 31. 12. 2001

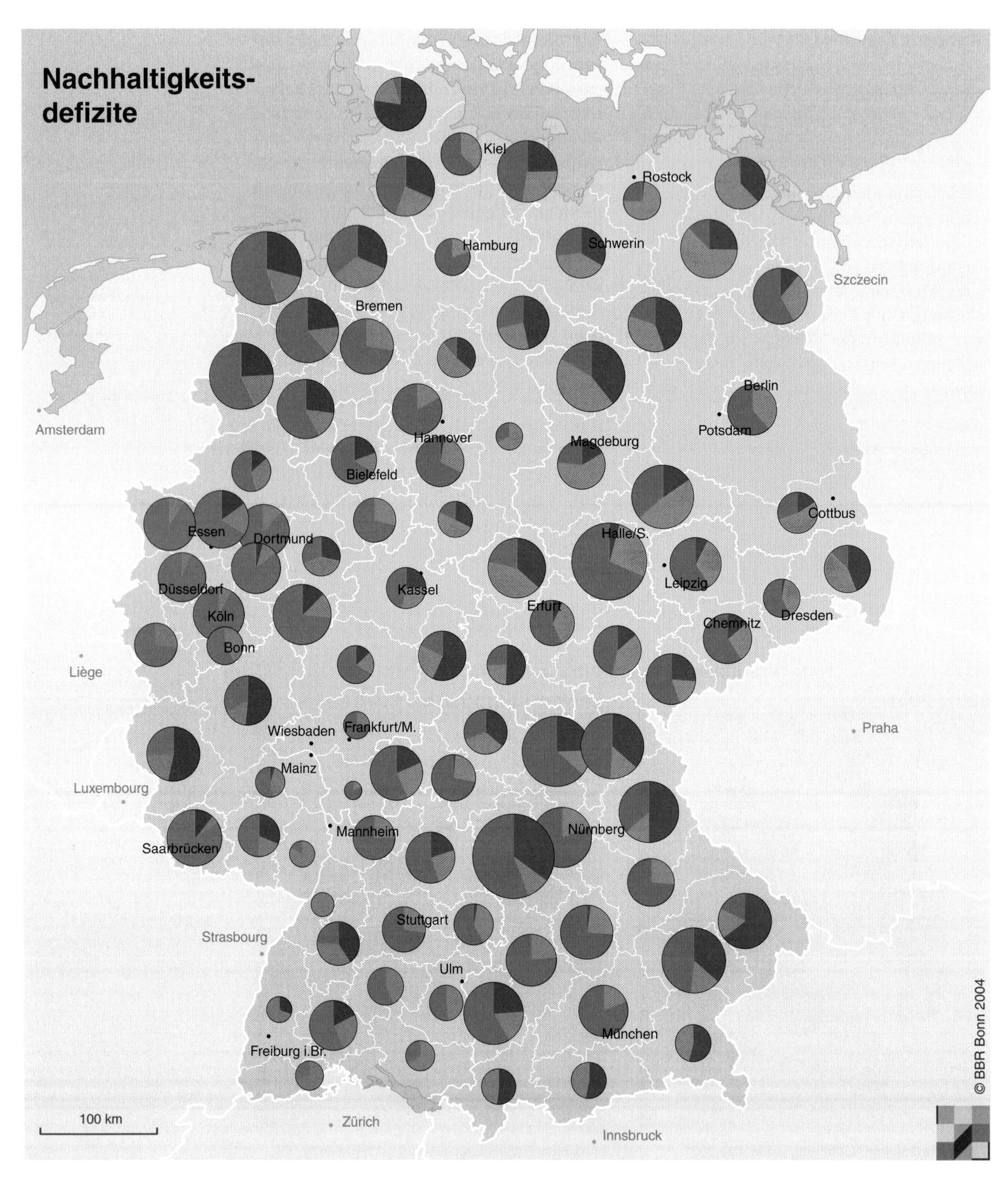

**Dimensionen**

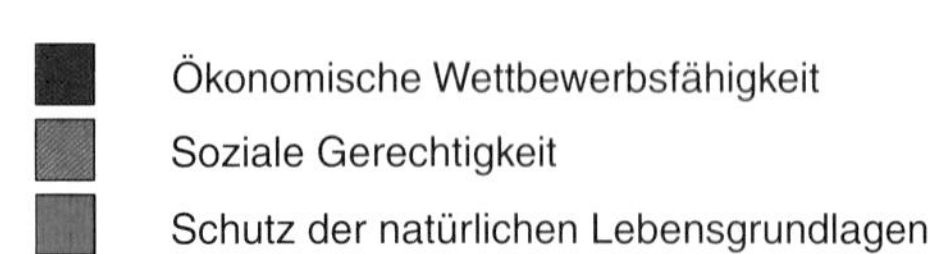

Ökonomische Wettbewerbsfähigkeit

Soziale Gerechtigkeit

Schutz der natürlichen Lebensgrundlagen

**Kumuliertes Nachhaltigkeitsdefizit***

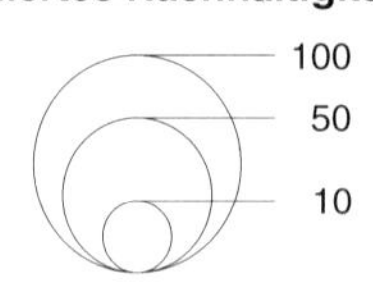


Analyseregionen, Stand 31. 12. 2000

* Summe der durchschnittlichen Defizite der Dimensionen "Ökonomische Wettbewerbsfähigkeit", "Soziale und räumliche Gerechtigkeit" und "Schutz der natürlichen Lebensgrundlagen"

Quelle: Laufende Raumbeobachtung des BBR
Datengrundlagen: Statistische Landesämter, Statistisches Bundesamt, Arbeitskreis Volkswirtschaftliche Gesamtrechnungen der Länder, Institut für Arbeitsmarkt und Berufsforschung, Bundesagentur für Arbeit, Bundesamt für Naturschutz, Umweltbundesamt, Länderarbeitsgemeinschaft Wasser (LAWA), PROGNOS AG, Vereinigung deutscher Elektrizitätswerke e.V. (VDEW)

**Beispiel: Regionale Einzelbetrachtung - Nachhaltigkeit regional**

Aus dem regionalen Vergleich von Nachhaltigkeitsdefiziten lassen sich schwerlich bereits konkrete *Handlungsbedarfe* ableiten. Hinter jedem regionalen Nachhaltigkeitsdefizit stecken vielmehr sehr spezifische Problemkonstellationen, weshalb eine einzelregionale Betrachtung notwendig ist, um Handlungsstrategien ableiten zu können. Für diese regionale Einzelbetrachtung wurden die sogenannten *„Nachhaltigkeitsspinnen"* entwickelt. Sie erlauben für jede Region eine gesonderte Auswertung von Einzeldefiziten und Konfliktpotentialen zwischen einzelnen Zielen und Zieldimensionen.

Es handelt sich um die graphische Darstellung aller am Zielwert normierten und gleichgerichteten Indikatoren in der Form von Netzdiagrammen. Die Indikatoren werden so in das Diagramm eingefügt, dass Indikatorausprägungen in Richtung einer stärkeren Nachhaltigkeit zum Zentrum des Diagramms weisen, solche in Richtung weniger Nachhaltigkeit nach außen. Damit erhalten die Defizite, die im Mittelpunkt der vergleichenden Messung nachhaltiger Entwicklung auf regionaler Ebene stehen, auch optisch ein größeres Gewicht. Zur besseren Orientierung wird der Zielwert als Referenzpunkt durch einen Kreis kenntlich gemacht. Zugleich beinhalten die Nachhaltigkeitsspinnen die normierten Indikatorausprägungen für 1995 für einen direkten Zeitvergleich.

Die *Übersicht* verdeutlicht anhand von vier ausgewählten Beispielen, dass jede Region ihr eigenes Nachhaltigkeitsprofil besitzt, das mit anderen verglichen werden kann. Im Zeitvergleich zeigt sich dabei, ob eine Region sich mehr oder weniger in Richtung Nachhaltigkeit bewegt. Die Auswahl orientiert sich an der Höhe des aktuellen Defizits und an den Entwicklungstendenzen: Eine Region mit sehr geringem Defizit ist die Region „Starkenburg" (Darmstadt), ein sehr hohes Nachhaltigkeitsdefizit weist dagegen die Region Halle an der Saale auf. Die Regionen Lausitz-Spreewald und Schleswig-Holstein Ost stehen für Regionen, die sich deutlich mehr bzw. weniger in Richtung Nachhaltigkeit entwickeln.

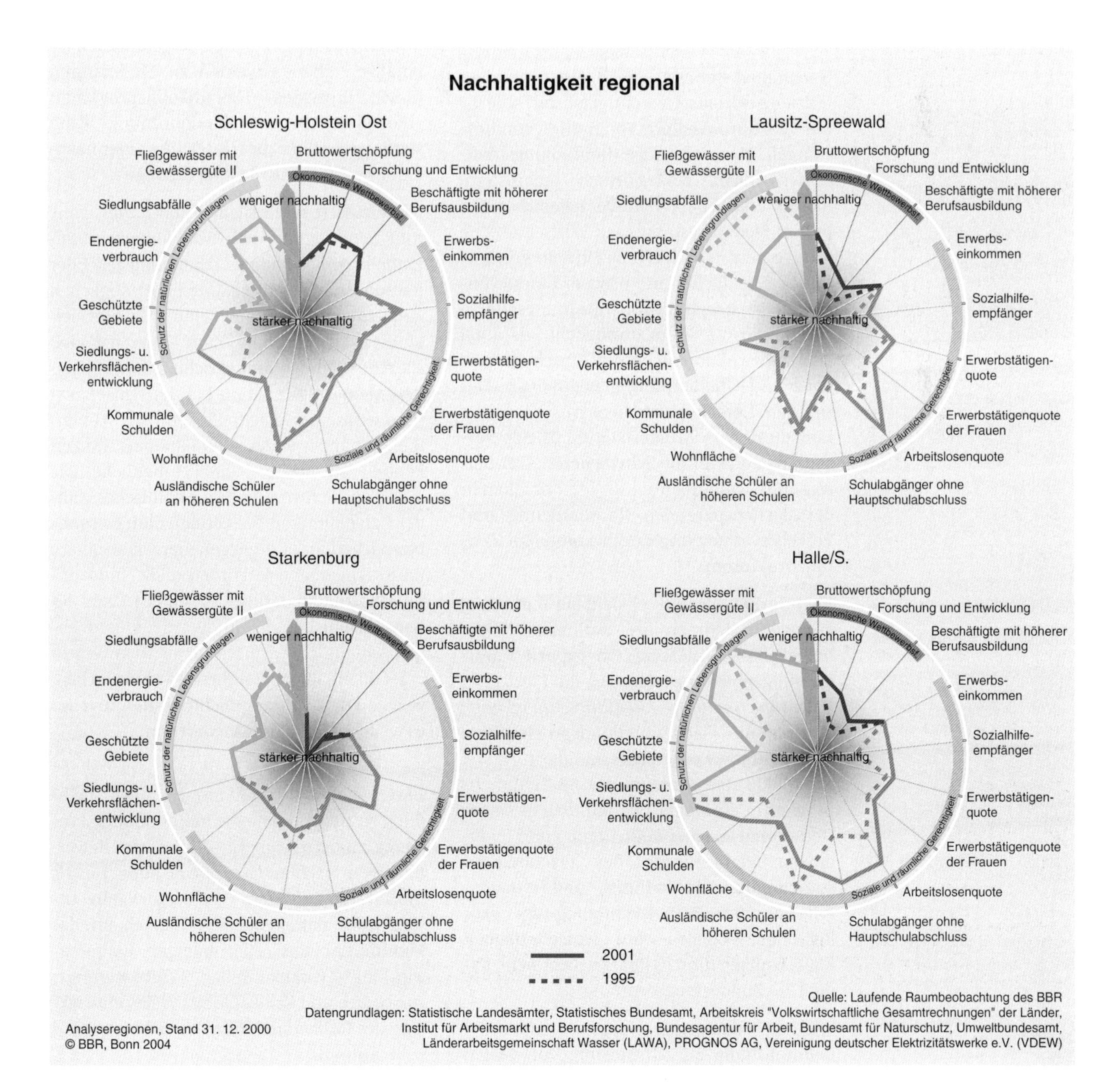

## Fazit

Die Analyse des Stands und der Entwicklung der Nachhaltigkeit in den Regionen macht insgesamt den politischen Handlungsbedarf deutlich. Was kann die Raumordnung zum Abbau von Nachhaltigkeitsdefiziten beitragen? Aus Sicht der Ministerkonferenz für Raumordnung als raumordnerisches Bund-Länder-Gremium ist es notwendig, das siedlungsstrukturelle Leitbild der dezentralen Konzentration mit dem Leitbild für einen großräumig übergreifenden, ökologisch wirksamen Freiraumverbund zusammenzuführen. Die *Anwendung des Zentrale-Orte-Konzepts* der Raumordnung als Siedlungsstrukturmodell ist dabei für die Umsetzung von Zielen einer nachhaltigen Raumentwicklung von zentraler Bedeutung.

Nachhaltigkeit misst sich an wirtschaftlicher Effizienz, sozialer Gerechtigkeit und sparsamer Inanspruchnahme von natürlichen Ressourcen. Nach allen drei Beurteilungsmaßstäben haben zentralörtlich organisierte Räume erkennbare Vorteile gegenüber dispersen Siedlungsstrukturen. Wirtschaftliche Effizienz entsteht durch dezentrale Konzentration öffentlicher und privater Einrichtungen, die sowohl Größenordnungseffekte (Economies of Scale) ermöglicht, als auch erhöhte Funktionssicherheit durch Redundanz und Überlappung gewährleistet. Der sozialen Gerechtigkeit dient vor allem die Einhaltung von Mindeststandards der Versorgung auch für die Schwächeren. Der Beitrag zum Ressourcenschutz liegt vor allem in der flächensparenden Raumnutzung und Verkehrsvermeidung durch kompakte Zentrenstrukturen.

Ein prioritäres Handlungsfeld der Bundesregierung im Rahmen ihrer nationalen Nachhaltigkeitsstrategie und ein explizit raumordnungspolitisches dazu, ist die *Förderung einer nachhaltigen Siedlungsentwicklung*. Ziel ist, die Flächenneuinanspruchnahme für Siedlungszwecke zu vermindern. Es soll ein praktikables, integriertes Maßnahmenprogramm erarbeitet werden, das in seiner Gesamtheit zu einer Reduzierung und qualitativen Verbesserung der Flächeninanspruchnahme für Siedlungs- und Verkehrszwecke unter Berücksichtigung der ökologischen, sozialen und wirtschaftlichen Zielsetzungen führt. (Näheres dazu siehe Kapitel 7: „Bundesraumordnung".)

Wichtige ergänzende Handlungsfelder der Raumordnung zur Umsetzung von Zielen einer nachhaltigen Raumentwicklung sind *Modellvorhaben* und *Indikatoren*. Modellvorhaben stehen für eine stärkere Projekt- und Prozessorientierung der Raumordnung. Die Raumordnung fördert und verbreitet nachahmenswerte Beispiele, die in den Regionen sowohl als Impuls als auch als Korrektiv wirken sollen. Damit wird der Weg umfassender Planungsansätze verlassen und ein pragmatischer – dezentraler und umsetzungsbezogener – Kurs eingeschlagen. Die Umsetzung des Ziels einer nachhaltigen Raumentwicklung muss sich an den jeweiligen unterschiedlichen Gegebenheiten der Regionen orientieren. Die bundesstaatliche Politik formuliert Leitvorstellungen und gibt Impulse, die von den regionalen Akteuren aufgegriffen und umgesetzt werden sollen/können. Den Akteuren wächst so mehr Eigenständigkeit für ihre Entwicklung zu – die übergeordneten föderativen Ebenen werden zu Moderatoren dieses Prozesses. Das Aktionsprogramm „Modellvorhaben der Raumordnung" kann somit wesentlich zur Umsetzung einer nachhaltigen Raumentwicklung beitragen.

Nicht zuletzt schließlich ist die *Entwicklung und Bereitstellung von Nachhaltigkeitsindikatoren* ein wichtiges Handlungsfeld der Raumordnung. Indikatoren ermöglichen zum einen den Regionen eine prozessbegleitende Erfolgskontrolle. Zum anderen haben sie eine wichtige strategische Informations- und Steuerungsfunktion bei der Umsetzung raumwirksamer Fachpolitiken. Bei zunehmend knapper werdenden Finanzressourcen können sie dazu dienen, inhaltliche wie räumliche Schwerpunkte für politisches Handeln zu definieren. Sie können damit Grundlagen legen für eine zielgenauere, effizientere und sachgerechtere Förderpolitik. Indikatoren sind zudem darüber hinaus ein Mittel der Bewusstseinsbildung, in dem der Öffentlichkeit verdeutlicht wird, wo wir auf dem Weg zu einer nachhaltigen Raumentwicklung stehen, welche Fortschritte erreicht wurden und wo es weiteren Handlungsbedarf gibt.

Das hier angewandte *Indikatorenkonzept des BBR* versucht diesen Anforderungen Rechnung zu tragen, ohne die methodischen Probleme zu verschweigen, die bei der Bewertung von nachhaltiger Entwicklung mittels Indikatoren auftreten. Der hier gewählte Ansatz ist von daher ein erster Versuch, um das Monitoring einer „Nachhaltigen Raumentwicklung" voranzutreiben. Verbesserungsvorschläge und Kritik, die zur Weiterentwicklung des Indikatorenkonzepts beitragen, sind willkommen.

Literaturhinweise

Bundesministerium für Verkehr, Bau- und Wohnungswesen; Bundesministerium für Wirtschaftliche Zusammenarbeit und Entwicklung (Hrsg.): Auf dem Weg zu einer nachhaltigen Siedlungsentwicklung. – Berlin 2001

Bundesamt für Bauwesen und Raumordnung (Hrsg.): Nachhaltige Raumentwicklung im Spiegel von Indikatoren. Berichte, Band 13. – Bonn 2002

Bundesamt für Bauwesen und Raumordnung (Hrsg.): Städte der Zukunft: Kompass für den Weg zur Stadt der Zukunft – Indikatorengestützte Erfolgskontrolle nachhaltiger Stadtentwicklung – Eine Orientierungshilfe für die Kommunale Praxis. – Bonn 2004

# 5 Künftige räumliche Herausforderungen

Die Herausforderungen der künftigen Raumordnungspolitik sind vor dem Hintergrund der allgemeinen gesellschaftlichen Trends der Globalisierung, der europäischen Integration und der Wiedergewinnung der deutschen Einheit zu sehen, wie auch vor den im Kapitel 3 dargestellten raumrelevanten Einzeltrends des demographischen und wirtschaftsstrukturellen Wandels und der anhaltenden Siedlungs- und Verkehrsdynamik. Durch diese Trends haben sich die räumlichen Strukturen erheblich verändert und werden sich weiter verändern, wenn die Trends anhalten. Nach dem „Stadt-Land-Gefälle" der 1960er und 1970er Jahre, dem „Süd-Nord-Gefälle" der 1980er Jahre und dem „West-Ost-Gefälle" der 1990er Jahre stellen sich heute und in Zukunft die räumlichen Disparitäten in Deutschland differenzierter dar.

So wird sich der durch Bevölkerungsrückgang, -alterung und -internationalisierung geprägte *demographische Wandel* bald in ganz Deutschland auswirken, jedoch regional sehr unterschiedlich, weil die regionalen Ausgangssituationen sehr unterschiedlich sind und regionale Wanderungen die Entwicklungen modifizieren. Absehbar ist ein enges Nebeneinander von wachsenden und schrumpfenden Regionen und Städten. In bisher ungekanntem Ausmaß wird es in Teilräumen Deutschlands, insbesondere in den dünner besiedelten Räumen Ostdeutschlands, aber auch in alt industrialisierten Regionen Westdeutschlands zu Bevölkerungsrückgang kommen. Neben vielen anderen Problemen wie hoher regionaler Arbeitslosigkeit, Wohnungsleerständen und Brachenbildung in den Städten, sind Unterauslastung und damit auch Gefährdungen der öffentlichen Infrastruktur und Daseinsvorsorge die Folge.

Im internationalen Wettbewerb wird eine ausgesprochene Divergenz auch bei den Perspektiven der *regionalen Wirtschaftsentwicklung* deutlich. Zwischen regionalen Wachstumsmotoren und Schrumpfungs- bzw. Stagnationsräumen geht die Schere auseinander. Besonders negativ betroffenen sind Teile von altindustrialisierten Räumen sowie dünnstbesiedelte, periphere Räume. Hier ist besonders der Nordosten Deutschlands betroffen, weil sich dort Strukturschwächen und Transformationsfolgen überlagern. Aber auch in Nordhessen, im Saarland oder im Ruhrgebiet finden sich Räume mit ähnlichen Problemen.

Durch die anhaltende hohe Neuinanspruchnahme von Freiflächen für Siedlungs- und Verkehrszwecke insbesondere in den suburbanen Gebieten und den Siedlungs- und Verkehrskorridoren werden die durch Raumordnung zu bewältigenden *Nutzungskonflikte* immer stärker. Auch durch neue Nutzungsarten in dünner besiedelten, ländlich strukturierten Regionen wie z.B. die Windenergienutzung und der Anbau nachwachsender Rohstoffe entstehen neue Herausforderungen an ressourcenschonende Raumordnungspolitik. In hochwassergefährdeten Flussgebieten und auf dem Meer stehen wirtschaftliche Nutzungsinteressen und Schutzbedürfnisse immer stärker in Konflikt.

Die Bewältigung der räumlichen Auswirkungen dieser Trends durch die Raumordnungspolitik ist dem Leitziel der *Nachhaltigkeit der Raumentwicklung* und der *Herstellung gleichwertiger Lebensbedingungen in allen Teilräumen* verpflichtet. Nachhaltige Raumentwicklung bedeutet vor allem die Sicherung der vielfältigen Raumfunktionen durch aktives Management räumlicher Ressourcen und Raumnutzungen im Spannungsfeld zunehmender Nutzungskonflikte in vielen Regionen. Der Beitrag der Raumordnung besteht in der überfachlichen und überörtlichen Abstimmung und Koordination der verschiedenen Planungen, um die unterschiedlichen, wachsenden Nutzungsansprüche, Entwicklungspotenziale und Schutzinteressen an den Raum miteinander in Einklang zu bringen. Gerade durch den Abwägungsprozess für die raumbedeutsamen Planungen und Maßnahmen können sowohl räumliche, fachliche als auch zeitliche Verstärkungs- und Erweiterungseffekte der fachplanerischen Festlegungen durch die Raumordnung erreicht werden. Der in Kapitel 4 festgestellte leichte Trend zu einer nachhaltigeren Raumentwicklung bei vorherrschend hohen Nachhaltigkeitsdefiziten, lässt hoffen, dass die Raumordnung diesen Anspruch auch in Zukunft einlösen kann.

In der aktuellen Situation muss sich Raumordnung mit dem Prinzip der „Gleichwertigkeit der Lebensverhältnisse" erneut auseinandersetzen und es zeitgemäß interpretieren. Die Schaffung gleichwertiger Lebensverhältnisse in allen Teilräumen ist unbestrittenes politisches Ziel, muss aber den sich regional unterschiedlich verändernden demographischen und strukturellen Rahmenbedingungen Rechnung tragen. Es muss nicht erneut geklärt werden, dass Gleichwertigkeit nicht Gleichheit oder Nivellierung bedeutet. Das Gleichwertigkeitsziel bezieht sich auch nicht auf alle Lebensbereiche. Die Raumentwicklungspolitik wird auf Grundlage einer Neuausrichtung ihrer Strategien, Standards und Instrumente sowie nach breiter öffentlicher Debatte Mindeststandards der öffentlichen Daseinsvorsorge definieren müssen, die flexibel der regionalen Nachfrage und den finanziellen Möglichkeiten angepasst sind. Gleichzeitig sollen modifizierte Ausgleichsstrategien zwischen wachsenden und schrumpfenden Regionen für eine überregional ausgeglichenere nachhaltigere Raumentwicklung sorgen. Neue regional- und ortsspezifische Konzepte für flexible und mobile Infrastrukturversorgungen – sowohl in städtischen Ballungsräumen als auch in dünn besiedelten Regionen – müssen entwickelt und erprobt werden.

Für die Diskussion dieser vielfältigen Herausforderungen und der Entwicklung von wirksamen Lösungsstrategien soll dieses Kapitel sowohl einige raumanalytische Grundlagen als auch Politikempfehlungen und beispielhafte Lösungsansätze aus der Modellforschung des Bundes liefern. Dies erfolgt für die drei wichtigen Bereiche der Sicherung der öffentlichen Daseinsvorsorge, einer wachstumsorientierten Regionalentwicklung und dem Freiraumschutz.

Die wohl wichtigste raumordnerische Aufgabe der Zukunft wird es sein, den Auswirkungen des demographischen und wirtschaftsstrukturellen Wandels auf die *öffentliche Daseinsvorsorge* in den schrumpfenden Regionen zu begegnen und eine ausreichende und regional ausgeglichene Versorgung sicherzustellen. Die schwerwiegendsten Auswirkungen werden sich im Bereich der Versorgung im Bildungs- und Gesundheitsbereich sowie bei den sozialen Einrichtungen und im Öffentlichen Personennahverkehr ergeben. In vielen Regionen, insbesondere in den neuen Ländern ist der Rücknahmeprozess von Einrichtungen mit Tragfähigkeitsproblemen bereits im vollen Gange. Die Problemlage wird für diese Bereiche räumlich dargestellt. Lösungsmöglichkeiten werden aufgezeigt und auch anhand von Beispieldarstellungen konkretisiert.

Auch die *Wohnungsversorgung* ist vom demographischen und wirtschaftstrukturellen Wandel direkt betroffen. Die Ausgeglichenheit der regionalen Wohnungsmärkte ist abhängig von den Wanderungspräferenzen der Bevölkerung, die wiederum, zumindest bei weiträumigen Wanderungen, vor allem ökonomisch motiviert ist. So ist der Zusammenhang von allgemeinen Wachstumstendenzen und überhitzten Wohnungsmärkten in Regionen genauso eindeutig, wie der Zusammenhang von allgemeinen Schrumpfungstendenzen und lokalen Wohnungsleerständen. Die unterschiedlichen Problemlagen auf den regionalen Wohnungsmärkten werden hier räumlich konkret dargestellt und anhand von Beispielen unterlegt. Es wird deutlich, dass Lösungsansätze neben den allgemeinen wohnungspolitischen Instrumenten auch raumordnerische Strategien erfordern.

Die enormen Unterschiede in der regionalen Arbeitslosigkeit haben sich in den letzten Jahren verfestigt. Einer *wachstumsorientierten Regionalentwicklung* kommt deshalb in der Raumordnungspolitik zur Schaffung und Sicherung von Arbeitsplätzen in den betroffenen Regionen eine ganz besondere Bedeutung zu. Die regionale Problemlage der Arbeitslosigkeit wird in diesem Kapitel räumlich differenziert dargestellt und den regionalen Entwicklungspotenzialen gegenübergestellt. Eine wachstumsorientierte Regionalpolitik soll an vorhandenen regionalen Entwicklungspotenzialen in Wachstumskernen ansetzen. Diese werden für Ost- und Westdeutschland aufgezeigt.

Durch die zwar schwächer gewordene, aber weiter wachsende Flächenneuinanspruchnahme für Siedlungs- und Verkehrszwecke steht der Freiraum als nicht zu vermehrende endliche Ressource unter Druck. Die *Freiraumversorgung* der Bevölkerung wird dabei regional sehr unterschiedlich zum Problem. Neben den Kernstädten und klassischen Suburbanisierungsgebieten werden immer mehr auch ländliche Regionen von baulicher Inanspruchnahme des Freiraumbestandes betroffen. Auch hier wird das Problem zunächst regional differenziert dargestellt, bevor Lösungsstrategien für eine flächensparende Raumplanung und Landschaftsentwicklung zur Diskussion gestellt werden.

# 5.1 Öffentliche Daseinsvorsorge und Wohnungsversorgung

Eine leistungsfähige Infrastruktur ist für die Bevölkerung Voraussetzung für die Ausübung von Grunddaseinsfunktionen (Arbeiten, Wohnen, am Verkehr teilnehmen, sich versorgen...) und für die Wirtschaft Voraussetzung für Produktion und Vermarktung von Gütern und Dienstleistungen. *Materielle Infrastruktur* in Form von Verkehrswegen, Kommunikationsmöglichkeiten sowie Ver- und Entsorgungsnetze der Energie- und Wasserversorgung muss bereitgestellt werden. Hinzu kommen punktuelle *Infrastruktureinrichtungen* wie Krankenhäuser, Schulen, Kindergärten sowie Kultur- und Freizeiteinrichtungen. Auch *die personelle Infrastruktur* im Bereich der öffentlichen Verwaltung und Dienstleistung gehört zur Daseinsvorsorge einer Region. Räumliche Ausstattungsunterschiede wirken auf die Standortwahl sowohl von Unternehmen als auch von Privathaushalten ein und nehmen damit direkten Einfluss auf die Raumentwicklung. Der Verfassungsauftrag zur Wahrung der Gleichwertigkeit der Lebensverhältnisse in den Teilräumen Deutschlands bezieht sich auf vielfältige Einrichtungen der öffentlichen Daseinsvorsorge, die sowohl Raumstruktur als auch Raumentwicklung prägen.

*Sachkapitalorientierte Infrastruktur* wie Verkehrsnetze, Kommunikationseinrichtungen, technische Ver- und Entsorgungseinrichtungen sind Vorleistungen des Staates, die allgemein verwendbar in den Produktionsprozess eingehen. *Humankapitalorientierte Infrastruktur* umfasst berufliche Erstqualifikationseinrichtungen, Weiterbildungseinrichtungen und Wissenstransfereinrichtungen. Als *haushaltsorientierte Infrastruktur* gelten Einrichtungen der sozialen und kulturellen Infrastruktur sowie die Freizeitinfrastruktur. Sie bestimmen den regionalen Wohn- und Freizeitwert mit und damit die Wohnstandortwahl der Haushalte.

Die heutige *Infrastrukturausstattung* in Deutschland ist historisch gewachsen. Nach der Errichtung von technischer Basisinfrastruktur für das arbeitsteilige Wirtschaften im Raum gewann im Zuge der Industrialisierung der Bereich des Humankapitals (Bildung und Gesundheit) und in der postindustriellen Gesellschaft verstärkt der Bereich der sogenannten weichen Standortfaktoren (soziale, kulturelle und Freizeiteinrichtungen) an Bedeutung. Die Erfassung der regionalen Infrastrukturausstattung ist zur Bestimmung interregionaler Disparitäten und zur Abschätzung des künftigen Bedarfs erforderlich. Eine vollständige Darstellung der regionalen *Infrastrukturversorgung* und Versorgungsgradanalysen werden jedoch dadurch erschwert, dass bundesweite Regionalstatistiken nur lückenhaft verfügbar sind und oft Qualitätsangaben sowie allgemein anerkannte Mindeststandards zu Angeboten fehlen.

Bei Analysen des *Versorgungsgrades* reicht es nicht aus, lediglich das Vorhandensein von Einrichtungen zu prüfen. Neben den unterschiedlichen Qualitäten im Infrastrukturangebot sind es die *Erreichbarkeitsverhältnisse*, die den regionalen Versorgungsgrad bestimmen. Infrastruktureinrichtungen müssen für ihre Adressaten mit zumutbarem Aufwand zugänglich sein. Der Erreichbarkeitsansatz rückt die Zugänglichkeit von Standorten, an denen Leistungen der öffentlichen Daseinsvorsorge angeboten werden, in den Mittelpunkt von Versorgungsanalysen.

Im Rahmen dieses Berichtes erfolgt eine Schwerpunktsetzung in den *Bereichen Bildung, Gesundheit, soziale Einrichtungen* und *Verkehr*. Die öffentliche Daseinsvorsorge in diesen Bereichen ist für die gesellschaftliche Entwicklung und die Gleichwertigkeit der Lebensbedingungen in den Teilräumen der Bundesrepublik Deutschland von fundamentaler Bedeutung. Gleichzeitig ist eine gute, regional ausgeglichene Versorgung in diesen Bereichen Voraussetzung für die arbeitsteilige Produktion von Gütern und Dienstleistungen und damit ein Qualitätsmerkmal für den Standort Deutschland. Gerade hier ist zudem mit einem hohen, durch die Tendenzen der Raumentwicklung (siehe Kapitel 3), insbesondere durch den demographischen Wandel verursachten Anpassungsbedarf zu rechnen.

## Problemräume öffentlicher Daseinsvorsorge

Die öffentliche Daseinsvorsorge in der Bundesrepublik Deutschland weist bei allgemein hohem Versorgungsniveau immer

## Künftige Tragfähigkeitsprobleme

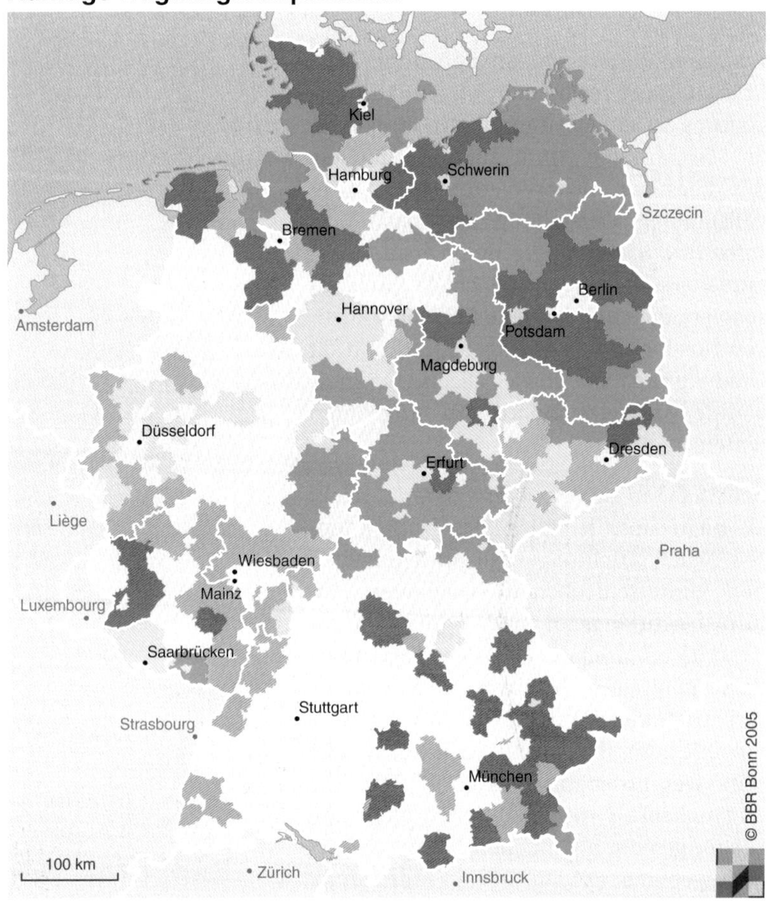


Demographisch bedingte Tragfähigkeitsprobleme

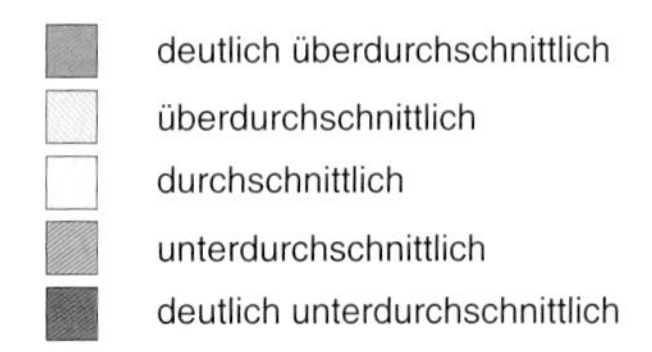


Kreise, Stand 31. 12. 2001
Quellen: BBR-Bevölkerungsprognose 1999-2020/Kreise, Laufende Raumbeobachtung des BBR, Clusteranalyse des BBR

**INFO: Demographische Faktoren der Tragfähigkeit von Infrastruktureinrichtungen**

Regionen sind unterschiedlichen Kombinationen von demographischen Entwicklungen ausgesetzt, die die Tragfähigkeit von Infrastruktureinrichtungen der öffentlichen Daseinsvorsorge gefährden können, wenn die zum wirtschaftlichen Betrieb notwendigen Auslastungsgrade künftig nicht mehr erreicht werden können.

Um die regionale Betroffenheit von solchen Tragfähigkeitsproblemen für die obige Karte einzuschätzen, werden die Regionen nach relevanten demographischen Entwicklungsfaktoren gruppiert. Eine Clusteranalyse von Indikatoren der

- prognostizierten Bestandsänderungen der Gesamtbevölkerung sowie dreier Altersgruppen (Bevölkerungsentwicklung insgesamt und der unter 20-Jährigen, der 20- bis 65-Jährigen und der über 60-Jährigen) zusammen mit
- natürlichen und räumlichen Bevölkerungsbewegungen (natürliches Bevölkerungssaldo und Wanderungssaldo 2000 bis 2020) und der
- Bevölkerungsdichte (2000)

identifiziert fünf Gebietstypen mit unterschiedlic hem Problemdruck und zugrundeliegenden Problemkonstellationen.

noch regionale Disparitäten auf, die allerdings nicht immer dem klassischen Stadt-Land-Unterschied folgen. Die Flächenerschließung mit Netzen und Einrichtungen der öffentlichen Infrastruktur ist durchweg gut. Regionale Unterschiede bestehen insbesondere in der *Qualität der angebotenen Leistungen,* wo geringe Nachfragen an Tragfähigkeitsgrenzen stoßen. Am deutlichsten ist dies im schulischen Bereich, bei der Gesundheitsversorgung und beim Öffentlichen Personenverkehr.

Es steht zu befürchten, dass in Folge der abzusehenden demographischen Entwicklung übliche Mindeststandards der Infrastrukturversorgung und die Tragfähigkeit für Infrastruktureinrichtungen gerade in dünn besiedelten Räumen mit Entleerungstendenzen unterschritten werden, was (selektive) Abwanderungsprozesse wiederum beschleunigen könnte. Auch in größeren Städten, die von Abwanderungen betroffen sind, zeichnen sich für die Infrastrukturversorgung heute bereits erhebliche Kostenprobleme ab.

Betroffen von *Tragfähigkeitsproblemen* sind die Regionen, in denen gering verdichtete Siedlungsstruktur und demographischer Wandel zusammentreffen. Dies äußert sich in der Häufung der Faktoren: geringe Bevölkerungsdichte, Bevölkerungsabnahme und -abwanderung, negativer Saldo der Geburten und Sterbefälle sowie hoher Alterung (siehe INFO). Problemräume der demographischen Entwicklung mit diesen Entwicklungstendenzen konzentrieren sich zwar in den neuen Ländern. Aber auch einige altindustrialisierte und ländliche Räume in den alten Ländern sind davon betroffen.

Schrumpfungsprozesse, die zu Tragfähigkeitsproblemen bei der Infrastrukturversorgung führen können, treffen dünn besiedelte Regionen mit Entleerungstendenzen am härtesten, aber auch Kernstädte – mit dem Unterschied, dass die Kernstädte in der Regel trotz der Bevölkerungsverluste ihre zentralörtlichen Funktionen für ein wachsendes Umland beibehalten und weiter ausfüllen müssen.

Die absehbare Bevölkerungsabnahme führt vor allem in dünn besiedelten ländlichen Räumen zu Problemen der Infrastrukturversorgung. Besonders die peripheren ländlichen Räume Ostdeutschlands weisen hohe Bevölkerungsverluste auf, und es ist auch in Zukunft mit weiterhin überdurchschnittlichen Abnahmen zu rechnen. Gleichzeitig wird die Zahl älterer Bewohner stark zunehmen. Im Infrastrukturangebot werden angesichts der für Deutschland bereits dünnen Besiedlungsdichten schnell Tragfähigkeitsgrenzen erreicht. Es besteht die Gefahr, dass sich die Abwanderungen mit zunehmenden Versorgungsdefiziten selbst verstärken.

## Schulische Versorgung

In Deutschland, einem exportorientierten und gleichzeitig rohstoffarmen Land, hängen Entwicklungschancen in hohem Maße vom Bildungs- und Qualifikationsniveau der Bevölkerung ab. Bedeutung erlangen Bildungsangebote in der gesellschaftlichen Entwicklung vermehrt durch die Forderung nach lebenslangem Lernen in einer sich kontinuierlich wandelnden Arbeitswelt. Ein qualitativ hochwertiges Angebot ortsnaher Schulen ist sowohl für Familien bei der Auswahl eines Wohnstandorts als auch für Unternehmen als weicher Standortfaktor bedeutsam. Investitionen in die qualitative Aufwertung des Humankapitals durch den Ausbau schulischer Infrastruktur stärken daher genau so wie der Ausbau unternehmensnaher Wissenstransfereinrichtungen oder Innovationszentren die regionale Standortqualität für Unternehmen.

Das Bildungswesen in Deutschland gliedert sich in den *Elementarbereich* (Kindergarten), den *Primarbereich* (Grundschule), den *Sekundarbereich* (verschiedene Schulformen), den *tertiären Bereich* (Hochschulen) und den Bereich der *Weiterbildung*. Die allgemeine Schulpflicht beginnt für alle Kinder nach der Vollendung des sechsten Lebensjahres und beträgt neun oder zehn Schuljahre. Anschließend unterliegen Jugendliche, die keine weiterführende allgemein bildende oder berufliche Schule besuchen, der Berufsschulpflicht (drei Teilzeitschuljahre).

### Primär- und Sekundarbereich

Die von Schulabgängern erreichten Abschlüsse im Primär- und Sekundarbereich zeigen in ihrer Zusammensetzung neben länderspezifischen auch regionale Abweichungen, die der Siedlungsstruktur folgen. In den Städten und verdichteten Räumen liegen die Anteile der Erlangung der allge-

**Schulabgänger**

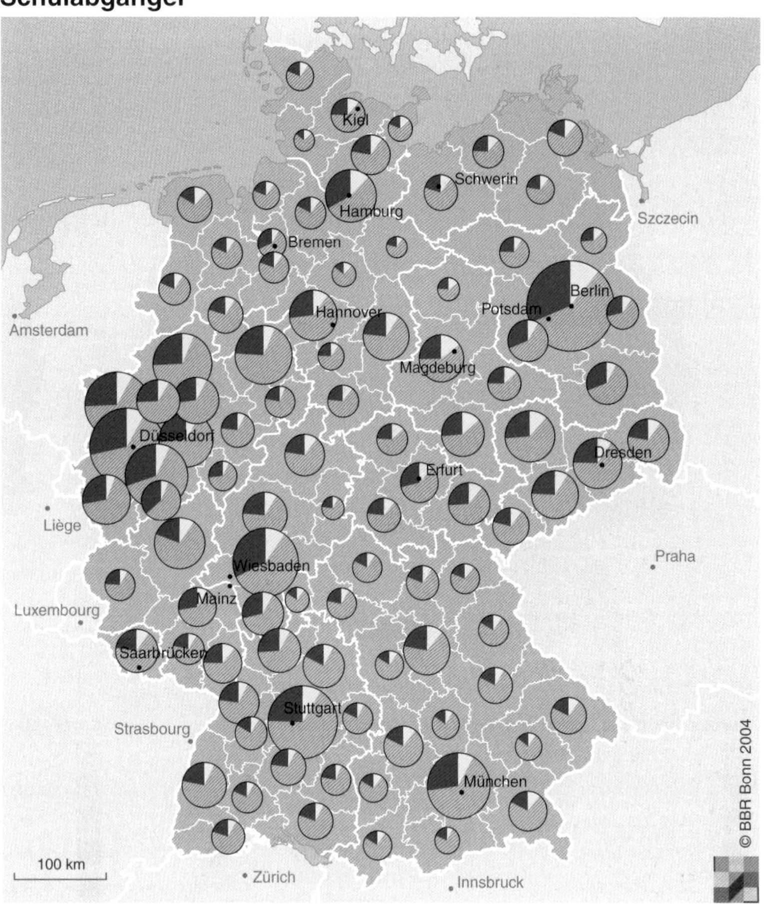

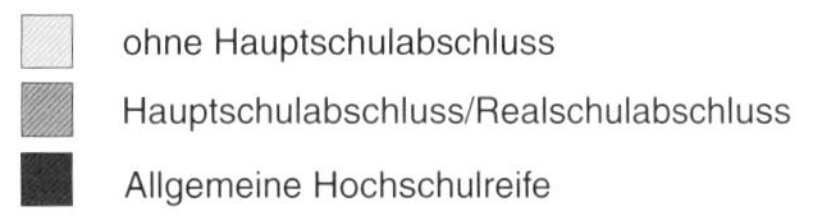


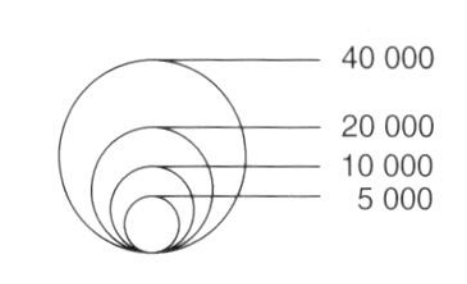


Raumordnungsregionen, Stand 31. 12. 2001
Quelle: Laufende Raumbeibachtung des BBR
Datengrundlage: Statistik der allgemein bildenden Schulen des Bundes und der Länder

meinen Hochschulreife höher als in gering verdichteten Räumen. In Zentren wohnhafte Schüler finden vor Ort ein breiteres Angebot an weiterführenden Schulen vor. Der Anteil der Schulabbrecher ohne Schulabschluss ist dagegen in gering verdichteten, peripheren Regionen oft geringer als in Zentralräumen, die teilweise auf soziale Problemlagen oder vermehrte Integrationsprobleme von Schülern mit Migrationshintergrund zurückzuführen sein können.

Im Bildungsbereich liegt auf Länderebene eine wichtige Aufgabe in der Aufrechterhaltung eines differenzierten und leistungsfähigen regionalen Schulangebotes. In den Ländern werden dazu gemeinsam mit den Trägern der öffentlichen Schulen (Gemeinden, Kreise und kreisfreie Städte) wechselseitig abgestimmte *Schulentwicklungsplä-*

**Grundschulgrößen**

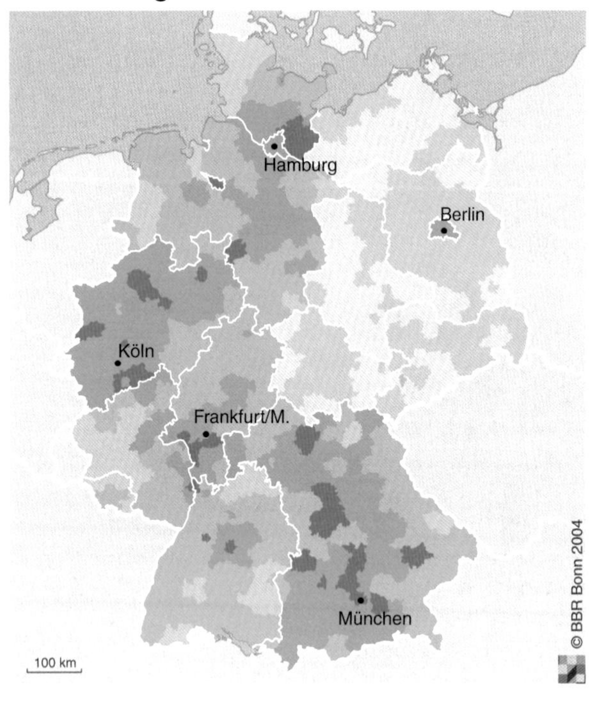


**Durchschnittliche Schülerzahlen an Grundschulen 2002**

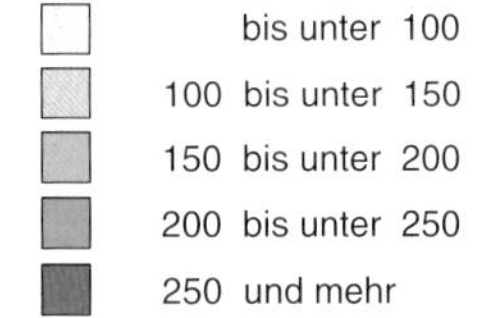

bis unter 100
100 bis unter 150
150 bis unter 200
200 bis unter 250
250 und mehr

Quelle: Laufende Raumbeibachtung des BBR
Datengrundlage: Statistik der allgemein bildenden Schulen des Bundes und der Länder

**Gymnasiengrößen**

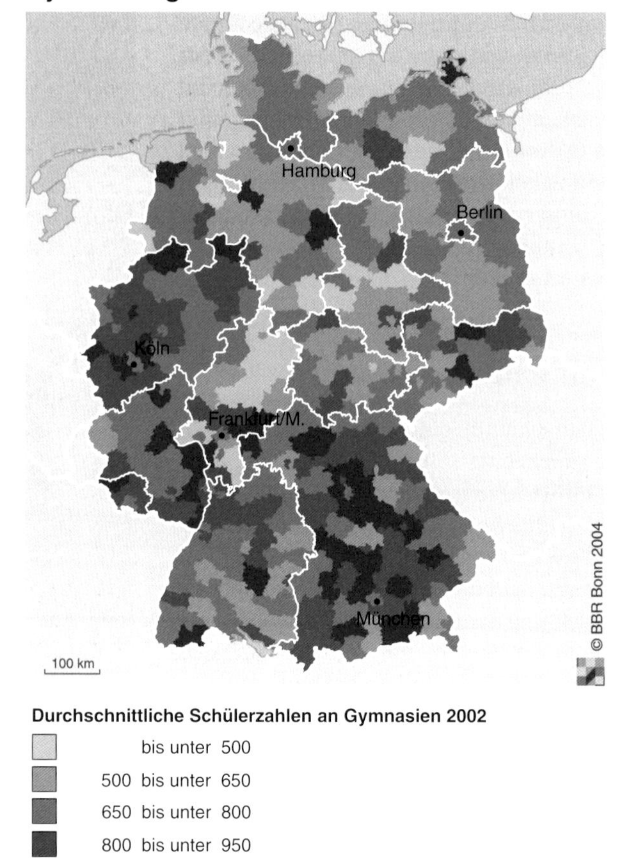


Anmerkung: Gesamtschulformen sind nicht mit eingegangen.

Kreisregionen, Stand 31. 12. 2001

*ne* ausgewiesen, die den gegenwärtigen und künftigen Bedarf fortschreiben und Schulstandorte festlegen. Die Entwicklung der Schülerzahlen ist dabei das entscheidende Planungskriterium. Wachsende Schülerzahlen gefährden die Qualität des Bildungsangebots etwa durch größere Klassen. Ein Anstieg kann durch die Einrichtung neuer Klassen und eine höhere Zahl von Lehrkräften ausgeglichen werden. Abnahmen von Schülerzahlen können dazu führen, dass sich die Klassenzahl an Schulen verringert, Schulstandorte oder sogar ganze Schularten wegfallen, weil Tragfähigkeitsgrenzen überschritten werden. Dies trifft insbesondere die dünn besiedelten Räume, deren schulisches Angebot bereits gefährdet ist. Der Wegfall einer wohnungsnahen schulischen Versorgung wird dann durch weitere Schulwege kompensiert.

Neben der Erlangung von Schulabschlüssen und hoher Qualität des differenzierten Schulangebotes wird die Versorgungsqualität für die Bevölkerung dadurch bestimmt, wie gut Schulen von den Wohnstandorten der Familien aus erreichbar sind. Die gute *Erreichbarkeit eines vielfältigen Schulangebotes* steht wiederum in engem Zusammenhang mit der *Wirtschaftlichkeit* von Schulen. Schulen, die gewisse Schülerzahlen je Standort unterschreiten, sind nicht so effizient zu betreiben wie größere Schulen: In Grundschulen wird aus arbeitsorganisatorischen und finanziellen Gründen angestrebt, mindestens zweizügig zu unterrichten. Bei einer durchschnittlichen Klassenstärke von 25 Schülern und vier Schuljahrgängen beläuft sich demnach die angestrebte Mindestgröße von Grundschulen auf etwa 200 Schüler. Haupt- oder Realschulen mit acht oder neun Schuljahrgängen müssten demnach 300 Schüler, Gymnasien oder Gesamtschulen 400 bzw. 450 Schüler aufweisen. Beim Angebot von Wahlpflichtbereichen an Realschulen oder der gymnasialen Oberstufe liegen Mindestgrößen noch darüber. An den insgesamt 17 175 Grundschulen werden durchschnittlich 187 Schüler, an den 3 168 Gymnasien 721 Schüler unterrichtet.

## Schülerzahlen an Grundschulen sinken

Die tatsächlichen Schulgrößen der Grundschulen liegen bereits heute in einigen Regionen – am deutlichsten in den neuen Ländern, aber auch teilweise in Schleswig-Holstein und Niedersachsen oder Rheinland-Pfalz – teilweise weit unter den angestrebten Mindestgrößen. In den neuen Ländern macht sich der Geburteneinbruch nach der Wiedervereinigung heute auch in den geringen Grundschulgrößen bemerkbar, eine Entwicklung, die den Schulen der Sekundarstufe erst noch bevorsteht.

### Bildungseinrichtungen und demographischer Wandel

Das Schulwesen ist vor allem durch einen *Rückgang der Schülerzahlen* aber auch von zunehmendem *Integrationsbedarf* von Schülern mit Migrationshintergrund vom demographischen Wandel betroffen. Gravierende Abnahmen der bildungsrelevanten Bevölkerung treffen Regionen in den neuen Ländern besonders stark. Die Zahl der Schulpflichtigen hat bereits in der zweiten Hälfte der 1990er Jahre um ein Fünftel abgenommen und wird bis 2005 voraussichtlich um eine weiteres Drittel zurückgehen. Danach ist allerdings wieder ein leichter Anstieg der Schülerzahlen zu erwarten.

*Grundschulen* sind bereits unmittelbar vom demographischen Wandel betroffen, wie die Entwicklung der Schülerzahlen und der Schulen von 1995 bis 2001 aufzeigt. Hier kommt der Geburteneinbruch in den neuen Ländern nach der Wiedervereinigung zum Tragen. Die dünn besiedelten Regionen der neuen Länder sind diejenigen, die – bedingt durch den starken Rückgang von Grundschülerzahlen – am meisten von Schulschließungen betroffen waren. Die rückläufigen Schülerzahlen müssen zwangläufig entweder zu kleineren Schulen oder zu weniger Schulen führen. Schon heute

**Grundschulentwicklung**

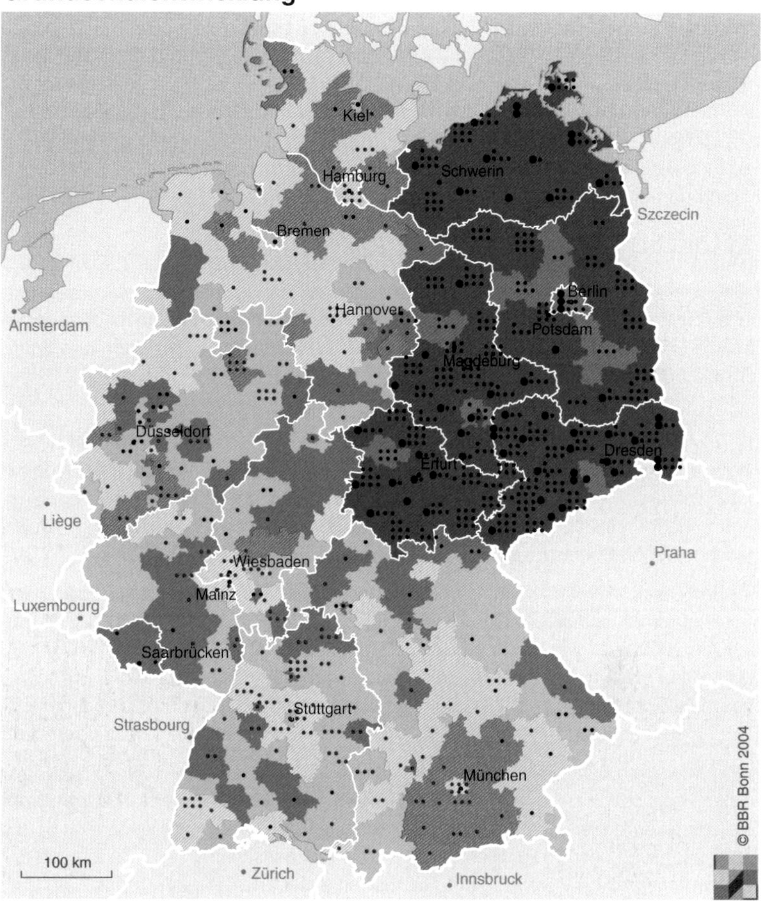


**Entwicklung der Schülerzahlen in Grundschulen 1995 bis 2002 in %**

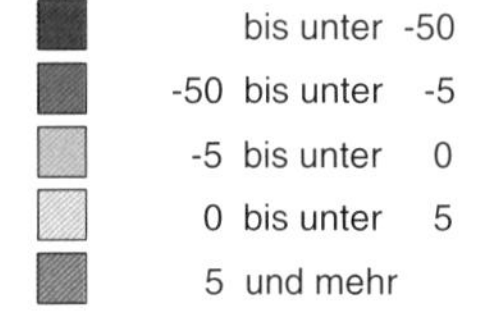

bis unter -50
-50 bis unter -5
-5 bis unter 0
0 bis unter 5
5 und mehr

Kreisregionen, Stand 31. 12. 2001
Quelle: Laufende Raumbeobachtung des BBR
Datengrundlagen: Statistik der allgemein bildenden Schulen des Bundes und der Länder

**Entwicklung der Anzahl der Grundschulen 1995 bis 2002**

- Zunahme 1 Grundschule
- Abnahme 1 Grundschule
- Abnahme 10 Grundschulen

Anmerkung: Die Signaturen der Grundschulen bezeichnen keine Standorte. Sie wurden zur Darstellung über die jeweilige Kreisregionsfläche gleichmäßig angeordnet.

sind die Grundschulen unter betriebswirtschaftlichen Gesichtspunkten oft zu klein. Es wird damit zunehmend schwieriger, ein hochwertiges und breites Schulangebot flächendeckend aufrecht zu erhalten.

## Schließung von Grundschulen in den neuen Ländern bereits weit verbreitet

Sinkende Schülerzahlen können schließlich dazu führen, dass Schulstandorte geschlossen werden. Damit verschärft sich das Spannungsverhältnis zwischen guter Erreichbarkeit und wirtschaftlichem Betrieb von Bildungseinrichtungen weiter.

**BEISPIEL: Kleine Grund- und Regelschulen in Ostthüringen**

Unter dem Ausgangmotto „Die Schule muss im Dorf bleiben" hat eine Arbeitsgruppe in Ostthüringen angesichts einer Halbierung der Schülerzahlen und einer traditionell kleinteiligen Siedlungsstruktur mit teilweise ungünstigen topographischen Bedingungen (Mittelgebirge) die dauerhafte Tragfähigkeit kleiner Schulen zur Aufrechterhaltung wohnortnaher Bildungseinrichtungen geprüft. Prüfkriterien waren pädagogische Leistungsfähigkeit (gemessen in Übergangs- und Abbruchquoten) sowie kumulierte Kosten des Schulträgers, des Schulamts und des Schülertransports.

Grundschulen mit jahrgangsübergreifendem Unterricht erwiesen sich nach Befragungen von Lehrkräften weiterführender Schulen als pädagogisch tragfähig. Die Leistungsfähigkeit kleiner Schulen ist allerdings vor allem an die Fähigkeit und Bereitschaft der jeweiligen Lehrkräfte zu einem binnendifferenzierten Unterricht, eine regelmäßige Erfolgskontrolle sowie das uneingeschränkte Vertrauen der Eltern und Schüler geknüpft.

Ein Vergleich der Kosten von Schulen unterschiedlicher Größe in der Region belegte die Tragfähigkeit dezentraler Schulmodelle mit Schulen unterhalb traditioneller Mindeststandards durch geringere Beförderungskosten und bei Erschließung von Sparpotenzialen bei existenzbedrohten kleineren Schulen. Im dünn besiedelten ländlichen Raum spricht dies für eine nach den regionalen Bedingungen „maßgeschneiderte" Schulstruktur.

Für den Bereich Grundschulen ist der Anpassungsprozess in den Landkreisen Saalfeld-Rudolstadt und Saale-Orla-Kreis weitgehend abgeschlossen: Von 39 Grundschulen 2000/2001 werden nach Schließung einer weiteren Grundschule 2004/2005 33 erhalten bleiben. Trotz vier kleiner Schulen wird mit diesem Netz in drei Fällen der maximale Einzugsbereich gemäß thüringischer Verwaltungsvorschrift, d.h. 8 km Entfernung zum Schulort oder zweimal 35 Minuten Schulweg, jedoch bereits überschritten.

In den Regelschulen (Haupt- und Realschulen) findet der drastische Rückgang der Schülerzahlen zurzeit statt. An 25 Schulen ist eine Reduzierung von insgesamt 56 auf 30 Klassenzüge notwendig. Diese könnten rein rechnerisch und ohne Beachtung der Erreichbarkeit an zehn dreizügigen Standorten zusammengefasst werden. Um eine möglichst wohnortnahe Beschulung sicherzustellen, aber auch um die kulturelle Funktion der Schule im Ort zu bewahren, findet hier ebenfalls das Konzept der kleinen Schulen Anwendung. Unter Verzicht auf Parallelklassen, Einschränkung der Lehrkapazitäten und der Wahlpflichtangebote können im günstigsten Fall 16 bis 17 Schulstandorte, davon neun kleine, erhalten bleiben.

**Einzugsradien von Grundschulen in Ostthüringen**

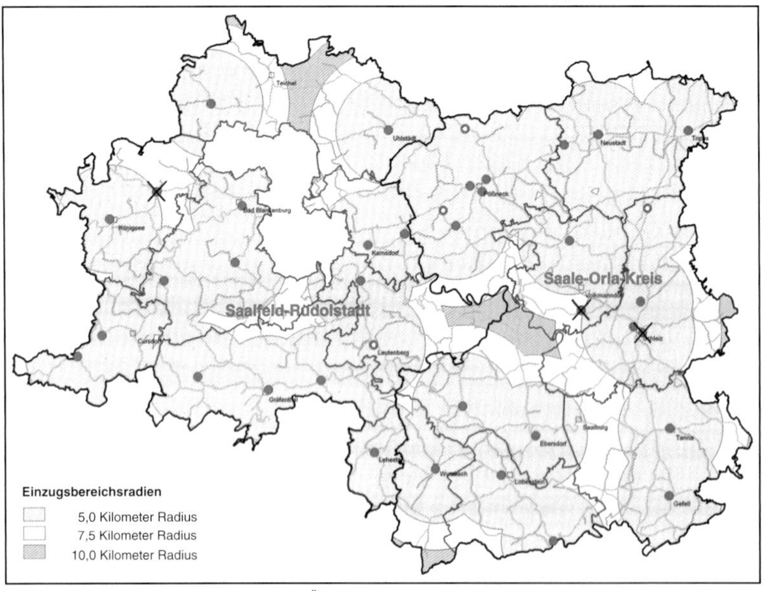


Quelle: Freie Planungsgruppe Berlin GmbH: Übertragung des Modellansatzes "Kleine Schulen im ländlichen Raum'" auf die Modellregion Ostthüringen. Berlin 2004

Die Präsentation dieses Fallbeispiels basiert auf einer Expertise des Institutes für Stadtforschung und Strukturpolitik GmbH (IfS) im Rahmen des Modellvorhabens der Raumordnung „Anpassungsstrategien für ländliche/periphere Regionen mit starkem Bevölkerungsrückgang in den neuen Ländern".

Eine Ausdünnung des Netzes von Schulstandorten führt zwangsläufig zu Erreichbarkeitsproblemen. Für junge Familien stellt die *fußläufige Erreichbarkeit von Grundschulen* einen wichtigen Aspekt der Lebensqualität und der Wohnstandortwahl dar. Schulwege von mehr als zwei bis drei Kilometern Länge verursachen erhebliche Kosten für die Schülerbeförderung, die mit zunehmenden Entfernungen ansteigen. Steigende Schülerzahlen dagegen gab es im gleichen Zeitraum noch in weiten Teilen der alten Länder. Sie konzentrierten sich in den Umlandbereichen um Kernstädte der Zentralräume. Dort entstanden an einer Vielzahl von Standorten neue Grundschulen. Für die kommenden Jahre bis 2010 ist aber auch dort mit Rückgängen der Altersgruppe der Sechs- bis unter Zehnjährigen zu rechnen.

Der bis zum Jahr 2020 vorausberechnete Rückgang der Schülerzahlen im Zuge des demographischen Wandels lässt vielfach eine Unterschreitung der formulierten Mindestschulgrößen erwarten. Dieses Problem verschärft sich in einigen Bundesländern zusätzlich durch die Umstellung auf das zwölfjährige Abitur.

### Strategien zur Sicherung eines qualitativ hochwertigen und wohnungsnahen Schulangebotes

Die demographischen Prozesse führen zu einer generellen Diskussion der *Schulstruktur*, etwa in der Frage, ob alle Schulformen nebeneinander benötigt werden. Es bieten sich verschiedene Möglichkeiten an, durch strukturelle Änderungen im Schulbereich dem demographischen Wandel zu begegnen. Beispielsweise könnte in der gymnasialen Oberstufe der Übergang vom Klassenverband zum Kurssystem, das aufgrund der umfangreichen Wahlangebote gewisse Mindestgrößen voraussetzt, aufgegeben werden. Gerade für sehr kleine Schulen könnten verstärkt Ansätze eines jahrgangsübergreifenden Unterrichts genutzt werden. Hierbei kommen vor allem die Grundschulen etwa durch eine Zusammenlegung der Jahrgangsstufen 1 und 2 oder 3 und 4 in Betracht. Schulstrukturänderungen sind aber stark umstritten. Während zum Beispiel in Finnland bis zur Klasse 10 das Konzept der Einheitsschule besteht, dominiert in Deutschland bislang die Idealvorstellung möglichst homogener Lerngruppen.

**BEISPIEL: Zweckverband Regionale Berufsschule Mecklenburgische Seenplatte**

Ab 2006/2007 wird sich die Zahl der Berufsschüler in der Region Mecklenburgische Seenplatte und dem eng mit ihr verflochtenen Nachbarkreis Uecker-Randow gegenüber dem Stand im Jahr 2000 mehr als halbieren. Der Planungsverband beschloss daher bereits 2001, ein Konzept für eine angepasste regionale Berufsschulstruktur zu erarbeiten.

Eine Arbeitsgruppe aus Regional- und Kreisplanern, Schulträgern und Schulämtern bekam die Vorgabe, die Berufsschulen von acht auf fünf zu reduzieren (eine Schule pro Kreis/kreisfreie Stadt). Die verbleibenden Schulen sollten sich jeweils auf ausgewählte Ausbildungsfächer spezialisieren, um nicht durch zu kleine Klassen Ausbildungsgänge zu verlieren. Unter Inkaufnahme längerer Fahrtwege von Schülern und Lehrern sollte so ein breites und attraktives Ausbildungsangebot in der Region gesichert werden.

Der strategische Ansatz erwies sich jedoch als nicht tragfähig: Die verbleibenden Schulen würden nur die unterste Mindestgrenze der Verordnung zur Schulentwicklungsplanung des Landes Mecklenburg-Vorpommern erfüllen. Zudem war das Konzept wegen der unproportionalen Belastung der Kreise politisch nicht konsensfähig bzw. nicht weitreichend genug.

Im Planungsverband wurde daher die Bildung einer Regionalen Berufsschule über die Gründung eines Zweckverbands der Kreise/kreisfreien Stadt als Lösungsansatz diskutiert. Bei der Bewertung potenzieller Schulstandorte waren die räumliche Nähe zum Wohnort der Schüler und potenziellen Ausbildungsbetrieben sowie die Erreichbarkeit mit dem ÖPNV bzw. dem Individualverkehr von hoher Priorität. Von sechs gutachterlich untersuchten Varianten erwies sich unter Erreichbarkeits- und Kostenaspekten mittelfristig eine stärkere Zentralisierung auf die drei Berufsschulstandorte Neubrandenburg und Neustrelitz für zentrenrelevante Berufsfelder sowie Waren (Müritz) mit nicht zentrenrelevanten Berufsfeldern als am günstigsten.

Der Vorstand des Regionalen Planungsverbands hat im April 2004 auf Basis des Gutachtens die Gründung des Regionalen Berufsschul-Zweckverbands mit zeitlich befristet zunächst fünf Schulstandorten beschlossen. Er soll bis zum Schuljahresbeginn 2005/2006 arbeitsfähig sein.

## Berufsschulstandorte

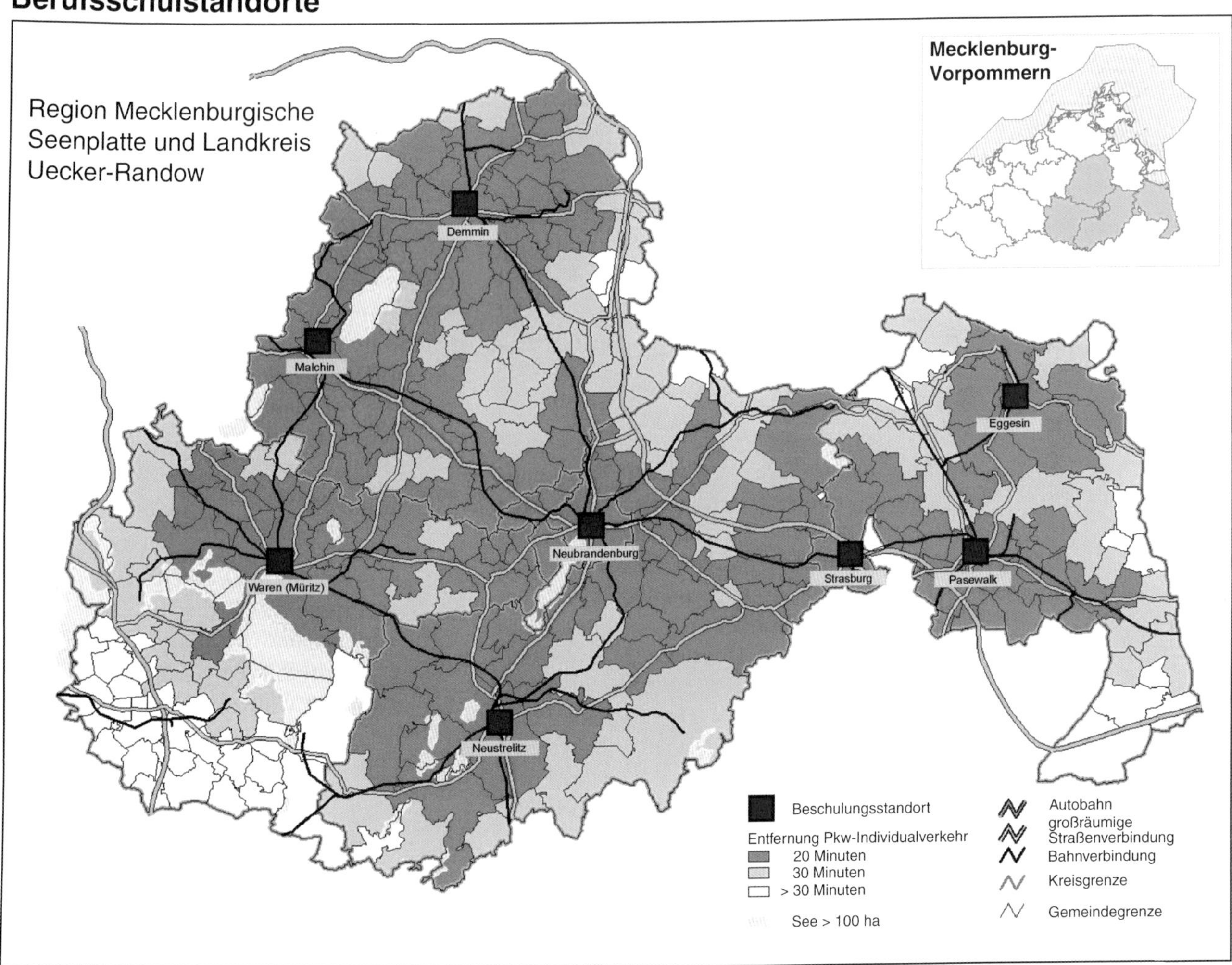


Quelle: Hansa Accounting GmbH, Präsentationsfolie zur "Gutachterlichen Stellungnahme. Finanzielle Auswirkungen eines Schulzweckverbandsmodells für die beruflichen Schulen in der Region Mecklenburgische Seenplatte und dem Landkreis Uecker-Randow" zum Abschlussforum am 14. 5. 2004.
Erstellung: Amt für Raumordnung und Landesplanung Mecklenburgische Seenplatte

Die Präsentation dieses Fallbeispiels basiert auf einer Expertise des Institutes für Stadtforschung und Strukturpolitik GmbH (IfS) im Rahmen des Modellvorhabens der Raumordnung „Anpassungsstrategien für ländliche/periphere Regionen mit starkem Bevölkerungsrückgang in den neuen Ländern“.

Die Förderung von *Privatschulen* könnte ebenfalls eine Alternative zu Schulschließungen bieten. Die Privatschulen weisen vergleichsweise geringe Größen auf, verfügen aber aus unterschiedlichen Gründen (niedrigere Lohnkosten, Schulgeld, Spenden) auch über einen größeren Finanzierungsspielraum. Heute ist bei der Schulform Gymnasium ein relativ hoher Anteil an Privatschulen vorzufinden.

Können einzelne Schulstandorte aufgrund sinkender Schülerzahlen die Qualität ihres Unterrichts nicht länger gewährleisten, so bietet sich der Aufbau von *Schulverbünden* an. Gemeinsames Lehrpersonal oder eine übergeordnete Verwaltung können zu einer wohnungsnahen Versorgung bei gleichzeitig guter Qualität der Schulstandorte beitragen. Unter den weiterführenden Schulen lassen sich innerhalb von Schulverbünden ergänzende Angebote zusammenführen. Insbesondere erfordern steigende Anteile von nicht-deutschsprachigen Kindern in einigen Regionen qualitativ hochwertige Angebote, um zunehmenden Tendenzen zur Segregation entgegen zu wirken.

Für die Sekundarstufe, wo differenzierte Bildungswege in verschiedene weiterführende Schulformen verzweigen, gestaltet sich die Situation noch schwieriger als im Primarbereich mit nur einer Schulform. Eine Standortpolitik, die sich an den gut erreichbaren Zentralen Orten ausrichtet, ist hier vorteilhaft.

Das Spannungsfeld zwischen Wirtschaftlichkeit und Erreichbarkeit zeigt sich besonders deutlich in der Entwicklung der Berufsschullandschaft mit nur gut 1 700 Berufsschulstandorten im dualen System der beruflichen Bildung. Für *Berufsschulen* gibt es unter anderem Überlegungen, im Rahmen einer *Internatslösung* Blockunterricht anzubieten. Durch die gebündelte Lernphase entfällt der Großteil der Fahrzeiten und -kosten, und die längere ununterbrochene Anwesenheit der Auszubildenden im Betrieb eröffnet zusätzliche Möglichkeiten der Gestaltung der Ausbildung bei erhöhter Effizienz.

Auch für andere Schulformen kann auf Internatslösungen zurückgegriffen werden, um in dünn besiedelten Regionen einerseits ein qualifiziertes Angebot bereitzustellen, das wirtschaftlich tragfähig ist, und andererseits pädagogische Vorteile und Kontaktmöglichkeiten für die Schüler erschließt.

**Hochschulen**

Hochschulen zählen zu den überregional und bundespolitisch bedeutsamen Einrichtungen des Wissenstransfers, die die wirtschaftliche Entwicklung in Regionen fördern. Nach dem Hochschulbauförderungsgesetz wird seit 1969 angestrebt, in einer umfassenden Rahmenplanung für den Aus- und Neubau von Hochschulen überregionale Gesichtspunkte einschließlich der regionalen Verteilung der Hochschulstandorte zu berücksichtigen. Bund und Länder haben bei der Erfüllung der Gemeinschaftsaufgabe darauf hinzuwirken, dass die Hochschulen nach Aufgabenstellung, Fachrichtungen, Zahl, Größe und Standort ein zusammenhängendes System bilden, durch das ein ausreichendes und ausgeglichenes Angebot an Studienplätzen und Forschungskapazitäten gewährleistet wird.

Neben der primären Aufgabe einer Erweiterung der Hochschulkapazitäten verbanden sich mit der Neugründung von Hochschulen und dem Ausbau des gesamten Hochschulsektors regionalpolitische Zielsetzungen. Die *Regionalisierung des Hochschulangebots* gilt als ein Element der Chancengleichheit beim Zugang zum Studium. Entsprechend sind seit 1960 eine Reihe von neuen Universitäten in dünn besiedelten Gebieten der westdeutschen Länder errichtet worden, die nur über wenige Hochschulstandorte verfügten. Konstanz, Trier, Passau, Bamberg und Bayreuth sind typische Beispiele solcher peripher gelegenen Neugründungen.

Gleichermaßen war es erklärtes Ziel bei der Neugestaltung der Hochschullandschaft in den ostdeutschen Ländern seit 1990, der Konzentration von Hochschulen an wenigen Standorten entgegenzuwirken und ein regional ausgewogenes Hochschulangebot sicherzustellen, wozu insbesondere die neugegründeten Fachhochschulen beitragen. Vor allem Brandenburg wie auch Mecklenburg-Vorpommern hatten Nachholbedarf an Hochschuleinrichtungen.

Insgesamt hat sich das regionale Angebot an Studienmöglichkeiten über die letzten 30 Jahre erheblich verdichtet, wobei den Fachhochschulen eine besondere Rolle zugefallen ist. So befindet sich ein enges Netz von Universitäten und Fachhochschulen im Westen Deutschlands entlang der Linie Münster/Bochum/Frankfurt/Stuttgart und

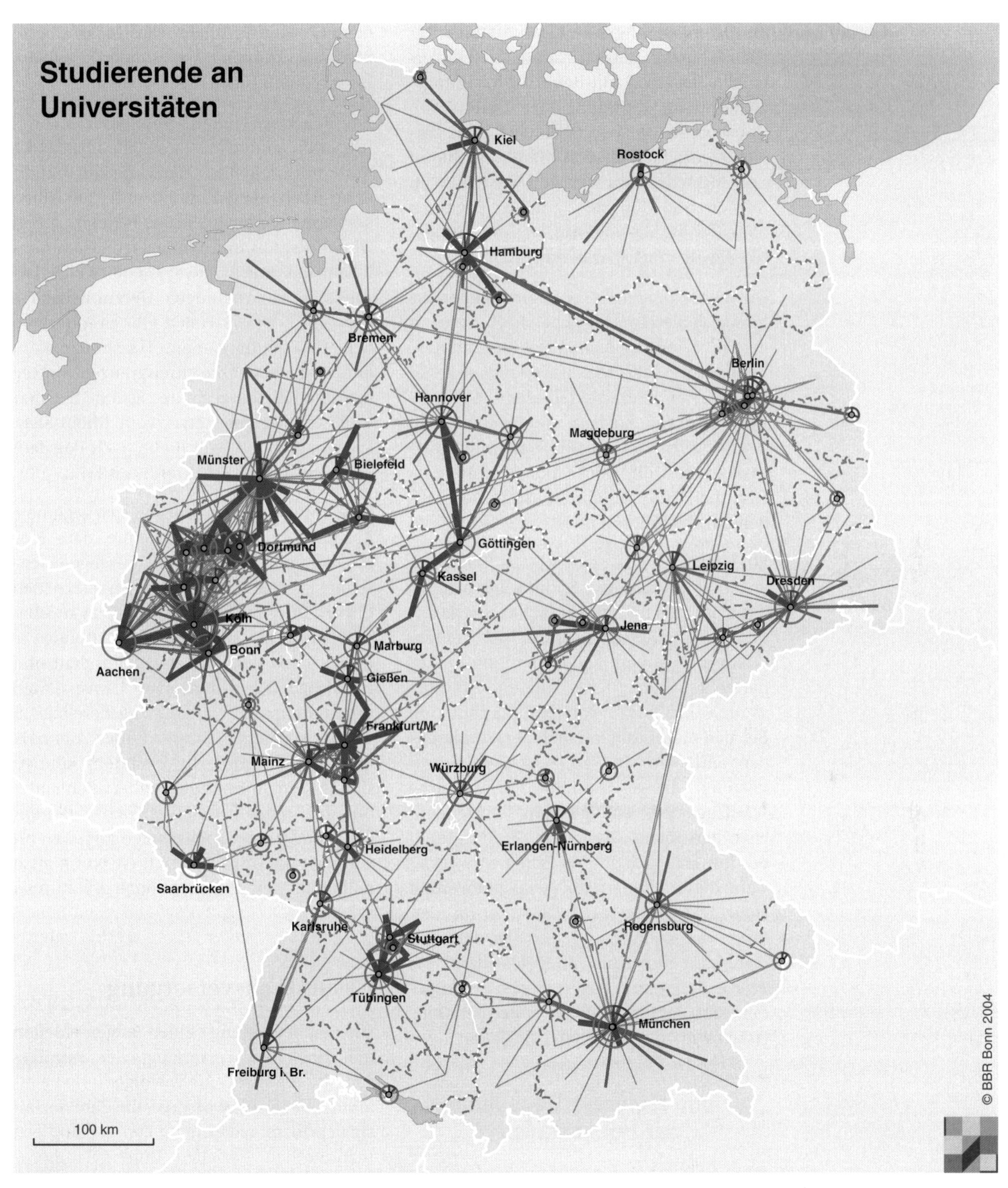


**Herkunft - Studienort - Beziehung der Studierenden an Universitäten nach Anzahl der Studenten im Wintersemester 2002/2003 (Regionale Herkunft nach Erwerb der Hochschulzugangsberechtigung)**

200 bis unter 500

500 bis unter 1000

1000 und mehr

Anmerkung: Dargestellt sind nur Herkunft-Studienort-Beziehungen mit mehr als 200 Studierenden von 76 ausgewählten Universitäten

Kreise, Stand 31. 12. 2002
Datengrundlage: Statistisches Bundesamt - Sonderauswertung der Hochschulstatistik

**Studierende insgesamt im WS 2002/2003 an Universitäten**

60 000
20 000

Ausländische Studierende

Deutsche Studierende

Grenze der anhand der jeweils stärksten Herkunft-Studienort-Beziehung abgegrenzten Einzugsbereiche der Universitäten im Osten entlang der Linie Magdeburg/Halle/Leipzig/Dresden. Diese Linien verbinden Regionen mit hoher Bevölkerungsdichte. Eine weitere Konzentration von Hochschulen findet sich auch in den großen Zentralräumen von Hamburg, Berlin und München. Im Übrigen bestehen im Norden und Südosten größere Regionen ohne Hochschulstandorte, was der geringeren Bevölkerungsdichte entspricht.

Die Ausstattung mit *Universitäten* über das Bundesgebiet hinweg überwiegt zwar in den bevölkerungsreichen Ballungsräumen, ist aber insgesamt regional relativ ausgeglichen. Die Fördermittel der „Gemeinschaftsaufgabe Ausbau und Neubau von Hochschulen" sind ebenfalls räumlich ausgewogen auf die Hochschulstandorte verteilt, die Fördermittelhöhe ist an den Studentenzahlen orientiert.

Ein Hinweis auf die Qualität der Bildungsangebote im tertiären Bildungsbereich liefert der Anteil der *ausländischen Studierenden*. Hochschulen müssen sich einem Wettbewerb untereinander und international stellen, Studienleistungen und Examina werden einander gegenseitig anerkannt. Bei den Ausländeranteilen der Studierenden enthalten sind 28 % sog. Bildungsinländer, die als Ausländer ihre Hochschulzugangsberechtigung in Deutschland erworben haben. Unter dem Gesichtspunkt der Integration ist es als Erfolg zu werten, wenn dieser Anteil weiter gesteigert werden kann. Die Bundesregierung strebt an, den Anteil der Bildungsausländer an den Studierenden insgesamt in Deutschland bis 2008 auf 10 % zu erhöhen. In den vergangenen zehn Jahren ist dieser Anteil kontinuierlich von 4,7 % auf 8,4 % gestiegen.

### Hohe regionale Bedeutung der Hochschulen

Der Wettbewerb der Universitäten untereinander um deutsche Studierende wird in der kartographischen Darstellung der umfangreichsten regionalen *Herkunftsverflechtungen ihrer Studierenden* deutlich (siehe Karte: „Studierende an Universitäten"). Beziehungen zwischen Herkunftsregion als Kreis des Erwerbs der Hochschulreife und Hochschulstandort bewegen sich hauptsächlich innerhalb von Hochschulregionen – was auf die hohe regionale Bedeutung von Hochschuleinrichtungen hindeutet. Überregionale Ortswechsel zum Studium können insbesondere größere Hochschulen für sich verbuchen.

Von den insgesamt 1,2 Mio. berücksichtigten Studierenden aus Deutschland zeigt die Karte nur diejenigen Herkunftskreis-Studienort-Beziehungen mit mehr als 200 Fällen und ohne die etwa 250 000 Fälle, in denen Herkunftskreis und Studienort zusammenfallen, das macht etwa 724 000 Fälle. Die stärksten kleinräumigen Herkunftsbezüge von bis zu 20 000 Fällen gibt es innerhalb der Großstadtregionen Hamburg, Köln oder München. Über Kreisgrenzen hinweg umfassen die dargestellten Ströme bis über 4 000 Studierende, etwa vom Rhein-Sieg-Kreis nach Bonn, von Berlin nach Potsdam oder vom Rhein-Erft-Kreis nach Köln.

Aus diesen Strömen ergeben sich regionale Einzugsbereiche in dem Sinne, dass Einzugsbereiche, in denen die jeweilige Hochschule den überwiegenden Anteil an den Erwerbern einer Hochschulzugangsberechtigung für sich gewinnen können. Je nach Dichte der Hochschullandschaft und nach Bedeutung einzelner Universitäten orientieren sich diese Einzugsbereiche in unterschiedlicher Größe. Einige kleinere, hochspezialisierte Universitäten können sich in keinem Kreis gegenüber allen anderen Hochschulen durchsetzten. Studierende gerade dieser Hochschulen kommen oft von weit her. Ihre Herkunft ist, wenn auch nicht in hohen Zahlen, so doch großräumig verteilt.

## Gesundheitsversorgung

Die Sicherstellung einer angemessenen medizinischen Versorgung der Bevölkerung ist ebenfalls eine wichtige Aufgabe öffentlicher Daseinsvorsorge, die dem Sozialstaatsprinzip entspringt. Die zuständigen Institutionen beziehen durch Raumordnungsklauseln in den gesetzlichen Grundlagen bei Planung und Controlling der ambulanten und der stationären medizinischen Versorgung auch Ziele der Raumordnung und Landesplanung ein.

Sowohl *ambulante* als auch *stationäre Versorgung* innerhalb Deutschlands finden sich im internationalen Vergleich auf hohem Niveau. Die erforderliche Infrastruktur ist flächendeckend in guter Qualität vorhanden. Eine medizinische Grundversorgung ist für jedermann verfügbar und in der

Literaturhinweise:

Sekretariat der Ständigen Konferenz der Kultusminister der Länder (Hrsg.): Das Bildungswesen in der Bundesrepublik Deutschland 2002. – Bonn 2003

Statistisches Bundesamt: Hochschulstandort Deutschland 2003. – Wiesbaden 2003

Regel in nichtstaatlicher Trägerschaft im gesamten Bundesgebiet flächendeckend und wohnortnah gesichert. Der demographische Wandel kann jedoch diese gute Situation in einigen Regionen und Bereichen der Gesundheitsversorgung grundsätzlich gefährden.

Das Gesundheitswesen ist zudem ein Wirtschaftsfaktor geworden, dessen Bedeutung durch die wachsende Zahl älterer Menschen und den medizinischen Fortschritt weiter zunehmen wird. In den Jahren von 1992 bis 2002 sind die Gesundheitsausgaben je Einwohner von 2 020 Euro stetig auf 2 840 Euro angestiegen (Statistisches Bundesamt 2004). Dies belegt neben der steigenden finanziellen Belastung auch die regionalwirtschaftliche Bedeutung des Gesundheitswesens.

### Ambulante Versorgung

Die ambulante ärztliche Versorgung erbringen *Allgemeinärzte, praktische Ärzte, Zahnärzte und Fachärzte* in niedergelassenen Praxen. Die Versorgungssituation im ambulanten Bereich des Gesundheitswesens wird über die so genannte *Bedarfsplanung* von Krankenkassen und Kassenärzten beobachtet und geregelt. Bei Aufstellung der Bedarfspläne der kassenärztlichen Versorgung sind Ziele und Erfordernisse von Raumordnung und Landesplanung sowie der Krankenhausplanung zu beachten. Nach der Zulassungsverordnung sollen in die Bedarfsplanung insbesondere einfließen:

- ärztliche Versorgung nach Arztgruppen,
- Bevölkerungsdichte und -struktur,
- Einrichtungen der Krankenversorgung,
- Umfang und Art der Nachfrage und ihre Deckung sowie räumliche Zuordnung im Rahmen der vertragsärztlichen Versorgung,
- bedeutsame Verkehrsverbindungen und
- über- und unterversorgte Gebiete.

Die „Bedarfsplanungs-Richtlinien-Ärzte" der Kassenärztlichen Bundesvereinigung (KBV) definieren Schwellenwerte *für regionale ambulante Über- oder Unterversorgung* der Bevölkerung. Krankenkassen und Kassenärzte legen darin gemeinsam einen „allgemeinen bedarfsgerechten Versorgungsgrad" für verschiedene Arztgruppen fest. Maßgeblich ist dabei die Ende 1990 gegebene Versorgungssituation in den alten Ländern, differenziert nach den siedlungs-

## Hausarztversorgung

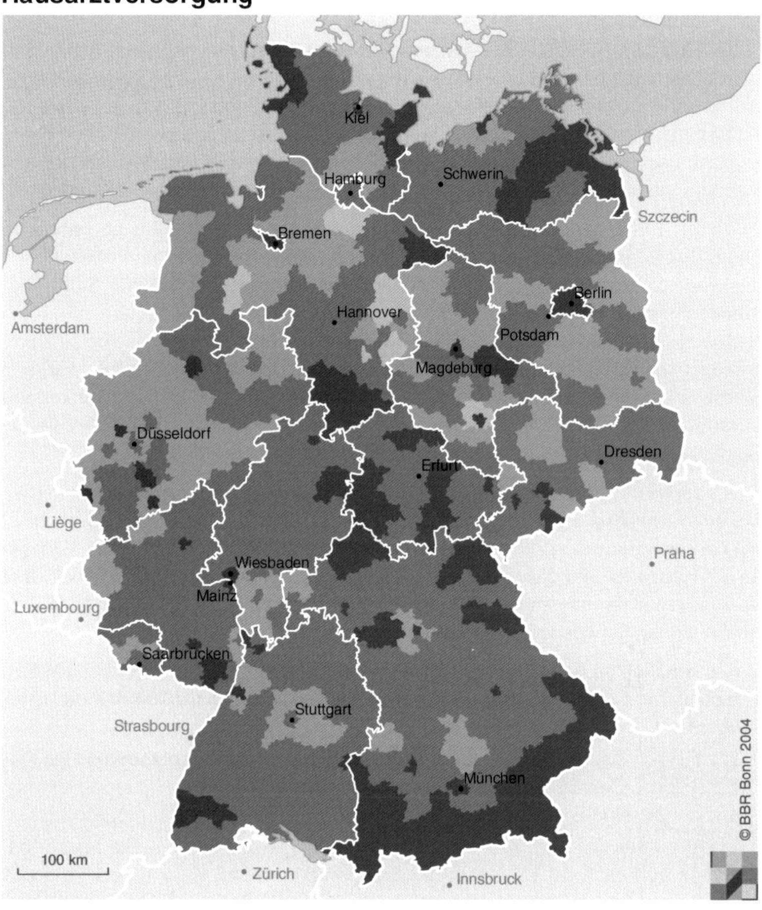


**Hausärzte je 10 000 Einwohner 2003**

Kreisregionen, Stand 31. 12. 2001
Quelle: Laufende Raumbeibachtung des BBR
Datengrundlagen: Ärzteregister der Kassenärztlichen Bundesvereinigung, Köln
Fortschreibung des Bevölkerungsstandes des Bundes und der Länder

strukturellen Kreistypen des BBR und das Ruhrgebiet. Für alle Stadt- und Landkreise werden dazu im Abstand von drei Jahren vergleichbare Übersichten über den Stand der vertragsärztlichen Versorgung erstellt.

Die festgesetzten *Arzt/Einwohner-Relationen* variieren zwischen den Raumtypen in der Gruppe der Hausärzte am wenigsten, während sie im Bereich der fachärztlichen Versorgung sehr starke Abweichungen im Siedlungsstrukturgefälle aufweisen. So haben nach der Richtlinie Fachärzte in Kernstädten nur etwa halb so viel Einwohner zu versorgen wie die in den übrigen Raumtypen des Umlandes und der ländlichen Regionen. Offenbar wird unterstellt, dass Fachärzte in Kernstädten ein größeres

**BEISPIEL: Leitbild der „Zentralen Gesundheitshäuser" in der Mecklenburgischen Seenplatte**

In der Region Mecklenburgische Seenplatte waren Einschätzungen von Ärzten und Betroffenen über eine Unterversorgung mit niedergelassenen Ärzten Anlass, eine Arbeitsgruppe mit Vertretern der Raumordnung, der Kreis-Gesundheitsämter sowie der Kassenärztlichen Vereinigung (KV), niedergelassener Ärzte und der örtlichen Krankenkasse einzusetzen. Sie analysierte die Situation sowie die Perspektiven der ambulanten medizinischen Versorgung angesichts des demographischen Wandels.

417 Ärzte sind in der Region im Jahr 2004 ambulant tätig, davon 49 % als Fachärzte und 51 % als Hausärzte. Die räumliche Verteilung der Hausärzte ist noch weitgehend flächendeckend, bei den Fachärzten ist bereits eine Konzentration auf die Stadt Neubrandenburg festzustellen. Die Region insgesamt weicht um 1 % negativ vom KBV-Richtwert für ländliche Kreise (1 474 Einwohner/Hausarzt) ab, die Landkreise Demmin und Müritz weisen sogar eine geringfügige Überversorgung auf, während Mecklenburg-Strelitz zusammen mit Neubrandenburg eine 10 %ige Unterversorgung aufweist. Bei separater Betrachtung des Landkreises Mecklenburg-Strelitz ohne die Stadt Neubrandenburg wird der Bedarf jedoch um 35 % unterschritten.

Ein „doppelter" Alterungsprozess lässt eine Verschärfung der Problematik erwarten: Die auch bei rückläufiger Gesamtbevölkerung zunehmende Zahl älterer Bewohner ist mit höherem Bedarf nach (haus)ärztlichen Betreuungsleistungen verbunden. Das Alter der Hausärzte und das bestehende Nachbesetzungsproblem waren Gründe über alternative Versorgungsmöglichkeiten nachzudenken. 38 % der 211 Hausärzte werden innerhalb der nächsten zehn Jahre aus dem Beruf ausscheiden.

Um eine Mindestausstattung der hausärztlichen Versorgung nach KBV-Richtlinie zu erreichen, hat die Region das Leitbild der *„Zentralen Gesundheitshäuser für den ländlichen Raum"* erarbeitet:

- In zentralen Orten entstehen für die ambulante medizinische Versorgung Gesundheitshäuser. Diese Orte werden auch zukünftig mit dem ÖPNV in 20 bis 30 Minuten erreichbar sein. Eine Bündelung mit anderen Dienstleistungen ist möglich.
- In Gesundheitshäusern arbeiten mehrere Hausärzte zusammen. Die Anzahl bestimmt sich nach der KBV-Richtlinie. Diese wird dem Bevölkerungsrückgang und der Alterung adäquat angepasst.
- Gesundheitshäuser können unterschiedliche Betreiberformen haben. Die rechtlich eröffnete Flexibilität ermöglicht den Ärzten individuelle Planungen.
- Gemeinsame Arbeitsorganisation ist Voraussetzung für geregelte Arbeits- und Freizeiten, erhöht die Wirtschaftlichkeit und sichert hohen technischen Standard bzw. die Möglichkeit von Telemedizin.
- Eine Zusammenarbeit mit Fachärzten, Pflegediensten und psychologischen Betreuungsangeboten ist möglich.
- Die Standortgemeinden der Gesundheitshäuser verstehen sich als Partner und Beteiligte bei der Sicherung der ambulanten medizinischen Versorgung. Sie bieten z. B. günstig geeignete Immobilien an.
- Die Gründung von Gesundheitshäusern wird durch Existenzgründerdarlehen und Fördermittel für die Schaffung räumlicher Voraussetzungen unterstützt.
- Gemeinden und Kassenärztliche Vereinigung tragen gemeinsam Anwerbungsstrategien.
- In Tourismuszentren bemühen sich auch Gemeinden ohne zentralörtliche Funktion um den Aufbau eines Gesundheitshauses.
- Gemeinden im Nahbereich der zentralen Orte schaffen räumliche Voraussetzungen für die Durchführung temporärer Sprechstunden und Informationsveranstaltungen der Vorsorge.
- Flankiert wird die Einrichtung der Gesundheitshäuser durch Honorarangleichungen, höhere Abrechnungsmöglichkeiten in unterversorgten Gebieten, Anpassung der Wegepauschalen in besonders großen Versorgungsbereichen und die Stärkung der Ausbildungsmöglichkeiten zum Allgemeinmediziner.

Als ersten Erfolg hat die KV Mecklenburg-Vorpommern den Planungsbereich Mecklenburg-Strelitz in die kreisfreie Stadt Neubrandenburg und den Landkreis Mecklenburg-Strelitz aufgeteilt, um die innerregionalen Ungleichgewichte zu berücksichtigen.

Die Präsentation dieses Fallbeispiels basiert auf einer Expertise des Institutes für Stadtforschung und Strukturpolitik GmbH (IfS) im Rahmen des Modellvorhabens der Raumordnung „Anpassungsstrategien für ländliche/periphere Regionen mit starkem Bevölkerungsrückgang in den neuen Ländern".

Umland mit versorgen. Damit werden die bestehenden Konzentrationen der Facharztsitze, etwa in den Kernstädten der verdichteten Regionen, verfestigt. Eine *Überversorgung* liegt gemäß der KBV-Richtlinie dann vor, wenn die angegebenen Arzt/Einwohner-Relationen in einem Planungsbereich bezogen auf die aktuelle Bevölkerung um mehr als 10 % überschritten werden. In diesem Falle kommt es zu räumlich begrenzten und arztgruppenspezifischen Zulassungsbeschränkungen, die auf die regionale Verteilung von Arztgruppen regulierend einwirken. Von einer regionalen *Unterversorgung* ist auszugehen, wenn die hausärztliche Versorgung um mehr als 25 % und die fachärztliche Versorgung um mehr als 50 % unter der bedarfsgerechten Versorgung liegen. In solchen Fällen ist eine genauere Untersuchung des Versorgungsgrades verbindlich vorgesehen.

Der *Hausarzt* dient als erste Anlaufstelle bei Beschwerden und übernimmt die Koordination der weiteren medizinischen Versorgung von Patienten. Mit dieser Rolle ergeben sich besonders hohe Anforderungen an den Versorgungsgrad.

Im Allgemeinen liegen die Versorgungsgrade nahe oder oberhalb der Mindestvorgaben der KBV-Richtlinie. Die Hausarzt/Einwohner-Relationen erreichen 2001 beispielsweise einen Spitzenwert im Kreis Gifhorn von 2 083 Einwohnern auf einen Hausarzt. Nach den Vorgaben der Bedarfsplanung liegt die Obergrenze im entsprechenden Siedlungsstrukturtyp (ländlicher Kreis im verstädterten Raum) bei 1 533 Einwohnern je Hausarzt, was auf eine Unterversorgung hindeutet.

## Zu wenig Arztpraxen in dünn besiedelten Räumen

Verglichen mit verdichteten Räumen sind in Räumen mit geringer Siedlungsdichte die Anfahrtswege zu den Arztpraxen für viele Einwohner länger bei gleichzeitig schlechterer Versorgung mit Angeboten des ÖPNV. Werden die Einwohner-Arzt-Relationen, die nach den Vorgaben der Bedarfsplanung ohnehin in den ländlichen Kreisen höher ausfallen, bei Unterversorgung noch übertroffen, führt dies hier zu besonders starken Benachteiligungen im ambulanten Bereich. Der Trend zur fortschreitenden Alterung hat zur Folge, dass ärztliche Leistungen vermehrt in Anspruch genommen werden müssen. Betroffen sind in erster Linie die neuen Länder und dort in besonderem Maße dünn besiedelte Regionen, also wiederum die Regionen, die bereits mit Unterversorgung zu kämpfen haben. Da auch die niedergelassenen Ärzte älter werden und häufig in diesen Regionen keine Nachfolger finden, verschärft sich die Lage hier möglicherweise noch mehr.

**Krankenhausversorgung**

Die stationäre medizinische Versorgung erfolgt in Deutschland in *Krankenhäusern* sowie *Vorsorge-* und *Rehabilitationseinrichtungen*. Dabei übernehmen Krankenhäuser die Aufgaben der akutstationären Versorgung.

Mit insgesamt 2 221 Krankenhäusern im Jahr 2002 bewegt sich die *akutstationäre Versorgung* in Deutschland auf hohem Niveau. Die Ausstattung mit Krankenhauskapazitäten ist dabei rückläufig: Zwischen 1991 und 2002 ist die Zahl der Krankenhäuser um 7,9 % zurückgegangen, die Zahl der aufgestellten Betten im gleichen Zeitraum sogar um 17,7 %. Danach stehen 2002 je 1 000 Einwohner durchschnittlich 6,6 Betten zur Verfügung. Im Bundesdurchschnitt liegt die Bettenauslastung 2002 bei 80,1 %. Gegenläufig entwickeln sich die Behandlungen: Die Zahl der vollstationären Behandlungsfälle ist von 1991 bis 2002 um 25 % auf über 17,4 Mio. Patienten angewachsen. Gleichzeitig konnte die durchschnittliche Verweildauer der Patienten auf 9,2 Tage reduziert werden. Das entspricht einer Absenkung um 34,3 % (Quelle: Statistisches Bundesamt, Fachserie 12/Reihe 6.1, Oktober 2004).

*Akutkrankenhäuser* werden in der Krankenhausplanung nach Versorgungsstufen unterschieden. *Krankenhäuser der Grund- oder Regelversorgung* sollen flächendeckend die wohnraumnahe Versorgung sichern. Krankenhäuser höherer Versorgungsstufen verfügen über ein breites Spektrum an Fachabteilungen und versorgen überörtliche Einzugsbereiche. Fachkrankenhäuser verfügen über Versorgungsangebote einzelner Fachgebiete wie beispielsweise Psychiatrie oder Neurologie.

Die Versorgungsstufen sind für eine bundesweite Darstellung der akutstationären Versorgung nur eingeschränkt anwendbar, da die Länder bei Anzahl und Zuordnung der Versorgungsstufen uneinheitlich verfahren. Zudem haben die Umstrukturierungsprozesse in den Krankenhäusern sowie die Entwicklung des tatsächlichen Leistungsgeschehens in den letzten Jahren gezeigt, dass die statische Einteilung der Versorgungsstufen die Versorgungsrealität nur ungenau abbildet.

Die Bettenplanung ist Bestandteil der *Krankenhausplanung*. Die Qualität der Bereitstellung von Krankenhausleistungen für die Bevölkerung lässt sich mit der *Bettendichte* in einer Region allerdings nur unzureichend bewerten. Zum einen muss in der Planung berücksichtigt werden, welche Leistungen in der Region tatsächlich nachgefragt werden. Zum anderen ist für die Krankenhausgrundversorgung in der Fläche die *Erreichbarkeit der Krankenhäuser* von entscheidender Bedeutung.

Das Bundesamt für Bauwesen und Raumordnung (BBR) hat in Kooperation mit dem Wissenschaftlichen Institut der AOK (WIdO), das über ein aktuelles bundesweites Verzeichnis der Betriebsstätten von Krankenhäusern verfügt, eine *Erreichbarkeitsanalyse* für Krankenhäuser der Grundversorgung durchgeführt. Dabei wurde aufgrund der genannten Unterschiede in den Krankenhausplanungen der Grundversorgungsbegriff nicht an der Versorgungsstufe, sondern an der Vorhaltung von Fachabteilungen der drei Disziplinen Chirurgie, Innere Medizin und Gynäkologie/Geburtshilfe festgemacht. Zu Einrichtungen der Grundversorgung wurden dabei Krankenhäuser gezählt, wenn sie über eine chirurgische oder internistische Fachabteilung (mit mehr als fünf Betten) oder eine gynäkologische Abteilung verfügen.

In ihrer räumlichen Verteilung folgen die Schwerpunkträume vorgehaltener Krankenhausbetten in der Grundversorgung nicht immer der Konzentration der Bevölkerung. Überproportionale Bettendichten sind sowohl in den hoch verdichteten Regionen Ruhrgebiet und München als auch in äußerst dünn besiedelten Räumen wie z.B. der Mecklenburgischen Seenplatte und im Osten und Süden von Bayern zu finden. Am anderen Ende des Spektrums mit einem Dichteverhältnis von unter drei Betten je 1000 Einwohnern rangieren kleinere Gebiete in Ostfriesland, Vorpommern oder Neckar-Alb.

Die 1 754 in die Untersuchung einbezogenen Krankenhausstandorte mit insgesamt rund 357 000 Betten in den Fachabteilun-

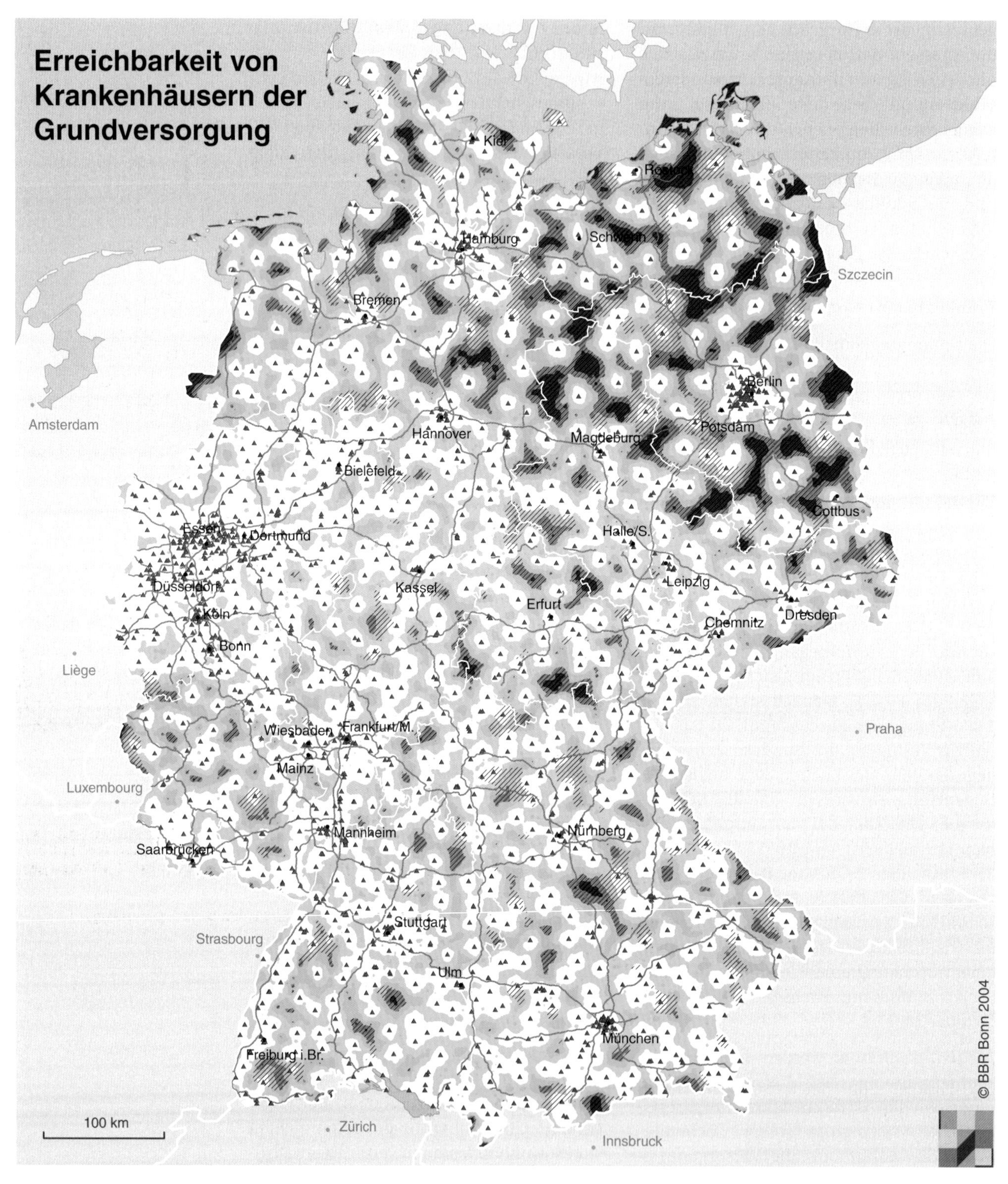


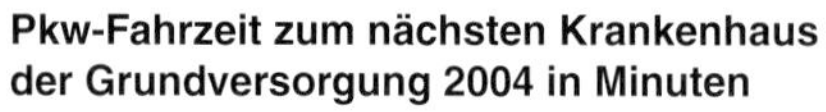

**Pkw-Fahrzeit zum nächsten Krankenhaus der Grundversorgung 2004 in Minuten**

- bis unter 10
- 10 bis unter 15
- 15 bis unter 20
- 20 bis unter 25
- 25 und mehr

Krankenhaus der Grundversorgung

Bundesautobahn

Pkw-Fahrzeit zum nächsten Krankenhaus mit einer Fachabteilung Gynäkologie/Geburtshilfe mehr als 20 Minuten

Quelle: Erreichbarkeitsmodell des BBR
Datengrundlage: Krankenhausverzeichnis des Wissenschaftlichen Institutes der AOK (WIdO), Stand Ende 2002

gen Innere Medizin, Gynäkologie und Chirurgie verteilen sich auf 1 094 Gemeinden (davon allein Berlin mit 59 Krankenhausstandorten). Die räumliche Verteilung der Krankenhausstandorte ist stark am Zentrale-Orte-System und damit verbunden auch an regionalen Bevölkerungsschwerpunkten ausgerichtet. Rund 600 Standorte mit rund 160 000 Betten befinden sich in Oberzentren, weitere rund 900 Standorte mit rund 170 000 Betten in Gemeinden mit zumindest mittelzentralen Teilfunktionen. Etwa 170 Mittelzentren verfügen nicht über ein Krankenhaus der Grundversorgung vor Ort. Die größten Städte ohne eigene Krankenhaus-Standorte sind Norderstedt (72 000 Einwohner) und Kerpen (64 000 Einwohner). Etwa 250 Krankenhäuser befinden sich in Gemeinden mit geringerer Zentralitätseinstufung.

Der *Versorgungsgrad der Bevölkerung* gemessen an der Erreichbarkeit von Krankenhäusern und damit die flächendeckende Krankenhaus-Versorgung kann jedoch allgemein als sehr gut eingestuft werden. Legt man die notwendige Pkw-Fahrzeit zur Erreichung des nächsten Krankenhausstandortes zugrunde, so befinden sich rund drei Viertel der Bevölkerung innerhalb eines 10-Minuten-Radius, und fast 98 % innerhalb eines 20-Minuten-Radius um das jeweils nächste Krankenhaus mit Grundversorgung. Nur lediglich 2,3 % der Bundesbevölkerung benötigen mehr als 20 Minuten zum nächsten Krankenhaus. Beschränkt man die Analyse auf eine Untergruppe der Krankenhäuser der Grundversorgung mit Betten der Abteilung Gynäkologie/Geburtshilfe (1 166 Betriebsstandorte), steigt der Anteil der Bevölkerung mit einem benötigten Fahrzeitaufwand von mehr als 20 Minuten Pkw-Fahrzeit zum nächsten Krankenhaus nunmehr der gynäkologischen Grundversorgung auf 4 %.

## Gute Versorgung mit Krankenhäusern fast flächendeckend

Besonderes Augenmerk gilt Krankenhäusern, deren räumliche Lage derart isoliert ist, dass bei einer möglichen Schließung aus wirtschaftlichen Gründen die regionale Versorgungssituation durch längere Anfahrtswege sich über tolerierbare Verhältnisse hinaus verschlechtern würde. Solche *regional bedeutende Krankenhäuser* werden aus dem Amerikanischen heraus als so genannte „Sole Provider" bezeichnet. In der Karte (siehe Karte: „Krankenhausversorgung") sind zu Darstellungszwecken diejenigen Bereiche mit Schraffur hervorgehoben, deren Einzugsbereiche (definiert durch die Pkw-Fahrzeit zum jeweils nächsten Krankenhaus) größer als 500 km² sind. Diese gegriffene Marke liefert einen ersten Hinweis auf geographisch isolierte Standorte von Krankenhäusern. Hinzu kommen aber noch regionalspezifische Lagen, etwa auf Inseln, sowie zusätzlich jene Krankenhausstandorte, deren Wegfall erst solch ungünstig große Einzugsbereiche hervorrufen

**Krankenhausversorgung**

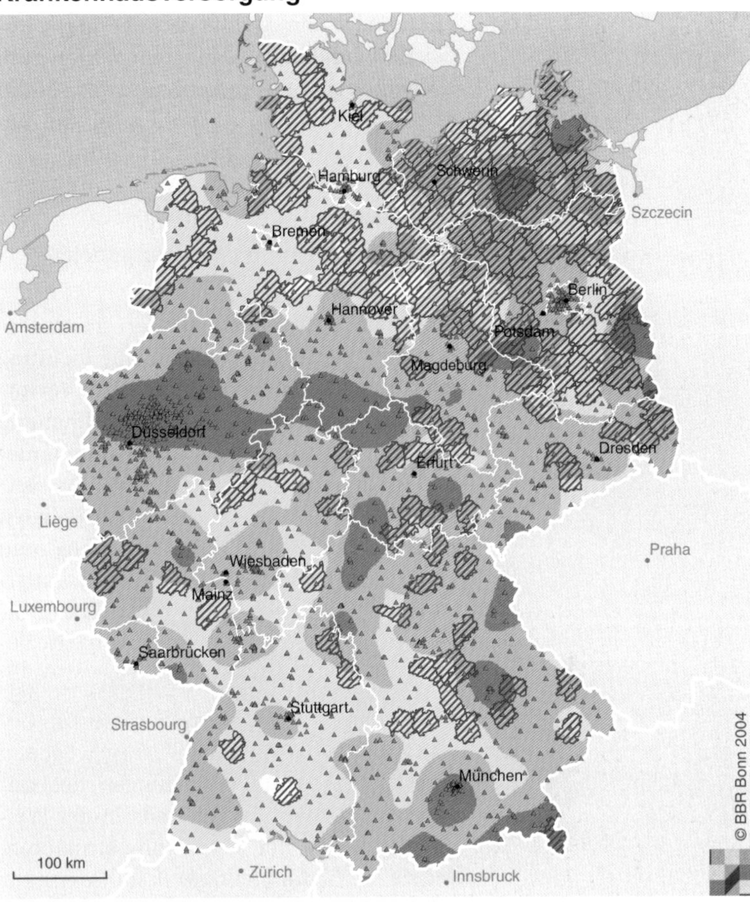


**Krankenhaus-Bettendichte 2003 in Betten je 1 000 Einwohner unter Einbeziehung der erreichbaren Betten und Einwohner im Umkreis von 50 km, distanzgewichtet**

- bis unter 3
- 3 bis unter 4
- 4 bis unter 5
- 5 und mehr
- Einzugsbereiche größer 500 km², gebildet nach Pkw-Fahrzeit zum jeweils nächsten Krankenhausstandort der Grundversorgung
- Krankenhaus der Grundversorgung

Quelle: Erreichbarkeitsmodell des BBR
Datengrundlage: Krankenhausverzeichnis des Wissenschaftlichen Institutes der AOK (WIdO), Stand Ende 2002

würde. Großflächige Einzugsbereiche führen heute schon – teilweise trotz relativ hoher Bettendichten – zu langen Wegen zum nächstgelegenen Krankenhaus, was sich in akuten Situationen nachteilig für die betroffenen Patienten auswirken kann.

### Strategien zur Sicherstellung einer flächendeckenden Gesundheitsversorgung

Strategien zur Sicherung der flächendeckenden Versorgung zielen in Richtung einer integrierten Versorgung über Versorgungsbereiche hinweg durch die Aufhebung der strikten Trennung zwischen ambulanter und stationärer Versorgung sowie der vermehrten Kooperation aller beteiligten Akteure. Hier können Raumordnung und Landesplanung den Fachplanungen Unterstützung anbieten. Ausländische Erfahrungen und Lösungsansätze sind einzubeziehen.

Vielversprechende Lösungsansätze zur Gewährung einer räumlich ausgewogenen Grundversorgung mit Leistungen des Gesundheitswesens liegen bereits in der Weiterentwicklung der Versorgungsstrukturen, wie sie die *Gesundheitsreform* im Gesetz zur Modernisierung der gesetzlichen Krankenversicherung (in weiten Teilen am 1. Januar 2004 in Kraft getreten) vorsieht:

- Zulassung von medizinischen Versorgungszentren
- flächendeckendes Angebot hausärztlich zentrierter Versorgungsformen
- Möglichkeit zu Direktverträgen zwischen Kassen und einzelnen Vertragsärzten über besondere qualitative oder organisatorische Anforderungen sowie der integrierten Versorgung
- Weiterentwicklung der integrierten Versorgung,
- Teilöffnung der Krankenhäuser zur ambulanten Versorgung

Neben der Modernisierung und Flexibilisierung der Versorgungsstruktur ist ein gezieltes Monitoring, das heißt eine fortlaufende Beobachtung der sich wandelnden regionalen Versorgungsstrukturen, auch im bundesweiten Vergleich erforderlich.

Besondere Bedeutung erlangt das Thema der Erreichbarkeit von Krankenhäusern durch die verpflichtende Einführung der *DRG-Fallpauschalen* zum 1. Januar 2004. Bei zunehmendem Wettbewerb unter den Krankenhäusern ist als Folge möglicher Spezialisierungen auch ein räumlicher Spezialisierungsprozess von Krankenhausleitungen zu erwarten. Um negativen Folgen für die Versorgung der Bevölkerung entgegenzuwirken, sollen diejenigen Krankenhausstandorte identifiziert werden, die bei einer Gefährdung ihrer Tragfähigkeit gefördert werden müssen, um eine wohnraumnahe Grundversorgung zu sichern (Feststellung zuschlagfähiger Krankenhäuser und Gewährung eines Sicherstellungszuschlages).

Mit der Einführung des neuen leistungsbezogenen Vergütungssystems werden verstärkt Marktelemente in die *Krankenhausfinanzierung* eingebracht. Leistungsstrukturen und Leistungskapazitäten sollen auf den tatsächlichen medizinischen Bedarf ausgerichtet werden. Es entsteht ein ausgeprägter Wettbewerb um die Leistungserbringung. Mögliche Folge ist eine verstärkte Leistungskonzentration insbesondere in Ballungsräumen durch Zusammenschlüsse bzw. Schließungen von Standorten. Krankenhäuser in peripheren Lagen, die infolge des Sicherstellungsauftrages auch unwirtschaftliche Behandlungsleistungen übernehmen müssen, sehen sich gegenüber anderen Häusern in Wettbewerbsnachteil.

Die Verantwortung für die Krankenhausplanung liegt bei den Ländern. Eine flächendeckende Krankenhausversorgung gemäß dem öffentlich rechtlichen Sicherstellungsauftrag ist nach rein betriebswirtschaftlichen Kriterien allein nicht immer zu leisten. Es stellt sich daher die Frage, welche Auswirkungen das neue Vergütungssystem für Krankenhäuser unter besonderer Berücksichtigung des Sicherstellungszuschlages künftig auf die Versorgung in der Fläche hat.

**INFO: DRG-Fallpauschalen – Sicherstellungszuschlag**

Im Gefolge der Gesundheitsreform 2000 wurde die Krankenhausvergütung zum 1.1.2004 verbindlich für fast alle Krankenhausleistungen auf diagnose-bezogene Fallpauschalen (Diagnosis-Related-Groups (DRG)) umgestellt. Die Vergütung erfolgt nicht mehr einheitlich pro Tag, sondern entspricht der Schwere des einzelnen Falles.

Die Änderung des Vergütungssystems verfolgt das Ziel, durch Schaffung von Transparenz und Beseitigung von Fehlanreizen die Wirtschaftlichkeit von Einrichtungen zu fördern. Der Anreiz, etwa die Verweildauern von Patienten zurückzuführen, geht von den Krankenkassen auf die Krankenhäuser über. Der zu erwartende Abbau von Bettenkapazitäten, die nicht mehr ausgelastet sind, kann zur Angleichung der Bettendichten an internationale Versorgungsniveaus führen.

Zur Sicherstellung der Aufrechterhaltung der flächendeckenden Versorgung sind Sicherstellungszuschläge bei mangelnder Auslastung in dünnbesiedelten Gebieten vorgesehen. Bei der Bestimmung des Sicherstellungszuschlages (§ 17 b Abs. 1 KHG) haben bundeseinheitliche Maßstäbe nur empfehlenden Charakter. Die zuständigen Landesbehörden können davon abweichen.

Für die Tragfähigkeit von Einrichtungen kommt als verschärfender Faktor künftig hinzu, dass bei bestimmten Krankenhausleistungen zur Sicherung der Behandlungsqualität Mindestmengen vorgegeben werden, für die jedoch zur Sicherstellung der Versorgung Ausnahmeregelungen der Länder möglich sind (§ 137 SGB V).

## Soziale und kulturelle Infrastruktureinrichtungen

Die Gemeindeebene regelt gemäß dem ihr in Art. 28 GG zugewiesenen Selbstverwaltungsrecht Angelegenheiten der örtlichen Gemeinschaft, wie die Unterhaltung der Gemeindestraßen und -einrichtungen sowie den öffentlichen Nahverkehr im kommunalen Bereich und die städtebauliche Planung. Gemeinden und Gemeindeverbände erbringen vielfältige, teils pflichtige und teils freiwillige Leistungen öffentlicher Daseinsvorsorge wie Bau und Unterhaltung von Kindergärten, Schulen, Erwachsenenbildungseinrichtungen, Jugendpflegeeinrichtungen, Theatern und Museen, Krankenhäusern, Sportstätten und Bädern.

### Erreichbarkeit sozialer/kultureller Infrastruktureinrichtungen

Der Bereich der sozialen Infrastruktur umfasst eine Vielzahl von unterschiedlichen Einrichtungen, die nicht in ihrer Gesamtheit vollständig erfasst sind. Weil die landesplanerische Ausweisung der Zentralen Orte an (mehr oder weniger vergleichbare) Ausstattungskataloge gebunden ist, bilden sie die Versorgung mit Infrastrukturange-

**INFO: Fußläufig erreichbare Infrastruktureinrichtungen**

In der „Laufenden BBR-Umfrage“ (siehe Kapitel 1: „Regionale Lebensqualität“) wurde zuletzt 2003 danach gefragt, welche Einrichtungen (auf einer vorgegebenen Liste) man in seinem Wohngebiet innerhalb von zehn Minuten fußläufig erreichen kann. Ein hohes Versorgungsniveau bestand den Ergebnissen zufolge 2003 in West und Ost mit Haltestellen für öffentliche Verkehrsmittel (über 95 %). Gut erreichbar sind außerdem Spielplätze und Parkanlagen, Gaststätten und Einkaufsmöglichkeiten (über bzw. annähernd 80 %). Bei der Erreichbarkeit von Ärzten, Kindereinrichtungen und Schulen bestehen noch West-Ost-Unterschiede: Während im Westen über 80 % der Befragten diese Einrichtungen in kurzer Zeit erreichen können, sind es im Osten nur zwischen 67 und 74 %. Noch größer werden die Unterschiede bei der Erreichbarkeit von Sport-, Jugend-, Alten- und kulturellen Einrichtungen: Im Westen können diese Einrichtungen 57 % der Befragten fußläufig erreichen, im Osten liegt dieser Wert bei unter 50 %. Generell fällt jedoch auf, dass gerade in dieser letzten Gruppe von Einrichtungen, die über die Grundversorgung hinaus gehen und zu einem Großteil die Interessen junger Leute ansprechen, insgesamt noch erhebliche Defizite bestehen.

Bei der Differenzierung nach siedlungsstrukturellen Kreistypen zeigt sich in West und Ost meist ein Stadt-Land-Gefälle. Im Westen bieten die ländlichen Kreise die besseren Möglichkeiten für flächenintensive Einrichtungen wie Parks und Sportanlagen, auch für kulturelle Einrichtungen. Im Osten zeigen sich die Unterschiede zwischen Stadt und Land noch deutlicher. Die Städte liegen hier gleichauf, die Erreichbarkeit von Infrastruktureinrichtungen ist – mit Ausnahme der Einrichtungen für Jugendliche und für kulturelle Zwecke – fast ebenso hoch wie im Westen. Das heißt aber auch, dass die Versorgungsunterschiede mit zunehmender Ländlichkeit am größten sind.

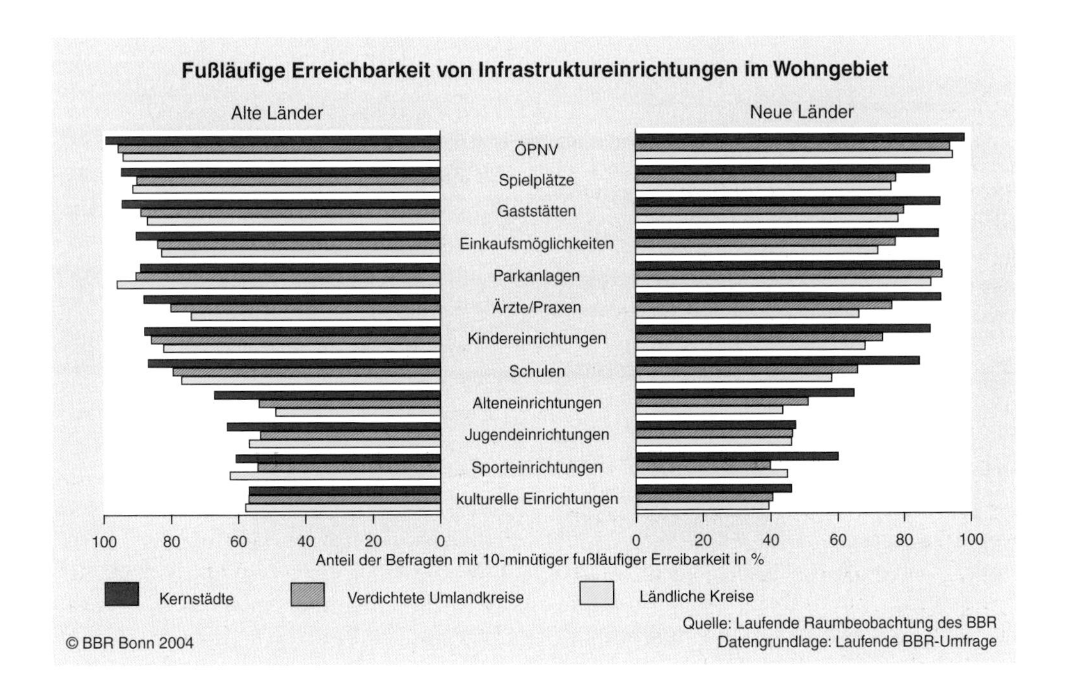

boten näherungsweise bedarfsgerecht ab. Dem Leitbild der dezentralen Konzentration folgend, das die deutsche Raumordnung seit den 1960er Jahren (Erste MKRO-Entschließungen dazu stammen aus dem Jahr 1968.) verfolgt und im Raumordnungsgesetz als Grundsatz verankert ist, sind auch Einrichtungen der sozialen Infrastruktur in *Zentralen Orten* zu bündeln. Eine Analyse der Erreichbarkeit der Mittelpunkte der zentralen Orte soll deshalb Hinweise über die räumliche Versorgung mit Einrichtungen der sozialen Infrastruktur geben.

In einer Entschließung vom 8. Februar 1968 hat die MKRO die hohe Bedeutung der *Mittelzentren* für die Versorgung der Bevölkerung herausgestellt und einen Katalog ihrer anzustrebenden Ausstattung vorgelegt. Als über die örtliche Grundversorgung hinausgehende Einrichtungen des gehobenen Bedarfs fordert dieser Katalog beispielsweise Schulen, die zur Allgemeinen Hochschulreife führen, berufliche Schulen, Krankenhäuser mit den drei Fachabteilungen Chirurgie, Innere Medizin und Gynäkologie, Fachärzte, größere Sportanlagen, vielfältige Einkaufsmöglichkeiten, Dienstleistungsangebote sowie mehrere größere Kreditinstitute. Die in Raumordnungsplänen verbindlich ausgewiesenen 949 Mittelzentren (ohne teilfunktionale/mögliche Zentren) beruhen auf ähnlichen Ausstattungskatalogen der Länder.

**BEISPIEL: Mindestausstattung von Zentralen Orten mit sozialer Infrastruktur in Rheinland-Pfalz**

Für die aktuelle Neuaufstellung des Landesentwicklungsprogramms in Rheinland-Pfalz, bei der der Aspekt des demographischen Wandels im Mittelpunkt steht, schlägt die Landesplanung einen Katalog von Mindestausstattungen vor, der nicht für Zentrale Orte als administrative Einheiten, sondern für ihre Versorgungsbereiche mit entsprechend wirtschaftlich tragfähiger Bevölkerungszahl definiert werden soll.

**Vorschläge für Mindestversorgungsstandards in Kooperationsräumen mit unterschiedlicher zentralörtlicher Funktion in Rheinland-Pfalz**

| Mindestversorgungsstandards | | mittelzentral | oberzentral |
|---|---|---|---|
| Gesundheit | Krankenhaus Grundversorgung (ggf. Regelversorgung) | X | |
| | Krankenhaus Schwerpunktversorgung (ggf. Maximalversorgung) | | X |
| | Ambulante-Hilfe-Zentren (AHZ) | X | |
| | teilstationäre Pflegeplätze (Daueraufenthalt) | X | |
| | teilstationäre Pflegeplätze (Tagespflege / Kurzzeitpflege) | X | |
| Kultur | Theater / Orchester (öffentlicheTrägerschaft) | X | |
| | Mehrzweck- / Veranstaltungshalle | | X |
| Weiterbildung | Volkshochschule | X | |
| | Öffentliche Bibliothek (Vermittlerbibliothek: Virtuelle Bibliothek RP) | X | |
| Bildung | Hauptschule bzw. Regionale Schule / Integrierte Gesamtschule (mit Ganztagsangebot) | X | |
| | Realschule bzw. Regionale Schule / Integrierte Gesamtschule (mit Ganztagsangebot) | X | |
| | Gymnasium / Integrierte Gesamtschule (mit Ganztagsangebot) | X | |
| | Hochbegabtenförderung | | X |
| | Förderschule | X | |
| | Berufsbildende Schule | X | |
| | Fachhochschule | | X |
| | Universität / Forschungseinrichtungen | | X |
| Sport | Sportstätten überregionaler Bedeutung / Veranstaltungsstätten | | X |
| Behörden / Gerichte | Amtsgericht | X | |
| | Finanzamt | X | |
| | Agentur für Arbeit | X | |
| | Landgericht | | X |
| Verkehr | Bahnhof, Haltepunkt (Taktverkehr) | X | |
| | IC/ICE Haltepunkt | | X |

Quelle: Ministerium des Innern und für Sport - Oberste Landesplanungsbehörde (Hrsg.): Bericht zur Neuaufstellung des Landesentwicklungsprogramms Rheinland-Pfalz (LEP IV). Mainz 2004

Als obere Grenze für den *zumutbaren Reisezeitaufwand* von Wohnstandorten zum nächsten Mittelzentrum gelten sowohl im motorisierten Individualverkehr (MIV) als im öffentlichen Verkehr (ÖV) 30 Minuten. Für den MIV wird dieses Ziel in der Regel übertroffen. Etwa 60 % Bundesbevölkerung lebt in Mittel- oder Oberzentren, und knapp 88 % der Einwohner leben in Gemeinden, von denen das nächste Mittel- oder Oberzentrum bereits in einer Viertelstunde Pkw-Fahrzeit erreichbar ist. Andererseits sind einige – zum Teil größere zusammenhängende Gebiete – weiter als 30 Minuten Fahrzeit von Mittelzentren entfernt. Dies sind vereinzelte, dünn besiedelte Regionen in Grenznähe, im Inneren von Mittelgebirgslagen oder an der Küste und einige größere Bereiche im Norden der neuen Länder.

*Oberzentren* sind Standorte für die hochrangigen, haushaltsnahen Infrastruktureinrichtungen in den Bereichen Verkehr, Bildung und Forschung, Kultur und Sport sowie Verwaltung. Gleichzeitig konzentrieren sich hier Handel und Gewerbe mit Gütern und Dienstleistungen, die über den täglichen Bedarf hinausgehen. Raumordnung und Landesplanung haben deshalb schon in den 1970er Jahren Zielvorgaben der Zentrenerreichbarkeit formuliert, etwa die Erreichbarkeitsschwelle von 45 Minuten im MIV und 60 Minuten im ÖV für den Zugang zu Oberzentren.

Landesplanerisch festgelegt sind 116 Oberzentren (ohne teilfunktionale/mögliche Oberzentren). Ihre Verteilung über das Bundesgebiet hängt stark von der Aufteilung von zentralörtlichen Funktionen im regionalen Siedlungssystem ab, in geringerem Maße aber auch von der Ausweisungspraxis im jeweiligen Bundesland. So ist das Netz von Oberzentren etwa in Bayern verglichen mit Niedersachsen relativ zum Siedlungssystem dichter ausgeprägt. Von der räumlichen Verteilung der Zentren und ihrer Einbindung in Verkehrsnetze wiederum hängt ihre Erreichbarkeit für die Nutzer der zentralen Einrichtungen und Dienstleistungen ab.

**Zwei Drittel der Bevölkerung erreichen ein Oberzentrum innerhalb von 30 Minuten**

**Erreichbarkeit von Mittelzentren**

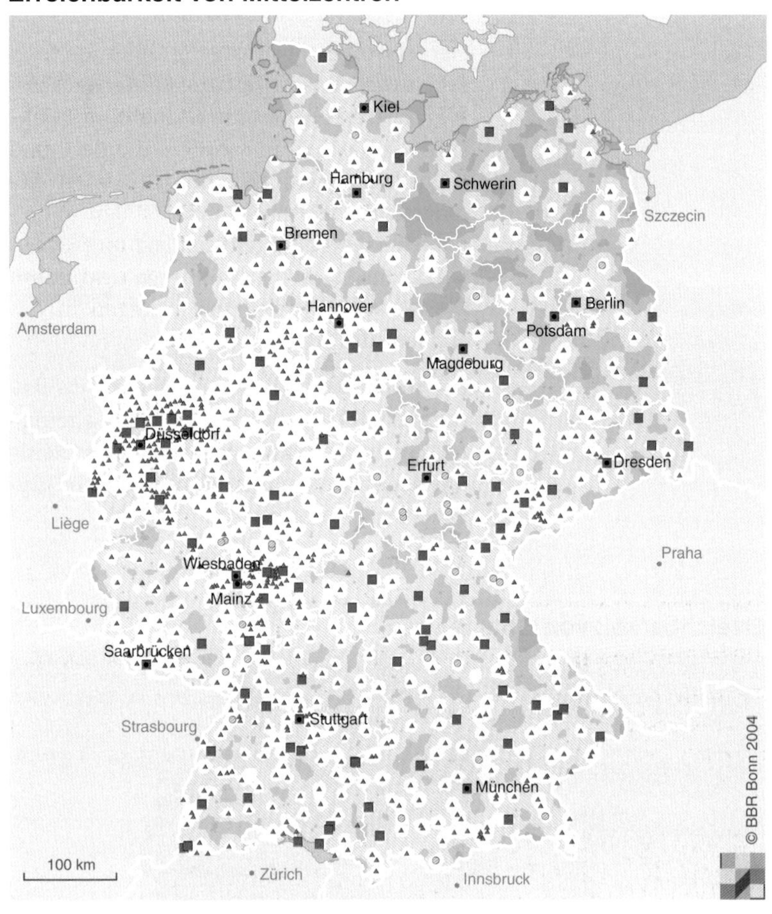

Quelle: Erreichbarkeitsmodell des BBR

Bezogen auf den motorisierten Individualverkehr erreichen etwa zwei Drittel der Bundesbevölkerung ein Oberzentrum innerhalb von 30 Minuten. Eine ungünstige Lage zu Oberzentren weisen nicht nur einige Küsten- oder Mittelgebirgsregionen oder Gebiete an der Außengrenze des Bundesgebietes, sondern vor allem an den Landesgrenzen gelegene Teilräume auf, wie beispielsweise in Prignitz-Oberhavel, Nordthüringen oder auch Ostwürttemberg. Der angestrebte Maximalwert von 45 Minuten Pkw-Fahrzeit zum nächsten Oberzentrum wird in Gemeinden überschritten, in denen knapp 12 % der Bundesbevölkerung wohnt. Dieser Anteil reduziert sich allerdings auf unter 8 %, wenn man die als mögliche oder teilfunktionale Oberzentren ausgewiesenen Zentralen Orte zusätzlich einbezieht.

### Soziale Infrastruktur und demographischer Wandel

Der Bevölkerungsrückgang besonders in Fortzugsgebieten führt zu generellen *Tragfähigkeitsproblemen* für soziale und kulturelle Infrastruktur sowie Handel und Dienstleistungen. Überlagert werden demographische Prozesse durch den anhaltenden Trend der Suburbanisierung. Er bewirkt, dass sich die Nachfrage und damit die Auslastung von Einrichtungen in das Umland der Städte verlagert.

Die fortschreitende Alterung der Bevölkerung erhöht die Nachfrage nach altengerechter Infrastruktur, während gleichzeitig die Nachfrage nach Einrichtungen für jüngere Bevölkerungsgruppen sinkt. Diese Altersstrukturverschiebungen bewirken starke Schwankungen beim altersspezifischen Infrastrukturbedarf und erschweren eine kontinuierliche Planung. Hinzu kommt, dass die Internationalisierung der Bevölkerung insbesondere in Stadtregionen Anforderungen an die Bewältigung von Integrationsaufgaben stellt.

**Erreichbarkeit von Oberzentren**

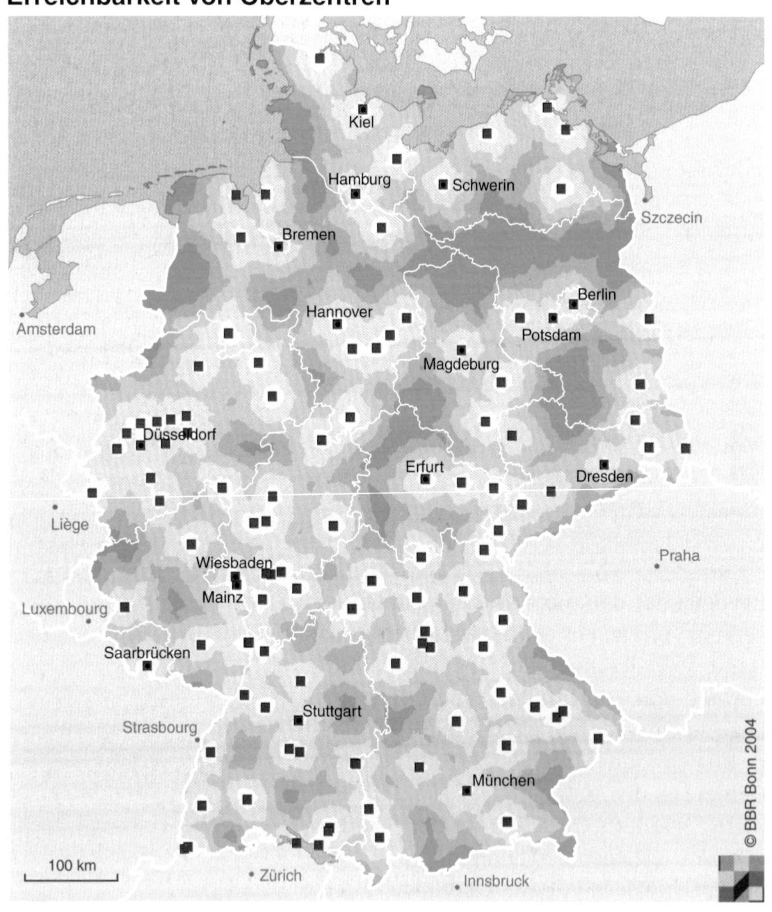


**Pkw-Fahrzeit zum nächsten Oberzentrum 2004 in Minuten**

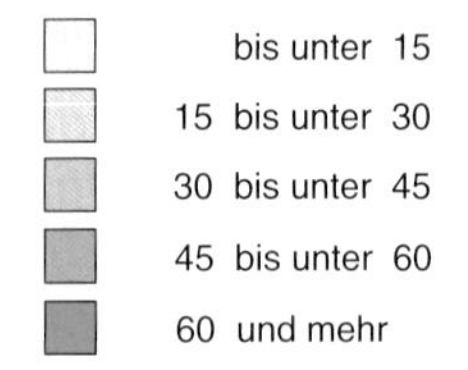


■ Oberzentrum

Quelle: Erreichbarkeitsmodell des BBR

ROB 2005

### Strategien zur Sicherung einer ausreichenden Versorgung mit sozialen und kulturellen Einrichtungen

Die Aufgabe der Sicherstellung einer ausreichenden Versorgung mit sozialen und kulturellen Einrichtungen liegt in der Regel bei den Kommunen. Die aktuellen Trends der Siedlungs- und Bevölkerungsentwicklung zwingen zunehmend dazu, Versorgungsangebote zu bündeln und Kooperationen mit anderen Kommunen oder Aufgabenträgern zu suchen. Eine Strategie, die Tragfähigkeitsproblemen entgegen treten soll, muss darauf abzielen, notwendige *Konzentrationsmaßnahmen* mit einer *qualitativen Verbesserung* des Infrastrukturangebotes zu verbinden.

Hier sind innovative Ansätze gefragt, die verschiedene bisher getrennte Versorgungsstrukturen integrieren, flexibler gestalten und die betroffenen Bürger aktiv einbinden. Gestaltungsspielräume für den Umgang mit den demographischen Veränderungen sind durch die anhaltende wirtschaftliche Wachstumsschwäche, die Sparzwänge der öffentlichen Haushalte, die Gebundenheit an bereits getätigte Infrastrukturinvestitionen und deren Unterhaltung derzeit sehr eingeschränkt.

Für die Raumordnung stellt sich daher die Frage, inwiefern das Zentrale-Orte-Konzept sowohl Wachstums als auch Schrumpfungsstrategien unterstützen kann. Sie ist verbunden mit der Diskussion um angemessene, regionalspezifische Mindeststandards in der zentralörtlichen Ausstattung.

## Verkehrsversorgung

Das arbeitsteilige Wirtschaften im Raum und die räumliche Trennung von Raumfunktionen, wie beispielsweise Wohnen, Arbeiten und Freizeitgestalten, erfordern räumliche Interaktionen, die sich in *Verkehr* ausdrücken. Verkehrsnetze und Bedienungsangebote im öffentlichen Personenverkehr stellen insofern für Privathaushalte und Unternehmen wichtige Basisdienste dar, die wegen ihrer hohen Bedeutung für Standortentscheidungen die Raumentwicklung entscheidend beeinflussen. Insbesondere der Verlauf und die Qualität von Verkehrswegen stehen in enger Wechselwirkung zur Siedlungsstruktur und -entwicklung.

Eine gute *Erreichbarkeit* von Zielen, die für die Bevölkerung (Arbeitsplätze, Infrastruktureinrichtungen und Erholungsgebiete) und für die Unternehmen und Betriebe (Absatz- und Beschaffungsmärkte) wichtig sind, gilt als eine wichtige Voraussetzung für die Regionalentwicklung. Ausschlaggebend für die Beurteilung von Standortlagen sind die entsprechenden Erreichbarkeitsverhältnisse. Die Erreichbarkeit von Zielen hängt einerseits von der räumlichen Verteilung der Ziele im Raum, andererseits von der Qualität der vermittelnden Verkehrsinfrastruktur ab. Bei zunehmender Integration der Verkehrssysteme werden die (intermodalen) Verkehrsknotenpunkte selber und ihre Erreichbarkeit immer wichtiger. Diese hochrangigen Verkehrsinfrastruktureinrichtungen stellen insofern eine eigene Zielkategorie für Erreichbarkeitsanalysen dar.

**Hochrangige Verkehrssysteme**

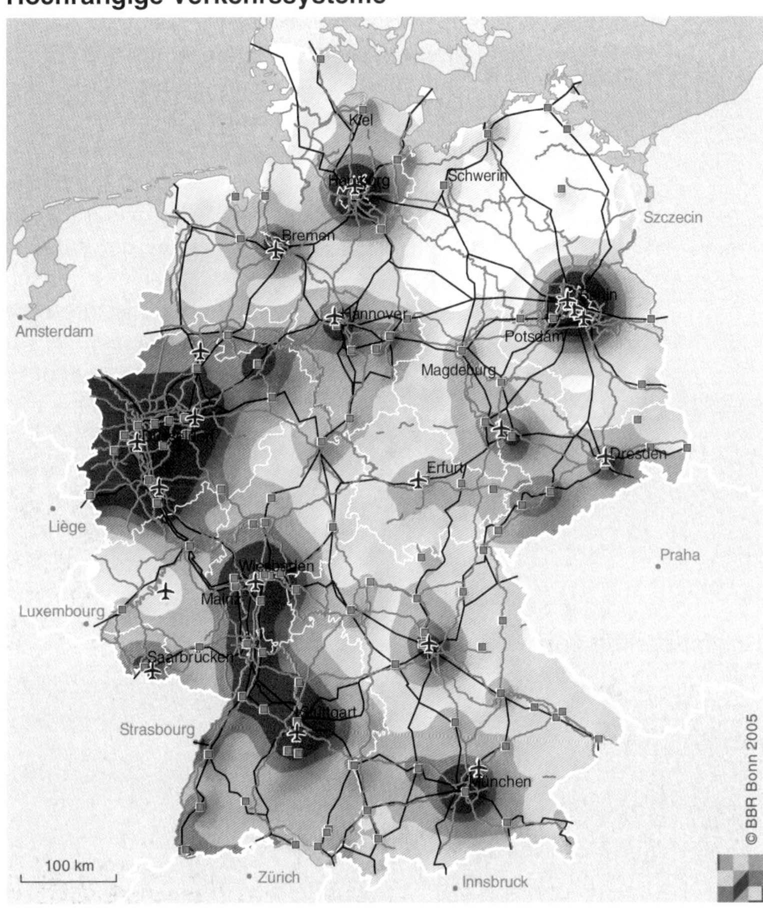


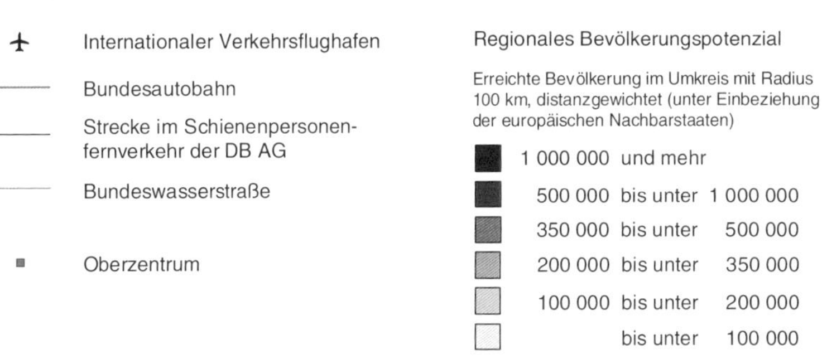


Quelle: Erreichbarkeitsmodell des BBR

## Hochrangige Verkehrsinfrastruktur

Die Gestaltung von hochrangigen Verkehrssystemen orientiert sich an europäischen Maßstäben. Der Integration der europäischen Staaten soll auch durch die Integration der *europäischen Fernverkehrssysteme* gefördert werden. Neue Anforderungen gehen von der gerade vollzogenen EU-Osterweiterung aus. Ein wichtiges Ziel des Europäischen Raumentwicklungskonzeptes (EUREK) ist es, neben dem Ausbau transeuropäischer Netze dafür zu sorgen, dass hochrangige Verkehrsysteme mit nachgeordneten Netzen verknüpft werden, um regionale Disparitäten zu verringern und eine räumlich ausgewogene Entwicklung zu fördern.

Die *Fernverkehrsnetze* zeigen eine starke Ausrichtung auf Zentralräume mit hohen Bevölkerungspotenzialen. Sie sind eng an die Nachfrage nach Transport- und Beförderungsleistungen der verschiedenen Verkehrsträger gebunden. Die Knoten der großräumig bedeutsamen Fernverkehrssysteme erfüllen Metropolfunktionen und zählen selber zu den typischen Kennzeichen von Metropolen (siehe Kapitel 6.1: „Metropolräume") Für die verladende Wirtschaft sind als Ziele vor allem die Knotenpunkte der hochrangigen Fernverkehrssysteme des Straßen-, Schienen- und Luftverkehrs von Bedeutung für die Bevölkerung die Einstiegspunkte.

Autobahnen:

Eine gute Anbindung an das Autobahnnetz wird von Unternehmensseite meist als wichtiger *Standortfaktor für Betriebe* genannt. Diese Einschätzung folgt dem hohen Anteil des Straßengüterverkehrs am Gesamtverkehrsaufkommen. Die Straßen des überörtlichen Verkehrs in Deutschland erstrecken sich Anfang 2003 über eine Länge von über 230 000 km, darunter gut 12 000 km Bundesautobahnen. Die Netzdichten der Bundesfernstraßen in Teilräumen des Bundesgebietes spiegeln weitgehend die jeweilige Bevölkerungsdichte wider. Beim heute erreichten Ausbaustand der Bundesfernstraßen und der vorherrschenden Standortstruktur der Betriebe ist die Lage zum Autobahnnetz im Allgemeinen als gut zu beurteilen, weil Fernstraßen überall in gut erreichbarer Nähe vorhanden sind.

## Gute Erreichbarkeit der Autobahnen überall

**Erreichbarkeitsverbesserung von Autobahnen**

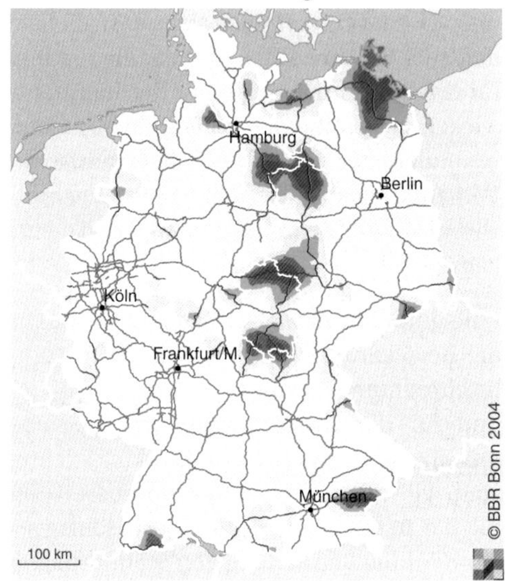


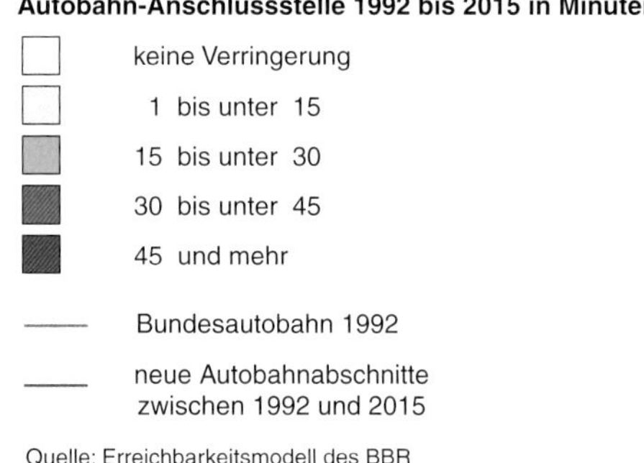


Quelle: Erreichbarkeitsmodell des BBR

**Erreichbarkeit von Autobahnen**

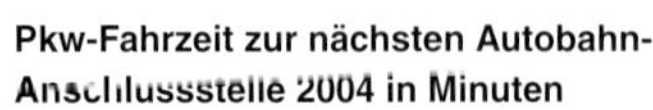


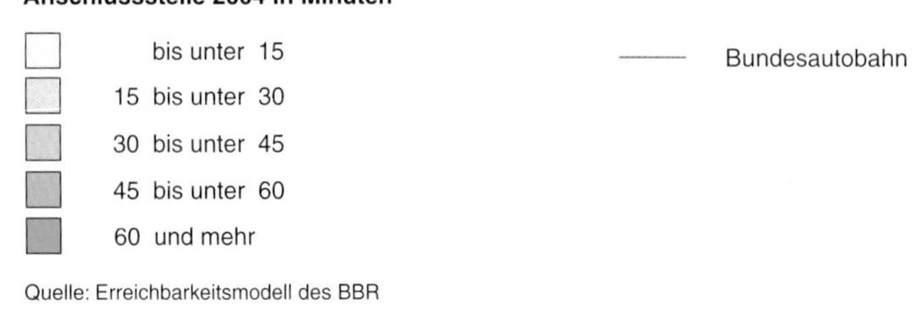


Quelle: Erreichbarkeitsmodell des BBR

Auch die *Wohnstandorte der Bevölkerung* liegen ganz überwiegend in zumutbarer Nähe zu Autobahnanschlüssen. Innerhalb von 15 Minuten erreichen drei Viertel der Bundesbevölkerung den nächsten Autobahnanschluss, innerhalb von 30 Minuten sind es schon über 90 %. Betrachtet man die übrigen, autobahnfernen Gemeinden, so zeigt sich, dass es sich durchweg um sehr dünn besiedelte Regionen an der äußeren Peripherie des Bundesgebietes oder in den Höhenlagen der Mittelgebirge handelt, wie etwa Vorpommern, der Bayerische Wald, aber auch die Altmark, die Schwäbische Alb und der Raum Dübener Heide/Niederer Fläming. Für die übrigen Landesteile ist – mit wenigen Ausnahmen – das Autobahnnetz als hochwertigste Straßeninfrastruktur für den Fernverkehr mit akzeptablem Aufwand erreichbar.

Seit der Vereinigung der beiden deutschen Staaten ist die Ausstattung mit großräumiger Verkehrsinfrastruktur unter anderem durch die *Verkehrsprojekte Deutsche Einheit (VDE)* bereits wesentlich angeglichen. Ein Vergleich verschiedener Netzausbaustände der Bundesautobahnen der Jahre 1992, 2003 und der Planungen für das Ausbauprogramm 2015 zeigt, dass der Bevölkerungsanteil (bezogen auf das Jahr 2002) in Gemeinden mit mehr als 30 Minuten Fahrzeit zur nächsten Autobahnanschlussstelle sich in den neuen Ländern im Zeitraum 1992 bis 2003 von 22 % auf 13 % verringert hat. Bei Realisierung der geplanten Straßenbaumaßnahmen bis zum Jahr 2015 schrumpft dieser Anteil (gemessen an der Bevölkerung 2002) voraussichtlich noch auf unter 10 %. Regional treten die Verbesserung insbesondere in den o.g. noch benachteiligten peripheren Regionen Ostdeutschlands auf.

Gravierende standortrelevante regionale Unterschiede bestehen hinsichtlich des Zuganges zum überregionalen Straßennetz in absehbarer Zukunft kaum noch. Die Einbindung in das Fernstraßennetz ist demnach künftig für Unternehmen ein nahezu ubiquitärer Standortfaktor.

Fernbahnhöfe:

Die Zugänglichkeit des Fernverkehrssystems Schiene ist für den Geschäftsreiseverkehr von hoher Bedeutung. Neben der Aufwertung des Entwicklungspotenzials für die Wirtschaft bedeutet eine gute Anbindung an den Schienenpersonenfernverkehr für die Wohnbevölkerung höhere Lebensqualität, indem Privatreisende Zugang auch zu weiter entfernt liegenden Zielorten erhalten. Vor allem bietet der *Schienenpersonenfernverkehr* Mobilität für diejenigen Bevölkerungsgruppen, die aus verschiedenen Gründen nur öffentliche Verkehrsmittel nutzen können oder wollen.

Die reine *Flächenerschließung des Fernschienennetzes*, ohne Berücksichtigung der Angebotsqualitäten im Zugverkehr, ist etwas schlechter als die des Autobahnnetzes. Der größte Teil der Fläche des Bundesgebietes ist innerhalb einer Pkw-Fahrzeit von unter 30 Minuten zum nächsten Fernbahnhof angebunden. Bezogen auf die Wohnbevölkerung liegt der Anteil, der länger als 30 Minuten mit dem Pkw zum nächsten Fernbahnhof unterwegs ist, unter 15 %. Lediglich einige durch den Schienenpersonenfernverkehr schlecht zu erschließende Mittelgebirgslagen, wie der Thüringer Wald, der Bayerische Wald und das Hochsauerland, weisen Pkw-Fahrzeiten von über 45 Minuten zum nächsten Fernbahnhof auf. Einige Regionen, wie etwa der Raum

## Erreichbarkeit von Fernbahnhöfen

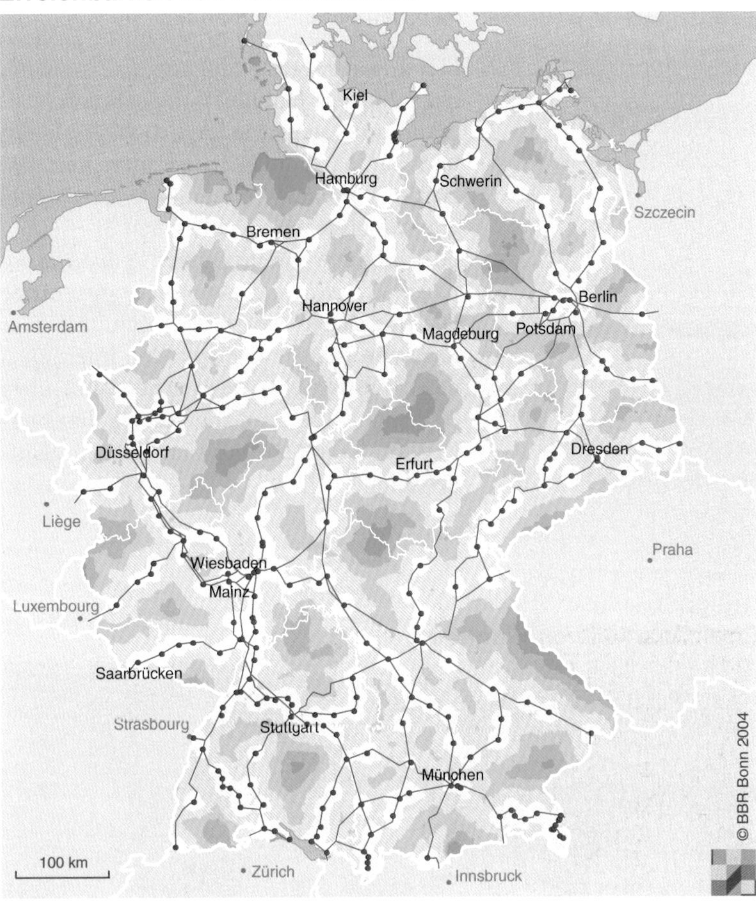

Quelle: Erreichbarkeitsmodell des BBR

Bremerhaven/Cuxhaven, sind über Zulaufverkehre mit den Fernbahnhöfen verbunden.

Flughäfen:

Flughafennahe Standorte haben für Unternehmen mit vielfältigen Kontakterfordernissen oder multinationalen Betriebsstätten hohe Bedeutung. Der Ausbau des *regionalen Luftverkehrs* in peripheren, schienenfernen Räumen kann Impulse für eine erfolgreiche regionale Wirtschaftsentwicklung geben. Insbesondere in Regionen ohne qualifizierten Anschluss an den Schienenverkehr ist es für den Geschäftsreiseverkehr bedeutsam, einen internationalen Verkehrsflughafen oder einen Flugplatz mit

Regionalluftverkehr in erreichbarer Nähe zum Betriebsstandort zu haben.

Eine herausragende Stellung als Flughäfen mit globaler Hubfunktion nehmen aufgrund ihrer zentralen Lage in Deutschland und Europa Frankfurt und München ein. Darüber hinaus verfügt jede Metropole oder wichtige Wirtschaftsregion über einen oder mehrere der insgesamt 18 *internationalen Verkehrsflughäfen*. Diese dezentrale Struktur sichert eine gute Anbindung aller Regionen Deutschlands an den internationalen Luftverkehr. Dazwischen sind etwa 25 Regionalflughäfen angesiedelt, die ebenfalls für den internationalen Verkehr geöffnet sind.

## Erreichbarkeit von Flughäfen

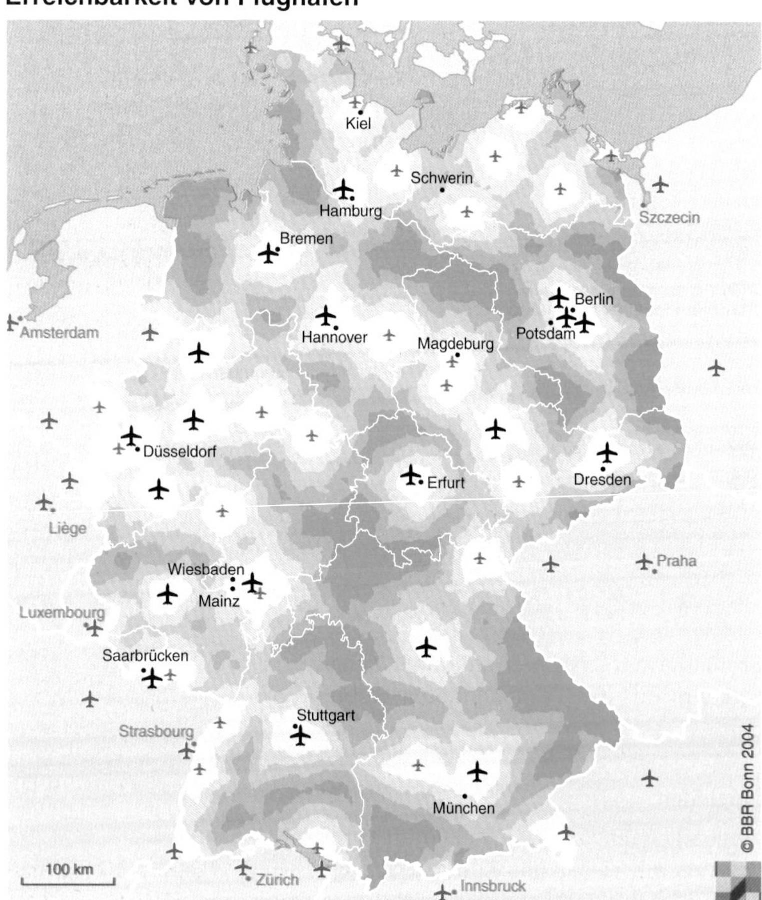


**Pkw-Fahrzeit zum nächsten Flughafen 2004 in Minuten**

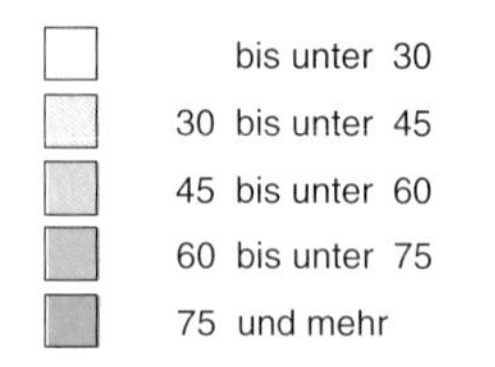


Internationaler Verkehrsflughafen

ausgewählter Regionalflughafen

Flughafen im benachbartem Ausland

Quelle: Erreichbarkeitsmodell des BBR

Entsprechend der weiträumigen Verteilung der Regionalflughäfen innerhalb des deutschen Flughafensystems leben über 40 % der Bevölkerung in Gemeinden, von denen aus innerhalb von 30 Minuten Pkw-Fahrzeit ein Regionalflughafen oder ein internationaler Flughafen erreichbar ist. Größere Gebiete mit mehr als 60 Minuten Pkw-Fahrzeit zum nächsten Flughafen befinden sich in der Rhön, der Altmark und im Bayerischen Wald. Die betroffenen Gemeinden stellen etwa 15 % der Bundesbevölkerung.

### Versorgung im öffentlichen Personennahverkehr (ÖPNV)

Öffentlicher Personennahverkehr als die allgemein zugängliche Beförderung von Personen im Linienverkehr ist überwiegend dazu bestimmt, die Verkehrsnachfrage im Stadt-, Vorort- oder Regionalverkehr zu befriedigen. Im Allgemeinen werden darunter Beförderungen über Entfernungen bis zu 50 km oder eine Stunde Reisezeit gefasst.

Die Sicherstellung einer ausreichenden Versorgung der Bevölkerung mit Angeboten des ÖPNV gilt als freiwillige Selbstverwaltungsaufgabe der Daseinsvorsorge. Die Leistung muss nicht vom Staat selbst erbracht werden, sondern ihn trifft nur die Pflicht zur Schaffung eines Rahmens und zur Kontrolle der ansonsten von Privaten erbrachten Dienstleistungen (Gewährleistungspflicht). Diese Aufgabe wird durch die kommunalen Aufgabenträger, die Landkreise und kreisfreien Städte, wahrgenommen. Es gibt keine gesetzliche Bestimmung eines bestimmten vorzuhaltenden Bedienungsangebots. Es existieren jedoch verkehrsplanerische und raumordnerische Zielvorgaben.

Betrachtet man die reine *Flächenerschließung mit ÖPNV-Haltestellen*, verzeichnen Kernstädte stets hohe, fast vollständige Erschließungsgrade. Allerdings relativiert sich das Bild des krassen Gegensatzes zwischen Stadt und Land. Je nach Ausbau des ÖPNV-Netzes und siedlungsstruktureller Ausgangssituation können viele ländlich-periphere, gering verdichtete Regionen ebenfalls überdurchschnittliche Erschließungsgrade aufweisen. Ursachen für regionale Unterschiede liegen auch in vielfältigen rechtlichen, finanziellen oder verkehrspolitischen Rahmenbedingungen. Die jeweilige Angebotsqualität über eine Mindestbedienung hinweg geht aus den hier dargestellten Erschließungsgraden nicht hervor.

## ÖPNV-Erschließung

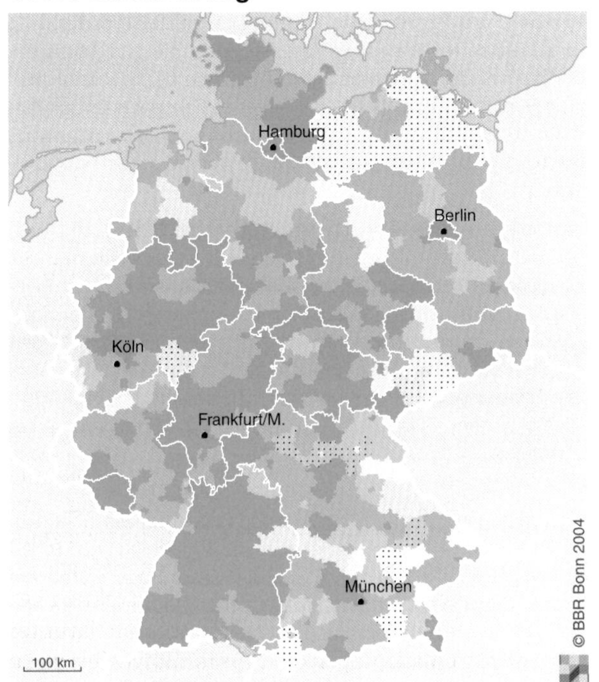


**Anteil der durch Haltestellen-Einflusszonen abgedeckten Siedlungsflächen innerhalb geschlossener Ortschaften an der gesamten Siedlungsfläche 2003 in %**

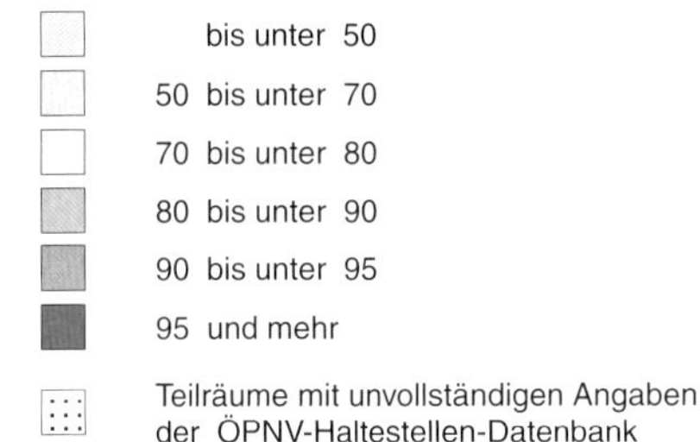


Kreise, Stand 31. 12. 2001
Quelle: Laufende Raumbeobachtung des BBR
Datengrundlage: ÖPNV-Haltestellen-Datenbank DDS/Deutsche Bahn AG

## Angebotsdichte im öffentlichen Verkehr

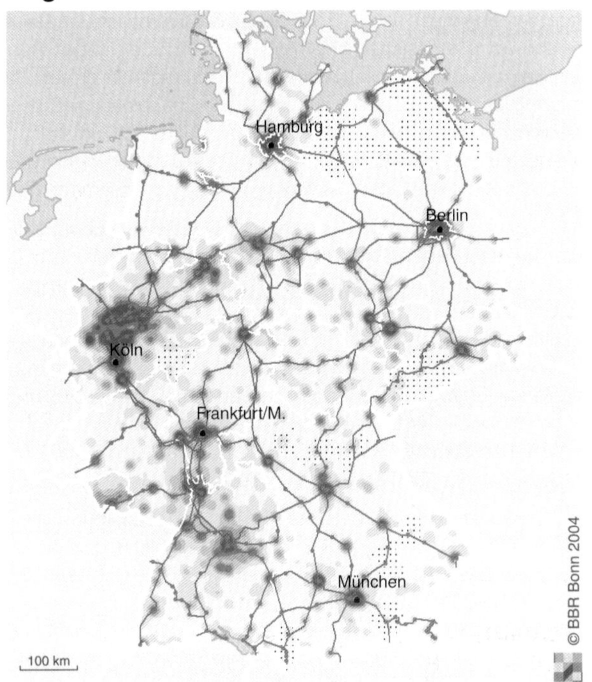


**Abfahrten an allen Haltestellen des öffentlichen Verkehrs unter Einbeziehung aller Haltestellen im Umkreis von 10 km, distanzgewichtet, 2003 je km²**

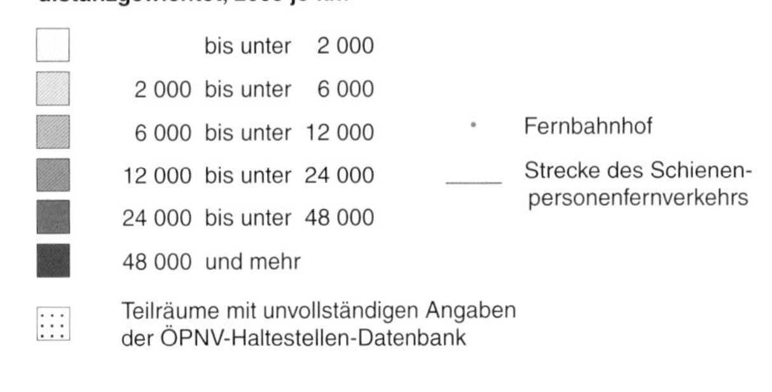


Quelle: Laufende Raumbeobachtung des BBR
Datengrundlage: ÖPNV-Haltestellen-Datenbank DDS/Deutsche Bahn AG

Die Ausgestaltung von *ÖPNV-Bedienungsangeboten* hängt dagegen ganz wesentlich von der regionalen Siedlungsstruktur ab. In hochverdichteten Räumen ist der ÖPNV am wirtschaftlichsten und effektivsten zu betreiben. Je kleinteiliger und verstreuter die zu erschließenden Siedlungen in der Fläche verteilt sind, und je geringer die Siedlungsdichte ausfällt, desto geringer ist das Potenzial für ein wirtschaftliches Angebot im klassischen Linienverkehr.

### Krasser Gegensatz in der ÖPNV-Versorgung zwischen Stadt und Land

Deutlich ist die Konzentration des ÖPNV-Angebotes auf Siedlungsschwerpunkte (siehe Karte: „Angebotsdichte im öffentlichen Verkehr"). Das nachfrageorientierte Ver-

**INFO: ÖPNV – Versorgungsgradanalyse**

Standortscharfe Informationen über Haltestellen und ihre Bedienungsfrequenzen sind aus dem ÖPNV-Fahrplandatenbestand der Deutschen Bahn AG mit Ausnahme einiger weniger Teilräume für das gesamte Bundesgebiet flächendeckend verfügbar. Die ÖPNV-Daten können mit Daten zur Siedlungsflächenausdehnung, die aus dem Digitalen Landschaftsmodell des Amtlichen Topographisch-Kartographischen Informationssystems (ATKIS) (Basis-DLM im Maßstab 1:25 000) hervorgehen, abgeglichen werden. So lässt sich ermitteln, in welchem Umfang fußläufige Einzugsbereiche von Haltestellen innerörtliche Siedlungen räumlich abdecken bzw. welcher Anteil der Ortslagen in bestimmten Räumen ÖPNV-versorgt ist. Dazu sind den Haltestellen entsprechend der Bedienung mit Verkehrsprodukten (Zug, S-Bahn, Straßenbahn, Bus) nach zumutbaren Gehzeiten abgestufte Einzugsgebiete (ca. 600 m bis 1 200 m radial) zugeordnet.

**BEISPIEL: Alternative Bedienung im ÖPNV im „Fürst-Pückler-Land"**

In ländlichen Regionen – so auch im Gebiet der Internationalen Bauausstellung (IBA) „Fürst-Pückler-Land" lassen sich traditionelle, das heißt linien- und fahrplanbasierte ÖPNV-Angebote und -Leistungen nur schwer wirtschaftlich realisieren. Feste Linienangebote und Taktzeiten werden den geringen und schwankenden Nachfragen in diesen Räumen nicht gerecht. Touristisch attraktive Angebote der Internationalen Bauausstellung „Fürst-Pückler-Land" liegen darüber hinaus weit auseinander. Die Strategie, auch angesichts weiter zurückgehender Schülerzahlen nicht nur das bisherige ÖPNV-Angebot aufrecht zu erhalten, sondern ein für alle Bewohner und zusätzlich auch für Touristen attraktives bedarfsgerechtes Angebot zu entwickeln, hat die Modellregion Lausitz-Spreewald des Aktionsprogramms „Modellvorhaben der Raumordnung" (siehe Kapitel 7: „Bundesraumordnung") gemeinsam mit der IBA verfolgt.

In einem ersten Schritt wurde das vorhandene Verkehrsangebot auf Optimierungspotenziale analysiert. Die Neuordnung des ÖPNV-Angebots umfasst die drei Ebenen Schülerverkehr, sonstiger konventioneller Linienverkehr und alternative Verkehrsangebote. Der Schülerverkehr muss optimiert und neu strukturiert werden, um künftig Ausschreibungen des Schülerverkehrs nach Schuleinzugsbereichen zu ermöglichen. Der konventionelle Linienverkehr wird auf wenige aufkommensstarke Achsen mit stabilen Takten und möglichst direkten, schnellen Verbindungen zu wichtigen Zielen beschränkt. Eine Parallelität zum Schienenverkehr wird generell vermieden, vielmehr sind die Schienenverbindungen fester Bestandteil des Gemeinschaftsverkehrs. Für die Bedienung der feinverteilten Verkehrsaufkommen in der Fläche werden alternative Angebote zur Ergänzung der anderen Ebenen entwickelt. Siedlungsstrukturelle Rahmenbedingungen werden mittels sechs Raumstrukturtypen unterschiedlicher Dichte, Wirtschaftsdynamik und Siedlungsstrukturen berücksichtigt. Strukturtyp 1 mit Besiedlungsdichten von unter 25 EW/km² und Strukturtyp 2 mit 25 bis 50 EW/km² sind Haupteinsatzorte für Anrufbussysteme, die teilweise die einzige Möglichkeit eines ÖPNV-Angebots im dünn besiedelten ländlichen Raum darstellen.

Unter den Aspekten der Daseinsvorsorge und der Tourismus- bzw. Wirtschaftsförderung wurde die ÖPNV-Anbindung der touristisch attraktiven IBA-Projekte im Rahmen eines Interreg III B-Projekts gesondert untersucht. Dazu wurden die IBA-Projekte in vier Kategorien nach unterschiedlichem Besucheraufkommen sowie zusätzlich nach dem Zeitpunkt der Fertigstellung differenziert. Das auf dieser Basis erarbeitete Anbindungs- und Verknüpfungskonzept geht über das oben beschriebene Konzept des alternativen bedarfsorientierten Bedienverkehrs hinaus und ergänzt es durch Elemente des Freizeitverkehrs (Mietfahrrad und -auto, Bootsverleih, Beförderung mit Museumsbahnen, Draisinen usw.). Kennzeichen des Konzepts ist das integrative Vorgehen: Alle Verkehrsträger werden einbezogen – konventioneller ÖPNV, Alternativangebote, Gelegenheitsverkehr und sogar Individualverkehr. Alle Lösungen sind finanzierbar, d. h. entstehender Mehraufwand wird durch Einsparungen an anderer Stelle im Gemeinschaftsverkehr ausgeglichen werden.

## Anbindungsqualität IBA "Fürst-Pückler-Land"

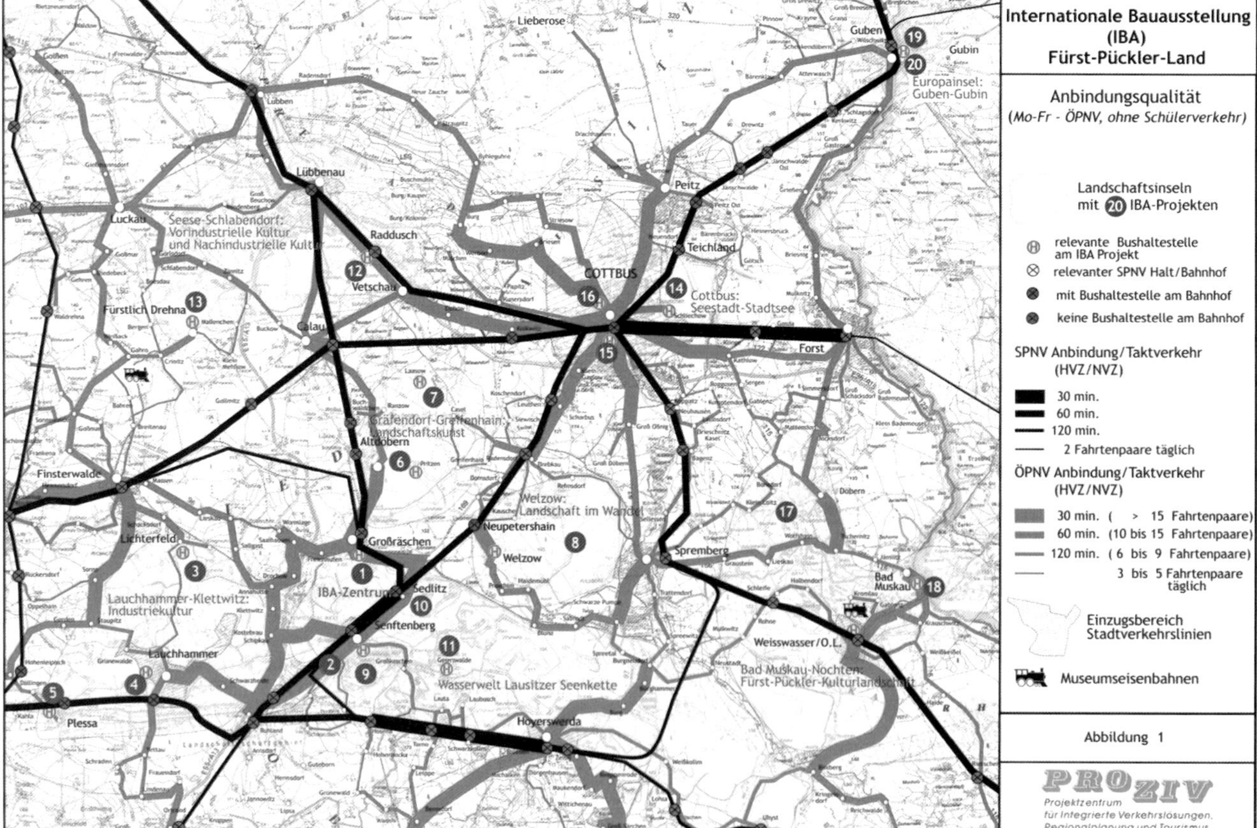


Quelle: Projektzentrum für Integrierte Verkehrslösungen, Regionalplanung und Tourismus

Die Präsentation dieses Fallbeispiels basiert auf einer Expertise des Institutes für Stadtforschung und Strukturpolitik GmbH (IfS) im Rahmen des Modellvorhabens der Raumordnung „Anpassungsstrategien für ländliche/periphere Regionen mit starkem Bevölkerungsrückgang in den neuen Ländern".

kehrsgeschehen im öffentlichen Verkehr ist sehr stark auf die Knotenpunkte innerhalb von Stadtregionen konzentriert. Stadtregionen bilden großflächige, in Verkehrsverbünden geordnete Versorgungsgebiete bester ÖPNV-Versorgung heraus. Neben den Aktivitätsspitzen in den Agglomerationskernen erstrecken sich die intensiv bedienten Angebotsbereiche zum Teil weit hinaus in das Umland.

### Strategien zur Sicherstellung einer angemessenen ÖPNV-Versorgung

Bestimmte Bevölkerungsgruppen sind in besonderem Maße auf eine gute ÖPNV-Versorgung angewiesen. Neben älteren Bewohnern betrifft dies insbesondere junge Menschen. Vor allem in ländlichen Räumen gibt es Zugangsschwierigkeiten zu ÖPNV-Angeboten mit städtischer Bedienungsqualität. Im Zusammenhang mit der Erreichbarkeit von Kultureinrichtungen, etwa Konzerthallen, sollte sich ein ÖPNV-Angebot auch auf die Nachtstunden erstrecken. Der Schülerverkehr im ländlichen Raum trägt wesentlich zur Aufrechterhaltung von ÖPNV-Angeboten bei. Dieser Faktor ist bei Anpassungsmaßnahmen in Reaktion auf den demographischen Wandel zu berücksichtigen. Neben der Verlängerung von Schulwegen ist die Schließung von Schulen mit erheblichen Folgen für das ÖPNV-Angebot verbunden.

Strategien zur Sicherstellung einer angemessenen ÖPNV-Versorgung müssen innerhalb des Wechselwirkungsgefüges von Siedlungsentwicklung und Verkehr an verschiedenen Punkten anknüpfen. In Stadtregionen steht unter anderem die Ausrichtung der Siedlungs- und Standortentwicklung auf den schienengebundenen ÖPNV im Vordergrund. In dünn besiedelten, ländlichen Regionen sind es nutzerorientierte Bedienungskonzepte, wie z.B. der Ansatz eines Gemeinschaftsverkehres mit flexiblen Bedienungszeiten im „Fürst Pückler Land" der Region Lausitz Spreewald (siehe BEISPIEL). Rahmenbedingungen der ÖPNV-Finanzierung und Aufgabenverteilung sowie die Stärkung von Transparenz und Wettbewerb liefern ebenfalls Anknüpfungspunkte.

## Schlussfolgerungen und Strategien für eine räumlich ausgeglichene öffentliche Daseinsvorsorge

Die Herausforderungen des demographischen Wandels in Hinblick auf die öffentliche Daseinsvorsorge zählen bereits zu den aktuellen Handlungsschwerpunkten der Raumordnungspolitik des Bundes und der Länder. Auf der Agenda stehen insbesondere Fragen der Sicherung und Gewährleistung einer leistungsfähigen Infrastruktur unter Beachtung des Verfassungsauftrages zur Wahrung der *Gleichwertigkeit der Lebensverhältnisse* in allen Teilräumen. Das Ziel bedeutet nicht, dass überall die gleichen Versorgungsstandards und Leistungsangebote vorhanden sein müssen. Vielmehr geht es um ein den jeweiligen Nachfrage- und Auslastungsverhältnissen angepasstes und ausreichendes Niveau der Daseinsvorsorge. Das bedeutet für die Raumordnungspolitik, dass *regional differenzierte Mindeststandards der Versorgung* zu definieren sind, die die regionale Siedlungs- und Bevölkerungsdynamik berücksichtigen und allgemein anerkannt als Zielvorgabe zur Sicherstellung der Grunddaseinvorsorge herangezogen werden können.

Handlungsansätze und Strategien zum *Management von Versorgungsinfrastruktur* unter der Bedingung rückläufiger Bevölkerungszahlen sind für unterschiedliche Gebietstypen wie altindustrielle Regionen, Städte, ländliche Räume mit ihren jeweils unterschiedlichen Potenzialen zu entwickeln. Ansatzpunkte hierfür liegen grundsätzlich in Modernisierung und Flexibilisierung der Versorgungsstrukturen, Multifunktionalisierung, der Nutzung von Innovationen, Stärkung des bürgerschaftlichen Engagements und Vernetzung der Infrastrukturen und Angebote.

### Leitbild der dezentralen Konzentration bei Schrumpfungsprozessen anwenden

Das Leitbild der dezentralen Konzentration ist ein Ansatz, zwei Aspekte miteinander zu vereinen, Dezentralität (räumliche Streuung von Versorgungsfunktionen) und Konzentration (Schwerpunktbildung zur Absicherung wirtschaftlicher Tragfähigkeiten von Versorgungseinrichtungen). Das *Zentrale-Orte-Konzept* der Landesplanung liefert ein Instrumentarium, das geeignet ist, eine qualitätsorientierte Infrastrukturversorgung zu gewährleisten. Allerdings ist eine Anpassung der bestehenden Zentrale-Orte-Systeme an die neuen Anforderungen der räumlichen Schrumpfungsprozesse und eine Erweiterung um neue Angebotsformen vor allem in dörflichen Strukturen auf dem Lande erforderlich. Räumliche Konzentrationsprozesse müssen ihren Niederschlag in der Ausweisungspraxis von zentralen Orten – insbesondere der unteren Stufen – finden. Zumutbare Erreichbarkeitsstandards müssen dabei gewährleistet bleiben. Gleichzeitig bedarf es neuer Formen der Sicherstellung der wohnungsnahen Grundversorgung auch im dörflichen Bereich.

**BEISPIEL: Regionalspezifische Erreichbarkeitsmindeststandards (zu Analysezwecken) für soziale Infrastruktur in Havelland-Fläming**

Regionalspezifische Mindeststandards der Erreichbarkeit von sozialen Infrastruktureinrichtungen liefern die Arbeiten im Rahmen des Aufbau Ost-Projektes „Siedlungsentwicklung und Infrastrukturkosten – Bilanzierung und Strategieentwicklung". Um die Ist-Ausstattung der untersuchten Beispielregion Havelland-Fläming (Brandenburg) mittels eines Erreichbarkeitsmodells einer Normausstattung gegenüber stellen zu können, werden in dem Projekt Erreichbarkeitsstandards aus den regionalen Verhältnissen und Erfahrungen mittels einer Interviewserie abgeleitet.

**Regionale Erreichbarkeitsstandards** (Fallbeispiel Region Havelland-Fläming)

| | | Erreichbarkeitsschwellen in Minuten | | |
|---|---|---|---|---|
| Infrastrukturbereich | Einrichtung | komfortabel | gut erreichbar | gerade noch zumutbar |
| Brandschutz | Feuerwehrstandort | 10 | 20 | 40 |
| Sportanlagen | Sportanlage mit eher flexibler Nutzung | 5 | 10 | 15 |
| | Sportanlage mit eher spezifischer Nutzung | 10 | 20 | 30 |
| | Hallenbad, offenes Bad | 10 | 20 | 30 |
| Schulen | Grundschule | 5 | 10 | 20 |
| | Realschule, Gymnasium, Gesamtschule | 10 | 20 | 45 |
| Pflege | Pflegedienst | 10 | 20 | 45 |
| | Pflegeheim | 15 | 30 | 60 |
| Kindertagesbetreuung | Kinderkrippe, Kindergarten, Tagesstätte für behinderte Kinder | 5 | 15 | 30 |

Quelle: Leibniz-Institut für Ökologische Raumentwicklung e. V. (IÖR), Lehrstuhl für Stadttechnik an der BTU Cottbus und Gertz Gutsche Rümenapp GbR: Zweiter Zwischenbericht zum Aufbau Ost-Forschungsvorhaben "Siedlungsentwicklung und Infrastrukturfolgekosten - Bilanzierung und Strategieentwicklung". (Projekt Nr. 10.08.06.1.11). Dresden, Cottbus, Hamburg, Juni 2004


Die *Ministerkonferenz für Raumordnung* (MKRO) hat am 13. Oktober 2003 in Berlin eine Entschließung zu Sicherung und Weiterentwicklung der öffentlichen Daseinsvorsorge vor dem Hintergrund des demographischen Wandels gefasst. Die Entschließung begründet Anpassungserfordernisse mit:

- Tragfähigkeitsproblemen (ÖPNV, Handel und Dienstleistungen, soziale und kulturelle Infrastruktur, Energie- und Wasserversorgung),
- Änderungen beim alterspezifischen Infrastrukturbedarf und erhöhte Nachfrage nach altengerechten Einrichtungen,
- den erhöhten Integrationsbedarf ausländischer Bevölkerungsgruppen insbesondere in Stadtregionen,
- Auslastungsverschiebungen durch Suburbanisierung.

Als Ziel gilt die bedarfsgerechte öffentliche Infrastrukturversorgung in allen Teilräumen des Bundesgebietes mit erhöhter planerischer Effizienz und Kostenbewusstsein. Dazu sollen Mindeststandards für veränderte räumliche Einzugsbereiche sowie für die Erreichbarkeit von Infrastrukturangeboten festgelegt und neue Organisationsformen der Leistungserstellung weiterentwickelt werden.

In den Mittelpunkt rücken die Raumordnungsminister die flexible Handhabung des Systems der Zentralen Orte im regionalen Kontext als Grundgerüst für die Bewältigung der Anpassungsprozesse. Die daraus abgeleiteten Forderungen umfassen

- eine zentralörtliche Ausweisungspraxis in angemessener Relation zu Bevölkerungsrückgängen,
- die Anpassung zentralörtlicher Ausstattungsmerkmale an regionale Einwohnerpotenziale mit ggf. räumlich differenzierten Mindeststandards zur wirtschaftlichen Auslastung zentraler Dienstleistungen,
- die Definition von Einzugsbereichen unter Berücksichtigung sich ändernder Erreichbarkeitsverhältnisse und
- Ausbau und Unterstützung interkommunaler Kooperationen zentraler Orte.

Darüber hinaus strebt die Entschließung eine vermehrte Abstimmung räumlicher und funktionaler Zuordnungen zwischen den Planungsträgern an. In der Hauptverantwortung sieht sie die regionalplanerische Ebene. Fachpolitiken von Bund und

Ländern werden aufgefordert, den demographischen Wandel zu berücksichtigen, Planungen am zentralörtlichen System auszurichten und dabei auch Mehrbelastungen durch Bevölkerungsrückgänge einzubeziehen. Die Ministerkonferenz selbst nimmt sich vor, sich verstärkt mit den raumstrukturellen Auswirkungen des demographischen Wandels zu befassen. Als Ansatzpunkte nennt sie eine mögliche Weiterentwicklung des Leitbildes der dezentralen Konzentration und die Auswertung innovativer Modellvorhaben der Raumordnung (MORO).

### Regionale Ebene zur Bewältigung von Anpassungsproblemen stärken

Ein Themenschwerpunkt im Aktionsprogramm „Modellvorhaben der Raumordnung" ist seit 2001 „Anpassungsstrategien für ländliche/periphere Räume mit starkem Bevölkerungsrückgang in den neuen Ländern" (siehe Kapitel 7: „Bundesraumordnung"). Zum Abschluss des Modellvorhabens wurde am 14. Mai 2004 die *„Cottbuser Erklärung"* verabschiedet (siehe INFO). Sie soll die öffentliche Aufmerksamkeit auf die Aufgabe lenken, bei Erreichung von Tragfähigkeitsgrenzen Infrastrukturangebote zu überdenken und neu zu organisieren.

### Gewährleistungs- statt Erfüllungsverantwortung des Staates wahrnehmen

Gerade unter den Bedingungen des demographischen Wandels und der sinkenden Finanzkraft der öffentlichen Hand gilt es, der Notwendigkeit von Kosteneinsparungen verstärkt Rechnung zu tragen und auch zu prüfen, inwieweit alternative Angebotsformen z.B. durch *Private oder in Selbsthilfe* durch die öffentliche Hand unterstützt werden können. Statt Aufgaben der öffentlichen Daseinsvorsorge selbst wahrzunehmen – also im Wege der sog. Erfüllungsverantwortung – muss sich die öffentliche Hand künftig zunehmend auf eine Gewährleistungsverantwortung konzentrieren.

**INFO: Cottbuser Erklärung**

In den Modellregionen Mecklenburgische Seenplatte, Lausitz-Spreewald und Ostthüringen hat sich die regionale Maßstabsebene zur Bewältigung von Anpassungsproblemen bewährt. Als Erfolg versprechende Strategien für ländliche Räume fasst die Erklärung folgende Strategieansätze zusammen:

Vernetzung: Ausbau von interkommunalen Kooperationen (u. U. mit raumordnerischem Vertrag) und Zusammenarbeit zwischen den verschiedenen Verantwortlichen fachlicher Infrastrukturangebote (interinstitutionelle und intersektorale Kooperation).

Die Bevölkerung aktiv beteiligen: Der über finanzielle Einsparungen hinausgehende Zweck von Angebotsreduzierungen muss in der regionalen Öffentlichkeit deutlich gemacht und verstanden werden.

Leitbild: Integriert planen unter räumlicher und fachlicher Verzahnung verschiedener Angebote sowie der gemeinsamen Nutzung von Kapazitäten und in Projekten umsetzen.

Konzentration auf Schwerpunkte: Den Stufen der Zentralen Orte kommen unterschiedliche Schwerpunktaufgaben zu: In den ländlichen Räumen haben die Grundzentren die Aufgabe eines Auffangnetzes für wohnortnahe Funktionen (z.B. ambulante medizinische Versorgung, Bildung/Betreuung von Kindern), die gegebenenfalls durch neue Formen der Leistungsbereitstellung gewährleistet werden. Die Mittelzentren stellen – arbeitsteilig – die Erreichbarkeit weiterführender Angebote der Daseinsvorsorge im ländlichen/peripheren Raum sicher (z.B. weiterführende Bildung für Jugendliche, stationäre (fach)medizinische Versorgung).

Rahmenbedingungen schaffen: Eine integrierte Gesamtplanung regionaler Infrastrukturangebote bedarf einer angemessenen Finanzierung der auftretenden Strukturänderungen bezüglich der kommunalen Einnahmen und Ausgaben. Finanziert werden müssen sowohl die (Prozess-)Kosten der neu aufzubauenden regionalen Kooperationen als auch die durch die Bündelung und Neuorganisation öffentlicher Infrastrukturaufgaben auftretenden Strukturänderungen bezüglich der kommunalen Einnahmen und Ausgaben. Innerhalb des Förderinstrumentariums wären ein Kooperations-Bonus bei der Mittelvergabe, innerhalb des kommunalen Finanzausgleichs die Berücksichtigung der Zusatzkosten, die mit einer sehr geringen Bevölkerungsdichte verbunden sind, sinnvoll.

Mit der Umsetzung jetzt beginnen: Die knappe Zeit zu aktivem regionalen Handeln in Fragen einer bedarfsgerechten Infrastruktur und Versorgung sind unmittelbar und aktiv anzugehen.

Die Cottbuser Erklärung wurde im Rahmen der Abschlussveranstaltung des Modellvorhabens der Raumordnung „Anpassungsstrategien für ländliche/periphere Regionen mit starkem Bevölkerungsrückgang" am 14. Mai 2004 von den Teilnehmern verabschiedet.

Die Erklärung im Wortlaut: BBR (Hrsg.): Werkstatt: Praxis (in Vorbereitung)

Literaturhinweise:

Hans-Peter Gatzweiler, Martina Kocks: Demographischer Wandel. Modellvorhaben der Raumordnung als Handlungsfeld des Bundes. In: Raumforschung und Raumordnung Heft 2/2004/62 Jahrgang

Bundesamt für Bauwesen und Raumordnung (Hrsg.): Demographischer Wandel und Infrastruktur im ländlichen Raum – Von europäischen Erfahrungen lernen? Informationen zur Raumentwicklung, Bonn (2003) H. 12

## Wohnungsversorgung

Die Wohnungsversorgung hat sich in den vergangenen Jahren in Deutschland weiter verbessert. Trotz rückläufiger Fertigstellungszahlen erhöhte sich das Wohnungsangebot. Die Haushalte verfügen insgesamt über zunehmend größere Wohnflächen. Außerdem ist die Zahl der Eigentümerhaushalte weiter angestiegen. Der Angleichungsprozess zwischen den alten und den neuen Ländern, der in den vergangenen Jahren mit hoher Dynamik ablief, ist inzwischen weit vorangeschritten. Bei der Eigentümerquote und dem Anteil der Ein- und Zweifamilienhäuser bestehen zwar noch deutliche Niveauunterschiede. Bei der Wohnflächenversorgung der Mieterhaushalte ist aber eine weitgehende Angleichung bereits erreicht.

Aus raumordnerischer Sicht ist bedeutsam, dass sich in den vergangenen Jahren in Folge der allgemeinen Marktentspannung mit dem deutlich zurückgegangenen Geschosswohnungsneubau die Dynamik der Wohnungsbautätigkeit sehr stark auf die Umlandregionen und die ländlichen Räume verlagert hat. Eine Angebotsausweitung findet derzeit vor allem in den Regionen und städtischen Märkten mit hoher Eigenheimbautätigkeit statt (siehe Kapitel 3.3: „Siedlungsentwicklung").

### Dynamik der Wohnungsbautätigkeit auf Umlandregionen und ländliche Räume konzentriert

Neue Herausforderungen für die Wohnungspolitik ergeben sich – neben dem allgemeinen *Strukturwandel der Wohnungsmärkte* – vor allem aus deren zunehmender regionaler Ausdifferenzierung. Der demographische Wandel, veränderte Ansprüche der Nachfrager hinsichtlich der wohnungs- und städtebaulichen Qualitäten und der Wunsch nach Wohneigentum beeinflussen diese Entwicklung. Aktuelle Ergebnisse aus der *Wohnungsmarktbeobachtung des BBR* bestätigen, dass die regionalen Wohnungsmärkte zwar von den allgemeinen bundesweiten Wohnungsmarktentwicklungen in ähnlicher Weise betroffen sind, aber zunehmend eigenständige Entwicklungen aufweisen. Weiterhin wachsenden Stadtregionen mit einer hohen Wohnungsnachfrage stehen Wohnungsmärkte mit Angebotsüberhängen gegenüber. Auf einigen regionalen Wohnungsmärkten herrscht eine hohe Entwicklungsdynamik, in der sich Strukturanpassungsprozesse rasch vollziehen, während andere Wohnungsmärkte nicht in der Lage sind, aus eigener Kraft quantitative und qualitative Divergenzen zwischen Angebot und Nachfrage städtebaulich sinnvoll zu bewältigen.

Die quantitative Wohnungsversorgung hat sich in den vergangenen Jahren insgesamt weiter verbessert. Die durchschnittliche *Pro-Kopf-Wohnfläche* stieg seit 1998 um 2,3 m² auf 41,6 m² im Jahr 2002. Dabei vollzog sich die Ausweitung einerseits im Neubau insbesondere durch Wohneigentumsbildung, andererseits aber auch im Bestand durch eine Verringerung der Haushaltsgröße bei gleichbleibender Wohnungsgröße. Der Trend steigender Pro-Kopf-Wohnflächen setzte sich somit weiter fort, wobei die Zuwächse in den alten Ländern insgesamt unter, in den neuen Ländern über dem Bundesdurchschnitt lagen. Damit kam es zwar zu einer weiteren Angleichung der Verhältnisse in Ost- und Westdeutschland, es bestehen aber nach wie vor Unterschiede. Während die westdeutsche Bevölkerung über 43 m² je Person (2002) verfügt, liegt der Wert für die Bevölkerung Ostdeutschlands bei 37 m² je Person. Begründet ist dies im Wohnungsbestand der neuen Länder, der noch stark durch die im DDR-Wohnungsneubau üblichen relativ geringen Wohnungsgrößen geprägt ist, zudem in einer immer noch geringeren Kaufkraft und einem ebenfalls geringeren Anteil an Eigentümerhaushalten gegenüber den alten Ländern. Weiteren Einfluss auf die Wohnraumversorgung haben außerdem unterschiedliche Preisniveaus der Wohnungsmärkte oder auch die Dominanz bestimmter Haushaltstypen.

### Wohnflächenversorgung in Ost und West gleicht sich immer stärker an

Die neuen Länder holen bei der Wohnflächeninanspruchnahme aber auf. Trotzdem standen 2002 jedem Einwohner im Osten immer noch 6 m² weniger Wohnfläche zur Verfügung als im Westen. Allerdings ist von 1998 bis 2002 in Westdeutschland die Wohnfläche pro Kopf nur um 2 m² (4,7 %)angestiegen, in Ostdeutschland hingegen um 3,1 m² (9,4 %). Die stärkere Zunahme in Ostdeutschland ist überwiegend auf deutliche Bevölkerungsverluste bei einer nur leichten bis mittleren Zunahme des Wohnflächenangebotes zurückzuführen.

Die Wohnflächenversorgung ist dabei in den alten Ländern in den dünn besiedelten, peripheren Regionen am höchsten. Während hier die Kernstädte fast ausschließlich geringere Wohnflächenwerte gegenüber ihrem Umland aufweisen, gilt für die Mehrheit der Städte in den neuen Ländern genau das Gegenteil. Im Jahre 1998 verfügten die Einwohner der Kernstädte in den neuen Ländern noch über mehr Wohnfläche pro Kopf als die Bevölkerung des Umlandes. Dies war Folge der Konzentration der Wohnungsbautätigkeit der DDR auf diese Kernstädte, außerdem kam es in den Kernstädten zu überproportional hohen Bevölkerungsverlusten vor allem an das Umland. In den vergangenen Jahren stiegen in den peripheren, ländlichen Regionen die Wohnflächen am stärksten (+11 %). Verantwortlich für die erheblich höhere Zunahme der Wohnfläche je Einwohner gegenüber den Kernstädten (+8 %) ist hier – bei nur leichter bis mittlerer Bevölkerungszunahme – eine deutliche Ausweitung des Wohnflächenangebotes. Diese Entwicklung lässt sich hier durch eine geringe Ausweitung des Wohnflächenangebotes und durch eine nur leichte Bevölkerungsabnahme erklären.

## Wohnflächenversorgung

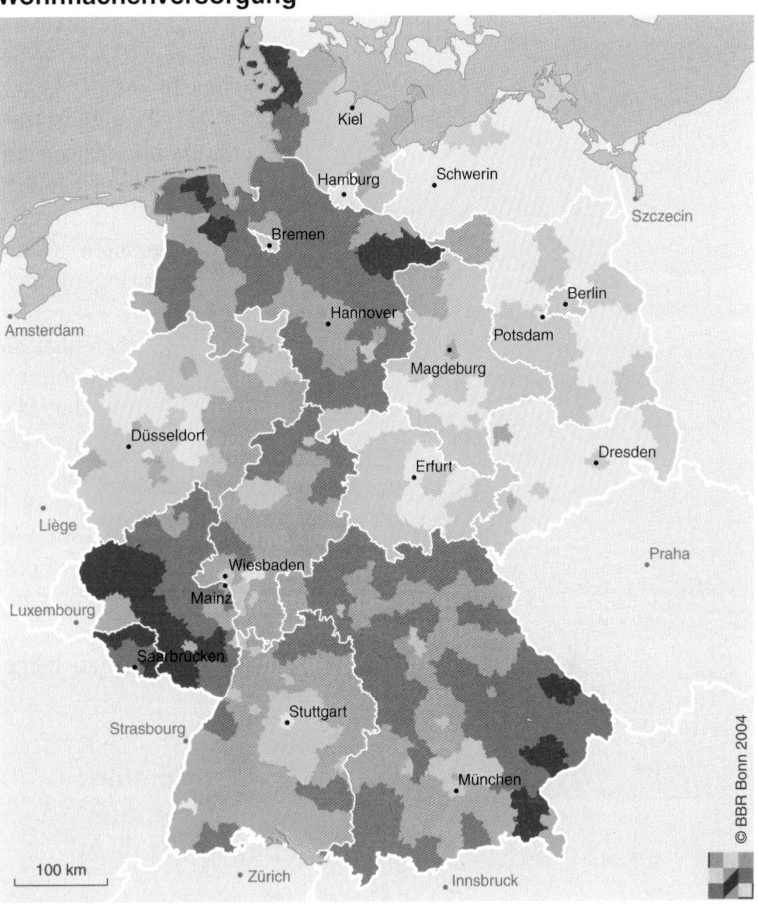


Wohnfläche je Einwohner 2002 in m²

Kreisregionen, Stand 31. 12. 2001
Quelle: Laufende Raumbeobachtung des BBR
Datengrundlagen: Fortschreibung des Wohngebäude- und Wohnungsbestandes des Bundes und der Länder, Fortschreibung des Bevölkerungsstandes des Bundes und der Länder

## Eigentümer verfügen über mehr Wohnfläche als Mieter

Stärker sind die Unterschiede in der quantitativen Wohnungsversorgung in Abhängigkeit vom *Wohnstatus*. So standen in einem Eigentümerhaushalt einer Person durchschnittlich knapp 47 m² Wohnfläche zur Verfügung, bei Mieterhaushalten waren es nur 36 m². Sowohl bei den Mieter-, als auch bei den Eigentümerhaushalten bestehen zwischen den alten und den neuen Ländern noch deutliche Wohnungsgrößenunterschiede. Die Wohnungen bei Mieterhaushalten sind in den alten Ländern um durchschnittlich 10 m², bei Eigentümerhaushalten um 14 m² größer.

In den alten Ländern verfügen die Bewohner der Flächenländer im Norden und Süden über größere Wohnflächen. Dabei hat sich in den Jahren bis 2002 eine leichte, aber merkliche Veränderungstendenz hin zu einer relativen Benachteiligung der südlichen Länder gegenüber den anderen Ländern herausgebildet. Die Anspannung des Wohnungsmarktes in den südlichen Ländern wird insbesondere in den Kernstädten deutlich. Während 1998 die Pro-Kopf-Wohnflächen hier noch am höchsten waren, wurden sie 2002 von den nördlichen Ländern aufgrund einer stärkeren Zunahme übertroffen. In den süddeutschen Kernstädten war praktisch keine Zunahme mehr zu beobachten, während sie in den Kernstädten im Norden deutlich expandierte. In den neuen Ländern konzentrierte sich die Zunahme der Pro-Kopf-Wohnfläche deutlich auf die verdichteten Umlandkreise und vor allem auf die ländlichen Kreise mit ihrer sehr hohen Eigenheimbautätigkeit.

### Wohneigentumsquote

Im Jahr 2002 waren insgesamt 15,1 Mio. Wohnungen von den Eigentümern selbst bewohnt. Dies entspricht einer Eigentümerquote von 43,2 %. Gegenüber 1998 stieg die *Eigentümerquote* bundesweit um 2,2 Prozentpunkte. In den neuen Ländern ist die Zunahme aufgrund der niedrigeren Ausgangsbasis stärker ausgefallen als im früheren Bundesgebiet. Die Eigentümerquote lag in den alten Ländern zwar noch um ca. zehn Prozentpunkte höher, aber die neuen Länder holen auf. Insbesondere Haushalte mit Kindern haben in den vergangenen Jahren Eigentum erworben. Die Eigentümerquote der Haushalte mit Kindern stieg seit 1998 auf 48 %. Einen großen Nachholbedarf hatten dabei insbesondere Haushalte in den neuen Ländern. Zur Erhöhung der Eigentumsquote hat neben der Eigenheimzulage auch die Eigentumsförderung im sozialen Wohnungsbau beigetragen.

**Hohe Zuwachsraten beim Wohneigentum in den neuen Ländern**

**Wohneigentumsquote**

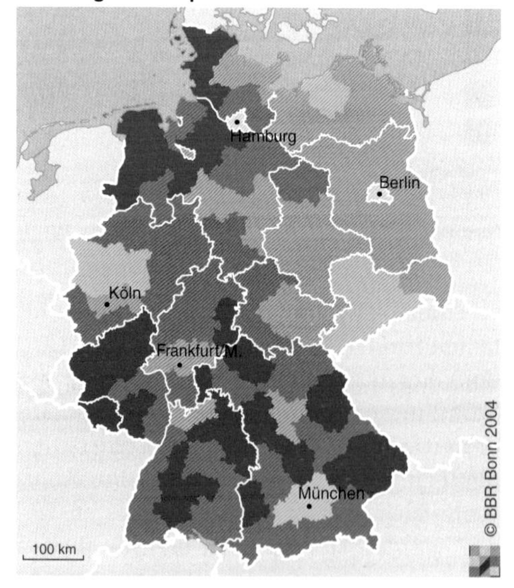


**Anteil der Eigentümerwohneinheiten an allen bewohnten Wohneinheiten 2002 in %**

- bis unter 25
- 25 bis unter 35
- 35 bis unter 45
- 45 bis unter 55
- 55 und mehr

Raumordnungsregionen, Stand 31.12.2001
Quelle: Laufende Raumbeobachtung des BBR
Datengrundlage: Mikrozensus 2002

Die höchsten Eigentumsquoten weisen traditionell Rheinland-Pfalz, das Saarland sowie Niedersachsen auf. Hohe Werte verzeichnen auch die südlichen Bundesländer Baden-Württemberg und Bayern. Neben den neuen Ländern ist ein vergleichsweise hoher Anstieg der Wohneigentumsquoten in den Stadtstaaten Hamburg und Berlin zu verzeichnen.

### Wohnungsqualität

Die intensive Wohnungsbestandserneuerung hat insbesondere in den neuen Ländern die *Qualität des Wohnens* deutlich verbessert und die Wohnfunktion der Städte gesichert. Ohne die *Instandsetzung und Modernisierung* von mittlerweile weit über zwei Drittel des gesamten Geschosswohnungsbestandes und eines noch höheren Anteils des Gesamtbestandes wäre die Gebäude- und Siedlungsstruktur der neuen Länder erheblich in ihrem Bestand gefährdet gewesen. Dies gilt nicht für die größeren Städte, sondern insbesondere auch für die Klein- und Mittelstädte in den Räumen mit ausgeprägten Entleerungstendenzen, bei denen ohne den Einsatz der Städtebauförderung und der Wohnungsbestandserneuerung ein problematischer Verfall des Siedlungsgefüges eingetreten wäre.

Der Modernisierungsstand ist bei den Wohnungsunternehmen, aber auch im für die Innenstadtentwicklung wichtigen privaten Mietwohnungsbestand weit fortgeschritten. Bei den bewohnten Wohnungen liegt z.B. nach dem Mikrozensus 2002 die Ausstattung mit Sammelheizung in den neuen Ländern mit rund 92 % mittlerweile sogar über der in den alten Ländern (90,5 %).

**Qualitätssprung im Mietwohnungsbestand der neuen Länder durch Modernisierung**

Die Wohnungsbestandserneuerung war in der Vergangenheit deutlich vom *Mietwohnungsbereich* dominiert. Mittlerweile gibt es einige Erfolg versprechende Initiativen, selbstnutzende Eigentümer für die Innenstädte zu gewinnen. Die erwünschte Breitenwirkung ist derzeit noch nicht zu beobachten. In den nächsten Jahren könnte es aber durchaus eine stärkere Akzeptanz der Innenstädte als Wohnstandort auch der

Selbstnutzer geben. Diese in Teilbereichen zu beobachtende Tendenz setzt sich erst jetzt langsam durch, nachdem durch die Bestandsinvestitionen die Voraussetzungen dafür geschaffen wurden und neue Nachfragergenerationen auftreten. Schließlich werden in den nächsten Jahren weiterhin modernisierte Wohnungen als Ersatzwohnungen benötigt, um die Rückbaumaßnahmen im Stadtumbau überhaupt umsetzen zu können. Dieser Bedarf nimmt in den kommenden Jahren nach Einschätzung der Wohnungswirtschaft und der Kommunen deutlich zu. Ohne eine Fortführung der Wohnungsbestandserneuerung in den neuen Ländern lassen sich weder die strukturellen Anpassungserfordernisse des Wohnungsmarkts bewältigen, noch die zentralen Ziele des Stadtumbaus erreichen.

In den alten Ländern ist es nicht nur durch gezielte Förderprogramme, sondern auch durch die allgemeinen Rahmenbedingungen des Eigentümer- wie des Mietwohnungsmarktes (Mietrecht, Steuerrecht, Wohneigentumsrecht, Steuervergünstigungen) in Verbindung mit stadtentwicklungspolitischen Maßnahmen gelungen, den Wohnungsbestand insgesamt in einem guten Zustand zu erhalten und auch ältere Wohnungsbestände den jeweils neuen Anforderungen anzupassen. Die allgemeine Hinwendung zur *Bestandspolitik* ist vollzogen.

Trotz der allgemein zufrieden stellenden Erhaltungssituation des Wohnungsbestandes kommen aber auch auf die alten Länder neue Aufgaben in der Wohnungsbestandserneuerung zu. Insbesondere die umfangreichen Wohnungsbestände der 1950er und 1960er Jahre werden künftige Schwerpunkte der Bestandsinvestitionen sein. Je nach stadträumlicher Lage, den Wohnungsgrundrissen und dem städtebaulichem Erscheinungsbild bieten sich hier auch erhebliche Entwicklungspotenziale. Teilweise müssen diese Bestände nicht nur einer einfachen Modernisierung unterzogen, sondern z.B. durch die Zusammenlegung von Wohnungen und die Neuordnung von Grün- und Verkehrsflächen umfassend umgebaut werden. Aber auch die Großwohnsiedlungen und jüngere Bestände der 1970er Jahre werden an die heutigen Anforderungen der Nachfrager angepasst werden müssen, um eine langfristige Vermietbarkeit und die Stabilität der Bewohnerstrukturen sichern zu können. In den nächsten Jahren dürften diese Bestände im Mittelpunkt des *„Stadtumbaus im Bestand“* stehen, was einerseits umfassenden Umbau und Modernisierung, manchmal aber auch Abriss und Ersatzneubau bedeuten kann. Darüber hinaus gibt es einen erheblichen Erneuerungsbedarf (häufig Altbaubestände privater Einzeleigentümer) in benachteiligten Gebieten und in Lagen mit hoher Verkehrsbelastung. Bei allen größeren Bestandsinvestitionen sind darüber hinaus Investitionen in das Wohnumfeld, in die Quartiersentwicklung und eine hinreichende Information und Partizipation der Bewohner notwendig. In vielen Fällen wird die Erneuerung der Wohnungsbestände alleine noch keine langfristige Strategie darstellen, solange nicht auch das unmittelbare und erweiterte Wohnumfeld mit einbezogen wird.

Allerdings bestehen auch Hemmnisse bei der Wohnungsbestandserneuerung. In Regionen und Teilmärkten mit entspanntem Wohnungsmarkt und geringem Nachfragedruck ist der Anreiz zu Bestandsinvestitionen gering, dort aber wegen der zunehmenden Wahlfreiheit der Nachfrager die Notwendigkeit der Bestandserneuerung besonders hoch. Darüber hinaus werden nicht alle Anpassungsprozesse allein durch die Bestandsinvestitionen bewältigt werden können. Bei einer allgemein abnehmenden Akzeptanz von hochverdichteten Geschosswohnungsbeständen und einer weiterhin hohen Nachfrage nach Wohneigentum in kleinen baulichen Einheiten wird neben der Bestandserneuerung vielerorts auch der Rückbau von nicht mehr benötigtem Wohnraum erforderlich sein. Die Städte in den schrumpfenden und stagnierenden Regionen mit einem hohem Anteil kleiner Geschosswohnungen werden dabei besonders vom Strukturwandel betroffen sein.

### Trends der künftigen Wohnungsnachfrage

Nach den Ergebnissen der *BBR-Wohnungs-Trendberechnung* wird der jährliche Neubaubedarf bis 2015 in den alten Ländern auf maximal 290 000 Wohnungen geschätzt, in den neuen Ländern auf bis maximal 50 000 Wohnungen. Nach den Ergebnissen ist auch zukünftig eine stärkere Bautätigkeit im Ein- und Zweifamilienhausbereich zu erwarten. Durch die in den alten Ländern bis 2015 auf ca. 50 % geschätzte Eigentümerquote wird die Nachfrage nach Eigenheimen zumindest im ersten Jahrzehnt höher liegen als die Nachfrage nach Geschosswohnungen. Die Ergebnisse zeigen zudem, dass die Nachfrage nach Wohnfläche in Eigentümerhaushalten wesentlich stärker wachsen wird als bei Mieterhaushalten.

Aktuelle Tendenzen der Pro-Kopf-Wohnflächeninanspruchnahme für die alten Länder zeigen, dass sich der in den 1990er Jahren zeitweilig verlangsamte Prozess des individuellen Wohnflächenzuwachses wieder beschleunigt, insbesondere bei den Eigentümerhaushalten. Vor diesem Hintergrund ist ein weiterhin relativ stabiler Neubaubedarf in den nächsten Jahren wahrscheinlich.

Für die neuen Länder ist vor dem Hintergrund des demographischen Wandels eine von den alten Ländern immer noch abweichende Entwicklung zu erwarten. Die Alterung der Bevölkerung wird dort wesentlich stärker ausfallen, was mit einem höheren Verlust an jungen Mehrpersonenhaushalten einhergehen wird. Schon heute sind die Wohnungsmärkte in Ostdeutschland mit einer schrumpfenden Nachfrage konfrontiert, was sich in hohen *Wohnungsleerständen* manifestiert. Die zu erwartende Nachfrageentwicklung in Ostdeutschland ist durch die gleiche grundlegende Tendenz geprägt: Die Nachfrage nach selbstgenutzten Wohneigentum wird trotz sinkender Bevölkerung und sinkender Zahl der Haushalte in Ostdeutschland weiter steigen. Im Bereich der Mietwohnungen muss hingegen dauerhaft mit Nachfragerückgängen gerechnet werden. Nur in Berlin sind im Geschosswohnungsbau noch Nachfragezuwächse zu erwarten. Damit wird sich die Bautätigkeit aufgrund des Nachholbedarfs bei der Bildung von Wohneigentum im Wesentlichen auf den Ein- und Zweifamilienhausbau konzentrieren. Regionen mit einem insgesamt hohen Neubaubedarf sind deshalb in erster Linie Regionen mit erhöhtem Bedarf im Ein- und Zweifamilienhausbereich. Dies sind im Wesentlichen Gemeinden in äußeren Zentralräumen, aber auch die Zwischenräume mit guter Erreichbarkeit zu den Agglomerationszentren.

Auch in Zukunft werden die Zentralräume, d.h. die großen Kernstädte mit ihren suburbanen Gebieten, die Hauptzielgebiete der regionalen und internationalen Wanderungen sein. Die damit verbundenen Zuwanderungen werden im Wesentlichen auf die wirtschaftsstarken Zentralräume in Westdeutschland gerichtet sein (München, Stuttgart, Frankfurt, Düsseldorf, Hamburg usw.). Hier wird sich zukünftig ein erhöhter Neubaubedarf auch im Geschosswohnungsbau artikulieren.

### Wohnraumversorgung im europäischen Vergleich

In Europa wohnen durchschnittlich etwa drei Viertel aller Haushalte im *Eigentum*. Insbesondere in Spanien, Irland, Italien und Großbritannien liegen die Wohneigentumsquoten bei 70 % und mehr. Deutschland und die Schweiz dagegen liegen mit einer Wohneigentumsquote von unter 50 % am unteren Ende der Reihe in Europa. Die Wohneigentumsquoten sind historisch bedingt und auf eine Vielzahl von Einflussfaktoren zurückzuführen. Dabei können allein ökonomische Faktoren diesen Unterschied nicht erklären, da wohlhabendere Staaten wie beispielsweise Deutschland und die Schweiz eher niedrige und „ärmere" Staaten deutlich höhere Quoten aufweisen. Die Höhe der Wohneigentumsquote lässt damit keinen Rückschluss auf den Wohlstand in den einzelnen Ländern sowie deren Wohnungsversorgungsqualität zu. Analysen zeigen, dass neben Faktoren wie beispielsweise dem Kaufpreis im Verhältnis zum Einkommen weitere ökonomische, soziale, kulturelle und politische Faktoren verantwortlich für eine unterschiedliche Höhe der Wohneigentumsquote sind. Hinzu kommen sehr unterschiedliche Siedlungsstrukturen sowie differenzierte historische Entwicklungsverläufe in den einzelnen Ländern. Der deutsche Wohnungsmarkt ist beispielsweise geprägt durch einen sehr hohen Anteil von Mietwohnungen im Geschosswohnungsbestand, während die Eigentümerwohnungen sich überwiegend in Ein- und Zweifamilienhäusern befinden, die jedoch insgesamt einen geringen Anteil am Wohnungsbestand haben.

**Europäischer Vergleich von Merkmalen der Wohnraumversorgung**

| Land | Jahr | Anteil Einfamilienhäuser in % | Haushaltsgröße 2002 in Personen | Wohnfläche je Person 1998 in m² | Wohneigentumsquote 2002 in % |
|---|---|---|---|---|---|
| Österreich | 2000 | 66 | 2,4 | 36 | 57 |
| Belgien | 2001 | 75 | 2,4 | 38 | 65 |
| Dänemark | 2002 | 59 | 2,2 | 50 | 53 |
| Finnland | 2001 | 40 | *2,2 | 34 | 60 |
| Frankreich | 2002 | 57 | 2,4 | 35 | 56 |
| Deutschland | 2002 | 46 | 2,1 | 39 | 42 |
| Italien | 1998 | 42 | **2,6 | 36 | 71 |
| Niederlande | 2002 | 71 | 2,3 | 40 | 54 |
| Norwegen | 1998 | 58 | 2,4 | 47 | - |
| Portugal | 2001 | 55 | **2,8 | 28 | 76 |
| Spanien | 1999 | 39 | 3,0 | 29 | 86 |
| Schweden | 2002 | 46 | 2,0 | 45 | 65 |
| Großbritannien | 1998 | 78 | 2,3 | 35 | 70 |
| Irland | | - | 2,9 | - | 77 |
| Schweiz | | - | - | - | 35 |

* 31. 12. 2001
** im Jahr 2000
© BBR Bonn 2004

Quellen: Euroconstruct: The Outlook for the European Construction Sector 2004-2006. Promoting Social Cohesion and SustainableDevelopment, Summary Report. Housing Statistics in the European Union, 2003. Denmark. Mikrozensus 2002

## Regionale Wohnungsmarktentwicklung

Aus raumordnerischer, wohnungspolitischer und städtebaulicher Sicht ist von großer Bedeutung, inwieweit sich *regionale Wohnungsmärkte* ausbilden, wie diese organisiert sind und in welcher Weise auf die sich verändernde Wohnungsnachfrage reagiert wird. Damit ist aus raumordnerischer Sicht sowohl der großräumige Ausgleich der Wohnungsversorgung im Sinne der Herstellung gleichwertiger Lebensverhältnisse im Bundesgebiet angesprochen, als auch die Stabilität und Zukunftsfähigkeit der städtischen und regionalen Siedlungsstrukturen. Funktionsfähige Wohnungsmärkte sind eine wesentliche Voraussetzung für eine geordnete siedlungsstrukturelle Entwicklung. Regionale Wohnungsmärkte mit einer unausgeglichenen Angebots- / Nachfragerelation und/ oder einem hohen strukturellen Anpassungsbedarf müssen deshalb besonders aufmerksam beobachtet werden. Dabei können verschiedene Typen von Problemräumen der Wohnungsmarktentwicklung erkannt werden.

Die in der *Wohnungsmarktbeobachtung* erkennbare Tendenz zur Ausdifferenzierung eigenständiger regionaler Wohnungsmarktentwicklungen lässt sich anhand der Relationen zwischen Angebot- und Nachfrage abbilden, auch wenn damit nur ein Teil der jeweiligen Problemdimension dargestellt wird. Eine Ausweitung und Abnahme des Wohnflächenangebots wird im Wesentlichen bestimmt durch die Bevölkerungsentwicklung in der jeweiligen Region. Durch Neubau oder auch Rückbau von Wohnungen kann dagegen nur bedingt und mit Verzögerung auf eine veränderte Nachfrage reagiert werden. Aber das Wohnungsangebot hat sich in vielen Regionen in wenigen Jahren durchaus deutlich erhöht, insbesondere dort, wo eine hohe Nachfrage im Eigenheimbereich zu verzeichnen war. Die regionale Wohnungsmarktentwicklung ist also abhängig vom Wechselverhältnis von Wohnungsangebots- und Bevölkerungsentwicklung. Angebots- oder Nachfrageüberhänge charakterisieren die Probleme auf den regionalen Wohnungsmärkten.

Aus der Entwicklung der Angebots- / Nachfragerelation auf den regionalen Wohnungsmärkten lassen sich verschiedene Problemmuster identifizieren:

### Regionen mit deutlichem Wohnungsüberangebot

Besonders hohe Angebotsüberhänge auf den Wohnungsmärkten sind in Regionen mit Bevölkerungsabnahme und einer deutlichen bis starken Angebotszunahme zu verzeichnen. Dieser Typus mit einem besonders deutlich ausgeprägten Missverhältnis von Bevölkerungs- und Angebotsentwicklung ist hauptsächlich in den neuen Ländern zu beobachten und umfasst ca. 5 % der Kreise.

### Regionen mit Tendenz zu deutlichen Angebotsüberhängen

Besonders hohe, bereits bestehende oder sich entwickelnde Angebotsüberhänge sind in Regionen mit deutlicher Bevölkerungsabnahme und einer weiterhin deutlichen Angebotszunahme zu verzeichnen. Dieser Typus mit einer besonders ausgeprägten Divergenz in der Wohnungsmarktentwicklung ist hauptsächlich in den neuen Ländern zu beobachten und umfasst 15 % der Kreise. Die Pro-Kopf-Wohnfläche ist von 1998 bis 2002 rechnerisch um weitere 9 % angestiegen. Neben den ländlichen Regionen in Mecklenburg sind auch die altindustriellen Kreise im Erzgebirge und in Nordthüringen sowie weite Teile von Sachsen-Anhalt betroffen. In den alten Ländern gehören einige Kreise in Osthessen und in Südniedersachsen sowie die Küstenstädte Wilhelmshaven und Bremerhaven zu diesem Typus, außerdem der Kreis Wunsiedel in der Bayerisch-Tschechischen Grenzregion. Dieses sind allesamt strukturschwache Kreise, teilweise wurde bereits in diesen Städten mit ausgewählten Pilotvorhaben das Programm „Stadtumbau West" vorbereitet.

**Regionale Wohnungsmarktentwicklung**

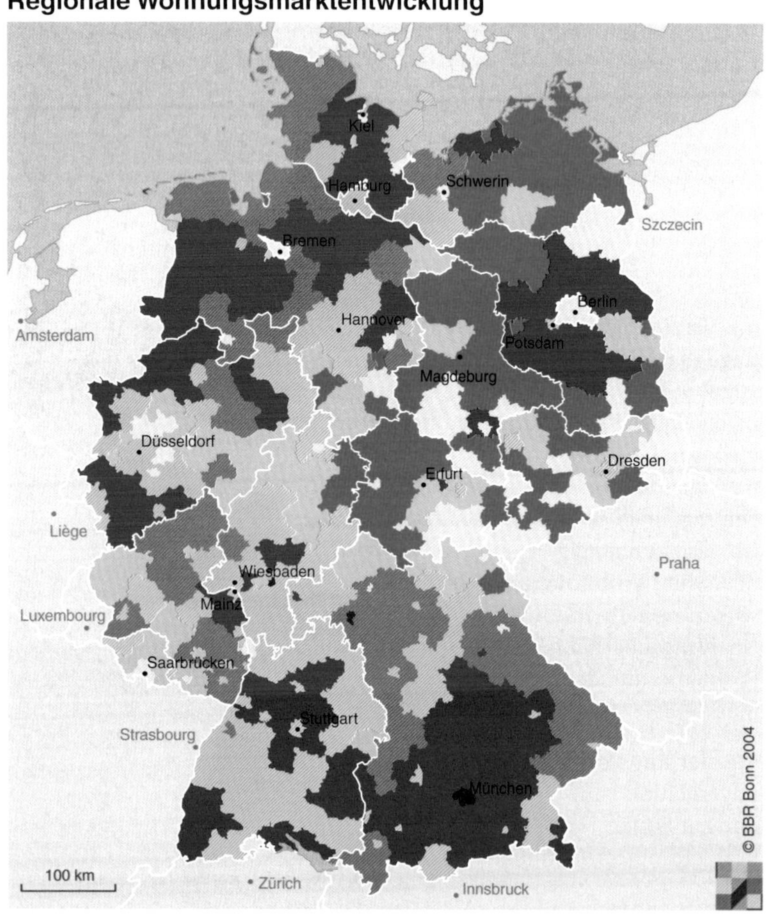


**Bevölkerungsentwicklung und Entwicklung des Wohnflächenangebotes 1998 bis 2002**

Regionen mit Tendenz zu

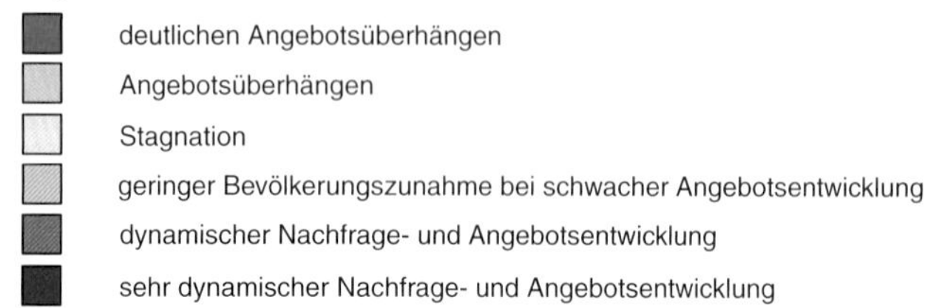


Kreise, Stand 31. 12. 2001
Quelle: Laufende Raumbeobachtung des BBR
Datengrundlagen: Fortschreibung des Bevölkerungsstandes des Bundes und der Länder
Fortschreibung des Wohngebäude- und Wohnungsbestandes des Bundes und der Länder

### Regionen mit Tendenz zu Angebotsüberhängen

In diesen Regionen besteht ebenfalls eine wachsende Divergenz zwischen Angebot und Nachfrage auf dem Wohnungsmarkt, wenn auch nicht so stark ausgeprägt wie in den Regionen mit Tendenzen zu deutlichen Angebotsüberhängen. Dies liegt daran, dass es zwar weiterhin eine mittlere bis deutliche Angebotszunahme gibt, die Bevölkerung aber nicht so stark zurückgeht. Die Pro-Kopf-Wohnfläche ist hier von 1998 bis 2002 um rund 6 % gestiegen. Zu diesem Typus von regionalen Wohnungsmärkten gehören ca. 12 % der Kreise, in den neuen Ländern unter anderem einige der an Dresden angrenzenden Kreise sowie das engere Umland von Erfurt, Weimar und Jena, in den alten Ländern Kreise im nördlichen Ruhrgebiet, in der Eifel, in der Westpfalz, im Saarland sowie in Nordhessen.

### Regionen mit Tendenz zur Stagnation

Dieser Typus von regionalen Wohnungsmärkten (13 % der Kreise) ist hauptsächlich in den neuen, aber auch in den alten Ländern zu beobachten. Hierzu gehören Regionen, in denen die Bevölkerung deutlich abnimmt und das Wohnungsangebot aufgrund negativen Nachfrageimpulse kaum noch zunimmt. Dies sind unter anderem einige Kreise in Südthüringen, die Uckermark, Berlin, Kiel, Bremen und einige große Kernstädte im Ruhrgebiet, die Bergischen Großstädte Wuppertal, Solingen und Remscheid sowie Saarbrücken und Pirmasens. In zwei Städten, nämlich Hoyerswerda und Suhl schlagen sich die hier noch vor Beginn des eigentlichen Programms Stadtumbau Ost begonnenen Rückbaumaßnahmen bereits in einem statistisch registrierbaren Rückgang des Wohnungsangebots nieder. Die Angebots-/Nachfragerelation ist insgesamt in diesen Kreisen aber so günstig, dass die Wohnfläche pro Kopf rechnerisch hier von 1998 bis 2002 um noch einmal knapp 6 % zugenommen hat. Auch wenn sich diese Entwicklung in verschiedenen Teilmärkten vollzieht, werden auf diese Weise neue Leerstände aufgebaut. Diese Entwicklung ist in den stagnierenden Regionen aber nicht so ausgeprägt wie in den Regionen mit Tendenz zu Angebotsüberhängen.

**BEISPIEL: Duisburg als Stadt im Verdichtungsraum mit Angebotsüberhängen und Zuwachs im Umland**

Im Gegensatz zur langjährigen Entwicklung in der Vergangenheit wird das Ruhrgebiet mit einem Bevölkerungsrückgang konfrontiert, der sich erheblich auf den Wohnungsmarkt auswirkt. So hat die Stadt Duisburg seit 1991 rund 30 000 Einwohner verloren, die aktuelle Einwohnerzahl lag im Jahr 2002 bei 507 000. Ursächlich dafür sind, neben dem Beschäftigtenrückgang als Folge der Strukturkrise, Abwanderungen ins Umland. Verstärkt wird dieser Trend außerdem durch eine negative natürliche Bevölkerungsentwicklung, die auch allein zu Einwohnerverlusten führen würde. Insbesondere junge Familien ziehen vom Stadtgebiet Duisburgs in die Nachbargemeinden am Niederrhein. Der Fortzug ist dabei häufig mit Eigentumsbildung verbunden, ein Teil der Umlandwanderer zieht aber auch wieder in eine Mietwohnung.

Die dadurch entstandene Entspannung auf dem Wohnungsmarkt in der Stadt Duisburg setzte sich fort. In den letzten Jahren wurde der Wohnungsbestand nur leicht erhöht, die Baufertigstellungen sind – mit Ausnahme des Jahres 2000 – seit 1997 rückläufig. Dies betrifft insbesondere den freifinanzierten Wohnungsbau. Positive Auswirkungen dieser Entwicklung zeigten sich in einem Rückgang der Zahl der Obdachlosen und der wohnungssuchenden Haushalte, andererseits entstanden auch negative Auswirkungen durch Wohnungsleerstände. Diese konzentrieren sich auf bestimmte Wohnquartiere, die ehemals öffentlich gefördert waren und aus den 1970er und 1980er Jahren stammen sowie häufig auf hochverdichtete und hochgeschossige Häuser, die kaum noch nachgefragt werden. Oft sind diese Standorte auch problematisch hinsichtlich der Sozial- und Infrastruktur. Gute Wohnlagen werden dagegen weiterhin nachgefragt und weisen keine Leerstände auf.

### Regionen mit Tendenz zu geringer Bevölkerungszunahme bei schwacher Angebotsentwicklung

Diese Regionen weisen im Zeitraum von 1998 bis 2002 eine leichte Bevölkerungszunahme bei einer leichten bis mittleren Angebotszunahme auf. Dadurch ergibt sich für diese Wohnungsmärkte, die überwiegend in den alten Ländern und hier vor allem in NRW, Hessen und Rheinland-Pfalz sowie im südlichen Baden-Württemberg liegen, eine Tendenz hin zu einem eher rechnerisch ausgeglichenen Wohnungsmarkt in Bezug auf die quantitative Wohnraumversorgung. Dies bedeutet nicht, dass diese Wohnungsmärkte eine aktuell günstige Versorgungssituation aufweisen und auch die Preise sind in vielen dieser Regionen vergleichsweise hoch. So zählen Düsseldorf, Köln und Bonn sowie Frankfurt und Stuttgart zu den ausgesprochenen Hochpreisregionen. Die aktuelle Bevölkerungs- und Angebotsentwicklung weist aber in Richtung auf ausgeglichene Wohnungsmarktverhältnisse. Die relativ geringe Dynamik der Angebotsentwicklung führt in den Hochpreisregionen aber auch dazu, dass sich die in den vergangenen Jahren aufgebauten Nachfrageüberhänge nur allmählich abbauen. Die Pro-Kopf-Wohnfläche hat hier in den Jahren 1998 bis 2002 rechnerisch um 3 % zugenommen.

### Regionen mit Tendenz zu dynamischer Nachfrage- und Angebotsentwicklung

Diese regionalen Wohnungsmärkte mit einer hohen Entwicklungsdynamik (13 % der Kreise) sind vor allem in ländlichen Regionen der alten Länder zu beobachten (u.a. Kreis Aurich, Kreis Nordfriesland, weite Teile der Eifel und des Westerwalds in Rheinland-Pfalz, zahlreiche Kreise in Ostbayern und in Franken). Sie sind von einer hohen Neubautätigkeit insbesondere im Eigenheimbereich geprägt, die zu einer deutlichen Ausweitung des Wohnungsangebots bei einer leichten bis mittleren Bevölkerungszunahme führt. Die Wohnungsversorgungssituation entwickelt sich hier besonders günstig, was sich auch in einem Anstieg der Pro-Kopf-Wohnfläche von 5 % zeigt.

### Regionen mit Tendenz zu sehr dynamischer Nachfrage- und Angebotsentwicklung

Dieser Typus von regionalen Wohnungsmärkten ist sowohl im Westen, als auch im Osten recht weit verbreitet und umfasst 22 % der Kreise insgesamt. In den neuen Ländern weist insbesondere das Berliner Umland mit seiner hohen Eigenheimbautätigkeit eine weiterhin hohe Dynamik auf, die sich allerdings im wesentlichen auf den in der Kreisdarstellung nicht erkennbaren engeren Verflechtungsbereich konzentriert. Auch der Saalkreis im Umland von Halle sowie Weimar fallen durch ihre hohe positive Wohnungsmarktdynamik auf. In den alten Ländern sind zahlreiche Kreise in Nordwestdeutschland, die an die Niederlande und Belgien angrenzenden ländlichen Kreise in NRW und das Bonner Umland sowie der Großraum München bis in weite Teile Ober- und Niederbayerns hin-

**BEISPIEL: München als boomende Großregion**

Während bundesweit die Wohnungsmärkte überwiegend Entspannungstendenzen aufweisen, führte die Einwohnerzuwachs in München in den letzten Jahren zu einer entgegengesetzten Entwicklung. Obwohl die Baugenehmigungen seit 1998 kontinuierlich bis auf rund 7 000 Wohneinheiten gestiegen sind, ging die Zahl der fertiggestellten Wohnungen nach 2000 sogar zurück. Dieser Rückgang ist allerdings im Wesentlichen auch auf die ungünstigen Rahmenbedingungen für den Wohnungsbau zurückzuführen. In der Folge sind aber insbesondere auf dem Mietwohnungsmarkt erhebliche Engpässe entstanden. Nach einem leichten Rückgang der Einwohnerzahl Münchens zwischen 1993 und 1998 kam es in den Jahren von 1998 bis 2001 zu einem Einwohnerzuwachs um rund. 55 000. Ursache dafür waren insbesondere eine Arbeitsmarkt induzierte Zuwanderung aus anderen Regionen Deutschlands. In Kombination mit einem steigenden Realeinkommen führte die gestiegene Einwohnerzahl zu einer deutlichen Zunahme der Nachfrage auf dem Münchener Wohnungsmarkt. Folgen der Wohnungsmarktanspannung sind steigende Grundstückpreise und Wohnkosten, wobei insbesondere Haushalte mit unterem und mittleren Einkommen Probleme haben, sich mit Wohnraum zu versorgen. Infolge des Einwohnerzuwachses sowie aufgrund der starken Preisentwicklung kam es auch zu einem Rückgang der durchschnittlichen Wohnfläche je Person. Aktuelle Datenauswertungen deuten jedoch auf leichte Entspannungstendenzen des Münchener Wohnungsmarktes hin. Nach einer Phase anhaltender Mietsteigerungen in den Jahren 1998 bis 2002 sind die Mieten seit dem Jahr 2003 deutlich zurückgegangen. Dennoch gibt es noch immer keine Entwicklung zu einem „Mietermarkt“ hin (Landeshauptstadt München: Wohnungsbarometer 2003).

Eine Folge des überhitzten Wohnungsmarktes in München – und seit längerem schon im benachbarten Umland – ist die Ausdehnung der Suburbanisierung bis hinein ins weiter entfernte ländliche Umland der Stadt. Dies belegen auch die weit ins Umland reichenden Pendlerbeziehungen der in München arbeitenden Beschäftigten (siehe Kapitel 2: „Räumliche Verflechtungen).

**BEISPIEL: Halle/Saale als ostdeutsche Stadtregion mit entgegengesetzten Tendenzen in Stadt und Umland**

Weite Teile der neuen Länder sind sowohl durch eine Bevölkerungsabnahme als auch durch Wohnungsleerstände gekennzeichnet. Eine deutlich entgegengesetzte Tendenz zeigt sich in den Umlandregionen Berlins sowie in den Umlandgemeinden von Halle, die eine starke Bevölkerungszunahme und Angebotszunahme aufweisen. Die Wohnungsmarktentwicklung der Stadt Halle selbst ist dagegen von negativen Trends gekennzeichnet:

Die Baufertigstellungen in Halle nahmen bis 1997 stark zu, seitdem ist die Wohnungsbautätigkeit aber rückläufig. Besonders betroffen war der Neubau von Mehrfamilienhäusern, während der Bau von Ein- und Zweifamilienhäusern nach 1998 wieder zunahm und damit seinen Anteil an den Fertigstellungen insgesamt erhöhte. Trotz gesunkener Neubautätigkeit und gestiegener Wohnungsabgänge stiegen dennoch die Leerstände auf der Angebotsseite. Ein Trendwechsel ist seit dem Jahr 2001 zu verzeichnen, da sich der Wohnungsbestand durch Wohnungsabgänge erstmals reduziert hat. Dennoch bleibt das Investitionsklima in der Stadt Halle gedrückt. Betroffen davon sind insbesondere Investitionen im Mietwohnungen im Neubau, aber auch notwendige Bestandsinvestitionen in Plattenbauten. Mit einem integrierten Stadtentwicklungskonzept verfolgt die Stadt Halle das Ziel, eine Stabilisierung des Wohnungsmarktes durch den Rückbau nicht marktfähiger Bestände sowie der Aufwertung anderer Bestände.

Gleichzeitig ist die Nachfrageseite geprägt von Abwanderungen und rückläufigen Einwohnerzahlen. Seit Mitte der 1990er Jahre sank die Bevölkerung in Halle um rd. 48 000 (1994) auf 242 000 Einwohner im Jahre 2001. Zurückzuführen ist dies insbesondere auf ein negatives Wanderungssaldo. Neben Fernwanderungen, die einen Teil der Wanderungsverluste ausmachen, erfolgte eine Suburbanisierung in dem angrenzenden Saalkreis, der im gleichen Zeitraum einen Bevölkerungszuwachs von rund 16 000 Einwohnern verzeichnete. Seit dem Jahr 1998 ist jedoch ein positiver Trend mit rückläufigen Wanderungsverlusten an das Umland erkennbar, der sich bis ins Jahr 2001 fortsetzte. Die Fernwanderungen, die im Jahr 2000 erstmals über den Umlandwanderungen lagen, sind seit dem Jahr 2000 ebenfalls rückläufig. Ob damit der Trend zu Abwanderungen gebrochen ist, wird sich in den kommenden Jahren zeigen.

ein von einer sehr starken Wohnungsmarktdynamik auf der Angebots- wie auch Nachfrageseite gekennzeichnet. Die jeweiligen Konstellationen in den regionalen Märkten, die Preise und die Versorgungssituation können sich dabei allerdings deutlich voneinander unterscheiden.

Auffällig sind auch im Westen die dynamischen Regionen, die im Umland von schrumpfenden oder stagnierenden Oberzentren liegen wie Kiel oder Bremen. Bei anderen Regionen wie z.B. Cloppenburg oder Emsland mit außerordentlich hoher eigenständiger Wirtschafts-, Bevölkerungs- und damit auch Wohnungsmarktdynamik. Hier haben sich eigenständige Entwicklungspfade im Sinne einer Ausdifferenzierung der regionalen Wohnungsmärkte ausgebildet.

### Regionen mit Tendenz zu Nachfrageüberhängen

Bei diesen Regionen mit einer starken Bevölkerungszunahme, aber nur leicht wachsendem Angebot handelt es sich um einen eher seltenen Typ. Hierzu gehören die Kernstädte München, Offenbach und Würzburg. Hier hat die Bevölkerung aufgrund der besonderen Ausbildungs- und Arbeitsmarktsituation im Zeitraum von 1998 bis 2002 so stark zugenommen, dass die Bautätigkeit nicht in gleichem Maße Schritt halten konnte. Die Wohnfläche pro Kopf hat dadurch rein rechnerisch hier sogar leicht abgenommen. Dies entspricht dem Muster der klassischen „Wohnungsmarktkrise". Hier sind vor allem kommunale Initiativen im Hinblick auf die Aktivierung von Wohnbauland und von Brachflächen sowie Nachverdichtungsmöglichkeiten gefragt. Wichtig ist in den nach wie vor angespannten Wohnungsmärkten auch die gezielte Ansprache verschiedener Investorengruppen durch die Kommunen. Die notwendige Angebotsausweitung kann auch mit der Sozialen Wohnraumförderung gezielt unterstützt werden, die Länder, Kommunen sowie Investoren gezielt zur Verbesserung des Wohnungsangebots für die Zielgruppen in den Engpassregionen nutzen können. In raumordnerischer Hinsicht ist zu beachten, dass gerade diese regionalen Engpassmärkte eine besonders hohe Nachfrage im Umland hervorrufen, wenn die Angebotsausweitung in den Kernstädten nicht stark genug ist.

### Wohnungsleerstände in den neuen Ländern

Auch wenn sich die regionale Wohnungsmarktsituation in den neuen Ländern zunehmend differenziert darstellt, stellen für den Wohnungsmarkt der neuen Länder insgesamt und dort in zahlreichen Stadtregionen die *Wohnungsleerstände* nach wie vor ein zentrales Problem dar, da sie die Funktionsfähigkeit der lokalen und regionalen Wohnungsmärkte erheblich beeinträchtigen und städtebauliche Probleme verursachen. Durch Abwanderung und hohe Bautätigkeit bedingt, ist der Wohnungsleerstand mit über 1,1 Mio. leerstehenden Wohnungen das Überangebot an langfristig nicht mehr benötigtem Wohnraum so groß, dass die Mietwohnungsmärkte in ihrer Funktionsfähigkeit erheblich beeinträchtigt sind und sich gravierende städtebauliche Probleme zeigen.

Mittlerweile werden erste Wirkungen der von Bund und Ländern ergriffenen Maßnahmen (z.B. Programm „Stadtumbau Ost", siehe Kapitel 10: „Raumwirksame Bundesmittel") für die Stabilisierung der Wohnungsmärkte deutlich. Die Anzahl der *Rückbauten* von dauerhaft nicht mehr benötigten Wohnungen hat sich deutlich erhöht, und bei der Zunahme der Leerstände zeichnet sich eine Stagnation ab. Die von Wohnungsunternehmen bereits durchgeführten und für die nächsten Jahre geplanten Abrisse machen einen zunehmenden Anteil an den Leerständen der jeweiligen Unternehmen aus, so dass in den kommenden Jahren jeweils ca. 10 % der Leerstände in den Städten insgesamt abgebaut werden können. Allerdings sind die (kommunalen) Wohnungsgesellschaften, Genossenschaften und die privaten Einzeleigentümer in unterschiedlichem Maß von Wohnungsleerständen betroffen und beteiligen sich in unterschiedlichem Umfang am Stadtumbauprozess. Private Eigentümer, die in der Regel über die Altbaubestände verfügen, sind bislang praktisch kaum in den Stadtumbau eingebunden. Die Abrisse konzentrieren sich im Wesentlichen auf die Wohnungsbestände der Wohnungsunternehmen und Genossenschaften. Mit zunehmender Ausweitung der Stadtumbauaktivitäten in den Kommunen wird jedoch die Beteiligung von privaten Eigentümern immer wichtiger. Bei den Wohnungsunternehmen erweist sich die Möglichkeit der Inanspruchnahme von zusätzlicher Altschuldenhilfe (Teilentlastung) als zentrale Voraussetzung, ohne die derzeit kaum Abrisse stattfinden.

## Schlussfolgerungen und Strategien für eine räumlich ausgeglichene Wohnungsversorgung

Die zunehmende Ausdifferenzierung regionaler Wohnungsmärkte erfordert entsprechend differenzierte und an die jeweiligen regionalen Wohnungsmarktkonstellationen angepasste Strategien.

In den alten Ländern sind zwei Haupttypen von Stadtregionen zu unterscheiden, die jeweils angepasste Strategien erfordern. In den Städten der *Wachstumsregionen* mit weiterhin hoher Wohnungsnachfrage geht es vor allem darum, die Wohnungsversorgung durch weitere Angebotsausweitung zu verbessern und die verschiedenen Zielgruppen mit jeweils angemessenen Instrumenten zu unterstützen. Hier besteht sowohl im Mietwohnungsneubau als auch im Eigenheimbereich ein erheblicher Bedarf an quantitativer Angebotsausweitung durch Wohnungsneubau. Dazu bedarf es auch einer bedarfsgerechten Aktivierung von Baurechten und Neuausweisung von Wohnbauland. In *stagnierenden und schrumpfenden Regionen* mit einem weitgehend ausgeglichenen Wohnungsmarkt, aber auch mit Angebotsüberhängen, zeichnen sich Strukturanpassungsbedarfe im Wohnungsbestand und damit zukünftig auch Stadtumbaubedarfe besonders deutlich ab. Häufig bestehen ein Überangebot an kleineren Geschosswohnungen und weiterhin ein Nachfrageüberhang nach Wohneigentum. Gelingt es nicht, im Bestand attraktive und differenzierte Angebote zur Verfügung zu stellen, dann wird die Gleichzeitigkeit von weiterem Wohnungsneubau bei gleichzeitig zunehmenden Leerständen nicht zu überwinden sein.

Auch in den neuen Ländern gibt es eine Ausdifferenzierung in regionale Wohnungsmärkte mit einer relativ stabilen Nachfrage einerseits und weiterhin deutlich *schrumpfenden Städten* mit einer sehr einseitigen Wohnungsbestandsstruktur und entsprechend hohem Stadtumbaubedarf andererseits. Hier geht es vor allem darum, den Stadtumbau bedarfsgerecht fortzuführen, um die gegenwärtig noch einigermaßen stabile Nachfrage am Wohnungsmarkt in die zukunftsfähigen Stadtstrukturen zu lenken, bevor mittelfristig die demographische Entwicklung erneute

Nachfrageeinbrüche zur Folge haben wird. Das Programm „Stadtumbau Ost" (siehe Kapitel 10: „Raumbedeutsame Fachpolitiken) bietet mit seinen verschiedenen Steuerungsmöglichkeiten auf der Basis kommunaler städtebaulicher Entwicklungskonzepte gute Voraussetzungen, an den jeweiligen Wohnungsmarktkonstellationen ausgerichtete und stadtentwicklungspolitisch städtebaulich erwünschte Umstrukturierungsprozesse zu erreichen. Im Stadtumbauprozess ist aber auch den stadtregionalen Zusammenhängen Beachtung zu schenken.

Unter raumordnerischen Gesichtspunkten sollten in der Wohnungspolitik vor dem Hintergrund der regionalen Wohnungsmarktentwicklung drei zentrale, sich ergänzende Strategien verfolgt werden:

Zum einen gilt es, das originär sozial- und wohnungspolitische Ziel einer angemessenen Wohnungsversorgung für die verschiedensten Nachfragegruppen mit den vorhandenen und weiterzuentwickelnden Instrumenten bundesweit im Sinne einer *Basisförderung* weiter zu verfolgen. Hierzu gehören unter anderem die Bereiche Wohnungsversorgung von Zielgruppen der Sozialen Wohnraumförderung, Eigentumsbildung und Altersvorsorge sowie die Unterstützung der Wohnungsbestandserneuerung. Dies ist insofern auch raumordnerisch bedeutsam, als sich die Aufgabe der Herstellung und Wahrung gleichwertiger Lebensverhältnisse im Bereich Wohnen immer wieder neu stellt. Auch nach der weitgehenden Angleichung der Wohnverhältnisse in den alten und neuen Ländern bleiben immer noch ein Handlungsbedarf und neue Disparitäten z. B. in der Entwicklung von Mieten und Preisen. Darüber hinaus haben sich in den alten Ländern in einigen Regionen und Städten neue Problemlagen aufgebaut, sodass die Lebens- und Wohnqualität sich hier relativ verschlechtert hat.

Zum anderen sollte das *Zusammenwirken von Raumordung und Wohnungspolitik* darin bestehen, dass die Raumordnung, insbesondere auf der Landes- und Regionalebene, mit in die Entwicklung der Perspektiven der regionalen Wohnungsmärkte eingebunden wird. Dies bedeutet in den Wachstumsregionen eine stärkere Wahrnehmung der klassischen Koordinationsfunktion der Raumordnung für wachsende und konfligierende Flächen- und Nutzungsansprüche sowie für die Siedlungsentwicklung und Infrastrukturplanung. Eine solche Funktion der Raumordnung setzt voraus, dass die regionale Wohnungsmarktentwicklung überhaupt erkannt, hinreichend analytisch aufbereitet und kommuniziert wird. Auch in den stagnierenden und schrumpfenden Wohnungsmarktregionen kann die Raumordnung eine wichtige Moderatorfunktion einnehmen, indem sie die notwendigen Schrumpfungs- und strukturellen Anpassungsprozesse auf dem Wohnungsmarkt als regionale Aufgabe vermittelt. Gerade in den stagnierenden und schrumpfenden regionalen Wohnungsmärkten sollten zusätzliche Flächenansprüche raumordnerisch besonders kritisch geprüft werden, wobei die unterschiedliche Entwicklung in den Teilmärkten Miete und Wohneigentum grundsätzlich anerkannt werden sollte.

Darüber hinaus sollten aber zukünftig *Raumordnung, Wohnungspolitik und Stadtentwicklung* insofern eine gemeinsame Strategie verfolgen, als sie den städtischen Zentren insgesamt wieder eine besondere Rolle zukommen lassen und vor allem eine langfristige Sicherung der Wohnfunktion in den Städten verfolgen. Insbesondere in den großen Kernstädten werden die Wachstumspotenziale auf dem Wohnungsmarkt nicht hinreichend genutzt. Häufig mangelt es an attraktivem und bezahlbarem Bauland innerhalb des Stadtgebiets, sodass insbesondere bauwillige Familien, zunehmend aber auch andere Nachfrager ins Umland abwandern. Vor allem aber wird bisher die Bedeutung der Qualitäten des Wohnumfelds als Abwanderungsgrund unterschätzt. Im Abwägungsprozess zwischen einerseits einem ressourcenschonenden Umgang mit Freiflächen und dem Leitbild der urbanen, kompakten Stadt und andererseits den Nachfragepräferenzen der wohnungssuchenden Haushalte müssen die Gewichte stärker zu den städtebaulichen Qualitäten und Qualitäten des Wohnumfeldes verschoben werden und hier insbesondere familienfreundliche Anreize gesetzt werden. Dies gilt für die Konzeption von Neubaugebieten ebenso wie für den Stadtumbauprozess insgesamt. Mit einer konsequenten Realisierung dieser Qualitätsziele und einer stärkeren Verzahnung der verschiedenen Politikfelder werden größere Fortschritte in der Umsetzung des raumordnerischen Leitbildes möglich sein.

Literaturhinweise

Amt für Soziales und Wohnen: Wohnungsmarkt in Duisburg. Bilanz 2001

Landeshauptstadt München: Referat für Stadtplanung und Bauordnung: Bericht zur Wohnungssituation in München 2000–2001

Stadt Halle (Saale), Schriften zur Stadtentwicklung. Wohnungsmarkt Halle (Saale). Ergebnisse des Wohnungsmarktbeobachtungssystems 2002.

BBR (Hrsg.): Wohnungsmärkte in Deutschland – Ausgabe 2004, in: .Berichte, Band 18, Bonn 2004

# 5.2 Wachstumsorientierte Regionalentwicklung

Die Möglichkeiten zur Teilnahme am Erwerbsleben und somit die Höhe der erzielbaren Einkommen sind als Folge unterschiedlicher Entwicklungschancen und -probleme der deutschen Regionen ungleich verteilt. Wie die Entwicklung ab Mitte der 1990er Jahre zeigt, hat das Süd-Nord-Gefälle in den alten Ländern weiterhin Bestand. Eine wichtige Ursache für die größere Wachstumsdynamik der südlichen Regionen wird vor allem im Bereich Forschung und Entwicklung, dem Einsatz qualifizierter Arbeitskräfte und einer höheren Innovationstätigkeit gesehen.

Auch in den neuen Ländern sind Ansätze regional differenzierter Entwicklungen erkennbar. Offenbar bildet sich ein Süd-Nord-Gefälle heraus: Hierauf deuten bspw. die steigenden Erwerbstätigenanteile und Veränderungsraten beim Bruttoinlandsprodukt der Regionen aus Thüringen hin. In Einklang dazu steht ein Süd-Nord-Gefälle bei der Innovationstätigkeit, denn neben Berlin liegen die regionalen Schwerpunkte innovativer Aktivitäten der ostdeutschen Industrie in Sachsen und Thüringen.

## Regionalwirtschaftlicher Entwicklungsstand

Bei einer *Gesamtbetrachtung der regionalen Wirtschaftsentwicklung* innerhalb beider Teile Deutschlands finden sich sowohl Regionen mit günstigen als auch ungünstigen Entwicklungstendenzen. Vermeintliche Strukturschwächen führen nicht zwingend zu einer ungünstigen Entwicklung, ebenso wie gegenwärtige Stärken kein Garant für eine dauerhaft positive Entwicklung sind. Denn ein ganzes Bündel von Faktoren ist für die Entwicklung einer Region maßgebend. In welchem Ausmaß die Stärken und Schwächen einer Region zum Tragen kommen, hängt maßgeblich von den regionalen Akteuren und den Entscheidungen privater Investoren ab. Außerdem weist keine Region nur Stärken oder Schwächen auf, häufig werden Defizite in bestimmten Teilbereichen durch spezielle Vorteile in anderen Bereichen kompensiert.

Anhand von *Regionalindikatoren* lässt sich der regionalwirtschaftliche Entwicklungsstand von Regionen beschreiben. Als zentrale Indikatoren für eine solche Analyse gelten

- die Veränderungsrate der Bevölkerung,
- die Veränderungsrate der sozialversicherungspflichtig Beschäftigten,
- der Besatz mit sozialversicherungspflichtig Beschäftigten,
- die durchschnittliche Arbeitslosenquote über mehrere Jahre,
- die Bruttowertschöpfung je Erwerbstätiger
- sowie der Anteil der technischen Berufen an allen Beschäftigten.

Die Veränderungsrate der *Bevölkerung* beschreibt die allgemeine Attraktivität einer Region. Ein Rückgang der Bevölkerung ist oft einer schlechten wirtschaftlichen Entwicklung geschuldet (Abwanderung aufgrund fehlender Ausbildungs- und Arbeitsplätze) und kann die wirtschaftliche Versorgung der Bevölkerung mit Infrastruktur und privaten Dienstleistungen erschweren.

Die Veränderungsrate der sozialversicherungspflichtig *Beschäftigten* dokumentiert die Fähigkeit einer Region, neue Beschäftigungsmöglichkeiten zu schaffen und somit auch ihre Standortattraktivität für private Investoren. Sie wird maßgeblich durch die Lagegunst und Ausstattung mit produktionsnahen Infrastruktureinrichtungen bestimmt. Die Zahl der sozialversicherungspflichtig Beschäftigten bezogen auf die Einwohner – der *sog. Beschäftigtenbesatz* – beschreibt die Versorgung der Bevölkerung mit Arbeitsplätzen und gibt Aufschluss über die Arbeitsmarktzentralität einer Region. Werden diese Indikatoren zur Beschäftigung wie im Folgenden nach dem *Wohnortprinzip* statt Arbeitsortprinzip berechnet, wird außer Acht gelassen, ob ein Beschäftigter seiner Tätigkeit vor Ort in der Region nachgeht oder in eine andere Region auspendelt. Dem liegt die Annahme zugrunde, dass Pendeln die bessere Alternative zum Erwerbsverzicht oder regionalen Verbleib in Arbeitslosigkeit darstellt. Außerdem können durch das Wohnortprinzip Unzulänglichkeiten beim Zuschnitt funktionsräumlicher Abgrenzungen unterhalb der Ebene der Raumordnungsregionen ausgeglichen werden.

Die durchschnittliche *Arbeitslosenquote* für einen Zeitraum beschreibt das Ausmaß der regionalen Arbeitsmarktprobleme. Gerade mit Blick auf die neuen Länder und einzelne westdeutsche Regionen (z.B. aus Nordrhein-Westfalen), in denen Maßnahmen der aktiven Arbeitsmarktpolitik verstärkt zum Einsatz kommen, ist zu sehen, dass die offizielle Arbeitslosenquote das regionale Defizit an Arbeitsplätzen nicht vollständig abbildet. Andererseits erzielen die Teilnehmer in diesen Maßnahmen ein Einkommen, und ihre Chancen auf ein „reguläres Beschäftigungsverhältnis" sind in Abhängigkeit von der regionalen Arbeitsmarktlage und ihren individuellen Merkmalen in der Regel günstiger als aus der Arbeitslosigkeit heraus. Da die Teilnehmer in arbeitsschaffenden Maßnahmen (z.B. AB-Maßnahmen) auch als sozialversicherungspflichtig Beschäftigte zählen, geht der konzentrierte Einsatz aktiver Arbeitsmarktpolitik in einer Region mit einem steigenden Beschäftigtenbesatz einher.

**Bruttowertschöpfung**

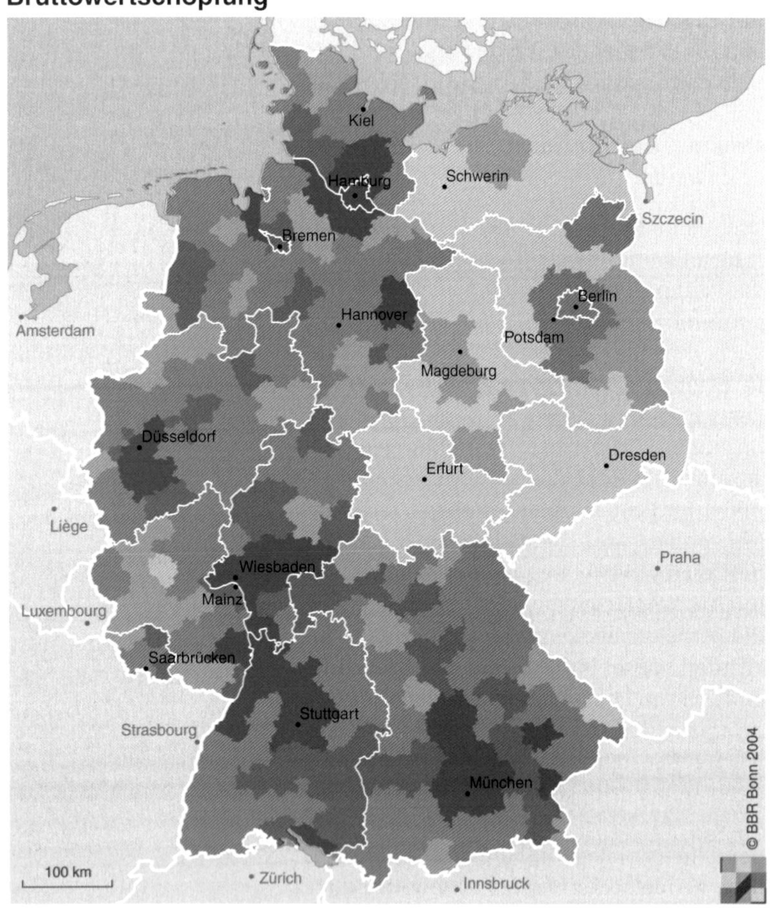


**Bruttowertschöpfung zu Herstellungspreisen 2002 in Euro je Erwerbstätigen**

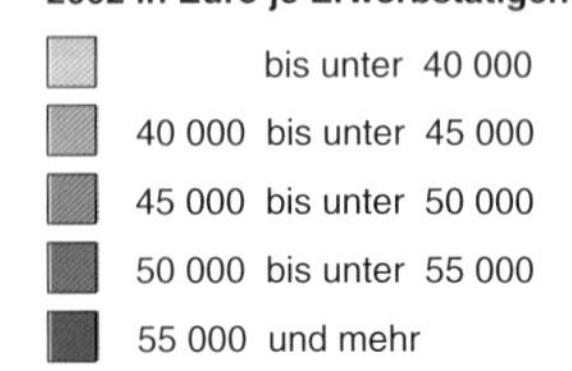


Arbeitsmarktsregionen, Stand 31. 12. 2002
Quelle: Laufende Raumbeobachtung des BBR
Datengrundlage: Arbeitskreis "Volkswirtschaftliche Gesamtrechnung der Länder"

Die *Bruttowertschöpfung* je Erwerbstätiger dient als Maß für die wirtschaftliche Leistungskraft und die Produktivität einer Region. Im Allgemeinen geht eine hohe regionale Produktivität mit einem überdurchschnittlichen regionalen Einkommensniveau und einem hohen Besatz mit höherwertigen Arbeitsplätzen einher.

Für ein auf hohem Niveau produzierendes, exportorientiertes Land wie Deutschland ist die berufliche Qualifikation der Arbeitskräfte und die Fähigkeit zu Innovationen ein wichtiger Standortfaktor. Die Ausstattung einer Region mit diesen Qualitäten lässt sich anhand der *technischen Berufe* abbilden, denn sie umfassen Techniker, Ingenieure und Wissenschaftler in forschungsintensiven Wirtschaftszweigen sowie das Personal in Forschungseinrichtungen. Außerdem besteht eine Überschneidung mit der Ausstattung an höherwertigen wissensorientierten Dienstleistungen.

Bei einer gesamtdeutschen Betrachtung wird deutlich, dass in regionaler Differenzierung ein ausgeprägtes *West-Ost-Gefälle* im regionalwirtschaftlichen Entwicklungsstand besteht. Aufgrund der Angleichungsprozesse in den neuen Ländern und weiterhin ungelöster Strukturprobleme einzelner westdeutscher Regionen, die sich zunehmend auch mit den Problemen des Bevölkerungsrückgangs konfrontiert sehen, ist eine differenzierte Betrachtung notwendig: So bilden die schlechtesten westdeutschen Regionen wie Bremerhaven und Gelsenkirchen gemeinsam mit den besten ostdeutschen Regionen eine Gruppe. Hierzu zählen vor allem ostdeutsche Regionen, die im Allgemeinen als Wachstumsregionen (z.B. Dresden, Jena, Chemnitz) angesehen werden, oder der Besatz mit öffentlichen Einrichtungen (z.B. Magdeburg oder Schwerin) sowie Großbetriebe (z.B. Luckenwalde, Eisenach) eine stabilisierende Funktion auf die regionale Entwicklung ausüben. Luckenwalde als beste ostdeutsche Region und Standort namhafter Großbetriebe zählt sogar zur durchschnittlichen Gruppe.

Dabei weisen *einzelne Indikatoren* in westdeutschen Regionen zum Teil schlechtere

Werte aus als die besten ostdeutschen Regionen: So liegt die Bruttowertschöpfung je Erwerbstätiger in der Region Cochen mit rund 39 000 Euro deutlich unter dem Wert des ostdeutschen Spitzenreiters Luckenwalde (46 142 Euro). Regionen wie Aachen oder Gelsenkirchen liegen nur knapp über diesem Wert. Auch haben einzelne Ruhrgebietsregionen wie Hagen oder niedersächsische Regionen wie Salzgitter und Osterode stärker an Bevölkerung verloren als manche ostdeutsche Regionen. Bei der Arbeitslosenquote liegt Gelsenkirchen (13,9 %) fast vier Prozentpunkte über dem Regionalwert von Sonneberg (10,2 %), das zudem von allen deutschen Arbeitsmarktregionen u. a. aufgrund starker Auspendlerströme den höchsten Besatz mit sozialversicherungspflichtig Beschäftigten am Wohnort (384) aufweist. Leer als schlechteste westdeutsche Region (269) folgt mit weitem Abstand.

In den neuen Ländern fällt außerdem auf, dass sich die Arbeitsmarktregionen in unmittelbarer Nachbarschaft zu Westdeutschland positiv von den Regionen entlang zur polnischen Grenze abheben. Deren vergleichsweise günstigere Lage basiert nicht zuletzt darauf, dass viele Menschen aus den ostdeutschen Regionen in westliche Regionen auspendeln, um dort einer Erwerbstätigkeit nachzugehen. Insgesamt pendelten nach Berechnungen des Instituts für Arbeitsmarkt- und Berufsforschung (IAB) rund 350 000 Personen im Jahr 2002 von den neuen in die alten Länder.

Die regionale Differenzierung der alten Länder wird weiterhin durch das *Süd-Nord-Gefälle* geprägt. Danach weisen südliche Regionen einen deutlich überdurchschnittlichen regionalwirtschaftlichen Entwicklungsstand auf. Hierzu zählen sowohl die bekanntermaßen strukturstarken hoch verdichteten Regionen wie München, Rhein-Main oder Stuttgart als auch andere Regionen mit einer starken Industriestruktur wie Dingolfing und Ingolstadt. Die Gruppe der Regionen mit einem überdurchschnittlichen regionalwirtschaftlichen Entwicklungsstand umfasst ebenfalls mehrheitlich Regionen, die im Süden der Bundesrepublik liegen. Daneben finden sich einzelne Regionen aus Nordrhein-Westfalen (z.B. Bonn, Köln, Düsseldorf, Münster), aus Niedersachen (z.B. Vechta und Stade) sowie die Arbeitsmarktregion Hamburg mit ihrem schleswig-holsteinischen Umland.

**INFO: Zur Berechnung des Indikators für den regionalwirtschaftlichen Entwicklungsstand**

Der Indikator wurde auf Ebene von Arbeitsmarktregionen berechnet, die wirtschaftsräumliche Verflechtungen berücksichtigen. Hierzu wurden die Arbeitsmarktregionen getrennt nach der Ausprägung der sechs Indikatoren sortiert, und bei jedem Indikator wurde ihnen der entsprechende Rangplatz zugewiesen. Anschließend wurden die Rangkennziffern aller sechs Indikatoren zu einer Gesamtrangzahl zusammengefasst. Die Verknüpfung erfolgte additiv mit folgender Gewichtung:

- Veränderungsrate der Bevölkerung 2003/1997 mit 20 %
- Beschäftigtenbesatz 2003 mit 10 %
- Veränderungsrate der sozialversicherungspflichtig Beschäftigten 2003/1997 mit 10 %
- durchschnittliche Arbeitslosenquote 2000–2003 mit 30 %
- Bruttowertschöpfung je Erwerbstätiger 2002 mit 20 %
- Anteil der Beschäftigten in technischen Berufen 2003 mit 10 %

## Regionalwirtschaftlicher Entwicklungsstand

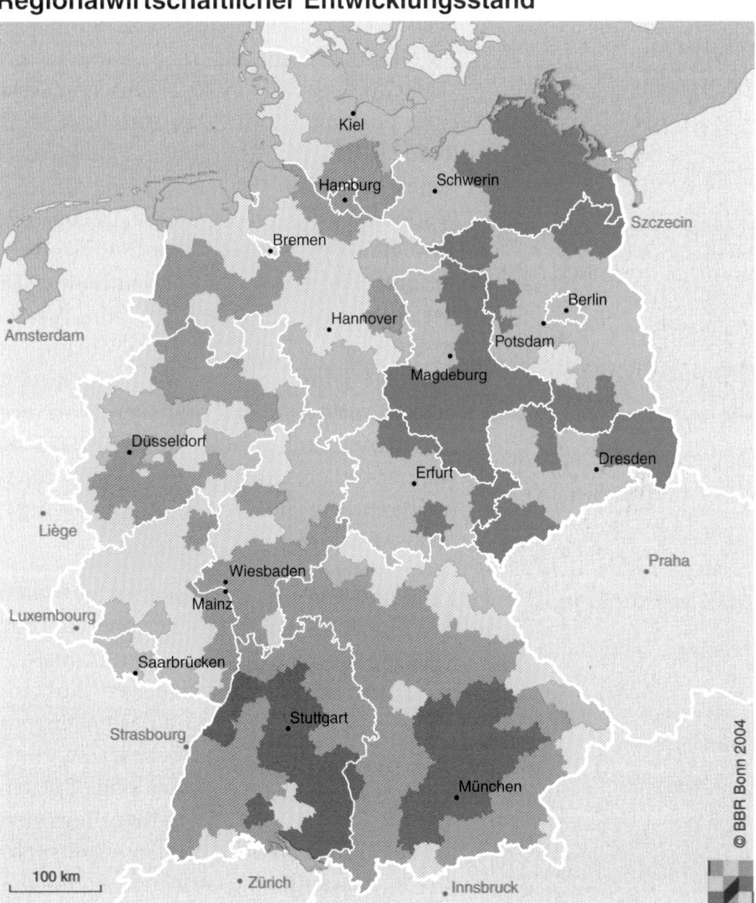


**Regionalwirtschaftlicher Entwicklungsstand**

- deutlich unterdurchschnittlich
- unterdurchschnittlich
- durchschnittlich
- überdurchschnittlich
- deutlich überdurchschnittlich

Arbeitsmarktsregionen, Stand 31. 12. 2002
Quelle: Laufende Raumbeobachtung des BBR
Datengrundlagen:
Fortschreibung des Bevölkerungsstandes des Bundes und der Länder
Beschäftigtenstatistik der Bundesagentur für Arbeit
Arbeitsmarktstatistik der Bundesagentur für Arbeit
Arbeitskreis "Volkswirtschaftliche Gesamtrechnung der Länder"

## Regionen mit wirtschaftlichen Strukturproblemen

Als typische Problemregionen gelten in den alten Ländern sog. *altindustrialisierte Regionen* und *ländliche strukturschwache Räume*. Die Anpassungsprobleme altindustrialisierter Regionen sind auf die regionale Konzentration bestimmter Branchen wie Werften, Stahl und Kohle zurückzuführen. Einzelne Ruhrgebietsregionen, das Saarland und Bremerhaven sowie ländliche Regionen mit industriellen Strukturproblemen (z.B. Pirmasens) sind Beispiele für solche Räume. Die Strukturprobleme dieser Regionen zeigen sich an der hohen Arbeitslosenquote und dem überdurchschnittlichen Anteil von Langzeitarbeitslosen und damit einhergehenden Abwanderungen. Dies hat inzwischen zu einem deutlichen Bevölkerungsrückgang und zu einer Verschlechterung der demographischen Ausgangsposition geführt. Dies wird besonders deutlich bei den Ruhrgebietsstädten, von denen einzelne (Hagen, Essen, Krefeld, Wuppertal, Remscheid, Gelsenkirchen) seit 1995 mehr als drei Prozent ihrer Einwohner verloren haben. In seiner Gesamtheit weist das Ruhrgebiet bereits heute eine Altersstruktur auf, die Gesamtdeutschland in etwa 20 Jahren haben wird. Nach den derzeit vorliegenden Prognosen wird das Ruhrgebiet künftig weit über 320 000 Einwohner verlieren, wobei vor allem altindustriell geprägte Städte einen Bevölkerungsrückgang hinnehmen müssen.

Die Strukturprobleme ländlicher Regionen gründen häufig in einer peripheren Lage und einer schwach entwickelten Industriestruktur, die mit einem niedrigen Einkommensniveau einhergeht und das Wachstum des Dienstleistungssektors begrenzt. Beispiele für solche Regionen sind Uelzen, Leer oder Freyung. In einzelnen Regionen hat der Verlust an industriellen Arbeitsplätzen die Abwanderung verstärkt und die demographische Situation verschärft. Infolge des Strukturwandels in der Landwirtschaft besteht außerdem immer noch ein latentes Freisetzungspotenzial an Arbeitskräften. Abwanderung, Fernpendeln, die Aufnahme einer Beschäftigung unterhalb des persönlichen Qualifikationsniveaus bis hin zum Rückzug in die stille Reserve (Erwerbsverzicht) sind individuelle Reaktionen auf die begrenzten Beschäftigungsmöglichkeiten in diesen Regionen.

Ebenso wie in den alten Ländern weisen die strukturschwachen ländlichen Regionen Ostdeutschlands häufig eine schlechte großräumige Erreichbarkeit, schwache Industriestruktur sowie unterdurchschnittliche Ausstattung mit höherwertigen Funktionen und wissensorientierten Dienstleistungen auf. Aufgrund der niedrigen Bevölkerungsdichte ist in vielen Regionen die Tragfähigkeit zentraler Infrastruktureinrichtungen in Frage gestellt (siehe Kapitel 5.1: „Öffentliche Daseinsvorsorge"). Beispiele für solche Regionen sind Pasewalk, Prenzlau oder Waren. Die überaus schlechte Arbeitsmarktlage und das Defizit an Ausbildungsplätzen verstärken den Abwanderungsdruck auf Jugendliche und mobile – d.h. vor allem jüngere und besser qualifizierte – Erwerbspersonen, wodurch die langfristigen Entwicklungspotenziale der Regionen geschwächt werden.

Diese Entwicklung kann für einzelne Regionen überaus problematisch werden. Daher ist ein realistischer Umgang mit dem Problem der Abwanderung aus strukturschwachen Regionen notwendig. Allerdings stellt Abwandern ebenso wie Fernpendeln die eindeutig bessere Alternative zum „regionalen Verbleiben in Arbeitslosigkeit" dar, zumal Fernpendler für eine Region nicht endgültig verloren sind und die von ihnen „extern" erzielten Einkommen regionale Wirtschaftskreisläufe stützen.

### Regionale Schwerpunkte der Arbeitslosigkeit

Die Schaffung neuer Arbeitsplätze und der Abbau regionaler Arbeitsmarktprobleme ist eine der größten wirtschafts- und gesellschaftspolitischen Aufgaben, vor denen die deutschen Regionen stehen. Dies gilt nicht nur für die neuen Länder, wo die Arbeitsmarktlage in allen Regionen äußerst problematisch ist, sondern auch für viele westdeutsche Regionen. Das *regionale Muster der Arbeitslosigkeit* in Westdeutschland entspricht zwar noch immer dem traditionellen Nord-Süd-Gefälle. Bei einem westdeutschen Durchschnitt von 9,2 % zum September 2004 weisen vor allem süddeutsche Regionen die niedrigsten Arbeitslosenquoten auf, wobei die Arbeitsmarktregion Dingolfing mit 4,2 % den Spitzenplatz einnimmt. Die höchsten Arbeitslosenquoten verzeichnen neben einigen bekanntermaßen strukturschwachen nordrhein-westfälischen Regionen wie Gelsenkirchen oder Duisburg einzelne strukturschwache Regionen in Norddeutschland (Wilhelmshaven, Goslar, Uelzen, Leer) sowie in Hessen (Kassel, Eschwege) und Rheinland-Pfalz (Pirmasens, Kaiserslautern). In den letzten Jahren stieg die Arbeitslosigkeit allerdings in den südlichen Regionen deutlich stärker an als in den nördlichen. Dies gilt vor allem für bayerische Regionen wie Freyung, Hof, Lichtenfels, Kulmbach und Coburg. Dort ist die Arbeitslosenquote seit Juni 2000 um mehr als drei Prozentpunkte gestiegen und liegt inzwischen über dem Durchschnitt der alten Länder.

## Regionale Strukturschwäche dokumentiert sich vor allem in der Höhe der Arbeitslosigkeit

Mit *19,7 %* ist die *Arbeitslosenquote* September 2004 in Ostdeutschland doppelt so hoch wie in den alten Ländern (9,2 %) und dokumentiert den flächendeckenden Bedarf an Arbeitsplätzen. In neun der insgesamt 67 ostdeutschen Arbeitsmarktregionen ist mindestens ein Viertel der abhängigen Erwerbstätigen arbeitslos gemeldet. Am höchsten ist die Arbeitslosenquote in der Arbeitsmarktregionen Pasewalk (31,5 %) und Schönebeck (26,7 %). Die niedrigsten Arbeitslosenquoten weisen die thüringischen Regionen Sonneberg (12,0 %) und Eisenach (13,6 %) auf, vermutlich wegen der Nähe zu den alten Ländern. Auch die übrigen Regionen mit einer vergleichsweise niedrigen Arbeitslosenquote um die 16 % finden sich vornehmlich in Thüringen. Des Weiteren zählen zu dieser Gruppe die Regionen Schwerin, Luckenwalde und Dresden. Der Anstieg der Arbeitslosenquote fiel in den neuen Ländern mit zwei Prozentpunkten noch stärker aus als in den alten Ländern.

## Regionale Unterschiede in der Arbeitslosigkeit haben sich verfestigt

Die Verfestigung der arbeitsmarktpolitischen Probleme zeigt sich deutlich in der *Struktur der Arbeitslosigkeit*, da einzelne Gruppen ungleichmäßig stärker vom Risiko der Arbeitslosigkeit betroffen werden.

**Aktuelle Arbeitslosenentwicklung**

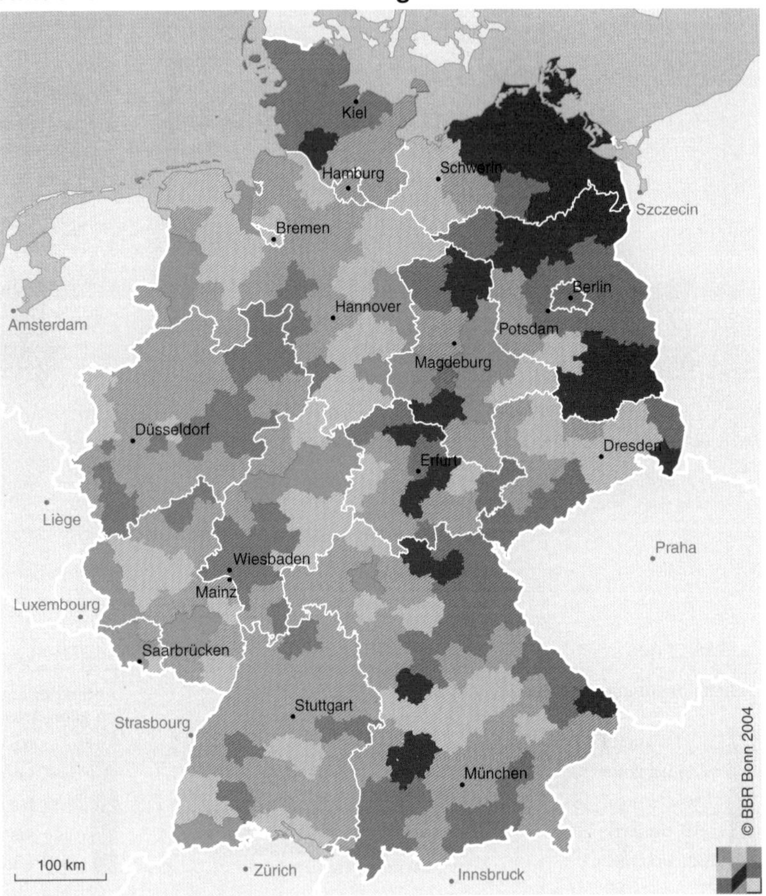


**Entwicklung der Arbeitslosenquote 2000 bis 2004 in Prozentpunkten**

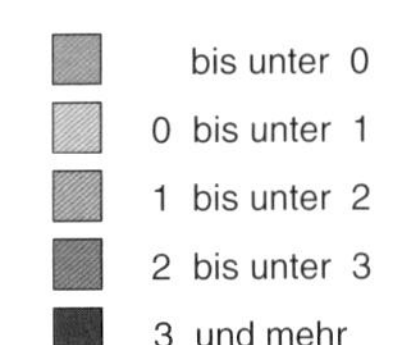


Anmerkung: Daten jeweils zum Stichtag 30. 9. des Jahres
Arbeitsmarktsregionen, Stand 31. 12. 2002
Quelle: Laufende Raumbeobachtung des BBR
Datengrundlage: Arbeitsmarktstatistik der Bundesagentur für Arbeit

Besonders problematisch stellt sich die Lage für die Arbeitslosen ohne berufliche Ausbildung dar, denn ihre Chancen, einen neuen Arbeitsplatz zu finden, sind besonders ungünstig. Dies zeigt sich in der steigenden *Langzeitarbeitslosigkeit*. Im Allgemeinen gelten als langzeitarbeitslos Personen, die ein Jahr und länger arbeitslos sind. Im gesamtdeutschen Durchschnitt machen sie inzwischen 40,3 % aller Arbeitslosen aus. Der Umfang der Langzeitarbeitslosigkeit wird durch den Einsatz arbeitsmarktpolitischer Maßnahmen gemindert, der insbesondere in den neuen Ländern schwerpunktmäßig erfolgt. Dennoch ist der Anteil der Langzeitarbeitslosen in Ostdeutschland weiter steigend und liegt

## Arbeitslosenquote

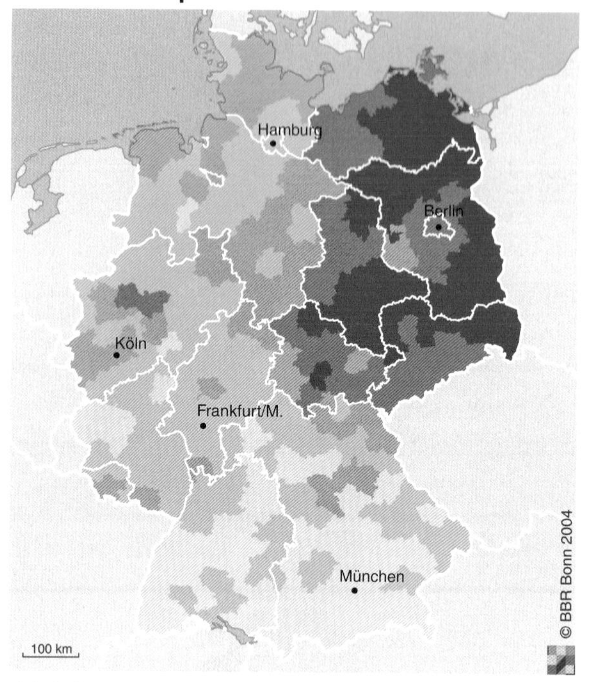


**Arbeitslosenquote im September 2004 in %**

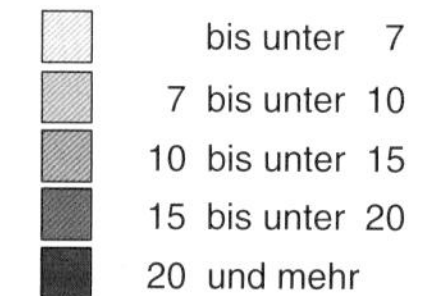


Anmerkung:
Die Arbeitslosenquote misst den Anteil der Arbeitslosen an den abhängigen zivilen Erwerbspersonen einschließlich der Arbeitslosen selbst.

## Langzeitarbeitslosigkeit

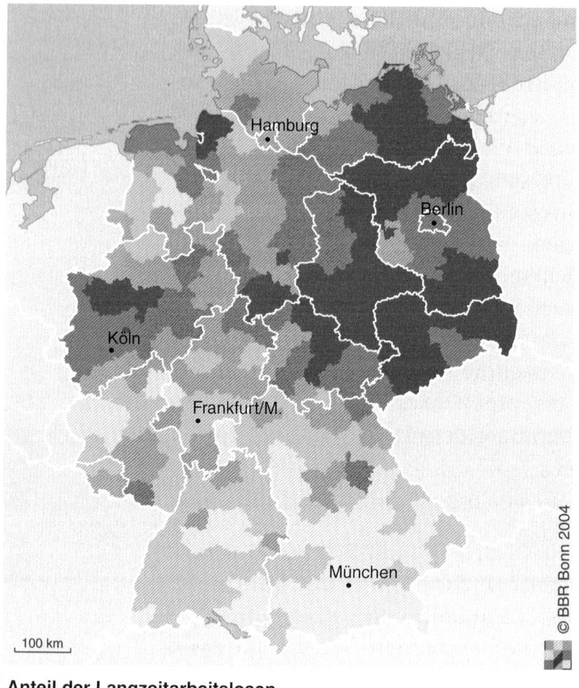


**Anteil der Langzeitarbeitslosen an allen Arbeitslosen im September 2004 in %**

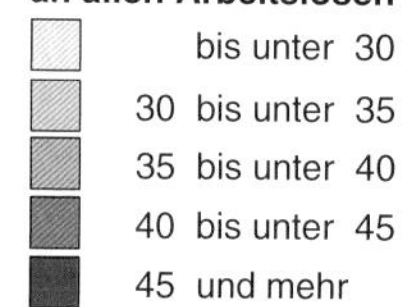


## Frauenarbeitslosigkeit

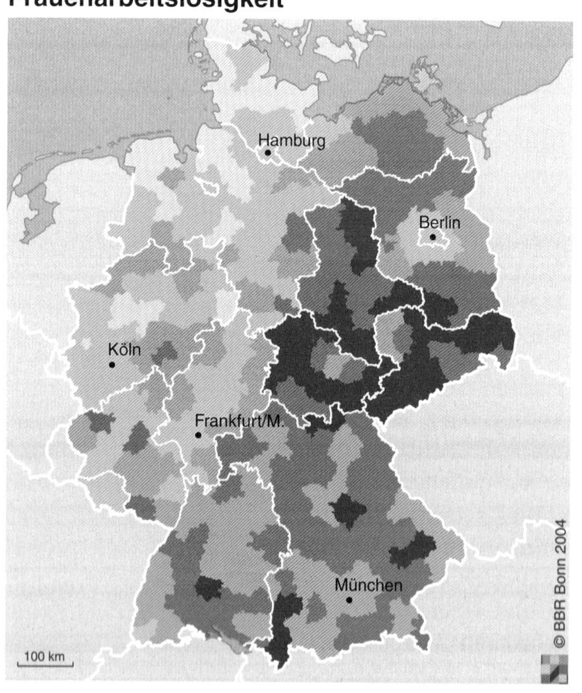


**Anteil der arbeitslosen Frauen an allen Arbeitslosen im September 2004 in %**

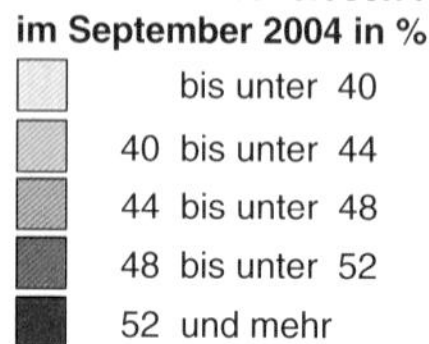


Quelle: Laufende Raumbeobachtung des BBR
Datengrundlage: Arbeitsmarktstatistik der Bundesagentur für Arbeit

## Jugendarbeitslosigkeit

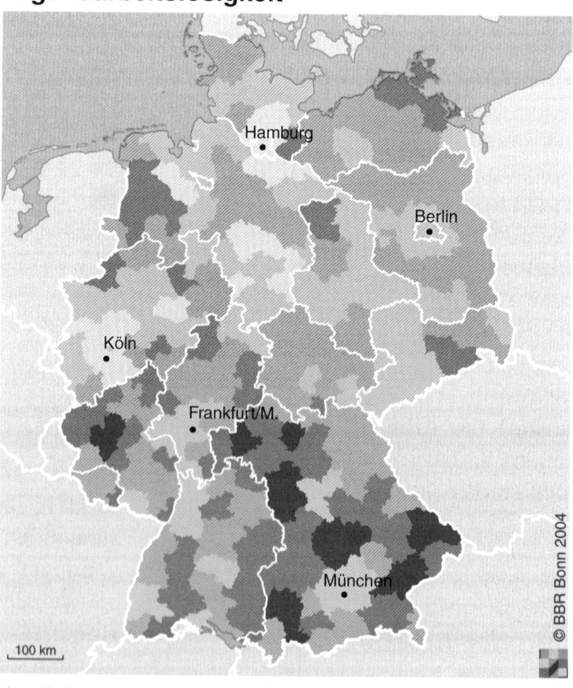


**Anteil der arbeitslosen Jugendlichen an allen Arbeitslosen im September 2004 in %**

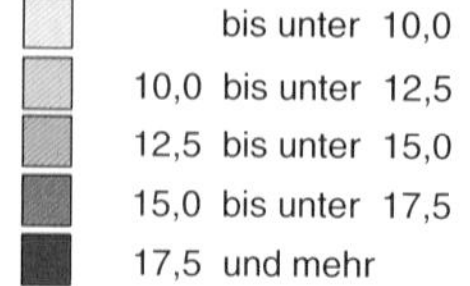


Anmerkung:
Arbeitslose Jugendliche sind arbeitslose Erwerbspersonen im Alter von 15 bis unter 25 Jahren.

Arbeitsmarktregionen, Stand 31. 12. 2002

inzwischen fast acht Prozentpunkte über dem westdeutschen Durchschnitt (45,3 % zu 37,5 %). Spitzenreiter ist die Arbeitsmarktregion Pasewalk mit einem Anteil von 54,3 %, während der Anteil der Langzeitarbeitslosen mit 31,7 % in der Region Sonneberg am niedrigsten ist. In den alten Ländern streut der Anteil der Langzeitarbeitslosen von 20,0 % für die Arbeitsmarktregion Traunstein bis zu 49,5 % für Bochum. Als regionale Schwerpunkte der Langzeitarbeitslosigkeit fallen neben einzelnen nordrhein-westfälischen Regionen (Essen, Gelsenkirchen) Saarbrücken, Bremen, Bremerhaven sowie Regionen aus Niedersachsen mit starken Arbeitsplatzverlusten in der Industrie heraus (z.B. Helmstedt, Salzgitter).

Bedingt durch die allgemeine schlechte Arbeitsmarktlage und die Konkurrenz männlicher Erwerbspersonen um die knappen Arbeitsplätze („Vordringen in klassische Frauenberufe"), liegt der Anteil der ostdeutschen *Frauen* – auch wegen ihrer traditionell höheren Erwerbsbeteiligung – an den Arbeitslosen deutlich über den westdeutschen Vergleichswerten. Dort fallen insbesondere süddeutsche Regionen heraus, deren Wirtschaftsstruktur (z.B. Bekleidungsindustrie) in der Vergangenheit eine hohe Frauenerwerbstätigkeit förderte, die in der jüngeren Vergangenheit jedoch vom Strukturwandel betroffen war.

### Regionale Ausbildungsstellenmärkte

Parallel zu den skizzierten Entwicklungen auf den regionalen Arbeitsmärkten hat sich die Lage auf den regionalen Ausbildungsstellenmärkten weiter verschlechtert. Bedingt durch die demographische Entwicklung ist zwar in vielen Regionen die Nachfrage nach *Ausbildungsplätzen* gesunken, was auch dazu geführt hat, dass in einzelnen Berufen nicht alle verfügbaren Plätze besetzt werden konnten. In vielen Fällen ist das Angebot an betrieblichen Ausbildungsplätzen allerdings noch stärker zurückgegangen. Dies ist eine Folge der verhaltenen wirtschaftlichen Entwicklung der letzten Jahre und des sektoralen Strukturwandels, da der Verlust an Ausbildungsplätzen in traditionellen Branchen nicht von den neuen Wirtschaftszweigen kompensiert wurde. Im gesamtdeutschen Durchschnitt ging das Angebot seit 1999 um gut 12 % zurück, die Nachfrage jedoch

**Betriebliche Ausbildungsplätze**

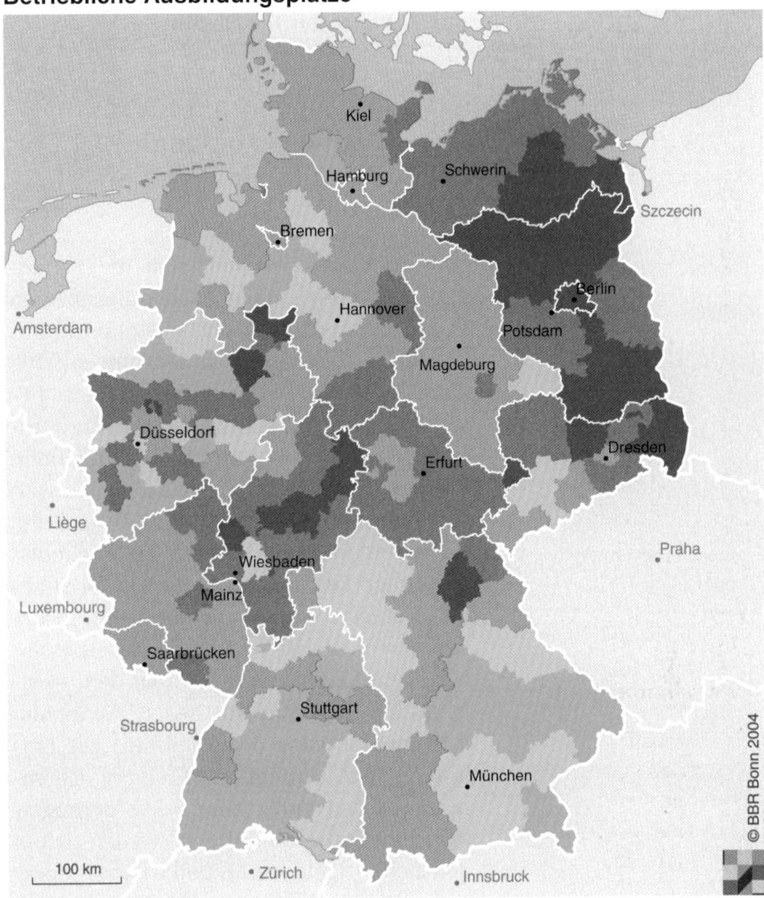


**Ausbildungsplätze je 100 Ausbildungsnachfragen 2003**

- bis unter 90
- 90 bis unter 95
- 95 bis unter 100
- 100 bis unter 102
- 102 und mehr

Kreise, Stand 31. 12. 2001
Quelle: Laufende Raumbeobachtung des BBR
Datengrundlage: Berufsbildungsstatistik des Bundesinstituts für Berufsbildung

**INFO: Programm STARegio „Strukturverbesserung in ausgewählten Regionen"**

Dieses Programm wurde im Herbst 2003 speziell mit Blick auf den starken Rückgang an betrieblichen Ausbildungsplätzen in den alten Ländern aufgelegt. Ziel des Programms ist es, ausbildende und bisher nicht ausbildende Betriebe durch gezielte, regionale Projekte und Maßnahmen für die Bereitstellung zusätzlicher betrieblicher Ausbildungsplätze zu gewinnen. Außerdem sollen innovative Initiativen zur Bereitstellung weiterer Ausbildungsplätze angestoßen werden. Die Ausrichtung und Gestaltung der regionalen Projekte folgt den spezifischen Problemlagen und sozioökonomischen Bedingungen in den Regionen. Vorrangig sollen Initiativen in Regionen gefördert werden, in denen zwar ein ungünstiges Ausbildungsangebot besteht, zugleich aber auch ein wirtschaftliches Entwicklungspotenzial ausgemacht werden kann. Für das Programm stehen – kofinanziert mit Mitteln aus dem Europäischen Sozialfonds – bis 2007 insgesamt rund 25 Mio. Euro bereit. Bis Ende November 2003 gingen 85 Projektanträge ein.

nur um rund 10 %. 2003 kamen rechnerisch nur 97 Plätze auf 100 Nachfrager.

### Angespannte Situation auf den regionalen Ausbildungsmärkten

Weiterhin schlecht stellt sich die Versorgung mit betrieblichen Ausbildungsplätzen in den neuen Ländern dar; im gesamträumlichen Durchschnitt kommen dort auf 100 Nachfrager nur 91 Ausbildungsplätze. Besonders angespannt ist die Versorgungssituation in den Arbeitsmarktregionen Cottbus, Eberswalde, Prenzlau, Finsterwalde, Neuruppin, Perleberg und Senftenberg. In diesen Regionen liegen die Angebots-Nachfrage-Relationen deutlich unter 90. In den wenigen Arbeitsmarktregionen, in denen sich die Relationen merklich verbessert haben und zum Teil sogar über dem westdeutschen Durchschnitt liegen, führte der stärkere Rückgang der Nachfrage zur Entlastung (z. B. Wittenberg, Freiberg, Chemnitz, Zwickau und Plauen). Die demographischen Entlastungseffekte werden sich in den neuen Ländern ab 2005 flächendeckend verstärken, weil dann die geburtenschwachen Jahrgänge die Schulen verlassen.

Auch in den alten Ländern hat sich die Lage auf dem Ausbildungsstellenmarkt weiter verschlechtert. Kamen 1999 noch 101 Ausbildungsstellen auf 100 Nachfrager, waren es 2003 gerade mal 98. Besonders ausgeprägt ist der Rückgang in einigen süddeutschen Regionen (z. B. Kulmbach, Bayreuth), in Hessen (z. B. Limburg, Lauterbach, Gießen) sowie in Teilen von Rheinland-Pfalz und Schleswig-Holstein. Lediglich in 22 westdeutschen Arbeitsmarktregionen hat sich die Lage auf den Ausbildungsmärkten für die Jugendlichen verbessert. Bedingt ist dies aber durch den demographischen Entlastungseffekt, da die Nachfrage stärker zurückging als das Angebot. Nur in zehn der insgesamt 204 westdeutschen Arbeitsmarktregionen wurde das Angebot an betrieblichen Ausbildungsplätzen – verglichen mit 1999 – überhaupt ausgeweitet. Die Spanne reicht von 0,8 % für die Arbeitsmarktregion Lörrach bis zu 10,2 % für die Region Tuttlingen.

Aus der Arbeitsmarktforschung ist bekannt, dass das Fehlen einer qualifizierten Ausbildung eine zentrale Ursache für Arbeitslosigkeit ist und die Teilnahme an Weiterbildung mit dem Bildungsabschluss korreliert. Es ist daher unstrittig, dass allen Jugendlichen die Chance einer beruflichen Ausbildung eröffnet werden muss. Von staatlicher Seite werden verschiedene Maßnahmen ergriffen, um Abhilfe zu schaffen. So hat die Bundesregierung im Mai 2003 mit den neuen Ländern eine Vereinbarung zur Förderung von 14 000 zusätzlichen Ausbildungsplätzen für das Ausbildungsjahr 2003/2004 geschlossen. Zur Finanzierung dieses Programms setzt der Bund allein in den Jahren 2003 und 2004 Mittel in Höhe von rund 42 Mio. Euro ein. Auch werden die Förderprogramme der alten Länder in unterschiedlichem Umfang und in unterschiedlicher Ausprägung fortgesetzt. Im Ausbildungsjahr 2003/2004 stehen insgesamt für rund 14 300 Ausbildungsplätze (Vorjahr 10 900) Fördermittel bereit. Diese Maßnahmen zielen vor allem auf die Schaffung zusätzlicher betrieblicher Ausbildungsplätze bei Existenzgründern und bei Betrieben, die erstmals oder in neuen Berufen ausbilden, sowie auf die Anschlussausbildung von Auszubildenden aus Konkursbetrieben auf Ausbildungsplätzen in Ausbildungsverbünden. Darüber hinaus wird mit einer Vielzahl an Maßnahmen – wozu auch die o.g. Länderprogramme zählen – versucht, die Ausbildungsfähigkeit von Jugendlichen mit Lern- und Leistungseinschränkungen sowie von benachteiligten Jugendlichen zu fördern.

## Regionen mit wirtschaftlichen Wachstumspotenzialen

Im Zusammenhang mit der Diskussion um den Stellenwert des regionalpolitischen Ausgleichs- und Wachstumsziels und einer wachstumsorientierten Regionalpolitik wird die Förderung regionaler Wachstumspotenziale gefordert. Die Fördermaßnahmen sollen auf Regionen konzentriert werden, wo die Wachstumschancen am größten sind und gute Aussichten bestehen, dass die Wachstumsimpulse nicht nur der gesamten Volkswirtschaft, sondern auch benachbarten Regionen zugute kommen. In bundesweiter Betrachtung erfolgt meist eine Gleichsetzung der potenziellen

Wachstumsregionen mit den großen Städten (Wachstumskerne) und ihrem Umland. Es sind die gut in die großräumige Verkehrsinfrastruktur eingebundenen großen Zentren (Metropolen) mit hohen Bevölkerungs- und Arbeitsplatzkonzentrationen, Hochschulstandorten, Sitzen von großen Unternehmen oder auch politischen Entscheidungszentralen (siehe Kapitel 6.1: „Metropolräume"). Die Wachstumsdynamik und -chancen dieser Regionen sind entscheidend davon abhängig, wie hoch die *Produktivität* und *Innovationsfähigkeit* der ansässigen Wirtschaftsunternehmen und wie attraktiv die Regionen für *Investitionen* und *hochqualifizierte Arbeitskräfte* sind.

## Metropolen als nationale Wachstumsmotoren

### Entwicklung der Bruttowertschöpfung zeigt Wachstumsdynamik an

Die *Bruttowertschöpfung pro Erwerbstätigen* gibt einen Hinweis auf die Wettbewerbsfähigkeit einer Region. Die *Veränderungsrate der Bruttowertschöpfung* gibt Auskunft darüber, wie dynamisch sich die regionale Wirtschaft entwickelt hat. Natürlich ist die Veränderung in der Vergangenheit keine Garantie dafür, dass die zukünftige Entwicklung sich so fortsetzen wird, dennoch können wichtige Informationen daraus gezogen werden: Wenn der Entwicklungsstand relativ niedrig ist, so kann eine hohe Veränderungsrate als Trend hin zur Konvergenz interpretiert werden, falls das erreichte Niveau bereits hoch ist, so zeigt eine überdurchschnittliche Veränderungsrate eine besondere wirtschaftliche Stärke an. Darüber hinaus gibt es einen mittleren statistischen Zusammenhang zwischen der Veränderungsrate der Bruttowertschöpfung und der Veränderungsrate der Erwerbstätigen, so dass die Kennziffer auch einen Hinweis darüber gibt, in welchen Umfang neue Arbeitsplätze in einer Region geschaffen wurden.

## Auch einige Regionen in Ostdeutschland mit relativ hoher Wachstumsdynamik

**Veränderung des Bruttoinlandsproduktes**

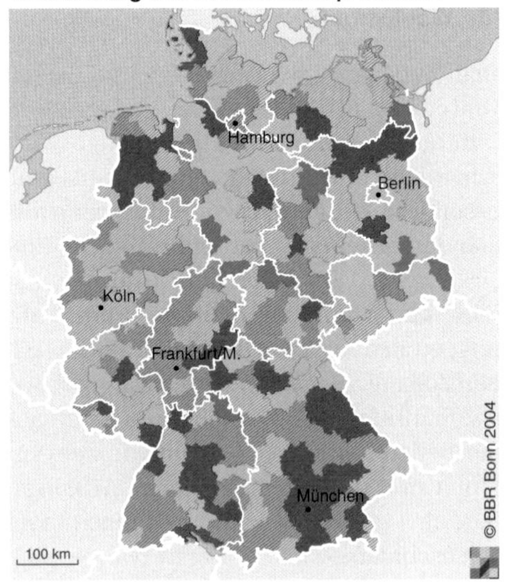


**Jährliche durchschnittliche reale Wachstumsrate des Bruttoinlandsproduktes zu Marktpreisen 1996 bis 2002 in %**

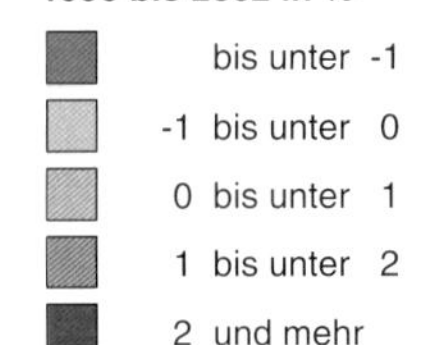


Arbeitsmarktregionen, Stand 31. 12. 2002
Quelle: Laufende Raumbeobachtung des BBR
Datengrundlage: Arbeitskreis "Volkswirtschaftliche Gesamtrechnung der Länder"

Beim *Wachstum* der Bruttowertschöpfung ist das West-Ost-Gefälle nicht so stark ausgeprägt, wie bei der Darstellung der Bestandsgrößen für ein Jahr. Neben den Regionen in den Ländern mit traditionell hohen Wachstumsraten wie Baden – Württemberg, Bayern und Hessen haben auch Regionen mit einer niedrigen Ausgangsbasis in Ostdeutschland einen überdurchschnittlichen Anstieg der Bruttowertschöpfung. Vor allem die Regionen um Berlin, Dresden, Chemnitz und Halle/Leipzig und im südlichen Thüringen, aber auch um Magdeburg und Rostock haben eine relativ hohe wirtschaftliche Dynamik. Dies ist in erster Linie auf mit hohem Kapitaleinsatz erreichte Produktivitätssteigerungen zurückzuführen. Auch wenn die Auswirkungen auf den Arbeitsmarkt heute noch nicht in ausreichendem Maße zu spüren sind, so zeigen diese, über fünf Jahre gemessenen, überdurchschnittlichen Wachstumssteigerungen einen dauerhaften Trend zur Verbesserung der wirtschaftlichen Lage dieser Regionen an.

## Innovationen als Schlüsselgröße für Wachstum

Dem Zugang zu neuem Wissen und dessen Umsetzung in *Produkt- und Verfahrensinnovationen* kommt für die künftige wirtschaftliche Entwicklung Deutschlands eine besondere Bedeutung zu. Auch wenn die Standortverteilung betrieblicher *FuE-Einrichtungen*, von *Hochschulen* sowie *Wissens- und Transfereinrichtungen* eine Affinität zu den Agglomerationen aufweist, gilt der Zugang zu neuem Wissen inzwischen als ubiquitär. Dies resultiert zum einen aus der Bedeutung neuer Medien wie dem Internet und dem überregionalen Wirkungsbereich von Transfereinrichtungen und Hochschulen. Zum anderen werden im Rahmen der räumlich-funktionalen Arbeitsteilung Produkt- und Prozessinnovationen von betrieblichen FuE-Einrichtungen auf Betriebe oder externe Unternehmen in anderen – u.a. ländlichen – Regionen übertragen. Damit diese Impulse zum Tragen kommen, ist seitens der dort ansässigen Unternehmen eine flexible Anpassung an veränderte Anforderungen notwendig.

**Patentanmeldungen**

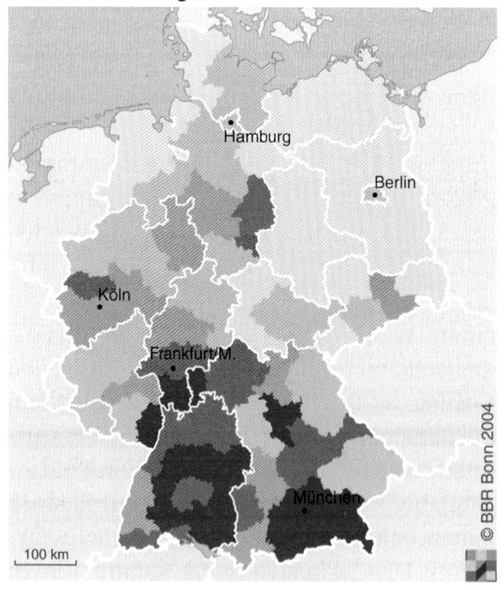


**Patentanmeldungen je 100 000 Einwohner, gemittelt über die Jahre 1995 bis 2000**

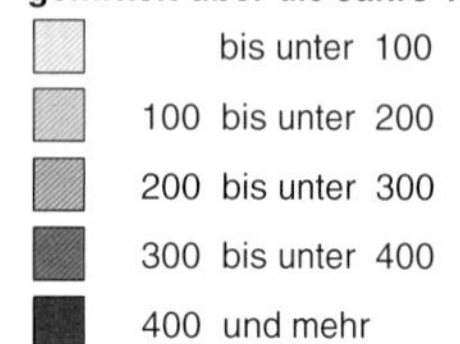


Raumordnungsregionen, Stand 31. 12. 2001
Quelle: Greif, Siegfried und Dieter Schmiedl: Patentatlas Deutschland - Ausgabe 2002 - Dynamik und Strukturen der Erfindungstätigkeit, Deisenhofen, 2002. (CD-ROM-Version)

Ein Indikator für die Innovationstätigkeit der Unternehmen sind die *Patentanmeldungen*. So entfielen im Jahr 2000 fast ein Fünftel aller Patentanmeldungen auf die drei Regionen Stuttgart, München und Mittelfranken, wobei auf die Einwohner bezogen Baden-Württemberg die höchste Patentdichte aufweist.

In den neuen Ländern nimmt die Region Oberes Elbtal/Osterzgebirge mit dem Zentrum Dresden den eindeutigen Spitzenplatz ein. Mit deutlichem Abstand folgen Berlin sowie Ostthüringen mit der Stadt Jena sowie Chemnitz-Erzgebirge. Die wenigsten Patentanmeldungen bezogen auf die Einwohner verbuchen die Regionen Dessau und Altmark aus Sachsen-Anhalt sowie Vorpommern, Mecklenburgische Seenplatte und Westmecklenburg.

## Investitionen dokumentieren Standortgunst der Regionen

Private Investitionen prägen im Zusammenspiel mit öffentlichen Infrastrukturinvestitionen maßgeblich die Raumstruktur. Regional differenzierte Daten zur privaten Investitionstätigkeit liegen nicht für alle Wirtschaftsbereiche vor, sondern nur für das Produzierenden Gewerbe. Im Zeitablauf ab 1995 ist erkennbar, dass die Investitionstätigkeit im Bergbau und Verarbeitenden Gewerbe angezogen hat und die neuen Länder inzwischen wieder über dem Niveau von 1995 liegen. Im gesamten Zeitraum 1995–2001 wurden in den neuen Ländern rund 3 400 Euro je Einwohner und in den alten rund 4 500 je Einwohner investiert. Gleichwohl ist das Gefälle zwischen den alten und neuen Ländern in der Investitionstätigkeit größer geworden: So erreichen die neuen Länder 2001 eine Investitionsintensität, die bei etwa 74 % des Niveaus der alten Länder liegt. 1995 waren es noch 91 % .

Die räumliche Verteilung der Investitionen des Bergbaus und Verarbeitenden Gewerbes dokumentiert die Bewertung von Standortqualitäten durch die Unternehmen. Die Agglomerationen verbuchen aufgrund des über Jahre akkumulierten Kapitalstocks und als Standort kapitalintensiver Großbetriebe den Großteil der unternehmerischen Investitionen. Innerhalb der neuen Ländern ist ein leichtes Süd-Nord-Gefälle erkennbar, wobei überdurchschnittlich viele Investitionen in den tradi-

Quelle: Laufende Raumbeobachtung des BBR
Datengrundlage: Investitionserhebung im Bereich Verarbeitendes Gewerbe, Bergbau und Gewinnung von Steinen und Erden des Bundes und der Länder
© BBR Bonn 2004

tionellen Kernbereichen der ostdeutschen Industrie getätigt wurden. Hierzu zählen u.a. die von der chemischen Industrie geprägten Regionen Halle und Dessau sowie Oberes Elbtal/Osterzgebirge, Südthüringen und Süd-West-Sachsen mit ihren Schwerpunkten im Maschinenbau, Elektrotechnik und Straßenfahrzeugbau. Demgegenüber schneiden nördliche Regionen, die über eine ungünstige Lagegunst und eine wenig diversifizierte Wirtschaftsstruktur verfügen, schlechter ab. In den alten Ländern weisen Regionen, die bekanntermaßen Standort kapitalintensiver Branchen sind, überdurchschnittliche Investitionen je Einwohner auf (z.B. Stuttgart, Rheinpfalz und Starkenburg). Dies trifft auch für einige verstädterte und ländliche Regionen wie Ingolstadt, Franken, Landshut oder Schwarzwald-Baar-Heuberg zu.

## Regionale Investitionsschwerpunkte: Umland im Osten, Kernstädte im Westen

In kleinräumiger Sicht ragt in den neuen Ländern als regionaler Schwerpunkt der Investitionstätigkeit des Bergbaus und Verarbeitenden Gewerbes das verdichtete Umland der Kernstädte mit rund 4 700 Euro je Einwohner heraus. Offensichtlich besitzen diese Räume hinsichtlich Flächenverfügbarkeit und dem Ausschöpfen von Ballungsvorteilen Standortvorteile. So weisen sie aufgrund ihrer Lage und räumlichen Nähe zu den Kernstädten in der Regel eine gute Anbindung an die großräumige Verkehrsinfrastruktur auf. Auf die Kernstädte entfallen nach den ländlichen Kreisen deutlich weniger betriebliche Investitionen (2 700 bzw. 3 200 Euro je Einwohner). Für die kleinräumige Verteilung der privaten Investitionen in den alten Ländern ist ein anderes Bild prägend: Mit fast 5 600 Euro je Einwohner sind die Kernstädte eindeutiger Spitzenreiter, während die verdichteten und ländlichen Kreise mit deutlichem Abstand folgen (rund 4 000 Euro je Einwohner).

**Investitionen**

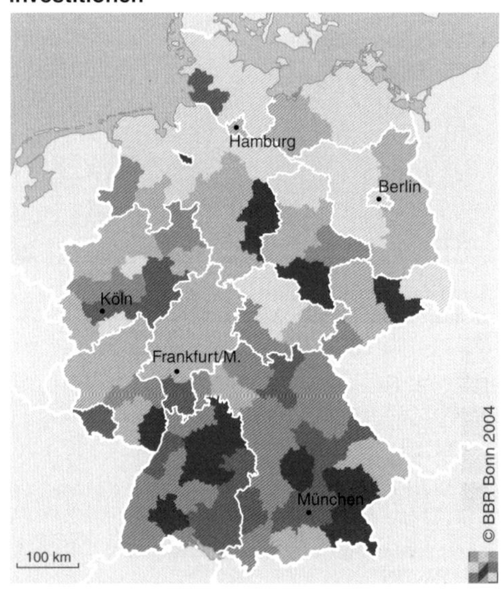


Investitionen im Bergbau und Verarbeitenden Gewerbe 1995 bis 2001 in Euro je Einwohner

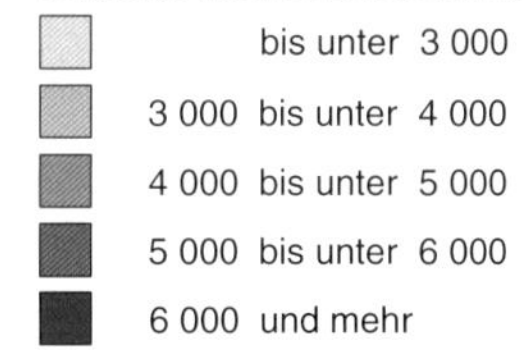


Raumordnungsregionen, Stand 31. 12. 2001
Quelle: Laufende Raumbeobachtung des BBR
Datengrundlage: Investitionserhebung im Bereich Verarbeitendes Gewerbe, Bergbau und Gewinnung von Steinen und Erden des Bundes und der Länder

### Hochqualifizierte Arbeitskräfte als Wachstumsvoraussetzung

Ein ausreichendes Angebot an qualifizierten Arbeitskräften ist einer der wichtigsten Standortfaktoren, insbesondere für wachstumsorienterte Wirtschaftszweige. Dies gilt sowohl für die Generierung von Innovationen als auch für die Adaption von Neuerungen. Der Qualifikationsstruktur der in der Region verfügbaren Arbeitskräfte kommt insofern eine wichtige Schlüsselrolle zu. Am besten abbildbar ist diese anhand des Anteils der *Beschäftigten mit höheren Bildungsabschlüssen* und in *technischen Berufen* und Berufen der *unternehmensnahen Dienstleistungen*. Diese Berufssparten bilden die hochwertige Dienstleistungsproduktion in der Industrie und die Forschungs- und Entwicklungsaktivitäten ab.

**Hochqualifizierte Beschäftigte**

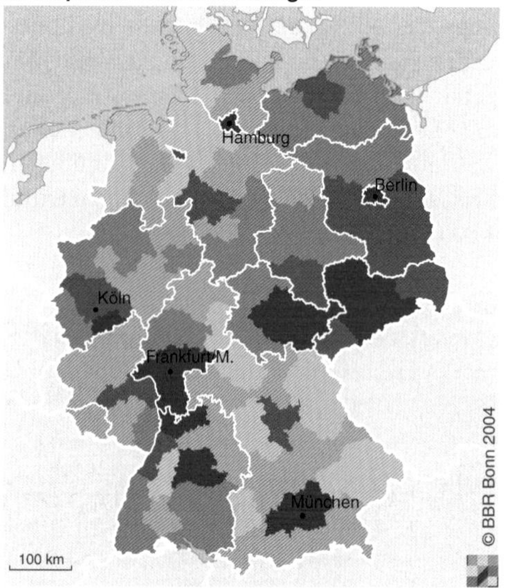


**Anteil der hochqualifizierten Beschäftigten an allen Beschäftigten 2002 in %**

- bis unter 5
- 5 bis unter 7
- 7 bis unter 9
- 9 bis unter 11
- 11 und mehr

Raumordnungsregionen, Stand 31. 12. 2001
Quelle: Laufende Raumbeobachtung des BBR
Datengrundlage: Beschäftigtenstatistik der Bundesagentur für Arbeit

Zu den *Hochqualifizierten* werden die Beschäftigten mit einem Fachhochschul- oder Hochschulabschluss gezählt. Auffallend ist, dass es wie sonst bei vielen anderen Indikatoren zwischen den alten und den neuen Ländern hier keine großräumigen Unterschiede gibt. Das liegt daran, dass in der DDR der Ausbildungsweg häufiger über ein Studium verlief. Gleichzeitig bedeutet dies aber nicht unbedingt, dass auch heute diese Beschäftigten noch immer in solchen Berufen tätig sind, die ein Studium erfordern. Dennoch zeigt sich, dass sowohl in den alten als auch in den neuen Ländern die wichtigen Zentren wie München, Stuttgart, Frankfurt, Hamburg, Jena, Leipzig und Dresden einen sehr hohen Anteil an hochqualifizierten Beschäftigten aufweisen, also in diesen Räumen viele Arbeitsplätze angeboten werden, die ein entsprechend hohes Ausbildungsniveau erfordern. Hingegen ist der Anteil der Hochqualifizierten an den Beschäftigten in Regionen wie etwa an der Nordseeküste, entlang der ehemaligen innerdeutschen Grenze in Hessen und Bayern oder dem Bayerischen Wald vergleichsweise niedrig.

## Arbeitsplätze für Hochqualifizierte vor allem in den größeren Wirtschaftszentren

**Technische Berufe**

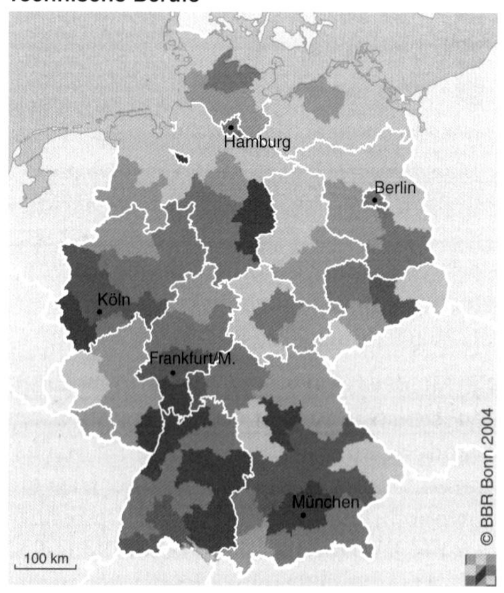


**Anteil der Beschäftigten in technischen Berufen an allen Beschäftigten zum 30. 6. 2003 in %**

- bis unter 5
- 5 bis unter 6
- 6 bis unter 7
- 7 bis unter 8
- 8 und mehr

Raumordnungsregionen, Stand 31. 12. 2001
Quelle: Laufende Raumbeobachtung des BBR
Datengrundlage: Beschäftigtenstatistik der Bundesagentur für Arbeit

Die *Beschäftigten in technischen Berufen* sind Techniker, Ingenieure und Wissenschaftler in forschungsintensiven Wirtschaftszweigen. Die ausreichende Verfügbarkeit dieser Arbeitskräfte ist Voraussetzung für die Innovationsfähigkeit der Wirtschaft. Ein hoher Anteil dieser Beschäftigten in einer Region ist ein wichtiger Standortfaktor für auf hohem Niveau produzierende, exportorientierte Branchen. Hohe Konzentrationen finden sich in und um die großen Agglomerationszentren in Bayern, Baden-Württemberg, Hessen, Nordrhein-Westfalen und Niedersachsen, aber auch in Bremen, Dresden, sowie abgeschwächt in Hamburg, Berlin, Leipzig und im Süden von Brandenburg.

Die Beschäftigten der *unternehmensnahen Dienstleistungen*, die größtenteils überregional angeboten werden, konzentrieren sich in den zentralen Räumen. Wie aktuelle Studien zeigen, prägen sie das Wachstum der großen Städte. Als überregionale Dienstleistungen gelten im allgemeinen Aktivitä-

| Beschäftigte überregionaler Dienstleistungen | | | | |
|---|---|---|---|---|
| | Beschäftigte am Arbeitsort | Beschäftigte überregionaler Dienstleistungen | | |
| Raumtyp | Veränderung 1999 bis 2003 in % | Veränderung 1999 bis 2003 in % | Anteil an Beschäftigten 1999 in % | Anteil an Beschäftigten 2003 in % |
| **Alte Länder** | | | | |
| Innerer Zentralraum | 0,3 | 12,8 | 22,9 | 25,7 |
| Äußerer Zentralraum | 1,6 | 14,3 | 15,1 | 17,0 |
| Zwischenraum mit Verdichtungsansätzen | 1,0 | 12,9 | 11,9 | 13,4 |
| Zwischenraum geringer Dichte | 0,1 | 8,3 | 12,3 | 13,3 |
| Peripherraum mit Verdichtungsansätzen | -0,6 | 7,9 | 11,2 | 12,1 |
| Peripherraum sehr geringer Dichte | -0,7 | 7,1 | 11,0 | 11,9 |
| **insgesamt** | 0,5 | 12,2 | 16,6 | 18,5 |
| **Neue Länder** | | | | |
| Innerer Zentralraum | -6,9 | 6,2 | 21,9 | 24,9 |
| Äußerer Zentralraum | -9,3 | 9,5 | 18,3 | 22,1 |
| Zwischenraum mit Verdichtungsansätzen | -12,8 | -1,3 | 13,1 | 14,8 |
| Zwischenraum geringer Dichte | -10,6 | -1,3 | 10,2 | 11,2 |
| Peripherraum mit Verdichtungsansätzen | -12,3 | -4,9 | 10,2 | 11,1 |
| Peripherraum sehr geringer Dichte | -14,1 | -3,0 | 10,8 | 12,1 |
| **insgesamt** | -10,4 | 2,4 | 15,2 | 17,4 |
| **Deutschland** | -1,9 | 10,3 | 16,3 | 18,3 |

© BBR Bonn 2004

Quelle: Laufende Raumbeobachtung des BBR
Datengrundlage: Beschäftigtenstatistik der Bundesagentur für Arbeit

ten aus dem Bereich der Finanz- und unternehmensnahen Beratungsdienstleistungen sowie Tourismus und Medien/Kultur. Diese Aktivitäten beinhalten humankapitalintensive und nicht standardisierbare Produkte und Leistungen, die in der Regel höhere Qualifikationen erfordern. In den letzten Jahren sind gerade in diesem Bereich – auch im Kontext der „New Economy" und von Informations- und Kommunikationstechnologieunternehmen – zahlreiche neue Arbeitsplätze entstanden. Hierzu zählen u.a. Branchen wie Datenverarbeitung und Datenbanken, Forschung und Entwicklung, Unternehmensberatung, Markt- und Meinungsforschung sowie Werbung.

## Dynamisches Wachstum der Beschäftigung in überregionalen Dienstleistungen

Diese Dienstleistungen haben sich in der jüngsten Vergangenheit überaus dynamisch entwickelt. Von 1999 bis 2003 nahm die Beschäftigung in überregionalen Dienstleistungen in der Bundesrepublik Deutschland um ca. 10 % zu; die Gesamtbeschäftigung nahm dagegen um fast 2 % ab. Insbesondere die Zentralräume besitzen bei diesen Aktivitäten überdurchschnittliche Beschäftigungsanteile und konnten noch deutlich zulegen. Ihre spezifischen Standortanforderungen resultieren aus dem hohen Spezialisierungsgrad und ihren vielfältigen intersektoralen und -regionalen Verflechtungen. Von Bedeutung als Standortfaktor sind insbesondere die Nähe zu einem qualifizierten Arbeitskräftepotential, das Vorhandensein innovativer, kreativer Milieus sowie eine gute großräumige Verkehrsanbindung und Ausstattung mit Kultur- und Freizeiteinrichtungen. Als Folge hat die Konzentration überregionaler Dienstleistungen auf urbane Zentren zu genommen: Inzwischen liegt der durchschnittliche Beschäftigtenanteil aller deutschen Kernstädte der inneren Zentralräume bei 25 %, während er im Durchschnitt der Peripherräume nur halb so hoch ist. Offenbar bieten großstädtische Milieus mit ihren vielfältigen Kontakt- und Austauschmöglichkeiten sowie der räumlichen Ballung von Kompetenzen und Infrastrukturen besonders günstige Standortbedingungen. Beispiele für solche dynamischen Regionen sind München, Köln, Rhein-Main und Hamburg, wobei diese innerhalb der überregionalen Dienstleistungen wiederum auf einzelne Segmente konzentriert sind wie z. B. die Region Rhein-Main auf den Finanzsektor. In den neuen Ländern weisen insbesondere Regionen wie Dresden, Berlin und Leipzig eine überdurchschnittliche Ausstattung mit diesen unternehmensbezogenen Diensten auf.

## Konzentration überregionaler Dienstleistungen auf urbane Zentren

### Attraktivität der regionalen Arbeitsmärkte

Ein allgemeines Merkmal für die Attraktivität der regionalen Arbeitsmärkte für Arbeitskräfte ist die Pendleraktivität. Hierfür bietet es sich an, die *Pendlerverflechtungen* zu betrachten. Einerseits kann auf diese Weise dargestellt werden, welche Regionen – erfasst an Hand eines positiven Einpendlersaldos – einen Arbeitsplatzüberschuss aufweisen und somit auch für die umliegenden Räume eine besondere Stellung aufweisen, also eine überregionale Bedeutung haben. Andererseits bilden die Einpendlerströme auch Einkommensströme ab, denn die Pendler transferieren das am Arbeitsort entstandene Einkommen an ihre Wohnorte, so dass dort regionale Wirtschaftskreisläufe davon profitieren. Die überregionale Bedeutung kann dadurch erfasst werden, dass nicht eine gemeindescharfe Abgrenzung erfolgt, sondern die Arbeitsmarktregionen das räumliche Bezugssystem sind. Der Vorteil dabei liegt darin, dass die kleinräumigen Pendlerströme damit nicht mehr ins Gewicht fallen, da diese das Abgrenzungskriterium für die Arbeitsmarktregionen sind.

**Einpendlerregionen**

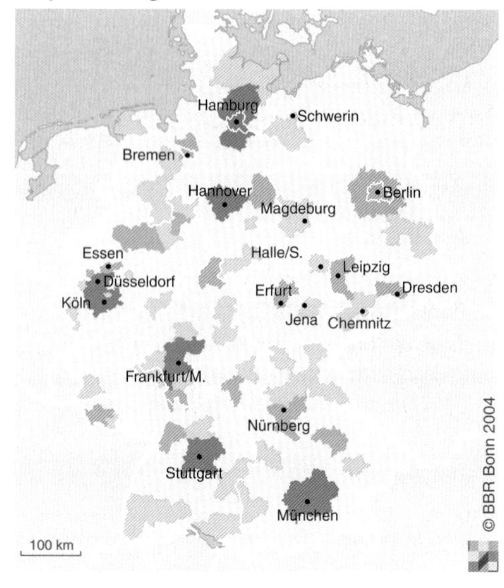


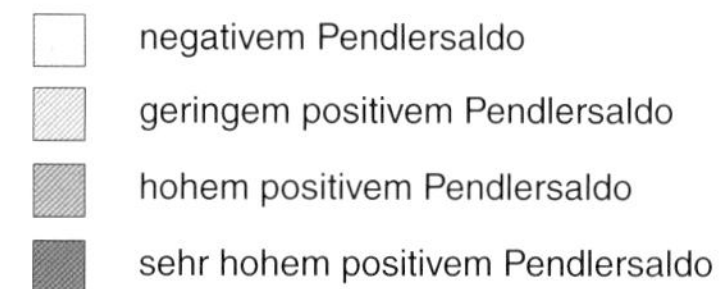

**Arbeitsmarktregionen mit**

- negativem Pendlersaldo
- geringem positivem Pendlersaldo
- hohem positivem Pendlersaldo
- sehr hohem positivem Pendlersaldo

Arbeitsmarktregionen, Stand 31. 12. 2002
Quelle: Institut für Arbeitsmarkt- und Berufsforschung in der Bundesagentur für Arbeit
Datengrundlage: Pendlerverflechtungsmatrix 2003

Anmerkung: Bei einem negativen Pendlersaldo übersteigt die Anzahl der Auspendler die Anzahl der Einpendler, bei einem positiven Pendlersaldo übersteigt die Anzahl der Einpendler die Anzahl der Auspendler.

Von den 271 Arbeitsmarktregionen weisen über zwei Drittel einen negativen Einpendlersaldo auf, d.h. sie sind Nettoauspendlerregionen. Aber auch innerhalb der Arbeitsmarktregionen mit einem positiven Pendlersaldo gibt es erheblich Unterschiede: Nach Frankfurt/Main pendeln fast 210 000 Beschäftigte mehr ein als aus, in München sind es immerhin noch fast 160 000, in die Arbeitsmarktregion Tuttlingen sind es aber lediglich 19 Beschäftigte. Zudem gibt es erhebliche West-Ost-Unterschiede: Die ostdeutsche Stadt mit dem höchsten Pendlersaldo, Dresden, folgt erst auf dem elften Platz eines gesamtdeutschen Rankings mit einem Saldo von knapp 40 000 Beschäftigten.

## Schlussfolgerungen und Strategien für eine wachstumsorientierte Raumentwicklungspolitik

In der Vergangenheit stand die Raumentwicklungspolitik sehr stark im Zeichen des Ausgleichsziels. Die Erfahrungen mit dem wirtschaftlichen Aufbau der neuen Länder und die immer stärker werdende Notwendigkeit, begrenzte finanzielle Mittel effizient einzusetzen, haben eine Diskussion über die Notwendigkeit und Ausgestaltung einer wachstumsorientierten Raumentwicklungspolitik angestoßen. Hierzu beigetragen hat auch das zunehmende gesellschaftspolitische Bewusstsein hinsichtlich der regionalen Verteilung und Dimension öffentlicher Finanzströme (vgl. Kapitel 10: „Raumwirksame Bundesmittel"). Im Allgemeinen setzt eine wachstumsorientierte Raumentwicklungspolitik voraus, dass regional differenzierende Maßnahmen zur Förderung der regionalen Wachstumspotenziale zum Einsatz kommen. Ob eine Region dabei stärker als eine andere Region gefördert werden sollte, hängt vom jeweiligen Einzelfall ab und ist nicht losgelöst von der autonomen Standortwahl privater Investoren zu sehen. Auf alle Fälle ist ein regional gezielter und integrierter Einsatz der verschiedenen Maßnahmen notwendig. Der Erfolg einer wachstumsorientierten Raumentwicklungsstrategie hängt auch davon ab, dass es zu einer deutlichen Belebung der gesamtwirtschaftlichen Aktivität kommt. Hierzu sind insbesondere Reformen auf der gesamtstaatlichen Ebene (z.B. Deregulierung und Bürokratieabbau) notwendig, damit mehr Investoren am Standort Deutschland unternehmerisch tätig werden wollen. Denn jeder Ansatzpunkt regionaler oder kommunaler Wirtschaftsförderung ist der Wunsch privater Wirtschaftssubjekte, unternehmerisch tätig zu werden.

### Förderung regionaler Kernkompetenzen in Ostdeutschland

In den neuen Ländern fällt vor allem die räumliche Nähe von Regionen mit vergleichsweise guter Entwicklung zu Regionen mit schlechter Entwicklung auf. Offenbar gehen von denjenigen ostdeutschen Regionen, die aufgrund ihrer Bevölkerungs- und Wirtschaftsdichte potenzielle Wachstumsregionen darstellen, nur begrenzt großräumige Entwicklungsimpulse auf an-

**BEISPIEL: Regionale Kernkompetenzen in Ostdeutschland**

Auf der Ebene der Raumordnungsregionen wurden in den neuen Bundesländern die Branchenschwerpunkte, Branchennetzwerke und innovativen Kompetenzzentren, die über die Zahl der Patentanmeldungen in einem Bereich definiert wurden, erhoben. Wenn alle drei Merkmale einem Sektor zugeordnet werden können, so kann von einer regionalen Kernkompetenz gesprochen werden. Bekannte Beispiele hierfür sind die Filmindustrie in Berlin-Babelsberg, die optische Industrie in Jena oder die Chemieindustrie im Kreis Merseburg-Querfurt. Aber nicht nur Hightechbranchen können regionale Kernkompetenzen ausbilden, sondern auch relativ traditionelle Wirtschaftszweige wie die Textilwirtschaft in Mittelsachsen oder die Nahrungsmittelindustrie in Berlin. Diese haben einen geringeren überregionalen Bekanntheitsgrad, aber auch auf sie trifft zu, dass sich dort in einer Branche innerhalb einer Region viele Beschäftigte finden, die Unternehmen innovativ sind und sich zudem zu einem Netzwerk zusammengeschlossen haben.

In den neuen Ländern wird deutlich, dass solche regionalen Kernkompetenzen neben Berlin insbesondere in den südlichen Raumordnungsregionen, d.h. in Sachsen und Thüringen zu finden sind. Diese regionalen Kernkompetenzen können Ansatzpunkte für eine sektoral differenzierte Regionalpolitik bilden, bzw. es können solche Regionen spezifisch gefördert werden, in denen die Ausbildung einer regionalen Kernkompetenz als möglich erscheint.

**Regionale Kernkompetenzen in Ostdeutschland**

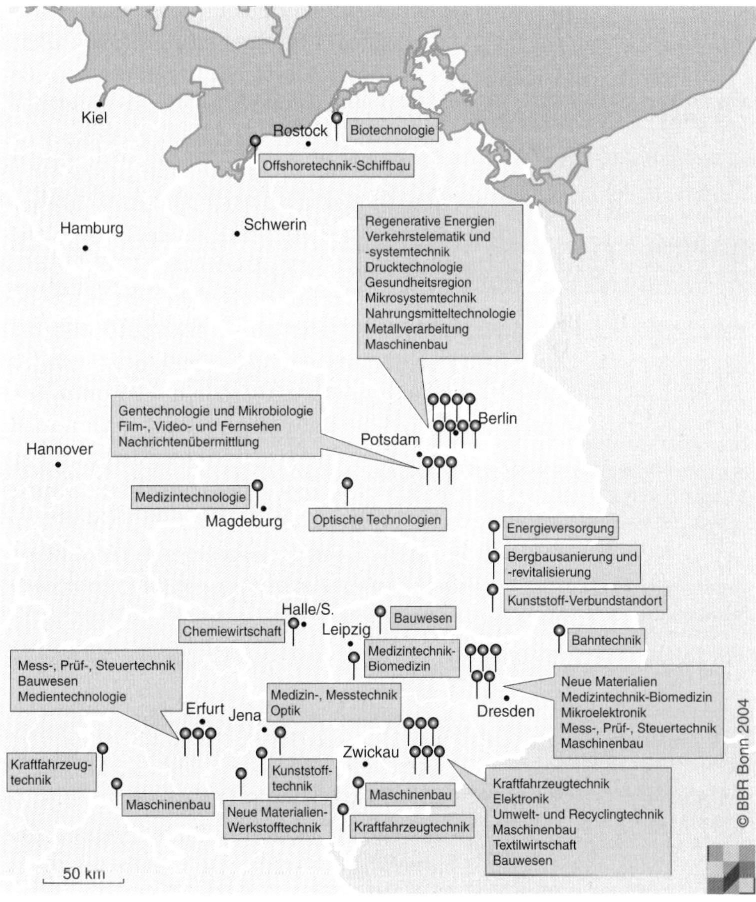


Regionale Kernkompetenzen

Raumordnungsregionen, Stand 31. 12. 2001
Quelle: Institut für Wirtschaftsforschung Halle (IWH): Innovative Kompetenzfelder, Produktionsnetzwerke und Branchenschwerpunkte der ostdeutschen Wirtschaft, Gutachten im Auftrag des BMVBW/BBR. Halle, Juni 2004

dere Regionen aus. Von daher gilt es zunächst, die Wachstumsschwäche dieser Regionen selbst zu überwinden, bevor mittel- bis langfristig mit einer Verstärkung der Ausstrahlungseffekte auf andere Regionen zu rechnen ist. Eine Möglichkeit besteht darin, die vorhandenen regionalen Kernkompetenzen zu stärken oder bestehende Ansätze auszubauen. Als wesentliche Elemente einer regionalen Kernkompetenz gelten regionale Branchenschwerpunkte, Netzwerke zwischen Unternehmen ggf. unter Beteiligung von Hochschulen und Forschungseinrichtungen sowie innovative Kompetenzfelder. Je nach den regionalen Besonderheiten und der Ausprägung dieser Elemente obliegt es einer wachstumsorientierten Raumentwicklungspolitik, die Elemente zu fördern, die einen Engpassfaktor darstellen. Dies kann z.B. die gezielte Förderung von Netzwerken oder innovativen Kompetenzfeldern sein oder die Ansiedlung solcher Unternehmen, die vorhandene regionale Wertschöpfungsketten ergänzen. Da eine wesentliche Schwachstelle der ostdeutschen Wirtschaft im niedrigen Besatz mit Großunternehmen liegt, müsste es auch stärker als bisher gelingen, größere Unternehmen für eine Ansiedlung in Ostdeutschland zu gewinnen. Dies könnte durch eine Konzentration strukturpolitischer Aktivitäten auf so genannte „regionale Leitunternehmen" unterstützt werden, die aufgrund ihrer Größe und Exportorientierung die Entwicklung einer Region maßgeblich beeinflussen. Ihre Ansiedlung wäre vor allem in den Ober- und Mittelzentren oder in deren unmittelbarem Umland anzustreben, um deren regionale Wachstumsfunktion zu stärken und Agglomerationseffekte zu erzielen.

### Stärkung westdeutscher Wachstumsregionen

Die Stärkung ostdeutscher Wachstumskerne darf jedoch – z.B. durch eine pauschale Umlenkung der Mittel für Forschung und Entwicklung – nicht zu Lasten westdeutscher Wachstumsregionen gehen. Hierzu zählen neben den bekannten Metropolregionen auch weniger hoch verdichtete oder sogar einzelne ländliche Regionen (z.B. Ingolstadt, Vechta) mit überdurchschnittlichen Entwicklungsperspektiven. Auch in diesen Regionen sind bestehende Entwicklungsengpässe z.B. über den Ausbau der Verkehrsinfrastruktur oder die Stärkung von Forschung und Entwicklung gezielt zu beseitigen und dem Wachstumsanliegen eine stärkere Bedeutung als bisher beizumessen. Denn nur so können die gesamtwirtschaftlichen Wachstumskräfte in Deutschland insgesamt gestärkt und die finanzielle Basis der unter gesellschaftspolitischen Gesichtspunkten notwendigen Transfers zwischen strukturstarken und –schwachen Regionen gesichert werden.

### Gezielte Förderung strukturschwacher und ländlich-peripherer Regionen

Auch bei einer auf Wachstum ausgerichteten Raumentwicklungspolitik sind die strukturschwachen und ländlich-peripheren Regionen weiterhin entsprechend ihrer Stärken und Schwächen zu fördern. Dies gilt für west- und ostdeutsche Regionen gleichermaßen. Hierfür kommt ein Bündel verschiedener Maßnahmen in Frage: So sollten die Möglichkeiten verbessert werden, dass diese Regionen stärker als bisher von den Ausstrahlungseffekten der Zentren

**Beschäftigung schaffende Infrastrukturförderung**

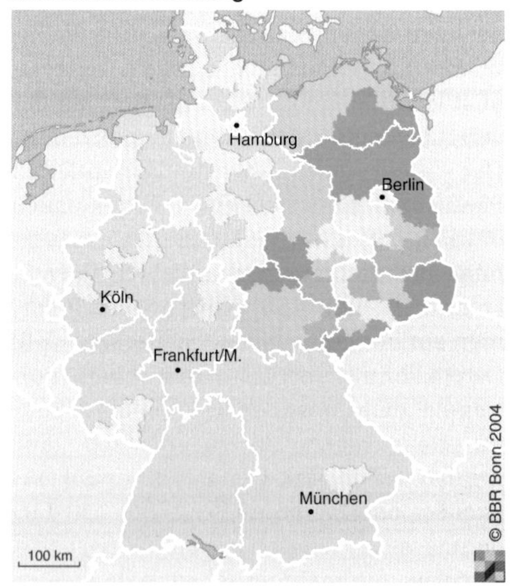


**Teilnehmerzahlen bei Beschäftigung schaffenden Infrastrukturmaßnahmen je 100 000 Einwohner Januar 2002 bis Dezember 2003**

Anmerkung:
Teilnehmerzahlen als Monatsmittel über den Zeitraum von 24 Monaten
Kreise, Stand 31. 12. 2000
Quelle: Institut für Arbeitsmarkt und Berufsforschung (IAB), Nürnberg

**Arbeitsbeschaffungsmaßnahmen**

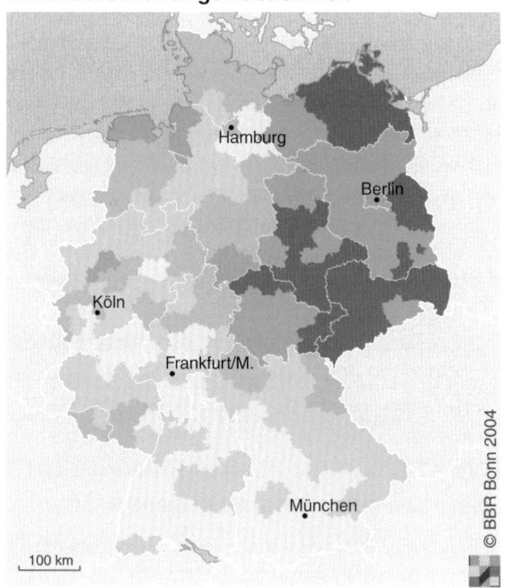


**Strukturanpassungsmaßnahmen**

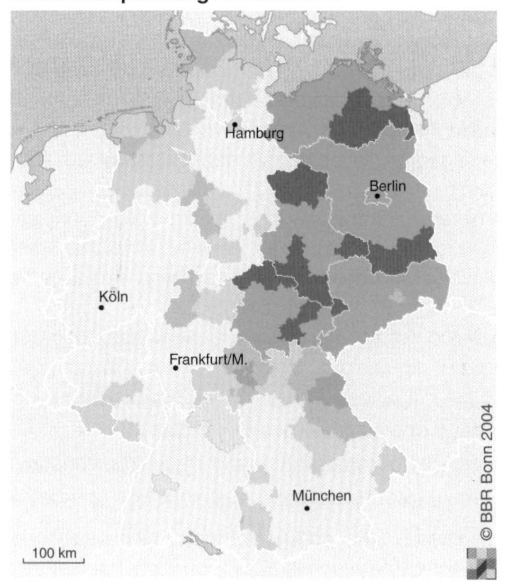


**Teilnehmerzahlen je 10 000 Einwohner Juli 2001 bis Dezember 2003**

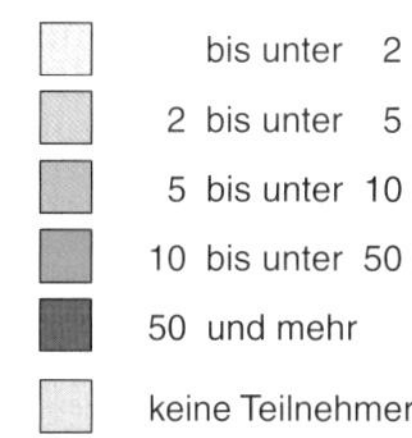


Kreise, Stand 31. 12. 2000
Quelle: Institut für Arbeitsmarkt und Berufsforschung (IAB), Nürnberg

Anmerkung:
Teilnehmerzahlen als Monatsmittel über den Zeitraum von 30 Monaten

profitieren. Je nach geographischer Lage und regionalen Gegebenheiten kann dies einen weiteren Ausbau regionaler Verkehrsinfrastruktur erfordern. Ein weiterer wichtiger Ansatz ist in der Förderung und Unterstützung kleiner und mittlerer Unternehmen zu sehen. Dabei wäre an den regionalen Besonderheiten anzuknüpfen, was bspw. die Ausschöpfung touristischer Potenziale oder eine mögliche Biomassennutzung sein kann. Auch könnte über eine Neuausrichtung der Gemeinschaftsaufgabe „Verbesserung der Agrarstruktur und des Küstenschutzes" (GAK) versucht werden, die Förderung ländlicher Räume neu zu organisieren.

Schließlich ist zur Abmilderung regional hoher Arbeitslosigkeit weiterhin der konzentrierte Einsatz arbeitsmarktpolitischer Maßnahmen und deren Einbindung in regionale Entwicklungsstrategien notwendig. Neben Fort- und Weiterbildungsmaßnahmen zählen hierzu vor allem Arbeitsbeschaffungsmaßnahmen (ABM) und Strukturanpassungsmaßnahmen (SAM). Mit dem Job-AQTIV-Gesetz ist die aktive Arbeitsmarktpolitik künftig noch stärker mit regionalen Strategien zu verzahnen. Im Jahre 2002 wurde hierzu u.a. das neue Instrument Beschäftigung schaffende Infrastruktur (BSI) eingeführt. Gerade unter raumentwicklungspolitischen Aspekten besitzt es mit Blick auf die Handlungsfelder „Infrastruktur und Städtebau" eine besondere Relevanz. Das Spektrum der Maßnahmen deckt nahezu die gesamte Palette kommunaler Infrastruktureinrichtungen bis hin zur Aktivierung von Brachflächen sowie der sozialen Infrastruktur und Stadtteilsanierung ab. Es wird – ebenso wie Strukturanpassungsmaßnahmen – vor allem in den neuen Ländern eingesetzt. In den alten Ländern hat dieses Instrument bisher nur eine geringe Verbreitung erfahren; nennenswert sind einzelne Regionen aus Nordrhein-Westfalen und Schleswig-Holstein.

Literaturhinweise

Paul Klemmer (2001): Steht das Ruhrgebiet vor einer demografischen Herausforderung? RWI-Schriften und Materialien zur Regionalforschung, Heft 7. – Essen

Innovative Kompetenzfelder, Produktionsnetzwerke und Branchenschwerpunkte der ostdeutschen Wirtschaft, Institut für Wirtschaftsforschung Halle (IWH), Gutachten im Auftrag des BBR, Bonn Juni 2004

Zweiter Fortschrittsbericht wirtschaftswissenschaftlicher Institute über die wirtschaftliche Entwicklung in Ostdeutschland, (IWH-Sonderheft 7/2003)

Berufsbildungsbericht 2004; Drucksache 15/3299

**INFO: Beschäftigung schaffende Infrastruktur (BSI)**

Gegenüber Arbeitsbeschaffungs- (ABM) und Strukturanpassungsmaßnahmen (SAM), die seit Januar 2004 in die „neuen ABM" integriert worden sind, wies BSI von Anbeginn an eine andere Zielarchitektur auf, da die Förderung der regionalen Infrastruktur im Mittelpunkt stand. Außerdem wurde bei BSI der Vergabefall zur ausschließlichen Umsetzungsvariante erklärt. Auch die kürzlich vorgenommen Änderungen in den Förderbedingungen ließen den Vergabecharakter von BSI unangetastet. Gegenwärtig können öffentlich-rechtliche Körperschaften bis zum 31. Dezember 2007 durch einen angemessenen Zuschuss zu den Kosten von Arbeiten zur Verbesserung der Infrastruktur und zur Verbesserung der Umwelt gefördert werden. Voraussetzung für die Förderung ist, dass ein Wirtschaftsunternehmen im Rahmen eines Vergabeverfahrens mit der Durchführung der Arbeiten beauftragt wird. Das Wirtschaftsunternehmen muss sich verpflichten, für eine festgelegte Zeit eine bestimmte Zahl von Arbeitslosen für die geförderten Arbeiten einzustellen. Diese werden von der Agentur für Arbeit zugewiesen und dürfen nicht 35 % der voraussichtlich beschäftigten Arbeitnehmer übersteigen. Über die Höhe des Zuschusses entscheiden die Agenturen für Arbeit auf der Grundlage der Planungsunterlagen. Die Zuschusshöhe soll je

- nach Besonderheit des Einzelfalls,
- der Eigeninteressen und der Haushaltssituation des Trägers
- sowie der regionalen Arbeitsmarktlage und der strukturpolitischen Bedeutung des Vorhabens

zwischen Träger und Agentur für Arbeit ausgehandelt werden. Die Fördermittel müssen durch die öffentlich-rechtliche Körperschaft zusätzlich zu den sonst eingesetzten Mitteln verwendet werden.

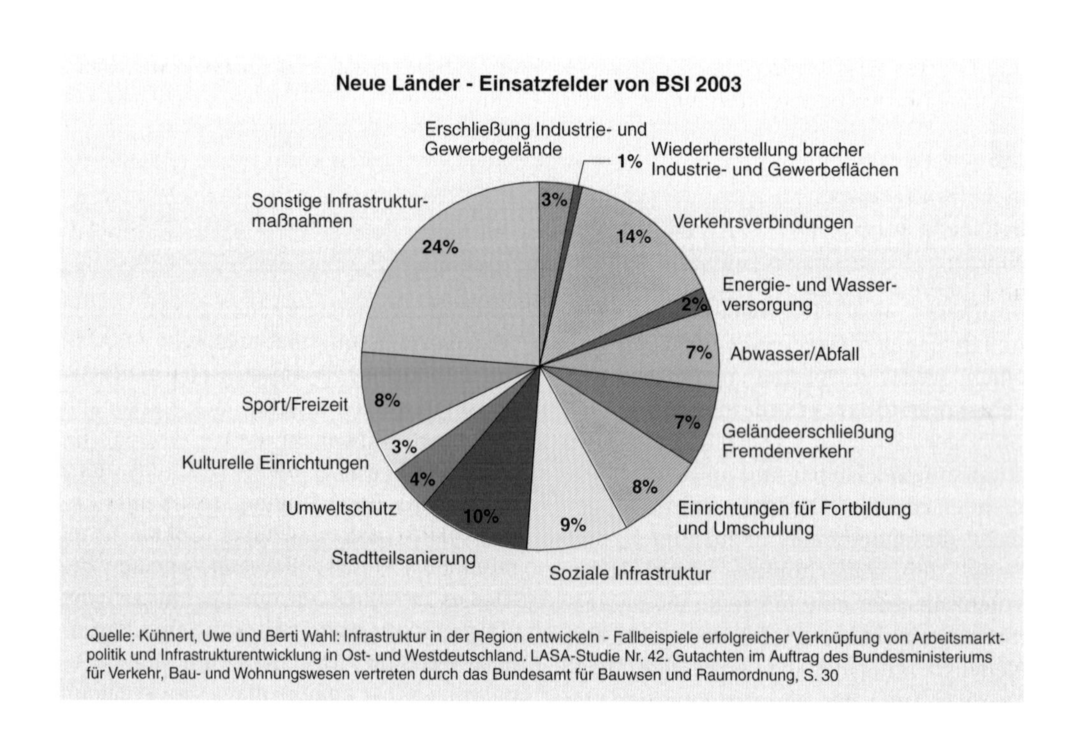


Quelle: Kühnert, Uwe und Berti Wahl: Infrastruktur in der Region entwickeln - Fallbeispiele erfolgreicher Verknüpfung von Arbeitsmarktpolitik und Infrastrukturentwicklung in Ost- und Westdeutschland. LASA-Studie Nr. 42. Gutachten im Auftrag des Bundesministeriums für Verkehr, Bau- und Wohnungswesen vertreten durch das Bundesamt für Bauwesen und Raumordnung, S. 30

# 5.3 Landschaftsentwicklung und Freiraumschutz

Einer sehr weiten Begriffsbestimmung folgend, werden zum Freiraum alle natürlichen und naturnahen Räume gezählt, die innerhalb oder außerhalb des besiedelten Bereichs verortet sind. Innerorts gelegene Grünflächen, Parks und Schrebergärten gehören somit ebenso zum Freiraum, wie landwirtschaftliche Nutzflächen, Wälder, Moore, Flüsse und Seen. Freiraum ist nicht nur Wildnis und vom Menschen unberührte Natur. Auch Kulturlandschaften, die erst durch menschliche Nutzung entstanden sind, werden zum Freiraum gezählt. Dies gilt gleichermaßen für die naturnahen Kulturlandschaften, wie sie vorrangig in ländlich geprägten, dünn besiedelten Räumen anzutreffen sind, wie für die Verdichtungsräume als flächenhaft verstädterte Landschaften. Selbst in den menschlich überformten Verdichtungsräumen nehmen noch immer unbebaute Freiraumbestände den Hauptteil dieser Gebiete ein. All diese unterschiedlichen Freiräume weisen als gemeinsames Merkmal die nicht vorhandene Bebauung auf. Sie sind „frei" von baulicher Nutzung. Außerhalb bebauter Siedlungs- und Verkehrsflächen gelegene Freiräume werden in den Naturschutzgesetzen der Länder daher auch als „freie" bzw. „offene Landschaft" bezeichnet. Die Entwicklung des *Freiraumes der offenen Landschaft* soll hier im Vordergrund der Betrachtung stehen.

Der Freiraum der offenen Landschaft erfüllt für den Menschen wie für den Naturhaushalt zahlreiche Funktionen:

- Natürliche Funktionen als Lebensgrundlage und Lebensraum für Menschen, Tiere und Pflanzen, als Ausgleichsmedium für stoffliche Einwirkungen und zum Schutz des Grundwassers und des Klimas
- Nutzungsfunktionen als Rohstofflagerfläche, Standort für land- und forstwirtschaftliche Nutzung, Raum für Erholung und Freizeit des Menschen, Standort für den Hochwasserschutz
- Funktionen als Archiv der Natur- und Kulturgeschichte

Rechtsverbindliche Festlegungen in Raumordnungsplänen und naturschutzrechtliche Regelungen zielen auf den Schutz dieser unterschiedlichen Freiraumfunktionen ab. So versuchen die Freiraumsicherungskonzepte der Regionalplanung mit ihren Ausweisungen zu den unterschiedlichen Freiraumfunktionsbereichen (Natur und Landschaft, Rohstoffsicherung, Land- und Forstwirtschaft, Erholung, Klima-, Grund- und Hochwasserschutz) nicht nur die einzelnen Freiraumfunktionen untereinander zu koordinieren, sondern auch den Freiraum vor baulicher Inanspruchnahme zu schützen (siehe Kapitel 8: „Raumordnung der Länder"). Durch Überbauung werden die Fähigkeiten zur Erfüllung vor allem seiner natürlichen Funktionen weitgehend außer Kraft gesetzt und seine Archivfunktionen vernichtet. Obwohl das Raumordnungsgesetz und das Baugesetzbuch des Bundes wie die Landesplanungsgesetze und Landesentwicklungspläne der Länder der städtebaulichen Innenentwicklung eindeutig den Vorrang gegenüber der baulichen Entwicklung im Außenbereich zuweisen, findet der Schwerpunkt der Neubautätigkeit noch immer im Freiraum der offenen Landschaft statt. Seit Jahrzehnten wächst die Siedlungs- und Verkehrsfläche in Deutschland auf Kosten des Freiraumbestandes der offenen Landschaft (siehe Kapitel 3.3: „Siedlungsentwicklung").

Die Überbauung von Freiräumen verursacht negative direkte, indirekte und kumulative Folgeerscheinungen:

- Direkte Wirkungen einer Überbauung sind in der Regel auf das betroffene Grundstück beschränkt (z.B. Bodenversiegelung oder der Eintrag von Schadstoffen);
- indirekte Wirkungen reichen über die überbaute Fläche des betroffenen Freiraumes hinaus (z.B. Lärmausbreitung oder Trennwirkungen) und
- kumulative Wirkungen resultieren aus der zeitlich und räumlichen Summation baulicher Einzelvorhaben (z.B. Landschaftsfragmentierung, Grundwasserabsenkungen, Freiraumversorgungsdefizite).

Der Umfang baulicher Freirauminanspruchnahme und das Ausmaß seiner negativen Wirkungen verteilt sich in Deutschland allerdings nicht gleichmäßig. Der *Freiraumbestand* schrumpft nicht an jedem Ort mit gleicher Geschwindigkeit. Vielmehr reduziert sich der Freiraum dort schneller, wo er bereits knapp ist. Am Rande der Kernstädte, im engeren suburbanen Raum, ist der Rückgang des Freiraumes besonders empfindlich zu spüren. Hier konzentrieren sich nicht nur die direkten Wirkungen baulicher Freirauminanspruchnahme, in diesen Räumen erreichen auch ihre indirekten und kumulativen Effekte gravierende Ausprägungen. Dadurch verschlechtert sich die Versorgung mit Freiräumen gerade für jenen Anteil der Bevölkerung, der schon heute unter einer unzureichenden Versorgungslage zu leiden hat und sich die verbliebene offene Landschaft mit vielen anderen teilen muss.

**Freiflächenverknappung**

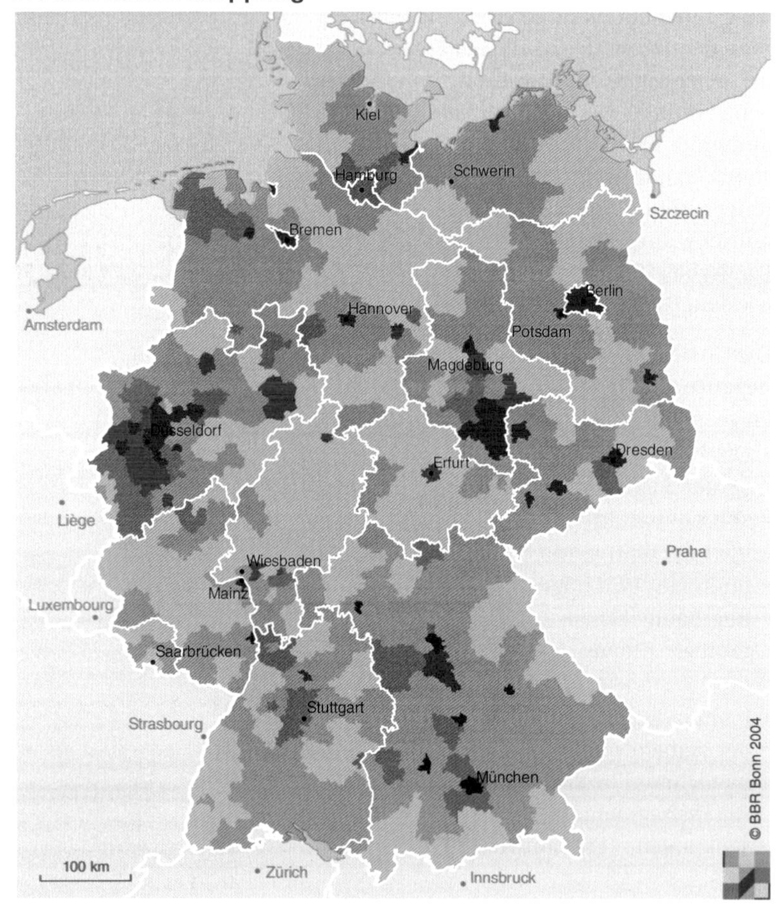


**Abnahme der Freifläche 1996 bis 2000 in %**

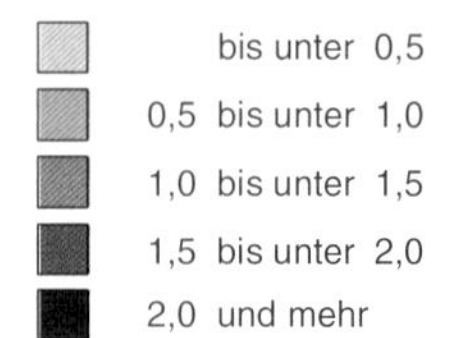


Anmerkung: Daten teilweise umgeschätzt
Kreisregionen, Stand 31. 12. 2000
Quelle: Laufende Raumbeobachtung des BBR
Datengrundlage: Flächenerhebung nach Art der tatsächlichen Nutzung des Bundes und der Länder

## Problemräume der regionalen Freiraumversorgung

### Schrumpfung des Freiraumbestandes

Durch fortschreitende Suburbanisierung und die damit einhergehende Bildung von Zwischenstädten haben sich flächenhaft bebaute Stadtregionen entwickelt, die weit über das eigentliche Gebiet der Kernstädte hinausgreifen und sich tief in deren Umland erstrecken. Der Freiraum ist hier nicht mehr umfassender Grund, sondern nur noch durch Siedlungen und Verkehrskorridore gefasste Figur. Die verbliebenen Freiräume sind häufig Restflächen, durch Straßen- und Bahntrassen zerschnitten und durch Immissionen des Verkehrs, vor allem Lärm, stark belastet. Große zusammenhängende, maximal von kleinen Siedlungsinseln perforierte Freiraumbestände der offenen Landschaft finden sich heute allenfalls in dünn besiedelten Regionen. Das Angebot an großflächigen und störungsarmen Freiräumen ist somit umso besser, je weiter die Freiräume vom Rand der Kernstädte entfernt liegen.

**Freiraumbestand schrumpft im engeren Umland der Städte am stärksten**

Obwohl die engeren suburbanen Räume in den vergangenen Jahren nicht mehr die höchsten relativen Zuwachsraten der Siedlungs- und Verkehrsfläche verzeichnen, schrumpft hier der Freiraumbestand im Vergleich zu den anderen Teilräumen in Deutschland am augenscheinlichsten. Die peripheren Räume weisen prozentual wie einwohnerbezogen mittlerweile die höchsten Zuwachsraten der Siedlungs- und Verkehrsfläche auf. Trotzdem bewegt sich hier die Schrumpfung des Freiraumbestandes noch lange nicht auf dem Niveau der Stadtregionen, weil ihr Ausgangsniveau der Verstädterung vergleichsweise niedrig ist. Auch wenn der Freiraumschwund in den suburbanen Räumen im bundesweiten Vergleich nicht mehr am schnellsten voranschreitet, ist hier die Freiraumabnahme, nicht nur wegen des bereits erreichten hohen Anteils der Siedlungs- und Verkehrsfläche an der Gesamtfläche, besonders deutlich wahrzunehmen. Absolut gesehen, liegen die Zuwächse der Siedlungs- und Verkehrsflächen in den engeren suburbanen Räumen der Kernstädte im bundesweiten Vergleich immer noch an der Spitze. Deshalb reduziert sich der Bestand landwirtschaftlicher Nutzfläche, zu dessen Lasten sich ja im Wesentlichen Siedlungs- und Verkehrsflächen ausdehnen, im direkten Umfeld der Kernstädte auch erheblich dramatischer, als in den dünner besiedelten, peripher zu den städtischen Großzentren gelegenen Räumen. Bisher hat sich der Siedlungsdruck auf den Freiraum in den engeren suburbanen Räumen weder durch die Verlangsamung des Siedlungsflächenwachstums, noch durch das Vorrücken der Verstädterung in die dünn besiedelten, ländlich geprägten Gebiete entspannt. In den ländlichen, dünn besiedelten Räume ist, trotz ihrer hohen relativen Schrumpfungsrate des Freiraumbestandes und dem intensiven Zuwachs der Siedlungs- und Verkehrsfläche pro Einwohner, die Versorgungssituation der Bevölkerung mit Freiräumen noch nicht problematisch, da zumindest in quantitativer Hinsicht ein ausreichendes Freiraumangebot vorhanden ist. Sollte sich der Schrumpfungstrend des Freiraumes hier allerdings auf dem in den 1990er Jahren erreichten Niveau in der Zukunft fortsetzen, werden großflächige und störungsarme Freiräume auch in diesen Gebieten langfristig zu einem knappen Gut.

## Abnahme der Landwirtschaftsfläche

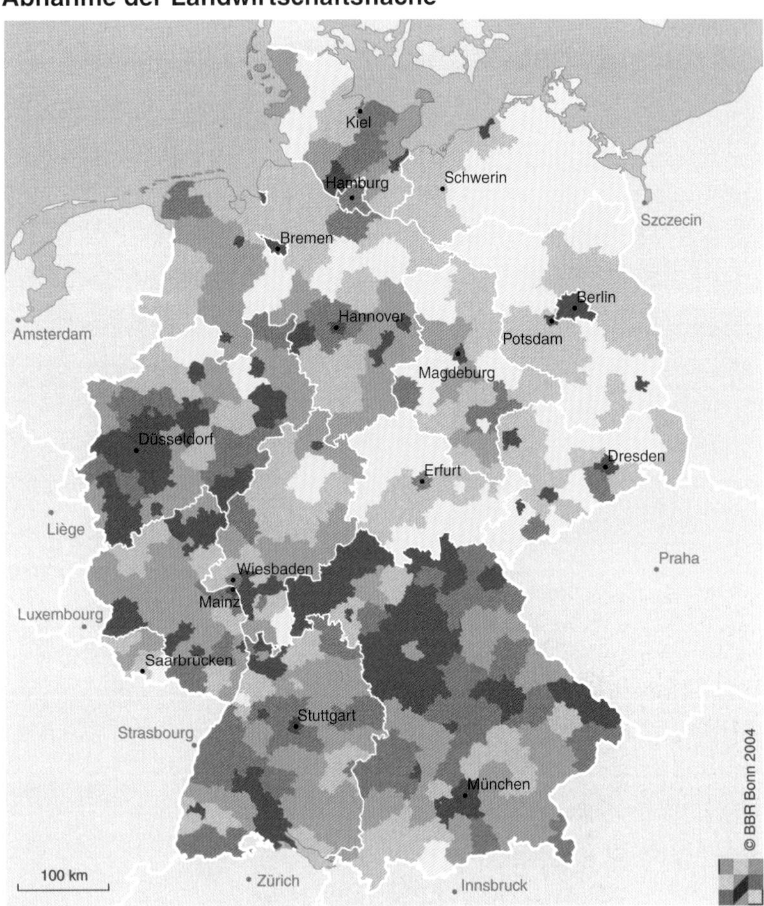


**Abnahme der Landwirtschaftsfläche 1996 bis 2000 in %**

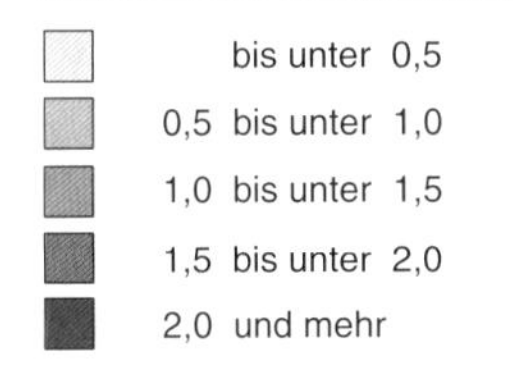


Anmerkung: Daten teilweise umgeschätzt
Kreisregionen, Stand 31. 12. 2000
Quelle: Laufende Raumbeobachtung des BBR
Datengrundlage: Flächenerhebung nach Art der tatsächlichen Nutzung des Bundes und der Länder

### Freiraumfragmentierung und Landschaftszerschneidung

Die Problematik fortschreitenden Freiraumschwunds lässt sich nicht allein durch eine rein quantitative Sicht der Freiraumentwicklung erfassen. Es sind auch strukturelle Effekte zu berücksichtigen, die zu Qualitätseinbußen des Freiraumbestandes führen. Zu nennen sind in diesem Zusammenhang die fortschreitende *Fragmentierung* und *Zerschneidung* des Freiraumbestandes. Die Freiraumfragmentierung durch die Erhöhung der Netzdichte linienhafter Infrastrukturen verringert kontinuierlich den Anteil großer zusammenhängender, potenziell wenig gestörter Freiräume. In Deutschland nehmen potenziell störungsarme Freiräume innerhalb der Agglomerationsräume nur noch einen Anteil von 37 % ein.

Die voranschreitende Verringerung und Fragmentierung großflächiger Freiräume führt nicht nur zu erheblichen ökologischen Beeinträchtigungen, sondern ist auch mit Einbußen der Erholungsfunktionen der

**INFO: Methodik zur Erfassung der Freiraumbelastung**

Herkömmliche Ansätze zur Messung der Landschaftszerschneidung durch Trassen von Verkehrsinfrastrukturen weisen den Nachteil auf, dass deren Verkehrsfrequenz und der Ausbaustandard bei der Ermittlung des Bestandes unzerschnittener, störungsarmer Freiräume nicht berücksichtigt werden. Als Alternative bietet sich der Ansatz der „Lineament-Wirkzonen-Analyse" an, der auch hier zum Einsatz kam (Siedentop et al 2003, S. 164). Das von einzelnen Straßen- und Schienentrassen sowie Siedlungsflächen ausgehende Störungspotenzial wird bei diesem Ansatz durch parallele Zonen entlang der Ränder von Siedlungsflächen und der Infrastruktur abgebildet. Je nach der Intensität des Störpotenzials einer Trasse oder einer Siedlungsfläche weisen diese Zonen unterschiedliche Einwirkungstiefen auf. So ist eine Autobahn rechts und links von einer Wirkzone von 500 m umgeben, während Siedlungsflächen mit einer Größe unter 100 ha von Wirkzonen von 200 m umgeben sind. Die offene Landschaft, die innerhalb der Wirkzonen von Straßen, Bahnlinien und Siedlungsflächen liegt, gilt als potenziell belasteter Freiraum. Alle verbleibenden Freiraumflächen, die außerhalb dieser Wirkzonen liegen und die größer als 10 km² sind, werden hingegen als potenziell störungsarmer Freiraum angesehen.

**Potenziell störungsarme Freiräume**

Freiraum außerhalb der Wirkungszonen von Ortslagen und Verkehrswegen nach Flächengröße in km²

- 100 und mehr
- 10 bis unter 100

**Potenziell belastete Freiräume**

- Freiraum innerhalb der Wirkungszonen von Ortslagen und Verkehrswegen oder mit einer Fläche < 10 km²

**Ortslagen**

- im Zusammenhang bebaute Siedlungsfläche

Freiflächen, Ortslagen, Stand 2000

Quellen:
Laufende Raumbeobachtung des BBR,
Erreichbarkeitsmodell des BBR
Datengrundlagen:
ATKIS: Basis-DLM, Straßennetz der digital data services gmbh, Schienennetz der Deutschen Bahn AG

Anmerkung:
*Wirkungszonen* bezeichnen die zu den Ortslagen und Verkehrswegen benachbarten Freiflächen. Ihre Ausdehnung definiert sich nach der Flächengröße der Ortslagen bzw. nach der Art der Verkehrswege.

Landschaft verbunden ist. So gilt die Zerschneidung von Lebensräumen als eine der Hauptursachen des Artensterbens. Die durch Infrastrukturnetze und Siedlungsräume verursachte Kammerung des Freiraumes bewirkt langfristig eine genetische Verinselung vieler Tier- und Pflanzenpopulationen. Zusätzlich wird die Trennwirkung von Straßen für Tiere und Menschen noch durch Erhöhungen der Verkehrsstärke intensiviert. Mit zunehmender Fahrzeugdichte steigt nicht nur die Lärm- und Immissionsbelastung der Nachbarflächen, auch Querungsschwierigkeiten für Tiere werden gravierender.

## In Agglomerationsräumen nur noch 37 % störungsarme Freiräume

Für den Menschen führt der Rückgang großer, unzerschnittener Freiräume und die voranschreitende Verlärmung der Landschaft zum Verlust aktiv nutzbarer Freizeit- und Erholungsräume. Erholungsformen, die besonderen Wert auf Stille und ruhiges Naturerleben legen, sind bereits bei Lärmbelastungen von 40 dB(A) nur eingeschränkt möglich, und für sensible Tierarten konnten Beeinträchtigungen durch Straßenlärm bereits bei Dauergeräuschen unter 30 dB(A) nachgewiesen werden.

Neben der Entwicklung der Netzdichte der Verkehrsinfrastrukturen haben auch der Umfang und die Verteilung der Siedlungsflächen einen wesentlichen Einfluss auf den Bestand großer, unzerschnittener Freiräume. Es ist ein ausgesprochenes Kern-Rand-Ge-

**Potenziell störungsarme Freiflächen**

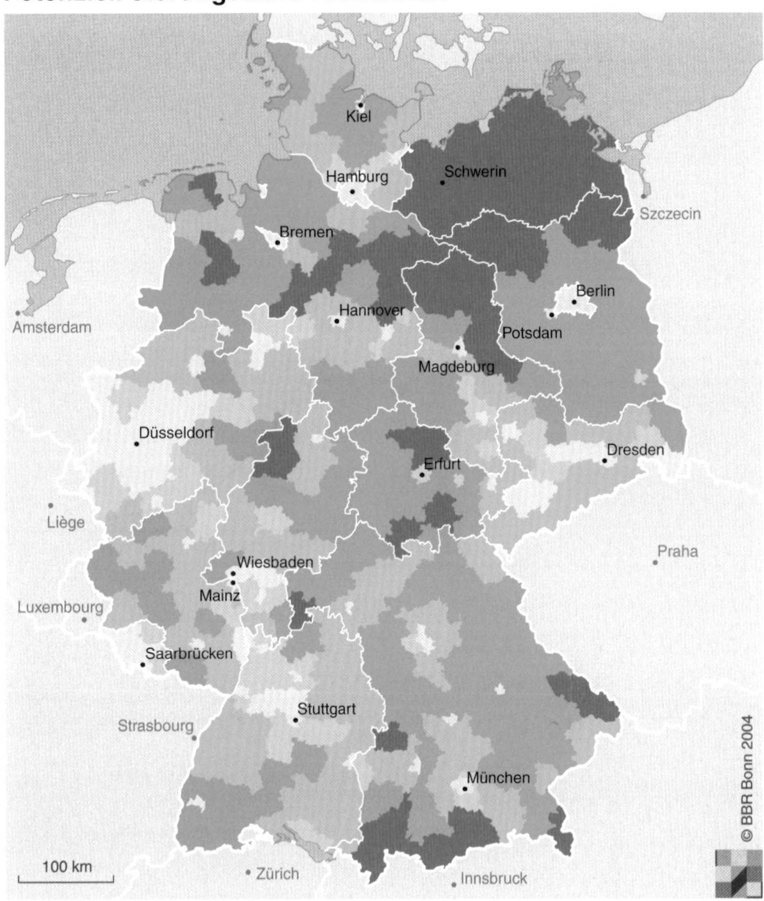


**Anteil potenziell störungsarmer Freiflächen an der Kreisregionsfläche in %**

- bis unter 25
- 25 bis unter 40
- 40 bis unter 55
- 55 bis unter 70
- 70 und mehr

Anmerkung:
Potenziell störungsarme Freiflächen sind Freiflächen mit einer Fläche größer 10 km² außerhalb der Wirkungszonen von Ortslagen und Verkehrswegen.

Kreisregionen, Stand 31. 12. 2000
Quellen: Laufende Raumbeobachtung des BBR, Erreichbarkeitsmodell des BBR
Datengrundlagen: ATKIS: Basis-DLM, Straßennetz der digital data services gmbh, Schienennetz der Deutschen Bahn AG

**Anteil der Freiraumtypen an den Raumtypen**

| Raumtyp | Anteil Raumtyp an der Gesamtfläche in % | Anteil der Freiflächen in % | | |
|---|---|---|---|---|
| | | potenziell belastet | störungsarme Flächen > 10 km² | störungsarme Flächen > 100 km² |
| Innerer Zentralraum | 4,6 | 49,0 | 3,1 | 0,0 |
| Äußerer Zentralraum | 7,0 | 59,8 | 23,1 | 0,2 |
| Zwischenraum mit Verdichtungsansätzen | 14,5 | 52,7 | 34,1 | 0,8 |
| Zwischenraum geringer Dichte | 16,0 | 35,7 | 55,2 | 3,3 |
| Peripherraum mit Verdichtungsansätzen | 24,9 | 39,5 | 49,7 | 2,7 |
| Peripherraum sehr geringer Dichte | 33,0 | 22,0 | 60,5 | 13,9 |
| **insgesamt** | 100,0 | 36,1 | 48,9 | 6,4 |

Quellen: Laufende Raumbeobachtung des BBR, Erreichbarkeitsmodell des BBR
Datengrundlagen: ATKIS: Basis-DLM, Straßennetz der digital data services gmbh, Schienennetz der Deutschen Bahn AG

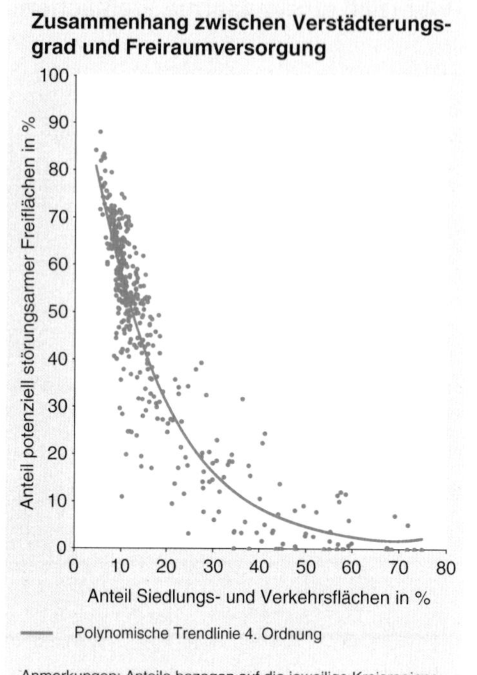


Anmerkungen: Anteile bezogen auf die jeweilige Kreisregionsfläche, Stand 31. 12. 2000
Potenziell störungsarme Freiflächen sind Freifläche mit einer Fläche größer 10 km² außerhalb der Wirkungszonen von Ortslagen und Verkehrswegen.

Quellen: Laufende Raumbeobachtung des BBR, Erreichbarkeitsmodell des BBR
Datengrundlagen: ATKIS: Basis-DLM, Straßennetz der digital data services gmbh, Schienennetz der Deutschen Bahn AG
© BBR Bonn 2004

fälle vom Zentralraum zum Zwischenraum und den daran angrenzenden dünn besiedelten, peripheren Räumen festzustellen. In den Zentralräumen sind unzerschnittene, großflächige Freiraumbestände bereits ein sehr knappes Gut. Im inneren Zentralraum, wo die bebauten Ortslagen bereits ca. 50 % der Gesamtfläche einnehmen, entfallen ca. 49 % auf potenziell belastete Freiräume. Im äußeren Zentralraum werden ca. 60 % seiner Fläche von potenziell belasteten Freiraumbeständen eingenommen. Störungsarme, unzerschnittene Freiräume mit einer Größe von über 100 km² finden sich im Zentralraum überhaupt nicht mehr. Deren Vorkommen ist mittlerweile fast ausschließlich auf den Peripherraum sehr geringer Dichte beschränkt. Hier beträgt der Anteil großer, unzerschnittener Freiräume immerhin noch fast 14 %. Der Bestand der potenziell störungsarmen Freiräume, die größer als 10 km² sind, erreicht aber erst ab den Zwischenräumen mit geringer Dichte Anteile von 50 % an der Gesamtfläche der jeweiligen Raumkategorie. Selbst in den Zwischen- und Peripherräumen weist der potenziell belastete Freiraum immer noch hohe Werte auf. So entfällt auf den gestörten Freiraum im Peripherraum mit Verdichtungsansätzen ein Anteil von ca. 40 % und im Peripherraum geringer Dichte liegt sein Anteil noch bei ca. 22 % an der Gesamtfläche dieser Raumkategorie. Je niedrigerer das Ausgangsniveau des Siedlungs- und Verkehrsflächenanteils ist, desto gravierender wirkt sich eine Zunahme der Siedlungs- und Verkehrsfläche auf den Rückgang störungsarmer Freiflächen aus. So zieht die Erhöhung des Siedlungs- und Verkehrsflächenanteils eines bisher dünn besiedelten Raumes um ein Prozent eine überproportionale Abnahme des Anteils großer störungsarmer, unzerschnittener Freiräume nach sich.

**Größere störungsarme Freiräume fast nur noch im Peripherraum**

*Landschaftsstrukturelle Veränderungen* verlaufen in der Regel schleichend. Sie werden oft erst dann erkannt, wenn die kumulativen Wirkungen der Landschaftstransformation als gravierende Änderungen des Landschaftsbildes wahrzunehmen sind. Dies gilt vor allem für Veränderungen der Kleinstrukturen des Freiraumbestandes. Mit dem Begriff der Kleinstrukturen werden Landschaftselemente wie Hecken, Einzelbäume, Trockenmauern, Teiche, Feldraine und Holwege bezeichnet. Obwohl sie für sich gesehen nur wenig Platz beanspruchen, prägt die Ausstattung einer Landschaft mit Kleinstrukturen sehr wesentlich ihre Erholungsqualität und ihre Eignung als Lebensraum für Tiere und Pflanzen. Die Intensivierung in der Land- und Forstwirtschaft und die Flurbereinigung aber auch die fortschreitende Überbauung haben zu einem stetigen Schwund bestimmter Kleinstrukturen in der Landschaft geführt. Seit Jahrzehnten werden allerdings Maßnahmen des Naturschutzes und der Kulturlandschaftspflege gegen dieses Problem ergriffen. So konnte bei einigen landschaftlichen Kleinstrukturen der Rückgang gebremst werden (z. B. den Kleingewässern und den Hecken), während er bei anderen Landschaftselementen kontinuierlich weiter voranschreitet (z. B. den Obstbäumen).

## Schlussfolgerungen und Strategien für eine räumlich ausgeglichene Freiraumversorgung

Vor allem in den Zentralräumen und den Zwischenräumen mit Verdichtungsansätzen ist Freiraum mittlerweile ein knappes Gut und daher für seine Bewohner besonders wertvoll. Für sie ist Freiraum als Erholungslandschaft gefragt, als eine Komposition von Natur und Kultur, die sie als attraktives Wohnumfeld und durch Ausflüge, Wanderungen und durch sportliche Aktivitäten erleben möchten. Befragungen von Stadtbewohnern zu ihren Landschaftspräferenzen haben gezeigt, dass zwei Freiraumtypen allgemein bevorzugt werden:

- gepflegte Kulturlandschaften, die auch gartenähnlich gestaltet sein dürfen, übersichtlich angeordnet sind und dabei ihre Kultivierung durch den Menschen noch erkennen lassen und
- natürliche Landschaft (Wildnis), die sich selbst überlassen ist und wo der Mensch nicht regulierend eingreift.

### Regionale Freiraumpolitik an der Freiraumnachfrage ausrichten

Städtische Zentren, die sich ein attraktives Umland bewahren konnten, das den Landschaftspräferenzen unterschiedlicher Nutzergruppen nahe kommt, werden in bundesweiten Umfragen immer wieder als beliebte Wohnorte und als attraktive Firmensitze bestätigt. Leider ist ein störungsarmes Erlebnis von Kulturlandschaften, und erst recht von Wildnis, am Rande der meisten Städte in Deutschland immer seltener möglich. Es verwundert somit nicht, dass die weitere Verschlechterung der Freiraumversorgung von vielen Bürgern als gravierende Bedrohung ihrer Lebensqualität angesehen wird. Private Haushalte reagieren auf die Verschlechterung der Freiraumversorgung vielfach durch politischen Protest. Setzt sich die Verschlechterung ihrer nahräumlichen Umweltsituation weiter fort, reagiert ein Teil der Haushalte durch Wegzug. So sind besonders die Kernstädte von Umlandwanderungen betroffen, bei denen als zentrales Wanderungsmotiv auch der Wunsch nach Verbesserung der Freiraumversorgung genannt wird. Durch Verlegung des Wohnsitzes von der Stadt in den suburbanen Raum versuchen viele Haushalte ihrem Ideal des Wohnens im Grünen etwas näher zu kommen. Je mehr Menschen aber an den Rand der Städte ziehen, desto mehr gerät hier der verbliebene Freiraum unter Siedlungsdruck. Gerade für den suburbanen Raum wird die integrierte Gestaltung von Freiraum- und Siedlungsentwicklung so zu einer vordringlichen politischen Aufgabe.

### Innenentwicklung auch als Freiraumentwicklung verstehen

Innerhalb der Städte darf der Vorrang der städtebaulichen Innenentwicklung nicht auf Kosten des bestehenden Freiraumpotenzials durchgesetzt werden. In vielen Fällen bietet es sich an Brachflächen und bauliche Wiedernutzungsflächen in Freiräume zu verwandeln, um wichtige Grünverbindungen in den Städten zu schließen, den städtischen Waldanteil zu erhöhen oder um dicht bebaute Quartiere, die unter einer schlechten Freiflächenversorgung zu leiden haben, für die Bewohner attraktiver zu gestalten. Gleichfalls sollten Stadtumbaukonzeptionen neben ihren Abrissplänen mehr Augenmerk dem aktiven Ausbau der Freiflächenbestände widmen. Die Verbesserung der innerstädtischen Freiraumversorgung hat sich in vielen Fällen als wichtiger Faktor für die soziale Stabilisierung der Quartiere erwiesen. Nicht von ungefähr korreliert der Wert einer Immobilie signifikant mit der nahräumlichen Freiraumqualität.

### Baulandpolitik ohne Freiraumverbrauch fördern

Die Strategie vieler Großstädte, benötigte Flächen für den Bau von Einfamilienhäusern auf bisher nicht bebauten Freiräumen vorzusehen, kann sich langfristig für eine Stadt als kontraproduktiv erweisen. Obwohl attraktive Angebote für junge Familien und besser verdienende Haushalte geschaffen werden, die man zum Verbleib in der Stadt motivieren möchte, betrifft eine offensive kommunale Eigenheimförderung auf Freiflächen die Lebensbedingungen vieler Stadtbewohnern negativ. In der Bilanz erreichen Eigenheimprogramme der großen Städte so oftmals das Gegenteil von dem, wozu sie eigentlich durch die Kommunalpolitik eingerichtet wurden. Sie fördern den Wegzug aus den Städten.

**BEISPIEL: Regionalparks in Berlin-Brandenburg**

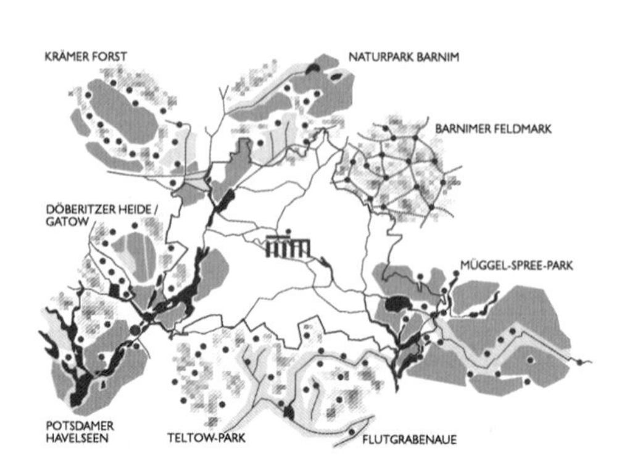


Quelle: Senatsverwaltung für Stadtentwicklung Berlin, Ministerium für Landwirtschaft, Umweltschutz und Raumordnung des Landes Brandenburg, Gemeinsame Landesplanungsabteilung Berlin-Brandenburg

Rund um Berlin sieht das Regionalpark-Konzept einen Ring aus Regionalparks mit über 2 000 km² Fläche vor, die zugleich Berliner Randgebiete mit einbeziehen. Die acht Regionalparks sind durch S- bzw. Regionalbahnanschluss schnell vom Berliner Stadtzentrum zu erreichen. Das Regionalpark-Konzept wurde als gemeinsame Zielsetzung der Länder Berlin und Brandenburg 1998 im Landesentwicklungsplan für den engeren Verflechtungsraum verankert. Seine Umsetzung basiert auf der Zusammenarbeit verschiedenster Beteiligter und betrifft die Länder Berlin und Brandenburg, die Landkreise, Ämter, Gemeinden und die Berliner Bezirke sowie private Akteure und gemeinnützige Vereine und Initiativen. Da mehr als 80 % der Brandenburger Regionalparkflächen unbesiedelt sind und land- oder forstwirtschaftlich genutzt werden, spielt die Landwirtschaft eine entscheidende Rolle bei der Umsetzung der Regionalpark-Konzeption.

### Traditionellen Freiraumschutz durch Regionalparks ergänzen

Ergänzend zu den traditionellen Ansätzen des Naturschutzes und der Raumordnungsplanung, die mittels ihrer rechtsverbindlichen Instrumente einen bestimmten Bestand von Freiräumen vor zukünftiger baulicher Inanspruchnahme schützen, versuchen Regionalparks vorrangig durch umsetzungsorientierte Maßnahmen den Freiraumbestand auszuweiten und qualitativ weiter zu entwickeln. Sie sind daher nicht nur eine Domäne der Raumordnung, sondern werden vor allem durch Aktivitäten des Regionalmanagements, die oft einen ausgesprochenen Projektcharakter aufweisen, vorangetrieben. Als Kombination von klassischen raumordnungsrechtlichen Instrumenten, interkommunalen Kooperationslösungen und Public-Private-Partnerships basieren Regionalparks auf einem ausgesprochenen Instrumentenmix. Initiativen für Regionalparks finden sich vorrangig in den stark verstädterten Regionen. Das Rhein-Main-Gebiet, das Ruhrgebiet, die Stadtregionen Hannover, Hamburg, Berlin, Leipzig und Stuttgart und andere Räume versuchen mit ihren Regionalparkkonzepten nicht nur Aspekte des Naturschutzes und des Flächenschutzes zu berücksichtigen. Sie verstehen sich auch als entwicklungsorientierte Ansätze, die regionale Freiraumpotenziale in ästhetischer Hinsicht optimieren wollen und den Gebrauchswert des Freiraumbestandes für Freizeit und Erholung verbessern möchten. Gefördert wird eine multifunktionale Landschaft am Rande der Städte, die unterschiedliche Nutzergruppen ansprechen soll.

Literaturhinweis

Siedentop, S.; Kausch, S.; Einig, K.; Gössel, J. (2003): Siedlungsstrukturelle Veränderungen im Umland der Agglomerationen. In: Forschungen, Heft 114, S. 162–169. - Bonn

### Den Schutz großer, unzerschnittener, störungsarmer Freiräume verbessern

Der nicht-lineare Zusammenhang zwischen der Vergrößerung des Siedlungs- und Verkehrsflächenanteils und der Zunahme potenziell belasteter Freiräume sollte stärker im Freiraumschutz berücksichtigt werden. Durch die Erhöhung des Siedlungs- und Verkehrsflächenanteils eines gering verstädterten Raumes um einen Prozentpunkt wird eine gravierendere Verringerung des Anteils großer und unzerschnittener Freiräume bewirkt, als bei der gleichen Zunahme des Siedlungs- und Verkehrsflächenanteils eines bereits hoch verstädterten Gebietes. Der naturschutz- und raumordnungsrechtliche Freiraumschutz muss diesen nicht-linearen Sachverhalt bei seinen Abwägungsentscheidungen und der Festlegung des anzustrebenden Schutzniveaus berücksichtigen. Auflagen des Freiraumschutzes dürfen nicht erst dann greifen, wenn eine kritische Verstädterung einer Region erreicht ist. Freiraumschutz muss vielmehr vorsorgeorientiert betrieben werden. Es gilt jene Landschaftsräume vor Fragmentierung und Zerschneidung besonders zu schützen, die über ein günstiges Verhältnis von Siedlungs- und Freiraumfläche verfügen und wo noch größere Bestände unzerschnittener, störungsarmer Freiräume erhalten sind. Da in diesen Zielregionen aber keine kritischen Belastungen des Freiraumes erreicht werden, setzen sich hier die Widerstände gegenüber entwicklungshemmenden Auflagen des Freiraumschutzes noch immer einfacher durch als in Regionen, wo bereits die kritische Freiraumssituation für jeden erkenntlich ist. Eine konsequentere Berücksichtigung des Verschlechterungsverbots könnte in diesen Fällen ein höheres Vorsorgeniveau des rechtsverbindlichen Freiraumschutzes begründen. Die Legitimation eines erhöhten Schutzniveaus in bisher gering belasteten Gebieten mit hoher Freiraumqualität ließe sich auch durch Einführung von Mindeststandards für die Versorgung mit großen, unzerschnittenen und störungsarmen Freiräumen erreichen.

# 6 Räume mit besonderem Handlungsbedarf

Für die im vorigen Kapitel 5 dargestellten räumlichen Herausforderungen, die sich aufgrund der Tendenzen der Raumentwicklung wahrscheinlich ergeben werden, wurden die Regionen dargestellt, in denen sich Problemlagen häufen. Ihre räumliche Konkretisierung erfolgte dabei immer nur für das jeweilige Sachproblem. Raumordnerische Leitbilder und Handlungsstrategien sind jedoch nicht auf einzelne sachliche Probleme in Regionen ausgerichtet, sondern – im Sinne einer umfassenden, integrierten Raumplanung – auf die Summe der räumlichen Probleme in spezifischen Teilräumen. Dabei sind die Zusammenhänge und wechselseitigen Bezüge zwischen den Einzelproblemen und den Lösungsansätzen zu beachten.

In der Praxis der Raumordnung hat sich das Denken in problemübergreifenden *Raumtypen*, wie z.B. „Verdichtungsräume" und „Ländliche Räume", durchgesetzt, teilweise in weiteren Differenzierungen. Hintergrund ist die Erkenntnis, dass es Regionen gibt, in denen die räumlichen Problemlagen grundsätzlich ähnlich sind, sich aber von Regionen mit anderen Problemlagen grundsätzlich unterscheiden. So verwendet das räumliche Informationssystem der „Laufenden Raumbeobachtung" des BBR eine siedlungsstrukturelle Regionstypisierung in „Agglomerationsräume", „Verstädterte Räume" und „Ländliche Räume", um räumliche Disparitäten problemübergreifend, aber raumstrukturell differenziert darstellen zu können. Die Raumordnungspläne und Programme der Länder beziehen ihre Planaussagen, Ziele und Grundsätze der Raumentwicklung ebenfalls auf vergleichbare Raumtypen (siehe Kapitel 8: „Raumordnung der Länder"). Da sich z.T. die räumlichen Problemlagen geändert haben und auch die den Raumtypen zugrunde liegende Raumstruktur einem Wandel unterliegt, muss die raumstrukturelle Gliederung des Bundesgebietes in Teilräume von Zeit zu Zeit neu überdacht werden. Die diesem Bericht vorangestellte und bereits weitgehend für die raumdifferenzierenden Analysen verwendete neue „Grundtypik der Raumstruktur" (siehe Kapitel 2) stellt eine Aktualisierung in diesem Sinne dar. Sie verknüpft die Anforderungen einer neuen raumdifferenzierenden Raumordnungspolitik mit neuen Möglichkeiten einer geodatenbasierten Raumanalyse.

Auch die beginnende politische Diskussion über *Leitbilder und Handlungsstrategien der künftigen Raumentwicklung* braucht ebenfalls einen aktuellen, räumlich differenzierenden Hintergrund. Hierfür soll dieses Kapitel eine Grundlage bieten. Behandelt werden Räume, die sich in der aktuellen raumordnungspolitischen Diskussion befinden. Die zuvor behandelten einzelnen räumlichen Entwicklungstendenzen und Problemlagen werden in ihrer räumlichen Kumulation und ihrem Zusammenwirken dargestellt. Gleichzeitig werden aber auch die besonderen Entwicklungspotenziale dieser Räume herausgearbeitet, an denen regionale Entwicklungsstrategien ansetzen können. Der Handlungsbedarf zur Entwicklung der Räume wird jeweils kurz umrissen.

Die Räume werden anhand ihrer spezifischen Funktionen charakterisiert. Diese *Raumfunktionen* werden aus der klassischen Aufgabenteilung zwischen bestimmten Teilräumen aufgrund ihrer spezifischen Möglichkeiten und Potenziale abgeleitet. Die aktuelle raumwissenschaftliche Literatur wird dabei berücksichtigt. Zur räumlichen Konkretisierung werden die Funktionen anhand von messbaren Größen in ihrer räumlichen Verteilung dargestellt, teils standortscharf (z.B. Metropolfunktionen), teils flächenbezogen (z.B. Funktionen ländlicher Räume). Dies vermittelt eine Vorstellung darüber, wo sich bestimmte Raumfunktionen konzentrieren. Gleichzeitig wird aber auch deutlich, dass eine, an administrativen Grenzen orientierte, scharfe Abgrenzung dieser Räume nicht möglich ist. Auf eine solche *Raumabgrenzung* wird hier deshalb bewusst verzichtet. Zeigt sich doch, dass sowohl eine isolierte Abgrenzung , z. B. ländlicher Räume, als auch eine gegenseitige Abgrenzung, z. B. ländlicher Räume von Metropolräumen, nicht problemadäquat möglich ist. Vielmehr überschneiden und durchdringen sich diese Räume und sind funktional voneinander abhängig. Auch raumordnungspolitisch werden die Räume erst wirksam, wenn sich großräumige Verantwortungsgemeinschaften und Kooperationen bilden, die quer zu den raumfunktionalen Unterschieden liegen.

Folgende Räume werden unterschieden:

*Metropolräume* sind schon seit längerem als Motoren der gesellschaftlichen, wirtschaftlichen, sozialen und kulturellen Entwicklung in Deutschland und im internationalen Wettbewerb in der Diskussion. Hier wird versucht, die besonderen Funktionen von Metropolen im Raumgefüge zu bestimmen und regional differenziert darzustellen. Die räumliche Kumulation von Metropolfunktionen in bestimmten Regionen gibt Hinweise darauf, welche Regionen geeignet sind, im internationalen Standortwettbewerb zu konkurrieren. Gleichzeitig wird erkennbar, welche regionalen Kooperationen sich anbieten, um das metropolitane Wettbewerbspotenzial räumlich zu bündeln. Eine Abgrenzung von Metropolräumen kann jedoch nicht nach einheitlichen Kriterien hierarchisch erfolgen, sondern ist letztlich ein politischer Prozess der kooperationswilligen Gemeinden im räumlichen Einflussbereich einer Metropole.

*Suburbane Räume* sind das Ergebnis eines länger andauernden Suburbanisierungsprozesses in Stadtregionen, ausgelöst durch Stadt – Umlandwanderungen von privaten Haushalten und Betrieben. Der Prozess mit seinen Folgen für die Kernstädte und die Umlandregionen wird dargestellt. Im Umland läuft die Raumentwicklung deutlich am Zentrale – Orte – Konzept der Raumordnung vorbei, auch wenn in den letzten Jahren ein deutlicher Trendbruch feststellbar ist. Handlungsbedarf ergibt sich einerseits zur Förderung der Innenentwicklung der Kernstädte und andererseits zur Steuerung der Siedlungsentwicklung der Umlandgemeinden in Richtung einer flächensparenden dezentralen Konzentration.

*Ländliche Räume* sind zwar schon lange keine homogenen Räume mit einheitlichen Problemlagen mehr. Sie zeichnen sich vielmehr durch eine hohe Vielfalt in der Struktur und den räumlichen Funktionen aus. Sie werden deshalb auch hier nicht räumlich scharf abgegrenzt. Trotzdem sind sie nach wie vor in der raumordnungspolitischen Diskussion, weil Ländlichkeit, dünne Besiedlung, Entleerung und Strukturschwäche häufig zusammenfallen. Für diese Räume stellt sich – neben der Sicherung der öffentlichen Daseinsvorsorge – die Frage, welche Entwicklungsperspektiven sie zukünftig haben. Für die einzelnen Funktionen ländlicher Räume wird deshalb das räumliche Entwicklungspotenzial in seiner räumlichen Verteilung im Bundesgebiet dargestellt und der Handlungsbedarf aufgezeigt, der notwendig ist, dieses zu aktivieren.

# 6.1 Metropolräume

Große und bedeutende Städte, so genannte *Metropolen*, standen und stehen aufgrund ihrer herausgehobenen Stellung im Städtesystem schon immer im Blickfeld des öffentlichen Interesses. Als Orte, in denen sich das wirtschaftliche, politische und kulturelle Leben konzentriert, wächst ihnen nicht nur eine nationale, sondern auch internationale Bedeutung zu. Dass sich seit einiger Zeit nicht nur in Deutschland Politik, Wirtschaft und Medien wieder verstärkt mit Fragen zur Rolle und Bedeutung der Metropolen beschäftigen, hat wesentlich mit dem als „Globalisierung" bezeichneten weltweiten wirtschaftlichen und politischen Integrationsprozess zu tun. Mit der wachsenden Flexibilisierung von Produktionsprozessen und -kreisläufen auf der einen Seite und der Konzentration globaler Steuerungskompetenzen auf ein engmaschiges Standortnetzwerk auf der anderen Seite, gewinnt die Frage nach der Wettbewerbsfähigkeit der jeweiligen Metropolstandorte eines Landes ihre Brisanz.

Deutlich wird, dass aus der Erweiterung der Wahlmöglichkeiten bei künftigen Investitions- und Standortentscheidungen von Unternehmen eine erhöhte Kapitalmobilität resultiert, die den Standortwettbewerb zwischen nationalen und ausländischen Standorten anheizt. Dies gilt prinzipiell für alle Standorte bzw. Regionen eines Landes. Aufgrund der herausragenden Bedeutung der Metropolräume als zentrale Wirtschafträume eines Landes wird hier jedoch die Verschärfung des internationalen Standortwettbewerbs besonders frühzeitig und intensiv spürbar.

Vor diesem Hintergrund hat sich ein *ökonomisch-funktionales Verständnis der Metropolräume* durchgesetzt und die klassische Sichtweise verdrängt, die stärker auf Dimensionen wie politische Bedeutung und Bevölkerungsgröße ausgerichtet war. Funktion und Stellung im globalen Wirtschafts-und Standortnetzwerk sind heute die zentralen Untersuchungskriterien. In Deutschland haben Raumordnung und Regionalplanung, aber auch lokale und regionale Selbstverwaltung, Wirtschaftsförderungen, Unternehmen und Unternehmensverbände wie Industrie- und Handelskammern auf diesen Bedeutungswandel und -zuwachs reagiert und ein Bewusstsein dafür entwickelt, dass die Wettbewerbsposition der deutschen Metropolen international zu stärken und zu profilieren ist.

## Metropolfunktionen

Die wissenschaftliche Debatte darüber, welche Funktionen Metropolräume kennzeichnen, welche Indikatoren geeignet sind, diese Funktionen abzubilden und wie sich Relationen und Hierarchien innerhalb des globalen Standortsystems abbilden lassen, ist nicht abgeschlossen. Es liegen aber mittlerweile zahlreiche wissenschaftliche Arbeiten vor, die Indikatorenkonzepte zur Beschreibung, Typisierung und Hierarchisierung von Städtesystemen beinhalten. Trotz aller Unterschiede im Detail zeigt sich eine große Schnittmenge zwischen den Ansätzen. Diese Funktionen lassen sich zu drei Hauptfunktionsbereichen zusammenfassen:

### Entscheidungs- und Kontrollfunktion

In Metropolregionen konzentrieren sich politische und ökonomische Machtzentren, in ihnen werden Finanz- und Informationsströme kontrolliert.

In neueren Ansätzen wird der ökonomischen gegenüber der politischen Entscheidungs- und Kontrollfunktion größere Bedeutung zugeschrieben, als dies in früheren Ansätzen der Fall war. In Hauptverwaltungen von Firmen wird direkt die Entwicklung eines Unternehmens beeinflusst. Ministerien und Behörden wirken auf die Entwicklung eines Landes oder einer Region ein. In Metropolräumen wird aber auch indirekt Einfluss auf ökonomische und politische Entscheidungen ausgeübt. So wirken unternehmensnahe Dienstleister des sog. Advanced Producer Sektors heute spürbar auf Unternehmensentscheidungen ein. Zu diesen Unternehmen zählen bspw. Anwaltskanzleien, Werbeagenturen, Wirtschaftsprüfungsgesellschaften, Unternehmensberatungen, Ratingagenturen oder Marktforschungsinstitute. In Metropolräumen lokalisieren sich ferner Institutionen wie Banken, Börsen oder Versicherungsgesellschaften, die Finanztransaktionen kontrollieren bzw. wesentlich auf sie einwirken.

### Indikatoren für Metropolfunktionen

| Indikator | Quelle | Bezugsjahr | Gewicht |
|---|---|---|---|
| **Entscheidungs- und Kontrollfunktion** | | | |
| Teilfunktion: unternehmerische Entscheidungs- und Kontrollfunktion (TF 1) | | | |
| 1 Summe der Beschäftigten am Hauptsitz aus Top1 000 | Thomson Financial | 2000 | 0,5 |
| 2 Summe des Umsatzes am Hauptsitz aus Top1 000 | Thomson Financial | 2000 | 0,5 |
| Teilfunktion: unternehmensnahe Entscheidungs- und Kontrollfunktion (TF 2) | | | |
| 3 Niederlassungen höherwertiger, unternehmensnaher Dienstleister | eigene Erhebungen | 2002, 2003 | 1 |
| Teilfunktion: kapitalmarktorientierte Entscheidungs- und Kontrollfunktion (TF 3) | | | |
| 4 Anzahl der Hauptsitze der 20 größten deutschen Banken | Ranking Süddeutsche Zeitung | 2002 | 1 |
| Teilfunktion: politische Entscheidungs- und Kontrollfunktion (TF 4) | | | |
| 5 Regierungssitz | eigene Erhebung | 2004 | 0,3 |
| 6 Personal des Bundes | Statistisches Bundesamt | 2003 | 0,2 |
| 7 Hauptsitze von UN-Organisationen | UN | 2004 | 0,2 |
| 8 Hauptsitze von EU-Organisationen | EU | 2004 | 0,2 |
| 9 Vertretungen von UN-Organisationen | UN | 2004 | 0,05 |
| 10 Vertretungen von EU-Organisationen | EU | 2004 | 0,05 |
| **Innovations- und Wettbewerbsfunktion** | | | |
| Teilfunktion: Generierung technisch-wissenschaftlicher Innovationen (TF 5) | | | |
| 11 Universitäten: Studierende im WS 2002/2003 insgesamt | Statistisches Bundesamt | 2002/2003 | 0,2 |
| 12 Universitäten: Ausländische Studierende im WS 2002/2003 | Statistisches Bundesamt | 2002/2003 | 0,2 |
| 13 Universtitäten: Anzahl der Sonderforschungsbereiche | DfG | 2004 | 0,3 |
| 14 Anzahl der Stammsitze von Großforschungseinrichtungen | eigene Erhebung | 2004 | 0,3 |
| Teilfunktion: Generierung sozialer und kultureller Innovationen (TF 6) | | | |
| 15 Austragungsorte von Sommerolympiaden | IOC | - | 0,4 |
| 16 Besucher öffentlicher und privater Theater | Deutscher Bühnenverein | 2001/2002 | 0,4 |
| 17 Auftritte Rolling Stones und Bruce Springsteen | eigene Erhebung | 2002/03 | 0,2 |
| **Gateway-Funktion** | | | |
| Teilfunktion: Zugang zu Menschen (TF 7) | | | |
| 18 Frachtaufkommen int. Flughäfen | ACI | 1999 | 0,1 |
| 19 Passagieraufkommen int. Flughäfen | ACI | 1999 | 0,1 |
| 20 Anzahl int. Flugverbindungen | OAG | 2003 | 0,1 |
| 21 Güterumschlag an Seehäfen (in 1 000 Tonnen) | Statistisches Bundesamt | 2002 | 0,3 |
| 22 Güterumschlag an Binnenhäfen (in 1 000 Tonnen) | Statistisches Bundesamt | 2002 | 0,2 |
| 23 Anzahl von Abfahrten ICE/IC/EC-Zügen innerhalb eines Jahres | ÖPNV-Haltestellendatenbank | 2003 | 0,2 |
| Teilfunktion: Zugang zu Wissen (TF 8) | | | |
| nicht besetzt | | | |
| Teilfunktion: Zugang zu Märkten (TF 9) | | | |
| 24 Messeplätze: Ausstellungskapazitäten in m² (min. eine Messe mit überregionaler oder internationaler Bedeutung) mit Hallenkapazitäten über 100 000 m² | AUMA | 2002 | 1 |

 Quelle: BBR Bonn

### INFO: Messkonzept Metropolfunktionen

Das Untersuchungskonzept orientiert sich an wissenschaftlich anerkannten Standards und ist der pragmatische Versuch, die drei Bereiche von Metropolfunktionen mit Indikatoren auszufüllen. Im BBR ist dazu eine Datenbasis aufgebaut worden, die auf nationale und internationale Vergleiche ausgerichtet ist und die Möglichkeit schafft, an die bestehenden Instrumente der „Laufenden Raumbeobachtung" des BBR anzuschließen. Insgesamt sind in die Untersuchung 24 Indikatoren auf nationaler Ebene und 15 Indikatoren auf internationaler Ebene eingegangen. Beide Untersuchungskonzepte verfolgen einen strengen Standortbezug, d.h. die Funktion wird dort verortet, wo sie räumlich auftritt und nicht einer wie auch immer gearteten Region zugewiesen. Basis sind in Deutschland die 13 222 Gemeinden (Gebietsstand 31.12.2002) Metropolfunktionen konnten bei 891 Gemeinden verortet werden. International ist – soweit als möglich – ebenfalls die „Gemeindeebene" als räumliche Grundlage für die Verortung der Metropolfunktionen gewählt worden (1 705 Standorte).

Die ausgewählten Indikatoren sind den drei Bereichen von Metropolfunktionen zugewiesen worden. Dabei wurden aus inhaltlichen Gründen die drei Funktionsbereiche in Teilfunktionen zerlegt (siehe hierzu die Übersicht). Alle Indikatoren sind z-standardisiert und additiv zu Indizes für die Teilfunktionen verknüpft worden. Der Gesamtwert für die Metropolfunktion ergibt sich aus der additiven Verknüpfung der Teilindizes. Durch dieses Vorgehen bleiben Abstände vom Mittelwert gewahrt und es werden besondere Ausprägungen von Funktionen deutlich. Die Gesamtwerte für Deutschland und die Welt sind in den Karten „Metropolfunktionen" und „Metropolfunktionen in der Welt" standortscharf dargestellt. Ausgewählte Teilindizes sind in den folgenden drei Karten zu den jeweiligen Teilfunktionen – ebenfalls standortscharf – dargestellt. Eine Vorstellung von möglichen regionalen Zusammenfassungen der standortscharfen Gesamtindizes vermittelt die Karte „Metropolfunktionen in überregionalen Einzugsbereichen".

Das Messkonzept stellt einen Zwischenstand der Untersuchungen zu Metropolfunktionen dar und wird ständig fortentwickelt. In Teilbereichen (z.B. in TF 6 „Generierung sozialer und kultureller Innovationen" und TF 8 „Zugang zu Wissen") ist die Auswahl und inhaltliche Breite der Indikatoren noch nicht zufriedenstellend. Zum Teil mussten pragmatische Lösungen aufgrund der begrenzten Datenverfügbarkeit gefunden werden. Trotz dieser Einschränkungen ergibt sich schon jetzt ein plausibles Bild, das durch eine Verbreiterung und inhaltliche Verbesserung der Indikatorenbasis eine Stabilisierung und Differenzierung erfahren wird, jedoch keine grundlegende Revision.

### Innovations- und Wettbewerbsfunktion

Metropolen sind Innovationszentren. Basis hierfür sind eine hohe Dichte an Wissenschafts- und Forschungseinrichtungen und das Vorhandensein kreativer Milieus. Die überdurchschnittliche und breite Ausstattung mit Kultureinrichtungen für die Durchführung verschiedenster Veranstaltungen sowie die hohe Präsenz von Wissenschafts- und Forschungseinrichtungen in den Metropolräumen sind markante Beispiele für diesen Funktionsbereich. Darüber hinaus bieten Metropolräume die geeigneten infrastrukturellen Voraussetzungen für sportliche oder kulturelle Großveranstaltungen. Kulturellen und wissenschaftlichen Qualitäten wird das Potenzial beigemessen, Innovationen am Standort zu befördern; direkt durch das Vorhandensein von Forschungseinrichtungen und indirekt durch die Einlösung von Anforderungen, die kreative, junge Führungskräfte oder Wissenschaftler an das kulturelle Angebot vor Ort stellen.

### Gateway-Funktion

Eine gute internationale Erreichbarkeit und vielfältige Optionen für „Faco-to-Face-Kontakte" sind wesentliche Faktoren für den Austausch von Wissen und Informationen. Typisch für Metropolen ist ihr hochrangiges Verkehrsinfrastrukturangebot. Die enge Einbindung in das international und interkontinental ausgerichtete Verkehrsnetzwerk durch Flughäfen, Schnellbahnsysteme und Autobahnverbindungen sichert nicht nur eine gute Erreichbarkeit der Metropolen, sondern trägt in Kombination mit anderen Standortfaktoren dazu bei, dass ein hohes Zugangspotenzial zu Wissen, Informationen und Märkten in diesen Regionen gegeben ist. Messen, Kongresse und eine technisch weitentwickelte Telekommunikationsinfrastruktur sind weitere Kennzeichen der Gateway-Funktion von Metropolräumen.

Alle diese Funktionen sind nicht zwingend an Großstädte oder Metropolen gebunden und können genauso gut außerhalb metropolitaner Kernräume auftreten. Erst eine räumliche Bündelung unterschiedlicher Metropolfunktionen macht einen Raum zu einem Metropolraum.

## Räumliche Verteilung der Metropolfunktionen in Deutschland

Für die Untersuchung der räumlichen Verteilung der Metropolfunktionen in Deutschland ist vom BBR ein *Messkonzept* entwickelt und eine eigene Datenbasis aufgebaut worden. In die nationale Betrachtung der Metropolfunktionen sind *24 Indikatoren* eingegangen, die die drei eben dargestellten Funktionsbereiche abbilden sollen. Die Daten sind, einem strengen Standortkonzept folgend, auf Basis der Gemeinden zusammengetragen worden. Sie zeigen die Kumulation von Metropolfunktionen auf bestimmte Standorträume.

### Entscheidungs- und Kontrollfunktionen

Legt man als Maß für das ökonomische Steuerungs- und Kontrollpotenzial eines Standortes den gesamten Umsatz der Unternehmen (am Firmensitz kumuliert) zugrunde und zieht ihn als Vergleichswert heran, kristallisieren sich trotz der großräumigen Verteilung mehrere Schwerpunkträume heraus. In die Darstellung eingegangen sind die *Konzernumsätze von sog. „Global Playern"*, d.h. den deutschen Unternehmen aus den 1 000 größten Unternehmen weltweit. Dabei erreicht Berlin, bis zum 2. Weltkrieg einer der wichtigsten deutschen Wirtschaftsstandorte und Sitz vieler bedeutender Firmen, anders als andere europäische Hauptstädte nicht den nationalen Spitzenplatz. In München, Frankfurt a.M., Stuttgart, Düsseldorf oder Essen ist diese (Teil-)Funktion stärker ausgeprägt. Wie die Karte zeigt, besteht in der Regel eine enge Beziehung von regionalem Wirtschaftspotenzial und unternehmerischen Entscheidungs- und Kontrollpotenzial (Konzernumsätze). Ausnahmen bilden Wolfsburg und Hamburg.

Dieses raumstrukturelle Verteilungsmuster wiederholt sich, wenn man die Verteilung der *Niederlassungen im Bereich des Advanced Producer Sektors* und der Großbanken betrachtet. Hier zeigt sich deutlich die führende Rolle von Frankfurt a. M. Von den untersuchten 26 Unternehmen des Advaced Producer Sektors, die allesamt zu den weltweit führenden ihrer jeweiligen Branche zählen, haben 23 ihren Sitz in Frankfurt. Es folgen Hamburg mit 16 Niederlassungen, München mit 15, Berlin 14 mit und Düsseldorf mit 13.

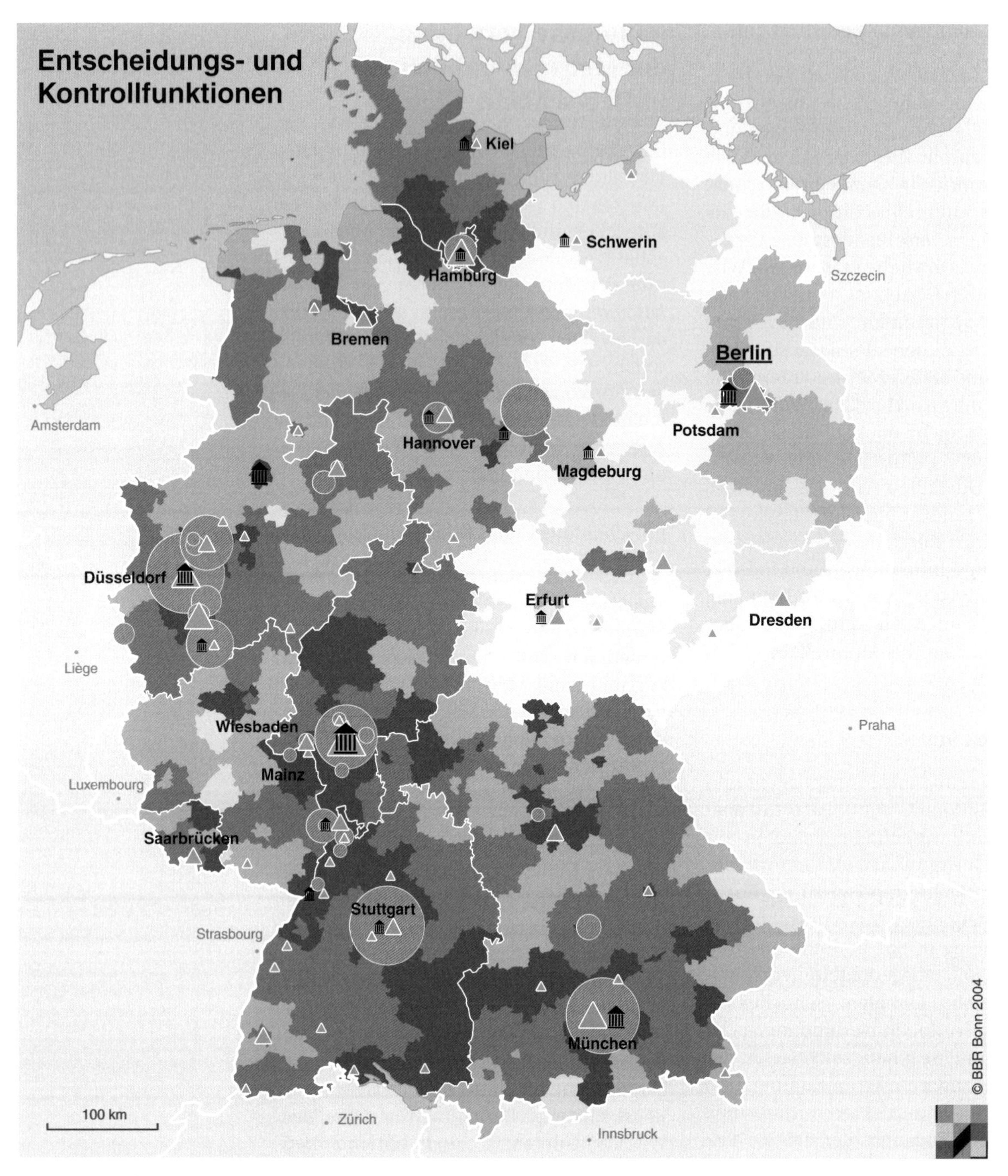


**Unternehmerische und kapitalmarktorientierte Entscheidungs- und Kontrollfunktionen**

Anzahl der Niederlassungen höherwertiger, unternehmensnaher Dienstleister am Ort 2002/2003

- 1 bis unter 3
- 3 bis unter 10
- 10 bis unter 20
- 20 und mehr

Anzahl der Hauptsitze der 20 größten Banken am Ort 2003

- 1
- 2
- 9

Umsatz insgesamt der 1 000 umsatzstärksten Unternehmen der Welt am Ort 2000 in Mio. US-Dollar

- 100 000
- 10 000

Bruttoinlandsprodukt je Erwerbstätigen 2002 in Euro

- bis unter 40 000
- 40 000 bis unter 45 000
- 45 000 bis unter 50 000
- 50 000 bis unter 55 000
- 55 000 und mehr

**Politische Entscheidungs- und Kontrollfunktion**

**Berlin** Regierungsfunktion: Bundeshauptstadt

**Wiesbaden** Regierungsfunktion: Landeshauptstadt

Kreise, Stand 31. 12. 2001; Gemeinden, Stand 31. 12. 2002
Quellen: Laufende Raumbeobachtung des BBR, Thomson Financial, World Federation of Exchanges

ROB 2005

Bei der politischen Entscheidungs- und Kontrollfunktion führt die föderale Struktur Deutschlands zu einer Dekonzentration dieser Funktion im Bundesgebiet. Neben Berlin nimmt die Stadt Bonn als ehemalige Bundeshauptstadt und jetzige *Bundesstadt* mit dem Erst- bzw. Zweitsitz vieler Bundesministerien eine Sonderrolle ein. *Landeshauptstädte* und *Bezirksregierungen* tragen überdies zu einer relativ großen Streuung über das gesamte Bundesgebiet bei. Mit der *Europäischen Zentralbank* in Frankfurt, dem *Internationalen Seegerichtshof* in Hamburg, dem *Europäischen Patentamt* in München und zahlreichen *UN-Vertretungen* in Bonn sind, um nur einige Beispiele zu nennen, deutsche Städte auch Sitz bedeutender europäischer bzw. internationaler Einrichtungen.

Während also die unternehmerische Entscheidungs- und Kontrollfunktion der Logik ökonomischer Standortentscheidungen folgt und zudem noch stark durch die deutsche Teilung geprägt wurde, vollzieht sich die Standortwahl politischer Institutionen nach Kriterien, die eher auf einen großräumigen Ausgleich hinwirken.

### Innovations- und Wettbewerbsfunktionen

Die Verteilung von *Forschungseinrichtungen* entzieht sich wegen der staatlichen Einflussnahme rein ökonomischen Standortkalkülen. So zeigt sich bei der Innovations- und Wettbewerbsfunktion ein weniger eindeutiges West-Ost-Gefälle als bei der Entscheidungs- und Kontrollfunktion. Gerade bei der Verteilung von Universitäten und Forschungseinrichtungen erreichen Standorte aus den neuen Ländern ein vergleichbar hohes Niveau. Hier konnte offensichtlich an bestehende Strukturen angeknüpft werden, was den Aufbau der „Forschungslandschaft" in den neuen Ländern erleichtert hat. Zu den herausragenden Standorten zählen neben Berlin und München auch Dresden, Stuttgart, Heidelberg, Düsseldorf und Aachen sowie eine Reihe klassischer Universitätsstandorte wie Freiburg, Göttingen oder Jena. Bei der Innovations- und Wettbewerbsfunktion wird die polyzentrische Struktur des deutschen Städtesystems besonders deutlich. Von der Ansiedlung bedeutender Forschungseinrichtungen profitieren Städte und Regionen auch außerhalb der Metropolräume. Hier zeigt sich das Steuerungspotenzial öffentlicher Träger, die mit ihrer Ansiedlungspolitik in der Lage sind, einen räumlichen Ausgleich herbeizuführen und der Konzentration auf wenige Metropolstandorte entgegenzutreten.

Deutlich auf die Großstadtregionen fixiert sind *kulturelle und sportliche Großereignisse*. Schon allein aufgrund der infrastrukturellen Voraussetzungen und des weiten Einzugsbereichs sind sie nur in Ausnahmefällen außerhalb von Metropolregionen durchführbar. Eine gute (internationale) Erreichbarkeit, ein entsprechendes Angebot an Sportanlagen (Stadien, Großsporthallen) sowie ein differenziertes und ausreichend dimensioniertes Hotelangebot können letztlich nur Großstadtregionen bieten.

### Gateway-Funktionen

Der Zugang zu Märkten und Menschen wird über die sog. Gateway-Funktion abgebildet. Wesentliche Voraussetzung hierfür ist die (internationale und interkontinentale) *Erreichbarkeit eines Standortes*/ einer Region. Sowohl hinsichtlich des Verkehrsaufkommens (Passagiere, Fracht) als auch hinsichtlich der Anzahl der *internationalen Flugverbindung* nimmt der Frankfurter Flughafen eine Spitzenstellung in Deutschland ein. Weitere Schwerpunkte mit guter internationaler Anbindung bilden die Flughäfen München und Düsseldorf.

Deutschland verfügt über ein gut ausgebautes *Schienenverkehrsnetz*. Durch die Realisierung zahlreicher Neubau- und Ausbaustrecken kann die interne Verbindungsqualität zwischen den Agglomerationen weitgehend als gut bezeichnet werden. Die Initiativen und Maßnahmen zur Entwicklung eines europäischen Hochgeschwindigkeitsverkehrsnetzes der Bahn, das die großen Ballungszentren mit qualifizierten Strecken verbinden soll, wird die externe Einbindung der deutschen Agglomerationen weiter verbessern.

Der Messeplatz Deutschland zählt zu den bedeutendsten der Welt. Gleich mehrere *Messestandorte* bieten mit ihrer gut ausgebauten Infrastruktur die Gelegenheit zu international ausgerichteten Großmessen sowie die Messe begleitende Tagungen und Kongresse. Neun Städte in Deutschland halten Hallenkapazitäten mit mehr als 100 000 m² Fläche vor. Damit erreicht Deutschland im internationalen Vergleich eine einmalige Dichte an Messestandorten

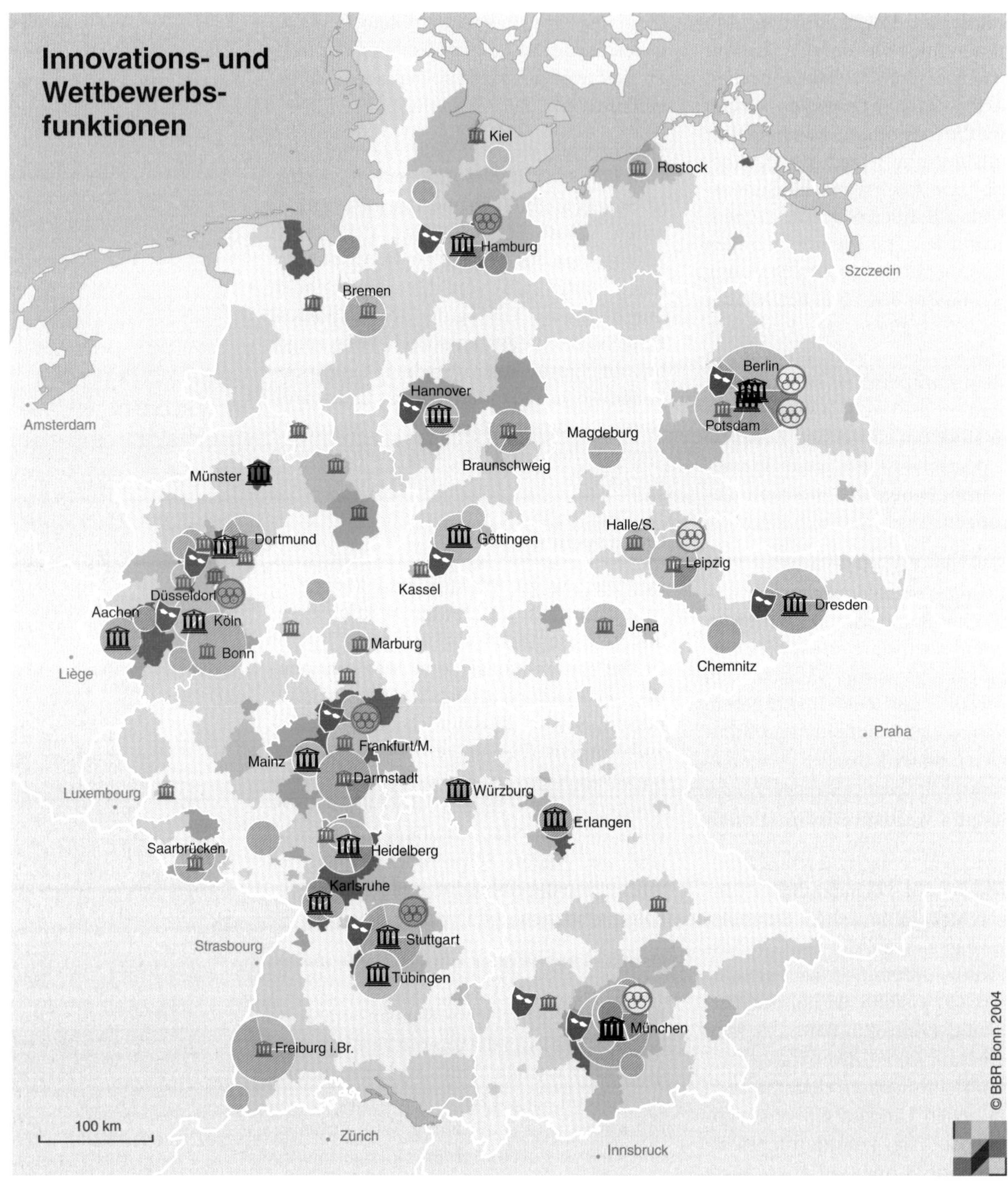


**Technisch-wissenschaftliche Innovations- und Wettbewerbsfunktionen**

Anteil der Beschäftigten in wissensorientierten Dienstleistungsberufen an allen Beschäftigten 2001 in %

- bis unter 4
- 4 bis unter 6
- 6 bis unter 8
- 8 bis unter 10
- 10 und mehr

Anzahl der Stammsitze von Forschungseinrichtungen 2003 am Ort

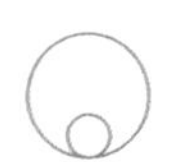


- Max-Planck-Gesellschaft
- Fraunhofer-Gesellschaft
- Helmholtz-Gemeinschaft

Universitäten und Gesamthochschulen mit mehr als 10 000 Studierenden im WS 2002/2003

darunter mit mehr als 5 Sonderforschungsbereichen

**Sozio-kulturelle Funktionen**

Olympische Spiele

Austragungsort olympischer Sommerspiele

Kandidatur für die Austragung olympischer Sommerspiele

Nationale Kandidatur für die Austragung olympischer Sommerspiele

bedeutende Theaterstädte mit mehr als 10 000 Theaterplätzen

Kreise, Stand 31. 12. 2001; Gemeinden, Stand 31. 12. 2002

Quellen: Laufende Raumbeobachtung des BBR, IOC, NOK, Deutscher Bühnenverein, Statistisches Bundesamt

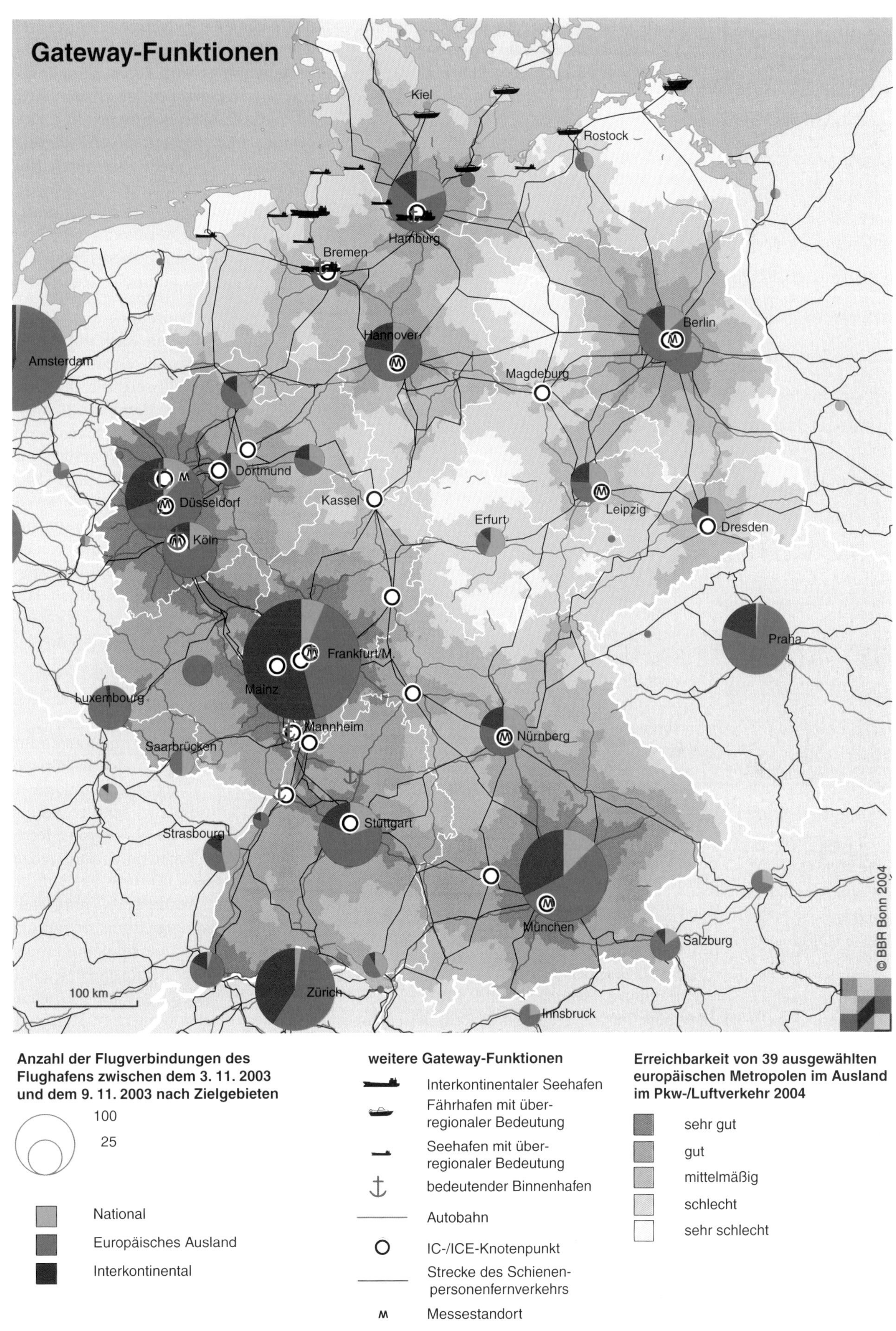


Gemeinden, Stand 31. 12. 2002
Quellen: Laufende Raumbeobachtung des BBR, Ereichbarkeitsmodell des BBR, AUMA, Statistisches Bundesamt, HaCon/CEDION Flugplanauskunft

in dieser Kategorie. Zu dieser Konzentration tragen die zentrale Lage Deutschlands in Europa und die gute internationale Erreichbarkeit der Messestandorte bei.

### Fazit zur nationalen Verteilung der Metropolfunktionen

Die Metropolfunktionen sind in Deutschland, wie die vorangegangenen Darstellungen verdeutlichen, nicht auf einige wenige Standorte konzentriert. Anders als in Großbritannien oder Frankreich schält sich kein einzelner dominierender Metropolraum heraus. Aus der *polyzentrischen Raumstruktur* Deutschlands resultiert eine räumliche Verteilung hochrangiger Zentren über das gesamte Bundesgebiet. Deutlich wird, dass sich die Metropolfunktionen räumlich sehr stark auf die zentralen Räume konzentrieren. Dort wo hohe Bevölkerungspotenziale vorhanden sind und eine zentrale Lage vorherrscht, sind in der Regel auch die Metropolfunktionen stark ausgeprägt. Regional hohes Bevölkerungs- und Wirtschaftspotenzial sowie eine gute Erreichbarkeit der Zentren korrelieren räumlich sehr hoch. Die Kernstädte innerhalb der Zentralräume sind dabei die bevorzugten Standorte der Metropolfunktionen. Nur vereinzelt und in wesentlich geringerer Ausprägung lassen sich Metropolfunktionen außerhalb der großen Kernstädte festmachen. Dieser Befund zeigt, dass die engen Verflechtungen zwischen Kernstädten und Umlandbereichen mit betrachtet werden müssen.

*Räumliche Schwerpunkte* mit einer ausgeprägten Häufung von Metropolfunktionen bilden die Rhein-Ruhr-Agglomeration, das Rhein-Main-Gebiet, die Räume Berlin, Hamburg, München und Stuttgart. Darüber hinaus zeigen sich weitere Schwerpunkte in den Räumen Hannover-Braunschweig-Wolfsburg, Nürnberg, Rhein-Neckar und Leipzig/Halle.

Bezieht man die Metropolfunktionen auf einzelne *Standorte*, so zeigt sich, dass Frankfurt a. M., München, Berlin, Düsseldorf und Hamburg an der Spitze des deutschen Städtesystems stehen. Für diese Städte gilt, dass sie in der Regel über alle Teilfunktionen überdurchschnittlich hohe Werte erzielen, d.h. die entsprechenden Funktionen überproportional stark ausgeprägt sind. Gleichwohl bestehen auch zwischen diesen Städten Strukturunterschiede. So kann Berlin, verglichen mit München oder Düsseldorf, bei der ökonomischen Entscheidungs- und Kontrollfunktion keine Höchstwerte erzielen; dazu sind in Berlin zu wenig Hauptverwaltungen international bedeutsamer Unternehmen angesiedelt. Dies gleicht die Stadt aber durch Höchstwerte bei der politischen Entscheidungs- und Kontrollfunktion (Hauptstadtfunktion) sowie bei der Innovations- und Wettbewerbsfunktion aus (bedeutender Forschungsstandort, kulturelles Zentrum).

Die räumliche Verteilung der Metropolfunktionen lenkt den Blick auf die Frage, wie sich die Potenziale einzelner Standorte regional bündeln lassen. Die Bildung und *Abgrenzung von „Metropolregionen“* ist letztlich ein Prozess des Aufbaus von Kooperationen zwischen Gemeinden und Akteuren auf der regionalen Ebene. Die Zusammenfassung der Potenziale ist dabei eine wesentliche Motivation für die Zusammenarbeit. Dieser Prozess kann von außen kaum gesteuert werden. Die hier zur Verfügung stehenden Informationen können jedoch einige Hinweise auf regionale Zusammenhänge und die Metropolregionenbildung geben:

Räumlicher Maßstab:

Aus der internationalen und interkontinentalen Bedeutung von Metropolregionen und deren herausgehobene Funktionen ergibt sich grundsätzlich ein *großräumiger Maßstab* für den Zuschnitt von Metropolregionen. Die Einzelpotenziale einzelner Standorte reichen oft nicht aus, um im internationalen Wettbewerb mitspielen zu können. Hochrangige Infrastrukturangebote und gute Erreichbarkeiten innerregional und international begünstigen jedoch die räumlichen Verteilungs- und Vernetzungsstrukturen in den deutschen Metropolräumen, so dass gute Voraussetzungen für die innerregionale Verknüpfung von Metropolfunktionen bestehen. So stellt sich z. B. die Frage, ob nicht Hamburg und Bremen oder Hannover, Braunschweig, Wolfsburg und evtl. noch Göttingen in einem Metropolraum kooperieren sollten. Die gleiche Frage stellt sich z.B. in Sachsen und Thüringen, ob nicht die noch schwach ausgeprägten Metropolfunktionen von Halle, Leipzig, Dresden und Chemnitz oder auch noch von Erfurt und Jena zusammengefasst werden sollten.

Schließlich ist es auch wichtig, die zwischen den größeren Zentren mit Metropolfunktionen liegenden peripheren, ländlichen Räume in eine großräumige Metropolraumstrategie einzubeziehen.

Innere räumliche Organisation:

Deutschland verfügt neben einigen monozentrischen Metropolräumen über bevölkerungsreiche polyzentrisch strukturierte Agglomerationen mit einer hohen Konzentration von Metropolfunktionen. Diese umfassen bereits sehr großräumige Zusammenhänge. Hier stellt sich eher die Frage, wie sich Metropolregionen bilden lassen, die sowohl in institutioneller Hinsicht wie auch im Hinblick auf „regionale Identitäten" funktionsfähig sein können und ob nicht ein getrenntes Auftreten oder zumindest eine interne Differenzierung mehrerer Teilregionen besser wäre. So werfen z. B. die strukturellen Unterschiede zwischen der Rhein-Schiene und dem Ruhrgebiet in der Rhein-Ruhr-Region die Frage auf, inwieweit ein Zusammengehen bzw. eine Ausdifferenzierung in zwei Teilregionen eine Option darstellen. Eine andere Frage in diesem Zusammenhang ist, wie sich die Region Rhein-Neckar im Zwischenraum von Rhein-Main und Stuttgart positionieren kann.

Grenzüberschreitende Metropolregionen:

In grenznahen Gebieten liegen teilweise wichtige Zentren mit Metropolfunktionen außerhalb Deutschlands. Dies gilt vor allem für die Region am Oberrhein. Mit Basel, Straßburg und Zürich, das teilweise auch auf diesen Raum ausstrahlt, befinden sich mit Ausnahme von Freiburg alle Oberzentren nicht in Deutschland. Dennoch sind auch in diesem Raum Metropolfunktionen vorhanden bzw. in einem offenen Europa leicht zugänglich, der dem Raum Qualitäten eines grenzüberschreitenden europäischen Metropolraums verleihen könnte.

Analytisch regionale Zusammenfassungen:

Um analytisch basierte Hinweise für mögliche Metropolraumbildungen zu geben, wird hier eine Zuordnung der Gemeinden anhand des Kriteriums der kürzesten Pkw-Fahrzeit zum nächsten Metropolenkern in zwei Stufen vorgenommen:

- den Einstunden-Einzugsbereich eines Metropolenkerns und
- die komplette Zuordnung jeder Gemeinde zum zeitnächsten Metropolenkern.

**Metropolfunktionen in Städten**

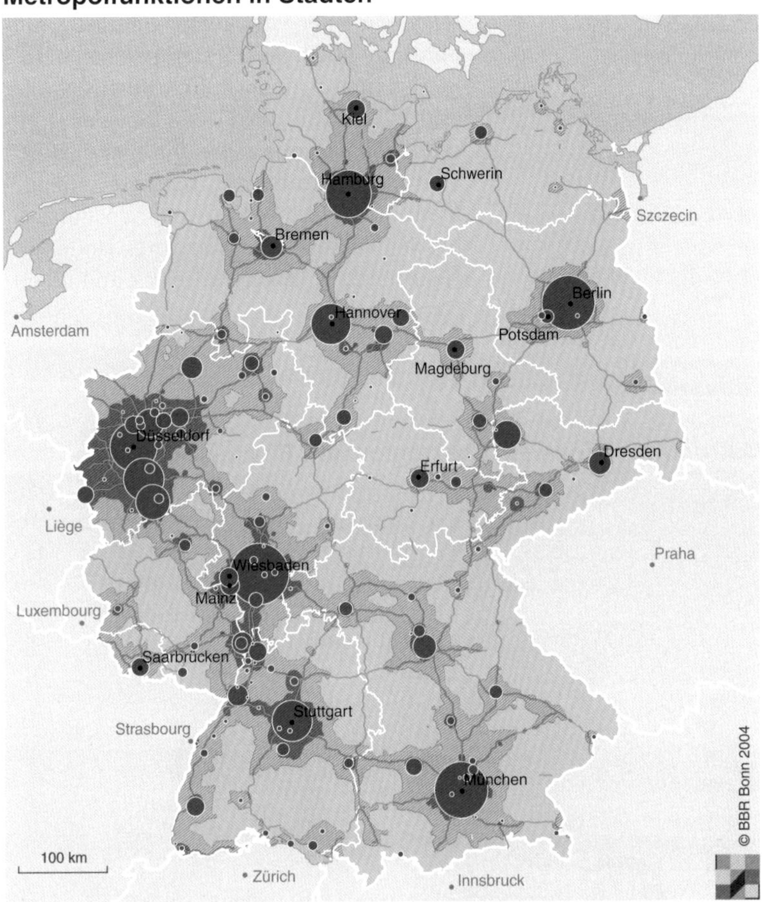


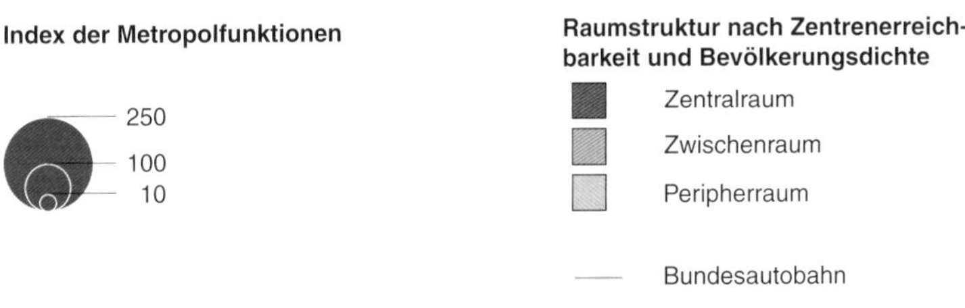


Quellen:
Laufende Raumbeobachtung des BBR, Laufende Raumbeobachtung des BBR Europa, Erreichbarkeitsmodell des BBR, Projektergebnisse Espon Projekt Nr. 1.1.1
Datengrundlagen:
Fortschreibung des Bevölkerungsstandes des Bundes und der Länder, ATKIS: Basis-DLM, LOCAL Demographie - infas GEOdaten, Bevölkerungsdaten der nationalen Statistischen Ämter, Espon Datenbank

Als „Metropolenkerne" werden hier die größten Zentren der sieben Metropolregionen der MKRO-Entschließung von 1997 sowie zusätzlich die in der Diskussion befindlichen weiteren Kerne Bremen, Hannover, Mannheim (für Rhein-Neckar) und Nürnberg zugrunde gelegt.

Eine Aggregation der Indexwerte der Metropolfunktionen für diese Einzugsbereiche von Metropolenkernen zeigt deutlich das Wachstum der metropolitanen Bedeutung einer Metropolregion durch Zusammenfassung und Vernetzung der regionalen Potenziale (siehe Karte: „Metropolfunktionen in überregionalen Einzugsbereichen"). Bei der

Zusammenfassung im engeren Einzugsbereich von einer Stunde Pkw-Fahrzeit profitieren vor allem die polyzentrischen Metropolregionen Rhein-Ruhr, Rhein-Neckar und Rhein-Main, während bei der großräumigen Zusammenfassung eher die Regionen profitieren, die mehrere „Klein"-Metropolen in ihrem erweiterten Einzugsbereich haben, wie Hamburg, Hannover, Halle/Leipzig – Sachsendreieck und Rhein-Neckar.

**Metropolfunktionen in überregionalen Einzugsbereichen**

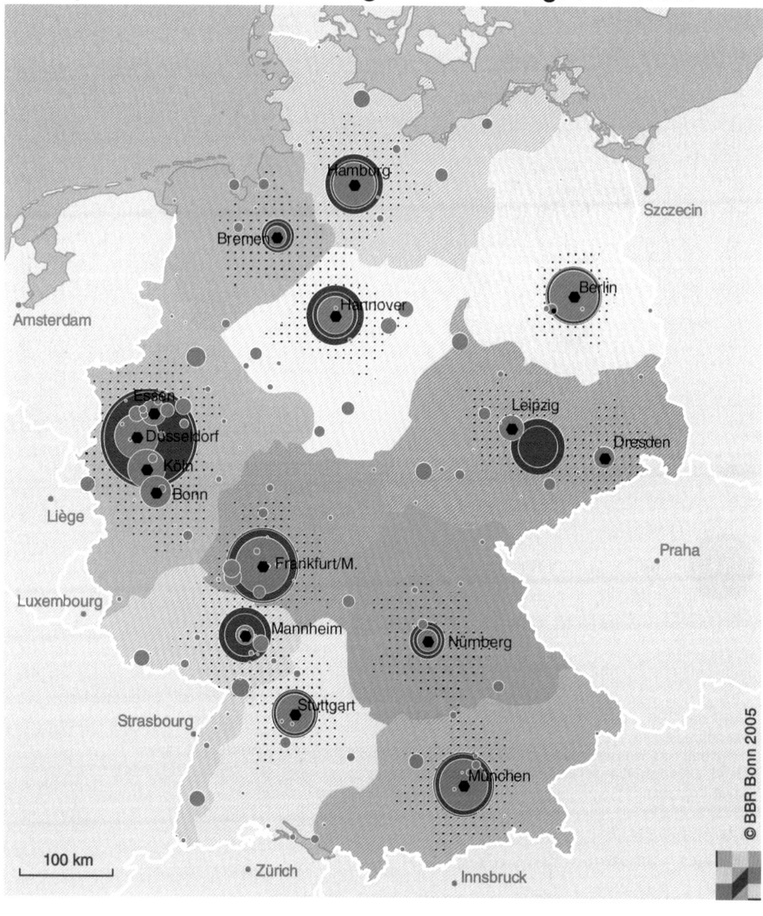


**Überregionale Einzugsbereiche der Metropolitanen Kerne nach kürzester Pkw-Fahrzeit**

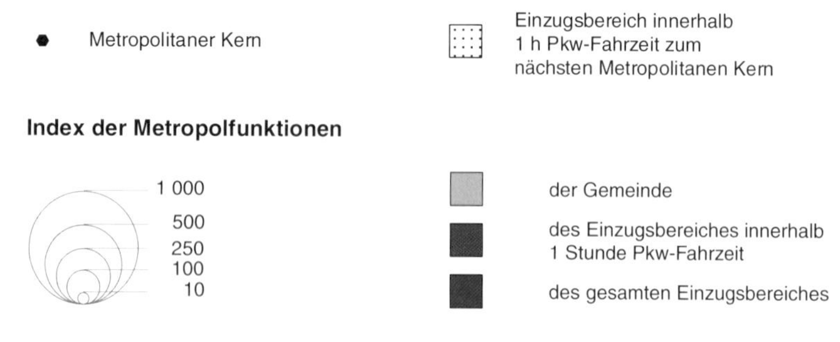


Quellen: Laufende Raumbeobachtung des BBR, Erreichbarkeitsmodell des BBR

## Die deutschen Metropolen im internationalen Vergleich

Die deutschen Städte und Regionen stehen nicht nur im Wettbewerb untereinander, sondern zunehmend im Wettbewerb mit europäischen und internationalen Standorten. Was die Wettbewerbsfähigkeit einer Region kennzeichnet, zumal im internationalen Vergleich, lässt sich nur schwer bestimmen, da dies von vielen Faktoren beeinflusst wird. Neben harten und weichen Standortfaktoren, wie die Infrastrukturausstattung oder das Image einer Region, beeinflussen die wirtschaftlichen, rechtlichen und sozialen Rahmenbedingungen eines Landes die Position einer Region im internationalen Vergleich entscheidend mit.

Bei aller Vielfalt in der methodischen Herangehensweise und der Unterschiede im Detail bei den Forschungsergebnissen zeichnen sich übereinstimmende Strukturen in der Beschreibung des internationalen Städtesystems ab. Zu diesen Ergebnissen gehört auch die Feststellung, dass es keiner einzelnen deutschen Stadt gelingt, in die höchste Ebene des globalen Städtesystems vorzudringen. Dies bleibt New York, London, Tokio und Paris vorbehalten. Um diesen Aspekt untersuchen zu können, ist mit einem auf den internationalen Vergleich ausgerichteten Datensatz ein ähnlicher Untersuchungsansatz verfolgt worden. Soweit als möglich sind dabei Indikatoren zur Anwendung gekommen, die auch schon für den nationalen Vergleich genutzt wurden.

### Frankfurt a.M. international bedeutendste deutsche Metropole

Wie schon im nationalen Vergleich bestätigt sich auch international die Spitzenstellung von *Frankfurt a.M.* im deutschen Städtesystem. Frankfurt kann als bedeutender Banken- und Börsenstandort zu den wichtigsten Finanzplätzen der Welt gezählt werden. Der Flughafen rangiert sowohl bei der Passagierzahl als auch beim Frachtaufkommen unter den wichtigsten zehn Flughäfen der Welt. Auch als Messestandort nimmt Frankfurt einen bedeutenden Platz ein. Für den höherwertigen unternehmensnahen Dienstleistungssektor ist Frankfurt der bevorzugte Standort in Deutschland.

**Metropolfunktionen in der Welt**

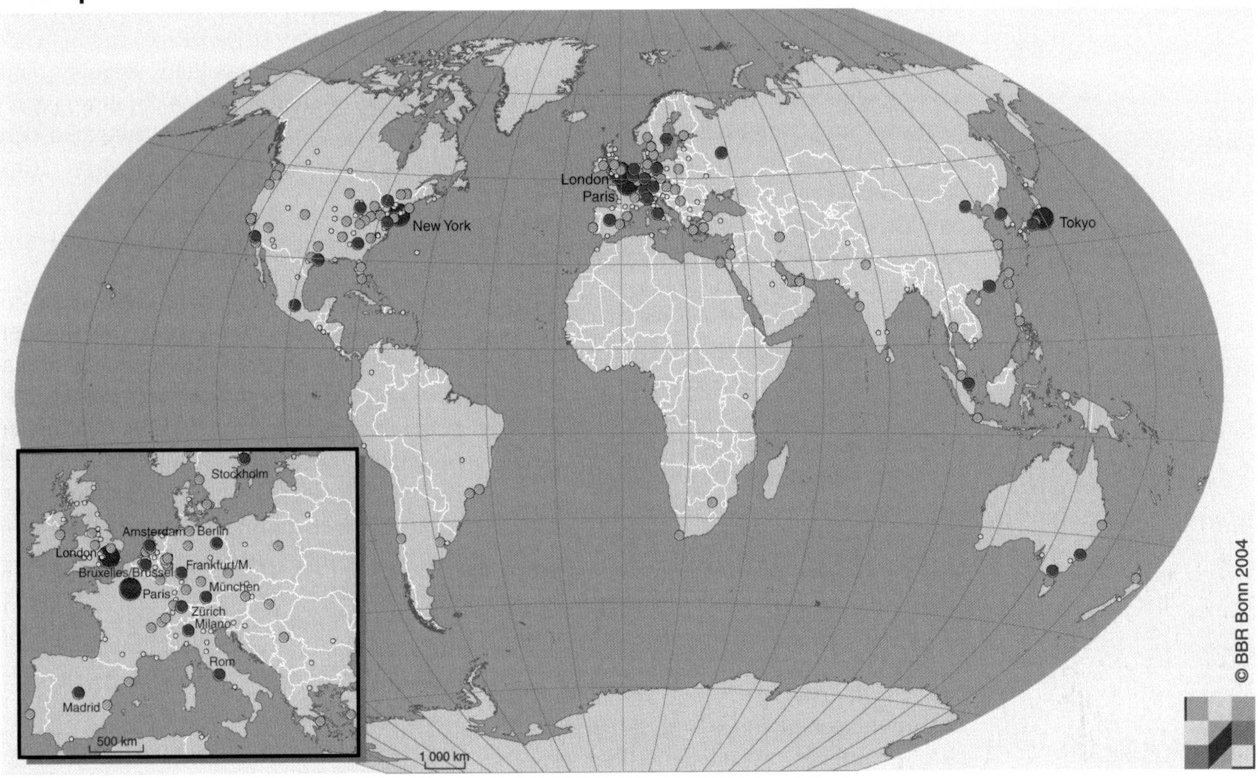


**Aggregierte Bewertung der Metropolfunktionen**

| Konzentration von Metropolfunktionen | Indexwert |
|---|---|
| schwach | 2 bis unter 6 |
| mittel | 6 bis unter 25 |
| hoch | 25 bis unter 100 |
| sehr hoch | 100 und mehr |

Staaten, Stand 2000
Quelle: BBR Bonn

Im internationalen Vergleich tritt die polyzentrische Struktur des deutschen Städtesystems noch deutlicher hervor. Gleich mehrere deutsche Städte können als höherrangige Zentren, und damit als Metropolen eingestuft werden, während in anderen Ländern deutlich monozentrischere Strukturen auffindbar sind und eine hohe Konzentration auf nur ein Zentrum bzw. wenige höherrangige Zentren besteht. So zeigt das Ergebnis des weltweiten Standortvergleichs, dass bei einer aggregierten Bewertung der Metropolfunktionen (siehe Karte) zahlreiche deutsche Standorte überdurchschnittliche Werte (Indexwerte größer 6) aufweisen. Danach verfügen die USA über 33 Standorte in dieser Kategorie. Es folgt Deutschland mit elf Standorten. Mit Abstand folgen dann Kanada, Großbritannien und die Schweiz (jeweils vier Standorte). Dies zeigt, kein anderes Land in Europa hat eine ähnliche Dichte herausgehobener Standorte. Deutschland fehlt zwar ein höchstrangiges Zentrum wie London oder Paris, verfügt aber über ein engmaschiges Netz höherwertiger Standorte.

## Raumordnerischer Handlungsbedarf für Metropolräume

Die Raumordnungspolitik muss sich den Herausforderungen der Globalisierung stellen und die Rahmenbedingungen für die Teilnahme der deutschen Regionen am internationalen Wettbewerb aktiv gestalten. Nur so können die Chancen, die sich aus der Globalisierung für Deutschland ergeben, konsequent zum Vorteil aller genutzt werden. Deutschland als hoch entwickeltes und exportorientiertes Land kann im schärfer werdenden Wettbewerb der Wirtschaftsnationen nur erfolgreich bestehen, wenn die internationale Wettbewerbsfähigkeit seiner Regionen konsequent ausgebaut und gefördert wird. Dies bedeutet über die institutionellen, rechtlichen und finanziellen Strukturen der Metropolräume nachzudenken und zu überprüfen, inwieweit Anpassungen notwendig sind. Die Diskussion dieser Frage hat bereits seit längerem begonnen und läuft auf verschiedenen Ebenen des Bundes und der Länder mit neuer Aktualität.

Die *Ministerkonferenz für Raumordnung* (MKRO) hat bereits 1995 im „Raumordnungspolitischen Handlungsrahmen" (HARA) Metropolregionen als die „Motoren der gesellschaftlichen, wirtschaftlichen, sozialen und kulturellen Entwicklung" beschrieben, die ihre „Leistungs- und Konkurrenzfähigkeit innerhalb von Deutschland und Europa erhalten sollen". Die Metropolregionen werden zwar in ihrer ganzen Funktionspalette gesehen; kulturelle und politische Funktionen oder auch die Ausstattung der Infrastruktur werden jedoch in erster Linie als Mittel zur Stärkung der ökonomischen Funktionen einbezogen. Damit dokumentiert die Raumordnungspolitik, dass sie sich dem ökonomisch-funktionalen Verständnis von Metropolregionen anschließt und ihre besondere Bedeutung für die räumliche und ökonomische Entwicklung anerkennt. Im Beschluss zur „Bedeutung der großen Metropolregionen Deutschlands für die Raumentwicklung in Deutschland und Europa" (03.06.1997) weist die MKRO sieben Metropolregionen aus (Berlin/Brandenburg, Hamburg, München, Rhein-Ruhr, Rhein-Main, Stuttgart und Halle/Leipzig-Sachsendreieck).

Mit der Gründung des *„Initiativkreises europäische Metropolregionen in Deutschland"* (2001) hat die Selbstorganisation der Metropolregionen in Deutschland eine neue Stufe erreicht. „Die wichtigsten Zielsetzungen des Initiativkreises sind die Formulierung des Selbstverständnisses der Metropolregionen in Deutschland und ihrer Anforderungen an die deutsche und europäische Politik, insbesondere an die Raumordnungs- und Raumentwicklungspolitik, darauf aufbauend die Verbesserung der Wettbewerbs- und Handlungsfähigkeit der Metropolregionen auf europäischer Ebene, die Weiterentwicklung und Umsetzung des Konzepts eines leistungsfähigen metropolitanen Netzes in Deutschland sowie die Verstetigung und der Ausbau der Zusammenarbeit zu einem Netzwerk" (Strategiepapier des Initiativkreises).

Mit dem Positionspapier „Strategien für Großstadtregionen im 21. Jahrhundert" wurde von einem gemeinsamen Arbeitskreis der *Akademie für Raumforschung und Landesplanung (ARL)* und der *Deutschen Akademie für Städtebau und Landesplanung (DASL)* ein Diskussionsbeitrag vorgelegt, der insbesondere auf die institutionelle Neuordnung der Großstadtregionen eingeht.

Flankiert wird dieser Prozess auch auf europäischer Ebene. Beispielhaft ist hier das europäische *Metrex-Netzwerk* (The network of European Metropolitan Regions and Areas) zu nennen, das den Erfahrungsaustausch und die Kooperation zwischen den Regionen befördern will.

### Starke regionale Selbstverwaltung für Metropolregionen

Zu den wesentlichen Elementen einer metropolitanen Raumordnungspolitik zählt eine politische, rechtliche und organisatorische Neuordnung lokaler und regionaler Aufgaben und die Forderung, einer starken lokalen Selbstverwaltung eine starke regionale Selbstverwaltung zur Seite zu stellen. Damit ist die Einschätzung verbunden, dass die Metropolregionen nur funktions- und wettbewerbsfähig bleiben können, wenn sie den heutigen *Aktionsräumen* der Menschen und den Wirtschafts- und Verkehrsbeziehungen in den Großstadtregionen angepasst sind. Hierzu ist eine leistungsfähige stadtregionale Politik- und Handlungsebene eine wesentliche Voraussetzung. Für eine erfolgreiche Weiterentwicklung der Metropolregionen müssen sie politisch und organisatorisch gestärkt werden, damit sie ihre Konkurrenzfähigkeit im internationalen Standortwettbewerb erhalten und ausbauen können. Das bedeutet, Aufgaben dort anzusiedeln, wo sie am besten erledigt werden können.

Die Schaffung einer neuen institutionellen Ebene für Metropolregionen ist Voraussetzung dafür, dass *regionale Aufgaben* auch auf dieser Ebene wahrgenommen werden können und nicht zwischen den konkurrierenden Städten und Gemeinden einer Großregion zerrieben oder blockiert werden. Dafür müssen die entsprechenden organisatorischen, institutionellen und finanziellen Strukturen geschaffen werden und die demokratische Legitimation dieser neuen Ebene gesichert sein. Die politische Absicherung ist wichtig, damit die Bürgerinnen und Bürger sich mit ihrer Metropolregion identifizieren. Die Schaffung einer starken stadtregionalen Ebene darf aber nicht zur Zentralisierung ortsnaher Entscheidungsstrukturen und Dienstleistungsangebot führen. Deswegen sind auf örtlicher Ebene leistungsfähige kommunale Strukturen zu erhalten und gegebenenfalls auch zu stärken.

Eine Reihe von Aufgaben der Metropolregionen sind nur auf regionaler Ebene erfolgreich zu bewältigen. Die Kompetenzen der Regionen sollten mindestens folgende Aufgabenbereiche umfassen:

- Strategieentwicklung (Leitbilder und Konzepte),
- Regionalplanung,
- Koordinierung regional bedeutsamer Projekte und Maßnahmen,
- Bereitstellung von Infrastruktur in Bereichen wie Kommunikation, Mobilität, Messe- und Kongresswesen, Sozialwesen, Erholung und Umweltschutz,
- regionale Umweltstrategien,
- Steuerung von Projekten (z.B. Regionalparks) und Infrastruktur sowie Regionalentwicklung durch Regionalmanagement und -marketing,
- Wahrnehmung regionaler Interessen nach innen und außen,
- regionale Wirtschaftsförderung,
- internationale Vermarktung.

### Metropolregionen als großräumige Verantwortungsgemeinschaften

Die räumliche *Abgrenzung von Metropolregionen* ist letztlich eine Frage, die nur von der Basis, den beteiligten Kommunen und regionalen Akteuren beantwortet werden kann. Nur ein gemeinsamer Kooperationswille aller im Metropolraum liegenden Kommunen kann zu der o.g. stärkeren regionalen Selbstverwaltung führen. Dabei tragen die Metropolen im Kern eine besondere Verantwortung für die im Metropolraum liegenden weiteren Zentren und auch peripheren, ländlichen Räume. Sie sind dafür verantwortlich, dass die möglichen Beiträge der kleineren Zentren im Metropolraum in eine gemeinsame Regionalpolitik Eingang finden und dass umgekehrt die Früchte einer gemeinsamen Regionalpolitik auch in den gesamten Metropolraum hinein ausstrahlen. Metropolregionen im Sinne von großräumigen Verantwortungsgemeinschaften dürfen deshalb nicht zu klein geschnitten sein und sollen möglichst alle räumlichen Verflechtungen mit ihrem Umland berücksichtigen. Eine Selektion nach Nutzenkriterien nur für die Kernstädte der Metropolregionen darf nicht stattfinden. Auch für die Teilregionen ohne eigenes Entwicklungspotenzial muss von den starken Zentren Verantwortung mit übernommen werden.

Zur Förderung von großräumigen Verantwortungsgemeinschaften in Metropolregionen sind folgende Handlungsansätze vordringlich:

- Optimierung der Vernetzung der Zentren innerhalb der Metropolregionen infrastrukturell und organisatorisch,
- integrierte Stadtentwicklungs- und Verkehrsplanung zur Verbesserung der regionalen Vernetzungen im öffentlichen Personenverkehr,
- Organisation der Zusammenarbeit von Kernstädten mit den anderen Gemeinden im Metropolraum ohne Privilegien,
- gemeinsame, regionale Strategien zur nachhaltigen Siedlungsentwicklung und zur Sicherung von Freiräumen,
- Förderung innerregionaler Austausch- und Kreislaufprozesse,
- gemeinsame sozialpolitische Strategien auf der Basis eines regionalen Lastenausgleichs bei Steuereinnahmen und Sozialausgaben,
- gemeinsame Finanzierungsbasis zur Wahrnehmung der gemeinsamen Aufgaben.

### Spezifische regionale Standortpolitik für Metropolregionen

Zur Stärkung der internationalen Wettbewerbsfähigkeit ist eine eigene regionale Standortpolitik erforderlich, die die regionalen profilbestimmenden Wirtschaftsfelder betont. Insbesondere die wissensorientierten und innovativen Wachstumsbranchen müssen in ihrer Funktion als Motoren der Regionalentwicklung gefördert werden. Die für diese Branchen erforderlichen Standortbedingungen sind im Metropolraum zu optimieren und mit einem leistungsfähigen Standortmarketing international zu verwerten.

Folgende Handlungsansätze stehen für eine spezifische regionale Standortpolitik von Metropolregionen im Vordergrund:

- Ausbau der Verbindungsqualitäten zu den anderen Metropolräumen in Europa und der ganzen Welt, insbesondere im internationalen Flugverkehr und bei den transeuropäischen Netzen,
- Ausbau der wissensorientierten Dienstleistungen für Unternehmen,
- Stärkung des regionalen Humankapitals durch Verbesserung der Qualifizierungsangebote im Hochschulbereich,
- gemeinsame Gewerbeflächen- und Standortpolitik in der Region,
- Konzentration der Wirtschaftsförderungsmaßnahmen der EU, des Bundes und der Länder auf Wachstumskerne in der Metropolregion.

Literaturhinweise

Bundesministerium für Raumordnung, Bauwesen und Städtebau (Hrsg.): Raumordnungspolitischer Orientierungsrahmen – Leitbilder für die räumliche Entwicklung der Bundesrepublik Deutschland. Beschluss der Ministerkonferenz für Raumordnung vom 27.11.1992. – Bonn 1993

Bundesministerium für Raumordnung, Bauwesen und Städtebau (Hrsg.): Raumordnungspolitischer Handlungsrahmen. Beschluss der Ministerkonferenz für Raumordnung vom 8.3.1995. – Bonn 1995

Initiativkreis Metroplregionen (Hrsg.): Strategiepapier

Akademie für Raumforschung und Landesplanung: Strategien für Großstadtregionen im 21. Jahrhundert – Empfehlungen für ein Handlungsfeld von nationaler Bedeutung. In: Arbeitsmaterial, Nr. 309. – Hannover 2004

Bundesamt für Raumordnung und Bauwesen (Hrsg.): Die großräumigen Verflechtungen deutscher Metropolregionen. IzR-Themenheft Nr. 6/7.2002

## Metropolregion Hamburg - Pendlerverflechtungen

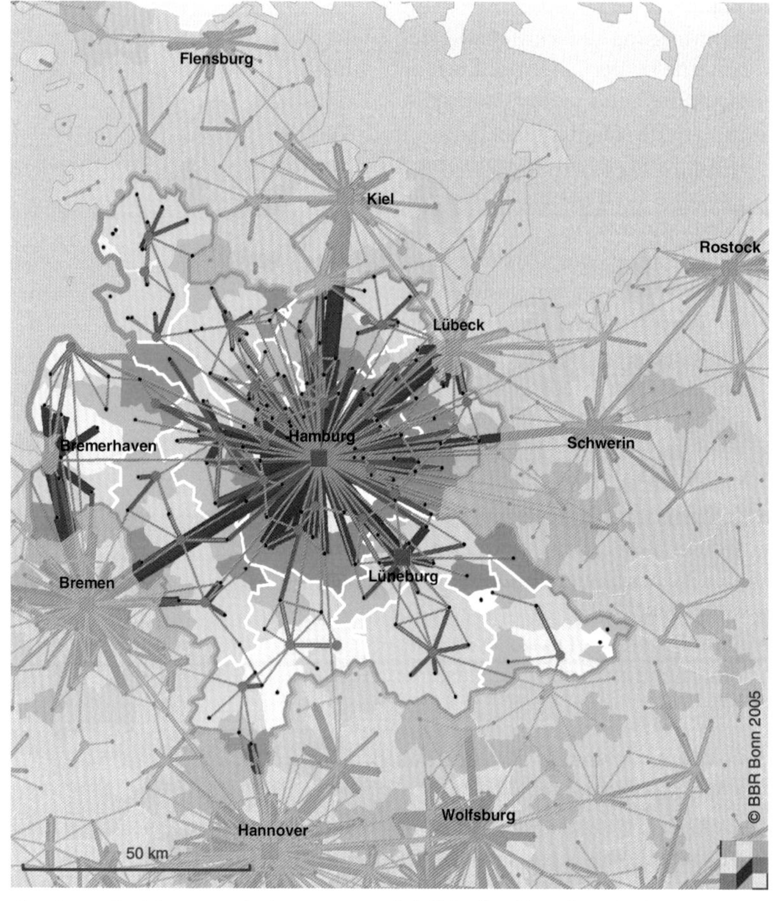


**Pendlerverflechtungen zwischen Gemeinden nach der Anzahl der Pendler 2003**

- 200 bis unter 500
- 500 bis unter 1 000
- 1 000 bis unter 2 000
- 2 000 und mehr

- Oberzentrum
- Mittelzentrum
- sonstige Gemeinde

**Anteil der Pendler mit mehr als 30 km Pendeldistanz an allen SV-Beschäftigten 2003 in %**

- bis unter 10
- 10 bis unter 20
- 20 bis unter 30
- 30 bis unter 40
- 40 und mehr

- Metropolregion Hamburg

Anmerkung:
Zur besseren Vergleichbarkeit werden die Daten auf der Ebene von Gemeinden und Gemeindeverbänden dargestellt (z.B. Ämter in Schleswig-Holstein, Samtgemeinden in Niedersachsen, Verbandsgemeinden in Rheinland-Pfalz, Verwaltungsgemeinschaften in Baden-Württemberg). Hier wird die Bezeichnung *Verbandsgemeinden* verwendet.

Verbandsgemeinden, Stand 30. 6. 2003
Quelle: Institut für Arbeitsmarkt- und Berufsforschung in der Bundesagentur für Arbeit
Datengrundlage: Pendlerverflechtungsmatrix 2003

**BEISPIEL: Metropolregion Hamburg**

Die Metropolregion Hamburg blickt auf eine fast 50-jährige Tradition der Gemeinsamen Landesplanung der Freien und Hansestadt Hamburg mit ihren Nachbarländern Niedersachsen und Schleswig-Holstein zurück.

Die freiwillige, seit 1996 „trilaterale" Kooperation in allen Fragen der ländergrenzenübergreifenden Planung und des Projektmanagements umfasst räumlich 14 (Land-)Kreise und die Hansestadt Hamburg (ca. 20 000 km²). Wesentliche Instrumente der Kooperation sind die beiden bilateralen Förderfonds für Infrastrukturprojekte (ca. 2,4 Mio. Euro pro Jahr), das Regionale Entwicklungskonzept aus dem Jahr 2000 sowie die Gremien der Metropolregion (Regionalkonferenz, Planungsrat/Regionsrat, Lenkungsausschuss mit Geschäftsstelle, Fach- und Projektarbeitsgruppen). Seit drei Jahren gibt die Geschäftsstelle die „metropolnews" heraus und informiert über wesentliche Aspekte der Arbeit.

Mit der 2003 eingeleiteten Reorganisation der Gremien und internen Arbeitsstrukturen sowie der inhaltlichen Konzentration auf die Kernthemen Wettbewerbsfähigkeit, Raumstruktur und Daseinsvorsorge vollzieht die Metropolregion aktuell eine erkennbare Neuorientierung. Dabei werden Kompetenzfelder der regionalen Wirtschaftstruktur („Stärken", „Cluster") und die internationale Ausrichtung der Kooperation in den Mittelpunkt der zukünftigen Zusammenarbeit gestellt.

Ein Kernpunkt der Reorganisation ist die stärkere Einbeziehung der kommunalen Ebene in die Verantwortung und Kostenträgerschaft der Zusammenarbeit (starke Repräsentanz der Kreise und der gemeindlichen Ebene im neu gebildeten Regionsrat, Mitfinanzierung der Geschäftsstelle durch die Kreise). An die Stelle des bisherigen informellen Arbeitsstabes tritt in Zukunft eine gemeinsame Geschäftsstelle mit den Hauptaufgaben Projektbegleitung, Öffentlichkeitsarbeit und Informationsmanagements.

Im Ergebnis vollzieht die Metropolregion Hamburg einen beispielhaften Prozess der „Neupositionierung" der Region im Kontext des internationalen Wettbewerbs und richtet ihre Strukturen am Modell der „Regional Governance" aus. Die Metropolregion Hamburg gewinnt auf diesem Wege Schlagkraft und Legitimation als strategische Instanz und kann über ihre trilateral besetzten und kommunal getragenen Gremien Impulse für die Raumentwicklung geben.

# 6.2 Suburbane Räume

Städte und ihre angrenzenden Nachbargemeinden haben durch die anhaltende *Suburbanisierung* der räumlich immer weiter ausgreifenden Stadt-Umland-Wanderung von privaten Haushalten und Unternehmen eine grundlegende Transformation erfahren. Im Umland sind, zum Teil fernab bestehender Zentraler Orte, eine Vielzahl neuer Baugebiete geringer Baudichte und neue Einkaufs- und Beschäftigungszentren entstanden. Verbesserte Mobilisitätsbedingungen, insbesondere des motorisierten Individualverkehrs, haben Menschen wie Unternehmen eine Standortwahl ermöglicht, die sie vor der negativen Seite städtischer Verdichtung verschont und gleichzeitig von deren positiver Seite profitieren lässt. Private Haushalte und Unternehmen ziehen als Wohn- und Betriebsstandorte vielfach nicht mehr die Kernstadt vor, sondern deren dünner besiedelte und weniger dicht bebaute Peripherie. So sind sie einerseits nah genug an den Zentren, um – dank guter Erreichbarkeiten – vom reichhaltigen Angebot städtischer Dichte auch weiterhin zu profitieren. Andererseits sind sie weit genug von der städtischen Ballung entfernt, sodass sie negative Dichteeffekte allenfalls in stark abgeschwächter Form tangieren. Für immer mehr Haushalte ist das Wohnen im suburbanen Raum bei gleichzeitiger Teilhabe am wirtschaftlichen und kulturellen Leben der Großstädte gelebte Realität. Ebenfalls profitieren viele Unternehmen mit Sitz im suburbanen Raum von dessen niedrigeren Standortkosten und seiner besseren Anbindungen an das Autobahnnetz. Gleichzeitig können sie aus der Nähe städtischer Arbeits- und Absatzmärkte Vorteile ziehen.

Die Bevorzugung suburbaner Standorte, die einen erwünschten Dichtenutzen zu minimalen Dichtekosten bieten, verschlechtert auf Dauer die Agglomerationsvorteile der Städte. Trotzdem möchten Haushalte wie Unternehmen, die ins Umland gewandert sind, aber auch in Zukunft vom vielfältigen Angebot der Städte profitieren. Je mehr Haushalte und Unternehmen allerdings ihrer Kosten-Nutzen-Rechnung folgen und ihre Standorte in den suburbanen Raum verlegen, desto unrealistischer wird dieses individuelle Ziel. Weder werden geschwächte Kernstädte langfristig in der Lage sein, gewünschte Agglomerationsvorteile zu erzeugen, noch wird ein hoch verstädterter suburbaner Raum seine ursprünglichen Qualitäten, niedrige Baulandpreise und eine attraktive Freiraumversorgung, unter Bedingungen anhaltenden Siedlungsdrucks bewahren können. Durch rationale, individuelle Standortentscheidungen droht ein kollektiver Schaden, den keiner seiner Verursacher so gewollt hat. Damit sich dieses soziale und räumliche Dilemma in Zukunft nicht weiter verstärkt, ist eine raumordnerische Gestaltungspolitik erforderlich, die die Kernstädte und die Gemeinden im suburbanen Raum gleichermaßen in eine integrierten Problemlösung einbezieht.

## Räumliche Ausdehnung der Suburbanisierung

Als *suburbaner Raum* wird jenes Gebiet definiert, das außerhalb der Kernstadtgrenzen liegt, durch verkehrliche Verflechtung aber noch in einem engen Beziehungsverhältnis zur Kernstadt steht. Zusammen mit der Kernstadt bildet der suburbane Raum eine *Stadtregion*. Eine bundesweite flächendeckende Abgrenzung der Stadtregionen in Deutschland ist sehr schwierig, müssen doch vielfältigste Verflechtungen zwischen Gemeinden berücksichtigt werden, die bundesweit kaum abbildbar sind. Die Bildung von Stadtregionen ist aber nicht nur ein Resultat von territorialer Arbeitsteilung und räumlicher Verflechtung, sondern auch ein politischer Prozess, in dem Kernstädte und Umlandgemeinden zu neuen Zusammenarbeitsformen finden und regionale Entscheidungsstrukturen sich etablieren (Beispiel: Regionalisierungsprozesse und die Bildung der Region Hannover, siehe Kapitel 7: „Bundesraumordnung").

Um dennoch – bundesweit vergleichend – eine Vorstellung über die Herausbildung stadtregionaler Verflechtungsmuster zu erhalten und ein Bild von der Ausdehnung des suburbanen Raumes in Stadtregionen zu gewinnen, kann eine Analyse der *Berufspendlerverflechtung* sozialversicherungspflichtig Beschäftigter und der *Wanderungsverflechtungen* von privaten Haushalten zwischen Gemeinden Hinweise geben. Als Kernstädte von Stadtregionen werden hier – beispielhaft – die größeren Städte mit über 100 000 Einwohnern betrachtet.

### Pendler in Kernstädte

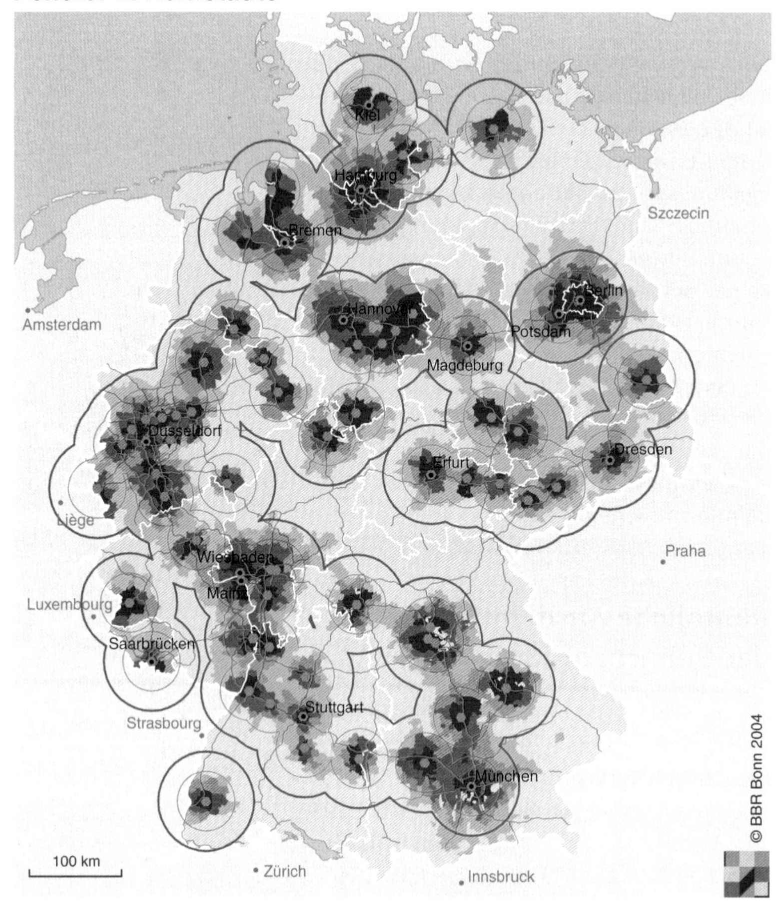


**Anteil der Auspendler in 69 ausgewählte Kernstädte an allen sozialversicherungspflichtig Beschäftigten am Wohnort 2003 in %**

Verbandsgemeinden, Stand 30. 6. 2003
Quelle: Institut für Arbeitsmarkt- und Berufsforschung in der Bundesagentur für Arbeit
Datengrundlage: Pendlerverflechtungsmatrix 2003

Anmerkung:
Zur besseren Vergleichbarkeit werden die Daten auf der Ebene von Gemeinden und Gemeindeverbänden dargestellt (z.B. Ämter in Schleswig-Holstein, Samtgemeinden in Niedersachsen, Verbandsgemeinden in Rheinland-Pfalz, Verwaltungsgemeinschaften in Baden-Württemberg). Hier wird die Bezeichnung *Verbandsgemeinden* verwendet.

Die Ausdehnung der Pendlereinzugsbereiche der Kernstädte ist darstellbar über die Pendler in Kernstädte. Die Intensität – dieser in der Zentrenhierarchie aufwärts gerichteten – Pendlerströme sind ein Indiz für arbeitsmarktorientierte Kernstadt-Umlandverflechtungen. An die Kernstadt grenzt die Zone des inneren Pendlereinzugsbereichs an, in der mehr als 50 % der sozialversicherungspflichtig Beschäftigten in die Kernstadt zu ihrem Arbeitsplatz pendeln. Dies entspricht dem *engeren suburbanen Raum*. Es handelt sich in der Regel um die direkt an die Kernstadt angrenzenden Nachbargemeinden. Die Gemeinden dieses Bereichs sind mit der Kernstadt sehr stark verflochten und weisen bereits eine ähnlich hohe Bevölkerungsdichte auf. Ihre wirtschaftliche und bauliche Struktur weist weitgehend städtische Merkmale auf. Der engere suburbane Raum liegt bei allen betrachteten Kernstädten fast ausschließlich innerhalb eines 30-km-Radius um den Gemeindemittelpunkt der Kernstadt. Der anschließende äußere Pendlereinzugsbereich kann als *weiterer suburbaner Raum* bezeichnet werden und markiert den allmählichen Übergang des städtischen Umlandes in die dünner besiedelten, peripheren Regionen. Die Pendlerbeziehungen zum Kerngebiet sind in dieser Umlandzone weniger stark ausgeprägt. Dieser weitere suburbane Raum liegt – mit wenigen Ausnahmen – komplett innerhalb eines 50-km-Radius um die Gemeindemittelpunkte der Kernstädte.

## Suburbanisierungsprozess

„Suburbanisierung" kennzeichnet einen Prozess, der die Raumentwicklung der Vergangenheit in Westdeutschland schon lange prägt und in Ostdeutschland seit der Wiedervereinigung zu wirken beginnt. Es ist absehbar, dies verdeutlichen nicht nur ausländische Trends, dass die Suburbanisierung auch für die zukünftige Raumentwicklung ein wichtiger Faktor der Raumentwicklung bleiben wird. Die folgenden Darstellungen dieses Suburbanisierungsprozesses basieren unter anderem auf den Analyseergebnissen an anderer Stelle dieses Berichtes (siehe insbesondere Kapitel 3: „Trends der Raumentwicklung") sowie einer eigens zur Analyse der „siedlungsstrukturellen Veränderungen im Umland von Agglomerationsräumen" vergebenen Studie im Rahmen der Ressortforschung des Bundesministeriums für Verkehr, Bau- und Wohnungswesen (BMVBW) (siehe Siedentop et al. 2003).

Durch anhaltende *Umlandwanderungen* kommt es zu einer regionalen Dekonzentration. Die ehemals in den städtischen Zentren konzentrierte Bevölkerung verteilt sich mehr und mehr in der gesamten Stadtregion. Zur Folge hat dies eine sinkende Bevölkerungsdichte in den Städten, während die Dichte im suburbanen Raum nach oben weist. So wird der suburbane Raum im Laufe der Zeit von immer mehr Menschen bevölkert, die ursprünglich in den Städten ihren Wohnort hatten. In den meisten Stadtregionen lebten im Jahr 2002 bereits mehr Menschen in den suburbanen Räumen (ca. 60 %) als in den Kernstädten (ca. 40 %).

**In vielen Stadtregionen leben mehr Menschen in suburbanen Räumen als in den Kernstädten**

Bereits Jahrzehnte anhaltende Suburbanisierungstendenzen haben in Westdeutschland dazu geführt, dass die Bevölkerung der noch ländlich geprägten, peripheren Räume einen hohen Anteil von Zuwanderern aus Kernstädten aufweist. Betrachtet man allein die Jahre 1998 bis 2001, so wird deutlich, dass sehr großflächige Gebiete in Westdeutschlands außerhalb der Kernstädte von der Stadt-Umland-Wanderung profitieren konnten. Allerdings zeigen sich auch in Westdeutschland immer noch stärkere Konzentrationen der Zuwanderung im engeren suburbanen Raum, wenngleich dieser Effekt bereits weniger intensiv zu spüren ist als in Ostdeutschland. Aufgrund der erst vor kurzem einsetzenden Suburbanisierung sind in Ostdeutschland die peripheren, ländlichen Räume bisher noch kein signifikantes Zielgebiet der Abwanderung aus Kernstädten. Vielmehr beschränkt sich hier der Bevölkerungszuwachs auf die direkt an die Kernstädte angrenzenden Umlandgemeinden, während die peripheren Gebiete weiterhin Einwohner verlieren. Auch im Brandenburger Teil des Umlands von Berlin hat sich bisher erst ein schmaler suburbaner Gürtel herausbilden können. Der flächenhaftere Eindruck eines hohen Anteils der Zuwanderer aus Kernstädten in der Karte geht hier einzig und allein auf den Kreisbezug der Daten zurück. Da Brandenburg in mehrere tortenstückartig zugeschnittene Landkreise eingeteilt wurde, die in jedem Fall vom Berliner Stadtgebiet bis an die äußeren Grenzen Brandenburgs reichen, kann der engere suburbane Gürtel nicht vergleichbar genau abgebildet werden wie im Umland von Leipzig, Dresden, Magdeburg oder Rostock.

In jedem Fall war ein Bevölkerungs- und Beschäftigtenwachstum im suburbanen Raum sowohl in West- wie in Ostdeutschland nur deshalb möglich, weil es im Vorlauf, auf bisher nicht baulich genutzten Freiräumen, zu umfangreicher Neubau-

## Zuwanderer aus Kernstädten

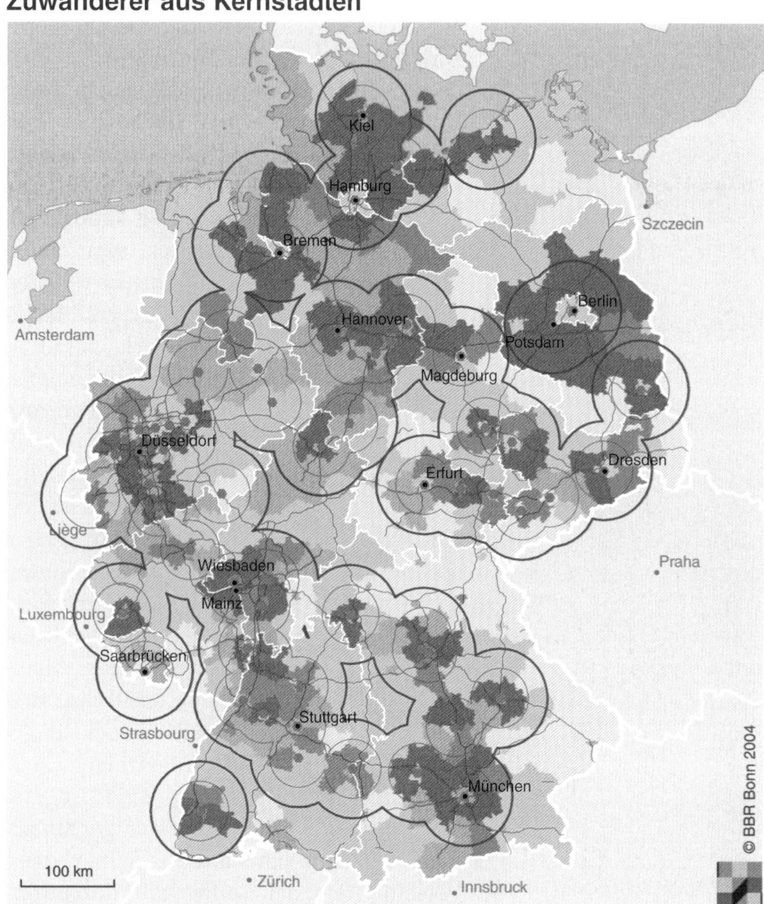


**Zuwanderer aus 69 ausgewählten Kernstädten in den Jahren 1997 bis 2000 je 1 000 Einwohner 2001**

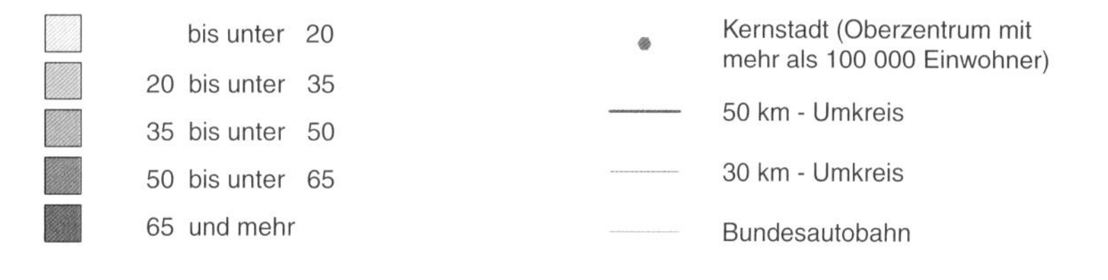


Kreise, Stand 31. 12. 2000
Quelle: Laufende Raumbeobachtung des BBR
Datengrundlage: Wanderungsstatistik des Bundes und der Länder

tätigkeit von Gewerbegebieten, Einkaufszentren, Mehrgeschosswohnungsbau und Ein- und Zweifamilienhäusern gekommen ist. Mit voranschreitender Suburbanisierung erhöht sich daher nicht nur die Bevölkerungs- und Beschäftigtendichte im Umland der Städte, auch der Anteil der Siedlungs- und Verkehrsfläche an der Gesamtfläche des städtischen Umlands nimmt kontinuierlich zu.

Im Zuge seiner fortschreitenden *Urbanisierung* verliert der suburbane Raum so mehr und mehr den Charakter ländlich geprägter Siedlungen und gewinnt ein städtisches Erscheinungsbild, ohne allerdings in Bezug auf Bebauungsformen und Flächennutzungsmuster den Städten selbst zu gleichen. Schritt für Schritt bildet sich in ihrem Umland eine *neuartige Siedlungsstruktur* heraus. Als lockerer Wechsel von Freiräumen und Siedlungen gleicht der suburbane Raum eher einer verstädterten Landschaft, einem Patchwork, gebildet aus einem Nebeneinander von landwirtschaftlichen Nutzflächen, Gewerbegebieten, großflächigen Einkaufszentren, Wäldern, Straßen- und Bahnkorridoren und Wohngebieten mit Einfamilienhäusern oder zeilenförmigen Mehrgeschosswohngebäuden bebaut. Das Siedlungsflächenwachstum ereignet sich allerdings in der Regel nicht isoliert von bereits bestehenden Bebauungen in der freien Landschaft. Vielmehr erweiterten bereits existierende Siedlungen durch bauliche Anlagerung an traditionelle Dorflagen und Stadterweiterung historischer Klein- und Mittelstädte ihre Siedlungsfläche. Aber auch in der offenen Landschaft, in enger Nachbarschaft zu leistungsfähigen Verkehrsknoten und Straßen, sind isolierte Gewerbegebiete und großflächige Einzelhandelszentren entstanden. Durch diese Verstädterung der Landschaft durchdringen sich Freiraum und Siedlung engmaschig, und an die Stelle der ländlich geprägten städtischen Peripherie ist ein Siedlungsarchipel getreten, dessen einzelne Inseln durch linienhafte, technische Infrastrukturen miteinander zu einem Netz verbunden sind. Kernstadt und angrenzender suburbaner Raum existieren somit nicht isoliert von einander, sondern bilden, räumlich wie funktional, ein verflochtenes Beziehungsnetzwerk, das seit dem Erscheinen des gleichnamigen Buches von Thomas Sieverts Ende der 1990er Jahre als „Zwischenstadt" bezeichnet wird.

## Neuartige Siedlungsstruktur im suburbanen Raum

Die Suburbanisierung ist in den alten Ländern bereits weiter fortgeschritten als in den neuen Ländern. In Westdeutschland prägen Suburbanisierungsprozesse seit den 1960er Jahren die Pfade regionaler Siedlungsentwicklung, während vergleichbare Dekonzentrationsprozesse in Ostdeutschland erst zu Beginn der 1990er Jahre eingesetzt haben.

**Verdichtungsprozesse in Umlandräumen**

In den alten Ländern hat die bauliche Verdichtung der Gemeinden in direkter Nachbarschaft der Kernstädte mittlerweile ein ähnliches Niveau erreicht, wie es ursprünglich nur in Städten anzutreffen war. Aufgrund der anhaltenden Siedlungsflächenexpansion im engeren suburbanen Raum sind hier die Möglichkeiten einer Fortsetzung des Wachstumskurses immer deutlichere Grenzen gesetzt. Als Folge sind die Grundstückspreise stark angestiegen, oft bereits mit denen städtischer Lagen vergleichbar, und attraktive, preisgünstige Bauplätze für den individuellen Einfamilienhausbau oder für großflächige Gewerbegebietsentwicklungen sind nur noch selten zu haben. Die enormen Preissteigerungen machen es daher nur noch wenigen Haushalten möglich, ihren Umzug in den engeren suburbanen Raum mit der Bildung von Eigentum zu verbinden. Je weiter der *Umlandverdichtungsprozess* voranschreitet, desto größer wird folglich auch der Anreiz, bei Standortverlagerungen tiefer in die Peripherie der Stadtregionen vorzudringen. Bildhaft gesprochen rutschen die Standortsuchenden so lange am Kernstadt-Umland-Gefälle der Dichtekostenkurve hinab, bis Standortangebote angetroffen werden, die sowohl mit ihrer Präferenzordnung als auch ihrem Haushalts- bzw. Investitionsbudget vereinbar sind. Die individuellen Kosten-Nutzen-Rechnungen von Unternehmen und Haushalten fallen so zugunsten von Immobilien im peripheren Umland und zuungunsten städtischer Standorte aus. Der Schwerpunkt der Bautätigkeit hat sich im zeitlichen Verlauf des Suburbanisierungspfades immer weiter vom kernstädtischen Zentrum entfernt und in das bisher nicht städtisch geprägte Umland verschoben.

Betrachtet man das relative Wachstum, so wachsen die Gemeinden des engeren suburbanen Raumes mit deutlich niedrigeren Raten als die Gemeinden des weiteren suburbanen Raumes. Vergleicht man allerdings das absolute Niveau, sind es immer noch die Gemeinden im engeren suburbanen Raum mit den größten Zuwächsen. Etwa drei Viertel des Bevölkerungszuwachses im gesamten Agglomerationsraum Deutschlands entfiel in den 1990er Jahren auf den engeren suburbanen Raum. Ein Übergang des absoluten Wachstumsschwerpunktes in den weiteren suburbanen Raum und die dünn besiedelten, peripheren Räume ist weder in Westdeutschland noch in Ostdeutschland nachweisbar. Vielmehr konzentrieren sich die absolut höchsten Zuwächse der Bevölkerung, der Bautätigkeit, der Beschäftigung und des Siedlungs- und Verkehrsflächenzuwaches im engeren Umland der Kernstädte. Die Standortvorteile dieses Raumes sind denen der Peripherie noch immer überlegen. Die Vorteile kostengünstiger, peripherer Baustandorte können scheinbar nur für eine kleine Gruppe von Standortnachfragern die Nachteile langer Distanzen der Raumüberwindung kompensieren.

### Räumlich selektive Einkommensentwicklung

Die Persistenz sozial selektiver Stadt-Umland-Wanderungen haben ein *Einkommensgefälle* zwischen städtischen und suburbanen Räumen etabliert. Lebten und arbeiteten vor einigen Jahrzehnten die gut verdienenden Teile der Bevölkerung noch überwiegend in Städten, sind hier heute nur noch die wertschöpfungsintensiven Arbeitsplätze verblieben, während viele Empfänger der überdurchschnittlich guten Einkommen in den suburbanen Raum abgewandert sind. So hat sich in den Kernstädten nicht nur ein Verlust von Kaufkraftpotenzialen ereignet, auch das städtische Lohnsteueraufkommen litt erheblich unter dem Schwund wohlhabender Haushalte. Im Laufe der Zeit hat sich in vielen Stadtregionen der Anteil der Haushalte mit überdurchschnittlich guten Einkommen in den engeren suburbanen Räumen erheblich erhöht. Mittlerweile können in den Umlandgemeinden, die bis ca. zehn Kilometer von den Kernstadtgrenzen entfernt sind, die höchsten durchschnittlichen Pro-Kopf-Einkünfte der gesamten Stadtregion nachgewiesen werden.

**Höchste Pro-Kopf-Einkommen im engeren suburbanen Raum**

Die selektive Wanderung von Besserverdienenden hat am Rande der meisten größeren Städte zur Bildung eines *Wohlstandsgürtels* geführt. Da Wohlstandszuwächse zu einer Vergrößerung der Wohnfläche pro Person führen, weisen die wohlhabenden suburbanen Räume vorrangig eine Ein- und Zweifamilienhausbebauung auf. Gegenüber den Kernstädten ist ihre Bebauungsdichte und Bevölkerungsdichte deshalb erheblich niedriger.

In den Kernstädten kumulieren hingegen die armen Teile der Bevölkerung. So ist der Anteil der Ausländer, der Sozialhilfeempfänger und der Alleinerziehenden unterhalb der Armutsschwelle, aber auch das allgemeine Niveau der Arbeitslosigkeit in den Kernstädten größer als in deren Umland. Zwar werden zunehmend auch die reiferen suburbanen Räume von den Folgen anhaltender Arbeitsmarktschwäche und Dauerarbeitslosigkeit getroffen, der ungebrochene Trend räumlich disparater Einkommensverteilung lässt allerdings eher eine weitere Verschärfung des Wohlstandsgefälles zwischen Kernstädten und benachbarten suburbanen Räumen befürchten. In den Umlandräumen sind die Wachstumsraten der Einkommen immer noch deutlich höher. Der Vorsprung des suburbanen Raumes wird sich somit zukünftig eher vergrößern.

In den neuen Ländern ist die Einkommensverteilung zwischen suburbanem Raum und Kernstädten noch nicht so ausgeprägt wie in den alten Ländern. Die Folgen des wirtschaftlichen Strukturwandels und der Stadt-Umland-Wanderung haben hier noch nicht den Anteil der Armen und Sozialhilfeempfänger in den Städten auf ein Niveau wachsen lassen, wie es bereits in vielen strukturschwachen städtischen Räumen Westdeutschlands erreicht wird. Auffällig ist allerdings, dass die durchschnittlichen Einkommen in den ostdeutschen Stadtregionen immer noch deutlich unterhalb der Werte westdeutscher Stadtregionen liegen.

### Beschäftigungssuburbanisierung

Der kontinuierliche Aufstieg des suburbanen Raumes, sein zunehmender Reichtum und seine nicht zu übersehende Anreicherung auch mit hochwertigen Arbeitsplätzen haben die Vermutung genährt, der suburbane Raum hätte sich bereits wirtschaftlich von den Kernstädten abgekoppelt. Diese nicht nur von selbstbewussten Umlandgemeinden – vorgetragene Einschätzung – steht allerdings im Widerspruch zu den Verhältnissen in den 1990er Jahre und wird auch nicht durch Entwicklungen gestützt, die sich Ende der 1990er Jahre bemerkbar machten.

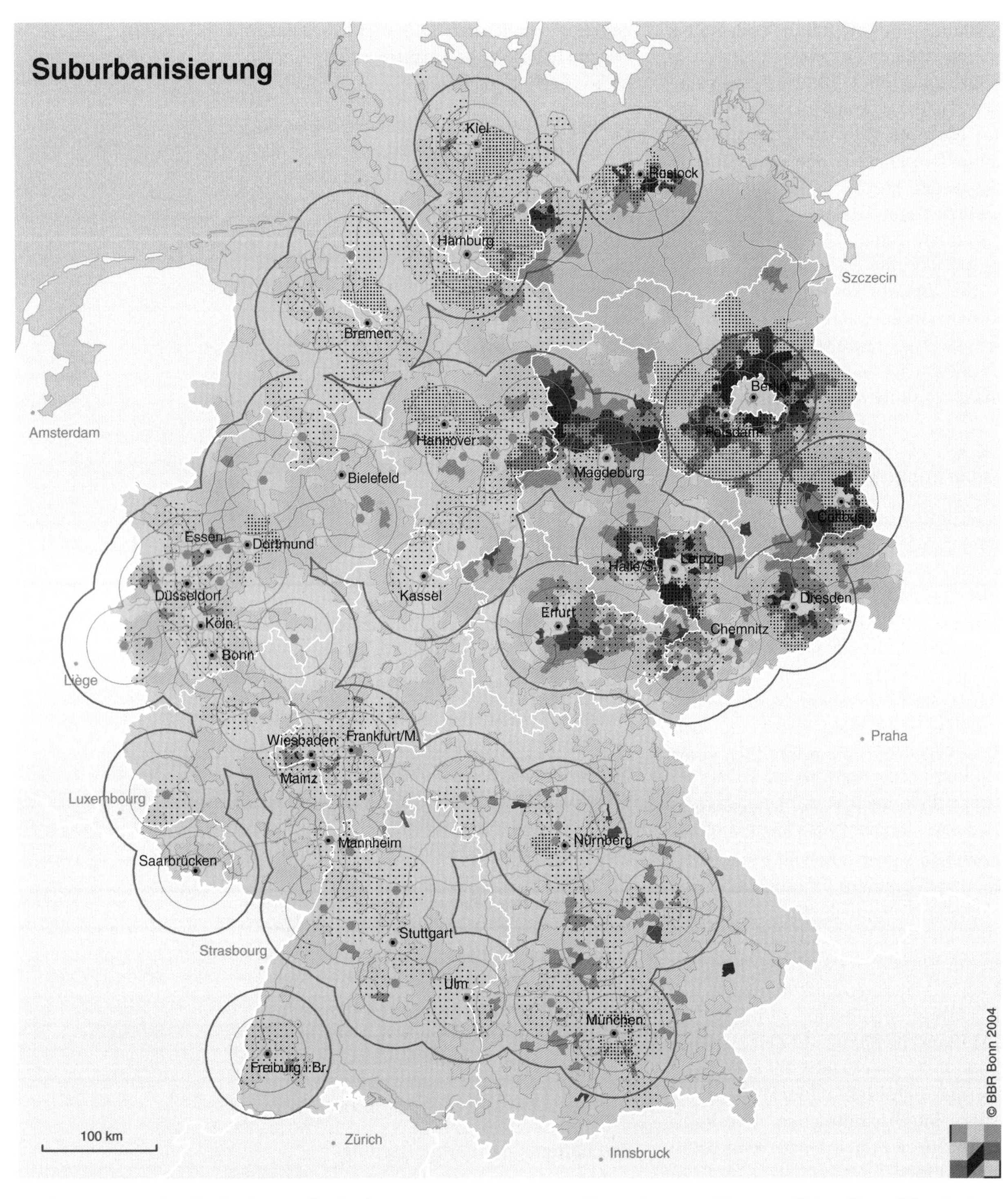


**Veränderung des Anteils der Auspendler in eine von 69 ausgewählten Kernstädten an allen sozialversicherungspflichtig Beschäftigten am Wohnort 1996 bis 2003 in Prozentpunkten**

- Abnahme bzw. nur geringe Zunahme bis 1
- Zunahme um 1 bis unter 4
- Zunahme um 4 bis unter 7
- Zunahme um 7 bis unter 10
- Zunahme um 10 und mehr

**Zuwanderer aus 69 ausgewählten Kernstädten in den Jahren 1997 bis 2000 je 1 000 Einwohner 2001**

- überdurchschnittlich (50 bis unter 100)
- stark überdurchschnittlich (100 und mehr)

- Kernstadt (Oberzentrum mit mehr als 100 000 Einwohner)
- 50 km - Umkreis
- 30 km - Umkreis
- Bundesautobahn

Verbandsgemeinden, Stand 31. 6. 2003 bzw. Kreise, Stand 31. 12. 2000
Quelle: Laufende Raumbeobachtung des BBR
Datengrundlagen: Daten der Pendlerverflechtungen des Instituts für Arbeitsmarkt- und Berufsforschung in der Bundesanstalt für Arbeit; Wanderungsstatistik des Bundes und der Länder

Betrachtet man den Zeitraum von 1996 bis 2003, so fällt auf, dass die Kernstädte in Ostdeutschland als Beschäftigungszentren immer noch einen deutlichen Bedeutungsüberschuss gegenüber dem suburbanen Raum und den ländlich, peripheren Regionen aufweisen. Die im Vergleich zu Westdeutschland hier festzustellende hohe Zunahme des Anteils der *Auspendler in Kernstädte*, von der fast alle Gebiete außerhalb der ostdeutschen Städte betroffen sind, findet seine Erklärung nicht in Wanderungsgewinnen des ländlichen Raumes. Der Grund ist vielmehr in den gravierenden Arbeitsmarktproblemen Ostdeutschlands. Unter diesen Bedingungen geben viele Menschen ihren Wohnsitz nicht auf, sondern nehmen zum Teil lange Pendelwege in die städtischen Beschäftigungszentren in Kauf, um einen Arbeitsplatz zu finden.

**Hohe Zunahme der Auspendler in Kernstädte in Ostdeutschland**

Die im Vergleich zu westdeutschen Verhältnissen sehr hohen Zunahmen der Auspendleranteile in Kernstädte im engeren suburbanen Raum der ostdeutschen Zentren erklärt sich dadurch, dass hier die Suburbanisierung der Beschäftigung nicht ein ähnlich hohes Niveau erreicht hat, wie es Ende der 1990er Jahre bereits in vielen Stadtregionen der alten Länder angetroffen werden konnte. Die ins Umland gezogenen ehemaligen Kernstadtbewohner haben ihren Arbeitsplatz in der Stadt gelassen. Räume mit hohem Anteilszuwachs der Auspendler in Kernstädte decken sich daher mit den Gebieten einer hohen Zuwanderung aus Kernstädten. Demgegenüber deutet sich in Westdeutschland eine gewisse Emanzipation ländlicher Arbeitsmärkte von städtischen Beschäftigungszentren und Autonomiegewinne suburbaner Beschäftigungsmärkte ab. Sehr auffällig ist beispielsweise, dass große Teile des noch ländlich geprägten Raumes in Westdeutschland von 1996 bis 2003 nur sehr geringe Zunahmen, wenn nicht sogar Abnahmen des Anteils der Auspendler in Kernstädte verzeichnen konnten. Auch sind hier nicht die Gebiete mit hoher Zuwanderung aus Kernstädten identisch mit den Räumen, die eine hohe Zunahme des Anteils der Auspendler in Kernstädte realisiert haben. Diese Entwicklung deutet nicht nur auf die wachsende Bedeutung des suburbanen Raums als Ort der Beschäftigung hin, sondern lässt auch vermuten, dass die stadtnahen ländliche Räume zu einer ökonomisch selbst tragenden Entwicklung gefunden haben.

### Perspektiven der Suburbanisierung

Anhaltende Suburbanisierung hat die Kernstädte erheblich geschwächt. Von ihrer Auflösung oder ihrem Verschwinden zu sprechen, würde allerdings ihrer heutigen Situation nicht gerecht werden. Spätestens seit 1998 deutet sich eine Erholung der Städte an. In den alten wie in den neuen Ländern hat sich diese *Trendänderung* mittlerweile verstetigt. Suburbanisierungsprozesse scheinen aufs Erste gebremst. In einzelnen Fällen wird daher bereits von einer Reurbanisierung, einer Renaissance der Städte gesprochen. Das erneute Erstarken der städtischen Zentren betrifft allerdings noch nicht alle Kernstädte und die verschiedenen Dimensionen der Suburbanisierung gleichermaßen. Bisher beziehen sich die positiven Zeichen einer Trendänderung in erster Linie auf die Entwicklung der Bevölkerung und der Beschäftigung. Auch wurden die neuen Länder nicht im selben Umfang wie die alten Länder von dieser Entwicklung erfasst. Vor allem in den strukturschwachen, peripheren Räumen und altindustrialisierten Gebieten in Ostdeutschland weist die Entwicklung der Kernstädte – trotz Zeichen der Erholung – von ihrer Tendenz immer noch nach unten.

**Suburbanisierungstrend schwächt sich ab**

In Westdeutschland kann seit 1998 ein kontinuierlicher Bevölkerungszuwachs vieler Kernstädte beobachtet werden. Auch die Intensität der Stadt-Umland-Wanderung hat sich verringert, sodass in Westdeutschland Großstädte seit 2000 sogar einen positiven Bevölkerungssaldo feststellen können. Der Dekonzentrationsprozess der Bevölkerung auf der Ebene der Stadtregionen hat sich in Westdeutschland abgeschwächt.

Auch bei der *Beschäftigungsentwicklung* ist der jahrelang dominierende Erfolgskurs des suburbanen Raumes in den alten Ländern einem Aufschwung der Städte gewichen. Mittlerweile wächst die Beschäftigung in westdeutschen Großstädten auf einem höheren Niveau als der engere suburbane Raum, der noch in den 1990er Jahren als eigentlicher Gewinner der Erwerbstätigenentwicklung galt. Überregionale Dienstleistungen, wie Finanz- und Beratungsdienste, Medien und Tourismus, konnten als Träger dieses städtischen Aufschwungs identifiziert werden. Diese Branchen wachsen um ein Vielfaches schneller als die Wirtschaft insgesamt. Traditionell weisen Unternehmen dieser Branchen eine starke Bindung an städtische Standorte auf, weshalb aktuell vor allem die großen westdeutschen Kernstädte überproportional von ihrem Wachstum profitieren. Die Krise der „New Economy", die in den ersten Jahren des neuen Jahrtausends so gravierend die Großstädte, als bedeutendste Standorte der Internetwirtschaft, getroffen hatte, scheint überwunden.

Betrachtet man allerdings den sekundären Sektor, so zeigen sich die Schattenseiten der wirtschaftlichen Entwicklung der Kernstädte. Die westdeutschen Kernstädte verlieren unaufhaltsam ihre industrielle Basis. Warenproduktion findet in Städten immer seltener statt. Ein zukünftiges städtisches Beschäftigungswachstum ist somit nur bei fortgesetzter Tertiarisierung der Wirtschaft zu erwarten.

In Ostdeutschland hat sich gegen Ende der 1990er Jahre in einigen Stadtregionen sogar ein *Trendbruch* ereignet, mit dem vor kurzem noch kein Prognostiker gerechnet hätte. Allenfalls eine Dämpfung der Suburbanisierungsintensität hatte man erwartet. Doch gegen 1997 konnten im engeren Umland ostdeutscher Kernstädte vom Wachstum verwöhnte Gemeinden nur noch in vereinzelten Fällen eine positive Bevölkerungsentwicklung verzeichnen. Immer mehr Kommunen wurden von negativer Bevölkerungsentwicklung erfasst, sodass der suburbane Raum in Ostdeutschland seit 2000 eine negative demographische Entwicklung erlebt. Gleichzeitig konnten einige Kernstädte ihre Bevölkerung stabilisieren, auch wenn die meisten immer noch mit einem Rückgang der Bevölkerung, wenn auch auf niedrigerem Niveau als in den 1990er Jahren, zu kämpfen haben. In manchen Fällen erlebten einzelne Städte durch Eingemeindung sogar wieder ein kurzfristiges Wachstum. Vorrangig sind die Oberzentren Gewinner dieses Trends zurück in die Städte, während fast alle Mittelzentren weiterhin auf der Verliererseite stehen. Der Schrumpfungsprozess ihrer Bevölkerungsbasis setzt sich ohne Erholungsphase stetig weiter fort.

Ein zentraler Grund für erste Reurbanisierungsansätze in den neuen Ländern ist in der zunehmenden Attraktivität des Wohnens in der Stadt zu sehen. Die umfangreiche Modernisierungstätigkeit und die zahlreichen Maßnahmen der Stadterneuerung haben das Wohnumfeld vor allem der Gründerzeitviertel nicht nur in qualitativer Hinsicht erheblich aufgewertet, sondern auch quantitativ zu einer Verbesserung des Wohnungsangebotes geführt. Das zeitliche Zusammentreffen eines ausgeweiteten, attraktiven Wohnungsangebotes im städtebaulichen Bestand, mit einer rückläufigen Wohnungsnachfrage, bedingt durch den dramatischen Bevölkerungsschwund der 1990er Jahre, hatte drastisch sinkende Mieten zur Konsequenz. Diese einmalige Konstellation bedeutet für viele Städte eine erste Rettung aus der Dauerkrise. Die Attraktivität des Wohnens im Umland der Städte verlor so immer mehr ihre Grundlage. Bei niedriger Wohnungsknappheit, einem attraktiven Wohnungsangebot zu günstigen Mietkonditionen, hat kaum noch jemand einen Anlass, seinen Wohnstandort in das Umland zu verlegen. So wurde nicht nur die Stadt-Umland-Wanderung gebremst, es setzte auch eine signifikante Rückwanderungen vom Umland in die Städte ein. Vor allem junge Personen, die ihre berufliche Ausbildung oder ein Studium beginnen, wanderten verstärkt in die städtischen Zentren.

## Erste Fälle von Reurbanisierung

In den Städten sind vorrangig die urbanen, gründerzeitlichen Wohnquartiere Zielgebiete der Außen- wie der Binnenwanderungsströme. Gleichzeitig geraten viele Plattenbaugebiete in den Städten mehr und mehr in die Krise. Wo selbst umfangreiche Modernisierungsmaßnahmen nicht zu einer erfolgreichen Aufwertung als Wohnstandort geführt haben, sind Plattenbaugebiete gravierend vom Wegzug und Wohnungsleerstand betroffen. Innerhalb der ostdeutschen Städte ist die Bevölkerungsentwicklung von Quartier zu Quartier folglich sehr ungleich ausgeprägt.

Selbst die deutliche Aufwertung des Wohnumfelds und die Verbesserung des Wohnungsangebotes konnte in vielen Städten Ostdeutschlands, vor allem den Mittelzentren, keine Trendwende bei der Bevölkerungsentwicklung einleiten. Betrachtet man Ostdeutschland im räumlichen Zusammenhang, so stehen vereinzelte Inseln mit stabiler bis leicht wachsender Bevölkerung einem demographisch weiter schrumpfenden Raum gegenüber. Reurbanisierungstendenzen einiger ostdeutscher Kernstädte werden bei der zu erwartenden Fortsetzung dieses demographischen Schrumpfungspfades auf längere Sicht wohl nur eine kurze Episode bleiben.

In Ostdeutschland hat sich die Beschäftigungslage in den Kernstädten ebenfalls erholt. Ein positives Wachstum ist hier allerdings noch nicht feststellbar. Die Kernstädte verlieren immer noch Beschäftigung, seit 1997 allerdings mit einer sich kontinuierlich verringernden Intensität. Im Vergleich mit dem suburbanen Raum verläuft die Entwicklung der Beschäftigung in den Kernstädten allerdings erheblich positiver. In den Jahren von 1997 bis 2002 prägt ein Stadt-Land-Gefälle die Beschäftigtenentwicklung. Die Zahl sozialversicherungspflichtig Beschäftigter in den ostdeutschen Kernstädten ist in dieser Zeit um ca. 4 % zurückgegangen, im engeren suburbanen Raum, der sich von den Kernstadtgrenzen bis ca. 20 km ins Umland erstreckt, um ca. 8 %. Je weiter man sich von den Kernstädten in die peripheren Räume Ostdeutschlands bewegt, desto gravierender macht sich der Beschäftigungsrückgang bemerkbar. So hat sich der Beschäftigungsbestand im weiteren suburbanen Raum, der zwischen 20 bis 60 km von der nächsten Kernstadt entfernt liegt, von 1997 bis 2002 um ca. 9 % und im peripheren Raum, der über 60 km außerhalb der nächsten Kernstadt verortet ist, um sogar 11 % reduziert.

## Raumordnerischer Handlungsbedarf zur Gestaltung suburbaner Räume

In den alten wie in den neuen Ländern sind suburbane Räume heute Realität. Ihre Existenz als Element der Raumstruktur ist zu akzeptieren. Man wird die Entwicklung nicht zurückdrehen können. Energie sollte daher vorrangig auf die Möglichkeiten seiner Weiterentwicklung verwendet werden. Welche Chancen bieten sich unter den zukünftig wahrscheinlichen demographischen, wirtschaftlichen und technologischen Rahmenbedingungen für eine aktive Gestaltungspolitik des suburbanen Raumes?

### Umfang baulicher Flächeninanspruchnahme treffsicher begrenzen

Soll das ambitionierte Ziel der Bundesregierung, das Siedlungs- und Verkehrsflächenwachstum bis 2020 auf 30 ha pro Tag zu begrenzen, auch in den Stadtregionen umgesetzt werden, bedeutet dies zukünftig eine drastische Einschränkung der Möglichkeiten einer baulichen Freirauminanspruchnahme, insbesondere in suburbanen Räumen. Gefordert ist vorrangig die Raumordnung. Sie hat mit ihren Instrumenten auf eine nachhaltige Raumentwicklung hinzuwirken, bei der die sozialen und wirtschaftlichen Ansprüche an den Raum mit seinen ökologischen Funktionen in Einklang stehen und eine dauerhafte, großräumig ausgewogene Ordnung ergeben. Als koordinierende Instanz muss die Raumordnung zur Umsetzung des 30-ha-Reduktionsziels vorrangig ihr mengensteuerendes Instrumentarium optimieren (siehe Kapitel 7: „Beiträge der Raumordnung zur nationalen Nachhaltigkeitsstrategie“).

### Baulichen Flächenbedarf durch städtebauliche Innenentwicklung befriedigen

Auch zukünftig ist davon auszugehen, dass eine Verbesserung des allgemeinen Wohlstandsniveaus bei den privaten Haushalten zu einer weiteren Steigerung ihres Flächenbedarfs für Wohnen und Freizeit führen wird. Ebenso ist in der industriellen Fertigung und im Dienstleistungsbereich von einem stetig ansteigenden Flächeneinsatz pro Beschäftigten auszugehen. Selbst unter Bedingungen einer schrumpfenden Bevölkerungsbasis ist daher mit Neubautätigkeit und zusätzlicher baulicher Flächeninanspruchnahme zu rechnen. Wenn sich die bereits in vielen Stadtregionen angespannte Freiraumsituation nicht noch weiter verschlechtert und eine weitere Intensivierung der Verkehrsverflechtung auf der Basis des motorisierten Individualverkehrs nicht noch verstärkt werden sollte, wird es zukünftig entscheidend auf die optimierte Standortlenkung des Neubaus ankommen. Zusätzlicher baulicher Flächenbedarf muss durch die Ausschöpfung bereits vorhandener *Baulandreserven* und *Brachen* und die aktive Ausnutzung der *Verdichtungs- und Umbaupotenziale* innerhalb des städtebaulichen Bestandes befriedigt werden. Schon heute stellen der *städtebauliche Bestand* und die in vielen Stadtregionen großflächig vorhandenen Brachen – nicht nur in den Städten, sondern auch in Gemeinden des suburbanen Raumes – eine entscheidende Ressource des Städtebaus dar. Leider werden die Möglichkeiten städtebaulicher Innenentwicklung noch zu selten genutzt, da die relativen Preise von Standorten auf der „grünen Wiese" hier immer noch eine Bebauung lohnender erscheinen lassen. Prinzipiell stehen aber in den meisten Regionen so große Flächenpotenziale innerorts zur Verfügung, sodass auch die zukünftigen Bauaufgaben sachgerecht und verträglich ohne Inanspruchnahme zusätzlicher Freiräume realisiert werden könnten.

Die Durchsetzung eines Vorrangs der Innenentwicklung würde nicht nur eine Flächenwende bei der Freirauminanspruchnahme einleiten, er könnte auch dem Trend sinkender Siedlungsdichten erfolgreich begegnen und so eine erheblich *effizientere Infrastrukturversorgung* ermöglichen.

### Freiflächeninanspruchnahme auf Projekte mit positivem Netto-Nutzen beschränken

Da bei der Umsetzung des 30-ha-Reduktionsziels der Bundesregierung langfristig nur noch sehr limitierte Möglichkeiten einer baulichen Neuinanspruchnahme von Freiflächen bestehen werden, sollten in der Zukunft jene Bauprojekte privilegiert behandelt werden, von denen der höchste Nettonutzen für die Gesellschaft ausgeht. Je höher der Gesamtnutzen eines Bauvorhabens für die Gesellschaft ausfällt, desto eher ist auch die bauliche Inanspruchnahme von Freiräumen zu rechtfertigen. Würde diese Regel beherzigt, könnte der generelle Vorrang der Innenentwicklung vor der baulichen Außenentwicklung bis auf jene Fälle praktiziert werden, wo eine Bebauung von bisher nicht baulich genutzten Freiräumen nicht vermieden werden kann und aufgrund des hohen Stellenwertes eines Vorhabens gesellschaftlich akzeptabel erscheint. So brauchen Unternehmen heute vielfach große bis sehr große Flächenangebote im unmittelbaren Umfeld der leistungsfähigsten Verkehrsinfrastrukturen, die in den seltensten Fällen auf Bestandsflächen realisiert werden können. Um nicht im internationalen Standortwettbewerb mit Ländern zu unterliegen, die den Freiraumschutz mit nicht vergleichbar hohen Standards verfolgen, sind die zukünftig verbleibenden Erweiterungsmöglichkeiten des Siedlungsflächenbestandes deshalb auf strategisch wichtige Unternehmensansiedlungen zu beschränken.

### Verkehrssparsame Siedlungsstrukturen im suburbanen Raum fördern

Eines der schwerwiegendsten Probleme der Stadtregionen stellt das ungebrochene Wachstum des *motorisierten Individualverkehrs* dar. Nicht unwesentlich haben hierzu die siedlungsstrukturellen Veränderungen in den 1990er Jahren beigetragen. Die räumliche Ausdifferenzierung von Wohn-, Arbeits-, Freizeit- und Kauforten hat zu immer längeren Wegen zwischen den Stationen des Alltags geführt. Heute ist die Überwindung langer Wege mit dem Pkw für so unterschiedliche Zwecke wie Berufspendeln, Einkaufen, Schule, Studium und Freizeitvergnügen trotz rapide gestiegener Benzinpreise zu einer Selbstverständlichkeit großer Teile der Bevölkerung geworden. Gleichzeitig sind die Anteile am Umweltverbund weiter gesunken. Mobilität bedeutet heute immer häufiger motorisierter Individualverkehr. Eine treibende Kraft dieser Entwicklung ist die Suburbanisierung, die die Verkehrsintensität der regionalen Siedlungsstrukturen erheblich verstärkt hat. Ursächlich ist die erhöhte Verkehrsintensität regionaler Siedlungsstrukturen vor allem auf den hohen Anteil der nicht-zentralen bzw. unterzentralen Gemeinden am Siedlungsflächenwachstum zurückzuführen, die in der Regel keine leistungsfähige Erschließung durch den öffentlichen Nahverkehr aufweisen, weshalb hier lebende Menschen immer weniger in der Lage sind, ihre Mobilitätsbedürfnisse mit umweltschonenden Verkehrsmitteln zu bewältigen. Da in diesen Gemeinden, schon aus betriebswirtschaftlichen Gründen, in der Zukunft kein attraktiver Erschließungsstandard durch den ÖPNV geschaffen werden kann, wird die Abhängigkeit vom Auto hier ein Dauerproblem bleiben. Umso wichtiger wird es, bestehende siedlungsstrukturelle Fehlentwicklung nicht durch weitere Fehlentscheidungen bei der Standortwahl der Baulandentwicklung zu verschärfen. Die Möglichkeiten einer städtebaulichen Entwicklung im Außenbereich, vor allem der unterzentralen Gemeinden, sollten daher vermehrt auf der Basis von *Verkehrsfolgenabschätzungen* entschieden werden. Um Probleme der Zwangsmobilität nicht weiter zu vergrößern, ist die zukünftige Siedlungsentwicklung auf die bereits gut durch den öffentlichen Nahverkehr erschlossenen Standorte in den Stadtregionen zu lenken. Nur hier besteht langfristig überhaupt eine Chance, dass eine attraktive Versorgung durch den öffentlichen Nahverkehr gewährleistet werden kann.

### Kosten-Lasten-Ausgleich sozialer Problemlagen zwischen Stadt und Umland

Die Zukunft der Städte wird sich nicht nur an der ökologischen Frage entscheiden, vielmehr drängen immer mehr soziale Probleme in den Blick, die bei einer Gestaltungspolitik nicht vernachlässigt werden dürfen. Für den suburbanen Raum und seine Kernstädte muss es integrierte Problemlösungen geben. Anhaltende Suburbanisierung hat *soziale Entmischungsprozesse* befördert. Der Wegzug wohlhabenderer Schichten ist zwar nicht ursächlich für die Entstehung von Armutsinseln und die Bildung ethnischer Enklaven innerhalb der Kernstädte verantwortlich. Durch den Wegzug vieler Besserverdienenden in das Umland sind den Städten aber letztlich umfangreiche Steuereinnahmen entgangen. Hohe finanzielle Bürden zur Bewältigung der *sozialen Lasten* haben sich daher in den Kernstädten aufgetürmt, die von diesen nicht mehr eigenständig bewältigt werden können. Zusätzlich müssen sie immer noch große Anteile ihres Haushalts für die Finanzierung zentralörtlicher Einrichtungen aufwenden, die auch intensiv von Bewohnern der Umlandgemeinden nachgefragt werden, ohne dass diese aber durch ihre steuerlichen Abgaben einen Beitrag zu ihrer Finanzierung leisten würden. Um hier einen gerechteren Ausgleich zu ermöglichen, ist in der Zukunft ein verbesserter Nutzen-Lasten-Ausgleich zwischen Kernstädten und den Gemeinden des suburbanen Raumes einzuführen.

### Reform der Pendlerpauschale

Zur Finanzierung des Vorziehens der III. Stufe der *Steuerreform* wurde eine Reform der Entfernungspauschale vorgenommen. Mit Hilfe einer neuen Ausgestaltung dieser Pauschale ab 1. Januar 2004 wurde die Pauschale von 36 bzw. 40 Cent auf 30 Cent pro Entfernungskilometer zwischen Wohnung und Arbeitsstätte gesenkt. Dadurch wurden die durch die Absetzbarkeit der Fahrtkosten entstehenden Steuerausfälle reduziert und die frei werdenden Mittel zur Gegenfinanzierung der Steuerreform genutzt. Mit dieser Absenkung der Verringerung der Kosten der individuellen Mobilität sind auch räumliche Wirkungen verbunden. Die Absetzbarkeit konterkariert die Ziele, das Verkehrsaufkommen zu reduzieren und unterstützt ungünstige Raumentwicklungen, wie die Suburbanisierung. Das Zusammenspiel aus preiswertem Wohnraum und subventionierter Mobilität fördert die Stadt-Umland-Wanderung.

Bei einer Bewertung der Maßnahme ist allerdings zu berücksichtigen, dass ca. 75 % der deutschen Pendler eine Pendelstrecke von weniger als 20 km zurücklegen und über 50 km nur noch 9 % der sozialversicherungspflichtig Beschäftigten pendeln. Das gilt für alte und neue Länder gleichermaßen.

Auch wenn das Gros der Pendler kurze Strecken zurücklegt, so kann doch die Belastung für die *Fernpendler* beachtlich sein. Eine differenzierte Betrachtung der Pendlerbeziehungen über 50 km macht zwei Sachverhalte deutlich. Zum einen reduziert sich der Anteil der Fernpendler bei zunehmender Entfernung deutlich. Im Bereich zwischen 50 und 150 km beträgt er nur noch ca. 5 %. Zum anderen ist die Belastung für den Berufsweg dieser Personengruppe besonders hoch. Außerdem fallen diese Belastungen räumlich unterschiedlich aus, weil sich die Pendler mit weiten Pendelwegen unterschiedlich räumlich konzentrieren (siehe Karte: „Pendlerverflechtungen" im Kapitel 3.4).

Die weiter von den Kernstädten entfernt liegenden peripheren Räume haben einen doppelt so hohen Anteil an Fernpendlern wie die Kernstädte selber. Derartige (große) Distanzen zwischen Arbeitsstätten und Wohnorte lassen sich vor allem auf zwei Gründe zurückführen:

Zum einen suchen sich Erwerbstätige einen neuen Arbeitgeber, entweder weil sie arbeitslos geworden sind oder weil die Konditionen bei dem neuen Arbeitgeber besser sind. Gerade in strukturschwachen Regionen mit geringer Nachfrage nach Arbeit sind die Personen bereit, auch große Distanzen zu pendeln. Damit tragen sie hohe Kosten für ihre – arbeitsmarktpolitisch erwünschte – Mobilität. Ein Umzug ist aus ihrer Sicht – zumindest kurzfristig – schwierig, weil damit in der Regel hohe Transaktionskosten verbunden sind.

Zum anderen suchen sich Erwerbstätige – bei gegebenem Arbeitgeber – einen neuen Wohnort, weil sie sich von dem Umzug Vorteile erhoffen: höhere Lebensqualität, geringere Mietkosten, Vermögensbildung.

Bei einer Reform der Pendlerpauschale sollte deshalb die Frage geprüft werden, ob die von der „Zwangsmobilität" des ersten Falles Betroffenen anders behandelt werden sollen als die Personen, deren Umzugsentscheidung maßgeblich von den Vorteilen des suburbanen Raumes und der Mobilitätskostenerstattung beeinflusst war.

Die Beantwortung dieser Frage hängt davon ab, ob man die Fahrten zur Arbeitsstätte zu den Kosten der Einkunftserzielung (Werbungskosten) zählt oder nicht. Im ersten Fall – neuer Arbeitgeber bei gleichgebliebenem Wohnsitz – kann man davon ausgehen, dass die private Mitveranlassung gering ist; die Kosten sind abzugsfähig. Im zweiten Fall – neuer Wohnstandort bei unverändertem Arbeitsplatz – spricht vieles für eine private Mitveranlassung . Wenn der Steuerpflichtige – etwa zur Vermeidung höherer Wohnungskosten – seinen Standort bewusst weit entfernt von seiner Arbeitsstelle wählt, sind dies Kosten der privaten Lebensführung und nicht der Einkommenserzielung.

Die arbeitsmarktpolitischen Notwendigkeiten und die Vorteile der Pendlerpauschale für periphere, strukturschwache Räume stehen im Widerspruch zu den verkehrs-, umwelt- und raumordnungspolitischen Zielen. Aus dieser Sicht ist eine allgemeine Reduzierung der Pauschale zu begrüßen, weil sie dem Einzelnen einen höheren Kostenanteil ihrer Mobilität anlastet und so tendenziell den Anstieg bei den Verkehrsleistungen verlangsamt und der Stadt-Umland-Wanderung entgegenwirkt. Wie ausgeprägt diese Effekte sind, hängt von den jeweiligen Preiselastizitäten ab. Es kann vermutet werden, dass bei derart geringen Preisvariationen auch nur geringe Lenkungseffekte erwartet werden können.

Dennoch werden durch die Reduzierung der Sätze Zielkonflikte deutlich, die einer Lösung bedürfen. Dies betrifft in erster Linie die Fernpendler, die den Raumüberwindungskosten nicht ausweichen können. Für diese Personengruppe, die aus beruflichen Gründen an ihrem altem Wohnort keine Beschäftigung finden und bei denen eine Senkung der Pauschale eine unzumutbare Härte darstellt, sind angemessene Lösungen zu suchen.

### Neue Gestaltungskonzepte für die Siedlungsentwicklung im suburbanen Raum

Enthierarchisierungsprozesse des stadtregionalen Zentrengefüges und die Konzentration absoluter Wachstumsgewinne in der Zone des engeren suburbanen Raums haben die Frage aufkommen lassen, ob weiterhin an den Zielen einer *dezentralen Konzentration* und der Lenkung von Entwicklungsimpulsen auf die *Zentralen Orte* festgehalten werden soll. Augenscheinlich reichen die raumordnungsrechtlichen Steuerungsversuche nicht aus, um die reale Entwicklung an das gewünschte Entwicklungsziel anzupassen. Realistischere Steuerungskonzeptionen werden daher gefordert. Da den herrschenden Kräften, die zur Ausdifferenzierung eines polyzentrischen Siedlungssystems und zur flächenhaften Verstädterung des engeren suburbanen Raumes geführt haben, mit den tradierten Gestaltungskonzepten der Raumordnung nicht mehr zeitgemäß zu entsprechen ist, muss mehr Energie für die Ausarbeitung einer neuen Politik der Zwischenstädte verwendet werden. Es muss neu über die Vorteile und Nachteile eines konzentrischen Wachstums in direkter Nachbarschaft der Städte und ein radiales Wachstum auf den leistungsfähigen Verkehrskorridoren nachgedacht werden. Weiterhin ist zu prüfen, ob für die Problembewältigung in eng funktional und räumlich verflochtenen Zwischenstädten nicht Aufgabe regionaler Gebietskörperschaften, wie sie in Stuttgart und Hannover implementiert worden sind, die angemessene Antwort ist.

Literaturhinweise

Siedentop, Stefan; Kausch, Steffen; Einig, Klaus; Gössel, Jörg: Siedlungsstrukturelle Veränderungen im Umland der Agglomerationsräume. In: Forschungen, Heft 114. – Bonn 2003

Sieverts, Thomas: Zwischenstadt, zwischen Ort und Welt, Raum und Zeit, Stadt und Land. 3. Aufl. – Basel, Berlin 2001. = Bauwelt-Fundamente; 188

## 6.3 Ländliche Räume

Im Unterschied zu städtisch geprägten Gebieten ist die Bevölkerungsdichte in ländlichen Räumen heute immer noch viel niedriger und es dominieren hier auch weiterhin dörfliche und kleinstädtische Siedlungsstrukturen. Der sozio-ökonomische Strukturwandel ländlicher Räume und ihre fortschreitende Besiedlung haben aber dazu geführt, dass sie mehr und mehr einen städtischen Charakter annehmen. Zwar ist die Land- und Forstwirtschaft in ländlichen Räumen prägend für das Landschaftsbild, die Sozial- und Wirtschaftsstruktur wird allerdings schon lange nicht mehr von ihr dominiert. Ländliche Räume können nicht mehr pauschal mit wirtschaftlichen Problemregionen oder Gebieten mit höchster Arbeitslosigkeit gleichgesetzt werden. Auch die Befürchtungen, dass die Etablierung des Europäischen Binnenmarktes zu einer Polarisierung zwischen prosperierenden Metropolregionen und stagnierenden, zurückgebliebenen ländlichen Räumen führen würde, haben sich bisher nicht bewahrheitet. Heute begegnen uns ländliche Räume sowohl in wirtschaftsstarken Landkreisen im Umland von großen Städten und in Gebieten mit einer starken agrarwirtschaftlichen Basis, als auch in peripheren Räumen ohne Verdichtungskerne. Abgelegenheit, niedrige Bevölkerungsdichte, Abwanderungstendenzen und geringe Durchschnittseinkommen zählen somit ebenso zu typischen Merkmalen ländlicher Räume wie Suburbanisierungsdruck, zentrennahe Lage, attraktive Wohnstandorte, Entstehung neuer Wirtschaftscluster und Fremdenverkehrsgebiete. Das traditionelle Erscheinungsbild des ländlichen Raumes als agrarabhängiges Gebiet mit Tendenzen zur Unterbeschäftigung und zur Bevölkerungsabwanderung trifft die heutige Realität somit nicht mehr und ist allenfalls in sehr abgelegenen und strukturschwachen ländlichen Gebieten anzutreffen.

Eine eindeutige Abgrenzung gegenüber verdichteten Gebieten wird mit der fortschreitenden Angleichung ländlicher Räume an städtische Verhältnisse und die weitere Ausdifferenzierung ihrer Wirtschaftsstruktur immer schwieriger. Gängige Unterscheidungen von Stadt und Land verlieren so zunehmend ihre lebensweltliche Grundlage. Nicht zuletzt vereitelt die große Vielfalt ländlicher Räume selbst einfache Unterscheidungsversuche. *Der ländliche Raum* ist heute weniger denn je eine einheitliche Raumkategorie. Die Unterschiede in der Wirtschafts- und Beschäftigtenstruktur und den zukünftigen Entwicklungschancen sind zwischen einzelnen ländlichen Räumen dabei vielfach stärker ausgebildet als zwischen städtisch geprägten Gebieten und ländlichen Räumen. Eine Thematisierung des ländlichen Raumes,

**Der „ländliche Raum" ist keine einheitliche Kategorie**

einzig und allein gestützt auf Merkmale der Siedlungsstruktur und der Bevölkerungsdichte, kann dieser Heterogenität nur noch unzureichend gerecht werden. Vielmehr sind komplexere Raumanalysen erforderlich, die neben der räumlichen Lage und Bevölkerungsdichte (siehe Kapitel 2: „Grundtypen der Raumstruktur") auch die vielen anderen Funktionen ländlicher Räume berücksichtigen, zu deren Erfüllung sie beitragen. Nicht nur bei der beschreibenden Analyse, sondern auch bei der Ableitung politischer Programme für die Entwicklung des ländlichen Raumes hat sich so eine multifunktionale Herangehensweise durchgesetzt.

### Funktionen ländlicher Räume

Mit dem Begriff der *Multifunktionalität* lässt sich sehr überzeugend die Vielfalt ländlicher Räume erfassen. Bereits im Rahmen der Diskussion um die Agenda 2000 fand das Konzept der Multifunktionalität eine weite Verbreitung und fungiert heute in der nationalen und der internationalen Agrarpolitik als zentrales Leitbild (European Commission 1999, OECD 2001). Auch die vom Europarat verfasste *„Europäische Charta des ländlichen Raums"* schlägt eine multifunktionale Begriffsdefinition des ländlichen Raumes vor. Sie versteht unter ländlichen Räumen Gebiete im Landesinnern oder an der Küste, wo der größere Teil der Fläche genutzt wird für:

- Landwirtschaft, Forstwirtschaft, Aquakultur und Fischerei
- wirtschaftliche und kulturelle Tätigkeit der Einwohner des betreffenden Gebiets (Handwerk, produzierendes Gewerbe, Dienstleistungen usw.)

- Herrichtung nichturbaner Gebiete für Freizeit und Erholung (oder als Naturschutzgebiete)
- andere Zwecke wie z.B. als Wohnraum

Die Funktionen der ländlichen Räume entsprechen Leistungen, die direkt oder indirekt von der Gesellschaft nutzbar sind und den Naturhaushalt fördern. Einzelne ländliche Räume tragen in diesem Sinne auf sehr unterschiedliche Weise zur Erfüllung vielfältiger Funktionen bei. Jeder ländliche Raum weist somit ein bestimmtes *Funktionspotenzial* auf.

Folgende Funktionen des ländlichen Raumes zur Befriedigung gesellschaftlicher Bedürfnisse und ökologischer Anforderungen können unterschieden werden:

- Wohnfunktion: Leistungsvermögen des ländlichen Raumes, seinen Bewohnern eine qualitativ hochwertige Lebensqualität zu garantieren, die den unterschiedlichen Anforderungen aller Altersgruppen und Geschlechter an eine angenehme Wohnumwelt gerecht wird. Dabei hat „ländliches Wohnen" eine besondere Qualität, die von bestimmten Haushaltstypen und Altersgruppen bevorzugt wird.
- Wirtschafts- und Arbeitsplatzfunktion: Leistungsvermögen des ländlichen Raumes, seinen Bewohnern in ausreichendem Umfang qualitativ hochwertige Arbeitsplätze bereitzustellen und für landwirtschaftliche Betriebe und Unternehmen wettbewerbsfähige Produktionsbedingungen zu schaffen.
- Ökotop- und Naturschutzfunktion: Leistungsvermögen des ländlichen Raumes, den Lebensgemeinschaften (Biozönosen) einen Lebensraum (Biotop) zu bieten und die Lebensprozesse positiv zu steuern, aufrechtzuerhalten und wiederherzustellen sowie den Verbund zwischen Einzelbiotopen zu gewährleisten.
- Erholungs- und Tourismusfunktion: Leistungsvermögen des ländlichen Raumes, durch ein attraktives Landschaftsbild und Tourismusdienstleistungen eine Aneignung der Kulturlandschaft zu Freizeit- und Erholungszwecken zu ermöglichen und die seelische und körperliche Regeneration des Menschen zu fördern.
- Ressourcenbereitstellungsfunktion: Leistungsvermögen des ländlichen Raumes, für private Haushalte und betriebliche Produktion sowohl nicht-erneuerbare Ressourcen (z.B. Sand, Kies und Steine) wie erneuerbare Ressourcen (nachwachsende Rohstoffe, Grundwasser, Energie aus Biomasse und Wind) bereitzustellen.
- Standortfunktion für Infrastrukturen: Leistungsvermögen des ländlichen Raumes, für flächenintensive und sperrige Ver- und Entsorgungsinfrastrukturen (Straßen, Eisenbahnstrecken, Pipelines, Deponien, Kläranlagen, Kanäle) und bauliche Großvorhaben Standorte anzubieten sowie Flächen für gewerbliche und industrielle Nutzungen und für Wohngebiete bereitzustellen.

Im Folgenden werden die einzelnen Funktionen ländlicher Räume in ihrer räumlichen Verteilung dargestellt. Zum Teil wird auf frühere Analyseergebnisse dieses Berichtes Bezug genommen (siehe Kapitel 3: „Trends der Raumentwicklung"). Ergänzend werden zusätzliche Informationsgrundlagen ausgewertet.

### Wohnfunktion ländlicher Räume

Die Bewohner vieler ländlicher Regionen zeigen bezüglich der *Altersstruktur* und der *Haushaltsstruktur* einige demographische Besonderheiten, die sich aus den Rahmenbedingungen für das Wohnen dort erklären lassen. Die niedrigeren Wohnkosten, das Wohnumfeld mit geringeren Stressfaktoren und größerer Naturnähe, die Ausstattung mit familiennaher und altengerechter Infrastruktur führen – zumal wenn Arbeitsplätze gut erreicht werden können – zu einer überdurchschnittlichen Präsenz großer Familienhaushalte, zu höheren Wanderungsgewinnen älterer Menschen und zu einer verstärkten Bautätigkeit, insbesondere im Eigenheimsektor. Die zentrale ökonomische Determinante für die räumliche Verteilung von Familien ist das Bodenpreisniveau und – davon abhängig – die Höhe der Wohnkosten. Das Wohnstandortverhalten privater Haushalte orientiert sich an diesem Preisgefälle. Kein Konsumbereich zeigt so starke regionale Preisunterschiede wie das Wohnen bzw. die Baulandpreise. Agglomerationen zeigen ein Hochpreisniveau, während die weiter entfernten suburbanen und die ländlichen Regionen zumeist niedrige bis weit unterdurchschnittliche Wohnkosten aufweisen. Die Schaffung von Wohneigentum war schon immer bedeutsames Vermögensbildungsmotiv der privaten Haushalte, umso mehr, wenn es sich um Familien mit Kindern handelte.

Diese Fakten zusammengenommen zeigen, dass *Familienleben im Wohneigentum auf dem Land* besonders leicht verwirklichbar ist und auch entsprechend häufiger realisiert wird. Dadurch entstanden ganz spezifische Verteilungsmuster der Bevölkerung und der Wohngebäude. Im ländlichen Raum sind die Rahmenbedingungen zur Schaffung von Wohneigentum, zumal in Form eines Eigenheims, erheblich günstiger als in den Agglomerationen und deren Rändern. Dafür werden Transportkosten zwischen Wohnort und Arbeitsort in Kauf genommen, was auch durch die steuerliche Begünstigung beruflich bedingter Fahrtkosten erleichtert wird. Neben den Bodenpreisen führt auch die *Familienfreundlichkeit* des ländlichen Umfeldes zu einem Stadt-Land-Gefälle der Haushaltsgrößenstruktur. Kleine Haushalte konzentrieren sich auf die Kernstädte, große Haushalte treten im ländlichen Raum und in der Randlage von Kernstädten signifikant häufiger auf. Dort haben die ansässigen Familien durchschnittlich mehr Kinder. Aus den Kernstädten ziehen vor allem solche Personen zu, die ihrerseits eine Familienkarriere anstreben.

**Ländliches Wohnen**

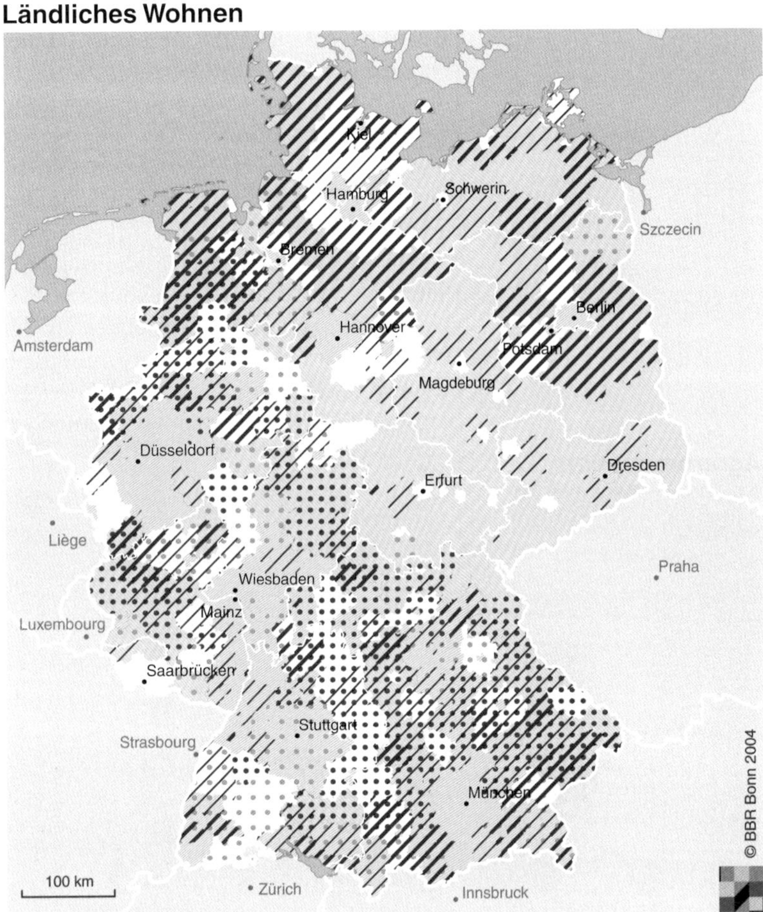


**Funktionsbereich "Wohnen"**

**Preisniveau für Wohnbauland**
- hoch
- niedrig
- sehr niedrig

**Anteil großer Haushalte**
- überdurchschnittlich
- stark überdurchschnittlich

**Zuzugsrate älterer Menschen**
- überdurchschnittlich
- stark überdurchschnittlich

Kreise, Stand 31. 12. 2001
Quelle: Laufende Raumbeobachtung des BBR
Datengrundlagen: Regionalaufbereitungen div. Mikrozensen durch das BBR, Statistik der Kaufwerte für Bauland des Bundes und der Länder

## Erhaltung von ländlichen Siedlungsstrukturen durch Ausbau von Altenwohnungen und Ferienhäusern im Bestand

Auch als *Altersruhesitz* und für *Wochenend- und Ferienwohnungen* bietet der ländliche Raum besondere Qualitäten. Dies gilt zumindest für die landschaftlich attraktiven Teilräume mit guter Anbindung an die Städte. Sie sind Zielregionen der Altenwanderung und gewinnen dadurch zwar nicht das gewünschte Entwicklungspotenzial jüngerer qualifizierter Arbeitskräfte, aber eine – auch wirtschaftlich – immer bedeutender werdende Bevölkerungsgruppe. Durch den Ausbau des ansonsten durch Entleerung gefährdeten ländlichen Baubestandes zu Altenwohnungen sowie Wochenend- und Ferienhäusern können ländliche Siedlungsstrukturen erhalten werden.

### Wirtschafts- und Arbeitsplatzfunktionen der ländlichen Räume

In der traditionellen Wahrnehmung des ländlichen Raumes gilt noch immer die *Landwirtschaft* als seine eigentliche wirtschaftliche Basis. Dies ist allerdings schon lange nicht mehr der Fall. Waren um 1900 noch ca. 35 % der Erwerbstätigen in Land- und Forstwirtschaft beschäftigt, fiel ihr Anteil bis 2000 auf unter 4 %. Auch für die Zukunft wird mit einer weiteren Verringerung der Beschäftigtenzahlen in der Land- und Forstwirtschaft gerechnet. Im Jahr 2003 waren rund 1,3 Mio. Arbeitskräfte haupt- oder nebenberuflich in der Landwirtschaft tätig. Gegenüber dem Jahr 2001 bedeutet dies einen jährlichen Rückgang von 0,7 %. Während der Arbeitsplatzrückgang und Strukturwandel in der westdeutschen Landwirtschaft bereits seit Jahrzehnten kontinuierlich verläuft, sind die neuen Länder erst in einem wesentlich kürzeren Zeitraum vom Arbeitsplatzabbau in der Land- und Forstwirtschaft betroffen. Der einsetzende Strukturwandel nach 1990 führte in Ostdeutschland so zu einem deutlich schneller verlaufenden Rückgang der Arbeitsplätze im primären Sektor als in Westdeutschland. Heute liegt der Arbeitskräftebesatz je Flächeneinheit im Osten bei weniger als der Hälfte des Wertes für das frühere Bundesgebiet. Die zunehmend enger werdenden Arbeitsmärkte in den ländlichen Räumen erschweren vielfach den Übergang der Beschäftigung von der Land- und Forstwirtschaft in den gewerblichen Sektor oder den Dienstleistungsbereich. Für viele Landwirte bildet daher die traditionelle Existenzsicherungsstrategie der Nebenerwerbslandwirtschaft und die Aufnahme zusätzlicher Einkommensquellen eine Einkommensalternative, wie beispielsweise die Veredelung und Selbstvermarktung, der Fremdenverkehr sowie landschaftspflegerischer Leistungen. Im Jahr 2003 wurden rund die Hälfte aller 388 500 landwirtschaftlichen Betriebe im Nebenerwerb bewirtschaftet.

**Agrarproduktion**

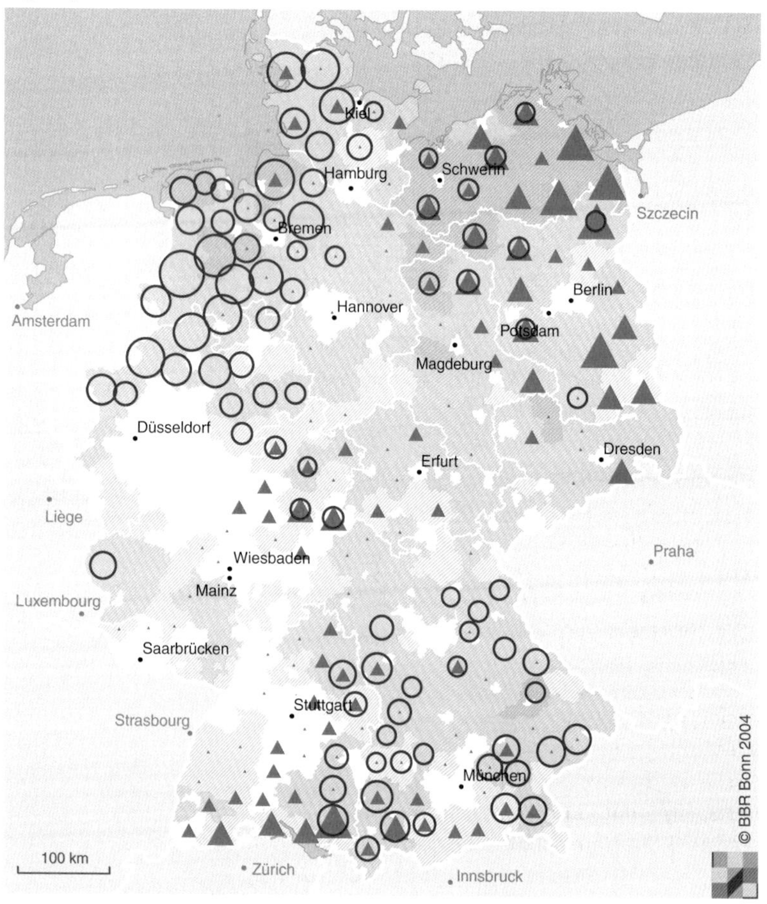


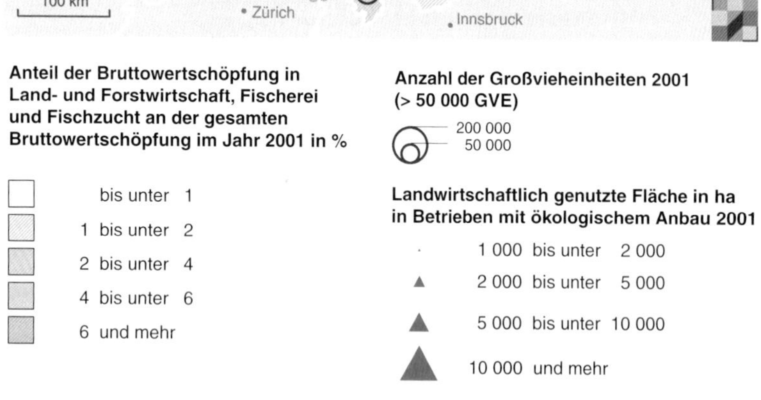


Kreise, Stand 31. 12. 2001
Quelle: Laufende Raumbeobachtung des BBR
Datengrundlagen: Veröffentlichungen des Arbeitskreises "Volkswirtschaftliche Gesamtrechnung der Länder", Viehzählung 2001 des Bundesministeriums für Verbraucherschutz, Ernährung und Landwirtschaft, Agrarstrukturerhebung des Bundes und der Länder

In Folge von Industrialisierung und Tertiarisierung der deutschen Wirtschaft hat sich auch der Anteil der Land- und Forstwirtschaft an der *Bruttowertschöpfung* kontinuierlich verringert. Trotz des allgemeinen Bedeutungsrückgangs der land- und forstwirtschaftlichen Produktion an der wirtschaftlichen Gesamtleistung haben sich jedoch ländliche Räume erhalten können, in denen der Agrarsektor noch immer eine bedeutsame Rolle für die regionale Wirtschaft spielt. So wird in den meisten Regionen Deutschlands der größte Anteil der Gesamtfläche noch immer von landwirtschaftlich genutzten Flächen und von Waldflächen eingenommen. Die Kulturlandschaften in Deutschland werden heute wie damals vorrangig durch die Land- und Forstwirtschaft geprägt.

## Mehr Handwerksgründungen in ländlichen Räumen als in Städten

Die *wirtschaftliche Prosperität* ländlicher Räume hängt somit nicht mehr entscheidend von der Entwicklung des primären Sektors ab, sondern von der gewerblichen Produktion und der Dynamik des Dienstleistungssektors. Ist der Dienstleistungsbesatz der ländlichen Räume aber im Vergleich zu den städtischen Gebieten immer noch unterdurchschnittlich, so sind *im verarbeitenden Gewerbe* bereits überdurchschnittlich viele Beschäftigte tätig. Allgemein sind die Existenzbedingungen für Handwerker in ländlichen Regionen günstiger als in verdichteten Räumen. So ist der Handwerkerbesatz in den produzierenden Handwerkszweigen, einschließlich des Nahrungsmittelhandwerks und des Bauhandwerks, auf dem Lande größer. Auch die Gründungsquote bestätigt diese Feststellung: In ländlichen Räumen werden mehr Handwerksgründungen vorgenommen als in Kernstädten.

Posperierende ländliche Räume mit hoher wirtschaftlicher Entwicklungsdynamik finden sich vorwiegend in der Nähe der Agglomerationen. Ihre wirtschaftliche Dynamik ist hier vor allem auf das Beschäftigtenwachstum im verarbeitenden Gewerbe zurückzuführen. Diese Gebiete liegen vielfach noch in guter Erreichbarkeit zu städtischen Zentren und verfügen oft über eine gute Infrastrukturversorgung (z.B. Autobahnkreuze) und ein großes Flächenangebot zu niedrigeren Preisen. Neben der Betriebsverlagerungen des produzierenden Gewerbes konnten dynamisch wachsende Räume auch von neuen Standorten der weiterführenden Bildungseinrichtungen (Hochschulen, Fachhochschulen) in den 1970er und 1980er Jahren profitieren. Beispiele sind das Emsland und Gebiete in Nord-Ost-Bayern, in den neuen Ländern z.B. einzelne Regionen in Mecklenburg-Vorpommern, Thüringen und Sachsen-Anhalt.

Neben den prosperierenden ländlichen Räumen mit einer wirtschaftlichen Basis im gewerblichen Fertigungsbereich finden sich aber auch dynamische ländliche Räume, die ihre ökonomische Basis guten Einkommensmöglichkeiten in der *Landwirtschaft* oder hochwertigen Potenzialen im *Tourismus* verdanken. Trotzdem trägt die landwirtschaftliche Produktion auch in diesen Gebieten nur zu einem vergleichsweise geringen Anteil zum Gesamteinkommen einer Region bei. Bei den vergleichsweise hohen Bruttowertschöpfungsanteilen der Landwirtschaft in Mecklenburg-Vorpommern (siehe Karte: „Agrarproduktion) ist zu berücksichtigen, dass es sich hierbei nur um eine stark relative Vorzüglichkeit handelt, welche durch die im Bundesvergleich unterdurchschnittlichen Einkommensmöglichkeiten in anderen Wirtschaftsbereichen hervorgerufen wird. Die landwirtschaftliche Bruttowertschöpfung in Mecklenburg-Vorpommern ist eigentlich eher gering, verglichen mit anderen Flächenstaaten wie zum Beispiel Sachsen-Anhalt. Dies liegt vor allen Dingen an den ungünstigen natürlichen Produktionsbedingungen, gemessen in Bodenklimazahlen, welche weite Teile Mecklenburg-Vorpommerns eher zu einem landwirtschaftlichen Grenzertragsstandort machen. Durch regional angepasste naturnahe und ökologische Betriebskonzepte in der Landwirtschaft in Kombination mit Tourismusangeboten lässt sich vielerorts dennoch ein ausreichendes Einkommen erwirtschaften.

## Landwirtschaft und Tourismus als ländliches Entwicklungspotenzial

In den peripheren, dünn besiedelten ländlichen Räumen kumulieren vielfach die *wirtschaftsstrukturellen Problemlagen*: Die Bevölkerungsdichte ist extrem niedrig, die Versorgung mit technischer und sozialer Infrastruktur häufig unzureichend, das Angebot an öffentlichen Verkehrsmitteln eingeschränkt, nur wenige Betriebe in der gewerblichen Fertigung und im Dienstleistungssektor bieten eine Beschäftigungsalternative, und die Investitionstätigkeit bewegt sich auf geringem Niveau. Aus der schlechten wirtschaftlichen Lage resultierende anhaltende Bevölkerungsverluste, vor allem der jungen und qualifizierten Bevölkerung, und dazu noch geringe Geburtenzahlen gefährden mittel- bis langfristig den Fortbestand dieser Räume als funktionsfähige Siedlungsräume. Häufig sind zusätzlich auch die Produktionsbedingungen der Landwirtschaft ungünstig. Regionen mit landwirtschaftlichen Grenzertragsgebieten sind daher besonders vom Rückzug der Landwirtschaft aus der Fläche betroffen.

In der Regel weisen diese ländlichen Räume aber eine besonders hohe Bedeutung für den Naturschutz auf. Die *naturnahe Landwirtschaft* hat hier eine abwechslungsreiche Kulturlandschaft mit hoher Biodiversität geschaffen, die mit ihrem Rückzug aus der Fläche zu verarmen droht. In diesen Gebieten ist es daher abzusehen, dass der amtliche und ehrenamtliche Naturschutz den bereits erreichten Status quo kulturlandschaftlicher Vielfalt nur mit Hilfe der Landwirtschaft erhalten kann. Naturschutzleistungen können in diesen Regionen daher zu einer wichtigen Einkommensquelle der Landwirtschaft werden. Ein wirtschaftliches Entwicklungspotenzial dieser Räume stellt ihre hohe landschaftliche Attraktivität für Tourismus und Fremdenverkehr dar. Beispiele sind weite Teile Mecklenburg-Vorpommerns und Brandenburgs, die Rhön, die Eifel, der Hoch-

## Naturschutzwert der Kulturlandschaft

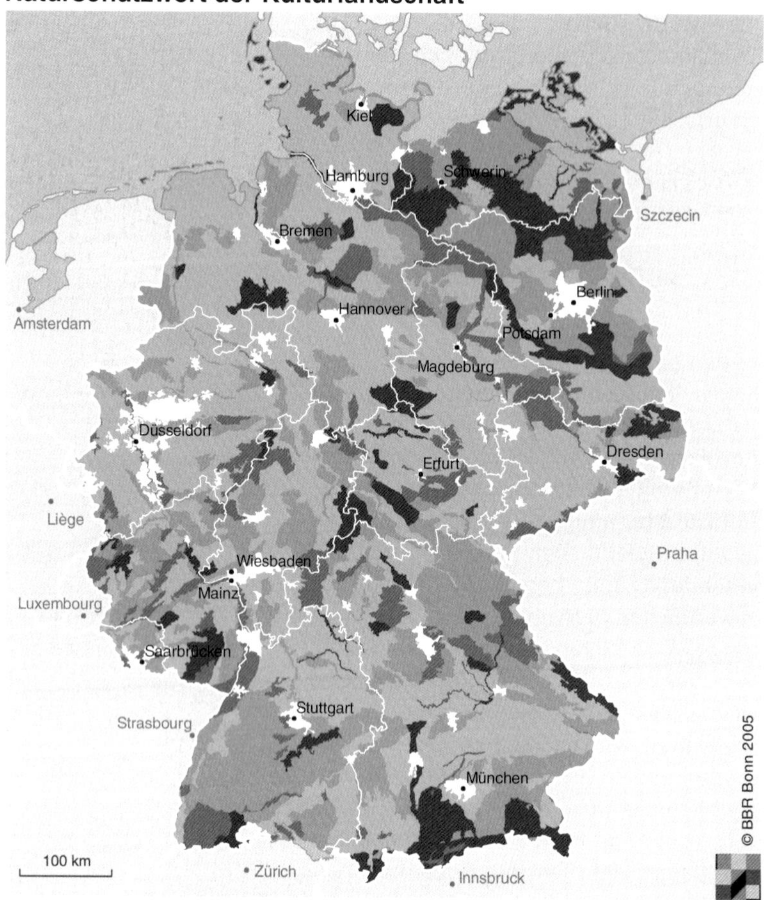


**Naturschutzfachlicher Wert der Landschaften**

- 1 (Städtischer Verdichtungsraum)
- 2 (Landschaft mit geringerer Bedeutung)
- 3 (Schutzwürdige Landschaft mit Defiziten)
- 4 (Schutzwürdige Landschaft)
- 5 (Besonders schutzwürdige Landschaft)

Quelle: Bundesamt für Naturschutz, Gharadjedaghi et al., 2004

**INFO: Einstufung der Landschaftstypen nach ihrem naturschutzfachlichen Wert (nach Bundesamt für Naturschutz, Gharadjedaghi et al 2004)**

Insgesamt werden fünf Wertstufen unterschieden:

| Typwert | Beschreibung |
|---|---|
| 1 | Landschaft mit erheblichen Defiziten und Beeinträchtigungen<br>Anthropogen sehr stark überformte Stadt- und Gewerbelandschaften, Anteil natürlicher und naturnaher (schutzwürdiger) Landschaftselemente sehr gering |
| 2 | Landschaft mit geringer Bedeutung<br>z. B. anthropogen stark überformte, wenig strukturierte Agrarlandschaften, Anteil natürlicher und naturnaher (schutzwürdiger) Landschaftselemente sehr gering |
| 3 | Schutzwürdige Landschaft mit Defiziten<br>Anthropogen geprägte „durchschnittlich" ausgestattete Kultur- und Waldlandschaft, der Anteil natürlicher und naturnaher (schutzwürdiger) Landschaftselemente ist gering und beträgt i.d.R. weniger als 10 % der Fläche |
| 4 | Schutzwürdige Landschaft<br>Anthropogen geprägte Kultur- und Waldlandschaften, in denen der Anteil schutzwürdiger Landschaftselemente i.d.R. über 10 % liegt |
| 5 | Besonders schutzwürdige Landschaft<br>Landschaften, die zu einem großen Teil naturnahe Landschaftselemente enthalten |

schwarzwald und der oberpfälzisch-bayerische Wald.

### Schutzfunktion der ländlichen Räume für die Natur und die Vielfalt seiner Kulturlandschaften

Die Vielfalt der ländlichen Räume spiegelt sich in ihren unterschiedlichen *Kulturlandschaften* wider. Unterscheidet man die einzelnen Landschaften nach der regional anzutreffenden Geo-Morphologie, dem Relief sowie nach der dominanten Landnutzung und Bodenbedeckung, können insgesamt sechs Haupttypen von Landschaften in Deutschland unterschieden werden:

- Küstenlandschaften,
- Waldlandschaften sowie waldreiche Landschaften,
- offene strukturreiche Kulturlandschaften,
- offene strukturarme Kulturlandschaften,
- Bergbaulandschaften,
- Verdichtungsräume.

Die größten Teile Deutschlands bedecken offene Kulturlandschaften, auf die 32 % der Fläche des Bundesgebietes entfallen, und strukturreiche Kulturlandschaften, die 34 % des Bundesgebietes ausmachen. Die Waldlandschaften haben einen Anteil von 28 %, und auf die Küstenlandschaften entfällt ein Anteil von 2,5 %. Die anthropogen besonders stark überformten Landschaftstypen, vorrangig durch ihre bauliche Nutzung aber auch durch den Bergbau, weisen bisher noch einen relativ kleinen Anteil auf. Insgesamt werden 0,5 % des Bundesgebietes von Bergbaulandschaften und 4 % von Verdichtungsräumen bedeckt.

## Ländliche Räume mit höchstem Naturschutzpotenzial

Die Kulturlandschaften können aus einer bundesweiten Sicht auch auf ihren *Wert für den Naturschutz* beurteilt werden. Zu diesem Zweck werden naturschutzfachliche Kriterien herangezogen, für die bundesweit einheitliche und vergleichbare Daten vorliegen. Mittels dieser Kriterien wird die anthropogene Überformung der einzelnen Landschaften ermittelt. Außerdem fließt in diese Beurteilung des Naturschutzwertes auch die Häufigkeit oder Seltenheit des jeweiligen Landschaftstyps ein. Je nach Ausprägung der Kriterien kann so jedem Landschaftstyp ein naturschutzfachlicher Wert zugeordnet werden (Bundesamt für Naturschutz).

Kulturlandschaften mit hohem naturschutzfachlichen Wert finden sich vorrangig fernab der verdichteten Gebiete. Die ländlich peripheren Räume in Deutschland sind somit eindeutig als die Gebiete mit dem höchsten *Naturschutzpotenzial* erkennbar. Aber auch die ländlichen Räume im Umfeld der Agglomerationen und städtischen Verdichtungskerne weisen in vielen Fällen noch eine wertvolle Kulturlandschaftsausstattung auf. Neben historisch bedeutsamen Kulturlandschaftselementen finden sich auch hier weitgehend naturbelassene Enklaven.

### Erholungs- und Tourismusfunktion der ländlichen Räume

Der größte Anteil der Fremdenverkehrsorte in Deutschland liegt im ländlichen Raum. Allerdings haben sich bisher noch nicht alle ländlichen Räume zu Tourismusgebieten entwickelt. Obwohl der Fremdenverkehr eine wachsende Bedeutung als Zusatzeinkommen der Landwirtschaft gewinnt, ist er erst in den auf Fremdenverkehr spezialisierten ländlichen Räumen zu einem wesentlichen Faktor der regionalen Wirtschaft geworden. In der Mehrzahl der ländlichen Räume stellt der *Fremdenverkehr* zwar eine wichtige, aber keines Falls die dominierende Erwerbsquelle für die örtliche Bevölkerung dar. Große zusammenhängende Tourismusgebiete haben sich im ländlichen Raum erst in den Küstenzonen der Nord- und Ostsee, dem Mecklenburger Seengebiet, der Alpenregion und verschiedenen Mittelgebirgen herausbilden können. In den Gemeinden des bayerischen Alpenraumes sowie der Küstengemeinden an Ost- und Nordsee ist der Tourismus bereits eine Haupteinnahmequelle.

**Touristische und landschaftliche Attraktivität**

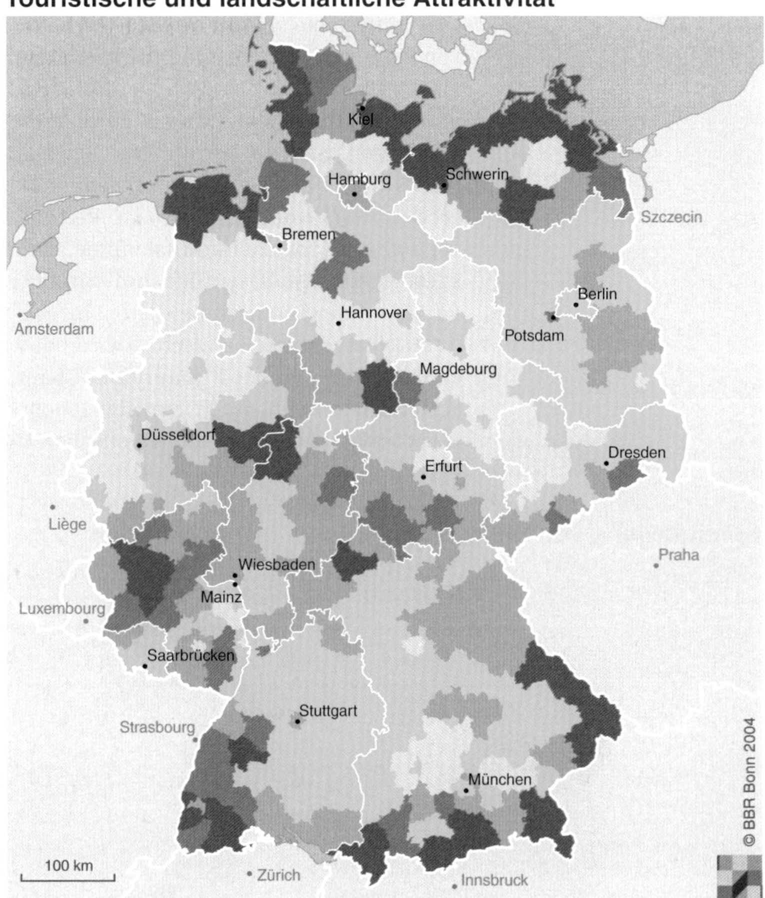


**Index der touristischen und landschaftlichen Attraktivität**

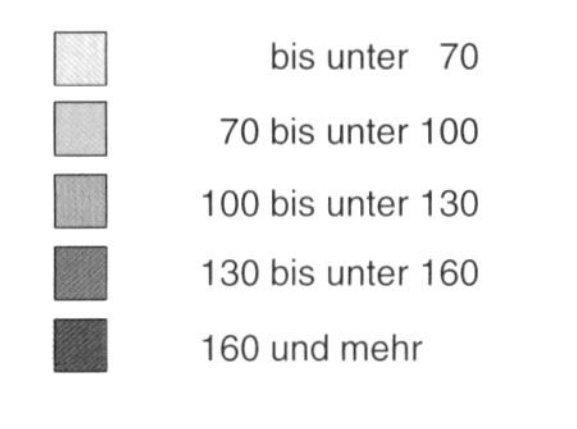


Der Index der touristischen und landschaftlichen Attraktivität stellt eine additive Verknüpfung folgender am Bundeswert normierter, gleichgerichteter Indikatoren dar:
- Zerschneidungsgrad 1995
- Beurteilung des Bewaldungsgrades 2000
- Reliefenergie 2003
- Wasserflächen 2000 und Küstenlinien 2003
- Übernachtungen im Fremdenverkehr 2001

Kreise, Stand 31. 12. 2001
Quelle: Laufende Raumbeobachtung des BBR

**Landschaftliche Attraktivität wichtigstes Potenzial für Erholung und Tourismus**

Über die Eignung eines ländlichen Raumes als Tourismusgebiet entscheiden seine ursprünglichen und seine *abgeleiteten Angebote.* Mit dem abgeleiteten Angebot ist die eigentliche Fremdenverkehrsinfrastruktur angesprochen, d.h. die Ausstattung eines ländlichen Raumes mit Hotels, Gaststätten, Wanderwegen, seiner verkehrlichen Erschließung usw. Als besonders wichtige fremdenverkehrsspezifische Infrastruktureinrichtungen gelten die Bereiche Sport (z.B. Skilift, Bäder, Loipen), Kultur (z.B. Museen, Festivals, geführte Touren) sowie Medizin und „Wellnes" (z.B. Kurangebote, Spezialkliniken, Kneippeinrichtungen). Mit dem *ursprünglichen Angebot* werden die landschaftlichen Voraussetzungen eines Raumes angesprochen, die darüber entscheiden, ob eine Region das Potenzial für eine attraktive Fremdenverkehrsregion aufweist. Der *landschaftlichen Attraktivität* eines ländlichen Raumes kommt somit eine entscheidende Bedeutung für die Erfüllung ihrer Erholungs- und Tourismusfunktionen zu.

Attraktive Kulturlandschaften zeichnen sich durch ein harmonisches Verhältnis von land- und forstwirtschaftlich genutzten Flächen aus. Eine reine Waldlandschaft gilt als ebenso unattraktiv wie ein zu niedriger Waldanteil. Sind in harmonisch bewaldeten Kulturlandschaften zusätzlich noch größere Seen und Flüsse anzutreffen oder verläuft hier sogar eine Küstenlinie, dann steigert dies sehr wesentlich ihre Attraktivität. Eine topographisch bewegte, abwechslungsreich genutzte Landschaft wird häufig einer flachen, monostrukturierten Landschaft vorgezogen. Auch die Reliefenergie weist somit eine Indikatoreneigenschaft für landschaftliche Attraktivität auf. Von der Zahl der Übernachtungen in Hotels und im Gastgewerbe kann ebenfalls auf die Attraktivität eines ländlichen Raumes geschlossen werden. Je interessanter ein ländlicher Raum für den Tourismus ist, desto höher wird auch die Ausstattung mit touristischen Einrichtungen und Infrastrukturen sein und umso mehr Menschen werden hier übernachten.

**Bereitstellung von Ressourcen**

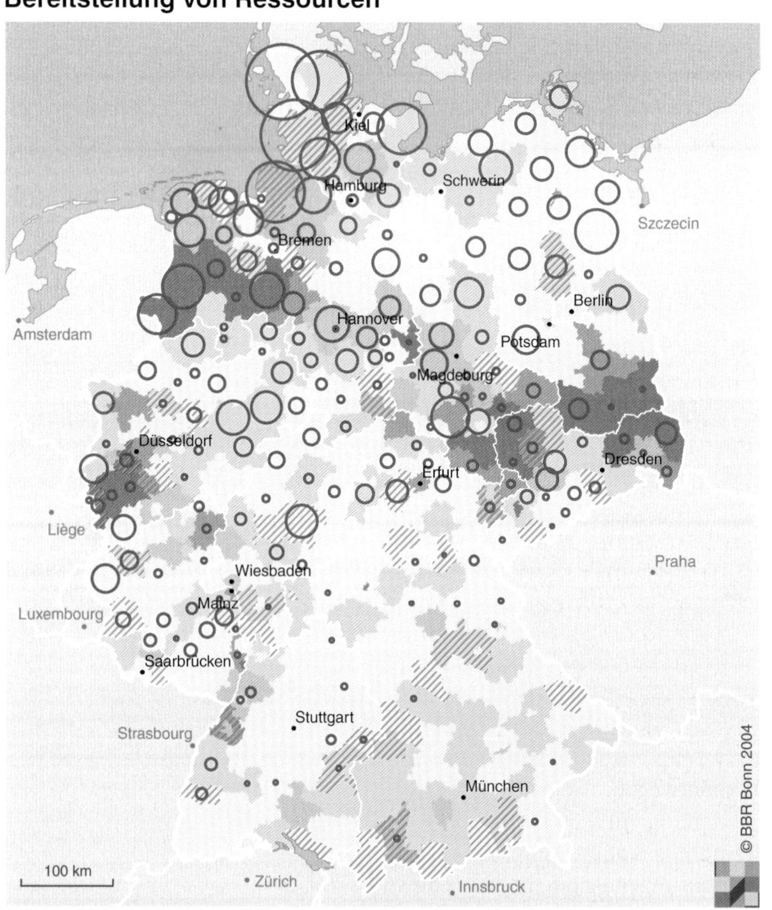


**Anteil der Abbauflächen nicht erneuerbarer Ressourcen an der Gesamtfläche 2000 in %**

- bis unter 0,2
- 0,2 bis unter 0,4
- 0,4 bis unter 0,8
- 0,8 bis unter 1,6
- 1,6 und mehr

**Erzeugte Strommenge in Windkraftanlagen 2003 in MWh (> 1 000 MWh)**

100 000
10 000

**Wassergewinnung der öffentlichen Wasserversorgung 2001**

Gebiete mit überdurchschnittlicher Wassergewinnung

Kreise, Stand 31. 12. 2001
Quelle: Laufende Raumbeobachtung des BBR
Datengrundlage: Flächenerhebung nach Art der tatsächlichen Nutzung des Bundes und der Länder; Windkraftanlagen - Betreiber-Datenbasis, Stand Oktober 2003; Statistik der öffentlichen Wasserversorgung des Bundes und der Länder

## Ressourcenbereitstellungsfunktion der ländlichen Räume

Eine immer wichtigere Funktion ländlicher Räume besteht in der Bereitstellung nachwachsender wie nicht-erneuerbarer Ressourcen. Die Produktion *nachwachsender Rohstoffe* bildet neben der Nahrungsmittelherstellung seit alters her ein bedeutsames Standbein der Land- und Forstwirtschaft. Als nachwachsende Rohstoffe gelten all jene land- und forstwirtschaftlich erzeugten Produkte, die nicht direkt im Nahrungsbereich Verwendung finden. Pflanzen liefern nicht nur die Grundlage für Nahrungsmittel, sondern auch wesentliche Rohstoffe. Ob Holz, Fasern, Farben, Öle oder Arzneimittel, viele vom Menschen benötigte Grundsubstanzen kommen aus der Natur bzw. werden von Land- und Forstwirtschaft produziert. In der jüngsten Vergangenheit ist der Umfang des Anbaus nachwachsender Rohstoffe von Jahr zu Jahr größer geworden. Ebenso weitet sich das Spektrum der Anwendungsbereiche nachwachsender Rohstoffe mehr und mehr aus. Allein in der Landwirtschaft wurden im Jahr 2003 auf ca. 835 000 ha nachwachsende Rohstoffe in Deutschland angebaut. Dies entspricht etwa acht Prozent der gesamten Ackerfläche.

**Bereits acht Prozent der Ackerfläche für nachwachsende Rohstoffe**

Die Vorteile nachwachsender Rohstoffe können mittel- bis langfristig zur Lösung von wirtschafts- und umweltrelevanten Problemen beitragen. So sind nachwachsende Rohstoffe weitgehend $C0_2$-neutral, weshalb bei ihrer Nutzung kein zusätzlicher Treibhauseffekt entsteht. Außerdem tragen sie zur Schonung endlicher fossiler Ressourcen wie Erdöl, Erdgas und Kohle bei. Die Substitution nichterneuerbarer durch nachwachsende Rohstoffe eröffnet einen Übergang zu einer Kreislaufwirtschaft. Der Ausbau der energetischen Nutzung von Biomasse in Deutschland kommt dem im Weißbuch der EU-Kommission „Energie für die Zukuft Erneuerbare Energieträger" genannten Ziel, das Energieaufkommen aus Biomasse in der EU bis zum Jahr 2010 zu verdreifachen, daher sehr entgegen. In vielfacher Hinsicht profitiert der ländliche Raum: Es werden nicht nur Arbeitsplätze erhalten und neue geschaffen, durch den ausgeweiteten Anbau nachwachsender Rohstoffe werden der Land- und Forstwirtschaft auch zusätzliche Produktions- und Einkommensalternativen geboten.

Die Abbaugebiete vieler *nichterneuerbarer Ressourcen* sind ebenfalls im ländlichen Raum konzentriert. Die größten wirtschaftlich nutzbaren Sand- und Kiesvorkommen finden sich hier genauso wie die bedeutenden Abbaugebiete für Steine und Kohle aber auch Torf. Da ihr Abbau große Landschaftsschäden verursacht und – im Falle des Braunkohletagebaus – sogar mit dem Verschwinden ganzer Siedlungen verbunden sein kann, ist der politische Widerstand gegen diese Formen der Nutzung des ländlichen Raumes erheblich. Vorsorgeorientierte gebietliche Festlegungen der Raumordnung und der Fachplanungen versuchen daher einen Ausgleich zwischen den berechtigten Sorgen der Bevölkerung und des Naturschutzes auf der einen Seite und dem Rohstoffbedarf der Wirtschaft auf der anderen Seite herzustellen, sodass eine langfristige, aber verträgliche Versorgung mit diesen Rohstoffen gesichert ist.

## Zentrale Rolle des ländlichen Raumes für die Bereitstellung von Ressourcen

Weitere *erneuerbare Ressourcen* des ländlichen Raumes liegen in der Bereitstellung von Trinkwasser und ihrem Biomasse- und Windaufkommen zur Energieerzeugung. Traditionell spielt die Versorgung städtischer Räume aus den Trinkwassergebieten peripherer ländlicher Regionen nicht nur über Fernleitungen eine bedeutende Rolle. Erfolgt die Grundwasserentnahme allerdings nicht nachhaltig, d.h. wird mehr Trinkwasser gefördert, als sich auf natürlichem Wege bildet, sinkt der Grundwasserspiegel und es kommt zu Vegetationsschäden und Beeinträchtigungen der land- und forstwirtschaftlichen Produktion.

Eine immer bedeutendere Ressourcenbereitstellungsfunktion kommt dem ländlichen Raum auch für die Gewinnung von Energie durch Nutzung von *Biomasse* und *Windkraft* zu. Gebiete mit reicher Windernte finden sich vor allem an den ländlichen Küstenzonen und auf den dünn besiedelten Höhen der Mittelgebirge. Die Windkraftnutzung ist in den vergangenen Jahren stark ausgebaut worden und stößt in einigen Regionen bereits an ihre Grenzen.

### Standortfunktion der ländlichen Räume für Infrastrukturen

Viele sperrige *Infrastrukturen der Ver- und Entsorgung*, die für die Erhaltung der internationalen Wettbewerbsfähigkeit des Wirtschaftsstandortes Deutschland eine zentrale Bedeutung aufweisen, der Schaffung gleichwertiger Lebensverhältnisse dienen und zur Aufrechterhaltung von Produktions- und Konsumtionsprozessen unserer Gesellschaft notwendig sind, müssen einen Standort finden.

## Der ländliche Raum übernimmt Kompensationsfunktionen für verdichtete Regionen

Da Deponien, Müllverbrennungsanlagen, Flughäfen, Hochspannungstrassen oder Straßen- und Bahnkorridore aber nicht nur umfangreiche Flächen in Anspruch nehmen, sondern von ihnen auch die unterschiedlichsten Störwirkungen auf den Naturhaushalt wie die in der Nachbarschaft siedelnden Menschen ausgehen, lassen sich für diese Infrastruktureinrichtungen vielfach keine geeigneten Standorte in den hochverdichteten Räumen finden. In vielen Fällen kommen so oft nur dünn besiedelte ländliche Räume als realistische Standortalternative für sperrige und störende Infrastrukturen in Frage. Der ländliche Raum übernimmt hier vielfach *Kompensationsfunktionen* für die verdichteten Regionen. Hier ist oft ein kleinerer Kreis von Anwohnern betroffen als in städtischen Gebieten, und in diesen Räumen können überhaupt noch kostengünstige, großflächige Baustandorte angetroffen werden, die auch über die nötigen Abstandsflächen verfügen.

Besonders störende und sperrige Infrastrukturen sind allerdings weder in den städtischen noch in den ländlichen Räumen beliebt, sodass sich vielfach die örtliche Bevölkerung gegen die Ansiedlung dieser Einrichtungen zur Wehr setzt. Allerdings haben sich auch einige ehemals strukturschwache ländliche Räume bewusst für Anlagen entschieden, die anderen Orts aufgrund ihrer Unverträglichkeit keinen Standort gefunden haben. Da die Ansiedlung von Deponien, Müllverbrennungsanlagen oder bestimmten Industrieanlagen einen Arbeitsplatzgewinn mit sich bringen und oft auch einen erheblichen Beitrag zur Gewerbesteuerbasis der Kommunen leisten, konnten sich einige dieser ländlichen Räume zu prosperierenden Regionen entwickeln und beispielsweise Wirtschaftscluster in der Entsorgungswirtschaft oder der chemischen Industrie aufbauen. Standortkonzentrationen von sperrigen Infrastrukturen und Betrieben mit hohem Störpotenzial sind allerdings in den ländlichen Räumen Deutschlands immer noch eine deutliche Ausnahme. Hingegen profitieren viele ländliche Räume von einer verbesserten Erschließung mit Autobahnen, Bundes- und Landesstraßen sowie dem Ausbau des Schienennah- und -fernverkehrs.

**Funktionspotenzial ländlicher Räume**

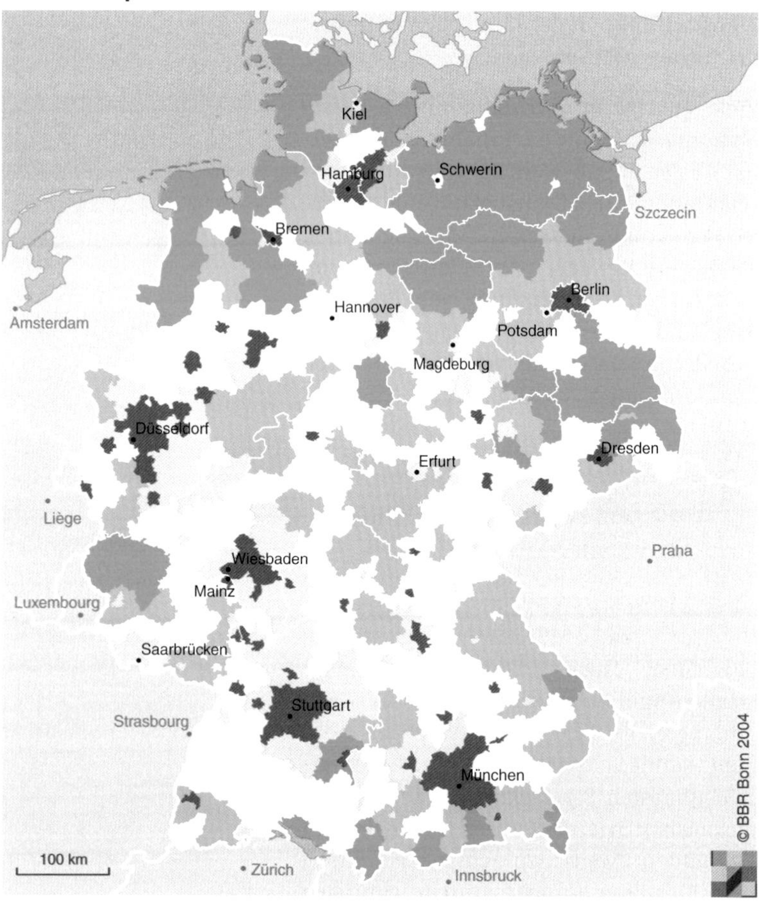


**Index der Funktionen ländlicher Räume**

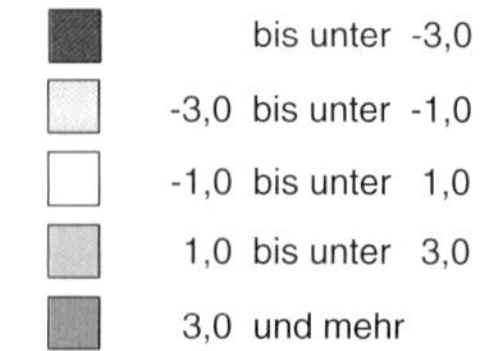


Der Index der Funktionen ländlicher Räume stellt die additive Verknüpfung der einzelnen Funktionsbereiche anhand folgender normierter Indikatoren dar:
- Preisniveau für Wohnbauland 2002 in Euro je m²
- Anteil der Bruttowertschöpfung in Land- und Forstwirtschaft, Fischerei und Fischzucht an der gesamten Bruttowertschöpfung 2001 in %
- Landschaftsattraktivitätsindex
- Landschaftstypbewertung
- Anteil der Abbauflächen an der Gesamtfläche 2000 in %
- Wassergewinnung der öffentlichen Wasserversorgung 2001 in m³ je Einwohner
- Erzeugte Strommenge in Windkraftanlagen 2003 in MWh

Kreise, 31. 12. 2002
Quelle: Laufende Raumbeobachtung des BBR

## Funktionspotenzial ländlicher Räume

Nachdem die einzelnen Funktionen ländlicher Räume isoliert betrachtet wurden, soll nun ihr multifunktionales Spektrum in einer Gesamtschau thematisiert werden. Ländliche Räume erbringen ja nicht nur einzelne Funktionen, vielmehr wird von ihnen ein Bündel unterschiedlicher Leistungen produziert. Die einzelnen Teilräume des Bundesgebietes tragen so auf sehr unterschiedliche Weise zur Erfüllung der Funktionen ländlicher Räume bei, und jeder Teilraum weist folglich auch ein spezifisches Funktionspotenzial auf, das aus der Summe seiner Einzelfunktionen gebildet wird. So lassen sich nicht nur teilräumliche Spezialisierungen und Begabungen erfassen, auch die Vielfältigkeit des ländlichen Raumes wird in ihren unterschiedlichen Dimensionen erkennbar. Die Heterogenität ländlicher Räume kann somit als das Resultat räumlich unterschiedlich ausgeprägter Erfüllungsgrade ihrer multiplen Funktionen erklärt werden. Mittels einer raumbezogenen Analyse soll dieses teilräumliche Funktionsvermögen auf der Ebene der Landkreise und kreisfreien Städte bundesweit ermittelt werden. Zur Messung der Wohn-, Wirtschafts- und Arbeitsplatz-, Natur- und Kulturlandschaftschutz-, Tourismus- und Ressourcenbereitstellungsfunktion wurden hierzu einzelne Indikatoren ausgewählt, mit deren Hilfe eine Messung der Funktionen vorgenommen werden kann. An der Messlatte des Bundesmittels wurde so für die einzelnen Funktionen abgeschätzt, ob eine hohe oder eine niedrige Erfüllung in einem Teilraum vorliegt. Das *Funktionspotenzial* eines Landkreises bzw. einer kreisfreien Stadt wird anschließend durch Summierung dieser Einzelwerte ohne Gewichtung ermittelt. Der so berechnete Index für die Funktionen ländlicher Räume gestattet einen ersten Eindruck von der räumlichen Verteilung ländlicher Funktionspotenziale im Bundesgebiet.

Je höher der ermittelte Index ausfällt, desto mehr ländliche Funktionen eines Teilraumes haben, am Bundesmittel gemessen, überdurchschnittliche Werte erreicht. In diesem Sinne kann von einer starken Ausprägung des ländlichen Funktionspotenzials gesprochen werden. Sehr ausgeprägt ländlich strukturierte Räume mit hohem Funktionspotenzial finden sich vor allem im Norden Deutschlands insbesondere den küstennahen Gebieten, aber auch im Süd-Osten der neuen Länder, im westlichen Rheinland-Pfalz und im östlichen und südlichen Bayern. Je niedriger der ermittelte Indexwert ausfällt, desto städtischer ist ein Teilraum geprägt. Sehr gut können in der Karte daher auch die städtischen Kerne und das sie umgebende verdichtete suburbane Umland mit niedrigem ländlichen Funktionspotenzial abgebildet werden. In Westdeutschland weisen die dünner besiedelten Räume in der Nachbarschaft dieser verdichteten Gebiete mittlerweile vergleichsweise niedrige ländliche Funktionspotenziale auf. Augenscheinlich haben sich hier bereits Verdichtungseffekte auf die Ausprägung der ländlichen Funktionen ausgewirkt. In Ostdeutschland hingegen zeichnen sich auch die Räume in der Nachbarschaft großer Städte in vielen Fällen durch ein relativ hohes ländliches Funktionspotenzial aus.

## Raumordnerischer Handlungsbedarf zur Unterstützung einer Politik für ländliche Räume

In ihrem ernährungs- und agarpolitischen Bericht von 2004 sieht die Bundesregierung drei Handlungsschwerpunkte für eine Politik ländlicher Räume:

- Schaffung von Arbeitsplätzen und Einkommensmöglichkeiten innerhalb, aber auch außerhalb der Land- und Forstwirtschaft, beispielsweise in Tourismus und Handwerk;
- Verbesserung der ländlichen Grundversorgung der Bevölkerung einschließlich der Infrastruktur;
- Erhaltung und die Pflege der Natur- und Kulturlandschaft.

### Schaffung von Arbeitsplätzen und Einkommensmöglichkeiten

Eine qualitätsorientierte, wettbewerbsfähige und umweltverträglich produzierende, nachhaltige *Land- und Ernährungswirtschaft* sollte auch durch die Raumordnungspolitik der Länder und des Bundes aktiv unterstützt werden. Im Bericht der Bundesregierung „Politik für ländliche Räume" wird als vorrangige Aufgabe der Agrarpolitik angesehen, „die Land- und Forstwirtschaft in ihrer multifunktionalen Rolle zu stärken, damit sie durch Diversifizierung ihres Produkt- und Dienstleistungsangebots zielgerichtet zur nachhaltigen Entwicklung der ländlichen Räume beitragen kann." (Deutscher Bundestag 2000, S. 8). Die Instrumente der Raumordnung sollten genutzt werden, die wirtschaftlichen Perspektiven für eine multifunktionale Landwirtschaft zu verbessern und neue Einkommensquellen durch Diversifizierung zu erschließen.

Da die moderne Landwirtschaft mit immer weniger Arbeitskräften auskommt, müssen zusätzliche neue Arbeitsplätze nicht nur in *Handwerk* und *Gewerbe*, sondern auch im *Dienstleistungssektor* und in der Bewirtschaftung natürlicher Ressourcen (Energieerzeugung, Rohstoffgewinnung und Naturschutz) geschaffen werden. Durch Verbreiterung der wirtschaftlichen Basis des ländlichen Raumes kann so auch die Raumordnungspolitik einen wichtigen Beitrag zur Stärkung einer multifunktionalen Regionalwirtschaft leisten. Dies gilt beispielsweise für die Förderung nachwachsender Rohstoffe für stoffliche und energetische Zwecke, den Ausbau des Tourismus, aber auch für den Naturschutz. Pflege und Erhaltung von Kulturlandschaften durch Aufrechterhaltung landwirtschaftlicher Nutzungsformen und die direkte Durchführung von Naturschutzmaßnahmen durch die Landwirtschaft stellen gesellschaftlich bedeutende Aufgaben dar, für die Landwirte zu Recht eine Gegenleistung erwarten können. Zur Unterstützung des Fremdenverkehrs auf dem Lande hat die

Bundesregierung Tourismusbetriebe sowie infrastrukturelle Maßnahmen für den Tourismus finanziell gefördert. Beispielsweise wurden im Rahmen der Gemeinschaftsaufgabe „Regionale Wirtschaftsförderung" (GRW) im Jahr 2003 rund 220 Mio. Euro Bundes- und Landesmittel für die Tourismusförderung in strukturschwachen Regionen bewilligt.

Die raumordnerischen Strategien zur Förderung von Wachstum und Beschäftigung in den ländlichen Räumen sollten an den räumlichen Schwerpunkten der *ländlichen Entwicklungspotenziale* ansetzen. Auch in den peripheren, ländlichen Räumen gibt es kleine Teilräume mit Verdichtungsansätzen, die sich in der Regel um die Ober- und Mittelzentren gebildet haben (siehe Kapitel 2: „Grundtypen der Raumstruktur"). Diese Kerne in den ländlichen Räumen haben eine besonders wichtige Funktion für eine wachstumsorientierte Regionalpolitik im ländlichen Raum. Hier kumulieren die allgemeinen Standortvorteile einer Mindestverdichtung von Bevölkerung und Arbeitskräften und die spezifisch ländlichen Entwicklungspotenziale, die sich aus den vielfältigen Funktionen des ländlichen Raumes ergeben. Hinweise für die räumliche Konzentration dieser funktionalen Entwicklungspotenziale geben die zuvor durchgeführten Analysen in diesem Kapitel.

### Sicherung der Daseinsvorsorge

Vorrangiges Ziel einer Politik für ländliche Räume ist die Schaffung gleichwertiger Lebensverhältnisse und die Verbesserung der Lebensbedingungen auf dem Land (Ernährungs- und agrarpolitischer Bericht 2004, S. 68). Die dauerhafte und flächendeckende Sicherung der Grundversorgung mit Leistungen der Daseinsvorsorge in den ländlichen Räumen stellt ein zentrales Zukunftsproblem dar. Mit der Liberalisierung und Privatisierung des Postwesens, der Telekommunikation, der Energieversorgung, aber auch der Reform des Wohlfahrtsstaates und der Modernisierung öffentlicher Leistungserbringung ist die Aufrechterhaltung eines flächendeckenden Angebots mit Dienstleistungen und Versorgungsgütern der Daseinsvorsorge generell nicht mehr so selbstverständlich wie noch vor einigen Jahren. Aufgrund betriebswirtschaftlicher Zwänge in der Privatwirtschaft und erhöhtem Kostendruck im öffentlichen Bereich besteht die Tendenz, Leistungen der Daseinsvorsorge in peripher gelegenen, dünn besiedelten Regionen abzubauen, da das hier anzutreffende Nachfragepotenzial ein kostendeckendes Angebot kaum ermöglicht.

Angesichts des demographischen Wandels und der Bevölkerungsabnahme vor allem in peripheren ländlichen Räumen haben sich die Raumordnungsminister von Bund und Ländern in einer Entschließung der MKRO vom 13. Oktober 2003 das Ziel gesetzt, eine bedarfsgerechte Infrastrukturversorgung in allen Teilräumen des Bundesgebietes sicherzustellen. Unter den gewandelten gesellschaftlichen und wirtschaftlichen Rahmenbedingungen muss die Raumordnungspolitik des Bundes und der Länder ihren Auftrag zur Sicherung gleichwertiger Lebensverhältnisse daher besonders ernst nehmen, soll eine langfristige Unterversorgung des dünn besiedelten ländlichen Raumes mit Leistungen der Daseinsvorsorge verhindert werden. Auch bei niedriger Bevölkerungsdichte und schlechten Erreichbarkeitsverhältnissen ist eine *Mindestausstattung mit sozialen und technischen Infrastrukturen* und einem Mindestangebot an privaten wie öffentlichen Gütern und Dienstleistungen durch die Raumordnung zu gewährleisten. Je stärker die Privatisierung und Liberalisierung im Bereich der Daseinsvorsorge voranschreiten, desto mehr müssen auch raumordnerische Maßstäbe und Kriterien bei der Regulierung privater Anbieter eine Rolle spielen. Es geht aber nicht nur darum, das Angebot der privaten Anbieter an den Versorgungsstandards der Daseinsvorsorge auszurichten. Um gleichwertige Lebensverhältnisse zu garantieren, wird es gerade im ländlichen Raum auch zukünftig erforderlich sein, eine Versorgung mit Leistungen der Daseinsvorsorge durch die öffentliche Hand zu sichern.

Da die Aufrechterhaltung einer flächenhaften Versorgung mit Leistungen der Daseinsvorsorge nur noch unter großen finanziellen Anstrengungen aufrecht erhalten werden kann, kommt der Sicherung eines *leistungsfähigen Netzes von Klein- und Mittelstädten* eine zentrale Bedeutung für die Raumordnung zu. In diesen Zentralen Orten ist, über das Mindestniveau hinausgehend, ein attraktives Angebot mit Dienstleistungen und Versorgungsgütern der Daseinsvorsorge zu gewährleisten, so dass sich auch die Dorfbevölkerung auf kurzen Wegen angemessen versorgen kann. In allen strukturschwachen, peripheren ländlichen Räumen werden sich die Infrastrukturausstattung und die wirtschaftlichen Aktivitäten räumlich in Klein- und Mittelstädten auf dem Land, d.h. in den zentralen Orten konzentrieren müssen. Dafür sprechen nicht nur die begrenzten öffentlichen Finanzmittel, sondern auch Tragfähigkeitsüberlegungen für die Zukunft und die Ziele des Ressourcenschutzes. Die Klein- und Mittelstädte auf dem Land spielen für die Inwertsetzung regionaler Entwicklungspotenziale eine besondere Rolle. Nur sie können im lokalen Maßstab Verdichtungsvorteile entwickeln oder Synergieeffekte für Betriebe und private Haushalte anbieten. Sie können gewisse Standards in der Infrastrukturversorgung und andere Dienstleistungen gewährleisten und dadurch wirtschaftliche Aktivitäten anziehen. Problematisch bleibt dagegen die infrastrukturelle Basisversorgung der nichtmobilen, meist älteren Bevölkerung, die nicht in der Stadt lebt (siehe Kapitel 5.1: „Öffentliche Daseinsvorsorge").

### Erhaltung gewachsener Kulturlandschaften

Die Pflege und Entwicklung von Kulturlandschaften ist als staatliche Aufgabe in Form eines Grundsatzes im Raumordnungsgesetz festgelegt. Die Raumordnung hat dafür Sorge zu tragen, dass die gewachsenen Kulturlandschaften in ihren prägenden Merkmalen sowie mit ihren Kultur- und Naturdenkmälern erhalten bleiben. Danach versteht sich Kulturlandschaftsschutz vor allem als Schutz historisch gewordener Landschaften, die auch industriell-gewerbliche Gebiete umfassen können und somit nicht nur auf ländliche Regionen beschränkt sind.

Der Gesetzesauftrag zum raumordnerischen Kulturlandschaftsschutz umfasst allerdings mehr als nur die Konservierung historisch überkommener Landschaften. Neben der Bewahrung gewachsener Kulturlandschaften vor zerstörerischen Einflüssen besteht die eigentliche raumordnerische Herausforderung in der behutsamen Weiterentwicklung des kulturlandschaftlichen Potenzials. Nicht der Wandel von Kulturlandschaften ist somit das eigentliche Problem, sondern die Herbeiführung einer räumlichen Entwicklung, die kulturlandschaftlichen Leitbildvorstellungen gerecht wird. Gewünscht ist eine harmonische Entwicklung von Kulturlandschaften, bei der ihre ökologischen, ökonomischen, sozialen und kulturellen Funktionen dauerhaft erhalten bleiben und keine Funktion gänzlich auf Kosten der anderen entwickelt wird. Im Sinne einer so verstandenen nachhaltigen Kulturlandschaftsentwicklung muss die Raumordnung zuerst das kulturlandschaftliche Potenzial ländlicher Räume erfassen, beschreiben und bewerten und die Ergebnisse in digitalen Kulturlandschaftskatastern dokumentieren, bevor systematisch kulturlandschaftliche Leitbilder erarbeitet und Maßnahmen zur Weiterentwicklung der Kulturlandschaften abgeleitet werden können. Zum Erfolg raumordnerischer Konzepte zur Weiterentwicklung gewachsener Kulturlandschaften bedarf es zusätzlich allerdings noch einer begleitenden Bewusstseinsbildung, wie z.B. landschaftsgeschichtliche Lehrpfade, Wanderführer durch Kulturlandschaften, Marketingstrategien für Regionen und regionale Produkte sowie die Förderung regionaler Identitätsbildung, ohne die der Wert historisch gewachsener Landschaftsräume und ihrer Naturpotenziale sonst nur unzureichend in Bevölkerung und Wirtschaft erkannt würde.

### Modellvorhaben zur integrierten Entwicklung des ländlichen Raumes

Neben den formellen raumordnerischen Instrumenten bieten vor allem Modellvorhaben und Pilotprojekte Ansatzpunkte für die Förderung einer multifunktionalen Entwicklung des ländlichen Raumes. Nur wenn das Wissen und die Erfahrungen relevanter Akteure vor Ort fruchtbar gemacht werden kann, lassen sich die Lebens- und Wirtschaftsverhältnisse im ländlichen Raum dauerhaft erhalten und optimieren. Dazu ist ein Zusammenwirken in einem möglichst partnerschaftlichen Netzwerk erforderlich. Kooperative Lösungsansätze zur systematischen Entwicklung der Potenziale des ländlichen Raumes können durch staatlich geförderte Modellvorhaben erleichtert werden. Um innovative Ideen zur Entwicklung des ländlichen Raumes nicht nur zu entdecken, sondern auch umzusetzen, werden im raumordnerischen *Aktionsprogramm „Modellvorhaben der Raumordnung"* des Bundesministeriums für Verkehr, Bau- und Wohnungswesen beispielsweise neue Handlungsansätze für die Sicherung der infrastrukturellen Daseinsvorsorge auch unter Bedingungen des demographischen Wandels durch regionale Akteure vor Ort entwickelt und umgesetzt. Aus den in den Modellvorhaben gemachten Erfahrungen werden wichtige Empfehlungen für die Weiterentwicklung der Raumordnungspolitik für ländliche Räume abgeleitet und zentrale Handlungshinweise für die regionale Raumordnung gewonnen. Mittels guter Beispiele kann so durch den Bund ein Wissenstransfer in die Praxis unterstützt werden (siehe Kapitel 7: „Bundesraumordnung"). Auch das Modell- und Demonstrationsvorhaben „Regionen Aktiv" des Bundesministeriums für Verbraucherschutz, Ernährung und Landwirtschaft zeigt innovative Ideen für eine integrierte ländliche Entwicklung auf.

Literaturhinweise

Die Bundesregierung: Ernährungs- und agrarpolitischer Bericht 2004 der Bundesregierung. Berlin 2004

Deutscher Bundestag 2000: Bericht der Bundesregierung „Politik für ländliche Räume" Ansätze für eine integrierte regional- und strukturpolitische Anpassungsstrategie. Drucksache 14/4855, vom 6.12. 2000

European Commission 1999: Contribution of the European Commission on the Multifunctional Charakter of Agriculture. Info-Paper, October 1999. – Bruxelles

OECD (Organisation for Economic Co-operation and Development) 2001: Multifuncitionality – towards an analytical framework. – Paris

Gharadjedaghi, Bahram et al: Verbreitung und Gefährdung schutzwürdiger Landschaften in Deutschland. In: Bundesamt für Naturschutz (Hrsg.): Natur und Landschaft, 79. Jahrgang, Heft 4, 2004, S. 71-81

### BEISPIEL: Modell- und Demonstrativvorhaben „Regionen Aktiv – Land gestaltet Zukunft"

Mit dem Modell- und Demonstrativvorhaben „Regionen Aktiv" zeigt das Bundesministerium für Verbraucherschutz, Ernährung und Landwirtschaft neue Wege für die Entwicklung ländlicher Räume auf. Die Modellregionen sollen mit ihren innovativen Ideen zu Vorbildern für eine integrierte ländliche Entwicklung und für funktionierende Stadt-Land-Beziehungen werden. Hierbei werden die 18 Regionen im Zeitraum von 2002 bis 2005 vom Bundesministerium für Verbraucherschutz, Ernährung und Landwirtschaft mit insgesamt mindestens 45 Millionen Euro unterstützt. Im Mittelpunk des Pilotprojektes stehen drei zentrale Schlüsselfelder für eine nachhaltige Entwicklung ländlicher Räume:

Stärkung ländlicher Räume und Schaffung zusätzlicher Einkommensquellen durch

- Ausbau von Wertschöpfungsketten in den Regionen (z. B. durch Aufbau regionaler Erzeugungs- und Vermarktungsstrukturen unter Einbeziehung der verarbeitenden Wirtschaft und des Handels),
- Entwicklung von Produkten und Dienstleistungen, die land- und forstwirtschaftlichen Tätigkeiten mit dem Natur- und Umweltschutz sowie der Landschaftspflege verknüpfen (z. B. durch Ausbau des Vertragsnaturschutzes sowie Maßnahmen zur Erzeugung regenerativer Energien und zur Stärkung ökologischer Bauweisen),
- zielgruppenspezifische Qualifizierungs- und Weiterbildungsmaßnahmen,
- Maßnahmen, die Erwerbschancen von Frauen stärken und die Ausbildungssituation von Jugendlichen im ländlichen Raum verbessern,
- Verbesserung der Erwerbschancen in den ländlichen Räumen in den Bereichen der Informations- und Kommunikationstechnik und des regionalen Handwerks,
- Erweiterung des touristischen Angebotes, das die Chancen einer naturverträglichen Land- und Forstwirtschaft in einer intakten Landschaft nutzt und mit der Vermarktung regionaler Produkte kombiniert.

Natur- und umweltverträgliche Landbewirtschaftung durch

- eine natur- und umweltverträgliche Land- und Forstwirtschaft (z. B durch Systeme kontrollierten Anbaus, Agrarumweltmaßnahmen oder Vertragsnaturschutz),
- Erzeugung von Lebensmitteln aus ökologischem Landbau und besonders tiergerechten Haltungsformen,
- Ausweitung der ökologisch bewirtschafteten Flächen, insbesondere durch regionale Verknüpfung von Erzeugung und Vermarktung,
- zielgruppenspezifische Qualifizierungs- und Weiterbildungsmaßnahmen.

Verbraucherorientierung durch

- stärkere Berücksichtung der Interessen von Verbraucherinnen und Verbrauchern, insbesondere durch eine „gläserne Erzeugung", die auf besonderer Qualität aufbaut,
- Verbesserung der Vermarktungswege zur Stärkung der Nachfrage nach Lebensmitteln besonderer Qualität,
- zielgruppenspezifische Qualifizierungs- und Weiterbildungsmaßnahmen für Erzeuger, Verarbeiter, Handel und Endverbraucher.

Seit dem Start im Frühjahr 2002 sind in den Modellregionen insgesamt über 350 Projekte angelaufen und zum Teil bereits abgeschlossen. Ein Projektschwerpunkt bildet die Verarbeitung und Vermarktung regionaler Produkte sowie die Transparenz in der Erzeugung. Ebenfalls stark vertreten sind Projekte im Bereich Qualifizierung und Information. Hierzu zählen Vorhaben zur Verbesserung des Know-hows in den Regionen und zahlreiche Projekte zur Umweltbildung. Über 20 Vorhaben befassen sich darüber hinaus mit regenerativen Energien und nachwachsenden Rohstoffen, z.B. zur Verwendung von Rapsöl und zur Nutzung von Biogas. Genauere Informationen finden sie unter www.modellregionen.de.

Aufgrund der positiven Erfahrungen mit „Regionen Aktiv" wurde der neue Fördergrundsatz „integrierte ländliche Entwicklung" 2004 in den Rahmenplan der Gemeinschaftsaufgabe „Verbesserung der Agrarstruktur und des Küstenschutzes" übernommen.

Teil II

# Raumbedeutsame Planungen und Maßnahmen

# 7 Bundesraumordnung

Raumordnung als staatliche oder regionale Aufgabe formuliert *überörtliche* und *fachübergreifende* Entwicklungsvorstellungen und setzt diese durch Programme, Pläne, Handlungskonzepte und Maßnahmen um. Ziel ist es, eine den gesellschaftlichen Bedürfnissen entsprechende Ordnung und Entwicklung des räumlichen Zusammenwirkens auf der Ebene von Bund, Ländern und Regionen zu erreichen. Als überörtliche und fachübergreifende Planung ist die Raumordnung der gemeindlichen Bauleitplanung vorgelagert und hat die Aufgabe, die unterschiedlichen Nutzungsansprüche der raumbedeutsamen Fachplanungen an den Raum in räumlichen Gesamtkonzepten zu integrieren. Es geht um das Zusammenwirken der Träger der Infrastrukturplanungen auf allen Ebenen und schließt die Siedlungsentwicklung und den Freiraumschutz mit ein.

Der Bund besitzt im Bereich der Raumordnung gemäß Art. 75 (1) Ziff. 4 Grundgesetz eine Rahmenkompetenz, die durch das Raumordnungsgesetz (ROG) ausgeführt wird. Dementsprechend erfolgen die konkreten raumordnerischen Zielfestlegungen in den Landesentwicklungs- und den Regionalplänen durch die Länder. Die Funktion der Bundesraumordnung liegt in der Aufgabe der Abstimmung raumbedeutsamer Planungen und Maßnahmen des Bundes, der Europäischen Union und gegenüber den Ländern. Dies geschieht durch:

- Abstimmungsverfahren innerhalb der Bundesregierung und Raumordnungsberichte,
- Stellungnahmen zu den Raumordnungsplänen der Länder und Regionen,
- Beteiligung an der Entwicklung von europäischen Raumentwicklungskonzepten,
- Erarbeitung von Leitbildern und Handlungskonzepten gemeinsam mit den Ländern im Rahmen der Ministerkonferenz für Raumordnung,
- Forschungs- und Modellvorhaben.

## Räumliches Planungssystem

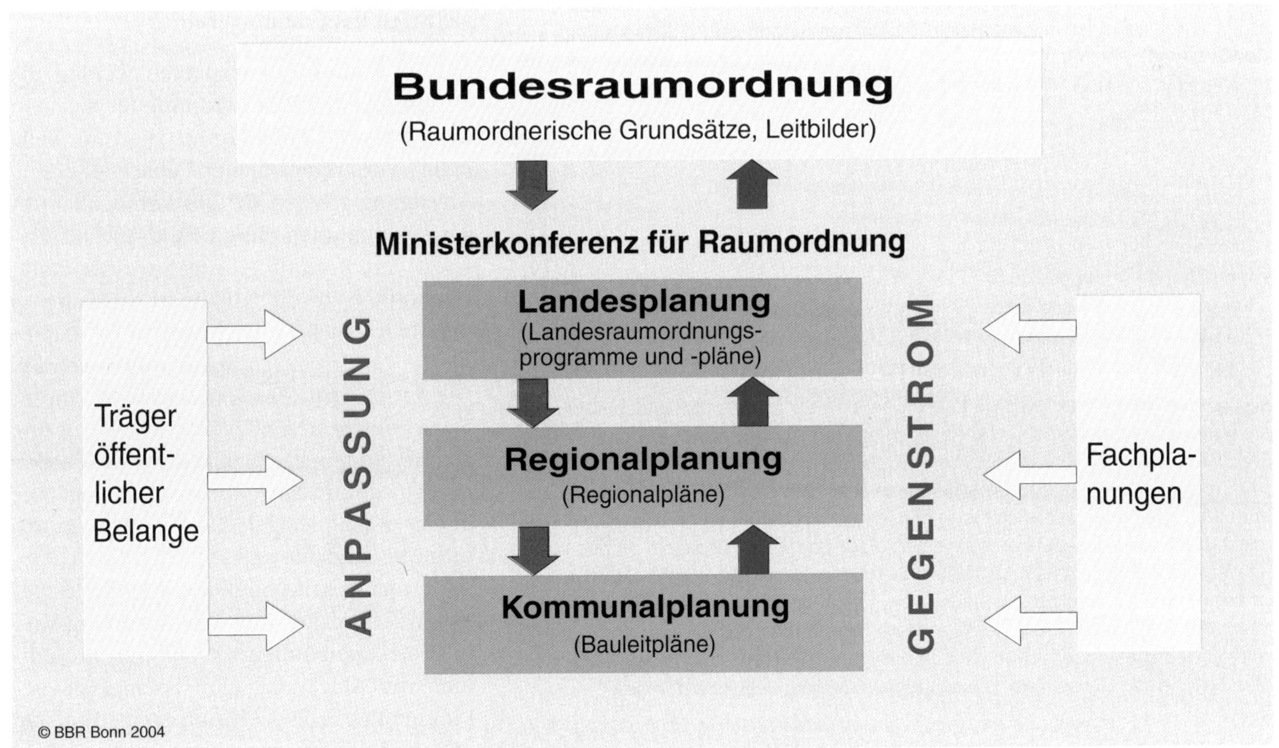

## Fortentwicklung des Raumordnungsrechts

Das aus dem Jahre 1965 stammende Raumordnungsgesetz (ROG) wurde durch das ROG von 1998 grundlegend novelliert. Dieses erhebt das *Nachhaltigkeitsprinzip* zur *übergeordneten Leitvorstellung.* Angestrebt wird eine dauerhafte, großräumig ausgewogene Ordnung, in der die sozialen und wirtschaftlichen Ansprüche an den Raum mit seinen ökologischen Funktionen in Einklang gebracht werden.

Das ROG enthält, abgeleitet aus den übergeordneten Leitvorstellungen, eine Reihe bundesweit geltender materieller *Grundsätze,* in denen Entwicklungsziele für die Siedlungsstruktur und den Freiraum insgesamt, für Verdichtungsräume, ländliche bzw. strukturschwache Räume, für die Infrastrukturausstattung sowie für Natur und Landschaft formuliert werden. Prägend ist dabei der Gedanke einer Bündelung wichtiger Einrichtungen der Infrastruktur und Daseinsvorsorge in leistungsfähigen Zentren und Stadtregionen des ganzen Landes („dezentrale Konzentration") und das Erfordernis einer nachhaltigen Bewirtschaftung der räumlichen Ressourcen (Landschaft, Wasserhaushalt, Fauna, Flora, Klima einschl. Hochwasser- und Lärmschutz). Darüber hinaus werden Verbesserungs- und Entwicklungsziele für eine wettbewerbsfähige Wirtschaftsstruktur, für die Wohnungsversorgung, die Erreichbarkeiten und die Verkehrsverhältnisse sowie für geschichtliche und kulturelle Zusammenhänge formuliert ( Ziele, Grundsätze , Erfordernisse der Raumordnung).

Die Leitvorstellungen des ROG und die aus ihnen entwickelten Grundsätze der Raumordnung stellen keinen verbindlichen Gesamtplan für das Bundesgebiet dar, sondern sie müssen durch die von den Ländern und Regionen aufzustellenden *Raumordnungspläne* noch konkretisiert und zu verbindlichen Zielen verdichtet werden. Dabei herrscht ein *Gegenstromprinzip* in dem Sinne, dass die Entwicklung und Ordnung des Gesamtraums die Gegebenheiten und Erfordernisse seiner Teilräume zu berücksichtigen hat und umgekehrt.

In den Raumordnungsplänen werden die Grundsätze der Raumordnung für das vom Plan erfasste Gebiet konkretisiert; im Falle einer vorausgegangenen abschließenden Abwägung werden für bestimmte Planungen/Maßnahmen diese Grundsätze als *Ziele der Raumordnung* festgelegt, des weiteren können für die Nutzungsansprüche an den Raum auch Festlegungen in Form definierter *Gebietskategorien* getroffen werden. Die *Rechts- bzw. Bindungswirkungen* dieser Festlegungen verhelfen der Raumordnung zu ihrer Bedeutung in der Praxis; sie werden im ROG deutlich strukturiert dargelegt: Die in einem Plan festgelegten Ziele der Raumordnung sind für geplante raumbedeutsame Projekte strikt bindend, und die festgelegten Grundsätze der Raumordnung sind in Projektgenehmigungsverfahren im Rahmen der Abwägung aller Belange zu berücksichtigen. Zur Effizienzsteigerung bei der Umsetzung raumordnerischer Ziele

**INFO: Leitvorstellungen der Raumordnung im ROG**

Die Leitvorstellung der nachhaltigen Raumentwicklung ist Handlungsmaxime bei der Erfüllung der Aufgabe der Raumordnung, die nach dem Gesetz darin besteht, den Gesamtraum der Bundesrepublik Deutschland und seine Teilräume durch zusammenfassende, übergeordnete Raumordnungspläne und durch Abstimmung raumbedeutsamer Planungen und Maßnahmen zu entwickeln, zu ordnen und zu sichern. Dabei sollen die unterschiedlichen Anforderungen an den Raum aufeinander abgestimmt und auftretende Konflikte ausgeglichen werden. Während es im Raumordnungsgesetz von 1965 noch hieß, dass die räumliche Struktur einer Entwicklung zuzuführen sei, die der freien Entfaltung der Persönlichkeit in der Gemeinschaft am besten dient, wird durch die Novellierung von 1998 die Verantwortung des Einzelnen nicht nur gegenüber der Gemeinschaft, sondern auch gegenüber künftigen Generationen betont (§ 1 (2) Ziff. 1 ROG). Damit ist jedoch nicht die Vorstellung verbunden, dass sich Raumentwicklung künftig primär an ökologischen Zielen zu orientieren habe. Die Leitvorstellung, dass die natürlichen Lebensgrundlagen zu schützen und zu entwickeln sind, steht gleichwertig neben der Aufgabe der Raumordnung, die Standortvoraussetzungen für wirtschaftliche Entwicklungen zu schaffen und dies mit sozialen Erfordernissen und berechtigten individuellen Interessen in Einklang zu bringen.

Zu den übergeordneten Leitvorstellungen der Raumordnung gehört außerdem
- Gestaltungsmöglichkeiten der Raumnutzung langfristig offen zu halten,
- die prägende Vielfalt der Teilräume zu stärken,
- gleichwertige Lebensverhältnisse in allen Teilräumen herzustellen,
- die räumlichen und strukturellen Ungleichgewichte zwischen den bis zur Herstellung der Einheit Deutschlands getrennten Gebieten auszugleichen und
- die räumlichen Voraussetzungen für den Zusammenhalt in der Europäischen Gemeinschaft und im größeren europäischen Raum zu schaffen.

Die Leitvorstellung, gleichwertige Lebensverhältnisse in allen Teilräumen herzustellen, war und ist immer wieder Gegenstand von Auseinandersetzungen über Umfang, Bezugsraum und Einlösbarkeit dieser Verpflichtung, gerade auch vor dem Hintergrund der nach wie vor erheblichen Disparitäten zwischen Ost- und Westdeutschland. Weitgehende Übereinstimmung herrscht inzwischen darüber, dass Gleichwertigkeit nicht identische Lebensverhältnisse an jedem Ort bedeutet, sondern die Gewährleistung bestimmter Mindeststandards an Daseinsvorsorge, Erwerbsmöglichkeiten und Infrastrukturausstattung, aber auch an Umweltqualitäten. Umstritten bleibt, wie stark die zu setzenden Standards vom Durchschnittsniveau des Gesamtraums abweichen dürfen, ohne die Leitvorstellung zu verletzen, und wer letztlich für Interventionen zu Gunsten der benachteiligten Gebiete aufkommen muss.

Quelle: M. Sinz: Stichwort „Raumordnung", in: Handwörterbuch der Raumordnung, ARL, Hannover 2004

und Grundsätze sowie zur Stärkung der regionalen Ebene eröffnet das ROG den Ländern die Möglichkeit, sich neuer Instrumente zu bedienen: Im Falle bestehender raumstruktureller Verflechtungen können die Ebenen des Regionalplans und des Flächennutzungsplans durch den *Regionalen Flächennutzungsplan* ersetzt werden, um eine Planungsebene einzusparen. Des Weiteren erhalten die regionalen und Kommunalen Planungsträger die Möglichkeit, ihre Arbeit durch die folgenden Instrumente miteinander zu verzahnen: *Regionale Entwicklungskonzepte, Städtenetze* oder sonstige *vertragliche Vereinbarungen* (raumordnerische Verträge).

**Schwerpunkte der Novellierung 2004**

Am 21.7.2004 ist eine erneute Novelle des ROG in Kraft getreten, die die *Beteiligung der Öffentlichkeit* und die *förmliche Umweltprüfung* bei der Aufstellung und Änderung von Raumordnungsplänen, die öffentliche Bekanntmachung der Raumordnungspläne sowie die *Geltung des ROG in der ausschließlichen Wirtschaftszone (AWZ)* verbindlich regelt.

Beteiligung der Öffentlichkeit bei der Aufstellung und Änderung von Raumordnungsplänen, sowie öffentliche Bekanntmachung:

Erstmals schreibt das ROG verbindlich vor, der Öffentlichkeit bei der Aufstellung und Änderung von Raumordnungsplänen (frühzeitig) Gelegenheit zur Stellungnahme zu geben (vgl. § 7 Abs. 6 ROG) und den Raumordnungsplan öffentlich bekannt zu machen. Hiermit werden im Wesentlichen folgende Ziele verfolgt:

- Verbesserung der Informations- und Entscheidungsgrundlage;
- Erhöhung der Transparenz von Planungs- und Entscheidungsprozessen;
- Erhöhung der Akzeptanz raumordnerischer Belange und Entscheidungen;
- Umsetzung europarechtlicher Vorgaben.

Förmliche Umweltprüfung bei der Aufstellung und Änderung von Raumordnungsplänen:

Mit der Einführung einer förmlichen Umweltprüfung wird die „Richtlinie über die Prüfung der Umweltauswirkungen bestimmter Pläne und Programme" (2001/42/EG) umgesetzt. Diese stellt europaweit einheitliche Standards hinsichtlich Verfahren und Inhalt einer in die Planaufstellung integrierten Umweltprüfung auf. Die Eckpunkte sind in § 7 Abs. 5 – 10 ROG geregelt:

- Bei der Aufstellung oder Änderung eines Raumordnungsplans ist ein Umweltbericht zu erstellen, in dem die voraussichtlichen erheblichen Auswirkungen, die die Durchführung des Plans auf die Umwelt hat, sowie anderweitige Planungsmöglichkeiten ermittelt, beschrieben und bewertet werden.
- Doppelprüfungen sind durch Abschichtung der Umweltprüfung in der Planhierarchie und durch Zusammenführung von nebeneinander stehenden eigenständigen Umweltprüfungen in eine einzige umfassende Umweltprüfung zu vermeiden.
- Den öffentlichen Stellen und der Öffentlichkeit ist frühzeitig und effektiv Gelegenheit zur Stellungnahme zum Entwurf des Raumordnungsplans und seiner Begründung sowie zum Umweltbericht zu geben.
- In die Begründung des Raumordnungsplans ist eine zusammenfassende Erklärung aufzunehmen, wie Umwelterwägungen, Umweltbericht sowie abgegebene Stellungnahmen im Plan berücksichtigt wurden.
- Der Raumordnungsplan mit seiner die Umweltprüfung betreffenden Begründung ist öffentlich bekannt zu machen.
- Die Auswirkungen der Durchführung des Plans auf die Umwelt sind zu überwachen.

Geltung des Raumordnungsgesetzes in der ausschließlichen Wirtschaftszone (AWZ):

Die ausschließliche Wirtschaftszone Deutschlands (AWZ) bezeichnet den Bereich des Meeres jenseits des Küstenmeeres (12-Seemeilenzone) bis hin zur 200-Seemeilengrenze; sie gehört nicht zum Hoheitsgebiet der Bundesrepublik Deutschland. Um die zunehmenden Konflikte in der AWZ (auf Grund der vielfältigen Nutzungen aus den Bereich Wirtschaft, Verkehr, Naturschutz, Forschung, Verteidigung) koordinierten Lösungen zuführen zu können, bedarf die Entwicklung der AWZ einer integrativen Betrachtungsweise entsprechend der raumordnerischen Leitvorstellung der nachhaltigen Raumentwicklung. Daher wurde der Anwendungsbereich des Raumord-

*Der Text des novellierten Raumordnungsgesetzes vom 21.7.2004 findet sich im Anhang*

nungsgesetzes nunmehr auf die AWZ ausgedehnt (vgl. § 1 Abs. 1 Satz 3 ROG).

Mit § 18a erhält erstmals der Bund die Aufgabe einer konkreten Raumplanung. Die bundeseinheitliche Regelungskompetenz ist zum einen erforderlich auf Grund des hohen Abstimmungsbedarfes mit insgesamt neun angrenzenden Ländern bzw. Anrainerstaaten. Zum anderen würden in Anbetracht der expandierenden, vielfältigen, zum Teil gegenläufigen Nutzungen der AWZ unterschiedliche Länderplanungen die Gefahr von Hindernissen für den wirtschaftlichen Verkehr sowie von Wettbewerbsverzerrungen in sich bergen.

Die Raumplanung in der AWZ erfolgt durch Rechtsverordnung des Bundesministeriums für Verkehr, Bau- und Wohnungswesen. Im Einzelnen werden nach Ermittlung der einzelnen Nutzungsansprüche an die AWZ unter Beteiligung von sachverständigen Personen und Stellen Ziele und Grundsätze der Raumordnung aufgestellt einschließlich der Festlegung von Gebieten für einzelne Nutzungen. Das Verfahren beinhaltet neben einer Umweltprüfung die Beteiligung öffentlicher Stellen, der Öffentlichkeit, der Bundesländer sowie der Anrainerstaaten (siehe hinten: „Raumordnung auf dem Meer").

Die momentan auf Grundlage der Seeanlagenverordnung in Aufstellung befindlichen Gebiete für Windkraftanlagen haben auch unter dem geplanten Raumordnungsregime in der AWZ Bestand. Dies gibt den Investoren in die Offshore-Windenergie die notwendige Planungssicherheit.

### Ausblick

Außer der ROG-Novelle von 2004 sind noch weitere Gesetzesänderungen in Arbeit bzw. in Planung, die für die Raumordnung von Bedeutung sind:

Gesetz zur Einführung einer Strategischen Umweltprüfung und zur Umsetzung der Richtlinie 2001/42/EG (SUPG):

Zur Umsetzung der „Richtlinie über die Prüfung der Umweltauswirkungen bestimmter Pläne und Programme" (2001/42/EG) wird auf Bundesebene neben dem Raumordnungsgesetz auch das Umweltverträglichkeitsprüfungsgesetz (UVPG) geändert; die Änderungen werden voraussichtlich Anfang 2005 in Kraft treten.

Das UVPG wird detaillierte Verfahrensregelungen für die Durchführung der Umweltprüfung bei Plänen und Programmen beinhalten, die zum Teil auch bei Raumordnungsplänen – zusätzlich zu den Vorgaben des § 7 ROG – Anwendung finden sollen. Zugleich soll mit dieser Gesetzesänderung die Umweltverträglichkeitsprüfung bei Raumordnungsverfahren differenziert geregelt werden. Für die Raumordnung in den Ländern soll gelten, dass einzelne inhaltliche Anforderungen des UVPG an die Umweltprüfungen in Landesrecht umzusetzen sind; jedoch soll den Ländern hinsichtlich der Ausgestaltung im Einzelnen ein eigener Regelungsspielraum verbleiben.

Gesetz zur Verbesserung des vorbeugenden Hochwasserschutzes:

Das ROG beinhaltet den Grundsatz der Raumordnung, dass für den vorbeugenden Hochwasserschutz Sorge zu tragen ist. Im Zuge des laufenden Bundesgesetzgebungsverfahrens zur Verbesserung des vorbeugenden Hochwasserschutzes soll das ROG um zwei klarstellende Aussagen ergänzt werden: Zur Freiraumstruktur gehören auch Freiräume zur Gewährleistung des vorbeugenden Hochwasserschutzes; Festlegungen zum vorbeugenden Hochwasserschutz nach den Vorschriften des Wasserhaushaltsgesetzes sind in Raumordnungsplänen nachrichtlich darzustellen.

Ebenfalls sollen im Rahmen dieses Gesetzgebungsverfahrens zum einen im Baugesetzbuch Hochwasserschutzregelungen für den Bereich der Bauleitplanung eingeführt und zum anderen im Wasserhaushaltsgesetz Überschwemmungs- und überschwemmungsgefährdete Gebiete neu definiert sowie die Aufstellung von Hochwasserschutzplänen geregelt werden.

Kompetenzverteilung zwischen Bund und Ländern im Bereich der Raumordnung:

Im Rechtsbereich der Raumordnung hat der Bund eine Rahmengesetzgebungskompetenz gegenüber den Ländern. Die Erfüllung der Aufgaben der Raumordnung erfordert – unabhängig von künftigen Kompetenzverteilungen zwischen Bund und Ländern – eine vorausschauende, gesamträumlich abgestimmte Planung, welche bundeseinheitliche Grundregelungen sowie bundeseinheitliche Mindeststandards bei den Festlegungen in Raumordnungsplänen im gesamtstaatlichen Interesse unverzichtbar macht.

Die Bundesregierung, die Ministerkonferenz für Raumordnung und die weitere Fachwelt stimmen überein, dass zur Herstellung gleichwertiger Lebensverhältnisse im Bundesgebiet, zur Verbesserung der Standortqualitäten im europäischen Wettbewerb und zur Wahrung der Rechts- und Wirtschaftseinheit eine vorausschauende, gesamträumlich abgestimmte Planung notwendig ist. In den übrigen Bereichen der Raumordnung können den Ländern, insbesondere zur Berücksichtigung regionaler Besonderheiten Abweichungen bzw. eigene weitere Landesregelungen freigestellt werden.

**INFO: Gebietskategorien der deutschen Meere**

Nordsee und Ostsee stellen sich optisch als *grenzenlose* Räume dar. Allerdings gibt es auch hier rechtliche Zuständigkeitsbereiche. Im Rahmen der völkerrechtlichen Bestimmungen nach dem Seerechtsübereinkommen (SRÜ) der Vereinten Nationen von 1982 gliedern sich die deutschen Meereszonen in drei Gebietskategorien:

- in die **Inneren Gewässer**: zwischen der Mittleren Tide Hochwasser (MThw) und der Mittleren Tide Niedrigwasser (MTnw) bzw. zwischen MThw und den „geraden Basislinien",
- in das **Deutsche Küstenmeer**: der sog. 12-Seemeilen-Zone (die Außengrenze des Deutschen Küstenmeeres bildet die Staatsgrenze der Bundesrepublik Deutschland) und in die
- deutsche **Ausschließliche Wirtschaftszone (AWZ)**: Die AWZ ist das Gebiet, das sich an das Küstenmeer seewärts der 12-sm-Grenze anschließt. Sie liegt zwischen der deutschen Staatsgrenze im Meer und der mit den benachbart bzw. gegenüberliegenden Staaten vertraglich geregelten Außengrenzen der deutschen AWZ.

## Raumordnung auf dem Meer

In den letzten Jahren ist die Entwicklung des maritimen Raumes, der Meere, stärker ins Bewusstsein der Raumplanung getreten. Die Integration der Meere in die „normalen" Lebens- und Nutzungsräume wird erforderlich, weil der Bedarf der wachsenden Erdbevölkerung an Nahrungsmitteln, Rohstoffen, Energie und Raum nach Lösungen verlangt, die nicht auf der Landfläche allein zu befriedigen sind. Dabei zeigt sich, dass das maritime System trotz seiner erheblichen Größe enge Grenzen hat. So wurden beim Fischfang bereits Intensitätsgrenzen erreicht: Die drohende Überfischung in Nordsee und Ostsee hat dazu geführt, dass jährliche Höchstfangmengen als Quoten an die Küstenstaaten verteilt werden müssen. Für bestimmte Fischarten werden totale Fangverbote benötigt. Auch andere Nutzungen des Meeresraumes, wie für Schifffahrt und Transport von Erdöl und Gas, Abbau von Rohstoffen und Energiegewinnung verdichten sich zunehmend bzw. treten immer häufiger in Konflikt mit schutzwürdigen Gütern der Natur und Umwelt. Nord- und Ostsee stehen heute im Spannungsfeld zwischen wirtschaftlicher Nutzung und Schutz als wertvoller Naturraum. Im Gefolge der Entstehung und Förderung weiterer Nutzungen – in jüngster Zeit vor allem die geplante Errichtung von Windenenergieanlagen im Offshore-Bereich – wird der marine Bereich zu einem *Entwicklungsraum*, der der vorausschauenden, dem Gedanken der Nachhaltigkeit Rechnung tragenden, Steuerung der räumlichen Entwicklung bedarf.

### Das deutsche Küstenmeer (12-sm-Zone)

Gemäß dem Internationalen Seerechtsübereinkommen (SRÜ) gehört das Küstenmeer bzw. die 12-Seemeilen-Zone (12-sm-Zone) zum Hoheitsgebiet der Bundesrepublik Deutschland und damit auch der jeweiligen Länder. Die davon betroffenen norddeutschen Küstenländer sind: Bremen, Hamburg, Mecklenburg-Vorpommern, Niedersachsen und Schleswig-Holstein. Die Zuständigkeit für die Raumordnung in diesem Gebiet liegt nach dem Gesetz grundsätzlich bei den Ländern.

Ende der 1990er Jahre ist deutlich geworden, dass die Nutzungskonflikte (insbesondere im Zusammenhang geplanter Offshore-Windenergieparks) im deutschen und angrenzenden Küstenmeer derartig vielfältig geworden sind, dass es einer raumordnerischen Koordination bedarf. Eine vom Hauptausschuss der MKRO im Jahr 2000 eingesetzte Arbeitsgruppe hat sich mit dem Thema auseinandergesetzt und ist zu dem Ergebnis gekommen, dass die Ausdehnung von Raumordnungsplänen innerhalb der 12-sm-Zone nicht nur rechtlich möglich, sondern darüber hinaus auch raumordnerisch geboten ist. Dabei sollte auch die Raumordnungsverordnung ergänzt werden, um zukünftig ausdrücklich auch typische Offshore-Vorhaben, die raumordnerisch relevant sind, zu erfassen.

In einem Beschluss der Ministerkonferenz für Raumordnung (MKRO) aus dem Jahr 2001 werden die norddeutschen Küstenländer deshalb gebeten, den Geltungsbereich ihrer Raumordnungspläne auf die 12-Seemeilen-Zone des Meeres auszudehnen; außerdem soll wegen der Besonderheiten auf dem Meer eine entsprechende Anpassung der Ziele und Grundsätze der Raumordnung erfolgen. Die Küstenländer hatten bisher noch keine Festlegungen zur Raumordnung auf dem Meer in ihren gültigen Plänen vorgenommen. Diese sind jedoch in den Fortschreibungen geplant. So z.B. im aktuellen Entwurf zum Raumentwicklungsprogramm Mecklenburg – Vorpommern, der neben den nachrichtlichen Übernahmen der Abgrenzungen des Küstenmeeres und der AWZ sowie der wichtigen Seeverbindungen auch Raumordnerische Festlegungen zu marinen Eignungs-, Vorrang- und Vorbehaltsgebieten enthält.

**Die Ausschließliche Wirtschaftszone (AWZ)**

Das Seerechtsübereinkommen (SRÜ), das als umfassende Rechtsordnung für die AWZ anzusehen ist, wurde bislang von 156 Staaten und der Europäischen Gemeinschaft (EG) unterzeichnet und von 137 Staaten und der EG ratifiziert (Stand Februar 2002). Es bildet die Grundlage für die Nutzung der Meere und ihrer Ressourcen. Das SRÜ trat am 16. November 1994, ein Jahr nach Vorliegen der 60. Ratifizierung in Kraft.

Die AWZ, ein bis zu 200 Seemeilen breites Gebiet, unterliegt einer besonderen Rechtsordnung. Es handelt sich nicht um Hoheitsgebiet, sondern um ein Gebiet, in dem der Küstenstaat bestimmte näher bezeichnete Hoheitsbefugnisse wahrnehmen kann, wobei er aber die Rechte und Freiheiten, die andere Staaten in der AWZ haben, gebührend zu berücksichtigen hat. Unter anderem räumt das SRÜ das Recht ein, in der AWZ unter bestimmten Bedingungen Anlagen zur Energieerzeugung aus Wasser, Strömung und Wind zu errichten.

Die Rechte und Verpflichtungen aus dem SRÜ werden durch das Ausführungsgesetz zum Seerechtsübereinkommen 1982/1994 vom 6. Juni 1995, BGBl. I S. 778, umgesetzt, das die Rechtsgrundlage für die Seeanlagenverordnung (SeeAnlV) schaffte. Die SeeAnlV vom 23. Januar 1997 (BGBl. I S. 57) regelt das Verfahren insbesondere für die Genehmigung von Windenergieanlagen in der AWZ. Die Genehmigung, die das Bundesamt für Seeschifffahrt und Hydrographie (BSH) erteilt und die die Zustimmung der örtlich zuständigen Wasser- und Schifffahrtsdirektion (WSD) voraussetzt, kann nur versagt werden, wenn die Sicherheit und Leichtigkeit des Schiffsverkehrs beeinträchtigt oder die Meeresumwelt gefährdet wird, ohne dass dies durch eine Befristung, durch Bedingungen oder Auflagen verhütet oder ausgeglichen werden kann. Sie ersetzt nicht die nach anderen Vorschriften erforderlichen Verwaltungsakte.

Um mehr Rechtssicherheit zu erreichen, wurde die SeeAnlV durch Artikel 2 des Gesetzes zur Neuregelung des Rechts des Naturschutzes und der Landschaftspflege und zur Anpassung anderer Rechtsvorschriften (BNatSchGNeuregG) geändert. Von besonderer Bedeutung ist der neue § 3a SeeAnlV, der die Grundlage für die Festlegung besonderer *Eignungsgebiete für Windkraftanlagen* in der AWZ schafft. Die Steuerungsmöglichkeit durch Festlegung besonderer Eignungsgebiete wurde nach dem Vorbild der raumordnerischen „Vorranggebiete" gewählt, da zum damaligen Zeitpunkt nicht mit einer Ausweitung des ROG auf die AWZ gerechnet wurde. Die Festlegung hat im Genehmigungsverfahren im Hinblick auf die Wahl des Standortes die Wirkung eines Sachverständigengutachtens; zusätzlicher Ermittlungen im Hinblick auf die Eignung des Standortes durch den Antragsteller und die Genehmigungsbehörde bedarf es in der Regel nicht. Die Durchführung zur Ausweisung von besonderen Eignungsgebieten für Windkraftanlagen wurden vom BMVBW an das Bundesamt für Seeschifffahrt und Hydrographie (BSH) übertragen. Es legt nach § 3a SeeAnlV im Einvernehmen mit dem BMU, unter Beteiligung der anderen fachlich betroffenen Bundesministerien, unter Einbeziehung der Öffentlichkeit und nach Anhörung der Länder besondere Eignungsgebiete für Windkraftanlagen in der AWZ fest.

Teil der nationalen Nachhaltigkeitsstrategie der Bundesregierung ist das Pilotprojekt „Offshore-Windparks". Ziel ist es, die Rahmenbedingungen dafür zu schaffen, dass die erheblichen Potenziale von Offshore-Windparks möglichst schnell erschlossen werden können. Im Januar 2002 wurde eine Strategie zur Windenergienutzung auf See vorgelegt. Unter Berücksichtigung konkurrierender Nutzungen wurden potenzielle Eignungsgebiete und Erwartungsflächen für Eignungsgebiete zur Windkraftnutzung in der AWZ identifiziert.

## Offshore-Windparks in der AWZ

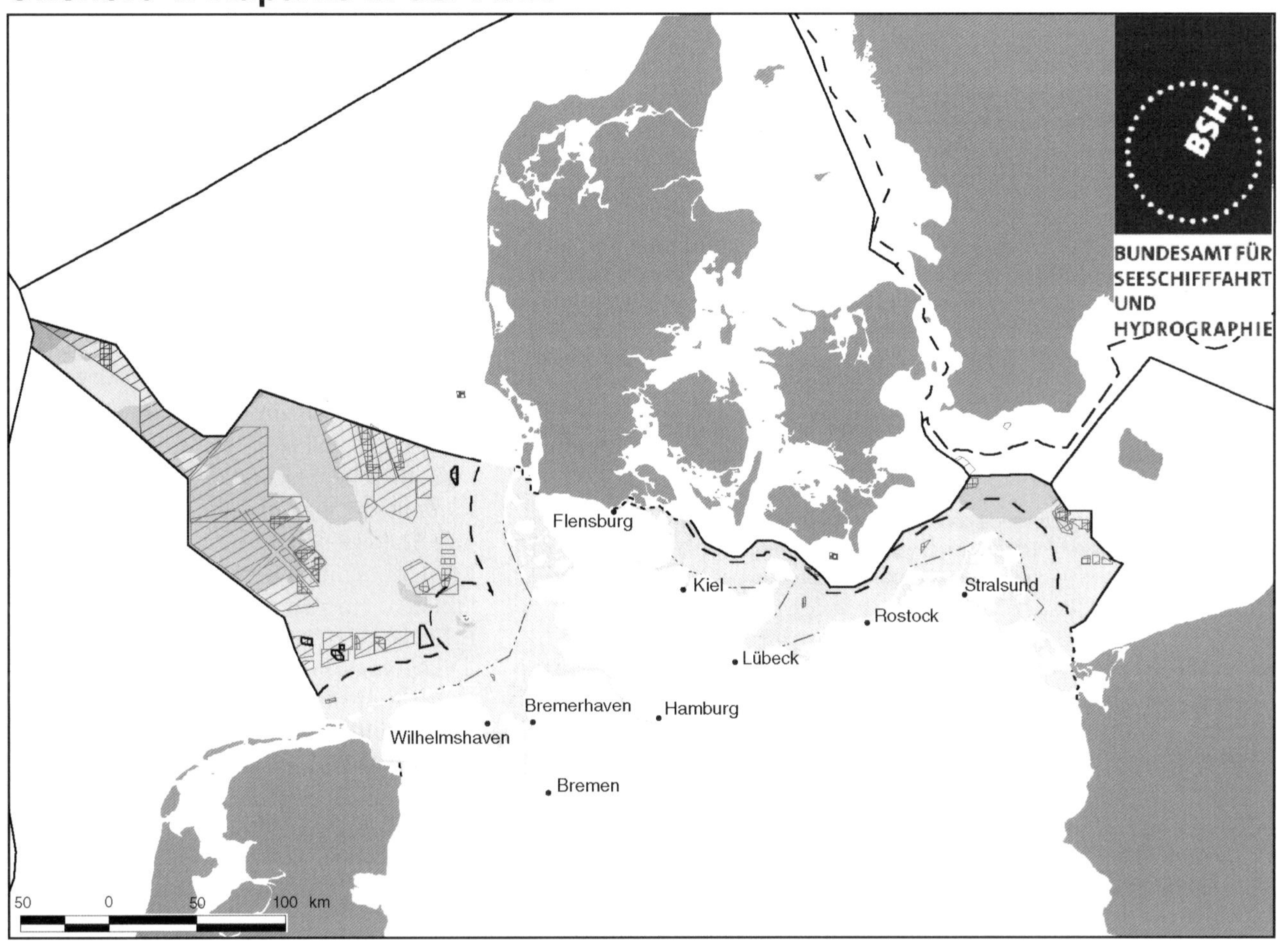


**Grenzen**

Festlandsockelgrenze/AWZ
12-Seemeilen-Zone
Internationale Grenze im Seegebiet
Tiefwasser Reede
Basislinie

**Offshore-Windparks**

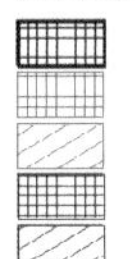

genehmigte Projekte
Pilotgebiete oder Gebiete <= 80 WEA
Antragsgebiete
Pilotgebiet, Wasserstoffproduktion
Antragsgebiet, Wasserstoffproduktion
Windpark in Betrieb

Quelle: Bundesamt für Seeschifffahrt und Hydrographie
BSH / M5210 - Stand: 5. 5. 2004

Die Bundesregierung wird die Prüfung der Qualifikation dieser Flächen als besondere Eignungsgebiete für Offshore-Windparks im Hinblick auf eine möglichst schnelle Ausweisung der Gebiete nach der SeeAnlV zügig durchführen. Im Rahmen der Weiterentwicklung der Strategie sollen Fragen der Netzanbindung der Offshore-Windparks vorrangig geklärt werden.

In einem Beschluss der Ministerkonferenz für Raumordnung (MKRO) aus dem Jahr 2001 wurde der Bund von den Ländern gebeten, innerhalb der ausschließlichen Wirtschaftszone (AWZ) in Abstimmung mit den Ländern und den Nachbarstaaten eine Raumentwicklungsstrategie zu erarbeiten. Er sollte außerdem prüfen, ob eine Ausdehnung des Geltungsbereiches des ROG – analog dem BNatSchG – auf die AWZ zur Absicherung einer solchen Strategie zweckmäßig wäre.

Vor diesem Hintergrund wurden vom BMVBW im Jahr 2002 zwei Forschungsaufträge bzw. Gutachten zu dieser Thematik

*Die Strategie der Bundesregierung zur Windenergienutzung auf See ist auf den Internetseiten der Deutschen Energieagentur unter* www.offshore-wind.de *eingestellt.*

**INFO: Küste, Küstenzone, Integriertes Küstenzonenmanagement**

*Küste* ist der meist schmale Grenzsaum zwischen Festland und Meer. Als Übergangsbereich umfasst sie sowohl marine wie terrestrische Bereiche. Als Grenze zwischen beiden Bereichen gilt meist die Ufer- oder Strandlinie als Berührungslinie beider Bereiche im Mittelhochwasserniveau an Gezeitenküsten oder im Mittelhochwasserniveau an gezeitenlosen Küsten. Diese trennt das landwärts bis zur obersten gegenwärtigen Meereswirkung reichende Ufer und die sich meerwärts bis zur äußersten gegenwärtigen Brandung ausdehnende Strandplatte.

Der Begriff *Küstenzone* wird räumlich meist weiter gefasst und beinhaltet alle räumlichen Bereiche, die Objekt des Küstenzonenmanagements sind. Die Verknüpfung von Land und Meer ist Kerngedanke aller Definitionen der Küstenzone. In abstrakter Form gilt somit, dass die Küstenzone jener Raum ist, in dem terrestrische Prozesse marine Prozesse beeinflussen und umgekehrt. Sie umfasst sowohl Land, wie Meeresbereiche, die in Breite, Tiefe und Höhe unterschiedliche Ausmaße haben können.

Die Europäische Kommission versteht unter Küstenzone einen Land- und Wasserstreifen, dessen Breite je nach Umweltbedingungen und den Anforderungen des Managements variieren kann. Dabei entsprechen Küstengebiete „nur in den seltensten Fällen Verwaltungs- oder Planungseinheiten." (KOM 1997)

„*Integriertes Küstenzonenmanagement (IKZM)* wird definiert als dynamischer, kontinuierlicher und iterativer Prozess, durch welchen Entscheidungen für eine nachhaltige Nutzung, Entwicklung und den Schutz der Küsten einschließlich ihrer Ressourcen getroffen werden." (KOM 1997)

IKZM stellt somit *einen* Ansatz für die räumliche Planung in Küstengebieten dar und damit die systematische Steuerung aller raumbedeutsamen Entwicklungen in der Küstenzone einschließlich des angrenzenden Meeresbereiches.

vergeben. Damit wurden erstmals grundsätzliche und praktische Leitstrategien zur räumlichen Organisation der AWZ in Nord- und Ostsee entwickelt, Verfahren der Meeresplanung vorgeschlagen und zwei Szenarien zur Raumnutzung aufgezeigt, sowie die kompetenzrechtlichen Belange der Bundesraumordnung in der AWZ geprüft. Die Ergebnisse führten zum Beschluss der MKRO vom 13. Oktober 2003, in dem der Bund von den Ländern dabei unterstützt wird, die erforderlichen Änderungen in die Gesetzesnovelle des ROG zu integrieren, um den Geltungsbereich des ROG auf die AWZ auszudehnen (siehe vorne).

### Integriertes Küstenzonenmanagement (IKZM)

Laut UNESCO (1993) leben rund 60 % der Weltbevölkerung innerhalb eines 60 km breiten Küstenstreifens. Darüber hinaus wird mit einer erheblichen Steigerung bis hin zu einer Verdoppelung der Küstenbevölkerung in den nächsten 20 bis 30 Jahren gerechnet.

Europas Küstenregionen, in denen derzeit fast die Hälfte der Bevölkerung der EU lebt sind ständig wachsenden Belastungen ausgesetzt. Die Ressourcen dieser Regionen haben ein erheblichen Anteil am wirtschaftlichen Wohlstand der Union. Vielfältige Nutzungen konkurrieren um den lebenswichtigen Raum entlang der europäischen Küstenlinie, deren Gesamtlänge auf ca. 89 000 km geschätzt wird. Diese Küstengebiete beherbergen zudem einige der empfindlichsten und wertvollsten natürlichen Habitate Europas.

Aus diesen Gründen bemüht sich die EU um die Einführung *einer koordinierten Politik für die Küstenregionen der Union.* Neben Schritten zur Verbesserung der Gemeinschaftspolitiken, die die Küstenregionen betreffen, fordert die Europäische Kommission die Mitgliedstaaten auf, nationale Strategien in Bezug auf ein Integriertes Küstenzonenmanagement (IKZM) zu erarbeiten. In den „EMPFEHLUNGEN DES EUROPÄISCHEN PARLAMENTS UND DES RATES vom 30. Mai 2002 zur Umsetzung einer Strategie für ein integriertes Management der Küstengebiete in Europa" werden die Mitgliedstaaten aufgefordert, bis 2006 einen Bericht vorzulegen. Diese Berichte sollen insbesondere folgende Angaben enthalten:

- „die Ergebnisse der nationalen Bestandsaufnahme,
- die auf nationaler Ebene vorgeschlagene(n) Strategie(n) zur Umsetzung des integrierten Management der Küstengebiete,
- eine Zusammenfassung der Maßnahmen, die zur Umsetzung der nationalen Strategie(n) ergriffen wurden bzw. ergriffen werden sollen,
- eine Bewertung der voraussichtlichen Auswirkungen der Strategie(n) auf den Zustand der Küstengebiete,
- eine Bewertung der Umsetzung und Anwendung der Rechtsvorschriften und Politiken der Gemeinschaft, die Auswirkungen auf die Küstengebiete haben."

Die Aufgabe, eine nationale Bestandsaufnahme zu erstellen, auf deren Grundlage eine nationale Strategie zur Umsetzung der IKZM-Grundsätze zu entwickeln ist, sowie den Bericht für die Bundesrepublik Deutschland zu fertigen, liegt im Geschäftsbereich des BMU.

Mit der Förderung der IKZM-Aktivitäten will die EU-Kommission alle verschiedenen politischen Maßnahmen und Akteure auf lokaler, regionaler, nationaler und europäi-

# Nutzungen und Schutzgebiete in der AWZ

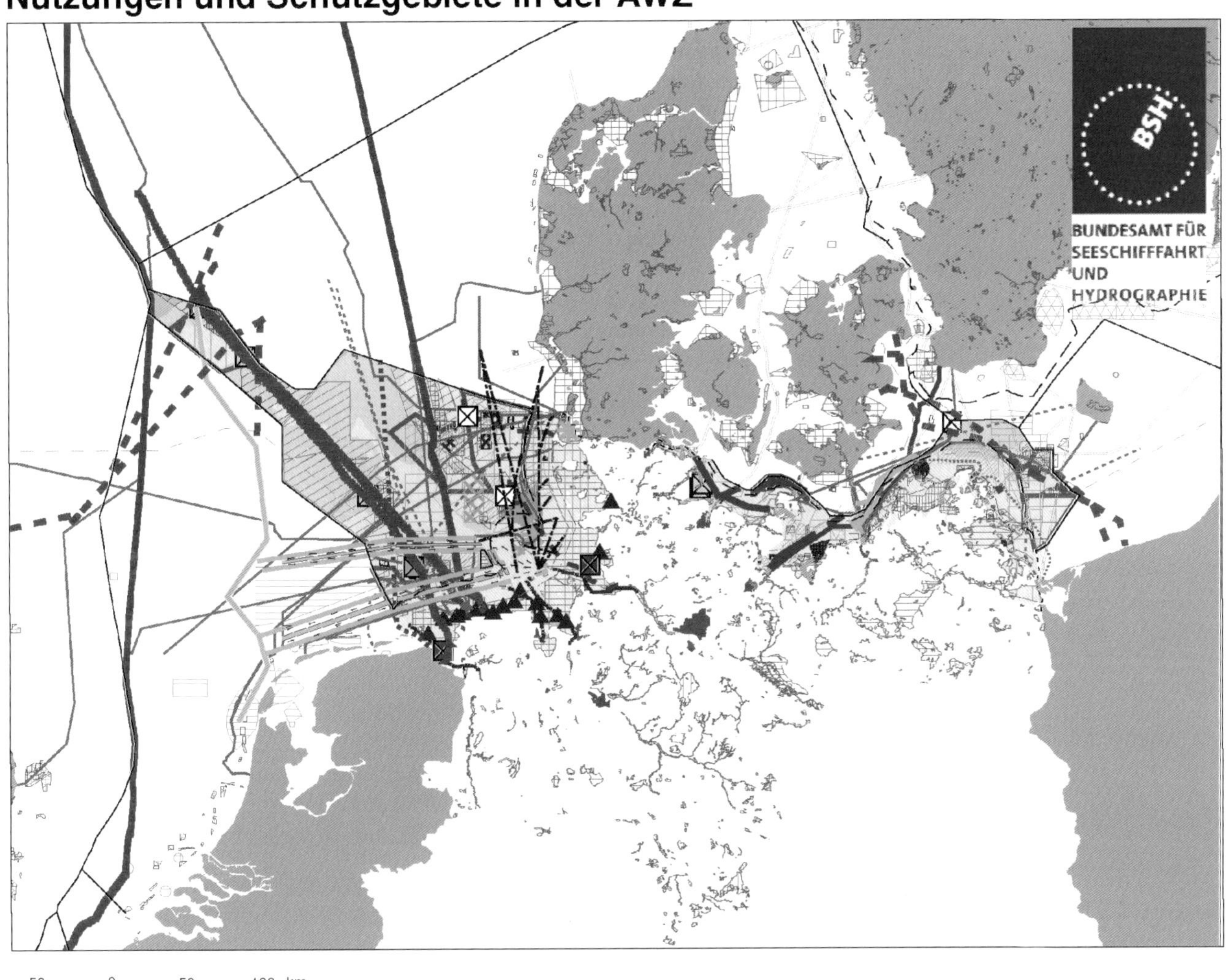


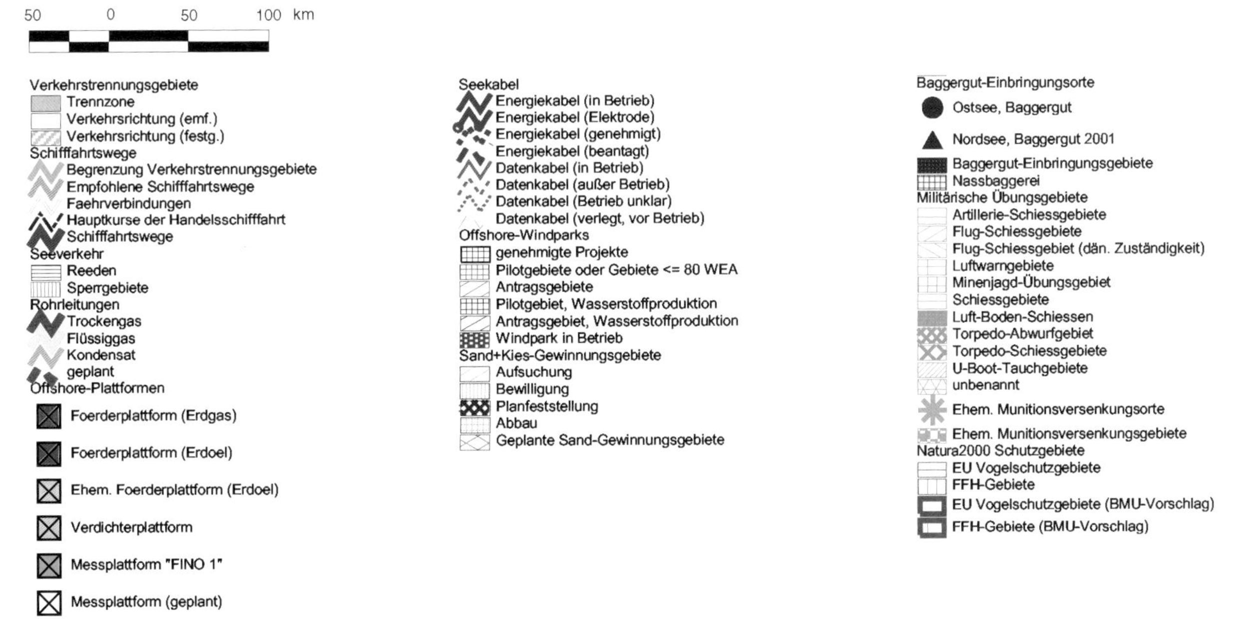


Quelle: Bundesamt für Seeschifffahrt und Hydrographie
BSH / M5210 - Stand: 5. 5. 2004

scher Ebene zusammenbringen, die das tägliche Leben in den Küstenregionen der Union beeinflussen. Das IKZM soll die verschiedenen Politiken miteinander vereinen, die Auswirkungen auf Küstenregionen haben. Dabei wird sowohl die Planung als auch die Bewirtschaftung der Ressourcen und des Raumes berücksichtigt. Das IKZM stellt keine „pauschale" Lösung dar; es handelt sich vielmehr um einen anhaltenden dynamischen Prozess, der sich mit der Zeit weiter entwickeln wird. Formal ist das IKZM bisher noch in keinem EU-Staat verankert.

Trotz einer Küstenlänge von über 3 000 km ist die gesamträumliche Struktur in Deutschland nur wenig durch diese Küstenlage geprägt. Die großen Ballungsräume sowie politische und wirtschaftliche Zentren von nationaler Bedeutung liegen mit Ausnahme der Großstädte Hamburg und Bremen weit entfernt von der Küste. In den Küstengemeinden leben mit 3,9 Mio. Menschen 5 % der Gesamtbevölkerung Deutschlands. Zum Vergleich: In den Niederlanden sind es 3,2 Mio. (21 %) und in Dänemark 3,6 Mio. (7,0 %) Einwohner.

Die vom Hauptausschuss der MKRO im Jahr 2000 eingesetzte Arbeitsgruppe (s.o.) hat sich im Zusammenhang mit der Thematik AWZ auch mit dem IKZM auseinandergesetzt. Vor diesem Hintergrund sieht sich die Bundesraumordnung verpflichtet, ihren Beitrag zur nationalen Bestandsaufnahme, IKZM-Strategie und Berichterstattung zu liefern.

Grundsätzlich macht der integrierende Anspruch der Raumplanung diese zum geeigneten Träger von IKZM-Konzepten. Allerdings erfüllt das deutsche Raumplanungssystem nicht alle Ansprüche eines IKZM. Bisher fehlen in Deutschland – wie in vielen anderen Ländern Europas – *gesetzliche Grundlagen* und z.T. auch methodische Instrumente für den Umgang mit Raumansprüchen im marinen Bereich. Die raumordnerischen Instrumente und Mechanismen für eine marine Raumordnung wie auch die Verknüpfung mit der terrestrischen Raumordnung, welche als Basis für ein IKZM dienen könnten, sind daher noch zu entwickeln. Da der Raum- und Regionalplanung in Deutschland u.a. die Umsetzungsbefugnisse fehlen, kann sie in ihrer derzeitigen Form nur ein Teil des institutionellen Gefüges für ein IKZM-Konzept darstellen. Letztendlich entspricht IKZM einer regionalen Entwicklungssteuerung bzw. einem Regionalmanagement in Küstengebieten auf der Basis einer nachhaltigen Entwicklung.

Auch Deutschland sieht sich der Aufgabe gegenüber, bis 2006 einen Entwurf einer *nationalen IKZM-Strategie* vorzulegen. Es ist zu erwarten, dass die Raumordnung sowohl bei der Ausarbeitung als auch der Umsetzung einer solchen Strategie eine tragende Rolle spielen wird. In diesem Zusammenhang stellt sich die Frage, welche Ansätze der Raumordnung der Komplexität des Küsten- und Meeresraums und dem zu erwartenden steigenden Nutzungsdruck an Land und Meer am besten Rechnung tragen.

Zentrale Aufgaben für die Entwicklung einer nationalen Strategie sind:

- Handlungsfelder abzugrenzen,
- Verantwortliche und Ansprechpartner zu identifizieren und zu benennen,
- Schnittstellen zwischen den Handlungsebenen zu identifizieren sowie Instrumente zu benennen, mit denen der Informationsfluss zwischen diesen Schnittstellen gesichert werden kann.

Zugleich sind die Anforderungen an Raumordnung und Fachplanungen, Politik und zivilgesellschaftliche Akteure in transparenter Form zu dokumentieren. Außerdem benötigt eine nationale Strategie ein fachübergreifendes und von allen relevanten Akteuren verfolgtes Leitbild. Hierzu gehören Entwicklungsvisionen für die deutschen Küstenräume, die als inhaltliche Orientierung dienen können. Ebenso sind gesellschaftlich akzeptierte Abwägungs- und Bewertungskriterien und Indikatoren notwendig, die sich wiederum an Leitbildern, gesellschaftlichen Zielvorstellungen und Entwicklungsvisionen orientieren.

Der Diskussionsprozess hierzu, der 2003 begonnen wurde, wird durch Gutachten und Expertenworkshops des BMVBW unterstützt. Das Forschungsprojekt *„Integriertes Küstenzonenmanagement (IKZM): Raumordnungsstrategien im Küstenbereich und auf dem Meer"* wird hierzu neue Erkenntnisse bringen und Anlass für weitere Diskussionen bieten. Um praktische Erfahrungen mit IKZM zu sammeln, werden mit einem Pilotprojekt in einem Testgebiet in der Ostsee planungsrelevante Informationen über Küsten- und Meeresraum überprüft und in Form einer Realsimulation mit

Literaturhinweise:

BBR (Hrsg.): Raumordnung auf dem Meer. Themenheft. Informationen zur Raumentwicklung 2004, Heft 7

Kannen, Andreas: Analyse ausgewählter Ansätze und Instrumente zu IKZM und deren Bewertung. In: Berichte aus dem Forschungs- und Technologiezentrum Westküste der Universität Kiel, Nr. 23. – Büsum 2000

BMVBW/BBR (Hrsg.): Raumordnung auf dem Meer – Raumordnungsstrategie für ein stärker integriertes Management des Küstenraumes. Dokumentation des Workshops in Hannover, 28.10.2002. – Bonn 2003

BMVBW/BBR (Hrsg.): Auf dem Weg zur nationalen IKZM – Strategie – Perspektiven der Raumordnung, Dokumentation des Workshops in Berlin, 23./24. 10.2003. – Bonn 2004

Wilfried Erbguth: Wahrung möglicher Belange der Bundesraumordnung in der Ausschließlichen Wirtschaftszone der Bundesrepublik Deutschland – Raumordnung im Küstenmeer, Gutachten BMVBW/BBR, 2002

Hanns Buchholz: Strategien und Szenarien zur Raumnutzung in den deutschen Ausschließlichen Wirtschaftszonen in Nord- und Ostsee, Gutachten BMVBW/BBR, 2003

den zuständigen Planungsinstanzen und relevanten Gruppen einer abwägenden Lösung zugeführt. Außerdem wurden und werden im Rahmen der Gemeinschaftsinitiative Interreg III B und ihrem Vorläufer Interreg II C im Nord- und Ostseeraum transnationale Projekte zum IKZM gefördert.

## Stärkung der regionalen Handlungsebene

Die Region erfährt seit geraumer Zeit als Verhandlungs-, Planungs- und Umsetzungsebene in der aktuellen Reformdiskussion als auch in der konkreten Raumordnungspraxis eine deutliche Aufwertung. Dieser Prozess der stärkeren Verankerung der Region im politisch-administrativen System als neue politische Gestaltungsebene, wird auch als *Regionalisierung* bezeichnet. Der Fortschritt dieses Regionalisierungsprozesses ist gekennzeichnet dadurch, dass immer mehr öffentliche Aufgaben als regionale Gemeinschaftsaufgaben identifiziert und praktisch wahrgenommen werden. Ihre Bearbeitung wird dabei weder lokal-individuell noch hierarchisch-zentral, sondern regional und kooperativ angegangen. In der Praxis kann daher seit einigen Jahren eine ständig ansteigende Zahl *regionaler Kooperationen* beobachtet werden.

So hat bereits das Raumordnungsgesetz von 1998 für die Stärkung der regionalen Ebene neue Voraussetzungen geschaffen. Dem Bedeutungszuwachs der Region als räumlicher Handlungsebene trägt die in § 9 Abs. 6 ROG aufgenommene Regelung Rechnung, einen *Regionalen Flächennutzungsplan* aufstellen zu können. Es handelt sich um eine Ermächtigung an die Länder, in verdichteten Räumen oder in Räumen mit sonstigen raumstrukturellen Verflechtungen mit kommunal verfasster Regionalplanung zuzulassen, dass ein Plan aufgestellt wird, der zugleich gemeinsamer Flächennutzungsplan und Regionalplan ist. Zur Stärkung der regionalen Zusammenarbeit sollen außerdem neue Instrumente wie *Regionalkonferenzen, Städtenetze* und *vertragliche Vereinbarungen* zwischen kooperierenden Gemeinden, aber auch mit Privaten genutzt werden. Das Gesetz nennt außerdem als informelles Instrument *„Regionale Entwicklungskonzepte"*, durch die im Rahmen von Entwicklungskonzeptionen für Teilräume raumbedeutsame Planungen und Maßnahmen vorgeschlagen und aufeinander abgestimmt werden.

Damit stehen verschiedene Instrumente für kooperative Problemlösungsstrategien auf regionaler Ebene zur Verfügung. Neben formalen Institutionalisierungen, bei denen die regionale Zusammenarbeit nicht allein vom freiwilligen Kooperationswillen der Beteiligten abhängt, sondern oft vertraglich abgesichert ist und in regionalen Organisationseinheiten stattfindet, haben sich *weiche regionale Institutionen* durchgesetzt. Weiche Institutionalisierungen sind in der Regel von freiwilliger Kooperation getragen, oft zeitlich befristet, und in ihrem Kontext getroffene Entscheidungen wirken meistens nur durch Selbstverpflichtung auf beteiligte Akteure bindend. Oft werden im Regionalisierungsprozess auch harte und weiche Institutionen gemeinsam eingesetzt. Die Kombination formeller und informeller Organisations- und Interaktionsformen und die damit verbundene Herausbildung komplexer Steuerungsstrukturen in Regionen ist nicht nur auf Deutschland beschränkt und wird im internationalen Rahmen heute als *„regional governance"* thematisiert.

Regionen etablieren sich mehr und mehr als Arena politischer Entscheidungsfindung neben den traditionellen Instanzen. Diese neue Arbeitsteilung hat Neuregelungen von Zuständigkeiten und Verfahren erforderlich gemacht und ist in manchen Fällen auch mit Machtverlusten einhergegangen. Regionalisierungsbestrebungen werden daher nicht immer von allen positiv aufgenommen. Oft muss sich die Aufwertung der Region erst gegen Widerstände durchsetzen. Trotz vereinzelter Rückschläge haben Regionalisierungserfolge aber mittlerweile in der gesamten Bundesrepublik Einzug gehalten.

### Globalisierung und regionale Vernetzung

Die Globalisierung und der internationale Standortwettbewerb führen zu einem Ausbau der kommunalen Zusammenarbeit. Überall in Deutschland haben sich, unter Beteiligung der kommunalen Ebene, regionale Institutionen gebildet, die eine angemessene Reaktion auf die Herausforderungen der Globalisierung erlauben. So ist die Verbesserung der internationalen Wettbewerbsfähigkeit ein Hauptmotiv der politi-

**INFO: Regionale Entwicklungskonzepte**

Regionale Entwicklungskonzepte dienen der Koordination verschiedener Förderprogramme auf regionaler Ebene und zielen auf die Förderentscheidungen im Rahmen laufender Programme ab. Projekte, die Gegenstand eines Regionalen Entwicklungskonzeptes sind, gelten als regional abgestimmt und regional bedeutsam. Anträge für solche Projekte sollen im Rahmen der Förderentscheidungen mit Priorität berücksichtigt werden. Regionale Entwicklungskonzepte sind z.B. im Rahmen der Gemeinschaftsaufgabe „Verbesserung der regionalen Wirtschaftsstruktur" förderfähig.

schen Initiativen deutscher Metropolregionen, und in fast keinem Teilraum fehlt heute eine öffentliche Einrichtung regionaler Wirtschaftsförderung.

Ein entscheidender Impuls des Regionalisierungsprozesses geht von der Neustrukturierung der Wirtschafts- und Strukturpolitik aus, die eine verstärkte Delegation von wirtschaftspolitischen Entscheidungskompetenzen auf die regionale Ebene gebracht hat. An die Stelle einer auf Einzelbetriebe bzw. bedürftiger Branchen zielende Förderpolitik tritt eine *regionalisierte Wirtschaftspolitik*. Es gilt, die Gestaltungsmöglichkeiten von Innovationsmilieus und Kooperationsbeziehungen in Regionen effizient auszuschöpfen. Der Staat fördert so den Ausbau von Netzwerken regionaler Akteure, in dem er die Regionen zur Selbststeuerung ihrer Wirtschaftsentwicklung aktiviert. Die Straffung der Fördermittelvergabe hat zur Bindung des Umfangs finanzieller Förderung an das Zustandekommen erfolgreicher regionaler Kooperationen, die Etablierung regionaler Netzwerke oder das Vorhandensein gemeinsam erarbeiteter *regionaler Entwicklungskonzepte* geführt. Durch die Neustrukturierung der Mittelvergabe ist ein starker finanzieller Anreiz zur Bildung regionaler Institutionen und zur Vernetzung der Akteure gesetzt worden, der dauerhafte regionale Kooperationsstrukturen befördert hat.

Die Stärkung der regionalen Ebene mittels finanzieller Anreize entspringt der Idee, dass durch die Mobilisierung regionaler Handlungskräfte und die Integration bislang administrativ getrennter Fachpolitiken eine Aktivierung endogener Potenziale auf regionaler Ebene bewirkt werden kann. Erfolge mit der Regionalisierung der Strukturpolitik haben in Folge auch dazu motiviert, vergleichbare Förderstrategien in anderen Politikfeldern zu implementieren. So hat beispielsweise das Land Nordrhein-Westfalen mit seinen Wohnungsbauprogrammen in der Region Bonn/Rhein-Sieg ein Modellprojekt der regionalen Budgetierung von Mitteln der Wohnungsbauförderung gestartet. An die Stelle kontingentierter Zuteilung von Wohneinheiten tritt nun ein regionales Gesamtbudget, über dessen Verwendung die Region, entsprechend den Bestimmungen der Wohnungsbauförderung des Landes, selbst entscheiden kann.

### Regionale Kooperationen

Regionalisierungsbestrebungen werden durch das gewandelte Verständnis staatlicher Aufgabenwahrnehmung befördert. Der Staat zieht sich aus bestimmten öffentlichen Aufgabenbereichen zurück und überträgt die Aufgabenerfüllung den Akteuren der Region. Im Zeichen des *kooperativen Staates* erfolgt die Erfüllung öffentlicher Aufgaben in vielen Fällen als gemeinschaftliche Aufgabe durch freiwilliges Zusammenwirken öffentlicher und/oder privater Akteure. Kooperative Handlungsformen haben zur Bewältigung öffentlicher Aufgaben zunehmend an Bedeutung gewonnen. So kommen vor allem nicht-hierarchische Steuerungsformen, wie Überzeugung und Verhandlung, zum Einsatz, durch die öffentliche und/oder private Akteure auf kooperativem Wege in den Politikgestaltungsprozess eingebunden werden.

Der Regionalisierungsprozess konnte auch vom interkommunalen Wettbewerb profitieren. Innerhalb der durch Dezentralisierung geschaffenen polyzentrischen Entscheidungsstrukturen entsteht ein Konkurrenzverhältnis, welches Gemeinden dazu zwingt, öffentliche Leistungen möglichst effizient anzubieten und zu einer effektiven Nutzung knapper Ressourcen anhält. Gleichzeitig gehen von dem politischen Wettbewerb auch Anreize zur gemeinsamen Leistungserstellung aus. Dank kooperativer Zusammenarbeit können Gebietskörperschaften externe Effekte internalisieren, die ansonsten bei einer isolierten Leistungsproduktion durch einzelne Gebietskörperschaften entstehen würden. Wettbewerb erzeugt so auch Anreize zur Regionalisierung und fördert interkommunale Zusammenarbeit beispielsweise im Rahmen von Zweckverbänden. Durch gemeinsam betriebene Bauhöfe, Kläranlagen, Gewerbegebiete oder regionale Kompensationsflächenpools können positive Skalenerträge erschlossen werden, die eine Effizienzsteigerung der Produktion bedeuten und sich daher für die kooperierenden Gemeinden auch finanziell lohnen. Vor allem spezialisierte Zweckverbände haben den Regionalisierungsprozess durch interkommunale Kooperationen vorangetrieben.

Auch zur Lösung der Probleme eines ungesteuerten Suburbanisierungsprozesses in Stadtregionen sind kommunale Kooperationen unumgänglich. Um eine ruinöse interkommunale Konkurrenz zwischen Kernstädten und Umlandgemeinden zu vermeiden, müssen regionale Institutionen oft von den Ländern eingerichtet werden. So gehen die meisten Stadt-Umland-Verbände auf eine Gründungsinitiative des Landes zurück, oft gegen den Willen von Kommunen.

### Gründung neuer regionaler Gebietskörperschaften

Die Aufwertung der regionalen Ebene ist vielfach die direkte Folge räumlich ausgeweiteter Interdependenzen und Verflechtungsbeziehungen, die neue Verwaltungszuschnitte für die Erfüllung regionaler Gemeinschaftsaufgaben erfordern. Eine regional immer weiter ausgreifende Pendlerverflechtung, räumlich sich ausdehnende Versorgungs- und Entsorgungsbeziehungen im Bereich des öffentlichen Personennahverkehrs und in der Wasser- und Abfallwirtschaft sowie die sich verstärkende finanzielle Polarisierung zwischen Kernstädten und ihrem Umland können hier beispielhaft genannt werden. Solche räumlichen und funktionalen Maßstabsvergrößerungen öffentlicher Aufgabengebiete berühren die bisherigen räumlichen Zuständigkeiten. Politische Klärungen sind daher erforderlich, welche regionalen Gemeinschaftsaufgaben einer eigenständigen regionalen Handlungsebene zu ihrer effizienten Bewältigung bedürfen.

Besondere Aufmerksamkeit hat die Gründung eigenständiger regionaler Gebietskörperschaften mit eigenem Parlament hervorgerufen, beispielsweise in den Regionen Stuttgart und Hannover. Unter einem Dach wurde hier die Zuständigkeit für einen großen Teil der regionalen Aufgaben zusammengefasst. Regional- und Infrastrukturplanung, Regionalverkehr, Wirtschaftsförderung, Abfallwirtschaft, Landschaftsplanung, Tourismus, Messe, Kulturwesen und die Trägerschaft für die S-Bahn können so integriert aus einer Hand gemanagt werden. Die Einrichtung einer eigenständigen Gebietskörperschaft wird in diesen Fällen, neben den Vorteilen einer politischen Gesamtverantwortung, auch damit begründet, dass zur Realisierung leistungsfähiger politisch-administrativer Organisationsstrukturen die direkte Wahl eines Parlamentes durch die Bevölkerung erforderlich ist. Anders kann die notwendige politische Legitimation für kollektiv verbindliche Entscheidungen mit Tragweiten, die hunderttausende von Bürgern betreffen, kaum gewährleistet werden. Erforderliche politische Abwägungen zwischen widerstreitenden sektoralen Interessen würden ohne den Hintergrund eines demokratisch legitimierten Regionalparlaments auch nicht die nötige Akzeptanz erhalten. Regionale Gebietskörperschaften mildern so die Fragmentierung des regionalen Aufgabenbestandes, deren Ursache in der Aufsplitterung auf zahlreiche fachlich spezialisierte Zweckverbände zu sehen ist. Einseitige fachliche Zuständigkeiten limitieren integrierte und abgestimmte Problemlösungen im Interesse der Gesamtregion. Außerdem verfügt das bisher dominierende Zweckverbandsmodell nur über eine mit-

**BEISPIEL: Region Hannover – Eine regionale Körperschaft**

Am 16. Mai 2001 beschließt der niedersächsische Landtag das Gesetz zur Bildung der Region Hannover. Die rechtlichen Voraussetzungen sind geschaffen, um durch Fusion der niedersächsischen Hauptstadt Hannover und ihrem engeren Verflechtungsraum – gebildet aus dem Landkreis Hannover und dem Kommunalverband Großraum Hannover – eine regionale Gebietskörperschaft entstehen zu lassen. Am 9. September 2001 findet die Wahl zur Regionsversammlung statt. Die neue regionale Gebietskörperschaft erhält ihr erstes direkt gewähltes Regionalparlament. Zum 1. November 2001 werden schließlich die Region Hannover als öffentlich-rechtliche Körperschaft gegründet und der Landkreis Hannover und der Kommunalverband Großraum Hannover aufgelöst. Die neue Gebietskörperschaft ist Rechtsnachfolgerin des Landkreises und des Kommunalverbandes und umfasst das Territorium des ehemaligen Landkreises und der Landeshauptstadt Hannover. Die Eigenständigkeit der Landeshauptstadt und der 20 kreisangehörigen Gemeinden bleibt erhalten. Die Region Hannover übernimmt die Aufgaben des Kommunalverbandes (Trägerin des öffentlichen Nahverkehrs und der Regionalplanung, zuständig für regionale Wirtschaftsförderung und der Naherholung). Vom Landkreis und der Landeshauptstadt übernimmt sie die Aufgabe der örtlichen Sozial- und der Jugendhilfe und die Trägerschaft der kommunalen Krankenhäuser. Darüber hinaus ist die Region Trägerin regionaler Schulen (z.B. Berufsbildende Schulen, Kollegs, Sonderschulen, Abendgymnasien). Außerdem ist die Region nun auch öffentlich-rechtliche Entsorgungsträgerin. Zusätzlich nimmt sie die Aufgaben der unteren Naturschutz-, Wasser-, Bodenschutz- und Abfallbehörde wahr. Von der Bezirksregierung hat die Region die Aufgabe der Genehmigung von Bauleitplänen und die Fachaufsicht für Gemeinden, die selbst kein Bauamt haben, übernommen und nimmt auch deren Aufgaben nach der Gewerbeordnung wahr. Verschiedene Aufgaben, die bisher vom Landkreis erfüllt wurden, sind den Gemeinden übertragen worden.

telbare demokratische Legitimation. Regionale Gebietskörperschaften liefern hier eine Alternative. Regionalisierung kann so nach innen die Vernetzung relevanter Akteure erreichen und den Aufbau der nötigen institutionellen Kapazität für einen regionalen Interessenausgleich zwischen unterschiedlich betroffenen regionalen Teilräumen gewährleisten. Nach außen ermöglicht eine regionale Gebietskörperschaft eine einheitliche Vertretung der gesamtregionalen Interessen, um im Wettbewerb der Regionen handlungsfähig zu bleiben. Nur in Einzelfällen gibt es in den Ländern allerdings Überlegungen zu einer umfassenden Stärkung der regionalen Ebene im Sinne einer größeren dezentralen Steuerungskompetenz z.B. durch Regionalkreise.

### Modellvorhaben der Raumordnung als Impulsgeber für die Regionen

Seitens der Bundesraumordnung ist durch Modellvorhaben der Raumordnung (MORO) seit Mitte der 1990er Jahre die Bildung regionaler Kooperationen maßgeblich unterstützt und sind Anstöße für innovative Kooperationsformen gegeben worden. Dabei bleibt die Initiative und Durchführung bei solchen Projekten in der Verantwortung der Regionen. Aus der breiten Palette von über 100 Modellvorhaben sind Regionalkonferenzen, Regionale Sanierungs- und Entwicklungsgebiete, Städtenetze/Forum „Städtenetze" und der Wettbewerb „Regionen der Zukunft" stellvertretend zu nennen, die bereits im Raumordnungsbericht 2000 näher beschrieben sind.

*Lang- und Kurzfassung der nationalen Nachhaltigkeitsstrategie www.bundesregierung.de*

**INFO: Rat für nachhaltige Entwicklung**

Der Rat für nachhaltige Entwicklung wurde von der Bundesregierung im April 2001 berufen. Ihm gehören 19 Persönlichkeiten des öffentlichen Lebens an. Sein Vorsitzender ist der ehemalige Bundesminister für Forschung und Technologie und Oberbürgermeister der Stadt Frankfurt am Main, Volker Hauff.

Die Aufgabe des Rates für nachhaltige Entwicklung ist: Mithelfen, dass Deutschland Kurs auf die Nachhaltigkeit nimmt. Nachhaltigkeit zu einem öffentlichen Thema machen. Der Bundesregierung beim Thema Nachhaltigkeit zur Seite stehen.

Weitere Information zum Rat und zum Thema „Nachhaltige Entwicklung": www.nachhaltigkeitsrat.de.

## Beitrag der Raumordnung zur nationalen Nachhaltigkeitsstrategie

Nachhaltigkeitspolitik soll die Grundlage schaffen, um die Umwelt zu erhalten und die Lebensqualität, den sozialen Zusammenhalt in der Gesellschaft und die wirtschaftliche Entwicklung in einer integrierten Art und Weise sowohl in Deutschland als auch international voran zu bringen. Ziel ist es dabei, eine ausgewogene und gerechte Balance zwischen den Bedürfnissen der heutigen Generation und den Lebensperspektiven künftiger Generationen zu finden.

Im April 2002 wurde von der Bundesregierung unter dem Titel „Perspektiven für Deutschland – Unsere Strategie für eine Nachhaltige Entwicklung" die nationale Nachhaltigkeits-Strategie verabschiedet. Der *„Rat für Nachhaltige Entwicklung"* berät sie in ihrer Nachhaltigkeitspolitik und soll mit Vorschlägen zu Zielen und Indikatoren zur Fortentwicklung der Nachhaltigkeitsstrategie beitragen sowie Projekte zur Umsetzung dieser Strategie vorschlagen. Mit einem *Fortschrittsbericht* wird Ende 2004 über das Erreichte erstmals Rechenschaft abgelegt und erzielte Fortschritte und weiterer Handlungsbedarf aufgezeigt. Denn zu einer Nachhaltigkeitsstrategie gehört auch eine transparente und regelmäßige Erfolgskontrolle, die zeigt, ob der eingeschlagene Kurs stimmt.

Einer der Schwerpunkte der nationalen Nachhaltigkeitsstrategie zielt auf die *Reduzierung der Flächenneuinanspruchnahme.* Unter der Überschrift „Verminderung der Flächeninanspruchnahme – Nachhaltige Siedlungsentwicklung fördern" ist das ambitionierte Ziel formuliert, die Neuinanspruchnahme von Flächen auf maximal 30 ha pro Tag bis zum Jahr 2020 zu begrenzen. Gegenüber den durchschnittlich 129 ha/Tag im Zeitraum von 1997 bis 2000 ist der Zuwachs an Siedlungs- und Verkehrsfläche für 2002 mit 105 ha/Tag bereits deutlich rückläufig. Die darunter fallenden Gebäude- und Freiflächen sind mit einem Rückgang von 78 auf 56 ha/Tag daran besonders stark beteiligt. Um das 30-ha-Ziel zu erreichen, werden diese – nach einer Modellrechnung des BBR – weiter auf 16 ha/Tag zurückgehen müssen. Im Idealfall – so die Vision – könnte es gelingen, die tatsächliche Neuinanspruchnahme von

Flächen für Siedlungszwecke langfristig weitgehend durch die erneute Nutzung vorhandener Flächen zu ersetzen. Die im *Fortschrittsbericht 2004* vorgenommene Prüfung des Spektrums der Handlungsmöglichkeiten zur Reduzierung der Flächeninanspruchnahme hat gezeigt, dass einige wenige Einzelmaßnahmen rechtlicher oder finanzieller Art die angestrebte Trendwende voraussichtlich nicht bewirken können. Stattdessen wird es als notwendig angesehen, eine Vielzahl von Instrumenten und Konzepten zu entwickeln und einzusetzen, die in ihrer Gesamtheit die Flächeninanspruchnahme eindämmen. Im einzelnen werden folgende Handlungsstrategien empfohlen:

- Bei der Entscheidung über die Ausweisung und Inanspruchnahme von Flächen muss eine größere Kostenwahrheit für Bauherren und Kommunen gleichermaßen erreicht werden.
- Ökonomische Instrumente können das System der planerischen Instrumente sinnvoll ergänzen. Subventionen, Steuern, Abgaben, Förderprogramme und handelbare Flächenausweisungsrechte sind hinsichtlich ihrer potenziellen Beiträge zur Verminderung der Flächeninanspruchnahme zu überprüfen. Dabei sind soziale, wirtschaftliche, finanzielle, raumstrukturelle Wirkungen und Umweltfolgen zu berücksichtigen.
- Die Instrumente der Raumordnung müssen geschärft werden. Gleichzeitig muss die regionale, Gemeindegrenzen überschreitende Verantwortung und Kooperation für ein Ressourcen schonendes Flächenmanagement gestärkt werden.
- Der Dialog zwischen den Akteuren, die an der Planung und Realisierung von Siedlungs- und Verkehrsflächen beteiligt sind, muss fortgesetzt, intensiviert und durch Modellvorhaben auf regionaler und lokaler Ebene unterstützt werden.

Eine der Schwierigkeiten bei der Erreichung des 30-ha-Ziels liegt in der Vielzahl von Akteuren, die für die Flächeninanspruchnahme verantwortlich sind. So setzt der Bund etwa ökonomische und rechtliche Rahmenbedingungen, die Länder verantworten die Regionalplanung, die Gemeinden stellen die Flächennutzungs- und Bebauungspläne auf und die privaten Haushalte und Investoren sind letztlich die tatsächlichen Flächennutzer.

**INFO: Regionales Flächenmanagement: Ein Instrumentenverbund mit Netzwerkcharakter**

Beim regionalen Flächenmanagement gibt es keinen Zentralakteur. Seine Steuerungsleistung geht vielmehr aus der arbeitsteiligen Zusammenarbeit autonomer und gleichberechtigter regionaler Akteure hervor, die vorrangig dem öffentlichen Sektor angehören. Im Kern basieren Ansätze regionalen Flächenmanagements somit auf verhandlungsorientierten Prozessen, in die all jene Planungsträger eingebunden sind, die in einer Region mit der Vorbereitung und Lenkung baulicher Flächennutzungen direkt und indirekt betraut sind. In aufwendigen Verständigungsprozessen sind in regionalen Netzwerken nicht nur die gemeinsamen Ziele regionaler Entwicklung zu definieren, sondern auch laufend konkrete Planungen und Projekte unter den beteiligten Planungsakteuren abzustimmen. Unter einem Regime regionalen Flächenmanagements wird das Aufgabenfeld kommunaler Baulandentwicklung somit als regionale Gemeinschaftsaufgabe wahrgenommen. So sollen die negativen Effekte dezentral verteilter Entscheidungsfindung überwunden werden, die dadurch zustande kommen, dass Planungsakteure weitgehend auf ihr lokales Eigeninteresse fixiert, unter Ausblendung der Wirkungen ihrer Pläne und Vorhaben auf andere Gebietskörperschaften handeln und eine freiwillige horizontale Abstimmung zwischen den Planungsakteuren nicht stattfindet.

Ansätze regionalen Flächenmanagements versuchen die rahmensetzende Entwicklung von regionsweiten Leitbildern und Zielsystemen mit einer umsetzungsorientierten, projektbasierten Vorgehensweise zu kombinieren. Diese Verknüpfung von Rahmenplanung und Projektrealisierung macht Ansätze regionalen Flächenmanagements zu einem komplexen Aufgabenbündel. In zeitlich versetzten Phasen sind folgende Aufgaben anzugehen und zu bewältigen:

- Monitoring der Baulandentwicklung, um immer auf dem Laufenden zu bleiben, wieviel Baulandreserven wo aktuell zur Verfügung stehen.
- Abschätzung des Baulandbedarfs, um realistisch einschätzen zu können, wie weit die vorhandenen Baulandreserven reichen.
- Verhandlungsbasierter Entwurf des Siedlungskonzepts, unter Berücksichtigung der Folgen auf die Flächenentwicklung, um einen regionalen Konsens über die wünschbare Siedlungsentwicklung der Region zu erarbeiten.
- Beschluss und Umsetzung des Siedlungskonzepts, um die kollektive regionale Handlungsfähigkeit zu gewährleisten und die Konzeptumsetzung vorzubereiten.
- Konzeptrealisierung durch vorhabenbezogene Abstimmung und Projektentwicklung.
- Controlling des Gesamtprozesses, um den Steuerungserfolg messen und reaktionsschnell Maßnahmen einleiten zu können.

Bisher gelingt es in der Praxis allerdings erst selten, diese vielfältigen Aufgaben auch im vollem Umfang zu realisieren. Meistens werden Schwerpunktsetzungen getroffen.

www.bbr.bund.de (Stichwort: „Flächenmanagement" )

Auf Bundesebene ist es notwendig, die rechtlichen und planerischen Instrumente und ihre Ausgestaltung noch gezielter auf eine nachhaltige Siedlungsentwicklung auszurichten und bestehende Vollzugsdefizite zu beseitigen. Die Gesetzesnovelle zum Baugesetzbuch und zum Raumordnungsgesetz sollte hierzu einen Beitrag leisten (siehe vorne).

Da die rechtlichen Instrumente zur Verminderung der Flächeninanspruchnahme allein nicht ausreichen, sind die ökonomischen Anreize um so wichtiger. Die vorhandenen flächenrelevanten finanz-, steuer-, und förderpolitischen Instrumente sowie Vorschläge zu ihrer Umgestaltung sollten auf mögliche Beiträge zur Reduzierung der

*Fortschrittsbericht 2004 zur nationalen Nachhaltigkeitsstrategie siehe www.bundesregierung.de*

Flächeninanspruchnahme überprüft werden. Das betrifft etwa die Eigenheimzulage und die Pendlerpauschale, aber auch die Ausgestaltung der Grundsteuer oder des kommunalen Finanzausgleichs.

Wenn dieser Policy-Mix greift, werden Reduzierungen bei der Flächeninanspruchnahme die Folge sein. Im Idealfall ist die tatsächliche Neuinanspruchnahme von Flächen langfristig weitgehend durch die erneute Nutzung vorhandener Flächen zu ersetzen (Flächenkreislauf durch Flächenrecycling), Neuausweisungen durch Entsiegelung oder anderweitige Renaturierungen von Flächen zu kompensieren und diese ressourcenschonende Flächenpolitik mit einer guten wirtschaftlichen Entwicklung und einer sozial angemessenen Wohnungsversorgung in Einklang zu bringen.

Wie eine nachhaltige Flächeninanspruchnahme für Siedlungs- und Verkehrszwecke im Einzelnen aussehen kann, wird in der Nationalen Nachhaltigkeitsstrategie umrissen:

- Die *Siedlungsentwicklung* an der Schnittstelle zwischen Stadt und Land ist flächenschonend zu steuern; dezentrale Konzentration gilt als Leitlinie für die Landes- und Regionalebene.
- Die *Innenentwicklung der Städte* hat – unter Berücksichtigung ökonomischer und sozialer Aspekte – Vorrang vor der Außenentwicklung. Die Innenentwicklung ist zu intensivieren, die Städte sind attraktiver zu gestalten, auch durch die Sicherung und Verbesserung der Versorgung mit städtischen Grünflächen.
- Der *Freiraum* ist (quantitativ und qualitativ)zu schützen. Die Leitlinie einer nachhaltigen Flächenpolitik lautet: Schutz vor einem Übermaß baulicher Nutzung und Versiegelung sowie Schutz vor Zerschneidung von Landschaften durch Infrastrukturvorhaben.

Angesichts der komplexen Materie, der Vielzahl der betroffenen Akteure und ihrer verschiedenen, zum Teil gegensätzlichen Interessen, können diese Ziele nur in mehreren Schritten erreicht werden. In einem ersten Schritt werden derzeit die *laufenden und absehbaren Vorhaben der Bundesressorts* untersucht, inwieweit sie zu einer Verminderung der Flächeninanspruchnahme beitragen. Dies gilt auch für jene Vorhaben, die zwar nicht unmittelbar mit diesem Ziel initiiert wurden, die aber im Einzelfall wesentliche positive Impulse für eine nachhaltige Siedlungsentwicklung gegeben haben. Darüber hinaus sollen erste Handlungsperspektiven für weitere Maßnahmenbereiche entwickelt werden, die für die Siedlungsentwicklung von hoher Relevanz sind.

In einem zweiten Schritt ist danach zu klären, mit welchen *Maßnahmen* mittel- bis langfristig die Flächeninanspruchnahme vermindert werden kann. Dazu hat der Staatssekretärausschuss der Bundesregierung den Rat für Nachhaltige Entwicklung gebeten, einen breiten Dialog insbesondere mit Ländern und Kommunen zu organisieren. Auf dieser Grundlage sollen der Bundesregierung Vorschläge für weitere Maßnahmen zur Verminderung der Flächeninanspruchnahme unterbreitet werden. Dieser Dialog ist ein wichtiger Baustein, um mit Experten aus Banken, Bausparkassen, (Bau)Industrie, Wirtschaft, kommunalen Spitzenverbänden und Nichtregierungsorganisationen (NGO) in einen vertieften Austausch zu treten.

Die Bewertung der im ersten Schritt vorzunehmenden Prüfung der laufenden Vorhaben soll dann mit den mittel- bis langfristig angelegten Vorhaben zu einem *integrierten Maßnahmenprogramm* zusammengeführt werden. Bei einer Erweiterung des Instrumentariums ist jedoch zu beachten, dass über die Auswirkungen dieser Instrumente noch nicht genug Klarheit herrscht. Auch müssen diese neuen Instrumente ihre Praktikabilität vielfach erst noch beweisen.

Von daher erscheint es sinnvoll, insbesondere *Modellvorhaben* – und hier vor allem die der Raumordnung und des Städtebaus – als Praxistest zu nutzen. Hier kann etwa überprüft werden, wie auf städtischer und regionaler Ebene eine nachhaltige Flächen- und Bodennutzung in der Praxis umgesetzt werden kann. Hier kann bspw. die Eignung interkommunaler Kooperation für ein *regionales Flächenmanagement* praxisnah getestet werden.

Von besonderem Interesse können dabei jene Modellvorhaben sein, die an bestehenden planerischen Vorgaben von Mengenbegrenzungen ansetzen und versuchen, diese weiter zu entwickeln. Ein Beispiel für eine landesplanerische Kontingentierung bietet etwa Schleswig-Holstein. Dort wurde mit dem Landesraumordnungsplan 1998 ein begrenzender Rahmen für die Gemeinden vorgegeben, die kein Siedlungsschwerpunkt sind. Er erlaubt ihnen eine Flächenvorsorge für neue Wohneinheiten in Höhe von maximal 20 % des Ausgangsbestandes. Durch diese Obergrenze soll eine Konzentration neuer Bauflächen auf Siedlungsschwerpunkte erreicht werden.

Eine nachhaltige Flächenhaushaltspolitik ist aber immer – wie in der nationalen Nachhaltigkeitsstrategie vorgeschlagen – eine Doppelstrategie: Durch eine *Mengensteuerung* soll eine Begrenzung der Neuinanspruchnahme von Flächen erreicht werden. Durch eine auf Innenentwicklung setzende Stadtentwicklungspolitik soll die *Qualität* der Flächenentwicklung gesteuert werden. Eine Aufwertung der Innenstädte soll der Suburbanisierung entgegenwirken. Zum einen geht es um die städtebauliche Aufwertung von Siedlungsflächen. Dies betrifft insbesondere den Bereich „Wohnen" (u.a. Weiterentwicklung der Wohnungsbaukultur, interessante Formen des Wohneigentums, Funktionsmischung, Modernisierung, Leerstandsabbau) und den Bereich „Freizeit und Erholung" (u.a. Durchgrünung, Erreichbarkeit, Qualifizierung von Grün- und Freizeitflächen). Zum anderen geht es um die intensivere Nutzung vorhandener Potenziale (u.a. Brachenrecycling, Dichteerhöhung, Baulücken, Mehrfachnutzungen). Angestrebt wird ein Verhältnis von Innen- zur Außenentwicklung von 3:1.

Auch wenn das Verhältnis eine Herausforderung ist, so zeigen doch etwa die vier Modellstädte des Projektes „Städte der Zukunft" des Bundesprogramms „Experimenteller Städtebau", dass verstärkte Innenentwicklung möglich ist. Der angestrebte Orientierungswert von 3:1 wurde in Dessau, Güstrow, Heidelberg und Münster zwischen 1997 und 2002 erfüllt. In diesen Modellstädten setzte man auf die Innenentwicklung – ein gutes Beispiel für andere Stadtregionen.

## Raumordnerische Gremienarbeit

Aufgabe der Raumordnung ist die *horizontale Koordination* der Fachressorts des Bundes bei den raumwirksamen Planungen und Maßnahmen und die *vertikale Koordination* des Bundes mit den Planungen der Länder einerseits und der raumordnerischen Zusammenarbeit mit anderen Staaten im Rahmen der EU. Die konkrete raumordnerische Zusammenarbeit in Deutschland und Europa findet in entsprechenden Gremien statt, von denen im folgenden die wichtigsten mit ihren Arbeitsthemen der letzten vier Jahre kurz beschrieben werden.

### Zusammenarbeit von Bund und Ländern in der MKRO

Zentrale Plattform, in denen Bund und Länder zusammenarbeiten, ist die *Ministerkonferenz für Raumordnung (MKRO)*, in der ein kontinuierlicher Erfahrungsaustausch stattfindet, die Raumentwicklung und ihre aktuellen Erscheinungsformen analysiert und bewertet sowie neue Lösungskonzepte erarbeitet werden. Gegenwärtiger Vorsitzender der Ministerkonferenz für Raumordnung ist Bundesminister Dr. Stolpe. Die Geschäftsstelle der MKRO liegt ebenfalls beim Bundesministerium für Verkehr, Bau- und Wohnungswesen

Die Arbeit der MKRO wird durch Ausschüsse vorbereitet, wobei der Hauptausschuss als Gremium der zuständigen Abteilungsleiter von Bund und Ländern hervorzuheben ist.

Ausgewählte Schwerpunkte der Aktivitäten der MKRO waren im Berichtszeitraum u.a. *Entschließungen und Stellungnahmen* zu folgenden Themenfeldern:

- Anforderungen aus raumordnerischer Sicht an den Schienenfernverkehr,
- Handlungsempfehlungen zum vorbeugenden Hochwasserschutz,
- Entschließung zur Überprüfung/Weiterentwicklung des Zentrale-Orte-Konzepts.

Im Mittelpunkt der laufenden Diskussionen und Entschließungen sowie weiterführende Arbeitsaufträge an die Gremien der MKRO umfassen folgende Themenschwerpunkte:

- Gesamtdeutsche Perspektiven der Regionalförderung und die Überprüfung raumordnerischer Kriterien und Instrumente,
- Sicherung und Weiterentwicklung der öffentlichen Daseinsvorsorge vor dem Hintergrund des demographischen Wandels,
- Raumordnerische Anforderungen an die Nutzung in der ausschließlichen Wirtschaftszone – AWZ –,
- Neuregelung der Bundesstaatlichen Kompetenzordnung im Zusammenhang mit der Föderalismuskommission ,

*Vgl. Internet:* www.bmvbw.de – *Sachbereich: Bauwesen, Städtebau und Raumordnung.*

- Metropolregion: Weiterentwicklung und Überprüfung raumordnerischer Konzeptionen angesichts zunehmender internationaler Standortkonkurrenz,
- Umsetzung der nationalen Nachhaltigkeitsstrategie/Teilziel Reduktion der Flächeninanspruchnahme,
- Ausbau der grenzüberschreitenden Zusammenarbeit und die Zukunft der EU-Gemeinschaftsinitiative INTERREG,
- Neuausrichtung der EU-Strukturpolitik vor dem Hintergrund der EU-Erweiterung zum 1. Mai 2004.

**Raumordnerische Zusammenarbeit in Europa**

Die raumordnerische Zusammenarbeit in Europa findet auf drei wesentlichen Ebenen statt:

(a)
Europäische Ebene mit den 45 Mitgliedsstaaten des Europarates im Ausschuss der hohen Beamten der *Europäische Ministerkonferenz für Raumordnung (EMKRO/CEMAT)*. Diese Zusammenarbeit ist von besonderer Bedeutung für die Nicht-EU-Staaten. Wesentliches Ziel ist die Umsetzung der Leitlinien für eine nachhaltige räumliche Entwicklung auf dem europäischen Kontinent (CEMAT-Leitlinien). Im Berichtszeitraum haben zwei CEMAT-Konferenzen stattgefunden (2000 in Hannover, 2003 in Ljubljana). Auf dem Treffen in Hannover wurden die Leitlinien verabschiedet, die das Ministerkomitee des Europarates im Jahre 2002 formell bestätigt hat. In Ljubljana fand die Präsentation des Projektes „CEMAT-Modellregionen" breite positive Resonanz. Mit diesem vom BMVBW geförderten Projekt zur beispielhaften Umsetzung der Leitlinien in Osteuropa hat in enger Zusammenarbeit mit der Russischen Föderation und Armenien der Aufbau eines transnationalen Netzwerkes von europäischen Modellregionen mit einem modernen Regionalmanagement begonnen.

(b)
Ebene der EU-Mitgliedsstaaten in der *Arbeitsgruppe Raum- und Stadtentwicklung des Ausschusses für Entwicklung und Umstellung der Regionen* sowie auf Ministerebene im Rahmen *informeller Ministerräte*. Im Berichtszeitraum fanden zwei Treffen der Raumordnungsminister statt (2001 in Namur, 2004 in Rotterdam). Ziel dieser Zusammenarbeit ist vor allem die Weiterentwicklung einer europäischen Raumentwicklungspolitik, die über die Regionalpolitik hinausgeht.

(c)
Projektorientierte raumentwicklungspolitische Zusammenarbeit in EU-Teilräumen. In den fünf Kooperationsräumen Nordsee, Ostsee, Nordwesteuropa, Alpen und Ost-/Südosteuropa (CADSES) haben Vertreter des BMVBW und des BBR in den Lenkungs- und Begleitausschüssen für die Programme der *Gemeinschaftsinitiative INTERREG III B* an der Auswahl und Genehmigung transnationaler Kooperationsprojekte mitgewirkt.

Darüber hinaus findet im Ostseeraum eine Zusammenarbeit im Komitee für Raumentwicklung (*Visions and Strategies Around the Baltic Sea – VASAB*) unter Beteiligung von BMVBW und BBR statt. Wichtige im Berichtszeitraum verabschiedete Strategiepapiere für eine gemeinsame Raumentwicklungspolitik sind die Wismarer Erklärung und das Aktionsprogramm VASAB 2010 Plus.

Die bilaterale grenzüberschreitende Zusammenarbeit hat sich im Berichtszeitraum auf die aktive Mitwirkung des BMVBW in der *Deutsch-Polnischen Regierungskommission für Grenznahe und Regionale Zusammenarbeit* konzentriert. Im Mittelpunkt stand hier eine politische Initiative zur räumlichen und wirtschaftlichen Entwicklung der Oderregion, die die Städte Berlin, Stettin, Grünberg, Posen, Breslau, Oppeln und Dresden einbindet („Oderraumentwicklung/Stettiner Initiative II"). Weiterhin hat das BMVBW mit Arbeitsgesprächen auf ministerieller Ebene eine raumordnerische Zusammenarbeit mit der Tschechischen Republik eingeleitet.

**Beirat für Raumordnung**

Nach § 20 ROG wird in jeder Legislaturperiode ein Beirat für Raumordnung durch den zuständigen Bundesminister berufen. Dieser hat das Bundesministerium in grundsätzlichen und aktuellen Fragen der Raumentwicklung zu beraten. Er setzt sich aus Wissenschaftlern und Vertretern relevanter gesellschaftlicher Gruppierungen zusammen. Um die grenzüberschreitenden Aspekte und die europäischen Dimensionen der Raumentwicklung angemessen im Beirat zu repräsentieren, sind in jüngster Zeit verstärkt Vertreter aus dem benachbarten Ausland zusätzlich berufen worden. Derzeitiger Vorsitzender des Beirats für Raumordnung ist Herr Prof. Dr.-Ing. Beckmann, Technische Hochschule Aachen. Stellvertretende Vorsitzende sind: Frau Beigeordnete a. D. Dr.-Ing. Wiese-von Ofen; Herr Dr. Ortmeyer, Deutscher Industrie- und Handelskammertag, Berlin; Herr Prof. Dr. Battis, Humboldt-Universität Berlin.

Im Berichtszeitraum sind folgende Entschließungen des Beirats für Raumordnung hervorzuheben:

- Zusammenfassende Empfehlungen an den Bundesminister für Verkehr, Bau- und Wohnungswesen;
- Bundesverkehrswegeplanung-Stellungnahme zum methodischen Vorgehen unter besonderer Berücksichtigung der raumordnerischen Aspekte;
- Zum zukünftigen Verhältnis von Raumordnung und Strukturpolitik;
- Konsequenzen und kritische Würdigung des Raumordnungsberichts 2000 und der Raumordnungsprognose 2015;
- Bedeutung der öffentlichen Dienstleistung für die Weiterentwicklung der Regionalpolitik der Europäischen Union;
- Konkretisierung und Anwendung des Europäischen Raumentwicklungskonzeptes (EUREK);
- Die EU-Osterweiterung und die europäischen Strukturpolitiken.

In der laufenden Legislaturperiode stehen drei Themenfelder im Vordergrund:

- Folgen der demographischen Entwicklungstendenzen für die Raum- und Infrastruktur;
- Funktionsfähigkeit der Zentren/Stadtregionen;
- Fragen der raumordnerischen Kompetenzneuordnung (national/supranational).

## Angewandte Ressortforschung des BMVBW und BBR

Ressortforschung gewährleistet qualifizierte wissenschaftliche Politikberatung und ist zugleich selbst ein politisches Instrument. Als Gegenstand der Diskussion im politischen Raum kann die Aufmerksamkeit auf bestimmte Themen, Aufgaben, Handlungsansätze und Instrumente gelenkt und durch die Auseinandersetzung hierüber die Meinungsbildung der gesellschaftlichen Gruppen und Gebietskörperschaften mit-

**Modellvorhaben der Raumordnung 2000 - 2004**

**Umsetzung von Zielen einer nachhaltigen Raumentwicklung**

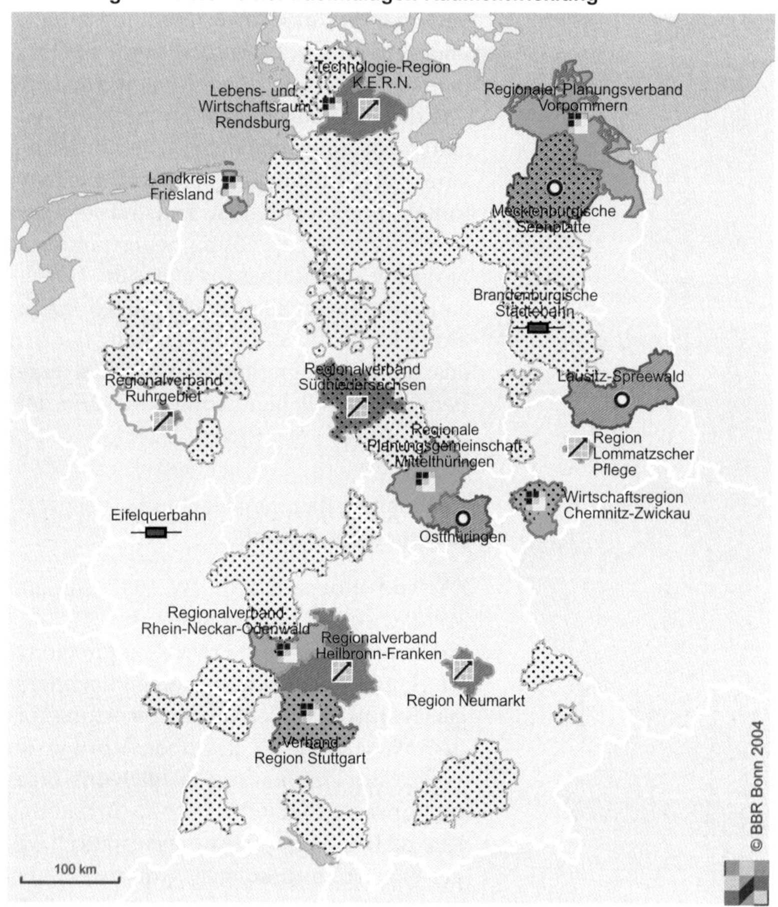


Modellvorhaben "Nachhaltige Siedlungs(flächen)entwicklung"

Modellvorhaben "Infrastruktur und demographischer Wandel"

Modellvorhaben "Anpassungstrategien für ländliche/periphere Regionen mit starkem Bevölkerungsrückgang in den neuen Ländern

Modellprojekte "Bahnverkehr in der Region"

Netzwerk "Regionen der Zukunft"

Quelle: BBR Bonn

geprägt werden. Zwei wichtige Instrumente der Ressortforschung sind das raumordnerische Aktionsprogramm *„Modellvorhaben der Raumordnung“* (MORO) sowie *die „Projektplanung Aufbau Ost“*. In beiden Programmen sind im Berichtszeitraum eine ganze Reihe von Projekten bearbeitet worden, die zu politik- und praxisrelevanten Ergebnissen geführt haben.

### Aktionsprogramm Modellvorhaben der Raumordnung

Modellvorhaben der Raumordnung sind ein wichtiges Instrument zur Umsetzung einer *aktions- und projektorientierten Raumordnungspolitik*. Mit Modellvorhaben sollen laufende regionale Entwicklungsprozesse unterstützt und befördert, neue raumordnerische Handlungsansätze und Instrumente erprobt und nachahmenswerte Beispiele entwickelt werden, die – so das Ziel – als Innovation in die alltägliche Praxis eingehen sollen. Die Förderung einer zukunftsfähigen Raumentwicklung mittels Modellvorhaben konzentriert sich zurzeit auf die Erprobung neuer raumordnerischer Handlungsansätze zur Umsetzung von Zielen einer nachhaltigen Raumentwicklung sowie zur Bewältigung der sich aus dem demographischen Wandel ergebenden räumlichen Anpassungserfordernisse.

### Nachhaltige Raumentwicklung – Netzwerk Regionen der Zukunft

Der von BBR und BMVBW 1997 initiierte *Wettbewerb „Regionen der Zukunft"* sollte die Erschließung und Erweiterung regionaler Handlungsspielräume einer nachhaltigen Raum- und Siedlungsentwicklung fördern. Insgesamt 26 Regionen wurden im Verlauf des Wettbewerbs fachlich und organisatorisch unterstützt. Große Bedeutung kam dabei dem Erfahrungsaustausch zu, der über Veranstaltungen, Expertisen, Veröffentlichungen u. a. auf eine kontinuierliche Vernetzung von Personen, Informationen und Projekten zielte. Die besten Wettbewerbsergebnisse wurden im Juni 2000 auf der Weltstädtekonferenz Urban 21 in Berlin prämiert. Mit dem Wettbewerb sind wichtige Anstöße für die Regionalentwicklung im Allgemeinen und für die Verfolgung regionaler Nachhaltigkeitsziele und -konzepte gegeben worden. Er steht für einen Paradigmenwechsel in der Planung, der mit der Novellierung des ROG 1998 eingeleitet wurde und der neben der nachhaltigen Entwicklung als Zielvorstellung auch eine stärkere Umsetzungsorientierung beinhaltet.

Um den mit dem Wettbewerb eingeschlagenen erfolgreichen Weg fortzuführen, wurde Ende 2000 auf Initiative des BMVBW der Wettbewerb als „Netzwerk Regionen der Zukunft" bis Ende 2003 weitergeführt. Anliegen war, die aufgebauten regionalen und interregionalen Kooperationsstrukturen zu verstetigen und verbliebene Schwächen abzubauen. Ausgewählte Modellregionen erhielten ein sog. „Coaching" zur Unterstützung bei der Bearbeitung besonders schwieriger Aufgaben. Dabei hat sich gezeigt, dass Coaching ein geeignetes Beratungsinstrument in der Regionalentwicklung ist, insbesondere in Form eines auf fachliche Fragestellungen bezogenen Projekt-Coachings. Bewährt hat sich insbesondere der Mix von Prozessberatung im Sinne des klassischen Coachingansatzes und gezielten fachlichen Inputs bzw. Hilfen. Durch die Coachingprojekte wurden in den Modellregionen zentrale Nachhaltigkeitsthemen aufgegriffen, entsprechende Lösungen gesucht und umgesetzt (u.a. Regionales Flächenmanagement, Regionalmarketing, Regionale Wertschöpfung).

Die Initiierung eines Netzwerks Regionen der Zukunft hat insgesamt einen wertvollen Erfahrungsaustausch für die Regionen ermöglicht. Die im Netzwerk verbundenen Regionen sind europaweit Vorreiter der neuen Leitvorstellung zur regionalen Nachhaltigkeit und Politikgestaltung im Sinne von „regionalem Wettbewerb" und „interregionalen Lernprozessen" gewesen. Dies verbindet und schafft gute Grundlagen für eine über das MORO-Vorhaben hinausgehende Verstetigung des Netzwerks. Ansätze dafür sind einerseits der *Initiativkreis der Metropolregionen in Deutschland*, der sich im Laufe des Coaching formierte und als ein informelles Netzwerk fortgeführt wird sowie das Netzwerk *Futuregio*, das von den übrigen aktiven Regionen selbsttragend weitergeführt und -entwickelt wird.

### Finanzierungsmodelle für eine nachhaltige Regionalentwicklung

Empirische Untersuchungen zeigen, dass Projekte, die für eine nachhaltige Regionalentwicklung wichtig sind und auch einer Kosten-Nutzen-Analyse standhalten, häufig nicht realisiert werden können, weil – trotz grundsätzlich verfügbarer Mittel – die Probleme beim Finanzierungsaufbau nicht zu überwinden sind. Es ist davon auszugehen, dass die Probleme in strukturellen und organisatorischen Bereichen sowohl auf der Seite der Projektentwickler (Regionen) als auch der Fördermittelgeber begründet sein können. Anliegen des Modellvorhabens „Finanzierungsmodelle für eine nachhaltige Regionalentwicklung" war deshalb die Entwicklung von handhabbaren Finanzierungsmodellen.

Die Ergebnisse zeigen, dass die Praxis Verbesserungen fordert. Denn die aktuelle Förderpraxis der Europäischen Union, des Bundes und der Länder, weist z.T. erhebliche Strukturschwächen auf. Oft sind weder die Programmausgestaltung noch die Verzahnung von Programmen mit den zuständigen Trägern auf die Förderung integrativer Vorhaben ausgerichtet. Dies steht der gewünschten Umsetzung sektorübergreifender Projekte entgegen. Wichtige Empfehlungen betreffen deshalb vor allem die Möglichkeit der Programmkombination. Förderanträge sollten z.B. zeitgleich an unterschiedliche Programme gerichtet werden können, und es sollte den Programmverantwortlichen obliegen, die Bearbeitung abzustimmen bzw. an die zuständigen Stellen weiterzuleiten. Zudem sollte die Förderung integrierter Konzepte mit sektorübergreifend offenen Fördermitteln kombiniert werden.

### Bahnverkehr in der Region

Eines der drei prioritären Handlungsfelder der Nationalen Nachhaltigkeitsstrategie betrifft die *Sicherung umweltverträglicher Mobilität.* Im Rahmen dieses Aktionsfeldes wurde das Pilotprojekt Bahnverkehr in der Region initiiert. Ziel des Vorhabens war es, an zwei Beispielen - „Eifelquerbahn“ und „Brandenburgische Städtebahn“ - zu erproben, wie sich Bahnverkehr auf Nebenstrecken sichern bzw. ausbauen lässt. Der Erkenntnisgewinn besteht im Aufzeigen der entscheidenden Hemmnisse, aus denen Empfehlungen für Handlungsoptionen im Sinne der Nachhaltigkeit abgeleitet werden können. Die Umsetzung von Lösungen konzentrierte sich auf das ohne finanzielle Mittel und in der zeitlichen Frist Machbare, insbesondere in Form des Herstellens einer Sensibilität und dem Anstoßen von Prozessen in den Modellregionen.

Im Ergebnis zeigt sich, dass regionale Bahnverkehre zur Sicherung einer umweltverträglichen Mobilität beitragen können. Allerdings müssen entsprechende Voraussetzungen wie eine Mindestnachfrage und der Einsatz moderner Bahntechnologie erfüllt sein. Außerdem ist eine aktive Mitarbeit zahlreicher Akteure auf allen Planungsebenen und den Aufgabenträgern des Schienenpersonennahverkehrs notwendig.

### CEMAT-Modellregionen – Innovationsregionen

Das derzeit in der Durchführung befindliche MORO-Projekt „CEMAT-Modellregionen – Innovationsregionen“ hat zum Ziel, den Aufbau nachhaltiger regionaler und kommunaler Kooperations- und Selbstverwaltungsstrukturen vornehmlich in den neuen Mitgliedstaaten des Europarates im Sinne der Umsetzung der CEMAT-Leitlinien – aufbauend auf den Erfahrungen deutscher Regionen – zu unterstützen und politisch zu begleiten. BMVBW/BBR leisten damit einen bedeutenden Beitrag zur Umsetzung der von den Europäischen Raumordnungsministern anlässlich der 13. Europäischen Raumordnungsministerkonferenz (CEMAT) in Ljubljana 2003 beschlossenen Resolution Nr. 2, die ein Netzwerk von CEMAT-Innovationsregionen zur Aus- und Fortbildung von mit Raumordnung beauftragten Behörden und Einrichtungen fordert. Derzeit werden fünf russische Regionen und Armenien erfolgreich in diesem Prozess unterstützt. Im Rahmen des Projektes konnte mit der EUREGIO PSKOV-LIVONIA darüber hinaus auch erfolgreich die erste grenzüberschreitende EUREGIO an der neuen Außengrenze der Europäischen Union zwischen Estland, Lettland und Russland gegründet werden.

### Innovative Projekte zur Regionalentwicklung

Neue Modellvorhaben der Raumordnung greifen zwei zentrale raumordnungspolitische Herausforderungen auf: zum einen geht es um die Frage, mit welchen Strategien, Konzepten und Instrumenten die räumliche Planung zu einer nachhaltigen, d.h. *flächensparenden Siedlungsentwicklung* beitragen kann. Zum anderen wird der *demographische Wandel* als eine zentrale Herausforderung für eine zukunftsfähige, nachhaltige Raum- und Siedlungsstruktur aufgegriffen.

Zentrales Ziel des Themenschwerpunktes „Nachhaltige Siedlungsentwicklung“ ist es, Handlungsansätze zu entwickeln, die dem weiteren Zuwachs der Flächeninanspruchnahme für Siedlungszwecke entgegen wirken. Drei in einer ersten Auswahlrunde Ende 2003 ausgewählte Modellvorhaben setzen auf integrierte Ansätze des regionalen Flächenmanagements:

- Im *MV Verband Region Stuttgart* werden mit Hilfe einer zu entwickelnden Internetplattform Innenentwicklungspotenziale (Bauflächen) erhoben und mit den Kommunen abgestimmt („Lagebeurteilung"). Darauf aufbauend sollen die Möglichkeiten zur Ausweisung und Mobilisierung von Flächen der Innenentwicklung geprüft werden.
- Kern des *MV Mittelthüringen* ist es, das Problem ungenutzter Wohnbauflächenpotenziale im Bestand aufgrund der demographischen Entwicklung bei gleichzeitig anhaltender Neuausweisung von Wohnbauland regionalplanerisch besser zu steuern.
- Ziel des *MV Rhein-Neckar-Odenwald* ist es zu prüfen, ob bestimmte ökonomische Steuerungsansätze praktikable Instrumente zur Ergänzung einer nachhaltigen Flächenpolitik in der Region sind und wie diese mit raumordnungspolitischen Zielen verknüpft und in das bestehende Planungs- und Finanzsystem Baden-Württembergs integriert werden können.

Weitere Modellvorhaben, die 2004 ausgewählt und auf den Weg gebracht wurden, sind:

- Entwicklung und Einführung eines regionalen Flächenmanagementsystems in der *Wirtschaftsregion Chemnitz-Zwickau;*
- Abgestimmte Entwicklung in den Stadt-Umland-Regionen als Beitrag zur nachhaltigen Siedlungsentwicklung in *Vorpommern;*
- Entwicklung eines Konzeptes für ein Gewerbe- und Kompensationsflächenmanagement auf interkommunaler Basis im *Landkreis Friesland* (Jade-Weser-Raum);
- Innerregionaler Interessenausgleich und nachhaltige Siedlungs- und Flächenentwicklung am Beispiel der Gebietsentwicklungsplanung für den *Lebens- und Wirtschaftsraum Rendsburg.*

Im Vorlauf zum Themenschwerpunkt „Nachhaltige Siedlungsentwicklung" waren mögliche Instrumente, Kooperationsformen und Organisationsstrukturen für ein innovatives *regionales Flächenmanagement* schon Gegenstand eines Modellvorhabens der Raumordnung. Im Rahmen des Projekts wurde eine praxisbezogene Konzeption für ein regionales Flächenmanagement entwickelt, die sich auf rd. 50 regionale Fallbeispiele stützt. Diese Fallbeispiele zeigen auf, wie Planungsakteure Problemstellungen ressourcenschonender Siedlungsentwicklung in regionalen Kontexten arbeitsteilig und abgestimmt angehen und bewältigen können.

*Nähere aktuelle Informationen zu den Modellvorhaben der Raumordnung finden sich im Internet:www.bbr.bund.de unter Ressortforschung/ Modellvorhaben der Raumordnung*

Im Themenschwerpunkt „Infrastruktur und demographischer Wandel" wird untersucht, wie unter dem Vorzeichen des demographischen Wandels Strategien und Instrumente zur Sicherung und Weiterentwicklung der öffentlichen Daseinsvorsorge weiter- und/oder neu entwickelt werden können. Seit Ende 2003 laufen drei Modellvorhaben:

- Die *K.E.R.N.-Region* legt den Schwerpunkt auf die „Chancen des Mehr" – mithin die zunehmende Zahl älterer Menschen und die daraus resultierenden – auch wirtschaftlich relevanten – veränderten und zusätzlichen Nachfragepotenziale.
- Leitziel des Modellvorhabens des *Regionalverbandes Heilbronn-Franken* ist es, sich als kinder- und familienfreundliche Region aufzustellen und über rein reagierende Anpassungsstrategien hinaus zu gehen.
- Die *Region Südniedersachsen* betont schließlich das Netzwerk zwischen den Generationen und versteht sich als „Modellplanung zur generationsübergreifenden Infrastrukturentwicklung".

Drei weitere Modellvorhaben wurden 2004 vorbereitet:

- Interkommunale Anpassungsstrategien bei schrumpfender Bevölkerung der *Städte Essen, Bochum, Gelsenkirchen;*
- Integrierte und effiziente Infrastrukturplanung im ländlichen Raum, *Region Lommatzscher Pflege;*
- Aufbau von dualen Netzwerkstrukturen für Senioren in der *Region Neumarkt/ Oberpfalz.*

### Anpassungsstrategien für ländliche/periphere Regionen mit starkem Bevölkerungsrückgang

Schon 2001 hat das BBR erstmals ein Modellvorhaben „Anpassungsstrategien für ländliche/periphere Regionen mit starkem Bevölkerungsrückgang" in den neuen Ländern ausgeschrieben. Die Modellregionen *„Mecklenburgische Seenplatte", „Lausitz-Spreewald" und „Ostthüringen"* erarbeiten integrierte, überregionale Anpassungskonzepte für eine bedarfsgerechte und wirtschaftliche Infrastruktur zur Sicherung der Lebensqualität in der Region. Es geht vorrangig um die sektoralen Handlungsfelder ÖPNV, Bildung, medizinische Versorgung, Wasserver- und Abwasserentsorgung, Abfallvermeidung sowie Handel und Dienstleistungen. Das Ziel, sektorale Anpassungsstrategien in integrierten Gesamtstrategien zu bündeln, wird explizit von der Region Lausitz-Spreewald mit der Fortschreibung des Regionalplans verfolgt. Im Mittelpunkt steht dabei die Weiterentwicklung des Zentrale – Orte – Konzepts.

Die Regionen nutzen bei der Entwicklung von Strategieansätzen das gesamte Spektrum möglicher Handlungsoptionen:

- *Verbesserung der Erreichbarkeit* durch bessere Verkehrsanbindung zur Auslastungserhöhung
- *Verkleinerung* bzw. Reduzierung der Einrichtungen oder Angebote
- *Dezentralisierung* und Aufteilung in kleinere, effizientere Versorgungsangebote
- *Zentralisierung* durch Zusammenlegung von unterausgelasteten Einheiten mit komplementärer Verbesserung der Erreichbarkeit
- *Temporäre Ansätze* mit Versorgung zu eingeschränkten Zeiten
- *Neustrukturierung/Substituierung* des Infrastrukturangebotes in einer anderen als der gängigen Form

Mit einzelnen oder mehreren miteinander verknüpften Handlungsoptionen werden Grund- und Berufsschulstrukturen modifiziert, der Schülerverkehr und der ÖPNV insgesamt neu geregelt, die medizinische Grundversorgung neu strukturiert und gesichert, dezentrale Angebote in „Dorfzentren“ gebündelt, alternative Lösungen der Wasserver- und -entsorgung geprüft und das Zentrale-Orte-System als siedlungsstrukturelles Konzept zur Sicherung der öffentlichen Daseinsvorsorge weiterentwickelt.

Ergebnisse aus den Modellvorhaben haben Eingang gefunden in eine Entschließung der Ministerkonferenz für Raumordnung vom 13. Oktober 2003 als Grundlage für eine Diskussion mit den Fachpolitiken von Bund und Ländern.

Ergebnistransfer

Der kontinuierliche Transfer von Ergebnissen aus den Modellvorhaben in die Praxis erfolgt über Veröffentlichungen und Veranstaltungen. Jährliche Werkstätten dienen dem Erfahrungsaustausch zwischen den Akteuren aus den Modellregionen. Als Forum mit breitenwirksamer öffentlicher Wahrnehmung für die fachliche Darstellung der in den Modellvorhaben entwickelten und erprobten Handlungsansätze sowie zur Vermittlung bundespolitischer Einschätzungen und Positionen findet jährlich eine größere Fachtagung statt.

**Projektplanung Aufbau Ost**

Die Projekte des Forschungsprogramms „Aufbau Ost" zielen darauf, konkrete Modellprojekte, Maßnahmen und Strategien zur Entwicklung der neuen Länder durch eine kritische Reflektion der bisherigen Entwicklung vorzubereiten und damit Impulse für die Praxis zu geben. In 2003 wurden erstmalig Projekte vergeben, für die mittlerweile erste Ergebnisse vorliegen. Raumordnungsrelevant sind dabei vor allem die Themenschwerpunkte „Regionale Entwicklung", „Standortentwicklung“ und „Infrastrukturversorgung".

Regionale Entwicklung

Im Schwerpunkt „Regionale Entwicklung" werden Projekte vergeben, die darauf zielen, Ansatzpunkte für eine räumliche und branchenbezogene Bündelung von Maßnahmen für zukunftsbezogene Wirtschaftsbereiche zu identifizieren.

Ein Projekt befasst sich mit *Netzwerken und Kompetenzfeldern der ostdeutschen Wirtschaft.* Im Ergebnis der durchgeführten Recherchen und Erhebungen konnten rd. 300 Netzwerke erfasst werden, von denen die überwiegende Mehrheit die Aktivitätsfelder „Forschung und Entwicklung" sowie „Produktion von Gütern, Erstellung von Dienstleistungen" betrafen. Die Netzwerke liegen überwiegend in höher verdichteten Regionen, welche über eine hohe Unternehmensdichte und eine gute Ausstattung mit weiteren, für die Netzwerkbildung relevanten Einrichtungen verfügen. Fast ein Drittel dieser Netzwerke hat so ihren Sitz in Berlin, Chemnitz, Dresden und Leipzig. Darüber hinaus konnten im Rahmen von Analysen der Patentstatistik 80 „Innovative

Kompetenzfelder" identifiziert werden. Unter diesem Begriff werden jene Fähigkeiten von Unternehmen in einer Region verstanden, innovative Produkte und Verfahren mit hohen Marktchancen hervorzubringen. Die Standorte solcher Unternehmen konzentrieren sich vor allem im Raum Berlin, in den sächsischen Stadtregionen Dresden und Chemnitz sowie im östlichen Thüringen (Schwerpunkt Jena). Eine geringere Zahl innovativer Kompetenzfelder hat sich in den Stadtregionen Halle, Leipzig und Magdeburg sowie im westlichen Brandenburg und in der Raumordnungsregion Lausitz-Spreewald herausgebildet. Die Innovativen Kompetenzfelder weisen eine starke Konzentration auf die Bereiche „Elektrotechnik" und „Messen, Prüfen, Optik, Photographie" auf.

Positive Wirkungen von Netzwerken werden vor allem darin gesehen, dass Regionen mit ihnen

- ihre Wettbewerbsfähigkeit verbessern und die Herausforderungen der Globalisierung besser bewältigen können,
- ihre Innovationsfähigkeit durch bessere Informationsflüsse und „gemeinsames Lernen" steigern können,
- ihren Eintritt in überregionale Märkte sowie die Ansiedlung oder Gründung neuer Unternehmen erleichtern können.

Die *Wettbewerbsfähigkeit des regionalen Gewerbeflächenpotenzials in Ostdeutschland* steht im Mittelpunkt eines weiteren Projektes. Ein wesentliches Ziel des Projektes liegt im Aufbau eines Gewerbeflächen – Monitoring – Systems für die neuen Länder, d. h. es geht im Kern um die Sammlung und Aufbereitung empirischer Daten zur Gewerbeflächensituation. Zu diesem Zweck laufen intensive Gespräche in den Ländern über die Bereitstellung der relevanten Daten. Ziel dieser Gespräche ist es, die bei den unterschiedlichen Akteuren verfügbaren Gewerbeflächendaten zusammenzuführen, um auf dieser breiten empirischen Basis Analysen zum Gewerbeflächenmarkt durchführen zu können. Darüber hinaus wird es darauf ankommen, dass der Nutzen, den die regionalen Akteure aus der geplanten Gewerbeflächenplattform ziehen, so groß ist, dass sie sich regelmäßig an der dezentralen Aktualisierung ihrer Daten beteiligen. Nur wenn die dezentralen Akteure ihre Daten regelmäßig im System aktualisieren, verspricht die angestrebte Informationsplattform einen Nutzen für Wirtschaft und Verwaltung.

*Nähere Informationen zur Projektplanung Aufbau Ost:*

www.bbr.bund.de/*Aufbau-Ost*

Der *Tourismus* und seine Leistungsträger stellen eine wichtige Größe innerhalb des Wirtschaftslebens in Deutschland dar. Insbesondere in strukturschwachen ländlichen Regionen kommt der touristischen Wertschöpfungskette häufig eine überdurchschnittliche Bedeutung zu. Um im Wettbewerb der touristischen Zielgebiete (Destinationen) bestehen zu können, bedarf es einer professionellen Produktgestaltung und Vermarktung. Zielsetzung des Projektes *„Erforderliche Qualitätsstandards und Maßnahmen zur Verbesserung der Lage der Tourismusbranche in den ostdeutschen Ländern"* ist deshalb, modellhafte und übertragbare Maßnahmen zu entwickeln, die sowohl regions- als auch zielgruppenspezifisch zur Verbesserung der Qualitätsstandards innerhalb der ostdeutschen Tourismusbranche beitragen können. Erste, auf Experteninterviews basierende Ergebnisse stellen die naturräumlichen und kulturellen Besonderheiten der jeweiligen Untersuchungsregion als Stärken heraus. Gleichermaßen werden als Schwachpunkte mangelnde Dienstleistungsqualität und -mentalität identifiziert. Unterschiede zwischen den Regionen in Ost und West zeigen sich insbesondere in den Bereichen Gastronomie, Beherbergung und Freizeitangebot. Einerseits wird eine vergleichsweise geringere Angebotsvielfalt in den ostdeutschen Regionen als Defizit erkannt, andererseits zeichnet sich das touristische Basisangebot im Osten durch eine zeitgemäßere, modernere Ausstattung aus. Schwache Eigenkapitalausstattung, mangelnde Kreditwürdigkeit, steigende Insolvenzen und eine weitere Verschlechterung der wirtschaftlichen Perspektiven kennzeichnen die Lage des Hotel- und Gaststättengewerbes in Ost wie West. Im Westen können mangels nicht gebildeter Rücklagen notwendige Reinvestitionen und Modernisierungsmaßnahmen nicht realisiert werden, im Osten steigen die Belastungen aus dem Kapitaldienst, nachdem in vielen Fällen nunmehr die tilgungsfreien Jahre ausgeschöpft sind. Der Förderpolitik der öffentlichen Hand wird insgesamt eine große Bedeutung für die touristische Entwicklung der Regionen beigemessen. Für die Zukunft fordern die Experten eine stärkere Unterstützung für regionalspezifische Schwerpunktmaßnahmen. Als wichtigste Kriterien für eine erfolgreiche Gestaltung des regionalen Tourismus in den neuen Ländern kristallisierten sich die Bereiche Dienstleistungsqualität, Gastfreundlichkeit der Bevölkerung, Produktgestaltung sowie Infrastrukturausstattung heraus.

Außerdem wurde ein Pilotprojekt zur *Koordination konkurrierender Raumnutzungsansprüche in der Ostsee* vergeben. Die ökonomische Nutzung des Meeresraumes tritt in jüngster Zeit vor allem durch die geplante Errichtung von Windenergieanlagen im Offshore-Bereich zunehmend ins Blickfeld der Raumplanung. Ziel der Bundesregierung ist es, die Rahmenbedingungen dafür zu schaffen, dass die erheblichen Potenziale von Offshore-Windparks möglichst schnell erschlossen werden können. Die Berücksichtigung konkurrierender Nutzungen, insbesondere die Konflikte zwischen Ökologie und wirtschaftlicher Nutzung im Meeres- und Küstenraum werden anhand des geplanten Offshore-Windparks „Kriegers Flak" untersucht. Das Forschungsvorhaben läuft parallel zum Genehmigungsverfahren des dort geplanten Windparks.

### Infrastruktur

Im Schwerpunkt „Infrastruktur" werden Projekte gefördert, die vor dem Hintergrund des demographischen Wandels Möglichkeiten zur Anpassung der Infrastruktur aufzeigen, die langfristig finanzierbar sind und Mindeststandards sichern. Deshalb ist ein erstes Gutachten zum Thema *„Siedlungsentwicklung und Infrastrukturfolgekosten – Bilanzierung und Strategieentwicklung"* vergeben worden. Das Hauptziel des Projektes liegt in der Entwicklung eines Handlungsleitfadens für die Regionalplanung. Dieser Leitfaden soll Praktikern ein praktikables Verfahren zur Abschätzung von Infrastrukturfolgekosten für unterschiedliche Szenarien der Siedlungsentwicklung an die Hand geben, um damit die vorbereitende Bauleitplanung in den Kommunen zu unterstützen. Im Rahmen der Entwicklung des Verfahrens wird aufbauend auf einer Analyse des aktuellen Forschungsstandes ein nachvollziehbarer methodischer Ansatz entwickelt und im Rahmen einer Fallstudie in der Region Havelland-Fläming erprobt.

Hinsichtlich der Einschätzung von „Investitionskosten" und „Kosten für Betrieb und Erhalt von Infrastruktur" sind im Untersuchungszusammenhang zwei Merkmale von entscheidender Bedeutung:

- die Empfindlichkeit der Kostenentstehung auf Veränderungen der Siedlungsstruktur eines Gebietes (räumliche Verteilung von Einwohnern und Haushalten),
- die Empfindlichkeit der Kostenentstehung auf Veränderungen der Bevölkerungsstruktur eines Gebietes (altersbezogene Zusammensetzung der Bevölkerung).

Unter Berücksichtigung zusätzlicher Kriterien, wie etwa der Pflichtigkeit der Aufgabe oder der Kostenrelevanz für die öffentliche Hand, wurden für die soziale Infrastruktur die folgenden Infrastrukturbereiche zur Vollerhebung in der Region ausgewählt: Brandschutz, Sportanlagen, Schulen: Grund-, Haupt-, Realschulen, Gymnasien, Berufsschulen, Pflegeeinrichtungen: Pflegeheime und Pflegedienste, Kinderbetreuung: Krippe, Kindergarten, Hort. Für den Bereich der technischen Infrastruktur orientiert sich die Auswahl der zu modellierenden Einrichtungen an deren funktionalen Anpassungsanforderungen, der Fixkostenintensität der Versorgungsleistung, der Zentralität der Versorgungsleistung sowie der wirtschaftlichen Lebensdauer. Betrachtet werden: Straßenerschließung, Trinkwasserversorgung, Abwasserentsorgung, Fern-/Nahwärmeversorgung.

**INFO: Internetportal „Innovative Regionalentwicklung"**

Künftig wird sich die Bundesregierung noch stärker als bisher für einen breiten Wissenstransfer der in ihren Modellvorhaben wie z.B. „MORO – Modellvorhaben der Raumordnung", „Aufbau-OST", „Anpassungsstrategien für ländliche periphere Regionen mit starkem Bevölkerungsrückgang" und „Regionen aktiv – Land gestaltet Zukunft" gewonnenen Erkenntnisse und guten Beispiele einsetzen.

So plant z.B. das BBR Ende 2005 ein Internetportal „Innovative Regionalentwicklung" einzurichten, um entsprechende Modellvorhaben und Projekte zusammen mit relevanten Rahmeninformationen zur Innovativen Regionalentwicklung gebündelt auf einer Seite bereitzustellen.

Das Portal wurde 2004 von einer interdisziplinär besetzten Arbeitsgruppe konzipiert und umgesetzt. Es befindet sich zur Zeit im Probebetrieb und wird sukzessive mit ausgewählten Informationen und Projekten zur Innovativen Regionalentwicklung gefüllt. Unter der Internetadresse www.Innovative-Regionalentwicklung,de wird das Portal voraussichtlich ab Januar 2006 zu finden sein.

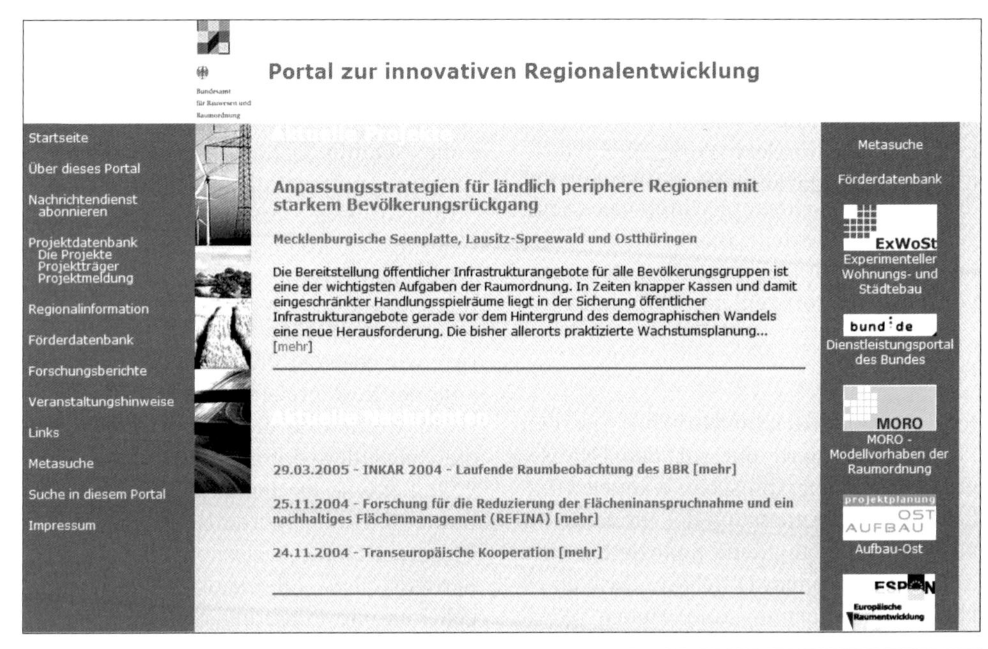


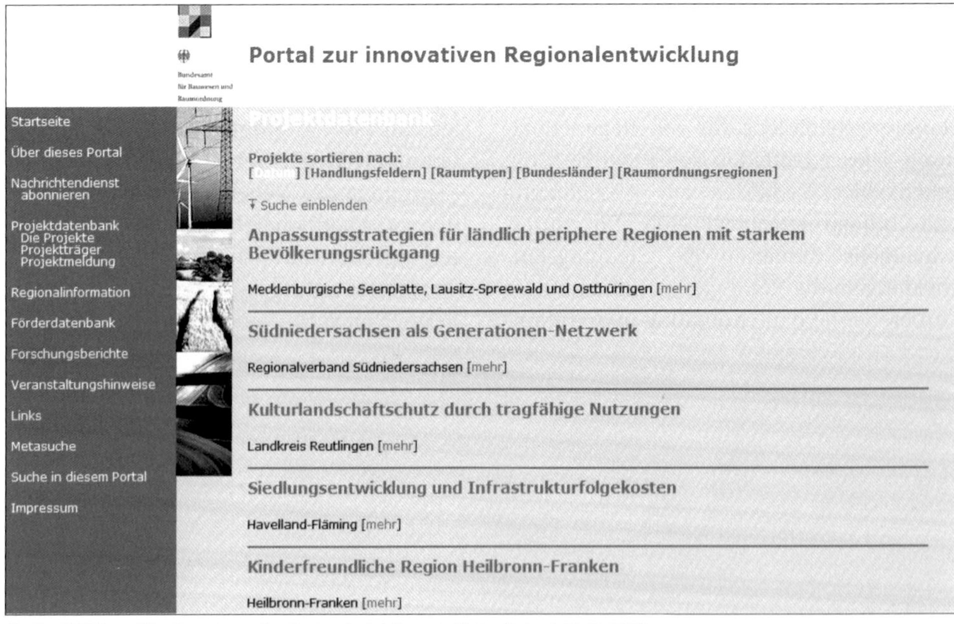


Quelle: BBR Bonn: http://www.Innovative-Regionalentwicklung.de (Entwurfsstand: 31.03.2005)

# 8 Raumordnung der Länder

Das 1998 neu gefasste Raumordnungsgesetz differenziert nicht mehr zwischen Raumordnung und Landesplanung, sondern unterscheidet nur noch zwischen der Raumordnung des Bundes und der Raumordnung der Länder. Wie die Raumordnung der Länder im Einzelnen zu betreiben ist, regeln Raumordnungsgesetz und Landesplanungsgesetze. Als Ermächtigungsgrundlage hat das ROG eine Planungspflicht für die Länder verankert und damit allein den Ländern die Aufstellung rechtsverbindlicher Raumordnungspläne übertragen. So haben die Länder gemäß § 8 Abs. 1 ROG langfristige fachübergreifende Konzeptionen für die räumliche Entwicklung ihrer Landesterritorien zu erarbeiten. Die Landesplanungsgesetze der Länder präzisieren zusätzlich, mit welchen Instrumenten die Raumordnung auf Landesebene zu betreiben ist. Sie sind aber auch Organisationsgesetze. Sie definieren die Zuständigkeiten und die Verfahrensordnung für die Raumordnung der Länder und geben darüber hinaus auch Planungsgrundsätze vor, um die Vorgaben des Raumordnungsgesetzes zu konkretisieren, aber auch um landeseigene Zielsetzungen zu treffen.

In den Ländern findet Raumordnung als Landesplanung statt. Nach einer Definition der Ministerkonferenz für Raumordnung vom 15. November 1983 ist die Landesplanung jener Teil der öffentlichen Verwaltung in den Ländern, der zusammenfassende,

**Gesetzliche Grundlagen der Landesplanung in den Ländern**

| Land | Landesplanungsgesetze (Stand: 31.12.2004) |
|---|---|
| Baden-Württemberg | Landesplanungsgesetz (LplG) in der Fassung vom 10. Juli 2003, geändert durch Gesetz vom 1. April 2004 |
| Bayern | Bayerisches Landesplanungsgesetz (BayLplG) vom 27. Dezember 2004 |
| Gemeinsame Landesplanung Berlin-Brandenburg | Brandenburgerisches Landesplanungsgesetz – BbgLPlG, Bekanntmachung der Neufassung vom 12. Dezember 2002<br>Vertrag über die Aufgaben und Trägerschaft sowie Grundlagen und Verfahren der gemeinsamen Landesplanung zwischen den Ländern Berlin und Brandenburg (Landesplanungsvertrag) vom 6. April 1995, zuletzt geändert durch Staatsvertrag vom 5. Januar 2001<br>Neufassung des Gesetzes zur Regionalplanung und zur Braunkohlen- und Sanierungsplanung (RegBkPLG) vom 12. Dezember .2002 |
| Hessen | Gesetz zur Neufassung des Hessischen Landesplanungsgesetzes vom 6. September 2002 |
| Mecklenburg-Vorpommern | Gesetz über die Raumordnung und Landesplanung des Landes Mecklenburg-Vorpommern – Landesplanungsgesetz (LPlG) – in der Fassung der Bekanntmachung vom 5. Mai 1998 |
| Niedersachsen | Niedersächsisches Gesetz über Raumordnung und Landesplanung (NROG) vom 18. Mai 2001 |
| Nordrhein-Westfalen | Landesplanungsgesetz (LPlG) in der Fassung vom 17. Mai 2001. Gesetz zur Landesentwicklung (Landesentwicklungsprogramm – LEPro) vom 5. Oktober 1989 |
| Rheinland-Pfalz | Landesplanungsgesetz (LPlG) vom 10. April 2003 |
| Saarland | Saarländisches Landesplanungsgesetz (SLPG) in der Fassung vom 12. Juni 2002 |
| Sachsen | Gesetz zur Raumordnung und Landesplanung des Freistaates Sachsen (Landesplanungsgesetz – SächsLPlG) vom 14. Dezember 2001 |
| Sachsen-Anhalt | Landesplanungsgesetz des Landes Sachsen-Anhalt (LPlG) in der Fassung vom 28. April 1998 |
| Schleswig-Holstein | Gesetz über die Landesplanung (Landesplanungsgesetz) in der Fassung vom 10. Februar 1996 |
| Thüringen | Thüringer Landesplanungsgesetz (ThürLPlG) vom 18. Dezember 2001 |

überörtliche, übergeordnete, den Grundsätzen der Raumordnung entsprechende Programme und Pläne aufstellt und raumbedeutsame Planungen und Maßnahmen koordiniert. Der Kern der Landesplanung wird in allen Ländern durch zwei Aufgabenbereiche gebildet: Zum einen die Aufstellung und Fortschreibung landesweiter und teilraumbezogener rechtsverbindlicher Raumordnungspläne und zum anderen die landesplanerische Entscheidung über konkrete, raumbedeutsame Einzelvorhaben im Rahmen von Raumordnungsverfahren und Stellungnahmen zu Planfeststellungs- und Bauleitplanverfahren.

Bereits das Raumordnungsgesetz von 1965 hat die Länder – mit Ausnahme der Stadtstaaten – verpflichtet, für ihr Gebiet übergeordnete und zusammenfassende Programme und Pläne aufzustellen. Die Leitvorstellungen und Grundsätze der Raumordnung, die der Bund festlegt und die gegebenenfalls durch die Länder ergänzt werden, sollen *Raumordnungspläne der Landesplanung* inhaltlich ausformen und räumlich konkretisieren, damit sie von nachgeordneten Planungen der Gemeinden und Fachbehörden berücksichtig und beachtet werden. Die Aufgabe von Raumordnungsplänen besteht somit vorrangig in der Vorgabe einer planerischen Konzeption für die Ordnung und Entwicklung des Landesterritoriums und seiner Teilräume und zielt somit auf Koordination und Abstimmung. Es gilt jene Planungen und Einzelvorhaben aller Fachressorts eines Landes, der Kommunen und eingeschränkt auch der Planungen von Personen des Privatrechts untereinander und auf die landesweite Entwicklungskonzeption abzustimmen, soweit sie für die räumliche Ordnung und Entwicklung eines Landes raumwirksam sind. Auf Grund ihrer bedeutsamen Leitbild- und Koordinationsfunktion gelten Raumordnungspläne als die wichtigsten Instrumente der Landesplanung.

In den Ländern, deren Gebiet die Verflechtungsbereiche mehrerer Oberzentren umfasst, sind Regionalpläne aufzustellen. Die räumlich feiner steuernden Regionalpläne sind aus dem Raumordnungsplan für das Landesgebiet zu entwickeln. Weitergehende Vorgaben zur Ausgestaltung der Regionalplanung hat das ROG nicht getroffen. So obliegt es den Ländern, ob sie die Regionalplanung staatlich oder kommunal organisieren und wie sie ihre Planungsräume abgrenzen. Auf Grund dieser sehr weiten Rahmensetzung durch den Bund haben die Länder sehr unterschiedliche Organisationsmodelle für die Regionalplanung entwickeln können. Trotz dieser Vielfalt wird die Regionalplanung nach herrschender Meinung immer noch als Teil der Landesplanung angesehen, da ihre organisatorische und inhaltliche Ausgestaltung der Landeshoheit unterliegt und die regionalen Raumordnungspläne denselben Regelungsinhalt aufweisen und auf denselben raumordnungsrechtlichen Ermächtigungsgrundlage operieren, wie die abstrakteren Landespläne. Die Regionalplanung entspricht somit der teilraumbezogenen Stufe der Landesplanung.

Auf Landesebene sind folglich zwei Typen von Raumordnungsplänen zu unterscheiden: *„Raumordnungspläne für das Landesgebiet" (§ 8 ROG)* und *„Regionalpläne" (§ 9 ROG)*. Ihr Verhältnis zueinander ist im Wesentlichen dadurch geprägt, dass die landesweiten Raumordnungspläne die raumordnerische Konzeption für das gesamte Landesterritorium vorgeben, während den Regionalplänen die Rolle zukommt, diese Ordnungs- und Entwicklungskonzeption aufzugreifen, umzusetzen und für die jeweiligen Teilräume zu präzisieren. Durch diese teilräumliche Feinkoordination kann die Regionalplanung eine Mittlerrolle zwischen dem landesweiten, staatlichen Raumordnungsplan und der kommunalen Bauleitplanung übernehmen.

Obwohl landesweite wie regionale Raumordnungspläne zur Landesplanung gerechnet werden, ist in jedem Fall nur für die Landesraumordnungspläne eine Institution auf der Verwaltungsebene des Landes für deren Aufstellung und Fortschreibung zuständig. Die landesweiten Raumordnungspläne werden von Landesplanungsbehörden erarbeitet, sie repräsentieren somit eine rein staatliche Raumplanung. In Schleswig-Holstein werden auch die Regionalpläne von der Landesplanungsbehörde erarbeitet.

## Raumordnungspläne für das Landesgebiet

Raumordnungspläne, die das gesamte Territorium eines Landes umfassen, werden in den Ländern unterschiedlich benannt. Als gängige Bezeichnungen haben sich *„Landesentwicklungsplan“* oder *„Landesentwicklungsprogramm“* etabliert.

Landesweite Raumordnungspläne treten in unterschiedlichen *Rechtsformen* auf. Überwiegend werden sie als formelles Gesetz verabschiedet. Andere mögliche Rechtsformen sind Satzungen oder Rechtsverordnungen. Unabhängig, ob es sich um eine Satzung, eine Rechtsverordnung oder ein Gesetz handelt, von der Rechtsform eines Raumordnungsplans ist der Umfang und die Intensität ausgelöster materiell-rechtlicher Rechtswirkungen allein nicht abzuleiten. Für diese ist vielmehr die rechtliche Qualität der einzelnen Festlegungen eines Raumordnungsplans verantwortlich. Die Bindungswirkung von *Zielen der Raumordnung* stellt die intensivste Stufe dar. Sie bewirken eine strikte Beachtenspflicht für ihre Adressaten, die nicht durch planerische Abwägung oder Ermessensausübung überwunden werden kann. *Grundsätze der Raumordnung* sind allgemeine Aussagen zur Entwicklung, Ordnung und Sicherung des Raums als Vorgaben für nachfolgende Abwägungs- oder Ermessensentscheidungen.

### Festlegungen in Raumordnungsplänen für das Landesgebiet

Obwohl sich landesweite Raumordnungspläne, bedingt durch die landesspezifischen rechtlichen Regelungen und individuelle Planungstraditionen, mehr oder weniger stark in Aufbau und Inhalt unterscheiden, weisen fast alle Pläne auch deutliche Gemeinsamkeiten auf. Dies gilt nicht nur im Hinblick auf die grundlegenden planerischen Leitbilder, fast alle Raumordnungspläne setzen auch ähnliche Planelemente ein und arbeiten mit vergleichbaren

**Stand der Landesraumordnungspläne in den Ländern**

| Land | Landesraumordnungspläne (Stand: 31.12.2004) |
|---|---|
| Baden-Württemberg | Landesentwicklungsplan (2002) |
| Bayern | Landesentwicklungsprogramm Bayern (2003) |
| Gemeinsame Landesplanung Berlin-Brandenburg | Landesentwicklungsplan Brandenburg Zentralörtliche Gliederung (LEP I) (1995)<br>Gemeinsamer Landesentwicklungsplan für den engeren Verflechtungsbereich Brandenburg-Berlin (LEP eV) (1998)<br>Gemeinsames Landesentwicklungsprogramm der Länder Berlin und Brandenburg (LEPro) (2003)<br>Gemeinsamer Landesentwicklungsplan Flughafenstandortentwicklung (LEP FS) (2003)<br>Landesentwicklungsplan für den Gesamtraum Berlin-Brandenburg (LEP GR) (2004) |
| Hessen | Landesentwicklungsplan Hessen (2000) |
| Mecklenburg Vorpommern | Erstes Landesraumordnungsprogramm Mecklenburg Vorpommern (1993)<br>Raumentwicklungsprogramm Mecklenburg Vorpommern (Entwurf 2004) |
| Niedersachsen | Landes-Raumordnungsprogramm Niedersachsen (1994, Änderungen und Ergänzungen 2002) |
| Nordrhein-Westfalen | Landesentwicklungsplan NRW (1995) |
| Rheinland-Pfalz | Landesentwicklungsprogramm III (1995)<br>Landesentwicklungsprogramm IV (in Aufstellung) |
| Saarland | Landesentwicklungsplan „Siedlung“ (1997), in der Fortschreibung bzw. Neuaufstellung<br>Landesentwicklungsplan, Teilabschnitt „Umwelt“ (Vorsorge für Flächennutzung, Umweltschutz und Infrastruktur) (2004) |
| Sachsen | Landesentwicklungsplan Sachsen (2003) |
| Sachsen-Anhalt | Landesentwicklungsplan für das Land Sachsen-Anhalt (1999) |
| Schleswig-Holstein | Landesraumordnungsplan Schleswig-Holstein (1998) |
| Thüringen | Landesentwicklungsplan Thüringen (2004) |

Instrumenten. Große Ähnlichkeiten bestehen auch bezüglich der Regelungsinhalte, welche die Raumordnung der Länder in ihren Raumordnungsplänen durch Festlegungen behandelt. Nicht unwesentlich zu dieser Angleichung hat der Katalog des § 7 Abs. 2 ROG beigetragen. Hier werden alle Festlegungen zur Raumstruktur aufgelistet, die in den Raumordnungsplänen der Länder enthalten sein sollen. Die folgende Darstellung liefert einen Überblick über die Hauptgruppen von Festlegungen in landesweiten Raumordnungsplänen.

Festlegung von Raumkategorien

Ein traditionelles Instrument landesweiter Raumordnungspläne sind *Raumkategorien*. Sie finden sich in fast allen Landesplänen. Mittels Raumkategorien wird das gesamte Territorium eines Landes in homogen geprägte Teilräume untergliedert. So werden die flächenhaft verstädterten *Verdichtungsräume* gegenüber den dünner besiedelten, *ländlichen Räumen* in unterschiedlichen inneren Differenzierungen dargestellt. Manchmal werden Räume mit wirtschaftlichen Strukturschwächen oder territorial konzentrierten Umweltbelastungen dargestellt und direkt mit bestimmten Entwicklungs- oder Ordnungszielen unterlegt. Eine Raumkategorie repräsentiert somit eine Klasse von Teilräumen, die eine vergleichbare Bevölkerungsdichte und eine ähnliche Siedlungs- und Wirtschaftsstruktur aufweisen oder die sich durch einen vergleichbaren regionalen Problemhintergrund auszeichnen. Die territoriale Gliederung mit Hilfe von Raumkategorien dient in landesweiten Raumordnungsplänen aber nicht nur der beschreibenden Erfassung räumlicher Verteilungsmuster und prägender raumstruktureller Unterschiede. Mittels der Untergliederung eines Landes in homogen geprägte Teilräume und die Verortung relevanter Problemkonstellationen werden die Objekte landesplanerischer Zielaussagen identifiziert und die landesplanerischen Maßnahmen räumlich ausgerichtet. Normative Festlegungen in Form von Zielen und Grundsätzen der Raumordnung in landesweiten Raumordnungsplänen erhalten erst durch die Verknüpfung mit Raumkategorien ihre räumliche Schärfe und gebietliche Aussagekraft. Dabei muss allerdings berücksichtigt werden, dass von den einzelnen Raumkategorien – als kartografisch dargestellte Gebiete in landesweiten Raumordnungsplänen – selbst keine Bindungswirkung ausgehen.

Vor allem in den Flächenländern orientiert sich die Einteilung der Landesterritorien am Stadt-Land-Dualismus. Die zentralste Raumkategorie der Landesplanung ist dabei immer noch der *Verdichtungsraum*, d.h. jene Gebiete, die durch einen hohen Siedlungs- und Verkehrsflächenanteil und eine überdurchschnittliche Bevölkerungsdichte geprägt sind. Verdichtungsräume umfassen in der Regel die größeren Oberzentren und angrenzende Städte und Gemeinden, die sich durch einen hohen Verstädterungsgrad auszeichnen. Ursprünglich wurden in vielen Landesplänen erst die Verdichtungsräume eines Landes als Raumkategorien abgegrenzt und im Anschluss die verbleibenden Teilräume in der Raumkategorie „ländliche Räume“ zusammengefasst. Im Rahmen der Neuaufstellung ihrer landesweiten Raumordnungspläne wurden eigene Regionalisierungsansätze für Verdichtungsräume entwickelt, die mehr oder weniger stark von den Kriterien und Schwellenwerten der Verdichtungsraumabgrenzung der Ministerkonferenz für Raumordnung aus dem Jahre 1993 abweichen.

Die lange Zeit dominierende duale Einteilung der Landesterritorien in ländliche Räume und Verdichtungsräume wird heute nur noch von einer Minderheit der Landesplanungen praktiziert. Der räumlich ausgreifende Suburbanisierungsprozess, die fortgeschrittene Ausdifferenzierung des ländlichen Raumes und das Auftreten neuen raumordnungspolitischen Handlungsbedarfs in strukturschwachen Teilräumen haben komplexere Raumkategorien erforderlich gemacht.

Um die kontinuierliche Ausdehnung der Verdichtungsräume durch zunehmende Verstädterung in ihren Randbereichen zu erfassen, hat die Landesplanung auch die Zonen in der Nachbarschaft der Verdichtungsräume als eigenständige Raumkategorien abgegrenzt (z.B. Baden-Württemberg, Hessen, Niedersachsen, Schleswig-Holstein, Nordrhein-Westfalen). Als „*Verdichtungsrandzonen*“ werden jene Gebiete bezeichnet, die im Hinblick auf die Zuordnung der Wohn- und Arbeitsstätten mit dem Verdichtungsraum eng verbunden sind und an diesen ringförmig angrenzen.

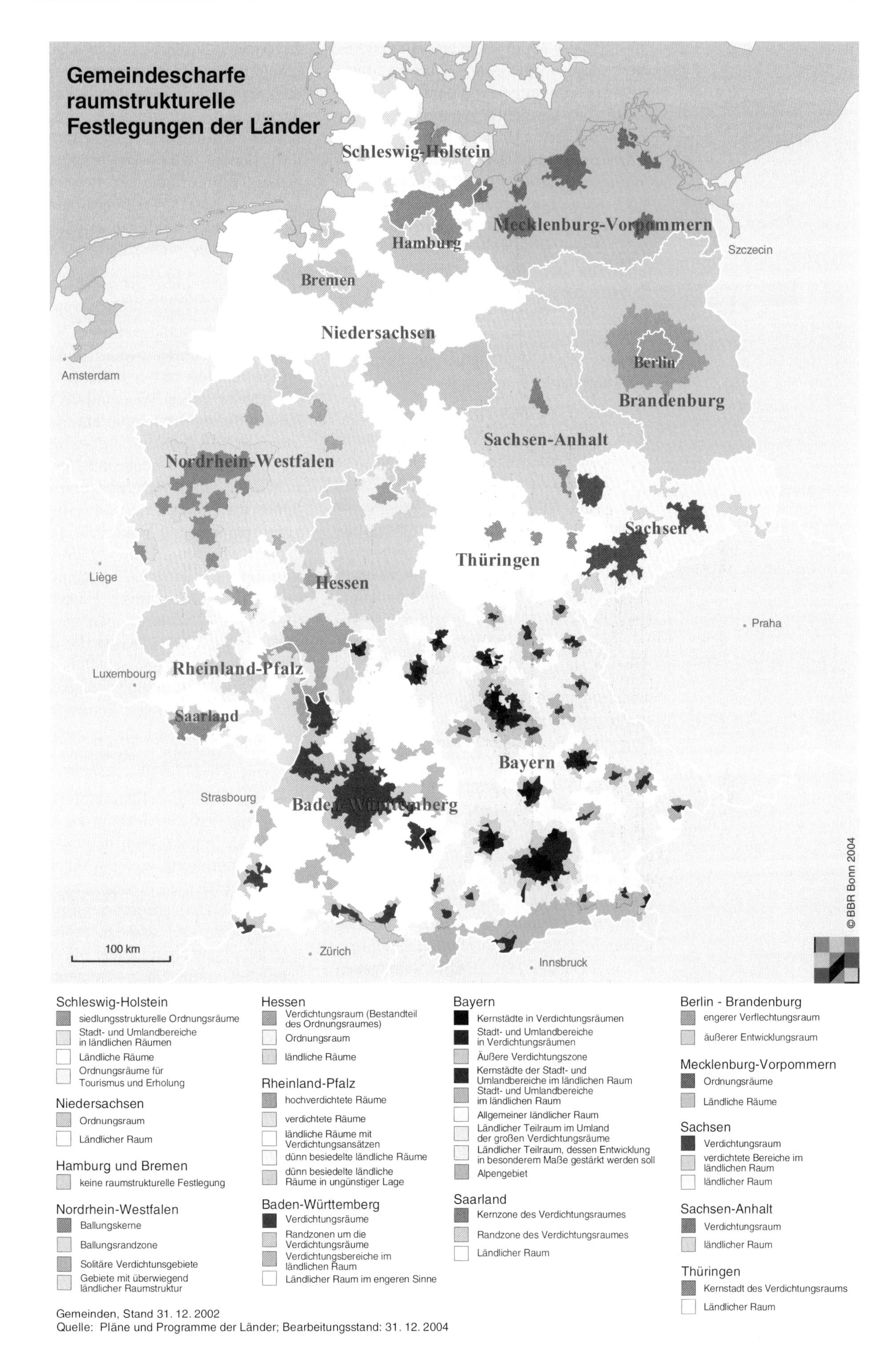
Gemeindescharfe raumstrukturelle Festlegungen der Länder
Schleswig-Holstein
Mecklenburg-Vorpommern
Hamburg
Bremen
Niedersachsen
Berlin
Brandenburg
Sachsen-Anhalt
Nordrhein-Westfalen
Sachsen
Thüringen
Hessen
Rheinland-Pfalz
Saarland
Bayern
Baden-Württemberg
Szczecin
Amsterdam
Liège
Luxembourg
Praha
Strasbourg
Zürich
Innsbruck
100 km
© BBR Bonn 2004
Schleswig-Holstein
siedlungsstrukturelle Ordnungsräume
Stadt- und Umlandbereiche in ländlichen Räumen
Ländliche Räume
Ordnungsräume für Tourismus und Erholung
Niedersachsen
Ordnungsraum
Ländlicher Raum
Hamburg und Bremen
keine raumstrukturelle Festlegung
Nordrhein-Westfalen
Ballungskerne
Ballungsrandzone
Solitäre Verdichtunsgebiete
Gebiete mit überwiegend ländlicher Raumstruktur
Hessen
Verdichtungsraum (Bestandteil des Ordnungsraumes)
Ordnungsraum
ländliche Räume
Rheinland-Pfalz
hochverdichtete Räume
verdichtete Räume
ländliche Räume mit Verdichtungsansätzen
dünn besiedelte ländliche Räume
dünn besiedelte ländliche Räume in ungünstiger Lage
Baden-Württemberg
Verdichtungsräume
Randzonen um die Verdichtungsräume
Verdichtungsbereiche im ländlichen Raum
Ländlicher Raum im engeren Sinne
Bayern
Kernstädte in Verdichtungsräumen
Stadt- und Umlandbereiche in Verdichtungsräumen
Äußere Verdichtungszone
Kernstädte der Stadt- und Umlandbereiche im ländlichen Raum
Stadt- und Umlandbereiche im ländlichen Raum
Allgemeiner ländlicher Raum
Ländlicher Teilraum im Umland der großen Verdichtungsräume
Ländlicher Teilraum, dessen Entwicklung in besonderem Maße gestärkt werden soll
Alpengebiet
Saarland
Kernzone des Verdichtungsraumes
Randzone des Verdichtungsraumes
Ländlicher Raum
Berlin - Brandenburg
engerer Verflechtungsraum
äußerer Entwicklungsraum
Mecklenburg-Vorpommern
Ordnungsräume
Ländliche Räume
Sachsen
Verdichtungsraum
verdichtete Bereiche im ländlichen Raum
ländlicher Raum
Sachsen-Anhalt
Verdichtungsraum
ländlicher Raum
Thüringen
Kernstadt des Verdichtungsraums
Ländlicher Raum
Gemeinden, Stand 31. 12. 2002
Quelle: Pläne und Programme der Länder; Bearbeitungsstand: 31. 12. 2004

Oft sind diese Raumzonen eng mit den Kernen des Verdichtungsraumes durch Verkehrsbeziehungen verflochten. Randbereiche und Verdichtungsraum bilden zusammen den *„Ordnungsraum"*. Durch Schwerpunktbildungen in der Tiefe des Ordnungsraumes versucht die Landesplanung mittels der räumlichen Konzentration von Wachstumsprozessen auf Zentrale Orte, Entwicklungszentren und Entlastungsorte der flächenhaften Verstädterungstendenz entgegenzuwirken. Landesplanerische Ordnungsraumkonzeptionen verfolgen vorrangig eine räumliche Ausrichtung der Siedlungsentwicklung auf Siedlungsachsen mit guter Schienen-ÖPNV-Versorgung.

Auch außerhalb der Verdichtungsräume finden sich stadtregionale Verflechtungsbereiche, die von kleineren Kernstädten und ihrem Umland gebildet werden. In einigen landesweiten Raumordnungsplänen werden diese *verdichteten Gebiete in ländlichen Räumen* neben den Verdichtungsräumen als eigenständige Raumkategorie abgegrenzt (z. B. Schleswig-Holstein).

Ausdifferenzierungsprozesse im *ländlichen Raum* haben dazu geführt, dass heute nicht mehr generell die Entwicklungsaufgabe als vorrangiges landesplanerisches Ziel für den ländlichen Raum im Vordergrund steht. Ein besonderer raumordnerischer Entwicklungsbedarf wird allenfalls in den strukturschwachen, peripheren ländlichen Räume gesehen, während in den ländlichen Räumen in der Nachbarschaft der Verdichtungsräume auf Grund des hohen Suburbanisierungsdrucks und den attraktiven Tourismusgebieten (z. B. Alpen und Küstenzonen) auf Grund des hohen Siedlungsdrucks in erster Linie Ordnungsaufgaben vorrangig sind. Da sich ländliche Räume hinsichtlich Struktur und Entwicklungschancen deutlich von einander unterscheiden, würde seine pauschale Gleichsetzung mit Strukturschwäche – darauf hat bereits der raumordnungspolitische Orientierungsrahmen hingewiesen (1993, S. 7) – zu falschen Rückschlüssen und verfehlten Maßnahmen führen. Die Unterscheidung nur einer Raumkategorie „Ländlicher Raum" wird aus diesen nachvollziehbaren Gründen daher auch nur noch in wenigen landesweiten Raumordnungsplänen praktiziert. Viele Landespläne unterscheiden mittlerweile zwei oder mehr Raumkategorien, um den ländlichen Raum differenziert zu repräsentierten. So findet sich die Unterscheidung zwischen „verdichteten Bereichen im ländlichen Raum" und dem „ländlichen Raum im engeren Sinne" (z. B. Baden-Württemberg, Sachsen). Die weitestgehende Ausdifferenzierung des ländlichen Raumes findet sich heute im Bayerischen Landesentwicklungsprogramm, das insgesamt fünf Raumkategorien des ländlichen Raumes unterscheidet.

Festlegung Zentraler Orte

Um den Verfassungsgrundsatz gleichwertiger Lebensbedingungen in der gesamten Bundesrepublik zu verwirklichen, wird seit den 1960er Jahren systematisch durch die Raumordnung der Länder ein *System Zentraler Orte* aufgebaut und entwickelt. Es dient damals wie heute der Versorgungssicherung der Bevölkerung und der Wirtschaft mit Gütern und Dienstleistungen, Arbeitsplätzen und Infrastrukturen. Durch das zu erhaltende und zu entwickelnde Netz Zentraler Orte sollen angemessene Erreichbarkeitsbedingungen nachgefragter Güter und Dienstleistungen gewährleistet werden. Nach § 2 ROG ist die dezentrale Siedlungsstruktur Deutschlands durch die Ausrichtung der Siedlungstätigkeit auf ein System leistungsfähiger Zentraler Orte zu erhalten (2. Grundsatz), die soziale Infrastruktur vorrangig in Zentralen Orten zu bündeln (4. Grundsatz) sowie die Zentralen Orte der ländlichen Räume als Träger der teilräumlichen Entwicklung zu unterstützen (6. Grundsatz). Um diese Grundsätze der Raumordnung zu verwirklichen, sind die Länder nach § 7 ROG gehalten, Zentrale Orte in ihren Raumordnungsplänen als Festlegungen auszuweisen. So haben seit 1960 sämtliche alten Länder die zentralörtliche Bedeutung ihrer Gemeinden und Städte ermittelt und in ihren landesweiten Raumordnungsplänen den zentralörtlichen Status, den die Kommunen zukünftig zu erfüllen haben, durch rechtsverbindliche Festlegung ausgewiesen. Genauso sind die neuen Länder nach Realisierung der Deutschen Einheit verfahren. Heute ist das Zentrale-Orte-Konzept flächendeckend durch die Raumordnung der Länder implementiert, und in allen landesweiten Raumordnungsplänen finden sich Festlegungen zur Funktion, Ausstattung und Bedeutung Zentraler Orte in Form von Zielen und Grundsätzen der Raumordnung.

Eng verknüpft mit der zentralörtlichen Gliederung sind Festlegungen in Raumordnungsplänen zur Entwicklung des *Einzelhandels*. Grundsätzlich wird von den Ländern nicht die Aufwertung jedes Standortes mit zentralen Einrichtungen begrüßt. Dies ist vor allem an Konflikten mit der Ansiedlung großflächiger Einzelhandelsvorhaben deutlich geworden, die sich in der Vergangenheit in vielen nicht-zentralen Gemeinden angesiedelt haben, die sich durch eine besondere Erreichbarkeitsgunst zu den großen Zentren auszeichnen. Je mehr sich im Umland der Zentralen Orte vergleichbare Einrichtungen des großflächigen Einzelhandels konzentrierten, desto mehr gerieten die traditionellen Zentren – vorrangig in den Innenstädten der Ober- und Mittelzentren – unter Druck. Um hier zukünftig Konflikte zu vermeiden, haben mittlerweile viele Länder Ziele und Grundsätze der Raumordnung festgelegt, die regeln, ab welcher Zentralitätsstufe prinzipiell Projekte des großflächigen Einzelhandels zulässig sind.

Heute beschränkt sich die Rolle zentral-örtlicher Statusfestlegungen in landesweiten Raumordnungsplänen aber schon lange nicht mehr einzig und allein auf die Sicherung und Entwicklung der Versorgungsfunktionen. Das Zentrale-Orte-Konzept dient vor allem der Steuerung regionaler Siedlungsentwicklung und der Ausrichtung kommunaler, fachplanerischer wie privatwirtschaftlicher Bau- und Planungsvorhaben an der Leitvorstellung einer nachhaltigen Raumentwicklung. Diese Neuausrichtung ist auch an der landesplanerischen Orientierung zentralörtlicher Statusfestlegungen am siedlungsstrukturellen Leitbild der *dezentralen Konzentration* ablesbar. Entsprechend dieses Leitbildes sollen Siedlungserweiterungen auf Zentrale Orte gelenkt werden, um eine verträgliche Steuerung von Suburbanisierungsprozessen zu ermöglichen und eine räumliche Bündelung von öffentlichen Investitionen und privaten Bauvorhaben auf die bereits vorhandenen Zentren zu erreichen, so dass knappe öffentliche Mittel besser zum Einsatz gebracht und natürliche Ressourcen geschont werden. Die Ausrichtung Zentraler-Orte-Konzepte am Leitbild der dezentralen Konzentration kann entscheidend dazu beitragen, dass die raumstrukturellen Voraussetzungen für die Funktionen Arbeiten, Wohnen, Versorgen und Erholen räumlich wieder dichter zueinander gebracht werden.

**INFO: Zentrale Orte**

Ein Zentraler Ort repräsentiert eine Konzentration von betrieblichen Einrichtungen und Infrastrukturen innerhalb einer Gemeinde oder eines Gemeindeteils. Das Versorgungsvermögen dieses Güter- und Dienstleistungspotenzials ist bei Zentralen Orten besonders hoch entwickelt und reicht nicht nur für die Versorgung der örtlichen Bewohnerschaft, sondern ermöglicht auch die Nachfragebefriedigung der Umlandbewohner eines Zentralen Ortes. Je nach dem, wie weit sich der Versorgungsbereich eines Zentralen Ortes in sein Hinterland erstreckt, können unterschiedliche Grade der Zentralität festgestellt werden. Nach einer Entschließung der Ministerkonferenz für Raumordnung vom 8. Februar 1968 werden vier Stufen Zentraler Orte unterschieden: Ober-, Mittel-, Unter- und Kleinzentren. Mittlerweile haben die meisten Länder allerdings nur noch ein dreistufiges System Zentraler Orte mit Ober-, Mittel- und Grundzentren (Entschließung der Ministerkonferenz für Raumordnung zum Zentrale-Orte-Konzept vom 3.12.2001). Oberzentren weisen die weitesten Versorgungsbereiche auf und sollen neben den Angeboten für die Grundversorgung vorrangig jene Güter und Dienstleistungen anbieten, die der Befriedigung des spezialisierten, höheren Bedarfs dienen. Demgegenüber sind die Grundzentren allein auf die Deckung alltäglicher Grundversorgung ausgerichtet und weisen daher auch die kleinsten Versorgungsbereiche auf. Neben der Versorgungsfunktion erfüllen Zentrale Orte aber auch wichtige Funktionen als Zentren regionaler Arbeitsmärkte und Standorte hochwertiger Infrastrukturen (z.B. des Verkehrs oder der Kultur), weshalb das Zentrale-Orte-Konzept von der Raumordnung der Länder auch als regionalpolitisches Instrument zur Wirtschaftsentwicklung eingesetzt wird.

**BEISPIEL: Regionales Einzelhandelskonzept Hannover**

In der Region Hannover ist ein regionales Steuerungskonzept für den großflächigen Einzelhandel durch die 2001 wirksam gewordende 4. Änderung des Regionalen Raumordnungsprogramms von 1996 rechtlich verbindlich geworden. Auf der Basis von zentralörtlichen Statusfestlegungen konnten durch die Neufassung des Zieles D 1.6.1-04 für den gesamten Planungsraum der Region Hannover unterschiedliche Zielgebiete der Einzelhandelsentwicklung präzise ausgewiesen werden. Im einzelnen werden im Regionalen Raumordnungsprogramm dargestellt:

- Zentralörtliche Standortbereiche,
- Versorgungskerne der zentralen Orte,
- Herausgehobene Nahversorgungsstandorte und
- Standorte von Fach- und Verbrauchermärkten.

Für diese Gebiete wurden differenzierte Festlegungen vorgenommen, welche Formen von Einzelhandelsbetrieben und welche Verkaufsflächen jeweils zulässig sind. So erhalten die Gemeinden präzise Vorgaben für ihre Entwicklungsspielräume bei der Ansiedlung neuer sowie die Erweiterung vorhandener großflächiger Einzelhandelsbetriebe. Außerhalb der ausgewiesenen Gebiete ist die Ansiedlung und Erweiterung großflächiger Einzelhandelsbetriebe unzulässig. Bei strittigen Ansiedlungs- und Erweiterungsprojekten ist ein Moderationsverfahren von der Region Hannover mit den betroffenen Kommunen durchzuführen. Weitere Informationen finden sich unter:

www.bbr.bund.de Stichwort: Zentrale Orte

www.region-hannover.de Stichwort: regionales Einzelhandelskonzept

Jüngst hat auch die Ministerkonferenz für Raumordnung in ihrer Entschließung vom 3. Dezember 2001 auf den Bedeutungswandel Zentraler Orte in der Raumordnung reagiert und der Landesplanungspraxis das Zentrale-Orte-Konzept als Instrument zur Erreichung einer nachhaltigen Raumentwicklung empfohlen.

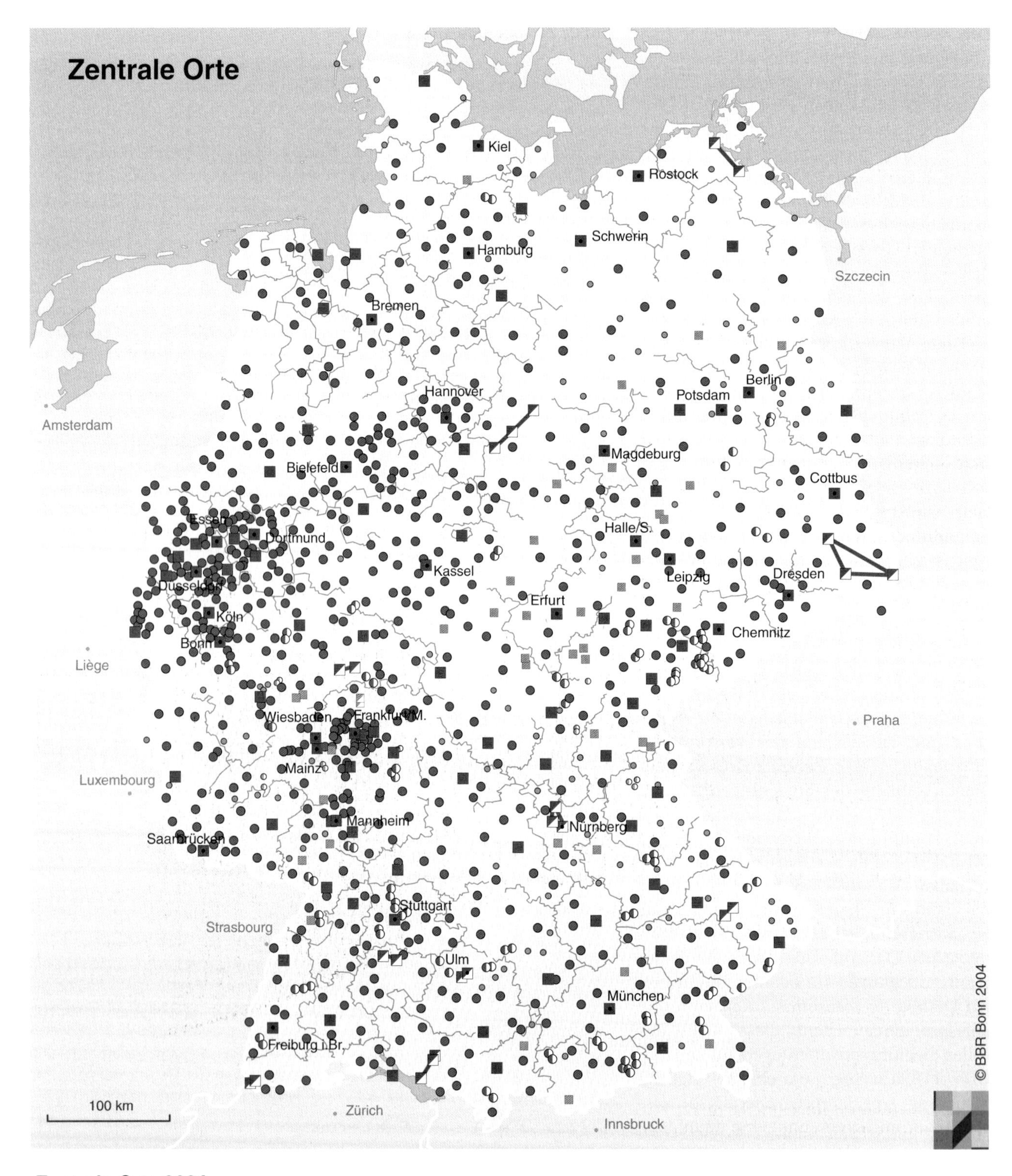


## Zentrale Orte 2004

| | |
|---|---|
| ■ Oberzentrum | ● Mittelzentrum |
| Oberzentren in gegenseitiger Funktionsergänzung, oberzentrale Doppel- oder Mehrfachorte und oberzentrale Städteverbünde | ◐ Teil eines Mittelzentrums |
| mögliches Oberzentrum bzw. Mittelzentrum mit Teilfunktionen eines Oberzentrums | mögliches Mittelzentrum bzw. Unter-/Grundzentrum mit Teilfunktionen eines Mittelzentrums |
| Teil eines möglichen Oberzentrums bzw. Mittelzentrums mit Teilfunktionen eines Oberzentrums | Teil eines möglichen Mittelzentrums bzw. Unter-/Grundzentrums mit Teilfunktionen eines Mittelzentrums |

Quelle: Pläne und Programme der Länder, Bearbeitungsstand: 31. 12. 2004

Planungsregionen, Stand 31. 12. 2002

## Festlegung von Entwicklungsachsen

Entwicklungsachsen in den Landesplänen dienen der räumlichen Lenkung von Entwicklungsimpulsen. Indem Entwicklungsachsen Vorhaben und Planungen auf die raumordnerisch verträglichen Standorte ausrichten und konzentrieren, erfüllen sie raumordnerische Ordnungs- und Entwicklungsfunktionen. So soll ein bandartiges Zusammenwachsen von Siedlungen auf den Achsen verhindert und eine bauliche Verdichtung der Achsenzwischenräume vermieden werden. Durch Ausrichtung von Entwicklungsimpulsen auf bestehende Zentrale Orte kann der Bestand an zentralen Diensten, Gütern und Einrichtungen besser ausgelastet werden, was ihre Erhaltung sichert. Adressaten der Ausweisung von Entwicklungsachsen sind zum einen die Fachplanungen, insbesondere die Verkehrsplanung, die den Ausbau der Verkehrsinfrastruktur an den räumlichen Konzepten der Raumordnung ausrichten sollen. Neben den Fachressorts sind vor allem die Träger der Regionalplanung angesprochen. Im Falle von kleinräumigen Siedlungsachsen haben sie konkretisierende Festlegungen zu treffen und bei der Festlegung von Gemeindefunktionen und der Ausweisung von Raumordnungsgebieten für Wohn- und Gewerbeflächennutzungen auf Achsenfestlegungen Rücksicht zu nehmen. Aber auch die Gemeinden werden direkt durch landesplanerisch ausgewiesene Entwicklungsachsen angesprochen und müssen bei ihren bauleitplanerischen Entscheidungen die Zielaussagen raumordnerischer Achsenfestlegungen beachten oder berücksichtigen.

Obwohl über das Basismodell der Entwicklungsachsen ein gewisser raumordnerischer Grundkonsens existiert, haben sich in den einzelnen Ländern durchaus unterschiedliche Philosophien im Umgang mit Entwicklungsachsen etabliert. Je nach Landesplanungsansatz wird eher eine Spezialisierung auf großräumige oder kleinräumige Achsen bevorzugt. Unterschiede bestehen auch im Hinblick auf die normative Qualität und die intendierten Bindungswirkungen ausgewiesener Entwicklungsachsen. Da durch die Ministerkonferenz für Raumordnung bisher keine Entschließung zu den Grundlinien landesplanerischer Achsenkonzepte verabschiedet wurde, konnte sich bisher keine bundesweit einheitliche Vorgehensweise für die Ausweisung von Ent-

**INFO: Entwicklungsachsen**

In der Raumordnungspraxis der Landesplanung spielen zwei Grundtypen von Entwicklungsachsen eine bedeutendere Rolle:

- *Entwicklungsachsen* mit überregionaler Bedeutung. Sie sollen die Anbindung eines Landes und seiner Teilräume an das nationale und internationale Verkehrssystem ermöglichen, die Erreichbarkeit nationaler wie europäischer Zentren sichern und Austauschbeziehungen zwischen peripheren Regionen und Verdichtungsräumen gewährleisten. Großräumige Entwicklungsachsen sind in der Regel als Verkehrsachsen gedachte Verkehrskorridore des überörtlichen Straßennetzes oder des Schienenpersonenfernverkehrs.
- *Siedlungsachsen* mit vorrangig regionaler Bedeutung. Sie sollen die Erreichbarkeit eines Landes zwischen und innerhalb seiner Teilräume gewährleisten und verbessern. Kleinräumliche Siedlungsachsen sind auf die Verwirklichung einer punktaxialen Siedlungsstruktur ausgelegt. Die Achsen entsprechen oft den Korridoren des schienengebundenen öffentlichen Nahverkehrs. Es werden aber auch Achsen für kombinierte Straßen-Schienen-Erschließung oder reine Straßenkorridore ausgewiesen. Auf den Achsen sind punktförmig verdichtete Siedlungen – vorrangig im Bereich der Haltestellen – vorgesehen, auf die sich Arbeitsplatz- und Bevölkerungszuwächse konzentrieren sollen.

**BEISPIEL: Landesentwicklungsachsen in Baden-Württemberg**

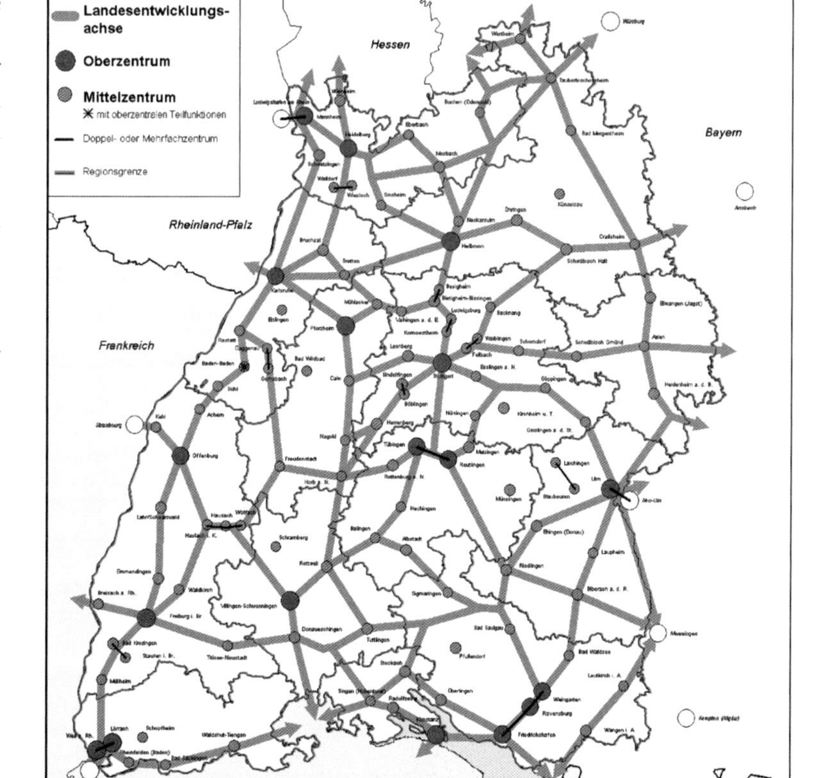


Nachrichtlich: Oberzentren benachbarter Bundesländer gemäß jeweiligem Landesentwicklungsprogramm bzw. -plan und Städte im banachbarten Ausland mit vergleichbarer Zentralität

Quelle: Wirtschaftsministerium Baden-Württemberg: Landesentwicklungsplan 2002 Baden-Württemberg zu 2.6.2 Landesentwicklungsachsen

wicklungsachsen in landesweiten Raumordnungsplänen etablieren. Einige Länder weisen deshalb gar keine Entwicklungsachsen aus. An manchen Landesgrenzen ist das Aufeinandertreffen unterschiedlicher, manchmal inkompatibler Achsenphilosophien zu beobachten.

Festlegung von Raumordnungsgebieten

Neben rein textlichen rechtsverbindlichen Festlegungen in landesweiten Raumordnungsplänen finden sich auch kartografisch vorgenommene Gebietsausweisungen, die direkt rechtliche Bindungswirkungen eines Ziels oder Grundsatzes der Raumordnung gegenüber ihren Vollzugsadressaten auszulösen vermögen. Damit unterscheiden sich die Raumordnungsgebiete beispielsweise gegenüber den Raumkategorien, die zwar ebenfalls als Gebiete in den Karten eines landesweiten Raumordnungsplans dargestellt werden, von denen selbst aber keine direkten Bindungswirkungen ausgehen. Obwohl Festlegungen von Gebieten mit Bindungskraft bereits eine lange Tradition in der Landesplanung aufweisen, erfolgte erst durch das neue Raumordnungsgesetz von 1998 in seinem zweiten Abschnitt, der die rahmenrechtlichen Vorgaben des Bundes für die Raumordnung der Länder enthält, in § 7 ROG eine Definition von Raumordnungsgebieten und ihre Aufnahme in das Bundesrecht. Adressat dieser Regelung ist der Landesgesetzgeber. Ohne Umsetzung in das Landesrecht können Raumordnungsgebiete des ROG nicht zur Anwendung gelangen. Im Raumordnungsgesetz werden *Vorranggebiete, Vorbehaltsgebiete* und *Eignungsgebiete* unterschieden.

Die einzelnen Länder machen sehr unterschiedlich von der Ausweisung von Raumordnungsgebieten in landesweiten Raumordnungsplänen Gebrauch, – d.h. nur sehr wenige Festlegungen erreichen einen Bestimmtheitsgrad, wie er für Festlegungen in der konkretisierenden Regionalplanung charakteristisch ist. In vielen Fällen wird daher auf die Ausweisung von Raumordnungsgebieten in landesweiten Raumordnungsplänen gänzlich verzichtet. Gebietliche Festlegungen, die auf Grund ihres Konkretisierungsgrades eine mittelbare Durchgriffswirkung auf die Kommunen und die Fachplanungsträger entfalten, sind somit in erster Linie der Regionalplanung vorbehalten. Landesweite Raumordnungspläne beschränken sich in der Mehrzahl der Fälle darauf, durch abstrakte Festlegungen lediglich die Räume zu beschreiben, in denen die Regionalplanung prioritär entsprechende Raumordnungsgebiete an geeigneter Stelle auszuweisen hat. Für die mit Grundsatzqualität versehenen Festlegungen in landesweiten Raumordnungsplänen gilt deshalb, dass sie räumlich noch nicht abschließend bestimmt sind, sondern dies erst im Rahmen der Regionalplanung erfolgen kann.

*Vorranggebiete* werden in landesweiten Raumordnungsplänen für unterschiedliche Raumfunktionen und -nutzungen eingesetzt. So werden beispielsweise im Landesentwicklungsplan für das Land Sachsen-Anhalt aus dem Jahr 1999 Vorranggebiete für Natur und Landschaft, Hochwasserschutz, Wassergewinnung, Rohstoffsicherung und militärische Nutzungen festgelegt. Im Landesentwicklungsplan Umwelt des Saarlandes von 2004 werden neben Vorranggebieten für den Schutz natürlicher Ressourcen auch Vorranggebiete für Gewerbe, Industrie- und Dienstleistungen und Vorranggebiete für Forschung und Entwicklung festgelegt. Im Landesentwicklungsprogramm Bayern aus dem Jahre 2003 wird ein Vorranggebiet für Flughafenentwicklung ausgewiesen.

**INFO: Raumordnungsgebiete gemäß § 7 ROG**

**Vorranggebiete** sind solche Gebiete, die für bestimmte, raumbedeutsame Funktionen vorgesehen sind und andere raumbedeutsame Nutzungen in diesem Gebiet ausschließen, soweit diese mit den vorrangigen Funktionen, Nutzungen oder Zielen der Raumordnung nicht vereinbar sind. Da Vorranggebiete eine strikte Ausschlusswirkung gegenüber bestimmten raumbedeutsamen Nutzungen entfalten, weisen sie die Rechtsqualität von Zielen der Raumordnung auf.

**Vorbehaltsgebiete** sind solche Gebiete, in denen bestimmten, raumbedeutsamen Funktionen bei der Abwägung mit konkurrierenden raumbedeutsamen Nutzungen ein besonderes Gewicht beigemessen werden soll. Vorbehaltsgebiete sind als bloße Grundsätze der Raumordnung anzusehen. Als Optimierungsgebot sind sie nur mit einem relativen Abwägungsvorrang gegenüber anderen Belangen ausgestattet. Vorbehaltsgebiete stellen somit das Ergebnis einer landesplanerischen Zielfindung dar, für die noch keine abschließende Abwägung stattgefunden hat. Die Regelungsintention eines Vorbehaltsgebietes müssen die Bauleitplanung, die Fachplanungen und die Regionalplanung als Abwägungsdirektive beachten.

**Eignungsgebiete** sollen bestimmte, raumbedeutsame Maßnahmen steuern, die städtebaulich nach § 35 BauGB zu beurteilen sind und an anderer Stelle im Planungsraum ausgeschlossen werden. Nach herrschender Meinung entspricht die innergebietliche Wirkung eines Eignungsgebietes der eines Vorbehaltsgebietes und hat daher die Rechtsqualität eines Grundsatzes der Raumordnung. Die außergebietliche Ausschlusswirkung von Eignungsgebieten entspricht hingegen einem Ziel der Raumordnung.

Neben diesen Grundtypen können die Länder auch eigene Sonderformen von Raumordnungsgebieten entwickeln. So haben einige Länder die Kategorie der Eignungsgebiete nicht übernommen und statt dessen Ausschlussgebiete eingeführt. Dies sind Gebiete, in denen bestimmte raumbedeutsame Funktionen oder Nutzungen ausgeschlossen sind.

Im Gegensatz zu einem Vorranggebiet, wo der Vorrang einer Raumnutzung die Abwägungsentscheidung des vollziehenden Planungsträgers determiniert, besteht bei *Vorbehaltsgebieten* eine größere planerische Freiheit der Vollzugsadressaten. Im Landesentwicklungsplan für das Land Sachsen-Anhalt aus dem Jahr 1999 werden Vorbehaltsgebiete für Landwirtschaft, Tourismus und Erholung, ein ökologisches Verbundsystem, Wassergewinnung, Kultur- und Denkmalpflege festgelegt.

Bisher werden *Eignungsgebiete* vorrangig zur Steuerung von Windkraftanlagen in Raumordnungsplänen eingesetzt. Im Entwurf zum ersten Beteiligungsverfahren des Raumentwicklungsprogramms Mecklenburg-Vorpommerns aus dem Jahre 2004 werden beispielsweise marine Eignungsgebiete für Windenergieanlagen festgelegt.

## Regionalplanung

Durch das Raumordnungsgesetz werden die Länder ermächtigt, wenn und soweit das einzelne Land dies als notwendig erachtet, für Teile des Landesterritoriums eine *Regionalplanung* als räumlich konkretisierende Raumplanung zu institutionalisieren. Nach herrschender Meinung ist die Regionalplanung ein Teil der Landesplanung. Zum einen, weil ihre organisatorische und inhaltliche Ausgestaltung der Landeshoheit unterliegt, und zum anderen, da die regionalen Raumordnungspläne den gleichen Regelungsinhalt aufweisen wie die abstrakteren Landespläne.

Als Teil der Landesplanung zielt die Regionalplanung auf eine teilräumliche Feinkoordination ab und übernimmt dadurch eine Mittlerrolle zwischen staatlicher Landesplanung und kommunaler Bauleitplanung. Sie muss diese öffentliche Aufgabe in einem Spannungsfeld unterschiedlicher, oft miteinander konkurrierender Interessen erfüllen. Ihre Abstimmungs-, Integrations- und Abwägungsfunktionen bestehen folglich darin, zwischen den widerstreitenden örtlichen und überörtlichen Interessen, zwischen einzelfachlichen und überfachlichen Ansprüchen an den Raum, zwischen privatwirtschaftlichen Nutzungsinteressen und öffentlichem Gemeinwohlauftrag zu vermitteln und jenen Nutzungskombinationen und Vorhabenplanungen zur Realisierung zu verhelfen, die im Gesamtinteresse der Region zu einer Steigerung der regionalen Wohlfahrt beitragen. Dabei folgt die Regionalplanung dem verfassungsrechtlichen Verhältnismäßigkeitsgrundsatz, der sie dazu verpflichtet, nur jene Planungen mit der geringstmöglichen Beeinträchtigung öffentlicher und privater Belange zu verfolgen. Es ist jene Kombination planerischer Festlegungen gesucht, die als mildestes Mittel die Grundsätze der Raumordnung und die Leitvorstellung nachhaltiger Raumentwicklung zu erreichen vermag. Um ein verhältnismäßiges Maßnahmen- und Festlegungskonzept überhaupt aufspüren zu können, wird der Regionalplanung vom ROG und den Landesplanungsgesetzen eine planerische Gestaltungsfreiheit gewährt. In Kollisionssituationen konkurrierender Belange soll diese planerische Gestaltungsfreiheit einen rechtsstaatlich legitimierten, gerechten Interessensausgleich ermöglichen.

Um diesen Auftrag sachgerecht zu erfüllen, sichern Verfahren, dass Akteure und Organisationen der staatlichen Landesplanung, der Fachplanungen und der Kommunen als Beteiligte im Prozess der Aufstellung, Fortschreibung und Änderung von formellen Regionalplänen und der Erarbeitung informeller Entwicklungskonzepte eingebunden werden.

*Adressaten der Regionalplanung* in Verfahren und Vollzug sind nicht mehr nur ausschließlich öffentliche Stellen. Mit der Neufassung des ROG im Jahre 1998 wurden die Bindungswirkungen der Erfordernisse der Raumordnung auch auf natürliche und juristische Personen des Privatrechts ausgedehnt. Angesprochen sind beispielsweise Energieversorgungsunternehmen sowie die Nachfolgeunternehmen der Deutschen Bundespost und der Deutschen Bundesbahn. Direkte Adressaten regionalplanerischer Festlegungen können aber auch Betreiber von Fachmärkten und Factory-Outlet-Center oder Investoren von Windkraftanlagen sein. Mit dem ausgeweiteten Adressatenkreis sind natürlich auch die Anforderungen an die Beteiligung in den Verfahren der Regionalplanung gestiegen. Nach gültigem Raumordnungsrecht des Bundes umfasst die Öffentlichkeitsbeteiligung in Verfahren der Regionalplanung daher neben den öffentlichen Stellen die Personen des Privatrechts nach § 4 ROG als unmittelbar Betroffene, juristische Personen, wie Unternehmen, Vereine und Ver-

**INFO: Organisation der Regionalplanung in den Ländern**

Je nach dem, ob der Landesgesetzgeber ein staatliches oder ein kommunales Modell für die Regionalplanung gewählt hat, können sowohl staatliche als auch kommunale Organisationen für Regionalplanung zuständig sein oder sich gemeinsam die Trägerschaft teilen. Bei kommunalisierten Organisationsmodellen wird die Regionalplanung durch Planungsgemeinschaften betrieben, deren Gremien mehrheitlich von Repräsentanten der kommunalen Ebene gebildet werden und die losgelöst von der staatlichen Organisationsstruktur bestehen. Planungsgemeinschaftsmodelle der Regionalplanung existieren zur Zeit in Baden-Württemberg, Bayern, Rheinland-Pfalz, Thüringen, Brandenburg, Sachsen, Sachsen-Anhalt und Mecklenburg-Vorpommern. Im Falle von Niedersachsen wird die Regionalplanung auf der Ebene der Kreise wahrgenommen und entspricht damit einer besonders starken Kommunalisierung. Da in Niedersachsen auch die kreisfreie Städte als eigenständige Träger der Regionalplanung angesehen werden, muss hier der Flächennutzungsplan den Regionalplan ersetzen. Ähnlich verfahren die Stadtstaaten, die selbst keine Regionalpläne aufstellen. Mitglieder von Planungsgemeinschaften sind in der Regel nicht alle Gemeinden einer Planungsregion. In den meisten Ländern stellen nur die größeren Gemeinden sowie die kreisfreien Städte und die Landkreise Vertreter. Nur in Bayern sind alle Gemeinden – unabhängig von ihrer Einwohnerzahl – neben den Landkreisen Mitglied der regionalen Planungsverbände.

Eine staatliche Organisation von Regionalplanung existiert in Deutschland zur Zeit in Form von zwei Modellen. Eine rein staatliche Organisation ist bisher nur in Schleswig-Holstein anzutreffen. Hier werden die Regionalpläne von der Landesplanungsbehörde aufgestellt und Gemeinden haben lediglich Beteiligungsrechte im Aufstellungs- und Fortschreibungsverfahren. Bei dem zweiten Modell staatlicher Regionalplanung liegt die Trägerschaft für die Regionalplanung bei einem kommunal besetzten Gremium, welches aber in den staatlichen Verwaltungsaufbau integriert ist. Die eigentliche Ausarbeitung und Planaufstellung erfolgt hier durch eine staatliche Behörde. Nordrhein-Westfalen und Hessen sind Vertreter dieses Organisationsmodells. Im Saarland existiert keine Regionalplanung, sondern eine für das ganze Land zuständige Landesplanung. Ihr landesweiter Raumordnungsplan fällt allerdings so detailliert und konkret aus, dass er eine große Ähnlichkeit mit der Festlegungsdichte von Regionalplänen aufweist.

bände, die mittelbar – in nachfolgenden Planungen – betroffen sein können, sowie Bürger als mittelbar Betroffene.

Die Regionalplanung muss zum einen die bestehenden oder verfestigten Planungen und die langfristigen Entwicklungsinteressen der Gemeinden und der Fachplanungen bei der Aufstellung oder Fortschreibung ihrer Regionalpläne integrieren. Zum anderen sind Vorgaben der landesweiten Raumordnungspläne aufzugreifen und zu konkretisieren und die Stellungnahmen der staatlichen Landesplanungsverwaltung zu berücksichtigen. Die staatliche Landesplanungsverwaltung prüft und fordert ein, dass die großräumigen Raumordnungsbelange in der Regionalplanung ausreichend berücksichtigt und nicht gegen Ziele und Grundsätze der Raumordnung verstoßen wird, wie sie in den Festlegungen der landesweiten Raumordnungspläne, den Landesplanungsgesetzen und dem ROG zum Ausdruck kommen.

Das *Gegenstromprinzip* muss aber auch im Verhältnis zu den Kommunen eingelöst werden. Die Stellung der Gemeinden wird deshalb durch vielfältige Entscheidungs- und Beteiligungsrechte geprägt, die es ermöglichen, dass die Regionalplanung auf intensive Weise von kommunalen Interessen durchdrungen werden kann. Im Resultat hat sich in der Regionalplanung ein Zustand regionaler Politikverflechtung eingestellt, bei der staatliche und kommunale Aufgaben auf das Engste verflochten sind. Diese Verflechtungsstruktur entspricht einem Verbundsystem, bei dem dezentrale Einheiten und Zentralinstanz gemeinsam an der Problemlösung arbeiten.

### Festlegungen in Regionalplänen

Das wichtigste Instrument der Regionalplanung ist der *Regionalplan*. In allen Ländern, die eine Regionalplanung eingeführt haben, ist die Aufstellung von Regionalplänen durch die Landesplanungsgesetze verbindlich geregelt. Ihre Erarbeitung und Aktualisierung – einschließlich der Durchführung des Verfahrens der Öffentlichkeits- und Behördenbeteiligung – sind somit Pflichtaufgaben. Regionalpläne werden in der Bundesrepublik Deutschland von allen Flächenländern aufgestellt. Die Stadtstaaten und jene kreisfreien Städte in Niedersachsen, die nicht der Region Hannover oder dem Zweckverband Großraum Braunschweig als Trägern der Regionalplanung angehören, verzichten auf die Aufstellung eines eigenen Regionalplans. Er wird hier durch den Flächennutzungsplan ersetzt. Im Saarland gibt es nur landesweite Raumordnungspläne, aber keine Regionalpläne. In Deutschland liegen somit fast flächendeckend Regionalpläne vor. Insgesamt existieren 114 Planungsregionen bzw. Teilabschnitte von Planungsregionen für die jeweils Regionalpläne aufgestellt werden.

Obwohl mittlerweile in fast allen Planungsregionen verbindliche Regionalpläne vorliegen, ist der Aktualitätsstand dieser Pläne doch sehr unterschiedlich. In den neuen Ländern handelt es sich meistens um die

## Stand der Regionalplanung

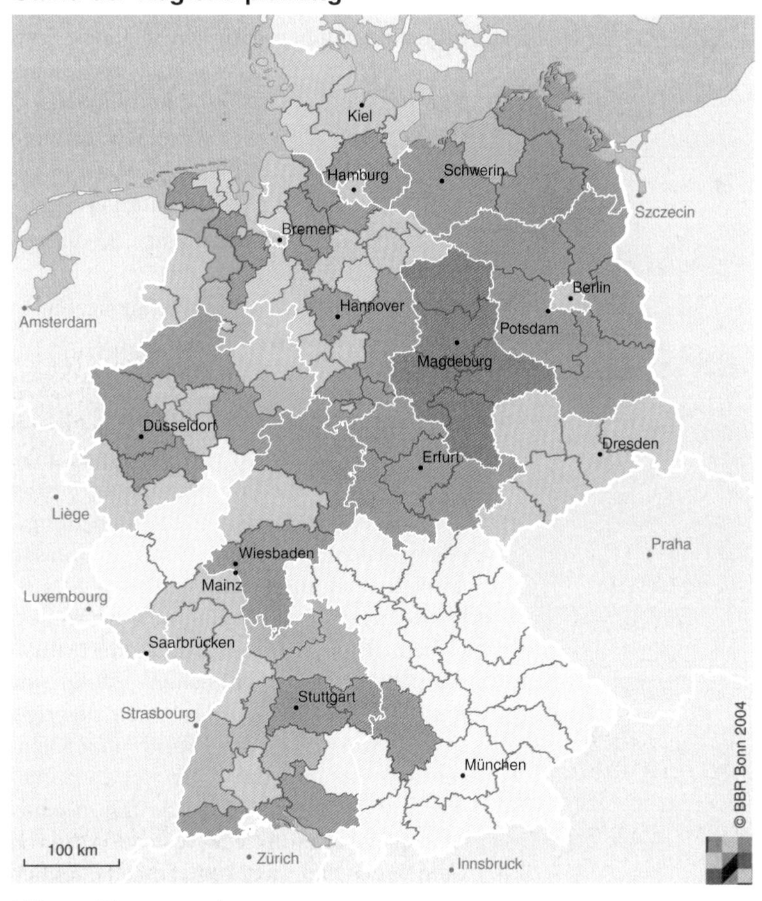


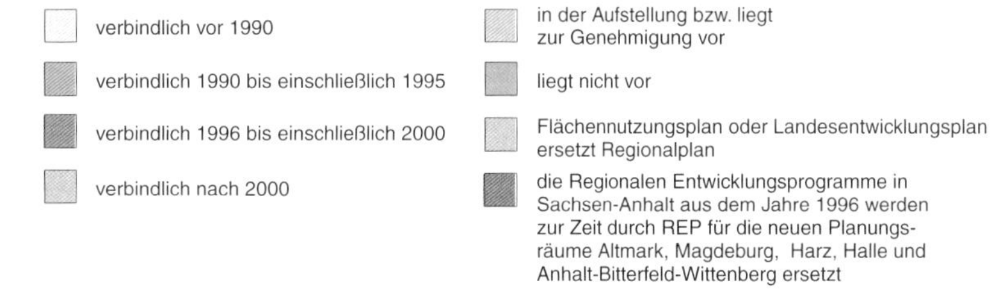


Anmerkung: In Bayern in der Zwischenzeit jeweils Teil- bzw. Gesamtfortschreibungen

Planungsregionen, Stand 31. 12. 2003
Quelle: Pläne und Programme der Länder, Bearbeitungsstand: 31. 12. 2004

Regionalpläne der ersten Generation. Sie sind in der Regel zum Ende der 1990er Jahren bzw. zu Anfang der 2000er Jahre verbindlich geworden. In vielen Planungsregionen der neuen Länder befinden sich aber bereits die Pläne der zweiten Generation in der Erarbeitung. In den alten Ländern ist das Bild uneinheitlicher. Je nach Land weisen hier die Regionalpläne eine sehr unterschiedliche Aktualität auf. Dominieren in einigen Ländern bereits Pläne der vierten Generation mit einem sehr aktuellen Genehmigungsstand, sind in anderen Ländern noch immer Pläne aus den 1980er Jahren rechtswirksam. In Einzelfällen in Niedersachsen liegen für einige Landkreise noch keine genehmigten Regionalen Raumordnungsprogramme vor.

Innerhalb eines Landes ähneln sich Struktur und Aufbau, und in gewissen Grenzen auch der Inhalt von Regionalplänen. Von Land zu Land bestehen daher die größten Unterschiede. *Grundaufbau und Kerninhalte von Regionalplänen* sind aber in allen Ländern vergleichbar, wozu nicht unwesentlich die Vorgabe einer Gliederungssystematik durch § 7 Abs. 2 ROG beigetragen hat. Diese rahmenrechtliche Regelung spiegelt den Konsens zwischen den Ländern über die *Mindestinhalte von Regionalplänen* wider. In jedem Regionalplan finden sich somit Festlegungen zum Wohnen, Arbeiten, Verkehr, Freiraum, Hochwasserschutz, Naturschutz- und Landschaftspflege und zur Versorgung, Rohstoffsicherung, und Grundwassersicherung. Regionalpläne gliedern sich in einen Festlegungsbereich zur Siedlungsstruktur, einen Bereich zur Freiraumstruktur und einen Bereich zur Infrastruktur. Sie bestehen alle aus einem Text- und einem Kartenteil. Der Textteil untergliedert sich in Ausführungen zu den Grundsätzen und allgemeinen Leitvorstellungen, die rechtsverbindlichen Festlegungen mit Ziel- und Grundsatzcharakter und die sonstigen Erfordernisse der Raumordnung und enthält darüber hinaus erläuternde Ausführungen und Begründungen, von denen selbst keine Rechtswirkungen ausgehen, die aber dem besseren Verständnis des verbindlichen Textteils dienen. Jeder Regionalplan verfügt auch über einen eigenständigen Kartenteil, in dem sowohl die rechtsverbindlichen zeichnerischen Festlegungen des Plans dargestellt werden als auch erläuternde Analyse- oder Bestandskarten mit reiner Informationsfunktion ihren Platz finden. Wie im Fall des Textes weisen auch die Bestandteile des Kartenteils nicht alle die gleiche Verbindlichkeit für die Adressaten von Regionalplänen auf. Die folgende Darstellung von Beispielen aus der Regionalplanungspraxis dokumentiert die normativ verbindlichen Festlegungen in Regionalplänen, die entweder ein Grundsatz der Raumordnung oder ein Ziel der Raumordnung repräsentieren.

Festlegungen zur Siedlungsstruktur

In Regionalplänen kommen folgende Festlegungstypen zur Entwicklung und Sicherung der Siedlungsstruktur zum Einsatz:

- Festlegung Zentraler Orte der unteren zentralörtlichen Stufe,
- Ausweisung von Gemeindefunktionen,
- Ausweisung kleinräumiger Siedlungsachsen,
- Ausweisung von Raumordnungsgebieten für Siedlungsentwicklung,
- Festlegung von gemeindescharfen Richt- und Orientierungswerten.

Eine zentrale Aufgabe von Regionalplänen ist die Konkretisierung normativer Festlegungen der landesweiten Raumordnungspläne. Nicht in allen Ländern werden abschließend die zentralörtlichen Statusfestlegungen direkt im Rahmen des landesweiten Raumordnungsprogramms vorgenommen. In diesen Fällen erfolgt die Ausweisung von *Zentralen Orten niedrigerer Zentralität* (z. B. von Grund- oder Kleinzentren) erst auf der Stufe der Regionalplanung. Die an der zentralörtlichen Gliederung orientierte Statusfestlegung von Gemeinden hat sich zum entscheidenden Ordnungs- und Verteilungsschlüssel entwickelt, durch den die Landes- und Regionalplanung Wachstumseffekte innerhalb des landesweiten Siedlungssystems zu steuern versucht. Als Zentrale Orte ausgewiesene Orte bzw. Ortsteile haben gegenüber den Orten ohne Zentralitätsstatus erhebliche Privilegien. So knüpfen in einigen Ländern als Ziele der Raumordnung erlassene verbindliche Werte des zukünftigen Wohn-, Gewerbe- oder Industrieflächenbedarfs direkt an die zentralörtlichen Statusfestlegungen der Regionalplanung an. Orte, denen kein Zentralitätsstatus verliehen wurde, sind hingegen in den meisten Ländern auf eine an den Bedürfnissen der ortsansässigen Bevölkerung orientierte „Eigenentwicklung" beschränkt. Gesteuert wird auf diese Weise auch der mögliche Umfang von Baulandausweisungen. Aufgrund einer inflationären Ausweisungspraxis Zentraler Orte und Schwierigkeiten beim Vollzug der Wachstumsbeschränkungen von Eigenentwicklungsgemeinden hat dieser Lenkungsansatz allerdings in einigen Ländern seine Steuerungskraft erschöpft. Dennoch gehört die Förderung von Zentralen Orten gemäß § 2 Abs. 1 ROG zu den klassischen regionalplanerischen Ansätzen.

Mittels der Ausweisung von *Gemeindefunktionen* versucht die Regionalplanung aktiv eine Spezialisierung im Gemeindesystem einer Planungsregion zu fördern. Nicht alle Gemeinden einer Region eignen sich gleichermaßen für die weitere Ansiedlung von Gewerbe und Industrie oder den Ausbau des Wohnungsangebotes. Vor allem Gemeinden mit einem leistungsfähigen Anschluss an den Schienennahverkehr, einer sehr guten Erschließung durch Autobahn oder Bundesstraße und einem großen Flächenpotenzial mit guter Eignung für bauliche Entwicklungen, werden von der Regionalplanung als potenzielle Siedlungsschwerpunkte angesehen.

Um den Gemeinden, die im Sinne der Gesamtregion entsprechende Entwicklungsaufgaben übernehmen können, zu signalisieren, dass sie zukünftig die Wohn- oder die Gewerbefunktion intensiver entwickeln dürfen als andere Gemeinden, greift die Regionalplanung auf gemeindescharfe Funktionsausweisungen zurück. Die betroffenen Gemeinden sind legitimiert, über ihren Flächenbedarf zur Deckung der Eigenentwicklung hinaus, eine umfangreichere Baulandentwicklung für Wohn- oder Gewerbenutzungen zu betreiben. Gleichzeitig wird Gemeinden ohne spezielle Gemeindefunktionszuweisung klar signalisiert, dass eine bauliche Außenexpansion über ihre Eigenentwicklung hinaus, kaum im Sinne der Regionalplanung sein dürfte. Gemeindeorientierte Funktionszuweisungen sind in der Mehrzahl der Fälle auf die Wohn- oder Gewerbefunktion konzentriert, es werden aber auch Funktionsausweisungen für Landwirtschaft, Freizeit, Erholen und Tourismus vorgenommen.

Ähnlich wie im Fall der Zentralen Orte wird die Ausweisung *kleinräumig orientierter Entwicklungs- oder Siedlungsachsen* in einigen Ländern der Regionalplanung überlassen. Kleinräumige Entwicklungsachsen werden in der Regionalplanung in erster Linie als Instrument zur Lenkung kommunaler Baulandausweisungen eingesetzt. So sollen die Gemeinden mit Haltepunkten auf leistungsfähigen Schiennahverkehrsachsen vorrangig die Rolle von Entwicklungsorten für die Region ausfüllen und einen Teil der regionalen Bedarfsdeckung für Gewerbe- und Wohnbauland übernehmen. Durch kleinräumige Entwicklungsachsen wird so eine Verknüpfung von Bandinfrastrukturen und Siedlungs-

**Gemeindefunktionen**

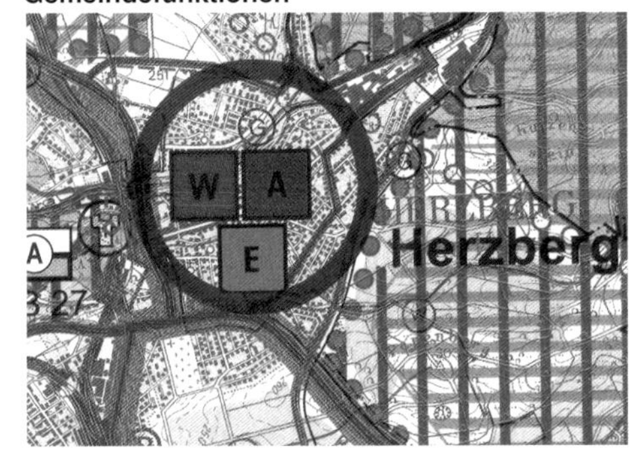

Standort mit der Schwerpunktaufgabe Sicherung und Entwicklung von Wohnstätten

Standort mit der Schwerpunktaufgabe Sicherung und Entwicklung von Arbeitsstätten

Quelle: Regionales Raumordnungsprogramm Landkreis Osterode am Harz 1999

entwicklung ermöglicht. Mittels Ausrichtung der Baulandausweisung auf Achsenkorridore verringert sich der Siedlungsdruck auf die Freiräume der Bereiche zwischen den Achsen und trägt durch Erhöhung der Siedlungsdichte auf den Achsen zu einer besseren Auslastung des Schienennahverkehrs bei.

Durch Ausweisung von *Raumordnungsgebieten für Siedlungsflächenzuwachs* in Regionalplänen wird in einigen Ländern versucht, die gemeindliche Ausweisung von Bauland auf raumordnungsverträgliche Standorte auszurichten und ein ausreichendes kommunales und regionales Baulandangebot abzusichern. Durch gebietsscharfe Ausweisungen von Siedlungsbereichen für Industrie- bzw. Gewerbeflächen oder für Wohnbauflächen wird beispielsweise in Nordrhein-Westfalen, Hessen, der Region Hannover oder dem Verband Region Stuttgart eindeutig definiert, wo bauleitplanerische Ausweisungen

**Kleinräumige Siedlungsachsen**

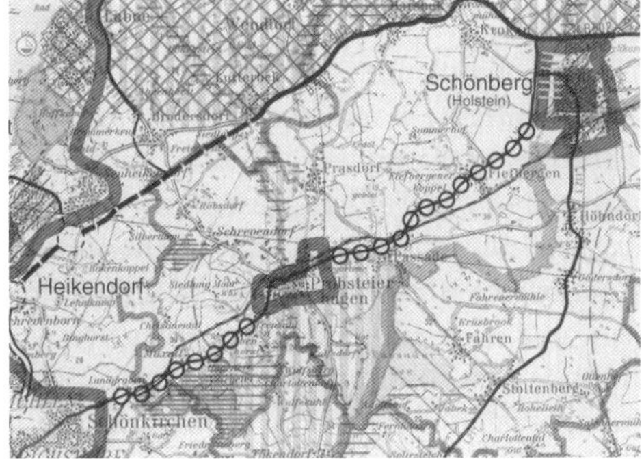


OOOO Achsengrundrichtung

Quelle: Regionalplan für den Planungsraum III - Technologie-Region K.E.R.N. 2000

von Wohn- und Gewerbe- bzw. Industrieflächen raumordnerisch sinnvoll sind. Auf Grund ihrer oft sehr kleinräumigen Ausrichtung gehören Raumordnungsgebiete für Siedlungsentwicklung eindeutig zur Domäne der Regionalplanung. Eine Ausnahme bildet die Gemeinsame Landesplanung Berlin-Brandenburg. Hier wurden im Landesentwicklungsplan für den engeren Verflechtungsbereich potenzielle Siedlungsräume ausgewiesen, die vorrangig der Konzentration des kommunalen Baulandangebotes auf Haltestellen des Schienennahverkehrs dienen sollen. In Niedersachsen sind die Träger der Regionalplanung ermächtigt, vor allem in den Ordnungsräumen Vorranggebiete für Siedlungsentwicklung auszuweisen. Indem Vorranggebiete für Siedlungsflächenzuwachs die Stadterweiterungen der Gemeinden auf die verträglichen Standorte ausrichten, beugen sie der Zersiedelung vor und gestalten die Überbauung des regionalen Freiraumbestandes verträglicher. In Nordrhein-Westfalen werden Raumordnungsgebiete für Siedlungsentwicklung aber auch als mengensteuerndes Instrument eingesetzt. So dürfen Gemeinden in der Regel nicht mehr Flächen als Bauland ausweisen, als ihnen im Rahmen von Gebietsausweisungen zusteht.

Obwohl die Bedeutung von *Richt- und Orientierungswerten* für die Regionalplanung immer mehr abgenommen hat, werden in einigen Ländern auch heute noch entsprechende Festlegungen in Regionalplänen getroffen. Ihre primäre Funktion besteht darin, den Entscheidungsträgern kommunaler Bauleitplanung unverbindliche Orientierungswerte oder verbindliche Richtwerte über die zukünftige Entwicklung der Baulandnachfrage in einer Gemeinde zu übermitteln. In den meisten Fällen ist die Bezugsgröße verbindlicher wie empfehlender Richt- und Orientierungswerte allerdings die Bevölkerung. Auf der Basis von Prognosen wird für Gemeinden einer Planungsregion die wahrscheinliche Größe der lokalen Bevölkerung bestimmt. In Ableitung von dieser Bevölkerungsannahme kann dann abgeschätzt werden, in welchem Umfang eine Gemeinde noch zusätzliche Ausweisungen von Bauland vornehmen sollte bzw. darf. Neben bevölkerungsbezogene Richt- und Orientierungswerten sind in der Regionalpraxis auch dichtebezogenen Richtwerte verbreitet. Sie haben in der Regel den Charakter

**Siedlungsentwicklung**

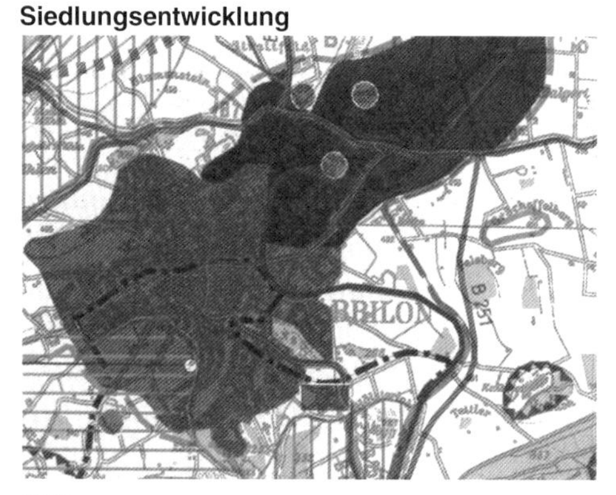

Wohnsiedlungsbereiche

Gewerbe- und Industrieansiedlungsbereiche

Quelle: Gebietsentwicklungsplan Regierungsbezirk Arnsberg Teilabschnitt Oberbereich Dortmund - östlicher Teil (Kreis Soest/Hochsauerlandkreis) 1999

von baulichen Mindestdichten. In Abhängigkeit von der räumlichen Lage einer Gemeinde – ländlicher Raum, verdichtetes Umland, Kernstadt – werden anzustrebende Bebauungsdichten vorgegeben. Bauliche Dichtewerte sollen eine effiziente und flächensparende Bebauung fördern. Sie können aber auch als Richtwerte zur Begrenzung der baulichen Verdichtung gehandhabt werden und dienen dann der Abwehr schädlicher Verdichtungsfolgen. Ein spezieller Ansatz quantifizierter Flächenwerte wird in der Regionalplanung von Hessen praktiziert. Hier wird direkt das Wachstum des Siedlungsraumes auf der Gemeindeebene durch Ausweisung verbindlicher, quantifizierter Flächenwerte für den zukünftig realisierbaren Siedlungsflächenbedarf begrenzt. Im Rahmen einer gemeindebezogenen Flächenbedarfsermittlung wird der Wohnbaulandbedarf für jede Gemeinde und Stadt einer Planungsregion ermittelt. Die Ergebnisse der Flächenbedarfsermittlung werden – in Einzelfällen orientiert an aktuellen Gegebenheiten vor Ort (z. B. größere Baulandreserven) und gemeindlichen Entwicklungsvorstellungen – in verbindliche Flächenwerte für den maximalen Bedarf an zusätzlicher Wohnfläche transformiert. Als Ziel der Raumordnung definieren die Flächenwerte eine Obergrenze zulässiger baulicher Flächeninanspruchnahme bezogen auf einen bestimmten Zeitraum. An dieser Obergrenze orientiert sich in Hessen auch die Dimensionierung der Vorranggebiete für Siedlungsflächenzuwachs. Ähnlich wird bei der Dimensionierung quantifizierter Flächenwerte für Gewerbe- und Industrienutzungen vorgegangen.

Festlegungen zur Freiraumstruktur

Regionalplanerische Ausweisungen zur Erhaltung, Sicherung und Entwicklung des regionalen Freiraumbestandes gehören zu den klassischen Ansätzen der Regionalplanung und sind ein Kernbestandteil aller Pläne. Generell dienen Festlegungen zur Freiraumstruktur auch einer Wachstumsbegrenzung der Siedlungs- und Verkehrsfläche. Der direkte flächenbezogene Freiraumschutz in Regionalplänen ist aber nicht nur ein Beitrag zum Boden- und Biotopschutz, sondern dient auch der Erholungsvorsorge, dem Klimaschutz, dem vorsorgenden Hochwasserschutz oder der Erhaltung großer, zusammenhängender Freiraumbestände. Der Schutz von Freiräumen durch regionalplanerische Festlegungen verfolgt somit in vielen Fällen einen multifunktionalen Schutzansatz. Nicht immer muss der Schutz des Freiraumes vor Umwandlung in eine andere Nutzungsform auf die Abwehr baulicher Flächeninanspruchnahme abzielen. In vielen Fällen dient er einzig und allein dem Schutz der aktuellen Bodenbedeckung. So gilt es beispielsweise den regionalen Bestand hochwertiger landwirtschaftlicher Böden langfristig zu erhalten oder Grünlandnutzungen in Flussauen zu schützen, um einen schadensminimalen Hochwasserabfluss gewährleisten zu können. Aufgaben des Freiraumschutzes werden in Regionalplänen somit durch zwei Festlegungstypen erfüllt:

- Multifunktionale Festlegungen, wie regionale Grünzüge und Grünzäsuren, die einer Vielzahl von Schutzzwecken dienen, und
- Monofunktionale Festlegungen, wie Vorrang- und Vorbehaltsgebiete, die auf den Schutz einzelner Freiraumfunktionen ausgerichtet sind (Grundwassersicherung, Forstwirtschaft, Freizeit und Erholung usw.).

In Regionalplänen werden durch *multifunktionale Festlegungen* als *regionale Grünzüge* zusammenhängende Freiräume vor weiterer Besiedlung geschützt. *Grünzäsuren* finden hingegen vor allem in der Nachbarschaft von Siedlungen ihren Einsatz und dienen in erster Linie der Verhinderung des Zusammenwachsen von Siedlungen oder dem Stopp der Ausdehnung des Siedlungsraumes in einer bestimmten Richtung. Durch die gebietliche Ausweisung von regionalen Grünzügen und Grünzäsuren wird nicht eine spezielle Freiraumfunktion gesichert, sondern der gesamte Freiraum, mit all seinen unterschiedlichen Funktionen vor einer Inanspruchnahme durch bauliche Nutzungen bewahrt. Durch ihren multifunktionalen Charakter können regionale Grünzüge und Grünzäsuren keinen Beitrag zur räumlichen Koordination der einzelnen Freiraumfunktionen leisten. Da Grünzüge wie Grünzäsuren vor allem in Gebieten mit hohem Siedlungsdruck zum Einsatz kommen, müssen sie mit einer hohen Bindungswirkung ausgestattet sein, um gegenüber den konkurrierenden Raumansprüchen ihren Schutzzweck durchsetzen zu können. In den meisten Fällen haben sie daher den Rechtscharakter von Vorranggebieten. Allerdings können in der Raumordnungspraxis auch Festlegungen von Grünzügen und Grünzäsuren als Vorbehaltsgebiete beobachtet werden. Regionale Grünzüge und Grünzäsuren werden in vielen Regionalplänen verwendet und gelten als etabliertes und bewährtes raumordnungsrechtliches Instrument.

**Grünzäsuren**

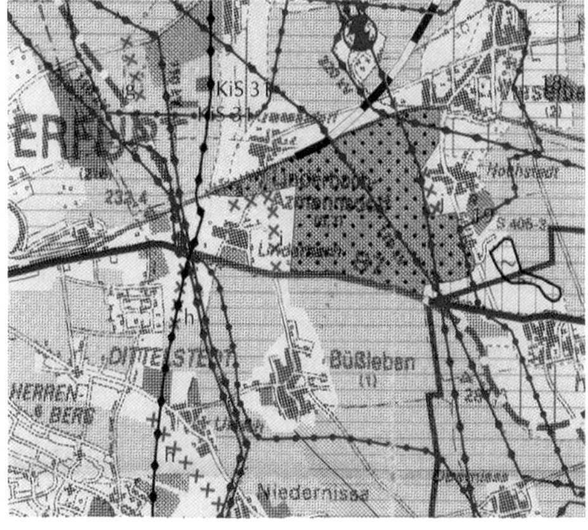


××××××××  Grünzäsur

Quelle: Regionaler Raumordnungsplan Mittelthüringen 1999

Ausweisungen in Regionalplänen, die eindeutig auf ein Schutzziel ausgerichtet sind, werden als *monofunktionale Festlegungen* zur Freiraumstruktur bezeichnet. Sie dominieren klar die Ausweisungen zur Freiraumstruktur. Unter anderem können unterschieden werden:

- Festlegungen zum Schutz von Natur und Landschaft,
- Festlegungen zum Grundwasserschutz,
- Festlegungen zum vorbeugenden Hochwasserschutz,
- Festlegungen für Land- und Forstwirtschaft,
- Festlegungen zur Erholungsvorsorge,
- Festlegungen für Rohstoffsicherung und Windkraftnutzung.

Ausweisungen von *Gebieten zum Schutz von Natur und Landschaft* dienen in Regionalplänen beispielsweise dem Schutz wertvoller Biotoptypen, der Erhaltung eines schützenswerten Landschaftsbildes, der Konservierung typischer Kulturlandschaftsstrukturen oder der Entwicklung eines Biotopverbundsystems. Regionalplanerische Festlegungen als Gebiete zum Schutz von Natur und Landschaft sind in nahezu allen Regionalplänen verbreitet. Sie können die Rechtsnormqualität von Zielen oder von Grundsätzen der Raumordnung aufweisen und treten somit sowohl als Vorrang- oder Vorbehaltsgebiet auf. In vielen Fällen greifen die Ausweisungen bereits naturschutzrechtlich als Landschaftsschutzgebiet oder Naturschutzgebiet gesicherte Flächen auf. In diesen Fällen handelt es sich nicht um eine nachrichtliche Übernahme. Dies wäre der Fall, wenn die naturschutzrechtlich gesicherten Flächen nur zu reinen Informationszwecken im Regionalplan dargestellt werden. Als Vorrang- oder Vorbehaltsgebiet im Regionalplan ausgewiesene Flächen erhalten zu ihrem naturschutzrechtlichen Schutzstatus zusätzlich eine raumordnungsrechtliche Verbindlichkeit als Ziel oder Grundsatz der Raumordnung. Dadurch erfolgt allerdings keine Intensivierung der Schutzintensität.

**Vorbehalts- und Vorranggebiete zum Schutz von Natur und Landschaft**

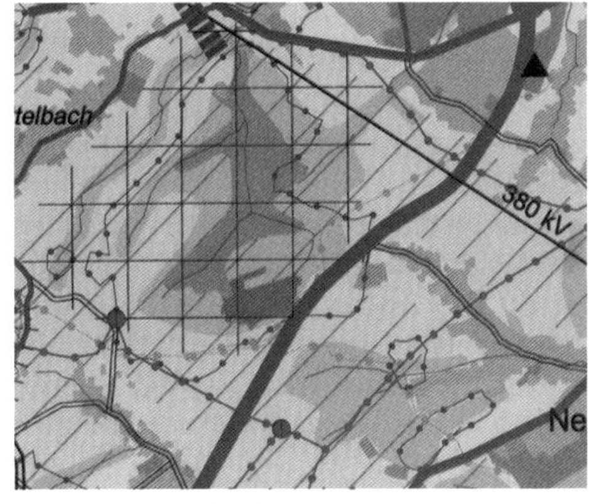


**Schutzbedürftige Gebiete von Freiräumen**

Vorranggebiet (Z)

Vorbehaltsgebiet (B)

Quelle: Regionalplan Chemnitz-Erzgebirge Entwurf 1999

Ebenfalls weit verbreitet sind Vorrang- und Vorbehaltsgebietsausweisungen zur *Grundwassersicherung*. Sie finden sich in fast allen Plänen der Regionalplanung und weisen entweder einen Ziel- oder einen Grundsatzcharakter auf. Sie dienen dem langfristig orientierten Trinkwasserschutz und der vorsorgenden Sicherung von Gebieten der Trinkwassergewinnung. Noch nicht durch das Wasserhaushaltsrecht gesicherte Gebiete können so vorsorglich durch die Raumordnung unter Schutz gestellt werden.

**Vorranggebiete zur Wasserwirtschaft und zum Trinkwasserschutz**

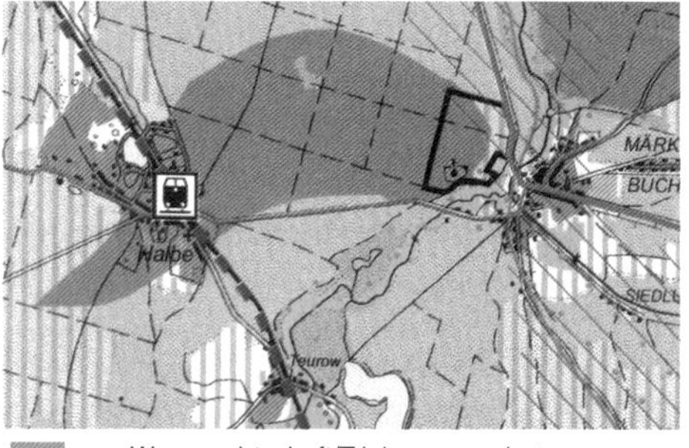


Wasserwirtschaft/Trinkwasserschutz - Vorrang -

Quelle: Regionalplan Region Lausitz-Spreewald Entwurf 1999

Ähnlich verhält es sich mit regionalplanerischen Festlegungen zum *vorbeugenden Hochwasserschutz*. Hier kommt der Regionalplanung eine wichtige flankierende Funktion zum Hochwasserschutz der Wasserfachplanungen zu. Da überschwemmungsgefährdete Gebiete hinter festen Schutzeinrichtungen nicht durch Festsetzung von Überschwemmungsgebieten gem. § 32 WHG geschützt werden können, liegt es hier in den Händen der Raumordnung, die nötige Risikovorsorge vor Schadereignissen durch Ausweisung von Raumordnungsgebieten zu gewährleisten. Durch Festlegung von Vorrang- oder Vorbehaltsgebieten des vorbeugenden Hochwasserschutzes kann ein vorbeugendes Nutzungsmanagement hinter den Deichen betrieben werden, um eine Erhöhung des Schadenspotentials – z.B. durch weitere Bebauung – zu verhindern. Durch regionalplanerische Gebietsausweisungen kann so im Katastrophenfall der mögliche Schaden vorsorglich begrenzt werden. In Regionalplänen werden aber auch Flutungspolder ausgewiesen. Dies sind Gebiete, die im Katastrophenfall zur Entlastung von Gebieten mit hohem Schadenspotenzial geflutet werden. Flutungspolder werden in Regionalplänen als Vorbehalts- oder Vorranggebiet gesichert. Bisher gehören gebietliche Ausweisungen zum vorsorgenden Hochwasserschutz, die über eine rein nachrichtliche Übernahme von Überschwemmungsgebieten hinausgehen, allerdings noch nicht zum Grundbestandteil der meisten Regionalpläne. Als Reaktion auf die Flutkatastrophen der zurückliegenden Jahre haben mittlerweile alle Länder die Intensität des vorbeugenden Hochwasserschutzes durch Raumordnungspläne erhöht. So ist in vielen Planungsregionen die Ausweisung von Vorrang- und Vorbehaltsgebieten des vorsorgenden Hochwasserschutzes in Arbeit.

**Vorbeugender Hochwasserschutz**

Retentionsraum (Überschwemmungsgebiet, Überflutungsfläche)

Quelle: Regionalplan Franken 1995

Eine wichtige Gruppe monofunktionaler Festlegungen zur Freiraumstruktur stellen Ausweisungen zum Funktionsbereich *Landwirtschaft* dar. In Regionalplänen treten diese Festlegungen als Vorranggebiet oder Vorbehaltsgebiet für Landwirtschaft auf. Im Sinne des klassischen Freiraumschutzes sollen Ausweisungen zum Funktionsbereich Landwirtschaft in erster Linie konkurrierende Nutzungen abwehren. Da vorrangig die Landwirtschaftsfläche unter dem kontinuierlichen Wachstum der Siedlungs- und Verkehrsfläche zu leiden hat, richtet sich die Schutzfunktion vor allem auf die Verhinderung einer Überbauung von Landwirtschaftsflächen. Vorrang- und Vorbehaltsgebietsausweisungen für Landwirtschaft richten sich aber auch gegen die Flächeninanspruchnahme für Naturschutz- und Freizeitzwecke. Ausweisungen in Regionalplänen zielen somit primär auf die Erhaltung und Sicherung der Nutzungsform Landwirtschaft und schützen damit die landwirtschaftlichen Produktionsbedingungen und die Umweltvoraussetzungen, die diese ermöglichen. Die Nutzungsfunktionen, die auf eine direkte Inanspruchnahme ökologischer Bodenleistungen angewiesen sind, können durch Festsetzung von Vorrangfunktionen für Landwirtschaft (oder Wald) gegenüber konkurrierenden Nutzungszwecken gesichert werden. Bei der Ausweisung von landwirtschaftlichen Vorranggebieten und Vorbehaltsbereichen steht der Schutz hochwertiger Böden zur Erhaltung der bestehenden Produktionsbedingungen im Vordergrund. Eigenständige Vorrangbereiche für den Bodenschutz sind in der Landes- und Regionalplanung bisher nicht erkennbar. Vergleichbar wird mit regionalplanerischen Festlegungen zum Funktionsbereich Forstwirtschaft verfahren. Auch hier gehören Vorrang- und Vorbehaltsgebietsausweisungen zum Standardrepertoire der Regionalplanung. Da Waldnutzungsformen oft eine höhere Naturnähe und niedrigere Nutzungsintensität aufweisen als landwirtschaftliche Nutzungen, geht hier der Schutz der Nutzungsfunktionen oft auch einher mit dem Schutz ökologischer Funktionen.

**Vorbehalts- und Vorranggebiete für die Landwirtschaft**

Landwirtschaft - Vorrang -
Landwirtschaft - Vorbehalt -

Quelle: Regionalplan Region Lausitz-Spreewald Entwurf 1999

Die *Erholungsvorsorge*, d.h. die räumliche Vorsorge für Freizeitaktivitäten, stellt einen wichtigen Aufgabenbereich der Regionalplanung, vor allem in den dichter besiedelten Räumen und den Tourismusgebieten Deutschlands, dar. Dies liegt unter anderem daran, dass der Freizeit- und Tourismuswirtschaft keine eigene Fachplanung zugeordnet ist. So übernimmt die Regionalplanung die Vertretung ihrer Belange. Viele Regionalpläne enthalten daher spezielle Ausweisungen, durch die Gebiete für eine naturbezogene Erholung gesichert werden. Diese Festlegungen haben in vielen Fällen einen freiraumschützenden Charakter und zielen auf die Erhaltung von Kulturlandschaften und ihre dauerhafte Nutzbarkeit für Erholungs- und Tourismuszwecke. Mittels Vorrang- oder Vorbehaltsgebiete wird in verschiedenen Regionalplänen aber auch auf die große Bedeutung des Tourismus für die regionale Wirtschaft reagiert. Durch gebietliche Festlegungen können die Belange des Fremdenverkehrs gegenüber konkurrierenden Nutzungen gestärkt werden. Eine Abwehr von Nutzungen, z.B. Industrieansiedlungen, Deponien oder Windparks, die nicht mit einer touristischen Nutzung kompatibel sind, wird dadurch erleichtert.

**Vorranggebiete für ruhige Erholung in Natur und Landschaft**

Vorranggebiet für ruhige Erholung in Natur und Landschaft

Quelle: Regionales Raumordnungsprogramm Landkreis Osterode am Harz 1999

Allgemein werden Festlegungen zur *Rohstoffsicherung und zur Windenergienutzung* zu den Ausweisungen zur Freiraumstruktur gerechnet, obwohl diese Raumnutzungen in der Regel in direktem Konflikt mit dem Freiraumschutz stehen. Aus diesem Grunde sollen sie hier als ein Spezialfall monofunktionaler regionalplanerischer Festlegung zur Freiraumstruktur aufgeführt werden. Ausweisungen zur Rohstoffsicherung dienen der Vorsorge einer ausreichenden Versorgung mit Bodenrohstoffen. Zum Einsatz kommen sowohl Vorrang- als auch Vorbehaltsgebiete. Bei der raumordnungsrechtlichen Standortlenkung von Vorhaben der Windkraftnutzung wird hingegen

**Vorranggebiete für die Rohstoffsicherung**

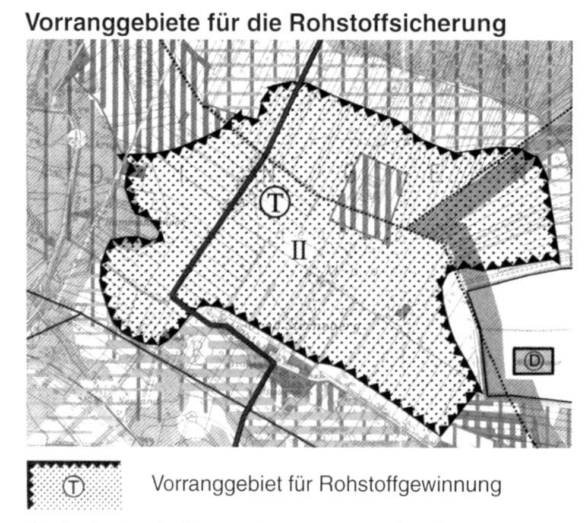


Quelle: Regionales Raumordnungsprogramm Landkreis Stade 1999

**Eignungsgebiete für Windenergieanlagen**

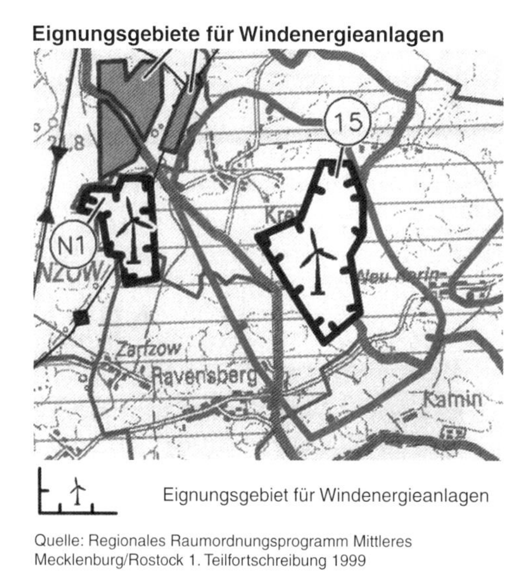


Quelle: Regionales Raumordnungsprogramm Mittleres Mecklenburg/Rostock 1. Teilfortschreibung 1999

immer häufiger in Regionalplänen auf die Ausweisung von Eignungsgebieten zurückgegriffen. Die dynamische Entwicklung der Windenergienutzung hat Eignungsgebiete als eigenständigen Raumordnungsgebietstyp erforderlich gemacht. Mittels Ausweisung von Eignungsgebieten werden in Regionalplänen in erster Linie jene Freiraumbereiche dargestellt, die sich für den Bau von Windkraftanlagen positiv anbieten. Innerhalb solcher Eignungsgebiete genießen Windkraftanlagen einen Vorbehalt gegenüber anderen Nutzungsformen. Demgegenüber gilt außerhalb der Eignungsgebiete ein genereller Ausschluss von Windkraftanlagen. Auf eine Baugenehmigung können somit nur die Vorhaben innerhalb der Eignungsgebiete hoffen. Im Gegensatz zu den meisten anderen freiraumbezogenen Festlegungen sind Ausweisungen zu Rohstoffsicherung und zur Windenergienutzung nicht nur auf den terrestrischen Bereich beschränkt, sondern werden zunehmend auch auf dem Meeresbereich vorgenommen. Hier erfolgt die Festlegung bisher allerdings vorrangig durch landesweite Raumordnungspläne. So enthält z.B. der Entwurf des Raumentwicklungsprogramms Mecklenburg-Vorpommern aus dem Jahre 2004 marine Vorrang- und Vorbehaltsgebiete für die Rohstoffsicherung und marine Eignungsgebiete für Windenergieanlagen, so genannte Off-Shore-Windparks.

### Festlegungen zur Infrastruktur

Das ROG führt in § 7 Abs. 2 Nr. 3 aus, dass Regionalpläne Festlegungen für *Standorte und Trassen der Infrastruktur* enthalten sollten. In jedem Regionalplan finden sich daher entsprechende Ausweisungen. Auffällig ist allerdings, dass nur die wenigsten zeichnerischen oder textlichen Darstellungen zu Infrastrukturen, seien diese linien- oder punkthaft, als raumordnungsrechtlich verbindliche Festlegungen im Regionalplan ausgewiesen werden. Bei den Planelementen zur Infrastruktur dominieren eindeutig die nachrichtlichen Übernahmen. Dies ist darauf zurückzuführen, dass Standort- und Trassenentscheidungen für Infrastruktureinrichtungen in der Regel nicht durch die Raumordnung getroffen werden, sondern den Fachplanungen vorbehalten sind. Die Raumordnung prüft im Raumordnungsverfahren, ob die Konzepte und deren Einzelelemente mit den Erfordernissen der Raumordnung vereinbar sind, bzw. wie sie zur Vereinbarkeit gebracht werden können. In diesen Fällen übernimmt die Regionalplanung die bereits verbindlich getroffenen raumrelevanten Entscheidungen. Als nachrichtliche Übernahmen sind in Regionalplänen meistens die linienhaften Ausweisungen von Schienentrassen und Straßenkorridoren, Richtfunkstrecken, Hochspannungsleitungen, Pipelines usw. enthalten. Als standörtliche Punktausweisungen von Infrastrukturen finden sich als nachrichtliche Übernahme in vielen Regionalplänen Kläranlagen, Hochwasserrückhaltebecken, Deponien, Flughäfen, Hochwasserdämme usw. Regionalpläne enthalten häufig auch ausführliche Listen und Aufzählungen sozialer Infrastruktureinrichtungen, wie Schulen und Krankenhäuser. Auch diese sind allerdings nur nachrichtliche Übernahmen aus anderen Fachplänen.

Eigenständige Festlegungen, die Bindungswirkungen auf Seiten der Fachplanungen bewirken, sind hingegen kaum in Regionalplänen anzutreffen. Relativ weit verbreitet ist beispielsweise die Verknüpfung von Zentrale-Orte-Ausweisungen mit Normen zur Ausstattung mit Mindestinfrastrukturangeboten. Die verwendeten Normen haben den Charakter von Richt- und Orientierungswerten. Einige Regionalpläne enthalten Festlegungen über funktionale Netze des Straßen- und Schienenverkehrs. Durch diese Festlegungen wird nicht eine Einteilung der Netze in Bundes-, Landes- oder Kreisstraßen vorgenommen, sondern die Bedeutung der Verkehrstrassen für die Region klassifiziert. Entsprechende Festlegungen sind später z. B. im Kontext der Regionalisierung des öffentlichen Personennahverkehrs von den Fachplanungen zu berücksichtigen. Ansonsten dominieren vor allem textliche Festlegungen zur Infrastruktur, in denen von der Region für wichtig erachtete Ziele der Infrastrukturversorgung als Grundsatz oder Ziel der Raumordnung ausgewiesen werden.

Da sich die Regionalplanung in vielen Fällen auf eine rein nachrichtliche Wiedergabe bereits entschiedener Infrastrukturplanungen beschränkt und raumordnungsrechtlich verbindliche Festlegungen selten zeichnerisch, präzise vorgenommen werden, sondern häufig einen eher allgemeinen textlichen Charakter mit relativ geringem Bestimmtheitsgrad aufweisen, wird regionalplanerischen Planelementen zur Infrastruktur eine geringe Steuerungsfähigkeit attestiert. Allerdings sind die fachplanerischen Konzeptionen und deren Einzelelemente in der Regel im Vorfeld einer raumordnerischen Prüfung im Rahmen von *Raumordnungsverfahren* oder *landesplanerischen Stellungnahmen* unterzogen worden.

**Regionalplanerische Planelemente zur Verkehrsinfrastruktur**

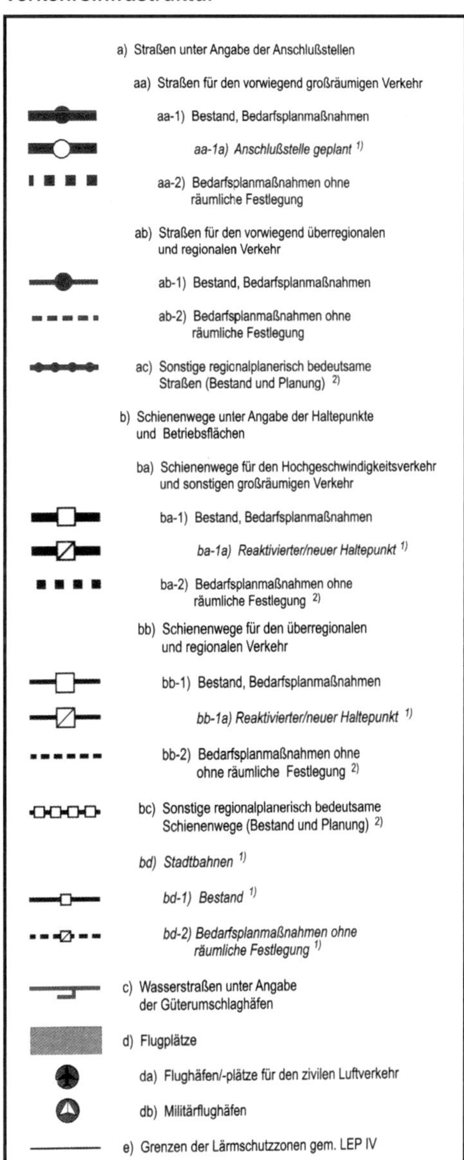


Quelle: Gebietsentwicklungsplan Regierungsbezirk Detmold Teilabschnitt Oberbereich Bielefeld 2004

## Kooperative Planungsansätze

In den vergangenen Jahrzehnten hat sich ein Wandel in den Formen staatlich-administrativen Entscheidens bemerkbar gemacht, der in der Fachöffentlichkeit als Übergang zum kooperativen Staat umschrieben wird. Staatliche Aufgabenerfüllung erfolgt heute vielfach durch das koordinierte Zusammenwirken öffentlicher und/oder privater Akteure, da unter den gewandelten gesellschaftlichen Rahmenbedingungen weder ein einseitiges Handeln des Staates noch die Vollprivatisierung öffentlicher Aufgaben eine zufriedenstellende Alternative bieten. Hoheitliches Verwaltungshandeln, welches den Personen des Privatrechts gegenüber in anordnender oder befehlender Weise auftritt, aber auch den untergeordneten Organisationseinheiten des Staates in einer hierarchischen Position begegnet, verliert zunehmend an Bedeutung und tritt zugunsten von Verhandlung und Kooperation in den Hintergrund. Dies ist kein Indiz für den Rückzug des Staates aus öffentlichen Aufgabenbereichen, sondern der Ausdruck gewandelter Formen staatlicher Aufgabenerfüllung.

**Regionale Entwicklungskonzepte in Mecklenburg-Vorpommern**

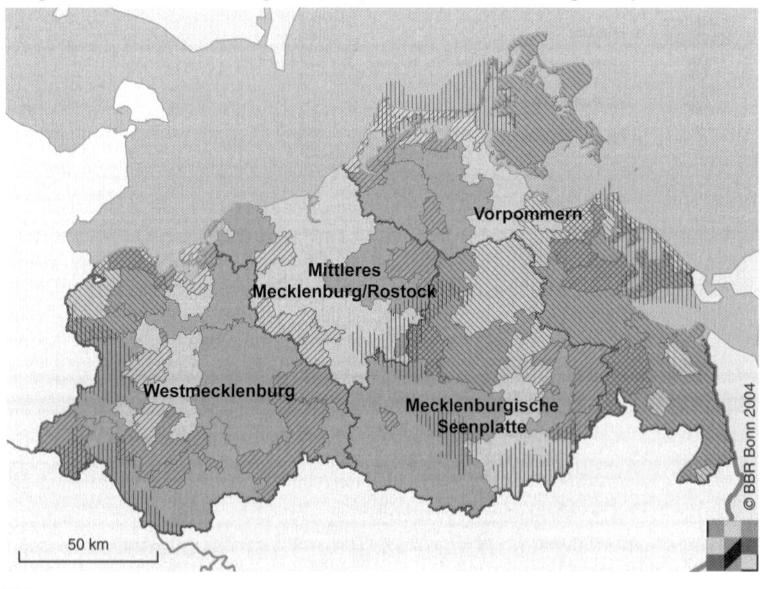


Quelle: Institut für Umweltgeschichte und Regionalentwicklung e.V.

Auch die Regionalplanung hat sich in den vergangenen Jahrzehnten immer mehr in Richtung einer kooperativen Raumplanung entwickelt. Die Träger der Regionalplanung beziehen heute häufiger Akteure aus dem gesellschaftlichen Umfeld, wie Unternehmen, Verbände oder Betroffenenorganisationen, in ihre Planungsverfahren ein, um die Legitimationsbasis ihrer Entscheidungen zu verbessern und einen tragfähigen regionalen Konsens zu erarbeiten, der den Vollzug des Regionalplans entscheidend erleichtert. Regionalplanung bedarf – heute mehr den je – der interorganisatorischen horizontalen und vertikalen Interaktion, in deren Rahmen Problemlösungen zwischen Organisationen auf kooperativem Wege erarbeitet werden. Kompromisshandeln tritt so in der Regionalplanung verstärkt an die Stelle souveräner Entscheidungen, und der Verhandlungsweg wird zum zentralen Entscheidungsmodus regionaler Binnenkoordination.

Dieser Wandel der Planungsphilosophie geht mit einem neuen Modus des Zusammenspiels zwischen Planungsträgern und Adressaten einher. Das Vordringen verhandlungsbasierter, kooperativer Ansätze in der Regionalplanung lässt sich nicht nur an den offeneren Beteiligungsverfahren bei der Aufstellung und Fortschreibung von Regionalplänen ablesen, sondern wird auch an den neuen Instrumenten erkennbar, die seit einigen Jahren vermehrt Einzug in der Regionalplanungspraxis gehalten haben. Regionale Entwicklungskonzepte, Ansätze des Regionalmanagements und Vertragslösungen gewinnen so zunehmend an Gewicht.

### Regionale Entwicklungskonzepte

Bereits im Raumordnungspolitischen Orientierungsrahmen von 1993 wird gefordert, dass die formalisierte Regionalplanung durch regionale Initiativen und regionale Aktionsprogramme auf breiter Front zu ergänzen ist. *Regionale Entwicklungskonzepte* (REK) und *Städtenetze*, als wichtigste Vertreter informeller Ansätze auf regionaler Ebene, wurden durch die Novellierung des Raumordnungsgesetzes im Jahre 1998 zu offiziellen Instrumenten der Raumordnung. Mit ihrer Einführung als raumordnerische Instrumente wollte der Gesetzgeber die Träger der Landes- und Regionalplanung in die Lage versetzen, zukünftig aktiver auf die Verwirklichung von Raumordnungsplänen hinzuwirken. Indem regionale Entwicklungskonzepte die Zusammenarbeit jener Stellen und Personen fördern, die für die Umsetzung der Pläne und Programme maßgeblich sind, motivieren sie auch deutlich zu deren Vollzug. Mittlerweile hat sich ein intensives Beziehungsverhältnis zwischen Regionalplanung und regionalen Entwicklungskonzepten eingestellt. Grundsätzlich geht es dabei nicht um ein Entweder-oder, sondern um den abgestimmte Einsatz beider Instrumente.

Regionale Entwicklungskonzepte haben sich in der Raumordnungspraxis zu einem sehr populären informellen Instrument entwickelt. Allein in Mecklenburg-Vorpommern konnten zum Stichmonat November 2002 56 regionale Entwicklungskonzepte gezählt werden.

Seit ihrer Einführung im Bundesraumordnungsrecht konnten sich regionale Entwicklungskonzepte nicht nur weit verbreiten, es hat sich auch eine große Vielfalt unterschiedlicher Ansätze herausbilden können. Trotz dieser Pluralität verfügen sie über einige gemeinsame Wesensmerkmale. Im Rahmen von regionalen Entwicklungskonzepten werden raumbedeutsame Planungen und Maßnahmen vorgeschlagen und untereinander abgestimmt. Vorrangig dienen regionale Entwicklungskonzepte somit der koordinierten Projektentwicklung innerhalb eines regionalen Kooperationsraumes. In vielen Fällen ist der jeweilige Kooperationsraum aber nicht mit der eigentlichen Planungsregion identisch. Regionale Entwicklungskonzepte sind meistens auf Teilraumebene angesiedelt. Aber auch Fälle grenzüberschreitender Zusammenarbeit treten auf. In der Regel sind mehrere Kommunen als Kooperationspartner einbezogen. Nicht immer ist die Regionalplanung der Träger des Kooperationsprozesses. Oft werden aber Initiator- und Moderationsfunktionen durch sie wahrgenommen.

Die vorrangige Aufgabe eines regionalen Entwicklungskonzept muss in der Erreichung regionalbedeutsamer Ziele durch Einleitung bzw. Intensivierung der regionalen Zusammenarbeit gesehen werden. So sollen regionsinterne Handlungspotenziale mobilisiert werden, die im Rahmen der traditionellen, auf Pläne fixierten Ansätze bisher außerhalb der Reichweite der Regio-

**BEISPIEL: Interkommunales Raumstrukturkonzept Region Bremen**

Im Verflechtungsraum Bremen bestehen schwierige Rahmenbedingungen für eine abgestimmte räumliche Entwicklung durch eine gemeinsame Raumordnungsplanung: an den Stadtstaat Bremen grenzen auf niedersächsischer Seite unmittelbar fünf Landkreise und die kreisfreie Stadt Delmenhorst, die nach dem niedersächsischen Landesplanungsrecht als Landkreise und kreisfreie Städte Trager der Regionalplanung sind. Für Bremen gilt gemäß Stadtstaatenklausel des ROG der Flächennutzungsplan als Landesraumordnungsplan. Für den Verflechtungsraum Bremen existiert somit kein Landesgrenzen überschreitender gemeinsamer Raumordnungsplan. Vielmehr dominiert eine fragmentierte Planungslandschaft, bei der fünf Regionale Raumordnungsprogramme auf Ebene der Landkreise sowie die beiden Flächennutzungspläne der Städte Bremen und Delmenhorst die Belange der überörtlichen Raumordnung in diesem Stadt-Umland-Bereich vertreten. Da unter diesen administrativen Bedingungen keine zufrieden stellende Koordination der räumlichen Entwicklung in diesem Verflechtungsraum erfolgen konnte, haben sich im Jahre 2001 unter Federführung des Kommunalverbundes Niedersachsen-Bremen e.V. und der Regionalen Arbeitsgemeinschaft Bremen/Niedersachsen insgesamt 36 kommunale Gebietskörperschaften (neben Bremen und Delmenhorst und den fünf Landkreisen weitere 29 kreisangehörige Städte, Gemeinden und Samtgemeinden) auf die kooperative Erarbeitung eines „Interkommunalen Raumstrukturkonzeptes Region Bremen – INTRA" verständigt. Nach gut zweijähriger Erarbeitungszeit liegt das INTRA-Konzept mittlerweile vor und hat auch bereits eine erste umfassende politische Diskussion und Bewertung durchlaufen. Bis Jahresende 2004 sind abschließende Beschlüsse in allen beteiligten Räten und Kreistagen (sowie in Bremen von Senat und Bürgerschaft) erfolgt, in denen die inhaltlichen Aussagen des INTRA-Konzeptes als Orientierungsrahmen der eigenen Planungen anerkannt wurden und zugleich konkretisierte Vorstellungen für verbindlichere Formen der regionalen Zusammenarbeit beauftragt werden sollen.

Für weitere Informationen siehe:
www.kommunalverbund.de/index.html/projekte/intra.html

**INTRA Region Bremen**

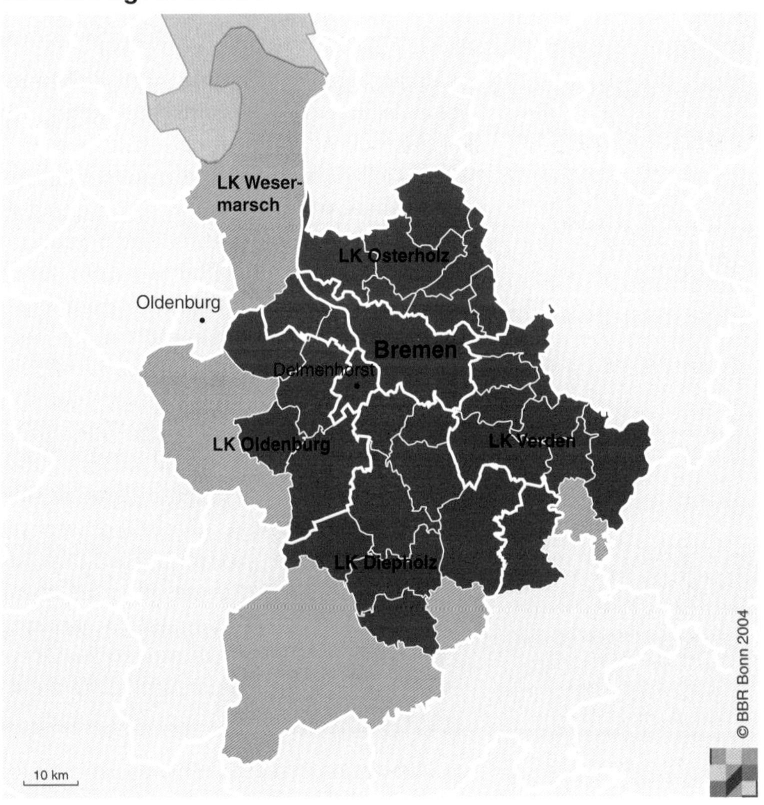


**Akteure des Interkommunalen Raumstrukturkonzeptes Region Bremen**

- Partizipierende Gemeinde und Planungsraum
- Partizipierender Landkreis

Samtgemeinden, Kreise, Stand 31. 12. 2002
Quelle: Der Senator für Bau, Umwelt und Verkehr der Freien Hansestadt Bremen

### Regionale Entwicklungskonzepte in Thüringen

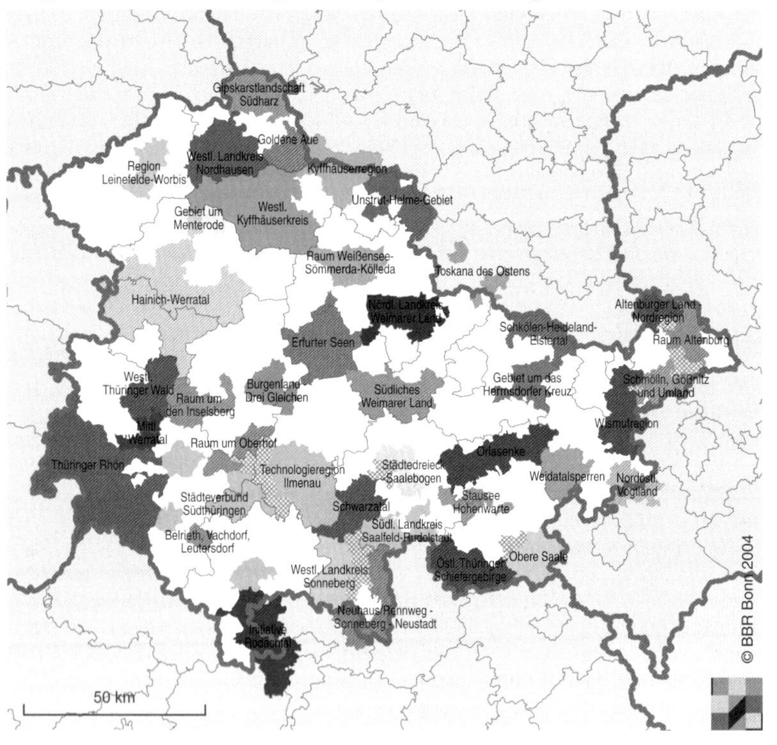


Gemeinden die an mindestens zwei Regionalen Entwicklungskonzepten beteiligt sind

Quelle: Thüringer Landesverwaltungsamt, Abteilung IV Umwelt und Raumordnung

nalplanung lagen. Aus ihrer Sicht stellen regionale Entwicklungskonzepte somit ein strategisches Verbindungsglied zwischen dem Zielsystem des Regionalplans und dessen Umsetzung durch öffentliche und private Adressaten dar. Das vielfach beklagte Umsetzungsdefizit der Raumordnung, welches zum einen im nicht vorhandenen finanziellen Förderinstrumentarium begründet ist und zum anderen auf die schwache Kompetenz zurückgeführt werden kann, Adressaten zur aktiven Zielverfolgung zu motivieren, soll durch den projektorientierten Ansatz der regionalen Entwicklungskonzepte überbrückt werden. Dies gilt vor allem im Hinblick auf ihre Kapazität, regionalen Konsens über die anzustrebende Richtung regionaler Entwicklung zu erzeugen sowie ihr Vermögen, konkrete Projekte und umsetzende Aktivitäten zu initiieren.

In der regionalen Praxis haben sich regionale Entwicklungskonzepte aber nicht nur als Umsetzungsinstrumente der Raumordnung verdient gemacht. In vielen Fällen konnten sie auch als Wegbereiter eines regionalen Konsens für die Aufstellung oder Fortschreibung von Regionalplänen fruchtbar gemacht werden. Gerade in dieser Hinsicht können regionale Entwicklungskonzepte durch ihren informellen Charakter wesentliches leisten. Beispielsweise haben in der Stadtregion Osnabrück kooperierende Gemeinden und Städte, in Zusammenarbeit mit der Regionalplanung, ein regionales Siedlungskonzept erarbeitet, auf dessen Basis der Regionalplan für den Landkreis Osnabrück fortgeschrieben wurde. Das Entwicklungskonzept für die Region Lübeck ist ein Beispiel für einen Ansatz bei dem Ländergrenzen überschritten werden. In einem fast zeitgleichen Parallelverfahren konnte das regionale Entwicklungskonzept mit der Fortschreibung des Regionalplans für den Planungsraum II Schleswig-Holstein Ost durchgeführt werden. Der in einem aufwändigen Beteiligungsverfahren erarbeitete regionale Konsens konnte direkt in die Konzeption des Regionalplans überführt werden.

### Regionalmanagement

Im Zuge der Umsetzungsorientierung in der Regionalplanung gewinnen in einigen Planungsregionen Aktivitäten des Regionalmanagements an Gewicht. In Deutschland existieren sehr unterschiedliche praktische Erfahrungen mit der Einführung eines Regionalmanagements. Bisher wird es sehr häufig im Zusammenhang mit der Aufstellung und Umsetzung von regionalen Entwicklungskonzepten durchgeführt. Institutionell ist es allerdings erst in relativ wenigen Planungsregionen verankert. Neben der Regionalplanung engagieren sich auch Zusammenschlüsse von Gebietskörperschaften, einzelne Landkreise oder Landesentwicklungsgesellschaften als Träger eines Regionalmanagements.

Generell wird Regionalmanagement nicht als ein Führen von Regionen im engeren Sinne des betriebswirtschaftlichen Managementkonzepts verstanden, sondern als Gestaltung des Zusammenspiels von Akteuren in regionalen Zusammenhängen. Es ist auf eine Verstetigung regionaler Zusammenarbeit ausgerichtet und versucht, isoliert agierende Akteure in dauerhafte Netzwerkzusammenhänge zu integrieren, um dadurch positive Synergien auszulösen. Regionalmanagement nimmt somit keine hierarchischen Leitungs- und Kontrollfunktionen wahr. Es basiert im Wesentlichen auf freiwilligen Koordinierungs-, Moderations- und Motivationsleistungen und zielt auf eine gemeinsame, konsensorientierte Koordination ab. In der Regel umfasst Regionalmanagement die Umsetzung von Entwicklungskonzepten, die Generierung von Projekten sowie die erfolgreiche Positionierung der Planungsregion im Wettbewerb der Regionen. Als Wesenskern des Regionalmanagements gilt aber eindeutig die Rolle des Prozesspromotors regionaler Entwicklung. Durch seinen Umsetzungsbezug ergänzen Aktivitäten des Regionalmanagements die formellen Instrumente der Regionalplanung. Obwohl es primär auf die Initiierung und Durchführung von Projekten abzielt, die sektorübergreifend angelegt sein können, häufig aber auch eine spezifische Themenzentrierung aufweisen, basieren Regionalmanagementansätze in vielen Fällen auf einer regionalen Entwicklungskonzeption. Bewusst wird Regionalmanagement daher als Weg zur Umsetzung des Regionalplans eingesetzt.

Die Organisation der *Presse- und Öffentlichkeitsarbeit*, die Durchführung von *Veranstaltungen* zur Bürgerinformation und regionale *Werbestrategien* zum Imageaufbau gelten ebenso als Aufgabenstellungen eines marketingorientierten Regionalmanagements, wie die Information der Kooperationspartner über den Stand der Projektumsetzung sowie die Sammlung, Dokumentation und Vermittlung von Erfahrungen und Erfolgsstrategien. Dabei ist Regionalmanagement nicht auf den öffentlichen Bereich beschränkt, sondern betreibt eine intensive Kooperation mit der Privatwirtschaft. Regionalmanagement versucht durch Knüpfung neuer Allianzen, neben der Ausschöpfung verfügbarer Förderinstrumente, auch das regionale Selbsthilfepotenzial im Rahmen endogener Entwicklungsstrategien zu mobilisieren. Hinsichtlich der Themenausrichtung verfolgen die Ansätze des Regionalmanagements ein pluralistisches Prinzip. So sind Maßnahmen im Bereich des Arbeitsmarktes, der Aufbau von Existenzzentren, die Ausweisung von Gewerbeflächen und Ansiedlung von Unternehmen, Infrastrukturplanung, Projekte des Fremdenverkehrs, der Innovations- und Technologietransfer oder die Entwicklung von Leitbildern für die regionale Entwicklung aus der Praxis bekannt.

Explizit wurde das Regionalmanagement bisher aber noch nicht als neue Pflichtaufgabe der Regionalplanung durch Landesplanungsgesetze übertragen.

### Raumordnerische Verträge und Zielvereinbarungen

In der Raumordnungspraxis haben sich mittlerweile Verträge und Zielvereinbarungen als wichtige Instrumente etablieren können. Angeregt durch das Vorbild des städtebaulichen Vertrages nach § 11 BauGB, der Public-Private-Partnerships in der kommunalen Planung stark befördert hat, ist auch im Raumordnungsrecht ein ähnliches Vertragsinstrument eingeführt worden, das eine umsetzungsorientierte und projektbezogene Steuerung auf der Basis vertraglicher Vereinbarungen ermöglicht und vorrangig der Vorbereitung und Verwirklichung von Raumordnungsplänen dienen soll. Dieser raumordnerische bzw. landesplanerische Vertrag nach § 13 Satz 5 ROG ersetzt nicht die hoheitliche Planung. Er gestattet vielmehr Regelungen zwischen Trägern der Raumordung und ihren Adressaten, die sich förderlich auf die Erreichung regionalplanerischer Ziele auswirken. Seine primäre Funktion ist somit vorrangig in der Förderung kooperativer Arrangements zu sehen. Im Gegensatz zu den hierarchischen Instrumenten des Raumordnungsrechts, gehört der raumordnerische Vertrag in das Arsenal der Instrumente des kooperativen Rechts. Verträge kommen nicht gegen den Willen der Vertragspartner zustande, sie setzen vielmehr eine Einigung unter ihnen voraus. Aus diesem Grunde können raumordnerische Verträge auch als Instrument des regionalen Interessenausgleichs bezeichnet werden.

Nicht in ihrer Rechtsform festgelegt, ermöglichen sie als zivilrechtliche oder als öffentlich-rechtliche Verträge den Abschluss verbindlicher Vereinbarungen zwischen Trägern der Regionalplanung und ihren Adressaten (Gemeinden, Fachplanungsträgern, Personen des Privatrechts oder anderen Raumordnungsträgern). Sie können als bilaterale Vertragswerke abgefasst werden oder in Form eines multilateralen Vertrages eine Vielzahl verschiedener Vertragspartner binden. Gegenüber Dritten gehen von einem raumordnerischen Vertrag allerdings keine Bindungswirkungen aus, er bindet nur die Vertragspartner.

In inhaltlicher Hinsicht sind die raumordnerischen Verträge auf den Regelungsbereich der Raumordnung fixiert. So können sie z.B. Ziele und Grundsätze der Raumordnung in Regionalplänen konkretisieren oder auch die Verbindlichkeit einzelner Erfordernisse erhöhen und dadurch die Verwirklichung von Raumordnungsplänen befördern.

Obwohl der raumordnerische Vertrag als ein leistungsfähiges Instrument zur Anbahnung und Regelung kooperativer Arrangements zwischen der Raumordnung und ihren Adressaten gilt, und auch bereits Musterlösungen für Vertragsfälle ausgearbeitet wurden, gelten weder zivilrechtliche noch öffentlich-rechtliche Vertragsanwendungen in der Regionalplanungspraxis als weit verbreitet. Die bisher erst langsame Verbreitung des raumordnerischen Vertrages in der Raumordnungspraxis wird im Wesentlichen auf die mangelhafte Anreizsituation zurückgeführt. Die Regionalplanung verfügt in Aushandlungsprozessen nur über geringe Anreize, die den Abschluss einer vertraglichen Vereinbarung für ihre Adressaten attraktiv erscheinen lassen. Im Gegensatz zu den Bebauungsplänen der Gemeinden schafft der Regionalplan nicht unmittelbar Zulässigkeitsvoraussetzungen für Bauvorhaben. In der Regionalplanungspraxis hat sich gezeigt, dass raumordnerische Verträge zumeist in den Fällen abgeschlossen werden, in denen beispielsweise durch den Einsatz von Mitteln der regionalen Wirtschaftsförderung ein zusätzlicher Anreiz geschaffen wurde oder der Regionalplanungsträger auch gleichzeitig Träger zusätzlicher Kompetenzfelder ist (Abfallbeseitigung, Regionalverkehr, regionale Wirtschaftsförderung) und daher den Vertragspartnern interessante Angebote unterbreiten kann. Fehlt eine vergleichbare Anreizstruktur, bestehen nur begrenzte Möglichkeiten für den raumordnerischen Vertrag als Handlungsmittel der freiwilligen Kooperation.

Literaturhinweise

Akademie für Raumforschung und Landesplanung (Hrsg.) (1999): Grundriß der Landes- und Regionalplanung. – Hannover

Akademie für Raumforschung und Landesplanung (Hrsg.) (2005): Handwörterbuch der Raumordnung. – Hannover

Entschließung der Ministerkonferenz für Raumordnung „Leitlinien zur Anwendung des Zentrale-Orte-Konzepts als Instrument einer nachhaltigen Raumentwicklung" vom 3. Dezember 2001, siehe http://www.bmvbw.de/Anlage12058/Entschliessung-der-MKRO-zum-Zentrale-Orte-Konzept-03.12.01.pdf

Anwendungen des Zentrale-Orte-Konzeptes in den Bundesländern, siehe www.bbr.bund.de;

Blotevogel, H. (Hrsg.) (2002): Fortentwicklung des Zentrale-Orte-Konzeptes. In: Forschungs- und Sitzungsberichte. Akademie für Raumordnung und Landesplanung, Bd. 217. – Hannover

# 9 Europäische Raumentwicklungspolitik

Seit dem letzten Raumordnungsbericht 2000 stand die Europäische Raumentwicklungspolitik der Bundesregierung vor allem im Zeichen der EU-Erweiterung. Seit dem 1. Mai 2004 gehören zehn weitere, vor allem mittel- und osteuropäische Staaten der Europäischen Union an: Estland, Lettland, Litauen, Malta, Polen, Tschechien, die Slowakei, Slowenien, Ungarn und Zypern. Dies ist die bisher größte Erweiterung in der Geschichte der Europäischen Union (EU). Damit besteht die EU nun aus 25 Mitgliedstaaten. Weitere Beitrittskandidaten stehen noch vor der Tür zur EU. Mit Bulgarien und Rumänien dauern die Beitrittsverhandlungen noch an, während mit der Türkei noch keine Beitrittsverhandlungen geführt werden. Kroatien wurde auf dem europäischen Rat vom 17./18.06.2004 der Status eines Beitrittskandidaten eingeräumt. Die Verhandlungen sollen Anfang 2005 beginnen.

Mit dem Beitritt sind vielfältige, im Detail schwer zu prognostizierende regionale, wirtschaftliche und soziale Auswirkungen verbunden. Sowohl für die bisherigen als auch die zukünftigen Mitgliedstaaten eröffnet die EU-Erweiterung Entwicklungschancen, beinhaltet aber auch Risiken. Eine besondere Herausforderung stellt das große Wohlstandsgefälle zwischen den Beitrittsländern und der EU der 15 Mitgliedstaaten dar.

Mit dem Beitritt zur EU rücken die mittel- und osteuropäischen Staaten dichter an Westeuropa und Deutschland heran. Allein schon aufgrund der räumlichen Lage hat Deutschland ein besonderes Interesse an einer guten und intensiven Beziehung zu den neuen EU-Ländern. Ziel der Bundesregierung war und ist es, die raumentwicklungspolitische Zusammenarbeit mit den mittel- und osteuropäischen Staaten, die bereits kurz nach der deutschen Wiedervereinigung und dem Fall des „Eisernen Vorhangs“ aufgebaut wurde, fortzuführen und zu intensivieren. Dabei haben sich in den letzten Jahren drei Schwerpunkte herausgebildet:

- **Die Stärkung der bilateralen Zusammenarbeit mit den östlichen Nachbarstaaten**
  Der Schwerpunkt der Bundesregierung im Berichtszeitraum (2000–2004) lag auf der Zusammenarbeit mit Polen, insbesondere im deutsch-polnischen Grenzraum (Interreg III A) sowie mit den polnischen und tschechischen Partnern im Rahmen der transnationalen Zusammenarbeit (Interreg III B). Darüber hinaus wurde die Zusammenarbeit und der Erfahrungsaustausch mit russischen Regionen intensiviert.
- **Die Zusammenarbeit im Rahmen der Europäischen Union.**
  Zwei Programme stehen in der aktuellen Strukturfondsperiode im Mittelpunkt der EU-Raumentwicklungspolitik: die Gemeinschaftsinitiative Interreg III B zur Förderung der transnationalen Zusammenarbeit in der Raumentwicklung und das Forschungsnetzwerk ESPON (European Spatial Planning Observation Network) zur Beobachtung der europäischen Raumentwicklung.
- **Die Zusammenarbeit mit den mittel- und osteuropäischen Staaten im Rahmen des Europarates.**
  Auf der 12. Europäischen Raumordnungsministerkonferenz (CEMAT – Conférence Européenne des Ministres responsables de l'Aménagement du Territoire) im September 2000 in Hannover wurden hierzu „Leitlinien für eine nachhaltige räumliche Entwicklung auf dem europäischen Kontinent“ sowie ein Zehn-Punkte-Programm zur Umsetzung beschlossen. Auf der 13. CEMAT-Konferenz im September 2003 in Ljubljana standen die Fortschritte bei der Umsetzung der Leitlinien im Mittelpunkt.

## Bilaterale Zusammenarbeit mit Polen, Tschechien und Russland

Die Zusammenarbeit mit den osteuropäischen Nachbarstaaten zur räumlichen Entwicklung ist von besonderer politischer Bedeutung für die Bundesregierung. Die Zusammenarbeit soll zur Nutzung der wirtschaftlichen Entwicklungspotenziale bei gleichzeitigem Abbau der großen wirtschaftlichen und sozialen Ungleichgewichte in diesem mitteleuropäischen Raum beitragen. In besonderem Maße sollen die ostdeutschen Länder, ihre Regionen und Kommunen in Kooperationsnetzwerke integriert werden. Schließlich soll in diesem europäischen Raum Vertrauen geschaffen und der Prozess der EU-Erweiterung durch konkrete Projekte gestaltet werden.

### Zusammenarbeit mit Polen

Besonders mit Polen sind nach 1990 vielfältige Kooperationsnetzwerke auf allen Ebenen entstanden. Im Jahre 2002 wurden die 1995 erarbeiteten „Raumordnerischen Leitbilder für den Raum entlang der deutsch-polnischen Grenze" aktualisiert. Damit wurde veränderten Rahmenbedingungen Rechnung getragen. Hierzu gehörten der bevorstehende EU-Beitritt Polens und die zunehmende Intensität des Grenzverkehrs, die Veränderungen im polnischen Verwaltungsaufbau, aber auch ein wirtschaftliches Zurückbleiben des Grenzraumes. Schwerpunkte der aktualisierten Leitbilder sind deshalb die gemeinsame Förderung der Städteverflechtungen, der Ausbau der grenzüberschreitenden Infrastruktur, die Erhaltung und Nutzung der Natur- und Tourismuspotenziale sowie gemeinsame Aktivitäten zum vorbeugenden Hochwasserschutz entlang der Oder und zur Braunkohlensanierung. Die Aktualisierung und Umsetzung der Leitbilder wurde durch Integration der gemeinsamen Raumordnungskommission in die deutsch-polnische Regierungskommission für grenznahe und regionale Zusammenarbeit wirksamer gestaltet.

Wichtige raumordnungspolitische Vorhaben sind heute verwirklicht. Beispielsweise bestehen inzwischen 35 Grenzübergänge (21 Straßen-, 9 Bahn- und 5 Flussgrenzübergänge). Allerdings blieb z.B. der Ausbau des Schienenverkehrs hinter dem der Straßenverbindungen zurück. Grund ist die geringe Nachfrage, die jedoch auch mit der mangelnden Qualität des Schienenverkehrsangebots zusammenhängt. Weiterhin hat sich gezeigt, dass eine bessere Verzahnung der unmittelbaren Grenzraumentwicklung mit den benachbarten Wirtschaftsräumen und Metropolen wie Berlin, Dresden, Breslau, Posen und Stettin erforderlich ist. Hierzu wurden Initiativen und Projekte wie das „Deutsch-Polnische Haus" („Fünfeck" der genannten Städte) entwickelt. Mit dieser Initiative werden nach Auffassung der Bundesregierung „die Weichen gestellt, durch Kooperation von Gebietskörperschaften, der Wirtschaft, kultureller Einrichtungen und gesellschaftlicher Gruppen den Raum im Einzugsgebiet der fünf Stadtregionen Berlin–Dresden–Breslau–Posen–Stettin als künftige europäische Wirtschaftsregion zu positionieren" (BT-Drs. 15/275 vom 23.12.2002, S. 2). Gleichzeitig wird hierdurch die polyzentrale Entwicklung Europas entsprechend den Intentionen des Europäischen Raumentwicklungskonzeptes gefördert. Die bessere Einbindung des deutsch-polnischen Kooperationsraumes in die transeuropäischen Verkehrsnetze war ein weiterer Schwerpunkt der Arbeiten im Berichtszeitraum. Es wurde davon ausgegangen, dass die paneuropäischen Verkehrskorridore, die das Grenzgebiet durchlaufen, bei besserer Verzahnung von Verkehrsinvestitionen mit der Regionalplanung Impulsgeber für die Entwicklung einer neuen europäischen Region an Oder und Neiße sein können. Entsprechende Untersuchungen wurden vor allem zum paneuropäischen Korridor III (Berlin/Dresden – Breslau – Kiew) durchgeführt.

Im Ergebnis wurden fünf Bereiche identifiziert, in denen Chancen zur Nutzung der europäischen Verkehrsinvestitionen für die grenzüberschreitende Regionalentwicklung gesehen werden:

- Aufbau von Kooperationsbeziehungen zwischen deutschen und polnischen Messestandorten
- Stärkung und Erweiterung der vorhandenen deutsch-polnischen Unternehmensnetzwerke
- Entwicklung grenzüberschreitender touristischer Themenrouten und Intensivierung der Zusammenarbeit zwischen Akteuren aus dem Tourismussektor
- Grenzüberschreitendes Standortmarketing und gemeinsame Vermarktung von Großvorhaben mit überregionaler Bedeutung
- Intensivierung der Kooperationen zwischen Hochschulen und anderen Bildungseinrichtungen

Die deutsch-polnische Regierungszusammenarbeit ist gleichzeitig eingebettet in eine größere multilaterale Zusammenarbeit im Ostseeraum und im CADSES (vgl. hierzu auch weiter unten). Strategische Raumentwicklungsprojekte, die beispielsweise im Ostseeraum durch die Raumordnungsminister im Rahmen ihrer politischen Zusammenarbeit (VASAB 2010) vorbereitet wurden, werden mit Hilfe von Programmen der EU-Gemeinschaftsinitiative Interreg III B transnational umgesetzt.

Deutsche und polnische Partner wirken dabei mit Partnern anderer Staaten zusammen. Gegenwärtig sind deutsche, vor allem ostdeutsche Partner, gemeinsam mit polnischen Partnern an 34 transnationalen Raumentwicklungsprojekten im Ostseeraum und im CADSES beteiligt. Hervorzuheben sind dabei das Projekt „Oderregio" zur integrierten Flussraumentwicklung und zum vorbeugenden Hochwasserschutz im Einzugsbereich der Oder und das Projekt „South Baltic Arc", in dem räumliche Leitbilder und Entwicklungsmaßnahmen für den südlichen Ostseeraum zwischen Deutschland, Polen und den baltischen Staaten unter Einbindung des Gebietes Kaliningrad erarbeitet werden. In den Projekten „Baltic +", „Baltic Gateway" und „BaltCoast" sind Partner aus den neuen Ländern gemeinsam mit polnischen u.a. Partnern an strategischen Raumentwicklungsprojekten beteiligt. Im Projekt „Metropolitan Areas" entwickelt die Hauptstadtregion Berlin gemeinsam mit Hauptstadtregionen anderer Ostseestaaten Strategien, wie die Potenziale der Städte und ihres Umlandes noch wirksamer für ein nachhaltiges Wirtschaftswachstum erschlossen werden können. Mit dem Projekt „EuRoB" wird eine transnationale Tourismusroute der Backsteingotik in Zusammenarbeit von Partnern aus Polen und Deutschland sowie Dänemark, Schweden und den baltischen Staaten entwickelt. Eine zielgerichtete wirtschaftliche Nutzung von ehemaligen Militärflächen vor allem im südlichen Ostseeraum ist Gegenstand des Projektes „Convernet". Weitere Projekte betreffen die Verbesserung der Transportverbindungen zwischen Polen und Deutschland und darüber hinaus mit den Nachbarstaaten sowie die bessere Verzahnung von Verkehrs- und Regionalentwicklung.

### Zusammenarbeit mit Tschechien

Die Zusammenarbeit mit Tschechien wird zunehmend intensiviert. Dabei kann auf einer vielfältigen Zusammenarbeit in den Grenzräumen unter Einbindung gemeinsamer Euroregionen aufgebaut werden. Tschechische und deutsche Partner arbeiten gegenwärtig in neun transnationalen Projekten gemeinsam mit Partnern anderer Staaten zusammen. Hierzu gehören der vorbeugende Hochwasserschutz und die Flussraumentwicklung im Einzugsbereich der Oder. Mit dem Projekt „Cityregio" wird die gemeinsame Wirtschaftsentwicklung

**SIC! - Projektpartner**

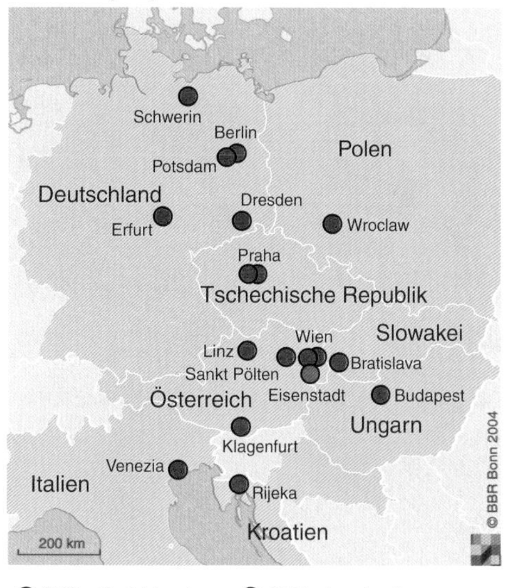


SIC! - Projektpartner   SIC! - Leadpartner

Quelle: INTERREG IIIB-Datenbank des BBR

der Regionen Leipzig, Pilsen und Linz gefördert. Das Projekt „SIC !" fördert die Städte-, Verkehrs- und Regionalentwicklung im Korridor Berlin–Prag–Wien–Budapest–Zagreb. In den nächsten Jahren wird die Zusammenarbeit im Einzugsbereich der Elbe einen weiteren Schwerpunkt bilden.

Eine vertraglich geregelte Zusammenarbeit, wie z.B. mit Polen (Deutsch-Polnische Regierungskommission) gibt es mit der Tschechischen Republik zurzeit noch nicht. Über bestehende Arbeitskontakte wurden jedoch Grundlagen dafür geschaffen. Insbesondere wurden gegenseitige Einladungen zu Veranstaltungen über Raumordnung und Raumentwicklungspolitik, zeitweiliger Personalaustausch (Hospitation) sowie auch die Durchführung eines gemeinsamen deutsch-tschechischen Seminars zur Raumentwicklung vereinbart. Ferner sollen zwei Arbeitsgruppen eingerichtet werden zur Methodik und Organisation der Raumentwicklung sowie zur staatenübergreifenden Zusammenarbeit über die unmittelbaren Grenzräume hinaus.

### Zusammenarbeit mit Russland

Kooperationen mit Russland sind noch im Aufbau begriffen. Ein erster Schritt wurde mit dem Modellvorhaben der Raumordnung „CEMAT-Modellregionen" unternommen, das anlässlich der 12. Europäischen Raumordnungsministerkonferenz gemeinsam von der russischen und der deutschen Delegation initiiert worden war. Das zwischenzeitlich erfolgreich abge-

**CEMAT - Innovationsregionen**

schlossene Projekt hatte zum Ziel, den Aufbau von lokalen und regionalen Kooperationsstrukturen vor Ort in den russischen Regionen Oblast Leningrad und Oblast Moskau zu fördern und politisch zu begleiten sowie mit Unterstützung deutscher Regionen – insbesondere der ostdeutschen Länder – das notwendige raumplanerische Know-how zu vermitteln. Die Zusammenarbeit mit russischen und weiteren europäischen Regionen vornehmlich der jüngeren Mitgliedstaaten des Europarates und der Nachfolgestaaten der ehemaligen UdSSR (z.B. Armenien) wird unter dem Dach des Europarates im Rahmen des Modellvorhabens der Raumordnung „CEMAT-Innovationsregionen" fortgesetzt. Dabei wird sich die Arbeit in diesem Projekt in erster Linie darauf konzentrieren, Strukturen der lokalen und regionalen Selbstverwaltung zu schaffen sowie ein modernes Kommunal- und Regionalmanagement in diesen Regionen zu entwickeln und zu verankern. So stehen nämlich russische Kommunen und Regionen seit In-Kraft-Treten des neuen Kommunalgesetzes (Gesetz über die allgemeinen Grundsätze für die Organisation der örtlichen Selbstverwaltung in der Russischen Föderation) im Oktober 2003 vor großen Herausforderungen, die sie nur in interkommunaler Zusammenarbeit und mit Hilfe von außen werden meistern können. Im Falle der Nachfolgestaaten der ehemaligen UdSSR steht die grundlegende Vermittlung zeitgemäßer und zukunftsfähiger raumplanerischer Strategien und Werkzeuge im Vordergrund, um dort neben den vorhandenen formellen auch informelle Planungsinstrumente zu etablieren. Diese Länder übernehmen dabei oftmals an den geographischen Rändern Europas eine kulturelle Brückenfunktion.

## Zusammenarbeit im Rahmen der EU

Die 15 Mitgliedstaaten der Europäischen Union und die Europäische Kommission arbeiten seit Ende der 1980er Jahre auf dem Gebiet der Raumentwicklung zusammen. Die Verabschiedung des Europäischen Raumentwicklungskonzeptes (EUREK) auf dem Informellen Raumordnungsministerrat in Potsdam 1999 war ein Meilenstein auf dem Weg zu einer europäischen Raumentwicklungspolitik. Das EUREK zielt darauf ab, die Kohärenz und Komplementarität der Raumentwicklungsstrategien der Mitgliedstaaten sicherzustellen und die raumordnerischen Aspekte der Gemeinschaftspolitiken zu koordinieren. Es zeigt die Ziele und politischen Optionen auf, die zu einer nachhaltigen Europäischen Union beitragen.

Den Fachpolitiken auf EU- und auf nationaler und regionaler Ebene sowie den verantwortlichen Politikern und Akteuren vor Ort gibt das EUREK Orientierungen für raumwirksame Entscheidungen. Nach dem Subsidiaritätsprinzip wird mit diesem rechtlich nicht bindenden Dokument dabei nicht in die jeweiligen Kompetenzen eingegriffen.

Das EUREK behandelt bereits in einem eigenen Kapitel die Herausforderungen des Erweiterungsprozesses für die europäische Raumentwicklungspolitik. Die Bewältigung der Erweiterung, vor allem der Integration Mittel- und Osteuropas in die Union wurde im EUREK als zentrale Aufgabe der nächsten Jahre definiert.

Insbesondere wurde vorgeschlagen, die Zusammenarbeit mit den Beitrittsstaaten auf der transnationalen Ebene schon vor der EU-Erweiterung zu institutionalisieren. Die Beitritts- und Nachbarstaaten der EU wirken inzwischen sowohl bei der transnationalen Zusammenarbeit zur Raumentwicklung als auch im Rahmen des ESPON, als den wichtigsten Umsetzungsinstrumenten des EUREK gleichberechtigt mit.

## Gemeinschaftsinitiative Interreg III

Interreg III ist eine Gemeinschaftsinitiative der Europäischen Union für die Jahre 2000 bis 2006. Interreg soll dazu beitragen, den wirtschaftlichen und sozialen Zusammenhalt in der Europäischen Union und eine ausgewogene Entwicklung des europäischen Raums zu fördern. Es geht darum, gemeinsame staatenübergreifende Projekte durchzuführen, mit denen die politischen Ziele und Optionen des 1999 verabschiedeten Europäischen Raumentwicklungskonzeptes (EUREK) beispielhaft umgesetzt und konkretisiert werden.

Interreg III wird über drei Ausrichtungen umgesetzt:

- Ausrichtung A betrifft die grenzübergreifende Zusammenarbeit, d.h. die unmittelbare Förderung von Grenzregionen.
- Ausrichtung B ist der transnationalen Zusammenarbeit in staatenübergreifenden Kooperationsräumen gewidmet.
- Ausrichtung C unterstützt die interregionalen Zusammenarbeit von Gebietskörperschaften quer durch Europa.

Im Mittelpunkt der raumentwicklungspolitischen Zusammenarbeit steht die Ausrichtung Interreg III B. Zu deren grundlegenden Ziele gehören die Förderung der Raumentwicklung, der Verkehrs- und Transportsysteme, des Zugangs zur Informationsgesellschaft sowie der Schutz des natürlichen und kulturellen Erbes. Interreg III B untergliedert sich in 13 Programmgebiete, so genannte Kooperationsräume, welche sich über ganz Europa erstrecken. Deutschland ist an fünf und damit von allen EU-Staaten an den meisten dieser transnationalen Kooperationsprogramme beteiligt:

- im Ostseeraum,
- im „Mitteleuropäischen, Adriatischen, Donau- und Südosteuropäischen Raum" (CADSES),
- im Nordseeraum,
- in Nordwesteuropa und
- im Alpenraum.

**INFO: Kooperationsprogramm Ostseeraum**

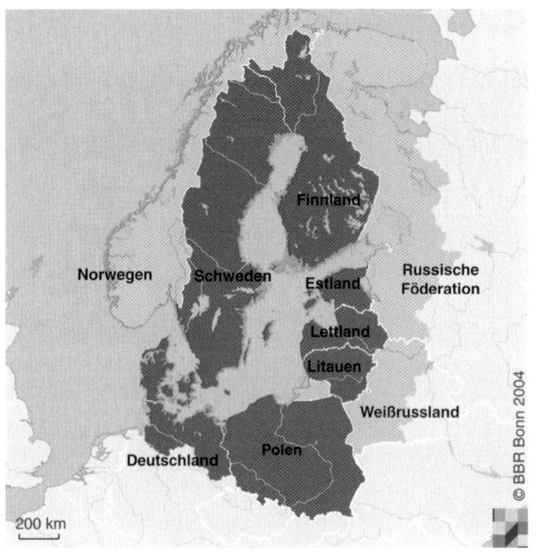


EU-Regionen/Mitgliedstaaten
Nicht-EU-Mitgliedstaaten
Quelle: Sekretariat INTERREG IIIB-Kooperationsraum Ostsee

Die Regionen des Ostseeraumes mit langer Tradition staatenübergreifender Zusammenarbeit sind seit 1990 vor allem herausgefordert, die Integration sehr unterschiedlicher Wirtschafts- und Gesellschaftssysteme zu bewältigen. Die Integration Berlins und der neuen Länder in Kooperationsnetzwerke des Ostseeraums und die Zusammenarbeit mit den Beitrittsstaaten stellt für Deutschland eine besondere Herausforderung dar.

**INFO: Kooperationsprogramm CADSES**

EU-Regionen/Mitgliedstaaten
Nicht-EU-Mitgliedstaaten
Bewerbung CADSES-Mitgliedschaft
Quelle: Sekretariat INTERREG IIIB-Kooperationsraum CADSES

Der Mitteleuropäische, Adriatische, Donau- und Südosteuropäische Raum (CADSES) wird vor allem durch die Umgestaltung der wirtschafts- und gesellschaftspolitischen Systeme der osteuropäischen Staaten geprägt. Diese Umgestaltung ist ein langwieriger Prozess. Aus bundespolitischer Sicht bildet die Zusammenarbeit mit diesen Staaten und die Stärkung dezentraler Raumstrukturen einen besonderen Schwerpunkt bei der Entwicklung, Unterstützung und Auswertung von Projekten.

**INFO: Kooperationsprogramm Nordseeraum**

Im Nordseeraum weisen zahlreiche Regionen eine hohe Wirtschaftsdynamik auf, die auch mit erheblichem Siedlungsdruck auf die Küstenzonen und Raumnutzungskonflikten einhergeht - sowohl land- als auch seeseitig. Dies erfordert eine integrierte Raumentwicklungspolitik. Durch Projekte im Nordseeraum soll ein stärker integriertes Management der Küstenzonen unterstützt werden.

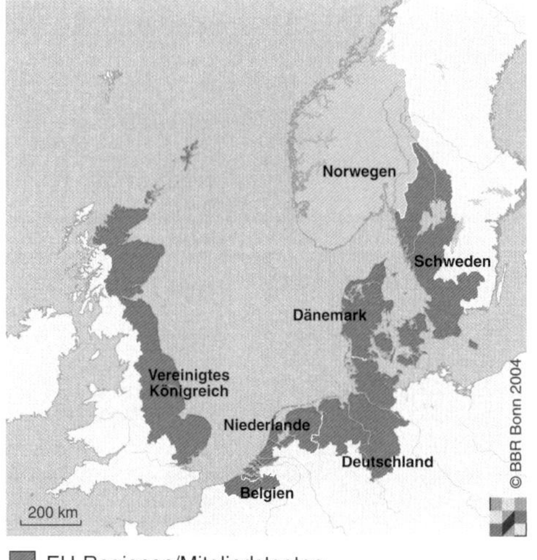


EU-Regionen/Mitgliedstaaten
Nicht-EU-Mitgliedstaaten
Quelle: Sekretariat INTERREG IIIB-Kooperationsraum Nordsee

**INFO: Kooperationsprogramm Nordwesteuropa**

Im Nordwesteuropäischen Raum konzentrieren sich europaweit bedeutsame Metropolen und Infrastruktureinrichtungen, die eine transnational koordinierte Raumentwicklung erfordern. Die seit Jahren eingespielte intensive, staatenübergreifende Zusammenarbeit verläuft nahezu ohne Barrierewirkung politischer Grenzen. Deshalb wird davon ausgegangen, dass hier in besonderem Maße eine integrierte Raumentwicklung staatenübergreifend auf den Weg gebracht werden kann.

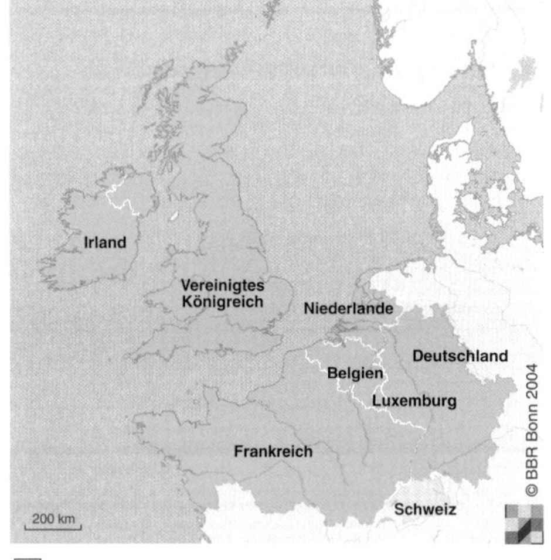


EU-Regionen/Mitgliedstaaten
Nicht-EU-Mitgliedstaaten
Quelle: Sekretariat des Kooperationsraumes Nordwesteuropa

**INFO: Kooperationsprogramm Alpenraum**

Im Alpenraum gilt es in besonderem Maße, wirtschaftliche Dynamik, europäischen Transitverkehr, starke Tourismusnachfrage und den Schutz einer sensiblen Umwelt in Übereinstimmung zu bringen. Aus bundespolitischer Sicht soll im Rahmen von INTERREG vor allem darauf hingewirkt werden, den Alpenraum als Modellregion für raumordnungspolitische Strategien und Maßnahmen einer nachhaltigen Entwicklung zu profilieren.

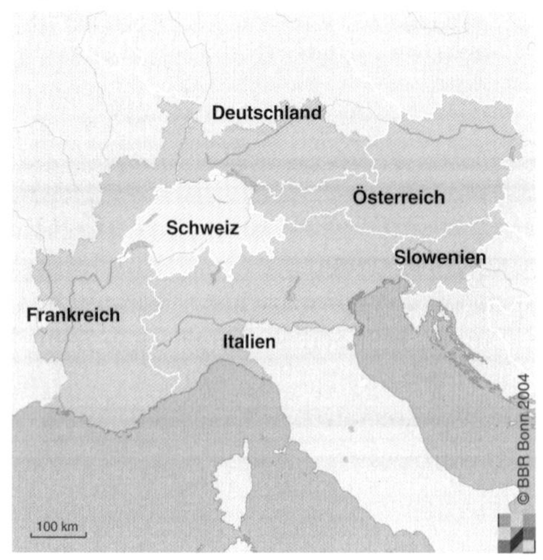


EU-Regionen/Mitgliedstaaten
Nicht-EU-Mitgliedstaaten
Quelle: Sekretariat INTERREG IIIB-Kooperationsraum Alpen

In den fünf genannten Kooperationsräumen stehen bis 2006 EU-Fördermittel in Höhe von rund 750 Mio. Euro aus dem Europäischen Fonds für regionale Entwicklung (EFRE) zur Verfügung bzw. rd. 1,5 Mrd. Euro einschließlich der erforderlichen nationalen Kofinanzierung. Die Zusammenarbeit erfolgt nach Programmen, die gemeinsam durch die Partnerstaaten der jeweiligen Räume erarbeitet wurden. Trotz des für transnationale Projekte umfangreichen Vorbereitungs- und Abstimmungsbedarfs werden die Fördermittel sehr stark nachgefragt. Mitte der Programmlaufzeit (31.12. 2003) waren bereits ca. 70 Prozent der Mittel gebunden, obwohl nur knapp 40 Prozent der Anträge bewilligt wurden. Die Projekte stellen sich dabei einem Wettbewerb. Über die Anträge entscheidet nicht die Europäische Kommission in Brüssel, sondern ein transnationaler Lenkungsausschuss im Konsens aller Partnerstaaten (einschl. der Nicht-EU Staaten) des jeweiligen Raumes.

Zum 31.12.2004 waren insgesamt 325 Projekte genehmigt, in denen über 4000 Partner aus Gebietskörperschaften, Ministerien, Fachinstitutionen, Verbänden, Universitäten und Unternehmen direkt mitwirken. Die Projekte haben ein mittleres Volumen von rd. 3,7 Mio. Euro, davon rd. 1,9 Mio. Euro EFRE-Fördermittel. Im Durchschnitt sind 13 Partner aus fünf Staaten an einem Projekt beteiligt. Darüber hinaus sind jedoch noch weitere Akteure eingebunden, so dass bereits die Partnerstruktur auf einen hohen Grad an „Transnationalität" hinweist.

Deutsche Partner wirken intensiv in den Projekten mit und ziehen hieraus sowohl unmittelbaren als auch strategischen wirtschaftlichen und gesellschaftlichen Nutzen. Zwei Drittel der Projekte haben deutsche Partner, rund 20 % einen deutschen Leitpartner. Die deutschen Partner verwerten mehr als 20 % der Mittel aller genehmigten Projekte in den fünf Kooperationsräumen. Die Fördermittel dienen dem Anliegen der jeweiligen transnationalen Projekte, stärken jedoch gleichzeitig die beteiligten Regionen und Standorte im Verbund mit den Nachbarn. Bundespolitische Zielstellungen, die neuen Länder besser in die transnationalen Kooperationen, vor allem mit den osteuropäischen Partnerstaaten zu integrieren, werden bisher gut umgesetzt. Nach der im Mai 2004 vollzogenen

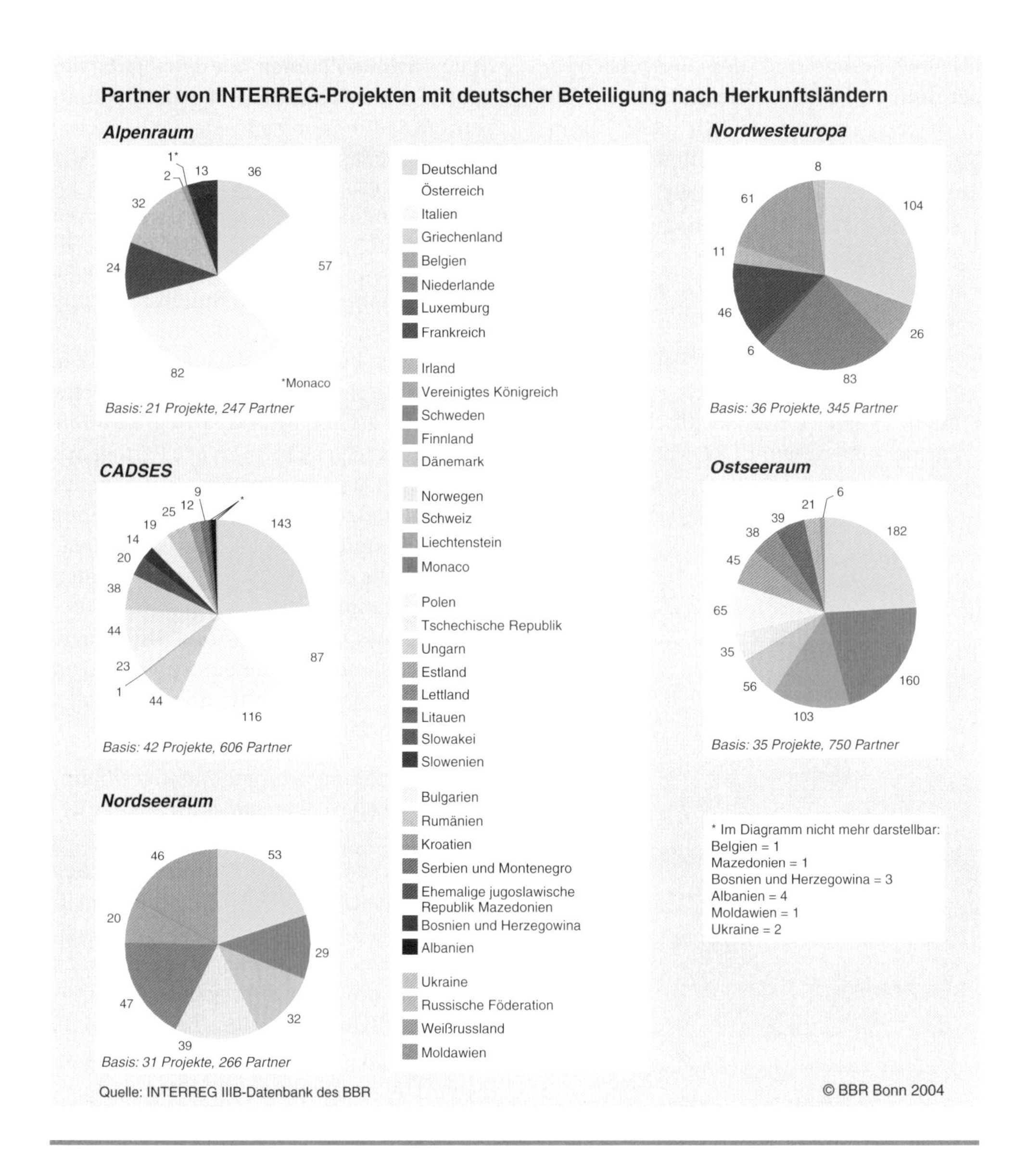


**BEISPIEL: Europäische Route der Backsteingotik (EuRoB)**

Projekt im Interreg III B-Programm für den Ostseeraum

Im Rahmen des Projekts wird eine transnationale Kulturroute zum baulichen Erbe der Backsteingotik, also einem ostseetypischen Kultursegment, mit touristischen Angebotspaketen für den Ostseeraum entwickelt. Damit soll staatenübergreifend das touristische Entwicklungspotenzial der teilnehmenden Städte und Regionen besser genutzt werden.

**Historische europäische Architektur**

Quelle: Stadt Neubrandenburg

Die Route reicht von Schweden über Dänemark, Deutschland und Polen bis ins Baltikum, mit Partnerstädten in Litauen, Lettland und Estland. Die 28 Partner setzen sich für die Erhaltung und Nutzung der Gebäude für kulturelle und touristische Zwecke ein. Die Vermarktung der touristischen Route soll u.a. durch einen professionellen Internetauftritt, einen Routenkatalog, Routenbeschilderung und Öffentlichkeitsarbeit, den Ausbau buchbarer touristischer Angebote sowie durch Qualitätsmanagement im Hotelbereich erfolgen.

Wenn es gelingt, ein für die Partner erfolgreiches Produkt EuRoB zu entwickeln, soll in einer Anschlussphase ein dauerhaftes Management für die Route etabliert werden. Dabei sollen weitere Partnerorte, insbesondere aus den Beitrittsstaaten integriert werden.

Weitere Informationen: www.eurob.org

EU-Erweiterung und der Verwirklichung der Neuen Nachbarschaftsinitiative der Europäischen Union wird sich diese Zusammenarbeit noch enger gestalten.

Auf die neuen Länder entfallen

- ein Drittel der Projekte mit deutscher Beteiligung,
- nahezu die Hälfte der deutschen Projektpartner,
- mehr als die Hälfte der deutschen Leitpartner,
- mehr als ein Viertel der durch deutsche Partner generierten EFRE-Mittel.

In den beiden Räumen mit Beteiligung der neuen Länder (CADSES- und Ostseeraum) konzentrieren sich auf sie drei viertel der deutschen Projektpartner und der EFRE-Mittel.

Die Karte „Interreg III B-Projekte in Deutschland" spiegelt die räumliche Schwerpunktsetzung der Bundesregierung auf die neuen Länder und eine intensive Kooperation mit Nachbarstaaten wider. Die Karte veranschaulicht, in welchen Gemeinden die deutschen Projektpartner zu verorten sind. Es zeigt sich, dass viele Partner aus Gemeinden in den neuen Ländern für transnationale Interreg-Projekte gewonnen werden konnten. Gleichzeitig wird deutlich, dass die Nähe zu den Nachbarstaaten die Kooperationsbereitschaft deutscher Regionen und Städte fördert. Zentrale Gebiete in Deutschland sind dementsprechend in geringerem Umfang an transnationalen Raumentwicklungsprojekten beteiligt.

In allen Räumen wurden wichtige Raumentwicklungsprojekte von strategischer Bedeutung auf den Weg gebracht, z. B. zum Flussraummanagement und vorbeugenden Hochwasserschutz im nordwesteuropäischen sowie im mittel- und südosteuropäischen Raum, zur staatenübergreifenden Zusammenarbeit in Subregionen des Ostseeraumes (Öresundregion, Barentsregion, südlicher Ostseebogen), zur umweltfreundlichen Transportlogistik im Alpenraum, zur integrierten Küstenzonenentwicklung im Nordseeraum oder zu transnationalen Kultur- und Tourismusrouten.

Untersuchungen haben gezeigt, dass die Programme trotz ihres relativ geringen finanziellen Umfangs (0,6 % der Strukturfondsmittel) einen wichtigen Beitrag zur Integration in den jeweiligen Kooperationsräumen und Europa insgesamt leisten. Die Projekte sind stärker wirtschaftsrelevant und investiv angelegt als in der Pilotphase der transnationalen Zusammenarbeit Ende der 1990er Jahre (Interreg II C). Die projektkonkrete Zusammenarbeit fördert die Übernahme fortgeschrittener Erfahrungen und trägt zu einer Annäherung von Arbeitsmethoden und -verfahren (z.B. der Investitionsvorbereitung, Wirtschaftsförderung, Raumplanung), Finanzierungsmodellen usw. bei. Die Projekte selbst tragen zur Aufwertung der Standortbedingungen der beteiligten Regionen und Städte bei und fördern das Zusammenwirken zwischen

## INTERREG III B-Projekte in Deutschland

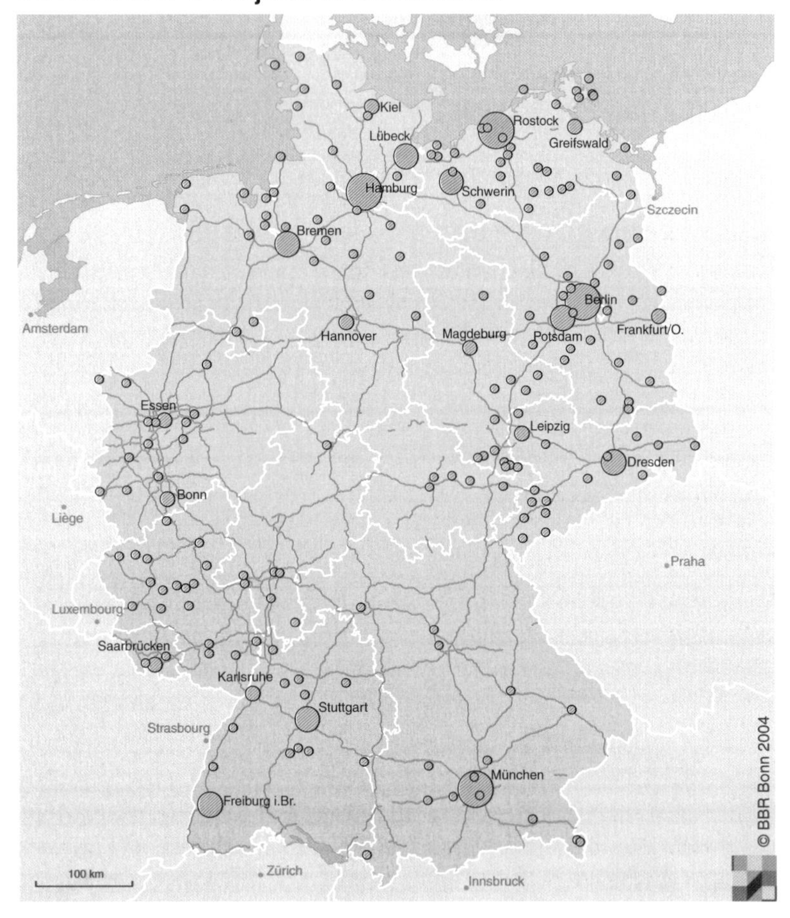


**Anzahl Projekte je Gemeinde**

Projekte, an denen mindestens eine Institution mit Standort in der jeweiligen Gemeinde beteiligt ist, Stand: 31. 6. 2004

- 1 bis unter 6
- 6 bis unter 11
- 11 bis unter 16
- 16 und mehr
- Bundesautobahn

Gemeinden, Stand 31. 12. 2001
Quelle: INTERREG IIIB-Datenbank des BBR

nationalen, regionalen und lokalen Behörden sowie über Fachgrenzen hinweg. Zu den Ergebnissen gehören innovative Pilotvorhaben (z.T. einschl. Infrastrukturinvestitionen) im transnationalen Kontext, Tourismusprodukte, Entwicklungs- und Marketingkonzepte, Know-how-Transfer, transnationale Netzwerke und Institutionen von Wirtschaft, Kultur und Umwelt, Entwicklungsagenturen, Fortbildungsinstitutionen usw. Zahlreiche Projekte schaffen Grundlagen für Nachfolgeinvestitionen, z.B. Neubau- und Ergänzungsinvestitionen in die Transportinfrastruktur, Hafen-Hinterland-Verbindungen, touristische Infrastruktur, Küstenschutz u.a.

Allerdings sollte auch hier eine Konzentration erreicht werden, in dem die Förderung auf die grenzüberschreitende Zusammenarbeit an den neuen Außen- und Binnengrenzen der Gemeinschaft beschränkt wird.

### Forschungsnetzwerk ESPON

Seit etwa zehn Jahren arbeiten die Raumordnungsminister der EU-Mitgliedstaaten sowie die Generaldirektion Regionalpolitik der Europäischen Kommission kontinuierlich zusammen und bearbeiten gemeinsam Fragen, Probleme und Lösungsmöglichkeiten der europäischen Raumentwicklung. 1994 – auf ihrem informellen Treffen in Leipzig – beschlossen die Raumordnungsminister nicht nur die politischen Grundlagen des Europäischen Raumentwicklungskonzepts EUREK, sondern forderten zur Unterstützung des EUREK-Prozesses auch, die europäische Ebene der wissenschaftlichen Politikberatung zu stärken und ein europäisches Observatorium zur Raumentwicklung in Form eines Netzwerks nationaler raumwissenschaftlicher Forschungs- und Politikberatungseinrichtungen zu etablieren. In Echternach wurde 1998 eine einjährige Pilotphase beschlossen, die 1999/2000 als Studienprogramm zur europäischen Raumplanung (Study Programme on European Spatial Planning – SPESP) durchgeführt wurde. Der Endbericht des SPESP sowie die drei Teilberichte mit deutscher Beteiligung sind in der Schriftenreihe „Forschungen“ des BBR im englischen Original und in deutscher Übersetzung veröffentlicht.

Aufgrund der positiven Ergebnisse dieser Pilotphase wurde Anfang 2002 das „European Spatial Planning Observation Network“ (ESPON), Europäisches Netzwerk zur Raumbeobachtung, mit einer Beschränkung auf vorerst fünf Jahre bis zum Jahr 2006 implementiert. Das ESPON-2006-Programm wird im Rahmen der Gemeinschaftsinitiative Interreg III durchgeführt. Die EU-Mitgliedstaaten haben (unter Federführung von Luxemburg) einen gemeinsamen Antrag unter dem Titel „The ESPON 2006 Programme – Research on the Spatial Development of an Enlarging European Union“ erarbeitet. Die Genehmigung des Programms durch die Europäische Kommission erfolgte am 03. Juni 2002.

Das ESPON-Programm 2006 sieht fünf Prioritäten vor:

- Thematische Projekte zu wichtigen Aspekten der Raumentwicklung (polyzentrales Städtesystem, Stadt-Land; Infrastruktur- und Wissensnetze; natürliches und kulturelles Erbe, Demographie und Migration, usw.) vor dem Hintergrund verschiedener Typen von Regionen und räumlichen Einheiten;
- Projekte zu Wirkungsanalysen europäischer Gemeinschaftspolitiken (räumliche Wirkungen der Sektorpolitiken und der Strukturfonds; Institutionen und Instrumente der Raumentwicklungspolitiken auf den verschiedenen räumlichen Ebenen). Hierbei gilt der Verbindung zwischen den Regierungsebenen und der Dimension der Politikinstrumente besondere Aufmerksamkeit;
- Koordinierende Querschnittsprojekte und Szenarien zur europäischen Raumentwicklung;
- ESPON-Implementation und Vernetzung;
- Technische Unterstützung, Informationsstrategie.

Ein Prognoseergebnis des SASI-Modells zeigt beispielsweise, dass die durch Umsetzung aller TEN/TINA-Projekte verursachte Veränderung des Bruttoinlandproduktes (BIP), regionale Disparitäten der Wirtschaftsentwicklung im ESPON-Raum verringert und so Kohäsion unterstützt. Zu berücksichtigen ist hier, dass der Einfluss von Verkehrsmaßnahmen auch bei großen Veränderungen der Erreichbarkeit durch andere sozioökonomische Makrotrends stark überlagert wird.

### BEISPIEL: ESPON – Ergebnis: Functional Urban Areas

**Metropolitane Europäische Wachstums-regionen (MEGAs)**

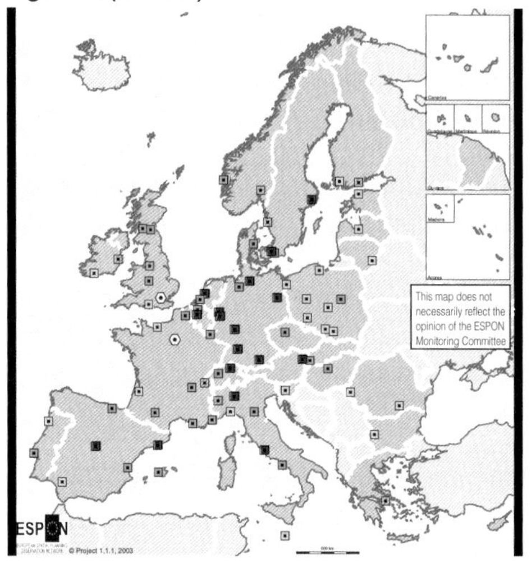


- ⊙ **Global City**
- ■ **Europäischer Motor**
- ▣ **Starke MEGA**
- ▣ **Potenzielle MEGA**
- ▣ **Schwache MEGA**

© Eurogeographics Association für die administrativen Grenzen
Quelle: ESPON database
Datengrundlagen: Eurostat, nationale Statistische Ämter, nationale Experten

Quelle: ESPON Projekt 1.1.1 'The role, specific situation and potentials of urban areas as nodes in a polycentric development', Nordregio (Leadpartner)

In dem Themenbereich der sich mit dem polyzentrischen Städtesystem befasst, wurde zum Beispiel eine Typologie funktionaler Stadtregionen (Functional Urban Areas – MEGAs) entwickelt. Der langjährige diesbezügliche Diskussionsprozess in der Europäischen Raum- und Stadtentwicklung hat hierdurch eine Grundlage erhalten, die in weiteren Diskussionen noch fortentwickelt wird. Auf der Basis ihrer funktionaler Bedeutung im europäischen Kontext in den Bereichen Bevölkerung, Verkehr, Tourismus, Industrie, Wissen, Headquarterfunktionen und Verwaltung wurden drei Ebenen der Stadtregionen identifiziert:

- Metropolitane Europäische Wachstumsregionen (Metropoltain European Growth Areas - MEGAs)
- Transnationale/nationale funktionale Stadtregionen
- Regionale / lokale funktionale Stadtregionen

Die Abgrenzung der MEGAs dient insbesondere dem Versuch, diejenigen Stadtregionen in Europa zu identifizieren, die als eine Art Basis der polyzentrischen Raumstruktur und als Gegengewicht der konzentrierten Entwicklung innerhalb des Pentagons dienen könnten.

### BEISPIEL: ESPON – Ergebnis: Territorial Impacts of EU Transport and TEN Policies

**Veränderung des BIP (SASI, Szenario B 3)**

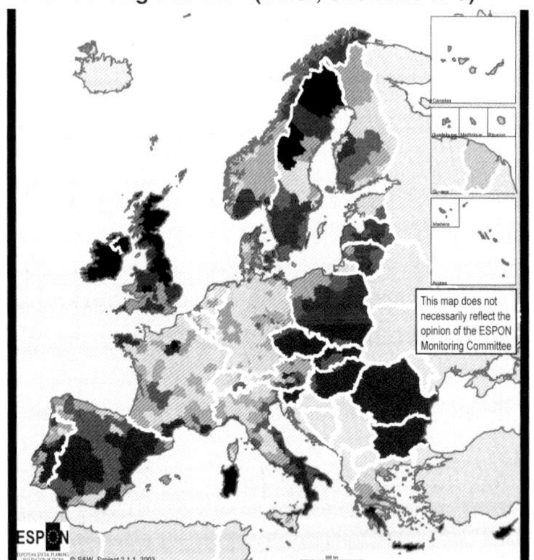


**Abweichung des BIP pro Kopf im Jahr 2021 vgl. mit dem Referenz-Szenario 2001, in %**

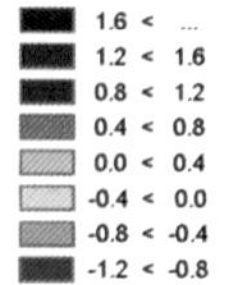


© EuroGeographics Association für die administrativen Grenzen
Quelle: ESPON database
Datengrundlagen: BIP: Eurostat, nationale Statistische Ämter; Modellrechnungen: Spiekermann & Wegener

Quelle: ESPON Projekt 2.1.1 'Territorial impact of EU transport an TEN policies, 3. Zwischenbericht, Institut für Regionalforschung, Christian-Albrechts-Universität zu Kiel (Leadpartner)

Eine der politikorientierten Wirkungsstudien des ESPON-2006-Programms verfolgt das Ziel einer Raumwirksamkeitsprüfung für TENs (Transeuropäische Netzwerke) auf Grundlage einer Operationalisierung der im EUREK (Europäisches Raumentwicklungskonzept) entwickelten politischen Optionen einer nachhaltigen Raumentwicklung.

Die Entwicklung der Verkehrsnetze und der Netze der Informations- und Kommunikationstechnik (IuK) im erweiterten Europa werden in verschiedenen Prognosemodellen analysiert. Ein Beispiel aus dem Verkehrsbereich liefert das SASI-Modell. Es beruht auf einer Quasi-Produktionsfunktion – Erreichbarkeit wird als zusätzlicher Produktionsfaktor in die Produktionsfunktion eingestellt. Bewertungsgegenstand sind Netzausbauszenarien (ex post und ex ante) und Verkehrskostenszenearien (ex ante).

Veränderte Erreichbarkeitsverhältnisse, die gewisse Netzausbauszenarien leisten können, bewirken eine Veränderung der Wirtschaftskraft von Regionen. Diese Wohlstandsänderungen werden modelliert und bewertet.

Das Programm wird durch ein Monitoring Committee gesteuert, deren Mitglieder die 15 EU-Mitgliedstaaten und die Europäische Kommission sind; weitere Mitglieder sind die neuen Mitgliedsstaaten Slowenien und Ungarn sowie als Drittstaaten Norwegen und Schweiz, die dem ESPON offiziell beigetreten sind. Es wird erwartet, dass die weiteren neuen Mitgliedstaaten der EU nach ihrem Beitritt auch vollwertige Mitglieder des ESPON-2006-Programms werden. Unterstützt wird das Monitoring Committee durch eine Koordinationseinheit, die ihren Sitz im luxemburgischen Esch-sur-Alzette hat. Zur dezentralen Koordination trägt auch das Netzwerk nationaler ESPON Contact Points bei, welches als wissenschaftlich beratendes Gremium fungiert. Das Bundesamt für Bauwesen und Raumordnung (BBR) ist der ESPON Contact Point für Deutschland.

Das ESPON-Programm wird in insgesamt ca. 20 Projekten durchgeführt. Das Gesamtvolumen des Programms beläuft sich auf ca. 12 Mio. Euro. Alle Projekte werden in transnationalen Projektgruppen durchgeführt, die aus mindestens drei (bzw. für die Querschnittsprojekte: sechs) Partnern aus verschiedenen Mitgliedstaaten gebildet und durch einen Leitpartner vertreten werden. An jedem Projekt soll mindestens ein ESPON Contact Point beteiligt sein, um die Kohärenz und Vernetzung des gesamten Programms sicherzustellen. Durch den Beitritt Norwegens, der Schweiz, Sloweniens und Ungarns konnte die Gesamtsumme für das Programm erhöht werden. Somit sind neue Projekte im Rahmen des Raumbeobachtungsnetzwerks plan- und realisierbar.

Die erste Projektphase diente insbesondere der Unterstützung der Europäischen Kommission bei der Erstellung des Dritten Kohäsionsberichtes, der Anfang 2004 der Öffentlichkeit präsentiert wurde, und in den erste ESPON-Zwischenergebnisse eingeflossen sind. Ein wesentliches Element der ESPON-Projekte war das Bemühen, die zentralen, aber unscharf formulierten Ziele, Konzepte und politischen Optionen des EUREK einer präziseren wissenschaftlichen Bearbeitung zugänglich zu machen. Insbesondere wurde versucht, ein gemeinsames Verständnis der europäischen Forschungsgruppen über die Begriffe bzw. Konzepte der polyzentralen Entwicklung, der ausgewogenen Erreichbarkeitsverhältnisse und der territorialen Kohäsion herzustellen und Wege einer empirischen Operationalisierung und Überprüfung zu eröffnen. Eine wichtige Erkenntnis dieser Diskussionen war, dass die Konzepte der europäischen Raumentwicklung (wie Polyzentralität) auf verschiedenen räumlichen Maßstabsebenen unterschiedliche Bedeutungen haben und je nach Ebene unterschiedliche politische Interventionsstrategien bzw. Prioritätssetzungen erfordern. Die Ambivalenz der Konzepte bringt es mit sich, dass zum Beispiel die Forderung nach mehr Polyzentralität auf europäischer Ebene die Stärkung von Zentren auf nationaler oder regionaler Ebene erfordern kann, um auf europäischer Ebene Dezentralisierungsprozesse anzustoßen.

Die Klärung der zentralen Begrifflichkeiten wie „territorialer Zusammenhalt" oder „polyzentrale Raumentwicklung" ist ein wichtiger grundlegender erster Schritt der wissenschaftlichen Arbeit im ESPON. Der nächste Schritt besteht in der empirischen Überprüfung dieser Ziele und Konzepte an der Realität: Sind die Strukturen und Entwicklungstendenzen des europäischen Territoriums in Einklang mit den Zielen der europäischen Raumentwicklung? Tragen die Regional-, Struktur- und Fachpolitiken der EU und der Mitgliedstaaten zur Umsetzung dieser Ziele bei? Die ersten Ergebnisse des ESPON legen nahe, dass die Wirkungen der räumlichen Maßnahmen nicht immer hinreichend konsistent und kohärent sind und dass durch mangelndes Wissen und fehlende Koordination Kosten entstehen, die durch bessere Koordination und transnationale Kooperation vielleicht vermeidbar oder reduzierbar wären. Hier setzt das ESPON an, um bessere Entscheidungsgrundlagen bereitzustellen.

Das ESPON behandelt die Fragestellungen und Aspekte der für die europäische Raumentwicklung zentralen Bereiche, wie zum Beispiel Siedlungsstrukturen, städtische und ländliche Räume, geographische Situation und naturräumliche Gegebenheiten, Bevölkerungsentwicklung, Infrastrukturausstattung und Erreichbarkeitsverhältnisse. Des Weiteren werden die Wirkungen wichtiger raumbedeutsamer Politiken untersucht, von den Regional- und Kohäsionspolitiken (einschließlich Vorbeitrittshilfen) bis hin zur Agrarpolitik, Technologiepolitik und den transeuropäischen Netzen. Dabei wird nicht nur das EUREK als Referenz genommen, sondern auch weitere Ini-

*Weitere Informationen sind erhältlich unter:*
www.espon.lu
www.bbr.bund.de/raumordnung/europa/espon.htm

tiativen wie zum Beispiel der sog. Lissabon-Prozess. In Lissabon hatte der Europäische Rat im März 2000 eine auf zehn Jahre angelegte Strategie vorgelegt, mit deren Hilfe die EU zur weltweit dynamischsten und wettbewerbsfähigsten Wirtschaft entwickelt werden soll. Die Lissabon-Strategie umfasst sämtliche Maßnahmen zur wirtschaftlichen, sozialen und ökologischen Erneuerung der EU.

### Perspektiven der zukünftigen europäischen Raumentwicklung

Bereits jetzt laufen die Diskussionen zur zukünftigen Kohäsionspolitik nach 2006 und nach der EU-Erweiterung. Mit der Vorlage des dritten Kohäsionsberichtes 2004 hat die Europäische Kommission die Debatte hierzu und über den territorialen Zusammenhalt eröffnet. Es ist davon auszugehen, dass die regionale Strukturpolitik deutlich verändert wird.

Der Abbau der regionalen Disparitäten und die Integration der Beitrittsländer ist für alte und neue Mitgliedsstaaten und ihre Regionen gleichermaßen eine große Herausforderung. So ist eine Verlagerung der Kohäsionspolitik zu Gunsten der neuen, wirtschaftlich schwächeren EU-Mitgliedstaaten aufgrund der Zunahme der regionalen Disparitäten im Zuge der EU-Erweiterung absehbar. Auf der anderen Seite werden die Entwicklungsprobleme in den gegenwärtigen Zielgebieten der EU-Regionalpolitik noch fortbestehen, wodurch der regionalpolitische Spielraum für die wohlhabenderen Mitgliedstaaten schrumpfen wird. Hier wird eine stärkere Konzentration der Mittel erfolgen müssen.

Der integrierte räumliche Ansatz des EUREK kann hierbei einen wichtigen Beitrag leisten. Bereits in der Zeit nach 1999 hat das EUREK die Politiken auf EU-Ebene und in den Mitgliedstaaten nachhaltig beeinflusst. So nehmen die Interreg-Programme und -projekte Bezug auf das EUREK und zeigen den Mehrwert transnationaler Kooperation auf. Allerdings konzentriert sich das EUREK auf die räumliche Struktur der EU-15, während die Herausforderungen der EU nach der Erweiterung sich deutlich verändern werden. Insofern wird in den Mitgliedstaaten überlegt, den EUREK-Prozess fortzuführen und eine Europäische territoriale Entwicklungsstrategie für die erweiterte EU zu erarbeiten.

Bei der Ausgestaltung der zukünftigen Kohäsionspolitik wird die territoriale Dimension gestärkt. In der europäischen Verfassung, die am 18.06.2004 vom Europäischen Rat angenommen worden ist, wird das Ziel des territorialen Zusammenhalts verankert. Die Verfassung muss nun noch von den 25 Mitgliedstaaten der Europäischen Union ratifiziert werden.

In Artikel III der europäischen Verfassung heißt es nun im Wortlaut:

„Die Union entwickelt und verfolgt weiterhin ihre Politik zur Stärkung ihres wirtschaftlichen, sozialen und territorialen Zusammenhalts, um eine harmonische Entwicklung der Union als Ganzes zu fördern.

Die Union setzt sich insbesondere zum Ziel, die Unterschiede im Entwicklungsstand der verschiedenen Regionen und den Rückstand der am stärksten benachteiligten Gebiete zu verringern.

Unter den betroffenen Gebieten wird den ländlichen Gebieten, den vom industriellen Wandel betroffenen Gebieten und den Gebieten mit schweren und dauerhaften natürlichen oder demographischen Nachteilen, wie den nördlichsten Regionen mit sehr geringer Bevölkerungsdichte sowie den Insel-, Grenz- und Bergregionen, besondere Aufmerksamkeit geschenkt."

In der Formulierung des Artikel III kommt eine Konzentration auf eine Regional- und Strukturpolitik für benachteiligte Regionen zum Ausdruck, die auch von der Bundesregierung ausdrücklich eingefordert wird. Dadurch erhält die Union eine Zuständigkeit für und Verpflichtung auf das Ziel der Stärkung des territorialen Zusammenhalts zur Förderung der harmonischen Entwicklung der Union als Ganzes. Von der rechtlichen und politischen Interpretation dieses Artikels durch die Kommission und die Mitgliedstaaten wird es in den kommenden Jahren abhängen, wie dieses Ziel mit Leben gefüllt werden kann und wie weit sich die Bereiche der mitgliedstaatlichen Zusammenarbeit in der europäischen Raumentwicklungspolitik und der Gemeinschaftspolitik zur Förderung der territorialen Kohäsion von einander abgrenzen werden.

Im operationellen Bereich der Strukturfondsprogramme hat die Europäische Kommission dem Rechnung getragen. In Übereinstimmung mit der europäischen

Verfassung wurde im „Dritten Bericht über den wirtschaftlichen und sozialen Zusammenhalt“ (Kohäsionsbericht) die Förderung der territorialen Kohäsion als neues Gemeinschaftsziel auf die Tagesordnung gesetzt und eine neue Gemeinschaftspriorität *Europäische territoriale Zusammenarbeit* vorgeschlagen. Diese neue Gemeinschaftspriorität soll im Kern die grenzübergreifende, transnationale und interregionale Zusammenarbeit der bisherigen Gemeinschaftsinitiative Interreg sowie Teilthemen anderer Gemeinschaftsinitiativen (URBAN, LEADER, EQUAL) fortführen. Die transnationale Zusammenarbeit zur Raumentwicklung wird damit Teil eines „Mainstream“-Programmes der EU.

## Zusammenarbeit im Rahmen des Europarates

Eine europäische Raumentwicklungsperspektive kann nicht an den Grenzen der Europäischen Union Halt machen. Um den Zielen eines schnelleren Zusammenwachsens der europäischen Teilräume und einer Stabilisierung der regionalen und lokalen Demokratien insbesondere in den Staaten Mittel- und Osteuropas näher zu kommen, ist vielmehr eine enge Zusammenarbeit auf dem Gebiet der zukunftsfähigen Raumentwicklung in ganz Europa erforderlich. Der geeignete institutionelle Rahmen hierfür ist der Europarat, dem inzwischen 45 der 46 europäischen Staaten angehören. Der Europarat hat sich in der Vergangenheit – auch vor dem Fall des Eisernen Vorhangs – mehrfach mit Fragen der Raumentwicklung in Europa befasst. Bereits seit 1970 gibt es in etwa dreijährigem Turnus Konferenzen der Europäischen Raumordnungsministerkonferenz (EMKRO), die allerdings meist mit ihrer französischen Abkürzung CEMAT (Conférence Européenne des Ministres responsables de l'Aménagement du Territoire) bezeichnet wird.

Die 12. Ministerkonferenz fand unter deutschem Vorsitz am 7. und 8. September 2000 während der Weltausstellung EXPO 2000 in Hannover statt. Auf dieser Konferenz verabschiedeten die Minister „Leitlinien für eine nachhaltige räumliche Entwicklung auf dem europäischen Kontinent“ (CEMAT-Leitlinien). Dieses Dokument wurde im federführenden Ausschuss der Hohen Beamten der CEMAT erarbeitet, in dem Deutschland zwischen 1997 und 2000 den Vorsitz innehatte. Das Ministerkomitee des Europarates bestätigte die CEMAT-Leitlinien im Januar 2002 als Empfehlung zur Gestaltung nationaler Raumentwicklungspolitiken. Durch die Annahme und Bestätigung der CEMAT-Leitlinien ist das auf dem Zweiten Gipfel der Staats- und Regierungschefs im Oktober 1997 definierte Ziel, ein regional nachhaltiges ausgewogeneres Europa zu schaffen, näher gerückt. Es gilt nun, diesen Prozess zu verstetigen und projektorientiert zusammenzuarbeiten. So einigten sich die Minister in Hannover auch auf ein „10-Punkte-Programm für ein stärkeres Zusammenwachsen der Regionen Europas“. Darin empfehlen sie, die CEMAT-Leitlinien in konkreten transnationalen Vorhaben anzuwenden.

Als Grundsätze einer nachhaltigen Raumentwicklungspolitik für den gesamten europäischen Kontinent benennen die CEMAT-Leitlinien die Förderung einer ausgewogenen sozioökonomischen Entwicklung und die Verbesserung der Wettbewerbsfähigkeit der Regionen sowie den Schutz der natürlichen Lebensgrundlagen. Besonders betont wird auch die Bedeutung der regionalen Identität, Diversität und der kulturellen Aspekte. Die Förderung des kulturellen Erbes ist somit als vierter Pfeiler in die Nachhaltigkeitspolitik des Europarates eingegangen. Als zusätzliches Erfordernis wird die Zusammenarbeit von Raumentwicklungspolitik und raumrelevanten Fachpolitiken angesehen.

Zwei Aspekte spielen für eine zukunftsorientierte Raumentwicklungspolitik für den europäischen Kontinent eine besondere Rolle. Zum einen ist dies die Globalisierung der Wirtschaft, der Umbruch in Mittel- und Osteuropa und damit verbunden die Nutzbarmachung privater Investitionen. Zum anderen betrifft es die zunehmende Integration innerhalb europäischer Großräume, wie zum Beispiel den Ostseeraum und den so genannten „Mitteleuropäischen, Adriatischen, Donau- und Südosteuropäischen Raum“ (CADSES). Aufgrund der Knappheit der öffentlichen Finanzen zur Deckung der gesellschaftlichen Bedürfnisse – insbesondere im Bereich der Infrastrukturausstattung sowie der damit verbundenen Dienstleistungen – wird in den kommenden Jahren den privaten Investitionen bei der Verwirklichung räumlicher Entwicklungsziele größere Bedeutung zukommen.

*Weitere Informationen:*
www.coe.int/T/E/Cultural_Co_operation/Environment/CEMAT

Auf dem Weg von der 12. zur 13. Ministerkonferenz wurde eine Reihe von Seminaren und Konferenzen durchgeführt, um einzelne raumrelevante Themen näher zu beleuchten. So fand am 15. und 16. Mai 2002 in Dresden, unterstützt durch das Sächsische Staatsministerium des Innern und den Kongress der Gemeinden und Regionen Europas (Congress of Local and Regional Authorities of Europe – CLRAE), eine internationale Konferenz zum Thema „Rolle der lokalen und regionalen Gebietskörperschaften in der transnationalen europäischen Kooperation im Bereich Regional-/Raumentwicklung" statt. Wichtigstes Ergebnis der Veranstaltung war, dass den Städten, Gemeinden und Regionen Europas eine bedeutende Aufgabe im europäischen Prozess des Zusammenwachsens zukommen wird. Dieser Rolle können sie insbesondere durch verstärkte Kooperationen zwischen der lokalen und regionalen Ebene, den gezielten Austausch von guten Fallbeispielen und fachspezifischen Netzwerkbildungen gerecht werden.

Die 13. Ministerkonferenz wurde unter slowenischem Vorsitz am 16. und 17. September 2003 in Ljubljana durchgeführt. Sie stand unter dem Titel „Umsetzung von Strategien und Visionen für eine nachhaltige räumliche Entwicklung des Europäischen Kontinents" und diente dem Austausch über den Stand der Umsetzung der CEMAT-Leitlinien. Die Minister verabschiedeten neben einer Reihe von Resolutionen die „Erklärung von Ljubljana über die territoriale Dimension nachhaltiger Entwicklung". Darin wird die Bedeutung eines integrierten räumlichen Ansatzes zur Umsetzung des Nachhaltigkeitsgedankens betont. Dies bedeutet, stärker als bisher sektorübergreifende und akteursbezogene Raumentwicklungspolitiken zu gestalten.

In Ljubljana informierte die deutsche Delegation über das Projekt „CEMAT-Modellregionen" und die darin gewonnenen Erkenntnisse. Auf diesen aufbauend einigten sich die Minister mit der Resolution Nr. 2 darauf, ein „Paneuropäisches Netzwerk von CEMAT-Innovationsregionen" ins Leben zu rufen. Unter einem gemeinsamen Dach führt dieses Netzwerk Regionen zusammen, die sich zum Ziel gesetzt haben, den aktuellen Herausforderung vor allem der Transformation durch innovative Ansätze in der Raum- und Regionalplanung zu begegnen und – im Sinne des Netzwerks – sich gegenseitig zu unterstützen und somit voneinander zu lernen. Das Netzwerk dient sowohl der modellhaften und praxisorientierten Umsetzung der „CEMAT-Leitlinien" als auch – in diesem Sinne – der Aus- und Fortbildung von lokalen und regionalen Einrichtungen, die mit der Durchführung raumplanerischer Aufgaben beauftragt sind. Mit dem Auf- und Ausbau des Netzwerks leistet Deutschland nicht nur einen wesentlichen Beitrag zur Anwendung der Leitlinien, sondern auch dazu, die Resolution mit Hilfe konkreter Beispiele praxisnah und ortsbezogen zu gestalten.

Literaturhinweise

Europäische Kommission: EUREK – Europäisches Raumentwicklungskonzept. Auf dem Wege zu einer räumlich ausgewogenen und nachhaltigen Entwicklung der Europäischen Union. Luxemburg: Amt für Amtliche Veröffentlichungen der Europäischen Gemeinschaften (1999)

Europäische Kommission: Dritter Bericht über den wirtschaftlichen und sozialen Zusammenhalt. Luxemburg: Amt für Amtliche Veröffentlichungen der Europäischen Gemeinschaften (2004)

Bundesamt für Bauwesen und Raumordnung: Transnationale Zusammenarbeit in der Raumordnung. Sechster Sachstandsbericht zur Gemeinschaftsinitiative INTERREG II C / INTERREG III B. Bonn (2003)

Bundesamt für Bauwesen und Raumordnung: Raumordnungspolitik des Europarates/The Council of Europe`s Spatial Planning Policy. Bonn 2003

Bundesamt für Bauwesen und Raumordnung: Ergebnisse der transnationalen Zusammenarbeit zur Raumentwicklung (Interreg/ESPON) unter besonderer Berücksichtigung der Wirksamkeit für Deutschland. Bonn (2004)

ESPON – European Spatial Planning Observatory Network: ESPON in progress. Preliminary results by Autumn 2003 (2004)

# 10 Raumwirksame Bundesmittel

Über ihre raumbedeutsamen Fachplanungen und -politiken üben die staatlichen Ebenen in Deutschland einen großen Einfluss auf die Raumentwicklung aus. Die Intensität des Einflusses hängt vom Umfang des öffentlichen Engagements und dem Zusammenspiel der verschiedenen Fachpolitiken mit ihren Einzelmaßnahmen in einer Region ab. Gerade aus raumentwicklungspolitischer Sicht kommt es auf einen gebündelten Einsatz der verschiedenen Fachpolitiken an. Bündelung bedeutet, dass die finanziellen Ressourcen unter Einschluss der regionalen Akteure und privater Investoren ziel-, problem- und raumgerecht eingesetzt werden. Denn in Zeiten angespannter öffentlicher Haushalte gilt es die Effizienz des Mitteleinsatzes zu erhöhen. Dies gilt auch mit Blick auf den wirtschaftlichen Aufbau der neuen Länder, der weiterhin eine zentrale Herausforderung der Politik darstellt. Dabei dürfen die regionalen Problemlagen in den alten Ländern und die Bedeutung wachstumsstarker Regionen in West- und Ostdeutschland für die staatliche Ausgleichspolitik nicht übersehen werden. Denn diese Regionen bedürfen entsprechend ihrer Problemlagen und Entwicklungsengpässe ebenfalls gezielter Maßnahmen.

Ein zentraler Indikator für die wirtschaftliche Leistungskraft von Regionen ist das *Bruttoinlandsprodukt je Erwerbstätigen.* Erkennbar ist, dass sich der Abstand zwischen den alten und neuen Ländern bis Mitte der 1990er Jahre deutlich verringert und sich in den letzten Jahren stabilisiert hat. Inzwischen erreichen die neuen Länder bei dieser zentralen wirtschaftlichen Leistungskennziffer rd. 74 % des Niveaus der alten Länder. So ist auch der Aufbau der Infrastruktur und eines neuen Unternehmensbestandes weit voran geschritten.

## Mit stabilen Wachstumszentren den Aufschwung Ost beschleunigen

Das Angebot an öffentlichen Hilfen erfolgte in den neuen Ländern weitgehend flächendeckend. Eine regionale Differenzierung erhielt dieser Ansatz vor allem durch die Ausrichtung der großräumigen Verkehrswege oder der Hochschulen und Forschungseinrichtungen auf die Zentren und industriellen Kernregionen. Auch wirkte die autonome Standortwahl privater Investoren und die regionale Verteilung der Zielgruppe verschiedener Fachprogramme räumlich differenzierend. So haben sich gestützt durch Investitionsentscheidungen der Chemischen Industrie, der Automobilindustrie sowie der Mikroelektronik und Biotechnologie in einzelnen Regionen *ökonomische Entwicklungskerne* herausgebildet. Diese Regionen verfügen vielfach über Netzwerke zwischen Unternehmen unter Einbeziehung von Hochschulen und Forschungseinrichtungen und weisen innovative Kompetenzfelder auf (siehe Kapitel 5.2: „Wachstumsorientierte Regionalentwicklung).

**INFO: Gesetzlicher Auftrag nach § 21 Raumordnungsgesetz (ROG)**

Nach § 3 Satz 6 ROG sind raumbedeutsame Planungen und Maßnahmen „Planungen einschließlich der Raumordnungspläne, Vorhaben und sonstige Maßnahmen, durch die Raum in Anspruch genommen oder die räumliche Entwicklung oder Funktion eines Gebietes beeinflusst wird, einschließlich des Einsatzes der hierfür vorgesehenen öffentlichen Finanzmittel". Werden raumbedeutsame Planungen realisiert, so werden aus diesen raumwirksame Maßnahmen. Raumwirksam heißt, dass durch die Maßnahmen räumliche Aktivitätsmuster in Wirtschaft und Gesellschaft und damit Flächennutzungen und Landschaftsbilder verändert oder die Wettbewerbssituation bzw. räumliche Bedeutung einer Stadt oder Region im nationalen Wirtschafts- und Siedlungsgefüge beeinflusst werden.

Nach § 21, 3. ROG ist das Bundesamt für Bauwesen und Raumordnung (BBR) beauftragt, im Rahmen der Raumordnungsberichte über „die räumliche Verteilung der raumbedeutsamen Planungen und Maßnahmen des Bundes und der Europäischen Gemeinschaft im Bundesgebiet" zu berichten.

Das BBR unterhält zu diesem Zweck seit Mitte der 1990er Jahre eine Datenbank zu wichtigen raumwirksamen Förderpolitiken und -maßnahmen des Bundes. Mittels dieser Datenbank sind Auswertungen zur regionalen Verteilung raumwirksamer Bundesmittel auf Ebene der Länder und teilweise bis auf föderaler Ebene der Kreise möglich.

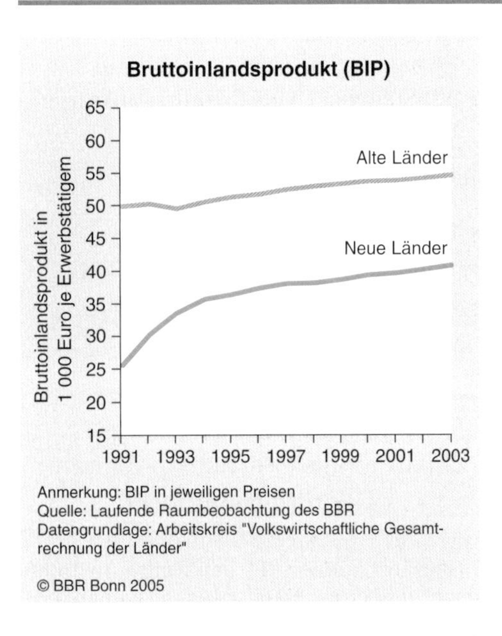


Anmerkung: BIP in jeweiligen Preisen
Quelle: Laufende Raumbeobachtung des BBR
Datengrundlage: Arbeitskreis "Volkswirtschaftliche Gesamtrechnung der Länder"

Vor diesem Hintergrund sind die Anstrengungen um eine förderpolitische Neuorientierung des Aufbau Ost zu sehen. Im Mittelpunkt steht die Frage nach den Möglichkeiten einer stärkeren Förderung und Stabilisierung potenzieller Wachstumsregionen (Leuchttürme), von denen positive Effekte auf andere Regionen ausgehen. Die strukturschwachen Regionen sollen dabei nicht abgekoppelt, sondern weiterhin durch geeignete Instrumente gefördert werden.

## Raumwirksame Bundesmittel im Überblick

Der Raumordnungsbericht 2000 dokumentiert die regionale Verteilung der raumwirksamen Mittel des Bundes im Zeitraum 1991–1998. Im folgenden wird das raumwirksame Engagement des Bundes im Zeitraum 1999–2003 näher beleuchtet. Hierbei stehen die Politikbereiche

- Finanzausgleichspolitik,
- Großräumige Verkehrsinfrastrukturpolitik,
- Wirtschaftsförderung,
- Arbeitsmarktpolitik,
- Forschung und Entwicklung,
- Stadtentwicklung und Wohnen sowie
- EU-Strukturpolitik und Agrarpolitik

im Mittelpunkt.

### Regionale Verteilung dokumentiert strukturpolitische Handlungsbedarfe

Insgesamt können für den Zeitraum 1999–2003 rund 328 Mrd. Euro an raumwirksamen Bundesmitteln auf Länderebene verortet werden. In dieser Summe sind die zinsgünstigen Darlehen mit ihrem Förderwert, der mit näherungsweise 4 % der Darlehenssumme angesetzt wird, berücksichtigt. An dieser Summe partizipieren die neuen Länder mit rund 153 Mrd. Euro. Pro Kopf der Bevölkerung erhalten sie damit rund 8 918 Euro, wobei die Länder Mecklenburg-Vorpommern und Sachsen-Anhalt am stärksten profitierten. In den alten Ländern kommen 2 685 Euro auf einen Einwohner, wobei Bremen mit deutlichem Abstand vor dem Saarland in der Ausstattung mit raumwirksamen Mitteln je Einwohner den ersten Platz belegt. Am anderen Ende stehen Baden-Württemberg, Hessen, Nordrhein-Westfalen und Bayern.

Die Begrenzung auf die direkt ausgabewirksamen Fördermittel verkennt nicht den raumwirksamen Charakter anderer Unterstützungsformen. Von vergleichbarer Wirkung sind vor allem Steuervergünstigungen, bei denen an die Stelle einer Ausgabe eine Mindereinnahme für den Staat tritt und Bürgschaften, bei denen der Staat das Ausfallrisiko einer Leistung oder Investition in einer gewissen Höhe trägt. Derartige Begünstigungen und die in ihnen enthaltenen Subventionsäquivalente sind nur unter großem Aufwand einer Regionalisierung zugänglich. Eine Regionalisierung der Eigenheimzulage ist bereits vorgenommen worden und die Ergebnisse wurden vom Bundesamt für Bauwesen und Raumordnung im Jahr 2003 als Bericht der Bauministerkonferenz zugeleitet. Mit dem nächsten Raumordnungsbericht wird die Regionalisierung weiterer Steuervergünstigungen angestrebt. Zu denken ist insbesondere an die 20 größten Steuervergünstigungen, die nach dem 19. Subventionsbericht der Bundesregierung von 2003 ca. 95 % aller Steuervergünstigungen ausmachten.

### Basissicherung stabilisiert die Entwicklung strukturschwacher Regionen

Unter raumentwicklungspolitischen Aspekten kommt folgenden Politikbereichen eine besondere Bedeutung zu, da sie die Entwicklung in den Teilräumen Deutschlands unmittelbar beeinflussen und für die Regionen eine Basissicherung darstellen:

- *Finanzausgleichspolitik:* Dieser Politikbereich greift unmittelbar in das Finanzgefüge zwischen den Ländern (Länderfinanzausgleich) oder den Gemeinden (kommunaler Finanzausgleich) ein. Die Finanzausgleichspolitik ermöglicht es den Ländern und Gemeinden, öffentliche Aufgaben ohne größere regionale Unterschiede wahrzunehmen (Gleichwertigkeitsziel).

- *Arbeitsmarktpolitik:* Auch dieser Politikbereich wirkt ausgleichend. Hierzu tragen zum einen die vom Bund unmittelbar finanzierten Leistungen nach dem Sozialgesetzbuch III als auch die beitragsfinanzierten Ausgaben der Bundesagentur für Arbeit bei: Denn strukturstarke Regionen mit einer großen Zahl an Beitragszahlern unterstützen strukturschwache Regionen mit einer großen Zahl an Empfangsberechtigten.

| Raumwirksame Bundesmittel | Zeitraum | gesamt | Alte Länder | Neue Länder | gesamt | Alte Länder | Neue Länder |
|---|---|---|---|---|---|---|---|
| | | in Mio. Euro | | | in Euro je Einwohner | | |
| **Finanzausgleichspolitik** | | **81 396,6** | **16 147,0** | **65 249,6** | **988,0** | **247,4** | **3 811,0** |
| Bundesergänzungszuweisungen | 1999-2003 | 71 273,0 | 16 147,0 | 55 126,0 | 865,1 | 247,4 | 3 219,7 |
| Aufbau-Ost (ab 2002 in Bundesergänzungszuweisungen integriert) | 1999-2001 | 10 123,6 | 0,0 | 10 123,6 | 122,9 | 0,0 | 589,5 |
| **Großräumige Verkehrspolitik** | | **78 486,2** | **50 552,7** | **27 933,5** | **952,7** | **774,6** | **1 631,5** |
| Bundesfernstraßen | 1999-2003 | 22 574,5 | 12 819,5 | 9 755,0 | 274,0 | 196,4 | 569,8 |
| Schienenwege | 1999-2003 | 19 217,0 | 12 634,0 | 6 583,0 | 233,3 | 193,6 | 384,5 |
| Bundeswasserstraßen | 1999-2003 | 3 358,4 | 2 089,8 | 1 268,6 | 40,8 | 32,0 | 74,1 |
| Regionalisierungsgesetz | 1999-2003 | 33 336,3 | 23 009,4 | 10 326,9 | 404,6 | 352,6 | 603,2 |
| **Arbeitsmarktpolitik** | | **76 401,5** | **42 968,3** | **33 433,2** | **927,4** | **658,4** | **1 952,7** |
| Leistungen nach Sozialgesetzbuch III [2] | 1999-2003 | 76 401,5 | 42 968,3 | 33 433,2 | 927,4 | 658,4 | 1 952,7 |
| **Wirtschaftsförderung** [1] | | **7 723,1** | **2 457,1** | **5 266,0** | **93,7** | 37,6 | 307,6 |
| GRW - Gewerbliche Wirtschaft | 1999-2003 | 5 466,4 | 659,8 | 4 806,6 | 66,4 | 10,1 | 280,7 |
| *zinsgünstige Darlehensförderung:* | | | | | | | |
| **Kleine und mittlere Unternehmen** | | **39 630,3** | **32 538,8** | **7 091,5** | **481,0** | **498,6** | **414,2** |
| ERP - Existenzgründungsprogramm | 1999-2003 | 3 515,9 | 2 677,7 | 838,2 | 42,7 | 41,0 | 49,0 |
| DtA - Existenzgründungsprogramm | 1999-2003 | 4 195,9 | 3 486,6 | 709,2 | 50,9 | 53,4 | 41,4 |
| KfW - Mittelstandsprogramm | 1999-09/03 | 25 425,5 | 23 070,1 | 2 355,3 | 308,6 | 353,5 | 137,6 |
| KfW - Unternehmerkredit | ab 09/03 | 938,3 | 873,7 | 64,7 | 11,4 | 13,4 | 3,8 |
| ERP - Regionalprogramm | 1999-2003 | 3 352,5 | 1 054,4 | 2 298,0 | 40,7 | 16,2 | 134,2 |
| Eigenkapitalhilfeprogramm | 1999-2003 | 2 202,2 | 1 376,2 | 826,0 | 26,7 | 21,1 | 48,2 |
| **Umweltprogramme** | | | | | | | |
| ERP-, KfW- und DtA-Umweltprogramm | 1999-2003 | 16 787,9 | 12 393,0 | 4 394,9 | 203,8 | 189,9 | 256,7 |
| **Forschung und Hochschule** [1] | | **23 579,3** | **17 063,9** | **6 515,4** | **286,2** | **261,5** | **380,5** |
| **Forschungsbereich** | | **14 068,7** | **10 469,4** | **3 599,3** | **170,8** | **160,4** | **210,2** |
| Wissenschaftliche Forschung (nach Art 91b GG) | 1999-2003 | 5 546,6 | 3 706,3 | 1 840,3 | 67,3 | 56,8 | 107,5 |
| Förderung der Großforschung (nach Art 91b GG) | 1999-2003 | 8 522,1 | 6 763,1 | 1 759,0 | 103,4 | 103,6 | 102,7 |
| *zinsgünstige Darlehensförderung:* | | | | | | | |
| ERP - Innovationsprogramm | 1999-2003 | 2 047,4 | 1 876,4 | 171,0 | 24,9 | 28,8 | 10,0 |
| **Hochschulbereich** | | **9 428,8** | **6 519,5** | **2 909,3** | **114,4** | **99,9** | **169,9** |
| GA Neu- und Ausbau der Hochschulen (nach Art 91a GG) | 1999-2003 | 5 337,6 | 3 748,6 | 1 588,9 | 64,8 | 57,4 | 92,8 |
| Hochschulsonderprogramme (nach Art 91a GG) | 1999, 2000 | 343,1 | 284,6 | 58,5 | 4,2 | 4,4 | 3,4 |
| Ausbildungsförderung | 1999-2003 | 3 748,1 | 2 486,2 | 1 261,9 | 45,5 | 38,1 | 73,7 |
| **Stadtentwicklung und Wohnen** [1] | | **37 447,9** | **24 809,9** | **12 638,0** | **454,5** | **380,1** | **738,1** |
| Städtebauförderung (Geldansatz) | 1999-2003 | 2 207,2 | 586,4 | 1 620,7 | 26,8 | 9,0 | 94,7 |
| Sozialer Wohnungsbau; ab 2002 soziale Wohnraumförderung [3] | 1999-2003 | 4 399,0 | 2 810,5 | 1 588,5 | 53,4 | 43,1 | 92,8 |
| Eigenheimzulage (nur Bundesanteil) | 1999-2003 | 16 999,5 | 13 750,9 | 3 248,6 | 206,3 | 210,7 | 189,7 |
| Investitionszulage für den Mietwohnungsbereich (nur Bundesanteil) | 1999-2003 | 1 849,0 | 0,0 | 1 849,0 | | 0,0 | 108,0 |
| Gemeindeverkehrsfinanzierungsgesetz (GVFG) | 1999-2003 | 7 686,8 | 5 759,3 | 1 927,5 | 93,3 | 88,2 | 112,6 |
| GRW - Wirtschaftsnahe Infrastruktur | 1999-2003 | 1 979,9 | 282,5 | 1 697,4 | 24,0 | 4,3 | 99,1 |
| Altschuldenhilfegesetz (Härtefallregelung nach § 6a; an die Wohnungsunternehmen ausgezahlte Tilgungszuschüsse) | 2001-2003 | 92,7 | 0,0 | 92,7 | | 0,0 | 5,4 |
| *zinsgünstige Darlehensförderung:* | | | | | | | |
| KfW-Wohnraummodernisierungsprogramme [4] | 1999-2003 | 10 351,8 | 1 617,8 | 8 734,0 | 125,6 | 24,8 | 510,1 |
| KfW-Programm zur $CO^{2}$-Minderung | 1999-2003 | 5 240,9 | 4 736,3 | 504,6 | 63,6 | 72,6 | 29,5 |
| KfW-Programm zur $CO^{2}$-Gebäudesanierung | 2001-2003 | 2 398,8 | 1 794,8 | 604,0 | 29,1 | 27,5 | 35,3 |
| KfW-Programm für junge Familien/Wohneigentumsförderung | 1999-2003 | 25 742,8 | 23 788,3 | 1 954,5 | 312,5 | 364,5 | 114,2 |
| KfW-Infrastrukturprogramm | 1999-2003 | 12 112,7 | 8 568,9 | 3 543,8 | 147,0 | 131,3 | 207,0 |
| **Agrarpolitik** | | **22 883,2** | **21 238,3** | **1 644,9** | **277,8** | **325,4** | **96,1** |
| GA Agrarstruktur und Küstenschutz | 1999-2003 | 4 080,8 | 2 711,1 | 1 369,7 | 49,5 | 41,5 | 80,0 |
| Landwirtschaftliche Sozialpolitik [6] | 1999-2003 | 18 802,4 | 18 527,2 | 275,1 | 228,2 | 283,9 | 16,1 |
| **Raumwirksame Bundesmittel insgesamt** [1] | | **327 917,8** | **175 237,2** | **152 680,5** | **3 980,2** | **2 685,0** | **8 917,6** |
| nachrichtlich: zinsgünstige Darlehen insgesamt | | 114 312,6 | 87 314,3 | 26 998,3 | 1 387,5 | 1 337,8 | 1 576,9 |
| **Raumwirksame Mittel anderer Institutionen** | | | | | | | |
| **Finanzausgleichspolitik der Länder** | | | | | | | |
| Länderfinanzausgleich: | 1999-2003 | 0,0 | -29 840,0 | 29 843,0 | 0,0 | -457,2 | 1 743,0 |
| Empfänger-Länder | 1999-2003 | 37 380,0 | 7 537,0 | 29 843,0 | 1 110,9 | 456,0 | 1 743,0 |
| Zahler-Länder | 1999-2003 | -37 377,0 | -37 377,0 | 0,0 | -766,9 | -766,9 | 0,0 |
| **Arbeitsmarktpolitik der Bundesagentur für Arbeit** [5] | | **263 922,6** | **160 928,1** | **102 994,5** | **3 203,5** | **2 465,8** | **6 015,6** |
| darunter: allgemeine Arbeitsbeschaffungsmaßnahmen (ABM) | 1999-2003 | 14 647,7 | 3 447,1 | 11 200,6 | 177,8 | 52,8 | 654,2 |
| darunter: Strukturanpassungsmaßnahmen (SAM) | 1999-2003 | 5 304,3 | 483,9 | 4 820,4 | 64,4 | 7,4 | 281,5 |
| darunter: berufliche Bildung | 1999-2003 | 43 193,4 | 24 379,6 | 18 813,9 | 524,3 | 373,5 | 1 098,9 |
| **Maßnahmen der EU** | | **44 782,6** | **23 603,5** | **21 179,0** | **543,6** | **361,7** | **1 237,0** |
| EU-Strukturfonds inkl. ländliche Entwicklung [7] | 2000-2003 | 19 896,7 | 7 380,0 | 12 516,6 | 241,5 | 113,1 | 731,1 |
| darunter: ländliche Entwicklung | 2000-2003 | 5 000,6 | 2 358,9 | 2 641,7 | 60,7 | 36,1 | 154,3 |
| Gemeinsame Agrarpolitik-EAGFL, Abteilung Garantie [7] | 1999-2003 | 24 885,9 | 16 223,5 | 8 662,4 | 302,1 | 248,6 | 505,9 |
| **Raumwirksame Mittel insgesamt** | | **636 623,0** | **329 928,8** | **306 697,1** | **7 727,3** | **5 055,2** | **17 913,2** |

Anmerkungen: [1]Darlehen mit Subventionsäquivalent von 4% berücksichtigt; [2]ohne besondere Dienststellen; [3]teilweise einschließlich Modernisierungsförderung; [4]KfW-Wohnraummodernisierungsprogramm für die neuen Länder, KfW-Wohnraummodernisierungsprogramm II (neue Länder), KfW-Wohnraummodernisierungsprogramm 2003 (bundesweit); [5]ohne Bundeszuschuss zum Haushalt der Bundesagentur für Arbeit; [6]soweit regionalisierbar ohne 1 026,1 Mio. Euro; [7]soweit regionalisierbar

Quellen: Bundesministerium der Finanzen, Bundesministerium für Verbraucherschutz, Ernährung und Landwirtschaft, Bundesamt für Wirtschaft und Ausfuhrkontrolle, Kreditanstalt für Wiederaufbau, Deutsche Ausgleichsbank, Bundesagentur für Arbeit, Operationelle EU-Programme, Laufende Raumbeobachtung des BBR

**INFO: Regionalisierung raumwirksamer Bundesmittel**

Bei den Angaben handelt es sich um *Ist-Ausgaben* oder *bewilligte zinsgünstige Darlehen,* die anhand der Einwohnerzahl relativiert wurden. Die im Rahmen der Arbeitsmarktpolitik und der Wirtschaftsförderung verausgabten Bundesmittel beinhalten vielfach Zahlungen der Europäischen Union.

Im Mittelpunkt der Darstellung steht die formale Inzidenz, d.h. die Darstellung der direkten, monetären Zahlungsströme an die „Erstempfänger". Bei einer solchen formalen Inzidenzbetrachtung sind folgende Punkte zu beachten:

- Programme und Maßnahmen können nur in solchen Regionen greifen, in denen sich programmadäquate Antragsteller finden. Soweit die Förderung antragsgesteuert erfolgt, was für Zuweisungen und Zuschüsse des Staates üblicherweise zutrifft, müssen in der Regel Begünstigte innerhalb des Raums gewonnen und Fördermittel eingeworben werden.
- Nicht eingeworbene Mittel sind kein hinreichendes Indiz für fehlenden Handlungsbedarf: Eine unterdurchschnittliche Intensität der Programmanwendung kann neben einem geringen Besatz an potentiellen Antragstellern auf einem geringen Engagement und Informationsdefiziten der Zielgruppe und regionalen Akteure gründen. Auch kann für ein bestimmtes Programm ein geringerer Bedarf bestehen.
- Von einer unterdurchschnittlichen Förderung pro Kopf kann nicht von vornherein auf einen zugleich unterdurchschnittlichen Wirkungsgrad geschlossen werden. Denn die Wirkungsgrade bei einem Programm können zwischen verschiedenen Regionen oder bei verschiedenen Programmen innerhalb einer Region unterschiedlich sein.
- Außerdem kann die formale Begünstigung eines Landes in einem anderen Land – etwa über induzierte Käufe oder Vorleistungsverflechtungen – effektiv wirksam werden. In Ermangelung regionaler Input-Output-Analysen entziehen sich solche „effektiven Wirkungen" einer gesicherten empirischen Erkenntnis.
- Bei großräumig angelegten Infrastrukturinvestitionen erschweren Probleme der regionalen Zurechenbarkeit eine sachadäquate Interpretation der Ergebnisse. So bei Verkehrsinvestitionen, die Netzstrukturen verändern und deren regionale Wirkungen wie z.B. Erreichbarkeits- und Entwicklungseffekte räumlich auseinander fallen können. Dies gilt vor allem dann, wenn zwischen der Erstellungs- und Nutzungsphase unterschieden wird.
- Die regionale Mittelverteilung einer Fachpolitik ist zunächst fachpolitisch zu bewerten. Dies gilt insbesondere für jene Fachpolitiken, die keine ausgleichs- sondern entwicklungspolitische Ziele aufweisen wie z.B. die Forschungspolitik.
- Schließlich weisen bestimmte Maßnahmen – etwa im Infrastrukturbereich – einen mehrjährigen Bezug auf. Grundsätzlich müsste bei auf Mehrjährigkeit angelegten Maßnahmen der gesamte Durchführungszeitraum unter Berücksichtigung des tatsächlich ausgeschöpften Verpflichtungsrahmens untersucht werden. Eine derzeit unterdurchschnittliche Förderung ist unter Umständen auf einen regional unterschiedlichen Stand der Planungen oder Ausführungsarbeiten zurückzuführen.

- *Regionale Strukturpolitik:* Dieser Politikbereich will die unternehmerische Arbeitsplatzbasis in strukturschwachen Regionen stärken und Unterschiede in der Wirtschaftskraft der Regionen ausgleichen.

Diese dreistufige *Basissicherung* ist in ihrer finanziellen Bedeutung beachtlich: Im Zeitraum 1999–2003 wurden in diesen Politikfeldern rund 446 Mrd. Euro verausgabt. Der Anteil der regionalen Strukturpolitik an diesem Finanzvolumen ist gering, während die Arbeitsmarktpolitik am stärksten zu Buche schlägt. Allein die beitragsfinanzierten Ausgaben der Bundesagentur für Arbeit machen 264 Mrd. Euro aus.

Dieses System einer ausgleichsorientierten Basissicherung wird durch weitere sozialpolitische Maßnahmen ergänzt, die von ihrem Finanzvolumen her ebenfalls beträchtlich sind. Neben den Zahlungen aus der beitragsfinanzierten Rentenversicherung zählt hierzu auch die von den Kommunen gewährte Sozialhilfe. Insgesamt wurden im Zeitraum 1999–2003 107 Mrd. Euro an Sozialhilfe gewährt. Davon entfielen 44 Mrd. Euro auf die laufende Hilfe zum Lebensunterhalt und 63 Mrd. Euro auf die Hilfe in besonderen Lebenslagen. Die insgesamt gezahlten Hilfen je Einwohner betrugen in den alten Ländern 1 328 Euro und in den neuen Ländern 1 185 Euro.

Diese verschiedenen Bestandteile einer ausgleichsorientierten Basissicherung sind in ihren Wirkungen nicht voneinander unabhängig, so dass Änderungen in einem Politikbereich Auswirkungen auf Ausgabenströme in einem anderen haben können. Am Beispiel der Arbeitsmarktpolitik lässt sich dies besonders gut aufzeigen, da die Transferleistungen der Bundesagentur für Arbeit einen erheblichen Beitrag zur Basissicherung der deutschen Regionen leisten: Bei den Nehmerregionen werden durch die Transfers Kaufkraft und Steueraufkommen stabilisiert sowie Arbeitsplätze gesichert. Nutznießer der Transfers sind auch die Städte und Gemeinden, in denen die Trans-

**Regionaler Basisausgleich 1999 bis 2003**

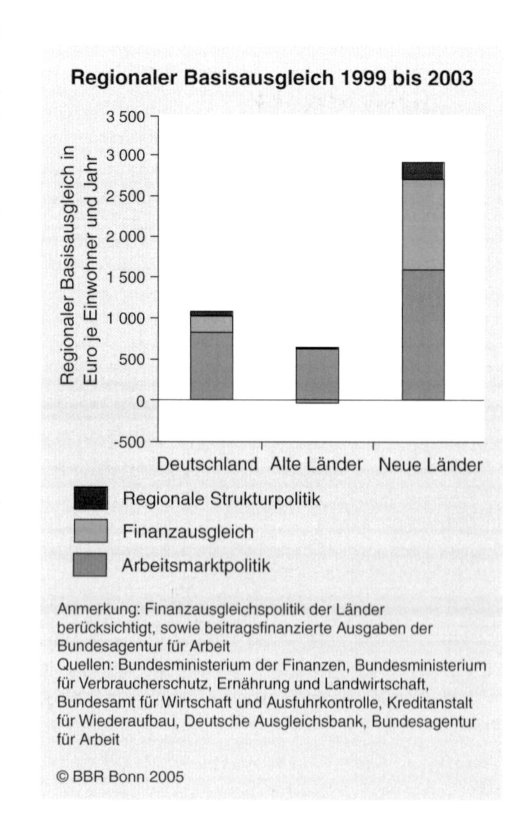


Anmerkung: Finanzausgleichspolitik der Länder berücksichtigt, sowie beitragsfinanzierte Ausgaben der Bundesagentur für Arbeit
Quellen: Bundesministerium der Finanzen, Bundesministerium für Verbraucherschutz, Ernährung und Landwirtschaft, Bundesamt für Wirtschaft und Ausfuhrkontrolle, Kreditanstalt für Wiederaufbau, Deutsche Ausgleichsbank, Bundesagentur für Arbeit

ferempfänger leben und notwendige Beschäftigungshilfen eingesetzt werden. Ohne die Transfer müssten die Kommunen zusätzliche Sozialhilfezahlungen aus den oft angespannten Haushalten leisten. Wenn zusätzlich die Steuerkraft je Einwohner aufgrund des Verlustes an Kaufkraft sinkt und damit der Abstand des jeweiligen Landes zum Steuerkraftdurchschnitt steigt, kann es zudem sein, dass sich die Geber- oder Nehmerposition des betreffenden Landes im Länderfinanzausgleich verändert.

Bei einer differenzierten Maßnahmendarstellung nach Ländern ergibt sich auf der Basis einer Pro-Kopf-Analyse folgendes Bild:

Die neuen Länder profitieren aufgrund ihrer Strukturschwäche überproportional vom Basisausgleich. Dies gilt insbesondere für Sachsen-Anhalt und Mecklenburg-Vorpommern. In den alten Ländern profitieren Bremen und das Saarland aufgrund von Sanierungshilfen und Finanzausgleich am stärksten, wobei die Förderintensität je Einwohner in Bremen gut doppelt so hoch ist wie im Saarland. Am anderen Ende stehen Hessen, Baden-Württemberg und Bayern.

Ansonsten zeigen sich vor allem Unterschiede im Niveau des raumwirksamen Mitteleinsatzes. Die Mittelausstattung in den Politikfeldern zwischen den neuen Ländern ist durchweg homogener als zwischen den alten Ländern. Maßnahmen, die inhaltlich eng mit dem Bevölkerungsbesatz korrespondieren, variieren kaum zwischen den Ländern. Dies gilt im Bereich Stadtentwicklung für neue und alte Länder gleichermaßen. Dieses Ergebnis resultiert daher, dass die regionale Mittelverteilung auf der Basis des Bevölkerungsanteils eines Landes an der Gesamtbevölkerung oder damit eng korrelierender Größen erfolgt.

Maßnahmen, die inhaltlich an bestimmte Standortvoraussetzungen oder vorhandene Einrichtungen (z.B. Hochschulen) gebunden sind, streuen zwischen den einzelnen Ländern. Eindeutige regionale Schwerpunkte der Ausgaben für Forschung und Hochschulen bilden u.a. wegen ihrer Hochschulen die Stadtstaaten Bremen und Hamburg sowie von den Flächenländern Baden-Württemberg aufgrund seines hohen Besatzes mit forschungsorientierten Unternehmen. In den neuen Ländern fokussieren sich die Ausgaben für Forschung und Hochschulen auf Berlin, wäh-

**INFO: Transferleistungen der Bundesagentur für Arbeit**

Die Gegenüberstellung von Leistungen der Bundesagentur für Arbeit an eine Region und die Beitragsfinanzierung aus der Region ergeben die Nettobilanz der Transfers. Dadurch werden die Geber und Nehmer in diesem Finanzausgleich über die Arbeitslosenversicherung sichtbar. Es fällt auf, dass das Volumen größer ist als der Kernteil des Länderfinanzausgleichs. Im Jahr 2001 umfasst der Ost-West-Transfer ein Volumen von über 12 Mrd. Euro; er ist damit mehr als doppelt so hoch wie die im Länderfinanzausgleich bewirkten Transfers in Höhe von 5,8 Mrd. Euro. Eine Umverteilung findet außerdem zwischen den westdeutschen Regionen statt. Zusammen mit den zwischen einzelnen westdeutschen Ländern und Regionen geflossenen Ausgleichszahlungen ergibt sich für 2001 ein kumuliertes Transfervolumen von rund 14 Mrd. Euro.

Der Nettotransfer je Beitragszahler variiert zwischen + 4 528 Euro (Empfängerregion Nordvorpommern) und -1 502 Euro aus der Spenderregion München-Land. Die größten Geberregionen sind die Großstädte München, Frankfurt und Hamburg. Sie allein erwirtschaften einen Überschuss von 2,3 Mrd. Euro. Mit Stuttgart, Düsseldorf und Köln folgen weitere westdeutsche Großstädte, die Mehreinnahmen von rund 1,3 Mrd. Euro in das Ausgleichssystem einspeisten. Aufgrund der hohen Arbeitslosigkeit fließt der größte Teil der Mittel in die neuen Länder.

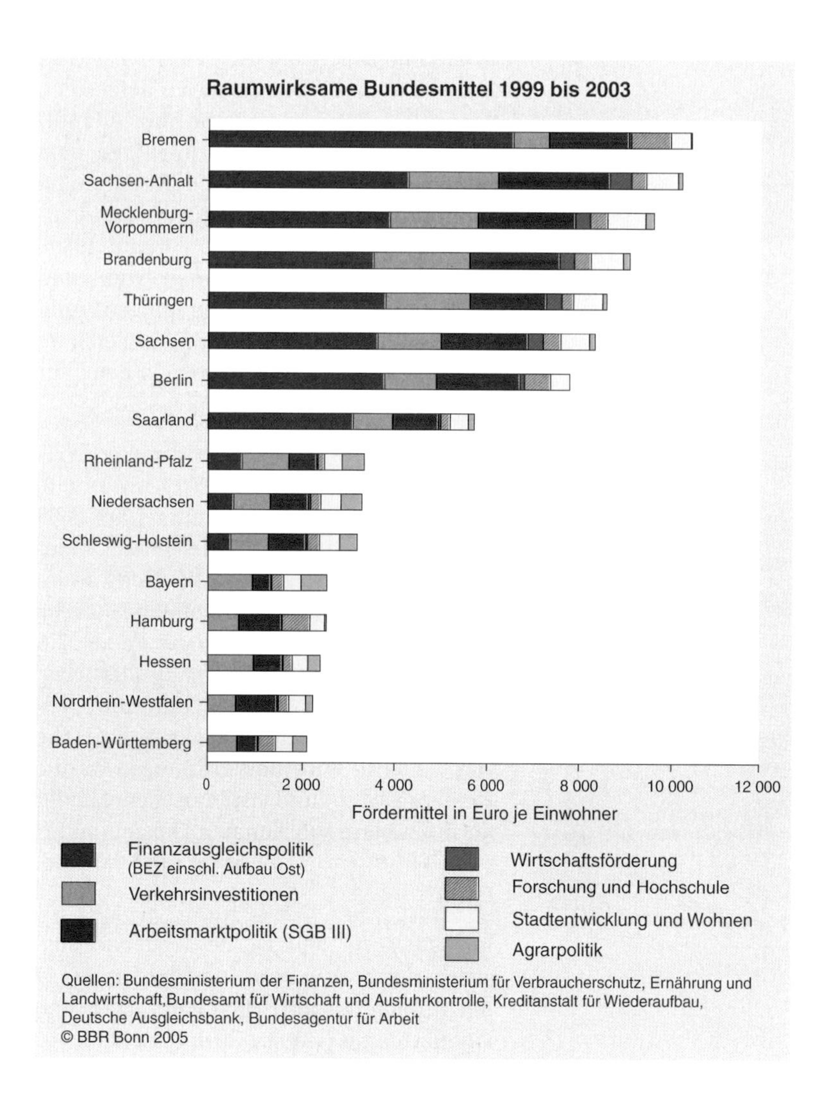

Quellen: Bundesministerium der Finanzen, Bundesministerium für Verbraucherschutz, Ernährung und Landwirtschaft,Bundesamt für Wirtschaft und Ausfuhrkontrolle, Kreditanstalt für Wiederaufbau, Deutsche Ausgleichsbank, Bundesagentur für Arbeit
© BBR Bonn 2005

rend Thüringen am schlechtesten abschneidet. Regionale Schwerpunkte der Land- und Forstwirtschaft sind die Länder Schleswig-Holstein, Niedersachsen, Rheinland-Pfalz, Bayern, Brandenburg und Mecklenburg-Vorpommern. Diese Länder kennzeichnet ein überdurchschnittlicher landwirtschaftlicher Erwerbstätigen- und Flächenbesatz.

## Finanzausgleich als zentrales Element der Ausgleichspolitik

**Instrumente der Finanzausgleichspolitik**

- Länderfinanzausgleich
- Bundesergänzungszuweisungen (BEZ)

Darunter:

- Fehlbetrags-BEZ
- Sonderbedarfs-BEZ
- Übergangs-BEZ
- Sanierungs-BEZ (Bremen, Saarland)

Die Schaffung gleichwertiger Lebensverhältnisse steht im Mittelpunkt des bundesstaatlichen Handelns. Das zentrale Element dieser Ausgleichspolitik ist *der bundesstaatliche Finanzausgleich* (Art. 107 Abs. 2 GG). Mit ihm wird ein Basisausgleich hergestellt, der es den Ländern erlaubt, ihre öffentlichen Aufgaben derart wahrzunehmen, dass zwischen den Ländern keine gravierenden Unterschiede bestehen. Allein der *Länderfinanzausgleich* umfasst im Zeitraum 1999–2003 ein jährliches Volumen von rund 7,5 Mrd. Euro. Von diesen gingen rund 6,1 Mrd. Euro zum Steuerkraftausgleich an die neuen Länder, die seit 1995 in den Länderfinanzausgleich einbezogen sind.

Darüber hinaus gewährt der Bund erhebliche *Bundesergänzungszuweisungen* an alte und neue Länder. Im Zeitraum 1999–2003 kumulieren sich diese für die neuen Länder auf 55,2 Mrd. Euro und für die alten Länder auf 16,1 Mrd. Euro. Hierzu zählen jährliche Zahlungen an die neuen Länder und Berlin zum Abbau teilungsbedingter Sonderbelastungen sowie zum Ausgleich unterproportionaler kommunaler Finanzkraft in Höhe von 7,2 Mrd. Euro und Zahlungen an die kleineren west- und ostdeutschen Länder für ihre überproportionalen „Kosten politischer Führung" in Höhe von rund 0,8 Mrd. Euro.

Bis zum Jahre 2001 wurde der Finanzausgleich durch das *Investitionsförderungsgesetz Aufbau Ost* (IfG) mit einem jährlichen Finanzvolumen von 3,4 Mrd. Euro flankiert.

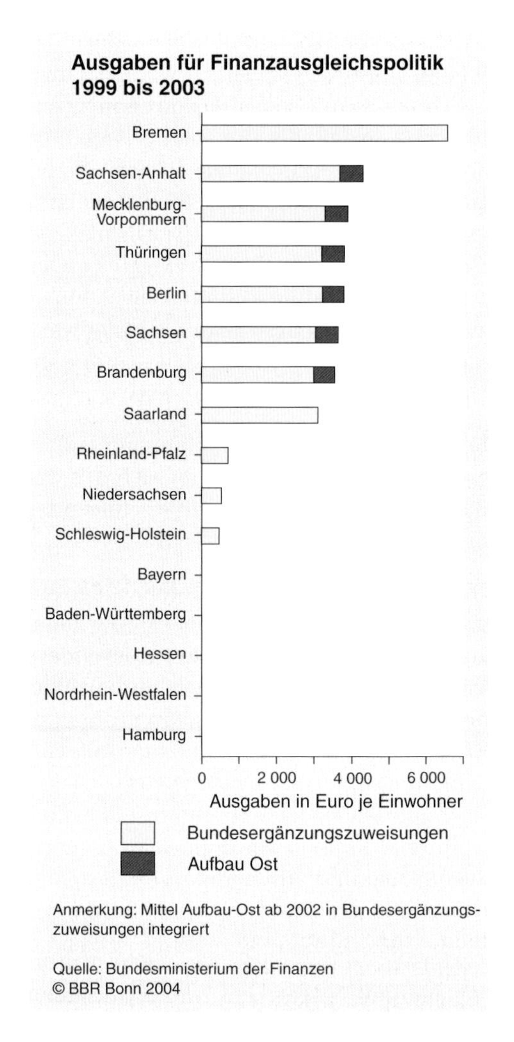


Ab dem Jahre 2002 sind diese Finanzhilfen in die Bundesergänzungszuweisungen integriert worden. Im Zeitraum 1999–2003 erhielten die neuen Länder pro Kopf der Bevölkerung – ohne Länderfinanzausgleich – rund 3 811 Euro je Einwohner. Im Durchschnitt der alten Länder waren es 275 Euro. Ebenso wie in der Vergangenheit haben in den alten Ländern Bremen und das Saarland aufgrund von Bundesergänzungszuweisungen am stärksten profitiert. In den neuen Ländern nehmen Mecklenburg-Vorpommern und Sachsen-Anhalt dicht gefolgt von Thüringen und Berlin die vorderen Plätze ein.

Der Bund hat sich mit dem Solidarpakt II weiterhin an der Mitfinanzierung des Aufbaus Ost verpflichtet. So erhalten die ostdeutschen Länder im Zeitraum 2005 bis 2019 weitere Sonderleistungen. Der Bund stellt hierbei insgesamt mehr als 100 Mrd. Euro als Bundesergänzungszuweisungen sowie – als Zielgröße – weitere 51 Mrd. Euro aus dem Bundeshaushalt zur Verfügung. Im Jahr 2005 erhalten die ostdeutschen Länder

**INFO: Neues zweistufiges Ausgleichsrecht ab 2005**

Dem Urteil des Bundesverfassungsgericht vom 11. November 1999 entsprechend wurde für die Jahre ab 2005 ein neues, zweistufiges Ausgleichsrecht geschaffen. Das so genannte Maßstäbegesetz, in dem Leitlinien für den Finanzausgleich enthalten sind, ist im Jahre 2001 verabschiedet worden. Darauf aufbauend wurde im gleichen Jahr ein neues Finanzausgleichsgesetz (FAG) beschlossen.

Das Bundesverfassungsgericht prägte in seinem Urteil den Begriff der *abstrakten Mehrbedarfe*, mit dem alle Abweichungen von einer Finanzkraftverteilung nach dem Einwohnerschlüssel erfasst wurden. Dieser Begriff drückt aus, dass nicht die tatsächlichen Ausgaben einzelner Länder Grundlage von berücksichtigungsfähigen Bedarfen sein können, sondern nur belegte strukturelle Besonderheiten der Länder. Die Folgen dieser Weiterentwicklung der Rechtsprechung werden unter anderem bei den Seehafenlasten deutlich, die bisher vom Bundesverfassungsgericht unter Hinweis auf ihren historischen Bezug akzeptiert worden waren. Das Bundesverfassungsgericht hat hier die Rechtsprechung dahingehend präzisiert, dass auch die Berücksichtigung von Seehafenlasten als abstraktem Mehrbedarf im ab 2005 neu zu regelnden Finanzausgleich zu rechtfertigen ist. Bei einer Berücksichtigung der Seehafenlasten habe der Gesetzgeber zu prüfen, ob auch andere, ähnliche Mehrbedarfe existieren, die dann ebenfalls berücksichtigt werden müssten. (BVerfGE, 101, 158, 229)

Der Einwohnerschlüssel bleibt auch künftig das zentrale abstrakte Instrument zur Erfassung von „Bedarfen". Alle Abweichungen von diesem Schlüssel wurden im Hinblick auf das Vorliegen abstrakter Mehrbedarfe geprüft. Von den Ländern wurde hierzu eine Vielzahl von Gutachten vorgelegt. Außerdem hatte das Bundesministerium der Finanzen das Bundesamt für Bauwesen und Raumordnung (BBR) mit einem Gutachten beauftragt. In diesem Gutachten wird der gesamte Komplex der abstrakten Mehrbedarfe auf Landes- und Kommunalebene anhand von Bedarfsindikatoren untersucht. Das Gutachten kommt zu dem Ergebnis, dass eine Einwohnerwertung von 135 % für die Stadtstaaten sowohl auf Landes- als auch auf kommunaler Ebene gerechtfertigt ist. Außerdem wurde die Angemessenheit einer Einwohnerwertung für dünn besiedelte Flächenländer begründet.

zusammen rund 10,5 Mrd. Euro als Sonderbedarfszuweisungen zur „Deckung teilungsbedingter Sonderlasten aus dem bestgehenden starken infrastrukturellen Nachholbedarf und zum Ausgleich unterproportionaler kommunaler Finanzkraft". Die Mittel knüpfen an das Leistungsniveau des Jahres 2004 an und werden ab dem Jahr 2006 degressiv abgeschmolzen. Im Jahr 2019 laufen sie mit einer letzten Rate von 2,2 Mrd. Euro aus.

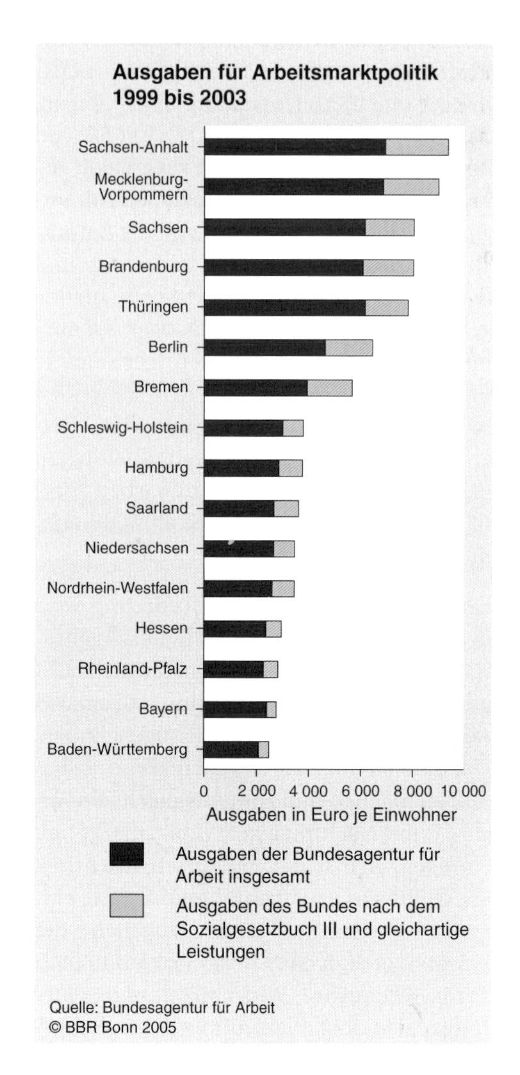


## Arbeitsmarktpolitik

### Wesentliche Instrumente der Arbeitsmarktpolitik

- Allgemeine Arbeitsbeschaffungsmaßnahmen
- Strukturanpassungsmaßnahmen
- produktive Lohnkostenzuschüsse
- Maßnahmen der beruflichen Fortbildung und Umschulung
- Leistungen zur Rehabilitation
- Arbeitslosengeld
- Insolvenzgeld
- Unterhaltsgeld

Die Arbeitsmarktpolitik flankiert den Strukturwandel und mindert damit einhergehende Arbeitsmarktprobleme, die in den deutschen Regionen unterschiedlich stark zu Buche schlagen. Insbesondere in den neuen Ländern, in denen der Aufbau neuer, wettbewerbsfähiger Wirtschaftsstrukturen noch nicht abgeschlossen ist, aber auch in westdeutschen Regionen mit großen Anpassungsproblemen kommt der Arbeitsmarktpolitik eine wichtige stabilisierende Funktion zu. Eine wesentliche Aufgabe der Arbeitsmarktpolitik ist die soziale Absicherung der Abnehmerinnen und Arbeitnehmer im Fall der Arbeitslosigkeit. Die sogenannten Entgeltersatzleistungen, insbesondere das Arbeitslosengeld und das Unterhaltsgeld sind damit von erheblicher Bedeutung für die Bewältigung struktureller Wandlungsprozesse.

Zusätzlich werden mit den Maßnahmen der aktiven Arbeitsförderung Arbeitssuchende aber auch von Arbeitslosigkeit bedrohte Beschäftigte auf die neuen Herausforderungen am Arbeitsmarkt vorbereitet und ihre Eingliederungs- und Beschäftigungschancen für den Arbeitsmarkt verbessert. Hierzu dienen vor allem berufliche Weiterbildungsmaßnahmen sowie Beschäftigung schaffende Maßnahmen. Untersuchungen des Instituts für Arbeitsmarkt- und Berufsforschung (IAB) zeigen, dass die Erreichung dieses Ziel stark von den Gegebenheiten auf den regionalen Arbeitsmärkten abhängt. In Regionen mit ungünstiger Arbeitsmarktlage sind die beruflichen Integrationschancen schlechter und die Eingliederungsquoten deshalb niedriger als in Regionen mit günstiger Arbeitsmarktsituation. Ebenfalls niedriger sind die Eingliederungsquoten dort, wo schwer zu integrierende arbeitsmarktpolitische Zielgruppen (z.B. Ältere mit gesundheitlichen Einschränkungen und Langzeitarbeitslose) relativ stark unter den Maßnahmeteilnehmern vertreten sind.

Die Leistungen der Arbeitsförderung werden vorrangig durch die örtlichen Agenturen für Arbeit erbracht, wobei diese die Gegebenheiten des lokalen und regionalen Arbeitsmarktes zu berücksichtigen haben. Um die Vorgänge am Arbeitsmarkt transparent zu machen und zum Ausgleich von Angebot und Nachfrage auf Arbeitsmarkt beizutragen, haben die Agenturen für Arbeit ein regionales Arbeitsmarktmonitoring eingerichtet. Dadurch kann zugleich der Einsatz der aktiven Arbeitsmarktpolitik zur Verbesserung ihrer Wirksamkeit und Steuerung regelmäßig überprüft werden. Arbeitsmarktmonitoring ist ein System wiederholter Beobachtungen, Bilanzierungen, Trendbeschreibungen und Bewertungen der Vorgänge auf dem Arbeitsmarkt einschließlich der den Arbeitsmarktausgleich unterstützenden Maßnahmen.

Für Maßnahmen der aktiven und passiven Arbeitsmarktpolitik wurden im Zeitraum 1999–2003 insgesamt rund 264 Mrd. Euro aus Beitragsmitteln der Bundesagentur für Arbeit bereit gestellt. Zusätzlich wurden im gleichen Zeitraum rund 76 Mrd. Euro für Leistungen nach *dem Sozialgesetzbuch III* oder gleichartige Leistungen aus Mitteln des Bundes verausgabt, wobei der Schwerpunkt bei der Arbeitslosenhilfe und dem Altersübergangsgeld liegt. Hierin nicht enthalten ist der Bundeszuschuss zum Haushalt der Bundesagentur für Arbeit, der sich in diesen Jahren auf rund 22,5 Mrd. Euro beläuft.

Die regionale Verteilung der Mittel für die Maßnahmen der aktiven und passiven Arbeitsmarktpolitik folgt der Zahl der empfangsberechtigten Personen. Rund 60 % der beitragsfinanzierten Ausgaben der Bundesagentur für Arbeit kamen den neuen Ländern zugute, während fast zwei Drittel der Gelder für Leistungen nach dem *Sozialgesetzbuch III* in die alten Länder flossen. In den alten Ländern spiegelt die regionale Verteilung das Nord-Süd-Gefülle bei der Arbeitslosigkeit. Regionale Schwerpunkte sind die nördlichen Länder und das Saarland. In den neuen Ländern erhielten Mecklenburg-Vorpommern und Sachsen-Anhalt aufgrund ihrer Arbeitsmarktsituation pro Einwohner die meisten Mittel.

Die Ausgestaltung der Arbeitsmarktpolitik hat durch die Umsetzung der Vorschläge der sog. *Hartz-Kommission* in den Gesetzen für moderne Dienstleistungen am Arbeitsmarkt („Hartz-I-IV") wesentliche Änderungen erfahren. Flexibilität und Vermittlungseffizienz auf dem Arbeitsmarkt sollen erhöht und verstärkt Anreize für die Aufnahme einer selbstständigen Tätigkeit gegeben werden. Wesentliche Neuerungen betreffen

- Vereinfachung und Zusammenfassung der arbeitsmarktpolitischen Instrumente;
- die Änderung der Zumutbarkeitsregelungen, Umkehrung der Beweislast bei Ablehnung einer zumutbaren Arbeit und die Änderung der Sperrzeitregelungen;

**Fördermittel ABM**

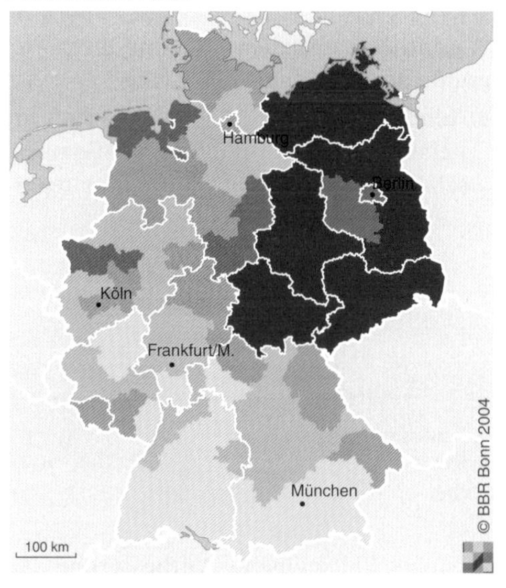


**Mittel zur Förderung allgemeiner Arbeitsbeschaffungsmaßnahmen 1999 bis 2003 in Euro je Einwohner**

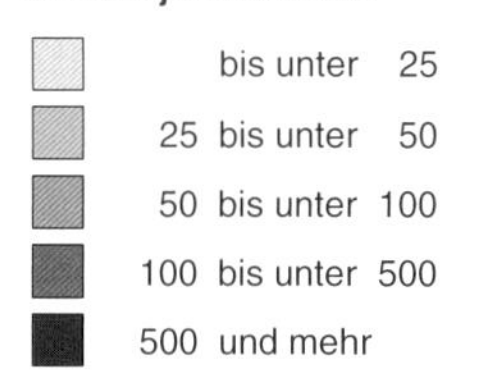


Raumordnungsregionen, Stand 31. 12. 2001
Quelle: Bundesagentur für Arbeit

**Fördermittel berufliche Bildung**

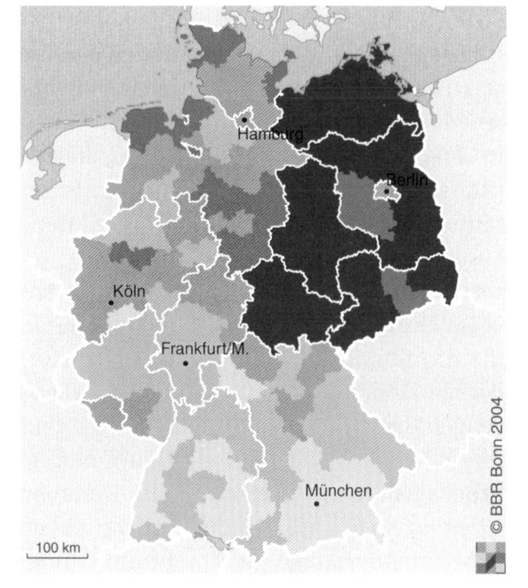


**Mittel zur Förderung von Maßnahmen der beruflichen Bildung 1999 bis 2003 in Euro je Einwohner**

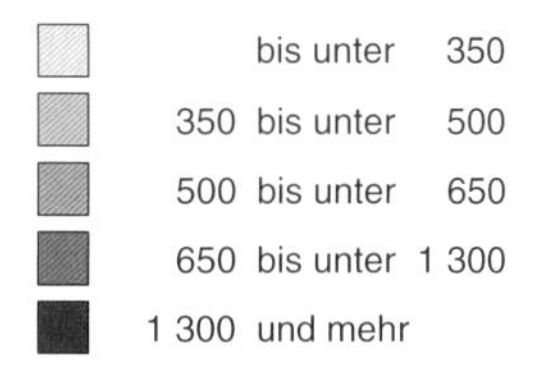


Raumordnungsregionen, Stand 31. 12. 2001
Quelle: Bundesagentur für Arbeit

- Einführung von Personal-Service-Agenturen (PSA), die als Zeitarbeitsfirmen fungieren und Arbeitslose in Arbeit bringen sollen;
- Neuausrichtung des Weiterbildungsmarktes;
- Einrichtung von Job-Centern zur Erhöhung der Vermittlungseffizienz;
- Neuregelung der Mini- und Midi-Jobs;
- verstärkte Anreize zur Aufnahme einer selbständigen Arbeit durch die Möglichkeit von steuerbegünstigten „Ich-AGs";
- Verbesserung der Eingliederungschancen von Jugendlichen mit schlechteren Startchancen sowie
- Änderung der Struktur der Bundesagentur für Arbeit.

Mit dem Vierten Gesetz für moderne Dienstleistungen am Arbeitsmarkt (sog. Hartz-IV-Gesetz) wurde eine Sozial- und Arbeitsmarktreform beschlossen, die Arbeitslosenhilfe und Sozialhilfe für Erwerbsfähige zusammenführt. Ab dem 1. Januar 2005 erhalten erwerbsfähige Hilfebedürftige im Alter von 15 bis 65 Jahren eine Grund-

**INFO: Verteilungsschlüssel für die Mittel der Arbeitsmarktpolitik**

Die Mittel für die Arbeitsmarktpolitik wurden in der Vergangenheit nach einem Schlüssel sowie den Zielvorgaben verteilt, welche die Akteure in den Regionen mit der Bundesagentur für Arbeit ausgehandelt haben. Der Verteilungsschlüssel besteht aus folgenden Teilindikatoren, die additiv verknüpft wurden:

- Veränderungsrate der sozialversicherungspflichtig Beschäftigten
- Prognostizierte Unterbeschäftigungsquote
- Rate der besonderen Personengruppen unter den Arbeitslosen
- Abgänge aus Arbeitslosigkeit in reguläre Beschäftigung.

Ab dem Jahr 2005 wird vom Vorstand der Bundesagentur für Arbeit angestrebt, dass die Verteilung der Mittel ausschließlich anhand der Zielvereinbarungen mit den regionalen Akteuren der Arbeitsmarktpolitik erfolgen soll.

sicherung für Arbeitsuchende nach dem SGB III. Die steuerfinanzierte, bedürftigkeitsgeprüfte und bedarfsabhängige reine staatliche Fürsorge soll erwerbsfähigen Hilfebedürftigen und Personen, die mit ihnen in einer Bedarfsgemeinschaft leben, die Deckung des lebensnotwendigen Bedarfs garantieren. Daneben gewährleistet das neue System eine soziale Absicherung in der gesetzlichen Kranken-, Pflege- und Rentenversicherung und stellt Leistungen bereit, die für eine Eingliederung in Arbeit erforderlich sind. In der Regel werden die Leistungen der Grundsicherung von den Agenturen für Arbeit und den Kommunen in Arbeitsgemeinschaften erbracht. Daneben ist es in einer auf sechs Jahren befristeten Experimentierphase 69 Kommunen möglich, die gesamte Durchführung der Grundsicherung für Arbeitsuchende zu übernehmen.

## Wirtschaftsförderpolitik

**Wesentliche ausgabenwirksame Instrumente der Wirtschaftsförderung**

- Hilfen an die Gewerbliche Wirtschaft im Rahmen der Bund-Länder-Gemeinschaftsaufgabe „Verbesserung der regionalen Wirtschaftsstruktur“
- Darlehensförderung,darunter:
  - ERP-Existenzgründungsprogramm
  - KfW-Mittelstandsprogramm
  - ERP-Regionalförderprogramm
  - Eigenkapitalhilfeprogramm
  - ERP-Umweltprogramm
- Personal- und Standortpolitik des Bundes

### Gemeinschaftsaufgabe „Verbesserung der regionalen Wirtschafsstruktur“

Die Schaffung neuer Arbeitsplätze und wettbewerbsfähiger Strukturen in den deutschen Regionen bedarf öffentlicher und privater Investitionen. Die regionale Wirtschaftsförderung besitzt hierfür eine erhebliche Bedeutung, da sie gezielt in

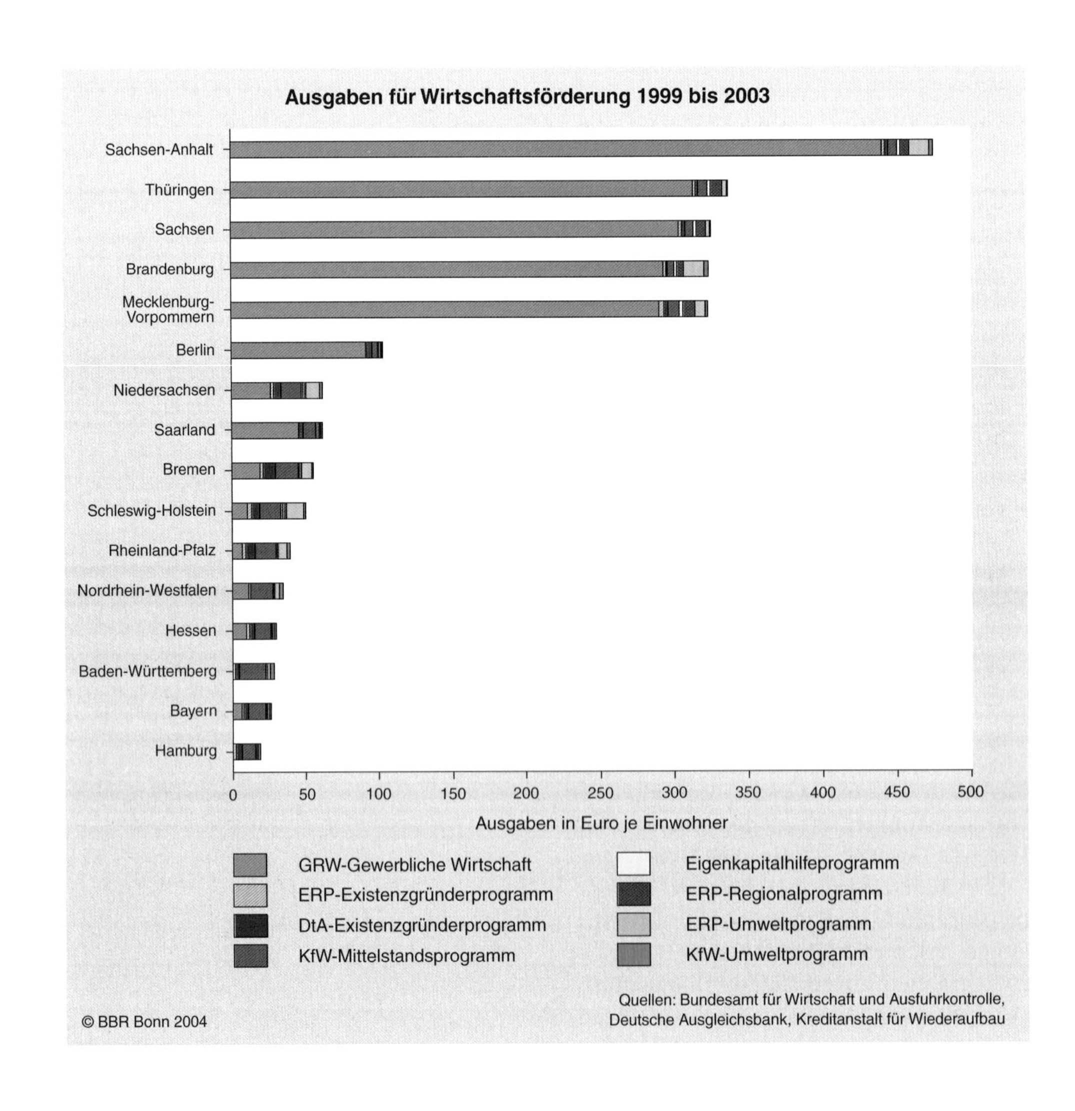

**INFO: Abgrenzung der Fördergebiete der Gemeinschaftsaufgabe „Verbesserung der regionalen Wirtschaftsstruktur"**

Im Jahre 1999 erfolgte die Überprüfung der Fördergebiete für den Zeitraum 2000–2006 getrennt für West- und Ostdeutschland anhand eines Gesamtindikatormodells. Nach Abzug von Berlin, das beihilferechtlich als Gebiet nach Art. 87 Abs. 3c EG-Vertrag gilt, verblieben rund 15,7 Mio. Einwohner für das westdeutsche Fördergebiet. Die Auswahl der Fördergebiete basierte auf vier Regionalindikatoren mit folgender Gewichtung:

- durchschnittliche Arbeitslosenquote 1996–1998 (40 %)
- Einkommen der sozialversicherungspflichtig Beschäftigten pro Kopf 1997 (40 %)
- Infrastrukturindikator (10 %)
- Erwerbstätigenprognose bis 2004 (10 %).

Die neuen Länder Mecklenburg-Vorpommern, Brandenburg, Berlin, Sachsen-Anhalt, Thüringen und Sachsen gehörten auch im Berichtszeitraum in Gänze zum Fördergebiet. In das Gesamtindikatormodell für die regionale Abstufung der Fördersätze gingen folgende Indikatoren ein:

- durchschnittliche Unterbeschäftigungsquote 1996–1998 (40 %)
- Einkommen der sozialversicherungspflichtig Beschäftigten pro Kopf 1997 (40 %)
- Infrastrukturindikator (10 %)
- Erwerbstätigenprognose bis 2004 (10 %).

Der Bevölkerungsanteil der *B-Fördergebiete* lag bei rund 50 %. Die Fördersätze sind dort auf 43 % für kleine und mittlere Unternehmen und 28% für sonstige Unternehmen reduziert, wobei die sog. „Öffnungsklausel" für besonders strukturwirksame Investitionen im internationalen Standortwettbewerb weiterhin gilt. In allen anderen ostdeutschen Fördergebieten, die als *A-Fördergebiet* gelten, können gewerbliche Investitionen wie bisher mit bis zu 50 % für kleine und mittlere Unternehmen bzw. 35 % für sonstige Unternehmen gefördert werden. Die Fördersätze für die westdeutschen *C-Fördergebiete* betragen 28 % für kleine und mittlere Unternehmen bzw. 18 % für sonstige Unternehmen. In den westdeutschen *D- und E-Fördergebieten* können nach der Verordnung der Europäischen Kommission für staatliche Beihilfen an kleine und mittlere Unternehmen 15 % für Betriebsstätten von kleinen Unternehmen und 7,5 % für Betriebsstätten von mittleren Unternehmen gewährt werden.

Die unveränderte Fördergebietskarte wurde am 2. April 2003 von der Europäischen Kommission bis Ende 2006 genehmigt. Die neue Kategorie der *E-Fördergebiete* dient (ab 1. Januar 2004) dem Abbau förderbedingter Spannungen zwischen Gebieten mit hoher Förderpräferenz und Gebieten ohne bzw. geringerer Förderung und umfasst die Arbeitsmarktregionen Schwandorf, Weiden, Coburg, Haßfurt, Fulda, Wolfsburg und Ratzeburg. Neben gewerblichen Investitionen für kleine und mittlere Unternehmen können in diesen Regionen auch kommunale wirtschaftsnahe Infrastrukturmaßnahmen gefördert werden.

## Fördergebiete der Gemeinschaftsaufgabe

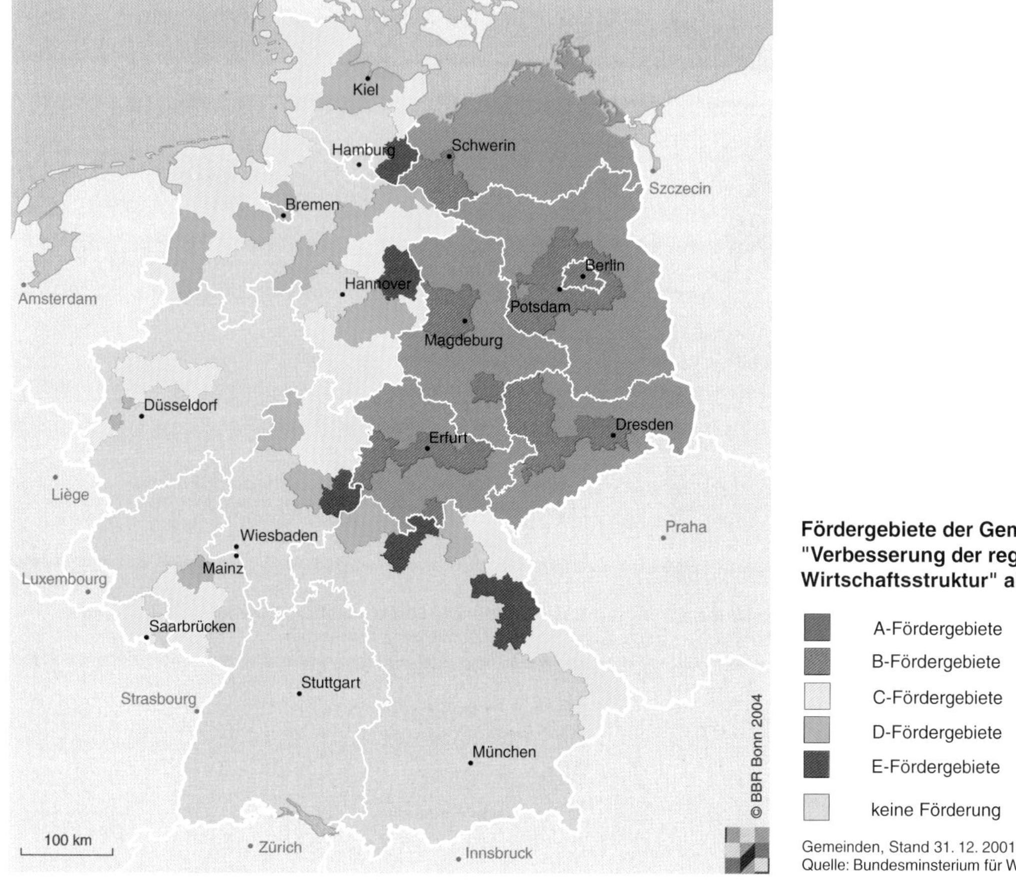


**Fördergebiete der Gemeinschaftsaufgabe "Verbesserung der regionalen Wirtschaftsstruktur" ab 2004**

Gemeinden, Stand 31. 12. 2001
Quelle: Bundesminsterium für Wirtschaft und Arbeit

strukturschwachen Regionen zum Einsatz kommt. Im Rahmen der *Gemeinschaftsaufgabe „Verbesserung der regionalen Wirtschaftsstruktur“* hat sich die Bundesregierung zwischen 1999 und 2003 mit 5,5 Mrd. Euro an der einzelbetrieblichen Investitionsförderung in strukturschwachen Gebieten beteiligt, wovon fast 4,9 Mrd. Euro den ostdeutschen Regionen zugute kamen. Die Mittel können auch die Förderprogramme der Länder zur Stärkung der Wettbewerbsfähigkeit und Innovationskraft kleiner und mittlerer Unternehmen flankieren. Folgende Bereiche kommen hierfür in Betracht:

- Beratungsmaßnahmen für Unternehmen
- Schulungsleistungen für Arbeitnehmer
- Bildung von Humankapital (Einstellung Hochqualifizierter)
- Forschung und Entwicklung

Ein weiterer Ansatz liegt in der Förderung integrierter *regionaler Entwicklungskonzepte* und *Regionalmanagement-Vorhaben sowie von Kooperationsnetzwerken und Clustermanagement-Projekten.* Dadurch soll die Eigenverantwortung der kommunalen Selbstverwaltung und lokalen Akteure für regionale Entwicklung gestärkt und die Entwicklung „von unten“ wirksamer unterstützt werden. Bereits Mitte der 1990er Jahre wurden integrierte regionale Entwicklungskonzepte in die Förderung der Gemeinschaftsaufgabe „Verbesserung der regionalen Wirtschaftsstruktur“ aufgenommen. Seit August 2000 werden zusätzlich Regionalmanagement-Vorhaben in einer Anlaufphase von maximal drei Jahren mit jährlich bis zu 200 000 Euro gefördert. Der ursprünglich bis Ende 2003 befristete Modellversuch ist bis Ende 2006 verlängert worden. Bisher wurden (Stand Januar 2005) 47 Regionalmanagement-Vorhaben in den fünf neuen Ländern sowie in Berlin, Hessen, Schleswig-Holstein und Niedersachsen genehmigt. Die Vorhaben, die zu mindestens 20 % von den zuständigen Kreisen oder kreisfreien Städten mitfinanziert werden müssen, weisen vielfältige Schwerpunkte auf. Als repräsentative Beispiele sind zu nennen

**Förderung der gewerblichen Wirtschaft**

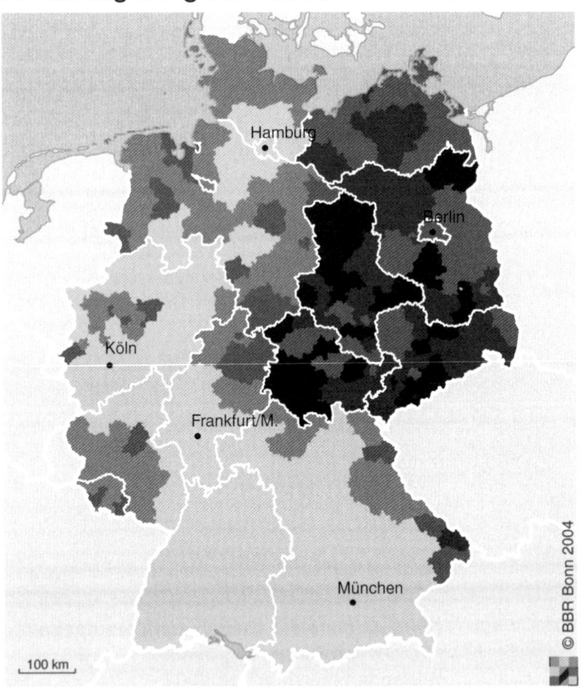


**Einzelbetriebliche Fördermittel der GRW für gewerbliche Wirtschaft (ohne Fremdenverkehr) 1999 bis 2003 in Euro je Einwohner**

bis unter 100
100 bis unter 400
400 bis unter 700
700 und mehr
keine Fördermittel

**Förderung des Fremdenverkehrs**

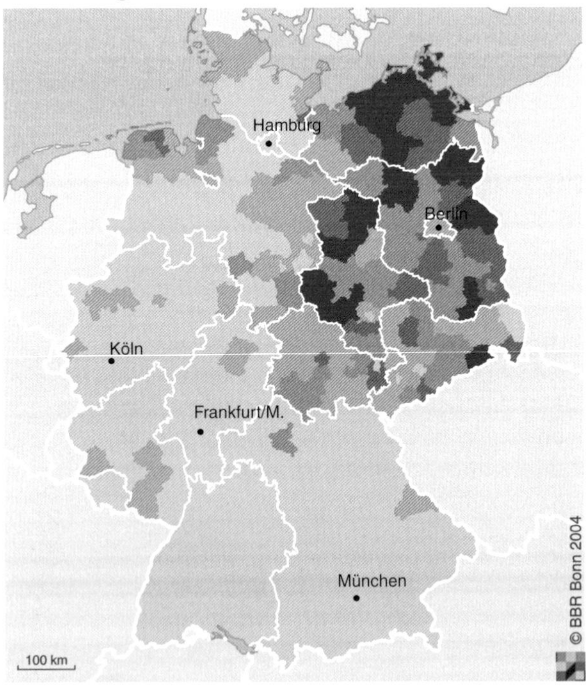


**Einzelbetriebliche Fördermittel der GRW für Fremdenverkehr 1999 bis 2003 in Euro je Einwohner**

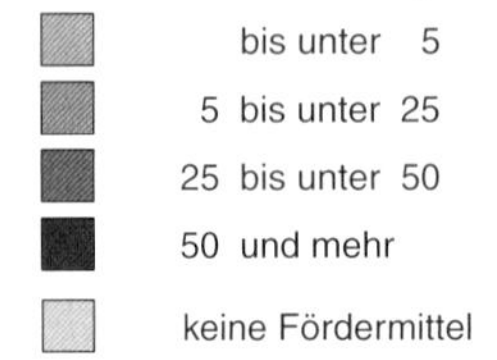

bis unter 5
5 bis unter 25
25 bis unter 50
50 und mehr
keine Fördermittel

Anmerkung: Die Daten basieren zum Teil auf Umschätzungen.
Quelle: Bundesamt für Wirtschaft und Ausfuhrkontrolle

Kreisregionen, Stand 31. 12. 2001

- Regionalmarketing und Vernetzung touristischer Aktivitäten,
- Förderung branchenspezifischer Kompetenzzentren,
- Gewerbeflächenentwicklung,
- Stärkung der regionalen Identität,
- Einrichtung von Internet-Portalen,
- Aufbau regionaler Direktvermarktungsstrukturen.

Ein wichtiger Schwerpunkt liegt ferner in der Förderung regionaler Netzwerke und Kommunikationsstrukturen zwischen Wirtschaft, Wissenschaft, Verwaltung und Kultureinrichtungen.

Die regionale Verteilung der im Rahmen der GRW geförderten *gewerblichen Investitionen* (ohne Fremdenverkehr) wird maßgeblich durch die Standortpräferenzen der privaten Investoren und die Kapitalintensität der Vorhaben bestimmt. Sowohl im klein- als auch großräumigen Maßstab bestehen deutliche Unterschiede in der Inanspruchnahme: In Ostdeutschland partizipieren dünnbesiedelte und schwach industrialisierte Regionen nur unterdurchschnittlich, während vor allem großräumig gut erreichbare Regionen überdurchschnittliche Investitionsintensitäten aufweisen.

Im Rahmen der Gemeinschaftsaufgabe „Verbesserung der regionalen Wirtschaftsstruktur" werden auch *private Investitionsvorhaben im Fremdenverkehr* gefördert. Bei der Interpretation der räumlichen Verteilung ist zu beachten, dass viele traditionelle Fremdenverkehrsgebiete in Westdeutschland (z.B. im Schwarzwald oder den Voralpen) nicht zum Fördergebiet der Gemeinschaftsaufgabe „Verbesserung der regionalen Wirtschaftsstruktur" zählen und daher keine Mittel in Anspruch nehmen konnten. Umgekehrt schlagen in einzelnen Fördergebieten kapitalintensive Projekte mit einem überregionalen Einzugsbereich im Rahmen regionaler Tourismuskonzepte durch.

### Mittelstandsförderung

Kleine und mittlere Unternehmen sind eine zentrale Zielgruppe der Wirtschaftsförderung. Begründet wird dies mit der wirtschaftspolitischen Bedeutung, die der Mittelstand für Wettbewerb und Strukturwandel besitzt. Auch werden von ihm ein wichtiger Beitrag zur Schaffung neuer Arbeitsplätze und Impulse für die Innovationsfähigkeit des wirtschaftlichen Gesamtsystems erwartet. Dies zeigt sich an der Vielzahl der Förderprogramme und an dem Volumen zinsgünstiger Kredite, die für Vorhaben kleiner und mittlerer Unternehmen vergeben wurden. Im Zeitraum 1999–2003 waren dies insgesamt 39,6 Mrd. Euro.

Innerhalb der Mittelstandsförderung besitzt das *KfW-Mittelstandsprogramm* mit einem Zusagevolumen von rund 25,4 Mrd. Euro das größte Gewicht. Dieses Programm wurde überwiegend von mittelständischen Unternehmen aus den alten Ländern nachgefragt, wobei Baden-Württemberg mit deutlichem Abstand vor Nordrhein-Westfalen und Schleswig-Holstein an erster Stelle liegt. In den neuen Ländern belegt Thüringen den Spitzenplatz. Ein weiterer Schwerpunkt der Mittelstandspolitik liegt in der Förderung von Existenzgründern. Das regionale Muster lässt sich am Beispiel des *ERP-Existenzgründungsprogramms* verdeutlichen, da es zumeist mit anderen Programmen (z.B. Eigenkapitalhilfeprogramm) in Anspruch genommen wird. In den neuen Ländern weisen vor allem einzelne Räume aus Sachsen, Thüringen und Mecklenburg-Vorpommern eine hohe Inanspruchnahme auf. In den alten Ländern ragen Rheinland-Pfalz und Schleswig-Holstein sowie Teile Nordhessens heraus.

Zahlreiche Programme im Bereich der Wirtschaftsförderung dienen indirekt dem *Umweltschutz*. So leistet die Gemeinschaftsaufgabe „Verbesserung der regionalen Wirtschaftsstruktur" über die Förderung neuer Produktionsverfahren, die im Vergleich zu alten Anlagen weniger Ressourcen verbrauchen und Schadstoffe freisetzen, einen wichtigen Beitrag zu einer nachhaltigen Regionalentwicklung. Daneben existieren verschiedene Programme, deren primäre Zielbestimmung die Förderung von Umweltinvestitionen der Wirtschaft ist. Hierzu zählen insbesondere das *ERP-Umwelt- und Energieeinsparprogramm* sowie das *KfW-Umweltprogramm*. Im Rahmen beider Programme wurden von 1999 bis 2003 rund 16,8 Mrd. Euro an Krediten für Umweltinvestitionen der gewerblichen Wirtschaft vergeben, wovon der überwiegende Teil in die alten Länder floss (12,4 Mrd. Euro). Die regionale Verteilung des Mitteleinsatzes folgt dem ökologischen Sanierungs- und Nachholbedarf der Regionen und wird durch umweltpolitische Schwerpunktsetzungen der Länder beeinflusst. Bedeutsam sind ferner Unterschiede

## ERP-Existenzgründungsprogramm

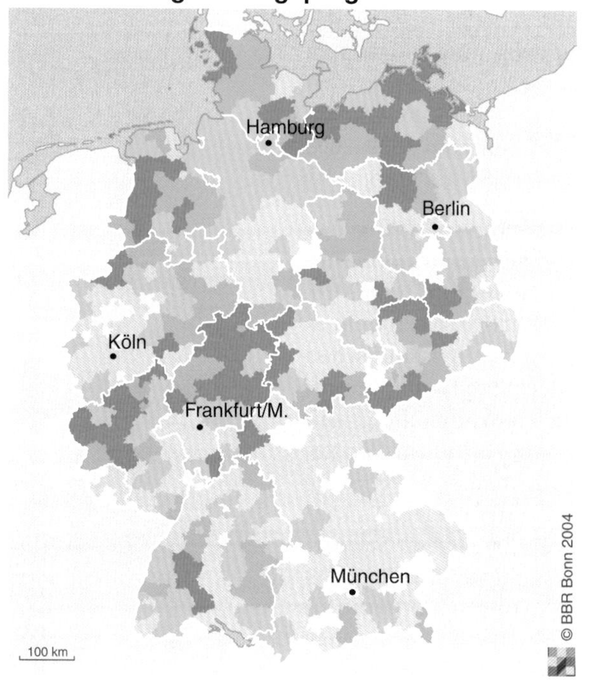


**ERP-Existenzgründungskredite 1999 bis 2003 in Euro je Einwohner**

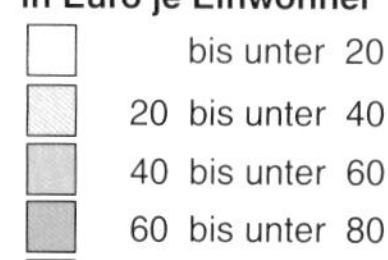


## KfW-Mittelstandsprogramm

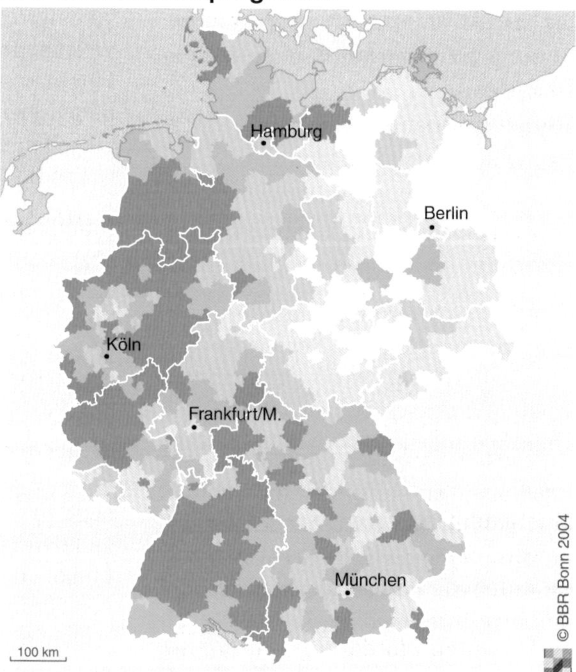


**Fördermittel aus dem KfW-Mittelstandsprogramm 1999 bis 30. 9. 2003 in Euro je Einwohner**

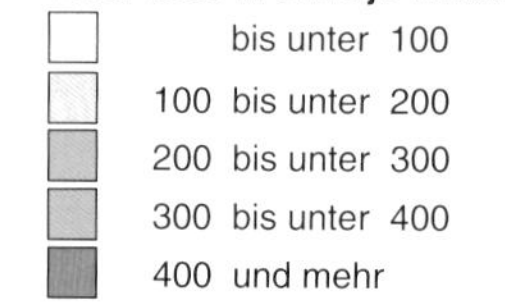


## ERP-, DtA- und KfW-Umweltprogramme

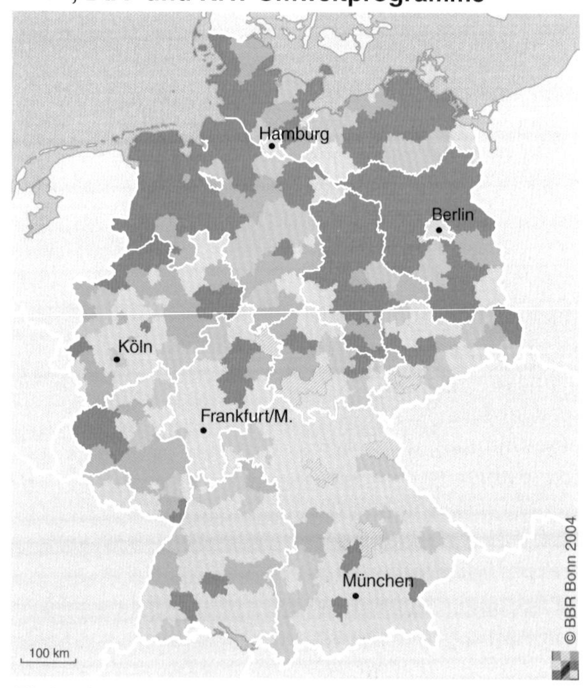


**Fördermittel aus den ERP-, DtA- und KfW-Umweltprogrammen 1999 bis 2003 in Euro je Einwohner**

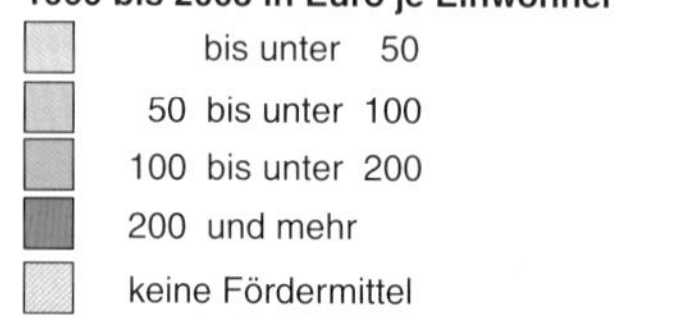


## DtA-Existenzgründungsprogramm

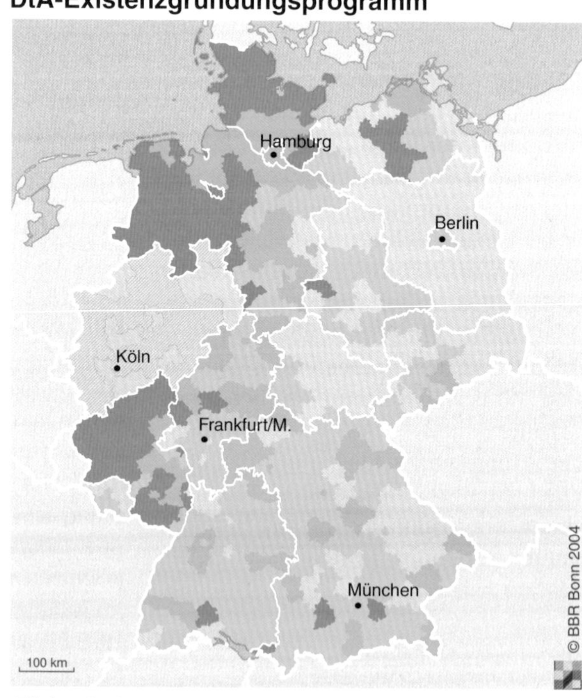


**Fördermittel aus dem DtA-Existenzgründungsprogramm 1999 bis 30. 9. 2003 in Euro je Einwohner**

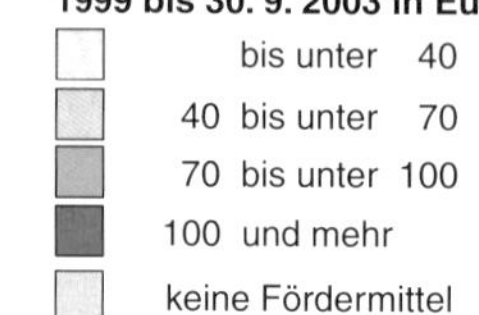


Quellen: Deutsche Ausgleichsbank, Kreditanstalt für Wiederaufbau

Kreisregionen, Stand 31. 12. 2001

in der Wirtschafts- und Produktionsstruktur der Regionen. In den alten Ländern kommen diese Programme vorrangig Schleswig-Holstein, Niedersachsen und Rheinland-Pfalz zugute und in den neuen Ländern Brandenburg und Sachsen-Anhalt.

Insgesamt hat die Bundesregierung von 1999 bis 2003 im Bereich Wirtschaftsförderung 7,7 Mrd. Euro verausgabt, wobei 5,3 Mrd. Euro in den neuen Ländern wirksam wurden. Auf einen Einwohner in den neuen Ländern entfallen somit rund 308 Euro gegenüber 38 Euro in den alten Ländern. Regionale Schwerpunkte in Westdeutschland sind die nördlichen Länder Schleswig-Holstein und Niedersachsen. Aber auch Baden-Württemberg erreicht aufgrund einer weit überdurchschnittlichen Inanspruchnahme der kreditfinanzierten Mittelstandsförderung hohe Werte. Thüringen hat vor allem aufgrund seiner starken Inanspruchnahme der ERP-Existenzgründungsförderung sowie des Mittelstandsprogramms der KfW innerhalb der neuen Länder die meisten Mittel je Einwohner eingeworben.

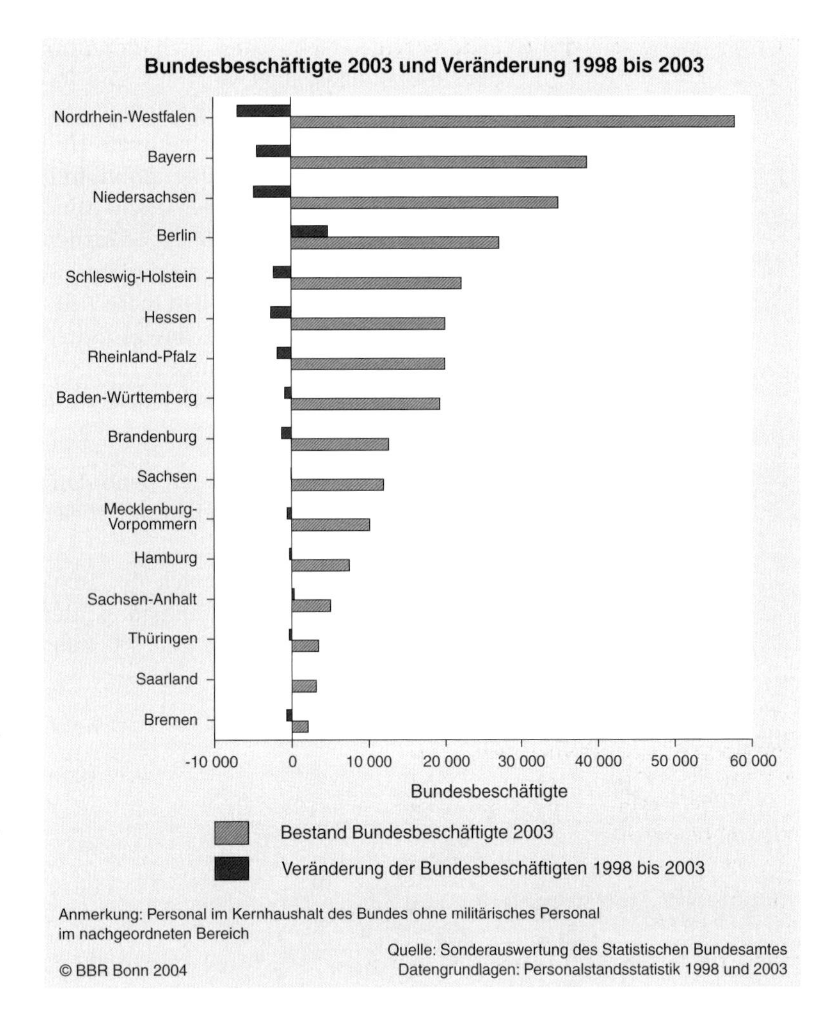


## Personal- und Standortpolitik des Bundes

Auch über die Personal- und Standortpolitik der öffentlichen Hand wird Einfluss auf regionale Entwicklungsprozesse ausgeübt. Besonders deutlich wird dies in Regionen, in denen öffentliche Arbeitgeber – d.h. Verwaltungen, Hochschulen und Forschungseinrichtungen oder Bundeswehr – einen großen Anteil der Arbeitsplätze stellen. Mitte der 70er und 80er Jahre wurden öffentliche Arbeitsplätze gezielt als Instrument regionaler Strukturpolitik eingesetzt. Auch die im Zuge der deutschen Einheit vorgenommene Verlagerung von Bundesbehörden in die neuen Länder hat den wirtschaftlichen Aufbau der ostdeutschen Regionen unterstützt. So hat Berlin durch den Regierungsumzug zusätzliche Impulse erhalten, denn allein 1999 haben dort mit dem Umzug der Bundesregierung 5 500 Beschäftigte ihre Tätigkeit aufgenommen.

Gleichwohl spüren viele Regionen in den letzten Jahren einen zunehmenden Anpassungs- und Modernisierungsdruck auf Seiten von Bund, Ländern und Gemeinden. Dieser resultiert aus

- der Straffung und Modernisierung bestehender Einrichtungen,
- der Zusammenlegung vormals selbständiger Einrichtungen an einem Standort,
- der Schließung ganzer Standorte sowie
- der Privatisierung öffentlicher Unternehmen.

Diese Entwicklungen haben Auswirkungen auf den Personalbestand des Bundes gehabt, der im Zuge notwendiger Anpassungen zwischen 1998 und 2003 um rund 22 000 Stellen abgenommen hat. Die meisten Stellen sind in Nordrhein-Westfalen (-6 952) weggefallen, gefolgt von Niedersachsen (-4 873), Bayern (-4 481) und Hessen (-2 663). In den neuen Ländern hat der Bund durch bescheidene Abbauraten oder leichte Beschäftigungszuwächse seiner Verantwortung für die Stabilisierung der ostdeutschen Arbeitsmärkte Rechnung getragen. So ergaben sich im Zeitraum 1998 bis 2003 in Sachsen-Anhalt Arbeitsplatzzuwächse von 304 Stellen im Personalbestand des Bundes und in Berlin von 4 681 Stellen.

Die räumliche Verteilung der Bundesbeschäftigten ist einerseits räumlich stark an den Standorten der Bundesregierung ori-

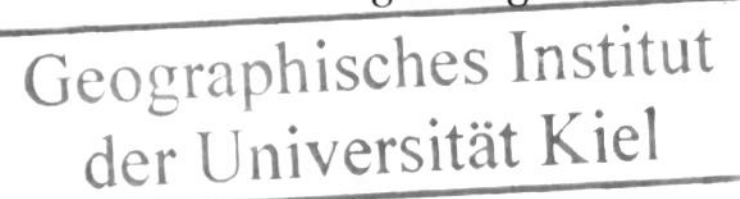

entiert, andererseits aber auch dezentral über das Bundesgebiet verstreut. Die Behördenstandorte mit dem größten Personalbestand an Bundesbeschäftigten sind Berlin (mit rund 27 000) und Bonn (mit rund 20 000). Danach folgen Köln (rund 10 000), Koblenz (rund 9 300), München und Hamburg (rund 7 500) sowie Wiesbaden (rund 6 000). Damit stellen diese 7 Behördenstandorte etwa 30 % des gesamten Personalbestandes. Die übrigen 70 % des Bundespersonals verteilen sich auf rund 700 Behördenstandorte.

Die räumliche Verteilung der Behördenstandorte wird im wesentlichen durch vier Ressorts geprägt:

- dem nachgeordneten Bereich des Bundesministeriums der Verteidigung, der auch ohne Soldaten rund 120 000 Bundesbedienstete umfasst, die sich auf rund 520 Standorte verteilen;
- dem Bundesgrenzschutz im Geschäftsbereich des Bundesministerium des Innern mit rund 39 000 Bundesbediensteten, die sich auf rund 120 Standorte verteilen;
- der Bundesfinanz – sowie Bundesvermögensverwaltung im Geschäftsbereich des Bundesministeriums der Finanzen mit rund 43 000 Bundesbediensteten, die sich ebenfalls auf rund 120 Standorte verteilen
- sowie der Wasser- und Schifffahrtsverwaltung des Bundes im Geschäftsbereich des Bundesministeriums für Verkehr, Bau- und Wohnungswesen mit rund 15 000 Bundesbediensteten die sich auf rund 50 Standorte verteilen.

Hierbei ist die räumliche Verteilung dieser Behörden ganz unterschiedlich: Während die Standorte der Bundesfinanzverwaltung gleichmäßig über den gesamten Raum verteilt sind, ist bei den Standorten des nachgeordneten Bereichs des BMVg im Nordwesten eine Konzentration festzustellen. Die Standorte der Wasser- und Schifffahrtsverwaltung konzentrieren sich entlang der Küste und den Binnenwasserstraßen. Bei den Standorten des Bundesgrenzschutzes fallen vor allem eine Reihe von Standorten entlang der bisherigen EU-Außengrenze auf.

Neben diesen großen, dezentral organisierten Behörden fallen mit Ausnahme der Ministerien wenige eher zentral organisierte Behörden zahlenmäßig ins Gewicht:

- das Bundeskriminalamt mit rund 4 900 Bundesbediensteten, davon rund 3 400 in Wiesbaden;
- das Bundesverwaltungsamt mit rund 2 600 Bundesbediensteten, davon rund 2 000 in Köln;
- das Deutsche Patent- und Markenamt mit rund 2 300 Bundesbediensteten, davon rund 2 000 in München;
- das Statistische Bundesamt mit rund 2 600 Bundesbediensteten, davon rund 1.900 in Wiesbaden;
- die Bundesanstalt für Materialforschung und -prüfung mit rund 1 600 Bundesbediensteten, fast alle in Berlin
- sowie die Physikalisch-Technische Bundesanstalt mit rund 1 800 Bundesbediensteten, davon rund 1 400 in Braunschweig.

## Bundesbeschäftigte

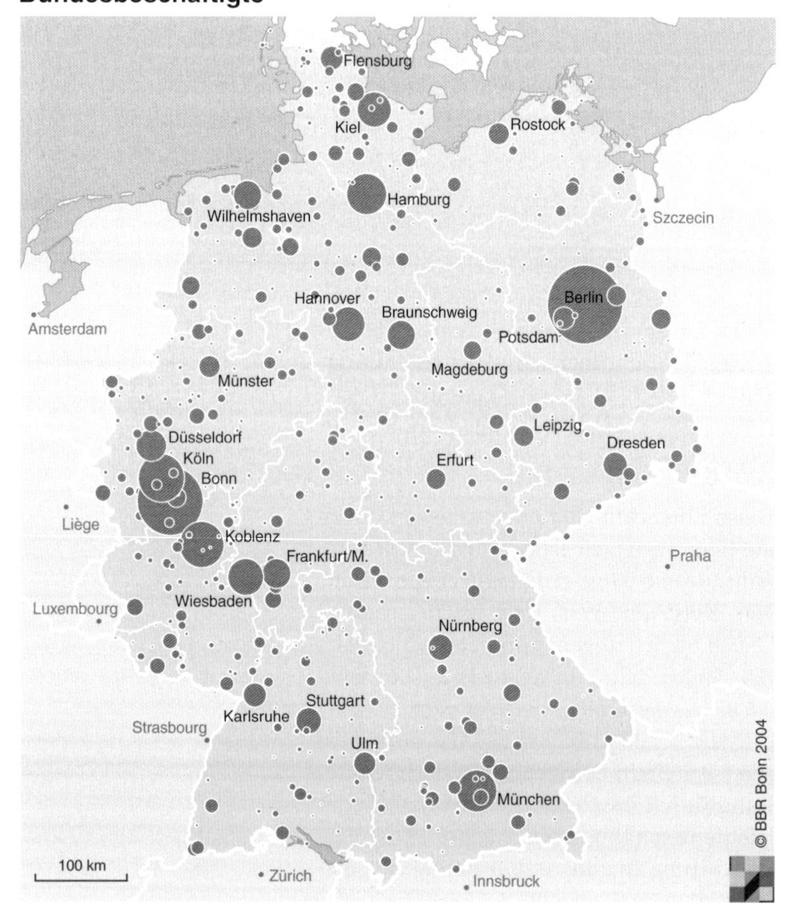


Personal im Kernhaushalt des Bundes ohne militärisches Personal im nachgeordneten Bereich nach Arbeitsort 2003

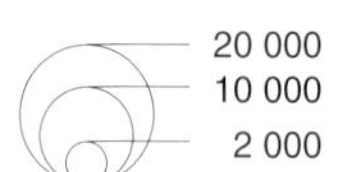


Quelle: Sonderauswertung des Statistischen Bundesamtes
Datengrundlage: Personalstandsstatistik 2003

## Großräumige Verkehrsinfrastrukturpolitik

**Wesentliche ausgabenwirksame Maßnahmen des Bundes**

- Bundesfernstraßen
- Bundesschienenwege
- Bundeswasserstraßen.
- Regionalisierungsgesetz – Bundesanteil
- Gemeindeverkehrsfinanzierungsgesetz (GVFG) (s. Stadtentwicklungspolitik in diesem Kap.)

Raumordnerisch wird dem Verkehrsausbau eine wichtige Schlüsselrolle zur Erschließung des Raumes zugemessen. Die Investitionstätigkeit des Bundes gründet sich auf

- der bundesweiten Verfügbarkeit der zur Verkehrsabwicklung notwendigen Kapazitäten,
- dem Ersatz und der Erhaltung der bestehenden Verkehrsinfrastruktur sowie
- der Förderung der angestrebten Integration der Verkehrssysteme.

Die im Zeitraum 1999 bis 2003 getätigten Ausgaben in Höhe von 78,5 Mrd. Euro gewährleisten einen kontinuierlichen Übergang vom aktuellen zum neuen *Bundesverkehrswegeplan 2003* (BVWP). Von den 1999 –2003 insgesamt in die *Bundesfernstraßen* investierten 22,6 Mrd. Euro flossen 9,8 Mrd. Euro in die neuen Länder. Die Investitionsschwerpunkte in den alten Ländern liegen in Bayern und Nordrhein-Westfalen.

Von den 1999–2003 insgesamt in die *Bundesschienenwege* investierten 19,2 Mrd. Euro flossen knapp 6,6 Mrd. Euro in die neuen Länder. Die Investitionsschwerpunkte liegen in den alten Ländern in Bayern, Nordrhein-Westfalen und Hessen.

Von den 1999–2003 insgesamt in die *Bundeswasserstraßen* investierten 3,4 Mrd. Euro flossen knapp 1,3 Mrd. Euro in die neuen Länder. Die Schwerpunkte der Investitionstätigkeit liegen der absoluten Höhe nach in Sachsen-Anhalt, gefolgt von Nordrhein-Westfalen und Niedersachsen.

Mit den *Mitteln des Regionalisierungsgesetzes (RegG)* unterstützt die Bundesregierung die Nahverkehrspolitik der Länder. Jährlich fließen rund 6,7 Mrd. Euro zweckgebunden für den öffentlichen Personennahverkehr (ÖPNV), die insbesondere in den *Schienenpersonennahverkehr* (SPNV) eingesetzt werden sollen. Von den zur Verfügung stehenden Mittel verwenden die Länder etwa

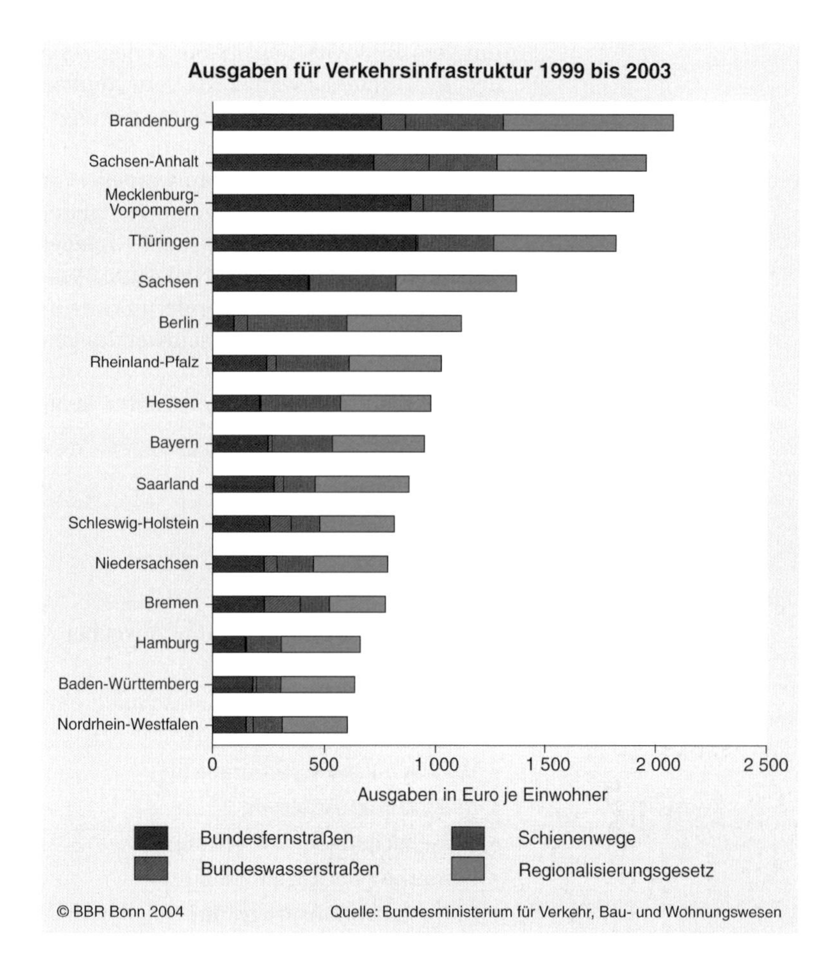


zwei Drittel für die Bestellung von Leistungen im Nahverkehr. Die weiteren Mittel werden zur Verbesserung des ÖPNV-Infrastruktur eingesetzt, darunter erfahrungsgemäß rund 850 Mio. Euro p.a. für Investitionen in den SPNV. Von den 1999–2003 insgesamt knapp 33,3 Mrd. Euro eingesetzten Mitteln des Regionalisierungsgesetzes flossen 10,3 Mrd. Euro in die neuen Länder. Die Schwerpunkte liegen in den alten Ländern mit jeweils rund 4 Mrd. Euro in Bayern und Nordrhein-Westfalen. In den neuen Ländern liegt ein Schwerpunkt im Verdichtungsraum Berlin-Brandenburg.

Neben den Investitionen zum Neu- und Ausbau von Fernverkehrsinfrastrukturen werden die *Mittel zur Substanzerhaltung und Modernisierung* weiter ansteigen. Eine Abschätzung des Deutschen Instituts für Wirtschaftsforschung (DIW) verdeutlicht für das westdeutsche Autobahnnetz den Ersatzbedarf im Zeitraum von 1999 bis 2015 mit ca. 66 %, steigend auf 75 % und bis 2020 steigend auf gut 90 % der Brutto-Anlageinvestitionen. Die Größenordnungen für den Ersatzbedarf der Landes-, Kreis- und kommunalen Straßen sowie für den ÖPNV werden ähnlich hoch eingeschätzt. Selbst die mit dem BVWP'03 eingeleitete Verlagerung der Investitionsschwerpunkte vom Neubau hin zu Erhaltungs- und Modernisierungsmaßnahmen lässt die Spielräume für Netzerweiterungen immer enger werden. Vor diesem Hintergrund sind in dem vorhandenen dichten Erschließungsnetz weniger Verkehrsinvestitionen für Neu- und Ausbaumaßnahmen wichtig, sondern Ersatzinvestitionen und Erhaltungsaufwendungen auf hohem Niveau. Denn nur so lässt sich der Gebrauchswert der Infrastruktur langfristig gewährleisten.

## Forschung und Hochschulbereich

### Wesentliche raumbedeutsame Ausgaben des Bundes

- Neu- und Ausbau von Hochschulen einschließlich Hochschulkliniken
- Hochschulsonderprogramme
- Ausbildungsförderung
- Wissenschaftliche Forschung
- Förderung der Großforschung
- ERP-Innovationsprogramm

Investitionen in Hochschulen und Forschung gelten als strategischer Ansatzpunkt, um die Position der Bundesrepublik und ihrer Regionen im Prozess der Globalisierung zu stärken. Ziel ist es, eine international wettbewerbsfähige Forschung zu ermöglichen und über die Entwicklung neuer Produkte und Produktionsverfahren den Wirtschaftsstandort Deutschland zu sichern. Neben finanziellen Förderprogrammen erfordert dies auch die Schaffung entsprechender Rahmenbedingungen auf der gesamtstaatlichen Ebene (z.B. Abbau der Regulierungsdichte). Insgesamt hat die Bundesregierung im Zeitraum 1999–2003 für den Bereich Forschung und Hochschule 23,6 Mrd. Euro verausgabt, wobei rund 6,5 Mrd. Euro in den neuen Ländern wirksam wurden. Pro Einwohner wurden in den neuen Länder somit 381 Euro verausgabt (alte Länder 262 Euro). Schwerpunkte in den alten Ländern sind die Stadtstaaten Bremen und Hamburg sowie Baden-Württemberg. In den neuen Ländern fokussieren sich die Ausgaben auf Berlin. Von den Flächenländern entwickeln sich Brandenburg und Sachsen zu Schwerpunkten der Forschung.

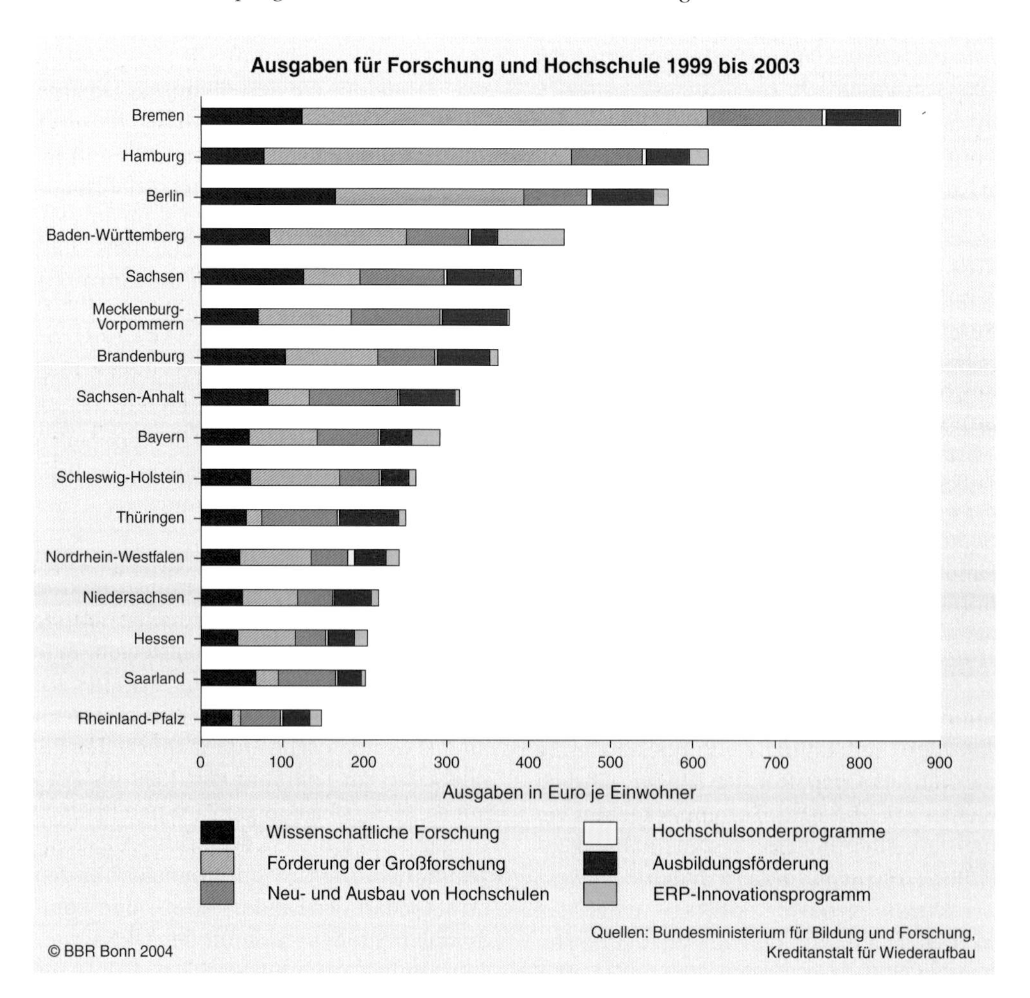

2003 gab es in Deutschland insgesamt 335 staatliche bzw. staatlich anerkannte Hochschulen, darunter 113 Universitäten und vergleichbare Einrichtungen. Die Raumwirksamkeit dieser Einrichtungen ist unbestritten. In der Vergangenheit wurden entsprechende Einrichtungen gezielt in ländlichen oder strukturschwachen Räumen gegründet, um deren Entwicklung zu fördern. Diese Zielsetzung spielt ebenfalls bei der Standortbestimmung öffentlich finanzierter Forschungseinrichtungen eine wichtige Rolle. Die von diesen Einrichtungen ausgehenden Impulse kommen jedoch nur unter bestimmten Bedingungen zum Tragen. Notwendig ist vor allem ein Mindestbesatz mit innovierenden Unternehmen und ein gut funktionierendes Kontaktnetz zwischen Unternehmen und Hochschuleinrichtungen.

Zur Verbesserung des Wissenstransfers zwischen wissenschaftlicher Forschung und der Wirtschaft sind inzwischen an fast allen Hochschulen und Forschungseinrichtungen *Transfer- oder Forschungskontaktstellen* eingerichtet worden. Die Spannweite der institutionalisierten Ansätze reicht von der zusätzlichen Wahrnehmung der Transferfunktion durch einzelne Mitarbeiter bis zur mit mehreren Mitarbeitern besetzten Transferstelle. Außerdem sind in vielen deutschen Regionen *Netzwerke* zwischen Unternehmen unter Beteiligung von Hochschulen und Forschungseinrichtungen entstanden. Je nach räumlicher Dimension sind diese Netzwerke regional oder überregional und vereinzelt international ausgerichtet. Für ihre Entstehung spielen verschiedene Faktoren eine Rolle, wozu neben äußeren Rahmenbedingungen wie Unternehmensdichte in einer Region oder die kulturelle Nähe auch akteursbezogene Faktoren wie das Vertrauen in andere Partner zählen. Die positiven Wirkungen von Netzwerken werden vor allem darin gesehen, dass mit ihnen Regionen

- ihre Wettbewerbsfähigkeit verbessern und die Herausforderungen der Globalisierung besser bewältigen können,
- ihre Innovationsfähigkeit durch bessere Informationsflüsse und „gemeinsames Lernen" steigern können sowie
- ihren Eintritt in überregionale Märkte sowie die Ansiedlung oder Gründung neuer Unternehmen erleichtern können.

Die Bildung von Netzwerken wurde im Berichtszeitraum im Rahmen verschiedener Programme des Bundes und der Länder gefördert. Zu den derzeit laufenden Aktivitäten der Bundesregierung zählen.

- Pro-Inno (BMWA)
- InnoRegio (BMBF)
- Innovative Regionale Wachstumskerne (BMBF)
- Innovationsforen (BMBF)
- NEMO-Netzwerkmanagement Ost (BMWA)
- sowie InnoNet (BMWA)

Der *Aus- und Neubau von Hochschulen* einschließlich der Hochschulkliniken gehört zu den im Grundgesetz verankerten Gemeinschaftsaufgaben von Bund und Ländern. Der Bund beteiligt sich ferner an *Hochschulsonderprogrammen*. Bedingt durch die historisch gewachsene Struktur und den abgeschlossenen Aufbau ostdeutscher Hochschulen kam der überwiegende Teil der Mittel für Hochschulen und wissenschaftliche Forschung den alten Ländern zugute. Im Zeitraum 1999–2003 wurden rund 9,4 Mrd. Euro an Bundesmittel für den Hochschulbereich ausgegeben. Hierin enthalten sind 3,7 Mrd. Euro im Rahmen des Bundesausbildungsförderungsgesetz (BAFöG), das nicht nur zur gesellschaftlichen Chancengleichheit beiträgt, sondern auch den Charakter von Zukunftsinvestitionen hat.

Im Rahmen der *gemeinsamen Forschungsförderung von Bund und Ländern* nach Art. 91b GG beteiligt sich der Bund schwerpunktmäßig an der Grundfinanzierung gemeinsamer getragener Forschungseinrichtungen (institutionelle Förderung). Hierzu zählen die Max-Planck-Gesellschaft, die Deutsche Forschungsgemeinschaft, die

**BEISPIEL: InnoRegio – Innovative Impluse für die Region**

Die Bundesregierung will die Innovationskraft der Regionen in den neuen Ländern weiter stärken. Das Bundesministerium für Bildung und Forschung (BMBF) hat daher 1999 mit InnoRegio ein neues Förderprogramm für die Regionen Ostdeutschlands aufgelegt. Geplant ist, 500 Millionen DM bis zum Jahre 2005 für die Entwicklung von regionalen Zukunftsideen bereitzustellen. Ziel ist es, durch die Bündelung der bestehenden Potenziale von Bildungs- und Forschungseinrichtungen sowie Wirtschaft und Verwaltung neue Arbeitsplätze zu schaffen. Durch verstärkte Kooperation von Forschungseinrichtungen mit Betrieben sollen marktfähige Produkte und Dienstleistungen entwickelt werden.

Fraunhofer-Gesellschaft, die Helmboltz-Zentren sowie die Einrichtungen der Leibnitz-Gesellschaft. Neben der wissenschaftlichen Forschungsförderung wird insbesondere die Großforschung unterstützt.

Nach dem Aufbau der ostdeutschen Hochschul- und Forschungslandschaft wird es künftig kaum noch Neugründungen geben. Vielmehr geht es darum, das bestehende System für die Anforderungen und Herausforderungen einer immer stärker globalisierten Welt „fit zu machen". Hierzu dienen u.a. die Einrichtung neuer Forschungsschwerpunkte sowie eine stärkere Wettbewerbsorientierung der Hochschulen. In diesem Kontext ist die Einrichtung von *Eliteuniversitäten* zu sehen. Das gefundene Wettbewerbsmodell ist eine Kombination bisher diskutierter Modelle und sieht vor, dass von 2006 an einzelne Spitzenuniversitäten und herausragende universitäre und außeruniversitäre Wissenschaftsbereiche mit Millionenbeträgen gefördert werden. Die Mittel werden im Wettbewerb zwischen den antragstellenden Hochschulen vergeben. Auf dieser Grundlage können dann Exzellenzzentren oder Graduiertenschulen gefördert werden, wenn sie besondere Leistungen nachweisen. Die Förderinitiative soll bis 2010 laufen, wobei mit einem Investitionsvolumen von insgesamt 1,9 Mrd. Euro gerechnet wird.

Das Pendant zum öffentlich finanzierten Wissenschaftssektor ist der *Forschungs- und Entwicklungssektor innerhalb der Wirtschaft.* Er gilt als wesentlicher Bestandteil des Entwicklungspotenzials von Regionen und als maßgebliche Bestimmungsgröße regionaler Wettbewerbsfähigkeit. Forschung und Entwicklung innerhalb der Wirtschaft werden im Rahmen verschiedener Fachprogramme gefördert. Aufgrund der regionalen Verteilung FuE-treibender Unternehmen können insbesondere die im Rahmen der direkten und indirekten Projektförderung geflossenen Mittel formal den Verdichtungsräumen zugeordnet werden. Im Rahmen der räumlich-funktionalen Arbeitsteilung werden diese Mittel auch in anderen Regionen raumwirksam. Beim *ERP-Innovationsprogramm,* dessen Zielgruppe innovationsorientierte mittelständische Unternehmen sind, ergibt sich ein etwas anderes räumliches Verteilungsmuster, für das der regionale Besatz mit mittelständischen Unternehmen maßgeblich ist. In den alten Ländern liegt der regionale Schwerpunkt in Baden-Württemberg, dem Bayern mit deutlichem Abstand folgt. In den neuen Ländern verbuchen bei diesem Programm Sachsen und Berlin den höchsten Mitteleinsatz, allerdings auf einem deutlich niedrigeren Niveau.

**ERP-Innovationsprogramm**

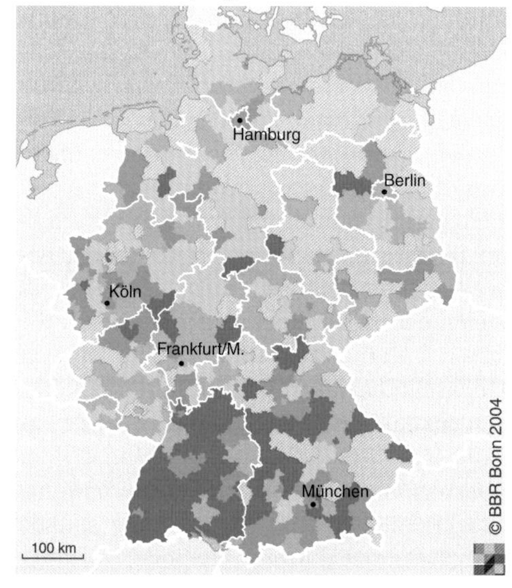


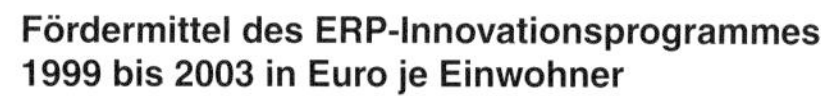

**Fördermittel des ERP-Innovationsprogrammes 1999 bis 2003 in Euro je Einwohner**

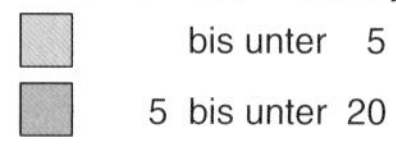


Kreisregionen, Stand 31. 12. 2001
Quelle: Kreditanstalt für Wiederaufbau

## Stadtentwicklung und Wohnen

**Wesentliche Instrumente der Stadtentwicklungspolitik**

im Bereich Städtebau:

- Städtebauförderung
- Gemeindeverkehrsfinanzierungsgesetz
- Förderung der wirtschaftsnahen Infrastruktur im Rahmen der Bund-Länder-Gemeinschaftsaufgabe „Verbesserung der regionalen Wirtschaftsstruktur

im Bereich Wohnen:

- Sozialer Wohnungsbau und Wohnraumförderung
- Eigenheimzulage
- Wohnungswirtschaftliche Kreditprogramme der KfW
- Wohnungspolitische Instrumente für die neuen Länder

Die *Städte* und großen *Agglomerationsräume* sind die gesamtwirtschaftlichen Wachstumspole, von denen im Zuge der räumlich-funktionalen Arbeitsteilung Impulse auf andere Regionen ausstrahlen. Das Gros der Arbeitsplätze ist in den großen Zentren und Städten konzentriert und mit ihren Wachstumsgewinnen bilden sie die fiskalische Grundlage für eine gesamtstaatliche Ausgleichspolitik. Auch sind sie bevorzugter Standort höherwertiger Dienstleistungen sowie von Hochschul- und Forschungseinrichtungen.

Die Herausforderungen für die Stadtentwicklung werden künftig an Schärfe gewinnen. Neben der zunehmenden internationalen Standortkonkurrenz und dem Verlust an Arbeitsplätzen trägt hierzu der demografische Wandel bei, d.h. der Rückgang der Bevölkerung bei gleichzeitiger Alterung. Dies verlangt eine städtebauliche Anpassungsstrategie, die auch Rückbau bedeuten kann. Dabei sind die Zusammenhänge zwischen wirtschaftlicher und demografischer Entwicklung zu beachten: Denn ein Rückgang der Einwohnerzahl hat für Städte einen zunehmenden Wohnungsleerstand und einen Kaufkraftrückgang zur Folge, der lokale und regionale Handels- und Handwerksbetriebe betrifft. Da die Einwohnerzahl eine entscheidende Bemes-

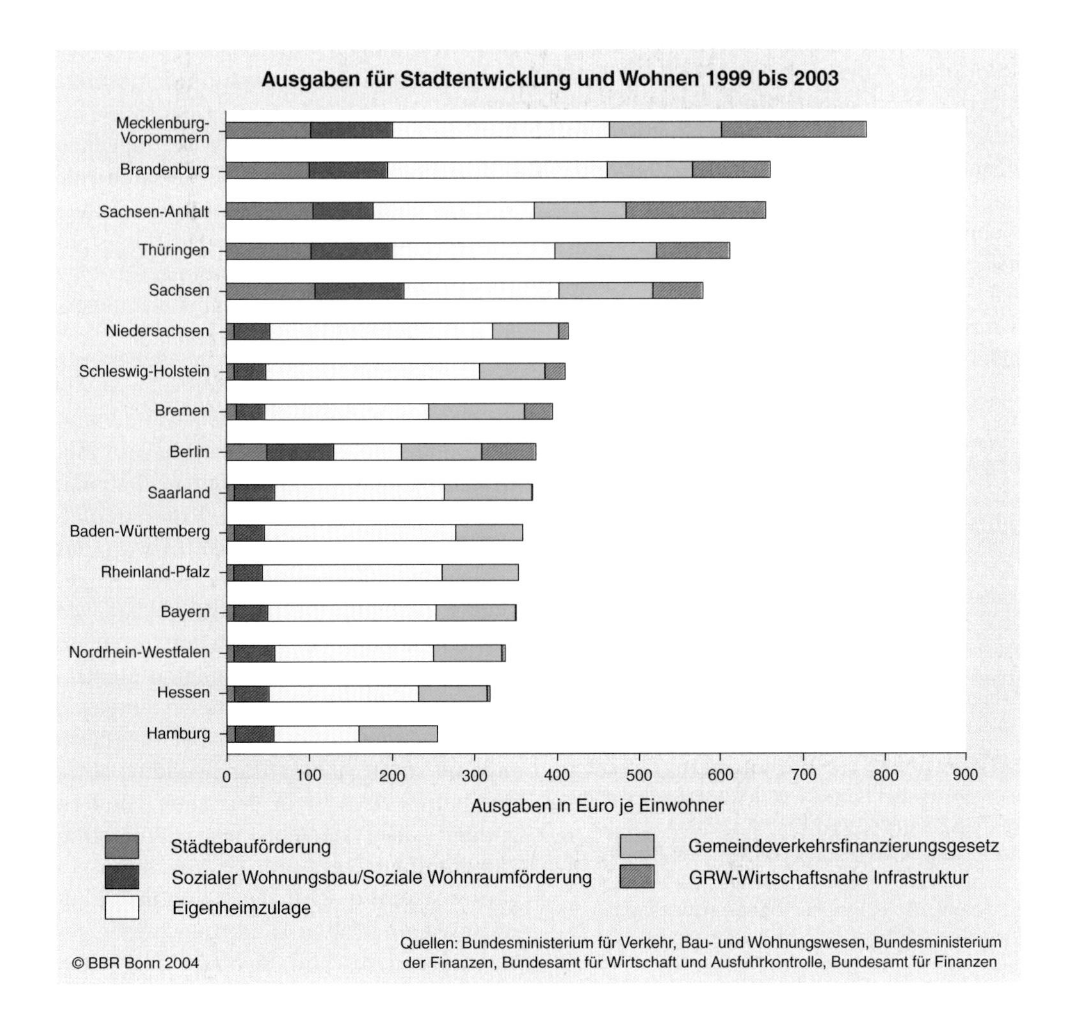

sungsgrundlage für Finanzzuweisungen im kommunalen Finanzausgleich ist, geht ein Einwohnerrückgang sowie eine Alterung der Bevölkerung in der Regel mit rückläufigen kommunalen Einnahmen einher. Gleichzeitig steigen die Kosten für die Vorhaltung oder den Umbau städtischer Infrastrukturen.

**Bereich Städtebau**

Artikel 104a Abs. 4 des Grundgesetzes räumt dem Bund die Möglichkeit ein, den Ländern Finanzhilfen für besonders bedeutsame Investitionen der Länder und Gemeinden (Gemeindeverbände) zu gewähren. Hierzu zählt auch die Städtebauförderung.

Einen wichtigen Baustein der Städtebauförderung stellt das Programm Städtebauliche Sanierungs- und Entwicklungsmaßnahmen dar, das als Daueraufgabe Kernbestandteil nahezu einer jeden Stadtentwicklungsstrategie ist. Seit der deutschen Einheit wird zudem dem Erhalt des baukulturellen Erbes in den neuen Ländern durch einen eigenen Programmbereich, dem Städtebaulichen Denkmalschutz (ab 1991), eine besondere Aufmerksamkeit geschenkt. 155 Städte und Gemeinden profitieren hiervon. Die Finanzhilfen des Bundes sollen in ihrer Struktur und Funktion bedrohte historische Stadtkerne mit denkmalwerter Bausubstanz sichern und erhalten helfen. Neben den Impulsen für die Bauwirtschaft gehen von diesen historisch einmaligen Bauensembles wichtige Impulse für die Tourismuswirtschaft in den neuen Ländern aus.

**INFO: Bundestransferstellen „Soziale Stadt“ und „Stadtumbau Ost“**

Nach der Implementierungsphase der Programme „Die Soziale Stadt“ und „Stadtumbau Ost“ liegen vielfältige Erfahrungen bei der Erprobung integrierter Stadtentwicklungsansätze sowie neuer Kooperations- und Steuerungsformen vor. Mit den inzwischen eingerichteten *Bundestransferstellen „Soziale Stadt“ und „Stadtumbau Ost“* wird der Erfahrungs- und Wissenstransfer verstärkt fortgesetzt und die weitere Programmumsetzung aktiv unterstützt. Die Transferstellen nehmen zwei wesentliche Aufgaben wahr:

- Zum einen werden die vielfältigen Informationen und Erfahrungen aus Forschung und Praxis gebündelt und ein kontinuierlicher Ergebnis- und Wissenstransfer zwischen den beteiligten Kommunen und Akteuren gefördert.
- Zum anderen wird im Rahmen der Programmbegleitung der Stand der Programmumsetzung analysiert, um den Akteuren einer Weiterentwicklung der Handlungskonzepte bzw. frühzeitige Umsetzung entsprechender Anpassungsstrategien zu ermöglichen. Weitere Ziele bestehen in der Unterstützung bei Monitoring und Erfolgskontrolle sowie Politikberatung.

Auf die zunehmende soziale Polarisierung in den Städten und Gemeinden hat die Bundesregierung im Jahre 1999 gemeinsam mit den Ländern mit dem einen neuen Programmansatz „Stadtteile mit besonderem Entwicklungsbedarf – Die soziale Stadt“ geantwortet. Das Programm zielt auf eine nachhaltige Verbesserung der Lebenssituation der betroffenen Menschen in benachteiligten Stadtquartieren. Dies soll erreicht werden durch eine aktive und integrativ wirkende Stadtentwicklungspolitik mit Hilfe der Erhöhung der Wirkung öffentlicher Maßnahmen durch frühzeitige Abstimmung und Bündelung öffentlicher und privater Finanzmittel auf Stadtteilebene.

Trotz aller Erfolge im wirtschaftlichen Aufbau der neuen Länder konnte nicht verhindert werden, dass nach der Wende viele Menschen ihre Zukunftschancen in den alten Ländern gesehen haben. Die Phase der Unsicherheit hat zudem zu einem Einbruch der Geburtenraten in den neuen Ländern geführt. Zwar normalisieren sich diese Entwicklungen mittlerweile, dennoch haben sie deutliche Spuren in den Städten der neuen Länder hinterlassen. Deutlichste Zeichen hierfür sind die vielen leerstehenden Wohnungen. Mit Beginn des Jahres 2002 stellt sich das Programm „Stadtumbau Ost“ dieser Herausforderung. So sollen bis 2009 in einer für die Städte verträglichen Weise 300 000 bis 400 000 leerstehende Wohnungen zurückgebaut werden. Neben Rückbau steht die Stärkung der Innenstädte im Mittelpunkt der Förderung. Für eine Förderung stellen städtebauliche Entwicklungskonzepte die Voraussetzung dar.

Da zunehmend auch westdeutsche Städte durch wirtschaftsstrukturellen Wandel und demografische Entwicklungen negativ betroffen werden, hat der Bund im Rahmen des Forschungsprogramms Experimenteller Wohnungs- und Städtebau (ExWoSt) das *Forschungsfeld „Stadtumbau West“* eingerichtet. In Pilotprojekten wird geklärt, wie den negativen Entwicklungen in nicht mehr durch Wachstum geprägten Stadtregionen, Städten und Stadtteilen entgegen gewirkt werden kann. Derzeit werden Pilotprojekte in 16 Städten durchgeführt. Mitte des Jahres 2004 ist in den alten Ländern zudem das städtebauliche Programm „Stadtumbau West“ mit 40 Mio. Euro gestartet. Hiermit wird den Stadtumbaubedürfnissen der alten Länder Rechnung getragen. Auch wenn sich in den alten

## Die Soziale Stadt

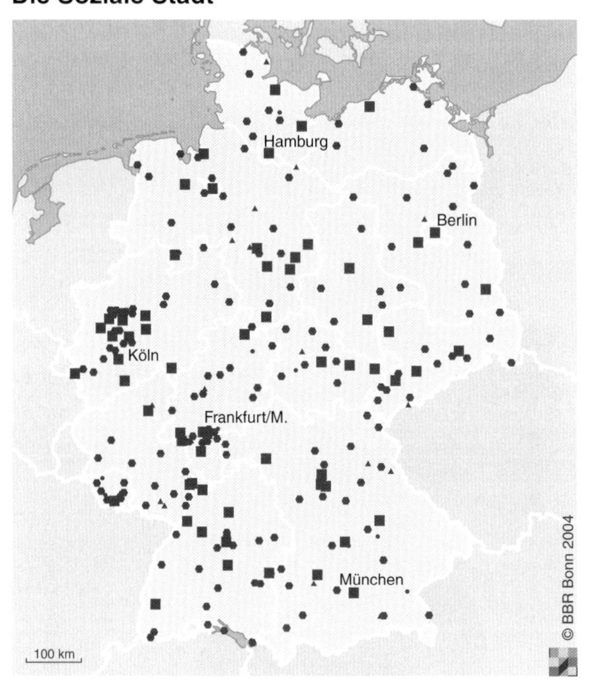


**Gemeinden im Programm Soziale Stadt, Programmjahr 2004, nach Stadt-/Gemeindetyp**

## Stadtumbau Ost

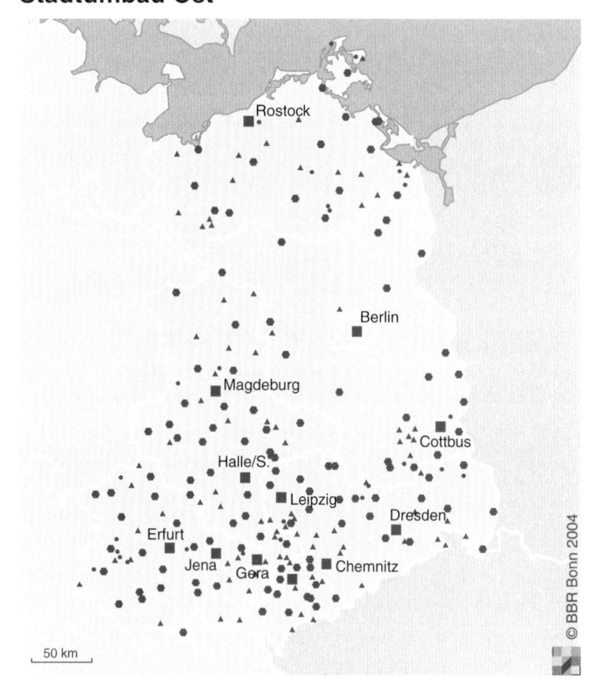


**Gemeinden in laufender Förderung Stadtumbau Ost, Programmjahr 2004, nach Stadt-/Gemeindetyp**

## Städtebauliche Sanierungs- und Entwicklungsmaßnahmen

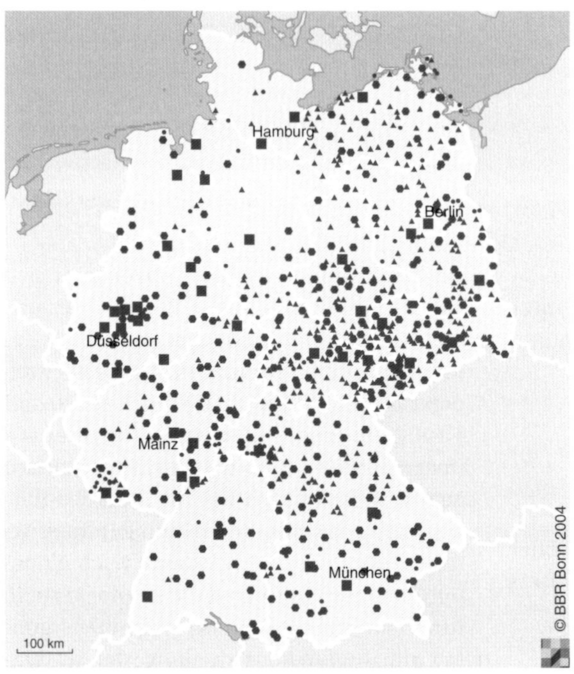


**Gemeinden in laufender Förderung Städtebauliche Sanierungs- und Entwicklungsmaßnahmen, Programmjahr 2004, nach Stadt-/Gemeindetyp**

## Städtebaulicher Denkmalschutz

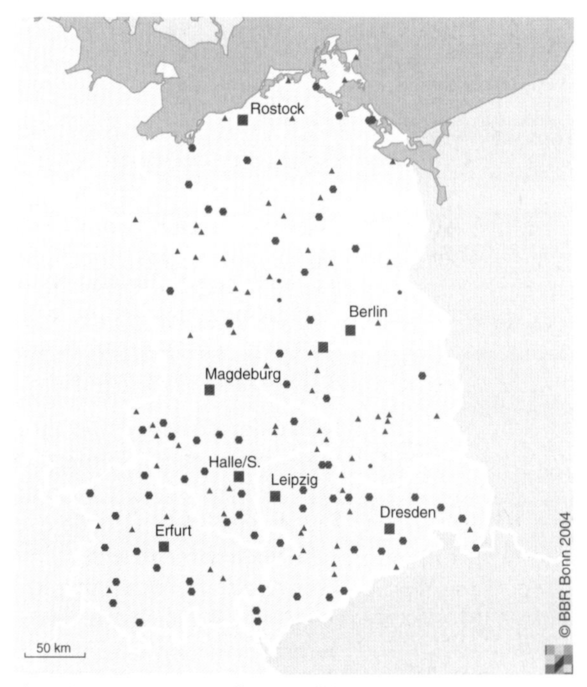


**Gemeinden in laufender Förderung Städtebaulicher Denkmalschutz, Programmjahr 2004, nach Stadt-/Gemeindetyp**

■ Großstadt
● Mittelstadt
▲ Kleinstadt
• Landgemeinde

Quelle: Laufende Raumbeobachtung des BBR
Datengrundlage: Städtebauförderungsdatenbank des BBR

Gemeinden, Stand 31. 12. 2002

**Fördermittel der GRW für wirtschaftsnahe Infrastruktur**

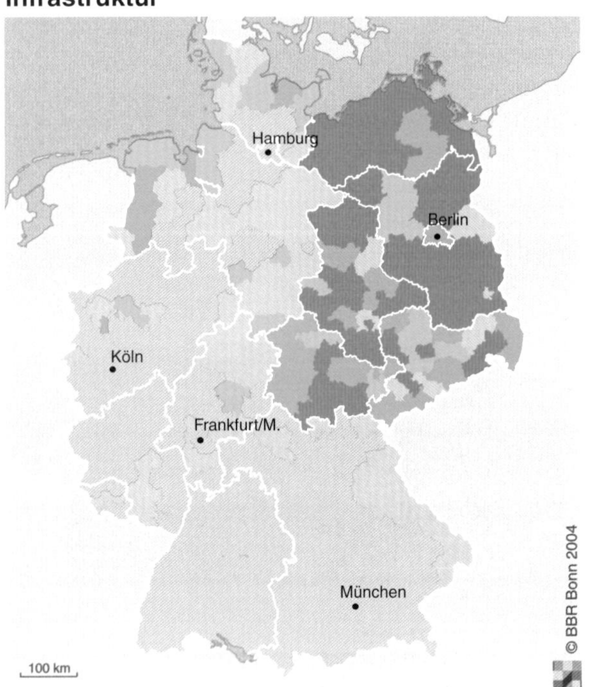


**Fördermittel der GRW für die wirtschaftsnahe Infrastruktur 1999 bis 2003 in Euro je Einwohner**

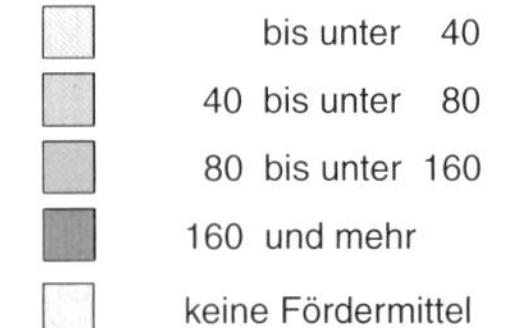

bis unter 40
40 bis unter 80
80 bis unter 160
160 und mehr
keine Fördermittel

Quellen: Bundesamt für Wirtschaft und Ausfuhrkontrolle, Kreditanstalt für Wiederaufbau

**KfW-Infrastrukturförderung**

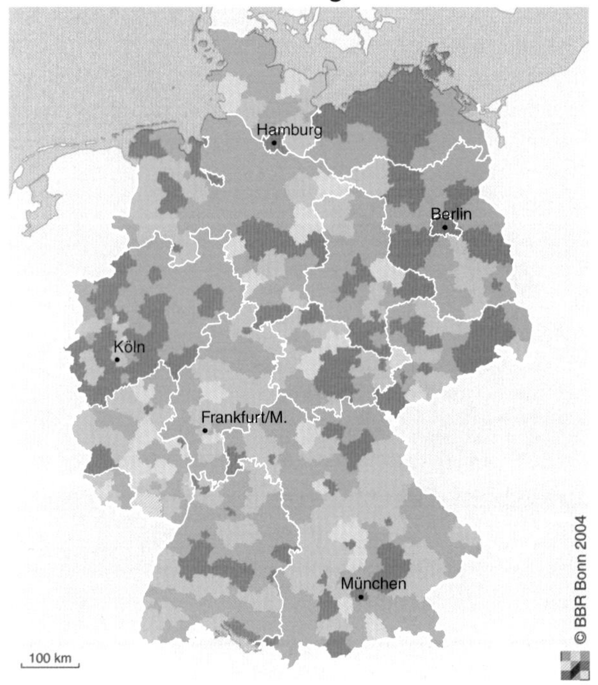


**Fördermittel der KfW für Infrastruktur inkl. Sonderfonds Wachstumsimpulse 1999 bis 2003 in Euro je Einwohner**

Kreisregionen, Stand 31. 12. 2001

Ländern diese Erfordernisse noch nicht flächendeckend ergeben, so will die Bundesregierung mit diesem neuen Programm rechtzeitig Zeichen setzen.

Neben der Städtebauförderung werden verschiedene andere Förderprogramme für den Bereich Stadtentwicklung eingesetzt: Die Finanzhilfen nach dem *Gemeindeverkehrsfinanzierungsgesetz* (GVFG) auf der Grundlage des 104a (Abs. 4) Grundgesetz dienen maßgeblich zur Verbesserung der Verkehrssituation in den Städten und Gemeinden. Die geförderten Maßnahmen können sowohl im kommunalen Straßenbau als auch im öffentlichen Personenverkehr liegen. Im Zeitraum 1999–2003 wurden rund 7,7 Mrd. Euro in dieses Maßnahmenfeld investiert, wovon – bedingt durch den einwohnerorientierten Verteilungsschlüssel – rund 5,8 Mrd. Euro auf die alten und 1,9 Mrd. Euro auf die neuen Länder entfallen. Die *Infrastrukturförderung der GRW* über Zuschüsse konzentriert sich auf den wirtschaftsnahen Bereich, der primär in der Zuständigkeit der Städte und Gemeinden liegt. Im Zeitraum 1999–2003 wurden rund 2 Mrd. Euro an Bundesmitteln zur Verfügung gestellt, wovon der weitaus überwiegende Teil den neuen Ländern zugute kam. Ebenso wie die Städtebauförderung werden die Mittel für die Infrastrukturförderung der GRW ex ante nach einem Verteilungsschlüssel auf die Länder verteilt. Innerhalb dieses Verteilungsrahmens greifen die regionale Verteilung der antragstellenden Kommunen und der Entscheidungsspielraum der Länder bei der Umsetzung der Programme.

Anders verhält es sich bei dem *Infrastrukturprogramm der KfW*, in dessen Rahmen mit zinsgünstigen Darlehen grundsätzlich alle kommunalen Infrastrukturmaßnahmen mitfinanziert werden, die der Aufgabenerfüllung der Gebietskörperschaften dienen. Das Programm wird flächendeckend angeboten, ohne das die Mittel im Vorhinein nach einem Schlüssel ausgleichsorientiert auf die Länder verteilt werden. Die Verteilung der Mittel folgt ausschließlich der regionalen Verteilung der antragstellenden Kommunen. Im Zeitraum 1999–2003 wurden rund 12,1 Mrd. Euro zinsgünstige Kredite für kommunale Infrastrukturmaßnahmen gewährt, wovon der überwiegende Teil in den alten Ländern eingesetzt wurde (8,6 Mrd. Euro). Aufgrund der spezifischen Förderkonditionen (zinsgünstige Darlehen statt Zuschüsse) dürfte dieses Programm in erster Linie für finanzstärkere Städte und Gemeinden mit einem haushaltspolitischen Spielraum attraktiv sein. Durch die Kombinationsmöglichkeit mit anderen öffentlichen Fördermitteln erhält es jedoch zusätzlich eine ausgleichspolitische Komponente.

Insgesamt hat die Bundesregierung im Zeitraum 1999–2003 für Stadtentwicklung und Wohnen rund 37,5 Mrd. Euro verausgabt. Davon wurden rund 12,6 Mrd. Euro in den neuen Ländern wirksam. Auf einen Einwohner in den neuen Länder entfällt somit ein Wert von 738 Euro gegenüber 380 Euro in den alten Ländern. Während die Mittelverteilung innerhalb der alten Länder keine Besonderheiten zeigt, hat Sachsen in den neuen Ländern eine Spitzenposition inne. Zu diesem Ergebnis tragen insbesondere jene Mittel bei, die für die Förderung der wirtschaftsnahen Infrastruktur verausgabt werden.

## Bereich Wohnen

Fast alle wohnungspolitischen Maßnahmen und Instrumente der Bundesregierung sind für sich alleine oder in Zusammenwirken mit anderen für die Raum- und Stadtentwicklung bedeutsam. Die Bundesregierung hat dabei eine Verzahnung städtebaulicher und wohnungspolitischer Instrumente und eine Integration raumordnerischer und städtebaulicher Belange in die einzelnen wohnungspolitischen Instrumente eingeleitet.

Im Berichtszeitraum waren in der Wohnungspolitik neben der Fortführung der Angleichung der Wohn- und Lebensverhältnisse zwischen alten und neuen Ländern vor allem auch die Bewältigung der unterschiedlichen Anforderungen auf den verschiedenen regionalen Wohnungsmärkten von raumordnerischer Bedeutung. In den neuen Ländern stand neben der Fortführung der Bestandsinvestitionen und der Abdeckung des Nachholbedarfs beim Wohneigentum die Vorbereitung und Einführung des Stadtumbaus im Vordergrund. In den alten Ländern gewann die zunehmende Ausdifferenzierung der regionalen Wohnungsmarktentwicklung in wachsende und schrumpfende Märkte mit einer Vielzahl an unterschiedlichen Wohnungsmarktkonstellationen an Bedeutung.

### Sozialer Wohnungsbau

Mit dem seit 1.1.2002 geltenden Wohnraumförderungsgesetz (WoFG) wurde das System des *Sozialen Wohnungsbaus* grundlegend reformiert und zur Sozialen Wohnraumförderung weiterentwickelt, mit dem Ziel, die Förderung stärker auf die Zielgruppen zu konzentrieren und den vorhandenen Wohnungsbestand in die Förderung einzubeziehen. Gleichberechtigt mit der Neubauförderung wurden die Modernisierung, der Erwerb von Wohnungen und der Erwerb von Belegungsrechten als Fördergegenstände eingeführt. Durch die Einbeziehung der Bestände in die Förderung lässt sich die Soziale Wohnraumförderung stär-

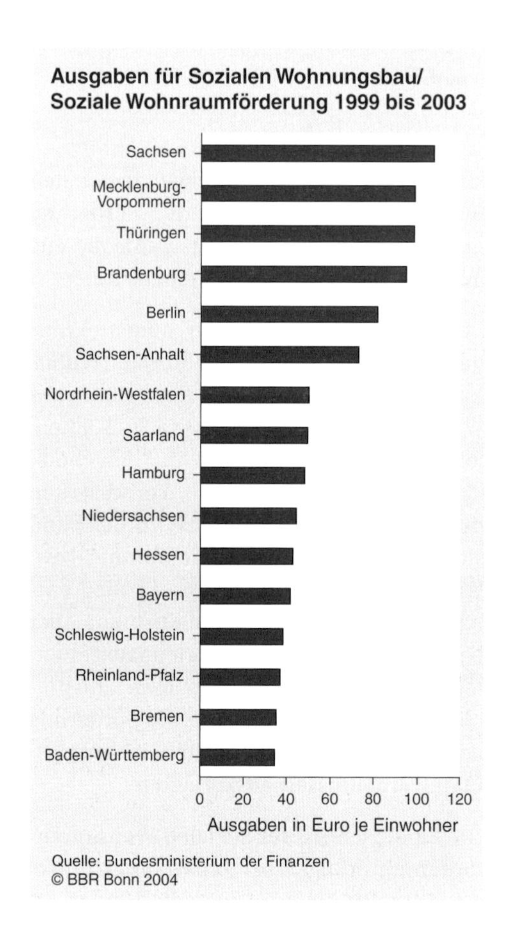

## Gesamtförderung im Sozialen Wohnungsbau

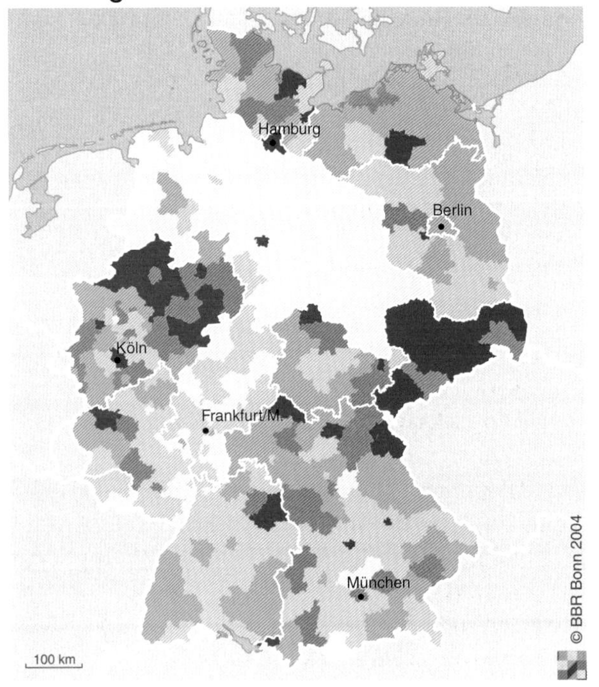


## Eigenheimförderung im Sozialen Wohnungsbau

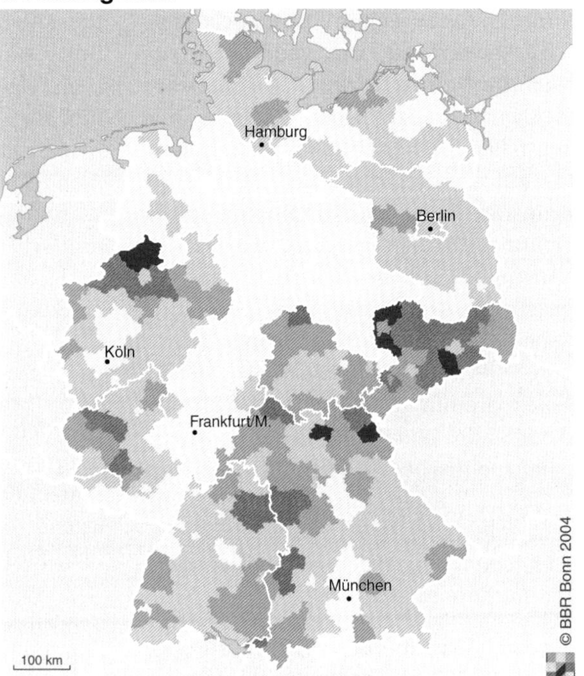


**Bewilligte Wohnungen im Sozialen Wohnungsbau je 10 000 Einwohner pro Jahr 1999 bis 2001**

**Bewilligte Wohnungen in Ein- und Zweifamilienhäusern im Sozialen Wohnungsbau je 10 000 Einwohner pro Jahr 1999 bis 2001**

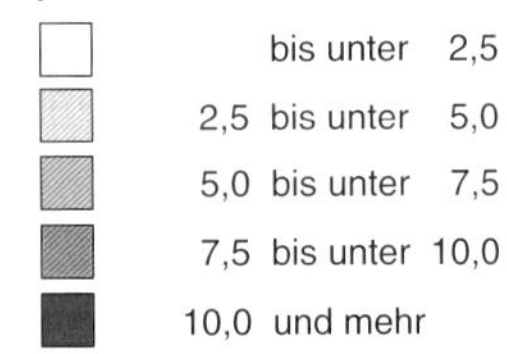


Quelle: Laufende Raumbeobachtung des BBR
Datengrundlage: Statistik der Bewilligungen im Sozialen Wohnungsbau des Bundes und der Länder

Kreisregionen, Stand 31. 12. 2000

ker für eine an den jeweiligen regionalen Bedarfsstrukturen orientierte Förderung nutzen. Diese Entwicklung wurde bereits im Sozialen Wohnungsbau eingeleitet.

In Regionen mit weiterhin hohem Wohnungsbedarf erlaubt die Soziale Wohnraumförderung die gezielte Ausweitung des Wohnungsangebotes, während in Städten, Regionen und Teilmärkten mit Angebotsüberhängen die qualitative Verbesserung der Wohnungsbestände im Vordergrund steht. Die Wohnungsbauprogramme bzw. Wohnungsbaurichtlinien der Länder enthalten häufig (z.B. an Mietenstufen oder landesplanerischen Kategorien ausgerichtete) Regionalkomponenten bzw. entsprechende Bestimmungen, um die Förderung an regional unterschiedlichen Wohnungsmarktverhältnissen auszurichten.

Die Finanzierung der Sozialen Wohnraumförderung erfolgt über *Bundesfinanzhilfen nach Art. 104 a Abs. 4 GG* an die Länder. Sie werden im Bundeshaushaltsplan und in den jährlichen Verwaltungsvereinbarungen in ihrem Umfang (Verpflichtungsrahmen) und ihrer Verteilung festgelegt. Die Länder müssen eigene Mittel mindestens im Umfang der Bundesmittel einsetzen; zumeist sind die Landesmittel höher als die Bundesanteile. Bei der Verteilung der Bundesfinanzhilfen wurden die neuen Länder wegen des erheblichen Nachholbedarfs in den 1990er Jahren gegenüber den alten Ländern begünstigt. Dies ist in den letzten Jahren schrittweise zurückgeführt worden. Innerhalb West- und Ostdeutschlands erfolgt die Verteilung der Bundesfinanzhilfen bisher in der Regel nach Bevölkerungsanteilen, für Sonderprogramme auch nach anderen Schlüsseln.

Die Kassenmittel des Bundes für den Sozialen Wohnungsbau bzw. die soziale Wohnraumförderung beliefen sich in den Jahren 1999–2002 auf insgesamt 3.872,7 Mio. Euro. Bei der Betrachtung der Raumwirksamkeit ist zu berücksichtigen, dass der jeweilige Bundesanteil in den einzelnen Ländern in der Regel nur den geringeren Anteil am gesamten Mittelvolumen darstellt und daher die Proportionen zwischen den Ländern stärker vom Einsatz der komplementären Landesmittel als vom Verteilungsschlüssel abhängen können. Darüber hinaus enthalten die Kassenmittel im Berichtszeitraum auch die Finanzierung bereits in den Vorjahren bewilligter Wohnungen.

Die Ausgestaltung und Bedeutung der Wohnungsbauförderung in den einzelnen Ländern lässt sich anhand der *Förderergebnisse* , den Bewilligungen darstellen. Dabei hat sich auch vor dem Inkrafttreten des WoFG die Struktur der Förderung im Berichtszeitraum weiter verändert. Besonders deutlich war die Umorientierung hin zur Eigentumsförderung im Sozialen Wohnungsbau, die im Zusammenwirken mit der 1996 eingeführten Eigenheimzulage insbesondere Familien mit Kindern die Schaffung von Wohneigentum erleichtern soll. Die veränderten Rahmenbedingungen der Sozialen Wohnraumförderung ab 2002 schlagen sich hier noch nicht nieder.

In den Jahren 1999 bis 2001 wurden im Sozialen Wohnungsbau in Deutschland 145 141 Neubauwohnungen gefördert. Seit dem Höhepunkt im Jahr 1994 mit über 160 000 geförderten Wohnungen sind die Bewilligungszahlen deutlich zurückgegangen. Im Jahr 2001 wurden lediglich 38 408 Wohnungen bewilligt. Dabei ergab sich in den alten Ländern im Jahr 2001 gegenüber dem Vorjahr eine Stabilisierung der Bewilligungen auf niedrigem Niveau, während sie in den neuen Ländern deutlich zurückgingen.

Bezogen auf die Baugenehmigungen (Wohnungen in neu errichteten Wohngebäuden insgesamt) liegt der Anteil der geförderten Wohnungen im Zeitraum 1999 bis 2001 bei 15,4 %. Bei Ein- und Zweifamilienhäusern liegt die Förderquote von 1999–2001 bundesweit bei 13 %, im Geschosswohnungsbau bei 16,4 %. Dabei sind die Förderquoten in den Stadtstaaten besonders hoch (z.B. Hamburg 60 %, Berlin 37 %) und in den Flächenländern eher gering (z.B. Niedersachsen 4,5 %, Brandenburg 9 %).

Die räumliche Verteilung der Bewilligungen spiegelt die unterschiedlichen Schwerpunkte in der Wohnungsbauförderung der einzelnen Länder wider; Unterschiede zeigen sich sowohl in der Förderintensität als auch in der jeweiligen Bedeutung von Mietwohnungen und Eigentumsmaßnahmen.

Das Förderniveau insgesamt (einschließlich geförderter Mietwohnungsbau) ist in den Kernstädten am höchsten. In Folge der unterschiedlichen Schwerpunktsetzungen und Siedlungsstrukturen in den Ländern kommt es immer mehr dazu, dass die regionalen Förderintensitäten in vielen Ländern inzwischen in den verdichteten ländlichen Regionen höher sind als in den Kernstädten. Die Verschiebung des Förderschwerpunktes hin zu den Eigentumsmaßnahmen wirkt sich damit auch räumlich aus.

### Eigenheimzulage

Die *Eigenheimzulage* soll insbesondere Schwellenhaushalten und Familien mit Kindern den Weg ins Eigentum erleichtern. Die Zielsetzungen des Instruments waren vor allem sozial- und familienpolitisch begründet. Die Förderung erfolgt unabhängig von regionalen oder städtebaulichen Förder- oder Gebietskulissen, entfaltet aber durch räumlich unterschiedliche Inanspruchnahmen eine hohe Raumwirksamkeit.

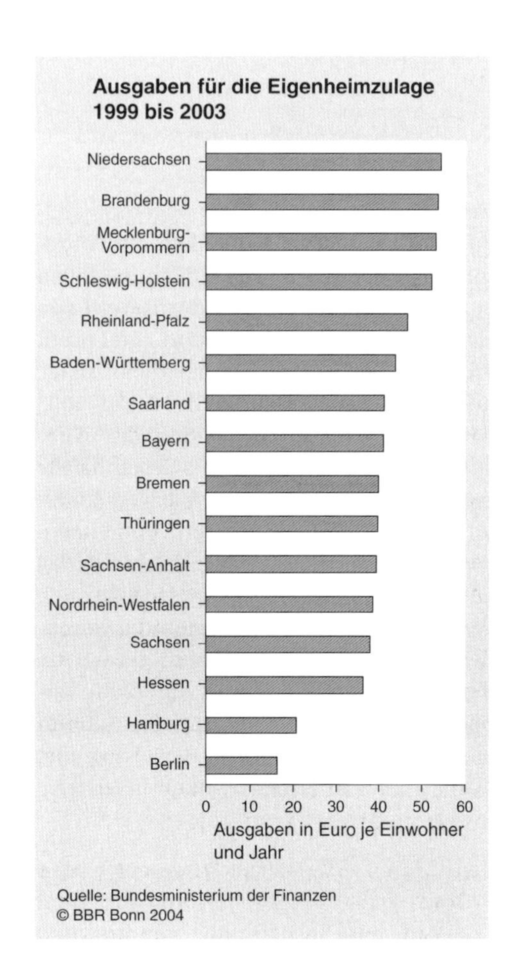

## Eigenheimzulage - Neubauförderung

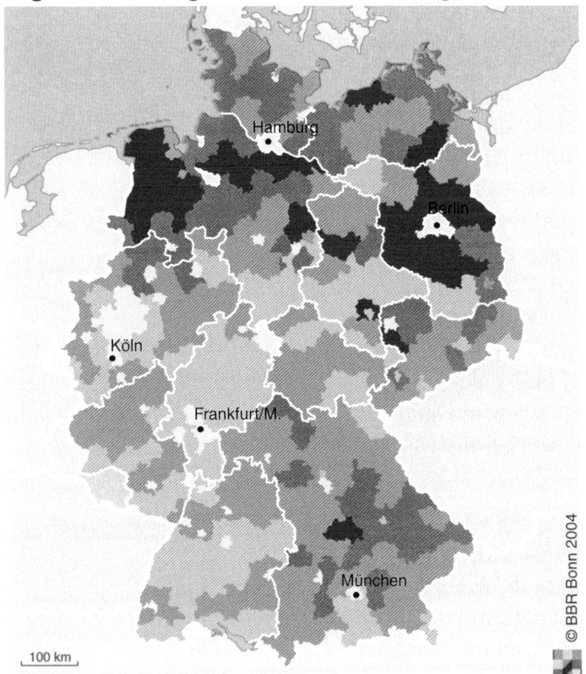


## Eigenheimzulage - Bestandsförderung

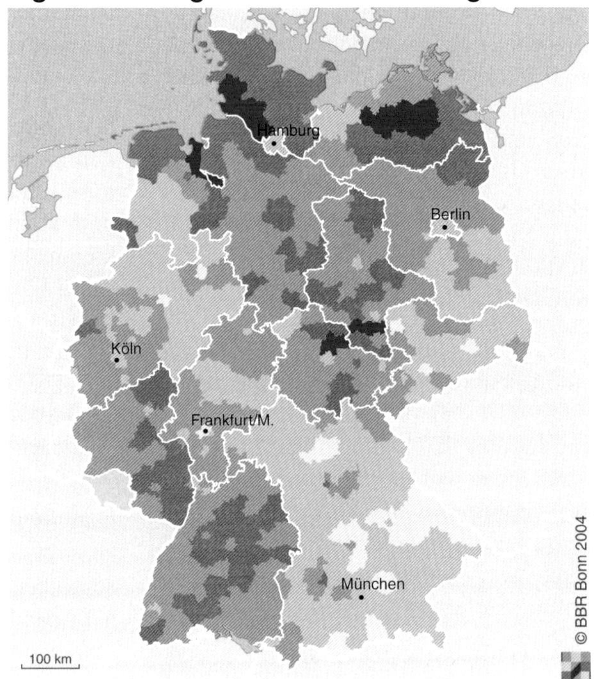


**Eigenheimzulage - durchschnittliche Fälle mit Grundförderung je 1 000 Einwohner pro Jahr 1996 bis 2000**

Kreisregionen, Stand 31. 12. 2000
Quelle: Laufende Raumbeobachtung des BBR
Datengrundlage: Eigenheimzulagenstatistik des Bundesamtes für Finanzen

Neben der Förderung der Eigentumsbildung im Neubau hat vor allem die Förderung des Erwerbs von Bestandsimmobilien eine hohes Gewicht. Auch der Erwerb von Genossenschaftsanteilen wird gefördert. Wirkungsanalysen zur Eigenheimzulage haben gezeigt, dass selbst unter der bis 2003 vorherrschenden Begünstigung des Neubaus vor dem Bestand, die Bestandsfälle dennoch häufiger waren als die Neubaufälle. Davon konnten neben den verdichteten Umlandkreisen mit einem größeren Anteil an Bestandsimmobilien insbesondere auch die Städte profitieren. Die nunmehr geltende Angleichung der Neubauförderung an die Bestandsförderung und die damit verbundene Stärkung der Bestandsimmobilien wird einen Beitrag zur Sicherung und Ausbau der städtischen Strukturen leisten.

Der Bund hat für die Eigenheimzulage in den Jahren 1999–2003 insgesamt rund 17 Mrd. Euro ausgegeben, davon rund 13,8 Mrd. Euro in den alten Ländern und rund 3,2 Mrd. Euro in den neuen Ländern. Im Durchschnitt wurden ca. 206 Euro je Einwohner für die Eigenheimzulage aufgewendet. In den alten Ländern lag dieser Betrag mit ca. 211 Euro geringfügig höher als in den neuen Ländern inkl. Berlin mit 190 Euro. Zwischen den einzelnen Bundesländern variieren die Förderbeträge je Einwohner in einem breiteren Spektrum. Die geringsten Fördermittel je Einwohner wurden in Berlin mit 82 Euro, die höchsten in Niedersachsen mit ca. 271 Euro aufgewendet.

Mit der räumlichen Verteilung der Inanspruchnahme der Eigenheimzulage nach Fallzahlen auf Kreisebene der Jahre 1996 bis 2000 kann dieses Ergebnis verifiziert werden. Danach zeigt sich eine deutliche Dominanz bei der Inanspruchnahme im Norden und Nordosten von Deutschland. In diesen Regionen werden zum einen aufgrund der hohen Neubautätigkeiten diese Werte erreicht, zum anderen liegen aber

| Kreistyp | Verteilung der Eigenheimzulagen-Inanspruchnahme im Neubau und Bestand 1996 bis 2000 | | | | | |
|---|---|---|---|---|---|---|
| | Alte Länder | | | Neue Länder | | |
| | Bevölkerungsanteil in % | Verteilung der Förderfälle in % | | Bevölkerungsanteil in % | Verteilung der Förderfälle in % | |
| | | Neubau | Bestand | | Neubau | Bestand |
| Kernstädte | 28 | 13 | 25 | 36 | 20 | 24 |
| Verdichtete Umlandkreise | 50 | 54 | 53 | 21 | 23 | 23 |
| Ländliche Kreise | 22 | 33 | 22 | 57 | 57 | 53 |
| insgesamt | 100 | 100 | 100 | 100 | 100 | 100 |



Quelle: Laufende Raumbeobachtung des BBR
Datengrundlage: Bundesamt für Finanzen

auch die Fallzahlen für die Förderung im Bestand auf einem hohen Niveau. Baden-Württemberg und Rheinland-Pfalz folgen den nördlichen Bundesländern. Am geringsten ist der Förderaufwand erwartungsgemäß bei den Stadtstaaten Berlin und Hamburg. Die regional unterschiedliche Inanspruchnahme der Eigenheimzulage in den einzelnen Bundesländern liegt an den unterschiedlichen siedlungsstrukturellen Gegebenheiten, sowie an unterschiedlichen Eigentumsquoten, Wohnungsbautätigkeit und demographischen ebenso wie sozioökonomischen Faktoren.

### Wohnungswirtschaftliche Kreditprogramme der KfW

Die Bundesregierung hat im Berichtszeitraum über die wohnungswirtschaftlichen Kreditprogramme der Kreditanstalt für Wiederaufbau (KfW-Förderbank) Wohnungsbestandsinvestitionen und im geringerem Umfang auch den Wohnungsneubau gefördert. Der gegenwärtige Förderschwerpunkt liegt bei den allgemeinen Wohnungsbestandsmaßnahmen und bei den klimarelevanten Maßnahmen zur $CO_2$-Reduktion. Der Bund leistet zu diesem Zweck entsprechende Zuschüsse zur Kreditverbilligung an die KfW.

Die *KfW-Kreditprogramme* entfalten eine sehr große Breitenwirkung in der Instandsetzung, Modernisierung, energetischen Sanierung und Anpassung der Wohnungsbestände an die aktuellen Anforderungen des Klimaschutzes und der Wohnungsnachfrage. Die Raumwirksamkeit der einzelnen Programme bestand zunächst darin, dass die neuen Länder in den 1990er Jahren entsprechend dem sehr hohen Nachholbedarf der räumliche Förderschwerpunkt waren. Mit der Auflage des bundesweiten KfW-Wohnraummodernisierungsprogramms 2003 wurde der zunehmenden Bedeutung der Modernisierung auch in den alten Ländern Rechnung getragen.

Die überwiegend auf den Bestand abgestellten Kreditprogramme der KfW entfalten ihre Wirkung vor dem Hintergrund der jeweils begünstigten Maßnahmen und der Struktur der Wohnungsbestände. Insgesamt profitieren die (Kern-)städte in besonders hohem Maße von der Förderung, da hier in der Regel ein höherer Anteil an Altbauten und Geschosswohnungsbeständen vorherrscht. Die durchgreifende Wohnungsbestandserneuerung in den neuen Ländern war eine wesentliche Voraussetzung für die Stabilisierung der Wohnfunktion und städtebaulichen Situation der Städte. Die KfW-Kredite haben diesen Prozess als Basisförderinstrument maßgeblich unterstützt. Aber auch im Umland und in ländlichen Räumen konnten die Wohnverhältnisse deutlich verbessert werden.

Im Berichtszeitraum 1999–2003 liefen folgende Programme:

- bis Anfang 2000: KfW-Wohnraummodernisierungsprogramm für die neuen Länder,
- ab Anfang 2000 bis Ende 2002: KfW Wohnraummodernisierungsprogramm II (neue Länder),
- Wohnraummodernisierungsprogramm 2003 (bundesweit).

- KfW-Wohneigentumsprogramm (zuvor: KfW-Programm für junge Familien),
- KfW-$CO_2$-Minderungsprogramm,
- KfW-$CO_2$-Gebäudesanierungsprogramm.

Die für die o.g. Programme im Berichtszeitraum 1999–2003 geleisteten Zuschüsse aus dem Bundeshaushalt an die KfW beliefen sich insgesamt auf 4,1 Mrd. Euro. Hiervon entfiel der weitaus größte Anteil auf das Anfang 2000 ausgelaufene KfW-Wohnraummodernisierungsprogramm für die neuen Länder, für das auch in den Folgejahren noch erhebliche Mittel aus dem Bundeshaushalt an die KfW gezahlt werden. Diese sind in der Gesamtsumme enthalten, berücksichtigt werden allerdings nur die innerhalb des Berichtszeitraumes 1999–2002 anfallenden Ausgaben. Für das KfW-Wohneigentumsprogramm wurden keine Bundesmittel bereitgestellt, dieses Programm finanziert die KfW aus eigenen Mitteln. Es wird daher im Folgenden nicht mehr näher dargestellt.

Das bereits im Jahr 1990 aufgelegte *Wohnraummodernisierungsprogramm* stellt eines der wichtigsten Förderinstrumente für die Instandsetzung und Modernisierung von Wohnungen in den neuen Ländern dar. Bis zum Programmende im März 2000 wurden bei einer vollen Belegung des Programms von rd. 40 Mrd. Euro an ausgereichtem Kreditvolumen Investitionen mit einem Gesamtvolumen von ca. 63 Mrd. Euro angestoßen. Mit diesem Programm wurden insgesamt fast 700 000 Kredite für die Instandsetzung und Modernisierung von ca. 3,5 Mio. Wohnungen sowie für die Schaffung von zusätzlichen 107 000 Mietwohnungen im Bestand zugesagt. Damit wurden Maßnahmen an mehr als der Hälfte des Gesamtbestandes gefördert. Für die Zinsverbilligung stellte der Bund im Zeitraum 1999–2003 insgesamt 3,2 Mrd. Euro bereit. Im Hinblick auf die regionale Verteilung der KfW-Kredite aus dem Wohnraummodernisierungsprogramm resultieren die Unterschiede in der Inanspruchnahme zu einem erheblichen Teil aus der unterschiedlichen Wohnungsbestandsstruktur in den einzelnen Ländern und Kreistypen (Anteil von Alt- und Plattenbauten, Bedeutung der Geschosswohnungen insgesamt) sowie den unterschiedlichen regionalen Wohnungsmarktverhältnissen, die allerdings zunächst noch nicht so deutlich ausgeprägt waren. Berlin als Stadtstaat sowie Sachsen mit einem vergleichsweise hohen Anteil an Geschoss- und Altbauwohnungen lagen deshalb im Förderniveau an der Spitze. Sowohl beim ersten Wohnraummodernisierungsprogramm, als auch beim Nachfolgeprogramm waren die Kreditzusagen in den Kernstädten deutlich höher als außerhalb.

Im Anschluss an das KfW-Wohnraum-Modernisierungsprogramm wurde *das KfW-Wohnraum-Modernisierungsprogramm II* für die neuen Länder gestartet, das jeweils hälftig von Bund und Ländern finanziert wurde. Mit dem Programm wurden Bestandsmaßnahmen in besonders kostenträchtigen Teilbereichen gefördert (Altbauten, Hochhäuser, denkmalgeschützte Gebäude und Grundrissveränderungen an Plattenbauten). Insgesamt wurden Kredite über rd. 2,4 Mrd. Euro zugesagt und Instandsetzungs- und Modernisierungsinvestitionen in Höhe von 4,55 Mrd. Euro in knapp 160 000 Wohneinheiten gefördert. Zur Zinsverbilligung stellt der Bund für den gesamten Zinsverbilligungszeitraum insgesamt 240 Mio. Euro bereit, wobei 9,1 Mio. Euro auf den Zeitraum 1999–2003 entfielen. Aufgrund des enger gefassten begünstigten Maßnahmenkatalogs konzentrierte sich das Fördergeschehen im Vergleich zum ersten Wohnraummodernisierungsprogramm hier weitaus stärker auf die Kernstädte.

**Ausgaben für KfW-Wohnraummodernisierungsprogramme 1999 bis 2002**

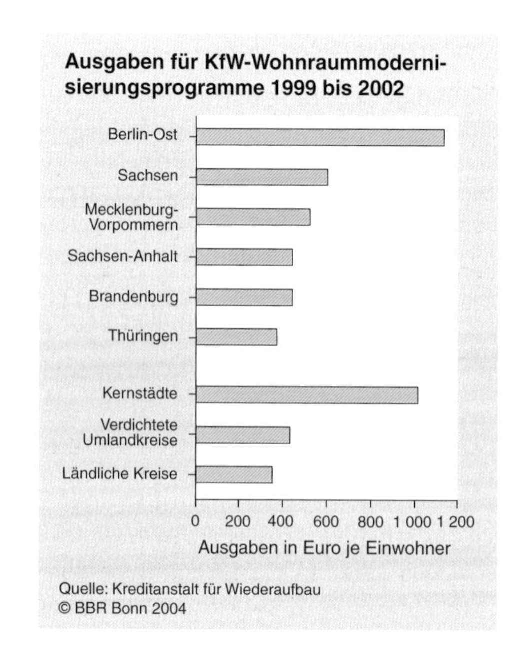


Quelle: Kreditanstalt für Wiederaufbau
© BBR Bonn 2004

Mit der allgemeinen Hinwendung zur Bestandspolitik auch in den alten Ländern wird die Erneuerung der Wohnungsbestände bundesweit zu einer zentralen wohnungspolitischen Aufgabe. Im Anschluss an das auf die neuen Länder beschränkte Wohnraummodernisierungsprogramm II wurde deshalb ab 2003 ein bundesweites Programm aufgelegt, mit dem alle Modernisierungs- und Instandsetzungsmaßnahmen an selbst genutzten und vermieteten Wohngebäuden sowie Wohnumfeldmaßnahmen bei Mehrfamilienhäusern gefördert werden. Daneben werden in den neuen Ländern auch Maßnahmen zum Rückbau von Mietwohngebäuden im Rahmen des Stadtumbaus gefördert.

1996 startete das *$CO_2$-Minderungsprogramm der KfW*. Nach Ausschöpfen der zu Beginn aus Bundesmitteln zinsverbilligten Tranche von 1 Mrd. DM finanziert die KfW das Programm aus Eigenmitteln. Gefördert werden im Wesentlichen Einzelmaßnahmen der energetischen Sanierung von Wohngebäuden – bis zum Jahre 2000 ausschließlich in den alten Ländern. Darüber hinaus werden im Programm Neubauten gefördert, die die jeweils gültigen rechtlichen Anforderungen deutlich unterschreiten. Seit 1996 bis einschließlich 2003 wurden rd. 7,0 Mrd. Euro Darlehen für Sanierungs- und Neubaumaßnahmen an fast 570 000 Wohnungen vergeben. (In 2003 davon 880 Mio. Euro für 72 000 WE). Die Inanspruchnahme dieses Programms war dabei aufgrund der bis zum Jahr 2000 geltenden Begrenzung auf die alten Länder dort insgesamt höher (61 Euro je Einwohner), erreicht aber in den neuen Ländern vor dem Hintergrund der kurzen Laufzeit dort vergleichsweise hohe Beträge (24 Euro je Einwohner). Während in den alten Ländern die Förderintensität in den ländlichen Kreisen am höchsten war, wurden in den neuen Ländern die höchsten Kreditbeträge je Einwohner in den Kernstädten ausbezahlt.

Wichtig für die Modernisierung des Wohnungsbestands ist darüber hinaus das im Jahr 2001 gestartete *$CO_2$-Gebäudesanierungsprogramm*, das der Kreditfinanzierung von besonders emissionsmindernden Maßnahmen der Heizungserneuerung und der energetischen Verbesserung der Gebäudehülle bei vermieteten und eigengenutzten Wohnraum dient. Ziel ist eine $CO_2$-Minderung und Energieeinsparung in Wohngebäuden des Altbaubestandes. Die Förderung erfolgt über zinsverbilligte KfW-Darlehen mit einem Kreditvolumen von insgesamt rd. 5,5 Mrd. Euro, die seit Mai 2003 durch einen Teilschuldenerlass ergänzt werden (20 %), wenn das Gebäude nach Sanierung die Neubau-Anforderung der Energieeinsparverordnung (EnEV) einhält. Der Bund stellt dafür insgesamt rd. 1,5 Mrd. Euro Haushaltsmittel zur Verfügung. Von Januar 2001 bis 30. Juni 2004 wurden Kredite von insgesamt 3,0 Mrd. Euro für die Sanierung von rd. 160 000 Wohnungen zugesagt. Der Schwerpunkt liegt in den neuen Ländern mit 22 Euro je Einwohner, gegenüber 13 Euro je Einwohner in den alten Ländern. Auch beim KfW-$CO_2$-Gebäudesanierungsprogramm ist die Inanspruchnahme in den Kernstädten weitaus höher als in den anderen Kreistypen, während in den alten Ländern eher die ländlichen Keise Schwerpunkt der begünstigen Wohnungsbestandserneuerung waren. Hier kommt die unterschiedliche Wohnungsbestandsstruktur zwischen alten und neuen Ländern zum Ausdruck, insbesondere auch im Hinblick auf die Verteilung älterer selbstgenutzter Bestandsobjekte.

### Wohnungspolitische Instrumente für die neuen Länder

Die wohnungspolitischen Instrumente des Bundes für die neuen Länder dienen auf verschiedene Weise der Schaffung langfristig stabiler Wohnungsmarktverhältnisse und der Angleichung der Wohnverhältnisse zwischen alten und neuen Ländern. Neben der Fortführung der Wohnungsbestandserneuerung und der Stabilisierung der Wohnungswirtschaft besteht die wichtigste Maßnahme in der Förderung des Rückbaus von langfristig nicht mehr benötigtem Wohnraum in einem Umfang von rund 350 000–400 000 Wohnungen sowie der Aufwertung von Quartieren und Wohnungsbeständen im Rahmen des Programms Stadtumbau Ost. Mit der Förderung des Rückbaus von Wohnungen sollen die städtischen Wohnungsmärkte stabilisiert werden. Die einzelnen Bestandteile des Programms *Stadtumbau Ost* (Rückbau, Aufwertung, Förderung der innerstädtischen Wohneigentumsbildung) sind dabei mit den anderen Förderinstrumenten (*Altschuldenhilfe und Investitionszulage*) aufeinander abgestimmt.

Von 1991 bis 1998 wurden der Wohnungsneubau und die Wohnungsbestandserneuerung in den neuen Ländern unter anderem mit Sonderabschreibungen nach dem Fördergebietsgesetz gefördert. Da diese aufgrund der raschen Veränderung der Wohnungsmarktsituation ab Mitte der 1990er Jahre nicht mehr zur zielgenauen Fortführung der Wohnungsbestandserneuerung in den neuen Ländern geeignet waren, wurde ab 1999 die Förderung auf *Investitionszulagen* umgestellt (Investitionszulagengesetz – InvZulG 1999). Zur Ausrichtung der Förderung an den Zielsetzungen des Programms Stadtumbau Ost wurde die Investitionszulage ab 2002 neu geregelt. Die Investitionszulagen für den innerstädtischen Mietwohnungsneubau sowie für Bestandsmaßnahmen an selbstgenutztem Wohneigentum entfielen. Seit 2002 werden Bestandsinvestitionen an Mietwohngebäuden der Baujahre bis 1991 mit einem Fördersatz von 15 % und einer Kostenobergrenze von 614 Euro je m² begünstigt („allgemeine Investitionszulage"). Zusätzlich werden Bestandsmaßnahmen an Mietwohngebäuden der Baujahre vor 1949 sowie an denkmalgeschützten Mietwohngebäuden der 1950er Jahre innerhalb von Sanierungs-, Erhaltungssatzungs- und Kerngebieten mit einem Fördersatz von 22 % (erhöhten Investitionszulage) und einer Kostenobergrenze von 1 200 Euro je m² gefördert. Die Investitionszulagen für den Wohnungsbereich sind Ende 2004 ausgelaufen. Mit der Investitionszulage wird der weitaus größte Teil des Mietwohnungsbestandes der neuen Länder (ca. 5,22 Mio. Wohnungen bewohnte und leerstehende Wohnungen) begünstigt (rund 4,62 Mio. Wohnungen). Die Altbauten haben hieran einen Anteil von 42 %.

Im Zeitraum von 1999 bis 2003 lag das Gesamtvolumen der Investitionszulagen für Bestandsinvestitionen – bezogen auf diese Jahre als Investitionsjahre – bei insgesamt 3,9 Mrd. Euro (Schätzungen des Instituts für Stadtforschung, Berlin 2004). Der Bundesanteil hieran betrug 1,8 Mrd. Euro.

Dem allgemeinen deutlichen Rückgang der Bestandsinvestitionen in den neuen Ländern folgend ist das Volumen der Investitionszulagen (Bundesanteil) von 563 Mio. Euro im Jahr 1999 auf 198,8 Mio. Euro im Jahr 2003 zurückgegangen. Dabei entfielen rund 167 Mio. Euro auf die allgemeine und rund 32 Mio. Euro auf die erhöhte Investitionszulage.

Trotz der beabsichtigten und erzielten Breitenwirkung der allgemeinen Investitionszulage als Instrument gibt es räumlich eine deutliche Konzentration des Fördergeschehens auf die Städte. Dies resultiert aus dem weitaus höheren Anteil an Mietwohnungen in den Kernstädten gegenüber den anderen Raumkategorien. Darüber hinaus ist die Intensität der Investitionen insbesondere in den Großstädten besonders hoch, wie aktuelle Daten zu unternehmensbezogenen Investitionszahlen belegen. Die Investitionszulage begünstigt insgesamt vor allem die Großstädte und Mittelstädte, in denen sich Wohnungsbestände mit hohem Erneuerungsbedarf (vor allem Altbauten) konzentrieren.

Für den Stadtumbau Ost sind sowohl die erhöhte, als auch die allgemeine Investitionszulage von Bedeutung. Die erhöhte Investitionszulage entfaltet direkte Lenkungswirkungen zugunsten der Altbauten in den Innenstädten und begünstigt dort auch besonders kostenintensive Maßnahmen. Die allgemeine Zulage ist für die allgemeine Stabilisierung der Wohnungsmärkte und Stadtstrukturen von Bedeutung.

Sowohl die allgemeine *Entlastung von den Altschulden*, als auch die *Härtefallregelung nach § 6a Altschuldenhilfegesetz (AHG)* sind für die Wohnungsmarkt- und Stadtentwicklung in den neuen Ländern von erheblicher Bedeutung. Während von der allgemeinen Altschuldenhilfe vor allem indirekte Wirkungen über die ökonomische Stabilisierung der Wohnungsunternehmen ausgingen, kommen bei der Härtefallregelung bei Abriss unmittelbar städtebauliche und stadtentwicklungspolitische Wirkungen hinzu, die damit auch raumwirksam sind.

Mit der auf der Grundlage des Altschuldenhilfegesetzes (AHG) von 1993 gewährten Altschuldenhilfe wurden Altschulden aus DDR-Wohnungsbaukrediten auf 150 DM bzw. 77 Euro / m² Wohnfläche gekappt. Damit wurden die Wohnungsunternehmen in den neuen Ländern um rund 14 Mrd. Euro und damit um rund die Hälfte ihrer aus DDR-Zeiten übernommenen Altschulden entlastet. Verbunden mit der Altschuldenhilfe war die Auflage, 15 % der Wohnungen vorrangig an Mieter zu privatisieren. Durch die Entlastung wurden die Unternehmen bei ihren enormen Instandsetzungs- und Modernisierungsinvestitionen unterstützt.

Die *Härtefallregelung nach § 6a AHG* hat neben der Stabilisierung der Wohnungsunternehmen als wichtige Akteure der Stadtentwicklung direkte Raumwirksamkeit, da die zusätzliche Altschuldenhilfe nur auf abgerissene Wohnungen gewährt wird. Wohnungsunternehmen, die von einem Wohnungsleerstand von mindestens 15 % betroffen und in ihrer Existenz gefährdet sind, erhalten eine zusätzliche Entlastung von höchstens 77 Euro je m² abgerissener Wohnfläche. Die Wohnungsabrisse müssen Bestandteil eines tragfähigen Unternehmenssanierungskonzepts sein, das auch städtebauliche Aspekte berücksichtigt. Der Bund stellt rund 1,1 Mrd. Euro für Abrisse, die in den Jahren 2001 und 2010 realisiert werden, bereit. Mit dem Antrags- und Bewilligungsverfahren der Härtefallregelung hat der Bund die KfW beauftragt. Bis zum Ende der Antragsfrist am 31.12.2003 sind bei der KfW Anträge von 337 Wohnungsunternehmen eingegangen. Das Finanzvolumen der zugesagten Hilfen betrug 657,4 Mio. Euro. Bis zum Jahresende 2004 sind für rund 58 700 abgerissene Wohneinheiten rund 230 Euro zur Tilgung von Altverbindlichkeiten abgerufen worden. Bei Umsetzung aller vom Bund bereitgestellten Hilfen in Abrisse können über 280 000 Wohnungen vom Markt genommen werden.

Zwischen den einzelnen Regionen bestehen sowohl im absoluten Umfang der Zusagen als auch der Mittelabrufe Unterschiede, die sich aus der Struktur der Wohnungsbestände und der Leerstandsbetroffenheit erklären. Dies unterstreicht die enge Verknüpfung von Altschuldenhilfe und Stadtumbau, die vor allem auch dadurch wirksam wird, dass bislang hauptsächlich die Wohnungsunternehmen Rückbaumaßnahmen vornehmen, während die privaten Eigentümer der Altbaubestände bislang nur in geringem Umfang in den Stadtumbauprozess eingebunden sind. Ohne gewährte oder in Aussicht stehende Altschuldenhilfe nach § 6a finden kaum Rückbaumaßnahmen statt. Die Altschuldenhilfen im Rahmen von § 6a entfalten ihre Wirkungen vermutlich am stärksten in den Städten mit hoher Leerstandsbetroffenheit und einer Konzentration der Leerstände in den Wohnungsbeständen der Wohnungsunternehmen. Dies dürfte in der Regel für Städte mit einem (gesamtstädtisch oder zumindest teilräumlich) hohen Anteil an Plattenbauten zutreffen. Bislang entfällt der weitaus größte Anteil der Rückbaumaßnahmen auf Plattenbaubestände.

## Agrarpolitik

### Wesentliche Instrumente der Agrarpolitik

- Bund-Länder-Gemeinschaftsaufgabe „Verbesserung der Agrarstruktur und Küstenschutz“
- Landwirtschaftliche Sozialpolitik
- Markt- und Preisstützung im Rahmen der Gemeinsamen Agrarpolitik (GAP) der Europäischen Union
- Förderung der ländlichen Entwicklung im Rahmen der zweiten Säule der GAP.

Die Agrarpolitik der Bundesregierung zielt darauf ab, die Funktionen der Land-, Forst-, Fischerei- und Ernährungswirtschaft zu sichern. Die Agrarpolitik übernimmt damit eine besondere Verantwortung für den ländlichen Raum. Ein wesentliches Standbein dieser Politik besteht in *der Gemeinschaftsaufgabe „Verbesserung der Agrarstruktur und des Küstenschutzes“* (GAK).

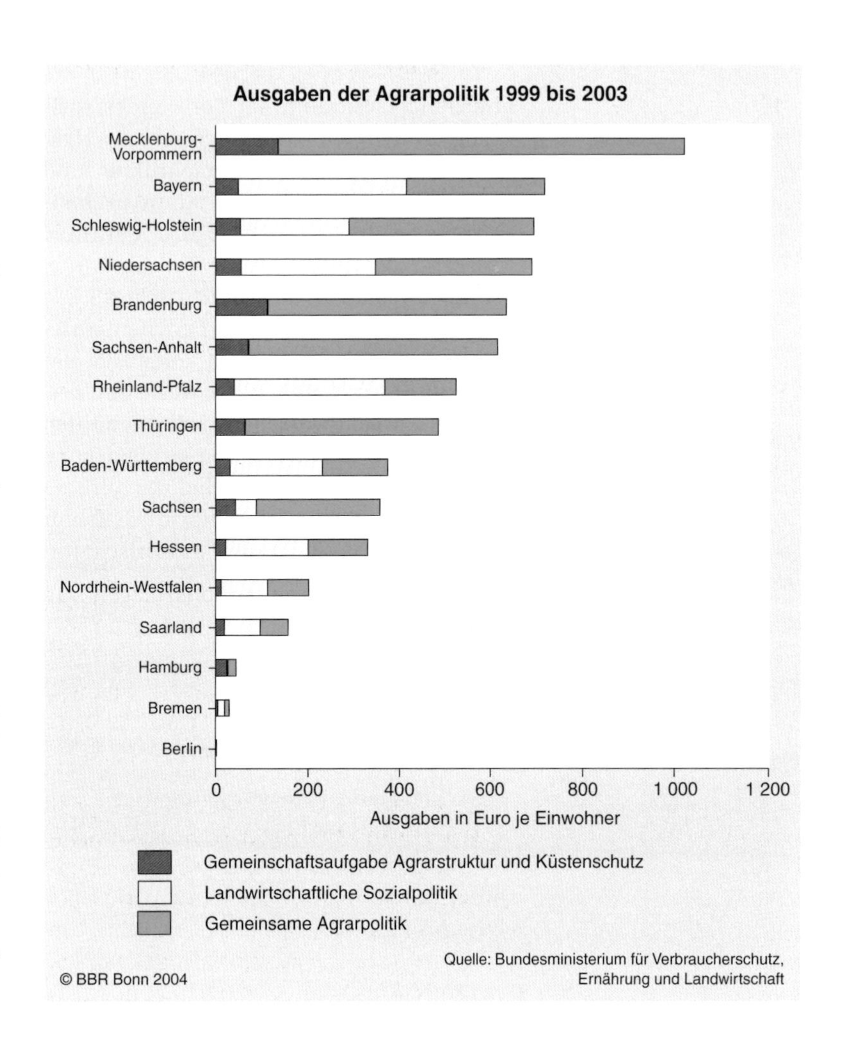

Mit der Neuausrichtung der Agrarstrukturpolitik wurde die GAK zu einem Instrument der ländlichen Entwicklung ausgebaut. So führt der neue Fördergrundsatz „Integrierte ländliche Entwicklung" die raumbezogenen Maßnahmen Dorferneuerung, Flurbereinigung, ländlicher Wegebau und agrarstrukturelle Entwicklung zusammen. Gleichzeitig wurden die Förderung von Regionalmanagement und die Erarbeitung ländlicher Entwicklungskonzepte in den Förderkanon aufgenommen.

Darüber hinaus verfolgt die Förderung

- die Stärkung leistungsfähiger Betriebe in der Landwirtschaft sowie im Bereich der Verarbeitung und Vermarktung,
- die Honorierung besonders umweltschonender Wirtschaftsweisen und
- die Unterstützung der Landwirtschaft in benachteiligten Gebieten.

Zielgruppe sind landwirtschaftliche Unternehmen, öffentliche Körperschaften und private Unternehmen. Mit diesen Maßnahmen wird ein wichtiger Beitrag zur nachhaltigen Entwicklung ländlicher Räume geleistet.

Im Berichtszeitraum hat die Bundesregierung im Rahmen der Gemeinschaftsaufgabe „Verbesserung der Agrarstruktur und Küstenschutzes" sowie der landwirtschaftlichen Sozialpolitik rund 23 Mrd. Euro verausgabt. Der überwiegende Teil der Mittel wurde im Rahmen der *landwirtschaftlichen Sozialpolitik* für bäuerliche Familienbetriebe aufgewendet und kam aufgrund der Strukturunterschiede in der west- und ostdeutschen Landwirtschaft vorwiegend den alten Ländern zugute. Die ostdeutschen Länder partizipieren aufgrund der großbetrieblich strukturierten Landwirtschaft nur in geringem Maße an der landwirtschaftlichen Sozialpolitik.

## Raumwirksame europäische Fachpolitiken

Über ihre raumwirksamen Politikbereiche und die ihr zugewiesenen Kompetenzen nimmt die Europäische Union Einfluss auf die Ausgestaltung und Umsetzung nationaler und regionaler Raumentwicklungspolitiken und damit auch auf die Entwicklung der Regionen. Dieser Einfluss ist in den letzten Jahren stetig gestiegen. Hierzu hat das mitgliedstaatlich erarbeitete Europäische Raumentwicklungskonzept (EUREK) beigetragen. Die Mitgliedstaaten und die Kommission betrachten den raumentwicklungspolitischen Ansatz des EUREK als wichtiges Mittel, um die Effizienz der Gemeinschaftspolitiken zu erhöhen. Ein wachsendes Bewusstsein für die räumlichen Wirkungen der EU-Politiken bei Aufrechterhaltung bestehender Zuständigkeiten und Stärkung des Subsidiaritätsprinzips kann helfen, dass sich die Maßnahmen auf lokaler, regionaler und nationaler Ebene besser mit den Gemeinschaftsmaßnahmen ergänzen. Das Erreichen der räumlichen Entwicklungsziele innerhalb der EU hängt nicht nur von dem eingesetzten Finanzvolumen, sondern in immer stärkeren Maße von der frühzeitigen Zusammenarbeit raumbedeutsamer Fachpolitiken ab.

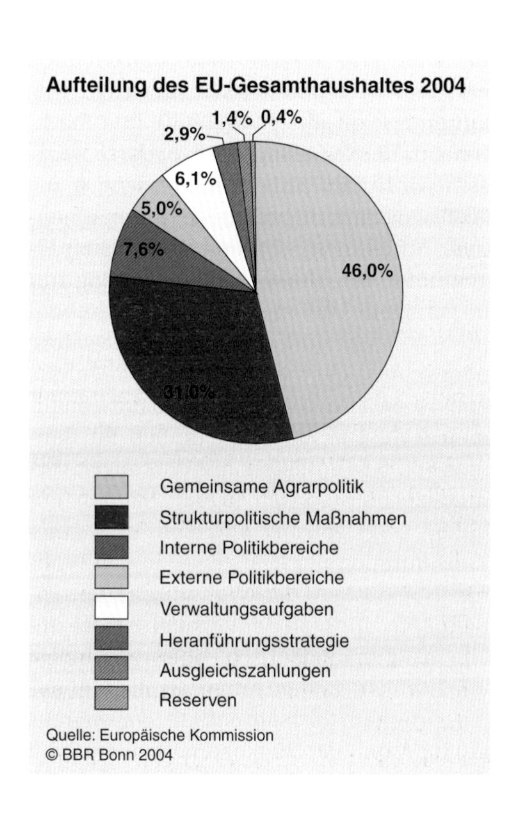

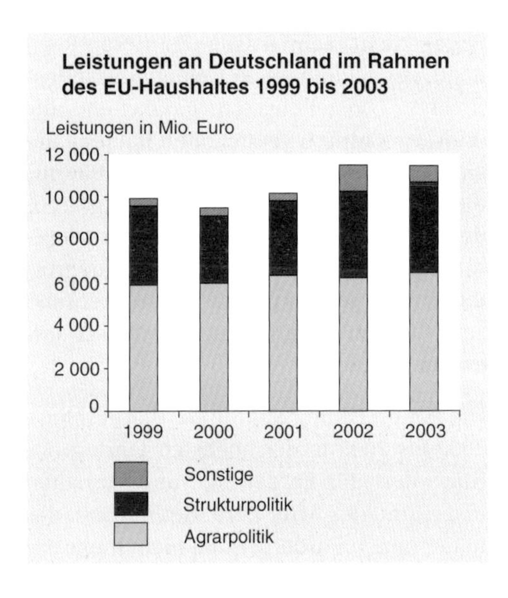


Im Zuge der Übertragung neuer Aufgaben auf die Gemeinschaftsorgane und Erweiterung der europäischen Union ist es in den letzten Jahren zu einer beträchtlichen Ausweitung des EU-Haushaltsvolumens gekommen. Der Haushaltsansatz für 2004 beläuft sich auf rund 99,7 Mrd. Euro; im Vergleich zu 1998 bedeutet dies in laufenden Preisen eine Steigerung von rund 24 %. Finanziell gesehen bilden die Gemeinschaftliche Agrarpolitik (GAP) und die Strukturmaßnahmen die wichtigsten politischen Maßnahmen der EU. Auf diese beiden Bereiche entfallen rund 77 % des Mittelansatzes. An dritter Stelle stehen die sog. internen Politikbereiche mit einem Anteil von rund 8 %, die direkt von der Kommission verwaltet werden und überwiegend der Förderung von Forschung und technologischer Entwicklung dienen.

Unter raumordnungspolitischen Aspekten kommt der Gemeinschaftlichen Agrarpolitik und europäischen Strukturpolitik eine herausragende Bedeutung zu. Aber auch andere Gemeinschaftspolitiken besitzen eine große Raumwirksamkeit, obgleich ihr Hauptziel nicht im Abbau regionaler Disparitäten besteht. Hierzu gehören insbesondere

- der Aufbau Transeuropäischer Netze (TEN),
- der Aufbau einer wissensbasierten Wirtschaft über Industrie- und Innovationsförderung
- sowie die Sicherung einer nachhaltigen wirtschaftlichen Entwicklung über Umweltschutz.

Die räumlichen Wirkungen der Gemeinschaftspolitiken ergänzen sich im Sinne einer stärker regional ausgewogenen Entwicklung keineswegs automatisch. Ohne gegenseitige Abstimmung können sie ungewollt regionale Entwicklungsunterschiede verstärken, da sie sich ausschließlich an sektoralen Fachzielen orientieren. Die möglichst frühzeitige Berücksichtigung raumentwicklungspolitischer Ziele und Optionen bei der Formulierung und Bewertung gemeinschaftlicher Fachpolitiken wirkt positiv auf die Entwicklung der Gemeinden und Regionen.

## Europäische Strukturpolitik

Seit Jahren ist die europäische Gemeinschaft bemüht, das bestehende Wohlstandsgefälle und die damit verbundenen regionalen Ungleichgewichte zwischen den Städten und Regionen durch finanzielle Förderprogramme abzubauen. Zentrales Instrument für die Angleichung der Lebensbedingungen in der EU sind die Strukturfonds (EFRE, ESF, EAGFL, FIAF) und die darauf bauende Strukturpolitik. Die Strukturfonds sind in ein Zielssystem eingebettet, dass seit der AGENDA 2000 drei Ziele beinhaltet.

**INFO: Ziele und Gemeinschaftsinitiativen der europäischen Strukturpolitik**

EFRE: Europäischer Fonds für regionale Entwicklung

ESF: Europäischer Sozialfonds

EAGFL: Europäischer Ausrichtungs- und Garantiefonds für die Landwirtschaft

FIAF: Finanzinstrument für die Ausrichtung der Fischerei

3 Förderziele:

- Ziel-1: Förderung der Entwicklung und der strukturellen Anpassung der Regionen mit Entwicklungsrückstand
- Ziel-2: Förderung der wirtschaftlichen und sozialen Umstellung der Gebiete mit Strukturproblemen.
- Ziel-3: Förderung der Anpassung und Modernisierung der Bildungs-, Ausbildungs- und Beschäftigungspolitiken und -systeme

4 Gemeinschaftsinitiativen:

- INTERREG: grenzüberschreitende, transnationale und interregionale Zusammenarbeit zur Förderung einer ausgewogenen Entwicklung und Raumplanung
- EQUAL: transnationale Zusammenarbeit zur Förderung neuer Methoden zur Bekämpfung von Diskriminierungen und Ungleichheiten im Zusammenhang mit dem Arbeitsmarkt
- LEADER: Entwicklung des ländlichen Raums
- URBAN: wirtschaftliche und soziale Wiederbelebung der krisenbetroffenen Städte und Stadtviertel zur Förderung einer dauerhaften Städteentwicklung

Das Hauptziel der europäischen Strukturpolitik besteht im Abbau des wirtschaftlichen Wohlstands- und Leistungsunterschiedes zwischen den Mitgliedstaaten und Regionen. Es wird daher mit *„Ziel-1"* bezeichnet und zu seiner Gebietskulisse zählen Regionen, deren Bruttoinlandsprodukt pro Einwohner unter 75 % des EU-Durchschnitts liegt. Großräumiger Schwerpunkt sind die südlichen Teile des Gemeinschaftsgebietes und die ostdeutschen Bundesländer.

Daneben werden im Rahmen von *Ziel-2*-Regionen gefördert, die durch sektorale Anpassungsprozesse in wirtschaftliche Schwierigkeiten geraten sind und eine Intensität aufweisen, die ein europäisches Engagement rechtfertigen. Zu diesen Regionen zählen zum einen Gebiete mit industriellen Umstellungsschwierigkeiten, die meist in städtisch verdichteten Räumen liegen, und zum anderen ländliche Räume, die im Rahmen der Gemeinsamen Agrarpolitik unter verstärkten Anpassungsdruck geraten sind. Außerdem kommen Fördermittel im Rahmen von *Ziel-3* flächendeckend zum Einsatz, das arbeitsmarktpolitisch orientiert ist.

Die neuen Länder sind in der Förderphase 2000 bis 2006 in der höchsten Förderpriorität der EU-Förderung und erhalten insgesamt 19,2 Mrd. Euro. Berlin (Ost), das in der neuen Förderperiode nicht mehr das Ziel-1-Kriterium erfüllt, erhält bis zum Jahre 2005 eine Übergangsunterstützung in Höhe von 729 Mio. Euro. In den alten Ländern einschließlich Berlin(West) ist die Ziel-2-Fördergebietsbevölkerung auf 10,3 Mio. Einwohner zurückgegangen. In der aktuellen Förderperiode beteiligen sich die Strukturfonds mit rund 3 Mrd. Euro an den Ländermaßnahmen. Ausscheidende Ziel-2- und 5b-Regionen erhalten eine Übergangsunterstützung bis 2005 in Höhe von 526 Mio. Euro.

Die Mainstreamförderung der europäischen Strukturpolitik wird ergänzt durch die *Gemeinschaftsinitiativen.* Sie haben das Ziel, „...Innovation, Partnerschaft und die Entwicklung gemeinschaftlicher Projekte zwischen Ländern und Regionen zu fördern und kommen damit den Bedürfnissen entgegen, die von den im Rahmen der Strukturfondsziele durchgeführten Mainstream-Programmen häufig nicht abgedeckt werden" (Kohäsionsbericht 2004, S. XX).

Aus Sicht der Raumentwicklung ist die Gemeinschaftsinitiative *INTERREG* von besonderer Bedeutung, da mit ihr ein querschnittsorientierter Ansatz zur Raumentwicklung verfolgt wird. Insgesamt erhält Deutschland 737 Mio. Euro. Nicht einzelne Sektoren wie Schiffbau, Bergbau oder Textil stehen im Vordergrund, sondern das Zusammenspiel raumbeeinflussender Faktoren in einem integrierten Entwicklungsansatz in Grenzregionen und größeren transnationalen Kooperationsgebieten. Insgesamt erfährt das europäische strukturpolitische Instrumentarium durch grenzüberschreitende Maßnahmen eine bedeutsame inhaltliche Weiterentwicklung

**Gebiete der europäischen Strukturpolitik**

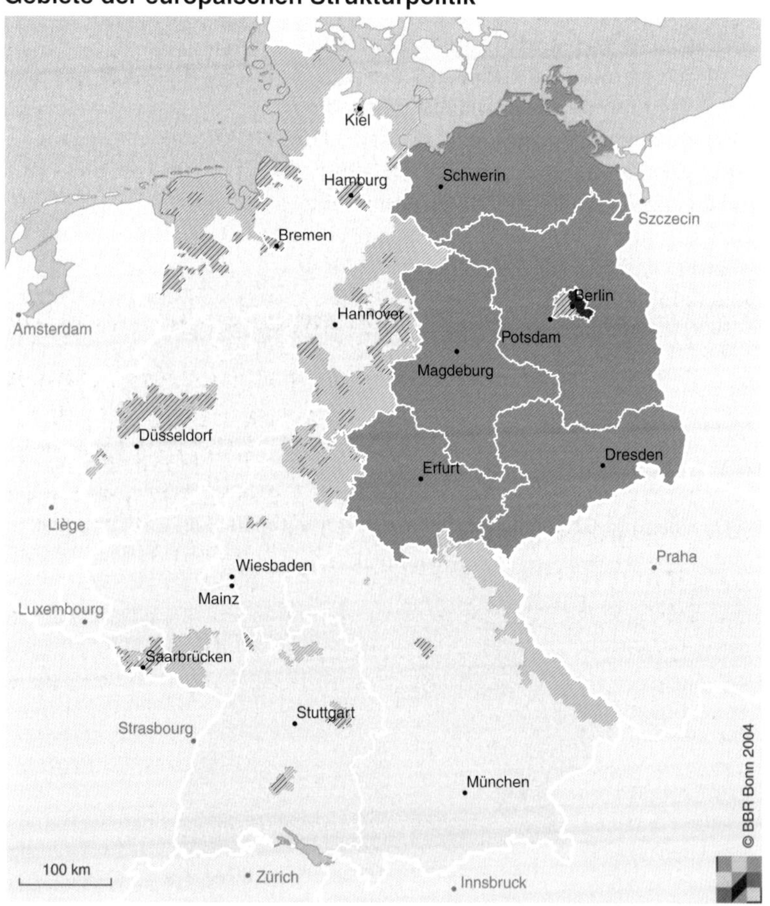


**Gebiete des europäischen Fonds für regionale Entwicklung 2000 bis 2006**

- Ziel 1 Fördergebiete
- Berlin-Ost: Übergangsphase bis 2005
- Ziel 2 Fördergebiete
- davon Gemeinden/Städte nur teilweise
  außerdem Hamburg: nur St. Pauli mit 20 000 Einwohnern
- keine Förderung

Gemeinden, Stand 31. 12. 2001
Quelle: Amtsblatt der Europäischen Gemeinschaften
(Ausgabe L 66 vom 14. 3. 2000)

### INFO: Vorschläge der EU-Kommission zur Strukturpolitik nach 2006

Am 18.02.2004 hat die EU-Kommission den *dritten Kohäsionsbericht* vorgelegt. In diesem werden die Überlegungen seitens der Kommission für eine *Reform der Strukturfonds nach 2006* in einer erweiterten europäischen Union vorgestellt. Konkretisiert werden diese Überlegungen durch die Verordnungsvorschläge der EU-Kommission vom 14.7.2004 zur EU-Strukturpolitik 2007–2013,

Die Strukturpolitik nach 2006 soll durch drei Prioritäten gekennzeichnet sein, für die insgesamt rund 336 Mrd. Euro (einschließlich Rumänien und Bulgarien) zwischen 2007 und 2013 vorgeschlagen werden (derzeit 276 Mrd. Euro (in Preisen von 2004), d.h. +22 %):

**Potenzielle Ziel 1-Regionen nach 2006**

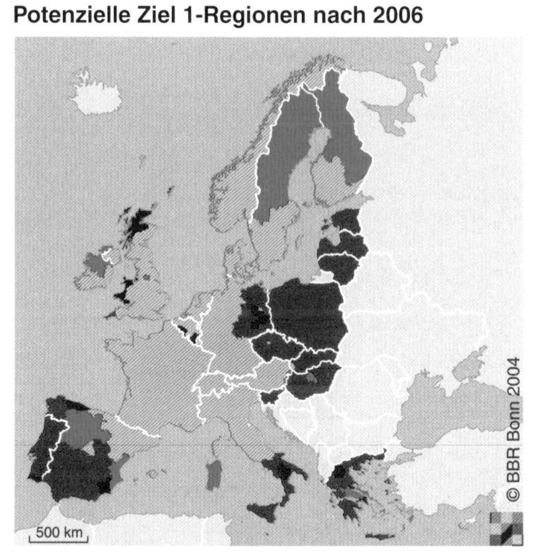


**Potenzielle Ziel 1-Regionen auf Basis der EU 25-Staaten nach 2006**

- Regionen mit einem BIP unter 75% des EU 25-Durchschnitts 2001
- Regionen des sogenannten "phasing out"
- Regionen des sogenannten "phasing in"
- sonstige EU 25-Regionen

Quelle: Laufende Raumbeobachtung Europa
Dategrundlage: Eurostat REGIO
Geometrische Grundlagen: Eurostat GISCO

1. Konvergenz: Förderung von Wachstum und Beschäftigung in den rückständigsten Mitgliedstaaten und Regionen

Rund 78 % der Mittel sollen auf diese Priorität entfallen. Es wird in erster Linie Regionen betreffen, deren Pro-Kopf-BIP weniger als 75 % des Gemeinschaftsdurchschnitts ausmacht. Regionen die aufgrund des sog. statistischen Effekts unter dieser Grenze liegen („phasing out"), sollen nach den Vorstellungen der Kommission eine degressiv gestaffelte Unterstützung erhalten.

Nach einer vorläufigen Berechnung des Bundesamtes für Bauwesen und Raumordnung (BBR) fällt die überwiegende Anzahl der ostdeutschen Regionen auch künftig unter die 75 %-Schwelle beim europäischen Durchschnitt BIP je Einwohner. Brandenburg Süd-West und Leipzig liegen deutlich über der Schwelle und werden daher wohl aus der Förderung herausfallen und eine befristete Unterstützung erhalten.

2. Regionale Wettbewerbsfähigkeit und Beschäftigung

Rund 18 % der Mittel würden für diese Priorität vorgesehen. Die regionalen Programme dienen der Vorwegnahme und Förderung des regionalen Wandels und werden einzig aus dem EFRE finanziert. Sie würden von der Kommission nach gemeinschaftlichen, wirtschaftlichen, sozialen und territorialen Kriterien auf die Mitgliedsstaaten aufgeteilt. Hinsichtlich der regionalen Dimension wird zwischen zwei Gruppen von Regionen unterschieden:

Regionen die weder unter das Konvergenzziel fallen noch aus der Ziel-1-Kulisse aufgrund objektiver Bedingungen herausfallen. Die Auswahl dieser Gebiete soll vom Mitgliedstaat vorgenommen werden (Menu-Ansatz) und – wie das aktuelle Ziel 2 – folgende Gebietskulissen abdecken:

- Gebiete, die von traditionellen Industrien abhängen,
- vom Niedergang betroffene städtische Gebiete,
- oder schwer zugängliche ländliche Gebiete mit geringer Bevölkerungsdichte oder einem hohen Anteil älterer Menschen.

Bisherige Ziel-1-Regionen, die auch ohne den statistischen Effekt aus der Förderung ausscheiden („phasing in"). Diese Regionen würden eine befristete höhere Unterstützung erhalten.

Die antizipativen Maßnahmen zur Förderung der Anpassung der Menschen an den Wandel (aktuelles Ziel-3) werden im Rahmen nationaler Programme durchgeführt. Sie zielen darauf ab, die Einführung und Umsetzung struktureller Reformen des Arbeitsmarktes voranzutreiben und die soziale Integration zu verbessern. Einzige Finanzierungsquelle wird der Europäische Sozialfonds sein.

3. Europäische territoriale Zusammenarbeit: Förderung einer harmonischen und ausgewogenen Entwicklung der Union

Dieses Ziel basiert auf den Erfahrungen mit INTERREG und wird rund 4 % der Mittel binden. Bei der Mittelaufteilung würden der Umfang der Bevölkerung in den betreffenden Regionen und die jeweiligen sozioökonomischen Bedingungen zugrunde gelegt. Die Maßnahmen würden aus dem EFRE finanziert und würden sich auf integrierte Programme konzentrieren.

Auch soll das bisherige Programmplanungssystem künftig auf der politischen und operationellen Ebene vereinfacht werden (Kohäsionsbericht 2004, S. XXXVI):

*Auf politischer Ebene:* Jeder Mitgliedsstaat erstellt auf Basis des vom Rat verabschiedeten Strategiepapiers ein Politikpapier über seine Entwicklungsstrategie. Es bildet die Grundlage für die Ausarbeitung der thematischen und regionalen Programme. Es soll aber anders als das derzeitige gemeinschaftliche Förderkonzept nicht die Rolle eines Verwaltungsinstrumentes besitzen.

*Auf operationeller Ebene:* Auf der Grundlage des Politikpapiers verabschiedet die Kommission für jeden Mitgliedsstaat nationale und regionale Programme. Die Festlegung der Programme würde nur auf aggregierter Ebene oder der obersten Schwerpunktebene erfolgen durch Nennung der wichtigsten Maßnahmen. Zusätzliche Details wie die derzeitige sog. „ Ergänzung zur Programmplanung" oder das Management auf Maßnahmeebene würden entfallen.

Bei den künftigen Interventionen des EFRE und ESF wird angestrebt, nur einen einzigen Fonds je Programm einzusetzen. Hierzu würde die Tätigkeit der einzelnen Fonds kohärenter gestaltet, indem der EFRE und der ESF die Möglichkeit erhalten, auch etwaige sonstige Maßnahmen wie z.B. das Human- und Sachkapital zu finanzieren.

im Sinne einer raumentwicklungspolitischen Strategie. Ebenfalls von raumordnungspolitischer Bedeutung ist die Gemeinschaftsinitiative *LEADER+*, da sie der Förderung ländlicher Räume dient. Die alten Länder erhalten 133 Mio. Euro und die neuen Länder 113 Mio. Euro.

Die Gemeinschaftsinitiative URBAN ist auf die Anforderungen und Probleme der Städte ausgerichtet. In der Regel umfasst die förderfähige Bevölkerung in jedem Gebiet mindestens 20 000 Einwohner. Deutschland erhält 140 Mio. Euro für 12 Projekte. In den neuen Ländern werden Berlin, Luckenwalde, Leipzig, Dessau, Gera und Neubrandenburg gefördert. In den alten Ländern werden städtische Problemgebiete in Bremerhaven, Kassel, Saarbrücken, Kiel und Dortmund unterstützt. Daneben gibt es ein gemeinsames Projekt Mannheim-Ludwigshafen. Die Gemeinschaftsinitiative EQUAL dient der Weiterentwicklung der Humanressourcen und kommt flächendeckend zum Einsatz. Im Zeitraum 2000–2006 stehen für die alten Länder 287 Mio. Euro zur Verfügung. Der Betrag für die neuen Länder beträgt 197 Mio. Euro.

Besondere Bedeutung erlangen die Strukturfonds u.a. dadurch, dass ihr Einsatz auf der Basis einer *Programmfinanzierung* erfolgt. Nicht die Einzelmaßnahme steht im Vordergrund, sondern deren Einbettung in eine regionale Entwicklungsstrategie. Diese Programmfinanzierung stellt das Ergebnis eines partnerschaftlichen Austausches der an der regionalen Entwicklung beteiligten Institutionen und Personen im Gegenstromprinzip dar. Das Gegenstromprinzip begünstigt die Bildung solider regionaler Partnerschaften und bezieht die Akteure ein, die den besten Überblick über Entwicklungsprioritäten haben. Deshalb führt dieses Prinzip zu einer wirkungsvollen Abstimmung. Gleichzeitig trägt die Zusammenführung der regionalen Partnerschaften zu einer inhaltlichen und zeitlich abgestimmten Mittelbündelung auf regionaler Ebene bei. Hierdurch erhöht sich der Wirkungsgrad der strukturpolitischen Maßnahmen.

### Gemeinsame Agrarpolitik (GAP)

Obwohl die Ausgaben im Rahmen der Markt- und Preispolitik im Laufe der Zeit allmählich gesunken sind, macht die Gemeinsame Agrarpolitik (GAP) noch immer rund 46 % des EU-Haushaltes aus. Die

**Ausgaben für gemeinsame Agrarpolitik der EU 1999 bis 2003**

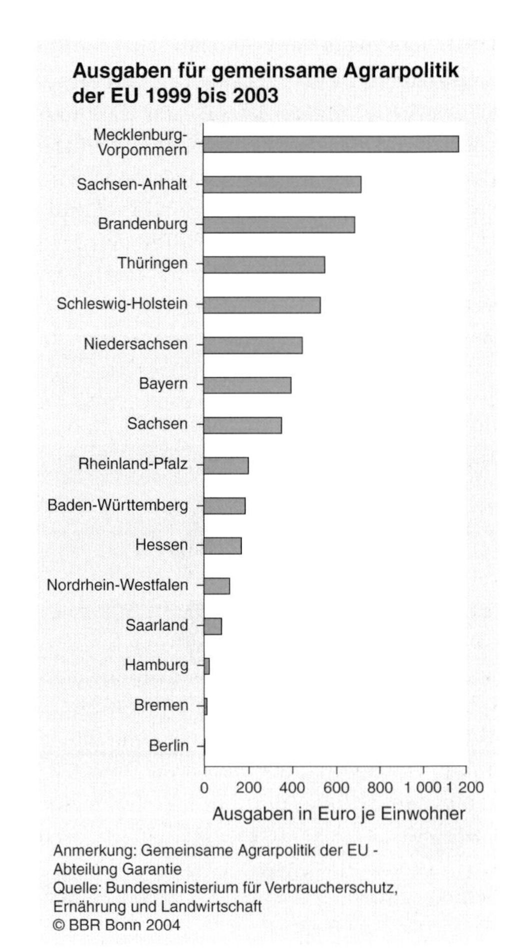


Anmerkung: Gemeinsame Agrarpolitik der EU - Abteilung Garantie
Quelle: Bundesministerium für Verbraucherschutz, Ernährung und Landwirtschaft
© BBR Bonn 2004

Markt- und Preispolitik als 1. Säule der GAP ist sektoral auf eine gut funktionierende, im Weltmarkt konkurrenzfähige Landwirtschaft mit hohem Produktionsniveau ausgerichtet. Dies wird an den politischen Zielen der GAP deutlich:

- Steigerung der landwirtschaftlichen Produktivität;
- Steigerung des landwirtschaftlichen Pro-Kopf-Einkommens;
- Stabilisierung der Märkte;
- Sicherstellung der Versorgung der Bevölkerung mit Nahrungsmitteln sowie
- Sorge um angemessene Verbraucherpreise.

Mit der Agenda 2000 wurde die Politik für ländliche Räume als 2. Säule der Gemeinsamen Agrarpolitik ausgebaut. Mit der 2. Säule wird die Entwicklung der Land- und Fortwirtschaft in ihrer multifunktionalen Bedeutung für die Gemeinschaft unterstützt. Zudem erstreckt sich die Förderung auch über die Land- und Forstwirtschaft hinaus, z.B. auf die Bereiche Dorfentwicklung und Diversifizierung landwirtschaftlicher Aktivitäten.

Die *regionalen Effekte* der GAP hängen entscheidend von den regionalen Produktionsstrukturen, vom Niveau der Produktpreisstützung, den regionalen Handels- und Verbrauchsstrukturen sowie den regionalen Beiträgen zum EU-Haushalt ab. Untersuchungen über die räumlichen Auswirkungen der GAP auf Einkommen, Arbeitsmarkt, Infrastruktur und natürliche Ressourcen zeigen die besonders enge und spezifische Beziehung zwischen der Landwirtschaft und dem ländlichem Raum. Für die ländlichen Räume besitzt daher die GAP ein erhöhtes Maß an Verantwortung.

Europaweit gibt es jedoch erhebliche Unterschiede zwischen den ländlichen Räumen, sei es hinsichtlich des Arbeitsmarktes oder der Einkommen. Diese Unterschiede sind erklärbar teils durch verschiedene Ausgangslagen sowie soziale und wirtschaftliche Bedingungen, teils durch differenzierte Auswirkungen je nach Produktionstypen und gemeinsamer Marktorganisationen. Veränderungen in der Ausgestaltung der Regelungen zur GAP können sich demnach regional recht unterschiedlich auswirken.

Seit nahezu zwei Jahrzehnten werden Versuche unternommen, die Agrarstrukturpolitik in einen größeren wirtschaftlichen und sozialen Kontext des ländlichen Raums einzubinden. Die Erfahrung zeigt, wie die Diversifizierung des ländlichen Raums flexibel als notwendige Ergänzung zur Landwirtschaft genutzt werden kann. Bislang marginale Tätigkeiten, wie z.B. die Entwicklung und Vermarktung qualitativ hochwertiger Produkte, Agrartourismus, Investitionsvorhaben im Zusammenhang mit der Umwelt oder der regionalen Kultur, wurden ausgebaut und haben neue Perspektiven eröffnet.

1999–2003 erhielt Deutschland insgesamt rund 25 Mrd. Euro an Garantieleistungen im Rahmen der GAP. In den alten Ländern haben pro Kopf der Bevölkerung Schleswig-Holstein, Niedersachsen und Bayern am stärksten profitiert. In den neuen Ländern erhielt Mecklenburg-Vorpommern mit deutlichem Abstand vor Sachsen-Anhalt pro Einwohner die meisten Garantiemittel. Darüber hinaus wurden für die ländliche Entwicklung als 2. Säule der GAP rund 5 Mrd. Euro in den Jahren 2002 und 2003 aufgewendet. Die Förderung fließt zu einem großen Teil in einzelbetriebliche Maßnahmen einschließlich Agrarumweltmaßnahmen. Ebenfalls eine große Rolle spielen Infrastrukturmaßnahmen, wozu auch Dorferneuerung, Flurbereinigung und Wasserwirtschaft zählen.

Mitte 2004 hat die Kommission einen Vorschlag zur Förderung der Entwicklung des ländlichen Raumes für die neue Förderperiode 2007–2013 vorgelegt. Die Förderung soll danach künftig über drei Maßnahmen erfolgen:

- Verbesserung der Wettbewerbsfähigkeit der Land- und Forstwirtschaft hinsichtlich Be- und Verarbeitung;
- Umwelt- und Landmanagement sowie
- Diversifizierung der ländlichen Wirtschaft und der Lebensqualität im ländlichen Raum.

Voraussetzung für die Förderung ist, dass die Maßnahmen zu einem Teil über regionalisierte Entwicklungsansätze umgesetzt werden, die bisher Bestandteil der Gemeinschaftsinitiative LEADER plus (europäische Initiative für den ländlichen Raum) sind. Diese Ansätze werden damit den planerischen Überbau für die Förderung zur ländlichen Entwicklung bilden. Sie binden die lokalen Akteure sowie die Wirtschafts- und Sozialpartner fest in die Planung und Umsetzung der Förderung ein.

### Forschungs- und Technologiepolitik

Geleitet durch ein mehrjähriges Rahmenprogramm, das sich aus verschiedenen Forschungs- und Demonstrationsprogrammen zusammensetzt, fördert die europäische Gemeinschaft die Zusammenarbeit zwischen Unternehmen, Forschungszentren und Universitäten. Das Augenmerk liegt auf einer Stärkung der wissenschaftlichen und technologischen Grundlagen der Industrie und ihrer Wettbewerbsfähigkeit im weltweiten Maßstab. Weitere Vorgaben sind die Zusammenarbeit mit Drittstaaten und internationalen Organisationen, die Verbreitung und Anwendung von Ergebnissen der Forschungs- und Entwicklungspolitik sowie die Förderung von Ausbildung und die Mobilität von Forschern aus der Gemeinschaft.

Das *fünfte Rahmenprogramm* für den Zeitraum 1998–2002 sollte die Entwicklung und Implementierung verschiedener Politiken der Gemeinschaft besser unterstützen, darunter auch jene mit einer deutlich räumlichen Ausrichtung. So zielten einzelne Vorhaben speziell auf Forschungen zur räumlichen Entwicklung ab; zu nennen sind:

- die Stadt von morgen und das Kulturerbe;
- ein nachhaltiges Management von Land-, Forstwirtschaft und Fischerei – inklusive integrierter Entwicklung von ländlichen Gegenden;
- unentbehrliche Technologien und Infrastruktur;
- nachhaltige Mobilität und Intermodalität;
- Binnen- und Seetransporttechnologie;
- nachhaltiges Management und Wasserqualität sowie
- nachhaltiges Management der marinen Ökosysteme.

Ende 2002 hat die Kommission das *sechste Rahmenprogramm „Nachhaltige Entwicklung, globale Veränderungen und Ökosysteme"* verabschiedet. Seine Geltungsdauer reicht vom 01.01.2003 bis zum 31.12.2006 und es dient der Stärkung der wissenschaftlichen und technologischen Kapazitäten durch Bündelung umweltpolitischer, wirtschaftlicher und sozialer Ziele. Auch diesmal stehen Aktivitäten in den Bereichen erneuerbare Energien, Verkehr und nachhaltige Bewirtschaftung der Land- und Meeresressourcen Europas im Mittelpunkt.

Innerhalb der europäischen Union existieren auf regionaler Ebene weiterhin erhebliche Disparitäten in der Innovationstätigkeit und beim Zugang zu Gemeinschaftsmitteln für Forschung und technologische Entwicklung. Die regionale Verteilung der Mittel ergibt sich in erster Linie aus der geographischen Verteilung der Forschungs- und Technologieeinrichtungen auf die Städte und Regionen. Dennoch konzentriert sich die europäische Forschungs- und Innovationspolitik nicht ausschließlich auf die wirtschaftsstarken Regionen, in denen die Mehrzahl der forschungstreibenden Unternehmen und Einrichtungen liegt. Vielmehr sind auch strukturschwächere Regionen Ziel der gemeinschaftlichen Forschungs-, Technologie- und Entwicklungspolitik. Hierzu bedarf es allerdings einer engen Kooperation nationaler, regionaler und lokaler Akteure sowie eines zielorientierten Regional- oder Stadtmarketings. Die EU-Verbindungsstellen für Forschung und Technologie und das Netzwerk der innovativen Regionen sind in diesem Kontext wichtige Ansatzpunkte, um in den Regionen innovationspolitische Strategien zu entwickeln und den Unternehmen technologische Unterstützung zu bieten. So zielt das Sechste Rahmenprogramm darauf ab, die Verbindungen zwischen wissenschaftlichen Einrichtungen in den zentraleren Teilen der Europäischen Union und solchen in den Randgebieten zu stärken.

Die Fähigkeiten und Qualifikationen der Bevölkerung sind der wichtigste komparative Vorteil der europäischen Union im globalen Standortwettbewerb. Dem Ausbau der *allgemeinen und beruflichen Bildung* kommt für die Stärkung der Innovationskraft und dem in Lissabon formulierten Ziels „einer Entwicklung der Union zum dynamischsten und wissensbasierten Wirtschaftsraums in der Welt" eine Schlüsselstellung zu. Zur Unterstützung dieses Ziels wurde eigens das Programm „Allgemeine und berufliche Bildung 2010" eingerichtet. Es verfolgt darüber hinaus das Ziel, die allgemeine und berufliche Bildung in Europa „bis 2010 zu einer weltweiten Qualitätsreferenz" auszubauen (Kohäsionsbericht 2004, S. XIV).

## Fazit

Insgesamt belegt die Zusammenstellung der raumwirksamen Bundesmittel und der europäischen Fördermittel die Schwerpunktsetzung zugunsten der neuen Länder. Sie trägt den unterschiedlichen Ausgangssituationen und Problemlagen in beiden Teilen Deutschlands Rechnung: In Ostdeutschland gilt es, den Aufbau einer neuen und leistungsfähigen Wirtschafts- und Infrastruktur fortzuführen und potenzielle Wachstumstendenzen zu stabilisieren. In den alten Ländern bedürfen strukturschwache Regionen ebenfalls einer Unterstützung und die Entwicklungsengpässe strukturstarker Regionen müssen gezielt abgebaut werden, damit diese weiterhin die Funktion gesamtwirtschaftlicher Wachstumspole wahrnehmen können.

Angesichts des hohen Mitteleinsatzes raumwirksamer Bundesmittel ist anzustreben, dass ihre reginale Verteilung künftig stärker raumordnungspolitischen Vorstellungen folgt. Nur in wenigen Fachpolitiken, wie der Finanzausgleichspolitik, der großräumigen Verkehrspolitik und der regionalen Strukturpolitik ist dies bisher der Fall. Andere Bereiche, wie z.B. die Städtebau- und Wohnungspolitik lassen bisher eine solche Orientierung weitgehend vermissen. Auch sollten die Förderinstrumente nicht einer ungehemmten Suburbanisierung der Umlandregionen Vorschub leisten, sondern vielmehr gezielt für eine bestandsorientierte Zentrenpoltik eingesetzt werden.

Literaturhinweise

Regionale Verteilungsmechanismen öffentlicher Finanzströme, BBR (Hrsg.): Informationen zur Raumentwicklung, Themenheft, Heft 5.2000

M. Koller: Der heimliche Finanzausgleich. In: Informationen zur Raumentwicklung Heft 5.2003, S. 271–294

3. Kohäsionsbericht der EU-Kommission (2004)

Kunert, Uwe; Link, Heike: Prognose des Ersatzinvestitionsbedarfs für die Bundesverkehrswese bis zum Jahre 2020. – Berlin 2001 = Beiträge zur Strukturforschung, Heft 187

Institut für Stadtforschung und Strukturpolitik GmbH: Inanspruchnahme und Wirkungen der Investitionszulage für den Mietwohnungsbereich; Gutachten im Auftrag des BMF, BMVBW und BBR, Juni 2004

# 11 Raumbedeutsame Fachpolitiken und -planungen

Die Raumordnung wirkt aufgrund ihres Abstimmungs- und Koordinierungsauftrages an vielen Fachplanungen mit. Raumbedeutsame Planungen und Maßnahmen sind untereinander und mit den Erfordernissen der Raumordnung abzustimmen. Dies geschieht durch eine Zusammenschau der Fachpolitiken unter räumlichen Gesichtspunkten und durch den Versuch eines Konfliktausgleiches bei konkurrierenden Nutzungsansprüchen im Rahmen von Abwägungsprozessen unter Beteiligung der Betroffenen. Der für die Raumordnung zuständige Bundesminister hat dabei auf die Verwirklichung der Leitvorstellungen und Grundsätze der Raumordnung hinzuwirken. Im Rahmen der Bundesregierung geschieht dies durch die vorgeschriebene Ressortabstimmung über Gesetzentwürfe und wichtige Vorhaben. Viele Fachplanungsgesetze enthalten darüber hinaus Raumordnungsklauseln, in denen festgelegt ist, dass bei entsprechenden Planungen und Maßnahmen die Ziele der Raumordnung zu beachten sind.

Die Ergebnisse dieser Abwägungsprozesse sind räumlich und sachlich konkretisierte Ziele, die in den Fachplanungen zu berücksichtigen sind. Dies bedeutet jedoch nicht, dass die Raumordnung den Fachpolitiken bestimmte raumbedeutsame Maßnahmen, Investitionen oder Förderpolitiken vorschreiben könnte, die diese selbst nicht wollen. Gleiches gilt natürlich für Investitionsentscheidungen Privater.

In diesem Kapitel werden die raumbedeutsamen Fachplanungen thematisiert, bei denen die Raumordnung im Berichtszeitraum entweder direkt über eine Raumordnungsklausel am Planungsverfahren beteiligt war oder indirekt durch die Einbringung von raumrelevanten Informationen in laufende Entscheidungsprozesse mitgewirkt hat.

## Bundesverkehrswegeplanung (BVWP)

Die Bundesverkehrswege (Bundeswasserstraßen, Bundesstraßen und -autobahnen, Schienen des Personen- und Güterfernverkehrs der DB) als Teil der gesamten Verkehrsinfrastruktur sind grundsätzlich auf den überörtlichen Verbindungsbedarf, den Fernverkehr, ausgerichtet. Ihre Hauptfunktion ist die Verbindung der Großstädte und zentralen Orte oberster Stufe (Oberzentren) in Deutschland sowie die Verknüpfung mit den Fernverkehrsnetzen der Nachbarländer.

Nach umfangreicher Vorarbeit liegt seit Mitte 2003 mit Beschluss der Bundesregierung vom 2. Juli 2003 der Bundesverkehrswegeplan 2003 (BVWP 2003) vor. Er ist Grundlage für die Novellierung der bestehenden Ausbaugesetze (Bundesschienenwege, Bundesfernstraßen. Integraler Bestandteil des BVWP 2003 sind folgende bis 2015 umzusetzende Investitionsschwerpunkte:

- Beseitigung von Verkehrsengpässen,
- Verkehrsentlastung und Steigerung der Lebensqualität in Städten und Gemeinden durch Bau von 300 Ortsumgehungen,
- Stärkung des maritimen Standorts durch Ausbau der Hinterlandanbindungen,
- Stärkung der Infrastruktur in Ostdeutschland,
- Erhöhung der Bestandsinvestitionen,
- Unterstützung und Förderung moderner Verkehrstechnologien.

### Raumwirksamkeitsanalyse

Das modernisierte Planungsverfahren für die Bundesverkehrswegeplanung hat drei Elemente: eine gesamtwirtschaftliche Nutzen-Kosten-Analyse (NKA), eine Umweltrisiko-Einschätzung (URE) und eine Raumwirksamkeitsanalyse (RWA). Die Aspekte der Raumordung werden – soweit sie nicht in der Nutzen-Kosten-Analyse (NKA) erfasst sind – im modernisierten Verfahren des BVWP 2003 als eigenständige Bewertungskomponente „Raumwirksamkeitsanalyse" (RWA) mit nachvollziehbaren Kriterien erfasst. Die zentralen Anforderungen und Ziele der Raumordnung, die nur unzureichend in monetäre Größen gefasst werden können, werden nach einer einheitlichen Methodik durch Ermittlung projektbezogener raumwirksamer Beiträge in den Zielbereichen „Verteilungs- und Entwicklungsziele" sowie „Entlastungs- und Verlagerungsziele" umgesetzt.

**Bewertungsverfahren der BVWP**

Raumwirksamkeitsanalyse

Regionale Beschäftigung

Internationale Arbeitsteilung

Nutzen-Kosten-Analyse

Abgase

Lärm

Innerörtliche Trennwirkung

Umweltrisikoeinschätzung

Quelle: Bundesministerium für Verkehr, Bau- und Wohnungswesen, Grundzüge der gesamtwirtschaftlichen Bewertungsmethodik, Bundesverkehrswegeplan 2003, S. 19



**Zielbereich „Verteilungs- und Entwicklungsziele":** Gestützt auf das Verfassungsgebot zur Herstellung gleichwertiger Lebensverhältnisse fordert das Raumordnungsgesetz eine flächendeckende Sicherstellung der Versorgung der Bevölkerung mit technischer Infrastruktur und ausgeglichene infrastrukturelle Verhältnisse in den Teilräumen. Als Entwicklungsziele formuliert das Gesetz, dass Standortvoraussetzungen für die wirtschaftliche Entwicklung zu schaffen sind, eine gute Erreichbarkeit aller Teilräume untereinander sicherzustellen ist und zur Verbesserung der Standortbedingungen die wirtschaftsnahe Infrastruktur auszubauen ist. Wesentliche Idee der Bewertung des Zielbereichs I ist es, die Projektvorschläge hinsichtlich ihrer Wirkungen auf raumordnerisch relevanten Relationen zu beurteilen. Es handelt sich dabei um Verbindungen zwischen den Zentralen Orten und zu wichtigen Knotenpunkten der Verkehrsinfrastruktur, wie Flughäfen, Seehäfen und Güterverkehrszentren und -umschlagplätze.

Die Bewertung des Beitrages zu Verteilungs- und Entwicklungszielen berücksichtigt Erreichbarkeitsdefizite zwischen Zentralen Orten und Verkehrsknoten auf Grundlage des Bundesfernstraßennetzes 2015 sowie die heutige Strukturschwäche der jeweils miteinander verbundenen Regionen. Hierbei werden nur dann die Effekte auf raumordnerisch relevanten Relationen einbezogen, wenn die projektbedingt erzielbaren Reisezeitverbesserungen zu einer spürbaren Erhöhung der Reisegeschwindigkeit bezogen auf die Luftlinienentfernung führen. Durch die Wahl dieses Kriteriums wird ausgeschlossen, dass eine Geschwindigkeitsverbesserung, die lediglich auf Umwegen erzielt wird, als positive Wirkung gelten kann. Der Verfahrensablauf ist in einer Schemaskizze dargestellt.

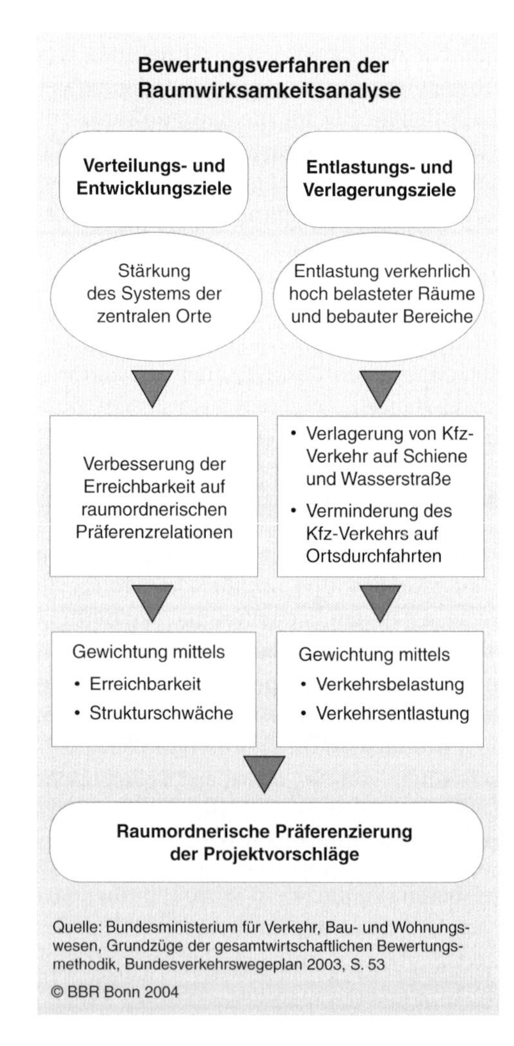


Quelle: Bundesministerium für Verkehr, Bau- und Wohnungswesen, Grundzüge der gesamtwirtschaftlichen Bewertungsmethodik, Bundesverkehrswegeplan 2003, S. 53



**Zielbereich „Entlastungs- und Verlagerungsziele":** In Übereinstimmung mit dem „Handlungskonzept zur Entlastung der verkehrlich hoch belasteten Räume vom Kfz-Verkehr" der Ministerkonferenz für Raumordnung vom 3. Juni 1997 verlangt das novellierte Raumordnungsgesetz, dass in verkehrlich hoch belasteten Räumen die Voraussetzungen zur Verlagerung von Verkehr auf umweltverträgliche Verkehrsträger wie Schiene und Wasserstraße verbessert werden sollen.

Entsprechend diesem Ziel wird die Verlagerung auf umweltverträglichere Verkehrsträger in verkehrlich hoch belasteten Räumen bewertet. Gemessen wird die Abnahme der Verkehrsmengen auf den Straßen, die aufgrund von Maßnahmen der Bahn und des Binnenschiffs zu Verkehrsverlagerungen führen. Stärker gewürdigt wird dabei die Entlastungswirkung in den heute verkehrlich besonders hoch belasteten Regionen und Korridoren.

**Verkehrlich hoch belastete Fernverkehrskorridore 2015**

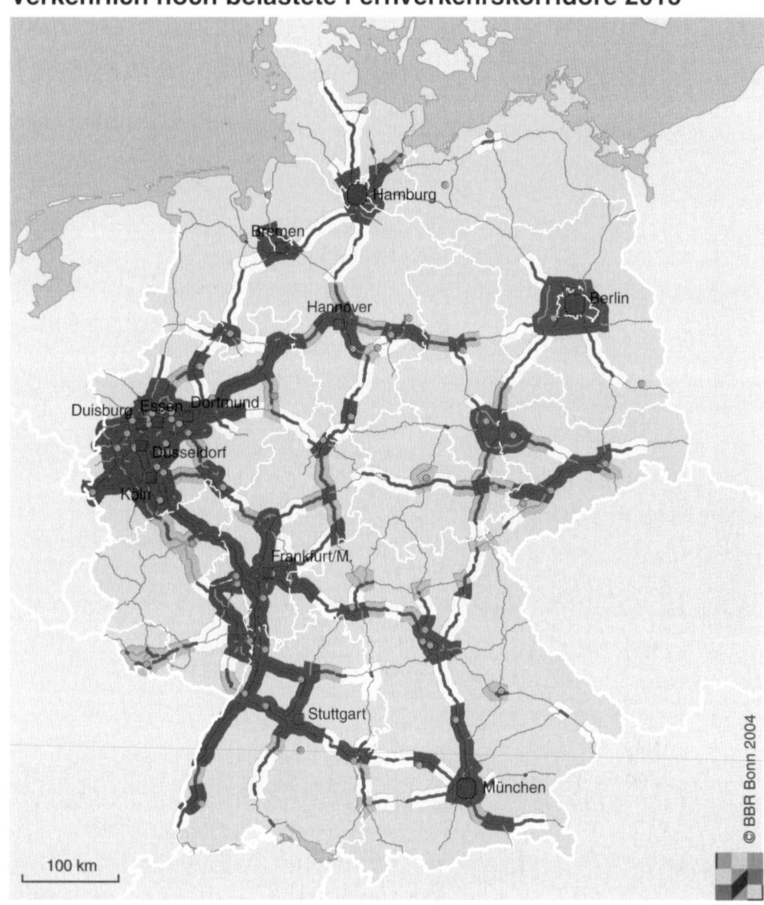

**Bundesautobahnen**

mit unterdurchschnittlicher Verkehrsstärke (DtV-Wert Kfz 2015)

mit überdurchschnittlicher Verkehrsstärke (DtV-Wert Kfz 2015)

Quelle: BMVBW, Grundzüge der gesamtwirtschaftlichen Bewertungsmethodik, Bundesverkehrswegeplan 2003, S. 55

Darüber hinaus sollen Infrastrukturmaßnahmen des Bundes auch der lokalen Entlastung bebauter Bereiche und der dort lebenden Menschen dienen. Dementsprechend integriert die Raumwirksamkeitsanalyse auch die aus Entlastungen im lokalen Bereich resultierenden Auswirkungen durch ein Straßenprojekt auf die Stadtqualität als städtebauliches Nutzenpotenzial. Entlastungswirkungen gehen in hohem Maße von den zahlreichen bewerteten Ortsumfahrungen aus. Städtebauliche Nutzenpotenziale ergeben sich aus den Entlastungswirkungen in Verbindung mit der jeweiligen städtebaulichen Situation vor Ort in den betroffenen Gebieten.

Für beide genannte Zielbereiche werden zunächst jeweils getrennt Zielbeiträge ermittelt, die in einem weiteren Verfahrensschritt zu einer Gesamtbewertung auf einer Punkteskala von 1 bis 5 zusammengefasst werden (1 = geringe raumordnerische Bedeutung, 5 = herausragende raumordnerische Bedeutung).

### Ergebnisse der raumordnerischen Bewertung im Gesamtverfahren

Für die Gesamtbeurteilung der neu zu bewertenden Projekte des Bundesverkehrswegeplanes 2003 sind die Beurteilungsergebnisse des gesamtwirtschaftlichen Bewertungsverfahrens (NKA) mit den jeweils in Punktwerte transformierten Ergebnissen der Raumwirksamkeitsanalyse (RWA) und der Umweltrisikoeinschätzung (URE) zusammenzufassen. Die Ergebnisse der Raumwirksamkeitsanalyse wirken sich wie folgt im Gesamtergebnis aus:

Bei *Straßenprojekten* mit hoher RWA-Bewertung, die bereits aufgrund ihres NKA-Wertes in der Kategorie „Vordringlicher Bedarf" enthalten sind – sog. Prädikatsprojekte – wird den Ländern empfohlen, diese aufgrund ihrer raumordnerischen Bedeutung bei der zukünftigen Abarbeitung des Bedarfsplans bzw. der auf den Bedarfsplänen aufbauenden mittelfristigen Bauprogramme möglichst vorrangig zu realisieren.

Eine Vielzahl der Projekte mit hoher Punktzahl liegt in Ostdeutschland. Dieses erklärt sich durch die starken strukturellen Entwicklungsdefizite und die immer noch schlechtere Erreichbarkeit im Vergleich zu den westlichen Ländern. Damit wird deutlich, dass die Raumwirksamkeitsanalyse einen Beitrag zur Reduktion räumlicher Disparitäten leistet, indem sie dafür sorgt, dass Investitionen in die Verkehrsinfrastruktur

**BVWP 2003 - Raumordnerisch präferenzierte Fernstraßenprojekte**

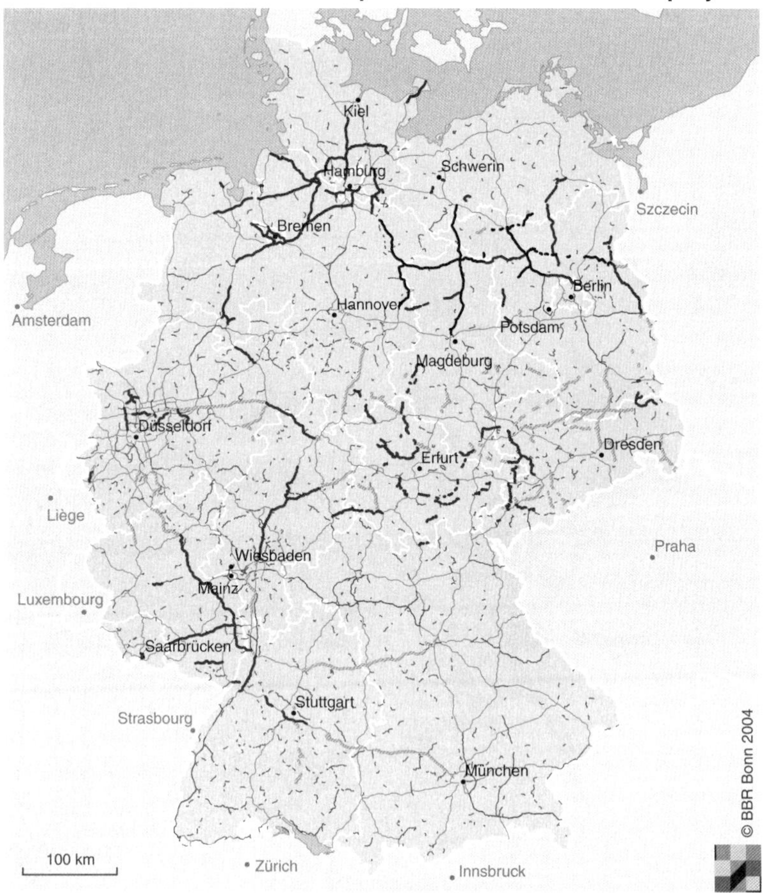


**Projektbewertungen der Raumwirksamkeitsanalyse des Bundesverkehrswegeplans (BVWP) 2003 - Straße**

Stand der Bearbeitung: 20. 3. 2002

Projekte mit raumordnerischer Bedeutung im Zielbereich "Entwicklung und Verteilung" im Bewertungsverfahren des BVWP 2003 (ohne Projektvarianten und - alternativen)

- mit herausragender raumordnerischer Bedeutung (5 Punkte)
- mit sehr hoher raumordnerischer Bedeutung (4 Punkte)
- mit hoher raumordnerischer Bedeutung (3 Punkte)
- ohne hohe raumordnerische Bedeutung

- Bundesautobahn, deren Realisierung bis 2015 vorgesehen ist (nachrichtlich)

Quelle: BBR; Raumwirksamkeitsanalyse im Rahmen der Fortschreibung des BVWP`92
Geometrische Grundlage: Gutachter im Auftrag des Bundesministeriums für Verkehr, Bau- und Wohnungswesen

entsprechend den regionalen Strukturschwächen und den Erreichbarkeitsdefizite verteilt werden. Zusätzlich wird bei den Bundesfernstraßen ein „Pool" für Aus- und Neubauprojekte in der Größenordnung von rd. 1,5 Mrd. Euro gebildet (RWA-Pool), die aufgrund ihrer Bewertungen aus raumordnerischer Sicht Bestandteil des neuen Vordringlichen Bedarfs sein sollten, dieses Ziel jedoch aufgrund der gesamtwirtschaftlichen Bewertung der NKA allein nicht erreichen würden. Die neuen Länder partizipieren mit rd. 60 % der Mittel an diesem Pool.

Mit diesem Verfahren wird sichergestellt, dass raumordnerische Anforderungen an erwogene Verkehrswegeinvestitionen im BVWP 2003 einen eigenständigen und hohen Stellenwert erhalten.

Bei den *Schienenprojekten* haben die Untersuchungen ergeben, dass überwiegend die von der DB AG volkswirtschaftlich sowie betriebswirtschaftlich positiv bewerteten Projekte auch aus raumordnerischer Sicht positiv beurteilt sind und damit Bestandteil des vordringlichen Bedarfs. Alle Projekte mit sehr hoher raumordnerischer Bewertung wurden auch im Gesamtverfahren in den vordringlichen Bedarf eingestuft. Insofern wird analog zur Vorgehensweise bei Straßenprojekten vorgegangen, indem die innerhalb des vordringlichen Bedarfs bei der Schiene raumordnerisch besonders positiv bewerteten Projekte hinsichtlich ihrer raumordnerischen Bedeutung herausgestellt werden. Für diese Prädikatsprojekte wird es eine Priorisierungsempfehlung aus Sicht des Bundes bei der Abarbeitung des Bedarfsplans bzw. der auf den Bedarfsplänen aufbauenden mittelfristigen Bauprogramme in den Ländern gegeben.

Die Untersuchung raumordnerisch relevanter Verlagerungswirkungen von der Straße auf die Wasserstraße in hoch belasteten Korridoren und Regionen hat keine notwendige zusätzliche Präferenzzierung von Wasserstraßenprojekten aus raumordnerischer Sicht ergeben.

### Fazit

Die Rolle der raumordnerischen Bewertung innerhalb des gesamten Bewertungsverfahrens zur Fortschreibung des Bundesverkehrswegeplans hat gegenüber 1992 durch die Berücksichtigung in einer eigenen Bewertungskomponente eine Stärkung erfahren. Dies hat schließlich dazu geführt, dass die raumordnerisch und städtebaulich präferenzierten Projekte mit einem eigenen Finanzierungspool von etwa 1,5 Mrd. Euro ausgestattet wurden. Eine unterstützende Wirkung für die Fortentwicklung der Bewertungsmethodik in dieser Form ist von der vorab erfolgten Fusion der beiden Ressorts des Bundesverkehrsministeriums und des Bundesministeriums für Raumordnung, Bauwesen und Städtebau ausgegangen.

## Raumordnerische Anforderungen an den Schienenpersonenverkehr

Das im Zuge der Bahnstrukturreform privatisierte Unternehmen Deutsche Bahn (DB AG) richtet sich in der Gestaltung seines Angebotes in erster Linie nach betriebswirtschaftlichen Kriterien. Die DB AG konzentriert sich auf ein marktorientiertes Angebot im Personenverkehr. Zur Verbesserung ihrer Wettbewerbsposition setzt sie insbesondere auf attraktive Strecken im Fernverkehr, wie etwa die Neubaustrecke Köln–Rhein-Main.

Innerhalb der „Strategie Netz 21" plant die DB AG, die Netzstruktur zu entmischen durch Trennung von Personen- und Güterverkehren und zu harmonisieren durch Angleichung von Geschwindigkeiten. Angestrebt ist eine Dreiteilung des Streckennetzes in ein Vorrangnetz zwischen Ballungsräumen, ein Leistungsnetz für gemischte Verkehre sowie ein ergänzendes Regionalnetz.

Die Ministerkonferenz für Raumordnung (MKRO) entwickelt zurzeit eine raumordnerische Position zur Ausgestaltung des künftigen Bahnnetzes, die die raumordnungs- und strukturpolitischen Anforderungen mit Mindeststandards für Verbindungsqualitäten zwischen Städten und Regionen verknüpft. Die Notwendigkeit, aus Sicht der Raumordnung Anforderungen an eine zukunftsfähige Schienenverkehrspolitik zu formulieren und in die verkehrspolitische Diskussion einzubringen, entspringt der im Grundgesetz verankerten Gewährleistungspflicht des Bundes für das Allgemeinwohl nach Art. 87 e Abs. 4 GG. Das raumordnerische Interesse ist dabei vorrangig darauf gerichtet, die vorhandene Schieneninfrastruktur für den Personen- und Güterverkehr so zu sichern und auszubauen, dass ein bundesweit regional ausgeglichenes öffentliches Verkehrsangebot bereitgestellt wird. Die Qualität der Verkehrserschließung des Raumes soll sich an der räumlichen Verteilung der Zentralen Orte und deren Erreichbarkeit im Schienenverkehr orientieren. Die Verbindungen sollen so gestaltet sein, dass gleichwertige Bedingungen und Chancen in den Teilräumen – unter Berücksichtigung von Mindeststandards – gewährleistet sind.

**BVWP 2003 - Schienenprojekte**

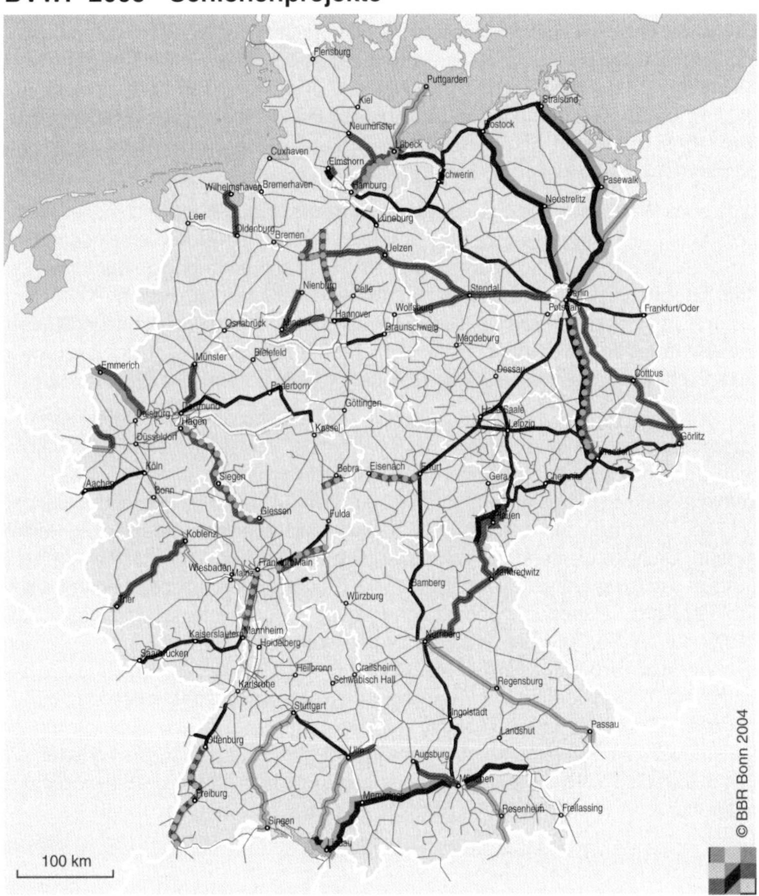


**Projekte des Bundesverkehrswegeplans (BVWP) 2003 - Schiene**

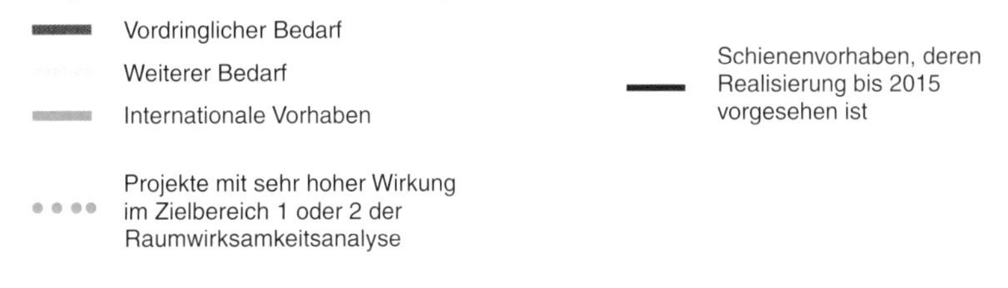


Stand der Bearbeitung: 14. 10. 2003
Quelle: Bundesministerium für Verkehr, Bau- und Wohnungswesen, Grundlagen für die Zukunft der Mobilität in Deutschland, Bundesverkehrswegeplan 2003, S. 72

### Verbindungs- und Anbindungsqualität zentraler Orte

Der Beitrag der Raumordnung in Fragen der künftigen Gestaltung des Schienenfernverkehrs besteht in der Konkretisierung der Anforderungen an die Erreichbarkeitsverhältnisse im Schienenfernverkehr, die sich aus dem heutigen Schienenfernverkehrsangebot zur Verbindung der Städte und Regionen ergibt. Der Entwurf der *Richtlinien für die integrierte Netzgestaltung (RIN)* der Forschungsgesellschaft für Straßen- und Verkehrswesen (FGSV) liefert Zielvorstel-

Literaturhinweise

Bundesministerium für Verkehr, Bau- und Wohnungswesen (BMVBW) (Hrsg.); Projektgruppe Bundesverkehrswegeplanung u. Riecken, Peter (Bearb.): Grundzüge der gesamtwirtschaftlichen Bewertungsmethodik – Bundesverkehrswegeplan 2003. – Berlin 2002

Bundesministerium für Verkehr, Bau- und Wohnungswesen (BMVBW) (Hrsg.): Grundlagen für die Zukunft der Mobilität in Deutschland Bundesverkehrswegeplan 2003

BBR (Hrsg.:) Raumordnung und (Bundes-) Verkehrswegeplanung im 21. Jahrhundert. Themenheft. Informationen zur Raumentwicklung Nr. 6. 2004

### INFO: Richtlinien für die integrierte Netzgestaltung (RIN)

Die derzeit von der Forschungsgesellschaft für Straßen- und Verkehrswesen (FGSV) erarbeitete „Richtlinie für die integrierte Netzgestaltung" (RIN, Entwurf mit Stand vom 7.10.2004) soll die aus dem Jahr 1988 stammende „Richtlinien für die Anlage von Straßen (RAS), Teil: Leitfaden für die funktionale Gliederung des Straßennetzes" (RAS-N), ersetzen und sie auf die integrierte Betrachtung aller Verkehrsträger ausdehnen.

Um bei der Netzgestaltung zu einer sozial, ökonomisch und ökologisch nachhaltigen Entwicklung beizutragen, werden die Prinzipien der Vancouver-Konferenz der OECD von 1996 für eine nachhaltige Verkehrsentwicklung zugrunde gelegt. Sie fordern im Kern Erreichbarkeitsverhältnisse, die jedermann den Zugang zu anderen Menschen, Orten, Gütern und Dienstleistungen gewähren und dabei die Verkehrsbedürfnisse auf eine gerechte Weise zwischen Menschen, Regionen und Generationen sowie in einem verantwortungsvollen Umgang mit der Umwelt sichern.

Die RIN liefert Verkehrsplanern Kriterien als Ausgangspunkt für die Gestaltung und Überprüfung der Verkehrssysteme des Öffentlichen Verkehrs, indem sie die Verbindungsfunktionen unterschiedlicher Ebenen nachvollziehbar operationalisiert. Die Verbindungsfunktionsstufen leitet die RIN aus den Zentralitätsstufen der verbunden Orte ab. Unterschieden werden dabei Agglomerationszentren, Oberzentren, Mittelzentren, Grundzentren und (sonstige) Gemeinden. Das hierarchische zentralörtliche System der Raumordnung liefert hierfür die Grundlage mit entsprechenden unterschiedlich anzusetzenden, standardisierten Verbindungsqualitäten. Als wichtige Zielgrößen für die Bedienungs- und Beförderungsqualität im Öffentlichen Verkehr werden für die Verbindungsfunktionsstufen und ihre Standard-Entfernungsbereiche Bandbreiten der geforderten Reisegeschwindigkeiten angegeben. Gerade in höherrangigen Verbindungsfunktionsstufen mit naturgemäß weiten zu überbrückenden Entfernungen werden hohe Anforderungen an die Reisegeschwindigkeit gestellt, um den Systemnachteil des Zu- und Abgangs gegenüber der Straße auszugleichen und möglichst auch Wettbewerbsfähigkeit zum Luftverkehrssystem herzustellen.

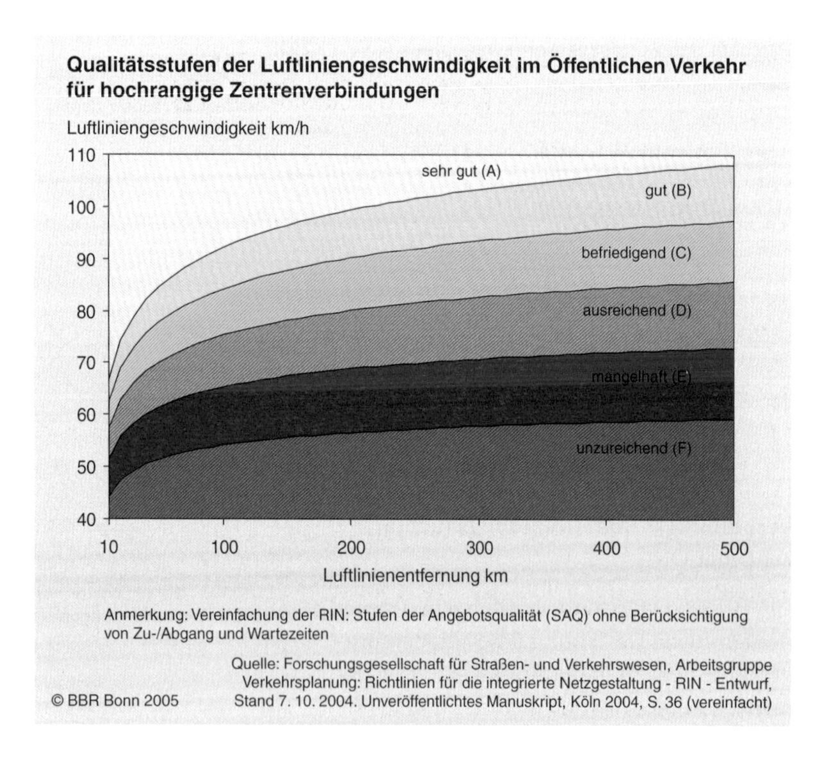


Anmerkung: Vereinfachung der RIN: Stufen der Angebotsqualität (SAQ) ohne Berücksichtigung von Zu-/Abgang und Wartezeiten

Quelle: Forschungsgesellschaft für Straßen- und Verkehrswesen, Arbeitsgruppe Verkehrsplanung: Richtlinien für die integrierte Netzgestaltung - RIN - Entwurf, Stand 7. 10. 2004. Unveröffentlichtes Manuskript, Köln 2004, S. 36 (vereinfacht)



lungen und Kennzahlen zur Verbindungsqualität von Zentrenverbindungen, die bei der Ausgestaltung integrierter Verkehrssysteme berücksichtigt werden sollen. In diese Zielvorstellungen sind insbesondere auch raumordnerische Überlegungen eingeflossen. Die Zielgrößen der RIN zur Bewertung des Öffentlichen Verkehrs geben im Wesentlichen Mindesterreichbarkeitsniveaus von Verbindungen zwischen Orten verschiedener Funktionsstufen innerhalb des zentralörtlichen Systems vor. Dabei werden relativ hohe Anforderungen an den Schienenverkehr gestellt, um dessen Wettbewerbsfähigkeit gegen-über dem System Straße herzustellen.

Mit Hilfe von Erreichbarkeitsanalysen lassen sich Zentren und Regionen identifizieren, die hinsichtlich der Verbindungsqualitäten im Öffentlichen Personenverkehr gegenwärtig benachteiligt sind. In Anlehnung an Vorgaben der RIN hat das BBR im Auftrag der MKRO die höherrangigen Verbindungstypen mit Bedeutung für die Ausgestaltung des Streckennetzes der Bahn im Schienenpersonenfernverkehr analysiert:

- Verbindungen zwischen Metropolen
- Verbindungen zwischen Oberzentren.

Die Analysen beziehen Busverbindungen ein, da die Verbindungs- und Erschließungsfunktionen des schienengebundenen Verkehrs nicht isoliert betrachtet werden können. Aus raumordnerischer Sicht und nach RIN ist vielmehr die integrierte Betrachtung des Schienenpersonenverkehrs mit dem übrigen Angebot des Öffentlichen Verkehrs als Alternative und im Wettbewerb zum Individualverkehr relevant.

Durch Fahrplanauswertungen werden Verbindungen mit der jeweils kürzesten Fahrzeit an Werktagen ermittelt. Wenn dabei aufgrund fehlender Bahnverbindungen auf andere Angebote des Öffentlichen Verkehrs zurückgegriffen wurde, dann schlägt sich dies in der gemessenen Verbindungsqualität entsprechend nieder. Bei der Bestimmung der Verbindungsqualitäten werden neben den Fahrzeiten zu den fahrzeitnächsten Zielzentren und die daraus abgeleiteten Luftliniengeschwindigkeiten die Bedienungshäufigkeiten und die Anzahl erforderlicher Umsteigevorgänge auf den Relationen erfasst. Um eine entsprechende Klassifizierung vornehmen zu können, werden als Bezugsgröße in Anlehnung an die Standards nach der RIN jeweils untere

Schwellenwerte (Mindeststandards) für Reisegeschwindigkeiten in Abhängigkeit von der Entfernung geprüft.

Deutschland wird von einem dichten Netz von Relationen zwischen Oberzentren überzogen. Die gute Verbindung der Oberzentren untereinander im Öffentlichen Verkehr stellt eine wichtige raumordnerische Zielvorstellung und Aufgabe dar. Wenn auf allen Relationen zwischen – im Netzzusammenhang benachbarten – Oberzentren die Verbindungsqualität den Mindeststandard erreicht, so bedeutet dies, dass auch großräumig, über mehrere zusammengesetzte Verbindungen hinweg, entsprechende Verbindungsqualitäten gewährleistet sind. Verbindungen zwischen Metropolen oder von Oberzentren zu Metropolen sind auf diese Weise hinreichend berücksichtigt.

Im Ergebnis entsprechen die derzeitigen Verbindungsqualitäten zwischen den höherrangigen Zentren weitgehend den Zielvorgaben. Defizite bestehen insbesondere in Randlagen des Bundesgebietes und den großen Maschen des Fernverkehrsnetzes.

Für die Verbindungen zwischen Oberzentren, die über Direktverbindungen verfügen, ist festzustellen, dass für die Erfüllung der Qualitätskriterien in aller Regel eine vorhandene Einbindung der Oberzentren in den Schienenpersonenfernverkehr der DB AG ausschlaggebend ist. Bestehende Defizite resultieren überwiegend aus einer besonders ungünstigen topographischen Lage mit natürlichen Barrieren vor allem in Küsten- und Gebirgsregionen sowie bei Lage in peripheren Grenzräumen in Richtung Polen, Tschechische Republik, Schweiz und Niederlande.

Darüber hinaus sind derzeit noch infrastruktur- bzw. betriebsbedingte Defizite in allen Teilen Deutschlands festzustellen. Ursachen für diese Defizite der Verbindungsqualität sind insbesondere infrastrukturelle Ausstattungsmängel (z.B. eingleisige, nicht elektrifizierte Strecken) und betriebliche Beschränkungen oder Kapazitätsengpässe.

**Verbindungsqualität zwischen Oberzentren**

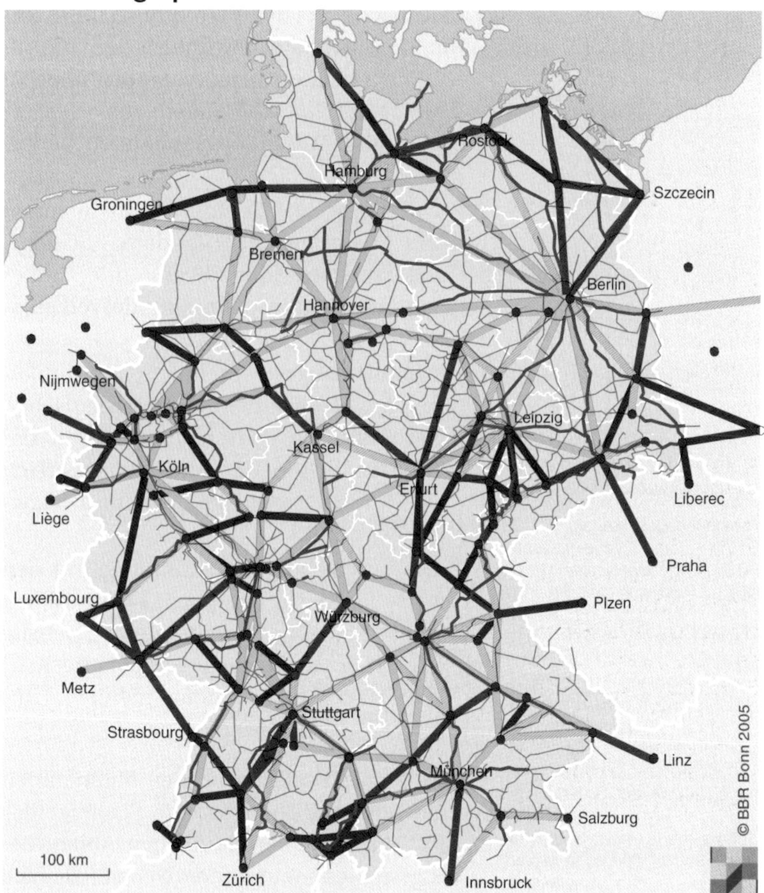


**Verbindungsqualität im Schienenverkehr zwischen Oberzentren in Anlehnung an den RIN-Entwurf unter Berücksichtigung zu erwartender Verbesserungen durch Vorhaben gemäß Bundesverkehrswegeplan 2003**

Reisegeschwindigkeit bezogen auf die Luftlinienentfernung

- Sehr gute bis gute Qualität
- Befriedigende bis ausreichende Qualität
- Mangelhafte Qualität
- Unzureichende Qualität

- Schienenvorhaben deren Realisierung bis 2015 vorgesehen ist, Vorhaben des Vordringlichen Bedarfs sowie internationale Vorhaben gemäß Bundesverkehrswegeplan 2003: Beschluss der Bundesregierung vom 2. Juli 2003
- Eisenbahnstrecken
- Oberzentrum

Quellen: Richtlinien für die integrierte Netzgestaltung RIN-Entwurfsfassung mit Stand 7. 10. 2004, Erreichbarkeitsmodell des BBR
Datengrundlage: DB-Fahrplanauswertung, Stand Winter 2004/2005

## Fazit

Die vorliegenden Ergebnisse zeigen, dass kein eindeutiges Gefälle in der Verbindungsqualität im Schienenpersonenfernverkehr über das gesamte Bundesgebiet, weder zwischen den neuen und den alten Ländern, noch zwischen Nord- und Süddeutschland erkennbar ist. Die Problemlagen verschiedener Netzebenen konzentrieren sich insbesondere auf die ehemalige innerdeutsche Grenze überschreitende Verbindungen und einige Räume mit Außengrenzen, die peripheren Küsten- und Bergregionen sowie topografisch schwierige Mittelgebirgsregionen.

Im Hinblick auf die festgestellten bestehenden Defizite bei den Verbindungs- und Anbindungsqualitäten zwischen den zentralen Orten können folgende Maßnahmen zu deutlichen Verbesserungen der Verbindungs- und Anbindungsqualitäten beitragen:

- Die zügige Realisierung der Maßnahmen des Vordringlichen Bedarfs Schiene, insbesondere derjenigen mit hoher Raumwirksamkeit im Bundesverkehrswegeplan 2003 (BVWP).
- Die konsequente Beseitigung der verbleibenden Defizite bei den innerdeutschen Verbindungen einschließlich aller betriebsbedingten Hemmnisse im Bereich der Knoten sowie der Leit- und Sicherungstechnik.
- Die beschleunigte Abstimmung mit den betroffenen Nachbarstaaten zum Abbau der grenzüberschreitenden Defizite durch die Umsetzung der entsprechenden BVWP- Schienenmaßnahmen („internationale Projekte").

Die zügige Realisierung der Maßnahmen des „Vordringlichen Bedarfs Schiene" des BVWP lassen einen deutlichen Abbau der festgestellten raumordnerischen Defizite erwarten. Dabei verbessern sich insbesondere Relationen, die die ehemalige innerdeutsche Grenze überschreiten.

Literaturhinweise

Forschungsgesellschaft für Straßen- und Verkehrswesen FGSV (unveröffentlichtes Manuskript): Richtlinien für die integrierte Netzgestaltung RIN – Entwurfsstand: 7.10.2004 (Ge)

Heinze, Wolfgang G. u. a.: Überregional bedeutsames Schienennetz in Deutschland aus raumordnerischer Sicht. In: Raumforschung und Raumordnung 2002, H. 5/6, S. 295

Spangenberg, Martin, Pütz, Thomas: Raumordnerische Anforderungen an den Schienenpersonenverkehr. In: Informationen zur Raumentwicklung (2002) 10, S. 595–607

Mit den vorliegenden Analyseergebnissen und der an die RIN angelehnten Bewertungsmethodik liegt ein Instrumentarium vor, das – basierend auf den Verbindungs- bzw. Anbindungsqualitäten – hinreichend die raumordnerischen Qualitätsmerkmale des heutigen Schienenpersonenverkehrs im zentralörtlichen System in Deutschland beschreibt und räumlich konkrete , verbindungsbezogene Defizite aufzeigt.

## Vorbeugender Hochwasserschutz

Vorbeugender Hochwasserschutz ist nicht ausschließlich eine wasserwirtschaftliche Aufgabe. Auch die Raumordnung leistet einen wesentlichen Beitrag zum *Hochwasserflächenmanagement.* Sie setzt ihre Instrumente zum Erhalt und zur Wiederherstellung von Retentionsräumen und versickerungsfähigen Böden ein und wirkt auf eine vorsorgende Risikobeachtung in überflutungsgefährdeten Räumen hin.

Auch wenn Hochwasser natürliche Ereignisse sind, mit denen immer wieder gerechnet werden muss: Der Mensch hat die Ausprägung und den zeitlichen Ablauf der Hochwasser durch die Flächennutzung im Einzugsgebiet, durch den Gewässerausbau und die Verkleinerung der natürlichen Retentionsflächen veändert und teilweise verschärft. Außerdem ist nicht auszuschließen, dass infolge von Klimaveränderungen die Hochwassergefährdung zunehmen wird.

Die Folgen des Hochwassers können gravierend sein. Sie bedeuten eine Gefahr für den Menschen und die Umwelt. Und sie richten zusätzlich, durch Zerstörung und Beschädigung von Sachgütern, hohe volkswirtschaftliche Schäden an. Die Summe der durch Überschwemmungen verursachten Schäden nahm in der letzten Dekade des 20. Jahrhunderts stark zu. Die Flutkatastrophe der Elbe im August 2002 verursachte einen volkswirtschaftlichen Schaden von ca. 9 Mrd. Euro.

Die Verluste an Menschenleben und die immensen Schäden an Wohngebäuden, Betrieben, Infrastrukturen, Kulturgütern und Landwirtschaftsflächen verdeutlichen sehr nachdrücklich, dass die bisher getroffenen vorbeugenden Maßnahmen noch nicht ausreichen und deshalb weiter verbessert werden müssen. Es ist notwendig, sowohl bei der Gefahrenabwehr, als auch bei der

**Überschwemmung Elbehochwasser 2002**

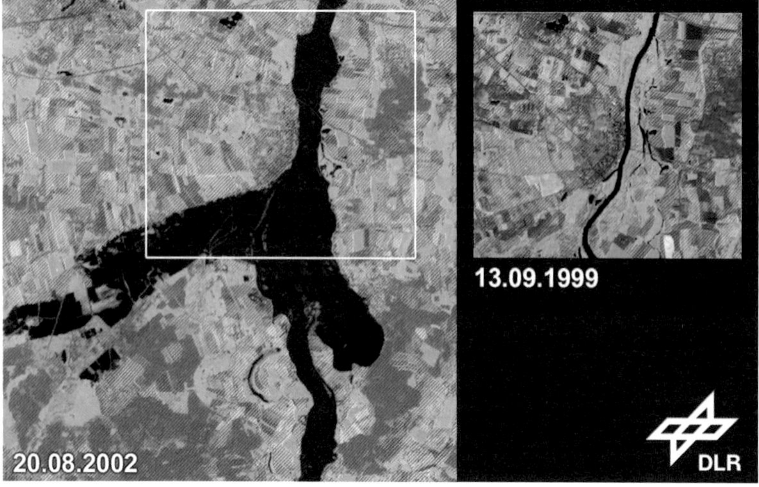


Quelle: Deutsches Zentrum für Luft- und Raumfahrt (DLR)

Vermeidung von Risiken schnelle und wirksame Verbesserungen zu erzielen. In dem *5-Punkte-Programm der Bundesregierung*, das im Zusammenhang mit der nationalen Flusskonferenz am 15. September 2002 verabschiedet wurde, werden die notwendigen Schritte zur Verbesserung des vorbeugenden Hochwasserschutzes benannt.

**Den Flüssen mehr Raum geben:** Auch wenn die historisch gewachsenen Siedlungsbereiche durch Deiche geschützt werden müssen, jede Eindeichung erhöht die Hochwassergefahr für die Unterlieger. Daher muss eine länderübergreifende Anstrengung unternommen werden, um im unbesiedelten Bereich den Flüssen ihre natürlichen Überschwemmungsflächen auch durch die Zurückverlegung von Deichen zurückzugeben. Die landwirtschaftliche Nutzung ist anzupassen, so ist z.B. Ackerland in Grünland umzuwandeln, weil dadurch Bodenerosion reduziert werden kann. Wirtschaftliche Nachteile für die Landwirte sind z.B. durch Förderprogramme der EU auszugleichen.

**Hochwasser dezentral zurückhalten:** Im Einzugsbereich der Quell- und Nebenflüsse müssen alle Möglichkeiten zur Hochwasserrückhaltung genutzt werden. Dazu gehören bspw. Renaturierungen, bei der Gewässerbegradigungen und Uferbefestigungen rückgängig gemacht werden oder eine verstärkte Nutzung der Talsperren zur Hochwasserrückhaltung. Auch die Aufforstung ist in diesem Zusammenhang zu erwähnen. Die erhöhte Wasserrückhaltung in Siedlungsgebieten, z.B. durch Versickerung am Ort des Niederschlags, und die Verbesserung der Versickerungsfähigkeit des Bodens durch deutliche Reduzierung der Flächeninanspruchnahme und der Versiegelung sind weitere mögliche Ansatzpunkte. Sie verweisen auch schon auf die Beiträge von Raumordnung und Städtebau zu einer Hochwasservorsorgepolitik.

Dabei kommt der (regionalen) Kooperation ein herausgehobener Stellenwert zu. Die Zusammenarbeit und Abstimmung der betroffenen Ländern und Staaten im gesamten Einzugsgebiet eines Flusses betrifft insbesondere die Abstimmung der Hochwasserschutzpläne und der Schutzmaßnahmen. Dabei geht es auch darum, Schutzmaßnahmen dort durchzuführen, wo sie am wirksamsten und wirtschaftlichsten sind und sich gleichzeitig über einen angemessenen Interessenausgleich (Oberlieger – Unterlieger) zu verständigen.

**Siedlungsentwicklung steuern – Schadenspotenziale mindern:** Technische Hochwasserschutzeinrichtungen (Deiche, Rückhaltebecken, Talsperren, Polder) können keinen absoluten Schutz garantieren. Deshalb stellen Siedlungen und andere wasserempfindliche Nutzungen nicht nur in Überschwemmungsbereichen, sondern auch in deichgeschützten, potenziell aber doch überflutungsgefährdeten Bereichen ein hohes Schadenspotenzial dar.

Schwerpunkte einer langfristigen Hochwasservorsorge durch Raumordnung und Städtebau liegen beim Flächenmanagement und der Entwicklung und Durchsetzung von hochwasserverträglichen Flächennutzungskonzepten. Sie orientieren sich insbesondere an folgenden Zielen:

- Sicherung und Rückgewinnung von natürlichen Überschwemmungsflächen
- Risikovorsorge in potenziell überflutungsgefährdeten Bereichen (hinter Deichen)
- Rückhalt des Wassers in der Fläche des gesamten Einzugsgebietes

Von daher muss auch zunehmend Einfluss auf die Nutzungen im gefährdeten Bereich und im gesamten Einzugsgebiet der Flüsse genommen werden. Vordringlich ist die Erhaltung der noch vorhandenen Überschwemmungsbereiche sowie deren Vergrößerung durch Rückgewinnung ehemaliger oder Schaffung neuer Überschwemmungsflächen. Sie sind für den Abfluss und die Retention von Hochwasser zu sichern und von Siedlungen und anderen wasserempfindlichen Nutzungen frei zu halten.

Dies bedeutet, dass perspektivisch in Überschwemmungsgebieten keine neuen Wohn- und Gewerbegebiete mehr ausgewiesen werden sollten. Dazu ist es erforderlich, dass die Länder die Ermittlung und Ausweisung von Überschwemmungsgebieten zeitnah vornehmen. Diese sind in die Raumordnungspläne der Länder und Planungsregionen aufzunehmen und durch die Ausweisung räumlich weiter ausgreifender Überschwemmungsbereiche und Rückhalteflächen als „Vorranggebiete für den Hochwasserschutz“ zu ergänzen.

Für bereits bebaute Flächen sind Konzepte zur Verminderung des Schadenspotenzials sowie für einen verbesserten Schutz zu entwickeln. Voraussetzung hierfür ist eine umfassende Erfassung und Bewertung der

## Flutkatastrophe August 2002

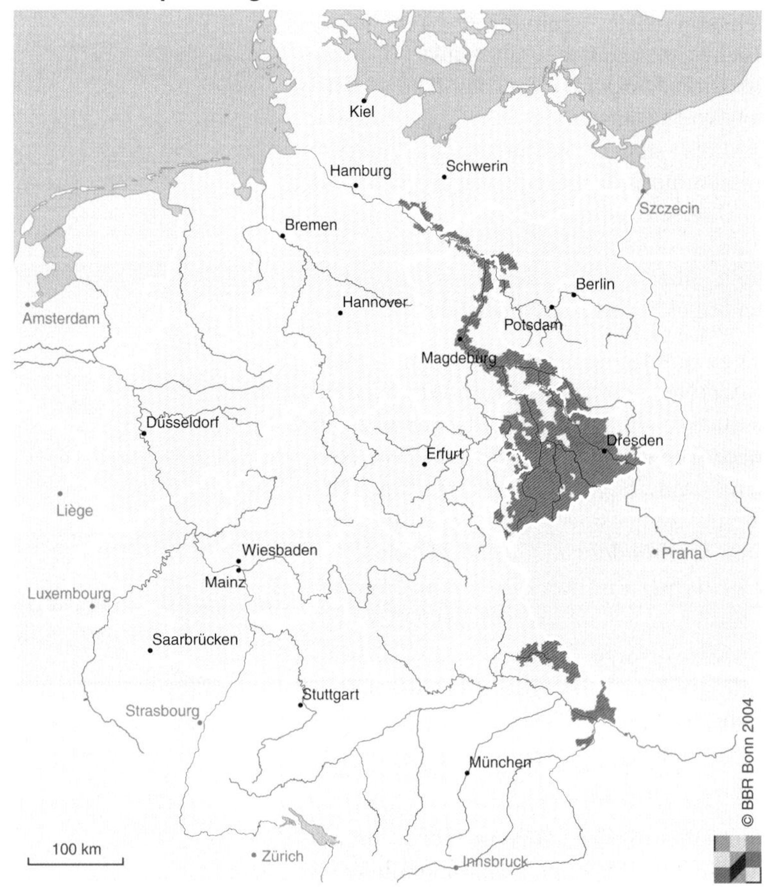


**Hochwassergeschädigte Gemeinden**

Gemeinden im Gemeinschaftsaufgabe-Sonderprogramm "Hochwasser"

Gemeinden, Stand 31. 12. 2002
Quelle: Laufende Raumbeobachtungdes BBR
Datengrundlage: Bundesministerium für Wirtschaft und Arbeit - GA-Sonderprogramm "Hochwasser"

Flächen mit einem erhöhten Überflutungsrisiko. Der Raumordnung stellt sich hier die Aufgabe, durch den Einsatz ihrer Instrumente – insbesondere Ausweisung von *Vorrang- und Vorbehaltsgebieten* in den Landesraumordnungsplänen – einer Erhöhung des Schadenspotenzials entgegenzuwirken und eine aktive Risikovorsorge zu betreiben. Mit der Ausweisung von Vorrang- und Vorbehaltsgebieten soll der Belang des vorbeugenden Hochwasserschutzes gegenüber konkurrierenden Nutzungen und Funktionen flächenhaft in Flusseinzugsgebieten durchgesetzt werden. (Zum Stand der Ausweisungspraxis in den Ländern siehe Kapitel 8: „Raumordnung der Länder")

Eine konsequente Anwendung der raumordnerischen Instrumente führt auch der kommunalen Bauleitplanung vor Augen, dass es notwendig ist, das ihr zur Verfügung stehende Instrumentarium konsequenter im Sinne einer Gefahrenabwehr und -vorsorge sowie vor allem auch einer Minderung des Schadenspotenzials einzusetzen. Eine Umsetzung derartiger Ziele ist jedoch nicht einfach, denn in vielen Flussregionen stellen die ehemaligen Überflutungsflächen wichtige Räume für die Siedlungsentwicklung der Gemeinden dar, so dass der Siedlungsdruck dort auch in den nächsten Jahren andauern wird.

Aber ohne eine Änderung der derzeitigen Praxis der Hochwasservorsorge ist davon auszugehen, dass das Schadenspotenzial in den potenziellen Überflutungsflächen der Gewässer auch zukünftig stetig ansteigen wird. Eine Minderung der Schadensrisiken wäre am wirkungsvollsten zu erreichen, indem potenzielle überflutungsgefährdete Flächen von Bebauung freigehalten würden. Hierzu gehört auch, innerhalb der Überschwemmungsbereiche in Flächennutzungsplänen ausgewiesene Siedlungsflächen zurückzunehmen, soweit sie noch nicht realisiert oder in verbindlichen Bauleitplanungen als Baugebiete festgesetzt sind. Wenn aber dennoch in diesen Bereichen eine weitere Siedlungsentwicklung angestrebt wird, sollte sie zumindest den realen Risiken angepasst werden.

Insbesondere die Hochwasser am Rhein 1995, der Oder 1997, sowie der Elbe und Donau 2002 haben erneut die *internationale Dimension der Hochwasserproblematik* aufgezeigt. Hochwasserschutz erfordert grenzüberschreitendes vorsorgendes Handeln. Die Raumordnung ist aufgrund ihrer fachübergreifenden Ausrichtung und ihres integrierten Ansatzes hierfür in besonderem Maße geeignet. Ihr Beitrag zur frühzeitigen Hochwasservorsorge wird derzeit in Modellvorhaben weiterentwickelt, so etwa in den *Projekten „OderRegio* – Transnationale Konzeption zur raumordnerischen Hochwasservorsorge im Einzugsgebiet der Oder" und *„Elbe/Labe (Ella)* – Entwicklung und Vereinbarung einer gemeinsamen Strategie der Raumordnung zum vorbeugenden Hochwasserschutz im Elbeeinzugsgebiet. Stärkung der transnationalen Zusammenarbeit".

Mit diesen Projekten – Teil der Gemeinschaftsinitiative Interreg III B – soll die transnationale Zusammenarbeit in der Raumordnung gefördert werden. Ziel von „OderRegio" und Elbe/Labe ist es, Methoden und Handlungsschwerpunkte zur raumordnerischen Hochwasservorsorge für das gesamte Einzugsgebiet der Oder/

Elbe zu erarbeiten und in projektbegleitenden Arbeitsgruppen transnational abzustimmen.

Vor der Identifizierung geeigneter Maßnahmenbereiche, die Eingang in die Konzeption finden, wird eine grobe Wirkungsanalyse durchgeführt. Ausgehend von der Hochwassergefährdung werden diejenigen Handlungsfelder identifiziert, die zur Verminderung der Gefährdung beitragen können. Zur Verdeutlichung der Handlungsmöglichkeiten werden exemplarisch konkrete Maßnahmen – einschließlich der Beschreibung und Zuständigkeiten – dargestellt. Zu den möglichen Maßnahmen zählen etwa:

- Ausweisung von überschwemmungs-/überflutungsgefährdeten Bereichen (Vorrang vor Bebauung),
- Ausweisung von Überschwemmungsgebieten (Verbot der Bebauung),
- Deichrückverlegungen,
- Retentionsräume,
- Talsperren,
- Maßnahmen der naturnahen Regenwasserbewirtschaftung,
- Wiederaufforstung und Änderung der Landbewirtschaftung.

Neben der Erstellung der Konzeptionen zur raumordnerischen Hochwasservorsorge werden auch Konfliktanalysen vorgenommen, in der (geplante) raumbedeutsame Maßnahmen bzw. Entwicklungstendenzen (Verkehrswege, Siedlungs- und Industrieentwicklungen, Ausbau von Gewässern z.B. als Schifffahrtsweg) auf ihre Verträglichkeit mit dem Hochwasserschutz geprüft werden.

Der Erfolg der Projekte „OderRegio" und Elbe/Labe wird sich insbesondere daran messen lassen, wie die in den Konzepten enthaltenen Handlungsmöglichkeiten zum vorbeugenden Hochwasserschutz vor Ort weiter konkretisiert werden können und wie ihre Umsetzung gesichert und beschleunigt werden kann.

## Natur- und Landschaftsschutz

Zur Verwirklichung einer nachhaltigen Raumentwicklung und damit auch zur Sicherung der natürlichen Lebensgrundlagen ist es erforderlich, in verstärktem Maße die sozialen und wirtschaftlichen Ansprüche an den Freiraum mit seinen ökologischen Funktionen in Einklang zu bringen. Der Schwerpunkt der raumordnerischen Aufgaben besteht dabei insbesondere in der schutzorientierten Sicherung und Entwicklung von Freiräumen.

Natur- und Landschaftsschutz haben in Deutschland eine lange Tradition, und ihre Raumbedeutsamkeit ist durch ordnungspolitische Maßnahmen und Festlegungen wie z.B. die Ausweisung von Schutzgebieten gekennzeichnet. Im Zuge konkurrierender Nutzung soll dem Natur- und Landschaftsschutz auf besonders ausgewiesenen Flächen Vorrang vor anderen Nutzungsarten gewährt werden. Die einzelnen Schutzkategorien können hinsichtlich Größe, Schutzweck und -zielen und den daraus abzuleitenden Nutzungseinschränkungen unterschieden werden. Dabei können sich die Schutzgebietsausweisungen teilweise überlagern.

### Kleinräumige Schutzgebiete

*Naturschutzgebiete* sind Vorranggebiete des Naturschutzes, in denen jede Zerstörung, Veränderung oder Beeinträchtigung ausgeschlossen ist. Hier steht die Bewahrung, Entwicklung und Wiederherstellung von Lebensgemeinschaften, Biotopen und Arten im Vordergrund. Nutzungen sind nur soweit zulässig, wie sie dem Schutzzweck nicht entgegenstehen. In Deutschland sind ca. 2,8 % der terrestrischen Landesfläche als Naturschutzgebiete ausgewiesen. Der prozentuale Anteil der Naturschutzgebiete an der Fläche der jeweiligen Bundesländer variiert von 1,8 % in Rheinland-Pfalz bis 7,3 % in Hamburg.

Die prozentualen Flächenanteile der Naturschutzgebiete an der Kreisfläche sind im Osten und Norden sowie in den Alpen am höchsten. Der höchste Flächenanteil liegt mit ca. 32 % in Garmisch-Partenkirchen. Lediglich in zehn Kreisen beträgt der prozentuale Flächenanteil der Naturschutzgebiete 10 % und mehr.

Knapp zwei Drittel aller Naturschutzgebiete sind kleiner als 50 ha. Oftmals können sie mit dieser Flächengröße ihre Schutzfunktion nicht optimal erfüllen und sind auch nicht ausreichend gegen negative Außenfaktoren wie Entwässerung oder Eutrophierung geschützt.

In *Landschaftsschutzgebieten* stehen Erhalt und Entwicklung des Landschaftscharakters im Vordergrund. In der Regel handelt

## Naturschutzgebiete

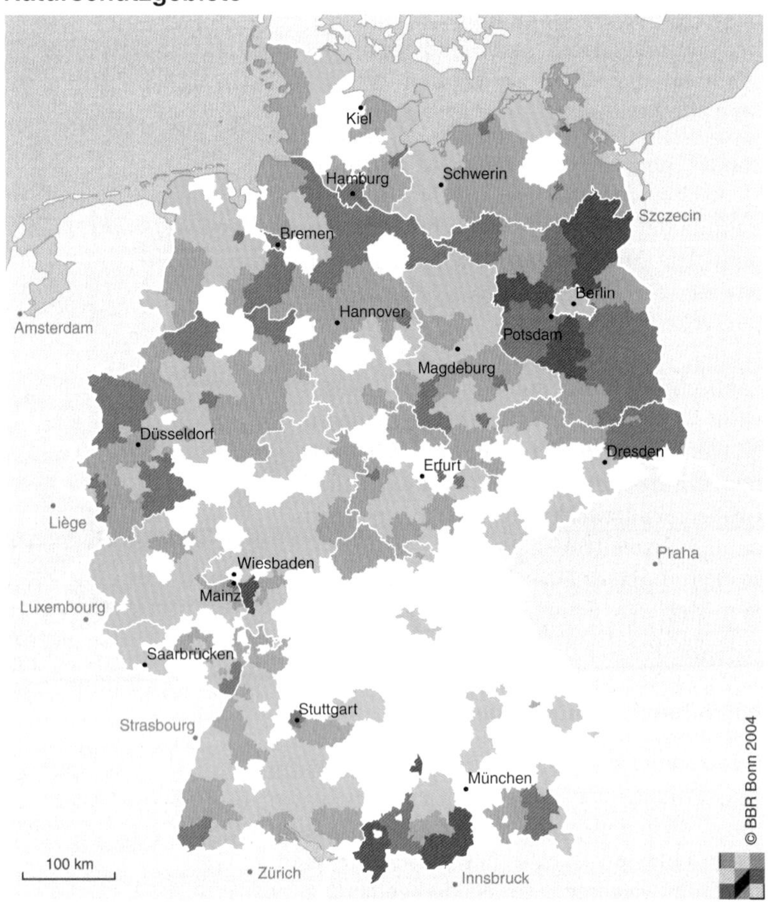

**Flächenanteil der Naturschutzgebiete an der Kreisfläche 2000 in %**

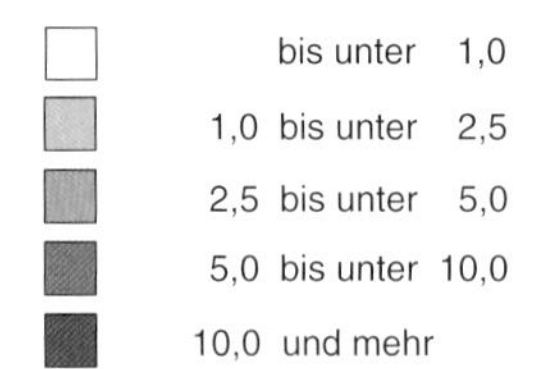


Kreise, Stand 31. 12. 2002
Quelle: Laufende Raumbeobachtung des BBR
Datengrundlagen: Landschafts- und Naturschutz-Informationssystem des Bundes (LANIS-Bund), Bundesamt für Naturschutz: Naturschutzgebiete, Stand 2000-2001
(Ausnahme: Mecklenburg-Vorpommern, Stand 1996)

**Flächenanteile der Naturschutzgebiete**

Hamburg
Brandenburg
Bremen
Nordrhein-Westfalen
Niedersachsen
Mecklenburg-Vorpommern
Schleswig-Holstein
Sachsen
Sachsen-Anhalt
Saarland
Bayern
Baden-Württemberg
Berlin
Thüringen
Hessen
Rheinland-Pfalz
Deutschland

0 1 2 3 4 5 6 7 8
Flächenanteil in %

Anmerkung: ohne einstweilig sichergestellte Gebiete sowie durch Offenlage von Verordnungen oder Landschaftsplänen geschützte Gebiete

Quelle: Bundesamt für Naturschutz
Datengrundlage: Daten zur Natur 2004
© BBR Bonn 2004

es sich um großflächigere Gebiete, die auch eine Bedeutung für die Erholung des Menschen haben. Veränderungsverbote zielen darauf ab, den „Charakter" des Gebietes zu erhalten. Land- und Forstwirtschaft können eingeschränkt werden, sofern sie den Charakter des Gebietes verändern oder dem Schutzzweck zuwiderlaufen. Es gibt derzeit 7 010 Landschaftsschutzgebiete mit einer Gesamtfläche von ca. 102 000 km², was ca. 28,6 % des Bundesgebietes entspricht. In der Stellung der Schutzgebiete untereinander wird ihnen aufgrund der überwiegenden Ausrichtung auf den abiotischen Ressourcenschutz häufig eine Pufferfunktion gegenüber den Naturschutzgebieten zugesprochen.

### Großräumige Schutzgebiete

*Nationalparke* dienen dem Schutz naturnaher Landschaften. Vorrangiges Ziel der Nationalparke ist nach dem Bundesnaturschutzgesetz der Erhalt und die Gewährleistung möglichst ungestörter Abläufe der Naturvorgänge in ihrer natürlichen Dynamik. Soweit es der Schutzzweck erlaubt, sollen Nationalparke auch der wissenschaftlichen Umweltbeobachtung, der naturkundlichen Bildung und dem Naturerlebnis der Bevölkerung dienen. Wirtschaftliche Nutzungen der natürlichen Ressourcen durch Land-, Forst-, Wasserwirtschaft, Jagd oder Fischerei sind weitgehend auszuschließen. In der Bundesrepublik sind 15 Nationalparke mit einer Gesamtfläche von 962 048 ha ausgewiesen. Hiervon nehmen die Wasser- und Wattflächen der drei Wattenmeer-Nationalparke mit 747 933 ha den größten Teil ein. Bezogen auf die terrestrische Fläche Deutschlands weisen die terrestrischen Nationalparke einen Flächenanteil von 0,6 % auf. Bei diesen Nationalparken schwankt die Größe der Gebiete zwischen 31 878 ha (Müritz, hierbei handelt es sich jedoch nicht um ein zusammenhängendes Gebiet) und 5 724 ha (Kellerwald-Edersee), im Mittel liegt sie bei 14 558 ha. Ein Blick auf die Karte zeigt, dass es bisher kein bundesweit repräsentatives Netz an Nationalparken gibt. Noch hat nicht jedes Bundesland einen Nationalpark ausgewiesen.

Nach dem Bundesnaturschutzgesetz dienen *Biosphärenreservate* dem großräumigen Schutz von Natur- und Kulturlandschaften. Sie sind in wesentlichen Teilen als Naturschutzgebiete und im Übrigen als Landschaftsschutzgebiet ausgewiesen. Vornehmliche Ziele sind die Erhaltung, Entwicklung oder Wiederherstellung einer durch hergebrachte vielfältige Nutzung geprägten Landschaft und der darin historisch gewachsenen Arten- und Biotopvielfalt. Zur Bewirtschaftung sollen beispielhafte, die Naturgüter besonders schonende Wirtschaftsweisen entwickelt und erprobt werden. Im Rahmen des internationalen Programms „Der Mensch und die Biosphäre“ (MAB) werden gemäß dessen Internationalen Leitlinien seit 1976 Biosphärenreservate von der UNESCO anerkannt. Die in Deutschland anerkannten 14 Biosphärenreservate umfassen ca. 3 % der terrestrischen Fläche der Bundesrepublik. Ohne Berücksichtigung des Wattenmeeres variiert ihre Größe zwischen 342 848 ha (Flusslandschaft Elbe) und 13 300 ha (Bayerischer Wald), die mittlere Größe beträgt 95 013 ha. Deutlich ist die Überlagerung der verschiedenen Schutzkategorien am Beispiel Schleswig-Holsteinisches Wattenmeer oder Niedersächsisches Wattenmeer zu erkennen.

*Naturparke* dienen dem Schutz und Erhalt der Kulturlandschaften mit ihrer Biotop- und Artenvielfalt (dies erfolgt vor allem über Natur- und Landschaftsschutzgebiete) sowie der Verbindung dieses Schutzgedankens mit der Erholungsfunktion, der Unterstützung von umweltverträglichem Tourismus und einer dauerhaft umweltverträglichen Landnutzung. Aufgrund ihrer Zielsetzung, den Schutz und die Nutzung der Kulturlandschaften miteinander zu verbinden, sollen Naturparke verstärkt Funktionen im Rahmen einer integrierten nachhaltigen Entwicklung von Regionen wahrnehmen. Naturparke sind nach den Grundsätzen und Zielen der Raumordnung und der Landesplanung für die Erholung oder den Fremdenverkehr vorgesehen. In der Bundesrepublik gibt es 86 festgesetzte Naturparke, weitere sind in Planung. Die zurzeit bestehenden Naturparke nehmen eine Fläche von knapp 22% der terrestrischen Gesamtfläche ein. Bedingt durch ihre Funktion, in erster Linie der Erholung zu dienen, sind Naturparke vor allem in den attraktiven Lagen der Mittelgebirge zu finden und verbinden oftmals ganze Gebirgszüge miteinander (z.B. Odenwald-Spessart-Rhön).

Wie erfolgreich die räumlichen Schutzmaßnahmen sind, hängt nicht zuletzt von der Größe des jeweiligen Schutzgebietes ab. Gegenwärtig setzt sich vermehrt die Erkenntnis durch, dass ein wirkungsvoller Schutz von Arten, Lebensräumen- und Lebensgemeinschaften erst durch großflächige Naturschutzgebiete und die Verbindung der Schutzgebiete untereinander, sei es über so genannte „Trittsteine“ oder über die linienhafte Verknüpfung durch Korridore, zu gewährleisten ist. Dies schlug sich auch im novellierten Bundesnaturschutzgesetz 2002 nieder. Der hierin geforderte Biotopverbund, der mindestens 10 % der Landesfläche eines jeden Bundeslandes umfassen soll, trägt dieser Erkenntnis Rechnung.

Beim *Biotopverbund* handelt es sich nicht um eine neue Flächenschutzkategorie, sondern um die Schaffung eines zusammenhängenden Netzes verbundener Lebensräume. Die erforderlichen Flächen sollen u.a. durch ordnungs- und planungsrechtliche Festlegungen gesichert werden. Ziel des Biotopverbundes ist die Sicherung heimischer Tier- und Pflanzenarten, „ihrer Lebensräume und -gemeinschaften sowie die Bewahrung, Wiederherstellung und Entwicklung funktionsfähiger ökologischer Wechselbeziehungen“. Mit dieser Forderung knüpft das Bundesnaturschutzgesetz

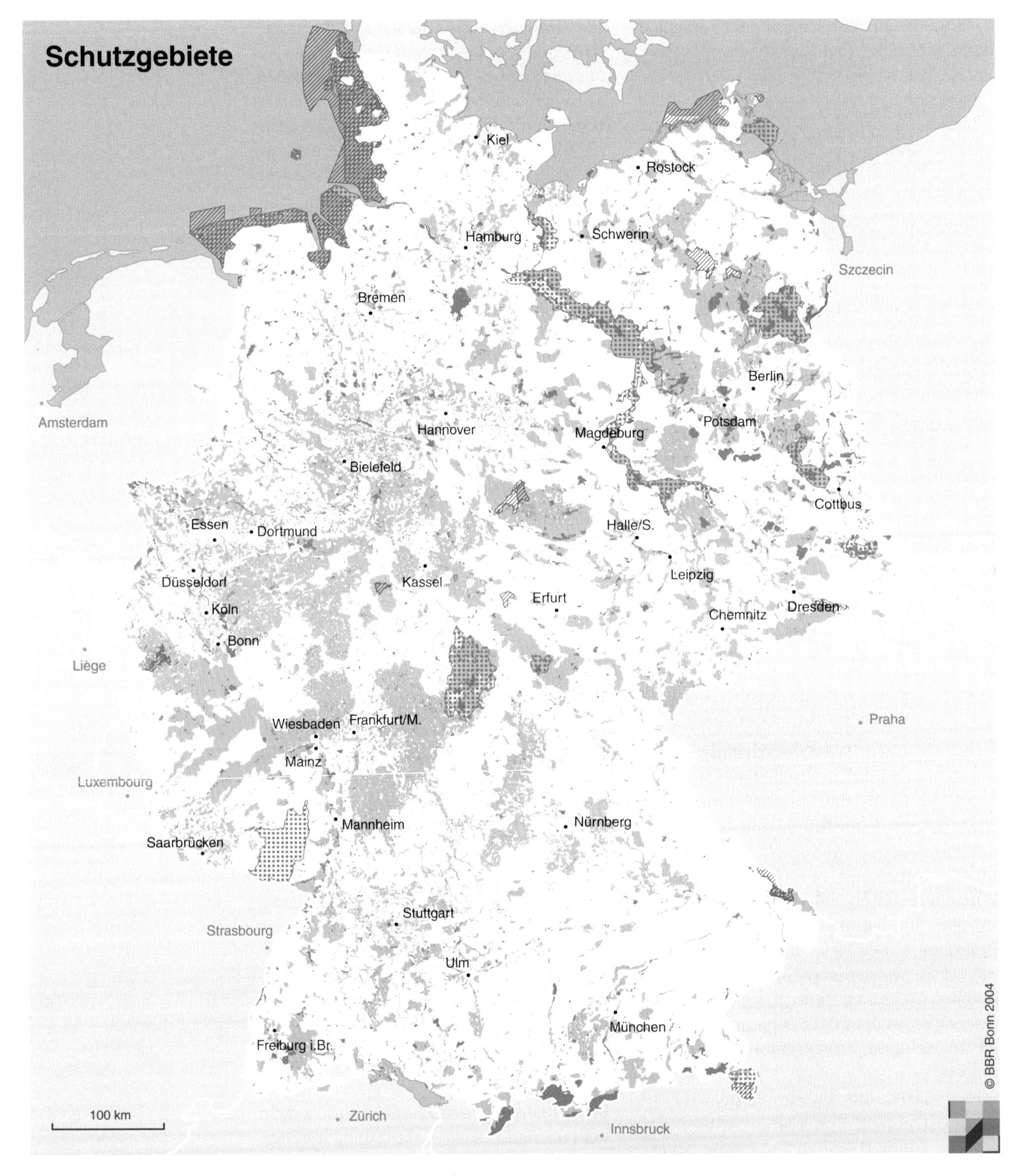




Datengrundlagen: Landschafts- und Naturschutz-Informationssystem des Bundes (LANIS-Bund), Bundesamt für Naturschutz:
Naturschutzgebiete, Stand 2000-2001
(Ausnahme: Mecklenburg-Vorpommern, Stand 1996);
Landschaftsschutzgebiete, Stand 2000-2001
(Ausnahme: Mecklenburg-Vorpommern 1996);
Biosphärenreservate, Stand 2002;
Naturparke, Stand 2004

auch an eine Zielsetzung der *Fauna-Flora-Habitat (FFH)-Richtlinie* (Richtlinie 92/43/EWG) an.

Die FFH-Richtlinie wurde von den Mitgliedsstaaten mit dem Ziel verabschiedet, die biologische Vielfalt im Geltungsbereich der Europäischen Union zu erhalten. Dazu wird u.a. ein europaweites kohärentes Schutzgebietsnetz mit dem Namen *„NATURA 2000"* aufgebaut, das in repräsentativer Weise die aus gemeinschaftlicher Sicht besonders schutzwürdigen Tier- und Pflanzenarten sowie Lebensräume erhalten und entwickeln soll. Die bestehenden europäischen Vogelschutzgebiete sind Bestandteil des Schutzgebietsnetzes NATURA 2000. Die Übersichtskarte zeigt den Stand 1.1.2004 der deutschen Meldungen von FFH-Gebieten an die Europäische Kommission.

Die Auswahl, Abgrenzung und Meldung der Gebiete liegt in Deutschland bei den Bundesländern, die Sammlung und Weiterleitung der gesamten deutschen Meldegebiete erfolgt durch das Bundesumweltministerium. Im Rahmen gemeinschaftlicher Bewertungstreffen werden die Meldevorschläge der Mitgliedsstaaten hinsichtlich ihrer Repräsentativität und Vollständigkeit geprüft. Bei den abschließenden biogeographischen Seminaren in den Jahren 2001 und 2002 wurden Defizite der von Deutschland vorgelegten Meldevorschlägen festgestellt, sodass von den Bundesländern weitere Gebiete ausgewählt und nachgemeldet werden müssen.

Ein *funktional zusammenhängendes Netz ökologisch bedeutsamer Freiräume* kann maßgeblich zu einer ausgewogenen Raumstruktur beitragen. Ein Verbundnetz aus größeren zusammenhängenden Gebieten, in denen eine weitgehend ungestörte Erhaltung und Entwicklung von Flora und Fauna erfolgen kann, soll eine immer stärkere Isolation von Biotopen und ganzen Ökosystemen verhindern. Dieses raumplanerische Freiraumverbundsystem muss sich an den Anforderungen des europaweiten Netzes natürlicher Lebensräume für den Arten- und Biotopschutz (NATURA 2000) entsprechend der Fauna-Flora-Habitat-Richtlinie und der Vogelschutzrichtlinie (79/409/EWG vom 2.4.1979) orientieren und Verpflichtungen aus weiteren internationalen Übereinkommen berücksichtigen (z.B. Bonner Konvention v. 23.6.1979, Ramsar Konvention v. 2.2.1971).

Die großräumig bedeutsamen ökologischen Funktionszusammenhänge im Naturhaushalt sind durch die Ausdehnung der Siedlungsbereiche, durch neue Trassen für Netzinfrastrukturen und durch die großräumige Intensivierung der landwirtschaftlichen Nutzung zunehmend gefährdet. Diese Entwicklungen erfordern eine neue Strategie und neue Ansätze bei der Sicherung der verbliebenen Freiräume und der wertvollen Kulturlandschaften. Der Schutz von Landschaft und Natur wird sich deshalb in Zukunft auch an der Größe der Schutzgebiete und neuen Leitbildern wie einem großräumigem Freiraum- und Biotopverbundsystem orientieren müssen. Die Ministerkonferenz für Raumordnung (MKRO) hat in mehreren Entschließungen einen verbesserten Freiraumschutz und die Realisierung eines großräumigen Freiraumverbundes gefordert. In diesen Räumen soll danach eine weitgehend ungestörte Entwicklung von Flora und Fauna erfolgen, um die immer stärkere Isolation von Ökosystemen und Biotopen zu verhindern.

Bei der Entwicklung länder- und staatenübergreifender Freiraumverbundsysteme kann die Raumordnung in Kooperation mit den Fachplanungen eine wichtige Rolle einnehmen. Durch die Ausweisung von Vorrangflächen für den Natur- und Landschaftsschutz können in den Raumordnungsplänen der Länder zum einen wertvolle Landschaftsteile vor anderweitiger Nutzung geschützt, zum anderen eine optimiertere Netzplanung angestrebt werden. (Zum Stand der Ausweisungspraxis in den Ländern siehe Kapitel 8: „Raumordnung der Länder".)

Bei der Betrachtung der bisherigen Ergebnisse (Deutschland ist mit der Umsetzung der FFH-Richtlinie in Verzug, der Umsetzung des Biotopverbundes befindet sich in der Konzeptionsphase) stellt sich die Frage, inwieweit die bestehenden Regelungen durch weitere Fach- und fachübergreifende Instrumente ergänzt werden müssen. Dabei kann alleine schon eine konsequente Umsetzung der bestehenden planungsrechtlichen Instrumente und eine einheitliche Handhabung beim Vollzug in den einzelnen Bundesländern sehr viel zielführender sein als die Ausweitung des rechtlichen Instrumentariums.

**FFH-Gebiete in Deutschland** Stand: 1. 1. 2004

FFH-Gebiete (pSCI)

Fauna-Flora-Habitat-Gebiete (proposed Site of Community Interest = vorgeschlagenes Gebiet gemeinschaftlicher Bedeutung)

Quelle: Bundesamt für Naturschutz (BfN), 2004 nach Angaben der Länder

## Europäische Umweltpolitik

Umweltschutz – so betont es nicht nur die Europäische Union – ist wichtig für die Lebensqualität der gegenwärtigen und zukünftigen Generationen. Die Herausforderung besteht darin, den Umweltschutz und das Wirtschaftswachstum so zu verbinden, dass auf lange Sicht eine nachhaltige Entwicklung erreicht wird. Die Umweltpolitik der Europäischen Union ist so angelegt, dass eine durchgreifende Umweltpolitik gleichermaßen Innovationen begünstigt und zu positiven Synergieeffekten zwischen technischer Entwicklung und Umweltschutz beiträgt.

Der Eckpfeiler der EU-Umweltaktionen ist das *Sechste Umweltaktionsprogramm*. Es deckt den Zeitraum 2001 bis 2010 ab. In ihm werden die Prioritäten und Ziele der Umweltpolitik der Gemeinschaft bis 2010 festgelegt und die Maßnahmen beschrieben, die nötig sind, um einen Beitrag zur Umsetzung der Gemeinschaftsstrategie für eine nachhaltige Entwicklung zu leisten. Seine Prioritäten sind:

- Schutz des Klimas und globale Erwärmung,
- Schutz natürlicher Lebensräume,
- Lösung von Umwelt- und Gesundheitsproblemen,
- Erhaltung natürlicher Ressourcen.

Dieses Umweltaktionsprogramm strebt ein hohes, überall in der EU etwa gleiches Schutzniveau an, lässt aber genügend Spielraum, um die örtlichen Gegebenheiten zu berücksichtigen. Es wird verstärkt versucht, von der reinen Kontrolle der Verwendung bestimmter Stoffe oder Produkte wegzukommen und verstärkt auf sichere Alternativen zu setzen und den Verbleib des Produkts nach Ablauf der Nutzungsdauer im Auge zu behalten. Diese integrierte Produktpolitik trägt der Tatsache Rechnung, dass die Fähigkeit der Erde, Verschmutzung zu absorbieren und natürliche Ressourcen bereitzustellen, begrenzt ist.

Das Umweltaktionsprogramm ist ein strategischer und kein rein gesetzgeberischer Ansatz. Unterschiedliche Instrumente und Maßnahmen kommen zur Anwendung, um auf die Entscheidungen der Wirtschaft, der Verbraucher, der Politik und der Bürger Einfluss zu nehmen. Einer der zentralen strategischen Aktionsschwerpunkte ist – neben etwa der Umsetzung bestehender Rechtsvorschriften oder der Einbeziehung der Umweltschutzziele in andere Politikbereiche – die Berücksichtigung von Umweltbelangen in Entscheidungen über die Flächennutzungsplanung und Raumordnung. Konkret wird u.a. vorgeschlagen:

- Verankerung einer nachhaltigen Raumplanung in der Regionalpolitik der Gemeinschaft,
- Verbreitung der besten Praxis und Förderung eines Erfahrungsaustausches über eine nachhaltige Raumplanung, darunter auch für städtische Gebiete,
- Verbesserung der Umsetzung der Richtlinie über die Umweltverträglichkeitsprüfung.

Im Rahmen eines Policy-Mix, in dem auch die räumliche Planung ihren Platz findet, sollen die prioritären Ziele in Angriff genommen werden. Das Ziel beim *Klimawandel* ist eine Verminderung der Treibhausgasemissionen auf ein Niveau, das zu keiner künstlichen Veränderung des Weltklimas führt. Zur Umsetzung der Ziele des Kyoto-Protokolls (die Verminderung der Treibhausgasemissionen bis 2008/2012 um 8 % gegenüber dem Niveau von 1990) dient u.a. die Integration dieser Ziele in die Energie- und Verkehrspolitik und eine kritische Überprüfung der Subventionen in der Energie- und Verkehrswirtschaft auf ihre Vereinbarkeit mit den Zielen des Klimaschutzes. Eine Verbesserung der Energieeffizienz und eine stärkere Nutzung erneuerbarer Energien werden auch von der Einführung des Emissionsrechtehandels innerhalb der Gemeinschaft erwartet. Ob von diesem neuen Instrument regionale Verwerfungen ausgehen oder ob es im Gegenteil regionale Potenziale aktivieren kann, ist derzeit noch nicht abzusehen.

Die *Natur und die biologische Vielfalt* sollen geschützt und wiederhergestellt werden, um der Verarmung der biologischen Vielfalt in der Europäischen Union und in der Welt einen Riegel vorzuschieben. Eine der angestrebten Maßnahmen sind der Schutz und die Wiederherstellung der marinen Lebensräume und der Küsten und die Ausweitung des Netzes *Natura 2000* auf diese Lebensräume. In Deutschland wird diesem Ziel bereits – etwa im Zusammenhang mit einem integrierten Küstenzonenmanagement – Aufmerksamkeit gewidmet. Hinzu kommt der hohe Stellenwert des Freiraumschutzes, auch und gerade in der Raumordnung. Eine Reduzierung der Flächeninanspruchnahme – wie in der Nationalen Nachhaltigkeitsstrategie gefordert – ist eine wichtige Voraussetzung für den Schutz der Natur.

Im Bereich *Umwelt und Gesundheit* wird u.a. die Gewährleistung der Umsetzung der Wasserschutzvorschriften gefordert. Mit der *Europäischen Wasserrahmenrichtlinie* sollen die Gewässer innerhalb von 15 Jahren in einen „guten Zustand“ gebracht werden. Räumlicher Adressat sind die jeweiligen Flussgebiete, die nicht – und hier tauchen naturgemäß Probleme auf – mit den administrativen Gebietseinheiten übereinstimmen müssen. Hier ist auch die Raumordnung gefragt; mit ihrer Hilfe können Konfliktpotenziale zwischen den Zielen der Siedlungsentwicklung und Flächennutzung und denen der Bewirtschaftungspläne für die Flussgebiete entschärft werden. Wer allerdings bei gegenläufigen Interessen von Wasserwirtschaft und Raumplanung entscheidet, ist noch nicht abschließend geklärt. Die Akteure in den jeweiligen Politikfeldern wären gut beraten zu bedenken, dass eigene Ziele am besten realisiert werden können, wenn sie auch von den jeweils anderen Planungen akzeptiert werden können.

Darüber hinaus wird für die räumliche Planung die Umsetzung der *Lärmschutzrichtlinie* bedeutsam sein. Diese Richtlinie hat zum Ziel, schädliche Auswirkungen durch Umgebungslärm zu verhindern, ihnen vorzubeugen oder sie zu mindern. Dazu sollen eine umfassende Bewertung des Umgebungslärms in einem verschiedenen Lärmquellen ausgesetzten Gebiet vorgenommen sowie allgemeine Voraussagen für dieses Gebiet getroffen werden. So ist – durch strategische Lärmkarten – eine einheitliche Bewertung der Lärmbelastung vorgesehen, die Erhebung der von Lärm Betroffenen in den städtischen Ballungsräumen und entlang der Hauptverkehrsstraßen, der Schienenstrecken und in der Umgebung von Flughäfen und darauf aufbauend die Ausarbeitung von Lärmminderungsplänen sowie das Setzen von Maßnahmen zur Lärmminderung.

Als weiteres prioritäres Ziel ist die *Bewirtschaftung der natürlichen Ressourcen* ein zentrales Thema. Es muss sichergestellt werden, dass der Verbrauch erneuerbarer und nicht erneuerbarer Ressourcen die Tragfähigkeitsgrenzen der Umwelt nicht übersteigen. Erreicht werden kann dies, indem das Wirtschaftswachstum tendenziell vom Ressourcenverbrauch abgekoppelt wird. Fiskalische Anreize, mit denen die Ressourceneffizienz verbessert werden kann, sind integraler Bestandteile eines entsprechenden Maßnahmepaketes. Hierzu gehören sowohl die Besteuerung der Ressourcennutzung als auch die Streichung der Subventionen, die einen Raubbau an Ressourcen fördern. Ökologische Steuerreform und Reform der Pendlerpauschale sind ebenfalls Bausteine für eine ressourcenschonende Raumentwicklung.

# Anhang

# Raumordnungsgesetz (ROG)

vom 18. August 1997 (BGBl. I S. 2081), geändert durch Artikel 3 des Gesetzes über die Errichtung eines Bundesamtes für Bauwesen und Raumordnung sowie zur Änderung besoldungsrechtlicher Vorschriften vom 15. Dezember 1997 (BGBl. I S. 2902), zuletzt geändert durch Artikel 2 des Gesetzes zur Anpassung des Baugesetzbuchs an EU-Richtlinien (Europarechtsanpassungsgesetz Bau – EAG Bau) vom 24. Juni 2004 (BGBl. I S. 1359)

**(Nicht amtliche Lesefassung)**

**Inhaltsübersicht**

Abschnitt 1
**Allgemeine Vorschriften**
§ 1 Aufgabe und Leitvorstellung der Raumordnung
§ 2 Grundsätze der Raumordnung
§ 3 Begriffsbestimmungen
§ 4 Bindungswirkungen der Erfordernisse der Raumordnung
§ 5 Bindungswirkungen bei besonderen Bundesmaßnahmen

Abschnitt 2
**Raumordnung in den Ländern, Ermächtigung zum Erlaß von Rechtsverordnungen**
§ 6 Rechtsgrundlagen der Länder
§ 7 Allgemeine Vorschriften über Raumordnungspläne
§ 8 Raumordnungsplan für das Landesgebiet
§ 9 Regionalpläne
§ 10 Planerhaltung
§ 11 Zielabweichungsverfahren
§ 12 Untersagung raumordnungswidriger ger Planungen und Maßnahmen
§ 13 Verwirklichung der Raumordnungspläne
§ 14 Abstimmung raumbedeutsamer Planungen und Maßnahmen
§ 15 Raumordnungsverfahren
§ 16 Grenzüberschreitende Abstimmung von raumbedeutsamen Planungen und Maßnahmen
§ 17 Ermächtigung zum Erlass von Rechtsverordnungen

Abschnitt 3
**Raumordnung im Bund**
§ 18 Raumordnung des Bundes
§ 18a Raumordnung in der deutschen ausschließlichen Wirtschaftszone
§ 19 Gegenseitige Unterrichtung und gemeinsame Beratung
§ 20 Beirat für Raumordnung
§ 21 Raumordnungsberichte

Abschnitt 4
**Überleitungs- und Schlußvorschriften**
§ 22 Anpassung des Landesrechts
§ 23 Überleitungsvorschriften

Abschnitt 1
Allgemeine Vorschriften

## § 1 Aufgabe und Leitvorstellung der Raumordnung

(1) Der Gesamtraum der Bundesrepublik Deutschland und seine Teilräume sind durch zusammenfassende, übergeordnete Raumordnungspläne und durch Abstimmung raumbedeutsamer Planungen und Maßnahmen zu entwickeln, zu ordnen und zu sichern. Dabei sind

1. unterschiedliche Anforderungen an den Raum aufeinander abzustimmen und die auf der jeweiligen Planungsebene auftretenden Konflikte auszugleichen,
2. Vorsorge für einzelne Raumfunktionen und Raumnutzungen zu treffen.

In der deutschen ausschließlichen Wirtschaftszone können einzelne Funktionen im Rahmen der Vorgaben des Seerechtsübereinkommens der Vereinten Nationen vom 10. Dezember 1982 (BGBl. 1994 II S. 1798) durch die Raumordnung entwickelt, geordnet und gesichert werden.

(2) Leitvorstellung bei der Erfüllung der Aufgabe nach Absatz 1 ist eine nachhaltige Raumentwicklung, die die sozialen und wirtschaftlichen Ansprüche an den Raum mit seinen ökologischen Funktionen in Einklang bringt und zu einer dauerhaften, großräumig ausgewogenen Ordnung führt. Dabei sind

1. die freie Entfaltung der Persönlichkeit in der Gemeinschaft und in der Verantwortung gegenüber künftigen Generationen zu gewährleisten,
2. die natürlichen Lebensgrundlagen zu schützen und zu entwickeln,

3. die Standortvoraussetzungen für wirtschaftliche Entwicklungen zu schaffen,
4. Gestaltungsmöglichkeiten der Raumnutzung langfristig offen zu halten,
5. die prägende Vielfalt der Teilräume zu stärken,
6. gleichwertige Lebensverhältnisse in allen Teilräumen herzustellen,
7. die räumlichen und strukturellen Ungleichgewichte zwischen den bis zur Herstellung der Einheit Deutschlands getrennten Gebieten auszugleichen,
8. die räumlichen Voraussetzungen für den Zusammenhalt in der Europäischen Gemeinschaft und im größeren europäischen Raum zu schaffen.

(3) Die Entwicklung, Ordnung und Sicherung der Teilräume soll sich in die Gegebenheiten und Erfordernisse des Gesamtraums einfügen; die Entwicklung, Ordnung und Sicherung des Gesamtraums soll die Gegebenheiten und Erfordernisse seiner Teilräume berücksichtigen (Gegenstromprinzip).

## § 2 Grundsätze der Raumordnung

(1) Die Grundsätze der Raumordnung sind im Sinne der Leitvorstellung einer nachhaltigen Raumentwicklung nach § 1 Abs. 2 anzuwenden.

(2) Grundsätze der Raumordnung sind:

1. Im Gesamtraum der Bundesrepublik Deutschland ist eine ausgewogene Siedlungs- und Freiraumstruktur zu entwickeln. Die Funktionsfähigkeit des Naturhaushalts im besiedelten und unbesiedelten Bereich ist zu sichern. In den jeweiligen Teilräumen sind ausgeglichene wirtschaftliche, infrastrukturelle, soziale, ökologische und kulturelle Verhältnisse anzustreben.
2. Die dezentrale Siedlungsstruktur des Gesamtraums mit ihrer Vielzahl leistungsfähiger Zentren und Stadtregionen ist zu erhalten. Die Siedlungstätigkeit ist räumlich zu konzentrieren und auf ein System leistungsfähiger Zentraler Orte auszurichten. Der Wiedernutzung brachgefallener Siedlungsflächen ist der Vorrang vor der Inanspruchnahme von Freiflächen zu geben.
3. Die großräumige und übergreifende Freiraumstruktur ist zu erhalten und zu entwickeln. Die Freiräume sind in ihrer Bedeutung für funktionsfähige Böden, für den Wasserhaushalt, die Tier- und Pflanzenwelt sowie das Klima zu sichern oder in ihrer Funktion wiederherzustellen. Wirtschaftliche und soziale Nutzungen des Freiraums sind unter Beachtung seiner ökologischen Funktionen zu gewährleisten.
4. Die Infrastruktur ist mit der Siedlungs- und Freiraumstruktur in Übereinstimmung zu bringen. Eine Grundversorgung der Bevölkerung mit technischen Infrastrukturleistungen der Ver- und Entsorgung ist flächendeckend sicherzustellen. Die soziale Infrastruktur ist vorrangig in Zentralen Orten zu bündeln.
5. Verdichtete Räume sind als Wohn-, Produktions- und Dienstleistungsschwerpunkte zu sichern. Die Siedlungsentwicklung ist durch Ausrichtung auf ein integriertes Verkehrssystem und die Sicherung von Freiräumen zu steuern. Die Attraktivität des öffentlichen Personennahverkehrs ist durch Ausgestaltung von Verkehrsverbünden und die Schaffung leistungsfähiger Schnittstellen zu erhöhen. Grünbereiche sind als Elemente eines Freiraumverbundes zu sichern und zusammenzuführen. Umweltbelastungen sind abzubauen.
6. Ländliche Räume sind als Lebens- und Wirtschaftsräume mit eigenständiger Bedeutung zu entwickeln. Eine ausgewogene Bevölkerungsstruktur ist zu fördern. Die Zentralen Orte der ländlichen Räume sind als Träger der teilräumlichen Entwicklung zu unterstützen. Die ökologischen Funktionen der ländlichen Räume sind auch in ihrer Bedeutung für den Gesamtraum zu erhalten.
7. In Räumen, in denen die Lebensbedingungen in ihrer Gesamtheit im Verhältnis zum Bundesdurchschnitt wesentlich zurückgeblieben sind oder ein solches Zurückbleiben zu befürchten ist (strukturschwache Räume), sind die Entwicklungsvoraussetzungen bevorzugt zu verbessern. Dazu gehören insbesondere ausreichende und qualifizierte Ausbildungs- und Erwerbsmöglichkeiten sowie eine Verbesserung der Umweltbedingungen und der Infrastrukturausstattung.
8. Natur und Landschaft einschließlich Gewässer, Wald und Meeresgebiete sind dauerhaft zu schützen, zu pflegen, zu entwickeln und, soweit erforderlich, möglich undangemessen, wiederherzustellen. Dabei ist den Erfordernissen des Biotopverbundes Rechnung zu tragen. Die Naturgüter, insbesondere Wasser und Boden, sind sparsam und schonend in Anspruch zu nehmen; Grundwasservorkommen sind zu schützen. Beeinträchtigungen des Naturhaushalts sind auszugleichen. Bei dauerhaft nicht mehr genutzten Flächen soll der Boden in seiner Leistungsfähigkeit erhalten oder wiederhergestellt werden. Bei der Sicherung und Entwicklung der ökologischen Funktionen und landschaftsbezogenen Nutzungen sind auch die jeweiligen Wechselwirkungen zu berücksichtigen.

Für den vorbeugenden Hochwasserschutz ist an der Küste und im Binnenland zu sorgen, im Binnenland vor allem durch Sicherung oder Rückgewinnung von Auen, Rückhalteflächen und überschwemmungsgefährdeten Bereichen. Der Schutz der Allgemeinheit vor Lärm und die Reinhaltung der Luft sind sicherzustellen.

9. Zu einer räumlich ausgewogenen, langfristig wettbewerbsfähigen Wirtschaftsstruktur sowie zu einem ausreichenden und vielfältigen Angebot an Arbeits- und Ausbildungsplätzen ist beizutragen. Zur Verbesserung der Standortbedingungen für die Wirtschaft sind in erforderlichem Umfang Flächen vorzuhalten, die wirtschaftsnahe Infrastruktur auszubauen sowie die Attraktivität der Standorte zu erhöhen. Für die vorsorgende Sicherung sowie die geordnete Aufsuchung und Gewinnung von standortgebundenen Rohstoffen sind die räumlichen Voraussetzungen zu schaffen.

10. Es sind die räumlichen Voraussetzungen dafür zu schaffen oder zu sichern, dass die Landwirtschaft als bäuerlich strukturierter, leistungsfähiger Wirtschaftszweig sich dem Wettbewerb entsprechend entwickeln kann und gemeinsam mit einer leistungsfähigen, nachhaltigen Forstwirtschaft dazu beiträgt, die natürlichen Lebensgrundlagen zu schützen sowie Natur und Landschaft zu pflegen und zu gestalten. Flächengebundene Landwirtschaft ist zu schützen; landwirtschaftlich und als Wald genutzte Flächen sind in ausreichendem Umfang zu erhalten. In den Teilräumen ist ein ausgewogenes Verhältnis landwirtschaftlich und als Wald genutzter Flächen anzustreben.

11. Dem Wohnbedarf der Bevölkerung ist Rechnung zu tragen. Die Eigenentwicklung der Gemeinden bei der Wohnraumversorgung ihrer Bevölkerung ist zu gewährleisten. Bei der Festlegung von Gebieten, in denen Arbeitsplätze geschaffen werden sollen, ist der dadurch voraussichtlich ausgelöste Wohnbedarf zu berücksichtigen; dabei ist auf eine funktional sinnvolle Zuordnung dieser Gebiete zu den Wohngebieten hinzuwirken.

12. Eine gute Erreichbarkeit aller Teilräume untereinander durch Personen- und Güterverkehr ist sicherzustellen. Vor allem in verkehrlich hoch belasteten Räumen und Korridoren sind die Voraussetzungen zur Verlagerung von Verkehr auf umweltverträglichere Verkehrsträger wie Schiene und Wasserstraße zu verbessern. Die Siedlungsentwicklung ist durch Zuordnung und Mischung der unterschiedlichen Raumnutzungen so zu gestalten, dass die Verkehrsbelastung verringert und zusätzlicher Verkehr vermieden wird.

13. Die geschichtlichen und kulturellen Zusammenhänge sowie die regionale Zusammengehörigkeit sind zu wahren. Die gewachsenen Kulturlandschaften sind in ihren prägenden Merkmalen sowie mit ihren Kultur- und Naturdenkmälern zu erhalten.

14. Für Erholung in Natur und Landschaft sowie für Freizeit und Sport sind geeignete Gebiete und Standorte zu sichern.

15. Den räumlichen Erfordernissen der zivilen und militärischen Verteidigung ist Rechnung zu tragen.

(3) Die Länder können weitere Grundsätze der Raumordnung aufstellen, soweit diese dem Absatz 2 und dem § 1 nicht widersprechen; hierzu gehören auch Grundsätze in Raumordnungsplänen.

## § 3 Begriffsbestimmungen

Im Sinne dieses Gesetzes sind

1. Erfordernisse der Raumordnung:
   Ziele der Raumordnung. Grundsätze der Raumordnung und sonstige Erfordernisse der Raumordnung,

2. Ziele der Raumordnung:
   verbindliche Vorgaben in Form von räumlich und sachlich bestimmten oder bestimmbaren, vom Träger der Landes- oder Regionalplanung abschließend abgewogenen textlichen oder zeichnerischen Festlegungen in Raumordnungsplänen zur Entwicklung, Ordnung und Sicherung des Raums,

3. Grundsätze der Raumordnung:
   allgemeine Aussagen zur Entwicklung, Ordnung und Sicherung des Raums in oder aufgrund von § 2 als Vorgaben für nachfolgende Abwägungs- oder Ermessensentscheidungen,

4. sonstige Erfordernisse der Raumordnung:
   in Aufstellung befindliche Ziele der Raumordnung, Ergebnisse förmlicher landesplanerischer Verfahren wie des Raumordnungsverfahrens und landesplanerische Stellungnahmen,

5. öffentliche Stellen:
   Behörden des Bundes und der Länder, kommunale Gebietskörperschaften, bundesunmittelbare und die der Aufsicht eines Landes unterstehenden Körperschaften, Anstalten und Stiftungen des öffentlichen Rechts,

6. raumbedeutsame Planungen und Maßnahmen:
   Planungen einschließlich der Raumordnungspläne, Vorhaben und sonstige Maßnahmen, durch die Raum in Anspruch genommen oder die räumliche Entwicklung oder Funktion eines Gebietes beeinflusst wird, einschließlich des Einsatzes der hierfür vorgesehenen öffentlichen Finanzmittel,
7. Raumordnungspläne:
   der Raumordnungsplan für das Landesgebiet nach § 8 und die Pläne für Teilräume der Länder (Regionalpläne) nach § 9.

## § 4 Bindungswirkungen der Erfordernisse der Raumordnung

(1) Ziele der Raumordnung sind von öffentlichen Stellen bei ihren raumbedeutsamen Planungen und Maßnahmen zu beachten. Dies gilt auch bei

1. Genehmigungen, Planfeststellungen und sonstigen behördlichen Entscheidungen über die Zulässigkeit raumbedeutsamer Maßnahmen öffentlicher Stellen,
2. Planfeststellung und Genehmigungen mit der Rechtswirkung der Planfeststellung über die Zulässigkeit raumbedeutsamer Maßnahmen von Personen des Privatrechts.

(2) Die Grundsätze und sonstigen Erfordernisse der Raumordnung sind von öffentlichen Stellen bei raumbedeutsamen Planungen und Maßnahmen nach Absatz 1 in der Abwägung oder bei der Ermessensausübung nach Maßgabe der dafür geltenden Vorschriften zu berücksichtigen.

(3) Bei raumbedeutsamen Planungen und Maßnahmen, die Personen des Privatrechts in Wahrnehmung öffentlicher Aufgaben durchführen, gelten Absatz 1 Satz 1 und 2 Nr. 1 und Absatz 2 entsprechend, wenn

1. öffentliche Stellen an den Personen mehrheitlich beteiligt sind oder
2. die Planungen und Maßnahmen überwiegend mit öffentlichen Mitteln finanziert werden.

(4) Bei Genehmigungen, Planfeststellungen und sonstigen behördlichen Entscheidungen über die Zulässigkeit raumbedeutsamer Maßnahmen von Personen des Privatrechts sind die Erfordernisse der Raumordnung nach Maßgabe der für diese Entscheidungen geltenden Vorschriften zu berücksichtigen. Absatz 1 Satz 2 Nr. 2 bleibt unberührt. Bei Genehmigungen über die Errichtung und den Betrieb von öffentlich zugänglichen Abfallbeseitigungsanlagen von Personen des Privatrechts nach den Vorschriften des Bundes-Immissionsschutzgesetzes sind die Erfordernisse der Raumordnung zu berücksichtigen.

(5) Weitergehende Bindungswirkungen der Erfordernisse der Raumordnung aufgrund von Fachgesetzen bleiben unberührt.

## § 5 Bindungswirkungen bei besonderen Bundesmaßnahmen

(1) Bei raumbedeutsamen Planungen und Maßnahmen von öffentlichen Stellen des Bundes, von anderen öffentlichen Stellen, die im Auftrag des Bundes tätig sind, sowie von Personen des Privatrechts nach § 4 Abs. 3, die für den Bund öffentliche Aufgaben durchführen,

1. deren besondere öffentliche Zweckbestimmung einen bestimmten Standort oder eine bestimmte Linienführung erfordert oder
2. die auf Grundstücken durchgeführt werden sollen, die nach dem Landbeschaffungsgesetz oder nach dem Schutzbereichsgesetz in Anspruch genommen sind, oder
3. über die in einem Verfahren nach dem Bundesfernstraßengesetz, dem Allgemeinen Eisenbahngesetz, dem Magnetschwebebahnplanungsgesetz, dem Bundeswasserstraßengesetz, dem Luftverkehrsgesetz oder dem Atomgesetz zu entscheiden ist,

gilt die Bindungswirkung der Ziele der Raumordnung nach § 4 Abs. 1 oder 3 nur, wenn

a) die zuständige Stelle oder Person nach § 7 Abs. 5 beteiligt worden ist,
b) das Verfahren nach Absatz 2 zu keiner Einigung geführt hat und
c) die Stelle oder Person innerhalb einer Frist von zwei Monaten nach Mitteilung des rechtsverbindlichen Ziels nicht widersprochen hat.

(2) Macht eine Stelle oder Person nach Absatz 1 öffentliche Belange gegen ein in Aufstellung befindliches Ziel der Raumordnung geltend, die unter den Voraussetzungen des Absatzes 3 zum Widerspruch berechtigen würden, sollen sich der Träger der Planung und die Stelle oder Person unter Beteiligung der obersten Landesplanungsbehörde, des für Raumordnung zuständigen Bundesministeriums und des zuständigen Fachministeriums des Bundes innerhalb einer Frist von drei Monaten um eine einvernehmliche Lösung bemühen.

(3) Der Widerspruch nach Absatz 1 lässt die Bindungswirkung des Ziels der Raumordnung gegenüber der widersprechenden Stelle oder Person nicht entstehen, wenn dieses

1. auf einer fehlerhaften Abwägung beruht oder
2. mit der Zweckbestimmung des Vorhabens nicht in Einklang steht und das Vorhaben nicht auf einer anderen geeigneten Fläche durchgeführt werden kann.

(4) Macht eine Veränderung der Sachlage ein Abweichen von den Zielen der Raumordnung erforderlich, so kann die zuständige öffentliche Stelle oder Person nach Absatz 1 mit Zustimmung der nächst höheren Behörde innerhalb angemessener Frist, spätestens sechs Monate ab Kenntnis der veränderten Sachlage, unter den Voraussetzungen von Absatz 3 nachträglich widersprechen. Muss infolge des nachträglichen Widerspruchs der Raumordnungsplan geändert, ergänzt oder aufgehoben werden, hat die widersprechende öffentliche Stelle oder Person die dadurch entstehenden Kosten zu ersetzen.

Abschnitt 2
Raumordnung in den Ländern, Ermächtigung zum Erlass von Rechtsverordnungen

## § 6 Rechtsgrundlagen der Länder

Die Länder schaffen Rechtsgrundlagen für eine Raumordnung in ihrem Gebiet (Landesplanung) im Rahmen der §§ 7 bis 16. Weitergehende und ins einzelne gehende landesrechtliche Vorschriften sind zulässig, soweit diese den §§ 7 bis 16 nicht widersprechen.

## § 7 Allgemeine Vorschriften über Raumordnungspläne

(1) Die Grundsätze der Raumordnung sind nach Maßgabe der Leitvorstellung und des Gegenstromprinzips des § 1 Abs. 2 und 3 für den jeweiligen Planungsraum und einen regelmäßig mittelfristigen Zeitraum durch Raumordnungspläne zu konkretisieren. Die Aufstellung räumlicher und sachlicher Teilpläne ist zulässig. In den Raumordnungsplänen sind Ziele der Raumordnung als solche zu kennzeichnen.

(2) Die Raumordnungspläne sollen Festlegungen zur Raumstruktur enthalten, insbesondere zu:

1. der anzustrebenden Siedlungsstruktur; hierzu können gehören
   a) Raumkategorien,
   b) Zentrale Orte,
   c) besondere Gemeindefunktionen, wie Entwicklungsschwerpunkte und Entlastungsorte,
   d) Siedlungsentwicklungen,
   e) Achsen,
2. der anzustrebenden Freiraumstruktur; hierzu können gehören
   a) großräumig übergreifende Freiräume und Freiraumschutz,
   b) Nutzungen im Freiraum, wie Standorte für die vorsorgende Sicherung sowie die geordnete Aufsuchung und Gewinnung von standortgebundenen Rohstoffen,
   c) Sanierung und Entwicklung von Raumfunktionen,
3. den zu sichernden Standorten und Trassen für Infrastruktur; hierzu können gehören
   a) Verkehrsinfrastruktur und Umschlaganlagen von Gütern,
   b) Ver- und Entsorgungsinfrastruktur.

Bei Festlegungen nach Satz 1 Nr. 2 kann zugleich bestimmt werden, dass in diesem Gebiet unvermeidbare Beeinträchtigungen der Leistungsfähigkeit des Naturhaushalts oder des Landschaftsbildes an anderer Stelle ausgeglichen, ersetzt oder gemindert werden können.

(3) Die Raumordnungspläne sollen auch diejenigen Festlegungen zu raumbedeutsamen Planungen und Maßnahmen von öffentlichen Stellen und Personen des Privatrechts nach § 4 Abs. 3 enthalten, die zur Aufnahme in Raumordnungspläne geeignet und nach Maßgabe von Absatz 7 zur Koordinierung von Raumansprüchen erforderlich sind und die durch Ziele oder Grundsätze der Raumordnung gesichert werden können. Neben den Darstellungen in Fachplänen des Verkehrsrechts sowie des Wasser- und Immissionsschutzrechts gehören hierzu insbesondere:

1. die raumbedeutsamen Erfordernisse und Maßnahmen des Naturschutzes und der Landschaftspflege in Landschaftsprogrammen und Landschaftsrahmenplänen aufgrund der Vorschriften des Bundesnaturschutzgesetzes; die Raumordnungspläne können auch die Funktion von Landschaftsprogrammen und Landschaftsrahmenplänen übernehmen,

2. die raumbedeutsamen Erfordernisse und Maßnahmen der forstlichen Rahmenpläne auf Grund der Vorschriften des Bundeswaldgesetzes,
3. die raumbedeutsamen Erfordernisse und Maßnahmen der Abfallwirtschaftsplanung nach den Vorschriften des Kreislaufwirtschafts- und Abfallgesetzes,
4. die raumbedeutsamen Erfordernisse und Maßnahmen der Vorplanung nach den Vorschriften des Gesetzes über die Gemeinschaftsaufgabe „Verbesserung der Agrarstruktur und des Küstenschutzes".

(4) Die Festlegungen nach den Absätzen 2 und 3 können auch Gebiete bezeichnen,

1. die für bestimmte, raumbedeutsame Funktionen oder Nutzungen vorgesehen sind und andere raumbedeutsame Nutzungen in diesem Gebiet ausschließen, soweit diese mit den vorrangigen Funktionen, Nutzungen oder Zielen der Raumordnung nicht vereinbar sind (Vorranggebiete),
2. in denen bestimmten, raumbedeutsamen Funktionen oder Nutzungen bei der Abwägung mit konkurrierenden raumbedeutsamen Nutzungen besonderes Gewicht beigemessen werden soll (Vorbehaltsgebiete),
3. die für bestimmte, raumbedeutsame Maßnahmen geeignet sind, die städtebaulich nach § 35 des Baugesetzbuchs zu beurteilen sind und an anderer Stelle im Planungsraum ausgeschlossen werden (Eignungsgebiete).

Es kann vorgesehen werden, dass Vorranggebiete für raumbedeutsame Nutzungen zugleich die Wirkung von Eignungsgebieten für raumbedeutsame Maßnahmen nach Satz 1 Nr. 3 haben können.

(5) Es ist vorzusehen, dass bei der Aufstellung und Änderung von Raumordnungsplänen eine Umweltprüfung im Sinne der Richtlinie 2001/42/EG des Europäischen Parlaments und des Rates vom 27. Juni 2001 über die Prüfung der Umweltauswirkungen bestimmter Pläne und Programme (ABl. EG Nr. L 197 S. 30) durchgeführt wird. In dem dabei gemäß den Kriterien des Anhangs I der Richtlinie 2001/42/EG zu erstellenden Umweltbericht sind die voraussichtlichen erheblichen Auswirkungen, die die Durchführung des Raumordnungsplans auf die Umwelt hat, sowie anderweitige Planungsmöglichkeiten unter Berücksichtigung der wesentlichen Zwecke des Raumordnungsplans zu ermitteln, zu beschreiben und zu bewerten. Der Umweltbericht kann als gesonderter Teil in die Begründung des Raumordnungsplans nach Absatz 8 aufgenommen werden. Die öffentlichen Stellen, deren Aufgabenbereich von den Umweltauswirkungen berührt werden kann, sind bei der Festlegung des Umfangs und Detaillierungsgrads des Umweltberichts zu beteiligen. Es kann vorgesehen werden, dass geringfügige Änderungen von Raumordnungsplänen nur dann einer Umweltprüfung bedürfen, wenn gemäß Artikel 3 der Richtlinie 2001/42/EG nach den Kriterien ihres Anhangs II festgestellt wurde, dass sie voraussichtlich erhebliche Umweltauswirkungen haben. Diese Feststellung ist unter Beteiligung der öffentlichen Stellen, deren Aufgabenbereich von den Umweltauswirkungen berührt werden kann, zu treffen. Sofern festgestellt wurde, dass keine erheblichen Umweltauswirkungen zu erwarten sind, sind die zu diesem Ergebnis führenden Erwägungen in den Entwurf der Begründung der Planänderung aufzunehmen. Es kann vorgesehen werden, dass bei Regionalplänen die Umweltprüfung auf zusätzliche oder andere erhebliche Umweltauswirkungen zu beschränken ist, wenn der Raumordnungsplan für das Landesgebiet, aus dem die Regionalpläne entwickelt werden, bereits eine Umweltprüfung im Sinne der Richtlinie 2001/42/EG enthält. Ebenso kann vorgesehen werden, dass die Umweltprüfung sowie andere, aufgrund von Rechtsvorschriften der Europäischen Gemeinschaften erforderliche Verfahren zur Prüfung von Umweltauswirkungen gemeinsam durchgeführt werden.

(6) Es ist vorzusehen, dass den öffentlichen Stellen und der Öffentlichkeit frühzeitig und effektiv Gelegenheit zur Stellungnahme zum Entwurf des Raumordnungsplans und seiner Begründung sowie zum Umweltbericht zu geben ist. Wird die Durchführung eines Plans voraussichtlich erhebliche Auswirkungen auf die Umwelt eines anderen Staates haben, so ist dessen Beteiligung entsprechend den Grundsätzen des Gesetzes über die Umweltverträglichkeitsprüfung durchzuführen.

(7) Für die Aufstellung der Raumordnungspläne ist vorzusehen, dass die Grundsätze der Raumordnung gegeneinander und untereinander abzuwägen sind. Der Umweltbericht nach Absatz 5 sowie die Stellungnahmen nach Absatz 6 sind in der Abwägung zu berücksichtigen. Sonstige öffentliche Belange sowie private Belange sind in der Abwägung zu berücksichtigen, soweit sie auf der jeweiligen Planungsebene erkennbar und von Bedeutung sind. In der Abwägung sind auch die Erhaltungsziele oder der Schutzzweck der Gebiete von gemeinschaftlicher Bedeutung und der Europäischen Vogelschutzgebiete im Sinne des Bundesnaturschutzgesetzes zu berücksichtigen; soweit diese erheblich beeinträchtigt werden können, sind die Vorschriften des Bundesnaturschutzgesetzes über die Zulässigkeit oder Durchführung von derartigen Eingriffen sowie die Einholung der Stellungnahme der Kommission anzuwenden (Prüfung nach der Fauna-Flora-Habitat-Richtlinie).

(8) Es ist vorzusehen, dass den Raumordnungsplänen eine Begründung beizufügen ist. Die Begründung hat hinsichtlich der Umweltprüfung Angaben darüber zu enthalten, wie Umwelterwägungen, der Umweltbericht sowie die abgegebenen Stellungnahmen im Plan berücksichtigt wurden und welche Gründe nach Abwägung mit den geprüften anderweitigen Planungsmöglichkeiten für die Festlegungen des Plans entscheidungserheblich waren. Ferner sind die vorgesehenen Maßnahmen zur Überwachung der erheblichen Auswirkungen der Durchführung des Plans auf die Umwelt zu benennen.

(9) Es ist vorzusehen, dass der Raumordnungsplan mit seiner die Umweltprüfung betreffenden Begründung öffentlich bekannt zu machen ist.

(10) Es ist vorzusehen, dass die erheblichen Auswirkungen der Durchführung der Raumordnungspläne auf die Umwelt zu überwachen sind.

## § 8 Raumordnungsplan für das Landesgebiet

(1) Für das Gebiet eines jeden Landes ist ein zusammenfassender und übergeordneter Plan aufzustellen. In den Ländern Berlin, Bremen und Hamburg kann ein Flächennutzungsplan nach § 5 des Baugesetzbuchs die Funktion eines Plans nach Satz 1 übernehmen; § 7 gilt entsprechend.

(2) Die Raumordnungspläne benachbarter Länder sind aufeinander abzustimmen.

## § 9 Regionalpläne

(1) In den Ländern, deren Gebiete die Verflechtungsbereiche mehrerer Zentraler Orte oberster Stufe umfasst, sind Regionalpläne aufzustellen. Ist eine Planung angesichts bestehender Verflechtungen, insbesondere in einem verdichteten Raum, über die Grenzen eines Landes erforderlich, so sind im gegenseitigen Einvernehmen die notwendigen Maßnahmen, wie eine gemeinsame Regionalplanung oder eine gemeinsame informelle Planung, zu treffen.

(2) Die Regionalpläne sind aus dem Raumordnungsplan für das Landesgebiet nach § 8 zu entwickeln; § 4 Abs. 1 bleibt unberührt. Die Flächennutzungspläne und die Ergebnisse der von Gemeinden beschlossenen sonstigen städtebaulichen Planungen sind entsprechend § 1 Abs.3 in der Abwägung nach § 7 Abs. 7 zu berücksichtigen.

(3) Die Regionalpläne benachbarter Planungsräume sind aufeinander abzustimmen.

(4) Soweit die Regionalplanung nicht durch Zusammenschlüsse von Gemeinden und Gemeindeverbänden zu regionalen Planungsgemeinschaften erfolgt, ist vorzusehen, dass die Gemeinden und Gemeindeverbände oder deren Zusammenschlüsse in einem förmlichen Verfahren beteiligt werden.

(5) Den Trägern der Regionalplanung können weitere Aufgaben übertragen werden.

(6) Erfolgt die Regionalplanung durch Zusammenschlüsse von Gemeinden und Gemeindeverbänden zu regionalen Planungsgemeinschaften, kann in verdichteten Räumen oder bei sonstigen raumstrukturellen Verflechtungen zugelassen werden, dass ein Plan zugleich die Funktion eines Regionalplans und eines gemeinsamen Flächennutzungsplans nach § 204 des Baugesetzbuchs übernimmt, wenn er den auf Grund des Abschnitts 2 dieses Gesetzes erlassenen Vorschriften und den Vorschriften des Baugesetzbuchs entspricht (regionaler Flächennutzungsplan). In den Plänen sind sowohl die Festlegungen im Sinne des § 7 Abs. 1 bis 4 als auch die Darstellungen im Sinne des § 5 des Baugesetzbuchs zu kennzeichnen. § 7 Abs. 1 Satz 2 ist hinsichtlich räumlicher Teilpläne nicht anzuwenden.

## § 10 Planerhaltung

(1) Zur Planerhaltung ist vorzusehen, dass die Beachtlichkeit einer Verletzung der für Raumordnungspläne geltenden Verfahrens- und Formvorschriften von der Einhaltung einer Rügefrist von längstens einem Jahr nach Bekanntmachung des Raumordnungsplanes abhängig gemacht wird.

(2) Die Beachtlichkeit einer Verletzung von Verfahrens- und Formvorschriften sowie von Abwägungsmängeln kann insbesondere ausgeschlossen werden bei

1. Unvollständigkeit der Begründung des Raumordnungsplanes außer bei Unvollständigkeit der die Umweltprüfung betreffenden Begründung nach § 7 Abs. 8 Satz 2 und 3, sofern hier abwägungserhebliche Angaben fehlen,
2. Abwägungsmängeln, die weder offensichtlich noch auf das Abwägungsergebnis von Einfluss gewesen sind.

(3) Bei Abwägungsmängeln, die nicht nach Absatz 2 Nr. 2 unbeachtlich sind und die durch ein ergänzendes Verfahren behoben werden können, kann ausgeschlossen werden, dass sie zur Nichtigkeit des Plans führen, mit der Folge, dass der Plan bis zur Behebung der Mängel keine Bindungswirkungen entfaltet.

### § 11 Zielabweichungsverfahren

Von einem Ziel der Raumordnung kann in einem besonderen Verfahren abgewichen werden, wenn die Abweichung unter raumordnerischen Gesichtspunkten vertretbar ist und die Grundzüge der Planung nicht berührt werden. Es ist vorzusehen, dass antragsbefugt insbesondere die öffentlichen Stellen und Personen nach § 5 Abs. 1 sowie die kommunalen Gebietskörperschaften sind, die das Ziel der Raumordnung zu beachten haben.

### § 12 Untersagung raumordnungswidriger Planungen und Maßnahmen

(1) Es ist vorzusehen, dass raumbedeutsame Planungen und Maßnahmen, die von den Bindungswirkungen der Ziele der Raumordnung nach § 4 Abs. 1 und 3 erfasst werden, untersagt werden können:

1. zeitlich unbefristet, wenn Ziele der Raumordnung entgegenstehen,
2. zeitlich befristet, wenn zu befürchten ist, dass die Verwirklichung in Aufstellung, Änderung, Ergänzung oder Aufhebung befindlicher Ziele der Raumordnung unmöglich gemacht oder wesentlich erschwert werden würde.

(2) Die befristete Untersagung kann in den Fällen des Absatzes 1 Satz 1 Nr. 2 auch bei behördlichen Entscheidungen über die Zulässigkeit raumbedeutsamer Maßnahmen von Personen des Privatrechts erfolgen, wenn die Ziele der Raumordnung bei der Genehmigung der Maßnahme nach § 4 Abs. 4 und 5 rechtserheblich sind.

(3) Widerspruch und Anfechtungsklage gegen eine Untersagung haben keine aufschiebende Wirkung.

(4) Die Höchstdauer der befristeten Untersagung darf zwei Jahre nicht überschreiten.

### § 13 Verwirklichung der Raumordnungspläne

Die Träger der Landes- und Regionalplanung wirken auf die Verwirklichung der Raumordnungspläne hin. Sie sollen die Zusammenarbeit der für die Verwirklichung maßgeblichen öffentlichen Stellen und Personen des Privatrechts fördern. Dies kann insbesondere im Rahmen von Entwicklungskonzepten für Teilräume erfolgen, durch die raumbedeutsame Planungen und Maßnahmen vorgeschlagen und aufeinander abgestimmt werden (regionale Entwicklungskonzepte). Die Zusammenarbeit von Gemeinden zur Stärkung teilräumlicher Entwicklungen (Städtenetze) ist zu unterstützen. Vertragliche Vereinbarungen zur Vorbereitung und Verwirklichung der Raumordnungspläne können geschlossen werden.

### § 14 Abstimmung raumbedeutsamer Planungen und Maßnahmen

Es ist vorzusehen, dass die öffentlichen Stellen und Personen des Privatrechts nach § 4 Abs. 3 ihre raumbedeutsamen Planungen und Maßnahmen aufeinander und untereinander abzustimmen haben. Inhalt und Umfang der Mitteilungs- und Auskunftspflicht über beabsichtigte raumbedeutsame Planungen und Maßnahmen und die Mitwirkung der für die Raumordnung zuständigen Behörden bei der Abstimmung sind zu regeln.

### § 15 Raumordnungsverfahren

(1) Raumbedeutsame Planungen und Maßnahmen sind in einem besonderen Verfahren untereinander und mit den Erfordernissen der Raumordnung abzustimmen (Raumordnungsverfahren). Durch das Raumordnungsverfahren wird festgestellt,

1. ob raumbedeutsame Planungen oder Maßnahmen mit den Erfordernissen der Raumordnung übereinstimmen und
2. wie raumbedeutsame Planungen und Maßnahmen unter den Gesichtspunkten der Raumordnung aufeinander abgestimmt oder durchgeführt werden können

(Raumverträglichkeitsprüfung). Im Raumordnungsverfahren sind die raumbedeutsamen Auswirkungen der Planung oder Maßnahme auf die in den Grundsätzen des § 2 Abs. 2 genannten Belange unter überörtlichen Gesichtspunkten zu prüfen. Die Feststellung nach Satz 2 schließt die Prüfung vom Träger der Planung oder Maßnahme eingeführter Standort- oder Trassenalternativen ein.

(2) Von einem Raumordnungsverfahren kann abgesehen werden, wenn die Beurteilung der Raumverträglichkeit der Planung oder Maßnahme bereits auf anderer raumordnerischer Grundlage hinreichend gewährleistet ist; dies gilt insbesondere, wenn die Planung oder Maßnahme

1. Zielen der Raumordnung entspricht oder widerspricht oder
2. den Darstellungen oder Festsetzungen eines den Zielen der Raumordnung angepassten Flächennutzungsplans oder Bebauungsplans nach den Vorschriften des Baugesetzbuchs entspricht oder widerspricht und sich die Zulässigkeit dieser Planung oder Maßnahme nicht nach einem Planfeststellungsverfahren oder einem sonstigen Verfahren mit den Rechtswirkungen der Planfeststellung für raumbedeutsame Vorhaben bestimmt oder
3. in einem anderen gesetzlichen Abstimmungsverfahren unter Beteiligung der Landesplanungsbehörde festgelegt worden ist.

(3) Es sind Regelungen zur Einholung der erforderlichen Angaben für die Planung oder Maßnahme vorzusehen. Dabei sollen sich die Verfahrensunterlagen auf die Angaben beschränken, die notwendig sind, um eine Bewertung der raumbedeutsamen Auswirkungen des Vorhabens zu ermöglichen.

(4) Es ist vorzusehen, dass die öffentlichen Stellen zu unterrichten und zu beteiligen sind. Bei raumbedeutsamen Planungen und Maßnahmen von öffentlichen Stellen des Bundes, von anderen öffentlichen Stellen, die im Auftrag des Bundes tätig sind, sowie von Personen des Privatrechts nach § 5 Abs. 1 ist vorzusehen, dass im Benehmen mit der zuständigen Stelle oder Person über die Einleitung eines Raumordnungsverfahrens zu entscheiden ist.

(5) Bei raumbedeutsamen Planungen und Maßnahmen der militärischen Verteidigung entscheidet das zuständige Bundesministerium oder die von ihm bestimmte Stelle, bei raumbedeutsamen Planungen und Maßnahmen der zivilen Verteidigung die zuständige Stelle über Art und Umfang der Angaben für die Planung oder Maßnahme.

(6) Es kann vorgesehen werden, dass die Öffentlichkeit in die Durchführung eines Raumordnungsverfahrens einbezogen wird. Bei raumbedeutsamen Planungen und Maßnahmen nach Absatz 5 entscheiden darüber, ob und in welchem Umfang die Öffentlichkeit einbezogen wird, die dort genannten Stellen.

(7) Über die Notwendigkeit, ein Raumordnungsverfahren durchzuführen, ist innerhalb einer Frist von höchstens vier Wochen nach Einreichung der hierfür erforderlichen Unterlagen zu entscheiden. Das Raumordnungsverfahren ist nach Vorliegen der vollständigen Unterlagen innerhalb einer Frist von höchstens sechs Monaten abzuschließen.

(8) Für die Länder Berlin, Bremen und Hamburg gilt die Verpflichtung, Raumordnungsverfahren durchzuführen, nicht. Schaffen diese Länder allein oder gemeinsam mit anderen Ländern Rechtsgrundlagen für Raumordnungsverfahren, finden die Absätze 1 bis 7 Anwendung.

### § 16 Grenzüberschreitende Abstimmung von raumbedeutsamen Planungen und Maßnahmen

Raumbedeutsame Planungen und Maßnahmen, die erhebliche Auswirkungen auf Nachbarstaaten haben können, sind mit den betroffenen Nachbarstaaten nach den Grundsätzen der Gegenseitigkeit und Gleichwertigkeit abzustimmen.

### § 17 Ermächtigung zum Erlass von Rechtsverordnungen

(1) Die Länder sehen vor, dass

1. in § 7 Abs. 2 aufgeführte Festlegungen in Raumordnungsplänen,
2. die dazu notwendigen Planzeichen

mit einer von dem für Raumordnung zuständigen Bundesministerium durch Rechtsverordnung mit Zustimmung des Bundesrates bestimmten Bedeutung und Form verwendet werden.

(2) Die Bundesregierung bestimmt durch Rechtsverordnung mit Zustimmung des Bundesrates Planungen und Maßnahmen, für die ein Raumordnungsverfahren durchgeführt werden soll, wenn sie im Einzelfall raumbedeutsam sind und überörtliche Bedeutung haben.

Abschnitt 3
Raumordnung im Bund

## § 18 Raumordnung des Bundes

(1) Das für Raumordnung zuständige Bundesministerium wirkt unbeschadet der Aufgaben und Zuständigkeiten der Länder auf die Verwirklichung der Grundsätze der Raumordnung des § 2 Abs. 2 nach Maßgabe der Leitvorstellung und des Gegenstromprinzips nach § 1 Abs. 2 und 3 hin. Es entwickelt auf der Grundlage der Raumordnungspläne und in Zusammenarbeit mit den für Raumordnung zuständigen obersten Landesbehörden insbesondere Leitbilder der räumlichen Entwicklung des Bundesgebietes oder von über die Länder hinausgreifenden Zusammenhängen als Grundlage für die Abstimmung raumbedeutsamer Planungen und Maßnahmen des Bundes und der Europäischen Gemeinschaft nach Maßgabe der dafür geltenden Vorschriften.

(2) Der Bund beteiligt sich in Zusammenarbeit mit den Ländern an einer Raumordnung in der Europäischen Gemeinschaft und im größeren europäischen Raum.

(3) Bund und Länder wirken bei der grenzüberschreitenden Zusammenarbeit mit den Nachbarstaaten im Bereich der Raumordnung eng zusammen.

(4) Der Bund hat darauf hinzuwirken, dass die Personen des Privatrechts, an denen der Bund beteiligt ist, im Rahmen der ihnen obliegenden Aufgaben bei raumbedeutsamen Planungen und Maßnahmen die Leitvorstellung des § 1 Abs. 2 und die Grundsätze des § 2 Abs. 2 berücksichtigen sowie Ziele der Raumordnung beachten.

(5) Das Bundesamt für Bauwesen und Raumordnung führt ein Informationssystem zur räumlichen Entwicklung im Bundesgebiet. Es ermittelt fortlaufend den allgemeinen Stand der räumlichen Entwicklung und seine Veränderungen sowie die Folgen solcher Veränderungen, wertet sie aus und bewertet sie. Das für Raumordnung zuständige Bundesministerium stellt den Ländern die Ergebnisse des Informationssystems zur Verfügung.

## § 18a Raumordnung in der deutschen ausschließlichen Wirtschaftszone

(1) Das Bundesministerium für Verkehr, Bau- und Wohnungswesen stellt in der deutschen ausschließlichen Wirtschaftszone Ziele und Grundsätze der Raumordnung im Sinne des § 3 Nr. 2 und 3 hinsichtlich der wirtschaftlichen und wissenschaftlichen Nutzung, hinsichtlich der Gewährleistung der Sicherheit und Leichtigkeit der Seeschifffahrt sowie zum Schutz der Meeresumwelt auf. Die Vorschriften des § 7 Abs. 1 und 4 bis 10 gelten entsprechend. Die Aufstellung der Ziele und Grundsätze der Raumordnung erfolgt unter Beteiligung der fachlich betroffenen Bundesministerien durch Rechtsverordnung, die nicht der Zustimmung des Bundesrates bedarf.

(2) Das Bundesamt für Seeschifffahrt und Hydrographie führt mit Zustimmung des Bundesministeriums für Verkehr, Bau- und Wohnungswesen die vorbereitenden Verfahrensschritte zur Aufstellung der Ziele und Grundsätze der Raumordnung einschließlich der Festlegungen nach § 7 Abs. 4, insbesondere die Umweltprüfung sowie die Öffentlichkeitsbeteiligung, durch. Das Bundesministerium für Verkehr, Bau- und Wohnungswesen beteiligt die fachlich betroffenen Bundesministerien und stellt das Benehmen mit den angrenzenden Ländern her.

(3) Werden nach Absatz 1 Satz 1 als Ziele der Raumordnung Vorranggebiete für Windkraftanlagen festgelegt, haben diese im Verfahren zur Genehmigung einer Anlage nach der Seeanlagenverordnung im Hinblick auf die Wahl des Standortes die Wirkung eines Sachverständigengutachtens; § 4 sowie die Anforderungen über die Umweltverträglichkeitsprüfung von Vorhaben gemäß § 2a der Seeanlagenverordnung bleiben unberührt. Bis zum 31. Dezember 2005 festgelegte besondere Eignungsgebiete nach § 3a Abs. 1 der Seeanlagenverordnung sind als Ziele der Raumordnung nach Absatz 1 Satz 1 zu übernehmen und als Vorranggebiete nach § 7 Abs. 4 Nr. 1 festzulegen.

## § 19 Gegenseitige Unterrichtung und gemeinsame Beratung

(1) Die öffentlichen Stellen des Bundes und die Personen des Privatrechts nach § 5 Abs. 1 sind verpflichtet, dem für Raumordnung zuständigen Bundesministerium die erforderlichen Auskünfte über raumbedeutsame Planungen und Maßnahmen zu geben. Das für Raumordnung zuständige Bundesministerium unterrichtet die für Raumordnung zuständigen obersten Landesbehörden sowie die Personen des Privatrechts nach § 5 Abs. 1 über raumbedeutsame Planungen und Maßnahmen der öffentlichen Stellen des Bundes von wesentlicher Bedeutung.

(2) Die für Raumordnung zuständigen obersten Landesbehörden informieren das für Raumordnung zuständige Bundesministerium über

1. die in ihren Ländern aufzustellenden und aufgestellten Raumordnungspläne,
2. die beabsichtigten oder getroffenen sonstigen raumordnerischen Maßnahmen und Entscheidungen von wesentlicher Bedeutung.

(3) Bund und Länder sind verpflichtet, sich gegenseitig alle Auskünfte zu erteilen, die zur Durchführung der Aufgaben der Raumordnung notwendig sind.

(4) Grundsätzliche Fragen der Raumordnung und Zweifelsfragen sollen von dem für Raumordnung zuständigen Bundesministerium und den für Raumordnung zuständigen obersten Landesbehörden gemeinsam beraten werden. Hierzu gehören insbesondere:

1. Leitbilder der räumlichen Entwicklung nach § 18 Abs. 1,
2. Fragen einer Raumordnung in der Europäischen Gemeinschaft und im größeren europäischen Raum nach § 18 Abs. 2,
3. Grundsatzfragen der grenzüberschreitenden Zusammenarbeit in Fragen der Raumordnung nach § 18 Abs. 3,
4. Zweifelsfragen bei der Abstimmung von raumbedeutsamen Planungen und Maßnahmen nach § 14,
5. Zweifelsfragen über die Folgen der Verwirklichung von Erfordernissen der Raumordnung in benachbarten Ländern und im Bundesgebiet in seiner Gesamtheit.

## § 20 Beirat für Raumordnung

(1) Bei dem für Raumordnung zuständigen Bundesministerium ist ein Beirat zu bilden. Er hat die Aufgabe, das Bundesministerium in Grundsatzfragen der Raumordnung zu beraten.

(2) Das Bundesministerium beruft im Benehmen mir den zuständigen Spitzenverbänden in den Beirat neben Vertretern der kommunalen Selbstverwaltung Sachverständige insbesondere aus den Bereichen der Wissenschaft der Landesplanung, des Städtebaus, der Wirtschaft, der Land- und Forstwirtschaft, des Naturschutzes und der Landschaftspflege, der Arbeitgeber, der Arbeitnehmer und des Sports.

## § 21 Raumordungsberichte

Das Bundesamt für Bauwesen und Raumordnung erstattet in regelmäßigen Abständen gegenüber dem für Raumordnung zuständigen Bundesministerium zur Vorlage an den Deutschen Bundestag Berichte über

1. die bei der räumlichen Entwicklung des Bundesgebietes zugrunde zu legenden Tatsachen (Bestandsaufnahme, Entwicklungstendenzen),
2. die im Rahmen der angestrebten räumlichen Entwicklung durchgeführten und beabsichtigten raumbedeutsamen Planungen und Maßnahmen,
3. die räumliche Verteilung der raumbedeutsamen Planungen und Maßnahmen des Bundes und der Europäischen Gemeinschaft im Bundesgebiet,
4. die Auswirkungen der Politik der Europäischen Gemeinschaft auf die räumliche Entwicklung des Bundesgebietes.

Abschnitt 4
Überleitungs- und Schlussvorschriften

### § 22 Anpassung des Landesrechts

Die Verpflichtung der Länder gemäß Artikel 75 Abs. 3 des Grundgesetzes ist innerhalb von vier Jahren nach dem Inkrafttreten dieses Gesetze zu erfüllen. Hinsichtlich § 7 Abs. 5 bis 10 ist die Verpflichtung der Länder bis zum 31. Dezember 2006 zu erfüllen. Bis zu einer Umsetzung der Richtlinie 2001/42/EG durch die Länder sind § 7 Abs. 5 bis 10 und § 10 Abs. 2 Nr. 1 unmittelbar anzuwenden.

## § 23 Überleitungsvorschriften

(1) Ist mit der Einleitung, Aufstellung, Änderung, Ergänzung oder Aufhebung einer raumbedeutsamen Planung oder Maßnahme vor dem 1. Januar 1998 begonnen worden, sind die Vorschriften des Raumordnungsgesetzes in der vor dem 18. August 1997 geltenden Fassung weiter anzuwenden.

(2) (weggefallen)

(3) § 7 Abs. 5 bis 10 und § 10 Abs. 2 Nr. 1 finden Anwendung auf Raumordnungspläne, deren Aufstellung nach dem 20. Juli 2004 förmlich eingeleitet wird. Auf Raumordnungspläne, deren Aufstellung bis zum 20. Juli 2004 förmlich eingeleitet und nach dem 20. Juli 2006 abgeschlossen wird, finden § 7 Abs. 5 bis 9 und § 10 Abs. 2 Nr. 1 Anwendung, es sei denn, die Länder entscheiden im Einzelfall, dass dies nicht durchführbar ist, und unterrichten die Öffentlichkeit über ihre Entscheidung. Auf Raumordnungspläne, deren Aufstellung bis zum 20. Juli 2004 eingeleitet und bis zum 20. Juli 2006 abgeschlossen wird, finden die §§ 7 und 10 in der vor dem 20. Juli 2004 geltenden Fassung Anwendung.

# Kontaktadressen

## Bundesregierung: Interministerieller Ausschuss für Raumordnung (IMARO)

Bundesministerium für Verkehr,
Bau- und Wohnungswesen
Invalidenstraße 44
**10115 Berlin**

Telefon: 01888/300-0
Telefax: 01888/300-1920
E-Mail: poststelle@bmvbw.bund.de
http://www.bmvbw.de

Bundeskanzleramt
Willy-Brandt Straße 1
**10557 Berlin**

Telefon: 01888/400-0
Telefax: 01888/400-2357
E-Mail: internetpost@bundeskanzler.de
http://www.bundeskanzler.de

Bundesministerium der Justiz
Mohrenstraße 37
**10117 Berlin**

Telefon: 01888/580-0
Telefax: 01888/580-9525
E-Mail: poststelle@bmj.bund.de
http://www.bmj.bund.de

Bundesministerium der Finanzen
Wilhelmstraße 97
**10117 Berlin**

Telefon: 01888/682-0
Telefax: 01888/682-3260
E-Mail: poststelle@bmf.bund.de
http://www.bundesfinanzministerium.de

Bundesministerium für Wirtschaft
und Arbeit
Scharnhorststraße 34–37
**10115 Berlin**

Telefon: 01888/615-0
Telefax: 01888/615-7010
E-Mail: info@bmwa.bund.de
http://www.bmwa.bund.de

Bundesministerium für Verbraucherschutz, Ernährung und Landwirtschaft
Rochusstraße 1
**53123 Bonn**

Telefon: 01888/529-0
Telefax: 01888/529-4262
E-Mail: poststelle@bmvel.bund.de
http://www.verbraucherministerium.de

Bundesministerium der Verteidigung
Fontainengraben 150
**53125 Bonn**

Telefon: 01888/24-00
Telefax: 01888/24-5357
E-Mail: poststelle@bmvg.bund400.de
http://www.bmvg.de

Bundesministerium für Familie, Senioren,
Frauen und Jugend
Alexanderplatz 6
**10178 Berlin**

Telefon: 01888/555-0
Telefax: 01888/555-1145
E-Mail: poststelle@bmfsfj.de
http://www.bmfsfj.de

Bundesministerium für Gesundheit
und Soziale Sicherung
Am Propshof 78a
**53121 Bonn**

Telefon: 01888/441-0
Telefax: 01888/441-4900
E-Mail: info@bmgs.bund.de
http://www.bmgs.bund.de

Bundesministerium für Bildung
und Forschung
Heinemannstraße 2
**53175 Bonn**

Telefon: 01888/57-0
Telefax: 01888/57-83601
E-Mail: bmbf@bmbf.bund.de
http://www.bmbf.de

Bundesministerium für wirtschaftliche Zusammenarbeit und Entwicklung
Friedrich-Ebert-Allee 40
**53113 Bonn**

Telefon: 01888/535-0
Telefax: 01888/535-3500
E-Mail: poststelle@bmz.bund.de
http://www.bmz.de

Bundesministerium für Umwelt, Naturschutz und Reaktorsicherheit
Robert-Schumann-Platz 3
**53175 Bonn**

Telefon: 01888/305-0
Telefax: 01888/305-3225
E-Mail: service@bmu.bund.de
http://www.bmu.de

Bundesministerium des Innern
Alt Moabit 101 D
**10559 Berlin**

Telefon: 01888/681-0
Telefax: 01888/681-2926
E-Mail: poststelle@bmi.bund.de
http://www.bmi.bund.de

Auswärtiges Amt
Werderscher Markt 1
**10117 Berlin**

Telefon: 01888/17-0
Telefax: 01888/17-3402
E-Mail: poststelle@auswaertiges-amt.de
http://www.auswaertiges-amt.de

## Landesregierungen: Oberste Landesplanungsbehörden

Wirtschaftsministerium Baden-Württemberg
Theodor-Heuss-Straße 4
**70174 Stuttgart**

Telefon: (0711) 123-0
Telefax: (0711) 123-2126
E-Mail: poststelle@wm.bwl.de
http://www.wm.baden-wuerttemberg.de

Bayerisches Staatsministerium für Wirtschaft, Infrastruktur, Verkehr und Technologie
Prinzregentenstraße 28
**80538 München**

Telefon: 089/2161-0
Telefax: 089/2161-2760
E-Mail: info@stmwivt.bayern.de
http://www.stmwivt.bayern.de

Senatsverwaltung für Stadtentwicklung
Württembergische Straße 6
**10707 Berlin**

Telefon: 030/9012-0
Telefax: 030/9012-7331
E-Mail: oeffentlichkeitsarbeit@senstadt.verwalt-berlin.de
http://www.stadtentwicklung.berlin.de

*weitere Adressen:*

Abt. Stadt- und Freiraumplanung; Verkehr; Verkehrslenkung
Am Köllnischen Park 3
**10173 Berlin**

Telefon: 030/9025-0
Telefax: 030/9025-1104

Gemeinsame Landesplanungsabteilung der Länder Berlin und Brandenburg
Lindenstraße 34a
**14467 Potsdam**

Telefon: 0331/866-0
Telefax: 0331/866-7628

Ministerium für Infrastruktur und Raumordnung des Landes Brandenburg
Henning-von-Tresckow-Straße 2–8
**14467 Potsdam**

Telefon: 0331/866-0
Telefax: 0331/866-8358
E-Mail: Pressestelle@mir.brandenburg.de
http://www.mir.brandenburg.de

*Zweitadresse:*

Gemeinsame Landesplanungsabteilung
der Länder Berlin und Brandenburg
Lindenstraße 34a
**14467 Potsdam**

Telefon: 0331/866-0
Telefax: 0331/866-7628

Der Senator für Bau, Umwelt und Verkehr
der Freien Hansestadt Bremen
Ansgaritorstraße 2
**28195 Bremen**

Telefon: 0421/361-2407
Telefax: 0421/361-2050
E-Mail: office@bau.bremen.de
http://www.bauumwelt.bremen.de/

Freie und Hansestadt Hamburg
Behörde für Stadtentwicklung und Umwelt
Stadthausbrücke 8
**20355 Hamburg**

Telefon: 040/428 40-0
Telefax: 040/428 40-3196
E-Mail: info@bsu.hamburg.de
http://fhh.hamburg.de/stadt/Aktuell/
behoerden/stadtentwicklung-umwelt/
start.html

Hessisches Ministerium für Wirtschaft,
Verkehr und Landesentwicklung
Kaiser-Friedrich-Ring 75
65185 Wiesbaden

Telefon: 0611/815-0
Telefax: 0611/815-2225
E-Mail: poststelle@wirtschaft.hessen.de
http://www.wirtschaft.hessen.de

Ministerium für Arbeit, Bau und Landesentwicklung Mecklenburg-Vorpommern
Schlossstraße 6–8
**19053 Schwerin**

Telefon: 0385/588-0
Telefax: 0385/588-3984
E-Mail: poststelle@am.mv-regierung.de
http://www.am.mv-regierung.de

Niedersächsisches Ministerium
für den ländlichen Raum, Ernährung,
Landwirtschaft und Verbraucherschutz
Calenberger Straße 2
**30169 Hannover**

Telefon: 0511/120-0
Telefax: 0511/120-2377
E-Mail: poststelle@ml.niedersachsen.de
http://www.ml.niedersachsen.de

Ministerium für Verkehr, Energie und
Landesplanung
des Landes Nordrhein-Westfalen
Haroldstraße 4
**40213 Düsseldorf**

Telefon: 0211/837-02
Telefax: 0211/837-2200
E-Mail: poststelle@mvel.nrw.de
http://www.mvel.nrw.de

Ministerium des Innern und für Sport
des Landes Rheinland-Pfalz
Schillerplatz 3–5
**55116 Mainz**

Telefon: 06131/16-0
Telefax: 06131/16-3595
E-Mail: poststelle@ism.rlp.de
http://www.ism.rlp.de

Ministerium für Umwelt des Saarlandes
Kepplerstraße 18
**66117 Saarbrücken**

Telefon: 0681/501-00
Telefax: 0681/501-4521
E-Mail: Presse@umwelt.saarland.de
http://www.umwelt.saarland.de

Sächsisches Staatsministerium des Innern
Wilhelm-Buck-Straße 2
01097 Dresden

Telefon: 0351/564-0
Telefax: 0351/564-3109
E-Mail: info@smi.sachsen.de
http://www.smi.sachsen.de

Ministerium für Bau und Verkehr
des Landes Sachsen-Anhalt
Turmschanzenstraße 30
**39114 Magdeburg**

Telefon: 0391/567-01
Telefax: 0391/567-7509
E-Mail: poststelle@mbv.lsa-net.de
http://www.mbv.sachsen-anhalt.de

Innenministerium des Landes
Schleswig-Holstein
Düsternbrooker Weg 92
**24105 Kiel**

Telefon: 0431/988-3012
Telefax: 0431/988-3003
E-Mail: pressestelle@im.landsh.de
www.innenministerium.schleswig-holstein.de

Thüringer Ministerium
für Bau und Verkehr
Werner-Seelenbinder-Straße 8
**99096 Erfurt**

Telefon: 0361/37-900
Telefax: 0361/37-91749
E-Mail: presse@tmbv.thueringen.de
http://www.thueringen.de/de/tmbv/index.html

## Raumwissenschaftliche Institute:

Bundesamt für Bauwesen
und Raumordnung (BBR)
Deichmanns Aue 31–37
**53179 Bonn**

Telefon: 01888/401-0
Telefax: 01888/401-2266
E-Mail: info@bbr.bund.de
http://www.bbr.bund.de

Akademie für Raumforschung
und Landesplanung (ARL)
Hohenzollernstraße 11
**30161 Hannover**

Telefon: 0511/34842-0
Telefax: 0511/34842-41
E-Mail: info@arl-net.de
http://www.arl-net.de

Bundesinstitut für
Bevölkerungsforschung (BiB)
beim Statistischen Bundesamt
Friedrich-Ebert-Allee 4
**65189 Wiesbaden**

Telefon: 0611/75-2235
Telefax: 0611/75-3960
E-Mail: bib@destatis.de
http://www.bib-demographie.de

Bundesamt für Naturschutz (BfN)
Konstantinstraße 110
**53179 Bonn**

Telefon: 0228/8491-0
Telefax: 0228/8491-200
E-Mail: pbox-bfn@bfn.de
http://www.bfn.de

Deutsche Akademie für Städtebau
und Landesplanung e.V.
Gubener Straße 49
**10243 Berlin**

Telefon: 030/293628-25
Telefax: 030/293628-28
E-Mail: dasl-berlin@t-online.de
http://www.dasl.de

Deutscher Verband für Angewandte
Geographie e.V.
Geschäftsstelle
Liebfrauenstraße 9
**54290 Trier**

Telefon: 0700/1055-5501
Telefax: 0700/1055-5502
E-Mail:
geschaeftsstelle@dvag.geographie.de
http://www.geographie.de/dvag/

Deutsches Institut für Urbanistik (Difu)
Straße des 17. Juni 112
**10623 Berlin**

Telefon: 030/39001-0
Telefax: 030/39001-100
E-Mail: difu@difu.de
http://www.difu.de

Institut für Arbeitsmarkt-
und Berufsforschung
der Bundesagentur für Arbeit (IAB)
Regensburger Straße 104
**90478 Nürnberg**

Telefon: 0911/179-0
Telefax: 0911/179-3258
E-Mail: info@iab.de
http://www.iab.de

Institut für Landes- und Stadtentwicklungsforschung und Bauwesen des Landes NRW (ILS NRW)
Deutsche Straße 5
**44339 Dortmund**

Telefon: 0231/9051-0
Telefax: 0231/9051-155
E-Mail: poststelle@ils.nrw.de
http://www.ils.nrw.de

Institut für Städtebau Berlin (ISB)
Stresemannstraße 90
10963 Berlin

Telefon: 030/230822-0
Telefax: 030/230822-22
E-Mail: info@staedtebau-berlin.de
http://www.staedtebau-berlin.de

Institut für Städtebau und Wohnungswesen München (ISW)
Steinheilstraße 1
**80333 München**

Telefon: 089/542706-0
Telefax: 089/542706-23
E-Mail: office@isw.de
http://www.isw.de

Leibniz-Institut für Länderkunde e.V.
Schongauerstraße 9
**04329 Leipzig**

Telefon: 0341/255-6500
Telefax: 0341/255-6598
E-Mail: info@ifl-leipzig.de
http://www.ifl-leipzig.com/

Leibniz-Institut für ökologische Raumentwicklung e.V. Dresden (IÖR)
Weberplatz 1
**01217 Dresden**

Telefon: 0351/4679-0
Telefax: 0351/4679-212
E-Mail: info@ioer.de
http://www.ioer.de

Leibniz-Institut für Regionalentwicklung und Strukturplanung e.V. (IRS)
Flakenstraße 28–31
**15537 Erkner**

Telefon: 03362/793-0
Telefax: 03362/793-111
E-Mail: regional@irs-net.de
http://www.irs-net.de

Umweltbundesamt (UBA)
Bismarckplatz 1
**14193 Berlin**

Telefon: 030/8903-0
Telefax: 030/8903-2285
E-Mail: info@umweltbundesamt.de
http://www.umweltbundesamt.de

Zentralinstitut für Raumplanung (ZIR) an der Westfälischen Wilhelms-Universität Münster
Wilmergasse 12–13
**48143 Münster**

Telefon: 0251/8329781
Telefax: 0251/8329790
E-Mail: zir@uni-muenster.de
http://www.uni-muenster.de/Jura.zir/

## Europäische Institutionen:

Association of European Schools of Planning (AESOP)
Prof. Dr. Gert de Roo
Department of Planning and Environment
Faculty of Spatial Sciences
University of Groningen
PO Box 800
**9700 AV Groningen**
The Netherlands

Telefon: 0031/503633895
Telefax: 0031/503633901
E-Mail: g.de.roo@frw.rug.nl
http://www.aesop-planning.com

Council of Europe/Europarat
Sekretariat der Europäischen Raumordnungsministerkonferenz (CEMAT)
Avenue de l'Europe
**F-67075 Strassbourg Cedex**

Telefon: 0033/388412000
Telefax: 0033/388412745
E-Mail: infopoint@coe.int
http://www.coe.int

ESPON Coordination Unit
Technoport Schlassgoart
66, rue de Luxembourg
**L-4421 Esch-sur-Alzette**
Grand-Duché de Luxembourg

Telefon: 00352/545580-700
Telefax: 00352/545580-701
E-Mail: info@espon.lu
http://www.espon.lu/

Kommission der Europäischen Union
Generaldirektion XVI – Regionalpolitik
Rue de la loi 200
**B-1049 Bruxelles/Brussel**

Telefon: 00322/2991111
Telefax: 00322/2921877
E-Mail: regio-info@cec.eu.int
http://europa.eu.int/comm/regional_policy/index_de.htm

Statistisches Amt der EU (EUROSTAT)
Jean Monnet-Gebäude
Rue Alcide De Gasperi
**L-2920 Luxembourg**

Telefon: 00352/4301-34567
Telefax: 00352/4301-32594
E-Mail: info.desk@eurostat.cec.be
http://europa.eu.int/comm/eurostat/

International Society of City
and Regional Planners (IsoCaRP)
Papestraat 27
**2501 CZ The Hague**
The Netherlands

Telefon: 0031/70346-2654
Telefax: 0031/70361-7909
E-Mail: isocarp@isocarp.org
http://www.isocarp.org

Gesellschaft für Regionalforschung (GfR)
(Deutschsprachige Gruppe der European
Regional Science Association (ERSA)
Dr. Sabine Stüzle-Leinmüller
Hölderlinstraße 32A
**70174 Stuttgart**

Telefon: 0711/2261302
Telefax: 0711/2261302
E-Mail: sekretariat@gfr.ersa.org
http://gfr.ersa.org/

Nordic Centre for Spatial Development
(Nordregio)
P.O. Box 1658
**SE-111 86 Stockholm**
The Netherlands

Telefon: 0046/84635400
Telefax: 0046/84635401
E-Mail: nordregio@nordregio.se
http://www.nordregio.se

# Glossar

### Achsen

Instrument der →Raumordnung, das durch eine Bündelung von Verkehrs- und Versorgungssträngen (Bandinfrastruktur) und durch eine Konzentration der Siedlungstätigkeit auf diese Achsen ('punkt-axiales System') gekennzeichnet ist. Je nach Aufgabe und Ausprägung werden *Verbindungsachsen, Siedlungsachsen* und *Entwicklungsachsen* unterschieden.

### Agglomerationsraum/Ballungsraum

Regionen mit hoher Bevölkerungs- und Arbeitsplatzdichte, die durch ein oder größere Zentren geprägt sind, die räumlich stark verflochten sind. Der Begriff „Agglomerationsraum" wird z.B. bei den →siedlungsstrukturellen Gebietstypen des BBR verwendet und dient der Unterscheidung dichter besiedelter Regionen von dünner besiedelten bei Raumanalysen. Der Begriff „Ballungsraum" wird häufig synonym verwendet und dient u.a. der Eingrenzung von Gesetzen und Verordnungen auf dichter besiedelte Regionen.

### Analyseregionen

Räumliche Basiseinheiten für bundesweit vergleichende Analysen der →laufenden Raumbeobachtung des BBR. Sie sind größtenteils identisch mit den →Raumordnungsregionen, lediglich bei den Stadtstaaten Bremen, Hamburg und Berlin erfolgt eine *länderübergreifende* Abgrenzung des Umlandes.

### Arbeitsmarktregion

Funktionale Raumabgrenzung unterhalb der Landesebene, die mehrere Kreise zusammenfasst. Dabei bilden die Pendlerströme vom Wohn- zum Arbeitsort das wichtigste Kriterium zur Abbildung regionaler Arbeitsmärkte. Innerhalb der Arbeitsmarktregion sind diese sehr groß, hingegen zu anderen Arbeitsmarktregionen relativ klein.

### Bauleitplanung

Im Baugesetzbuch (BauGB) geregeltes Verfahren in der Planungshoheit der Gemeinden zur vorausschauenden Ordnung der städtebaulichen Entwicklung. Es regelt die bauliche und sonstige Nutzung der Grundstücke. Die Bauleitplanung hat die Aufgabe, die Anforderungen der unterschiedlichen Fachplanungen und privaten Belange aufzunehmen und gegeneinander abzuwägen. Es wird unterschieden zwischen *vorbereitenden Bauleitplänen* (Flächennutzungspläne) und *verbindlichen Bauleitplänen* (Bebauungspläne).

### Bundesraumordnung

Öffentliche Aufgabe, das Bundesgebiet optimal zu entwickeln und – soweit wie möglich – vor nachteiligen Wirkungen zu schützen. Dabei gilt es – entsprechend der im →Raumordnungsgesetz (ROG) verankerten Prinzipien einer →nachhaltigen Raumentwicklung und →Gleichwertigkeit der Lebensbedingungen – zu einer bestmöglichen, regional ausgeglichenen Entwicklung des Raumes zu gelangen. Die Raumordnung auf Bundesebene hat die Aufgabe, die für die räumliche Entwicklung maßgeblichen Aktivitäten der Gebietskörperschaften, also von Bund, Ländern und Kommunen, im Rahmen übergreifender Konzepte aufeinander abzustimmen.

### Daseinsvorsorge, öffentliche

Leistungen, die der Staat erfüllt oder gewährleistet, um die Grundversorgung der Bevölkerung hinsichtlich sozialer, kultureller und wirtschaftlicher Bedürfnisse sicher zu stellen. Die Daseinsvorsorge zählt zu den wichtigsten kommunalen Selbstverwaltungsaufgaben, wird aber auch von überörtlichen Verwaltungsebenen vielfältig wahrgenommen. Die dazu aufgebaute und betriebene →Infrastruktur bildet eine wichtige Grundlage zur Erreichung der räumlichen →Gleichwertigkeit der Lebensbedingungen.

### Demographischer Wandel

Markante Änderungen bezüglich der künftigen Dynamik und der inneren Zusammensetzung der Bevölkerung. Vier Einzeltrends sind dabei von Bedeutung: der langfristig wirksame Rückgang der Bevölkerung, die Alterung, die zunehmende Internationalisierung durch Zuwanderung aus dem Ausland sowie eine Individualisierung durch kleinere Haushalte. Unter raumordnerischen Gesichtspunkten ist vor allem das Nebeneinander von Räumen mit wachsenden und schrumpfenden Bevölkerungen von Bedeutung.

### Dezentrale Konzentration

Diese Bezeichnung wird für zwei unterschiedliche planerische Vorstellungen verwendet:

(a) Einerseits wird damit eine *Entwicklungskonzeption* für Regionen in →ländlichen Räumen gekennzeichnet, mit der regionale Potenziale und Entwicklungsaktivitäten auf den größten →zentralen Ort der Region konzentriert werden sollen. Dieser soll damit u.a. mit einer größeren Versorgungsbreite ausgestattet werden und als Wachstumspol fungieren.

(b) Andererseits wird damit eine *Entlastungs- und Ordnungskonzeption* für →Agglomerationsräume und ihr weiteres →Umland benannt. Ausgesuchte zentrale Orte (Entlastungsorte) in bevorzugten Raumlagen am Rand oder im weiteren Umland der Kernstädte sollen Entlastungsfunktionen übernehmen und der siedlungsstrukturellen Dispersion im Umland entgegenwirken.

### Disparitäten, regionale

Unausgeglichene Struktur innerhalb eines Raumes bzw. zwischen verschiedenen Teilregionen. Unausgeglichenheit äußert sich in unterschiedlichen Lebens- und Arbeitsbedingungen sowie in ungleichen wirtschaftlichen Entwicklungsmöglichkeiten.

### Europäisches Raumentwicklungskonzept EUREK

Ergebnis der informellen Zusammenarbeit der Mitgliedstaaten der EU und der EU-Kommission auf dem Gebiet der Raumordnung. Es wurde am 11. Mai 1999 durch die für Raumordnung zuständigen Minister der EU-Mitgliedstaaten auf ihrem Treffen in Potsdam verabschiedet und enthält Ziele und Optionen für eine nachhaltige europäische Raumentwicklung. Die wesentlichen Instrumente der transnationalen und grenzüberschreitenden Zusammenarbeit auf dem Gebiet der Raumordnung in Europa werden dargestellt.

### Europäische Regionalpolitik

Im weiteren Sinne werden darunter alle ordnungspolitischen, finanzpolitischen und investiven Maßnahmen der europäischen Union (EU) verstanden, welche auf die Erreichung räumlich differenzierender Entwicklungsziele gerichtet sind. Im engeren Sinne ist darunter die Schaffung und Anwendung eines speziellen Instrumentariums zu verstehen, das sich auf die Verbesserung der Voraussetzungen für die wirtschaftliche Entwicklung in entwicklungs- bzw. förderungsbedürftigen Regionen richtet.

### Fachplanungen, raumwirksame

Planungen, Maßnahmen und sonstige Vorhaben der Fachressorts auf den verschiedenen Planungsebenen (EU, Bund, Länder, Kommunen), durch die Raum in Anspruch genommen oder die räumliche Entwicklung oder Funktion eines Gebietes beeinflusst wird (z.B. die Sachbereiche Verkehr, Technische Ver- und Entsorgung, Wirtschaftsförderung, Wohnungsbau und Stadtentwicklung, Agrar- und Umweltpolitik). Für größere raumbeanspruchende Vorhaben sind sog. →*„Raumordnungsverfahren“* durchzuführen. Die verschiedenen Fachplanungsgesetze enthalten in der Regel auch Vorschriften über die Einhaltung raumordnerischer Ziele bei der Aufstellung und Feststellung von Fachplänen *(Raumordnungsklauseln).*

### Flächennutzungskonflikte

Wettbewerb von unterschiedlichen, sich teilweise störenden Nutzungen auf Flächen in →Raumkategorien, in denen ein hoher Flächenbedarf besteht. Das gilt vor allem für die Agglomerationsräume, in denen die Nutzungskonkurrenz zwischen den Funktionen Wohnen, Wirtschaften und Versorgen, aber auch zwischen den Versorgungsfunktionen untereinander stark ausgeprägt sind. Vor allem in den Randzonen der Agglomerationsräume besteht eine intensive Flächennutzungskonkurrenz zwischen →*Siedlungsflächen* und – immer knapper werdenden – →*Freiflächen.*

### Freiflächen

Flächen oder Räume, die zwar im Siedlungsbereich liegen, in der Regel aber nicht bebaut oder anderweitig aktiv genutzt werden. Sie sind zudem meistens durch Vegetation bestimmt und werden für Freizeit, Erholung und Naturerleben genutzt. Der Begriff wird synonym für *Grünflächen, Grünräume, Grünanlagen* oder für Flächen mit ähnlicher Bedeutung verwendet.

### Freiräume

Großflächige Gebiete, außerhalb stärker überbauter und Siedlungsräume. Es handelt sich insbesondere um Flächen der *Land- und Forstwirtschaft* sowie um *ökologische Ausgleichsräume*.

### Gegenstromprinzip

Wechselseitige Beeinflussung der verschiedenen räumlichen Planungsebenen von Bund, Ländern und Gemeinden. Gemäß →Raumordnungsgesetz soll sich die Ordnung der *Einzelräume* in die Ordnung des *Gesamtraumes* einfügen, die Ordnung des Gesamtraumes soll zugleich die Gegebenheiten und Erfordernisse seiner Einzelräume berücksichtigen.

### Gleichwertigkeit der Lebensbedingungen

Entsprechend dem Auftrag des Grundgesetzes und daraus folgenden Zielsetzungen des →Raumordnungsgesetzes sollen in allen Teilräumen des Bundesgebiets gleichwertige Lebensbedingungen hergestellt werden. So soll allen Bürgern ein ausreichendes Angebot an Wohnungen, Arbeitsplätzen und Infrastruktureinrichtungen zur Verfügung stehen und eine menschenwürdige Umwelt gesichert werden. Dabei bedeutet Gleichwertigkeit nicht Gleichheit oder Nivellierung. Das Gleichwertigkeitsziel bezieht sich auch nicht auf alle Lebensbereiche. Gleichwertigkeit der Lebens-, Arbeits- und Umweltbedingungen ist eine situationsabhängige, dynamische Zielrichtung, kein absoluter Maßstab. In der aktuellen Situation des →demographischen Wandels muss sich Raumordnung mit dem Prinzip der Gleichwertigkeit erneut auseinandersetzen und es zeitgemäß interpretieren.

### Grundsätze der Raumordnung

Allgemeine Aussagen zur Ordnung und Entwicklung des Raumes, die im →Raumordnungsgesetz des Bundes, in Landesplanungsgesetzen sowie in Raumordnungsplänen enthalten sind. Sie müssen von allen öffentlichen Stellen (sowie unter bestimmten Voraussetzungen auch von Personen des Privatrechts) bei allen raumbedeutsamen Planungen und sonstigen Maßnahmen gegeneinander und untereinander abgewogen werden.

### Grundzentrum/Kleinzentrum

*Zentraler Ort* unterer Stufe zur Abdeckung des Grundbedarfs der Bevölkerung im Nahbereich, i.d.R. im Rahmen von →Regionalplänen festgelegt.

### Indikatoren

Maßzahlen, wie sie z.B. in räumlichen Informationssystemen wie der →laufenden Raumbeobachtung des BBR zur Beschreibung von Zuständen und Entwicklungen – etwa der Lebensbedingungen – in den Raumeinheiten genutzt werden. Mit Hilfe von raumbezogenen Indikatoren sollen vor allem Aspekte der →Raumstruktur und der raumprägenden Prozesse erfasst werden. Die Komplexität der regionalen Lebensbedingungen hat dazu geführt, eine Vielzahl von Indikatoren zu verwenden.

### Informelle Planung

Vorbereitung und/oder Ergänzung rechtsförmiger Raumplanungen der verschiedenen Planungsebenen. Das eher starre System der formalisierten räumlichen Pläne soll dadurch beweglicher gemacht werden. Außerdem können nicht oder ungenügend berücksichtigte Planungserfordernisse über *informelle Pläne* mit in die Planungsprozesse eingebracht werden.

### Infrastruktur

Materielle Einrichtungen und personelle Ressourcen in einer Region, die die Grundlage für die Ausübung der menschlichen Grunddaseinsfunktionen (Wohnen, Arbeiten, Erholung, Verkehr, Kommunizieren usw.) bilden. Sie ermöglichen die soziale und wirtschaftliche Entwicklung des betreffenden Raumes. Konkret handelt es sich z.B. um *Ver- und Entsorgungseinrichtungen, Verkehrs- und Kommunikationsnetze, Einrichtungen des Gesundheits- und Bildungswesens* usw.. Es sind im wesentlichen Einrichtungen der →öffentlichen Daseinsvorsorge. Durch Privatisierung öffentlicher Aufgaben werden immer mehr auch Versorgungseinrichtungen privatwirtschaftlich betrieben.

### Kooperative Planung

Koordiniertes Zusammenwirken öffentlicher und/oder privater Akteure zur Umsetzung regionalplanerischer Ziele. Neben der offiziellen Regionalplanung wird diese freiwillige Zusammenarbeit in der Regionalplanungspraxis immer bedeutender. Instrumente sind z.B. *regionale Entwicklungskonzepte, Ansätze des Regionalmanagements* und *raumordnerische Verträge.*

### Kreisregionen

Kreisfreie Städte unter 100 000 Einwohnern, die mit ihrem Umlandkreis zusammengefasst wurden. Sie dienen als Regionsraster für regionale Vergleiche z.B. der →laufenden Raumbeobachtung des BBR auf Kreisebene, ohne Verzerrung durch die Gemeindeebene der kleinen kreisfreien Städte.

### Landesentwicklungspläne

Sie konkretisieren die einzelnen raumordnerischen Grundsätze eines Bundeslandes und legen Ziele für die Gesamtentwicklung des Landesgebietes fest. Für bestimmte sachliche oder teilräumlich begrenzte Aufgaben können auch *Teilpläne* aufgestellt werden.

### Landesentwicklungsprogramm

Fachübergreifendes und integrierendes Programm der Länder zur Entwicklung des Landesgebietes, verschiedener Teilräume oder räumlicher Schwerpunkte. Es enthält Aussagen zu deren Sicherung, Ordnung und Entwicklung.

### Landesplanung

Den →Grundsätzen der Raumordnung entsprechende zusammenfassende, übergeordnete und überörtliche Planung der Länder. Ihre Aufgabe ist die Aufstellung von *Programmen* und *Plänen zur Landesentwicklung* sowie die Abstimmung *raumbedeutsamer Planungen und Maßnahmen.*

### Ländliche Räume

Gebiete, in denen dörfliche bis kleinstädtische Siedlungsstrukturen vorherrschen und die Bevölkerungsdichte relativ gering ist. Als →siedlungsstruktureller Gebietstyp in der laufenden Raumbeobachtung des BBR unterscheiden sich ländliche Räume von →verstädterten Räumen und →Agglomerationsräumen. Sie zeichnen sich durch ihre vielfältigen Strukturen und Funktionen aus, die sie auch für die Städte und Verdichtungsräume übernehmen. Im Vordergrund stehen neben der allgemeinen Sicherung der Arbeits- und Wohnfunktionen die *Nahrungsmittelproduktion, die Erholung und der Tourismus, der Schutz der Natur- und Kulturlandschaft sowie die Ressourcenbereitstellung.* Wegen des sozio-ökonomischen *Strukturwandels* in den Industriestaaten und der fortschreitenden *Suburbanisierung* ist eine räumliche Abgrenzung schwierig geworden. Städtische und ländliche Siedlungsstrukturen vermischen sich.

### Leitbild, raumordnerisches

Gewünschter künftiger Zustand eines Raumes, der als anzustrebendes Ziel der Raumordnung gilt. Bei diesem konzeptionell geprägten Sollzustand eines Raumes wird vorausgesetzt, dass das Ziel erreichbar ist. Ein Zeitraum für die Realisierung des Leitbildes ist in der Regel nicht festgelegt. Auf Bundesebene sind solche räumlichen Leitbilder z.B. im *Raumordnungspolitischen Orientierungsrahmen* von 1993 formuliert und kartographisch visualisiert. Bis 2006 sollen diese Leitbilder als Ergebnis eines umfassend angelegten Diskussionsprozesses den aktuellen Rahmenbedingungen angepasst und fortentwickelt werden.

### Metropolregionen

→Agglomerationsräume mit hohem Bevölkerungs- und Wirtschaftspotenzial, die sich besonders dynamisch entwickeln und sich in ihrer gesellschaftlichen, wirtschaftlichen, sozialen und kulturellen Leistungsfähigkeit dem internationalen Wettbewerb stellen. Sie haben in Deutschland eine herausgehobene Position bei der räumlichen Konzentration von unternehmerischen und politischen *Entscheidungs- und Kontrollfunktionen,* technisch-wissenschaftlichen und sozio-kulturellen *Innovationsfunktionen* sowie den Zugang zu Menschen, Wissen und Märkten optimierenden *Gateway-Funktionen.* In Deutschland wurden durch die →Ministerkonferenz für Raumordnung (MKRO) 1997 die Räume Hamburg, Rhein-Ruhr, Rhein-Main, Stuttgart, München, Berlin sowie das sog. „Sachsendreieck" (Dresden, Halle, Leipzig) als Metropolregionen ausgewiesen. Dieses Konzept der europäischen Metropolregionen wird bis 2006 im Zusammenhang mit der Fortentwicklung der raumordnerischen Leitbilder weiterentwickelt und um weitere interessierte und qualifizierte Großstadtregionen ergänzt, die sich im europäischen Wettbewerb positionieren wollen.

### Ministerkonferenz für Raumordnung (MKRO)

Gremium der Bund-Länder-Zusammenarbeit, in dem die für →Raumordnung und →Landesplanung zuständigen Minister des Bundes und der Länder über grundsätzliche Fragen der Raumordnung und Landesplanung beraten. Sie formuliert zu grundsätzlichen räumlichen Fragen politische Positionen und verfasst zu wichtigen Themen und Zweifelsfragen Beschlüsse und Empfehlungen.

### Mittelzentrum

→Zentraler Ort, der zur Versorgung mit Gütern und Diensten des gehobenen Bedarfs der Privathaushalte über den Bereich der Gemeinde selbst hinaus im sog. Mittelbereich dient. Die Mittelzentren werden in den →Landesplänen festgelegt.

### Mittel (Finanzmittel), raumwirksame

Die von den →*raumwirksamen Fachplanungen* der verschiedenen Planungsebenen der EU, des Bundes, der Länder oder der Kommunen verausgabten Mittel und die damit finanzierten Projekte haben Auswirkungen auf die Raumstruktur und deren Entwicklung. Die regionale Verteilung dieser Mittel ist deshalb für die Raumordnung von besonderer Bedeutung. Vorrangige Sachgebiete beim Einsatz von Mitteln mit besonderer Raumwirksamkeit sind *Wirtschaftsförderung, Verkehrsinfrastrukturen, Bildungs- und Hochschuleinrichtungen, Landwirtschaft, Umweltschutz* und andere mehr.

### Nachhaltige Raumentwicklung

Raumentwicklung, die die *sozialen* und *wirtschaftlichen* Ansprüche an den Raum mit seinen *ökologischen* Funktionen in Einklang bringt, um eine dauerhafte, großräumig ausgewogene Ordnung des Raumes herbeizuführen. Eine nachhaltige Raumentwicklung ist im →Raumordnungsgesetz eine besonders hervorgehobene Leitvorstellung der Planung. Im Rahmen der Nachhaltigkeitsstrategie der Bundesregierung hat z.B. die Reduzierung der Siedlungsflächenneuinanspruchnahme einen besonderen Stellenwert.

### Oberzentrum

→Zentraler Ort, der zur Deckung des spezialisierten höheren Bedarfs der Privathaushalte an Gütern und Dienstleistungen über den eigenen Ort hinaus für den sog. Oberbereich dient. Die Oberzentren werden in den →Landesplänen festgelegt.

### Peripherraum

Dünn besiedelter, überwiegend ländlich geprägter Raum mit geringer Bevölkerungsdichte und größeren Entfernungen zu hochrangigen →zentralen Orten. *Peripherräume mit Verdichtungsansätzen* – in der Regel Klein- und Mittelzentren – übernehmen die Funktion von Entwicklungsträgern im Peripherraum. *Peripherräume sehr geringer Dichte* erstrecken sich in den neuen Ländern weitläufig, in den alten Ländern kleinflächiger mit schlechteren Zentrenerreichbarkeiten.

### Planungsregion

*Planungsraum* unterhalb der Landesebene, der den Erfordernissen der Raumordnung und Landesplanung entsprechend gebildet wurde und für den ein eigener Plan, in der Regel ein *Regionalplan*, aufgestellt wird.

### Planungsraum

Allgemeine Bezeichnung für eine räumliche Einheit, für den durch die öffentliche Hand geplant wird. Der Begriff kann sich auf Mikroräume (z.B. der durch den *Bebauungsplan* abgegrenzten Teilraum eines Ortes), Mesoräume (z.B. eine *Stadtregion*) und Makroräume (z.B. *Planungsregionen* oder ein gesamtes *Staatsgebiet*) beziehen.

### Raumbeobachtung, laufende

Kern eines räumlichen Informationssystems. Hier werden Informationen für die räumlich orientierte Politikberatung bereitgehalten. Auf Bundesebene ist das BBR zum Führen eines räumlichen Informationssystems nach →Raumordnungsgesetz verpflichtet (§ 18, Abs. 5). Der Datenbestand der laufenden Raumbeobachtung ist die Grundlage für möglichst umfassende und zeitnahe Berichterstattung über die räumliche Entwicklung in der Bundesrepublik Deutschland, wie z.B. in diesem Raumordnungsbericht.

### Raumentwicklung

Entwicklung der Einzelkomponenten der →Raumstruktur *Bevölkerung, Arbeitsplätze und Infrastruktur* in ihren wechselseitigen Abhängigkeiten. Neben der Bestandsentwicklung verändert sich deren räumliche Verteilung durch Wanderung, Standortwahl und -verlagerung. Die durch diese Prozesse beanspruchten *räumlichen Ressourcen* wie Fläche, Wasser, Energie etc. sind bei einer umfassenden Betrachtung von Raumentwicklung mit zu berücksichtigen.

Immer häufiger wird der Begriff auch für eine aktionsgerichtete Raumordnung im Sinne einer gezielten Raumentwicklungspolitik verwendet.

### Raumkategorien

Untergliederung des Landesgebietes in homogen geprägte Teilräume mit vergleichbarer Bevölkerungsdichte und ähnlicher Siedlungs- und Wirtschaftsstruktur, wie z.B. *Verdichtungsräume* und *ländliche Räume*. Die meisten →Landespläne enthalten Raumkategorien zur räumlichen Differenzierung der Ziel- und Planaussagen. Sie sind gemeindescharf abgegrenzt und länderspezifisch unterschiedlich differenziert.

### Raumordnung

Zusammenfassende übergeordnete und überörtliche Planung zur Ordnung und Entwicklung des Staatsraumes. Durch Abstimmung und Ausgleich konkurrierender Nutzungsansprüche an den Raum wird zur Verwirklichung der raumordnerischen Grundsätze und Ziele für eine *nachhaltige und regional ausgeglichene Raumentwicklung* beigetragen. Auf bundesstaatlicher Ebene werden die Belange und Verfahren der Raumordnung durch das *→Raumordnungsgesetz* geregelt. Die Ebenen für die Verwirklichung der Raumordnung sind vor allem die der *→Landes- und →Regionalplanung.*

### Raumordnung, grenzüberschreitende

Räumliche Planung über die Grenzen der für die jeweilige Planungsebene zuständigen Gebietskörperschaften hinaus findet z.B. zwischen der Bundesrepublik Deutschland und benachbarten Staaten (in den *Grenzräumen*), zwischen den Bundesländern oder den Kommunen statt. Sie reicht von der gegenseitigen Information über benachbarte Planungen, der Abstimmung von Plänen bis zur gemeinsamen Planung und Durchführung von Handlungs- und Entwicklungskonzepten.

### Raumordnungsberichte

Berichte an den Bundestag und die Länderparlamente über den Stand und die Entwicklung der →Raumstruktur sowie die räumlichen Wirkungen von Planungen und Maßnahmen der Regierungen. Sie haben die Funktion, die Politiker frühzeitig auf Probleme der Raumentwicklung hinzuweisen, um gegebenenfalls durch eine Neuorientierung der Raumordnungspolitik gegensteuern zu können. Der Raumordnungsbericht des Bundes, der nach § 21 →Raumordnungsgesetz dem für Raumordnung zuständigen Bundesminister zur Vorlage an den Deutschen Bundestag vom BBR erstattet wird, wird deshalb zusammen mit einer *Stellungnahme der Bundesregierung* dem Bundestag zugeleitet.

### Raumordnungsgebiete

Kartographische, raumordnerische Festlegungen in →Landes- und →Regionalplänen. Sie dienen der Umsetzung von Grundsätzen und Zielen der Raumordnung. Nach →Raumordnungsgesetz werden *Vorranggebiete, Vorbehaltsgebiete* und *Eignungsgebiete* unterschieden.

### Raumordnungsgesetz

Rahmengesetz des Bundes, das Grundsätze für die gesamträumliche Entwicklung enthält sowie Vorschriften über Aufgaben, Leitvorstellungen, Begriffsbestimmungen und Bindungswirkungen der Erfordernisse der Raumordnung im Bund und in den Ländern. Das aus dem Jahre 1965 stammende Raumordnungsgesetz ist 1997 grundlegend novelliert und zuletzt 2004 zur Anpassung an EU-Richtlinien geändert worden.

### Raumordnungsregion

Räume unterhalb der Länderebene, die den räumlich-funktionalen Zusammenhang von oberzentralen Kernen und deren Umland abbilden. Sie sind das bundesweite, analytische Regionsraster der →laufenden Raumbeobachtung des BBR. Die Abgrenzung der Raumordnungsregionen erfolgte in Anlehnung an die *Planungsregionen* der Länder. In einigen Fällen sind dies die *Landkreise*.

**Raumordnungsverfahren**

Förmliches Verfahren zur Prüfung der Vereinbarkeit eines raumbedeutsamen Vorhabens mit den *Erfordernissen der Raumordnung* und Abstimmung mit raumbedeutsamen Vorhaben anderer öffentlicher und sonstiger Planungsträger untereinander.

**Raumstruktur**

Das Erscheinungsbild eines größeren Gebietes wird geprägt durch die räumliche Verteilung von *Bevölkerung, Arbeitsplätzen* und →*Infrastrukturen* in ihren *Standorten* und wechselseitigen *räumlichen Verflechtungen*. Die heute erkennbaren Raumstrukturen sind Ergebnisse von langfristigen Prozessen und Kräften, die die →Raumentwicklung beeinflussen. Im engeren Sinne kann darunter auch eine *Flächennutzungsstruktur* verstanden werden. Sie beinhaltet Verteilungen, Dichten, Verbreitungen und Anteile bestimmter *Raumstrukturelemente* wie Wohn- und Gewerbesiedlungen, Verkehrsflächen, punkt- und bandförmige Infrastrukturanlagen, Freiflächen, land- und forstwirtschaftlich genutzte Flächen u.a.m. In einem weiter gefassten Sinne können in einen Raumstrukturbegriff auch Kapazitäten (z.B. der Wirtschaft, der Infrastruktur), Potenziale und Tragfähigkeiten einbezogen werden.

**Raumtypen**

Problemorientierte und weitgehend von Verwaltungsgrenzen unabhängige Einteilung des Raumes nach Bestimmungsgrößen der →Raumstruktur wie *Bevölkerungsdichte* und *Zentrenerreichbarkeit*. Die drei Grundtypen unterscheiden sich nach ihrer Lage zu den großen Zentren in →*Zentralraum*, →*Zwischenraum* und →*Peripherraum*. Diese Grundtypen werden nach ihrer spezifischen Bevölkerungsdichte weiter in sechs Raumtypen differenziert. Die Raumtypen dienen als feinkörnige Gebietskulisse zur Analyse räumlicher Disparitäten sowie zur Diskussion raumentwicklungspolitischer Leitbilder und Handlungsansätze. Sie verändern sich über die Zeit mit der regionalen Bevölkerungsdynamik und der Veränderung der räumlichen Verteilung und Erreichbarkeit der →zentralen Orte. Sie wurden erstmals in diesem Raumordnungsbericht 2005 ausgewiesen.

**Regionalplanung/Regionalpläne**

Als zusammenfassende, übergeordnete und überörtliche Landesplanung für das Gebiet einer Region konkretisiert die Regionalplanung in Form von →*Regionalplänen* die →Grundsätze der Raumordnung und die in *Landesentwicklungsprogrammen* sowie in *Landesentwicklungsplänen* enthaltenen Ziele der Raumordnung, vor allem in den Bereichen Siedlung, Infrastruktur, Wirtschaft und Ökologie.

**Regionalkonferenz**

Basierend auf dem Prinzip *regionaler Kooperation*, ist es Ziel der Regionalkonferenz, auf der regionalen Ebene abgestimmte Entwicklungskonzepte und -strategien zu entwerfen. Dabei kooperieren vor allem die Akteure „vor Ort", aber auch Akteure, der überörtlich bedeutsamen Planungsebenen. Arbeitsgruppen erarbeiten →Leitbilder und Maßnahmen, die dann in der Regel zu einem *„Regionalen Entwicklungskonzept"* zusammengefasst und zur Diskussion gestellt werden. Auf der Bundesebene wurde die Idee der Regionalkonferenzen durch Pilotprojekte im Rahmen des Programms „Modellvorhaben der Raumordnung" gefördert.

**Siedlungsflächen**

Zur Siedlungsfläche zählen nach der Flächennutzungsstatistik *Gebäude- und zugehörige Freiflächen, Erholungsflächen und Friedhöfe sowie Betriebsflächen*.

**Siedlungsstrukturelle Gebietstypen**

Räumliches Analyseraster der →laufenden Raumbeobachtung des BBR. Regionen, Kreise oder Gemeinden als Verwaltungseinheiten werden nach den Kriterien Bevölkerungsdichte und Zentralität bezogen auf die Größe sowie die zentralörtliche Funktion der Kerne von Regionen klassifiziert. Daraus ergibt sich eine grundsätzliche siedlungsstrukturelle Differenzierung des Bundesgebietes, die über die Zeit konstant gehalten wird, so dass die Beobachtung →räumlicher Disparitäten und Entwicklungsprozesse möglich sind. Ausgehend von den drei grundlegenden Regionstypen →*Agglomerationsräume*, →*Verstädterte*

*Räume* und →*Ländliche Räume* ergeben sich für den intraregionalen Vergleich z.B. von Kreisen neun Typen.

**Städtenetze**

Kooperationsformen von Kommunen einer Region oder benachbarter Regionen, die dadurch gekennzeichnet sind, dass die Kommunen als Partner agieren, d.h. freiwillig und gleichberechtigt ihre Fähigkeiten und Potenziale bündeln und ergänzen, um die Aufgaben gemeinsam besser erfüllen zu können.

**Suburbanisierung**

Prozess der Verlagerung von Bevölkerung, Dienstleistungen und Gewerbe aus den Städten heraus ins →Umland.

**Tragfähigkeit**

Auslastung von Infrastruktureinrichtungen der →öffentlichen Daseinsvorsorge. Sie ist gegeben, wenn die zum wirtschaftlichen Betrieb der Einrichtungen notwendigen Nachfragepotentiale vorhanden sind. Regionen, in denen gering verdichtete Siedlungsstrukturen und Nachfragerückgänge durch den →demographischen Wandel aufeinandertreffen sind von Tragfähigkeitsproblemen bedroht. Gewisse Infrastruktureinrichtungen, wie etwa ein Krankenhaus oder eine Berufsschule, lassen sich bei geringerer Auslastung nicht in beliebig kleine Einheiten aufteilen. Hier sind flexible und mobile Versorgungskonzepte gefragt.

**Umland (auch Stadt-Umland)**

Bezeichnung für einen nur unscharf abgegrenzten Raum außerhalb einer Stadt oder eines →zentralen Ortes, der relativ enge sozioökonomische Verflechtungen mit dem Zentrum aufweist. Im Falle von zentralen Orten wird „Umland" zuweilen mit *„Einzugsgebiet"* bzw. *„Verflechtungsraum"* gleichgesetzt. Es ist üblich, im Fall größerer Städte insbesondere denjenigen Raum als Umland zu bezeichnen, der in den Prozess der →Suburbanisierung einbezogen ist.

**Verdichtungsraum**

Regionale Konzentration von Einwohnern und Arbeitsplätzen mit städtisch geprägter Bebauung und Infrastruktur und mit intensiven internen sozioökonomischen Verflechtungen. Verdichtungsräume sind – nach Kriterien der →Ministerkonferenz für Raumordnung (MKRO) – von den Ländern einheitlich für das ganze Bundesgebiet abgegrenzt und in vielen →Landesplänen als →Raumkategorie enthalten.

**Verflechtungen, räumliche**

Dauerhafte funktionale Beziehungen zwischen Räumen, Standorten oder Funktionsbereichen innerhalb eines Raumes. Neben den räumlichen Verflechtungen der privaten Haushalte z.B. zur Ausübung der beruflichen Tätigkeit oder der Freizeit und der räumlichen Bezugs- und Lieferbeziehungen der Unternehmen, gibt es z.B. historische, kulturelle, infrastrukturelle oder technische räumliche Verflechtungen. Wenn sich Verflechtungen innerhalb eines bestimmten Raumes besonders stark verdichten entstehen Verflechtungsbereiche oder -räume, die sich gleichzeitig durch besonders intensive Verkehrs- und Kommunikationsbeziehungen auszeichnen.

**Verstädterte Räume**

Gebietstyp der →laufenden Raumbeobachtung des BBR der als Mischtyp zwischen →Agglomerationsräumen und →ländlichen Räumen Elemente von beiden enthält.

**Zentraler Ort**

Gemeinde bzw. Ortsteil, der über die Versorgung der eigenen Bevölkerung hinaus entsprechend seiner jeweiligen Funktion im *zentralörtlichen System* überörtliche Versorgungsaufgaben für die Bevölkerung seines Verflechtungsbereiches wahrnimmt.

**Zentralörtliche Gliederung**

Raumplanerisch, in →Landes- und Regionalplänen festgelegte zentralörtliche Siedlungsstruktur eines Landes auf der Grundlage einer Kategorisierung von →zentralen Orten, die bestimmte Funktionen bei der Versorgung mit Gütern und Dienstleistungen ausüben oder erlangen sollen (z.B. *Ober-, Mittel- und Grundzentren*). Diese normierte Siedlungsstruktur bildet die Grundlage für Entscheidungen u.a. über den Einsatz öffentlicher Investitionen oder für die Ausweisung von Bau- und Gewerbeflächen.

### Zentralraum

Raum großer zusammenhängender städtischer Siedlungsgebiete mit hochrangigen zentralörtlichen Funktionen sowie z.T. über Landes- und Staatsgrenzen hinweg reichende Siedlungs- und Verkehrskorridore. Der Zentralraum nimmt aufgrund seiner demographischen und wirtschaftlichen Struktur und Dynamik eine herausragende Stellung im Raumgefüge ein. Der *Innere Zentralraum* ist von den starken hochverdichteten Kernstädten geprägt. *Der Äußere Zentralraum* bildet die daran anschließenden engeren Suburbanisierungsgebiete mit immer noch relativ hohen Bevölkerungsdichten ab.

### Ziele der Raumordnung

Verbindliche Vorgaben in den Programmen und Plänen der →Landes- und Regionalplanung in Form von räumlich und sachlich bestimmten textlichen oder zeichnerischen Festlegungen. Sie müssen bei allen raumbedeutsamen Planungen und Maßnahmen von den öffentlichen Planungsträgern – unter bestimmten Voraussetzungen auch von Personen des Privatrechts – beachtet werden. →Bauleitpläne sind den Zielen der Raumordnung und Landesplanung anzupassen.

### Zwischenraum

Raum mit guter Zugänglichkeit zu den bedeutenden Zentren, aber mit einem deutlich geringeren Bevölkerungspotenzial als im Zentralraum. Er ist von den erweiterten Suburbanisierungsprozessen geprägt. Der *Zwischenraum mit Verdichtungsansätzen* bildet sich vor allem konzentrisch um den Zentralraum aus. Der *Zwischenraum geringer Dichte* erstreckt sich häufig korridorartig zwischen den →Zentralräumen und übernimmt mit seiner immer noch guten Zentrenerreichbarkeit eine Verbindungsfunktion zu den →Peripherräumen.